Volkswirtschaft der Schweiz

Beat Hotz-Hart
Daniel Schmuki
Patrick Dümmler

**4., vollständig überarbeitete
und erweiterte Auflage**

Mitautoren früherer Auflagen:
Stefan Mäder
Patrick Vock

Volkswirtschaft der Schweiz

Aufbruch ins 21. Jahrhundert

Hochschulverlag AG an der ETH Zürich

Wir danken unseren Sponsoren für die finanzielle
Unterstützung zur Verwirklichung der 4. Auflage:

Hochschulstiftung
der Universität Zürich

MIGROS
Kulturprozent

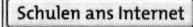

Bibliografische Information Der Deutschen Bibliothek
Die Deutsche Bibliothek verzeichnet diese Publikation in der
Deutschen Nationalbibliografie; detaillierte bibliografische
Daten sind im Internet über http://dnb.ddb.de abrufbar.

Das Werk einschliesslich aller seiner Teile ist urheberrechtlich
geschützt. Jede Verwertung ausserhalb der engen Grenzen des
Urheberrechtsschutzgesetzes ist ohne Zustimmung des Verlages
unzulässig und strafbar. Das gilt besonders für Vervielfältigungen,
Übersetzungen, Mikroverfilmungen und die Einspeicherung und
Verarbeitung in elektronischen Systemen.

1. Auflage 1995
2. Auflage 1996
3., vollständig überarbeitete und erweiterte Auflage 2001
4., vollständig überarbeitete und erweiterte Auflage 2006

© vdf Hochschulverlag AG an der ETH Zürich

ISBN-10: 3-7281-3011-7
ISBN-13: 978-3-7281-3011-2

Weitere Informationen zum Buch: www.volkswirtschaft.ch

Vorwort zur 4. Auflage

Wer sich weiterbildet und die nötige Flexibilität mitbringt, der soll attraktive und gut entlöhnte Beschäftigungen finden. Dafür muss der Wirtschaftsstandort Schweiz sorgen. Wir wollen nicht nur das Wachstum beleben, sondern auch die Produktivität steigern und den Wohlstand stärken.

Heute wissen wir, warum uns das in den letzten zehn Jahren nicht immer gelungen ist. Unter anderen Gründen sind die Probleme bei den öffentlichen Finanzen – zu grosse Staatsquote und Staatsverschuldung – zu erwähnen. Mitverantwortlich sind auch die Behinderung des Marktzugangs oder der bereichsweise Schutz vor dem Wettbewerb, also die Probleme des Binnenmarktes Schweiz. Erwähnenswert sind auch die einschränkenden Regulationen auf Spezialmärkten wie Telekommunikation oder Energie.

Viele dieser Ursachen und Probleme sind hausgemacht. Das heisst, dass es an uns liegt, Lösungen zu finden. Bedingung ist jedoch, dass diese mehrheitsfähig sind. Das ist das Los unserer direkten Demokratie, in der die Bevölkerung mit dem Stimmzettel wichtige wirtschaftspolitische Entscheide fällt. Beispiele dafür sind die Finanzordnung, die bilateralen Abkommen mit der EU, die Regulationen am Energiemarkt, das Gentech-Moratorium oder künftig die neuen Bildungs- und Forschungsartikel in der Bundesverfassung.

Das Bewusstsein und Verständnis über volkswirtschaftliche Zusammenhänge in der Bevölkerung ist entsprechend wichtig. Wir werden den Weg der kleinen Reformschritte gehen müssen. Die Schweizer sind pragmatisch und lassen sich von guten Argumenten überzeugen. Deshalb sind Anstrengungen zu unterstützen, die den volkswirtschaftlichen Sachverstand weiter Kreise schärfen.

Das Buch "Volkswirtschaft der Schweiz" ist nicht nur an Hochschulstudierende gerichtet, sondern auch an wirtschaftspolitische Entscheidungsträger auf allen Stufen und in allen Funktionen. Es leistet einen Beitrag zur Steigerung und zur Verbreitung von volkswirtschaftlichem Sachverstand und trägt damit indirekt zum Wachstum und zur Stärkung unseres Wohlstandes in der direkten Demokratie bei.

Bundesrat Joseph Deiss
Vorsteher des Eidgenössischen
Volkswirtschaftsdepartements

Vorwort zur 1. Auflage

Wohlstand und Beschäftigung am Standort Schweiz hängen wesentlich von Innovationskraft und Wettbewerbsfähigkeit der Wirtschaft ab. Diese muss sich durch Strukturanpassungen permanent in die sich rasch wandelnde Weltwirtschaft integrieren. Wirtschaftliche Zusammenhänge sind damit für die Zukunft der Schweiz entscheidend. Die Bewältigung des wirtschaftlichen Wandels ist mit vielfältigen Spannungen verbunden. Wie die Erfahrungen der Schweiz etwa mit der europäischen Integration oder der Revitalisierung der Wirtschaft zeigen, ist ein für die Behauptung unseres Wirtschaftsstandortes dringend notwendiger Konsens in wirtschaftspolitischen Fragen nicht leicht zu erreichen. Und in den kommenden Jahren werden weitere sehr wesentliche Weichen zu stellen sein, was von der Wirtschaftspolitik schwierige, aber unausweichliche Entscheide abverlangt.

Eine Verbesserung des Kenntnisstandes über Wirtschaftsfragen und eine breitenwirksame Information über die Probleme und Zusammenhänge kann zu einer Versachlichung der Diskussion und einer Erweiterung der Horizonte beitragen. Die Auseinandersetzung mit Problemen der Volkswirtschaft erfolgt entweder meist sehr theoretisch in abstrakten und formal anspruchsvoll gehaltenen Texten und Lehrbüchern oder dann sehr populär, etwa im Wirtschaftsteil der Zeitungen. Die Kunst der Nationalökonomie liegt in einer geschickten Verbindung von analytischen und theoretischen mit praktisch-konkreten Dimensionen im Hinblick auf praxisrelevante Aussagen über volkswirtschaftliche Zusammenhänge.

Das vorliegende Buch leistet einen wertvollen Beitrag in diesem Zwischenbereich. In einer klaren und übersichtlichen Darstellung werden grundlegende Elemente und Probleme der Volkswirtschaft der Schweiz umfassend behandelt. Das Buch stärkt damit das in der Schweiz so notwendige Problembewusstsein und den Sachverstand.

David de Pury

Dank zur 4. Auflage

Die "Volkswirtschaft der Schweiz" bietet einen umfassenden und problemorientierten Einstieg in die angewandte Volkswirtschaftslehre. Die rasche Entwicklung der Wirtschaftswissenschaften in den letzten Jahren führt zur Gefahr, dass vor lauter formalen Theorien und mathematischen Modellen der praktische Bezug immer stärker in den Hintergrund tritt. Das vorliegende Buch stellt eine praxisorientierte und aktuelle Darstellung der Volkswirtschaft der Schweiz dar. Es hat sich über die letzten Jahre als einführendes Lehrmittel v.a. an der Universität Zürich und als Nachschlagewerk in der Praxis bewährt. Um diesem Stellenwert weiterhin gerecht zu werden, war eine Überarbeitung und Erweiterung der bisherigen 3. Auflage unumgänglich.

Beim Verfassen der 4. Auflage dieses Buches haben uns wiederum zahlreiche Personen unterstützt. Für die Durchsicht und kritische Kommentierung einzelner Kapitel möchten die Autoren folgenden Personen herzlich danken:

Michael Breuer (Sozialökonomisches Institut der Universität Zürich; Kapitel III. Markt- und Produktionsverfassung sowie Kapitel XV. Soziale Sicherung); **Barbara Good** (Sozialökonomisches Institut der Universität Zürich; Kapitel IV. Wirtschaftspolitik); **Rafael Lalive** (Institut für Empirische Wirtschaftsforschung der Universität Zürich; Kapitel V. Arbeit); **David Marmet** (Konjunkturforschungsstelle der ETH Zürich; Kapitel X. Wirtschaftskreislauf, Wohlstand und Wachstum, 5. Wachstum, Konjunktur und Investitionen); **Elena Marton Küttel** und **Samuel Turcati** (Bundesamt für Statistik; Kapitel X. Wirtschaftskreislauf, Wohlstand und Wachstum, 2. Die Volkswirtschaftliche Gesamtrechnung); **Reto Schleiniger** (Zürcher Hochschule Winterthur; Kapitel VIII. Umwelt) sowie **Peter Stapfer** (Swiss Finance Institute; Kapitel XI. Produktionssektoren, 5.3 Das schweizerische Bankwesen). Unser ganz besonderer Dank gilt sowohl **Marco Huwiler** (Schweizerische Nationalbank) für seine fachkundige und sorgfältige Mitarbeit bei der grundlegenden Überarbeitung von Kapitel XIII. Geld und Währung als auch **Andreas Reuter-Hofer** (Bundesamt für Berufsbildung und Technologie) für das kompetente Mitverfassen von Kapitel VI. Wissen, Bildung und Innovationen. Ausserdem bedanken wir uns bei **Bernd Knappmann** (vdf Hochschulverlag) und **Micha Ruflin** (Sozialökonomisches Institut der Universität Zürich), die uns bei der Fehlerkorrektur des gesamten Textes immer wieder unterstützten, sowie bei den aufmerksamen Studenten der Universität Zürich, die uns zu einigen Ideen für die Textüberarbeitung anregten. Der grösste Dank geht an unsere Familien und Freunde, die viel Geduld und Verständnis dafür aufbrachten, dass wir jeweils auch an Wochenenden und Abenden am vorliegenden Buch arbeiteten.

Dank zur 1. Auflage

Entstanden ist dieses Buch aus der gleichnamigen Vorlesung mit Übungen an der Wirtschaftswissenschaftlichen Fakultät der Universität Zürich in der Zeit von 1992–1995. Aufgrund der Herkunft der Autoren sind dabei Erfahrungen an der Nahtstelle zwischen Vorbereitung und Begründung der praktischen Wirtschaftspolitik auf der Ebene des Bundes und Theorieelemente aus der akademischen Arbeit eingeflossen. Für die gesamte technische Produktion dieses Buches zeichnet Mitautor Patrick Vock verantwortlich.

Bei der Niederschrift dieses Buches haben uns zahlreiche Personen unterstützt, sei es durch Bereitstellen von Unterlagen, Durchsicht einzelner Kapitel, Kommentare, Anregungen u.a.m. Ihnen allen möchten die Autoren recht herzlich danken. Besonders erwähnen möchten wir **Beat Kappeler**, Herrenschwanden (Durchsicht des gesamten Manuskripts), sowie **Peter Balastèr**, **Carsten Küchler** und **André Schwaller** vom Bundesamt für Konjunkturfragen, **Kurt Grütter**, Eidgenössische Finanzverwaltung, **Heinz Hertig**, Bundesamt für Aussenwirtschaft, **Monique Dubois** und **Guido Boller**, Schweizerische Nationalbank, **Hans-Peter Kriesi**, Universität Genf, **Roswitha Kruck**, Konjunkturforschungsstelle der ETH (KOF), **Armin Jans**, Höhere Wirtschafts- und Verwaltungsschule Zürich und Universität Zürich, **Reto Schleiniger**, Universität Zürich, **Alfred Rey**, Delegierter für Finanzfragen des Finanzdepartements des Kantons Wallis, **Ruedi Meier**, Bau-, Verkehrs- und Energiedirektion des Kantons Bern und **Christoph Muggli**, Interdisziplinäre Berater- und Forschungsgruppe AG (IBFG) Zürich. Ausserdem geht unser Dank an das Sozialökonomische Seminar, insbesondere an die Mitarbeiter **Jürg Mägerle**, **Adrian Bucher**, **Alexander Hunziker** und **Andreas Reuter** sowie an die zahlreichen Studierenden der Universität Zürich, die das Skript zur Vorlesung kommentiert haben. Wir danken auch herzlich dem Korrektorat **Walter F. Bürgi**, Habkern.

Nicht zuletzt geht auch ein Dank an unsere Familien und Freunde, die so oft auf uns verzichten mussten.

Inhaltsüberblick

Vorwort zur 4. Auflage V
Vorwort zur 1. Auflage VI
Dank zur 4. Auflage VII
Dank zur 1. Auflage VIII
Inhaltsüberblick IX
Inhaltsverzeichnis X
Abbildungs- und Tabellenverzeichnis XXIV
Abkürzungsverzeichnis XXXII
Autorenporträts XXXIV

I.	Theorie und Praxis der Volkswirtschaft der Schweiz	1

Ordnung und Rahmen 7
II.	Wirtschaftsordnung	9
III.	Markt- und Produktionsverfassung	41
IV.	Wirtschaftspolitik	85

Produktionsfaktoren 133
V.	Arbeit	135
VI.	Wissen, Bildung und Innovationen	173
VII.	Boden und Realkapital	213
VIII.	Umwelt	249
IX.	Energie	301

Ergebnis und Strukturen 335
X.	Wirtschaftskreislauf, Wohlstand und Wachstum	337
XI.	Produktionssektoren	379
XII.	Internationale Strukturen	489

Staatliche Beeinflussung 541
XIII.	Geld und Währung	543
XIV.	Öffentliche Finanzen	601
XV.	Soziale Sicherung	645

XVI.	Die Volkswirtschaft der Schweiz im Aufbruch zum 21. Jahrhundert	701

Stichwortverzeichnis 732

Inhaltsverzeichnis

Vorwort zur 4. Auflage V

Vorwort zur 1. Auflage VI

Dank zur 4. Auflage VII

Dank zur 1. Auflage VIII

Inhaltsüberblick IX

Inhaltsverzeichnis X

Abbildungs- und Tabellenverzeichnis XXIV

Abkürzungsverzeichnis XXXII

Autorenporträts XXXIV

Inhaltsverzeichnis

I. Theorie und Praxis der Volkswirtschaft der Schweiz . 1

Ordnung und Rahmen 7

II. Wirtschaftsordnung 9
1. Einführung.. 9
2. Die Grundfrage jeder Volkswirtschaft 10
3. Theorie der Wirtschaftsordnung 15
   3.1 Realtypus versus Idealtypus 15
   3.2 Zwei Wirtschaftsmodelle im Vergleich 17
   3.3 Interdependenz der Ordnungen 17
4. Ausgestaltung der Wirtschaftsordnung 20
   4.1 Plan- und Entscheidungsträger – Eigentums- und Verfügungsrechte 21
       4.1.1 Problemstellung 21
       4.1.2 Grundsätzliche Lösungsmöglichkeiten 21
             a) Marktwirtschaftliche Lösung 21
             b) Lösungen über nicht-marktliche Elemente 24
   4.2 Information über den volkswirtschaftlichen Prozess 25
       4.2.1 Problemstellung 25
       4.2.2 Grundsätzliche Lösungsmöglichkeiten 25
             a) Marktwirtschaftliche Lösung 25
             b) Lösungen über nicht-marktliche Elemente 29
   4.3 Motivierung und Sanktionierung 29
       4.3.1 Problemstellung 29
       4.3.2 Grundsätzliche Lösungsmöglichkeiten 30
             a) Marktwirtschaftliche Lösung 30
             b) Lösungen über nicht-marktliche Elemente 30
   4.4 Abstimmung von Interessen Einzelner und der Gesamtheit (Subordination) 31
       4.4.1 Problemstellung 31
       4.4.2 Grundsätzliche Lösungsmöglichkeiten 32
             a) Marktwirtschaftliche Lösung 32
             b) Lösungen über nicht-marktliche Elemente 33
5. Von der Wirtschaftsordnung zur Wirtschaftspolitik 35
   5.1 Ordnungspolitik 35
   5.2 Ablaufpolitik (Prozesspolitik) 36
   5.3 Ordnungskonformität prozesspolitischer Massnahmen 36
6. Ausblick 37
7. Quellen 39

III. Markt- und Produktionsverfassung 41

1. Einführung 41
2. Die Wirtschaftsordnung im Rahmen der Bundesverfassung 43
   - 2.1 Funktionen und Aufbau der Bundesverfassung 43
   - 2.2 Die Grundsätze der Wirtschaftsordnung der Schweiz 44
3. Marktverfassung 46
   - 3.1 Das Grundrecht der Wirtschaftsfreiheit 46
     - 3.1.1 Begriff und Funktion der Wirtschaftsfreiheit 46
     - 3.1.2 Abweichung vom Grundrecht der Wirtschaftsfreiheit – Grundlagen der Wirtschaftspolitik 47
   - 3.2 Theorie und Praxis des Wettbewerbs 48
     - 3.2.1 Wettbewerbsbeschränkungen und wirksamer Wettbewerb 50
     - 3.2.2 Die schweizerische Wettbewerbspolitik 54
       - a) Verfassungsrechtliche und kartellgesetzliche Grundlagen 54
       - b) Die Praxis der Wettbewerbskommission 61
       - c) Weitere wettbewerbsrechtlich relevante Grundlagen 63
       - d) Der Preisüberwacher 65
4. Produktionsverfassung 66
   - 4.1 Eigentumsverfassung 66
     - 4.1.1 Institutsgarantie 66
     - 4.1.2 Bestandesgarantie 67
     - 4.1.3 Wertgarantie 67
   - 4.2 Unternehmungs-, Betriebs- und Arbeitsverfassung 68
     - 4.2.1 Unternehmungsverfassung 68
     - 4.2.2 Betriebsverfassung 70
     - 4.2.3 Arbeitsverfassung 72
       - a) Grundsatzfrage: Gesetz versus Vertrag 72
       - b) Entwicklung und Bedeutung der Gesamtarbeitsverträge 74
       - c) Neue Kooperationsformen der Sozialpartner 75
       - d) Streik und Arbeitsfrieden in der Schweiz 76
       - e) Rolle des Staats 77
5. Ausblick 78
6. Quellen 82
   - 6.1 Literatur 82
   - 6.2 Internet 84

IV. Wirtschaftspolitik 85

1. Einführung 85
2. Ökonomische Begründung staatlicher Tätigkeit 86
   - 2.1 Marktversagen 86
   - 2.2 Staatsversagen 90
   - 2.3 Frage nach dem richtigen Mass des Staatsengagements 93

Inhaltsverzeichnis

3. Organisation wirtschaftlicher Interessen: Verbände in der Schweiz 96
   - 3.1 Tätigkeit von Interessengruppen als öffentliches Gut 96
   - 3.2 Zweiseitige Orientierung der Verbände 98
   - 3.3 Bestimmungsgründe der Macht von Verbänden 99
   - 3.4 Die Struktur der Interessenorganisationen im ökonomischen System 101
     - 3.4.1 Entstehung: Wertschöpfung 101
     - 3.4.2 Verteilung: Angebot auf den Faktormärkten 104
     - 3.4.3 Verwendung: Konsum, Nettoexporte und Investitionen 105
     - 3.4.4 Beurteilung der Struktur der Interessenorganisationen 106
4. Das schweizerische Regierungssystem 107
   - 4.1 Die grundlegenden strukturellen Elemente 107
     - 4.1.1 Föderalismus 107
     - 4.1.2 Interessenrepräsentation 108
     - 4.1.3 Direkte Demokratie: Volksrechte 109
     - 4.1.4 Die Exekutive 113
     - 4.1.5 Folgen dieser grundlegenden Strukturelemente 115
   - 4.2 Der (wirtschafts-)politische Entscheidungsprozess 118
     - 4.2.1 Die Willensbildung auf Bundesebene 118
       - a) Impuls 120
       - b) Entwurf 120
       - c) Sanktion 121
       - d) Anwendung 122
       - e) Interdependenz der einzelnen Phasen 123
     - 4.2.2 Beeinflussung der Wirtschaftspolitik durch Verbände 123
5. Ausblick 126
6. Quellen 130
   - 6.1 Literatur 130
   - 6.2 Internet 132

Produktionsfaktoren 133

V. Arbeit 135

1. Einführung 135
2. Die Funktionsweise des Arbeitsmarkts 137
   - 2.1 Besonderheiten des Faktors Arbeit 137
   - 2.2 Begriffe des Arbeitsmarkts 138
   - 2.3 Angebot an Arbeitskräften 141
   - 2.4 Nachfrage nach Arbeitskräften 142
   - 2.5 Lohnbildung 144

3. Institutionelle Aspekte des schweizerischen Arbeitsmarkts 146
    3.1 Arbeitnehmer 146
        3.1.1 Spitzenverbände 146
        3.1.2 Einzelverbände 147
        3.1.3 Beurteilung 148
    3.2 Arbeitgeber 150
        3.2.1 Spitzenverbände 150
        3.2.2 Einzelverbände 153
        3.2.3 Beurteilung 154
4. Ergebnisse des schweizerischen Arbeitsmarkts 156
    4.1 Arbeitsproduktivität und Reallöhne 156
    4.2 Beschäftigungsschwankungen 159
        4.2.1 Typen von Arbeitslosigkeit 160
        4.2.2 Analyse der Arbeitslosenquote 164
        4.2.3 Reaktionen und Anpassungsprozesse 166
            a) Restriktive Ausländerpolitik und bilateraler Weg 166
            b) Anpassungsprozesse bei den Inländern 167
5. Ausblick 169
6. Quellen 171
    6.1 Literatur 171
    6.2 Internet 172

VI. Wissen, Bildung und Innovationen 173

1. Einführung 173
2. Innovationsverhalten der Unternehmungen 175
    2.1 Innovationsdynamik und schöpferische Zerstörung 175
    2.2 Der Innovationsprozess 176
    2.3 Der Wissens- und Technologietransfer 178
    2.4 Internationalisierung der Zusammenarbeit 179
    2.5 Die unternehmerischen Innovationsleistungen 181
        2.5.1 Verteidigung von Spitzenplätzen 181
        2.5.2 Dynamik und Strukturwandel 182
        2.5.3 Innovationen in und mit Dienstleistungen 183
        2.5.4 Innovationsbasierte Exporte 185
3. Die Schweiz im Standortwettbewerb 186
    3.1 Zusammenarbeit im Nationalen Innovationssystem 186
    3.2 Die Akteure und Bestimmungsfaktoren im Nationalen Innovationssystem 189
    3.3 Netzwerke und Leistungen des Schweizer Innovationssystems 190
4. Das Bildungssystem 192
    4.1 Aufbau des Schweizer Bildungssystems 192
    4.2 Bildungsbeteiligung der Schweizer Bevölkerung 194
    4.3 Bildungsausgaben im internationalen Vergleich 197
    4.4 Finanzielle Bevorzugung der Hochschulausbildung 198
    4.5 Effizienzprobleme in der Allgemeinbildung 199

4.6 Herausforderungen für die duale Berufsbildung	199
4.6.1 Theorie und Praxis – Arbeit bildet!	199
4.6.2 Die Macht der Tertiarisierung	201
5. Das Forschungssystem	203
5.1 Zunahme des internationalen F&E-Wettbewerbs	203
5.2 Ressourcen für Forschung und Entwicklung	203
5.3 Nationale Förderorganisationen	204
5.3.1 Der Schweizerische Nationalfonds	205
5.3.2 Die Förderagentur für Innovation	206
6. Ausblick	208
7. Quellen	209
7.1 Literatur	209
7.2 Internet	211

VII. Boden und Realkapital 213

1. Einführung	213
2. Boden	214
2.1 Grundlegende Aspekte des Faktors Boden	214
2.1.1 Ökologische sowie ökonomische Funktionen und Sichtweisen	214
2.1.2 Bodennutzung und Entwicklung	215
2.2 Preisbildung auf dem Bodenmarkt	218
2.2.1 Einfluss der Nutzungsart und der Lage	218
2.2.2 Einfluss des Ertragswerts	219
2.3 Die schweizerische Boden- und Raumpolitik	222
2.3.1 Aspekte der Boden- und Raumpolitik	222
2.3.2 Rechtliche Grundlagen	223
a) Verfassungsrechtliche Grundlagen	223
b) Weitere rechtliche Grundlagen	224
2.4 Problemfelder	226
2.4.1 Bodenbelastung und -verbrauch	226
2.4.2 Weitgehendes Versagen der Raumplanung	226
3. Realkapital	230
3.1 Zum Begriff Realkapital und Investitionen	230
3.2 Entwicklung der Bruttoinvestitionen	232
3.3 Realkapital als Teil des Volksvermögens	233
3.4 Theoretische Aspekte des Immobilienmarkts	237
3.4.1 Teilmärkte und Ertragswert	237
3.4.2 Angebot und Nachfrage	238
3.5 Ausgewählte Daten des Immobilienmarkts	239
3.6 Die Mietrechtspolitik	242
3.6.1 Rechtliche Grundlagen	242
3.6.2 Aktuelle Festlegung des Mietzinses	243
3.6.3 Revision des Mietrechts	245
4. Ausblick	247

5. Quellen 248
   5.1 Literatur 248
   5.2 Internet 248

VIII. Umwelt 249

1. Einführung 249
2. Aspekte der Umweltprobleme 250
   2.1 Bevölkerungswachstum 250
   2.2 Wirtschaftswachstum 251
   2.3 Umweltprobleme in der Schweiz 254
3. Ökonomische Sichtweise 257
   3.1 Negative Externalitäten der Umweltnutzung 257
   3.2 Internalisierung negativer Externalitäten 258
   3.3 Der Ansatz von Coase 260
   3.4 Die Pigou-Steuer 262
   3.5 Der Standard-Preis-Ansatz 264
   3.6 Bewertung von Umweltgütern 264
4. Umweltpolitik 268
   4.1 Ziel und Grundprobleme 268
   4.2 Prinzipien 270
   4.3 Instrumente 271
      4.3.1 Freiwilliger Umweltschutz 271
      4.3.2 Technisch-planerische Instrumente 272
      4.3.3 Polizeiliche Instrumente 274
      4.3.4 Marktwirtschaftliche Instrumente 274
         a) Umwelthaftung 276
         b) Umweltzertifikate 277
         c) Umweltabgaben 280
         d) Umweltsubventionen 281
5. Die schweizerische Umweltpolitik 283
   5.1 Rechtliche Grundlagen 283
      5.1.1 Verfassungsrechtliche Grundlagen 283
      5.1.2 Das Umweltschutzgesetz 284
      5.1.3 Das CO_2-Gesetz 286
      5.1.4 Weitere rechtliche Grundlagen 289
   5.2 Probleme in der Vorbereitung und der Umsetzung 290
      5.2.1 Zusammenhang zwischen Ursache und Schäden 291
      5.2.2 Zeitverzögerung und globale Dimension der Ursachen und Schäden 291
      5.2.3 Lobbying 292
      5.2.4 Vollzug des Umweltrechts 293
      5.2.5 Quantitatives Wachstum 294
   5.3 Sinnvolle Kombination der Instrumente 295
6. Ausblick 297

Inhaltsverzeichnis XVII

7. Quellen	298
7.1 Literatur	298
7.2 Internet	300

IX. Energie 301

1. Einführung	301
2. Betrachtung des weltweiten Energiemarkts	302
2.1 Energiereserven	302
2.2 Energieangebot	305
2.2.1 Angebot an Primärenergieträgern	305
2.2.2 Das Erdölangebot	306
2.3 Energienachfrage	309
3. Kennzahlen des schweizerischen Energiemarkts	311
3.1 Energieverbrauch und Wirkungsgrad	311
3.2 Entwicklung des Endenergieverbrauchs	312
3.3 Aufteilung des Endenergieverbrauchs auf die Energieträger	316
3.3.1 Überblick	316
3.3.2 Erdöl	317
3.3.3 Elektrizität	318
a) Wasserkraftwerke	318
b) Kernkraftwerke	319
c) Konventionell-thermische und andere Kraftwerke	320
3.3.4 Gas	321
3.3.5 Weitere Energieträger	321
3.4 Aufteilung des Endenergieverbrauchs auf die Verbrauchergruppen	323
3.5 Aussenhandel mit Energieträgern	323
4. Die schweizerische Energiepolitik	325
4.1 Historische Entwicklung und Verfassungsartikel	325
4.2 Das Energiegesetz und die Energieverordnung	326
4.3 Die Aktionsprogramme des Bundes	326
4.4 Wandel im Elektrizitätsmarkt	329
5. Ausblick	332
6. Quellen	333
6.1 Literatur	333
6.2 Internet	334

Ergebnis und Strukturen 335

X. Wirtschaftskreislauf, Wohlstand und Wachstum .. 337
1. Einführung 337
2. Die Volkswirtschaftliche Gesamtrechnung der Schweiz 339
   - 2.1 Der einfache Wirtschaftskreislauf 339
   - 2.2 Methodische Aspekte der Volkswirtschaftlichen Gesamtrechnung .. 342
     - 2.2.1 Die Einteilung der Wirtschaftssubjekte in institutionelle Sektoren .. 342
     - 2.2.2 Die Gliederung von Transaktionen 345
     - 2.2.3 Der erweiterte Wirtschaftskreislauf 348
     - 2.2.4 Die Kontensequenz 350
     - 2.2.5 Revisionen der Volkswirtschaftlichen Gesamtrechnung .. 352
3. Kennzahlen und Resultate der Volkswirtschaftlichen Gesamtrechnung der Schweiz 353
   - 3.1 Das Bruttoinlandprodukt im Zusammenhang mit weiteren Kennzahlen .. 353
   - 3.2 Drei Ansätze zur Messung des Bruttoinlandprodukts 356
   - 3.3 Internationale Vergleiche und Quoten 359
4. Grenzen der Volkswirtschaftlichen Gesamtrechnung 361
   - 4.1 Zuordnungsprobleme 361
   - 4.2 Bewertungsprobleme 362
   - 4.3 Vergleiche von Aggregaten 364
   - 4.4 Das Bruttoinlandprodukt als unzulängliches Wohlfahrtsmass .. 366
   - 4.5 Möglichkeiten zur Messung der Wohlfahrt und Lebensqualität .. 367
5. Wachstum, Konjunktur und Investitionen 369
   - 5.1 Wachstum und Konjunktur 369
   - 5.2 Wachstum und Investitionen 372
6. Ausblick 375
7. Quellen 377
   - 7.1 Literatur 377
   - 7.2 Internet 378

XI. Produktionssektoren 379
1. Einführung 379
2. Sektorale Wirtschaftsstruktur 381
   - 2.1 Die Drei-Sektoren-Hypothese von Fourastié 381
   - 2.2 Die sektorale Entwicklung in der Schweiz 382
   - 2.3 Kritik an der sektoralen Betrachtung 386

3. Primärsektor ... 389

- 3.1 Grundlagen der Agrarwirtschaft ... 389
- 3.2 Der Strukturwandel im schweizerischen Landwirtschaftssektor ... 391
- 3.3 Die landwirtschaftliche Produktion in der Schweiz ... 393
- 3.4 Die schweizerische Agrarpolitik ... 394
  - 3.4.1 Staatliche Intervention bis Anfang der 1990er Jahre ... 394
  - 3.4.2 Von der Agrarpolitik 2002 zur Agrarpolitik 2007 ... 395
  - 3.4.3 Internationaler Rahmen der schweizerischen Agrarpolitik ... 398

4. Sekundärsektor ... 402

- 4.1 Charakterisierung der schweizerischen Industrie ... 402
- 4.2 Veränderungen im Umfeld industrieller Aktivitäten ... 405
- 4.3 Strukturell starke und gefährdete industrielle Aktivitäten ... 410
  - 4.3.1 Strukturell starker Bereich ... 411
    - a) Die Uhrenindustrie ... 412
    - b) Die chemisch-pharmazeutische Industrie ... 414
  - 4.3.2 Strukturell gefährdeter Bereich ... 418
    - a) Die Textil- und Bekleidungsindustrie ... 418
    - b) Die Druckindustrie ... 419
    - c) Die Maschinen-, Elektro- und Metallindustrie ... 420
  - 4.3.3 Mögliche industriepolitische Massnahmen ... 424
- 4.4 Optionen der Industrie am Standort Schweiz ... 425
  - 4.4.1 Alternative Entwicklungswege von Industrieunternehmungen ... 425
  - 4.4.2 Schweizerische Industrieunternehmungen als rasche Anwender mit hoher technologischer Kompetenz ... 426
  - 4.4.3 Determinanten des zukünftigen Erfolgs der schweizerischen Industrie ... 429

5. Tertiärsektor ... 431

- 5.1 Grundlagen des Tertiärsektors ... 431
  - 5.1.1 Merkmale von Dienstleistungen ... 431
  - 5.1.2 Dienstleistungsgruppen und ihre Bedeutung ... 433
- 5.2 Die schweizerische Telekom- und Softwarebranche ... 436
- 5.3 Das schweizerische Bankenwesen ... 438
  - 5.3.1 Rechtliche Grundlagen des Bankenwesens ... 439
    - a) Eigene Mittel ... 441
    - b) Liquidität ... 442
    - c) Überwachung und Revision ... 443
    - d) Bankkundengeheimnis ... 443
  - 5.3.2 Der Strukturwandel im schweizerischen Bankenwesen ... 445
    - a) Kantonalbanken ... 447
    - b) Grossbanken ... 449
    - c) Übrige Bankengruppen ... 453
  - 5.3.3 Die Bankgeschäfte ... 457
    - a) Die Kommerzgeschäfte ... 458
    - b) Die indifferenten Geschäfte ... 459
  - 5.3.4 Die Bankbilanz ... 462
- 5.4 Das schweizerische Privatversicherungswesen ... 464
  - 5.4.1 Ökonomische Grundlagen der Versicherungswirtschaft ... 464
  - 5.4.2 Rechtliche Grundlagen der Versicherungswirtschaft ... 465
    - a) Regelung der eigenen Mittel ... 466

b) Der Schweizer Solvenztest	467
c) Weitere rechtliche Bestimmungen	469
5.4.3 Die Struktur im schweizerischen Privatversicherungswesen	471
5.5 Das schweizerische Fremdenverkehrswesen	475
6. Ausblick	480
7. Quellen	484
7.1 Literatur	484
7.2 Internet	486

XII. Internationale Strukturen ... 489

1. Einführung	489
2. Erklärungsansätze wirtschaftlicher Aktivitäten im Raum	491
2.1 Erklärungsansätze der regionalen Verflechtung	491
2.2 Erklärungsansätze der internationalen Verflechtung	492
2.2.1 Ansätze der traditionellen Aussenhandelstheorie	493
a) Die Theorie von Ricardo	493
b) Die Theorie von Heckscher und Ohlin	493
2.2.2 Ansätze der neuen Aussenhandelstheorie	495
a) Die neotechnologischen Theorien	495
b) Die Theorie differenzierter Produkte	496
2.2.3 Ursachen der Aussenhandelsverflechtung der Schweiz	497
3. Die Messung und Struktur der schweizerischen Aussenwirtschaft	498
3.1 Die Zahlungsbilanz als Messinstrument der internationalen Verflechtung	498
3.2 Die Struktur der schweizerischen Aussenwirtschaft	503
3.3 Formen der Internationalisierung	509
4. Weltwirtschaftlicher Rahmen für die Schweiz	511
4.1 Formen der internationalen Wirtschaftsintegration	511
4.2 Wirtschaftsinstitutionen	513
4.2.1 Die Bretton-Woods-Institutionen	515
4.2.2 Die Welthandelsorganisation	517
4.2.3 Die Organisation für wirtschaftliche Zusammenarbeit und Entwicklung	519
4.2.4 Die Europäische Freihandelsassoziation	520
4.2.5 Die Europäische Union	523
a) Gründungsmotive	523
b) Wichtige Entwicklungsschritte	524
c) Weitere Entwicklung	527
4.2.6 Die bilateralen Verträge der Schweiz mit der Europäischen Union	528
a) Die Bilateralen I	528
b) Die Bilateralen II	532
5. Ausblick	535
6. Quellen	537
6.1 Literatur	537
6.2 Internet	539

Staatliche Beeinflussung 541

XIII. Geld und Währung 543
1. Einführung 543
2. Funktionen, Entstehung und Messung von Geld 545
   2.1 Funktionen des Geldes 545
   2.2 Entstehung von Geld 546
   2.3 Messung von Geld 549
3. Die Geld- und Währungsordnung der Schweiz 553
   3.1 Organisation der Schweizerischen Nationalbank 553
   3.2 Aufgaben der Schweizerischen Nationalbank 555
      3.2.1 Die Nationalbank im Zahlungsverkehr 556
      3.2.2 Die Nationalbank als Bankier des Bundes 557
   3.3 Das geldpolitische Konzept 558
      3.3.1 Explizite Definition der Preisstabilität 559
      3.3.2 Mittelfristige Inflationsprognose 560
      3.3.3 Zielband für den kurzfristigen Zinssatz 562
   3.4 Die Umsetzung der Geldpolitik 563
      3.4.1 Ordentliche Instrumente der Geldmarktsteuerung 565
      3.4.2 Weitere geldpolitische Instrumente 566
      3.4.3 Ausserordentliche Liquiditätshilfe 566
   3.5 Auswirkungen der Geldpolitik 567
4. Internationale Währungsordnung 573
   4.1 Der Internationale Währungsfonds 573
      4.1.1 Ziele des Internationalen Währungsfonds 573
      4.1.2 Tätigkeiten des Internationalen Währungsfonds 574
      4.1.3 Mitwirkung der Schweiz 575
   4.2 Die Zehnergruppe 576
   4.3 Die Bank für Internationalen Zahlungsausgleich 576
   4.4 Die Europäische Währungsunion 578
      4.4.1 Die Theorie optimaler Währungsgebiete 578
      4.4.2 Die Entstehung der Europäischen Währungsunion 580
      4.4.3 Die Geldpolitik der Europäischen Zentralbank 581
         a) Die geldpolitische Strategie 581
         b) Das geldpolitische Instrumentarium 583
      4.4.4 Der Euro 585
5. Die Finanzmärkte 586
   5.1 Volkswirtschaftliche Funktionen 586
   5.2 Geldmarkt 586
   5.3 Kapitalmarkt 588
   5.4 Der Finanzplatz Schweiz 590
      5.4.1 Die Schweizer Börse 590

5.4.2 Die Regulierung des Finanzplatzes Schweiz	592
5.4.3 Merkmale des Finanzplatzes Schweiz	594
6. Ausblick	596
7. Quellen	598
7.1 Literatur	598
7.2 Internet	600

XIV. Öffentliche Finanzen 601

1. Einführung	601
2. Die schweizerische Finanzordnung	603
2.1 Die Aufgaben und Ausgaben der öffentlichen Hand	604
2.2 Die Einnahmen der öffentlichen Hand	606
2.3 Die Rechnungsabschlüsse der öffentlichen Hand	608
2.4 Die Schulden der öffentlichen Hand	609
2.5 Schweizerischer Finanzföderalismus	611
2.6 Die schweizerische Finanzordnung im internationalen Vergleich	615
3. Das schweizerische Steuersystem	617
3.1 Einkommens- und Vermögenssteuern	619
3.1.1 Die direkte Bundessteuer	619
a) Die Einkommenssteuer natürlicher Personen	619
b) Die Gewinnsteuer juristischer Personen	620
3.1.2 Übrige direkte Steuern auf Bundesebene	620
3.2 Belastung des Verbrauchs	622
3.2.1 Grundsätzliche Möglichkeiten	622
3.2.2 Die Mehrwertsteuer	624
3.2.3 Übrige indirekte Steuern auf Bundesebene	627
3.3 Laufende Steuerreformen auf Bundesebene	628
3.3.1 Reformen im Bereich der direkten Steuern	630
a) Einkommenssteuer natürlicher Personen	630
b) Gewinnsteuer juristischer Personen	631
3.3.2 Reformen im Bereich der indirekten Steuern	632
a) Mehrwertsteuer	632
b) Eidgenössische Stempelabgaben	633
4. Die schweizerische Fiskalpolitik	635
5. Ausblick	639
6. Quellen	641
6.1 Literatur	641
6.2 Internet	643

XV. Soziale Sicherung 645

1. Einführung	645
2. Grundprinzipien und Bedeutung	647

Inhaltsverzeichnis XXIII

2.1 Grundprinzipien der sozialen Sicherung 647
2.2 Finanz- und volkswirtschaftliche Bedeutung der sozialen Sicherung 648
3. Die Zweige der sozialen Sicherung in der Schweiz 651
    3.1 Risikofaktor: Alter, Tod und Invalidität des Ernährers 652
        3.1.1 Die Alters- und Hinterlassenenversicherung 654
        3.1.2 Die Invalidenversicherung 659
        3.1.3 Die berufliche Vorsorge 661
    3.2 Risikofaktor: Krankheit, Mutterschaft und Unfall 668
        3.2.1 Die Krankenversicherung 668
        3.2.2 Die Mutterschaftsversicherung 671
        3.2.3 Die Unfallversicherung 672
    3.3 Risikofaktor: Arbeitslosigkeit 674
4. Herausforderungen für die Sozialpolitik in der Schweiz 676
    4.1 Die Bevölkerungsstruktur und deren Entwicklung 676
    4.2 Laufende Reformen der Sozialversicherungen 681
        4.2.1 Grundlegende Problematik der Altersvorsorge 681
        4.2.2 Reformen im Bereich der Alters- und Hinterlassenenversicherung 683
        4.2.3 Reformen im Bereich der Krankenversicherung 684
        4.2.4 Reformen im Bereich der Invalidenversicherung 686
    4.3 Armut in der Schweiz 687
        4.3.1 Definitionen und betroffene Bevölkerungsgruppen 687
        4.3.2 Das Phänomen der Working poor 692
        4.3.3 Die öffentliche Sozialhilfe 693
5. Ausblick 695
6. Quellen 697
    6.1 Literatur 697
    6.2 Internet 699

XVI. Die Volkswirtschaft der Schweiz im Aufbruch zum 21. Jahrhundert 701

1. Einführung 701
2. Eigenheiten des Wirtschaftens am Standort Schweiz 703
    2.1 Produktionsbedingungen am Standort Schweiz am Beginn des 21. Jahrhunderts   703
    2.2 Entwicklungsprobleme der 1990er Jahre: Wachstumsschwäche 706
    2.3 Auf dem Weg zu einem neuen Entwicklungsmuster 710
3. Innovationshost als Chance für die Zukunft 718
4. Ausblick 725
5. Quellen 730

Stichwortverzeichnis 732

Abbildungs- und Tabellenverzeichnis

I. Theorie und Praxis der Volkswirtschaft der Schweiz

Abbildung 1: Grundlegende Zusammenhänge in einer Volkswirtschaft 2
Abbildung 2: Zum Gebrauch des Buches 5

Ordnung und Rahmen

II. Wirtschaftsordnung

Abbildung 3: Bewirtschaftung knapper Güter 10
Abbildung 4: Das Opportunitätskostenprinzip 11
Abbildung 5: Die zwei Strategien des ökonomischen Prinzips 12
Tabelle 1: Mechanismen zur Organisation gesellschaftlicher Entscheidungen 13
Abbildung 6: Die Grundfrage der Volkswirtschaftslehre 14
Abbildung 7: Definitionen von Wirtschaftsordnung und Wirtschaftsverfassung 15
Tabelle 2: Zwei Wirtschaftsmodelle im Vergleich 18
Abbildung 8: Durch die Wirtschaftsordnung festzulegende Elemente 20
Abbildung 9: Planung und Entscheidung in der schweizerischen Marktwirtschaft 24
Abbildung 10: Marktwirtschaftliche Mikrosteuerung: Angebot und Nachfrage 27
Abbildung 11: Maximierung und Marginalbedingung 28
Abbildung 12: Vollkommener Markt und Optimum 32
Abbildung 13: Grenzen der Preistheorie 33

Abbildungs- und Tabellenverzeichnis XXV

III. Markt- und Produktionsverfassung

Abbildung 14:	Aufbau der Bundesverfassung der Schweiz	44
Abbildung 15:	Grundsätze der Wirtschaftsordnung	45
Abbildung 16:	Grundzüge der schweizerischen Marktverfassung	46
Abbildung 17:	Abweichungen vom Grundsatz der Wirtschaftsfreiheit	49
Abbildung 18:	Kartelle und das Gefangenen-Dilemma	51
Abbildung 19:	Die Konzentration im schweizerischen Bankenwesen	53
Abbildung 20:	Wettbewerbspolitik	55
Abbildung 21:	Prinzip der Erschöpfung	58
Abbildung 22:	Beispiel Wettbewerbsabreden: Feldschlösschen – Coca Cola	62
Abbildung 23:	Beispiel Fusionen: UBS – SBV	64
Abbildung 24:	Eigentumsgarantie	66
Abbildung 25:	Aufbau des Obligationenrechts	69
Abbildung 26:	Die drei Bereiche des Arbeitsrechts	73

IV. Wirtschaftspolitik

Tabelle 3:	Öffentliche Güter, private Güter und Mischgüter	87
Abbildung 27:	Der Begriff "Regulierung"	91
Abbildung 28:	Die Neue Politische Ökonomie	92
Abbildung 29:	Kernfragen zur Ordnungskonformität von Staatseingriffen	94
Abbildung 30:	Bedingungen für die Bildung von Interessengruppen	97
Abbildung 31:	Organisations- und Konfliktfähigkeit einer Gruppe	99
Abbildung 32:	Interessenorganisation im ökonomischen System (2005)	102
Abbildung 33:	Ausgewählte Interessenorganisationen im ökonomischen System	103
Abbildung 34:	Volksinitiative auf Total- und Teilrevision der Bundesverfassung	110
Abbildung 35:	Obligatorisches Referendum	111
Abbildung 36:	Fakultatives Referendum	112
Abbildung 37:	Organisationsschema der Exekutive auf Bundesebene (2006)	116
Abbildung 38:	Ablauf der Willensbildung auf Bundesebene	119

Produktionsfaktoren

V. Arbeit

Abbildung 39:	Begriffe im Bereich des Erwerbslebens	139
Abbildung 40:	Determinanten von Angebot und Nachfrage auf dem Arbeitsmarkt	140
Tabelle 4:	Erwerbspersonen und Bruttoerwerbsquote in der Schweiz (1960–2004)	141
Abbildung 41:	Einflussfaktoren auf die Höhe der Erwerbsquote	143
Abbildung 42:	Bestimmungsgründe der effektiven Arbeitskräftenachfrage	144
Abbildung 43:	Gründe für den sinkenden Organisationsgrad der Arbeitnehmer	151
Abbildung 44:	Produktivitätsorientierte Lohnpolitik	157
Abbildung 45:	Produktivitäts- und Reallohnentwicklung (1990–2004)	158
Abbildung 46:	Erwerbstätige und Arbeitslose (1960–2003)	159
Abbildung 47:	Die Beveridge-Kurve für die Schweiz (1974–2005)	162
Tabelle 5:	Arbeitslosenquote nach ausgewählten Merkmalen	164
Abbildung 48:	Schweizerischer Arbeitsmarkt im internationalen Vergleich	168

VI. Wissen, Bildung und Innovationen

Abbildung 49:	Der Innovationsbegriff	175
Abbildung 50:	Interaktiver Innovationsprozess	177
Abbildung 51:	F&E-Ausgaben der Schweizer Unternehmungen (1989–2004)	180
Abbildung 52:	Entwicklung ausgewählter Technologiefelder (1991–2002)	184
Abbildung 53:	Zusammenspiel im NIS – Möglichkeiten und Beispiel	187
Abbildung 54:	Das Nationale Innovationssystem der Schweiz	188
Abbildung 55:	Neuer Bildungsrahmenartikel in der Verfassung	192
Abbildung 56:	Das Bildungssystem der Schweiz (vereinfacht) (2005)	195
Abbildung 57:	Bildungsausgaben pro Schüler je Stufe	198
Abbildung 58:	Ausgaben pro Schüler und PISA-Punktzahl (2003)	200
Tabelle 6:	F&E-Ausgaben im internationalen Vergleich	204
Tabelle 7:	Aufteilung der Forschungsförderung des SNF (2003)	205
Abbildung 59:	Entwicklung des Kerngeschäftes der KTI (1986–2003)	207

Abbildungs- und Tabellenverzeichnis   XXVII

VII. Boden und Realkapital

Abbildung 60:	Gesamt- und Siedlungsflächen nach Nutzungsarten (1997)	216
Tabelle 8:	Quadratmeterpreise im Kanton Zürich für unbebautes Land (2004)	219
Abbildung 61:	Die Formel der ewigen Rente	220
Abbildung 62:	Konflikte der Bodennutzung und Massnahmen	222
Abbildung 63:	Raumplanung	224
Abbildung 64:	Ziele des Raumplanungsgesetzes	225
Tabelle 9:	Primäre Bodengefährdungen in der Schweiz	227
Abbildung 65:	Der Fall Galmiz	229
Abbildung 66:	Einteilung der Bruttoinvestitionen gemäss VGR	232
Tabelle 10:	Entwicklung der Bruttoinvestitionen (1980–2004)	233
Abbildung 67:	Bestandteile des Volksvermögens	234
Tabelle 11:	Entwicklung der Bruttoanlageinvestitionen (1980–2004)	234
Tabelle 12:	Entwicklung der Gebäudearten mit Wohnzweck (1990–2000)	239
Tabelle 13:	Entwicklung der Wohnungen nach Eigentümertyp (1990–2000)	241
Abbildung 68:	Rechtlicher Zusammenhang zwischen Hypothekarzins und Miete	244

VIII. Umwelt

Tabelle 14:	Wachstum der Weltbevölkerung (1500–2048)	250
Abbildung 69:	Geschichte und Konzept der Nachhaltigen Entwicklung	252
Abbildung 70:	Die Umwelt-Kuznets-Kurve	253
Abbildung 71:	Die Internalisierung negativer Externalitäten	259
Abbildung 72:	Wirkungsweise der Pigou-Steuer	263
Abbildung 73:	Konsumtive und nicht-konsumtive Werte der Umweltgüter	266
Abbildung 74:	Das Kyoto-Protokoll	269
Abbildung 75:	Die Rolle von Informationen bei freiwilligem Umweltschutz	273
Abbildung 76:	Statische Ineffizienz von einheitlichen Grenzwerten	275
Abbildung 77:	CO_2-Zertifikate	279
Abbildung 78:	Umweltartikel in der Bundesverfassung	284
Abbildung 79:	Auszüge aus dem Umweltschutzgesetz	284
Abbildung 80:	Anwendung des Verbandsbeschwerderechts	285
Abbildung 81:	Der geplante CO_2-Emissionshandel in der Schweiz	287

IX. Energie

Abbildung 82:	Energieträger und Energieverbrauch	303
Abbildung 83:	Die McKelvey-Box	304

Tabelle 15:	Energieangebot nach Primärenergieträgern (2003)	305
Abbildung 84:	Die Hotelling-Regel	306
Abbildung 85:	Organization of the Petroleum Exporting Countries	307
Abbildung 86:	Realer Erdölpreis in US-Dollar pro Barrel (1861–2005)	307
Tabelle 16:	Verteilung der Erdölreserven	308
Tabelle 17:	Bruttoenergieverbrauch pro Kopf in ausgewählten Ländern (2001)	310
Abbildung 87:	Energieverbrauch in der Schweiz (2004)	312
Abbildung 88:	Endenergieverbrauch (1910–2003)	313
Abbildung 89:	Endenergieverbrauch, Pro-Kopf-Verbrauch und BIP (1970–2003)	315
Tabelle 18:	Endenergieverbrauch nach Energieträgern (1930–2004)	316
Tabelle 19:	Elektrizitätserzeugung nach Kraftwerkstyp (1970–2004)	318
Tabelle 20:	Endenergieverbrauch nach Verbrauchergruppen (1980–2004)	323
Tabelle 21:	Aussenhandel mit Energie (1970–2004)	324
Abbildung 90:	Energiepolitik	326
Abbildung 91:	Unbundling im Elektrizitätsmarkt	330

Ergebnis und Strukturen

X. Wirtschaftskreislauf, Wohlstand und Wachstum

Abbildung 92:	Der einfache Wirtschaftskreislauf: Reale und monetäre Ströme	340
Abbildung 93:	Der einfache geschlossene Wirtschaftskreislauf: Monetäre Ströme	341
Abbildung 94:	Die Einteilung der Wirtschaftssubjekte in institutionelle Sektoren	343
Abbildung 95:	Funktionale Gliederung der Transaktionen in Kontenform	346
Abbildung 96:	Erweiterter Wirtschaftskreislauf: Monetäre Ströme	348
Tabelle 22:	Die Kontensequenz der Gesamtwirtschaft	351
Abbildung 97:	Das Produktionskonto der Gesamtwirtschaft	351
Abbildung 98:	Inlands- und Inländerkonzept	354
Abbildung 99:	Zusammenhang zwischen dem BIP und weiteren Kennzahlen	355
Tabelle 23:	Bruttoinlandprodukt gemäss Produktionsansatz (2004)	356
Tabelle 25:	Bruttoinlandprodukt gemäss Verwendungsansatz (2004)	357
Tabelle 24:	Bruttoinlandprodukt gemäss Einkommensansatz (2004)	357
Abbildung 100:	Produktions-, Einkommens- und Verwendungsansatz	358
Tabelle 26:	Möglichkeiten zur Messung der Wohlfahrt und der Lebensqualität	368
Abbildung 101:	Konjunkturphasen	370
Abbildung 102:	Nominelles BIP-Wachstum in der Schweiz (1950–2003)	370
Abbildung 103:	Diagnose und Prognose der Wirtschaftslage	372
Abbildung 104:	Rolle der Ersatz- und Nettoinvestitionen in der Gesamtwirtschaft	374

Abbildungs- und Tabellenverzeichnis   XXIX

XI. Produktionssektoren

Abbildung 105:	Produktivitätsbegriffe	383
Tabelle 27:	Erwerbstätige und Wertschöpfung nach Sektoren und Branchen	384
Abbildung 106:	Internationaler Vergleich der Erwerbstätigen im Industriesektor	385
Abbildung 107:	Ausbildung eines servo-industriellen Bereichs	387
Abbildung 108:	Elastizitätsbegriffe	391
Tabelle 28:	Anzahl Landwirtschaftsbetriebe nach Nutzfläche (1985–2003)	392
Abbildung 109:	Gesamtproduktionswert der Landwirtschaft (2004)	394
Abbildung 110:	Staatliche Preis- und Absatzsicherung auf dem Getreidemarkt	396
Abbildung 111:	Aufhebung der staatlichen Kontingentierung auf dem Milchmarkt	399
Abbildung 112:	Internationale Subventionierung der Landwirtschaft (2004)	400
Abbildung 113:	Typische Merkmale industrieller Tätigkeiten am Standort Schweiz	405
Abbildung 114:	Relative Beschäftigungsveränderungen nach Branchen (1995–2004)	408
Abbildung 115:	Wettbewerbsfähigkeit von Unternehmungen	410
Abbildung 116:	Strukturelle Bereiche der Schweizer Volkswirtschaft	412
Abbildung 117:	Die Uhrenindustrie am Beispiel der Swatch Group AG	414
Abbildung 118:	Die Pharmaindustrie am Beispiel Novartis	416
Abbildung 119:	Die Maschinenindustrie am Beispiel Rieter	422
Abbildung 120:	Auf- und Abbau im Industriesektor	423
Abbildung 121:	Potenzial zur Re-Industrialisierung	428
Tabelle 29:	Produktivität ausgewählter Branchen der Volkswirtschaft der Schweiz	435
Abbildung 122:	Integrierte Finanzmarktaufsicht	440
Tabelle 30:	Anzahl Bankeninstitute (1991–2004)	446
Abbildung 123:	Das Private Banking-Geschäft	452
Abbildung 124:	Bankgeschäfte	458
Tabelle 31:	Aktiven und Passiven der Bankbilanzen in der Schweiz (2004)	463
Abbildung 125:	Das Lamfalussy-Konzept	468
Tabelle 32:	Kapitalanlagen der schweizerischen Privatversicherungen	472
Tabelle 33:	Prämien und Leistungen im direkten Schweizer Geschäft (2003)	473
Tabelle 34:	Weltweites Prämienvolumen der Schweizer Privatversicherer (2004)	474

XII. Internationale Strukturen

Abbildung 126:	Absolute und komparative Kostenvorteile	494
Abbildung 127:	Darstellung der Transaktionen in der Zahlungsbilanz	500
Abbildung 128:	Grundschema der schweizerischen Zahlungsbilanz	501
Abbildung 129:	Direktinvestitionen und Portfolioinvestitionen	502
Abbildung 130:	Die schweizerische Zahlungsbilanz (2004)	503
Abbildung 131:	Entwicklung und Aufteilung des Ertragsbilanzsaldos (1990–2004)	505
Abbildung 132:	Struktur des schweizerischen Warenhandels (2004)	507
Abbildung 133:	Auslandvermögen der Schweiz (2003)	508
Tabelle 35:	Schweizerische Direktinvestitionen im Ausland (2003)	508

Tabelle 36:	Ausländische Direktinvestitionen in der Schweiz (2003)	509
Abbildung 134:	Stufen der wirtschaftlichen und politischen Integration	514
Abbildung 135:	Die fünf Institutionen der Weltbank-Gruppe	516
Abbildung 136:	Die Rechtsprinzipien der Welthandelsorganisation	518
Abbildung 137:	Die Europäische Freihandelsassoziation	521
Abbildung 138:	Das Cassis-de-Dijon-Prinzip	525
Abbildung 139:	Die Europäische Union	526
Abbildung 140:	Zuständigkeitsbereiche der EU in der Europäischen Verfassung	529

Staatliche Beeinflussung

XIII. Geld und Währung

Abbildung 141:	Interpretationen der Quantitätsgleichung	544
Abbildung 142:	Geldschöpfung durch die Geschäftsbanken	547
Abbildung 143:	Der Geldschöpfungsmultiplikator mit Bargeldhaltung	549
Abbildung 144:	Aktuelle Geldmengendefinitionen seit 1995	551
Abbildung 145:	Vereinfachte Bilanz der Schweizerischen Nationalbank (2004)	552
Abbildung 146:	Politisch-unternehmerische Organisation der SNB (2006)	554
Abbildung 147:	Kosten von Inflation und Deflation	559
Abbildung 148:	Inflation und Inflationsprognosen (2000–2007)	561
Abbildung 149:	Zielband für den Dreimonats-Libor (2000–2005)	563
Abbildung 150:	Das geldpolitische Konzept (1973–1999)	564
Abbildung 151:	Geldpolitischer Transmissionsmechanismus	568
Abbildung 152:	Monetaristische Position zur Geldpolitik	572
Abbildung 153:	Die Theorie optimaler Währungsgebiete	579
Abbildung 154:	Die Entstehung der Europäischen Währungsunion	582
Abbildung 155:	Die drei Funktionen der Finanzmärkte	587
Tabelle 37:	Nettobeanspruchung des Kapitalmarkts (1995–2004)	588
Abbildung 156:	Zinsstruktur am Geld- und Kapitalmarkt (1995–2005)	589
Abbildung 157:	Stärken und Schwächen des Finanzplatzes Schweiz	594

XIV. Öffentliche Finanzen

Abbildung 158:	Die schweizerische Finanzordnung im Überblick	603
Abbildung 159:	Rechnungsmodelle des privaten und öffentlichen Bereichs	605
Abbildung 160:	Staatsrechnung: Ausgaben nach Funktionen (2003)	606

Abbildungs- und Tabellenverzeichnis   XXXI

Abbildung 161: Staatsrechnung: Ausgaben nach Sachgruppen (2003) 607
Abbildung 162: Staatsrechnung: Einnahmen (2003) 608
Abbildung 163: Staatsrechnung: Abschlüsse (Saldi) (1960–2005) 609
Tabelle 38:   Schulden von Bund, Kantonen und Gemeinden (1980–2006) 610
Abbildung 164: Die NFA zwischen Bund und Kantonen 614
Abbildung 165: Kennzahlen öffentlicher Haushalte im internationalen Vergleich 616
Tabelle 39:   Die drei Steuerhoheiten 618
Abbildung 166: Varianten der Umsatzbesteuerung 623
Abbildung 167: Besteuerungsprinzipien in offenen Volkswirtschaften 626
Abbildung 168: Stärken und Schwächen des schweizerischen Steuersystems 629
Abbildung 169: Der Fiskalimpuls der öffentlichen Haushalte (1990–2005) 637

XV. Soziale Sicherung

Tabelle 40:   Soziallast- und Sozialleistungsquote in der Schweiz 649
Abbildung 170: Überblick über das System der sozialen Sicherung (2006) 652
Abbildung 171: Alters-, Hinterlassenen- und Invalidenvorsorge 653
Abbildung 172: Das Rentensystem der Alters- und Hinterlassenenversicherung 655
Abbildung 173: Die Rentenformel der Alters- und Hinterlassenenversicherung 656
Abbildung 174: Finanzierungsverfahren der Altersvorsorge I 658
Abbildung 175: Koordinierte Leistungen der AHV und der beruflichen Vorsorge 662
Abbildung 176: Finanzierungsverfahren der Altersvorsorge II 664
Abbildung 177: Altersgutschriften 665
Abbildung 178: Die schweizerische Bevölkerungsstruktur (2002) 677
Abbildung 179: Altersaufbau der Bevölkerung (2000–2060) 679
Tabelle 41:   Jugend-, Alters- und Gesamtquotient gemäss dem Szenario "Trend" 680
Tabelle 42:   Gründe für Armut 687
Abbildung 180: Die Lebenslage von IV-Bezügern in der Schweiz 688
Abbildung 181: Lorenzkurve: Einkommens- und Vermögensverteilung 691

XVI. Die Volkswirtschaft der Schweiz im Aufbruch zum 21. Jahrhundert

Abbildung 182: Vision für den Standort Schweiz – Innovationshost 720

Abkürzungsverzeichnis

...	Daten nicht verfügbar/Auslassungen	EFD	Eidgenössisches Finanzdepartement
Abs.	Absatz	EFTA	European Free Trade Association (Europäische Freihandelsassoziation)
AG	Aktiengesellschaft		
AHV	Alters- und Hinterlassenenversicherung	EG	Europäische Gemeinschaft
ALV	Arbeitslosenversicherung	EJPD	Eidgenössisches Justiz- und Polizeidepartement
Art.	Artikel	EPFL	Ecole Polytechnique Fédérale de Lausanne
AVE	Allgemeinverbindlicherklärung		
BFS	Bundesamt für Statistik	ESVG	Europäisches System der Volkswirtschaftlichen Gesamtrechnungen
BGE	Bundesgerichtsentscheid		
BIP	Bruttoinlandprodukt		
BIZ	Bank für internationalen Zahlungsausgleich	ESZB	Europäisches System der Zentralbanken
BNE	Bruttonationaleinkommen	ETHZ	Eidgenössische Technische Hochschule Zürich
BPV	Bundesamt für Privatversicherungen	EU	Europäische Union
BPW	Bruttoproduktionswert	EVD	Eidgenössisches Volkswirtschaftsdepartement
BSP	Bruttosozialprodukt	EWR	Europäischer Wirtschaftsraum
BV	Bundesverfassung	EWS	Europäisches Währungssystem
BVg	Berufliche Vorsorge	EWU	Europäische Währungsunion
CO_2	Kohlendioxid	EZB	Europäische Zentralbank
EBK	Eidgenössische Bankenkommission	F&E	Forschung und Entwicklung
EDA	Eidgenössisches Departement für auswärtige Angelegenheiten	GATT	General Agreement on Tariffs and Trade (Allgemeines Zoll- und Handelsabkommen)
EDI	Eidgenössisches Departement des Innern	GATS	General Agreement on Trade and Services

Abkürzungsverzeichnis XXXIII

GAV	Gesamtarbeitsvertrag	OPEC	Organization for Petroleum Exporting Countries
IKT	Informations- und Kommunikationstechnologien	OR	Obligationenrecht
IV	Invalidenversicherung	PISA	Programme for International Student Assessment
IWF/ IMF	Internationaler Währungsfonds (International Monetary Fund)	POoE	Private Organisationen ohne Erwerbscharakter
KMU	Kleine und mittlere Unternehmungen	RAV	Regionale Arbeitsvermittlungszentren
KOF	Konjunkturforschungsstelle der ETH Zürich	RBA	Regionalbanken
KTI	Förderagentur für Innovation (Kommission für Technologie und Innovation)	SAKE	Schweizerische Arbeitskräfteerhebung
LIK	Landesindex der Konsumentenpreise	SBB	Schweizerische Bundesbahnen
		seco	Staatssekretariat für Wirtschaft
LSVA	Leistungsabhängige Schwerverkehrsabgabe	SGB	Schweizerischer Gewerkschaftsbund
MEM	Maschinen, Elektro, Metall	SIC	Swiss Interbank Clearing
MWSt	Mehrwertsteuer	SNB	Schweizerische Nationalbank
NB	Nationale Buchhaltung	SNF	Schweizerischer Nationalfonds
NBG	Nationalbankgesetz	SUVA	Schweizerische Unfallversicherungsanstalt
NEAT	Neue Eisenbahn-Alpentransversale	SWX	Swiss Exchange (Schweizer Börse)
NFA	Neugestaltung des Finanzausgleichs und der Aufgabenteilung zwischen Bund und Kantonen	TRIPS	Trade-Related Aspects of Intellectual Property Rights
		UNO	United Nations Organization (Vereinte Nationen)
NFP	Nationales Forschungsprogramm	UVEK	Eidgenössisches Departement für Umwelt, Verkehr, Energie und Kommunikation
NIP	Nettoinlandprodukt		
NIS	Nationales Innovationssystem	VE	Volkseinkommen
NNE	Nettonationaleinkommen	VGR	Volkswirtschaftliche Gesamtrechnung
NPM	New Public Management		
NPÖ	Neue Politische Ökonomie	Weko	Wettbewerbskommission
OECD	Organization for Economic Co-Operation and Development (Organisation für wirtschaftliche Zusammenarbeit und Entwicklung)	WTO	World Trade Organization (Welthandelsorganisation)
		WTT	Wissens- und Technologietransfer

Autorenporträts

Beat Hotz-Hart (*1948) studierte Ökonomie und Politologie mit Promotion 1978 an der Universität Zürich. Assistent und Lehrbeauftragter an den Universitäten Zürich und Fribourg sowie der ETH Zürich; Stipendium des Schweizerischen Nationalfonds mit Aufenthalten an den Universitäten Münster (D), Warwick (UK) und Harvard (USA); 1986 Habilitation an der Universität Fribourg. Fachbereichsleiter am Institut für Orts-, Regional- und Landesplanung (ORL) der ETH Zürich. 1987 Übertritt in das Eidg. Volkswirtschaftsdepartement. Mitglied der Geschäftsleitung beim Bundesamt für Berufsbildung und Technologie (BBT). Gleichzeitig a.o. Professor der Universität Zürich für Volkswirtschaftslehre mit Schwergewicht in der Innovationsökonomie und -politik.

Daniel Schmuki (*1972) studierte Ökonomie und Bankbetriebswirtschaftslehre an der Universität Zürich. Assistent und Lehrbeauftragter an der Universität Zürich von 1997–2003 sowie wissenschaftlicher Assistent an der Swiss Banking School von 2000–2001. Seit 2002 Dozent für Mathematik am Swiss Finance Institute in Zürich. Seit 2004 Dozent für Volkswirtschaftslehre an der Höheren Fachschule für Wirtschaft (HFW) in Zug.

Patrick Dümmler (*1973) studierte Ökonomie an der Universität Zürich mit Promotion 2005 an der ETH Zürich. Lehrbeauftragter an der Universität Zürich und an der KV Zürich Business School von 1999–2001. Wissenschaftlicher Assistent am Institut für Raum- und Landschaftsentwicklung (IRL) der ETH Zürich von 2000–2005 und Gründer einer Unternehmung im Bildungsbereich. Seit 2006 bei Helbling Management Consulting im Bereich Life Sciences tätig.

Stefan Mäder (*1963) studierte Ökonomie mit Promotion 1992 an der Universität Zürich. Gegenwärtig Mitglied der Geschäftsleitung sowie Leiter Finanzen und Services der Zürich Schweiz.

Patrick Vock (*1964) studierte Ökonomie an der Universität Zürich. Gegenwärtig Leiter a.i. sowie Verantwortlicher Technologie und Innovation des Zentrums für Wissenschafts- und Technologiestudien (CEST).

I. Theorie und Praxis der Volkswirtschaft der Schweiz

Dieses Buch gibt eine **Einführung in die Volkswirtschaft der Schweiz**. Doch gibt es überhaupt noch eine Volkswirtschaft, oder bedeutet Globalisierung das Ende der Nationalökonomie? Globalisierung ist ein Prozess, bei dem sich Netzwerke und Systeme wirtschaftlicher und gesellschaftlicher Beziehungen räumlich ausdehnen, von regional zu interregional und über international zu transkontinental. Dabei verschwinden die Volkswirtschaften natürlich nicht; vielmehr nehmen sie am globalen System durch internationale Prozesse und Transaktionen teil. Ein Wechselspiel ist in Kraft: Die Weltwirtschaft wird von den verschiedenen Volkswirtschaften im Wettbewerb geprägt, und umgekehrt wirken die internationalen Entwicklungen auf sie zurück. Damit haben sich für die Volkswirtschaften Kontext und Bestimmungsgründe ihrer Leistungsfähigkeit und Entwicklung wesentlich verändert. Ziel des vorliegenden Buches ist es, dem Leser **Verständnis und Einsichten in die grossen Zusammenhänge einer Volkswirtschaft** zu vermitteln und einen Überblick über das volkswirtschaftliche Geschehen am Beispiel der Schweiz zu geben. Es will den Leser befähigen, fallweise die ökonomische Theorie auf reale Probleme der Volkswirtschaft der Schweiz anzuwenden und daraus Schlüsse zu ziehen. Die Autoren versuchen also, die schweizerische Volkswirtschaft, ihren Aufbau, ihre Struktur und ihre Leistungen, ihre Einbindung in die Weltwirtschaft und ihre Zukunftsoptionen aus theoriegestützter Perspektive zu schildern und zu analysieren. Dabei werden diese Dimensionen **methodisch und argumentativ auf zwei verschiedenen Wegen** angegangen:

Einerseits sollen die wichtigsten Merkmale und Eigenheiten des wirtschaftlichen und gesellschaftlichen Systems vorgestellt und beschrieben werden, mit dem der Begriff "Volkswirtschaft der Schweiz" alltagssprachlich, etwa auf den Wirtschaftsseiten der Tageszeitungen, verbunden wird: seine Wirtschaftsverfassung, die Institutionen und die wirtschaftspolitischen Akteure des Landes, seine Leistungsströme und sein Technologieportfolio, das Innovationsverhalten am Standort etc. Wäre der Ausdruck nicht emotional besetzt, müsste wohl am ehesten von der **"real existierenden" Wirtschaft am Standort Schweiz** in ihrem internationalen Kontext die Rede sein. Andererseits wird der Versuch unternommen, diese

Wirtschaft und ihre Stellung in der Weltwirtschaft aus der Sicht der Wirtschaftstheorie zu beleuchten. Hierzu wird an den jeweils geeigneten Stellen das **"passende" ökonomische Lehrbuchwissen** in gebotener Kürze dargestellt und angewendet. Beide Aspekte zusammen zeigen die grossen Zusammenhänge auf; das Buch gibt einen Überblick, wobei es um Kenntnis und Verständnis der Volkswirtschaft der Schweiz geht. In diesem Sinne wendet sich das Buch als Einführung in erster Linie an Studierende der wirtschaftswissenschaftlichen und mit ihnen verwandten Disziplinen auf Hochschulstufe. Die Volkswirtschaft der Schweiz wird anhand der in Abbildung 1 dargestellten grundlegenden Zusammenhänge analysiert und beurteilt. Dies entspricht dann auch dem Aufbau des Buches.

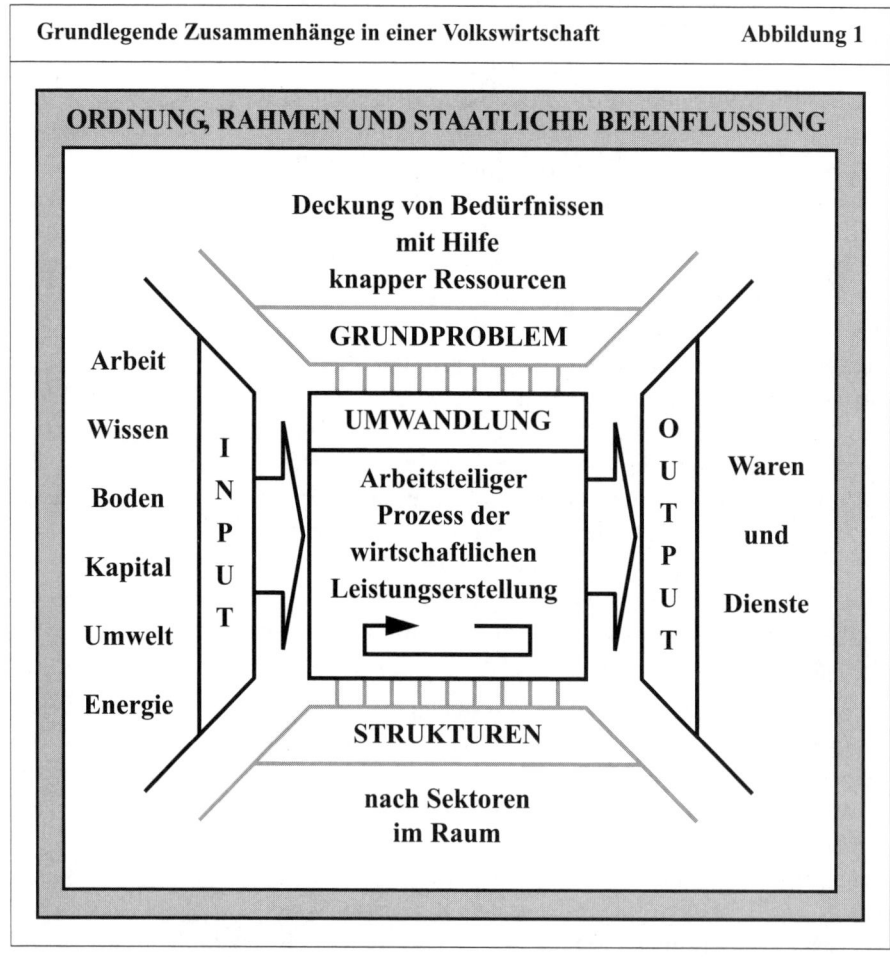

Grundlegende Zusammenhänge in einer Volkswirtschaft — Abbildung 1

I. Theorie und Praxis der Volkswirtschaft der Schweiz

Gegenstand des ersten Themenblocks sind **Ordnung und Rahmen** wirtschaftlicher Aktivitäten in der Schweiz. Im Kapitel "Wirtschaftsordnung" werden zunächst die Grundfragen, die jede Volkswirtschaft zu beantworten hat, erläutert und mögliche Antworten aufgezeigt; dadurch wird die Funktion der Wirtschaftsordnung plausibel gemacht. Diese Ordnung legt Institutionen und Spielregeln fest, die der Volkswirtschaft eine Struktur geben, mit dem Ziel, das Knappheitsproblem unter Mitwirkung aller Wirtschaftseinheiten möglichst optimal zu lösen. Das folgende Kapitel "Markt- und Produktionsverfassung" ist der spezifischen Ausgestaltung der schweizerischen Wirtschaftsordnung gewidmet. Im Vordergrund stehen dabei die Wirtschaftsfreiheit, die Wettbewerbsordnung und -politik sowie die Eigentums-, Unternehmungs-, Betriebs- und Arbeitsverfassung. Im Kapitel "Wirtschaftspolitik" werden schliesslich Struktur und Organisation wirtschaftlicher Interessen sowie die Willensbildungs- und Entscheidungsprozesse in der schweizerischen Wirtschaftspolitik vorgestellt. Die Politik im Sinne der staatlichen Beeinflussung des Wirtschaftsgeschehens wird in den einzelnen Fachkapiteln erläutert, so z.B. die Umweltpolitik im Kapitel "Umwelt".

Im zweiten Themenblock wird die Bedeutung der für den Produktionsprozess nötigen Inputs, der **Produktionsfaktoren**, erläutert. In diesem Zusammenhang werden mit Bedacht auch die Faktoren Wissen, Umwelt und Energie diskutiert, die in der traditionellen Ökonomie als Randbedingungen, nicht aber als eigentliche Produktionsfaktoren figurieren, während die Faktoren Arbeit, Realkapital und Boden die klassischen Produktionsfaktoren darstellen. Im Kapitel "Arbeit" werden u.a. die Funktionsweise sowie die institutionellen Aspekte des schweizerischen Arbeitsmarkts diskutiert. Im Kapitel "Wissen, Bildung und Innovationen" werden die – den neueren Strömungen wirtschaftswissenschaftlicher Forschung zufolge – eigentlichen Produktionsfaktoren der Gegenwart und der Zukunft thematisiert. Hier geht es hauptsächlich um das schweizerische Innovations- und Bildungssystem, das den wirtschaftlichen Wohlstand massgeblich bestimmt. Das Kapitel "Boden und Realkapital" behandelt u.a. verschiedene Aspekte des schweizerischen Boden-, Immobilien- und Wohnungsmarkts. Das folgende Kapitel "Umwelt" befasst sich neben der ökonomischen Sicht des Umweltproblems mit den umweltpolitischen Instrumenten und der schweizerischen Umweltpolitik. Die Umwelt stellt in vielen Fällen nicht nur eine Restriktion, sondern auch einen wirklichen Input im Produktionsprozess dar. Das Kapitel "Energie" – als letztes Kapitel des Blocks – befasst sich mit einem essenziellen Produktionsfaktor: Energie aus den Energieträgern Erdöl, Elektrizität und Gas. Der schweizerische Energiemarkt und die schweizerische Energiepolitik stehen im Vordergrund der Überlegungen.

Der dritte Themenblock konzentriert sich auf **Ergebnisse und Strukturen** des Wirtschaftens. Das einleitende Kapitel "Wirtschaftskreislauf, Wohlstand und Wachstum" stellt das Konzept des Wirtschaftskreislaufs vor und beleuchtet die

Phänomene Wohlstand und Wachstum sowie ihre Erfassung in der Volkswirtschaftlichen Gesamtrechnung (VGR). Im folgenden Kapitel "Produktionssektoren" wird die Struktur der schweizerischen Volkswirtschaft im traditionellen, d.h. sektoralen Sinne beschrieben. Es wird gezeigt, dass die dahinter stehende Vorstellung den heutigen wirtschaftlichen Verflechtungen nicht mehr gerecht wird. U.a. wird auf den servo-industriellen Komplex hingewiesen. Das Kapitel "Internationale Strukturen" befasst sich u.a. mit der Arbeitsteilung im Raum. Dabei werden die regionale und internationale Verflechtung sowie die Einbindung der schweizerischen Volkswirtschaft theoriegestützt dargelegt.

Der vierte Themenblock behandelt die **staatliche Beeinflussung** des Wirtschaftslebens durch Institutionen der öffentlichen Hand. Im Kapitel "Geld und Währung" geht es um die monetäre Seite der Volkswirtschaft. Im Zentrum steht die Schweizerische Nationalbank (SNB); ihr gesetzlicher Auftrag und die ihr zur Verfügung stehenden geldpolitischen Instrumente machen diese Institution zu einem Eckpfeiler der schweizerischen Wirtschaftspolitik. Das Kapitel "Öffentliche Finanzen" zeigt die Grundzüge und Probleme des öffentlichen Haushaltes. Etwas eingehender wird das schweizerische Steuersystem und die Fiskalpolitik behandelt. Mit dem Kapitel "Soziale Sicherung" kommen solche Themen zur Sprache, die der Marktwirtschaft die soziale Dimension verleihen. Nach Ausführungen über ihre volkswirtschaftliche Bedeutung sowie einer Darstellung des schweizerischen Sozialversicherungssystems werden einige grundsätzliche Probleme der Altersvorsorge sowie der Armut in der Schweiz aufgegriffen und diskutiert.

Zum Schluss wird ein Ausblick in die **Zukunft der Wirtschaft am Standort Schweiz** gegeben. Hierzu werden zunächst das Umfeld und einige prägende weltweite Trends dargelegt und im Hinblick auf ihre möglichen und wahrscheinlichen Auswirkungen auf die Volkswirtschaft der Schweiz diskutiert. Danach werden die Ausgangslage und strukturelle Gegebenheiten der Schweiz gewürdigt. Davon ausgehend werden letztendlich das Potenzial und die Chancen der Schweiz aus volkswirtschaftlicher Sicht besprochen.

I. Theorie und Praxis der Volkswirtschaft der Schweiz

Zum Gebrauch des Buches	Abbildung 2

Am Anfang des Buches findet sich ein ausführliches Inhaltsverzeichnis, gefolgt von einem Abbildungs- und Tabellenverzeichnis. Für die problemorientierte Benutzung des Buches steht am Ende ein Stichwortverzeichnis zur Verfügung. Fachbegriffe sind direkt im Text erklärt; die entsprechenden Textstellen zu den wichtigsten Begriffen finden sich über das Stichwortverzeichnis.

Alle Kapitel haben einen ähnlichen Aufbau. Nach einer kurzen Problemskizze wird das jeweilige Thema in verschiedenen Abschnitten dargestellt und anschliessend mit Bezug auf die Schweiz analysiert. Darauf folgt ein Ausblick als Beurteilung. Abschliessend sind ausgewählte und weiterführende Quellen (Literatur und Internet-Adressen) angegeben.

Um den Text lesbarer zu gestalten, wurden einzelne Teile (Zusammenstellungen von Begriffen, Grafiken, Rechtsquellen, Zahlen, Beispiele etc.) in separate Abbildungen oder Tabellen ausgegliedert.

Für die Vertiefung und Erweiterung des gesamten Themas empfehlen sich:

- Bartling, H., Luzius, F. (2004). Grundzüge der Volkswirtschaftslehre. 15. Auflage. München.
- BFS (jährlich). Statistisches Jahrbuch der Schweiz. Zürich.
- Bohley, P., Jans, A., Malaguerra, C. (2000). Wirtschafts- und Sozialstatistik der Schweiz: Eine Einführung. 3. Auflage. Bern.
- Bundesbehörden der Schweizerischen Eidgenossenschaft. URL: www.admin.ch
- Eisenhut, P. (zweijährlich). Aktuelle Volkswirtschaftslehre. Zürich/Chur.
- EVD (monatlich). Die Volkswirtschaft: Das Magazin für Wirtschaftspolitik. Bern; erhältlich unter: URL: www.dievolkswirtschaft.ch
- Kälin, Ch. H. (2006). Switzerland – Business & Investment Handbook. Zürich.
- Neue Zürcher Zeitung.
- Sonderegger, Ch., Stampfli, M. (2004). Aktuelle Schweiz – Lexikon für Politik, Recht, Wirtschaft, Gesellschaft. 4. Auflage. Oberentfelden/Aarau.
- Verwaltungsstellen von Bund, Kantonen und Gemeinden. URL: www.ch.ch

Im Sinne der Einheitlichkeit und Vereinfachung wurden stets die Begriffe Unternehmer, Politiker und Konsument etc. verwendet. Selbstverständlich sind damit immer auch die Frauen mit eingeschlossen, insbesondere in ihrer Rolle als Unternehmer(-innen).

Ordnung und Rahmen

Ausgangspunkt der meisten wirtschaftswissenschaftlichen Überlegungen ist die Knappheit der Mittel, die zur Befriedigung menschlicher Bedürfnisse einsetzbar sind. Aus der Knappheit ergibt sich für alle Beteiligten die Notwendigkeit der Wahl zwischen konkurrierenden Verwendungsmöglichkeiten. Damit die vorherrschende Knappheitssituation möglichst gut überwunden wird, stellt sich als eine besondere Chance die Arbeitsteilung zwischen den Beteiligten heraus, weil sich dadurch die Produktivität und damit das Gütervolumen erhöhen lässt. Aus der Arbeitsteilung ergeben sich jedoch wiederum eine Reihe von Organisationsproblemen. Diese müssen von allen Wirtschaften in der einen oder anderen Art gelöst werden. Die Gesamtheit der damit verbundenen Entscheidungen und Lösungen wird als **Wirtschaftsordnung (Kapitel II.)** bezeichnet. Sie umfasst die Organisationsprinzipien, Normen, Lenkungs- und Entscheidungsmechanismen, Einrichtungen und Verhaltensweisen, welche die wirtschaftlichen Aktivitäten in einer Gesellschaft steuern.

Auch die Schweiz hat über die Ausgestaltung ihrer Wirtschaftsordnung konkret zu entscheiden. Es soll auf die in der Schweiz gewählten grundlegenden Regeln im Bereich der Ordnung der Märkte sowie der Grundlagen der Produktion wie Eigentum, Unternehmungs- und Betriebsformen eingegangen werden. Diese Aspekte werden unter den Begriffen **Markt- und Produktionsverfassung (Kapitel III.)** zusammengefasst. Der Staat legt im Rahmen der Marktverfassung Regeln über das Geschehen auf den Märkten fest. Im Falle der Schweiz geht es dabei v.a. um die Regelung des Verhältnisses zwischen Staat und Bürger. Dies ist Gegenstand der Wirtschaftsfreiheit. Die Durchsetzung der Vorstellungen über das Marktgeschehen geschieht im Wesentlichen über die Wettbewerbspolitik als Kernbereich der Ordnungspolitik. Konkret ist auch in der Schweiz zu entscheiden, wie sich der Staat gegenüber Wettbewerbsabreden (z.B. in Form von Kartellen) oder gegenüber wirtschaftlicher Konzentration verhalten soll und kann. Zur Wirtschaftsordnung gehören des Weiteren Entscheidungen im Rahmen der Produktionsverfassung. Nutzungs- und Verfügungsrechte an Produktionsmitteln werden in der Eigentumsverfassung festgelegt. Kerneinheiten und Motoren der wirtschaftlichen Entwicklung sind die Unternehmungen. Die Unternehmungsverfassung hält Rechte und Pflichten von Mitgliedern einer Unternehmung, mögliche Formen ihrer Organisation sowie Arten der unternehmerischen Entscheidungsorgane und deren Kompetenzen fest. Geregelt werden muss auch das Verhältnis zwischen Arbeitgebern und Arbeitnehmern. Dies geschieht u.a. in der Betriebs- sowie in der Arbeitsverfassung. Themen und Gegenstände dieser Beziehungen sind Arbeitszeit, Ferien, Entlöhnung, Anstellungsbedingungen und Entlassung sowie Mitbestimmung. Es ist zu entscheiden, welche dieser Aspekte über Gesetze des Staates und welche über vertragliche Abmachungen auf privater Basis zwischen den Arbeitgebern und Arbeitnehmern resp. ihrer Organisationen festgelegt werden.

Der Versuch einer bestmöglichen Beantwortung der ökonomischen Grundfragen zeigt, dass sich damit verschiedene schwerwiegende Probleme verbinden. Besonders problematisch sind die unumgänglichen Bewertungen, die für die ökonomischen Entwicklungen vorzunehmen sind. Intensive Diskussionen innerhalb der Wirtschaftswissenschaften haben gezeigt, dass das Konzept einer gesellschaftlichen Wohlfahrtsfunktion als Bewertungsregel unhaltbar ist. Als realisierbare praktische Möglichkeit, zu Entscheidungen über die konkrete Ausgestaltung der Wirtschaftsordnung zu gelangen, bleiben letztlich nur wirtschaftspolitische Willensbildungs- und Entscheidungsprozesse, d.h. die **Wirtschaftspolitik (Kapitel IV.)**. Damit wird der Bezug auf Wertungen ausdrücklich betont, ohne dass auf die Effizienz als Beurteilungskriterium verzichtet werden soll. Wirtschaftspolitischer Lenkungsbedarf lässt sich nicht nur aus dem Zwang zur Festlegung und Durchsetzung der Wirtschaftsordnung ableiten, sondern auch aus Funktionsschwierigkeiten marktmässiger Koordination wie z.B. die Existenz externer Effekte und öffentlicher Güter. Nach der Wirtschaft wird ein neues Teilsystem der Gesellschaft, der Staat, eingeführt. Er ist Entscheidungsinstanz und Leistungsträger mit besonderen Eigenschaften. Es stellt sich die Frage, wie der Staat die an ihn herangetragenen Probleme und Forderungen aufnimmt, verarbeitet und eigene Beiträge zu deren Lösung realisiert. Wie werden die Leistungen des Staates vorbereitet, entschieden und durchgeführt? Darzustellen ist der wirtschaftspolitische Prozess von der Problemstellung bis zur Durchführung beschlossener Massnahmen, allgemein und im Falle der Schweiz. Dabei wird insbesondere zu zeigen sein, dass die Chancen der Organisation wirtschaftspolitischer Interessen und ihrer Einflussnahme in der Politik ungleich verteilt sind.

II. Wirtschaftsordnung

1. Einführung

Jede Gesellschaft muss ein grundlegendes Problem lösen: Die Mitglieder der Gesellschaft, seien es einzelne Individuen oder Haushalte, haben existenzielle Bedürfnisse, die unbedingt gedeckt werden müssen, sowie zusätzliche Konsumbedürfnisse praktisch unbegrenzter Art. Gleichzeitig stehen zur Erfüllung dieser Bedürfnisse nur beschränkte Ressourcen und Möglichkeiten zur Verfügung. Die Bedürfnisse sind also grösser als die zu deren Befriedigung vorhandenen Mittel. Daraus ergibt sich ein grundlegender Konflikt zwischen verschiedenen Interessenträgern darüber, wessen Bedürfnisse in welchem Ausmass erfüllt werden sollen. Dieses Grundproblem ist Ausgangspunkt der wirtschaftswissenschaftlichen Betrachtungen. Die Ökonomie als Wissenschaft will die vernünftige Wahl resp. Entscheidung bei Knappheit studieren.

Zu dieser Wahl resp. zur Entscheidung dieser Frage braucht jede Gesellschaft Mechanismen resp. Regeln und Institutionen. Sie werden einerseits im politischen Prozess definiert und festgelegt, umfassen andererseits aber auch Sitten und Gebräuche, Mentalitäten und Traditionen. Die Gesamtheit dieser Regeln und Institutionen wird als Wirtschaftsordnung bezeichnet (vgl. Abbildung 7 auf S. 15). Die Wirtschaftsordnung muss aber nicht nur festgelegt, sondern in der Praxis auch durchgesetzt werden. Die Einhaltung der Grundprinzipien ist laufend zu überprüfen; Abweichungen sind zu sanktionieren.

2. Die Grundfrage jeder Volkswirtschaft

Ausgangspunkt jeder wirtschaftlichen Aktivität sind die folgenden Sachverhalte:

- **Bedürfnisse und ihre Befriedigung:** Alle Menschen haben Bedürfnisse wie z.B. Ernährung, Kleidung, Wohnen, Kultur, Reisen etc. Dabei kann es sich um Grundbedürfnisse und das Allernotwendigste, aber auch um zusätzliche, ja Luxuswünsche handeln. Als Nachfrager oder Konsumenten verfolgen alle Menschen das Ziel, durch den Verbrauch von **Gütern** (= Waren und Dienstleistungen) Bedürfnisse zu befriedigen und Nutzen oder Lebenslust zu erlangen. Die Bedürfnisse können gemäss dem Psychologen **Abraham H. Maslow** (1908–1970) einer Pyramide entsprechend in folgende Schichten unterteilt werden: Grundbedürfnisse wie Ernährung und Wohnen, Sicherheitsbedürfnisse wie Rechtssicherheit und Schutz vor Gewalt und Terror, soziale Bedürfnisse wie Freundschaften und Beziehungen, Wertschätzungsbedürfnisse wie Macht, Ansehen und Prestige sowie zuoberst das Bedürfnis nach Selbstverwirklichung (innere Befriedigung).
- **Knappheit als Restriktion:** Die zur Bedürfnisbefriedigung nachgefragten Güter sind in der Regel nicht in genügender Zahl verfügbar, vielmehr sind sie knapp. Zwischen den Nachfragewünschen einerseits und der **volkswirtschaftlichen Ressourcenausstattung** andererseits besteht ein Ungleichgewicht. Alle vorhandenen Bedürfnisse zusammengenommen sind meist grösser als die Mittel, die zu ihrer Deckung zur Verfügung stehen. Die Ressourcenknappheit ist eine grundlegende natürliche Schranke oder Restriktion der Bedürfnisbefriedigung. Dies ist auch klar in Abbildung 3 auf S. 10 ersichtlich: Der für die Bedürfnisbefriedigung zur Verfügung stehende Output entsteht aus der Umwandlung der Inputs. Knappheit auf der Inputseite überträgt sich auf die Outputseite und wirkt damit als Restriktion auf die Bedürfnisbefriedigung (vgl. auch Abbildung 3).

Bewirtschaftung knapper Güter	**Abbildung 3**

Materielle Gegenstände und Dienste werden zu Gütern, wenn sie von den Menschen zur Bedürfnisbefriedigung nachgefragt werden. **Freie Güter** sind solche, die in hinreichendem Umfang vorhanden sind, um die Bedürfnisse aller Individuen einer Volkswirtschaft zu einem gegebenen Zeitpunkt zu befriedigen. In einer Marktwirtschaft hat ein freies Gut einen Preis von null, z.B. Luft. Solche Güter werden durch keine Unternehmung produziert; entsprechend existieren auch keine Märkte für diese Güter. Für **knappe Güter** wird ein Anbieter hingegen auf zahlungswillige Nachfrager treffen; es bilden sich Märkte. Die Güter können somit **bewirtschaftet** werden.

II. Wirtschaftsordnung

- **Notwendigkeit der Wahl:** Sind Güter knapp, so müssen die Menschen zwischen verschiedenen Möglichkeiten der Bedürfnisbefriedigung wählen. Güter, die unbeschränkt verfügbar sind, kreieren kein wirtschaftliches Problem; dieses entsteht erst später, wenn die Beschränktheit gewisser Güter gesellschaftliche Gruppen belastet, die dies zu einem Wirtschaftsproblem machen können. Die Knappheit der Güter führt somit notwendigerweise zu einer Wahl, da nicht alle Bedürfnisse bis zur Sättigung befriedigt werden können. Die Wahl erfolgt zweckmässigerweise nach dem **Opportunitätskostenprinzip** (vgl. Abbildung 4).

Das Opportunitätskostenprinzip	Abbildung 4

Die Alternativkosten (Opportunitätskosten) eines Gutes entsprechen der Höhe des Nutzens, der entgeht, weil die eingesetzten Produktionsmittel dabei konkurrierenden Verwendungszwecken entzogen werden. Sie drücken damit den Nutzenentgang für jene Güter aus, auf deren Erwerb zugunsten eines anderen Gutes verzichtet werden muss. Jede Entscheidung beinhaltet also gleichzeitig einen Verzicht.

Das Prinzip der Opportunitätskosten gilt sowohl für ein einzelnes Individuum als auch für die Volkswirtschaft als Ganzes. Sind alle Produktionsmittel ausgeschöpft, kann die ganze Wirtschaft kurzfristig von bestimmten Gütern nur mehr erzeugen, wenn die Produktion anderer Güter eingeschränkt wird.

- **Überwindung der Knappheitssituation:** Güter werden in einer modernen Volkswirtschaft in einem arbeitsteiligen Produktionsprozess hergestellt. Die Kernzellen des Produktionsprozesses sind die Unternehmungen. Sie setzen Produktionsfaktoren ein (z.B. Boden, Arbeit, Kapital) und verarbeiten diese durch Kombination zu Gütern. In der arbeitsteiligen Produktion verbunden mit der Spezialisierung einzelner Gesellschaftsmitglieder liegt die wichtigste Ursache des Wohlstandes. So sah es bereits **Adam Smith** (1723–1790) in einer der ersten grundlegenden ökonomischen Publikationen "An Inquiry into the Nature and Causes of the Wealth of Nations" (1776).

Sind die zu produzierenden Güter nach dem Opportunitätskostenprinzip einmal gewählt, stellt sich die Forderung nach einer möglichst effizienten ("optimalen") Überwindung der Knappheitssituation im unternehmerischen Produktionsprozess. Diese Überwindung erfolgt zweckmässigerweise nach dem **"ökonomischen Prinzip" (Wirtschaftlichkeitsprinzip)**, das zwei Strategien umfasst (vgl. Abbildung 5 auf S. 12).

Erfolgt der Produktionsprozess und damit die Überwindung der Knappheitssituation konsequent nach einer dieser beiden Strategien, wird vom Vorliegen **produktiver Effizienz** gesprochen.

Die zwei Strategien des ökonomischen Prinzips	Abbildung 5

Minimumprinzip: Die Herstellung eines bestimmten Volumens von Gütern erfolgt mit einem möglichst kleinen Einsatz an Produktionsfaktoren.

Maximumprinzip: Mit einem gegebenen Volumen an Produktionsfaktoren werden möglichst viele Güter hergestellt.

- **Allokationsmechanismen:** Aufgrund der Notwendigkeit der Wahl und der Arbeitsteilung müssen in der Gesellschaft Mechanismen zum Treffen von Entscheidungen festgelegt werden: Welcher Bedarf an Gütern besteht mit welcher Dringlichkeit? Welche Produktionsfaktoren sind im Einzelnen vorhanden, und wie werden sie ihrer Knappheit entsprechend bewertet? Wie werden die relativ knappen Ressourcen möglichst zweckmässig eingesetzt, um die effektiv nachgefragten Güter zu produzieren? Diese Fragen gilt es kombiniert zu lösen.

Die entscheidende Aufgabe eines Allokationsmechanismus ist die Koordination individueller und unternehmerischer Handlungen. Dies bedeutet, dass die Güter den Haushalten zwecks Konsum resp. die Produktionsfaktoren den Unternehmungen zwecks Produktion zugewiesen werden. Diese Zuweisung wird gemeinhin auch als **Allokation** bezeichnet (aus dem Lateinischen: ad locum = an einem Ort/Platz; an einer Stelle). Da die Produktionsfaktoren und somit auch die Güter knapp sind, kommt einer effizienten ("optimalen") Allokation eine besondere Bedeutung zu. Eine **optimale Allokation** ist – vereinfacht formuliert – erreicht, wenn in einer Wirtschaft durch eine andere Zuordnung der Produktionsfaktoren resp. Güter ein Wirtschaftssubjekt nur noch auf Kosten eines anderen Wirtschaftssubjekts besser gestellt werden kann. Beim Vorliegen einer optimalen Allokation wird auch von **allokativer Effizienz** oder einem **Pareto-Optimum** gesprochen; dies in Anlehnung an den Ökonomen Vilfredo Pareto (1848–1923).

In der Praxis gibt es verschiedene Allokationsmechanismen zur Organisation gesellschaftlicher Entscheidungen (vgl. Tabelle 1). Sie treten oft in Kombination miteinander auf. Bei Arbeitsteilung ist der Markt ein besonders erfolgreicher Allokationsmechanismus. Durch Anreize und Sanktionen werden die Produktionsfaktoren und Güter in eine effiziente Verwendung gelenkt. Die wirtschaftspolitischen Entscheidungsträger sollten prüfen, welcher Mechanismus sich zur Lösung welcher Probleme am besten eignet und ihn dementsprechend wählen und umsetzen.

II. Wirtschaftsordnung

Mechanismen zur Organisation gesellschaftlicher Entscheidungen Tabelle 1

Verfahren	Instrumente
Markt	Preise
Demokratie	Wahlen, Abstimmungen
Hierarchie	Befehle, Anordnungen, Macht
Kooperation	Verhandlungen, Verträge

Jüngere Entwicklungen zeigen, dass die Leistungen hochentwickelter Volkswirtschaften immer mehr vom Wissen und damit von Lernprozessen in Wirtschaft und Gesellschaft abhängen (sog. **Knowledge-based Economy** oder **Learning Economy**). Die Perspektive einer solchen Wirtschaft unterscheidet sich von der etablierten ökonomischen Analyse in verschiedener Hinsicht: Die Grundlagen für die Wahlentscheidungen – Präferenzen, Institutionen und Technologien – sind in ständigem Wandel begriffen. Auch die Mechanismen resp. Regeln werden immer wieder in Frage gestellt und ändern sich von Zeit zu Zeit. Der Fokus liegt weniger auf der Allokation von existierenden Ressourcen sowie physischem Kapital als auf der Schaffung neuer Werte, Produkte und Dienste. Ausschlaggebend für die Wettbewerbsfähigkeit ist die Generierung von Wissen und dessen Umsetzung. Möglichkeiten für und Basis von neuem Wissen wie Neugierde sowie Kreativität und Originalität sind praktisch unbeschränkt. Damit wird die Bedeutung der Allokationseffizienz im Sinne der Re-Organisation vorhandener Ressourcen stark relativiert. Wichtiger wird eine **dynamische Effizienz** im Hinblick auf die Generierung von Neuem, Zusätzlichem, primär im Hinblick auf Wissensprodukte. Allerdings brauchen auch neue Konzepte und Angebote Ressourcen zu deren Umsetzung und eine Nachfrage für deren Absatz. Damit ist die Allokationsfrage wieder mit im Spiel.

Aufgrund der bisherigen Ausführungen ist der in Abbildung 6 auf S. 14 dargestellte Problemkomplex als die Grundfrage jeden Wirtschaftens in einer Gesellschaft und damit der Volkswirtschaftslehre zu bezeichnen. Jedes Wirtschaften, in welcher (real existierenden) Gesellschaftsordnung auch immer, muss sich für eine Lösung dieser Fragen entscheiden. Die Wahl der konkreten Lösung, deren Durchsetzung sowie die Reaktionen auf die damit erzielten Ergebnisse wie Produktion, Verteilung und Verwendung von Gütern, ist mit wirtschaftspolitischen Interessen und Konflikten verbunden.

| **Die Grundfrage der Volkswirtschaftslehre** | **Abbildung 6** |

Die Volkswirtschaftslehre beschäftigt sich mit der Frage:

Wie werden knapp verfügbare und alternativ verwendbare Produktionsfaktoren in einem arbeitsteiligen Produktionsprozess für die Herstellung von Gütern (= Waren und Dienstleistungen) effizient eingesetzt, damit als Resultat eine optimale Bedürfnisbefriedigung aller Mitglieder der Gesellschaft erreicht wird?

Die Wahl- resp. Entscheidungsprobleme des Wirtschaftens, die sich aus der Knappheit bei gleichzeitig unbegrenzten Bedürfnissen ergeben und durch Arbeitsteilung gelöst werden, können in drei Gruppen eingeteilt werden:

1. Fragen im Zusammenhang mit der **Entstehung (Produktion) von Gütern:**
   - Was wird produziert (Wahl der Produktionsstruktur)?
   - Wie viel wird produziert (Wahl der Produktionsmenge)?
   - Wer produziert (Wahl der Arbeitsteilung)?
   - Wie wird produziert (Wahl der Produktionstechnik)?
   - Wo wird produziert (Wahl der Standorte)?
   - Wann wird produziert (u.a. Wahl der Akkumulation von Kapital)?

2. Fragen im Zusammenhang mit der **Verteilung von Gütern:**
   - Wer hat welchen Anspruch auf das Produzierte?
   - Wie ist die Verteilung nach Sektoren, Funktionen und Personen?

3. Fragen im Zusammenhang mit der **Verwendung (Konsum) von Gütern:**
   - Wie viel wird konsumiert (Wahl der Konsummenge), wie viel wird gespart, d.h. nicht konsumiert?
   - Welche Güter werden konsumiert (Konsumstruktur)?
   - Wie viel wird heute, wie viel morgen konsumiert (Intertemporale Aufteilung des Konsums)?

3. Theorie der Wirtschaftsordnung

3.1 Realtypus versus Idealtypus

Um die in Abbildung 6 aufgeführten Grundfragen des gesellschaftlichen Wirtschaftens zu lösen, müssen konstitutive Elemente der Wirtschaftsordnung festgelegt werden. Die in Abbildung 7 angegebenen Definitionen der Wirtschaftsordnung orientieren sich an analytischen Kategorien und damit an einem analytischen Erkenntnisziel.

Definitionen von Wirtschaftsordnung und Wirtschaftsverfassung   Abbildung 7

Wirtschaftsordnung:

Eine Wirtschaftsordnung entspricht einem wertfreien, analytischen Konzept aus der Sicht einer instrumentellen oder funktionalen Auffassung. Sie umfasst alle Regeln, Normen und Institutionen, die als meist längerfristig angelegte Rahmenbedingungen wirtschaftliche Entscheidungs- und Handlungsspielräume von Individuen und wirtschaftlichen Einheiten abgrenzen und zur Lösung der aufgeworfenen Grundfragen der Entstehung, Verwendung und Verteilung von Gütern beitragen.

Für Walter Eucken (1891–1950) – Begründer des Ordoliberalismus/der Freiburger Schule – besteht die Wirtschaftsordnung in der Gesamtheit der jeweils realisierten Formen, in denen der Wirtschaftsprozess alltäglich abläuft. Sie setzt sich aus ineinander greifenden Teilordnungen zusammen, die auf den elementaren Ordnungsformen der Wirtschaftssysteme, Marktformen, Formen der Geldwirtschaft und Geldentstehung aufbauen. Diese Elementarformen können in reiner Form in unterschiedlicher Weise ausgeprägt sein. In konkreten Wirtschaftsordnungen verschmelzen sie jedoch in unterschiedlicher Mischung, was dann die Eigentümlichkeit einer bestimmten Gesamtordnung ausmacht.

Wirtschaftsverfassung:

i.w. Sinne: Summe der auf das Wirtschaftsleben bezogenen, in der Staatsverfassung, in Gesetzen und Verordnungen enthaltenen Normen. Allgemein ein anzustrebender Zustand, der mehr oder minder erreicht werden kann, aber nicht muss.

i.e. Sinne: Alle in der Staatsverfassung enthaltenen wirtschaftlich relevanten Normen.

Der Begriff Wirtschaftsordnung wird in der Literatur, in den Medien und der Öffentlichkeit aber oft in einem doppelten Sinne gebraucht:

- als **Realtypus**, als eine Beschreibung der Wirtschaft, wie sie zu einem bestimmten Zeitpunkt real existiert. Es werden Hypothesen, Wenn-dann-Aussagen über das Funktionieren von Wirtschaftsordnungen formuliert, die in der realen Wirtschaft testbar sind. Jede konkrete Wirtschaftsordnung ist eine Mischform. Die Analyse der wirtschaftlichen Realität bedeutet die Analyse verschiedener Marktformen sowie Motivations- und Sanktionsmechanismen und deren Überprüfung in der Realität, z.B. Analyse der Auswirkungen privater Macht und damit verbundener Verhandlungen auf das Wirtschaften und seine Ergebnisse.
- als **Idealtypus** (oder Leitbild) eines Wirtschaftssystems, das unter Wertgesichtspunkten als erstrebenswert gilt, aber in der Realität nicht vollständig verwirklicht ist, ja gar nie vollständig verwirklicht sein kann. Dieser Entwurf wird oft als anzustrebende Ordnung, als ein idealtypisches und wünschbares Wirtschaftssystem, als Leitbild für die Gestaltung der Realität und damit für die Wirtschaftspolitik verstanden.

Im Rahmen der Volkswirtschaftslehre versucht die Ordnungstheorie, Ordnungen zu erkennen und systematisch zu untersuchen. Sie versucht, eine Fülle von Idealtypen zu entwickeln, an denen die Realtypen gemessen werden können. Oft werden in der Ordnungstheorie aber auch stark normative Aussagen über ein optimales System, über die bestmögliche aller Welten gemacht. Erkenntnisziel aus eher normativer Sicht ist dabei die Entwicklung eines Wirtschaftssystems mit maximaler Leistungsfähigkeit i.S. der bestmöglichen Überwindung der Knappheit an Gütern. Dazu werden – oft auch stark formalisierte – Optimumsbedingungen hergeleitet. Bei deren Umsetzung ist jedoch eine Erkenntnis der Theorie des "second best" zu berücksichtigen: Diejenige Realordnung, die einer angestrebten Idealordnung resp. deren Optimumsbedingungen am nächsten kommt, sie aber nicht ganz erfüllt, bringt nicht unbedingt bessere Resultate als andere Realordnungen. Der Herleitung und Schaffung von widerspruchsfreien Beziehungen zwischen den Strukturelementen kommt eine weitere bedeutende Rolle zu.

Die genaue Definition des Gegenstandes der Ordnungstheorie macht deshalb oft Schwierigkeiten, weil die Grenze zwischen normativen Konzepten für Idealtypen und kausal-analytischen Konzepten für Realtypen nicht immer genügend explizit gemacht und in Betracht gezogen wird. Die Trennung zwischen real- und idealtypischer Betrachtung ist effektiv sehr schwierig und problematisch. In der Literatur herrscht in dieser Hinsicht ein Durcheinander; es gilt, die konkreten Beiträge vorsichtig zu beurteilen.

3.2 Zwei Wirtschaftsmodelle im Vergleich

In der Theorie werden traditionellerweise die beiden Modellformen der freien Marktwirtschaft und zentralen Planwirtschaft unterschieden. Diese Modelle entsprechen jeweils einem idealtypischen Wirtschaftssystem, wobei unterschiedliche Ideologien hinter den Modellen stehen. Sie dienen als Leitbild und gedankliches Konstrukt für die wirtschaftspolitischen Entscheidungsträger zur Umsetzung markt- resp. planwirtschaftlicher Ideen. In dieser absoluten Form funktioniert jedoch keine reale Volkswirtschaft; eine solche weist vielfältige, z.T. auch inkonsistente Mischformen auf. Tabelle 2 auf S. 18 gibt einen Überblick über die wichtigsten Elemente dieser beiden Extrem-Modelle.

3.3 Interdependenz der Ordnungen

In der Gesellschaft können neben der Wirtschaft als ökonomisches System der Staat als polit-administratives System und ein sozialer Bereich unterschieden werden. Diese Bereiche sind untereinander über vielfältige Interaktionen eng verflochten, weshalb wirtschaftliches Handeln immer auch von sozialen und politischen Beziehungen abhängig ist. Jenseits von Angebot und Nachfrage beruht jede Ordnung auf geistigen, politischen und ethischen Überzeugungen. Deshalb verlangt die Wirtschaftsordnung eine Abstimmung auf die gesellschaftlichen Grundziele wie Freiheit, Gerechtigkeit und soziale Sicherheit.

Die verschiedenen Teilsysteme resp. Ordnungen müssen auf einer hohen Aggregationsstufe aufeinander abgestimmt und konsistent sein. Sie bedingen einander wechselseitig:

- **Markt – Dezentralisierung – Demokratie:** Marktwirtschaft ist notwendigerweise verbunden mit Dezentralisierung, Machtteilung und -kontrolle, Privatinitiative und Demokratie, auch wenn im System verankerte Abweichungstendenzen bestehen. Es wird die Auffassung vertreten, dass sich die Freiheit des Individuums im Privateigentum und im Wettbewerb manifestiert. In einer Demokratie sollten sich die Marktprozesse deshalb als Wettbewerbsprozesse abspielen.
- **Plan – zentrale Lenkung – Hierarchie/Befehlsordnung:** Eine geplante Wirtschaft ist notwendigerweise verbunden mit zentralen Planungsorganen. Damit verbindet sich eine grosse Neigung zu Hierarchie sowie (Planungs-)Bürokratie. Dies leistet Vorschub für die Dominanz, ja sogar das Monopol einer politischen Partei.

Zwei Wirtschaftsmodelle im Vergleich[1]   Tabelle 2

	Freie Marktwirtschaft	Zentrale Planwirtschaft
Bedürfnisfrage	Die Bedürfnisse des Einzelnen (des Individuums) stehen im Mittelpunkt.	Die Bedürfnisse der Gesellschaft (des Kollektivs) stehen im Mittelpunkt.
Produktionsfaktoren (Boden, Arbeit, Kapital etc.)	Sie sind in privaten Händen. Wenn sich das Kapital vornehmlich in privaten Händen befindet, spricht man auch von Kapitalismus.	Sie gehören allen zusammen, d.h der ganzen Gesellschaft. Wenn sich die Produktionsmittel in den Händen des Kollektivs befinden, spricht man auch von Sozialismus.
Steuerungsinstrument	Eine Vielzahl von dezentralen Märkten steuert das Verhalten von Produzenten und Konsumenten. Es herrscht ein freier Wettbewerb.	Ein zentral erarbeiteter Plan, in dem für alle wirtschaftlichen Tätigkeiten Anweisungen gegeben werden, steuert die Wirtschaft (was wird wann, wo, wie und zu welchem Preis produziert?).
Preisbildung	Der Preis bildet sich aufgrund von Angebot und Nachfrage (unsichtbare Hand des Marktes).	Der Preis wird zentral festgelegt.
Antrieb zur wirtschaftlichen Tätigkeit	Jedermann kann Gewinne (Unternehmungen) oder Nutzen (Haushalte) erzielen.	Die aufgestellten Pläne müssen erfüllt werden. Dazu wird Zwang ausgeübt.
Eigentum	Jeder Private kann grundsätzlich alles zu Eigentum erwerben.	Grundsätzlich gehört alles der gesamten Gesellschaft. Daher gibt es kein Privateigentum.
Aufgabe des Staates	Er muss ausschliesslich die Freiheitsrechte garantieren (Wirtschaftsfreiheit, Niederlassungsfreiheit, freie Wahl von Arbeitsplatz und Beruf, Wettbewerbsfreiheit etc.) Sonst soll er keine weiteren Aufgaben wahrnehmen.	Er entscheidet allein, was, wann, wo, wie und zu welchem Preis produziert wird. Daher kann es wenig Freiheitsrechte geben.
Politisches System	Die freie Marktwirtschaft und somit der Kapitalismus setzt Demokratie voraus.	Die zentrale Planwirtschaft neigt aus strukturellen Gründen zur Diktatur.

[1] Quelle: angelehnt an Fuchs, J., Kessler, E. (1999). Die Volkswirtschaft: Volkswirtschaftliches Grundwissen und Zusammenhänge. Rothenburg. S. 56.

II. Wirtschaftsordnung

Die Ordnung in den verschiedenen Subsystemen Wirtschaft, Politik und Soziales muss als Gesamtheit gesehen und auch als Gesamtheit realisiert werden.

Für die **Entwicklung in Russland** nach dem Zerfall des Sozialismus in Richtung Marktwirtschaft bedeutet dies: Ohne umfassende Reformen im politischen und gesellschaftlichen Leben in Richtung Machtteilung durch (politische) Demokratie und (wirtschaftliche) Dezentralisierung und Liberalisierung ist die Entwicklung zur Marktwirtschaft nicht möglich. Oder umgekehrt argumentiert: Die konsequente Verwirklichung einer Marktwirtschaft trägt den Kern für die Auflösung eines zentralen und autoritären (polit-administrativen) Regimes in sich. So regulierte in Russland noch bis Mitte 2003 ein Geflecht von 60'000 Erlassen planwirtschaftlich jedes einzelne Produkt von seiner Herstellung bis zum vorgeschriebenen Aussehen (z.B. war die Anzahl Löcher in der Brotkruste vorgeschrieben). Dass solche Regulierungen die unternehmerische Freiheit einschränkten und Innovationen gar verunmöglichten, ist selbstverständlich. Des Weiteren widersprachen sich zahlreiche Regelungen, wodurch ein vorschriftsmässiges Wirtschaften verunmöglicht und die Korruption und Bestechung begünstigt wurden. Anstelle der Überregulierung in 60'000 Erlassen sollen bis 2010 neu sämtliche Vorschriften in rund 400 branchenspezifischen Reglementen festgehalten werden, wobei sich diese Vorschriften in erster Linie auf den Schutz und die Sicherheit von Konsumenten und Arbeitnehmern beziehen; produktionsspezifische Standards sind nicht mehr notwendig. Somit kann die Entwicklung real existierender Systeme wie in Russland, aber auch in China, mit Spannung weiterverfolgt werden.

4. Ausgestaltung der Wirtschaftsordnung

Im Folgenden werden **vier Bereiche** (vgl. Abbildung 8), die durch die wirtschaftspolitischen Entscheidungsträger in der Wirtschaftsordnung festgelegt werden müssen, nach je zwei Dimensionen behandelt. Nach (1) der jeweiligen **Problemstellung** werden (2) Lösungen sowohl über **marktwirtschaftliche** als auch über **nicht-marktwirtschaftliche** Elemente erörtert.

Durch die Wirtschaftsordnung festzulegende Elemente   **Abbildung 8**

1. Wer sind die Plan- und Entscheidungsträger? Welche Eigentums- und Verfügungsrechte gelten? (vgl. S. 21ff.)

2. Wie entsteht die Information über den volkswirtschaftlichen Prozess (Knappheitsmessung)? (vgl. S. 25ff.)

3. Welche Mechanismen der Motivierung und Sanktionierung bestehen? (vgl. S. 29ff.)

4. Wie erfolgt die Abstimmung von Interessen Einzelner mit denen der Gesamtheit (Subordination)? (vgl. S. 31ff.)

Die Lösungen dieser vier Dimensionen müssen aufeinander abgestimmt und (innerhalb eines gewissen Toleranzrahmens) konsistent sein.

Die prinzipiellen Lösungsmöglichkeiten sind durch den Kollaps des real existierenden Sozialismus neu zu beurteilen. Die Realität ist nicht so einfach in ein lineares Raster zwischen den Extremen einer Marktwirtschaft und einer Plan- resp. Zentralverwaltungswirtschaft einzuteilen, wie dies in Tabelle 2 auf S. 18 dargestellt ist und wie im Folgenden trotz differenzierter Argumentation vielleicht der Eindruck entstehen mag.

II. Wirtschaftsordnung

4.1 Plan- und Entscheidungsträger – Eigentums- und Verfügungsrechte

4.1.1 Problemstellung

Eine Wirtschaftsordnung ist im Wesentlichen ein Entscheidungssystem. Konkret geht es um Konsumpläne der Haushalte, Investitions- und Produktionspläne der Unternehmungen sowie Pläne des Staates und der staatlichen Betriebe. Dabei stellen sich z.B. die folgenden Fragen: Durch wen werden die **Wirtschaftspläne** für das Lösen der Bewirtschaftung knapper Güter aufgestellt und durchgeführt? Wer sind die Planträger? Wie wird über die damit verbundenen Probleme entschieden? Welches sind die Zielvariablen der Planträger resp. Leistungsersteller? Was ist ihr Entscheidungskalkül? Damit eng verbunden ist auch die Frage nach den **Eigentums- und Verfügungsrechten**, insbesondere an den Produktionsmitteln. Sie regeln die Entscheidungsgewalt, die Dispositionsfreiheit und -möglichkeit, aber auch die Verantwortung und Haftung für deren Einsatz: Wer hat Anteil an den wirtschaftlichen Entscheidungs-, Planungs- und Kontrollprozessen über Produktion, Verteilung und Konsum?

4.1.2 Grundsätzliche Lösungsmöglichkeiten

a) Marktwirtschaftliche Lösung

Entscheidungsträger können eine grosse Anzahl von privaten **Haushalten und Unternehmungen** sowie **staatliche Anstalten und Betriebe** sein. Sie entscheiden unabhängig, nicht weisungsgebunden, in eigener Verantwortung und mit voller Risikoübernahme unter Restriktionen gemäss ihren Möglichkeiten wie ihrem Einkommen und/oder Vermögen sowie in Verfolgung ihrer Bedürfnisse, Wünsche und Notwendigkeiten. Ziel der Unternehmungen und Betriebe ist die **Gewinnmaximierung** gemäss Gewinnmotiv, dasjenige der Haushalte ist die **Nutzenmaximierung** gemäss Konsumbedürfnis unter der Einkommens- und Vermögensrestriktion. Sie orientieren sich bei ihren Entscheidungen am Markt und an den Erwartungen über die künftige Marktentwicklung. Die gesamtwirtschaftliche Ordnung resultiert damit aus selbständigen einzelwirtschaftlichen Dispositionen der verantwortlichen Entscheidungsträger.

Die systematische und konsequente Verfolgung von Gewinn- resp. Nutzenmaximierung entspricht dem **Rationalitätskalkül**. Es wird unterstellt, dass Haushalte wie Unternehmungen von rationalem Handeln durchdrungen sind; der einzelne Konsument resp. Produzent handelt damit entsprechend dem Modell des **Homo oeconomicus**. Besondere Bedeutung kommt den Produktionsentscheidungen zu. Sie werden von denjenigen Wirtschaftssubjekten getroffen, die über das Eigentum an den Produktionsmitteln (insbesondere Kapital) verfügen und für ihre Entscheide auch haften. Was für die Haushalte die **Konsumentensouveränität** ist, ist für die Produzenten die **Faktornachfragesouveränität**.

Idealtypisch erfüllt das **Privateigentum** verschiedene Funktionen:

- **Autonomie- und Sicherheitsfunktion:** Historisch gesehen liegt die wichtigste Funktion des Eigentums (an Konsumgütern) in der **Sicherung der Existenz** der einzelnen Wirtschaftssubjekte, womit die Privatsphäre gegen unerwünschte Einflüsse von aussen abgegrenzt wird. Das dichte Netz der sozialen Sicherung liess diesen Aspekt aber an Bedeutung verlieren. Das Eigentum trägt zur Schaffung von Selbständigkeit und Eigenverantwortung bei. Mit dem Eigentum verbinden sich **Möglichkeiten der Lebensgestaltung**, der Freiheit und Unabhängigkeit sowie der **Selbstverwirklichung**. Dies setzt für die betreffenden Personen ein Minimum an Eigentum voraus. Dass dies für viele Individuen in der Volkswirtschaft der Schweiz nur beschränkt der Fall ist, zeigen Untersuchungen zur Einkommens- und Vermögensverteilung (vgl. Abbildung 181 auf S. 691).
- **Warenfunktion:** Das Privateigentum an Produktionsmitteln in einer Marktwirtschaft ist das **Dispositions- oder Verfügungsrecht**. Es geht mit der Existenz eines unternehmerischen Interesses einher, das darauf abzielt, dieses Eigentum zu erhalten und wenn möglich zu vermehren.
- **Anreiz- und Sanktionsfunktion:** Die Eigentumsrechte sind mit der Chance resp. Gefahr verbunden, Gewinne resp. Verluste zu erzielen. Damit vermitteln sie einen Anreiz für den Einzelnen, sein Vermögen zu vermehren, sowie eine Möglichkeit, Vermögen zu bilden und frei einzusetzen; somit erfolgt eine Kapitalakkumulation. Die **Haftung für Verluste** bedeutet eine Sanktion. Das **Gewinnstreben** der privaten Eigentümer gewährleistet eine Leistungsbereitschaft und wird in den Dienst der Gesellschaft gestellt. Dem Gewinnstreben wird damit vom marktwirtschaftlichen System eine nützliche Funktion zugewiesen. Voraussetzung ist jedoch ein funktionierender Wettbewerb zwischen den einzelnen Unternehmungen auf den Güter- und Faktormärkten. Allerdings wird auch umgekehrt argumentiert: Die Eigentumsrechte, verbunden mit dem Gewinnstreben, führen im volkswirtschaftlichen Gesamtzusammenhang zu einem grossen Anreiz, ja einem Zwang zur Erzielung einer Rendite auf dem investierten Kapital. Dies kommt einem dem marktwirtschaftlichen System immanenten Zwang zur Akkumulation

II. Wirtschaftsordnung

von Kapital gleich. Daraus wiederum ergibt sich ein Wachstumszwang der Volkswirtschaft, verbunden mit vielfältigen Folgen wie Ausbeutung der Ressourcen oder Umweltbelastungen. Des Weiteren spielt die Anreizfunktion des Eigentums im Zusammenhang mit dem technischen Fortschritt, bei der Erfindung neuer Produkte und Produktionsverfahren und deren rascher Verbreitung eine wichtige Rolle. Privateigentum an den Produktionsmitteln ist eine wichtige Grundlage für den **Wettbewerb als Entdeckungsverfahren**. Wettbewerb schickt Menschen als Kundschafter auf den Weg und veranstaltet zahlreiche "trial and error"-Verfahren (Versuch und Irrtum).

- **Mobilisierung des unternehmerischen Potenzials:** Die Chance, eine eigene Unternehmung gründen zu können, erfüllt gleichzeitig die Aufgabe, das unternehmerische Potenzial einer Volkswirtschaft optimal auszuschöpfen. Eigentum ist ein wichtiger Weg, auf dem ehemals unselbständig Erwerbende ihre unternehmerischen Ambitionen umsetzen und dem Test des Wettbewerbs aussetzen können. Über die fortwährende Gründung neuer Unternehmungen soll der Wettbewerb gefördert, das unternehmerische Potenzial optimal genutzt und zu **Innovationen** angespornt werden. Nach weitverbreiteten Wertvorstellungen gilt, dass mit den unternehmerischen Dispositionen über das Eigentum auch eine soziale, ja gesellschaftliche Verantwortung verbunden ist: Eigentum verpflichtet!

- **Dezentralisierung von Entscheidungen und Risiken in der Marktwirtschaft:** Die Dezentralisierung der Entscheidungen erfolgt durch die Vielzahl der haftenden Eigentümer. Die Produzenten besitzen die Verfügungsgewalt über ihre Produktionsmittel **(Investitionsautonomie)**; die Haushalte verfügen über die Dispositionsfreiheit ihrer Einkommen **(Konsumentensouveränität)**. Sie bilden damit die Basis marktorientierter Entscheidungen. Der Markt garantiert die notwendige Koordination und damit ein funktional zweckmässiges Gesamtergebnis. Jedes Wirtschaften und damit jedes Eigentum ist aber auch Risiken ausgesetzt; es besteht ein Hang zur Sicherheit, ein Wunsch zur Begrenzung der Risiken. Wirtschaftlicher Fortschritt verlangt jedoch, dass immer wieder neue Risiken eingegangen werden. Dies wird durch das dezentrale Privateigentum erleichtert. Damit werden Fehler und deren Auswirkungen minimiert resp. unweigerlich anfallende Verluste in Grenzen gehalten; dies erlaubt eine höhere Fehlertoleranz. Die privaten Eigentümer sind freiwillig bereit, einen Teil des Risikos zu tragen. Ihr Motiv liegt in der Chance auf Gewinn, der Anreizfunktion des Eigentums. Dabei sollte das höhere Risiko auch eine höhere Gewinnchance beinhalten. Nur so werden private Eigentümer auch bereit sein, dieses Risiko zu tragen. Das Wachstum einer Wirtschaft hängt davon ab, ob derartiges **Risikokapital** in hinreichendem Masse gebildet und eingesetzt wird. Die Entscheidung über das Ausmass der einzugehenden Risiken muss letztlich dem Privateigentümer überlassen bleiben.

Mit der **Entwicklung Chinas** in Richtung Marktwirtschaft geniesst das Privateigentum seit 2004 Rechtsschutz. Die Effizienz dieses Rechtsschutzes muss sich erst noch erweisen. Die chinesischen Behörden sind dabei, die Gesetze den im Westen geltenden Standards anzupassen.

b) Lösungen über nicht-marktliche Elemente

Eine oder mehrere Planinstanzen (im Extremfall ein nationales Planungsbüro) geben **Leistungsvorgaben** vor, teilen Produktionsfaktoren zu und planen bestimmte Aspekte der Güterproduktion. Sie legen z.B. bestimmte Richtgrössen wie eine Konsum- oder Investitionsquote fest. Sie geben den einzelnen Branchen oder Unternehmungen Anweisungen über die Art und die Menge der zu produzierenden Güter, den Zeitpunkt der Ablieferung etc. Die Eigentums- und Verfügungsrechte sind meist nach Funktionen der Güter aufgeteilt: Die meisten Produktionsmittel sind gesellschaftliches Eigentum, während die Konsumgüter privates Eigentum sind. Zur Einschränkung der Verfügungsrechte durch eine staatliche Regulierung gibt es auch Beispiele aus einzelnen Bereichen der real existierenden "Markt"wirtschaft am Standort Schweiz (vgl. Abbildung 9 und zum Begriff der "Regulierung" Abbildung 27 auf S. 91).

Planung und Entscheidung in der schweizerischen Marktwirtschaft   Abbildung 9

Landwirtschaft: Für einzelne Bereiche wie Milch, Käse oder Getreide wurden bis in die 1990er Jahre von den Behörden als Plan- und Entscheidungsträger Richtpreise festgelegt, Abnahmepreise oder -mengen garantiert oder Mengenanweisungen gegeben. Mit den laufenden Reformen der schweizerischen Agrarpolitik (AP 2007/AP 2011) wird die Landwirtschaft vermehrt den Marktkräften und der internationalen Konkurrenz ausgesetzt sowie dem einzelnen Bauern mehr unternehmerische Verantwortung übertragen.

Regiebetriebe: Bis in die zweite Hälfte der 1990er Jahre wurden durch die öffentliche Hand die Märkte für Telekommunikation, Eisenbahnverkehr und Elektrizität über die staatlichen Regiebetriebe (Post, SBB und Elektrizitätswerke) geführt. Mit der (teilweisen) Liberalisierung dieser Märkte werden die Eigentums- und Verfügungsrechte privaten Entscheidungsträgern überlassen, die sich stärker am Markt und damit an der Konkurrenz und der Nachfrage orientieren werden.

Bildung und Gesundheit: Auf den Märkten für Bildungsdienstleistungen oder Gesundheit liegen die Eigentumsrechte zu einem grossen Teil weiterhin beim Staat. Wesentliche Entscheidungsträger im Gesundheitssektor sind Krankenkassen im Zusammenspiel mit staatlichen Aufsichtsbehörden.

II. Wirtschaftsordnung 25

4.2 Information über den volkswirtschaftlichen Prozess

4.2.1 Problemstellung

Ausgehend von der arbeitsteiligen Produktion und Spezialisierung stellt sich die Frage nach der Knappheitsmessung resp. der Generierung von Informationen:

- **Artikulation der Bedürfnisse und Ermittlung des Bedarfs:** Wie können die bei den Nachfragern bestehenden Wünsche zum Ausdruck gebracht resp. artikuliert werden (Bedürfnisse)? Wie kann von einem potenziellen Anbieter festgestellt werden, welche Güter in welchen Mengen nachgefragt und deshalb produziert werden sollen (Bedarf)?
- **Koordination der Einzelpläne:** Mit Hilfe welcher Informationssysteme werden die einzelnen Entscheidungen von Unternehmungen und Haushalten bewertet und koordiniert, d.h. wie werden die Einzelwirtschaftspläne (Konsumpläne der Haushalte und Produktionspläne der Unternehmungen resp. des Staates) so aufeinander abgestimmt, dass ein geordneter Gesamtzusammenhang entsteht? Die Art und Weise, wie Einzelentscheide gegenseitig abgestimmt und koordiniert werden, wird als **Lenkungssystem** einer Wirtschaftsordnung bezeichnet. Nötig sind somit Signale, d.h. eine Bewertungseinheit. Ausgehend von der Knappheit vorhandener Ressourcen ist das Problem der relativen Knappheitsmessung zu lösen. Es ist eine vergleichbare Recheneinheit, ein Knappheitsindikator zu schaffen. Dies ist eine Voraussetzung für die Planbarkeit einer wirtschaftlich sinnvollen Produktion.
- **Anspruch auf und Verfügung über die erstellten Leistungen (Verteilung):** Wie sollen die erstellten Güter auf die Individuen resp. Haushalte verteilt werden? Wer kann nach welchem Massstab Anspruch auf die erstellten Leistungen erheben?

4.2.2 Grundsätzliche Lösungsmöglichkeiten

a) Marktwirtschaftliche Lösung

Erfolgt die Koordination über den **Marktmechanismus** nach dem Konkurrenzprinzip (vgl. Abbildung 10 auf S. 27 und Abbildung 11 auf S. 28), d.h. durch den Wettbewerb der Marktteilnehmer, so funktionieren (Markt-)Preise und ihre relativen Veränderungen, aber auch Mengenindikatoren wie Lieferfristen, Auftragsbestände und Lager resp. Warenvorräte als Signale. So spielen auf der Nachfrageseite der Haushalte die unterschiedlichen Güterpreise und ihre Änderungen bei Konsumentscheidungen eine wichtige Rolle; auf der Angebotsseite der Unternehmer üben die Faktorpreise und ihre Änderungen (z.B. Löhne als Preis der Arbeit oder Zinsen als Preis des Kapitals) einen Einfluss auf die Investitionsentscheidungen aus. Entsprechend kann mit Preisen ein Über- oder Unterangebot an Gütern und Produktionsfaktoren einfach zum Ausdruck gebracht werden. Preise funktionieren somit als Knappheitsindikatoren. Sie informieren die Anbieter über Absatz- und Gewinnmöglichkeiten und koordinieren ihre Entscheidungen untereinander und mit den Entscheidungen der Nachfrager.

Bei jeder Koordination – unabhängig davon, ob sie über den Marktmechanismus oder über das demokratische, hierarchische oder kooperative Verfahren erfolgt (vgl. Tabelle 1 auf S. 13) – fallen sog. **Transaktionskosten** an. Transaktionskosten können demnach als "Reibungskosten" von Koordinationsmechanismen verstanden werden. Grundsätzlich werden folgende Arten von Transaktionskosten unterschieden:

- **Anbahnungskosten:** Kosten für die Suche und Beschaffung von Informationen über potenzielle Transaktionspartner und deren Konditionen;
- **Vereinbarungskosten:** Kosten für Vertragsverhandlungen, deren Formulierung und Abschluss;
- **Abwicklungskosten:** Kosten für die Vertragsabwicklung.

Es handelt sich demnach v.a. um Informations- und Kommunikationskosten, die nur teilweise monetär messbar und bewertbar sind.

Der Marktmechanismus gilt als ein billiger und einfacher gesellschaftlicher Mechanismus zur Generierung notwendiger und differenzierter Informationen. Er liefert diese relativ rasch, klar sowie leicht verständlich, womit für die Marktteilnehmer somit in der Regel geringe Transaktionskosten bestehen. Die Artikulation über den Preismechanismus ist allerdings **selektiv**. Alles, was nicht in Preisen ausgedrückt werden kann, wird von der Privatwirtschaft nicht produziert (wie z.B. saubere Luft oder Sicherheit); es liegt ein Marktversagen vor.

Die Pläne von Haushalten und Unternehmungen werden erst nachträglich aufeinander abgestimmt, d.h. es erfolgt eine **Ex-post-Koordination** (rückwärtsgeregeltes System). Die Unternehmer produzieren für einen anonymen Markt und erfahren erst im nachhinein durch die Erzielung eines Gewinnes oder Verlustes, ob ihre Erwartungen über die Nachfrage richtig waren. Diese Art der Abstimmung kann Ursache von Verschleiss, Verschwendung oder Überproduktion sein. Dies sind Kosten, welche die Gesellschaft für Vorteile des Marktmechanismus in Kauf nehmen muss.

II. Wirtschaftsordnung 27

Marktwirtschaftliche Mikrosteuerung: Angebot und Nachfrage   **Abbildung 10**

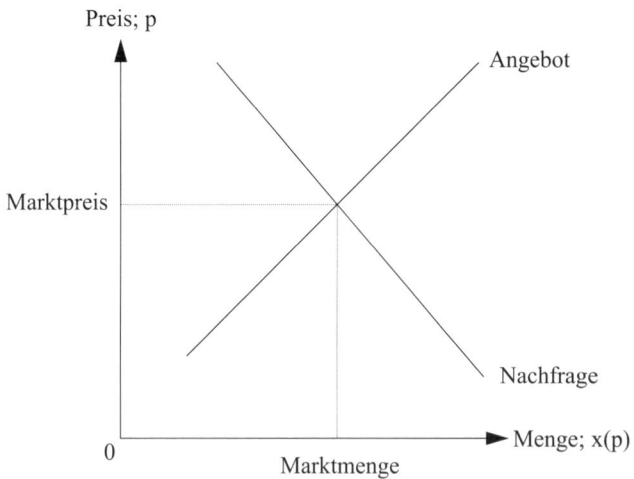

Die **Angebotsfunktion** beschreibt die Abhängigkeit der angebotenen Menge vom Preis. Zu unterscheiden ist die Einzel-Angebotsfunktion einer Unternehmung von der Gesamt-Angebotsfunktion aller Anbieter zusammen. Im Zentrum steht die Entscheidungslage der einzelnen Unternehmung und die damit verbundenen Verkaufspläne (Verkaufsbereitschaft). Die Unternehmung versucht, bei einem bestimmten Marktpreis zum bestmöglichen finanziellen Geschäftserfolg eine ganz bestimmte Gütermenge herzustellen und anzubieten. Liegt der Marktpreis über den Stückkosten resp. Durchschnittskosten (Produktionskosten je Stück), so hat die Unternehmung an jedem hergestellten und verkauften Stück einen bestimmten Stückgewinn (Marktpreis minus Stückkosten) und je nach der verkauften Menge einen bestimmten Gesamtgewinn. Je höher der Marktpreis, um so grösser das Angebot.

Die **Nachfragefunktion** beschreibt die Abhängigkeit der nachgefragten Menge vom Preis. Zu unterscheiden ist die Einzel-Nachfragefunktion eines Haushalts von der Gesamt-Nachfragefunktion aller Nachfrager zusammen. Hier geht es um die Entscheidungslage der Haushalte und ihre Nutzenüberlegungen resp. ihren optimalen Konsum- oder Kaufplan (Zahlungsbereitschaft). Er folgt aus den nutzenoptimalen Gelddispositionen für verschiedene Konsum- und Nutzungsmöglichkeiten. Je höher der Marktpreis, um so niedriger die Nachfrage.

Das **Marktgleichgewicht** liegt dort, wo die Verkaufspläne der Anbieter und die Kaufpläne der Nachfrager exakt übereinstimmen. Abweichungen verbunden mit Überraschungen für die Marktteilnehmer sind die Regel. Es findet ein laufendes "Herantasten" an den "richtigen" Marktpreis nach dem Prinzip von Versuch und Irrtum statt ("trial and error"-Verfahren). Darin wirkt die "unsichtbare Hand" des Marktes von Adam Smith.

Es soll explizit darauf hingewiesen werden, dass im Preis-Mengen-Diagramm der Mikroökonomie die abhängige Variable (Menge) auf der x-Achse (Abszisse) und die unabhängige Variable (Preis) auf der y-Achse (Ordinate) abgetragen werden; dies geht auf den englischen Nationalökonomen **Alfred Marshall** (1842–1924) zurück.

Maximierung und Marginalbedingung   **Abbildung 11**

Der einzelne Unternehmer muss darüber entscheiden, welche Produktionsmenge er zu welchen Konditionen anbietet. Gemäss mikroökonomischer Theorie stellt der Unternehmer jene Menge her, bei deren Produktion sich **Grenzerlös** und **Grenzkosten entsprechen**. Unter Grenzerlös wird der Erlöszuwachs der letzten produzierten Mengeneinheit verstanden; entsprechendes gilt für die Grenzkosten. Diese generelle Bedingung der Mikroökonomie lässt sich wie folgt ableiten. Der Gewinn (G) eines Unternehmers ist die Differenz zwischen dem Erlös (E) aus dem Verkauf der Produkte und den entstandenen Kosten (K). Erlös und Kosten hängen beide von der produzierten Menge (q) ab, somit schwankt auch der Gewinn mit der produzierten Menge.

Gewinnfunktion: $G(q) = E(q) - K(q)$

Es wird vereinfachend angenommen, dass der Unternehmer seinen Gewinn (in Bezug auf die von ihm beeinflussbare herzustellende Menge q) zu maximieren versucht.

Maximierung: $Max(G(q))$

Kann der Gewinn durch die Veränderung der Produktionsmenge nicht mehr gesteigert werden, so ist der Gewinn maximal. Für die Beurteilung der Gewinnveränderung infolge einer Veränderung der Produktionsmenge bedient man sich der 1. Ableitung der Gewinnfunktion. Diese zeigt, dass sich die marginale Veränderung des Gewinns (Grenzgewinn) aus der Differenz der marginalen Veränderung des Erlöses (Grenzerlös) und der marginalen Veränderung der Kosten (Grenzkosten) zusammensetzt.

1. Ableitung: $\dfrac{d}{dq}G(q) = \dfrac{d}{dq}E(q) - \dfrac{d}{dq}K(q)$

Im Gewinnmaximum muss der Grenzgewinn null sein ("Null-Setzen"). Das Null-Setzen der 1. Ableitung ist eine notwendige, aber nicht hinreichende Bedingung für ein Gewinnmaximum. Durch einfache Umformung ergibt sich die Bedingung, dass der Grenzerlös den Grenzkosten entsprechen muss.

Null-Setzen: $\dfrac{d}{dq}G(q) = 0 \Rightarrow \dfrac{d}{dq}E(q) = \dfrac{d}{dq}K(q)$

Für einen gewinnorientierten Unternehmer heisst dies also, dass er seine Produktionsmenge soweit ausdehnt, bis sich der zusätzliche Erlös und die zusätzlichen Kosten entsprechen. Der Erlös wird durch Menge und Preis bestimmt ($p \times q$). In einer Situation der **vollständigen Konkurrenz** (sog. Polypol; polloi = viele; polein = verkaufen), bei der ein einzelner Unternehmer mit seinem Produktionsentscheid keinen Einfluss auf den Marktpreis ausüben kann, entspricht der Grenzerlös jeder zusätzlichen Einheit genau dem Marktpreis; hier gilt also die Entscheidungsregel: Preis gleich Grenzkosten. Anders ist es bei einem **Monopol** (monos = allein), bei dem der (einzige) Unternehmer mit seiner Mengenentscheidung einen Einfluss auf den Marktpreis ausüben kann.

Das Prinzip der Maximierung von Zielgrössen und die Ableitung von Marginalbedingungen gehören zum Rüstzeug der Mikroökonomie. Auf der Angebotsseite der Unternehmer ist der **Gewinn**, auf der Nachfrageseite der Haushalte der **Nutzen** die Zielgrösse.

Bitte frankieren

vdf Hochschulverlag AG
an der ETH Zürich
VOB D
Voltastrasse 24
CH–8092 Zürich

Leser-Rückmeldung
Ihre Meinung ist uns wichtig!

Volkswirtschaft der Schweiz

Name

Vorname

Adresse

PLZ/Ort

Bitte beurteilen Sie die folgenden Aspekte des Lehrbuches «Volkswirtschaft der Schweiz» (4. A.):

– Aufbau und Struktur (Kapitel)
– Verständlichkeit der sprachlichen Formulierungen
– Klarheit der Argumentationen (Zusammenhänge)
– Informationsgehalt des Buches
– Layout, Aufmachung, Design des Textes etc.

1 = sehr schlecht
2 = schlecht
3 = ungenügend
4 = genügend
5 = gut
6 = sehr gut

Begründung von Wertungen unter 4

Allgemeine Bemerkungen

Ich nutze das Buch
☐ als Student ☐ beruflich (Bezeichnung: _____) ☐ aus privatem Interesse

b) Lösungen über nicht-marktliche Elemente

Eine politisch kontrollierte Macht (z.B. eine zentrale Behörde) kann ausgehend von einem Gesamtwirtschafts- oder Branchenplan versuchen, über Produktion und Konsum den Inhalt der Einzelwirtschaftspläne (über die Festlegung von mikroökonomischen Soll-Ziffern) zu bestimmen. In einer so geplanten Wirtschaft müssen Probleme gelöst werden, die sich in einer Marktwirtschaft in dieser Form erst gar nicht stellen: allgemein die Bewertung der Knappheiten, speziell die Bereitstellung entsprechender Informationen über die relative Verfügbarkeit von Gütern und Produktionsfaktoren sowie Informationen über Bedürfnisse der Haushalte. Die Leiter der Einzelwirtschaften haben keine Planungs-, sondern nur Ausführungsfunktionen. Dadurch erfolgt eine Abstimmung im Voraus, eine **Ex-ante-Koordination** (vorwärtsgeregeltes System).

Wenn es keine Märkte gibt, fehlen auch die von Märkten generierten Signale, d.h. die Preise und somit die Angaben über die relative Knappheit. Behelfsmässige Lösungen sind deshalb **administrierte Preise**, die z.B. über eine Kostenrechnung oder ein mark-up-pricing administrativ festgelegt werden; ein mark-up-pricing bedeutet, dass ein Preis aufgrund der staatlichen Monopolstellung über demjenigen bei vollständiger Konkurrenz und somit über den Grenzkosten gesetzt wird (mark-up = heraufsetzen). Die Preise sind deshalb immer in einem gewissen Rahmen willkürlich und werden nicht über Angebot und Nachfrage geprüft und ggf. korrigiert. Jede Wirtschaft, die den Marktmechanismus auch nur bereichsweise ausschaltet, steht in diesem Bereich vor einem fundamentalen Informationsproblem. Bei einer Planwirtschaft sind Fehlleistungen wahrscheinlich, wie z.B. Ineffizienzen, schlechte Qualität, Über- oder Unterproduktion und damit Versorgungsprobleme sowie eine generelle Fehllenkung und Verschleuderung volkswirtschaftlicher Ressourcen.

4.3 Motivierung und Sanktionierung

4.3.1 Problemstellung

Die einzelnen Plan- resp. Entscheidungsträger wie Unternehmungen und Haushalte müssen für die Erstellung einer bestimmten Leistung motiviert und belohnt oder bestraft, d.h. positiv oder negativ sanktioniert werden. Damit verbinden sich folgende Fragen: Worin besteht ein **Erfolgsinteresse der Wirtschaftsteilnehmer**? Welche Ziele verfolgen die verschiedenen Entscheidungsträger (vgl. S. 21: Zielfunktion)? Mit welchen Verhaltensweisen (Annahmen wie Gewinn- und Nutzenmaximierung) wird gerechnet? Welches sind die Anreize, damit die Produzenten eine effiziente Leistung erstellen? Wie wird eine Leistung ausgezeichnet, prämiert resp. eine Fehlleistung negativ sanktioniert? Durch welchen Mechanismus wird Verschwendung von wirtschaftlich effizienter Produktion unterschieden? Wie wird die Effektivität der Produktion festgestellt?

4.3.2 Grundsätzliche Lösungsmöglichkeiten

a) Marktwirtschaftliche Lösung

Für die **Unternehmungen** wird üblicherweise die **Gewinnmaximierung** als Verhaltensrichtlinie angenommen. Anreiz bietet die Möglichkeit, im Wettbewerb Gewinne zu erzielen, d.h. monetäre (geldbezogene) Interessen zu realisieren. Verhaltensmaxime ist also das Streben nach Profit (ökonomisches Profit-Seeking). Bei Fehlentscheiden kommt es zur Bestrafung, zur Sanktion in Form von Verlusten oder sogar Konkursen. Aufgrund dieser Erfahrungen nehmen die Marktteilnehmer mehr oder weniger schnell Korrekturen wie Planrevisionen, Preis- oder Mengenanpassungen vor. Anreiz und Sanktion erfolgen durch den Wettbewerb, letztlich über Konkurrenten (Marktpartner) und die Marktgegenseite (Nachfrage: Konsumenten- und Faktornachfragesouveränität). Wettbewerb kann als Rivalität interpretiert werden, als Wettkampf zwischen aktiven und initiativen (Unternehmungs-)Einheiten, die schneller, besser, überlegener als die anderen sein wollen. Der Wettbewerb hat einen Peitschencharakter und kann zur Entmachtung beitragen.

Bei den **Haushalten** wird die **Nutzenmaximierung**, d.h. die bestmögliche Befriedigung ihrer Bedürfnisse, als Motivation angenommen. Ein Nutzenmaximum liegt vor, wenn ein Haushalt bei einer gegebenen Bedürfnisstruktur, gegebenen Preisen und einer gegebenen Höhe der für Konsumzwecke verfügbaren Kaufkraft die grösstmögliche Befriedigung durch die Verfügung über ausgewählte Güter erlangen kann.

b) Lösungen über nicht-marktliche Elemente

In Bereichen der nicht-marktlichen Wirtschaft muss zwecks Motivation und Sanktion der Wirtschaftsteilnehmer ein Ersatz für den Wettbewerb und die Konkurrenten sowie für die rein monetäre Motivation gefunden werden. Dies kann geschehen über:

II. Wirtschaftsordnung

- Hierarchische Verfahren wie z.b. Befehle oder Anweisungen,
- intrinsische Motivation wie z.b. Förderung ideeller Werte, Anerkennung, (Sozial-)Prestige, Einsicht und Überzeugung für bestimmte Aktivitäten oder für ein gesamtwirtschaftlich sinnvolles Tun, Gemeinsinn resp. Solidarität (z.B. Nachbarschaftshilfe) oder gemeinsame Ideale,
- Prämien für bestimmte Leistungen wie z.b. Forschungspreise, politische Auszeichnungen, Orden oder Urkunden.

In der real existierenden Marktwirtschaft gibt es viele Beispiele für eine nichtmarktmässige, nicht-monetäre Motivation. Arbeiten in den Bereichen des **Gesundheitswesens**, der **Fürsorge** oder **Sozialarbeit** werden zumindest zum Teil nicht nur für Geld, sondern für ideelle Werte wie Dienst am Mitmenschen erbracht. Aber auch Unternehmungen verfolgen in der Praxis z.T. andere Ziele als die Gewinnmaximierung. Manche wollen z.B. nur einen gewissen minimalen Gewinnsatz erreichen, sich ökologisch gerecht verhalten oder keine militärisch verwendbaren Güter herstellen.

Solches Verhalten kann zu Abweichungen von der rein marktwirtschaftlich bestimmten, oft aufgrund des Modells der vollständigen Konkurrenz als optimal bezeichneten Allokation der Produktionsfaktoren führen. Die Theorie der Marktwirtschaft stellt nur ein Denkmodell, eine Annäherung an die Wirtschaftspraxis dar. Demgegenüber wird argumentiert, dass die Nutzenüberlegungen der Wirtschaftsteilnehmer nicht nur monetäre, sondern durchaus auch ideelle Werte enthalten können. Damit wird Gemeinsinn oder Philanthropie ebenso ökonomisch rational und erfassbar wie Gewinnsucht und Betrug.

4.4 Abstimmung von Interessen Einzelner und der Gesamtheit (Subordination)

4.4.1 Problemstellung

Wie können Interessen und Handlungen der einzelnen Plan- und Entscheidungsträger mit den Interessen der gesamten Wirtschaft oder Gesellschaft, d.h. der Allgemeinheit, abgestimmt werden (z.B. Einzelinteressen der Gewinn- und Nutzenmaximierung mit den Gesamtinteressen wie Rechtssicherheit, Preisniveaustabilität, Umweltschonung, Ausbildung oder Volksgesundheit)?

Es geht um die Koordination der Einzelpläne mit den Zielen der Gesamtheit der Volkswirtschaft resp. der Gesellschaft. Wie können sich die Interessen des Einzelnen gegenüber der Gesamtheit durchsetzen, und wie können die Interessen der Gesamtheit gegenüber den Machtansprüchen einzelner durchgesetzt werden? Das Subordinationsproblem umfasst auch die Frage nach der grundsätzlichen Gestaltung des Verhältnisses des Staates (als Träger der gesamtgesellschaftlichen Interessen) zu den Einzelwirtschaften und Gruppen von Einzelwirtschaften (Verbänden).

4.4.2 Grundsätzliche Lösungsmöglichkeiten

a) Marktwirtschaftliche Lösung

Der Egoismus, d.h. das konsequente gewinn- und nutzenorientierte Verhalten der einzelnen Entscheidungsträger, führt unter Bedingungen der vollkommenen Konkurrenz (vgl. Abbildung 12 und Abbildung 13 auf S. 33) quasi automatisch zum Allgemeinwohl. Indem die Individuen resp. Wirtschaftseinheiten konsequent nach ihren Mikrozielen handeln, werden zugleich die Makroziele verwirklicht. Der marktwirtschaftliche Selbststeuerungsprozess ist funktional, d.h. es gilt das Prinzip der strukturellen, objektiven Regulierung der individuellen Handlungen über den Markt. Dieses Prinzip umschreibt das von Adam Smith beobachtete Phänomen der unsichtbaren Hand des Marktmechanismus.

Vollkommener Markt und Optimum	Abbildung 12

Ein Markt wird als vollkommen bezeichnet, wenn folgende Bedingungen erfüllt sind:
- sachliche Gleichartigkeit (Homogenität und Austauschbarkeit) der Güter;
- Inexistenz persönlicher Präferenzen von Käufern für bestimmte Verkäufer und umgekehrt (z.B. aufgrund politischer und religiöser Ansichten);
- Inexistenz räumlicher Differenzierungen zwischen den einzelnen Anbietern bzw. Nachfragern;
- Inexistenz zeitlicher Differenzierungen zwischen den einzelnen Anbietern bzw. Nachfragern;
- vollständige Markttransparenz (keine Informationskosten).

Bei Erfüllung all dieser Voraussetzungen folgt das Optimum logisch unmittelbar aus den Annahmen und der Definition des Optimums. Es hat in dem Sinne tautologischen Charakter. Diese Annahmen sind in der Realität jedoch nie auch nur annähernd erfüllt.

II. Wirtschaftsordnung

Grenzen der Preistheorie	Abbildung 13

Selbst das komplizierteste und umfassendste preistheoretische Totalmodell vermag nicht mehr als einige bestimmte Phänomene der Wirklichkeit abzubilden. Die ganze Komplexität der Wirklichkeit wird sich einer vollständigen theoretischen Fassung immer entziehen. Die reale Wirtschaft zeigt eine Mannigfaltigkeit von Marktformen, Zielsetzungen und Verhaltensweisen, eine Ineinanderschachtelung und Verflechtung von Märkten, offene und versteckte Koalitionenbildung und Konzentration zu marktbeherrschenden Unternehmungen, eine Vielfalt von Kostenstrukturen und Kostenverläufen u.a.m. Weiter wirkt der Staat durch Steuern, Zölle und Subventionen in oft schwer durchschaubarer Weise auf den Preisbildungsprozess ein. Letztlich ist dies alles eingebettet in eine dynamische Entwicklung, in der sich zum einen der technische Fortschritt in neuen Produkten (Produktinnovationen) und neuen Produktionsverfahren (Prozessinnovationen) manifestiert und zum anderen von der Geldseite her Veränderungen des Preisniveaus bewirkt werden.

b) Lösungen über nicht-marktliche Elemente

Zum einen vermag die idealtypische rein marktwirtschaftliche Lösung zur Herstellung eines Gesamtinteresses nicht alle Mitglieder der Gesellschaft zu überzeugen; einige definieren das Gemeinwohl anders. Zum andern mobilisieren durch den realen Wirtschaftsablauf hervorgerufene Probleme wie Konzentration von Marktmacht oder soziale Lasten gesellschaftlich relevante Gruppen. Sie organisieren sich selber (z.B. in Kartellen oder Verbänden), um die Marktergebnisse in ihrem Sinne eines übergeordneten Interesses zu beeinflussen. Weiter werden für die Subordination aufgrund eines organisierten Interessenausgleichs unter Einbezug politischer Abstimmungen Korrekturmassnahmen über die Wirtschaftspolitik ergriffen.

Dies führte neben der Ordnungspolitik, insbesondere der Wettbewerbspolitik, zu einer sozialpolitischen Flankierung der Ergebnisse der Marktwirtschaft. Ausgehend vom so begründeten **Modell der sozialen Marktwirtschaft** – vertreten etwa durch den deutschen Wirtschaftsminister und späteren Bundeskanzler **Ludwig Erhard** (1897–1977) in den 1950er Jahren – kam es zum Aufbau des Wohlfahrtsstaates besonders ausgeprägt in den skandinavischen Ländern. Die Rede war vom "rheinischen Kapitalismus" als einer Marktwirtschaft, die wirtschaftlichen Erfolg für die Sache der sozialen Gerechtigkeit nutzbar macht, dies als Gegensatz zum rücksichtslosen Kapitalismus der angelsächsischen Länder. Die Entwicklung der letzten Jahrzehnte hat gezeigt, dass das Konzept des Wohlfahrtsstaates zur Überlastung der Wirtschaft und zu Fehllenkungen von Ressourcen und Verhaltensweisen Einzelner führen kann. In einem politisch höchst kontroversen Umfeld wird ein neues Gleichgewicht von Solidarität und individueller Anstrengung sowie Selbstverantwortung bei gleichzeitiger Reduktion des Anspruchsniveaus gesucht.

Über das zu wählende Gleichgewicht und damit die **Lösung des Problems der Subordination** kann letztlich nicht ausschliesslich ökonomisch rational entschieden werden; es handelt sich um ein Werturteil und damit um eine gesellschaftspolitisch zu treffende Wahl. Dieses Werturteil und die damit verbundenen Folgen für Wirtschaft und Gesellschaft wie Effekte auf Wirtschaftswachstum oder Lebensstandard lassen sich jedoch ökonomisch rational untersuchen und diskutieren.

5. Von der Wirtschaftsordnung zur Wirtschaftspolitik

Die vorangegangenen Ausführungen haben gezeigt, dass auch in einer grundsätzlich marktwirtschaftlich organisierten Wirtschaft ein gewisser Einfluss des Staates auf die Wirtschaftsordnung und die Wirtschaftsabläufe aus Gründen der Funktionstüchtigkeit notwendig ist. Dies führt zu einigen grundlegenden Überlegungen zur Wirtschaftspolitik (vgl. zu detaillierteren Ausführungen das Kapitel "Wirtschaftspolitik" auf S. 85ff.).

5.1 Ordnungspolitik

Gegenstand der Ordnungspolitik sind Massnahmen der **Festlegung** und **Durchsetzung** der Grundzüge einer Wirtschaftsordnung, der rechtlichen und institutionellen Rahmenbedingungen in allen Bereichen, die für das Verhalten der Wirtschaftssubjekte und der wirtschaftspolitischen Entscheidungsträger relevant sind. Es geht um die qualitative und grundsätzliche Durchsetzung der Verfahren und Mechanismen des Wirtschaftens mit dem Ziel, die Systemelemente zwecks Erhöhung der Effizienz des gesamtwirtschaftlichen Systems zu gestalten. Damit bestimmen die wirtschaftspolitischen Entscheidungsträger bei den laufend sich stellenden Fragen immer wieder von Neuem über die konkrete Lösung der vorne behandelten vier Problemkomplexe (vgl. Abbildung 8 und S. 20ff.). Bedeutend für die Ordnungspolitik in einer Marktwirtschaft sind v.a. die Wettbewerbspolitik über ein Kartellgesetz (**Marktverfassung**), aber auch die Klärung und Durchsetzung von Eigentums- und Haftungsregeln (**Produktionsverfassung**). Die **Geldverfassung** regelt die Ordnung des Geldwesens, den Zahlungsverkehr etc. Die **Finanzverfassung** legt die Ordnung der öffentlichen Finanzwirtschaft und damit die grundlegenden Regeln der Einnahmen und Ausgaben der Haushalte der verschiedenen föderativen Ebenen fest.

Gemäss dem liberalen Theoretiker **Walter Eucken** (1891–1950) geht es um eine Ordnungssicherungspolitik. Eine liberale Ordnungspolitik versucht möglichst viel Wettbewerb und damit seine Sanktionsfunktion zu sichern: Es gilt den Wettbewerb als "Entmachtungsinstrument" zu sichern sowie "checks and balances" zu gewährleisten. Im Sinne der Denkschule der Neuen Politischen Ökonomie (NPÖ) geht es bei der Ordnungspolitik um die Schaffung eines Grundkonsenses bezüglich der Ausgestaltung der Wirtschaftsordnung ("choices of rules").

5.2 Ablaufpolitik (Prozesspolitik)

Die Ablaufpolitik umfasst die Beeinflussung des laufenden wirtschaftlichen Geschehens. Sie entspricht den laufenden wirtschaftspolitischen Eingriffen der Behörden im Rahmen der durch die Ordnung gegebenen Restriktionen, um quantitative Ergebnisse des Wirtschaftsprozesses entsprechend wirtschafts- und sozialpolitischen Zielsetzungen zu erreichen. Durch Veränderung resp. Variation ökonomischer Grössen, die für die einzelwirtschaftliche Planung von Bedeutung sind, wird der Wirtschaftsablauf beeinflusst: Z.B. beeinflusst die Schweizerische Nationalbank (SNB) mittels der im Nationalbankgesetz festgelegten geldpolitischen Instrumente die Zinssätze, oder das Volk ändert z.b. über das Referendumsrecht die geltenden Steuersätze und übt damit einen Einfluss auf die öffentlichen Einnahmen aus, oder die Eidgenössische Zollverwaltung (EZV) ändert die Zollsätze und beeinflusst damit die Preise grenzüberschreitender Güter. Im Sinne der NPÖ geht es im Rahmen der Prozesspolitik um die laufende wirtschaftspolitische Beeinflussung der wirtschaftlichen Abläufe ("choices within the rules").

5.3 Ordnungskonformität prozesspolitischer Massnahmen

Wirtschaftspolitische Massnahmen sollten durch die Entscheidungsträger auf ihre Übereinstimmung mit der gewählten Wirtschaftsordnung überprüft werden. Sie sind konform, wenn sie die bestehende Ordnung unverändert lassen oder sie näher an das Leitbild heranbringen. Massnahmen sind inkonform, wenn sie die tatsächliche Ordnung weiter vom Leitbild abrücken. So kann z.B. die Umweltpolitik über einen Öko-Bonus (Lenkungsabgaben mit Verteilung der Einnahmen) marktkonform ausgestaltet werden. Demgegenüber sind Preiskontrollen, Mengenkontingente oder Gebote und Verbote inkonform in Bezug auf eine marktwirtschaftlich konzipierte Wirtschaftsordnung. Die wirtschaftspolitischen Entscheidungsträger müssen ein Bewusstsein für Ordnungskonformität haben. Andernfalls verstrickt sich die Wirtschaftspolitik in Widersprüche, welche die Funktionstüchtigkeit stören, zu Leerläufen führen und sich früher oder später in Verlusten an Wohlstand, an Einkommen und Beschäftigung ausdrücken. Inkonsistenzen im Wirtschaftssystem können zu Funktionsstörungen führen.

Aus dem Zusammenspiel von Ordnungsrahmen, wirtschaftlichem Geschehen und Ablaufpolitik entsteht eine Fülle von mehr oder weniger unterschiedlichen wirtschaftlichen Verhältnissen in den verschiedenen Ländern und zu verschiedenen Zeitpunkten. Dies sind reale Mischordnungen.

6. Ausblick

Die laufende Transformation der ehemals sozialistischen Wirtschaften in Osteuropa einerseits sowie die Debatten über Deregulierung und Liberalisierung in Westeuropa andererseits haben die Fragen um die Ausgestaltung der Wirtschaftsordnung neu belebt. Folgende zentrale Problemfelder stehen zur Debatte:

Ein erster Problemkomplex stellt die Frage dar, wie sich **die Wahl der Wirtschaftsordnung (Struktur) auf den Wirtschaftsablauf (Prozess) und damit auf das Resultat auswirkt.** Die Wirtschaftsordnung bestimmt wesentliche Resultate des Wirtschaftens wie Wohlstand, Wettbewerbsfähigkeit, Umweltverträglichkeit oder Gerechtigkeit. Weitverbreitet ist die Auffassung, dass die richtige Wahl der Wirtschaftsordnung viele der anderen, weiteren Probleme mehr oder weniger automatisch löst.

Daraus ergeben sich Konsequenzen für die Wirtschaftspolitik: Die Ordnungspolitik hat eine hohe Priorität, und ihr kommt eine besonders grosse Beachtung zu. Allerdings ist dies überhaupt keine Garantie, dass aus einer wirtschaftswissenschaftlich-funktionalen Betrachtung heraus auch das Richtige getan wird. Ein objektives Problem besteht darin, dass die Wirkungszusammenhänge zwischen Struktur und Prozess wenig bekannt sind. Dies ist angesichts der hohen Priorität der Ordnungspolitik erstaunlich. Nötig wären Fortschritte in der Wirkungsanalyse ordnungspolitischer Massnahmen, wie z.B. Kenntnisse über die Effekte der Privatisierungen und Deregulierungen sowie der Neuordnung ganzer Marktkomplexe (z.B. Telekom, Post, Medien, Transport oder Energieversorgung) auf das Marktergebnis und darüber hinausreichende Wirkungen.

Eine Herausforderung für die Ordnungspolitik ist das Argument des "second best". Sind mehrere Bedingungen für die Erreichung des marktwirtschaftlichen Optimums verletzt, so führen partielle Verbesserungen in Richtung des Ideals nicht immer unmittelbar zu einer Steigerung der Wohlfahrt. Eine alternative Konstellation kann ein Optimum darstellen, wenn auch relativ zum Ideal nur "second best". Deshalb wurden neue Argumente zu einer dynamischen Effizienz entwickelt. Ihre Anwendbarkeit ist weiter zu verbessern.

Ein zweiter grosser Problemkomplex beschäftigt sich mit **Rückwirkungen vom Wirtschaftsablauf auf die Wirtschaftsordnung.** Wirtschaftsprozesse lösen eine Dynamik aus, die mittel- und längerfristig die Wirtschaftsordnung verändert und gestaltet. Die Leistungen der Wirtschaft legitimieren oder diskreditieren die Wirtschaftsordnung bis zur Gefährdung ihrer Existenz. So haben z.B. (schlechte) Resultate der Wirtschaftsprozesse im realen Sozialismus wesentlich zu dessen Fall beigetragen. Aber auch die marktwirtschaftliche Dynamik hat über die Beeinträchtigung der Umwelt zu Korrekturen der Wirtschaftsordnung geführt.

Im Zuge der Globalisierung der Wirtschaft optimieren Unternehmungen Wertschöpfungsketten weltweit. Durch die allgemeine Liberalisierung sowie den technologischen Fortschritt hat die weltweite Mobilität von Kapital, Management und Know-how deutlich zugenommen. Damit hat sich für die Unternehmungen die Anzahl der Standorte oder Länder für die Ansiedlung derselben Aktivitäten wesentlich ausgeweitet. Sie werden dort wirtschaften, wo sie es besser oder billiger können und/oder wo Märkte für ihre Leistungen vorhanden sind. Aus der Sicht der Standorte gewinnen damit jene Faktoren an Bedeutung, die international nicht mobil, sondern an den Standort gebunden sind und Attraktivitätsunterschiede ausmachen können. Neben der Anzahl und der Qualifikation der Arbeitskräfte sind dies v.a. die Rahmenbedingungen. Aufgrund der Globalisierung ist die Ausgestaltung der Wirtschaftsordnung zu einem wesentlichen Faktor des Standortwettbewerbs geworden. Auch dies vermag das Wechselspiel von Wirtschaftsordnung und Wirtschaftsergebnis zu verdeutlichen. Der Wettbewerb der nationalen Wirtschaftsordnungen schränkt aber auch den Handlungsspielraum der nationalen Wirtschaftspolitik ein, wie z.B. der Druck aus dem Sozialdumping asiatischer Staaten auf die Wohlfahrtseinrichtungen Westeuropas zeigt. Die internationalen Finanzströme sowie die Direktinvestitionen sanktionieren durch Verlagerungen jede relative Veränderung rasch. Ob sich längerfristig eine bestimmte Wirtschaftsordnung durchsetzt oder sich die Wirtschaftsordnungen stark angleichen (Konvergenz), ist eine letztlich nur durch die Geschichte zu beantwortende Frage.

Ein dritter Problemkomplex beschäftigt sich mit der **gesellschaftlichen Steuerbarkeit der Wirtschaft: Kann die Wirtschaftsordnung und damit direkt oder indirekt auch die Wirtschaftsentwicklung gesteuert werden und wenn ja, wie?** Oder ist vielmehr davon auszugehen, dass der Wirtschaftsablauf mittel- und längerfristig eine quasi naturgesetzliche Entwicklung darstellt? Wie im ersten Problemkreis erwähnt, versucht die Wirtschaftspolitik über die Gestaltung der Rahmenbedingungen indirekt auf den Wirtschaftsablauf Einfluss zu nehmen. Die direkt-interventionistische Politik der 1960er und frühen 1970er Jahre hat die Steuerbarkeit der Wirtschaft auch über ein "fine-tuning" masslos überschätzt. Von der ökonomischen Theorie her wird der Ordnungspolitik gegenüber direkter Prozesssteuerung durch staatliche Eingriffe der Vorzug gegeben. Im letzten Jahrzehnt war denn auch in zahlreichen Ländern über die Deregulierung und Privatisierung ein gewisser Abbau von direkten staatlichen Eingriffen und eine Verlagerung zu mehr indirekten Steuerungsversuchen über die Rahmenbedingungen zu beobachten. Dies schliesst allerdings nicht aus, dass besonders für Vertreter von Partikularinteressen die Versuchung gross ist, ihre Positionen über direkte Eingriffe absichern zu lassen.

7. Quellen

Erhard, L. (1957). Wohlstand für alle. Düsseldorf.

Eucken, W. (1959). Grundsätze der Wirtschaftspolitik. Hamburg.

Frey, B. S. (1997). Markt und Motivation: Wie ökonomische Anreize die (Arbeits-)Moral verdrängen. München.

Friedman, M., Friedman, R. (1980). Free to choose. New York.

Kleinewefers, H. (1988). Grundzüge einer verallgemeinerten Wirtschaftsordnungstheorie. Tübingen.

Leipold, H. (1988). Wirtschafts- und Gesellschaftssysteme im Vergleich: Grundzüge einer Theorie der Wirtschaftssysteme. Stuttgart.

Pejovich, S. (2005). Der Kapitalismus ist ein "way of life" – Eigentumsrechte als Garanten der individuellen Freiheit, in: Neue Zürcher Zeitung. Nr. 253, S. 29.

Picot, A., Ripperger, T., Wolff, B. (1996): The Fading Boundaries of the Firm: The Role of Information and Communication Technology, in: Journal of Institutional and Theoretical Economics. Vol. 152, S. 65–79.

Williamson, O. E. (1990). Die ökonomischen Institutionen des Kapitalismus: Unternehmen, Märkte, Kooperationen. Tübingen.

III. Markt- und Produktionsverfassung

1. Einführung

Jede Gesellschaft hat über ihre konkrete Wirtschaftsordnung zu entscheiden. Zudem sollte sie die beschlossenen Grundprinzipien auch durchsetzen. Dabei stellen die konkret zu beobachtenden Wirtschaftsordnungen keine auf dem Reissbrett oder in der Studierstube entworfenen Idealtypen dar. Vielmehr sind sie über die Zeit und in den harten Auseinandersetzungen gesellschaftlicher Interessen gewachsen. Sie bauen auf Geschichte und Traditionen. In diesem Kapitel sollen die konkreten Ausprägungen von zwei grundlegenden Bereichen der Wirtschaftsordnung der Schweiz dargestellt werden: die Markt- und die Produktionsverfassung.

Die **Marktverfassung** umfasst die Gesamtheit der (Rechts-)Normen und Institutionen, die der **Ordnung des Marktgeschehens** dienen. Sie regelt die Zulassung der Wirtschaftssubjekte zu den Faktor- und Gütermärkten und gewährt somit den Akteuren ihre wirtschaftliche Freiheit; diese beinhaltet auch das Recht der Individuen, in gegenseitige Tauschvorgänge einwilligen zu können. Entsprechend wird durch die Marktverfassung auch das Vertragsrecht festgelegt, denn die generelle Vertragsfreiheit ist eine Voraussetzung für eine freie Marktpreisbildung. Zur Marktverfassung gehören des Weiteren die den Wettbewerb regulierenden ordnungspolitischen Mittel, d.h. die **Wettbewerbspolitik**. Die wirtschaftliche Freiheit wird ja nicht nur den konsumierenden Haushalten gewährt, sondern ebenso den produzierenden Unternehmungen. Angebotsseitig besteht nun der Konflikt zwischen der Freiheit, sich zusammenzuschliessen, und der Freiheit, miteinander zu konkurrieren. Es liegt somit eine dem marktwirtschaftlichen System immanente Gefahr zur Einschränkung des Wettbewerbs durch Unternehmer vor, die das Ziel haben, auf Kosten der Konsumenten Renten zu erwirtschaften. Mittels einer staatlichen Wettbewerbspolitik werden Märkte auf mögliche Wettbewerbsbeschränkungen hin untersucht. Meist geht es um die Förderung der Wettbewerbsintensität. Daneben gibt es aber auch wirtschafts- und sozialpolitische Zielsetzungen, die auf bestimmten Märkten eine Beschränkung oder Ausschaltung des Wettbewerbs als zweckmässig erscheinen lassen. So kann z.B. ein Monopol aufgrund technischer Gegebenheiten gewisse Leistungen effizienter erbringen als mehrere sich konkurrierende Unternehmungen. Ein solches natürliches Monopol ist z.B. die Errichtung eines Wasser- oder Gasversorgungssystems in einem Land oder das Errichten eines Strom- oder Schienennetzes.

Im Bereich der Produktion sind die Verfügung über und die Disposition der Produktionsmittel von entscheidender Bedeutung. Die **Produktionsverfassung** gliedert sich in zwei Bereiche, einerseits in die Eigentumsverfassung und andererseits in die Unternehmungs-, Betriebs- und Arbeitsverfassung. Im Rahmen der **Eigentumsverfassung** werden die Nutzungs- und Verfügungsrechte an Produktionsfaktoren und Gütern geregelt. Damit erfüllt Eigentum verschiedene Funktionen wie z.b. die Autonomie-, Waren- und Anreizfunktion (vgl. S. 22ff.). Gesamtwirtschaftlich kommt diese Eigentumsordnung einer Dezentralisierung der Entscheidungen gleich, verbunden mit einer breiteren Streuung von Risiken; dadurch ist die Fehlertoleranz grösser, und die Wirtschaft ist innovativer als bei einer zentralen Lösung der Eigentumsfrage (kollektives Eigentum). Kerneinheiten und Motor der wirtschaftlichen Entwicklung sind letztlich die Unternehmungen. Die **Unternehmungsverfassung** regelt Rechte und Pflichten der Unternehmungsmitglieder, Form der Organisation, Zuständigkeiten der Organe der Unternehmungen, Verantwortlichkeiten, internes Zusammenwirken, Führung, Finanzierung und Haftung von Unternehmungen. Sie setzt sich aus gesetzlichen Normen sowie vertraglichen Vereinbarungen und Gewohnheitsrecht zusammen. Die **Betriebsverfassung** regelt Art und Ausmass der Mitwirkung resp. Mitbestimmung der Arbeitnehmer an der Unternehmungsleitung. Dabei werden drei Stufen unterschieden: nicht verantwortliche Mitwirkungsrechte, Mitsprache und verantwortliche Mitbestimmungsrechte. Durch die **Arbeitsverfassung** wird das Verhältnis zwischen Arbeitgeber und Arbeitnehmer grundlegend geregelt. Es geht darum, ob die Arbeitsverhältnisse über staatliche Gesetze oder über private Verträge geregelt werden sollen.

Neben der Markt- und Produktionsverfassung werden üblicherweise noch die Geld- und die Finanzverfassung unterschieden. Diese werden weiter hinten im Kapitel "Geld und Währung" (vgl. S. 543ff.) und im Kapitel "Öffentliche Finanzen" (vgl. S. 601ff.) behandelt. Ebenso ist letztlich auch eine Einschätzung der Wirtschaftsordnung der Schweiz durch Gegenüberstellung idealtypischer Vorstellungen und realer Ordnung von Interesse. Daraus lassen sich das Ausmass der Regulationen und damit verbundene Vor- und Nachteile abschätzen.

Einleitend wird in diesem Kapitel aber zuerst auf die **Bundesverfassung** der Schweizerischen Eidgenossenschaft eingegangen. Sie ist von zentraler Bedeutung für die schweizerische Markt- und Produktionsverfassung.

2. Die Wirtschaftsordnung im Rahmen der Bundesverfassung

2.1 Funktionen und Aufbau der Bundesverfassung

Zum 1. Januar 2000 ist die neue Bundesverfassung (BV) der Schweizerischen Eidgenossenschaft in Kraft getreten und bildet nach den Verfassungen von 1848 – dem Gründungsjahr des Bundesstaates – und 1874 die dritte Verfassung. Sie bildet die **rechtliche Grundordnung der Eidgenossenschaft** und enthält somit die wichtigsten Bestimmungen des Staatsrechts. Die Funktionen einer Verfassung sind stets vor einem bestimmten historischen und politischen Kontext zu reflektieren. Für den demokratischen Staat der Gegenwart lässt sich ein **Kern weithin unbestrittener Verfassungsfunktionen** benennen: So enthält die Verfassung die wichtigsten Regeln für das gesellschaftliche Zusammenleben, gewährleistet die Grundrechte der Personen und die Mitwirkung des Volkes an staatlichen Entscheidungen, verteilt die Aufgaben zwischen Bund und Kantonen und umschreibt die Zuständigkeit der Behörden; dadurch begrenzt sie zugleich die politische Macht.

Die alte Bundesverfassung von 1874 erfüllte diese ihr zugedachten Funktionen nur noch mangelhaft: Einerseits enthielt sie mehrere Verfassungsbestimmungen, die auf Gesetzes- oder Verordnungsstufe gehörten (z.B. das Absinthverbot). Andererseits fehlten wichtige Grundrechte und für den Rechtsstaat grundlegende Verfahrensgrundsätze; diese wurden aber dennoch als ungeschriebenes Verfassungsrecht vom Bundesgericht anerkannt. Verfassungswirklichkeit ("law in action") und Verfassungsurkunde ("law in books") waren also nicht mehr identisch. Die neue Bundesverfassung macht das **geltende Verfassungsrecht** wieder **durchschaubar**, indem sie das geschriebene und ungeschriebene Verfassungsrecht nachführt, es verständlich darstellt, systematisch ordnet und sprachlich vereinheitlicht. Dadurch werden die vier tragenden Grundwerte resp. die vier Strukturprinzipien des schweizerischen Staatswesens wieder erkennbar: Rechtsstaat, Föderalismus, direkte Demokratie und die Sozialstaatlichkeit, die zu einer sozialen marktwirtschaftlichen Wirtschaftsordnung führt. Neben dieser rechtlichen und staatspolitischen Bedeutung hat die Verfassung aber auch eine **Orientierungs- und Integrationsfunktion** für die Bürger.

Die neue Bundesverfassung ist in sechs Teile gegliedert (vgl. Abbildung 14 auf S. 44).

Aufbau der Bundesverfassung der Schweiz	Abbildung 14

1. Teil: Allgemeine Bestimmungen (Art. 1–6)
2. Teil: Grundrechte, Bürgerrechte und Sozialziele (Art. 7–41)
3. Teil: Bund, Kantone und Gemeinden (Art. 42–135)
4. Teil: Volk und Stände (Art. 136–142)
5. Teil: Bundesbehörden (Art. 143–191)
6. Teil: Revision der Bundesverfassung und Übergangsbestimmungen (Art. 192–196)

Die neue Verfassung ist nach sachlichen Kriterien geordnet und schafft dadurch eine unerlässliche Transparenz in Bezug auf die grundlegenden Normen der Schweizerischen Eidgenossenschaft.

2.2 Die Grundsätze der Wirtschaftsordnung der Schweiz

Die Grundprinzipien der Wirtschaftsordnung der Schweiz werden in der Bundesverfassung v.a. durch das **Grundrecht der Wirtschaftsfreiheit** in Art. 27 BV und die Bestimmungen des 2. Abschnitts "**Wirtschaft**" der Aufgabenteilung zwischen Bund und Kantonen festgelegt (3. Teil, Art. 94–107 BV). Diese Aufgabenteilung ist auf die Gestaltung der Schweizerischen Eidgenossenschaft als **Bundesstaat** zurückzuführen; jeder Bundesstaat umschliesst zwei Ebenen: die obere Ebene des Gesamt- und Zentralstaates (Bund) sowie die untere Ebene der weitgehend autonomen Gliedstaaten (Kantone). Somit kennt jeder einzelne Kanton – im Rahmen des Bundesrechts – sein eigenes Staatsrecht.

Weitere wichtige Bestimmungen für das Wirtschaftsleben sind darüber hinaus z.B. das Grundrecht der Eigentumsfreiheit oder die Bestimmungen über Umweltschutz, Energie, Bildung und Soziales. Es handelt sich somit beim Abschnitt mit dem Titel "Wirtschaft" nicht um eine in sich geschlossene "Wirtschaftsverfassung", sondern vielmehr um eine Zusammenstellung derjenigen Verfassungsbestimmungen, welche die Ordnungs-, die Prozess- und die Strukturpolitik als die traditionellen Felder der Wirtschaftspolitik des Bundes betreffen. In Abbildung 15 sind die zentralen Grundsätze der Wirtschaftsordnung der Schweiz wiedergegeben.

III. Markt- und Produktionsverfassung

Grundsätze der Wirtschaftsordnung — **Abbildung 15**

Art. 94 BV:

1 Bund und Kantone halten sich an den Grundsatz der Wirtschaftsfreiheit.

2 Sie wahren die Interessen der schweizerischen Gesamtwirtschaft und tragen mit der privaten Wirtschaft zur Wohlfahrt und zur wirtschaftlichen Sicherheit der Bevölkerung bei.

3 Sie sorgen im Rahmen ihrer Zuständigkeiten für günstige Rahmenbedingungen für die private Wirtschaft.

4 Abweichungen vom Grundsatz der Wirtschaftsfreiheit, insbesondere auch Massnahmen, die sich gegen den Wettbewerb richten, sind nur zulässig, wenn sie in der Bundesverfassung vorgesehen oder durch kantonale Regalrechte begründet sind.

3. Marktverfassung

Die schweizerische Staats- und Rechtsordnung beruht traditionell auf einer **liberalen Grundeinstellung**. Dies bedeutet, dass dem einzelnen Individuum ein möglichst grosser Handlungs- und Gestaltungsspielraum eingeräumt wird. Im Zentrum steht die freie Entscheidung des Einzelnen, womit eine gewisse **Eigenverantwortlichkeit** vorausgesetzt wird. Die Sicherung individueller Freiheitsräume erfolgt über die Verankerung von **Grundrechten** (Freiheitsrechte) in der Verfassung. Grundrechte sind Rechtspositionen, die einen qualifizierten rechtlichen Schutz gegenüber staatlichen Eingriffen geniessen; sie erscheinen – wenn auch nicht abschliessend – im 2. Teil der Bundesverfassung (Art. 7–34 BV).

3.1 Das Grundrecht der Wirtschaftsfreiheit

3.1.1 Begriff und Funktion der Wirtschaftsfreiheit

Die Wirtschaftsfreiheit ist ein zentrales Grundrecht in der Bundesverfassung und regelt das **Verhältnis zwischen dem Staat und den Wirtschaftsteilnehmern**, indem sie dem einzelnen Bürger Schutz vor staatlichen Eingriffen gewährt. Sie bildet das Kernstück einer liberal orientierten Wirtschaftsverfassung (vgl. Abbildung 16).

Grundzüge der schweizerischen Marktverfassung	Abbildung 16
Verhältnis **Bürger – Staat:** Wirtschaftsfreiheit (Art. 27 BV): ¹ Die Wirtschaftsfreiheit ist gewährleistet. ² Sie umfasst insbesondere die freie Wahl des Berufes sowie den freien Zugang zu einer privatwirtschaftlichen Erwerbstätigkeit und deren freie Ausübung. Verhältnis **Bürger – Bürger:** Privatautonomie und Vertragsfreiheit.	

Mit der Gewährleistung der Wirtschaftsfreiheit spricht sich die Bundesverfassung für eine grundsätzlich staatsfreie Wirtschaftsordnung aus, die auf dem Gedanken der Privatautonomie beruht und sich vom Verständnis her an marktwirtschaftlichen Prinzipien orientiert. Die Wirtschaftsfreiheit ist ein **reines Abwehrrecht**, das der Privatwirtschaft **einen staatsfreien Raum sichert**, und vermittelt dem Einzelnen somit keinen Anspruch auf positive Leistungen des Staates. Sie verpflichtet sowohl den Bund als auch die Kantone – im Rahmen ihrer Kantonsverfassungen –, den Grundsatz der Wirtschaftsfreiheit zu beachten. So untersagt sie dem Staat grundsätzlich, in den Markt einzugreifen. Die Wirtschaftsfreiheit sichert dem Bürger die Freiheit, über seine berufliche und seine wirtschaftliche Tätigkeit selbständig und autonom befinden zu können, die Freiheit also, an jedem Ort der Schweiz eine erwerbswirtschaftliche Tätigkeit frei zu wählen und auszuüben. Damit erfasst sie in Kombination mit Art. 95 BV die **privatwirtschaftliche Erwerbstätigkeit** schlechthin. Den Schutz der Wirtschaftsfreiheit geniessen dabei nicht nur die **natürlichen**, sondern auch die **juristischen Personen** im Rahmen der unternehmerischen Freiheit sowie die Vertragsfreiheit. Die Verankerung der Wirtschaftsfreiheit stellt eine **Besonderheit der schweizerischen Bundesverfassung** dar. Es ist keine Verfassung eines anderen Staates bekannt, die eine Garantie von vergleichbarem Umfang enthält.

3.1.2 Abweichung vom Grundrecht der Wirtschaftsfreiheit – Grundlagen der Wirtschaftspolitik

Mit der Gewährleistung der Wirtschaftsfreiheit stellt sich die Frage, ob eine staatliche Wirtschaftspolitik in der Schweiz überhaupt zulässig ist, d.h. inwiefern politische Eingriffe in die Wirtschaft legitim sind. Wirtschaftspolitische Entscheidungen und Aktivitäten müssen im Grundsatz mit der Wirtschaftsfreiheit verträglich sein. **Ordnungskonformität** bedeutet im Fall der Wirtschaftsordnung der Schweiz, dass Entscheide von Trägern der Wirtschaftspolitik die Wirtschaftsfreiheit nicht einengen oder auf einem bestimmten Gebiet gar aufheben dürfen. Wirtschaftspolitische Massnahmen sind dann ordnungskonform, wenn sie die Wirtschaftsfreiheit nicht tangieren.

Die Wirtschaftsfreiheit ist jedoch nicht absolut gewährleistet und kann somit wie die übrigen Grundrechte eingeschränkt werden. Grundsätzlich sind Einschränkungen von Grundrechten nur zulässig, wenn sie auf einer hinreichenden gesetzlichen Grundlage beruhen, einem überwiegenden öffentlichen Interesse entsprechen und verhältnismässig sind. Dabei weist die Wirtschaftsfreiheit eine **Besonderheit** auf: Den freien Wettbewerb gefährdende Abweichungen von der Wirtschaftsfreiheit bedürfen einer **Grundlage in der Bundesverfassung** oder müssen durch **kantonale Regalrechte** begründet sein (Art. 94 Abs. 4 BV; sog. Verfassungsvorbehalt). Es gilt in diesem Zusammenhang das **"Enumerationsprinzip"**, d.h. es sind nur solche Einschränkungen der Wirtschaftsfreiheit erlaubt, die in der Bundesverfassung aufgezählt sind. Die Ermächtigung, vom Grundsatz der Wirtschaftsfreiheit abzuweichen und somit in den freien Marktmechanismus einzugreifen, kann eine **ausdrückliche** oder eine **stillschweigende** sein. Im Bereich der wirtschaftlichen Kernbestimmungen (Art. 94–107 BV) wird diese Ermächtigung besonders kenntlich gemacht. Ausdrückliche Ermächtigungen sind in Art. 100–104 BV enthalten. Ausserhalb dieses Kernbereichs der Wirtschaftsbestimmungen finden sich stillschweigende Ermächtigungen für bestimmte Wirtschaftsbereiche (sog. Monopole; z.B. Art. 87 BV: Eisenbahnen und weitere Verkehrsträger). In Abbildung 17 werden die wichtigsten Verfassungsermächtigungen aufgeführt, in denen vom Grundsatz der Wirtschaftsfreiheit abgewichen werden darf.

Zusammenfassend ist festzuhalten, dass sich die Bundesverfassung zu einer marktwirtschaftlichen Ordnung bekennt, sich jedoch nicht explizit auf die Marktwirtschaft verpflichtet. Während das Grundrecht der Wirtschaftsfreiheit (Art. 27 BV) die **liberal-individualrechtliche** Dimension zum Ausdruck bringt, bilden die Grundsätze der Wirtschaftsordnung in Art. 94 BV die **institutionelle** Dimension. Ausgehend von diesen Grundsätzen der Wirtschaftsordnung sowie dem Argumentationsschema von wirtschaftspolitischen Massnahmen ergibt sich eine **Gefahr**, ja eine gewisse Neigung **zur (Struktur-)Erhaltung**, zur Konservierung und damit zur Fehlallokation von Ressourcen. Die Grundlagen der Wirtschaftspolitik sind in der Verfassung so definiert, dass Wirtschaftspolitik fördert, erhält, schützt oder verhindert, falls sie legitim sein soll. Sie ist damit von der Anlage her rückwärtsgerichtet und am Status quo orientiert.

3.2 Theorie und Praxis des Wettbewerbs

Im **Verhältnis zwischen den Wirtschaftsteilnehmern unter sich,** also zwischen dem Bürger und seinen Mitbürgern, gelten folgende Rechte (vgl. Abbildung 16 auf S. 46):

- **Privatautonomie:** Jedermann kann seine Beziehungen zu anderen Wirtschaftsteilnehmern im Rahmen der gegebenen Rechtsordnung nach eigenem Gutdünken einrichten. Dies wird im Rahmen der Theorie als Konsumentensouveränität der Haushalte sowie Faktornachfragesouveränität der Unternehmungen bezeichnet.
- **Vertragsfreiheit:** Die Aufnahme von wirtschaftlichen Beziehungen zu Dritten ist eine private Angelegenheit. Es besteht Freiheit des Tausches, des Kaufs und Verkaufs. Das Rechtsmittel zur Fixierung von wirtschaftlich relevanten Beziehungen sind Verträge. Deshalb enthält die Wirtschaftsfreiheit notwendigerweise auch implizit die Vertragsfreiheit.

III. Markt- und Produktionsverfassung

Abweichungen vom Grundsatz der Wirtschaftsfreiheit	**Abbildung 17**

In der Folge werden **abschliessend** die **ausdrücklichen (expliziten) Ermächtigungen** zur Abweichung von der Wirtschaftsfreiheit genannt:
- **Konjunkturpolitik** (Art. 100 BV): "(...) Im Geld- und Kreditwesen, in der Aussenwirtschaft und im Bereich der öffentlichen Finanzen kann der Bund nötigenfalls vom Grundsatz der Wirtschaftsfreiheit abweichen (...)."
- **Aussenwirtschaftspolitik** (Art. 101 BV): "Der Bund wahrt die Interessen der schweizerischen Wirtschaft im Ausland. In besonderen Fällen kann er Massnahmen treffen zum Schutz der inländischen Wirtschaft. Er kann nötigenfalls vom Grundsatz der Wirtschaftsfreiheit abweichen."
- **Landesversorgung** (Art. 102 BV): "Der Bund stellt die Versorgung des Landes mit lebenswichtigen Gütern und Dienstleistungen sicher (...). Er kann nötigenfalls vom Grundsatz der Wirtschaftsfreiheit abweichen."
- **Strukturpolitik** (Art. 103 BV): "Der Bund kann wirtschaftlich bedrohte Landesgegenden unterstützen sowie Wirtschaftszweige und Berufe fördern (...). Er kann nötigenfalls vom Grundsatz der Wirtschaftsfreiheit abweichen."
- **Landwirtschaft** (Art. 104 BV): "Der Bund sorgt dafür, dass die Landwirtschaft durch eine nachhaltige und auf den Markt ausgerichtete Produktion einen wesentlichen Beitrag leistet zur sicheren Versorgung der Bevölkerung; Erhaltung der natürlichen Lebensgrundlagen und zur Pflege der Kulturlandschaft; dezentralen Besiedlung des Landes. (...) nötigenfalls abweichend vom Grundsatz der Wirtschaftsfreiheit fördert der Bund die bodenbewirtschaftenden bäuerlichen Betriebe (...)."

In der Folge werden **nicht abschliessend** einige **stillschweigende (implizite) Ermächtigungen** zur Abweichung von der Wirtschaftsfreiheit genannt:
- **Wirtschaftspolizeiliche und sozialpolitische Massnahmen** des Bundes und der Kantone sowie Spezialbestimmungen wie z.B. Vorschriften über das Banken-, das Börsen- und das Privatversicherungswesen (Art. 98 BV).
- **Eisenbahnen und weitere Verkehrsträger** (Art. 87 BV): "Die Gesetzgebung über den Eisenbahnverkehr, die Seilbahnen, die Schifffahrt sowie über die Luft- und Raumfahrt ist Sache des Bundes."
- **Kernenergie** (Art. 90 BV): "Die Gesetzgebung auf dem Gebiet der Kernenergie ist Sache des Bundes."
- **Wettbewerbspolitik** (Art. 96 BV): "Der Bund erlässt Vorschriften gegen volkswirtschaftlich oder sozial schädliche Auswirkungen von Kartellen und anderen Wettbewerbsbeschränkungen (...)."
- **Geld- und Währungspolitik** (Art. 99 BV): "(...) Die Schweizerische Nationalbank führt eine Geld- und Währungspolitik, die dem Gesamtinteresse des Landes dient (...)."

3.2.1 Wettbewerbsbeschränkungen und wirksamer Wettbewerb

Die Volkswirtschaft der Schweiz ist gemäss diesen allgemeinen und idealtypischen Überlegungen als **Marktwirtschaft** konzipiert. Sie ist im Prinzip dezentral durch anbietende Produzenten und nachfragende Konsumenten gesteuert, die je miteinander im Wettbewerb stehen und sich je auf staatlich nicht beeinflussten Märkten gegenüberstehen. Die Koordination ihrer individuellen Entscheidungen und Handlungen erfolgt dabei durch die **unsichtbare Hand des Marktes**. Die Metapher der unsichtbaren Hand besagt, dass individuelles Handeln im geeigneten Rahmen positive Folgen für andere Wirtschaftsteilnehmer haben kann, die durch die ursprünglichen und durch das Eigeninteresse geleiteten Aktionen nicht beabsichtigt waren (vgl. Abbildung 10 auf S. 27). Schon der schottische Moralphilosoph **Adam Smith** (1723–1790) erkannte jedoch in seinem Werk "An Inquiry into the Nature and Causes of the Wealth of Nations" (1776), dass es in der marktwirtschaftlichen Praxis eine immanente Tendenz gibt, die Wettbewerbsintensität zu reduzieren, ja den Wettbewerb auszuschalten. Wettbewerbsabreden oder Kartelle sind Vereinbarungen sowie aufeinander abgestimmte Verhaltensweisen von Unternehmungen gleicher oder verschiedener Marktstufen, die eine Wettbewerbsbeschränkung bezwecken oder bewirken. Dabei sind angebotsseitige **Wettbewerbsbeschränkungen**, z.B. über Absprachen unter Produzenten, häufiger als nachfrageseitige. Das Marktergebnis wird sich gegenüber demjenigen der Konkurrenzsituation insofern unterscheiden, als dass die Güterpreise höher ausfallen werden. In den Wirtschaftswissenschaften können solche ökonomischen Probleme entweder mittels der mikroökonomischen Gleichgewichtstheorie (unsichtbare Hand des Marktes) oder anhand der **Spieltheorie (Game Theory)** untersucht werden; auch Letztere befasst sich mit Gleichgewichten, bietet aber insbesondere bei der **Analyse strategischer Entscheidungssituationen zwischen zwei oder wenigen Personen** (Spielern) ein abstraktes, formales Instrumentarium an. Solche Situationen zeichnen sich u.a. dadurch aus, dass das Ergebnis von den Entscheidungen mehrerer Entscheidungsträger (Spieler) abhängt und dass sich sämtliche Spieler dieser Interdependenz bewusst sind. Aufgrund dieser charakteristischen Eigenschaften ergeben sich Interessenkonflikte und/oder Koordinationsprobleme zwischen den einzelnen Spielern. Zahlreiche ökonomische Probleme lassen sich in diesen einfachen Analyserahmen fassen, so z.B. auch die Preisfestsetzung auf einem Markt mit nur zwei Anbietern (vgl. Abbildung 18).

Dieses einfache theoretische Beispiel in Abbildung 18 zeigt bereits, dass Kartellabsprachen nicht per se erfolgreich sein müssen. Es gibt jedoch einige **Faktoren**, welche **die Bildung, die Dauerhaftigkeit und den Erfolg eines Kartells begünstigen** können:

III. Markt- und Produktionsverfassung

Kartelle und das Gefangenen-Dilemma   **Abbildung 18**

Die wesentlichen Merkmale einer Spielsituation lassen sich mit Hilfe des sog. Gefangenen-Dilemmas (prisoner's dilemma) beschreiben, dem wohl bekanntesten Spiel in der Ökonomie. Dieses mathematische Modell wurde in den 1940er Jahren durch den Mathematiker **John von Neumann** (1903–1957) und den Ökonomen **Oskar Morgenstern** (1902–1977) in ihrem Werk "Game Theory and Economic Behavior" erdacht; damit setzten sie eine Entwicklung in Gang, die in den 1950er Jahren durch **John Nash** (*1928) nachhaltig geprägt wurde. Das Gefangenen-Dilemma in seiner einfachsten Form soll anhand des folgenden Beispiels einer Wettbewerbsbeschränkung in Form einer Kartellabsprache in einem Duopol, d.h. einer Marktform mit nur zwei Anbietern, veranschaulicht werden:

"Zwei Produzenten treffen sich an einem geheimen Ort, um über die Bildung eines Kartells zu beraten. Bisher haben beide – in einem scharfen Konkurrenzkampf – nur einen Gewinn von 10 erzielt. Sie erkennen, dass jeder einen Gewinn in Höhe von 50 erzielen könnte, wenn sie durch eine Kartellabsprache die Produktion stark einschränken könnten. Obwohl das Verhältnis der Konkurrenten von gegenseitigem Misstrauen geprägt ist, einigen sie sich angesichts der vorliegenden Zahlen rasch auf die Festlegung von Produktionsbeschränkungen. Von den erfolgreich verlaufenen Geheimberatungen zurückgekehrt, rechnet jeder Produzent im eigenen Büro nochmals nach: ‚Wenn mein Konkurrent sich an die Vereinbarung hält, kann ich meinen Gewinn weiter steigern, indem ich mehr als vereinbart produziere. Mein Gewinn betrüge dann sogar 100, während mein Konkurrent dann gar keinen Gewinn erzielt (G = 0). Anderseits kann ich meinem Konkurrenten nicht trauen: Er wird die Abmachungen bestimmt nicht einhalten, denn auch ihm bietet sich eine grössere Gewinnmöglichkeit, wenn er sie nicht erfüllt. Dann aber machte ich selbst keinen Gewinn, wenn ich mich an die Kartellabsprachen hielte'."[1]

Die **Entscheidungssituation** der beiden Produzenten lässt sich wie folgt in einer Gewinnmatrix (strategische Form) darstellen. Die erste Zahl in einem Feld stellt den Gewinn des Spielers 1, die zweite Zahl den Gewinn des Spielers 2 dar:

		Spieler 2:	
	Absprache	einhalten	nicht einhalten
Spieler 1:	einhalten	50/50	0/100
	nicht einhalten	100/0	10/10

Beide Spieler verfügen somit über eine **dominante Strategie**, d.h. egal, wofür sich die Gegenpartei entscheidet, jeder Spieler maximiert seinen Gewinn durch die Strategie "Absprache nicht einhalten"; es liegt somit ein eindeutiges **Nash-Gleichgewicht** im Feld "10/10". Die Absprache kommt somit nicht zustande. Es gilt dabei zu beachten, dass beide Produzenten schlechter fahren, als wenn sie sich an die Abmachung hielten; das Gleichgewicht ist insofern für die beiden Spieler eine **pareto-ineffiziente Lösung**, aus gesamtgesellschaftlicher Sicht ist das Ergebnis jedoch optimal.

[1] Quelle: Holler, M. J., Illing, G. (2003). Einführung in die Spieltheorie. 5. Auflage. Berlin. S. 7.

- Die **Überwachung** der Einhaltung der Kartellabsprache durch deren Mitglieder muss gewährleistet sein. Das Umgehen der Kartellabsprache – wie im Gefangenen-Dilemma veranschaulicht – liesse sich z.B. über die Gewährung von versteckten Rabatten bewerkstelligen. Je homogener die Güter sind, umso einfacher dürfte sich die Kontrolle durchführen lassen.
- Um einen **Aussenseiterwettbewerb** ausschliessen zu können, muss das Kartell alle relevanten Unternehmungen auf einem bestimmten Markt umfassen. Die Rolle des Aussenseiters wird ökonomisch gesehen jedoch umso interessanter, je mehr Unternehmungen sich bereits am Kartell beteiligen.
- Die Kartellabsprache sollte **konsistent** sein und nicht nur z.B. die Preisfestsetzung beinhalten, ohne zugleich die Produktionsmengen zu begrenzen, da sonst die Preise wieder sinken. Die Festsetzung der zu produzierenden Mengen ist einer der heikelsten Punkte, wie die Erfahrungen mit der OPEC zeigen: Denn jeder am Kartell beteiligten Unternehmung wird mit der Festlegung der durch sie zu produzierenden Menge zugleich ihr Anteil am Monopolgewinn zugeschrieben.

Neben Kartellen beeinträchtigen Zusammenschlüsse von Unternehmungen (Fusionen) und die damit verbundene Marktmacht den Wettbewerb. Effekte der Regulierung von Märkten wegen wirtschaftlicher **Konzentration** sind heute wesentlich wichtiger als Probleme mit Kartellen. Entscheidend für die Beurteilung der Konzentration ist dabei der relevante Bezugsmarkt. Der Konzentrationsgrad wird u.a. am Anteil des oder der grössten Unternehmungen an der Gesamtheit einer Variablen des Bezugsmarkts, z.B. anhand des Umsatzes, der Bilanzsumme, der Versicherungsprämien oder der Anzahl Kunden, bemessen (vgl. Abbildung 19).

Wegen der grossen Bedeutung des Marktmechanismus für die Funktionstüchtigkeit der Wirtschaft, ist die Wettbewerbspolitik ein Kernbestandteil der staatlichen Ordnungspolitik. Dem Wettbewerb können aus ökonomischer Sicht verschiedene **Funktionen** zugeordnet werden, wie z.B. die optimale Allokation der Produktionsfaktoren, die Innovation von Produkten oder die Verteilung der Faktorentgelte. Damit übernimmt der Wettbewerb eine grundsätzliche Anreiz- und Kontrollfunktion, durch welche die Leistungen eines Produzenten stets überprüft, herausgefordert und im Vergleich zu denjenigen seiner Konkurrenten positiv oder negativ sanktioniert werden. Dieser Sanktionsmechanismus dient zugleich dazu, tendenziell den Konsumentenpräferenzen am Markt zum Durchbruch zu verhelfen. Eine eindeutige Definition für die "optimale Form" des Wettbewerbs gibt es somit nicht; damit ist Wettbewerb auch nicht ein statisches Ziel, sondern vielmehr ein dynamischer Prozess oder ein Instrument, das die genannten Funktionen möglichst gut erfüllen soll. Die Wirtschaftswissenschaften haben darauf mit der Entwicklung eines Leitbildes für die Ausgestaltung einer konkreten Wett-

III. Markt- und Produktionsverfassung

Die Konzentration im schweizerischen Bankenwesen   **Abbildung 19**

Die Schweizerische Nationalbank (SNB) veröffentlicht jährlich eine Statistik mit umfassendem Datenmaterial über die Banken in der Schweiz. In dieser werden drei Grossbanken unterschieden: die UBS AG, die Credit Suisse und die Credit Suisse First Boston (vgl. S S. 449ff.). Eine Möglichkeit zur Messung der Konzentration im Bankenwesen auf dem Markt Schweiz stellt der **Anteil der inländischen Bilanzsummen der drei Grossbanken am Total der inländischen Bilanzsummen sämtlicher 338 Bankeninstitute** dar. Die folgenden Zahlen geben hierzu einen Überblick:

- Das Total der inländischen Aktiven betrug 2004 rund 962 Mrd. Fr., wovon 366 Mrd. Fr. von den Grossbanken ausgewiesen wurden.
- Das Total der inländischen Passiven betrug 2004 rund 1102 Mrd. Fr., wovon 465 Mrd. Fr. von den Grossbanken ausgewiesen wurden.

Die drei Grossbanken haben 2004 somit einen Anteil von 38% an den inländischen Aktiven und einen Anteil von 42% an den inländischen Passiven auf sich vereint. Diese Werte geben das bekannteste Konzentrationsmass an, nämlich die **Konzentrationsrate** (= Marktanteil der grössten Unternehmungen am Gesamtmarkt). Die entsprechenden Werte lagen 1999 bei 44% für den Marktanteil der Grossbanken bei den inländischen Aktiven und bei 49% für den Marktanteil bei den inländischen Passiven. Die Konzentration – in diesem Falle als Prozessbeschreibung verstanden – hat sich somit innerhalb von fünf Jahren sowohl aktiv- als auch passivseitig leicht reduziert.

Ein ausgefeilteres statistisches Mass zur Bestimmung der Konzentration stellt der **Herfindahl-Hirschman-Index (HHI)** dar, benannt nach **Orris C. Herfindahl** (1918–1972) und **Albert O. Hirschman** (*1915). Dieser berechnet sich als die Summe der quadrierten Marktanteile q_i der einzelnen n Unternehmungen: $HHI = \sum_{i=1}^{n} q_i^2$.

Bei Gleichverteilung der Marktmacht nimmt er den Wert $1/n$ an, bei einem Monopol den Wert 1. Die entsprechenden Werte lassen sich jedoch für das obige Beispiel nicht ermitteln, da die SNB lediglich die Daten pro Bankengruppe, nicht jedoch für die einzelnen Institute publiziert.

---

bewerbspolitik reagiert. Dieses hat jedoch nicht einen für alle Märkte allgemeingültigen Charakter, sondern prüft anhand pragmatischer Kriterien auf den Ebenen der Marktstruktur, des Marktverhaltens und des Marktergebnisses (sog. **structure-conduct-performance-Ansatz**). Das **Leitbild des wirksamen Wettbewerbs** (sog. effective competition) sieht den Wettbewerb als dynamischen Prozess, der durch eine Folge nie abgeschlossener Vorstoss- und Verfolgungsphasen (sog. moves and responses) charakterisiert ist. Von Interesse erscheinen dann die tatsächlichen Bedingungen, unter denen sich Wettbewerb auf einem Markt am ehesten einstellt. Auch wenn der Wettbewerb im theoretischen Modell der vollständigen Konkurrenz (zumindest kurzfristig) am stärksten ist – die vielen Unternehmungen bekämpfen sich gegenseitig um mögliche Gewinnanteile, womit deren Gewinn langfristig null beträgt –, so stellt dies einen für die Konsumenten optimalen Zustand in der Theorie dar. Die in der Realität häufig zu beobachtenden **Marktunvollkommenheiten** lassen einen solchen vollständigen Wettbewerb nicht zu, weshalb die Sicherstellung eines wirksamen Wettbewerbs als ausreichend erachtet wird. So kann z.B. im Rahmen der Prüfung der (angebotsseitigen) Marktstruktur die Existenz von grossen Konzernen auf Marktmacht schliessen lassen; allerdings können gerade solche Konzerne teure Forschungsvorhaben finanzieren und dadurch den Wettbewerb unter den raschen Anwendern fördern. Die Wettbewerbsbehörde überprüft und beurteilt deshalb auch die Ergebnisse des Markts, sie untersucht Gewinne und Renditen sowie deren Erosion und/oder die Schranken resp. die Möglichkeiten zum Marktzutritt (**Theorie der anfechtbaren Märkte;** sog. **contestable markets**). Aus der Summe dieser Befunde werden die wettbewerbspolitischen Schlussfolgerungen gezogen. Rechtsgrundlagen und Praxis der Wettbewerbskommission (Weko) in der Schweiz sollen im folgenden Kapitel erörtert werden.

3.2.2 Die schweizerische Wettbewerbspolitik

a) Verfassungsrechtliche und kartellgesetzliche Grundlagen

In der wettbewerbspolitischen Praxis gibt es grundsätzlich zwei Möglichkeiten, mit Kartellen und anderen Wettbewerbsbeschränkungen systematisch umzugehen:

- **Verbotsprinzip:** Verbot von Kartellen per se mit Erlaubnisvorbehalt;
- **Missbrauchsprinzip:** Kartelle und andere Wettbewerbsbeschränkungen sind grundsätzlich zugelassen; es wird jedoch gegen deren Missbrauch vorgegangen.

Die Schweiz hat mit Art. 96 BV – dies im Gegensatz zur Europäischen Union (EU) – das Missbrauchsprinzip gewählt (vgl. Abbildung 20).

Den Normalfall bildet somit die Ausübung der Wirtschaftsfreiheit in einem System des funktionierenden Wettbewerbs. Für den einzelnen Wirtschaftsteilnehmer oder die einzelne Unternehmung definiert die Bundesverfassung (BV) jedoch **kein Recht auf Wettbewerb**, d.h. die BV schützt den Wettbewerb nicht direkt. Wird Wettbewerb als das eine Marktwirtschaft konstituierende Element betrachtet, so **garantiert die Bundesverfassung die Marktwirtschaft also nicht**.

Die Aufgabe des Gesetzgebers (Legislative) besteht somit darin, den in Art. 96 BV unbestimmten Schlüsselbegriff der "volkswirtschaftlich und sozial schädlichen Auswirkungen" zu konkretisieren resp. normativ ein organisatorisch-verfahrensmässiges Konzept zu dessen Konkretisierung festzulegen. Davon ausge-

III. Markt- und Produktionsverfassung

Wettbewerbspolitik	Abbildung 20

Art. 96 BV:

¹ Der Bund erlässt Vorschriften gegen volkswirtschaftlich oder sozial schädliche Auswirkungen von Kartellen und anderen Wettbewerbsbeschränkungen.

² Er trifft Massnahmen

    a. zur Verhinderung von Missbräuchen in der Preisbildung durch marktmächtige Unternehmen und Organisationen des privaten und des öffentlichen Rechts;

    b. gegen den unlauteren Wettbewerb.

hend hat er das **Kartellgesetz** vom 6. Oktober 1995 erlassen, das mittlerweile **in wichtigen Bereichen teilrevidiert und am 1. April 2004 neu in Kraft gesetzt wurde (KG 95)**. Mit dem ursprünglichen Kartellgesetz wurde nach Ablehnung des Beitritts der Schweiz zum Europäischen Wirtschaftsraum (EWR) am 6. Dezember 1992 ein Paradigmenwechsel weg vom Schutz der Persönlichkeit hin zum Schutz des Wettbewerbs, d.h. zur Untersagung von Wettbewerbsbeseitigungen und Marktmissbrauch, vollzogen. Mit diesem Gesetz wird der Zweck verfolgt, "den Wettbewerb im Interesse einer freiheitlichen marktwirtschaftlichen Ordnung zu fördern" (Art. 1 KG). Unter das Gesetz fallen "Unternehmen des privaten und des öffentlichen Rechts, die Kartell- oder andere Wettbewerbsabreden treffen, Marktmacht ausüben oder sich an Unternehmenszusammenschlüssen beteiligen" (Art. 2 KG). **Basis des politischen Konzeptes des Kartellgesetzes** ist im Wesentlichen der **"wirksame Wettbewerb"** im Sinne einer funktionalen Betrachtung, wenn auch das Freiheitsziel in Art. 1 KG zusätzlich zum Ausdruck kommt.

Weitere Bestimmungen des Kartellgesetzes enthalten explizite Angaben über bestimmte **Formen der Wettbewerbsbeschränkung**. In der Regel werden deren drei unterschieden:

- Unzulässige und gerechtfertigte Arten von Wettbewerbsabreden (Art. 5–6 KG),
- unzulässige Verhaltensweisen marktbeherrschender Unternehmen (Art. 7 KG) und
- Unternehmenszusammenschlüsse (Fusionskontrolle; Art. 9–11 KG).

So wird einerseits bei **harten Kartellen** wie den Preis-, Mengen- und Gebietsabreden, die zwischen Unternehmungen **derselben Marktstufe** bestehen (sog. **horizontale Abreden**), die Beseitigung wirksamen Wettbewerbs vermutet (Art. 5 Abs. 3 KG). Anderseits wird im revidierten Kartellgesetz neuerdings ebenso die Beseitigung wirksamen Wettbewerbs bei Abreden über Mindest- oder Festpreise zwischen Unternehmungen **verschiedener Marktstufen** vermutet (sog. **vertikale Abreden**) wie bei Abreden in Vertriebsverträgen über die Zuweisung von Gebieten, soweit keine anderen gebietsfremden Vertriebspartner für Verkäufe in diesen Gebieten zugelassen sind (Art. 5 Abs. 4 KG). Anvisiert sind mit dieser Bestimmung insbesondere die Preisbindung der zweiten Hand, mit der erlaubte Parallelimporte verunmöglicht werden sollen, und die andauernde Abschottung des schweizerischen Markts gegenüber dem Ausland; denn ausgehend vom Standes- und Zunftwesen, den genossenschaftlichen Wurzeln sowie vom ausgeprägten Regionalismus hat die Volkswirtschaft der Schweiz eine lange Tradition mit einer Vielzahl von Kartellen und staatlichen Marktzutrittsbarrieren. Gemäss einer Aussage des Präsidenten der Schweizerischen Wettbewerbskommission (Weko), Prof. Walter Stoffel, wurde **Anfang der 1980er Jahre von annähernd 1000 Kartellen in der Schweiz gesprochen, von denen es noch Dutzende gebe** – darunter auch einige sehr bedeutende. Einen systematischen Gesamtüberblick gibt es jedoch nicht, da ein Kartellregister nach wie vor fehlt. Aufgrund des revidierten Kartellgesetzes, aber auch aufgrund der **Intensivierung des Wettbewerbs** durch die stärkere Penetration ausländischer Unternehmungen in den schweizerischen Markt, hat die Dekartellisierung Fortschritte gemacht. Harte Kartelle sind seltener, die weichen allerdings subtiler und weniger augenfällig geworden. Am einfachsten lässt sich die Wettbewerbsintensität mittels **Preisvergleichen** evaluieren. Das Preisniveau liegt (nach Kaufkraftparitäten) in der Schweiz insgesamt um rund 40% über demjenigen in den Vereinigten Staaten, und im Vergleich zur EU-15 gehören folgende Gütergruppen zu den preislichen Spitzenreitern: Bruttomieten (+80%), Leistungen des Gesundheitswesens (+60%), öffentliche Verkehrsmittel (+40%) und Nahrungsmittel (+40%). Geradezu idealtypisch lässt sich hier die **zweigeteilte Schweizer Wirtschaft** erkennen, handelt es sich doch bei den erwähnten Gütergruppen in erster Linie um Erzeugnisse von Unternehmungen des geschützten Binnensektors und nicht von exportorientierten Branchen. Diese Befunde werden ebenfalls durch eine empirische Untersuchung über die Bestimmungsfaktoren von **Firmenkonkursen in der Schweiz** gestützt; dabei kann ein Konkurs als Indiz für eine (vorangegangene) mangelnde Wettbewerbsintensität gewertet werden. Exportorientierte Unternehmungen sind entsprechend weniger konkursgefährdet als binnenmarktorientierte. Gründe werden einerseits in den Vorteilen der Diversifikation der Beschaffungs- und Absatzmärkte, andererseits in der positiven Auslese wettbewerbsfähiger Unternehmungen für die Exportmärkte gesehen.

Mit der **Revision des Kartellgesetzes** vom 6. Oktober 1995 (KG 95) wurden wichtige Teile des Wettbewerbsrechts an dasjenige der Europäischen Union (EU) angeglichen. Damit sollte auch die Kartellbekämpfung auf internationaler Ebene erleichtert werden. Ausgelöst wurde eine weitere Revision 1999 durch die Aufdeckung des Vitaminkartells, das in den USA mit Hilfe eines Anzeigers aus den eigenen Reihen selbst entdeckt wurde. In der EU hatte dieses Vergehen

III. Markt- und Produktionsverfassung

gegen das Wettbewerbsrecht eine hohe Busse zur Folge, während die Untersuchung in der Schweiz lediglich zu einer Feststellung der Widerrechtlichkeit führte. Dieser Misstand bildete den wichtigsten Grund für die Reform, wobei **zwei Mängel des ursprünglichen Gesetzestextes von 1995 behoben** wurden:

- Unzulässige Wettbewerbsbeschränkungen konnten durch die Weko bei einer erstmaligen Feststellung lediglich mittels einer Verfügung verboten werden. Es wurde somit nur die Widerrechtlichkeit eines Verhaltens festgestellt, ohne dass jedoch die Wettbewerbsbehörde gleich eine Busse hätte aussprechen können. Dies war der Weko erst im Wiederholungsfall möglich. Im Vergleich zu den meisten OECD-Staaten war somit der erste Verstoss gegen das Wettbewerbsrecht in der Schweiz ohne Folgen. Die Einführung eines neuen, **direkten Sanktionssystems** war entsprechend Hauptstossrichtung der Reform. Mit dem neuen Art. 49a Abs. 1 KG werden nun alle Verhalten sanktioniert, die eine **Verletzung harter Kartellbestimmungen** im Sinne von Art. 5 Abs. 3 und Abs. 4 KG bilden oder einen **Missbrauch von Marktmacht** im Sinne von Art. 7 KG darstellen. Sanktionen können nach einer Übergangsfrist seit April 2005 ausgesprochen werden, wobei die Busse je nach Dauer und Schwere des unzulässigen Verhaltens bis zu 10% des in den letzten drei Jahren in der Schweiz erzielten Umsatzes betragen kann (Maximalsanktion); die maximale Höhe ist in der Tat hoch und soll dementsprechend eine **präventive Wirkung** entfalten. Eine Unternehmung wird bei einem allfälligen Verstoss gegen die Bestimmungen des Kartellgesetzes die erwarteten Nutzen und Kosten des Verstosses gegeneinander abwägen. Unter **Nutzen** ist die **Kartellrente**, d.h. der zu erwartende (unrechtmässige) Gewinn z.B. aus der Preisfestsetzung, zu verstehen. Die **Kosten** umfassen einerseits erwartete finanzielle Nachteile in Form der Busse; so wurde z.B. der US-amerikanische Softwarekonzern Microsoft 2004 von der EU-Kommission mit einer Rekordbusse von rund 500 Mio. Euro bestraft, weil er seine Marktmacht missbräuchlich ausgenutzt hatte. Andererseits entstehen aber auch Kosten in Form von Verfahrenskosten und erlittenem Imageschaden (Reputationsschäden). Sie hängen alle von der **Entdeckungswahrscheinlichkeit** des unerlaubten Verhaltens ab. Damit kommt die zweite grössere Neuerung der Gesetzesrevision ins Spiel.
- Mit der Gesetzesrevision wurde in Art. 49a Abs. 2 KG die **Bonusregelung** eingeführt. Eine Unternehmung kann im Falle eines **kooperativen Verhaltens** gegenüber der Weko von der Busse ganz oder zumindest teilweise befreit werden. Mit der Einführung eines Meldesystems mit strafbefreiender Wirkung soll verhindert werden, dass abgetauchte harte Kartelle zusammengeschweisst werden – dies aufgrund der allen Mitgliedern gemeinsamen Sanktionsdrohung. Ebenso erhöht sich durch dieses **Anreizsystem** die Wahrscheinlichkeit der Entdeckung eines Kartells, wie ausländische Erfah-

rungen gezeigt haben. So kamen in den Vereinigten Staaten seit Anfang der 1990er Jahre, als die Wettbewerbsbehörden begannen, die Bonusregelung bewusst einzusetzen, mehr als 40 harte Kartelle an den Tag. Eine solch destabilisierende Wirkung auf Kartelle erhoffen sich der Gesetzgeber und Konsumentenorganisationen auch in der Schweiz.

Im Laufe des Gesetzgebungsverfahrens kamen weitere Revisionsanliegen dazu, insbesondere die Problematik der **Parallelimporte**. Unter einem Parallelimport wird eine Transaktion verstanden, bei der ein Importeur ein bestimmtes Gut in einem bestimmten Land einkauft, um es in einem anderen Land ausserhalb des vom Produzenten vorgesehenen Vertriebskanals zu verkaufen; der Parallelimporteur nutzt somit das **Arbitragepotenzial** aus, denn eine notwendige Bedingung ist, dass der Preis für das Gut von Land zu Land variiert. Ausgelöst wurde die Diskussion durch das **"Kodak-Urteil"** des Bundesgerichts 1999 (BGE 126 III 129), als die Kodak SA den Detaillisten Jumbo-Markt AG einklagte, weil Letzterer Farb-Negative und Einwegkameras direkt aus Grossbritannien einführte, um sie in der Schweiz zu verkaufen. Das Bundesgericht befand, dass es sich hierbei um **patentgeschützte Produkte** handelt und dass solche dem Prinzip der nationalen Erschöpfung unterliegen, **womit Parallelimporte durch den Patentinhaber unterbunden werden können** (vgl. Abbildung 21).

Prinzip der Erschöpfung	Abbildung 21

Prinzip der Erschöpfung: Das Immaterialgüterrecht gibt dem Inhaber des Produktes das exklusive Recht zu bestimmen, wann, wo, wie und zu welchem Preis er sein Produkt das erste Mal in Verkehr bringen will. Sobald er dieses Recht ausübt und das Produkt somit durch den Schutzrechtsinhaber ein erstes Mal in Verkehr gebracht wird, ist es verbraucht oder eben erschöpft. Es werden folgende Kategorien unterschieden:

- **Nationale Erschöpfung:** Das Schutzrecht erschöpft sich jeweils nur im Land, in dem das Produkt erstmals in Verkehr gebracht wird. Parallelimporte sind nicht möglich.
- **Internationale Erschöpfung:** Das Schutzrecht erschöpft sich im Inland unabhängig davon, ob das erste Inverkehrbringen im Inland oder im Ausland erfolgt. Parallelimporte sind somit möglich.
- **Regionale Erschöpfung:** Das Schutzrecht erschöpft sich in den Staaten eines gemeinsamen Wirtschaftsraums (z.B. EU, EWR) nur, wenn das erste Inverkehrbringen in diesem Wirtschaftsraum erfolgt. Parallelimporte sind nur innerhalb des Wirtschaftsraums möglich.

III. Markt- und Produktionsverfassung

Das Immaterialgüterrecht unterscheidet drei Arten von Schutzrechten des **geistigen Eigentums**: Marken, Urheberrechte und Patente (vgl. S. 182). In der Schweiz sind **Parallelimporte grundsätzlich zugelassen**, denn **marken- oder urheberrechtliche Produkte können parallel eingeführt werden**; es gilt das Prinzip der internationalen Erschöpfung. Die ökonomische Theorie geht in der Regel von wohlfahrtssteigernden Wirkungen des Freihandels aus (vgl. S. 492ff.). Parallelimporte für **patentgeschützte Produkte** sind hingegen nicht zulässig. Die Ungleichbehandlung gegenüber marken- oder urheberrechtlich geschützten Produkten wird in erster Linie mit Unterschieden in der Schutzfunktion, der Schutzdauer sowie den Verwertungsmöglichkeiten gerechtfertigt. Marken sollen den Konsumenten vor Nachahmung und Täuschung schützen, und Urheberrechte schützen literarische und künstlerische Werke. Indessen schützen Patente aus Forschung und Entwicklung (F&E) resultierende anwendbare Erfindungen und stellen somit Lohn und Anreiz für den Erfinder dar. Aus volkswirtschaftlicher Optik liegt in Bezug auf den Patentschutz ein trade-off vor: Einerseits ist die möglichst rasche Diffusion solcher Erfindungen wichtig (sog. **Wissens-Spillovers**), andererseits kann dies gerade – aufgrund des Trittbrettfahrer-Verhaltens – zu einer suboptimalen Investition in F&E führen; der Patentschutz ist somit zwar gegeben, jedoch auf 20 Jahre beschränkt.

Entgegen der Auffassung der Weko entschied sich der Bundesrat Ende 2002 für **keinen Systemwechsel** von der nationalen zur internationalen Erschöpfung bei den Parallelimporten patentgeschützter Güter. Der inländische Markt bleibt somit geschlossen, und patentgeschützte Güter – zur Diskussion standen v.a. Medikamente und Arzneimittel – sind weiterhin teurer als in vergleichbaren europäischen Ländern. Einerseits zeigen zwar wohlfahrtsökonomische Überlegungen, dass es **bei einem Systemwechsel** zu einem **geringen gesamtwirtschaftlichen Zusatznutzen** käme. Die schweizerischen Konsumenten würden in der Regel von tieferen Preisen profitieren, womit ein Anstieg der Konsumentenrente verbunden ist. Dieser Gewinn dürfte in den meisten Fällen grösser sein als ein allfälliger Verlust der inländischen (Pharma-)Produzenten; der im Rahmen einer Studie im Auftrag des Bundesrates geschätzte Wachstumseffekt auf das Bruttoinlandprodukt (BIP) fällt jedoch mit 0,0–0,1% bescheiden aus. Andererseits könnte ein Systemwechsel gerade eben **auch negative Anreize auf die F&E-Tätigkeiten von Pharma-Unternehmungen** haben, sollte ihnen die Möglichkeit der Preisdifferenzierung (sog. **Ramsey-Pricing**) nach Ländern nicht mehr möglich sein. So würde bei Anwendung der internationalen Erschöpfung die Möglichkeit entfallen, dass Pharma-Unternehmungen in Entwicklungsländern Medikamente billiger abgeben; denn diese könnten mittels Parallelimporten in die Industriestaaten zurückgelangen und dadurch F&E-Investitionen untergraben. Dadurch würde aber die Abschöpfung einer temporären lokalen Monopol-

resp. Innovationsrente erschwert, und es entstünden Anreize zur Reduktion von F&E-Aufwendungen seitens der Pharmaindustrie – dies letztlich auch auf Kosten der Entwicklungsländer.

Zur Durchsetzung der Wettbewerbspolitik wird im Kartellgesetz ein zivilrechtlicher und ein verwaltungsrechtlicher Teil unterschieden.

- **Zivilrechtliche Klage in Einzelfällen bei Machtmissbrauch oder Behinderung Dritter im Wettbewerb:** Eine zivilrechtliche Klage ist möglich bei Behinderung in der Aufnahme oder Ausübung des Wettbewerbs durch Dritte insbesondere bei Verweigerung von Geschäftsbeziehungen sowie Diskriminierungsmassnahmen, wie z.b. Boykott, Liefer- oder Bezugssperren. Das Kartellgesetz anerkennt aber auch die Zulässigkeit von Wettbewerbsbehinderungen, z.B. wenn sie "zur Verwirklichung überwiegender öffentlicher Interessen notwendig" sind (Art. 15 KG). Die einzelne Unternehmung muss sich ihr Recht auf wirtschaftliche Betätigung gegenüber ihren Wettbewerbern im Zivilprozess erkämpfen. Wie die Praxis zeigt, haben geschädigte Mitbewerber meist wenig Lust dazu und klagen nicht. Die Konsumenten und ihre Organisationen haben kein Recht auf Zivilklage. Sie müssen sich auf volkswirtschaftliche und sozial schädliche Auswirkungen berufen und damit den verwaltungsrechtlichen Teil ansprechen, d.h. an die Weko gelangen.
- **Auftrag der Wettbewerbsbehörde im verwaltungsrechtlichen Teil:** Gemäss dem verwaltungsrechtlichen Teil muss der Staat beim Vorliegen eines öffentlichen Interesses aktiv werden. Deshalb beobachtet er über die Weko laufend die Wettbewerbsverhältnisse auf den Märkten. Diese prüft Einzelfälle oder einzelne Märkte, bei denen die Vermutung einer volkswirtschaftlichen oder sozialen Schädlichkeit besteht. In einem ersten Schritt klärt sie, ob der Wettbewerb behindert wird oder nicht. Die Tatbestände resp. Kriterien einer Wettbewerbsbehinderung sind in Art 5ff. KG explizit aufgeführt (vgl. S. 55). Wird eine Behinderung festgestellt, so muss sie in einem zweiten Schritt aufgehoben werden, es sei denn, es gelingt der Nachweis ihrer Unerlässlichkeit. D.h. es wird von der A-priori-Annahme einer Schädlichkeit ausgegangen. Eine Rechtfertigung zur Aufhebung der Behinderung wäre in verschiedenen Fällen gegeben: Beispielsweise aus überwiegenden Gründen des Gesamtinteresses, was vom Bundesrat auf Antrag der Beteiligten zu entscheiden ist, und damit auch aus nicht-wirtschaftlichen Gründen; oder bei einem Beitrag zur wirtschaftlichen Effizienz wie der Senkung von Kosten, der Verbesserung von Produktionsverfahren oder der Förderung der Verbreitung von Wissen. Die Weko trifft Entscheide und erlässt Verfügungen. Sie gibt Empfehlungen und Stellungnahmen an die politischen Behörden ab. Hat die Weko entschieden, dass eine Wettbewerbsbeschränkung unzulässig ist, so können die Beteiligten innerhalb von 30

III. Markt- und Produktionsverfassung

Tagen beim Eidgenössischen Volkswirtschaftsdepartement (EVD) eine ausnahmsweise Zulassung durch den Bundesrat aus überwiegend öffentlichem Interesse beantragen. Möglich ist ein solcher Antrag auch über eine erfolgreiche Verwaltungsgerichtsbeschwerde beim Bundesgericht oder eine Eingabe bei der Rekurskommission für Wettbewerbsfragen.

b) Die Praxis der Wettbewerbskommission

Die Wettbewerbskommission (Weko) ist eine Milizbehörde und besteht aus 13 vom Bundesrat gewählten Mitgliedern. Sie übt ihre Tätigkeit in den **drei Kammern "Produktemärkte", "Dienstleistungen" und "Infrastruktur"** aus. Unterstützt wird die Weko durch ein vollamtliches Sekretariat, das die kartellrechtlichen Untersuchungen selbständig durchführt und die Entscheidungen zuhanden der Weko vorbereitet. Diese institutionelle Trennung in ein **Sekretariat als Untersuchungsinstanz** und die **Weko als Entscheidungsinstanz** bringt rasche und breit abgestützte Entscheidungen. Dadurch hat die Weko eine Art **Fachgerichtstatus** erhalten. Organisatorisch ist sie im Eidgenössischen Volkswirtschaftsdepartement (EVD) eingebettet (vgl. Abbildung 37 auf S. 116). Im Jahr 2004 hat die Weko u.a. 24 Untersuchungen durchgeführt und ist in zehn Fällen zu einem Endentscheid gelangt; in Abbildung 22 auf S. 62 findet sich ein Beispiel aus der Praxis der Weko im Umgang mit einer **unzulässigen Wettbewerbsabrede**.

Mit dem 2004 in Kraft getretenen Kartellgesetz hat die Schweiz neu auch eine **präventiv Zusammenschlusskontrolle (Fusionskontrolle)** von Unternehmungen. Allerdings wurde im Zuge der parlamentarischen Beratungen die ursprünglich vorgesehene Genehmigungs- zur blossen **Meldepflicht** abgeschwächt. Zusammenschlüsse müssen der Weko vor ihrem Vollzug gemeldet werden, sofern bestimmte Kriterien betreffend Umsatz oder Bilanzsumme erfüllt sind. Das Vorgehen in Zusammenhang mit einer Fusion ist ein zweistufiges Vorgehen: In einer **ersten Stufe** wird geprüft, ob ein Zusammenschluss der Weko gemeldet werden muss. In der allfälligen **zweiten Stufe** unterzieht ihn die Weko einer vorläufigen, einmonatigen wettbewerbsrechtlichen Überprüfung. Liegen Anhaltspunkte für die Begründung oder Verstärkung einer marktbeherrschenden Stellung vor, führt die Weko ein viermonatiges, eingehendes Prüfungsverfahren durch. Nach Abschluss dieses Verfahrens gelangt die Weko zum Entscheid, ob die Fusion vollzogen werden darf, wobei Auflagen gemacht werden können. Fusionen sind jedoch nicht bewilligungspflichtig; es bestehen keine Möglichkeiten für Entflechtungen. Das Vorgehen ist aufwändig und anspruchsvoll. Es stellt sich die Frage, ob sich bei den wenigen zu erwartenden Fällen der Aufwand lohnt und ob wettbewerbspolitisch damit auch tatsächlich etwas erreicht werden kann.

Beispiel Wettbewerbsabreden: Feldschlösschen – Coca Cola	Abbildung 22

Ursprünglicher Gegenstand der Untersuchung durch die Wettbewerbskommission (Weko) war der **Vertriebsvertrag** zwischen der **Coca Cola Beverages AG (CCB)** und der **Feldschlösschen Getränke Holding AG** vom 17. Juli 2000. Dieser Vertrag regelte die Herstellung und den Vertrieb von Softdrinks und damit (mögliche) zusammenhängende Benachteiligungen von Konkurrenzprodukten. Im Laufe des Verfahrens wurde die Untersuchung seitens der Weko auf einen weiteren Gegenstand ausgeweitet, nämlich die mehrjährigen **Getränkelieferverträge** von Feldschlösschen mit Hotels, Restaurants, Cafés und Kantinen **(Horeka-Betriebe)**.

Die Weko stellte fest, dass die beiden **Tatbestandselemente einer Wettbewerbsabrede** hinsichtlich des Vertriebsvertrags gemäss Art. 4 Abs. 1 KG erfüllt waren: (1) die beiden Unternehmungen wirken bewusst und gewollt zusammen und (2) die Abrede bezweckt oder bewirkt eine Wettbewerbsbeschränkung. Um die Frage der **Erheblichkeit** der Abrede zu beurteilen, war erstens der **relevante Markt** abzugrenzen. Dieser umfasste die Produkte kohlesäurehaltige Softdrinks inkl. Eistee, Mineralwasser und Fruchtsäfte – und somit nahe Substitute – sowie in räumlicher Hinsicht das Gebiet der Schweiz. Zweitens waren seitens der Weko die **Auswirkungen der Abrede** auf diesen Markt zu klären; dabei stellte sie fest, dass es für die Horeka-Betriebe neben der Möglichkeit, Getränke von Feldschlösschen zu beziehen, zahlreiche andere Wege gab, Getränke einzukaufen. Als **Ergebnis** lag damit hinsichtlich des Vertriebsvertrags zwischen CCB und Feldschlösschen **keine unzulässige Wettbewerbsabrede** im Sinne von Art. 5 KG vor. Des Weiteren prüfte die Weko, ob sich CCB als **marktbeherrschende Unternehmung** unzulässig verhalte; unzulässiges Verhalten liegt vor, wenn eine Unternehmung durch den Missbrauch ihrer Stellung auf dem Markt andere Unternehmungen in der Aufnahme oder Ausübung des Wettbewerbs behindert oder die Marktgegenseite benachteiligt (Art. 7 Abs. 1 KG). Als **Ergebnis** wurde festgehalten, dass mit dem Vertriebsvertrag **keine unzulässige Verhaltensweise** von CCB im Sinne von Art. 7 KG vorliegt.

Die weiteren Abklärungen der Weko ergaben, dass Feldschlösschen Ende 1999 beim Vertrieb von Getränken an Horeka-Betriebe in gewissen Regionen über teilweise **sehr hohe Marktanteile** verfügte; gemessen an der Zahl der Gaststätten, mit denen Feldschlösschen Lieferverträge aufwies, beliefen sich diese z.B. im Wallis auf 81–100% sowie in der Zentralschweiz und Zürich auf 61–80%. Da aber kein unzulässiges Verhalten von Feldschlösschen im Sinne von Art. 7 KG nachgewiesen werden konnte, konnte deren Marktbeherrschung offen bleiben. Bei den schriftlichen Vereinbarungen zwischen Feldschlösschen und Horeka-Betrieben, bestimmte Getränke während der über fünfjährigen Vertragslaufzeit exklusiv zu führen, handelte es sich jedoch um ein **angebotsseitiges Wettbewerbsverbot** für die Horeka-Betriebe und somit um eine **Wettbewerbsabrede** im Sinne von Art. 4 Abs. 1 KG. Wettbewerbsabreden können aus Gründen der wirtschaftlichen Effizienz gerechtfertigt sein, wenn sie (1) notwendig sind, um z.B. die Herstellungs- oder Vertriebskosten zu senken, und (2) den beteiligten Unternehmungen in keinem Fall Möglichkeiten eröffnen, wirksamen Wettbewerb zu beseitigen (Art. 5 Abs. 2 KG). Die **Exklusivvereinbarungen** konnten aus diesen Gründen nicht gerechtfertigt werden und wurden daher seitens der Weko als eine **unzulässige Wettbewerbsabrede** im Sinne von Art. 5 Abs. 1 KG beurteilt. Die letztlich für Feldschlösschen gebührenpflichtige Untersuchung wurde am 6. Dezember 2004 abgeschlossen – eine Busse wurde nicht ausgesprochen, da Sanktionen erst seit April 2005 verhängt werden können.

In Abbildung 23 auf S. 64 ist ein Beispiel aus der Praxis der Wettbewerbskommission im Umgang mit einer **Fusion** von Unternehmungen wiedergegeben, wobei es sich um einen prominenten Fall vor Inkrafttreten des revidierten KG 95 handelt.

c) Weitere wettbewerbsrechtlich relevante Grundlagen

Das Kartellgesetz alleine genügt jedoch für einen "wirksamen Wettbewerb" nicht. Schranken für den Marktzutritt bestehen im **öffentlichen Recht** des Bundes, der Kantone und Gemeinden. So haben z.B. einzelne Submissionsregeln etwa im Bau einen diskriminierenden Effekt. Weiter ist die Ausübung bestimmter Berufe (Notar, Anwalt) von unterschiedlichen kantonalen Regeln abhängig (Gebietsschutz). Kantonale und kommunale Grenzen sind zu öffnen, soweit sie für aussenstehende Wettbewerber geschlossen sind. Damit soll ein eigentlicher **Binnenmarkt Schweiz** geschaffen werden. Dieses Ziel verfolgt das **Bundesgesetz über den Binnenmarkt (BGBM)**, das am 1. Juli 1996 in Kraft getreten ist. Es ist als Rahmengesetz konzipiert und stellt Mindestanforderungen auf, die für die Schaffung eines schweizerischen Binnenmarkts erfüllt sein müssen. Damit bildet es gewissermassen das Komplement zum Kartellgesetz, das gegen private Wettbewerbsbeschränkungen gerichtet ist. Erste Erfahrungen mit dem Binnenmarktgesetz zeigten jedoch, dass dieses Ziel nicht zufriedenstellend erreicht wurde, weshalb es gegenwärtig (2005) durch das eidgenössische Parlament in wichtigen Punkten revidiert wird. Mit dem revidierten Binnenmarktgesetz sollen insbesondere die Funktionsfähigkeit des Markts durch den weiteren Abbau kantonaler und kommunaler Marktzugangsbeschränkungen verbessert (gesamtwirtschaftliches Ziel), die Berufsausübungsfreiheit erhöht (individualrechtliches Ziel) und die Aufsichtsfunktion der Weko gestärkt (institutionelles Ziel; Klagemöglichkeit via Weko) werden.

In die gleiche Richtung geht auch das **Bundesgesetz über das öffentliche Beschaffungswesen** vom 16. Dezember 1994, das den Wettbewerb bei der Vergabe von öffentlichen Aufträgen regelt. Damit werden u.a. die Verfahren zur Vergabe von öffentlichen Liefer-, Dienstleistungs- und Bauaufträgen transparent gestaltet und der wirtschaftliche Einsatz der öffentlichen Mittel gefördert werden. Als Auftraggeber kommen insbesondere die Bundesverwaltung, aber auch die Eidgenössischen Technischen Hochschulen (ETH/EPFL) in Frage. Weiter ist auch das **Bundesgesetz über die technischen Handelshemmnisse (THG)** vom 6. Oktober 1995 zu nennen, mit dem verhindert werden soll, dass der Schweizer Binnenmarkt aufgrund von technischen Vorschriften abgeschottet wird. Die **Regulationsdichte auf den Produktemärkten** hat sich in den letzten 10–15 Jahren im Zuge einer allgemeinen Liberalisierung im internationalen Vergleich auf tiefem Niveau stark angeglichen. Besonders hinzuweisen ist auf Regulatio-

Beispiel Fusionen: UBS – SBV   Abbildung 23

Die **Union Bank of Switzerland (UBS)** und der **Schweizerische Bankverein (SBV)** gaben am 8. Dezember 1997 bekannt, bei den Aktionären den Zusammenschluss der beiden Banken zu beantragen. Mit der **UBS AG** ist in der Folge einer der weltweit grössten Vermögensverwalter entstanden.

Am 12. Januar 1998 hat die Wettbewerbskommission (Weko) in einer ersten Stufe die Meldung über das Zusammenschlussvorhaben erhalten. Sowohl die Höhe der Bilanzsumme der beiden Unternehmungen als auch der auf die Schweiz entfallende Anteil der Bilanzsumme entsprachen einem Mehrfachen des in Art. 9 KG 95 festgelegten Schwellenwerts für die Meldepflicht.

Aufgrund der Angaben der beteiligten Unternehmungen und der Überprüfung durch das Sekretariat der Weko ergaben sich in der zweiten Stufe auf folgenden zwei Arten von Märkten Anhaltspunkte, dass der Zusammenschluss eine **marktbeherrschende Stellung** begründe oder verstärke:

- die Märkte für Hypothekarkredite;
- die Märkte für Firmenkredite.

Beide Märkte wurden einer detaillierten Prüfung hinsichtlich ihrer sachlichen sowie räumlichen Relevanz unterzogen. Die Weko kam dabei zu folgenden Schlüssen:

- Auf den **Hypothekarkreditmärkten** erwartete die Weko **keine Beseitigung wirksamen Wettbewerbs** durch den Zusammenschluss der Unternehmungen, da sich die UBS AG angesichts des Wettbewerbsumfelds nicht wesentlich unabhängig von den anderen Marktteilnehmern verhalten könne.
- Auf den **Firmenkreditmärkten** erwartete die Weko in gewissen Regionen eine **kollektiv marktbeherrschende Stellung** der UBS AG, die den wirksamen Wettbewerb auszuschliessen erlauben würde. Die dadurch entstehende **oligopolistische Struktur** (oligoi = wenige) auf den Firmenkreditmärkten würde v.a. für die kleinen und mittleren Unternehmungen (KMU) sowie das Gewerbe zu Anspannungen führen.

Aufgrund des formellen Prüfverfahrens kam die Weko am 4. Mai 1998 zum Entscheid, den Zusammenschluss **unter Auflagen** zu genehmigen. Diese Auflagen beinhalteten u.a. den Verkauf von 25 Bankstellen aus einer Liste von 35, den Verkauf der Solothurner Bank sowie der Banca della Svizzera Italiana bis März 1999. Durch diesen Verkauf als Gesamtpaket mit Kunden und Geschäften an einen (vorzugsweise ausländischen) Konkurrenten wollte die Weko wieder wirksamen Wettbewerb herstellen. Der Verkauf en bloc fand jedoch nicht statt; die Weko konnte sich nicht durchsetzen. Damit konnte die UBS AG beantragen, von den Auflagen befreit zu werden; es bleibt – aus wirtschaftlicher Sicht – bei zwei Grossbanken. Gründe für diese Entwicklung waren einerseits die Hinhaltepolitik der UBS AG und andererseits mangelnde Erfahrungen im Vorgehen und das unklare Konzept der Wettbewerbskommission. Sie hätte die Fusion nur unter der Bedingung des Filialverkaufs genehmigen und die verschiedenen regionalen Marktverhältnisse stärker beachten sollen.

III. Markt- und Produktionsverfassung

nen in **ehemaligen staatlichen Monopolbereichen** wie Telekom, Elektrizität, Schienenverkehr oder Post. Die Schweiz hat sich bei der Liberalisierung dieser Märkte wohl in die richtige Richtung bewegt, ist jedoch gegenüber anderen konkurrierenden Standorten zurückgeblieben. Besonders schwach ist der Wettbewerb weiter in den Bereichen des Gesundheitswesens, der Landwirtschaft, in verschiedenen freien Berufen, im öffentlichen Beschaffungswesen und im Detailhandel. Dies beeinträchtigt die Wettbewerbsfähigkeit des Standorts Schweiz. Der Marktdruck sowie äusserer politischer Druck dürften in den nächsten Jahren weitere Liberalisierungsschritte erzwingen. Zusammengefasst spricht die OECD in ihrem Länderbericht 2004 zur Schweiz von **mangelndem Wettbewerb im Binnensektor**. Sie sieht darin die Hauptursache des niedrigen Produktivitätswachstums der Schweiz während der letzten zehn Jahre und der damit verbundenen geringen Wachstumsdynamik. Die Öffnung des Markts nach aussen ist über die bilateralen Verträge mit der EU in einem insgesamt wirksamen Ausmass gelungen.

d) Der Preisüberwacher

Die Institution des Preisüberwachers geht auf die konjunkturpolitische Preisüberwachung der Jahre 1973–1978 zurück. Das **Preisüberwachungsgesetz (PüG)** aus dem Jahre 1985 gilt gemäss Art. 2 PüG für Wettbewerbsabreden im Sinne des KG 95 und für marktmächtige Unternehmungen des privaten und öffentlichen Rechts. Der Preisüberwacher beobachtet dabei die Preisentwicklung von Waren und Dienstleistungen einschliesslich der Kredite, wobei Löhne und andere Leistungen aus dem Arbeitsverhältnis sowie die Kreditvergabe der Schweizerischen Nationalbank (SNB) ausgenommen sind. Nach Art. 12 PüG kann ein Preismissbrauch nur vorliegen, wenn die Preise auf dem betreffenden Markt nicht das Ergebnis wirksamen Wettbewerbs sind. Wirksamer Wettbewerb besteht insbesondere, wenn die Abnehmer die Möglichkeit haben, ohne erheblichen Aufwand auf vergleichbare Angebote auszuweichen. Zur Prüfung, ob eine missbräuchliche Erhöhung oder Beibehaltung eines Preises vorliegt, wendet der Preisüberwacher verschiedene Beurteilungskriterien an, wie z.B. die Preisentwicklung auf Vergleichsmärkten, die Notwendigkeit der Erzielung eines angemessenen Gewinns und die Kostenentwicklung. Der Preisüberwacher arbeitet mit der Wettbewerbskommission (Weko) zusammen, wird vom Bundesrat gewählt und ist organisatorisch in das Eidgenössischen Volkswirtschaftsdepartement (EVD) eingebettet (vgl. Abbildung 37 auf S. 116).

4. Produktionsverfassung

4.1 Eigentumsverfassung

Privateigentum ist – zusammen mit der Wirtschaftsfreiheit – notwendige **Grundlage für eine freiheitliche Wirtschaftsordnung** (vgl. S. 22ff.). Das Eigentum ist in der Schweiz durch die Bundesverfassung garantiert (vgl. Abbildung 24).

Eigentumsgarantie	Abbildung 24

Art. 26 BV:

[1] Das Eigentum ist gewährleistet.

[2] Enteignungen und Eigentumsbeschränkungen, die einer Enteignung gleichkommen, werden voll entschädigt.

Insoweit Eigentum zu den Voraussetzungen einer freiheitlichen und unabhängigen Lebensgestaltung gehört, ergibt sich aus der Eigentumsgarantie auch die Forderung, eine möglichst breite Streuung des Eigentums anzustreben. Zudem gewährleistet die Eigentumsgarantie nicht nur den Schutz bestehenden Eigentums, sondern auch den freien Zugang (Erwerb). Gemäss einem Bericht (2005) des kanadischen Fraser Institute in Vancouver schneidet die Schweiz im internationalen Vergleich insbesondere hinsichtlich des Kriteriums "Rechtsordnung und Schutz der Eigentumsrechte" sehr gut ab (7. Platz von 123).

Lehre und Praxis unterscheiden bei der Eigentumsgarantie die **Instituts-**, die **Bestandes**- sowie die **Wertgarantie**.

4.1.1 Institutsgarantie

Das Eigentum ist in erster Linie als Institut der schweizerischen Rechtsordnung gewährleistet. Die Institutsgarantie bedeutet, dass das **Privateigentum nicht grundsätzlich abgeschafft** und z.B. durch Kollektiveigentum ersetzt werden darf. Ausgeschlossen ist auch eine Verstaatlichung des privaten Grundeigentums

III. Markt- und Produktionsverfassung 67

oder eine Umwandlung des Eigentumsrechts an Boden in ein reines Nutzungsrecht. Insofern stellt die Institutsgarantie den unantastbaren **Kern der Eigentumsgarantie** dar.

4.1.2 Bestandesgarantie

Der Staat bzw. der Gesetzgeber kann Schranken für konkrete individuelle Eigentumsrechte aufstellen. Er kann **parzielle Beschränkungen der freien Verfügung** über ein Objekt festlegen. Dafür werden jedoch genaue Zulässigkeitsvoraussetzungen definiert: Die konkreten, individuellen Eigentumsrechte werden vor staatlichen Eingriffen geschützt.

Eine Beschränkung der Bestandesgarantie – wie letztlich jeder Eingriff in ein Freiheitsrecht – muss erstens auf klarer **gesetzlicher Grundlage** beruhen und zweitens durch ein überwiegendes **öffentliches Interesse** gedeckt sein; z.B. durch ein in der Bundesverfassung verankertes Anliegen der Raumplanung, des Umweltschutzes, des Gewässerschutzes, des Natur- und Heimatschutzes oder durch sozialpolitisch motivierte Gründe wie Mieterschutz. Beschränkungen müssen zudem drittens den Grundsatz der **Verhältnismässigkeit** wahren, d.h. nicht weiter gehen als zur Erreichung des öffentlichen Interesses erforderlich; der Eingriff sollte dadurch mit Blick auf das zu verfolgende und als zulässig anerkannte Ziel ein ausreichendes Mass an praktischer Vernunft aufweisen.

In dieser Bestimmung sind somit Konflikte zwischen Aspekten der gemeinsamen Wohlfahrt resp. des Allgemeininteresses und des Privateigentums resp. der Rechte und Interessen des Einzelnen angelegt.

4.1.3 Wertgarantie

Die Wertgarantie bringt zum Ausdruck, dass Einschränkungen der Eigentumsgarantie entschädigt werden müssen. Entschädigungspflichtig ist die **formelle Enteignung**, die dem Enteigner ein durch die Eigentumsgarantie geschütztes Recht überträgt, sowie die **materielle Enteignung**, die zwar die gleichen Auswirkungen wie die formelle Enteignung hat, sich von dieser aber insofern unterscheidet, als der Enteigner kein Recht erwirbt. **Die formelle Enteignung kommt insbesondere beim Landbedarf zur Erstellung staatlicher Infrastruktur**, wie z.B. ein Strassen- oder Schienennetz, elektrische oder militärische Anlagen oder Verwaltungsgebäude, zur Anwendung. Ein typisches **Beispiel einer materiellen Enteignung ist die Rückzonung von Land** durch eine Gemeinde. Eine Entschädigungspflicht der Gemeinde ist dabei nur dann gegeben, wenn sich eine Überbauung in naher Zukunft verwirklichen liesse. Wenn z.B. eine Zone noch nicht erschlossen ist oder sonstige rechtliche oder tatsächliche Umstände eine Überbauung in naher Zukunft unwahrscheinlich machen, entfällt gewöhnlich jeder Ersatzanspruch aus der materiellen Enteignung.

Bei Enteignung ist grundsätzlich **volle Entschädigung** zu leisten. Im konkreten Einzelfall besteht jedoch die grosse Schwierigkeit darin, zwischen entschädigungslosen Eigentumsbeschränkungen und zu entschädigenden Enteignungen zu unterscheiden. Entschädigungslose Eigentumsbeschränkungen liegen bei Eingriffen aus polizeilich motivierten Gründen vor, wie z.B. die Schaffung einer Schutzzone, die unmittelbar dem Schutz des Grundeigentümers selbst dient (Beispiel: Lawinengefahr, Gefahr von Hochwasser und Überflutungen).

Auch aus der Wertgarantie resultieren wichtige Schranken für die Politik. Allerdings sind sie strittig resp. auslegbar. Die finanziellen Konsequenzen bestimmter politischer Schritte, z.B. bei Zonenplanänderungen, machen u.U. eine Rückzonung von Gewerbezonen in reine Wohnzonen unmöglich.

4.2 Unternehmungs-, Betriebs- und Arbeitsverfassung

4.2.1 Unternehmungsverfassung

Die Unternehmungen stellen den zentralen Motor für das Funktionieren der Wirtschaft dar. Gemäss der vorherrschenden Wirtschaftsordnung hat eine Unternehmung die Aufgabe, unter Wettbewerbsbedingungen wirtschaftliche Leistungen erfolgreich auf den Markt zu bringen. Dies verlangt eine rentabilitätsbezogene Unternehmungsführung und damit eine Sicherung des langfristigen Bestandes der Unternehmung. Die Unternehmungsverfassung umfasst Führung, Finanzierung und Haftung von Unternehmungen. Sie muss festlegen, wer die Unternehmungspolitik zu bestimmen, wer sie wem und wie substanziell zu verantworten hat. Sie regelt somit Ordnung sowie Abläufe in den Unternehmungen. Dazu gehören Rechte und Pflichten der Mitglieder, Zuständigkeiten der Organe der Unternehmungen und ihr internes Zusammenwirken. Die Unternehmungsverfassung ist im Fall der Schweiz im **Obligationenrecht (OR)** geregelt, dessen Aufbau in Abbildung 25 dargestellt ist.

III. Markt- und Produktionsverfassung

Aufbau des Obligationenrechts	Abbildung 25

1. Abteilung: Allgemeine Bestimmungen (Art. 1–183)
2. Abteilung: Die einzelnen Vertragsverhältnisse (Art. 184–551)
3. Abteilung: Die Handelsgesellschaften und die Genossenschaften (Art. 552–926)
4. Abteilung: Handelsregister, Geschäftsfirmen und kaufmännische Buchführung (Art. 927–964)
5. Abteilung: Die Wertpapiere (Art. 965–1186)

Ein besonders wichtiger Teil des Obligationenrechts ist das **Aktienrecht** (Art. 620–763 OR), da die Aktiengesellschaft in der Schweiz die weitaus häufigste (Handels-)Gesellschaftsform ist; in den letzten Jahren wurden konstant etwas über 170'000 (!) Aktiengesellschaften im eidgenössischen Handelsregister ausgewiesen.

Mit Blick auf die Unternehmungsverfassung wurden in den letzten Jahren sowohl auf nationaler als auch auf internationaler Ebene Grundsätze einer angemessenen **Corporate Governance** formuliert. Der Begriff bedeutet wörtlich Unternehmungsführung und umfasst somit Planungs-, Entscheidungs-, Anordnungs- und Kontrollmechanismen der Unternehmung; sie ist letztlich die Gesamtheit der auf die Aktionärsinteressen ausgerichteten Grundsätze, die auf der obersten Unternehmungsebene Transparenz und ein ausgewogenes Verhältnis von Aufsicht und Leitung anstreben (**"checks and balances"**). Mit der Revision des Aktienrechts 1991 wurden die wichtigsten Grundsätze der Corporate Governance in drei Artikeln im Gesetz verankert: So legt Art. 716a OR die **unübertragbaren Aufgaben des Verwaltungsrates** fest, wie z.B. die Oberleitung der Gesellschaft, die Festlegung der Organisation, die Ausgestaltung der Finanzplanung und -kontrolle sowie die Oberaufsicht der geschäftsführenden Personen (Geschäftsleitung). Art. 716b OR regelt die **Übertragung der Geschäftsführung** durch den Verwaltungsrat an einzelne Mitglieder oder an Dritte; die Geschäftsführung wird letztlich in einem Organisationsreglement festgehalten. Mit Art. 717 OR wird die **Sorgfalts- und Treuepflicht** geregelt und damit insbesondere der Schutz der Minderheitsaktionäre gestärkt.

Die Umsetzung des revidierten Aktienrechts erfolgte jedoch nur zögerlich, bedingt durch seine breite Ausrichtung auf Unternehmungen aller Grössenordnungen. Entsprechend wurden in den letzten Jahren Bestrebungen seitens der Schweizer Wirtschaft unternommen, in Ergänzung zur staatlichen Regulierung **selbstregulierende Massnahmen** zu ergreifen. Daraus resultierten Mitte 2002 für die Schweizer Wirtschaft zwei Regelwerke, die von Bedeutung sind: einerseits die von der Schweizer Börse SWX verfasste **"Richtlinie betreffend Informationen zur Corporate Governance"** (sog. SWX-Transparenz-Richtlinie), andererseits der in enger Zusammenarbeit mit der SWX und vom Wirtschaftsdachverband economiesuisse zusammengestellte **"Swiss Code of Best Practice for Corporate Governance"** (sog. Swiss Code).

Die **SWX-Transparenz-Richtlinie** verlangt u.a. Informationen über Konzern- und Kapitalstruktur, über Aufsichts-, Führungs- und Revisionsorgane sowie deren Entschädigung. Weiter müssen Bestimmungen zu Aktionärsrechten, Kontrollwechseln und Abwehrmassnahmen transparent gemacht werden. Von 265 untersuchten kotierten Unternehmungen haben 94% diese Informationen in ihrem Geschäftsbericht 2003 geliefert. Während die SWX-Transparenz-Richtlinie rechtlich bindend ist, gibt der **Swiss Code** (lediglich) Empfehlungen an schweizerische Publikumsgesellschaften (börsenkotierte Aktiengesellschaften) ab. Viele dieser Empfehlungen sind jedoch auch für kleinere, nicht-börsenkotierte (Familien-)Aktiengesellschaften von Relevanz. Darin bilden die Ausführungen zu Verwaltungsrat und Geschäftsleitung ein Schwergewicht. In der schweizerischen Tradition setzen sich die Verwaltungsräte seit langem vorwiegend aus Mitgliedern ohne aktuelle Managementfunktion zusammen. Die Corporate-Governance-Diskussion hat dazu geführt, dass (allfällige) weitere Interessenverflechtungen sehr kritisch beurteilt werden. Für Funktionen im Verwaltungsrat, welche Unabhängigkeit erfordern, ist die kreuzweise Einsitznahme nicht möglich. Dies hat mitunter zur Folge, dass **Verwaltungsräte** in der Schweiz – sowie auch die **Geschäftsleitungen** – im Vergleich zu anderen Ländern **überdurchschnittlich stark international zusammengesetzt** sind. Nebst der Vermeidung von Interessenkonflikten soll auch eine transparente und nachvollziehbare Entschädigungspolitik betrieben werden; das Setzen falscher Anreize ist zu vermeiden.

4.2.2 Betriebsverfassung

Die Betriebsverfassung regelt die Mitbestimmung der Arbeitnehmer an der Unternehmungsleitung. Unter **Mitbestimmung** versteht man alle Varianten der direkten und indirekten Beteiligung der Arbeitnehmer oder ihrer Organisationen an der Willensbildung und Entscheidungsfindung in Betrieb, Unternehmung und Verwaltung. Je nach Intensität werden drei Stufen unterschieden:

- Informationsrecht,
- Mitspracherecht und
- Mitentscheidungsrecht, wobei in minoritäre, paritätische und majoritäre Mitentscheidung unterschieden wird.

Die Mitbestimmung kann zudem Rechte für einen einzelnen Arbeitnehmer (individuelle Mitbestimmung) oder aber für Vertreter der Belegschaft oder von Teilen davon beinhalten (kollektive Mitbestimmung). Für die konkrete Ausgestaltung der Mitbestimmung werden jeweils verschiedene Argumente vorgetragen, z.B. Humanisierung der Arbeitswelt, Berücksichtigung der Menschenwürde, Anerkennung, Motivierung, Steigerung der Leistungsbereitschaft, Demokratisierung der Wirtschaft und generell eine vermehrte Berücksichtigung anderer als rein ökonomischer Kriterien:

- **Individuelle Mitbestimmung:** Regelungen finden sich hierzu im **Bundesgesetz über die Arbeit in Industrie, Gewerbe und Handel (Arbeitsgesetz; ArG)** vom 13. März 1964; dieses geht auf die Fabrikgesetze des 19. Jahrhunderts zurück. Es enthält Pflichten für Arbeitgeber und Rechte von Arbeitnehmern. So liegen Bestimmungen vor, die den Gesundheitsschutz sowie die Arbeits- und Ruhezeit der Arbeitnehmer regeln. Ende November 2005 hat das Volk mit einer knappen Mehrheit von 50,6% einer Lockerung von Art. 18 ArG zum Verbot der Sonntagsarbeit zugestimmt, sodass die Ladenöffnungszeiten in Flughäfen und grossen Bahnhöfen vermehrt den veränderten Konsumgewohnheiten angepasst werden können. Ebenso finden sich im ArG Schutzvorschriften für jugendliche Arbeitnehmer, schwangere Frauen und Arbeitnehmer mit Familienpflichten. Weitere Regelungen zur individuellen Mitbestimmung finden sich in gewissen Artikeln des Obligationenrechts (OR).
- **Kollektive Mitbestimmung:** Hierzu bestehen Regelungen einerseits im **Bundesgesetz über die Information und Mitsprache der Arbeitnehmerinnen und Arbeitnehmer in den Betrieben (Mitwirkungsgesetz)** vom 17. Dezember 1993. Dort sind Bedingungen für die Einrichtung einer Arbeitnehmervertretung als Organisation auf Betriebsebene festgelegt. Dieser stehen Informations- und besondere Mitwirkungsrechte wie z.B. bei der beruflichen Vorsorge zu; sie vertreten letztlich die gemeinsamen Interessen der Mitarbeiter gegenüber dem Arbeitgeber. Andererseits – und wesentlich bedeutender – basieren kollektive Mitbestimmungsrechte auf **Gesamtarbeitsverträgen (GAV**; sog. **Tarifverträge)** zwischen den Sozialpartnern (Arbeitgeberverband und Gewerkschaften z.B. für eine Branche und/oder eine Region). Die kollektive Mitbestimmung auf tarifvertraglicher Basis hat sich in Betrieben mit mehr als 50 Beschäftigten durchgesetzt. Umfang und Intensität der Mitbestimmung schwanken aber von Branche zu Branche und auch innerhalb der Branchen erheblich. Sie sind in der Maschinenindustrie und bei den Detailhandelsketten Migros und Coop am weitesten ausgebaut.

Der grösste Teil der Arbeitnehmer in der schweizerischen Privatwirtschaft kann am betrieblichen Geschehen irgendwie mitwirken. Im Vordergrund stehen Information und Mitsprache, Mitentscheidung ist eher selten. In Grossbetrieben mit mehr als 1000 Betriebsangehörigen ist die Mitbestimmung am stärksten institutionalisiert; es finden sich vermehrt soziale Einrichtungen wie z.B. betriebseigene Wohnungen, ausgebautes Kantinenwesen oder eine Personalkommission.

4.2.3 Arbeitsverfassung

a) Grundsatzfrage: Gesetz versus Vertrag

Grundsätzlich können Fragen zwischen Arbeitgebern und Arbeitnehmern über **staatliche Gesetze** oder über **private Verträge** geregelt werden, sei es über Kollektivverträge zwischen den Sozialpartnern oder über vertragliche Abmachungen der Direktbetroffenen. Die schweizerische Arbeitsverfassung basiert auf beiden Formen. Die Grundlage bilden dabei verschiedene Bestimmungen in der Bundesverfassung:

- **Vereinigungsfreiheit (Art. 23 BV):** Der einzelne Bürger hat das Recht, Vereinigungen zu bilden, ihnen beizutreten oder anzugehören und sich an den Tätigkeiten von Vereinigungen zu beteiligen. In der Schweiz werden Vereine und Verbände mit wirtschaftlichen Zielsetzungen denn auch sehr zahlreich ins Leben gerufen. In diesem Zusammenhang hat sich der Begriff der "Verbandswirtschaft" etabliert.
- **Koalitionsfreiheit (Art. 28 BV):** Arbeitnehmer, Arbeitgeber sowie ihre Organisationen haben das Recht, sich zum Schutz ihrer Interessen zusammenzuschliessen. Dem Staat ist es somit verwehrt, den Zusammenschluss von Arbeitgebern einerseits und Arbeitnehmern (Gewerkschaften) andererseits zu untersagen oder sie zu behindern, ihre Arbeitskampfmittel auszuspielen. Soziale Macht und Gegenmacht ("countervailing power") soll eingesetzt werden können. Dies ist eine in einer freiheitlichen Wirtschaftsverfassung geradezu erwünschte Erscheinung. Die Koalition der Arbeitgeber resp. Arbeitnehmer soll als legitime Gegenmacht der jeweils anderen Arbeitsmarktkoalition gegenübertreten.
Streitigkeiten sind nach Möglichkeit durch Verhandlung oder Vermittlung beizulegen. Streik seitens der Arbeitnehmer und Aussperrung seitens der Arbeitgeber sind aber zulässig, wenn sie Arbeitsbeziehungen betreffen und wenn keine Verpflichtungen entgegenstehen, den Arbeitsfrieden zu wahren oder Schlichtungsverhandlungen zu führen. In der Schweiz wurde eine Kampf-Ausgleichs- und Friedensordnung aufgestellt, um eine Verständigung in Gestalt von Gesamtarbeitsverträgen (GAV) zu erreichen. Vertraglich wurde die absolute Friedenspflicht eingeführt, d.h. der Verzicht der unterzeichnenden Parteien auf Kampfmassnahmen jeglicher Art.

III. Markt- und Produktionsverfassung   73

- **Vertragsfreiheit, insbesondere die Tarifautonomie:** Gestützt auf den Grundsatz der Wirtschaftsfreiheit (Art. 27 BV) gilt, dass sich der Staat nicht in Fragen betreffend Lohn- und Arbeitsbedingungen zwischen den Arbeitsmarktparteien einmischen darf.

Die schweizerische Arbeitsverfassung resp. das **schweizerische Arbeitsrecht** ist grundsätzlich von der Devise "Vertrag vor Gesetz" geprägt. Abbildung 26 gibt einen Überblick über die drei Bereiche des schweizerischen Arbeitsrechts.

Die drei Bereiche des Arbeitsrechts   Abbildung 26

Individuelles Arbeitsrecht: Das individuelle Arbeitsrecht regelt das Arbeitsverhältnis zwischen einem bestimmten Arbeitnehmer und seinem Arbeitgeber. Die konkreten Arbeitsverhältnisse werden in der Schweiz prinzipiell durch den Einzelarbeitsvertrag (Dienstvertrag; Art. 319ff. OR) geregelt. Typische Gegenstände des Individualarbeitsrechts sind Ferien, Lohn, Überstundenarbeit, Kündigung etc. Dabei darf der Einzelarbeitsvertrag einem eventuell vorhandenen Gesamtarbeitsvertrag (GAV) nicht widersprechen. Die Durchsetzung des privaten Arbeitsrechts bleibt dem Einzelnen überlassen.

Kollektives Arbeitsrecht: Das kollektive Arbeitsrecht regelt das Zusammenwirken der Arbeitsverbände, insbesondere von Gewerkschaften und Arbeitgeberverbänden. Wichtigstes Element des kollektiven Arbeitsrechts sind die GAV. Diese Verträge regeln zum einen das Verhältnis zwischen den Arbeitsverbänden als den Vertragsparteien; zum anderen enthalten sie Mindestarbeitsbedingungen für die ihnen unterstellten Arbeitsverhältnisse, womit sie zu einer Rechtsquelle des Individualarbeitsrechts werden. Die Bestimmungen eines GAV über die Arbeitsverhältnisse sind nicht nur für die Vertragsparteien (die Verbände), sondern direkt für die einzelnen Arbeitgeber und Arbeitnehmer (die Verbandsmitglieder) verbindlich. Ein GAV ist ein privatrechtlicher Vertrag zwischen Arbeitnehmer- und Arbeitgeberverbänden und hat grundsätzlich keinen gesetzlichen Charakter. Er erfüllt gleichzeitig eine Schutz-, Ordnungs- (einheitliche Regelungen) sowie Schrittmacherfunktion und trägt zur Friedenssicherung bei.

Öffentliches Arbeitsrecht: Das öffentliche Arbeitsrecht regelt die direkte Unterstellung von Arbeitgeber und -nehmer unter die Regelungs- und Kontrollgewalt des Staats. Das öffentliche Arbeitsrecht enthält Rechtsnormen, mit denen der Staat den Arbeitgeber oder den Arbeitnehmer direkt zu einem bestimmten Verhalten zwingt. Die Einhaltung dieser Normen wird vom Staat selbst, d.h. durch seine Arbeitsämter, überwacht. Wichtigste Gesetze im Bereich des öffentlichen Arbeitsrechts sind das Arbeitsgesetz und das Berufsbildungsgesetz.

Nach in der Schweiz vorherrschender Meinung lässt sich die Erhaltung des Arbeitsfriedens zwischen den Arbeitnehmern und den Arbeitgebern am besten auf kollektiv-vertraglichem Weg, d.h. über GAV bewerkstelligen. Staatliche Einflussnahme ist grundsätzlich verpönt. Der Weg über das Gesetz wird höchstens in Ausnahmefällen akzeptiert; die Rolle des Staates ist **subsidiär**. Das Arbeitsrecht ist offen und **flexibel**. So gibt es prominente Beispiele dafür, dass eine gesetzliche resp. eine verfassungsmässige Regelung von aktuellen Themen in einer Volksabstimmung abgelehnt wurde (z.B. Arbeitszeitinitiative, Mitbestimmung).

b) Entwicklung und Bedeutung der Gesamtarbeitsverträge

Nach der Weltwirtschaftskrise der 1930er Jahre waren die Verbände in der Maschinen- und Uhrenindustrie sowie im Metallgewerbe richtungsweisend für den Aufbau von kooperativen Vertragsbeziehungen. Das **Friedensabkommen vom 19. Juli 1937** in der schweizerischen Metall- und Uhrenindustrie stellte eine radikale Änderung der bisher kämpferischen und spannungsgeladenen Verhältnisse zwischen den Sozialpartnern in diesem Industriebereich dar; es symbolisierte einen eigentlichen **Paradigmawechsel** in der Beziehung zwischen den Sozialpartnern. So konzentrierten sich diese fortan auf Kooperation, basierend auf festen Verfahrensregeln und dem Grundsatz von "Treu und Glauben". Das Kernstück des Abkommens war ein **dreistufiges friedliches Konfliktlösungsverfahren**: Im Streitfall verpflichteten sich die Partner, zunächst auf betrieblicher Ebene und dann zwischen den Verbänden nach einer Lösung zu suchen. Erst bei einem Scheitern der Gespräche sollte ein Schiedsgericht über den Fall entscheiden. Damit legten sich die Sozialpartner auf das Einhalten der **absoluten Friedenspflicht** fest, d.h. den Verzicht der unterzeichnenden Parteien auf Kampfmassnahmen jeglicher Art, und zwar auch bei Streitigkeiten über Fragen des Arbeitsverhältnisses, die durch die Vereinbarung nicht berührt wurden. Nach Abschluss des Friedensabkommens verlagerte sich die Tätigkeit der Sozialpartner auf die **Aushandlung von Lohn- und Arbeitszeitregelungen** sowie auf Massnahmen der Aus- und Weiterbildung. Dabei wurden die Abkommen regelmässig erneuert und weiterentwickelt; so stammt z.B. die Einführung der **Jahresarbeitszeit** in den betroffenen Branchen aus dem Jahr 1998. Das Friedensabkommen entwickelte sich weit über den Maschinen-, Uhren- und Metallsektor hinaus zum Modell und Musterfall der Sozialpartnerbeziehungen.

Die Verantwortung für die Verhandlungen der Sozialpartner über Löhne und weitere Arbeitsbedingungen im Rahmen von **Gesamtarbeitsverträgen (GAV)** liegt bei den Einzelverbänden bzw. bei den entsprechenden Institutionen auf Unternehmungs- oder gar Betriebsebene. Die Dachorganisationen der Arbeitgeber und der Arbeitnehmer sind daran nicht beteiligt. GAV werden meist auf der Stufe der Branchenverbände (z.B. die Verbände der schweizerischen Maschinen-, Elektro- und Metallindustrie; Swissmem) mit den zuständigen Gewerkschaften und Angestelltenverbänden abgeschlossen. Sie enthalten oft nur Verfahrensregeln und Grundsätze oder Minimalvorschriften. Konkrete Regelungen von Löhnen etc. werden späteren Verhandlungen überlassen. Solche Verträge müssen in der Praxis der Betriebe angewendet und ausgelegt werden. Für verschiedene Fragen der betrieblichen Zusammenarbeit sieht der Vertrag den Beizug der beteiligten Verbände zur Vermittlung sowie notfalls ein Schiedsgericht vor.

Die stark **dezentrale Verhandlungsstruktur** wird als wichtiger Grund für das im Allgemeinen gute Funktionieren des Arbeitsmarkts in der Schweiz betrachtet. Besondere Vorteile vertraglicher Regelungen werden darin gesehen, dass die Lösungen **flexibel**, den örtlichen Bedingungen besser angepasst und die Entscheidungswege kürzer sind als z.B. in Deutschland oder Frankreich. Generell wird die rasche Anpassungsfähigkeit des schweizerischen Regelungssystems der industriellen Beziehungen als Stärke und Vorteil im internationalen Vergleich gesehen. Die vertragliche Ordnung der Arbeitsverhältnisse in Form sog. GAV ist in der Schweiz zur Norm geworden. Mitte 2003 waren in der Schweiz **594 GAV in Form eines Grundvertrags** in Kraft, davon 194 Verbands-GAV und 400 Firmen-GAV. Den Verbands-GAV sind mit 1,1 Mio. Arbeitnehmern erwartungsgemäss bedeutend mehr erwerbstätige Personen unterstellt als den Firmen-GAV mit rund 300'000 unterstellten Arbeitnehmern. Der Anteil der einem GAV unterstellten Arbeitnehmer an allen Beschäftigten der privaten und öffentlichen Sektoren (sog. **Abdeckungsgrad**) beträgt 37%. In vier von fünf Fällen sind weniger als 1000 Personen einem GAV unterstellt, und rund 75% der GAV haben lediglich die Reichweite eines Kantons resp. einer Gemeinde. In der Industrie und dem Baugewerbe – den ursprünglichen Tätigkeitsfeldern der Gewerkschaften – unterstehen rund 45% der Arbeitnehmer einem Grundvertrag, wobei es in den Dienstleistungsbranchen nur deren 30% sind. Auf diesen Grundverträgen basieren oft Zusatzverträge, die sich neuen Bedürfnissen schneller und einfacher anpassen lassen. Die GAV bilden letztlich ein dichtes Netz in Form von Landes-, Regional-, Lokal- und Firmenverträgen für fast alle Wirtschaftsbranchen verbunden mit einer hohen Regelungsdichte.

c) Neue Kooperationsformen der Sozialpartner

Der Wandel in der schweizerischen Wirtschaft während der 1990er Jahre – wie u.a. über die zunehmende Standortkonkurrenz, die Neugruppierung der Arbeitsmärkte, die Privatisierung staatlicher Betriebe und die verstärkten finanziellen Restriktionen des Staates – erzeugte auch auf die Sozialpartnerschaft am Standort Schweiz einen zunehmenden Druck. Insbesondere räumt die Globalisierung auch den schweizerischen Arbeitgebern Möglichkeiten ein, komparative Vorteile der internationalen Arbeitsteilung durch parzielle Verlagerung ins Ausland zu nutzen. Diese gesteigerten externen Optionen stehen Arbeitnehmern in wesentlich geringerem Umfang offen. Damit haben sich die **Kräfteverhältnisse** und strukturellen Bedingungen der Sozialpartnerschaft **zum Nachteil der Gewerkschaften** geändert.

Auch wenn sich das Umfeld im Verlaufe der 1990er Jahre stark gewandelt hat, hat sich dies nicht zwangsläufig, kurzfristig und überall in institutionellen Änderungen niedergeschlagen; obwohl Fragen im Zusammenhang mit Arbeitsbeziehungen in der Schweiz grösstenteils über (flexible) Verträge geregelt werden, weisen die entsprechenden institutionellen Verankerungen auch regelmässig eine grosse **Beharrungskraft** auf. Diejenigen Branchenpartner jedoch, die sich für eine Dezentralisierung und Flexibilisierung der Beziehungen entschieden haben, versuchten in konfliktuellen Phasen durch **neue Formen der Kooperation** auf das sich ändernde Umfeld zu reagieren. So nahmen einerseits die **politischen Aushandlungsprozesse** in Parlament, Behörden und Öffentlichkeit zu, was zu einer **Verrechtlichung (Gesetz verdrängt Vertrag) einzelner Themen führte**. Andererseits werden gerade **neue Themen** wie Arbeitszeitverkürzung, Kündigungsschutz, Gleichstellung von Mann und Frau, Gleichbehandlung von Arbeitern und Angestellten sowie von In- und Ausländern, die Modernisierung von Aus- und Weiterbildung, der Einsatz neuer Technologien und betrieblicher Umweltschutz **vermehrt über betriebliche Vereinbarungen geregelt**. Insbesondere die zweite Entwicklung ist vor dem Hintergrund des strukturellen Wandels zu sehen, z.B. der zunehmend stärkeren Stellung multinationaler Unternehmungen. Sowohl bei einer Verrechtlichung als auch bei einer Verlagerung auf die Betriebsebene verlieren die Sozialpartner, ganz besonders die Gewerkschaften, an Funktionen und damit an Bedeutung. Die Zukunft wird zeigen, ob die Organisationen der Sozialpartner und ihre gemeinsam vereinbarten Regelungen gehaltvoll und sie selber damit lebensfähig bleiben.

d) Streik und Arbeitsfrieden in der Schweiz

Das Friedensabkommen von 1937 stellte ein Bekenntnis zum vertraglichen Weg dar. Dieser umfasst die friedliche Austragung von Konflikten nach klaren und vereinbarten Verfahren, ein überzeugtes Ja zum Arbeitsfrieden und somit eine deutliche Absage an den Arbeitskampf. Die schweizerischen **Sozialpartnerbeziehungen** sind grundsätzlich **stabil** und von einem **Klima des gegenseitigen Vertrauens** geprägt. Das Verhalten der Sozialpartner ist durch hohen Pragmatismus und Realitätssinn gekennzeichnet. Der soziale Frieden hat Tradition; Arbeitskonflikten kommt eine geringe Bedeutung zu. Mentalität und Grundhaltung der Schweizer Arbeitnehmer sind im Wesentlichen konsensual und gutgläubig, sicher nicht konfliktuell. Ideell ist heute ihre weitgehende Integration in die Unternehmung und die Arbeitgeberseite vorhanden. Die Arbeitnehmer solidarisieren sich mit der Unternehmung und den Arbeitgebern und stehen auch für die Interessen ihrer Betriebe ein. In der Schweiz gibt es deshalb **fast keine Streiks**. Das Ausmass der Streikaktivitäten lässt sich beziffern, indem die Anzahl der durch Streiks verlorenen Arbeitstage zur Zahl der Erwerbspersonen ins Verhält-

III. Markt- und Produktionsverfassung

nis gesetzt wird. In der Periode 1990–1999 wurden durchschnittlich pro Jahr 1,43 durch Streiks verlorene Arbeitstage pro tausend Arbeitnehmern verzeichnet. Auch wenn sich dieser Wert für 2001 und 2002 auf über 5 erhöht und damit rund vervierfacht hat, figuriert die Schweiz im internationalen Vergleich immer noch unter jenen Ländern, die kaum von Streiks betroffen sind. So weisen Deutschland, Österreich und die Niederlande vergleichbare Werte auf, während in Finnland, Grossbritannien und insbesondere in Spanien mit jährlich 376 verlorenen Arbeitstagen pro tausend Arbeitnehmern das Ausmass der Streikaktivitäten wesentlich höher ausfällt; die meisten Anzahl Streiks finden jedoch in Frankreich statt. Zudem gibt es in der Schweiz im internationalen Vergleich wenig **Absenzen** und eine hohe **Arbeitsmoral und -disziplin**, was sich positiv auf die Arbeitsproduktivität auswirkt.

e) Rolle des Staats

Der Staat mischt sich grundsätzlich nicht in die autonomen Sozialpartnerbeziehungen ein. Er **gewährt Freiräume** für selbständige vertragliche Regelungen und verschafft den Sozialpartnern Betätigungsfelder. Über das Arbeitsvertragsrecht regelt er das Verhältnis zwischen Arbeitgebern und Arbeitnehmern. Der Vollzug der Vorschriften wird den beteiligten Privaten überlassen. Das in Abbildung 26 auf S. 73 umschriebene kollektive Arbeitsrecht ordnet Beziehungen zwischen Arbeitgeber- und Arbeitnehmer-Verbänden und ihren Mitgliedern sowie der Verbände unter sich. Viele konkrete Arbeitsverhältnisse unterstehen jedoch weder einem GAV noch richten sie sich faktisch nach einem solchen aus. Weil deshalb die Wirksamkeit der GAV sehr beschränkt bleiben würde, besteht in vielen Branchen das Bedürfnis, diese auch auf nicht erfasste Arbeitsverhältnisse auszudehnen. Auf Antrag der Vertragsparteien kann eine **Allgemeinverbindlicherklärung** (AVE) vom Bundesrat oder der zuständigen kantonalen Regierung erreicht werden. Danach werden alle Arbeitgeber und Arbeitnehmer eines bestimmten Wirtschafts- oder Berufszweigs – nicht nur die Mitglieder der vertragsschliessenden Verbände – an den GAV gebunden. Vertragliche Abmachungen erlangen dadurch Gesetzeskraft. Mitte 2004 waren auf Bundesebene 22 und auf kantonaler Ebene 19 allgemeinverbindlich erklärte GAV in Kraft. Ihnen waren insgesamt rund 56'000 Arbeitgeber und 445'000 Arbeitnehmer (Bund) bzw. 4'960 Arbeitgeber und 45'200 Arbeitnehmer (Kantone) unterstellt; seit 1999 haben die unterstellten Arbeitgeber damit schweizweit um 7% und die unterstellten Arbeitnehmer um 45% zugenommen. Die bedeutendsten allgemeinverbindlich erklärten GAV sind der Landes-GAV (L-GAV) für das **Gastgewerbe** sowie der GAV für den flexiblen Altersrücktritt im **Bauhauptgewerbe** (GAV FAR). Sie allein regeln die Arbeitsverhältnisse zwischen rund 33'300 Arbeitgebern und 290'600 Arbeitnehmern.

5. Ausblick

Die Volkswirtschaft der Schweiz sieht sich seit Anfang der 1990er Jahre mit folgenden Begebenheiten konfrontiert: **Wachstumsschwäche** und damit verbunden eine zunehmende **Intensivierung der Verteilungskämpfe** unter den verschiedensten Interessengruppen; **Dynamisierung internationaler Wirtschaftsräume** verbunden mit einem (wirtschaftlichen) **Alleingang der Schweiz**; schärfere **Konkurrenz der Wirtschaftsstandorte** und zunehmende **Auslagerung der Produktion** aus der Schweiz. Damit stellt sich zwingend die Frage nach der Wettbewerbsfähigkeit der schweizerischen Wirtschaft. Eine Volkswirtschaft ist dann wettbewerbsfähig, wenn sie in der Lage ist, die aktive Bevölkerung am Standort auf attraktiven Arbeitsplätzen zu Einkommensbedingungen zu beschäftigen, die einen angemessenen Wohlstand erlauben. Motor dafür sind in erster Linie wettbewerbsfähige Unternehmungen, die ihre Produkte auf den in- und ausländischen Märkten absetzen können. Ein wesentlicher Bestimmungsgrund für ihren Erfolg ist die Ausgestaltung des ordnungspolitischen Rahmens. Neben den rein ökonomischen sind dabei auch soziale, politische und institutionelle Aspekte von Bedeutung. Mitte der 1990er Jahre wurde die **ordnungspolitische Debatte** in der Schweiz besonders engagiert geführt; dies vor dem Hintergrund einer zunehmend bewusst gewordenen **Diskrepanz** zwischen der real existierenden und dem (theoretischen) Konstrukt einer effizienten, liberalen Wirtschaftsordnung.

Die **Marktverfassung** der Schweiz soll in den nächsten Jahren mit folgenden Reformen weiter entwickelt werden: Mit dem **revidierten Binnenmarktgesetz (BGBM)** soll insbesondere die Liberalisierung der Ausübung sog. freier Berufe erfolgen. Dazu zählen z.B. Taxifahrer, Anwälte, Psychotherapeuten, Sanitärinstallateure und Optiker, denen die **freie Berufsausübung** durch kantonale und kommunale Regulierungen (sog. Kantönligeist) nach wie vor erschwert wird – in der Schweiz sind rund 250'000 Erwerbstätige potenziell von öffentlich-rechtlichen Marktzugangsbeschränkungen betroffen. Das BGBM statuiert zwar bereits in der jetzigen Form das aus der Europäischen Union (EU) übernommene **Cassis-de-Dijon-Prinzip**, das auf der berühmten gleichnamigen Entscheidung des Europäischen Gerichtshofs (EuGH) von 1979 basiert (vgl. Abbildung 138 auf S. 525); gemäss diesem kann ein Mitgliedstaat den Handel einer Ware nicht verweigern, wenn sie bereits nach den Regeln des Herkunftslandes innerhalb der EU rechtmässig in Verkehr gebracht worden ist – es verankert damit das **Prinzip der gegenseitigen Anerkennung und der Nichtdiskriminierung beim Marktzugang**. Analog soll diesbezüglich in der Schweiz gelten, dass jemand, der in einem Kanton einen Beruf ausüben darf, dies auch in anderen Kantonen tun darf, sofern dem nicht überwiegende öffentliche Interessen – z.B. Konsumenten-,

III. Markt- und Produktionsverfassung

Gesundheits- oder Umweltschutz – entgegenstehen. In verschiedenen Urteilen hat das Bundesgericht jedoch dieses Recht auf freien Marktzugang und damit verbundene Tätigkeiten, die eine Niederlassung am Bestimmungsort erfordern, untersagt; damit hat es das Föderalismusprinzip höher gewichtet als die Verwirklichung der Wirtschaftsfreiheit (Art. 27 BV). Die mit der laufenden Revision des Binnenmarktgesetzes geplante **Ausdehnung des freien Marktzugangs auch auf die gewerbliche Niederlassung** soll solche mobilitätshemmende Eingriffe in die Wirtschaftsfreiheit einschränken. Dass ein Domizilwechsel einen Berufswechsel oder die Aufgabe der selbständigen Erwerbstätigkeit zur Folge hat, soll künftig die Ausnahme sein. Damit kommt letztlich auch der Bund seinem verfassungsmässigen Auftrag zur Schaffung eines einheitlichen Binnenmarkts gemäss Art. 95 Abs. 2 BV nach, wobei eine gesamtschweizerische Vereinheitlichung der Voraussetzungen für die Berufsausübung, nicht aber der Arbeitsbedingungen angestrebt wird. Die Gesetzesrevision umfasst aber auch weitere wichtige Elemente, die den Wettbewerb intensivieren sollen. Dazu gehören z.B. die Pflicht zur **Ausschreibung von Nutzungsrechten an kommunalen und kantonalen Monopolen (Konzessionen)**. Diese Bestrebungen zur Liberalisierung sowie die Stärkung der Mobilität und Freizügigkeit der Arbeitskräfte und der Unternehmungen sollen einen substanziellen Beitrag zur Überwindung des Produktivitätsgefälles zwischen export- und binnenorientierten Branchen leisten. Ebenso sollen institutionell die Kompetenzen der Wettbewerbskommission (Weko) erweitert werden; gegenwärtig kann sie lediglich unverbindliche Empfehlungen abgeben, die von den betroffenen Kantonen nicht zwingend berücksichtigt werden müssen. Das revidierte Binnenmarktgesetz, das 2006 in Kraft treten sollte, sieht diesbezüglich ein **Beschwerderecht für die Weko** bei kantonalen oder kommunalen Entscheiden vor, die unter das Gesetz fallen.

Das **Cassis-de-Dijon-Prinzip** soll des Weiteren gemäss Empfehlung der Weko auch in der Schweiz **einseitig gegenüber der EU eingeführt werden**; der Bundesrat will Ende 2006 die Botschaft dazu dem eidgenössischen Parlament vorlegen. So gibt es nach wie vor zahlreiche schweizerische Vorschriften in Bezug auf Produktion, Kontrolle oder Verpackung, die den Import von Produkten erschweren, verteuern oder gar verunmöglichen. Als Beispiel sei Zahnpasta erwähnt, die den EU-Konsumenten als "zahnmedizinisch vorbeugend" angepriesen werden darf, während in der Schweiz nur der Aufdruck "kariesverhütende Eigenschaften" zugelassen ist. Diese Vorschriften machen angesichts der Tatsache, dass der Konsumentenschutz in der EU ebenfalls ein hohes und mit der Schweiz vergleichbares Niveau erreicht hat, keinen Sinn mehr. Ein einseitiges Vorgehen der Schweiz dürfte jedoch gemäss Bestimmungen der Welthandelsorganisation (World Trade Organization; WTO) nicht nur die EU-Länder, sondern müsste auch weitere Länder mit vergleichbaren Produktevorschriften erfassen. Die Behörden erhoffen sich durch die Anwendung des Cassis-de-Dijon-Prinzips eine **Intensivierung des Wettbewerbs** und damit verbundene preissenkende Wirkungen auf dem Binnenmarkt Schweiz; genaue Prozentzahlen für einige Güter resp. Gütergruppen bestimmen zu wollen, ist jedoch schwierig. Die Preise sollten sich jedoch künftig auf einem ähnlichen Niveau bewegen wie in vergleichbaren Ländern (z.B. die Niederlande und Österreich). Ausserdem kann die Weko seit April 2004 bei schweren Verstössen gegen das 2003 revidierte **Kartellgesetz (KG)** direkte Sanktionen aussprechen. Während der einjährigen Übergangsfrist hatten die Unternehmungen die Möglichkeit, ihr Verhalten und ihre Verträge den neuen Bestimmungen des KG anzupassen, ohne sofort mit einer Sanktion rechnen zu müssen. Da die Verletzung des KG fortan zum finanziellen Verlustgeschäft für eine Unternehmung werden könnte, erhofft sich die Weko von der Strafandrohung eine **präventive Wirkung** in Bezug auf Wettbewerbsverstösse. Dadurch sollte es unter dem Aspekt einer optimalen Allokation der Produktionsfaktoren zu **weniger Effizienzverlusten** in der Volkswirtschaft der Schweiz kommen; Restrukturierungen und Innovationen werden somit in einem Umfeld des wirksamen Wettbewerbs gefördert. Gewinner sind die heterogenen Gruppen der Konsumenten und Steuerzahler, da unternehmerische Leistungen im Wettbewerb bewähren müssen.

Die **schweizerische Produktionsverfassung** ist im internationalen Vergleich ausgesprochen **liberal und flexibel**. Zusammen mit sehr kooperativen Arbeitnehmern können Umstrukturierungen der Unternehmungen leichter vorgenommen werden als in vielen konkurrierenden Volkswirtschaften. Gleichzeitig geben Traditionen sowie Elemente der Produktionsverfassung – und insbesondere der Unternehmungsverfassung – dem **Management gegenüber den Kapitalgebern eine starke Stellung**. Damit stellt sich jedoch zwingend die Frage, inwiefern die Interessen der Eigentümer, d.h. der Aktionäre, durch das die Unternehmung führende Gremium gewahrt resp. überhaupt wahrgenommen werden können. Die Möglichkeiten **anreizorientierter Entlöhnungssysteme** für die Manager sind zwar erkannt und z.T. umgesetzt; die Entschädigungen der obersten Unternehmungsführer dürfen aber nicht einseitig z.B. mittels Aktienoptionen (sog. Stock Options), die zudem oft zu kurze Haltefristen aufweisen, an den Aktienkurs gebunden werden. Dadurch können nämlich bereits hohe Managerlöhne ausgelöst werden, nur weil sich der betreffende Aktienkurs mit dem Gesamtmarkt nach oben entwickelt; die Entwicklung eines Aktienkurses richtet sich aber nach den zukünftigen Erwartungen der Investoren und weniger nach den bereits (nicht-)erbrachten Leistungen des Managements. Dass gute Manager gut entlöhnt werden sollten, ist in einer Marktwirtschaft unbestritten, denn letztlich ist ein erfolgreiches Management die beste Garantie für Arbeitsplätze. Gerade aber aufgrund der Unübersichtlichkeit der Verhältnisse in einer globalisierten Marktwirtschaft steigt die Wahrscheinlichkeit, dass es zu Missbräuchen kommt. Hier spielt die Gesinnung der Akteure eine entscheidende Rolle. Vor diesem Hintergrund sind somit auch die zunehmenden Bestrebungen für eine umfassende und transparente **Corporate Governance** zu sehen. Eine Untersuchung des Instituts

III. Markt- und Produktionsverfassung

für Rechnungswesen und Controlling der Universität Zürich aus dem Jahr 2003 zeigt, dass von 265 kotierten Schweizer Unternehmungen bereits 85% der im Rahmen der SWX-Transparenz-Richtlinie geforderten Informationen publiziert werden. Diese betreffen Angaben zur Konzernstruktur und zum Aktionariat, zur Kapitalstruktur, zu Entschädigungen des Verwaltungsrats und der Geschäftsleitung sowie auch zu den Mitwirkungsrechten der Aktionäre; Mängel sind aber gerade im Bereich der Entschädigungen auszumachen, dem wohl sensibelsten Bereich für die Gesellschaft. Weitere und schärfere Regeln im Bereich der Corporate Governance sind aber nicht zwingend zu befürworten, ist eine Regulierung doch stets auch mit Kosten für die betroffenen Unternehmungen verbunden.

Trotzdem bleibt festzuhalten, dass die Schweiz in einem internationalen Ranking über die Einschätzung von Eigenschaften der Markt- und Produktionsverfassung relativ schlecht abgeschnitten hat: Eine Analyse von **Standortfaktoren für unternehmerische Aktivitäten** in 155 Ländern durch die Weltbankinstitution "International Finance Corporation" (IFC) im Jahre 2005 bewertet im Falle der Schweiz den Schutz der Investoren anhand von Aspekten wie Transparenz, Haftung und Klagemöglichkeiten ausgesprochen schlecht. Die Schweiz liegt mit Platz 119 im hinteren Drittel. Damit dürften umgekehrt Management und Verwaltungsräte über grosse Handlungsspielräume verfügen. Besonders gut schneidet die Schweiz in den Bereichen Flexibilität des Arbeitsmarkts resp. Anstellungen und Entlassungen (Rang 11) sowie Raschheit der Lösung von Vertragsstreitigkeiten (Rang 11) ab. Der durchschnittliche Zeitaufwand für eine Unternehmungsgründung wird mit 20 Tagen angegeben (Rang 28). Gesamthaft liegt die Schweiz auf Platz 17. Führend sind Neuseeland, Singapur, USA und Kanada. Bestes europäisches Land ist Norwegen (Rang 5).

6. Quellen

6.1 Literatur

Baumol, W. J., Panzar, J. C., Willig, R. D. (1982). Contestable Markets and the Theory of Industry Structure. New York.

Biaggini, G., Müller, G., Richli, P., Zimmerli, U. (2005). Wirtschaftsverwaltungsrecht des Bundes. 4. Auflage. Basel/Genf/München.

Böhringer, P. (1996). Arbeitsrecht: ein Lehrgang für die Praxis. Zürich.

Breuer, M. (2004). Wettbewerbspolitik und Regulierung. Skript an der Kaderschule Zürich. Zürich.

Bühler, S., Kaiser, Ch., Jaeger, F. (2006). Merge or Fail? The Determinants of Mergers and Bankruptcies in Switzerland, 1995–2000, in: Economics Letters. Vol. 90, Nr. 1, S. 88–95.

economiesuisse (Hrsg.) (2002): Swiss Code of Best Practice for Corporate Governance. Zürich.

Fluder, R., Hotz-Hart, B. (1999). Switzerland: still as Smooth as Clockwork?, in: Ferner, A., Hyman, R. (Hrsg.). Industrial Relations in the New Europe. Oxford. S. 262–282.

Gwartney, J. D., Lawson, R., Gartzke, E. (jährlich). Economic Freedom of the World. Vancouver.

Friedman, M. (1962). Capitalism and Freedom. Chicago.

Guhl, T., Koller, A. (2000). Das schweizerische Obligationenrecht: mit Einschluss des Handels- und Wertpapierrechts. 9. Auflage. Zürich.

Häfelin, U., Haller, W. (1998). Schweizerisches Bundesstaatsrecht: ein Grundriss. 4. Auflage. Zürich.

Häfelin, U., Haller, W. (2000). Schweizerisches Bundesstaatsrecht. Supplement zur 4. Auflage: "Die neue Bundesverfassung". Zürich.

Hofstetter, K. (2002). Corporate Governance in der Schweiz. Zürich.

Holler, M., Illing, G. (2003). Einführung in die Spieltheorie. 5. Auflage. Berlin.

Institut für Rechnungswesen und Controlling der Universität Zürich (Hrsg.) (2003). Studie zur praktischen Umsetzung der Corporate Governance-Richtlinie. Zürich.

International Finance Corporation (ed.) (2005). Doing Business in 2006 – Creating Jobs. Washington.

Müller, J. P. (1999). Grundrechte in der Schweiz: im Rahmen der Bundesverfassung von 1999, der UNO-Pakte und der EMRK. 3. Auflage. Bern.

Olten, R. (1995). Wettbewerbstheorie und Wettbewerbspolitik. München/Wien.

Rehbinder, M. (1999). Schweizerisches Arbeitsrecht. 14. Auflage. Bern.

Riechmann, Ch., Vaterlaus, St., Wild, J. (2003). Erschöpfung von Eigentumsrechten: Auswirkungen eines Systemwechsels auf die schweizerische Volkswirtschaft. Studie im Auftrag des Bundesrates. Bern.

Richli, P., Müller, G., Jaag, T. (1998). Wirtschaftsverwaltungsrecht des Bundes. 2. Auflage. Basel.

Schefer, M. (2005). Grundrechte in der Schweiz: Ergänzungsband zur 3. Auflage des gleichnamigen Werks von J. P. Müller. Bern.

Schmidt, I. (2001). Wettbewerbspolitik und Kartellrecht: eine interdisziplinäre Einführung. 7. Auflage. Stuttgart.

Stoffel, W. A., Zäch, R. (Hrsg.) (2004). Kartellgesetzrevision 2003 – Neuerungen und Folgen. Zürich/Basel/Genf.

Tschannen, P. (2004). Staatsrecht der Schweizerischen Eidgenossenschaft. Bern.

Vallender, K. A. (1999). Skizze des Wirtschaftsverfassungs- und Wirtschaftsverwaltungsrechts. Bern.

Weimar, P. (Hrsg.) (2000). Obligationenrecht: vollständige Textausgabe mit Nebengesetzen, Verordnungen und internationalen Übereinkommen. 7. Auflage. Zürich.

Wettbewerbskommission (Hrsg.) (vierteljährlich). Recht und Politik des Wettbewerbs. Bern.

Zäch, R. (2004). Schweizerisches Kartellrecht. 2. Auflage. Bern.

6.2 Internet

Benchmarking Business Regulations. URL: www.doingbusiness.org

Bundesverfassung der Schweizerischen Eidgenossenschaft.
   URL: www.admin.ch/ch/d/sr/101/index.html

Preisüberwacher – Monsieur Prix. URL: www.preisueberwacher.ch

Rekurskommission für Wettbewerbsfragen. URL: www.reko.admin.ch

Systematische Sammlung des Bundesrechts.
   URL: www.admin.ch/ch/d/sr/sr.html

Wettbewerbskommission. URL: www.wettbewerbskommission.ch

IV. Wirtschaftspolitik

1. Einführung

Wirtschaft und Politik hängen in vielfältiger Weise voneinander ab, wobei institutionelle Verflechtungen für das Erzielen eines (wirtschafts-)politischen Ergebnisses wesentlich wichtiger und dauerhafter sind als personelle. Diese **polit-ökonomische Interdependenz** in einer modernen Gesellschaft kann an verschiedenen Beispielen zum Ausdruck gebracht werden: Einerseits hängt die Wirtschaft von der Politik ab, indem Unternehmungen und Haushalte z.B. auf ein funktionsfähiges Rechtssystem, aber auch auf eine umfassende Infrastruktur angewiesen sind. Ebenso wird die gesellschaftliche Einkommensverteilung entscheidend durch sozialpolitische Massnahmen des Staates beeinflusst. Auch werden Stabilitätsprobleme wie Inflation oder Arbeitslosigkeit mittels staatlicher Geld- und Fiskalpolitik zu beseitigen versucht. Andererseits hängt aber auch die Politik von der Wirtschaft ab: So bedarf staatliche Politik finanzieller Mittel, wobei die Höhe der Steuereinnahmen in der Regel positiv von der Wirtschaftslage abhängt. Zudem ist auch der Einfluss der Wirtschaftslage auf die Popularität und damit auf die Wiederwahlchancen einer Regierung resp. eines Parlaments von grosser Bedeutung. Die Wirtschaft ist also kein isoliertes, von der staatlichen Politik unabhängiges System.

Durch wirtschaftliches Handeln und dessen Effekte entstehen immer auch Probleme und Forderungen, die an den Staat zur Bearbeitung herangetragen werden. Die Artikulation solcher Forderungen bis zur Durchführung beschlossener Massnahmen kann in seiner Summe als der **wirtschaftspolitische Prozess** bezeichnet werden. Dabei ist von Bedeutung, wie sich wirtschaftliche Interessen organisieren und in der Politik durchsetzen lassen: In der Volkswirtschaft der Schweiz spielen diesbezüglich Verbände eine wichtige Rolle. Deren Einfluss wiederum ist von den gegebenen Institutionen und Verfahrensregeln und somit von den Strukturen des Staatssystems abhängig; diese Aspekte sollen im Folgenden näher analysiert werden.

2. Ökonomische Begründung staatlicher Tätigkeit

Märkte bilden die Schnittstelle zwischen Angebot und Nachfrage. Unter den (theoretischen) Bedingungen der vollkommenen Konkurrenz befähigen sie die Unternehmer, einerseits ihre knappen Produktionsfaktoren möglichst effizient einzusetzen (produktive Effizienz) und andererseits mit diesen Faktoren auch tatsächlich diejenigen Güter herzustellen, die seitens der Haushalte nachgefragt werden (allokative Effizienz). Darin liegt die eigentliche Leistungsfähigkeit des Marktmechanismus (sog. **invisible hand**). Unter gewissen (realeren) Bedingungen funktionieren Märkte jedoch nur mangelhaft; solche Mängel resp. Fehlleistungen des Marktmechanismus werden auch als Marktversagen bezeichnet, dessen wichtigste Ausprägungen im Folgenden erläutert werden. Anschliessend werden im Sinne eines Gegenpols ökonomische Unzulänglichkeiten seitens des politisch-administrativen Systems unter dem Begriff des Staatsversagens thematisiert. Abschliessend soll der Frage nach dem richtigen Mass des Staatsengagements nachgegangen werden.

2.1 Marktversagen

Ausgehend vom Marktversagen werden Staatsaktivitäten begründet: Bereits Nobelpreisträger **Kenneth J. Arrow** (*1921) hat darauf hingewiesen, dass eine Koordination der wirtschaftlichen Tätigkeiten durch den Marktmechanismus alleine unvollkommen sei und zu gesellschaftlich unerwünschten Nebeneffekten führe, woraus sich staatlicher Handlungsbedarf ableite. Folgende Punkte werden regelmässig als Ausprägungen von Marktversagen genannt:

- **Existenz öffentlicher Güter:** Sämtliche Güter lassen sich nach den Kriterien der (Nicht-)Rivalität im Konsum sowie der (Nicht-)Ausschliessbarkeit vom Konsum einteilen. Nicht-Rivalität bedeutet, dass der Konsum eines Gutes durch ein Individuum den Konsum des gleichen Gutes durch ein anderes Individuum nicht vermindert. So kann ein Kunstdenkmal in einem öffentlichen Park, wie z.B. die Tinguely-Maschinen am Zürichsee, gleichzeitig von mehreren Personen betrachtet (konsumiert) werden, ohne dass sich der Nutzen aus dem Konsum für den Einzelnen ändert resp. vermindert. Die Rivalität besteht allenfalls bei einer Ansammlung von Betrachtern in Bezug auf den benötigten Platz, um das Denkmal anzuschauen; das Denkmal selbst nützt sich aber durch den Konsum in Form einer Betrachtung nicht ab, dies im Gegensatz zu beispielsweise einer warmen Mahlzeit, die nicht von mehreren Personen gleichzeitig konsumiert werden kann. Nicht-Ausschliessbarkeit bedeutet, dass ein Individuum aus technischen Gründen (oder weil der Ausschluss zu kostspielig oder sozial unerwünscht wäre) vom Genuss eines Gutes auch dann nicht ausgeschlossen werden kann, wenn es keinen Beitrag zu dessen Produktion geleistet hat. In einer Marktwirtschaft erfolgt der Ausschluss vom Konsum eines Gutes über dessen Preis, d.h. nur diejenigen, die den Preis zu zahlen bereit sind und damit einen Beitrag an dessen Herstellung bezahlt haben, kommen in dessen Genuss; sie erwerben sich mittels des geforderten Geldbetrages letztlich das Nutzungs- und zumeist auch das Eigentumsrecht am entsprechenden Gut. Selbstverständlich liesse sich für die Betrachtung eines Kunstdenkmals ein Preis verlangen (und dies wird von Museen entsprechend praktiziert); öffentliche Denkmäler erfüllen aber auch weitere Funktionen, wie "Verschönerung der Landschaft", "Beitrag an die Allgemeinbildung" etc., weshalb es sozial als erwünscht angesehen werden kann, dass diese dem Betrachter kostenlos zugänglich sind. Öffentliche Güter – auch Kollektivgüter genannt – zeichnen sich durch die Kombination beider Eigenschaften aus (vgl. Tabelle 3).

Öffentliche Güter, private Güter und Mischgüter[1]   Tabelle 3

	Rivalität im Konsum	Nicht-Rivalität im Konsum
Ausschliessbarkeit vom Konsum	Private Güter z.B. Brot, Wohnen	Mautgüter z.B. Kabelfernsehen, Autobahnen
Nicht-Ausschliessbarkeit vom Konsum	Allmendgüter z.B. Hochseefischgründe, Umwelt	Öffentliche Güter z.B. Aussenpolitik, öffentl. Kunstdenkmäler

[1] Quelle: angelehnt an Blankart, Ch. (2006). Öffentliche Finanzen in der Demokratie. München. S. 68.

Die in Tabelle 3 angegebenen Beispiele bleiben nicht naturgegeben für alle Zeiten in den gleichen Feldern. Beispielsweise wird das Mautgut "Autobahnen" bei starker Nachfrage und damit verbundenem Verkehrsstau zu einem privaten Gut.
Bei öffentlichen Gütern kann der Markt keine Leistungsanreize setzen; die Produktion durch private Unternehmungen unterbleibt in aller Regel, da kein Individuum vom Konsum ausgeschlossen werden kann und somit auch keinen geldmässigen Betrag in Mindesthöhe des kostendeckenden Preises zu entrichten bereit ist; entsprechend beträgt der unternehmerische Erlös gemäss dem mikroökonomischen Instrumentarium null (vgl. Abbildung 11 auf S. 28). Werden die entsprechenden Güter doch erbracht, so nur in subop-

timaler Höhe, d.h. in einer Höhe, bei welcher der private Grenzertrag des individuellen Produzenten gleich seinen privaten Grenzkosten ist – der soziale Grenzertrag läge aber höher. Der Markt kann folglich nicht dafür sorgen, dass das betreffende Bedürfnis angemessen artikuliert und befriedigt wird.

- **Externe Effekte:** Externe Effekte – auch als Externalitäten bezeichnet – liegen dann vor, wenn die Handlung einer Person die Handlungsmöglichkeiten von anderen Personen beeinträchtigt oder begünstigt, ohne dass dies über einen Markt erfasst wird. Verschlechtert sich die Lage der anderen, wird von externen Kosten gesprochen. Ein Beispiel sind die auf die Allgemeinheit überwälzten Kosten in Form von Steuern für die Errichtung einer Kläranlage, falls z.B. eine chemische Unternehmung die aus dem Produktionsprozess abgeleiteten Abwässer ungereinigt in öffentliche Gewässer fliessen lässt. Als Gegenstück dazu entstehen externe Nutzen, wenn die Aktivität einer Person die Situation von anderen Personen verbessert. Beispielsweise stiftet ein Vorgarten, den ein privater Haushalt pflegt, nebenher regelmässig auch einen Nutzen für Anwohner und Spaziergänger. In beiden Fällen ergibt sich eine suboptimale Produktion. Im Falle externen Nutzens fällt die Produktion zu tief aus, im Falle externer Kosten zu hoch. Der Zusammenhang zwischen öffentlichen Gütern und externen Effekten ergibt sich dadurch, dass bei Letzteren (lediglich) das Ausschlussprinzip nicht zum Tragen kommt, da z.B. die Eigentumsrechte an öffentlichen Gewässern nicht definiert sind; selbstverständlich besteht in diesem Falle aufgrund unterschiedlicher Interessen aber sehr wohl eine Rivalität im Konsum unter den Mitgliedern der Gesellschaft, z.B. zwischen Fischern und Wassersportlern einerseits und chemie-produzierenden Unternehmungen andererseits.

- **Intertemporale Wirkungen der heutigen Entscheidungen:** Zahlreiche, vielleicht sogar alle heute getroffenen Entscheidungen wirken sich in irgendeiner Form auf zukünftige Generationen aus; entsprechend liegt eine gesellschaftliche Pfadabhängigkeit vor. Das der Entscheidung zugrunde liegende Nutzenkalkül wird aber auf den Zeithorizont der Beteiligten, d.h. der heute Lebenden, bezogen. Es bestehen daher intertemporale externe Effekte, die vielfach extrem hoch sein können (negativ: z.B. Gletscherschwund aufgrund Klimaveränderungen; positiv: z.B. Aufbau einer Hochschulkultur). Auch bei perfekter Internalisierung der gegenwärtig spürbaren externen Effekte besteht daher Suboptimalität in Bezug auf die heute getroffenen Entscheidungen; das Nutzenkalkül und damit die Interessen der kommenden Generationen – die den heutigen Entscheidungsträgern zudem gar nicht bekannt sind – werden suboptimal vertreten.

- **Immanente Tendenzen zur Vermachtung der Märkte:** Die Entwicklungsdynamik der freien Marktwirtschaft beinhaltet eine Tendenz zur Wettbewerbsbeschränkung resp. zur vollständigen Aufhebung des Wettbewerbs

durch eine Monopolbildung und somit zur Abweichung von einer optimalen Faktorallokation. Insofern besteht eine Notwendigkeit, dass der Wettbewerb auf den Märkten gesichert resp. gefördert wird.
- **Asymmetrische Informationsverteilung:** Die effiziente Funktionsweise eines Markts bedingt, dass beide involvierten Vertragsparteien vollständig informiert sind. Beispielsweise sind im Modell der vollständigen Konkurrenz beiden Parteien die (wahren) qualitativen Eigenschaften eines Gutes vollumfänglich bekannt. In der Realität finden jedoch zahlreiche Tauschbeziehungen zwischen ungleich und zumeist auch unvollständig informierten Parteien statt. So dürften gemäss Nobelpreisträger George A. Akerlof (*1940) dem Anbieter eines Gebrauchtwagens die wahren qualitativen Eigenschaften besser bekannt sein als dem potenziellen Käufer; es liegt also eine ungleiche, d.h. asymmetrische Informationsverteilung vor. Um die Konsequenzen auf das Verhalten der Marktteilnehmer und somit auf das Marktergebnis zu untersuchen, wird unterschieden, ob die Asymmetrie bereits vor oder erst nach dem Vertragsabschluss vorliegt. Der erste Fall wird als negative Auslese, der zweite Fall als moralisches Risiko bezeichnet (vgl. S. 464).
- **Meritorische Güter:** Der von Richard A. Musgrave (*1910) geprägte Begriff bezeichnet grundsätzlich private Güter, deren am Markt geäusserte Nachfrage aufgrund verzerrter Präferenzen der Bürger/Konsumenten zu einer gesamtgesellschaftlich suboptimalen Allokation dieser Güter führt; bestimmte sozial erwünschte Standards werden somit durch den Marktmechanismus alleine nicht erreicht. Im Falle einer Grippe-Epidemie besteht z.B. ein gesamtgesellschaftliches Interesse an einem möglichst breiten Konsum von Impfungen zum Schutz der Gesundheit. Daraus wird die Bereitstellung solcher Güter durch den Staat legitimiert.
- **Werturteile:** Der Markt garantiert (höchstens) eine leistungsgerechte, nicht aber zwingend eine bedarfsgerechte Einkommensverteilung. Die durch den Markt hervorgebrachte Allokation führt somit nicht zwingend zu einem gesamtgesellschaftlich erwünschten und akzeptablen Ergebnis; das Marktversagen liegt somit nicht aufgrund von Unvollkommenheiten am Markt selbst vor, sondern aufgrund einer normativen Beurteilung des Marktergebnisses – das Marktversagen gründet auf Werturteilen. Entsprechend kann eine staatliche Umverteilung der sich durch die Marktkräfte ergebenden Einkommensverteilung bewirkt werden, z.B. über die Ausgestaltung des Steuersystems oder über sozialpolitische Massnahmen.

2.2 Staatsversagen

Aus den oben dargelegten Gründen wird das Allokationsoptimum durch den Markt, wie er in der Realität existiert, nicht gewährleistet. Aber auch die Übertragung der hier abgeleiteten Aufgaben an den Staat garantiert keineswegs eine optimale Lösung. So lautet ein Vorwurf von **Harold Demsetz** (*1930) an Kenneth J. Arrow, er würde aus dem Unterschied zwischen idealer Marktwirtschaft und Wirklichkeit leichtfertig auf eine Intervention durch einen vermeintlich allwissenden Staat schliessen und glaube, damit das Problem gelöst zu haben. Demsetz bezeichnet eine solche Argumentation als **Nirwana-Theorie**, bei der viele Probleme fälschlicherweise als gelöst unterstellt werden: die Suboptimalität bei privater Aktivität werde vom Staat präzise und rechtzeitig erkannt; der Staat würde das Interesse an einer Produktion in optimaler Höhe erkennen und wahrnehmen; die nachgeschaltete Bürokratie nehme diese Interessen unverzerrt wahr; die dazu tauglichen Instrumente seien vorhanden und schliesslich, bei Fortfall des Handlungsbedarfs, werde die entsprechende staatliche Stelle aufgelöst. Der Staat wird somit regelrecht als ein **wohlwollender Diktator** gesehen. Vernachlässigt werden des Weiteren mögliche Rückwirkungen auf die nicht-betroffenen Teile der Privatwirtschaft wie z.B. höhere Steuern und Sozialabgaben oder Abwanderung von Personal aufgrund günstigerer Bedingungen in den staatlichen Sektor. Interveniert der Staat allzu stark in den Markt, so werden Marktsignale verzerrt, womit sich Informationsprobleme stellen und das Risiko von (weiteren) Fehllenkungen entsteht. Im Einzelnen sind folgende Beispiele zu nennen:

- **Marktverzerrende Regulierung**: Falsche oder reduzierte Anreize und Signale zur Erbringung von wirtschaftlichen Leistungen haben eine Fehllenkung von Ressourcen und eine Reduktion der Leistungsbereitschaft zur Folge. Sie wirken innovationshemmend, was wiederum die Beschäftigung und das wirtschaftliche Wachstum mindert. Dies beeinträchtigt die allokative Effizienz und damit das gesamtwirtschaftlich produzierte und zur Verfügung stehende Gütervolumen; ein anschauliches und bekanntes Beispiel verfehlter Politikanreize liefert der vom Ökonomen Horst Siebert (*1938) geprägte "Kobra-Effekt": Um eine Schlangenplage einzudämmen, setzte die britische Kolonialverwaltung in Indien einst Prämien für die Köpfe von gefangenen Kobras aus, womit die Bevölkerung daraufhin mit der Zucht von Kobras begann, um die Prämien zu kassieren (zum Begriff der "Regulierung" vgl. Abbildung 27).
- **Eigendynamik der staatlichen Bürokratie**: Die Theorie der Neuen Politischen Ökonomie (NPÖ) geht davon aus, dass Bürokraten – analog den Unternehmern und Konsumenten – ihr Eigeninteresse verfolgen. Sie wür-

IV. Wirtschaftspolitik 91

Der Begriff "Regulierung" **Abbildung 27**

Unter Regulierung verstehen wir Vorkehrungen staatlicher Instanzen, die auf die Beeinflussung von Preisen, Verkaufs- und Produktionsentscheiden privater Unternehmungen ausgerichtet sind und mit denen das "öffentliche Interesse" geschützt werden soll. Diese Vorkehrungen entsprechen somit einer Festlegung von Vorschriften darüber, wer unter welchen Bedingungen welche Transaktionen durchführen darf; es liegt somit eine Einschränkung der Vertragsfreiheit vor. Aus wettbewerbspolitischer Sicht handelt es sich um Ausnahmebereiche des Wettbewerbsrechts (Art. 96 BV; Kartellgesetz), da für die regulierten Märkte **Sonderordnungen** geschaffen werden.

Beispiele dafür sind:

- **Marktzutrittsregulierung**: Staatliche Organe gewähren oder definieren das Recht, Leistungen auf einem bestimmten Markt zu erbringen (z.B. mittels einer Konzessionsvergabe an Betreiber des öffentlichen Verkehrs oder mittels einer Bewilligung zur Aufnahme der Geschäftstätigkeit einer Bank).
- **Preisregulierung**: Staatliche Instanzen kontrollieren die Preise (z.B. im Verkehrs- und Nachrichtenwesen mittels Tarif- oder Gebührenordnungen).
- **Mengenregulierung**: Staatliche Organe fixieren die maximal anzubietende oder zu importierende Menge (z.B. mittels Kontingenten bei Agrarprodukten).
- **Verhaltensregulierung**: Staatliche Instanzen setzen Standards zur Sicherung von Gesundheit und Sicherheit (z.B. mittels gewisser einzuhaltender Vorschriften am Arbeitsplatz, im Gastgewerbe, aber auch im Bereich des Umweltschutzes).

---

den z.B. ihr Budget oder ihr Personal maximieren. Daraus ergibt sich eine Eigendynamik und Verselbständigung der staatlichen Bürokratie, eine immanente Tendenz zum Wachstum des Staates (vgl. Abbildung 28).

- **Unwirtschaftlichkeit:** Hierarchische Entscheidungen in bürokratischen Grossorganisationen wie dem Staat haben Nachteile wie Langsamkeit oder Inflexibilität. Die Leistungen werden ineffizient erstellt. Diese Argumente treffen allerdings auch oft für private Bürokratien zu. Um eine zunehmende Wirksamkeit und Wirtschaftlichkeit öffentlichen Handelns zu erreichen, wurden in den vergangenen zwei Jahrzehnten im gesamten OECD-Raum die Institutionen der sog. Politikevaluation aufgewertet oder neu eingerichtet; dies ist in der Schweiz mit Art. 170 BV erfolgt.
- **Ausbildung einer Schattenwirtschaft:** Je ausgeprägter staatliche Regulationen vorgenommen werden, desto mehr Aufwand wird für die Vermeidung und Umgehung dieser verwendet: So hat eine Erhöhung der Steuersätze nicht automatisch einen positiven Effekt auf das gesamtwirtschaftliche Steueraufkommen, da der Anreiz zur Umgehung der Steuern zunimmt – entsprechend reduziert sich dadurch der Wert der Bemessungsgrundlage –, was je nach Elastizität auch einen absoluten Rückgang des gesamtwirtschaftlichen Steueraufkommens implizieren kann; dieser Zusammenhang

| Die Neue Politische Ökonomie | Abbildung 28 |

Das den Wirtschaftswissenschaften zugrunde liegende Bild des Menschen und dessen Verhaltensannahmen (**Homo oeconomicus**) sind von Ökonomen systematisch auf andere gesellschaftliche Bereiche übertragen worden. Im Rahmen der Neuen Politischen Ökonomie (NPÖ) resp. der **Public Choice Schule**, die durch Nobelpreisträger **James M. Buchanan** (*1919) begründet wurde, wurden diese Verhaltensannahmen auf die Akteure von Staat und Politik übertragen. Einige dabei hergeleitete Hypothesen sind:

- (Wirtschafts-)politische Interessenkonflikte werden auf **zwei Ebenen** gelöst:
  1. auf der Ebene eines gesellschaftlichen **Grundkonsenses:** Dabei werden Entscheidungsverfahren und Institutionen definiert unter Vernachlässigung der Vor- und Nachteile, die diese Verfahren und Institutionen in konkreten Einzelfällen haben werden ("veil of uncertainty"; Schleier der Ungewissheit). Als Entscheidungsverfahren können die in Tabelle 1 auf S. 13 zusammengestellten Mechanismen genannt werden. Als Institutionen sind gesetzlich fixierte Normen und Regeln, Organisationen, Sitten, Konventionen sowie gewachsene Normen zu erwähnen. Solche Institutionen haben mitunter den Zweck, das Verhalten anderer Personen vorhersagbar zu machen, da sie die Handlungsspielräume der Akteure begrenzen. Es liegt somit eine Wahl der Spielregeln vor ("choices of rules");
  2. auf der Ebene des **laufenden politischen Prozesses:** Innerhalb der durch den Grundkonsens gesetzten Grenzen versuchen die verschiedenen Entscheidungsträger, ihre eigenen Interessen durchzusetzen. Es liegt ein Handeln innerhalb gegebener Spielregeln – die Spielzüge – vor ("choices within the rules").
- In der Verwaltung verfolgen die Vertreter von Ämtern und Abteilungen ihre **Eigeninteressen** in Form der Maximierung ihres Personals und ihres Budgets (Bürokratietheorie).
- Politiker und Beamte sind **von Natur aus weder gut noch schlecht**. Es sind vielmehr die Institutionen, die den politischen und staatlichen Handlungsspielraum bestimmen und damit die Entscheide der Politiker und Beamten massgebend prägen. Die Politik sollte deshalb bestrebt sein, die Institutionen und Verfahren auf der Ebene des Grundkonsenses derart auszugestalten, dass das Verfolgen der Eigeninteressen durch die Politiker und Beamten automatisch zu einer Maximierung der sozialen Wohlfahrt führt. Ziel jeder Reglenänderung ist es somit, die Opportunitätskosten-Kalküle der Akteure so abzuändern, dass individuell vorteilhaftes Handeln jene Zustände herbeiführt, die gesellschaftlich erwünscht sind.

wird durch die sog. **Laffer-Kurve** veranschaulicht, die auf den US-amerikanischen Ökonomen Arthur B. Laffer (*1941) zurückgeht. Die wirtschaftliche Tätigkeit ausserhalb der offiziellen Wirtschaft zeigt sich in Form der Selbstversorgung, Nachbarschaftshilfe oder Schwarzarbeit (sog. informeller Sektor). Solche Leistungen erscheinen nicht mehr in der offiziell ausgewiesenen gesamtwirtschaftlichen Wertschöpfung, d.h. dem Bruttoinlandprodukt (BIP). Empirische Schätzungen des Ökonomen Friedrich Schneider (*1949) gehen davon aus, dass die Schattenwirtschaft in der Schweiz pro Jahr rund 40 Mrd. Fr. beträgt, was über 9% des BIP entspricht – Tendenz zunehmend (1975: 3%). Im internationalen Vergleich ist dies jedoch ein geringer Wert, entfielen doch in Deutschland 17%, in Finnland und Schweden je 19% sowie in Griechenland gar 28% des BIP auf die Schattenwirtschaft. Die Existenz eines solchen informellen Sektors hat einen wettbewerbsverzerrenden Effekt auf Unternehmungen und Haushalte im formellen Sektor der Gesamtwirtschaft. So wird die Steuerlast für die Finanzierung öffentlicher Leistungen/Güter lediglich von den Akteuren des formellen Sektors getragen; je mehr wirtschaftliche Aktivitäten sich ausserhalb des formellen Sektors abspielen, desto höher fallen für eine gegebene Menge an staatlichen Leistungen die Steuersätze aus.

- Es wird behauptet, dass sich der Staat relativ stark auf konsumorientierte und **"unproduktive" Leistungen** konzentriere, Ressourcen für solche Tätigkeiten binde und damit das Wachstum hemme; ein Beispiel für die Volkswirtschaft der Schweiz sind die Ausgleichskassen der Alters- und Hinterlassenenversicherung (AHV), die "lediglich" die Umverteilung von Erwerbs- zu Renteneinkommen verwaltungstechnisch umsetzen. Des Weiteren fallen viele staatliche Aufgaben im Bereich der Dienstleistungen an, wo eine Erhöhung der Arbeitsproduktivität – im Vergleich zu industriellen Tätigkeiten – nur sehr beschränkt möglich ist.

Anstelle des Marktversagens kann es also leicht zu einem Staatsversagen kommen, was der Wohlfahrtsmehrung auch nicht förderlich ist.

2.3 Frage nach dem richtigen Mass des Staatsengagements

Aus ökonomischer Sicht folgt aus Marktversagen noch keineswegs der Bedarf nach staatlichem Handeln. So können gewisse Probleme einerseits zunächst im Rahmen der Zivilgesellschaft z.B. durch nachbarschaftliche Initiativen oder Vereine angegangen werden. Andererseits können etwa auch Eigentumsrechte so definiert werden, dass das marktwirtschaftliche Ausschlussprinzip zur Geltung kommen kann (z.B. über Patente oder das Urheberrecht). Ist dieser Weg nicht gangbar, so folgt politischer Handlungsbedarf vorerst auf unterster Ebene im Rahmen der Gemeinde. Kantonaler und bundesstaatlicher Handlungsbedarf besteht dann und nur dann, wenn sowohl der Markt als auch subsidiäre kollektive Mechanismen nicht "greifen". Zudem muss sichergestellt sein, dass der Staat sowohl die Instrumente als auch die relevanten Informationen zur Produktion des entsprechenden öffentlichen Gutes besitzt. Dabei sollten die Produktionskosten den zu erwartenden Nutzen nicht übersteigen, dies insbesondere, weil die entsprechenden Leistungen durch Zwangsabgaben finanziert werden und im allgemeinen unter Zwangskonsum stehen (z.B. Schulen oder die AHV). Grundsätzlich ist mit Marktversagen nur eine einzige unter zahlreichen notwendigen Bedingungen für staatliches Handeln erfüllt. Die Beweislast liegt bei dem, der die Handlungsrechte beansprucht, sie Dritten teilweise entzieht und Kosten hervorruft.

In Anlehnung an die Deregulierungskommission in Deutschland können die in Abbildung 29 aufgeführten sieben Kriterien zur Beurteilung der ordnungspolitischen Konformität eines staatlichen Engagements formuliert werden.

Kernfragen zur Ordnungskonformität von Staatseingriffen	Abbildung 29
1. Liegt ein behauptetes Marktversagen tatsächlich vor?	
2. Ist einer Zielverfehlung seitens des Staates vorgebeugt?	
3. Bleibt der Marktzutritt für neue Anbieter gewährleistet?	
4. Bleibt der Preismechanismus wirksam?	
5. Sieht der Staat von unternehmerischen Aktivitäten möglichst ab?	
6. Wird die Zahl der Regulierungen auf ein Minimum beschränkt?	
7. Ist ein rascher und effektiver Vollzug gewährleistet?	

Je stärker diese aufgeworfenen Fragen bejaht werden können, desto unbedenklicher erscheint aus marktwirtschaftlicher Sicht das geprüfte staatliche Handeln. Auf die Frage nach der optimalen Verteilung der Aufgaben zwischen Staat und Markt haben die Wirtschaftswissenschaften somit keine eindeutige Antwort. Die Frage kann jedoch anhand der sieben vorgestellten Kriterien beurteilt werden. Das Resultat in der wirtschaftspolitischen Praxis ist abhängig von der wert- und interessenmässigen Beurteilung der Marktleistungen resp. des staatlichen Engagements und der entsprechenden Einflussnahme auf den politischen Willensbildungs- und Entscheidungsprozess; es ist letztlich ein polit-ökonomisches Ergebnis. Damit ist **Wirtschaftspolitik** einerseits die laufende Auseinandersetzung um Verlagerungen von Aufgaben hin zum oder weg vom Staat und andererseits die Ausgestaltung der konkreten Lösung.

In einer Marktwirtschaft wird letztlich versucht, über wirtschaftspolitische Aktivitäten Folgeprobleme ökonomischer Aktivitäten, d.h. klassische Bereiche des Marktversagens, abzufedern. Verschiedene gesellschaftliche **Interessengruppen** konfrontieren den Staat mit diesen Folgeproblemen und erwarten von ihm einen Beitrag zu deren Lösung. Dabei soll der Staat in einer marktwirtschaftlich konzipierten Wirtschaftsordnung jedoch nur diejenigen gesellschaftlichen Probleme bewältigen, die weitgehend nur noch durch kollektiv verbindliche Entscheidungen, d.h. nur noch durch **hoheitliche Machtanwendung**, lösbar sind. Die politischen Entscheidungsträger sollen dabei ein Allgemeininteresse gegenüber partikularen Interessen durchsetzen, weshalb der Staat gemäss dem Soziologen **Max Weber** (1864–1920) das Monopol legitimer physischer Gewaltsamkeit für sich (mit Erfolg) beanspruchen kann. Nur der Staat kann seine Aufgaben durch gesellschaftlich verbindliche Gestaltung und Entscheidung lösen (z.B. durch Etablierung einer Rechtsordnung durch die Legislative und deren Durchsetzung durch die Judikative).

3. Organisation wirtschaftlicher Interessen: Verbände in der Schweiz

Funktionsprobleme der Wirtschaft in Form des Marktversagens und damit verbundene Interessen sind der wichtigste Ausgangspunkt für die Organisation von Verbänden. Dabei funktionieren diese als **intermediäre Organisationen**, indem sie sich gemäss ihrer Zwischenstellung einerseits an ihren Mitgliedern, also an Unternehmungen und/oder Haushalten, und andererseits über die politische Interessenrepräsentation am Staat orientieren. Ein Kernproblem der wirtschaftspolitischen Lösung ist die **Zusammenfassung divergierender und partikularer Interessen zu einem Entscheid**, der vom Staat hoheitlich durchgesetzt werden kann. Ohne leistungsfähige Interessengruppen kann der Staat nicht funktionieren. Im Folgenden soll auf die Bildung, Funktionsweise und Machtfaktoren von Interessengruppen eingegangen werden.

3.1 Tätigkeit von Interessengruppen als öffentliches Gut

Für die Bildung einer Interessengruppe ist das Vorhandensein von gemeinsamen Interessen eine notwendige, aber nicht hinreichende Bedingung. Die Tätigkeiten von Interessengruppen wie z.B. Beeinflussung des Staates oder Verhandlungsführung stellen ein **öffentliches Gut** dar (vgl. Tabelle 3 auf S. 87). Dieses können auch andere Personen oder Organisationen nutzen, die nicht Mitglieder der entsprechenden Interessengruppen sind; es bestehen positive Externalitäten. Ein Ausschluss vom Konsum resp. vom Nutzen derartiger Leistungen ist unmöglich oder zu teuer. Beispiele, bei denen Erfolge von Interessengruppen auch Nicht-Mitgliedern zugute kommen, sind:

- Nutzniesser von Abgasvorschriften, durchgesetzt von ökologischen Gruppen, ist die ganze Gesellschaft.
- Nutzniesser von Lohnerhöhungen aufgrund des Gewerkschaftsdruckes sind alle Arbeitnehmer der entsprechenden Branche.
- Nutzniesser von steuerlichen Vergünstigungen aufgrund von Interventionen des Hauseigentümerverbandes sind alle Hausbesitzer.
- Nutzniesser von Importrestriktionen für bestimmte Güter aufgrund von Interventionen eines Verbandes sind alle inländischen Produzenten der betreffenden Gütergruppe.

Stellen die Aktivitäten einer Interessengruppe ein öffentliches Gut dar, so lohnt es sich für ein Individuum oder eine Unternehmung nicht, Mitglied dieser Gruppe zu werden und dabei einerseits monetäre Kosten in Form von Beitragszahlungen und nicht-monetäre Kosten in Form eines zeitlich aufwändigen Engagements auf sich zu nehmen. Die Nicht-Mitglieder können vom Nutzen der Interessenvertretung nicht ausgeschlossen werden, auch wenn sie keinen Kostenbeitrag leisten. Kein rational handelndes Individuum wird unter diesen Umständen der Interessengruppe beitreten. Sie werden als "Trittbrettfahrer" kostenlos am erstellten Nutzen partizipieren, d.h. eine "free rider position" einnehmen.

Wenn alle Bedürfnisträger so denken und handeln, dann **kommt es gar nicht zur Produktion des entsprechenden Gutes resp. zur Vertretung dieser Interessen**. Die Interessengruppe kommt nicht zustande, weil jedes der betroffenen Individuen hofft, am **Nutzenkollektiv** teilhaben zu können, ohne im entsprechenden **Kostenkollektiv** Mitglied zu sein. Sollte es nun doch zur Bildung von Interessengruppen kommen, so lassen sich drei **Bedingungen** unterscheiden, von denen mindestens eine erfüllt sein muss (vgl. Abbildung 30).

Bedingungen für die Bildung von Interessengruppen Abbildung 30

Freiwilligkeit: Eine Gruppe bildet sich aufgrund einer freiwilligen Vereinbarung zwischen den Individuen; dies kann dann der Fall sein, wenn die potenziellen Interessenvertreter klein an der Zahl sind. Dadurch entsteht eine spürbare gegenseitige Abhängigkeit, die einen Druck auf konformes Verhalten und somit einen Beitritt zur Interessengruppe erzeugt. Ein "Abseitsstehen" hätte die soziale Ächtung der Trittbrettfahrer zur Folge; der Regelbruch würde auf informelle Art sanktioniert.

Zwang: Die Interessengruppe kommt durch einen Beitrittszwang zustande, z.B. durch den Staat. Regelbrecher werden durch Vertreter des Staates (z.B. Polizei oder Justiz) auf formelle Art sanktioniert.

Selektive Anreize: Zusammen mit dem öffentlichen Gut werden private Güter angeboten, die ausschliesslich den Mitgliedern der Organisation zugute kommen. Damit wird ihre Beitritts- und Beitragswilligkeit erreicht. Diese privaten Güter bilden sog. selektive Anreize. Weil das Ausschlussprinzip jetzt gilt, kann jemand nur in deren Genuss kommen, wenn er der Organisation beitritt.

Beispiele von selektiven Anreizen:
- Gewerkschaften bieten neben dem öffentlichen Gut "Lohnerhöhung" private Güter an; dies sind z.B. Sozialleistungen über Gewerkschaftskassen, Schutz vor Entlassungen oder Bildungsleistungen.
- Industrieverbände bieten Beratungsleistungen, Informationen und Schulung an.
- Der Hauseigentümer- oder der Mieterverband bieten Information, Beratung sowie Rechtsbeistand an.

3.2 Zweiseitige Orientierung der Verbände

Verbände haben in zweifacher Hinsicht eine Zwischenstellung als **intermediäre Organisationen**: Sie stehen zwischen ihren Mitgliedern, deren Interessen sie organisieren und aggregieren, und dem Markt und/oder Staat, den sie beeinflussen wollen. Wirtschaftspolitisch relevante Verbände haben aber auch eine auf zwei Seiten orientierte Stellung zwischen Markt und Staat:

- Eine **ökonomische** Orientierung durch die Organisation ökonomischer Akteure (z.B. Unternehmungen, private Haushalte als Konsumenten, Sparer oder Arbeitnehmer) und die Beeinflussung von für sie relevanten Märkten.
- Eine **politische** Orientierung durch die Organisation von (Teil-)Verbänden und politischen Gruppen zwecks Beeinflussung der staatlichen Wirtschaftspolitik.

Die Beeinflussung der Wirtschaftspolitik findet in der Praxis oft in einer Arbeitsteilung zwischen Einzel- und Spitzenverbänden statt. Die zweiseitige Orientierung findet ihren Niederschlag also auch in der Organisation der Verbände:

- **Einzelverbände** von Branchen oder Berufsgruppen orientieren sich an Unternehmungen und/oder einzelnen Arbeitnehmern und den anderen Organisationen in der Branche. Sie erbringen für diese Akteure Dienstleistungen mit dem Ziel, ihre Position auf den relevanten Märkten zu verbessern. Einzelverbände nehmen dadurch die oben genannte ökonomische Orientierung wahr.
- **Spitzenverbände** (Dachverbände) fassen die Interessen von Berufs- oder Branchenverbänden zusammen. Sie organisieren damit Organisationen und nicht Einzelmitglieder, was Konsequenzen für ihr Verhalten hat. Spitzenverbände beeinflussen die Wirtschaftspolitik, indem sie die Interessen ihrer Mitglieder gegenüber dem Parlament, der Exekutive und der öffentlichen Verwaltung vertreten. Verschiedentlich nehmen auch einzelne grosse Unternehmen oder Branchenverbände direkt auf den Staat Einfluss. Sie erfüllen damit ebenfalls politische Funktionen. Spitzenverbände nehmen dadurch die o.g. politische Orientierung wahr.

Dementsprechend kann von **zwei Typen von Beeinflussungs- und Lösungsstrategien** für Probleme, die durch die Wirtschaft verursacht worden sind, gesprochen werden:

- Der anonyme Markt wird mit den eigenen Interessen ergänzt, z.B. über Selbsthilfeorganisationen, Interessengemeinschaften, Kartelle oder Verbände. Diese erbringen die gewünschten Leistungen selber.
- Wünsche und Forderungen werden an den Staat gerichtet. Sein Engagement wird gezielt beeinflusst und kontrolliert.

IV. Wirtschaftspolitik

Gewählt wird derjenige Mix von Strategien, der den grössten Erfolg verspricht. Dabei spielen Wechselwirkungen eine wichtige Rolle: Ein historisch wiederholt zu beobachtendes Muster beginnt mit einer Verbandslösung i.S. einer Selbsthilfe und findet über die Forderung nach staatlicher Unterstützung seinen Weg in die Politik. Die Verbandslösung wird (evtl. modifiziert) zur hoheitlichen Politik; verschiedentlich werden Vollzugsaufgaben an Verbände delegiert, dazu werden diese hoheitlich unterstützt.

3.3 Bestimmungsgründe der Macht von Verbänden

Verbände sind bemüht, sich möglichst wirkungsvoll in den Prozess der Willensbildung der staatlichen Politik einzuschalten und die zu treffenden Entscheidungen entsprechend zu beeinflussen (vgl. S. 123ff.). Ihr Erfolg hängt von ihrem Einfluss **in allen Phasen** der Gesetzgebung ab. Sie sind sowohl an der **Ausgestaltung als auch der Durchsetzung der staatlichen Steuerungsleistungen massgeblich beteiligt**.

Der Gewerkschafter und Journalist **Hans Tschäni** (1916–1999) identifizierte in seinem Buch "Wer regiert die Schweiz?" eine enge **Machtelite von Verbands- und Regierungsvertretern** als die eigentlich Regierenden und stand der Vermachtung des Staates durch die Verbände skeptisch gegenüber. Sein Unbehagen rührte daher, dass erstens **nicht** alle Macht im Staat **demokratisch** wie im Parlament oder an der Urne, also nach dem Gleichheitsprinzip "eine Person – eine Stimme", legitimiert wird und dass zweitens diese **Macht einseitig verteilt** ist: Den Organisierten steht die grosse Anzahl der Nichtorganisierten gegenüber.

Mancur Olson (1932–1998) hat sich in seiner berühmten Publikation "The logic of collective action" ausgiebig mit den **Gründen** befasst, welche die **Bildung von kollektiver Macht** – gleichgültig, ob auf dem Markt, in der Politik oder in der Gesellschaft – bestimmen. Zwei entscheidende Grössen spielen eine Rolle: die Organisationsfähigkeit und die Konfliktfähigkeit (vgl. Abbildung 31).

Organisations- und Konfliktfähigkeit einer Gruppe	Abbildung 31

Die **Organisationsfähigkeit** einer Interessengruppe ist dann gegeben, wenn den Mitgliedern Vorteile angeboten werden können, von denen Nichtmitglieder ausgeschlossen sind, d.h. selektive Anreize (vgl. Abbildung 30 auf S. 97).

Die **Konfliktfähigkeit** einer Interessengruppe ist in dem Masse gegeben, als sie Leistungen verweigern kann, die Dritte oder die Allgemeinheit für ihre eigene Leistungserbringung benötigen.

Die in Abbildung 31 aufgeführten Bestimmungsgründe erklären z.B., warum es für bestimmte Probleme überhaupt Interessengruppen gibt und für andere nicht: Der Touring Club der Schweiz (TCS) kann seinen Mitgliedern z.B. eine kostenlose Pannenhilfe als selektiven Anreiz anbieten, die Nichtmitglieder selber bezahlen müssen. Wegen dieses Vorteils werden viele Automobilisten der Vereinigung beitreten, auch wenn sie sich mit den übrigen Verbandszielen nicht identifizieren. Der "Zürcher Verein für saubere Stadtluft" hingegen wird, wenn er seine Ziele erreicht, niemanden vom Einatmen der besseren Luft ausschliessen können. Darum lohnt es sich nicht, dem Verein beizutreten – und so existiert er auch gar nicht. Nebst der Organisations- und Konfliktfähigkeit gibt es auch weitere Bestimmungsgründe für die Macht von Verbänden:

- **Informationen:** Ein Machtfaktor ist die Art und der Umfang der Informationen, die ein Verband in Form von Sach- und Fachwissen auf bestimmten Gebieten den Wählern, Parteien, Parlamentariern, Regierungsmitgliedern und Verwaltungsangehörigen als Entscheidungsgrundlage zur Verfügung stellen oder enthalten kann; Informationen, zu denen diese keinen eigenen Zugang haben, auf die sie aber angewiesen sind. So erheben Verbände statistische Wirtschaftsdaten und Unterlagen für die öffentliche Verwaltung; z.B. erhebt der Schweizerische Bauernverband statistische Grundlagen für die Landwirtschaftspolitik, auf denen wiederum wichtige landwirtschaftspolitische Entscheide beruhen. Zur Informationsleistung gehört auch die Rolle, die der Verband für die Verwaltung bei der Beurteilung von staatlichen Massnahmen spielt: Fach- sowie Insiderwissen über einen Wirtschaftsbereich sind eine knappe Ressource für die Entscheidungsträger.
- **Finanzielle Ressourcen:** Ein weiterer Machtfaktor der Verbände ist ihre Möglichkeit, Propaganda, Unterschriftensammlungen, Abstimmungskämpfe oder Wahlkämpfe zu finanzieren sowie Parteien finanzielle Zuwendungen oder andere Dienstleistungen zukommen zu lassen. Die im Parlament vertretenen Parteien sind personell, finanziell und fachlich stark auf die Unterstützung von Verbänden angewiesen. Im Austausch dafür reservieren diese den Verbänden feste Plätze auf ihren Wahllisten und verschaffen ihnen so einen mehr oder weniger sicheren Zugang zum Parlament.
- **Personelle Verflechtungen der Verbände mit Parteien und Verwaltung:** Ämterkumulationen und Mehrfachmitgliedschaften in verschiedenen Institutionen und Gremien spielen in der Wirtschaftspolitik der Schweiz eine sehr grosse Rolle. Der Übertritt von Verbandsvertretern in eine Chefbeamtenposition der öffentlichen Verwaltung entspricht einem durchaus üblichen Karrieremuster. Es ist davon auszugehen, dass nach einer solchen Ernennung die früheren Kontakte weiter gepflegt werden und eine wichtige Rolle spielen. Die Ernennung erfolgt oft mit der Absicht, einen guten Zugang zu diesem Verband sicherzustellen. Verbandskader arbeiten in politischen Parteien mit und haben politische Mandate inne.

3.4 Die Struktur der Interessenorganisationen im ökonomischen System

Eine Analyse der Interessenorganisationen und ihrer relativen Positionen in der Volkswirtschaft der Schweiz zeigt, dass die verschiedenen Interessen **wohlstrukturiert** und – allerdings sehr ungleich – durchorganisiert sind. Im Folgenden soll die Struktur der Gesamtheit der Interessenverbände gemäss der Unterteilung der Wirtschaft in **Entstehung, Verteilung** und **Verwendung** erfasst und dargestellt werden (vgl. Abbildung 6 auf S. 14). Diese drei Bereiche werden durch die Faktor- und Absatzmärkte zusammengehalten. Analog den zwei Orientierungen der Verbände (ökonomisch und politisch) werden jeweils zwei Ebenen der Interessenvertretung (Einzel- und Spitzenverbände) unterschieden. Die Interessenorganisationen im ökonomischen System werden in Abbildung 32 auf S. 102 im Überblick und in Abbildung 33 auf S. 103 in einer Liste mit Beispielen dargestellt.

3.4.1 Entstehung: Wertschöpfung

Bei der Interessenvertretung im Bereich der Produktion geht es vorwiegend um die **Organisation von Unternehmungen und (Einzel-)Verbänden**. Diese sind im Unterschied zu Individuen einfacher zu organisieren, u.a. deshalb, weil sie selber eine gezieltere Interessenorientierung besitzen und sich deshalb rationaler verhalten können – es liegt eine **hohe Organisationsfähigkeit** vor. Ihre Stärke begründet sich des Weiteren in der grossen Bedeutung ihrer Mitglieder im ökonomischen System und in der damit verbundenen **hohen Konfliktfähigkeit**. Zudem orientieren sich und agieren die Produzenten **gleichzeitig** auf Faktor- und Absatzmärkten, was einen weiteren Machtvorteil darstellt; damit haben sie **hohe Kompensations- und Überwälzungsmöglichkeiten**, womit sie Preiserhöhungen oder den von den Faktormärkten ausgehenden Kostendruck (Löhne, Erdölpreise etc.) an den Absatzmärkten den Endverbrauchern (Konsumenten) weitergeben können und vice versa (z.B. Entlassungen aufgrund von Problemen am Absatzmarkt). Natürlich hängt die Möglichkeit dazu wesentlich vom vorhandenen Grad des Wettbewerbs auf den Märkten und den regulatorischen Auflagen resp. Freiräumen ab.

- **Vertreter der Landwirtschaft:** Die Interessen der Landwirtschaft werden in der Volkswirtschaft der Schweiz – in Relation zu ihrem Anteil an den Erwerbstätigen oder an der gesamtwirtschaftlichen Wertschöpfung – sehr stark vertreten (vgl. Tabelle 27 auf S. 384). Als Dachverband ist insbeson-

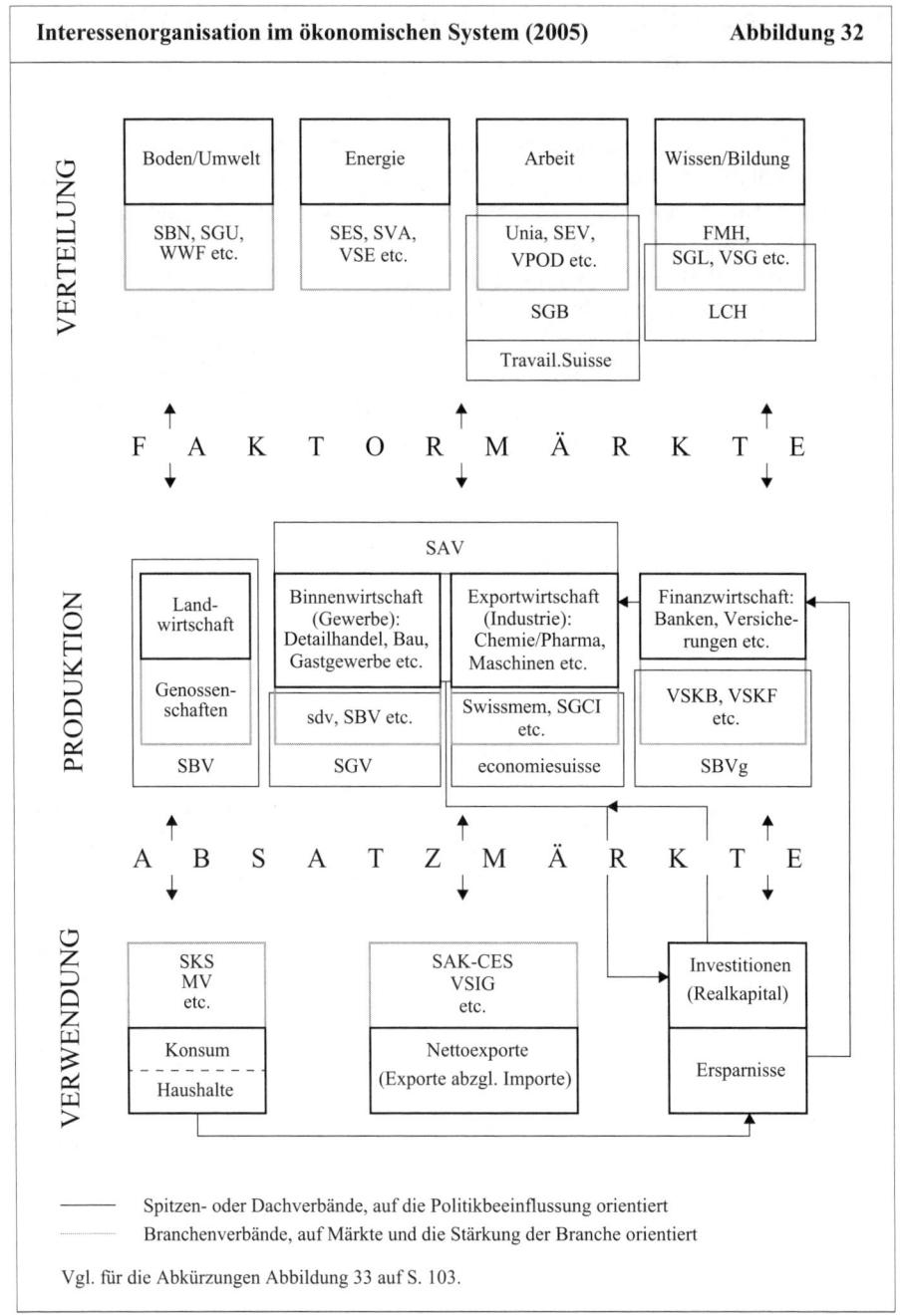

Abbildung 32: Interessenorganisation im ökonomischen System (2005)

IV. Wirtschaftspolitik

| Ausgewählte Interessenorganisationen im ökonomischen System | Abbildung 33 |

Die Volkswirtschaft der Schweiz zeichnet sich durch ein durchorganisiertes Verbandssystem aus; 2005 waren mehr als 1300 Einzel- und Dachverbände wirtschaftspolitisch aktiv. Die folgende Auflistung zeigt eine kleine Auswahl:

- **BODEN/UMWELT:** Pro Natura – Schweiz. Bund für Naturschutz (SBN), Schweiz. Gesellschaft für Umweltschutz (SGU), World Wildlife Fund Schweiz (WWF).
- **ENERGIE:** Schweiz. Energiestiftung (SES), Schweiz. Vereinigung für Atomenergie (SVA), Verband Schweiz. Elektrizitätsunternehmungen (VSE), Energieforum Schweiz, Verband der Schweiz. Gasindustrie (VSG).
- **ARBEIT:** Unia, Schweiz. Eisenbahn- und Verkehrspersonal-Verband (SEV), Schweiz. Verband des Personals öffentlicher Dienste (VPOD), Schweiz. Bankpersonalverband (SBPV), Schweiz. Kaufmännischer Verband (SKV). **Spitzenverbände der Arbeitnehmer:** Schweiz. Gewerkschaftsbund (SGB), Travail.Suisse. **Spitzenverband der Arbeitgeber:** Schweiz. Arbeitgeberverband (SAV).
- **WISSEN:** Verbindung der Schweizer Ärztinnen und Ärzte (FMH), Schweiz. Gesellschaft für Lehrerinnen- und Lehrerbildung (SGL), Verein Schweiz. Gymnasiallehrerinnen und Gymnasiallehrer (VSG). **Spitzenverband der Lehrkräfte:** Dachverband Schweizer Lehrerinnen und Lehrer (LCH).
- **LANDWIRTSCHAFT:** Verband Schweiz. Milchproduzenten (SMP), Schweiz. Käseunion (SKU), Käseorganisation Schweiz (KOS), Schweiz. Obstverband (SOV), Schweiz. Weinbauernverband (SWBV). **Spitzenverband:** Schweiz. Bauernverband (SBV).
- **BINNENWIRTSCHAFT (GEWERBE):** Schweiz. Detaillistenverband (sdv), Schweiz. Baumeisterverband (SBV), Schweiz. Ingenieur- und Architektenverband (SIA), Verband für Hotellerie und Restauration (Gastrosuisse), Autogewerbe-Verband der Schweiz (AGVS), Textilverband Schweiz (TVS) **Spitzenverband:** Schweiz. Gewerbeverband (SGV).
- **EXPORTWIRTSCHAFT (INDUSTRIE):** Schweiz. Maschinen-, Elektro- und Metall-Industrie (Swissmem), Schweiz. Gesellschaft für Chemische Industrie (SGCI), Schweiz. Metall-Union (SMU), Verband der Schweiz. Uhrenindustrie (FH), diverse regionale Handelskammern. **Spitzenverband:** Verband der Schweizer Unternehmen (economiesuisse).
- **FINANZWIRTSCHAFT:** Verband Schweiz. Kantonalbanken (VSKB), Verband Schweiz. Kreditbanken und Finanzierungsinstitute (VSKF), Verband Elektr. Zahlungsverkehr (VEZ), Schweiz. Versicherungsverband (SVV). **Spitzenverband der Banken:** Schweiz. Bankiervereinigung (SBVg).
- **KONSUM:** Stiftung für Konsumentenschutz (SKS), Schweiz. Mieterinnen- und Mieterverband (MV), Schweiz. Energie-Konsumenten-Verband von Industrie und Wirtschaft (EKV).
- **AUSSENWIRTSCHAFT (EXPORTE/IMPORTE):** Schweiz. Aussenhandels-Kaderverband (SAK-CES), Vereinigung des Schweiz. Import- und Grosshandels (VSIG), Vereinigung Schweiz. Automobil-Importeure (VSAI), Verband der Schweiz. Getreideimporteure (VSG), Genossenschaft für Vieh- und Fleischimport (GVFI).

dere der Schweizerische Bauernverband (SBV) zu nennen; Einzelverbände finden sich in den Produktionszweigen Milch, Käse, Obst, Gemüse und Wein sowie der Viehwirtschaft.
- **Vertreter der Binnenwirtschaft:** Die Interessen der binnenorientierten Unternehmungen werden durch den Schweizerischen Gewerbeverband (SGV) wahrgenommen, der 1879 als politische Schutzorganisation für das Gewerbe gegründet wurde. Mit 25 kantonalen Gewerbe- und über 200 Berufsverbänden ist der SGV der weitaus grösste Wirtschaftsverband auf der Arbeitgeberseite und funktioniert als Dachorganisation der kleinen und mittleren Unternehmungen (KMU). Angeschlossene Berufsverbände finden sich z.b. in der Bauindustrie, im Detailhandel, in der Gastwirtschaft, aber auch im Dienstleistungsbereich (z.B. Coiffeurgeschäfte, Leasing, Privatschulen, Treuhänder). Die starke Stellung des SGV und der ihm angeschlossenen Verbände sind mitunter ein Grund für die Verzögerung von Reformen im Bereich des Binnenmarkts (vgl. S. 63ff.).
- **Vertreter der Exportwirtschaft:** economiesuisse (Verband der Schweizer Unternehmen) funktioniert als Dachverband der grossen Unternehmungen in der Volkswirtschaft der Schweiz (vgl. S. 150). Die angeschlossenen Einzelverbände finden sich in den exportorientierten Branchen, wie z.B. der Maschinen-, Elektro- und Metallindustrie, der chemischen und pharmazeutischen Industrie sowie der Uhrenindustrie.
- **Vertreter der Finanzwirtschaft:** Die Interessen des Finanzkapitals werden durch Wirtschaftsverbände vertreten, zu denen u.a. auch Interessenorganisationen der Geschäftsbanken gehören. Als deren Spitzenverband nimmt die Schweizerische Bankiervereinigung (SBVg) die Interessen des Finanzplatzes Schweiz wahr (z.B. im Rahmen des Dossiers "Zinsbesteuerung" der Bilateralen II, vgl. S. 532). Angeschlossene Mitglieder sind einerseits einzelne Bankeninstitute und andererseits Einzelverbände wie z.B. der Verband Schweizerischer Kantonalbanken (VSKB); dieser vertritt die gemeinsamen Interessen der Kantonalbanken gegenüber Dritten, setzt sich für die Stärkung der Stellung der Kantonalbanken in der Schweiz ein und fördert die Zusammenarbeit seiner Mitglieder (vgl. S. 447ff.).

3.4.2 Verteilung: Angebot auf den Faktormärkten

Bei der Vertretung von Interessen der Angebotsseite auf den Faktormärkten geht es zumeist um die **Organisation von einzelnen Individuen:**

So finden sich z.B. im Bereich der Produktionsfaktoren **Boden und Umwelt** Interessenvertretungen der Flora und Fauna mit dem Ziel derer Erhaltung oder schonenden Nutzung; entsprechend ist die Bestimmung eines betreffenden Personenkreises schwierig, was gegen schlagkräftige Organisationen spricht. Trotzdem gelang es Umweltvertretern, von der Basis her über konkrete Fälle in der Politik – z.b. über eine Beeinflussung des Wählerverhaltens – Einfluss zu gewinnen. Dies jedoch meist nicht als Eigentümer von Umweltressourcen, sondern als Konsumenten und als Betroffene von negativen externen Effekten. Im Bereich des Produktionsfaktors **Energie** lassen sich Interessengruppierungen unterschiedlichster Energieträger und ihrer Industrie ausmachen, so z.b. der Atomenergie, der drei Primärenergieträger Gas, Holz und Wasser, der drei Sekundärenergieträger Elektrizität, Brenn- und Treibstoffe sowie der Solarenergie. Der Faktor **Arbeit** wird auf der Arbeitnehmerseite durch die Gewerkschaften organisiert, die z.b. die Durchsetzung höherer Löhne oder besserer Sicherheit am Arbeitsplatz zu erreichen versuchen. Der Faktor **Wissen/Bildung** wird durch Interessenvertretungen der Wissenschaft wahrgenommen (z.B. Akademien, Universitäts- und Rektorenkonferenz), aber auch durch Berufsverbände etwa der Lehrer (z.B. Dachverband Schweizer Lehrerinnen und Lehrer; LCH).

3.4.3 Verwendung: Konsum, Nettoexporte und Investitionen

Auf der Nachfrageseite der Absatzmärkte geht es einerseits um die **Organisation der Einzelinteressen der Konsumenten** und deren Vertretung und andererseits um die **Organisation der Interessen der Ex- und Importeure**. Im ersten Fall bestehen Überschneidungen zum Bereich der Verteilung; so sind die Konsumenten zumeist auch Arbeitnehmer, aber sie sind organisatorisch getrennt. Sie agieren auf den Faktor- und Absatzmärkten je isoliert, mit nur losen Kontakten, weshalb sie sich gegen Überwälzungen nur schwer zur Wehr setzen können. Sie werden davon auch viel diffuser und indirekter betroffen. Beides hat Konsequenzen für die Chancen im Kampf um die Einkommensverteilung und in der Interessendurchsetzung in der Wirtschaftspolitik. Im zweiten Fall bestehen entsprechende Abgrenzungsprobleme zum Bereich der Produktion, da die Exporteure zumeist auch Produzenten und die Importeure in der Regel (gewerbliche) Zwischenhändler sind:

- **Vertreter der Konsumenten:** Die Interessen der Konsumenten sind sehr heterogen, atomisiert und dezentralisiert. Für potenzielle Organisationen – wie z.B. die Stiftung für Konsumentenschutz (SKS) – ist es äusserst schwierig, attraktive selektive Anreize anzubieten, da ein Verhalten der potenziellen Mitglieder als Trittbrettfahrer sehr wahrscheinlich ist. Entsprechend sind wirtschaftspolitisch leistungsfähige Konsumentenorganisationen zur Beeinflussung der Politik nur schwierig zu etablieren; als Konsequenz werden die Interessen der Konsumenten über deren direkte Information wahrgenommen, um ein rationales Verhalten herbeizuführen (z.b. mittels Konsumentenzeitschriften wie "Beobachter", "K-Tipp" und "Saldo" oder der TV-Sendung "Kassensturz", die u.a regelmässig über Warentests berichten, die z.b. von der Eidgenössischen Materialprüfungs- und Forschungsanstalt (EMPA) durchgeführt werden). Letztlich werden damit Ziele wie eine "faire" Preisgestaltung und eine angemessene Qualität der Konsumgüter sowie mit dem Konsum verbundene "faire" Finanzierungsbedingungen (z.B. Konditionen für Kleinkredite) zu erreichen versucht.

- **Vertreter der Aussenwirtschaft (Nettoexporte):** Die Interessen der Exporteure werden direkt nur gering wahrgenommen, so z.B. über den Schweizerischen Aussenhandels-Kaderverband (SAK-CES); indirekt werden sie jedoch stark durch die exportorientierten Produzenten vertreten. Die importorientierten Interessenorganisationen sind in denjenigen Bereichen stark vertreten, in denen die Volkswirtschaft der Schweiz über keine komparativen Vorteile in der Produktion verfügt (z.B. Autogewerbe, Nahrungsmittel, Textilien).

Die Interessenvertretung der **Investoren** wird indirekt durch die Finanzwirtschaft abgebildet, da es sich makroökonomisch betrachtet bei den Investitionen um die Kehrseite der "Ersparnisse" handelt.

3.4.4 Beurteilung der Struktur der Interessenorganisationen

Es kommt zu **Zielkonflikten** und damit verbundenen Auseinandersetzungen zwischen Interessen der Verteilung, der Produktion und der Verwendung. Weiter besteht ein kausaler Zusammenhang zwischen dem **Verhalten der Verbände** sowie der Entwicklung ihrer Strukturen und der **makroökonomischen Entwicklung** sowie dem Strukturwandel in der Volkswirtschaft, z.B.: Im Zuge der Globalisierung gerät die Exportwirtschaft unter stärkeren Wettbewerbsdruck, was eine geringere Kompromissbereitschaft gegenüber Wünschen des Gewerbes oder der Landwirtschaft zur Folge hat. Strukturelle Veränderungen wie der Konzentrationsprozess in einer Branche können zu einer Anpassung der entsprechenden Berufsverbände führen, was sich wiederum in der Weiterentwicklung von Definition und Organisation von Berufen und Bildungsverordnungen niederschlägt. Schwächen in der makroökonomischen Entwicklung führen regelmässig zu einem Verlust an Einfluss ökologischer Interessen.

4. Das schweizerische Regierungssystem

4.1 Die grundlegenden strukturellen Elemente

Die politischen Strukturen in der Schweiz zeichnen sich durch einige hervorstechende Merkmale aus, die im Folgenden umschrieben und diskutiert werden.

4.1.1 Föderalismus

In der Schweiz können drei selbständige und voll ausgebaute staatliche Ebenen mit je ausserordentlich weitgehenden Kompetenzen unterschieden werden: Der Bund, die 26 Kantone (20 Voll- und sechs Halbkantone; sog. Stände) und über 2900 Gemeinden. Die Schweiz weist **eines der dezentralisiertesten Staatswesen** überhaupt auf. Im OECD-Dezentralisierungsindex nehmen die schweizerischen Gebietskörperschaften (Kantone und Gemeinden) mit einem Anteil von rund 35% an den gesamten Staatseinnahmen und 60% an den Ausgaben einen absoluten Spitzenplatz ein. Dies ist mit hohen Koordinationskosten und geringen Durchsetzungsmöglichkeiten zentralstaatlicher Politik verbunden sowie mit einer Akzentuierung der **Kleinstaatlichkeit** im ohnehin (flächen- und bevölkerungsmässig) schon kleinen Land; ein Kanton ist im Schnitt rund dreimal kleiner als ein französisches Département oder achtzigmal kleiner als ein deutsches Bundesland. Es haben sich **Verflechtungen** horizontal (kooperativer Föderalismus, Konkordate etc.) wie vertikal (Bund, Kantone, Gemeinden) ergeben. Diese kommen in einem äusserst vielfältigen und kaum noch durchschaubaren Geflecht von Aufgabenteilungen, Kooperationsformen und Finanzströmen zum Ausdruck.

Der schweizerische Föderalismus bildet ein System der "**Nicht-Zentralisierung**": Die Kantone und teilweise auch die Gemeinden haben wichtige Bereiche staatlicher Autonomie behalten, wie z.B. eine Verfassungs- und Steuerhoheit. Die Kompetenzvermutung liegt auf unterer Ebene, d.h. die Kantone üben alle Rechte aus, die nicht ausdrücklich dem Bund übertragen sind; diese Grundnorm wird in Art. 3 BV festgehalten, nämlich dass die Kantone souverän sind sowie ihre Souveränität nicht durch die Bundesverfassung beschränkt wird. Damit bekennt sich der Föderalismus zum Prinzip der **Subsidiarität**, das grundsätzlich besagt, dass die übergeordnete komplexere gesellschaftliche Einheit nur jene Funktionen und Aufgaben übernehmen soll, welche die Ressourcen und Möglichkeiten der untergeordneten einfacheren Einheit übersteigen. Dies in der Annahme, dass dort die staatlichen Leistungen effizienter, bürgernäher und flexibler erstellt werden. Es geht somit um eine Aufgabenverteilung zwischen den verschiedenen staatlichen Ebenen und nicht etwa zwischen dem Staat und dem privaten wettbewerblich organisierten Wirtschaftsbereich. Ein föderatives Staatswesen bedingt somit auch zwangsläufig die Bereitschaft, verschiedene Lösungen für staatliche Problembereiche zu akzeptieren.

Das föderalistische Prinzip hat des Weiteren zur Folge, dass die **Aussenpolitik stark an die Innenpolitik** gebunden wird. Eine aussenpolitische Öffnung (z.B. europäische Integrationsschritte oder Beitritte zu internationalen Abkommen) erfolgt oft im Gleichschritt mit innenpolitischen Reformen und Anpassungen. In der neuen Bundesverfassung (BV) wird explizit die Beteiligung der Bundesversammlung – und damit auch der Stände – an der Gestaltung der Aussenpolitik festgehalten (Art. 166 BV). Ebenso finden sich in der BV Regelungen betreffend das Verhältnis des Bundes zu den Gemeinden (Art. 50 BV). So hat der Bund bei seinem Handeln die möglichen Auswirkungen auf die Gemeinden zu beachten und insbesondere Rücksicht zu nehmen auf die speziellen Situationen der Städte, der Agglomerationen und der Berggebiete.

4.1.2 Interessenrepräsentation

- **Politische Parteien:** Das schweizerische politische System wird durch ein Vielparteiensystem geprägt. Die Landesparteien sind de facto allerdings nur Dachorganisationen der kantonalen Parteien und relativ schwach organisiert. Parteipolitisch wichtige Entscheidungen werden faktisch durch parlamentarische Fraktionen, Regierungsvertreter der entsprechenden Parteien u.a.m. getroffen. Im Gegensatz zu Verbänden, die ihre Tätigkeiten auf partikulare Interessenpolitik beschränken, erfüllen Parteien eine Integrationsaufgabe für das Gemeinwesen. Sie nehmen letztlich am Prozess der gemeinsamen Gestaltung öffentlicher Aufgaben teil.
- **Verbände:** Wie ausgeführt, sind Verbände wichtige Akteure der Interessenvertretung in der Wirtschaftspolitik. Die wichtigsten Verbände arbeiten dabei eng mit bestimmten Parteien zusammen, z.B. der Verband der Schweizer Unternehmen (economiesuisse) mit der Freisinnig-Demokratischen Partei (FDP) oder der Schweizerische Gewerkschaftsbund (SGB) mit der Sozialdemokratischen Partei (SP). Dies wird als "Versäulung" bezeichnet. Damit wachsen die Verbände aufgrund ihrer intermediären Funktion in eine Art Zwitterstellung hinein, die eine klare Unterscheidung zwischen dem politisch-administrativen System (u.a. Parteien) und dem ökonomischen System (marktorientierte Unternehmungen) erschweren.

- **Milizsystem:** Die vielfältigsten politischen Funktionen werden ehren- und nebenamtlich wahrgenommen wie z.B. die Arbeit im Parlament, in verschiedenen Behörden (z.T. auch als Regierungsrat), in Kommissionen und in der Partei. Daraus folgen zwangsläufig enge Querverbindungen zwischen Staat, Wirtschaft und Gesellschaft – dies in Form vielfältiger informeller Kontakte, aber auch zahlreicher Abhängigkeiten: Ein Parlamentarier muss eine ökonomische Basis haben, z.B. einen entsprechenden Arbeitgeber, der ihm die politische Arbeit ermöglicht. Eine Konsequenz ist denn auch der hohe Anteil von Verbandsvertretern oder (sog. politischen) Direktoren aus Unternehmungen im Parlament.
- **Polyvalente Strukturen:** Mandats- und Amtsträger erfüllen verschiedene Funktionen gleichzeitig und nebeneinander. Im politischen Entscheidungsprozess ist die Rollenkumulation ganz ausgeprägt und hat Konsequenzen. In der Schweiz gibt es eine relativ kleine, gegenseitig gut bekannte (wirtschafts-)politische Elite. Dabei kommt informellen Kontakten eine sehr grosse Bedeutung zu. So kann es z.B. vorkommen, dass ein und dieselbe Person gleichzeitig aktiv in einem Verband, Mitglied einer kantonalen Regierung, im eidgenössischen Parlament und im Strategieausschuss einer Hochschule ist sowie zusätzlich mehrere Verwaltungsratsmandate in Unternehmungen einnimmt.

4.1.3 Direkte Demokratie: Volksrechte

Die direkte Demokratie räumt den Bürgern partizipative Rechte an der politischen Willensbildung ein und stellt somit sie und ihre Urteilsfähigkeit ins Zentrum. Es werden dabei zwei Formen der Volksrechte unterschieden: die Initiative, die eine beschleunigende Wirkung auf den politischen Prozess ausübt, und das Referendum, das eine bremsende Wirkung entfaltet.

Die **Volksinitiative** erlaubt ein von den staatlichen Behörden vernachlässigtes **Problem oder Interesse aufzugreifen** und neue Normen vorzuschlagen. Sie ermöglicht eine Volksabstimmung über ein praktisch beliebiges Thema, wie das in keinem anderen Land möglich ist, z.B. über die Beschaffung von Kampfflugzeugen oder über die Aufnahme von Beitrittsverhandlungen mit der Europäischen Union (EU). Dabei hat sich eine Praxis des **Gegenvorschlages** entwickelt. Je nach der von den Behörden antizipierten Erfolgschance der Initiative wird diese für die Abstimmung zur Ablehnung vorgeschlagen, oder es wird ein mehr oder weniger weit gehender Gegenvorschlag vorgelegt. Dabei können verschiedene Stufen der entgegenkommenden Reaktion unterschieden werden (angefangen bei der Revision von Verordnungen über eine Gesetzesrevision bis zu einer als Alternative vorgeschlagenen Verfassungsrevision (Gegenentwurf)). Mit Art. 138 und Art. 139 neu/alt BV steht den Bürgern die Möglichkeit offen, eine Initiative auf Änderung der BV einzureichen (vgl. Abbildung 34).

Volksinitiative auf Total- und Teilrevision der Bundesverfassung   Abbildung 34

Art. 138 BV: Volksinitiative auf Totalrevision der Bundesverfassung (BV):

[1] 100'000 Stimmberechtigte können innert 18 Monaten seit der amtlichen Veröffentlichung ihrer Initiative eine Totalrevision der Bundesverfassung vorschlagen.

[2] Dieses Begehren ist dem Volk zur Abstimmung zu unterbreiten.

Art. 139 (neu) BV: Formulierte Volksinitiative auf Teilrevision der BV:

[1] 100'000 Stimmberechtigte können innert 18 Monaten seit der amtlichen Veröffentlichung ihrer Initiative in der Form eines ausgearbeiteten Entwurfs eine Teilrevision der Bundesverfassung verlangen.

[2] Verletzt die Initiative die Einheit der Form, der Materie oder zwingende Bestimmungen des Völkerrechts, so erklärt die Bundesversammlung sie für ganz oder teilweise ungültig.

[3] Die Initiative wird Volk und Ständen zur Abstimmung unterbreitet. Die Bundesversammlung empfiehlt die Initiative zur Annahme oder zur Ablehnung. Sie kann der Initiative einen Gegenentwurf gegenüberstellen.

Art. 139 (alt) BV: Volksinitiative auf Teilrevision der BV:

[1] 100'000 Stimmberechtigte können eine Teilrevision der Bundesverfassung verlangen.

[2] Die Volksinitiative auf Teilrevision der Bundesverfassung kann die Form der allgemeinen Anregung oder des ausgearbeiteten Entwurfs haben.

[3] Verletzt die Initiative die Einheit der Form, die Einheit der Materie oder zwingende Bestimmungen des Völkerrechts, so erklärt die Bundesversammlung sie für ganz oder teilweise ungültig.

[4] Ist die Bundesversammlung mit einer Initiative in der Form der allgemeinen Anregung einverstanden, so arbeitet sie die Teilrevision im Sinne der Initiative aus und unterbreitet sie Volk und Ständen zur Abstimmung. Lehnt sie die Initiative ab, so unterbreitet sie diese dem Volk zur Abstimmung; das Volk entscheidet, ob der Initiative Folge zu geben ist. Stimmt es zu, so arbeitet die Bundesversammlung eine entsprechende Vorlage aus.

[5] ...

[6] Volk und Stände stimmen gleichzeitig über die Initiative und den Gegenentwurf ab. ...

Es gilt speziell zu beachten, dass sowohl Art. 139 (neu) BV als auch Art. 139 (alt) BV in Kraft sind.

IV. Wirtschaftspolitik

Seit 2003 verfügen die Bürger über ein weiteres politisches Mitwirkungsrecht: **die allgemeine Volksinitiative (Art. 139a BV)**. Es handelt sich bei diesem Recht um Verfassungs- und Gesetzesinitiative in einem. Damit erhalten die Stimmberechtigten erstens die Möglichkeit eines direktdemokratischen Einflusses auf die bundesstaatliche Gesetz- und nicht nur auf die Verfassungsgebung, wie dies bis anhin der Fall war. Zweitens ermöglicht sie die Anregung in Form eines allgemein gehaltenen Begehrens auf Gesetzesebene – dies als **Alternative zur formulierten Verfassungsinitiative (Art. 139 neu BV) resp. zur Verfassungsinitiative in Form der allgemeinen Anregung (Art 139 alt BV)**. Die konkrete Ausformulierung einer allgemeinen Volksinitiative ist sodann durch die Bundesversammlung stufengerecht in der Verfassung oder dem Gesetz zu verwirklichen; Art. 139a BV ist noch nicht in Kraft, da gegenwärtig die Ausführungsbestimmungen durch die Bundesverwaltung und das Parlament erarbeitet werden.

Das obligatorische und das fakultative **Referendum** ermöglichen u.a. die Verwerfung einer von den Behörden ausgearbeiteten Verfassungs- oder Gesetzesvorlage. Es stellt – dies im Gegensatz zum Initiativrecht – ein **Vetoinstrument** dar, wirkt also im Sinne einer Verhinderung oder Abwehr von vorgeschlagenen Reformen (vgl. Abbildung 35 und Abbildung 36 auf S. 112).

Obligatorisches Referendum	**Abbildung 35**

Art. 140 BV:

¹ Volk und Ständen werden zur Abstimmung unterbreitet:

   a. die Änderungen der Bundesverfassung;

   b. der Beitritt zu Organisationen für kollektive Sicherheit oder zu supranationalen Gemeinschaften;

   c. die dringlich erklärten Bundesgesetze, die keine Verfassungsgrundlage haben und deren Geltungsdauer ein Jahr übersteigt; diese Bundesgesetze müssen innerhalb eines Jahres nach Annahme durch die Bundesversammlung zur Abstimmung unterbreitet werden.

² Dem Volk werden zur Abstimmung unterbreitet:

   a. die Volksinitiativen auf Totalrevision der Bundesverfassung;

   b. die Volksinitiativen auf Teilrevision der Bundesverfassung in der Form der allgemeinen Anregung, die von der Bundesversammlung abgelehnt worden sind;

   c. die Frage, ob eine Totalrevision der Bundesverfassung durchzuführen ist, bei Uneinigkeiten der beiden Räte.

Das fakultative Referendum kann einerseits durch 50'000 Stimmberechtigte und andererseits durch acht Kantone ergriffen werden (sog. Kantonsreferendum). Das **Kantonsreferendum** hat insofern eine geringe Bedeutung, als dass es in der über 150jährigen Geschichte der Eidgenossenschaft nur einmal durch die federführende Konferenz der Kantonsregierungen (KdK) ergriffen wurde – und dies mit Erfolg (eidgenössische Volksabstimmung vom 16. Mai 2004 über das "Steuerpaket"). Das Kantonsreferendum trägt dem föderativen Gedanken insofern Rechnung, als es ein vertikal verankertes Instrument der "checks and balances" darstellt und somit den Kantonen eine Mitwirkungsmöglichkeit bei bundesstaatlichen Entscheidungen zusichert.

Fakultatives Referendum   **Abbildung 36**

Art. 141 BV:

1 Verlangen es 50'000 Stimmberechtigte oder acht Kantone innerhalb von 100 Tagen seit der amtlichen Veröffentlichung des Erlasses, so werden dem Volk zur Abstimmung vorgelegt:

    a. Bundesgesetze;

    b. dringlich erklärte Bundesgesetze, deren Geltungsdauer ein Jahr übersteigt;

    c. Bundesbeschlüsse, soweit Verfassung oder Gesetz dies vorsehen;

    d. völkerrechtliche Verträge, die:

        1. unbefristet und unkündbar sind;

        2. den Beitritt zu einer internationalen Organisation vorsehen;

        3. wichtige rechtsetzende Bestimmungen enthalten oder deren Umsetzung den Erlass von Bundesgesetzen erfordert.

2 ...

Dem (fakultativen) Referendum wird indessen öfters der Mangel angelastet, dass es die Reformen verzögere oder gar verhindere: Es biete den entsprechenden Interessengruppen ein zusätzliches Instrument, um ihre Einsprüche gegen Reformen geltend zu machen und habe somit einen bremsenden Effekt auf den Reformprozess. Entscheidend ist jedoch, dass letztlich alle Stimmberechtigten über die anstehende Reform an der Urne entscheiden können und eben nicht die von partikularen Interessen gesteuerte Gruppierung, die das Referendum lanciert hat.

Initiative und Referendum – d.h. die Volksrechte – stellen gemäss Art. 136 BV nur einen **Teil der politischen Rechte** der Bürger dar. Weitere politische Rechte in Bundessachen sind das Recht, an den Nationalratswahlen und an den Abstimmungen des Bundes teilzunehmen. Obwohl die partizipativen Rechte der Schweizer Staatsbürger stark ausgebaut sind, haben diese mit der Ausübung ihrer Rechte dennoch einen nur beschränkten Einfluss auf die politische Willensbildung. Die Macht soll zwar vom Volk ausgehen, aber nicht alle Macht kann vom Volk selbst ausgeübt werden **(Prinzip der Gewaltentrennung)**. Die eigentlichen politischen Entscheidungen fallen eben nicht erst in den Volksabstimmungen, sondern in quasi-repräsentativen, meist vorparlamentarischen Aushandlungsprozessen. Volksabstimmungen – sofern es die Verfassung nicht verlangt – werden nach Möglichkeit vermieden. Kommt es doch zur Abstimmung, so sind die grundlegenden politischen Weichen im Aushandlungsprozess über einen breit abgestützten Kompromiss bereits gestellt worden. In der grossen Mehrzahl der Fälle resultiert somit auch der Lösungsvorschlag gemäss den Empfehlungen der Behörden. Wichtig ist damit nicht die Abstimmung per se, sondern die Antizipation der Erfolgschancen eines politischen Anliegens in einer Abstimmung während des Aushandlungsprozesses. Dies wird als die **repräsentative Umbildung** der direktdemokratischen Rechte bezeichnet. Mit diesem Prozess der partiellen Berücksichtigung der aufgestellten Forderungen (z.B. seitens Verbänden und Parteien) verbunden mit der Absicherung der Regierungspolitik hat sich als Konsequenz eine eigentliche **vorparlamentarische Entscheidungsebene** mit bewährten und wohleingeübten Verfahren herausgebildet (vgl. S. 120ff.).

4.1.4 Die Exekutive

Aus staatsrechtlicher Perspektive handelt der Staat durch seine Organe, wobei die klassische Gewaltenteilung jedem Staatsorgan eine ihm entsprechende Staatsfunktion zuordnet. Idealerweise übt die **Legislative** die (generell-abstrakte) Rechtssetzung aus, die **Exekutive** deren (individuell-konkreten) Vollzug und die **Judikative** die Rechtssprechung. Im Folgenden werden die besonderen Merkmale der Exekutive näher erläutert:

- **Parlamentsunabhängige Stellung der Regierung:** Die Regierungen in Bund und Kantonen sind nicht vom Vertrauen einer Parlamentsmehrheit abhängig. Sie können vom Parlament (z.B. über ein Misstrauensvotum) nicht gestürzt resp. abgewählt werden; ebenso kann die Regierung dem Parlament nicht mit seiner Auflösung drohen. Auf Bundesebene hat ein Regierungsmitglied sehr grosse Freiheiten, seine Amtsdauer selbst zu bestimmen. Auf kantonaler Ebene ist eine Nicht-Bestätigung in einer Erneuerungswahl möglich. Dies kommt allerdings ebenso selten vor wie der Rücktritt eines Regierungsmitgliedes aufgrund einer politischen Niederlage (z.B. EWR-Nein) oder Versagens. Die Nicht-Bestätigung eines Regierungsmitglieds auf Bundesebene erfolgte Ende 2003 nach über 130 Jahren zum dritten Mal in der Geschichte des Bundesstaates. Die vielgepriesene "Zauberformel", welche seit 1959 für die Regierungsbildung auf Bundesebene Gültigkeit hatte, wurde somit nach 44 Jahren den neuen Machtverhältnissen angepasst. In den Kantonen kommt es fast nur bei Vakanzen zu Änderungen in der parteipolitischen Zusammensetzung der Regierung.

- **Kollegialprinzip (Art. 177 BV):** Die Bundes- oder Regierungsräte sind kompetenzmässig einander gleichgestellte Mitglieder der Regierung und haben im Kollegium dieselbe rechtliche Stellung. Es gibt keine hierarchisch übergeordnete Spitze wie einen Ministerpräsidenten; das Amt des Bundespräsidenten hat aufgrund der aus dem Jahr 1914 stammenden Regel, dass es jedes Jahr neu besetzt wird, in erster Linie eine repräsentative Funktion. Der Bundespräsident gilt als Erster unter Gleichgestellten (sog. **primus inter pares**). Die Regierung vertritt ihre Politik und ihre Verantwortung geschlossen und als Kollektiv nach aussen, ihre Beratungen und Verhandlungen sind geheim. Meinungsdifferenzen oder Abstimmungsresultate des Gremiums gelangen in der Regel nicht an die Öffentlichkeit. Ein unterlegenes Regierungsmitglied hat den Mehrheitsstandpunkt gegenüber Parlament und Öffentlichkeit loyal zu vertreten. Bekanntgemachte Abweichungen einzelner Regierungsmitglieder vom Mehrheitsentscheid sind Zeichen von Spannungen und schaffen Unruhe.

- **Die Bundesverwaltung:** Der Bundesrat steht einer Bundesverwaltung vor, die ihn bei der Durchführung seiner Aufgaben unterstützt. Die öffentliche Verwaltung bearbeitet die Dossiers in allen Phasen einer Problembehandlung von den ersten Impulsen über die Erarbeitung von Lösungen und Kompromissen sowie bei der Konsenssuche bis zur Durchführung. Entweder verfügt sie über das dazu notwendige Fach- und Sachwissen selbst oder sie beschafft sich dieses extern. Der Bundesrat umfasst sieben gleichgestellte Mitglieder. Analog gliedert sich die Bundesverwaltung in sieben Departemente, die jeweils von einem Bundesrat geleitet werden, sowie die Bundeskanzlei (vgl. dazu das Organigramm in Abbildung 37 auf S. 116). Damit nimmt jedes Mitglied des Bundesrats zwei Rollen ein, nämlich als Mitglied der Regierung und Gesamtbehörde und als Vorsteher eines Departements der Bundesverwaltung. Die Aufgaben werden der Bundesverwaltung durch das Parlament zugewiesen. Gegenwärtig sind knapp 21'000 Personen in der Bundesverwaltung (ohne ETH und Militärbetriebe) beschäftigt, rund ein Viertel als Teilzeitangestellte.

Das **New Public Management (NPM)** als Grundlage für eine moderne Verwaltungsführung hat auch auf der Stufe des Bundes Einzug gehalten. Mit NPM wird die Verwaltung über Leistungsaufträge, Globalbudgets und Kosten- und Leistungsrechnungen geführt, dies mit dem Ziel einer möglichst grossen Wirkung und Effizienz der eingesetzten (Steuer-)gelder; entsprechend wird auch von einer wirkungsorientierten Verwaltung gesprochen. Der Bund kann sich hierbei auf Erfahrungen diverser Kantone und Gemeinden stützen, für welche 2004 die Pilotphase des NPM nach 10 Jahren vorbei ist. Positive Effekte auf die bisherigen Strukturen des Bundes sind wünschenswert, stieg doch dessen Personalbestand in der Periode 1996–2002 jährlich um 2,4%. An diesem Beispiel zeigt sich auch die innovationsfördernde Funktion des Föderalismus: Politische Reformen sind grundsätzlich nie risikolos; in einem föderativen Staatswesen besteht jedoch gegenüber einem Zentralstaat die bessere Möglichkeit, solche Experimente wie das NPM durchzuführen, da vorerst Erfahrungen auf Stufe Gemeinde oder Kanton gesammelt werden können. Bei eventuellem Versagen ist eine geringere Anzahl Individuen betroffen.

4.1.5 Folgen dieser grundlegenden Strukturelemente

Alle wichtigen gesellschaftlichen und politischen Kräfte können an den wirtschaftspolitischen Entscheidungen mitwirken und diese – zumindest ein wenig – beeinflussen. Anstelle der Abstimmungsentscheidung nach dem Mehrheitsprinzip wie in der Wettbewerbsdemokratie (Regierungs-Oppositions-Modell) tritt der **Konsensentscheid oder Kompromiss** zwischen allen Beteiligten, die über eine minimale wirtschaftspolitische Macht verfügen. Dieses System der Machtteilung und des Einbezuges von Minderheiten entspricht einer **Konkordanzdemokratie**. Dabei sollen die Interessen der verschiedensten Bereiche ausgewogen berücksichtigt werden: Einbezug aller Landesteile (regionale Ausgewogenheit), aller Sprachen, Stadt und Land, Jung und Alt, Männer und Frauen sowie aller Konfessionen (katholisch, protestantisch etc.). Die Konkordanz ist in der Schweiz durch **zwei unabhängige Institutionen** gesichert, nämlich einerseits durch die **direkte Demokratie** (Initiative und Referendum) und anderseits durch den **Föderalismus** (Subsidiarität) vor dem Hintergrund einer politischen Kultur des Kompromisses. Dies sind – zusammen mit der Sozialpartnerschaft – die wichtigsten Identitätswerte des schweizerischen Systems. Aufgrund dieser einzigartigen Konstellation ist die Schweiz zudem so stark konkordanzdemokratisch wie kein anderes westliches Land; ähnlich sind die Niederlande und Österreich. Ausdruck der Konkordanz sind u.a.:

Organisationsschema der Exekutive auf Bundesebene (2006)　　Abbildung 37

BUNDESRAT

Eidg. Departement für auswärtige Angelegenheiten (EDA)
Direktion für Entwicklung und Zusammenarbeit (DEZA); Direktion für Völkerrecht; Integrationsbüro EDA/EVD.

Eidg. Departement des Innern (EDI)
Staatssekretariat für Bildung und Forschung (SBF); BA für Gesundheit (BAG); BA für Kultur (BAK); BA für Statistik (BFS); BA für Sozialversicherung (BSV).

Eidg. Justiz- und Polizeidepartement (EJPD)
BA für Justiz (BJ); Bundesanwaltschaft; BA für Migration (BFM); BA für Polizei (fedpol); Eidg. Spielbankenkommission (ESBK); Eidg. Institut für Geistiges Eigentum (IGE).

Eidg. Departement für Verteidigung, Bevölkerungsschutz und Sport (VBS)
Strategischer Nachrichtendienst (SND); BA für Sport (BASPO); BA für Bevölkerungsschutz (BABS); Direktion für Sicherheitspolitik (DSP).

Eidg. Finanzdepartement (EFD)
Eidg. Finanzverwaltung (EFV); Eidg. Steuerverwaltung (EStV); Eidg. Zollverwaltung (EZV); Eidg. Bankenkommission (EBK); BA für Privatversicherungen (BPV); BA für Informatik und Telekommunikation (BIT).

Eidg. Volkswirtschaftsdepartement (EVD)
Staatssekretariat für Wirtschaft (seco); BA für Berufsbildung und Technologie (BBT); BA für Wohnungswesen (BWO); BA für Landwirtschaft (BLW); Preisüberwacher; Wettbewerbskommission (Weko).

Eidg. Departement für Umwelt, Verkehr, Energie und Kommunikation (UVEK)
BA für Verkehr (BAV); BA für Energie (BFE); BA für Umwelt (BAFU); BA für Kommunikation (BAKOM); BA für Zivilluftfahrt (BAZL).

Die Auswahl der Abteilungen (BA = Bundesamt) ist aus volkswirtschaftlicher Sicht erfolgt. Die Bundeskanzlei als allgemeine Stabsstelle des Bundesrates ist nicht berücksichtigt.

IV. Wirtschaftspolitik

- **Allparteienregierung mit Regierungsproporz:** Seit 1959 sind die Parteien ungefähr entsprechend ihrer Wähleranteile an der eidgenössischen Legislative in der Landesregierung vertreten. Während 44 Jahren setzte sich der Bundesrat anhand des Schlüssels 2:2:2:1 zusammen, und zwar aus je zwei Vertretern der SP, der CVP und der FDP sowie einem Vertreter der SVP (**"Zauberformel"**). Die Nationalratswahlen im Herbst 2003 ergaben für die SVP einen Wähleranteil von 26,9% und für die CVP einen Anteil von 14%, womit die SVP zur stärksten und die CVP zur schwächsten Regierungspartei wurde. Die "mathematisch gerechte" Vertretung der grossen Landesparteien in der Landesregierung anhand des Schlüssels 2:2:2:1 wurde zwar beibehalten – und somit ist auch keine Absage an die Regierungskonkordanz erfolgt –, das Parlament entschied sich jedoch bei den Bundesratswahlen Ende 2003 für zwei Vertreter der SVP und nur noch einen Vertreter der CVP. Seit 2004 setzt sich die Exekutive auf Bundesebene somit aus je zwei Vertretern der SP, der SVP und der FDP sowie einem Vertreter der CVP zusammen.
- **Ausbildung einer vorparlamentarischen Entscheidungsebene:** In einem vorparlamentarischen Prozess wird ein tragfähiger Kompromiss zwischen allen referendumsfähigen Gruppen ausgehandelt (vgl. S. 120). Damit geht auch zwingend eine Abwanderung von parlamentarischer Macht an nicht demokratisch gewählte Entscheidungsträger wie z.B. Expertenkommissionen und Beratergremien einher. Diese **"Entparlamentarisierung" politischer Entscheidungen** und der damit verbundene Funktionsverlust des Parlaments werden zudem durch den wirtschaftlichen Wandel verstärkt. So führen eine globale Vernetzung von Märkten, das Anwachsen internationaler Kooperationen durch Verträge sowie auch neue Formen der zwischenstaatlichen Konfliktbewältigung zu einer Schwächung der formalen Regulierungsmöglichkeiten nationaler Parlamente; damit einher geht auch ein Bedeutungsverlust der Nationalstaaten. Das Einhalten informaler Spielregeln – die in einer Konkordanzdemokratie ohnehin von Bedeutung sind – gewinnt somit an Bedeutung. Ganz entgegen diesem hier an verschiedenen Stellen begründeten Trend hat das Parlament in einzelnen Fällen auch eine **klare politische Führungsfunktion** vom allgemeinen Reformkonzept bis zur detaillierten Lösung übernommen, z.B. 1993 bei der Einführung der Mehrwertsteuer oder 2005 bei der Revision der Bildungs- und Hochschulartikel der Bundesverfassung. Parlamentskommissionen setzten Arbeitsgruppen ein, erteilten Aufträge an Experten und redigierten selber konkrete Formulierungen. Sie beauftragten den Bundesrat und die Verwaltung bei z.T. straffen Terminvorgaben mit Abklärungen sowie mit den entsprechenden formalen Arbeiten wie Verfassen einer Botschaft.

- **Ausweitung der Konkordanz:** Der Parteienproporz gilt nicht nur für die Zusammensetzung der Exekutive, sondern auch bei der Vergabe von höheren Chargen in der Verwaltung, wie z.B. Staatssekretären oder Direktoren von Bundesämtern. Ebenso findet sich das Konkordanzprinzip nicht nur in der Politik und Verwaltung, sondern ebenso in Verbänden und Vereinen.

Konsequenzen der Konkordanz sind u.a. eine weniger entwickelte Kultur der Austragung echter politischer Meinungsverschiedenheiten, der substanziellen kontroversen politischen Debatte. Die eingeübten und tief verwurzelten Muster der Konkordanz bedingen ein vorsichtiges Lavieren und Abtasten; früh wird nach dem Kompromiss gesucht. Die Integration aller – auch potenziell oppositioneller Strömungen und Gruppen – wird angestrebt. Dabei werden Ecken und Kanten von Ideen und Vorschlägen schon früh abgeschliffen. Der Druck zur Anpassung ist gross, im Zentrum steht die Ausgewogenheit; das Denken und Argumentieren in grundsätzlichen Alternativen fällt schwer. Diejenigen, die sich nicht integrieren lassen oder Tabus brechen, werden i.d.R. früher oder später ausgegrenzt. Diese strukturell bedingten Eigenheiten mögen mit ein Grund sein, dass ein profilierter wirtschaftspolitischer Führungswille eher selten zum Ausdruck kommt. Es ist zu vermuten, dass sich diese politische Kultur in der Unternehmungskultur am Standort Schweiz niederschlägt, was z.B. für risikoreiche Start-up-Unternehmungen mit originellen Leistungen eher hinderlich ist.

4.2 Der (wirtschafts-)politische Entscheidungsprozess

Im Folgenden wird die wirtschaftspolitische Willensbildung nach den verschiedenen Phasen dargestellt und der Einfluss der Verbände auf die Wirtschaftspolitik untersucht.

4.2.1 Die Willensbildung auf Bundesebene

Abbildung 38 zeigt schematisch den Ablauf und die Phasen der Willensbildung (Gesetzgebung) auf Bundesebene.

IV. Wirtschaftspolitik 119

Ablauf der Willensbildung auf Bundesebene Abbildung 38

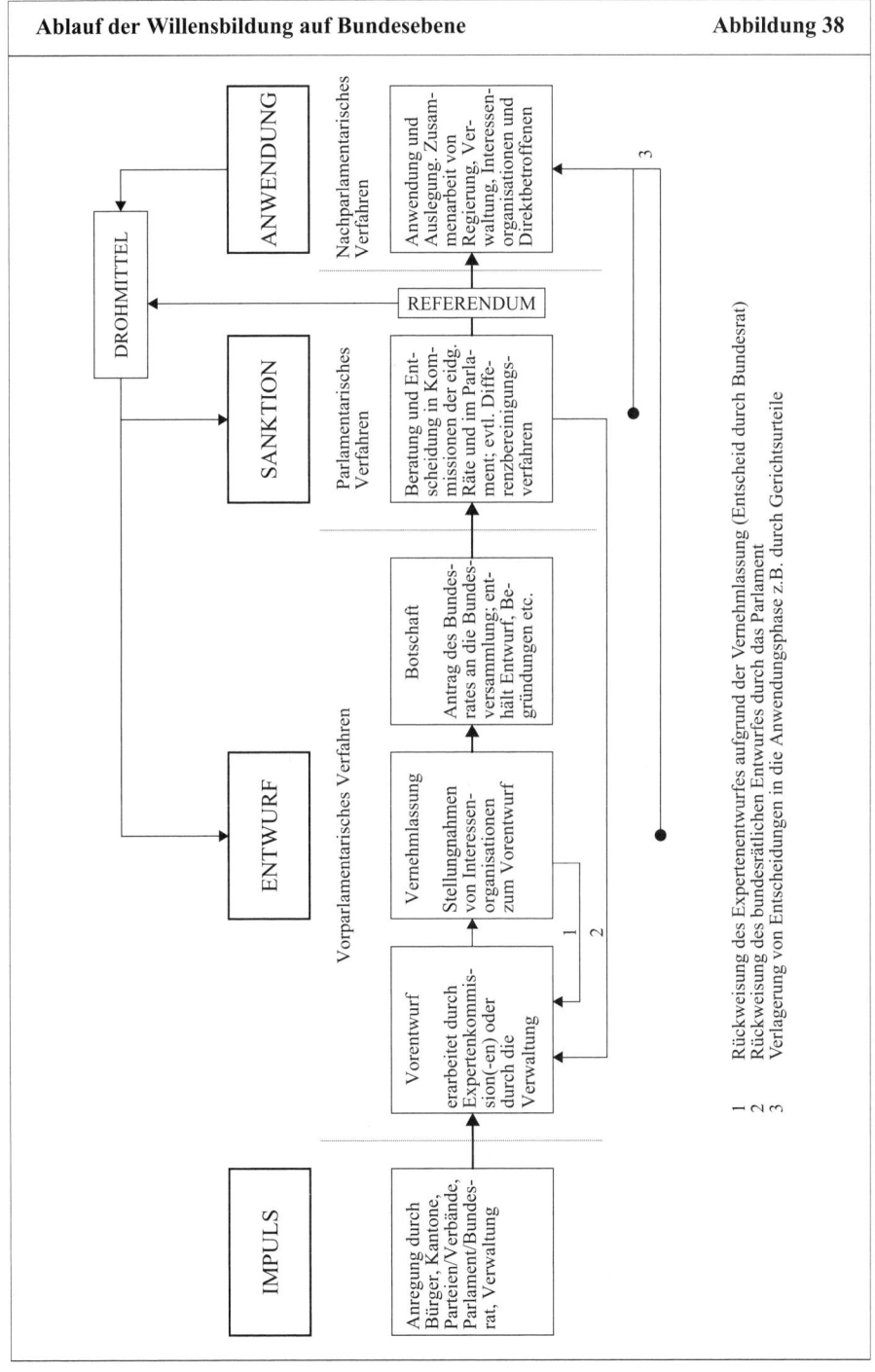

a) Impuls

Impulse gehen aus von wirtschaftlichen und/oder sozialen Problemen und ihrer Artikulation durch Interessenträger im politischen System (sog. Agenda-Gestaltung/Agenda-Setting) gemäss ihrer Betroffenheit. Interessenträger und Akteure können einzelne Stimmberechtigte, Interessengruppen (Parteien oder Verbände), Parlamentarier, aber auch die Verwaltung oder der Bundesrat selber sein.

Bürger können einerseits eine Volksabstimmung (mittels einer Volksinitiative) über eine von ihnen präzise formulierte Änderung der Verfassung verlangen, womit sie ein neues Bundesgesetz initiieren können (sog. **Verfassungsinitiative**; vgl. Abbildung 34 auf S. 110). Andererseits existiert mit der 2003 eingeführten allgemeinen Volksinitiative (Art. 139a BV) ebenfalls die **Gesetzesinitiative** auf Bundesebene. In diesem Falle obliegt es jedoch nicht dem Volk, ein detailliert ausformuliertes Gesetz einzureichen; vielmehr wird das Anliegen in Form eines allgemein gehaltenen Begehrens vorgebracht. Dessen Umsetzung in ein neues Bundesgesetz (oder auch in einen neuen Verfassungsartikel) erfolgt dann durch das Parlament, was seitens des Initiativkommittees ein entsprechend grosses Vertrauen in die eidgenössische Legislative voraussetzt. Unter Berücksichtigung der Argumente der Neuen Politischen Ökonomie (vgl. hierzu Abbildung 28 auf S. 92) darf davon ausgegangen werden, dass sich ein Initiativkommittee weiterhin an die bisherige Form der Volksinitiative (Art. 139 neu/alt BV) halten und kaum von der allgemeinen Volksinitiative (Art. 139a BV) Gebrauch machen wird.

Nebst den einzelnen Bürgern hat auch jeder **(Halb-)Kanton** das Recht, einen Entwurf zu einem Erlass der Bundesversammlung einzureichen oder anzuregen **(Standesinitiative)**. Des Weiteren kann auch jedes **Mitglied des National- und Ständerats** in den Sessionen der eidgenössischen Räte das Wort ergreifen und Anträge stellen. Es gibt eine Reihe von unterschiedlich wirksamen Möglichkeiten, etwas in seinem Sinn (und hoffentlich demjenigen seiner Wähler) zu bewegen. Als **parlamentarische Vorstösse** sind zu nennen: die parlamentarische Initiative, die Motion, das Postulat, die Interpellation sowie die einfache Anfrage.

b) Entwurf

Das **vorparlamentarische Verfahren** ist die wahrscheinlich wichtigste Phase des Entscheidungsprozesses in der Wirtschaftpolitik. Ziel ist die Suche nach dem referendumssicheren Kompromiss unter den direktinteressierten Verbänden, also die Erzielung einer Verständigungslösung.

IV. Wirtschaftspolitik   121

- **Vorentwurf:** Die Vorbereitung einer solchen Verständigungslösung erfolgt durch die sog. Expertenkommission(-en) als Quasiparlament in Form eines Vorentwurfs für ein Gesetz oder für ein ganzes Politikkonzept; Vertreter von Spitzenverbänden nehmen in praktisch allen Expertenkommissionen Einsitz. Hinzu kommen jeweils sämtliche von einer Vorlage betroffenen Interessenorganisationen.
- **Vernehmlassungsverfahren:** In diesem Prozess wird allen referendumsfähigen und in der betreffenden Sache referendumswilligen Organisationen die Gelegenheit zu einer schriftlichen Stellungnahme gegeben. Dies kommt einer Art Vorausabstimmung durch die organisierten Interessen gleich. Bei der Auswertung durch die Bundesverwaltung wird auf das jeweilige politische Gewicht der mit einer Stellungnahme verbundenen Gruppe geachtet. Es werden Anpassungen am Entwurf vorgenommen und Schlüsse für das weitere Vorgehen gezogen.
- **Botschaft:** Die Bundesverwaltung erfüllt eine Schlüsselrolle im Prozess der Suche und Aushandlung von konkreten und konsensfähigen Lösungen. In enger Kooperation mit den entsprechenden Interessenverbänden nimmt sie die Rolle eines Moderators und Sachbearbeiters wahr. Dabei muss sie mit politischem Geschick Einschätzungen und Abwägungen vornehmen. Im Auftrag des Bundesrates arbeitet sie eine Botschaft zuhanden des Parlaments aus.

c)   Sanktion

Die Phase der Sanktion, d.h. der **parlamentarischen Beratung** und Beschlussfassung, ist durch das vorparlamentarische Verfahren stark präjudiziert. Normalerweise wird zum ausgehandelten Kompromiss Sorge getragen. Eine substanzielle Intervention im Parlament ist Ausdruck von Mängeln und nicht-gefundenen Kompromissen in den vorbereitenden Phasen.

Der neue Erlass wird in vorberatenden Kommissionen des National- und Ständerats diskutiert. Die Ratspräsidenten entscheiden, in welcher parlamentarischen Kammer der neue Erlass zuerst zur Debatte kommt. Bevor er in der zweiten vorberatenden Kommission diskutiert wird, wird er im Plenum der ersten Kammer behandelt. Der Erstrat kann auf den neuen Erlass entweder nicht eintreten oder ihn zur Überarbeitung an den Bundesrat oder an die Kommission zurückweisen oder darauf eintreten, ihn beraten und einen Entscheid fällen. Die zweite Kammer hat nach der entsprechenden Diskussion in der zweiten vorberatenden Kommission dieselben Möglichkeiten. Falls die Beschlüsse von National- und Ständerat voneinander abweichen, muss im sog. **Differenzbereinigungsverfahren** ein Kompromiss gefunden werden. Das Parlament wurde, zumindest in jenen Politikbereichen, die zum Interessengebiet der Wirtschaftsverbände gehören, immer mehr Sanktionsinstanz für vorparlamentarisch getroffene Entscheidungen. Seine institutionell schwache Stellung ist u.a. in der Kombination von direktdemokratischen Rechten, im Miliz- und Konkordanzsystem begründet.

Eine **Volksabstimmung** findet bei Verfassungsänderungen obligatorisch statt (vgl. Abbildung 35 auf S. 111); bei Gesetzen und den meisten allgemeinverbindlichen Bundesbeschlüssen nur dann, wenn das **Referendum** ergriffen wird (vgl. Abbildung 36 auf S. 112). Normalerweise geht es bei einem Referendum nicht um grundlegende Alternativen, sondern um die Wahl zwischen dem Status quo und einem Kompromiss, der durch Konzessionen nach allen Seiten abgesichert und kalkulierbar ist. Die formelle Zuständigkeit des Volkes und die materielle Wichtigkeit der zu entscheidenden Fragen decken sich jedoch immer weniger. Diese Situation, verbunden mit der hohen Zahl der Abstimmungen, ist mit ein Grund für die relativ tiefe Stimmbeteiligung, die in der Regel zwischen 40–50% liegt. Eine Stimmbeteiligung von über 50% ist selten und zeugt von einer hohen Relevanz der Thematik für die Stimmbürger. So wurde die eidgenössische Volksabstimmung vom 3. März 2002 über den Beitritt der Schweiz zur Organisation der Vereinten Nationen (UNO) mit einer Stimmbeteiligung von 58,4% angenommen resp. die eidgenössische Volksabstimmung vom 6. Dezember 1992 über den Bundesbeschluss über den Europäischen Wirtschaftsraum (EWR) mit einer Stimmbeteiligung von 78,7% abgelehnt.

d) Anwendung

Der eigentlichen Anwendung und Umsetzung (Implementation) der Gesetze kommt eine immer grössere Bedeutung zu, da wesentliche Entscheidungen oft erst in der Anwendungsphase fallen. Erlasse wie Ausführungsbestimmungen werden durch nachparlamentarische Kompromissfindungsverfahren festgelegt. Es kann zu einer Delegation von Vollzugsaufgaben und Kompetenzen und damit verbunden zu einer **Verlagerung von wichtigen Entscheiden in den Vollzug** kommen. Dabei wird ein beträchtlicher Teil des Bundesrechts nicht durch Organe des Bundes selbst, sondern durch die Gliedstaaten, d.h. die Kantone, oder z.T. auch durch Verbände vollzogen. Durch diese Delegation der Vollzugs- oder Verwaltungskompetenz an die Kantone werden diese zu eigentlichen Trägern der mittelbaren Bundesverwaltung und sind in dieser Eigenschaft für den richtigen Vollzug des Bundesverwaltungsrechts zuständig. Dieses System des sog. **Vollzugsföderalismus** ist in der Schweiz und in Deutschland in ausgeprägtem Masse verwirklicht und weist folgende **Vorteile** auf: Materien, die sich ihrer Natur nach besser dezentralisiert vollziehen lassen, kann der Bund den Kantonen zuweisen, ohne selber zentral vollziehen oder aufwändige dezentralisierte Verwaltungsträger aufbauen zu müssen. Die Gliedstaaten werden durch die ihnen zustehende Vollzugskompetenz mitverantwortlich für den richtigen Vollzug des Bundesver-

IV. Wirtschaftspolitik 123

waltungsrechts, was ihnen ein erhöhtes faktisches Gewicht gibt, das den Verlust zahlreicher Kompetenzen an den Bund etwas ausgleicht. Mit dem dezentralen Vollzug geht daher eine wichtige föderalistische Komponente einher, die es den Kantonen in verschiedenen Materien erleichtert haben dürfte, einer bundesrechtlichen Regelung überhaupt zuzustimmen. Der Vollzugsföderalismus trägt jedoch auch **Nachteile** in sich: Häufig überfordert er die Kantone in finanzieller und administrativer Hinsicht. Zudem erfolgt der Vollzug von Kanton zu Kanton oft in unterschiedlicher und zu wenig wirksamer Weise. Der Bund verfügt nämlich nur über eine auf die Rechtskontrolle beschränkte Oberaufsicht über die Kantone und kann damit bei Ermessensfragen wenig Einfluss nehmen, ja nicht einmal einen stets gesetzestreuen Vollzug garantieren. Letztlich geht aber mit dem Vollzug, der zu einem wichtigen Teil des ganzen wirtschaftspolitischen Prozesses geworden ist, auch eine weitere Einschränkung der demokratischen und öffentlichen Gestaltung der Politik einher.

e) Interdependenz der einzelnen Phasen

Grosse Bedeutung kommt dem **Wechselspiel der verschiedenen Phasen zu.** Dabei handelt es sich um ein ausgeklügeltes Gleichgewichtssystem. Drohungen und die Antizipation von Sanktionen in der einen Phase wirken sich auf andere Phasen aus. Nicht die einzelne Abstimmung an sich ist wichtig, sondern die Antizipation ihres möglichen Ausganges, die Macht der Kontrahenten und die dementsprechende Berücksichtigung bei der Ausarbeitung einer Lösung resp. Vorlage. Es findet eine Verlagerung oder Verschiebung von Entscheidungen zwischen den Phasen resp. umgekehrt eine präzise Festlegung in einer Frühphase je nach Stärkenverhältnissen und Themen statt.

4.2.2 Beeinflussung der Wirtschaftspolitik durch Verbände

In der Phase des **Impulses** können Verbände versuchen, die sog. öffentliche Meinung politisch wirksam in dem von ihnen gewünschten Sinne zu beeinflussen. Dazu dienen die verschiedensten Informations- und Kommunikationsmöglichkeiten wie direkte Aktionen in der Form organisierter Willenskundgebungen, eigeninitiierte Eingaben an die Verwaltung oder Vorstösse von Verbandsvertretern und/oder dem Verband nahe stehende Politiker im Parlament.

In der Phase des **Entwurfs** kann ein Verband bei der Rechtssetzung aller Stufen (Verfassung, Gesetz, Ausführungsverordnung) seinen partikulären Standpunkt einbringen. Dies geschieht durch Einsitz von Verbandsvertretern in **Experten-**

kommissionen, durch Teilnahme am **Vernehmlassungsverfahren** von Vorentwürfen der Verwaltung und damit durch die Darlegung von Interessen im Rahmen von formellen und informellen Anhörungs- und Konsultationsverfahren. Die Einflussnahme auf den wirtschaftspolitischen Prozess durch Vertreter partikulärer Interessen, wie z.B. Verbände, wird auch als **Lobbying** bezeichnet. Dazu bedarf es guter Kenntnisse der politischen Spielregeln, damit die richtigen Informationen zum richtigen Zeitpunkt der richtigen Person vermittelt werden. Die Analyse und Interpretation der Informationen sowie letztlich die u.a. darauf basierenden Beschlüsse werden dann durch die politischen Entscheidungsträger vorgenommen. Auch wenn Aktivitäten von Lobbyisten durchaus nachvollziehbar scheinen, so sind sie aus Sicht der Neuen Politischen Ökonomie (NPÖ; vgl. Abbildung 28 auf S. 92) kritisch zu beurteilen: Lobbyisten werden in erster Linie versuchen, politische Entscheidungen und damit verbundene (neue) staatliche Regulierungen in Form von Rechtserlassen wie ein Bundesgesetz zu ihren Gunsten zu beeinflussen. Mit diesen Bemühungen versuchen sie, "günstige" staatliche Eingriffe in die ursprünglich marktwirtschaftliche Allokation herbeizuführen und sich hierdurch geschaffene (Renten-)Einnahmen anzueignen. Solche politisch gewährten Einkommen sind jedoch nicht Lohn resp. Gewinn für die Erbringung einer produktiven Tätigkeit (**ökonomisches Profit-Seeking**), sondern Ergebnis des Ausnutzens politischer Einkommenserzielungsmöglichkeiten (**politisches Rent-Seeking**). In der Schweiz sind Aktivitäten von Lobbyisten weitverbreitet; ihre Zahl wird auf insgesamt rund 300–400 Personen geschätzt. Die Wirksamkeit ihrer Einflussnahme ist abhängig von der Glaubwürdigkeit einer Drohung mit dem Referendum und von der Bedeutung des Verhaltens des Verbandes in späteren Phasen des wirtschaftspolitischen Prozesses. Berücksichtigt werden verbandliche Einwände gemäss einer **"Obstruktionshierarchie"**, die sich aus der Chance der Interessenverfolgung und der Entscheidungsblockierung ergibt. Die Zusicherung eines Referendumsverzichtes wird gegen inhaltliche Zugeständnisse getauscht. Dabei ist eine Eigenheit des schweizerischen Systems, dass alle referendumsfähigen Gruppen in einen Kompromiss integriert werden müssen, es also **kein Überstimmen von referendumsfähigen Gruppen gibt.**

Ein Verband kann in der Phase der **Sanktion** die Wirkung von wirtschaftspolitischen Massnahmen wesentlich beeinflussen, z.B. über die parlamentarische Vertretung der Verbände, über die Ergreifung des Referendums gegen eine Vorlage, die dem fakultativen Referendum unterliegt oder über Propaganda in der Volksabstimmung bei einer Vorlage mit obligatorischem Referendum. Eine Einflussnahme kann versucht werden mit der Unterstützung einzelner Parteien durch Mobilisierung der eigenen Mitglieder als Wähler und/oder durch finanzielle Zuwendungen. Dies kann durch dauernde oder fallweise Kontakte von Verbandsvertretern mit Parteien, Fraktionen und einzelnen Parlamentariern bis zur Mitarbeit von Verbandsvertretern in den Parteien und deren Parlamentsfraktionen begleitet werden.

IV. Wirtschaftspolitik

In der Phase der **Anwendung** bestehen für den Politikvollzug neben gänzlicher Delegation an die Kantone und/oder Verbände verschiedene Formen einer institutionalisierten Zusammenarbeit zwischen zuständigen Verwaltungsinstanzen und betroffenen Wirtschaftsverbänden. Bei der Ausarbeitung der Vollzugsverordnungen und beim Vollzug selbst kommt es zu offiziellen wie inoffiziellen Absprachen, die mehr oder weniger fest in konkordanten Vollzugs- und Überwachungsgremien ausgetragen werden. Diese exekutiven Kooperationsformen werden als **"Verkoppelung von Verbands- und Staatsinterventionismen"** interpretiert. Verbände können insbesondere im Rahmen der Durchführung über Auslegung, Ausgestaltung und Handhabung von Massnahmen wesentlichen Einfluss auf die Wirtschaftspolitik ausüben. Dies hat sich in den letzten Jahren insbesondere in einer verstärkten Anwendung des **Verbandsbeschwerderechts** gezeigt. Dieses gibt bestimmten, nach gesetzlich festgelegten Kriterien berechtigten Verbänden das Recht, bei bestimmten Themen wie z.B. bei Bauvorhaben eine Beschwerde zu führen (z.B. gegen Einkaufszentren oder Sportstadien). Zu diesen Interessenorganisationen gehören u.a. der Verkehrsclub der Schweiz (VCS), der Schweizer Heimatschutz (SHS), der World Wildlife Fund (WWF) und ihre kantonalen Sektionen. Einerseits können solche Einsprachen Investitionen behindern und staatspolitisch problematisch sein, da die Verbände in diesem System eine parabehördliche Sonderstellung erhalten. Daraus hat sich eine parallele Bewilligungsstruktur entwickelt, die von betroffenen Investoren als "Verhinderungsbranche" empfunden wird. Andererseits können solche Einsprachen aber gerade auch die strikte Durchsetzung raumplanerischer und ökologischer Auflagen unterstützen. Die zu einer Beschwerde berechtigten Organisationen nehmen im optimalen Fall wohlverstandene Interessen der Allgemeinheit wahr. Sie werden bei Projekten als Verhandlungspartner ernst genommen, müssen sich aber auch selber an Voraussetzungen und Verhaltensregeln halten. So unterstützt das Verbandsbeschwerderecht kostengünstig und effizient die richtige Anwendung des Umweltrechts. Die Mitarbeit oder Übernahme von Funktionen in der nachparlamentarischen Phase und ihre interessenmässig gezielte Wahrnehmung stellt generell ein wesentliches Element einer Beeinflussungsstrategie dar.

Der Einfluss eines Verbandes ist somit das Resultat von **Aktivitäten in allen Phasen** (Impuls, Entwurf, Sanktion und Anwendung) und muss in seiner Gesamtheit betrachtet werden. Verfolgt ein Verband eine Strategie, die sich z.B. lediglich auf die Mitsprache in der Entwurfsphase konzentriert, hat dies nur geringen Einfluss auf das Ausmass und die Art und Weise, in der seine Vorschläge aufgenommen werden. Der Verband ist zwar am Gesamtprozess beteiligt, steht bei wichtigen Entscheiden aber im Abseits. Die Stärke eines Verbandes in den Verhandlungen während einer bestimmten Phase hängt stark von den glaubwürdig vertretenen Fähigkeiten der Einflussnahme in anderen Phasen ab.

5. Ausblick

Wie gezeigt wurde, ist in der schweizerischen Wirtschaftspolitik der Programm- und Gestaltungsbeitrag der demokratisch konstituierten und legitimierten Organe – insbesondere des Parlaments – im Normalfall eher gering, während der Einfluss einer schmalen Verbandselite ausserhalb demokratischer und öffentlicher Mechanismen über seit langem eingespielte Verfahren gross ist. Der wirtschaftspolitische Entscheidungsprozess ist nur während einer relativ kurzen Phase – der parlamentarischen Beratung und (sofern nötig) der Volksabstimmung – öffentlich und jedermann einsichtig. Die Politik wird vorher und nachher über informelle Kontakte, Aushandlungen und Kompromisse zwischen Verwaltung, Verbänden und anderen direktinteressierten Gruppen entwickelt, entschieden und durchgeführt: Es liegt eine **Dominanz korporativer Strukturen** vor. Bei diesem im internationalen Vergleich in der Schweiz besonders stark ausgeprägten Korporatismus werden Lösungen über den Tausch von Leistungen und Gegenleistungen der Interessen in verschiedenen Themenbereichen gefunden. Über Jahrzehnte war ein klassisches Beispiel das Geben des Industrievereins an die Bauernvertreter im Rahmen der Agrarpolitik, verbunden mit dem Nehmen der bäuerlichen Unterstützung etwa in Fragen der Sozialpolitik.

Die Verbände übernehmen politische Funktionen der Integration verschiedener Interessen wie auch der Politikumsetzung z.T. sogar im Auftrag des Staates und mit von ihm übertragenen Rechten und Pflichten. Daraus hat sich ein **"parastaatlicher" Bereich zwischen Staat und Wirtschaft** gebildet. Konsequenz davon ist ein z.T. erhebliches Eigenleben einer von der Bevölkerung abgehobenen politischen sowie verbandsbürokratischen Elite. Einer der Gründe dieser Entwicklung sind neben den direktdemokratischen Rechten die offensichtlichen **Grenzen des Milizsystem** (zumindest auf Bundesebene). Eine Gegenbewegung will durch eine Strukturreform und parzielle Professionalisierung die politische Führung und das Parlament stärken. Zur Diskussion stehen dabei in Bezug auf die Regierungsebene verschiedene Modelle wie z.B. die Entlastung des Bundesrates durch Staatssekretäre oder eine Erweiterung des Bundesrats auf mehr als sieben Mitglieder; es darf letztlich nicht übersehen werden, dass die grundsätzlichen Strukturen des staatspolitischen Systems auf Bundesebene aus der Mitte des 19. Jahrhunderts stammen. Diese können – je länger, desto weniger – den Anforderungen einer zusehends globalisierten und sich beschleunigenden Wirtschaft des 21. Jahrhunderts gerecht werden.

Dabei geht es auch um die **Regierungskonkordanz auf Bundesebene**, wie sie in der Schweiz seit 1959 praktiziert wird. Die Unzufriedenheit in den letzten Jahren gründet jedoch weniger auf der Verschleierung politischer Konflikte, mangelnder Transparenz oder dem Fehlen politischer Verantwortlichkeiten vor dem Hintergrund des in Art. 177 BV festgehaltenen Kollegialprinzips. Vielmehr ist es gerade die Nicht-Berücksichtigung dieses Prinzips, das in der Öffentlichkeit zur Diskussion Anlass gibt. Damit einher geht oft die Forderung nach einem alternativen Modell für die Exekutive wie das Regierungs-Oppositions-Modell (sog. Konkurrenzmodell); der Übergang vom System der proportionalen Machtteilung zum Wettbewerbsmodell würde aber mehr voraussetzen als nur den Ausschluss einer der vier grossen Parteien aus dem Bundesrat – wohl am ehesten der Schweizerischen Volkspartei (SVP) oder der Sozialdemokratischen Partei (SP). Praktischen Anschauungsunterricht liefern die Schweizer Kantone, wie das gescheiterte Experiment mit einer rein bürgerlichen Regierung im Kanton Genf Mitte der 1990er Jahre gezeigt hat. Dort verlor die Exekutive u.a. aufgrund eines fehlenden gemeinsamen Programms wichtige Volksabstimmungen und wurde von der politischen Linken mittels Referenden und Initiativen fortlaufend unter Druck gesetzt. Schon 1997 wählte der Genfer Souverän wieder zwei SP-Vertreter und einen Grünen in die siebenköpfige Exekutive und sorgte damit nach nur einer Legislaturperiode für eine Rückkehr vom Konkurrenz- zum Konkordanzmodell. Dieses missglückte Experiment auf Kantonsebene zeigt damit aber auch direkt einen Vorzug des Föderalismus – gescheiterte politische Reformen resp. Innovationen auf Kantonsebene verursachen geringere Kosten, als wenn sie direkt auf Stufe des Bundes umgesetzt worden wären, und lassen entsprechende Lernprozesse zu: Ein Systemwechsel auf Regierungsebene des Bundes müsste somit auch Konsequenzen für die Volksrechte als Oppositionsinstrument des Volkes haben, da die Gefahr einer vorübergehenden Blockierung der Regierungspolitik gross ist. Die politischen Entscheidungs- und Vollzugsmechanismen in der Schweiz bilden ein seit 1848 entwickeltes und eingespieltes komplexes System. Eine wie auch immer geforderte radikale Staatsreform verlangt die Änderung verschiedener, zusammenhängender Elemente verbunden mit einer Verfassungsreform und ist bei Einhaltung der geltenden Regeln nur in einer Extremsituation möglich.

Bei der oben erfolgten Diskussion der Wirtschaftsordnung wurde auf verschiedene Fragen hingewiesen, die letztlich nur in einem politischen Willensbildungs- und Entscheidungsprozess entschieden werden können: Wer soll z.B. die Wirtschaftsordnung bestimmen und gestalten? Die konkret getroffenen Entscheide darüber hängen von Strukturen und Prozessen der Wirtschaftspolitik ab; es besteht somit ein **Wechselspiel zwischen der Wirtschaftsordnung und der Wirtschaftspolitik**. In diesem Kapitel wurde gezeigt, dass Stärke und Ausrichtung der verschiedenen Interessen wesentlich von ihrer Positionierung und Verankerung in der Volkswirtschaft abhängen; sie sind wohlstrukturiert, und ihre Einflussmöglichkeiten sind ungleich verteilt. Dies führt zu einer selektiven Interessenvertretung und -durchsetzung in der Wirtschaftspolitik. Daraus ergeben sich Rückkoppelungen: Wirtschaftsordnung und Wirtschaftspolitik werden entsprechend den relativen Machtpositionen in der Wirtschaft gestaltet. Diese wiederum werden durch Ordnung und Politik gestützt, ja gestärkt. Aufgrund der geltenden wirtschaftspolitischen Mechanismen werden die wirtschaftliche Interessenkonstellation und die von ihnen getroffenen Arrangements, insbesondere die bestehenden Elemente der Selbstorganisation, tendenziell reproduziert. Im Trend resultiert eine Orientierung am Status quo.

Die Wirtschaftspolitik in der Schweiz **absorbiert und integriert** aufgrund der beschriebenen strukturellen Merkmale des politischen Systems die verschiedensten Interessen. Neue Ideen und neue politische Bewegungen werden durch eine differenzierte Anpassung der vorgeschlagenen Lösungen berücksichtigt: Es liegt eine hohe "Wertberücksichtigung" der Politik in wohlausgewogenen Kompromissen vor. Dies trägt mit zur grossen Stabilität und Kontinuität der Wirtschaftspolitik und damit zu ihrer grossen Berechenbarkeit bei. Allerdings verlangen diese Prozesse der Angleichung und Abschleifung viel Zeit. Kompromisse müssen erdauert werden. Die Kehrseite der Stabilität ist die damit verbundene Langsamkeit und Trägheit der Wirtschaftspolitik.

Aufgrund der direktdemokratischen Instrumente sind am Status quo orientierte Interessen im Falle der Wirtschaftspolitik des Bundes systematisch im Vorteil. Wohl haben neue Interessen und Themen über das Initiativrecht einen relativ leichten Einstieg. Sie haben es aber schwer, grössere und definitive Veränderungen zu bewirken. Ein Verband ist viel eher mit Referenden gegen eine Veränderung resp. Reform als mit Initiativen für eine Veränderung erfolgreich. Die bremsenden Elemente dominieren. Es bestehen ausgeprägte **Beharrungstendenzen**. Die effektiv zustande gekommene Politik zeichnet sich durch geringe Innovation und kleine Veränderungen aus, was viele als Preis für die demokratischen und föderalistischen Errungenschaften sehen und in Kauf nehmen. Dazu gehört auch eine gewisse Tendenz, dass gelegentlich alte Prozesse und die damit verbundene traditionelle Politik hinter einer äusserlichen und punktuellen Hektik einer symbolischen Politik träge weiterlaufen. Parteien und Politiker sind letztlich stärker auf Zustimmung und Konsens der vetofähigen Gruppen verpflichtet als auf irgendein politisches Programm. Dies kann bis zur Entscheidungs- und Handlungsunfähigkeit von Politik und Regierung führen. Allerdings kann es unter extremem Bedürfnisdruck in der Politik durchaus auch zu schnellen Entscheidungen kommen: Ein beeindruckendes Beispiel war 1992 die von Bundesrat und Parlament in kurzer Zeit beschlossene Anpassung von rund 60 Gesetzen an den (später allerdings abgelehnten) Vertrag über den Europäischen Wirtschaftsraum (EWR).

Der **europäische Integrationsprozess** wie auch die **wirtschaftliche Globalisierung** beeinflussen die staatliche Souveränität, die direkte Demokratie sowie den wirtschaftlichen Strukturwandel in jedem Falle. So ist die nationale Souveränität in der Wirtschaftspolitik zur Fiktion geworden. Die Einengung betrifft in materieller Hinsicht die Handlungsspielräume und in formeller Hinsicht die Handlungs-

IV. Wirtschaftspolitik

kompetenz. Nationale Interessen werden künftig – gerade in der Wirtschaftspolitik – viel stärker als bisher durch Interessenvertretung auf supranationaler Ebene gewahrt werden müssen. Dabei dominieren in internationalen Organisationen wie z.B. der Europäischen Union (EU) oder der Welthandelsorganisation (World Trade Organization; WTO) Verhandlungslösungen. Hier verfügt die Schweiz über grosse Erfahrungen und hat damit Vorteile. Supranationale Entscheidungsprozesse bringen eine neue Dimension in die Aufgabenstellung der Politik der Schweiz. Es geht nicht nur um neue Themen wie z.B. regionaler Ausgleich in Europa, sondern auch um neue Mitspieler im Interessentausch und damit um neue Kräfteverhältnisse. Es treten neue Gruppen und Interessen auf den Plan (z.B. ärmere Süd- oder Oststaaten, alte Industrien, europäische Gewerkschaften, Landwirtschaftskreise sowie die supranationale Bürokratie). Das fein ausgeklügelte und balancierte System der innerschweizerischen Verbandskompromisse muss neu orientiert und weiter entwickelt werden. Die in supranationalen Gremien (mit Beteiligung der Schweiz) ausgehandelten Kompromisse müssen in der Schweiz in den Grundzügen unverändert übernommen werden. Auch müssen sie in für schweizerische Verhältnisse oft sehr kurzer Zeit ausgehandelt, entschieden und realisiert werden. Damit verbundene Souveränitätsverluste könnten durch eine Aufwertung der direkten Demokratie im Bereiche des internationalen Rechts kompensiert werden. Der dabei national gestaltbare Handlungsspielraum ist den Volksrechten zugänglich. Diese könnten z.B. beim Vollzug des Europarechts, generell des internationalen oder supranationalen Rechts Einfluss nehmen. Die direkte Demokratie kann also zur konkreten Ausgestaltung der Wirtschaftspolitik im Rahmen der supranational beschlossenen Grundzüge durchaus positiv genutzt werden. Die Tendenz zu vermehrt supranationalen Lösungen wie z.B. mit der rechtlichen Verbindlichkeit der WTO hat auch enorme innenpolitische Konsequenzen. Traditionelle und etablierte Positionen von Interessengruppen wie die der Bauern oder des Gewerbes werden dadurch in Frage gestellt. Diese Gruppen wiederum verlangen für ihre Zustimmung in der einen oder anderen Form Kompensationen. Die Landwirtschaftspolitik der Bauern, die Verkehrspolitik der Grünen, die Arbeitsmarkt- und Ausländerpolitik der Rechten, die Politik des Gewerbes gegenüber öffentlichen Submissionen haben starke aussenpolitische Effekte und beeinflussen die Standortattraktivität. Umgekehrt kann es auf Dauer z.B. keine schweizerische Verkehrs- oder Arbeitsmarktpolitik ohne explizite Einbindung in das europäische Umfeld geben. Damit werden die Entscheidungen von Innen- und Aussenpolitik immer stärker voneinander abhängig und miteinander verflochten.

6. Quellen

6.1 Literatur

Akerlof, G. A. (1970). The Market for "Lemons": Quality Uncertainty and the Market Mechanism, in: The Quarterly Journal of Economics. Vol. 84, Nr. 3, S. 488–500.

Arrow, K. J. (1951). Social Choice and Individual Values. New Haven/London.

Blankart, Ch. B. (2006). Öffentliche Finanzen in der Demokratie. 6. Auflage. München.

Blöchliger, H. (Hrsg.) (2005). Baustelle Föderalismus. Avenir Suisse. Zürich.

Brennan, G., Buchanan, J. M. (1985). The Reason of Rules: Constitutional Political Economy. Cambridge.

economiesuisse (Hrsg.) (2004). Wirtschaftspolitik in der Schweiz 2004. Zürich.

Frey, B. S. (1997). Ein neuer Föderalismus für Europa: Die Idee der FOCJ. Tübingen.

Frey, B. S., Kirchgässner, G. (2002). Demokratische Wirtschaftspolitik: Theorie und Anwendung. 3. Auflage. München.

Fritsch, M., Wein, Th., Ewers, H.-J. (2005). Marktversagen und Wirtschaftspolitik: Mikroökonomische Grundlagen staatlichen Handelns. 6. Auflage. München.

Germann, R. E. (1994). Staatsreform – Der Übergang zur Konkurrenzdemokratie. Bern/Stuttgart/Wien.

Gersbach, H. (2005). Designing Democracy – Ideas for Better Rules. Berlin/Heidelberg.

Häfelin, U., Haller, W. (2005). Schweizerisches Bundesstaatsrecht. 6. Auflage. Zürich/Basel/Genf.

Haller, W., Kölz, A. (2004). Allgemeines Staatsrecht. 3. Auflage. Basel/Genf/München.

Hotz, B. (1979). Politik zwischen Staat und Wirtschaft. Diessenhofen.

Linder, W. (2005). Schweizerische Demokratie: Institutionen – Prozesse – Perspektiven. 2. Auflage. Bern/Stuttgart/Wien.

Molitor, B. (1995). Wirtschaftspolitik. 5. Auflage. München/Wien.

Neidhart, L. (2002). Die politische Schweiz: Fundamente und Institutionen. Zürich.

Niskanen, W. A. (1971). Bureaucracy and Representative Government. Chicago.

Niskanen, W. A. (2004). Autocratic, Democratic and Optimal Government: Fiscal Choices and Economic Outcomes. Cheltenham/Northampton.

Olson, M. (1968). Die Logik des kollektiven Handelns: Kollektivgüter und die Theorie der Gruppen. Tübingen.

Rhinow, R. A., Abderhalden, U. (2003). Grundzüge des schweizerischen Verfassungsrechts. Basel.

Richter, R., Furubotn, E. G. (1999). Neue Institutionenökonomik: Eine Einführung und kritische Würdigung. 2. Auflage. Tübingen.

Schneider, F. (2004). Arbeit im Schatten – wo Deutschlands Wirtschaft wirklich wächst. Wiesbaden.

Schneider, F., Dreher, A. (2006). Schattenwirtschaft und Korruption sind nicht Zwillinge – Gegenseitige Verstärkung der beiden Übel in Entwicklungsländern, in: Neue Zürcher Zeitung. Nr. 5, S. 27.

Tanzi, V. (2000). Policies, Institutions and the Dark Side of Economics. Cheltenham/Northampton.

Tschäni, H. (1983). Wer regiert die Schweiz? Eine kritische Untersuchung über den Einfluss von Lobby und Verbänden in der schweizerischen Demokratie. Zürich.

Tullock, G. (1965). The Politics of Bureaucracy. Washington.

Tullock, G. (2005). Public Goods, Redistribution and Rent Seeking. Cheltenham/Northampton.

Vatter, A., Wälti, S. (2003). Schweizer Föderalismus in vergleichender Perspektive. Chur/Zürich.

6.2 Internet

Avenir Suisse. URL: www.avenir-suisse.ch

Bundeskanzlei. URL: www.admin.ch/ch/d/bk/index.html

Bundesversammlung – das Schweizer Parlament. URL: www.parlament.ch

gfs.bern. URL: www.polittrends.ch

Schweizer Wahlstudien. URL: www.selects.ch

Swiss Politics. URL: www.swisspolitics.org

Verbände – die Plattform für Verbände und Organisationen.
   URL: www.verbaende.ch

Verwaltungsstellen von Bund, Kantonen und Gemeinden. URL: www.ch.ch

Wahlen.ch. URL: www.wahlen.ch

Produktionsfaktoren

Unter dem Begriff Produktionsfaktoren werden die für die Produktion einer Volkswirtschaft notwendigen Güter (= Waren und Dienstleistungen) verstanden. Die Klassiker der Ökonomie unterschieden zwischen den drei Produktionsfaktoren Arbeit, Boden und Kapital, denen die Einkommensarten Lohn, Bodenrente und Kapitaleinkommen (Zinsen und Gewinne) entsprachen. Die Industrialisierung und der technische Fortschritt gaben Anlass, diese Unterteilung zu erweitern. Heute erscheint es deshalb sinnvoll, Wissen, Umwelt und Energie ebenfalls als eigenständige Produktionsfaktoren mit speziellen Eigenschaften zu diskutieren.

Arbeit (Kapitel V.) stellt den ersten Produktionsfaktor dar, auf den eingegangen wird. Der schweizerische Arbeitsmarkt ist stark von der Sozialpartnerschaft und dem Arbeitsfrieden zwischen Arbeitgebern und Arbeitnehmern geprägt; nur relativ selten ergeben sich Arbeitskonflikte mit Streiks und Aussperrungen. Die Löhne sind u.a. aufgrund der hohen Arbeitsproduktivität im internationalen Vergleich hoch und die Arbeitsverhältnisse waren zumindest bis Ende der 1980er Jahre oft sehr langfristig. Die Rezession Anfang der 1990er Jahre hat jedoch 1997 zu einer historischen Rekordarbeitslosenquote von 5,7% geführt. Seither ist die Arbeitslosigkeit zurückgegangen und liegt im internationalen Vergleich auf einem tiefen Niveau.

Wissen, Bildung und Innovationen (Kapitel VI.) sind Produktionsfaktoren, die in einer hochindustrialisierten Volkswirtschaft eine immer grössere Bedeutung erlangen. Wettbewerbsvorteile gegenüber der ausländischen Konkurrenz lassen sich in der Schweiz vermehrt nur noch über den Innovationswettbewerb erzielen. Zusehends wichtiger wird dabei die Forschung, deren Ergebnisse im Idealfall zielgerichtet in die Entwicklung neuer, den Kundenbedürfnissen entsprechenden Güter einfliessen. Der Wettbewerb über Innovationen zwingt auch das Bildungswesen als einen zentralen Aspekt des Faktors Wissen zu einer Dynamisierung und Anpassung an neue Gegebenheiten. Die Fähigkeit einer Volkswirtschaft, Humankapital aufzubauen, Wissen zu vermitteln und innovativ zu sein, entscheidet letztlich über ihren Erfolg.

Boden und Realkapital (Kapitel VII.) stellen neben der Arbeit die beiden anderen klassischen Produktionsfaktoren dar. Der nutzbare Boden ist in der Schweiz einerseits aufgrund des hohen Anteils der unproduktiven Fläche und andererseits aufgrund der dichten Besiedlung knapp. Dies führte zu einer staatlichen Boden- und Raumpolitik, die sich in zahlreichen rechtlichen Bestimmungen äussert. Während der Boden die Grundlage jeder wirtschaftlichen Tätigkeit darstellt, ist die Ausstattung einer Volkswirtschaft mit Realkapital entscheidend für deren Wachstum. Insbesondere die Investitionen haben einen grossen Einfluss auf das zur Verfügung stehende Produktionspotenzial einer Volkswirtschaft. Eine Verbindung zwischen dem Boden und dem Realkapital kann über den Immobilienmarkt hergestellt werden.

Umwelt (Kapitel VIII.) ist in vielen Fällen ein Produktionsfaktor, der kostenlos genutzt werden kann, was oft zu ihrer Übernutzung führt. Die Verschlechterung der Luft-, Wasser- und Bodenqualität im Rahmen des weltweiten Bevölkerungswachstums und der Industrialisierung zeigt diesen Sachverhalt sehr deutlich. In der Schweiz wird mittels verschiedener Instrumente der Umweltpolitik versucht, die Umweltqualität zu verbessern.

Energie (Kapitel IX.) ist ein Faktor, der erst seit Beginn der Industrialisierung einen massgebenden Einfluss auf die Produktion hat. Probleme ergeben sich daraus, dass ein grosser Teil der eingesetzten Energie aus nicht-erneuerbaren Energieträgern stammt und oft zu einer steigenden Umweltbelastung beiträgt. Die schweizerische Energiepolitik versucht, diesen Problemen mit Energiesparmassnahmen und Instrumenten der Umweltpolitik zu begegnen.

V. Arbeit

1. Einführung

Der erste der im Folgenden zu behandelnden Produktionsfaktoren ist die Arbeit. Dies nicht ganz zufällig, denn dem Faktor Arbeit kommt in mehrfacher Hinsicht eine besondere Bedeutung zu: Beispielsweise ist das **Einkommen** aus Arbeit und damit eine Beschäftigung für die allermeisten Personen unabdingbar für ihren Lebensunterhalt. Ihre Arbeit ist die mit Abstand wichtigste **Grundlage ihres Wohlstandes**. Arbeitslosigkeit würde ohne soziale Absicherung in kurzer Zeit existenzielle Not bedeuten.

Ausserdem ist der Faktor Arbeit für die Wirtschaft am Standort Schweiz etwas Besonderes: Für die kleine und rohstoffarme Volkswirtschaft stellt Arbeit den fast einzigen Produktionsfaktor dar, der aktiv zur Steigerung der Wettbewerbsfähigkeit genutzt werden kann. Dabei relevante Aspekte wie die Qualifikation oder das Innovationsverhalten werden im folgenden Kapitel "Wissen, Bildung und Innovationen" behandelt (vgl. S. 173ff.). In diesem Kapitel soll u.a. der Frage nachgegangen werden, wie die Organisation und die Funktionsweise des Arbeitsmarkts im Falle der Schweiz mit Beschäftigung und Einkommen zusammenhängen. Gute Ergebnisse auf dem Arbeitsmarkt hängen einerseits von der **konjunkturellen und strukturellen Wirtschaftsentwicklung** ab, andererseits werden diese Ergebnisse auch stark von der **Flexibilität** sowie der **Mobilität der Arbeitnehmer** beeinflusst. In diesem Zusammenhang stellt sich die Frage, inwiefern eine Vermachtung des Arbeitsmarkts durch die Sozialpartner und/oder Regulationen durch diese oder den Staat Wohlstand und Wachstum beeinträchtigen. Besonders ins Gewicht fällt die staatliche Regulation des Arbeitsmarkts bei der Zulassung von ausländischen Arbeitskräften. Über eine damit verbundene indirekte Subventionierung einzelner Branchen entstanden z.T. massive Verzerrungen in der Wirtschaftsstruktur; eine Liberalisierung zeichnet sich gegenwärtig mit den zwischen der Schweiz und der Europäischen Union (EU) abgeschlossenen bilateralen Verträgen ab, die u.a. die schrittweise Einführung der **Personenfreizügigkeit** vorsehen.

Der schweizerische Arbeitsmarkt hat während vieler Jahre in engem Zusammenspiel mit dem positiven Gang der Wirtschaft ein im internationalen Vergleich sehr gutes Resultat erzielt. In den frühen 1990er Jahren wurde die Schweiz jedoch von einer Rezession erfasst, deren Auswirkungen sich auch mit einer zeitlichen Verzögerung auf dem Arbeitsmarkt bemerkbar machten. So stieg die **Arbeitslosenquote** in der Periode 1990–1993 von 0,5% auf 4,5% und erreichte Anfang 1997 einen Höchststand von 5,7%. Der kurze wirtschaftliche Aufschwung Ende der 1990er Jahre vermochte die Quote bis 2000 auf 1,8% zu senken. 2004 belief sich die Arbeitslosenquote wiederum auf knapp 4%. Diese ungünstige Entwicklung am schweizerischen Arbeitsmarkt hat sich in den letzten Jahren entsprechend auch in seinen Ergebnissen widergespiegelt: So betrug das jährliche **Reallohnwachstum** in der Schweiz in der Periode 1993–2004 gerade noch 0,35%.

Dieses Kapitel gliedert sich in drei Teile: die Funktionsweise des Arbeitsmarkts, die institutionelle Ausgestaltung des schweizerischen Arbeitsmarkts sowie dessen Ergebnisse.

2. Die Funktionsweise des Arbeitsmarkts

2.1 Besonderheiten des Faktors Arbeit

Der Produktionsfaktor Arbeit zeichnet sich gegenüber den anderen Faktoren durch verschiedene Merkmale aus, die im Folgenden kurz erläutert werden:

- **Erwerbs- und Nichterwerbsarbeit:** Erwerbsarbeit ist eine Tätigkeit, für die ein Arbeitnehmer einen materiellen Lohn erhält. Nichterwerbsarbeit kann ebenfalls produktive Arbeit sein; diese wird aber, wie z.B. die Haushaltsarbeit, nicht (oder nicht direkt) in Geldeinheiten abgegolten. Erwerbs- und Nichterwerbsarbeit sind nicht unabhängig voneinander. So stellt die Kinderbetreuung einer Mutter oder eines Vaters immer auch einen teilweisen oder gänzlichen Verzicht auf Erwerbsarbeit dar.
- **Existenzsicherung durch Erwerbs- oder Arbeitseinkommen:** Einkommen erzielt in einer Marktwirtschaft nur, wer Leistungen verkaufen kann. Weite Bevölkerungskreise sind zur Sicherung ihrer Existenz auf die wirtschaftliche Verwertung ihrer Arbeitskraft angewiesen. Ein vorübergehender oder dauernder Verlust der Arbeitsfähigkeit (z.B. durch Unfall, Invalidität oder Krankheit) bedeutet eine besondere Belastung des Einkommens durch unplanmässige Ausgaben und allenfalls sogar eine Bedrohung der Existenz. Solche Risiken, denen jedes Individuum zu einem gewissen Grad ausgesetzt ist, begründen die Existenz der Sozialversicherungen in einer (sozialen) Marktwirtschaft.
- **Arbeit kann nicht gelagert werden:** Liegt Arbeit z.B. wegen Arbeitslosigkeit brach, so ist sie für die entsprechende Zeit definitiv und unumkehrbar verloren. Ist jemand arbeitslos, so entwertet sich seine Arbeit immer mehr, je länger er arbeitslos ist. Erlernte Fähigkeiten gehen verloren, ein Individuum ist von den ständigen Neuerungen, die in der Arbeitswelt laufend erlernt werden, abgekoppelt.
- **Nutzen durch Nichtgebrauch:** Im Gegensatz zu den anderen Produktionsfaktoren kann Arbeit auch einen Nutzen stiften, indem sie nicht gebraucht wird; diesen Nutzen stiftet die Freizeit. Hat ein Individuum über seine verfügbare Zeit zu entscheiden, so teilt es diese derart in Arbeits- und Freizeit auf, dass sein Nutzen maximiert wird. Je nachdem wie hoch der reale Lohnsatz ist, wird das Individuum mehr Arbeits- oder Freizeit nachfragen.
- **Heterogenität:** Aufgrund der unterschiedlichen Qualifikationen der Arbeitnehmer ist der Faktor Arbeit sehr heterogen. Dies bedeutet, dass es keinen Gesamtarbeitsmarkt, sondern nur Einzelmärkte für unterschiedlich qualifizierte Arbeitnehmer gibt.

- **Arbeitsbeziehung und Arbeitsverträge:** Arbeit wird in einer Beziehung zwischen Arbeitnehmern und Arbeitgebern getauscht, wobei Arbeitsverträge die Arbeitszeit, Lohnhöhe, Sozialleistungen etc. regeln. Damit können Arbeitsverträge aber nur die Richtlinien und bestimmte Qualitätsstandards vorgeben, nicht jedoch genaue Handlungsanweisungen, wie die Anforderungen eines sich dynamisch entwickelnden Arbeitsplatzes im Einzelnen zu erfüllen sind: Arbeitsverträge sind somit immer unvollständige Verträge. Jeder Arbeitnehmer besitzt somit einen Spielraum bezüglich der Leistung, die er über das unbedingt erforderliche Minimum hinaus erbringen kann. Entsprechend sehen sich die Arbeitgeber mit einem Kontrolldefizit konfrontiert. Sie können jedoch mit einem höheren Lohn versuchen, einen Anreiz zu bieten, und darauf zu hoffen, dass dieser den Arbeitnehmer tatsächlich motiviert, mehr als das minimal Notwendige zu arbeiten. Damit kommen dem Lohn neben der eigentlichen Funktion als Preis der Arbeit weitere wichtige Funktionen zu wie z.B. als (psychologisches) Motivationsinstrument für Leistung und als Steuerungsinstrument des Fluktuationsverhaltens.

2.2 Begriffe des Arbeitsmarkts

Abbildung 39 zeigt den Arbeitsmarkt mit Angebots- und Nachfrageseite. Das Angebot an Arbeitskräften kann auch als Nachfrage nach Arbeitsplätzen aufgefasst werden. So entspricht die Nachfrage nach Arbeitskräften umgekehrt auch dem Angebot an Arbeitsplätzen.

Es gilt den Unterschied zwischen den Begriffen "Erwerbstätige" und "Beschäftigte" zu beachten: Ersterer ist personen-, Letzterer stellenorientiert. Die Verbindung beider Begriffe erfolgt über die Mehrfachbeschäftigung, welche diejenigen Personen berücksichtigt, die mehrere Stellen innehaben. Des Weiteren gilt es, den Unterschied zwischen der Erwerbslosenquote und der Arbeitslosenquote hervorzuheben:

- **Erwerbslosenquote:** Diese Quote wird von der Schweizerischen Arbeitskräfteerhebung (SAKE) erhoben und basiert auf einer jährlich bei 39'000 Personen durchgeführten Haushaltsbefragung. Davon gelten Personen als erwerbslos, wenn sie erstens älter als 15 Jahre und nicht erwerbstätig sind, zweitens aktiv eine Arbeitsstelle suchen und drittens grundsätzlich verfügbar, also beispielsweise nicht ernsthaft krank sind. Das Hauptziel ist die Erfassung der Erwerbsstruktur und des Erwerbsverhaltens der ständigen Wohnbevölkerung. Aufgrund der strikten Anwendung internationaler Definitionen in der SAKE lassen sich die schweizerischen Daten mit jenen der übrigen Länder der OECD sowie den Mitgliedstaaten der Europäischen

V. Arbeit

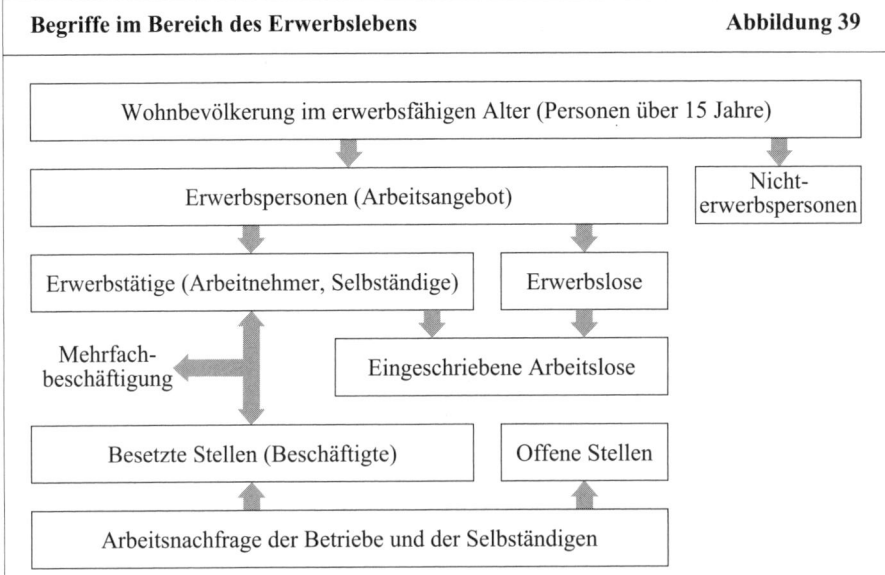

Begriffe im Bereich des Erwerbslebens — Abbildung 39

Bruttoerwerbsquote: Anteil der Erwerbspersonen an der ständigen Wohnbevölkerung. Die ständige Wohnbevölkerung belief sich 2004 auf 7,364 Mio. Personen.

Standardisierte Erwerbsquote: Anteil der Erwerbspersonen an der Wohnbevölkerung im erwerbsfähigen Alter, d.h. der Bevölkerung von über 15 Jahren. Die erwerbsfähige Wohnbevölkerung belief sich 2004 auf 6,151 Mio. Personen.

Erwerbstätigenquote: Anteil der Erwerbstätigen an der ständigen Wohnbevölkerung.

Erwerbslosenquote: Anteil der Erwerbslosen an den Erwerbspersonen. Die Erwerbspersonen beliefen sich 2004 auf 4,175 Mio. Personen.

Arbeitslosenquote: Anteil der am Stichtag – in der Regel Ende Monat – bei einem Regionalen Arbeitsvermittlungszentrum (RAV) registrierten Arbeitslosen an den Erwerbspersonen.

Nichterwerbspersonen sind Personen in Ausbildung, Hausfrauen/-männer und Rentner. Diese Personen gelten deshalb nicht als Erwerbslose, weil sie nicht aktiv eine Arbeitsstelle suchen.

Quelle: angelehnt an BFS (2005). Statistisches Jahrbuch der Schweiz 2005. Zürich. S. 180.

Union (EU) vergleichen; deshalb werden die Erwerbslosen manchmal auch als "Arbeitslose gemäss internationaler Normen" bezeichnet. Seit 2003 wird die SAKE-Stichprobe zusätzlich durch 15'000 ausländische Personen der ständigen Wohnbevölkerung ergänzt, um die Auswirkungen der Personenfreizügigkeit auf den schweizerischen Arbeitsmarkt zu verfolgen. Die teilnehmenden Personen werden in fünf aufeinander folgenden Jahren befragt, womit eine Panel-Daten-Struktur sichergestellt wird. Im Jahr 2004 belief sich die Erwerbslosenquote auf 4,3%, womit 178'000 Personen erwerbslos waren.

- **Arbeitslosenquote:** Diese Quote wird vom Staatssekretariat für Wirtschaft (seco) erhoben und definiert eine Person als arbeitslos, wenn sie bei einem Regionalen Arbeitsvermittlungszentrum (RAV) gemeldet ist, keine Stelle hat und sofort vermittelbar ist. Dabei ist unerheblich, ob diese Personen eine Arbeitslosenentschädigung (sog. Taggeldleistungen) beziehen oder nicht. Teilnehmer an arbeitsmarktlichen Massnahmen und Personen, die sich z.B. in Umschulung oder Weiterbildung befinden, gelten als registrierte nicht-arbeitslose Stellensuchende; entsprechend werden sie in der offiziellen Arbeitslosenquote nicht berücksichtigt. Ganzarbeitslose suchen eine Vollzeitstelle; teilweise Arbeitslose eine Teilzeitstelle. Die Quote ergibt sich somit aus den (bei einem RAV) registrierten Arbeitslosen am Stichtag geteilt durch die Zahl der Erwerbspersonen gemäss eidgenössischer Volkszählung aus dem Jahr 2000. Im Jahr 2004 belief sich die Arbeitslosenquote auf durchschnittlich 3,9%, womit 153'000 Personen arbeitslos waren.

Abbildung 40 gibt einen Überblick über die Bestimmungsfaktoren von Angebot und Nachfrage auf dem Arbeitsmarkt.

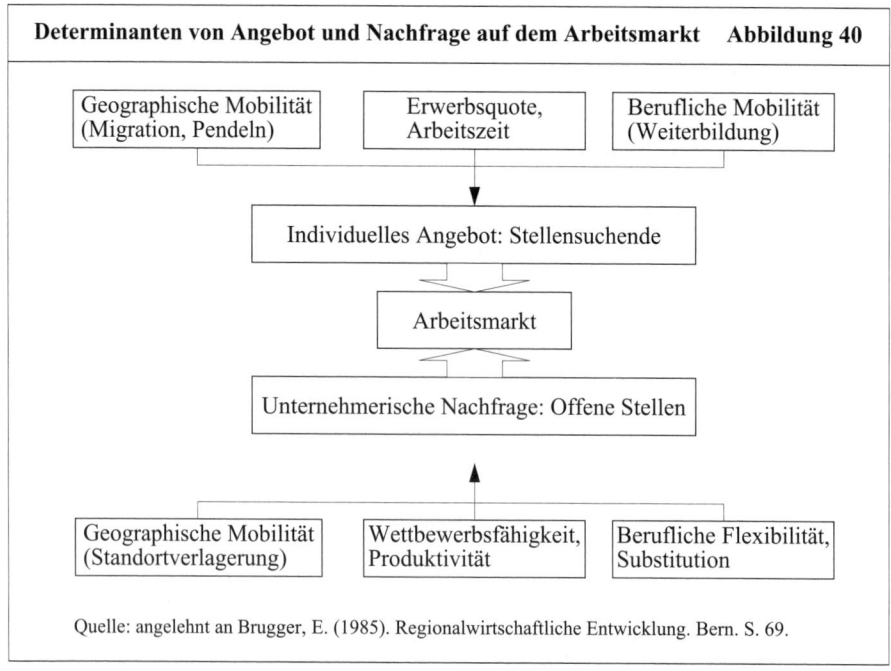

2.3 Angebot an Arbeitskräften

Für eine Analyse des Arbeitskräfteangebots interessiert v.a. die Zahl der Erwerbspersonen sowie die daraus ableitbare (Brutto-)Erwerbsquote (vgl. Abbildung 39 auf S. 139). Tabelle 4 gibt einen Überblick über die Entwicklung der Anzahl erwerbswilliger Personen in der Schweiz sowie über den Verlauf der (Brutto-)Erwerbsquote geordnet nach verschiedenen Merkmalen.

Erwerbspersonen und Bruttoerwerbsquote in der Schweiz (1960–2004)[1]   Tabelle 4

	1960	1970	1980	1990	2000	2004
Erwerbspersonen Total[2]	2674	2996	3092	3622	3915	4175
Erwerbsquote Total[3]	49,3	48,3	48,2	52,8	55,6	56,2
Erwerbsquote Männer	66,0	64,4	62,9	64,8	63,5	62,8
Erwerbsquote Frauen	33,0	32,9	34,2	41,4	48,1	49,8
Erwerbsquote Schweizer	47,1	45,5	46,9	50,8	54,8	55,3
Erwerbsquote Ausländer	73,2	63,2	55,9	63,8	58,9	59,8

[1] Daten: www.bfs.admin.ch (April 2005).
[2] Erwerbspersonen in Tausend (Jahresdurchschnitt). Der Wert für 1960 ist mit den anderen Werten nicht vollumfänglich vergleichbar, da eine leicht andere Definition des Begriffs "Erwerbspersonen" der statistischen Erhebung zugrunde lag.
[3] Die ausgewiesenen Erwerbsquoten sind als Bruttoerwerbsquoten zu verstehen (vgl. Abbildung 39 auf S. 139); der Divisor entspricht dabei der jeweils interessierenden Anzahl Personen an der ständigen Wohnbevölkerung.

Tabelle 4 zeigt, dass sich die **Erwerbsquote der Männer** über die letzten 45 Jahre sehr stabil entwickelt hat und gegenwärtig knapp 63% beträgt. Die **Erwerbsquote der Frauen** hat über denselben Zeitraum betrachtet um die Hälfte von 33% auf fast 50% zugenommen. Diese vermehrte Integration der Frauen in den Arbeitsmarkt ist auf verschiedene Gründe zurückzuführen: So hat sich erstens das Ausbildungsverhalten der jungen Frauen geändert, was sich auch in der starken Zunahme der Anzahl Frauen an höheren Schulen zeigt. Zweitens liegt eine vermehrte Nutzung von Angeboten der Teilzeitarbeit vor. So haben gemäss der SAKE im Jahr 2004 gut 30% aller Erwerbstätigen Teilzeit, d.h. ein Pensum von unter 90%, gearbeitet. Bei den Frauen belief sich der Anteil der Teilzeiterwerbstätigen auf 57%, bei den Männern auf 11%. Beide Werte nehmen im internationalen Vergleich eine Spitzenposition ein, sind doch im europäischen Schnitt bei den Frauen nur rund 35% und bei den Männern rund 6% teilzeitbeschäftigt. Drittens ist die stärkere Integration der Frauen in den Arbeitsmarkt aber auch darauf zurückzuführen, dass deren Erwerbseinkommen zusehends einen notwendigen Bestandteil des Haushaltseinkommens darstellt. Dies dürfte nicht nur für Haushalte mit einem bescheidenen Erwerbseinkommen des Mannes gelten, sondern auch vermehrt für Teile des sog. Mittelstandes. Vor diesem Hintergrund sind auch die in jüngster Zeit diskutierten Massnahmen im Bereich der **Familienpolitik** zu sehen, wie z.B. eine Flexibilisierung der Arbeitszeitregelung oder ein vermehrtes Angebot an Kinderbetreuung. So zeigt sich z.B., dass die staatlichen Ausgaben im Bereich der Kinderbetreuung mit 0,2% des BIP fast zehnmal tiefer liegen als in Dänemark oder Schweden.

Wird die Erwerbsquote der Schweizer mit derjenigen der Ausländer verglichen, zeigt sich Folgendes: Die **Erwerbsquote der Schweizer** hat in der Periode 1960–2004 leicht zugenommen und beträgt gegenwärtig rund 55%, während diejenige der Ausländer von über 70% auf knapp 60% gesunken ist; die **Erwerbsquote der Ausländer** lag aber zu jedem Zeitpunkt über derjenigen der Schweizer. Dies erklärt sich dadurch, dass es oft ein Arbeitsplatz ist, der Ausländer in die Schweiz zieht. Wichtige Gründe für den Rückgang der Erwerbsquote der Ausländer liegen einerseits im vermehrten Familiennachzug aufgrund gewisser gesetzlicher Lockerungen. Andererseits verlassen zunehmend weniger einst immigrierte Ausländer die Schweiz nach ihrer Pensionierung. Dadurch senkt sich der Anteil der erwerbstätigen Ausländer in der Schweiz an den in der Schweiz wohnhaften Ausländern automatisch.

Sowohl in Bezug auf die unterschiedliche Höhe der Erwerbsquote bei Männern und Frauen als auch bei Schweizern und Ausländern ist eine weitere, wesentliche Determinante zu erwähnen: Die **Opportunitätskosten der Arbeit** unterscheiden sich bei Männern und Frauen bzw. Schweizern und Ausländern. Die Höhe des Reallohns, (nicht-)vorhandene soziale Netze, Arbeitsmöglichkeiten im eigenen privaten Haushalt oder Heimatland etc. bestimmen letztlich den Wert der Freizeit und damit die Opportunitätskosten der Arbeit.

Die Höhe der Erwerbsquote – sowohl brutto als auch standardisiert – ist von verschiedenen Faktoren abhängig. Die wichtigsten sind in Abbildung 41 zusammengestellt.

2.4 Nachfrage nach Arbeitskräften

Die Nachfrage nach Arbeitskräften widerspiegelt das Angebot an Arbeitsplätzen. Die Grössenordnung dieser Nachfrage hängt wesentlich von der **Grösse des Produktionsapparates** ab und entspricht damit der sog. **Kapazitätsarbeitsnachfrage**. Der Produktionsapparat verändert sich fortlaufend als Saldoeffekt der Neuinvestitionen und der Abschreibung alter Anlagen je Periode (vgl. S. 372ff.). Die Entwicklung des Saldoeffekts hängt wesentlich von den relativen Faktorkosten sowie der Rentabilität der Investitionen ab. Die **effektive Nachfrage** nach Arbeitskräften ist dabei eine von den Gütermärkten **abgeleitete Nachfrage**. Produktionsfaktoren wie z.B. Arbeitskräfte werden im Allgemeinen nicht um ihrer

V. Arbeit 143

Einflussfaktoren auf die Höhe der Erwerbsquote	Abbildung 41

Veränderungen in der Lebensarbeitszeit: Die Lebensarbeitszeit wird beeinflusst durch das Ausbildungsniveau und -verhalten sowie den Wandel in diesem Verhalten. So ändert sich z.B. der Anteil der potenziell aktiven Bevölkerung, die sich in Ausbildung befindet, oder das (offizielle) Pensionierungsalter. Beides hat einen unmittelbaren Einfluss auf die Erwerbsquote.

Demographische Entwicklung: In allen westlichen Industrieländern ist eine Tendenz zur Überalterung der Bevölkerung festzustellen. Einerseits werden die neu ins erwerbsfähige Alter tretenden Jahrgänge von Jahr zu Jahr schmaler; anderseits werden sowohl absolut als auch relativ immer mehr Personen im Rentenalter sein, was einen direkten Einfluss auf die Erwerbsquote, d.h. das Arbeitsangebot, haben wird. Auf S. 676ff. finden sich detailliertere Informationen über die Bevölkerungsstruktur und deren Entwicklung.

Ausländische Arbeitskräfte: Bei den Bestimmungsfaktoren der internationalen Wanderung (Migration) dominieren Überlegungen zu den Einkommens- und Verdienstmöglichkeiten resp. zur Attraktivität der Beschäftigungsmöglichkeiten. Die Schweiz hat sich seit dem Zweiten Weltkrieg zu einem Einwanderungsland entwickelt, wobei die 1960er Jahre die einwanderungsintensivste Zeit waren. 2004 belief sich der Anteil der ausländischen Erwerbstätigen am Total der Erwerbstätigen in der Schweiz auf rund 25%, wobei dieser Anteil je nach Wirtschaftssektor stark variiert; während im Sekundärsektor 28% und im Tertiärsektor 19% der Arbeitnehmer Ausländer sind, sind es im Primärsektor lediglich 5%.

selbst willen nachgefragt. Der Nachfrager will mit ihnen Waren und Dienstleistungen produzieren, für die auf den Gütermärkten eine Nachfrage besteht. Solange dem Arbeitgeber eine zusätzliche Arbeitsstunde auf den Absatzmärkten mehr einbringt als sie kostet, also der Wert des Grenzproduktes je Arbeitsstunde grösser ist als der Lohnsatz, den er zu bezahlen hat, lohnt sich für ihn die Einstellung zusätzlicher Arbeitskräfte. Sollte dies bei steigendem Arbeitskräfteeinsatz aufgrund des abnehmenden Grenzertrags nicht mehr der Fall sein, werden keine weiteren Arbeitskräfte mehr eingestellt. Geht man davon aus, dass sich alle Unternehmungen im Prinzip nach den gleichen Überlegungen verhalten, so resultiert eine negativ geneigte **Gesamtnachfragekurve nach Arbeitskräften**. Abbildung 42 auf S. 144 gibt eine Übersicht über die wichtigsten Gründe, welche die Nachfrage nach Arbeitskräften bestimmen.

Bestimmungsgründe der effektiven Arbeitskräftenachfrage	Abbildung 42

Die Entwicklung des **Produktionssystems**, insbesondere die Entwicklung des Bruttoinlandproduktes (BIP) und damit der Grad der Auslastung der Produktionskapazitäten sowie die Investitionstätigkeit.

Die **sektorale Entwicklung der Wirtschaft** (Wandel der Branchenstruktur) und der damit verbundene Wandel in der Nachfrage einzelner Berufe; u.a. Tertiarisierung als sektoraler Wandel.

Die Entwicklung der **relativen Preise**, z.B. die Kapitalkosten im Verhältnis zu den Arbeitskosten und ihre Veränderung.

Die Entwicklung der **regionalen Wirtschaftstätigkeit** und die damit verbundene **geographische Mobilität** bestimmen u.a. Zahl und Grösse der Unternehmungen in einer Region sowie allfällige Standortverlagerungen von Unternehmungen.

2.5 Lohnbildung

Die Lohnbildung erfolgt durch das Zusammenspiel von Angebot und Nachfrage auf dem Arbeitsmarkt, sofern keine staatlichen Eingriffe wie z.B. gesetzlich vorgeschriebene Mindestlöhne vorliegen. Der Arbeitsmarkt ist dann im Gleichgewicht, wenn beim bestehenden Lohnniveau und den gegebenen Rahmenbedingungen gleich viel Arbeit nachgefragt wie angeboten wird. Folgende Faktoren beeinflussen die Lohnhöhe auf einem bestimmten, von staatlichen Reglementierungen freien Arbeitsmarkt: die Marktform auf dem Arbeitsmarkt und auf den Gütermärkten, der Informationsstand von Arbeitnehmern und Arbeitgebern, die allgemeine Konjunkturlage sowie die räumliche und berufliche Mobilität der Arbeitskräfte. Des Weiteren haben Veränderungen aller Bestimmungsfaktoren von Angebot an sowie Nachfrage nach Arbeitskräften Effekte auf die Lohnbildung, was (auch) aus Abbildung 40 auf S. 140 ersichtlich ist.

Auf dem Arbeitsmarkt gibt es jedoch viele **Unvollkommenheiten**, wie z.B. die früher erwähnte Heterogenität des Faktors Arbeit; dies bedingt, dass es keinen Gesamtarbeitsmarkt, sondern nur Einzelmärkte für unterschiedliche Arbeitsarten gibt. Die Arbeitskräfte sind u.U. beruflich und geographisch wenig mobil, oder sie schliessen sich als Angebotskartell in Gewerkschaften zusammen. Auf der Nachfrageseite entsteht durch eine oder wenige marktmächtige Unternehmungen ein Monopson oder Oligopson (z.B. auf einem lokalen Arbeitsmarkt). Arbeitsmärkte sind deshalb oft vermachtete Märkte.

V. Arbeit

Die Einflussnahme von Gewerkschaften kommt in einer Differenz zwischen den Löhnen gewerkschaftlich organisierter und unorganisierter Arbeitnehmer zum Ausdruck; in diesem Zusammenhang wird vom sog. **Gewerkschaftseffekt** gesprochen. Dieser Unterschied kann durch die Anwendung der **Allgemeinverbindlicherklärung (AVE)** ausgeglichen werden. Auf Gesuch der vertragschliessenden Verbände können die zuständigen Behörden im Bund und in den Kantonen **Gesamtarbeitsverträge (GAV)** allgemeinverbindlich erklären, wenn die gesetzlichen Voraussetzungen dazu erfüllt sind. Mit der AVE wird der Geltungsbereich eines GAV auf alle Arbeitnehmer und Arbeitgeber der betreffenden Branche oder des betreffenden Berufes ausgedehnt. In den AVE-Beschlüssen ist jeweils aufgeführt, für welches Gebiet, welche Branche und welche Arbeitnehmer die allgemeinverbindlich erklärten Bestimmungen des GAV gelten. Gegen Missbräuche im Rahmen der Personenfreizügigkeit mit der EU-25 kann seit 2004 eine AVE schon erfolgen, wenn je mindestens 30% der Arbeitgeber und der Arbeitnehmer einer Branche dem GAV unterstehen. Zudem unterstellt das **Entsendegesetz** alle durch einen ausländischen Arbeitgeber in die Schweiz entsandten Arbeitnehmer den schweizerischen Lohn- und Arbeitsbedingungen (vgl. S. 77). Für die Beurteilung des Gewerkschaftseinflusses auf die Lohnhöhe ist letztlich auch der Zeithorizont wichtig, denn die Elastizität des Angebots und der Nachfrage auf dem Arbeitsmarkt ist langfristig grösser als kurzfristig. Insofern ist der monopolistische Verhandlungsspielraum der Gewerkschaften langfristig kleiner als kurzfristig.

Der schweizerische Arbeitsmarkt dürfte im internationalen Vergleich ziemlich marktmässig funktionieren. Die Lohnbildung findet dezentral statt, sodass den Marktverhältnissen und der Produktivitätsentwicklung auf Branchen- und Unternehmungsebene Rechnung getragen werden kann. Der Kündigungsschutz ist moderat ausgebaut, und das duale System der Berufsausbildung (vgl. S. 193) fördert die berufliche Qualifikation und die Mobilität der Arbeitskräfte. Der Einfluss der Verhandlungen zwischen Arbeitgeber- und Arbeitnehmerorganisationen ist gering.

3. Institutionelle Aspekte des schweizerischen Arbeitsmarkts

Die institutionellen Aspekte des schweizerischen Arbeitsmarkts setzen sich aus verschiedenen Faktoren zusammen: Einerseits spielen gesetzliche Aspekte im Rahmen des **Arbeitsrechts** oder der **Arbeitslosenversicherung (ALV)** eine Rolle, andererseits sind die Beziehungen zwischen den **Sozialpartnern** von Bedeutung. Genauere Ausführungen zum Arbeitsrecht finden sich in Abbildung 26 auf S. 73 und zur ALV auf S. 674ff. An dieser Stelle soll ausschliesslich auf die Beziehungen zwischen den Sozialpartnern eingegangen werden, wobei sich aber auch auf S. 72ff. einige Ausführungen hierzu finden.

Sozialpartner sind in der Schweiz Verbände der Arbeitnehmer und der Arbeitgeber auf örtlicher, kantonaler, regionaler und/oder nationaler Ebene. Aus funktionalen Überlegungen werden v.a. zwei Ebenen von Verbänden unterschieden: **Spitzen- oder Dachverbände** und **Einzelverbände** (vgl. S. 98ff.). Zwischen ihnen besteht eine klare Arbeitsteilung. Die wichtigsten Zielsetzungen der **Gewerkschaften** als Vereinigung der Arbeitnehmer sind die Erzielung höherer Lohnsätze, bessere Arbeits- und Fortbildungsbedingungen, Verkürzung der Arbeitszeiten sowie Mitbestimmung bei personellen, sozialen und wirtschaftlichen Fragen in der Unternehmung (z.B. Rationalisierungsschutz). Die **Arbeitgeberorganisationen** verstehen sich als Gegenorganisation zu den Gewerkschaften (sog. countervailing power). Sie koordinieren die Aktivitäten der Arbeitgeber und führen Konsultationen und Verhandlungen mit den Gewerkschaften.

3.1 Arbeitnehmer

3.1.1 Spitzenverbände

Die einzelnen Gewerkschaften und Berufsorganisationen haben sich meist zu Spitzenverbänden zusammengeschlossen. Nach tiefgreifenden Veränderungen in den letzten Jahren gab es 2005 noch zwei Dachorganisationen, auf welche die Arbeitnehmer aufgeteilt sind:

- **Schweizerischer Gewerkschaftsbund (SGB):** Der SGB ist die grösste Arbeitnehmerorganisation der Schweiz und vereinigt 16 Gewerkschaften mit knapp 400'000 Mitgliedern. Der SGB ging Ende des 19. Jahrhunderts aus dem allgemeinen schweizerischen Arbeiterbund hervor und bekam mit der 1908 beschlossenen Statutenrevision jene Gestalt, die er im Wesentli-

chen bis heute bewahrt hat: Die Mitgliedschaft beim SGB beschränkt sich auf die schweizerischen gewerkschaftlichen Berufs- und Industrieverbände. Die dem SGB angeschlossenen Einzelverbände sind in Bezug auf die innere Verwaltung, die Wahrung der Berufsinteressen und die Vertragsverhandlungen autonom. Ebenso ist die Durchführung von Arbeitskämpfen sowie die Mittelbeschaffung Angelegenheit der Einzelverbände. Der SGB ist als Dachorganisation v.a. für die Wirtschafts- und Sozialpolitik verantwortlich.
- **Travail.Suisse:** Diese Dachorganisation der Arbeitnehmer wurde Ende 2002 in Bern durch die Verbände und Gewerkschaften gegründet, die zuvor dem Christlichnationalen Gewerkschaftsbund (CNG) und der Vereinigung schweizerischer Angestelltenverbände (VSA) angeschlossen waren. Dabei konnten der CNG und die VSA auf eine fast 100-Jährige Geschichte zurückblicken. Travail.Suisse vereinigt zwölf autonome Verbände mit gut 160'000 Mitgliedern und vertritt deren Interessen in Politik und Wirtschaft. Dabei ist Travail.Suisse eine parteipolitisch und konfessionell unabhängige Organisation und steht allen interessierten Arbeitnehmerverbänden offen, die sich an den Werten der christlichen Sozialethik sowie an den Regeln der Sozialpartnerschaft und der demokratischen Grundordnung orientieren.

3.1.2 Einzelverbände

Die Arbeiter und Angestellten sind auf Stufe der Einzelverbände organisatorisch relativ **stark zersplittert und dezentralisiert**. Sie sind z.B. in Berufsorganisationen und sektorale Organisationen, Arbeiter- und Angestelltenorganisationen sowie z.T. sogar nach konfessionellen Gesichtspunkten fragmentiert. In der Schweiz gibt es **keine Einheits- oder Industriegewerkschaften** wie etwa in Deutschland, obwohl eine Tendenz zu Fusionen in dieser Richtung festzustellen ist. Im Folgenden sollen ausgewählte Entwicklungen bei den Einzelverbänden dargestellt werden:
- Von besonderer Bedeutung ist der Ende 2004 in Basel erfolgte Zusammenschluss von fünf Branchengewerkschaften des SGB zur Grossgewerkschaft **Unia**. Die Unia ist dabei aus der Gewerkschaft Bau und Industrie (GBI), der Gewerkschaft Industrie, Gewerbe und Dienstleistungen (SMUV), der unia und actions sowie der Gewerkschaft Verkauf, Handel, Transport und Lebensmittel (VHTL) entstanden. Die Unia zählt rund 200'000 Mitglieder und vereinigt damit die Hälfte der Mitglieder des SGB. Die Unia ist für 60 Branchen und rund 500 Gesamtarbeits- und Firmenverträge zuständig.

Mehr als die Hälfte der Mitglieder sind Ausländer, je knapp 20% sind Frauen und Rentner; rund 40% der Mitglieder sind zudem jünger als 40 Jahre.
- Die zweitgrösste Branchengewerkschaft, die dem SGB angeschlossen ist, ist der **Schweizerische Eisenbahn- und Verkehrspersonal-Verband (SEV)**, der rund 50'000 Mitglieder zählt. Danach folgen die knapp 40'000 Mitglieder zählende **Gewerkschaft Kommunikation**, der rund 35'000 Mitglieder zählende **Schweizerische Verband des Personals öffentlicher Dienste (VPOD)** und die rund 15'000 Mitglieder zählende **Comedia**, die sich für Anliegen der Medienindustrie (z.b. Buchhändler, Grafiker, Journalisten) stark macht. Der **Schweizerische Bankpersonalverband** bildet mit knapp 13'000 Mitgliedern die letzte dem SGB angeschlossene Einzelgewerkschaft mit mehr als 10'000 Mitgliedern. Unter den kleineren Einzelgewerkschaften finden sich z.b. das Schweizer Syndikat Medienschaffender (SSM), der Schweizerische Berufsverband Soziale Arbeit (SBS) und der Schweizerische Musikerverband (SMV).

Nebst den Einzelverbänden, die dem SGB oder Travail.Suisse angeschlossen sind, gibt es auch solche, die keinem der beiden Dachverbände angehören. Dies sind z.B. der Schweizerische Kaufmännische Verband (SKV) oder der Dachverband Schweizer Lehrerinnen und Lehrer (LCH), der sich wiederum aus Kantonalsektionen sowie Stufen- und Fachverbänden zusammensetzt.

3.1.3 Beurteilung

Die Gewerkschaften kämpfen in der Schweiz seit Jahren mit z.T. massiven Mitgliederverlusten. Das Problem besteht aber nicht darin, dass viele Gewerkschafter austreten, sondern dass sich nur noch wenige neu den Arbeitnehmerverbänden anschliessen. Anfang der 1970er Jahre waren rund 800'000 Personen Mitglieder einer Gewerkschaft. Als Reaktion auf die Erdölkrise und die damit verbundenen Arbeitsplatzverluste stieg die Mitgliederzahl bis 1976 auf über 900'000. Seither entwickelt sich die Gesamtzahl der in einer Gewerkschaft organisierten Arbeitnehmer rückläufig. 2003 wurden noch rund 780'000 Mitglieder verzeichnet.

Entscheidend für die Stärke der kollektiven Interessenvertretung in Form einer Gewerkschaft ist aber nicht nur die Entwicklung der absoluten Zahl ihrer Mitglieder, sondern auch der **Organisationsgrad** (sog. **Gewerkschaftsquote**). Als Organisationsgrad wird das Verhältnis der Anzahl Mitglieder zur Anzahl Erwerbspersonen in der Verbandsdomäne bezeichnet. Der Mitgliederschwund in den Gewerkschaften manifestiert sich nun auch in rückläufigen Organisationsgraden in den einzelnen wirtschaftlichen Bereichen: In den 1990er Jahren betrug der Organisationsgrad im **öffentlichen Sektor** rund 42% gegenüber rund 55% Anfang der 1960er Jahre. Über den gleichen Zeitraum betrachtet ist derjenige in der **Privatwirtschaft** von knapp 30% auf unter 25% gesunken. Wird der Bereich Privatwirtschaft in den **Sekundärsektor** und den **Bereich der privaten Dienstleistungen** unterteilt, zeigt sich, dass sich der Organisationsgrad im Sekundärsektor bei rund 36% halten konnte, während er im privaten Dienstleistungsbereich (z.B. Gastgewerbe, Banken, Versicherungen) von über 20% auf 12% gesunken ist. Der **Gesamt-Organisationsgrad** in der Schweiz lag 1960 bei 27% und Mitte der 1970er Jahre sogar bei 30%, während er sich 2003 nur noch auf 18% belief, was einem im internationalen Vergleich **sehr tiefen Niveau** entspricht. Nur gerade Frankreich, Griechenland, die Niederlande und Spanien weisen einen tieferen Grad auf.

Mitglieder der Spitzenverbände sind Teilverbände, deshalb ist diese Formulierung leicht irreführend, wenn auch die Absicht klar ist. In Bezug auf die **Mitgliederstruktur** der Verbände zeigt sich, dass sowohl die Frauen als auch die Jugendlichen stark untervertreten sind; zu Beginn des 21. Jahrhunderts betrug der Anteil der Frauen rund 23%, derjenige der Jugendlichen rund 11%. Der niedrige Anteil der Frauen erklärt sich insbesondere dadurch, dass Frauen v.a. im schwer organisierbaren Tertiärbereich arbeiten sowie sehr oft einer Teilzeitbeschäftigung nachgehen. Dennoch ist es den Gewerkschaften in den 1990er Jahren gelungen, mehr Frauen zu mobilisieren. Auch die Ausländer sind mit einem Anteil von 24% nicht übermässig stark vertreten – eine Ausnahme stellt hier die Grossgewerkschaft Unia dar. Den grössten Anteil der Mitglieder in Gewerkschaften stellen ohne Zweifel die klassischen Arbeiter des Sekundärsektors mit einem Anteil von 54% dar. Damit sind die Gewerkschaften aber gerade in denjenigen Branchen stark vertreten, die zusehends weniger Leute beschäftigen, während sie in den neueren Wachstumsbranchen der Wirtschaft keine oder nur wenige Mitglieder organisieren können. Offensichtlich gelang es den Gewerkschaften – mit wenigen Ausnahmen – nicht, im Bereich der neueren und z.T. erst im Entstehen begriffenen Berufsgruppen (z.B. Software-Engineering, Medizinaltechnik, Life Sciences) Fuss zu fassen. Dadurch wird die gewerkschaftliche **Repräsentationsfähigkeit** beeinträchtigt, die sich durch die einer Gewerkschaft angeschlossenen Arbeitnehmer einer Wirtschaftsbranche ergibt. Die Gewerkschaften sind der Gefahr ausgesetzt, zunehmend zu Vertretern einer immer kleiner werdenden Minderheit zu werden, was entsprechende Auswirkungen auf ihre **Verhandlungsmacht** und **Referendumsfähigkeit** im politischen Prozess hat. Vor diesem Hintergrund sind letztlich auch der Zusammenschluss des CNG und der VSA zum **Dachverband Travail.Suisse** sowie die interprofessionelle Fusion von fünf Branchengewerkschaften des SGB zur **Grossgewerkschaft Unia** zu sehen. Sowohl Travail.Suisse als auch die Unia verfügen naturgemäss über eine grössere Mitgliederbasis als die früheren einzelnen Institutionen für sich betrachtet. Dadurch erhöht sich sowohl die **Konfliktfähigkeit** als auch die **Organisationsfähigkeit** der Arbeitnehmer im politischen Prozess (vgl. Abbildung 31 auf S. 99). So verlieren nämlich mit dem Zusammenschluss zu Travail.Suisse auch frühere Trennlinien zwischen Arbeitern und Angestellten sowie zwischen christlichen und anderen Arbeitnehmern an Bedeutung, da identitätsstiftende Teile ihrer Etiketten wie "christlich" und "Angestellte" verschwunden sind. Des Weiteren reagierten die Branchenverbände mit der Gründung der Unia auf den gesamtwirtschaftlichen Strukturwandel und haben damit einen weiteren Versuch unternommen, sich in wachsenden und wertschöpfungsintensiven Dienstleistungsbranchen (z.B. Sicherheitsdienste, Informatik und Versicherungen), aber auch in weniger wertschöpfungsintensiven Branchen (z.B. Gastgewerbe, Verkauf und Transport) stärker zu etablieren. Dieses Ziel wurde bereits 1996 durch die beiden (damaligen) Gewerkschaften GBI und SMUV verfolgt, als sie eine gemeinsame Dienstleistungsgewerkschaft gründeten. In der neuen Unia soll nun die verstärkte Präsenz der Gewerkschaften im Dienstleistungssektor oberste Priorität geniessen.

Im internationalen Vergleich ist die Mitgliederzahl resp. -struktur ein weniger geeignetes Mass, um den gewerkschaftlichen Einfluss zu bestimmen. Ein besserer Indikator ist z.B. der **Abdeckungsgrad** der privatwirtschaftlichen Lohnverträge durch Gesamtarbeitsverträge (sog. coverage rate). So haben z.B. in Frankreich die Gewerkschaften aufgrund der stark verbreiteten Kollektivverträge eine starke Position, obwohl nur wenige Arbeitnehmer Gewerkschaftsmitglieder sind. Vgl. diesbezüglich zur Situation in der schweizerischen Volkswirtschaft S. 74ff.

In Abbildung 43 sind abschliessend die wichtigsten Gründe für die zu beobachtende Abnahme des Organisationsgrades der Arbeitnehmer in der Volkswirtschaft der Schweiz aufgelistet.

3.2 Arbeitgeber

3.2.1 Spitzenverbände

Auf der Ebene der Spitzenverbände sind grundsätzlich drei Dachverbände zu nennen:

- **economiesuisse:** Dieser Dachverband wurde Ende 2000 in Lausanne durch den Schweizerischen Handels- und Industrieverein (SHIV/Vorort) und die Gesellschaft zur Förderung der schweizerischen Wirtschaft (wf) gegründet. Dabei konnten der SHIV/Vorort auf eine 130-Jährige Geschichte und die wf auf eine knapp 60-Jährige Geschichte zurückblicken. economiesuisse versucht, als Dachverband die wirtschaftlichen Rahmenbedingungen auf natio-

Gründe für den sinkenden Organisationsgrad der Arbeitnehmer	**Abbildung 43**

- **Wandel in der Struktur der Beschäftigung:** Der Wandel in der Wirtschaft, insbesondere die Höherqualifizierung der Arbeiter zu Angestellten, hat die schweizerischen Gewerkschaften vor grosse Probleme des Selbstverständnisses und der Organisation gestellt. Die Kernschicht der Gewerkschaften, die traditionellen Facharbeiter, gibt es im verstandenen Sinne immer weniger.
- **Zerfall traditioneller Berufsstrukturen:** Festgefügte, lebenslange und kontinuierliche Berufslaufbahnen werden durch die Dynamik der Wirtschaft aufgebrochen. Die Folge ist eine Zunahme der Mobilität zwischen Berufen und Branchen. Dies lockert die Bindungen zu den traditionellen Arbeitnehmerorganisationen.
- **Sozialer Aufstieg:** Individuelle Aufstiegsperspektiven sowie der allgemeine gesellschaftliche Individualisierungsprozess wirkten sich ungünstig auf die Organisationsbereitschaft aus.
- **Vermehrte Beschäftigung im Dienstleistungsbereich:** Einen der wichtigsten Gründe für den Mitgliederschwund bis Ende des 20. Jahrhunderts sehen Experten in der klassischen Trennung zwischen Arbeitern und Angestellten. Zu lange hätten sich die Gewerkschaften auf ihre Stammbelegschaft aus der Industrie konzentriert und den Strukturwandel der Tertiarisierung kaum mitvollzogen. In den ausgesprochenen Wachstumsbranchen der Dienste wie z.B. Sozialwesen, Gesundheit und Bildung sind die Gewerkschaften im traditionellen Sinne nicht oder nur schwach vertreten. Auch in wichtigen Gewerkschaftsdomänen des öffentlichen Dienstes wie z.B. der Post oder den Schweizerischen Bundesbahnen (SBB) ist der Organisationsgrad rückläufig. Mit der oben dargestellten Gründung der Unia wird diese Entwicklung von Seiten der Arbeitnehmer aktiv zu beeinflussen versucht.
- **Verlust von Funktionen durch Verrechtlichung:** Eine Organisation kann Interessenvertretung im Sinne eines öffentlichen Gutes nur dann erfolgreich anbieten, wenn sie dies mit dem Angebot privater Güter, die ausschliesslich ihren Mitgliedern zugute kommen, kombinieren kann (sog. selektive Anreize; vgl. Abbildung 30 auf S. 97). So bieten Gewerkschaften z.B. neben dem öffentlichen Gut "Lohnerhöhung über Kollektivverträge" auch private Güter für Mitglieder an, wie z.B. Sozialleistungen über Gewerkschaftskassen (traditionell Kranken- und Arbeitslosenversicherung), Schutz vor Entlassungen oder Beratungsdienstleistungen, Informationen, Rechtsbeistand oder Schulung. Diese Leistungen wurden aber zunehmend von Gesetzes wegen durch den Staat angeboten. Damit sinkt der Anreiz potenzieller Mitglieder, der Organisation beizutreten, und erfordert seitens der Gewerkschaften die Suche nach neuen attraktiven selektiven Anreizen; so wäre es denkbar, dass die Gewerkschaften ihren Mitgliedern eine monetäre oder nicht-monetäre Unterstützung bei der familienergänzenden Kinderbetreuung anbieten würden. Dadurch würden die Gewerkschaften auch gerade für junge Arbeitnehmer wieder interessanter.

naler und internationaler Ebene im politischen Prozess wie z.B. in Bildung und Forschung, Finanzen und Steuern sowie Wettbewerbsfragen mitzugestalten. Eine besondere Bedeutung kommt der Zusammenarbeit mit dem Schweizerischen Arbeitgeberverband (SAV) zu. Die angeschlossenen Mit-

glieder setzen sich aus Branchenfachverbänden, kantonalen Handelskammern und Unternehmungen zusammen. economiesuisse nimmt v.a. die Interessen der grossen Unternehmungen in der Schweiz wahr.
- **Schweizerischer Gewerbeverband (SGV):** Bei diesem Spitzenverband handelt es sich um die Dachorganisation der kleinen und mittleren Unternehmungen (KMU). Der SGV stützt sich dabei auf vier Eckpfeiler: 25 kantonale Gewerbeverbände, etwa 210 Berufs- und Branchenorganisationen, 45 Selbsthilfeinstitutionen und drei Anstalten der Gewerbeförderung.
- **Schweizerischer Arbeitgeberverband (SAV):** Im Sinne einer funktionalen Arbeitsteilung vertritt der SAV sowohl die Arbeitgeberinteressen der bei economiesuisse als auch der beim SGV angeschlossenen Mitglieder. Damit ist dieser Dachverband für die Arbeitgeber die führende Institution in Fragen der Arbeitsmarkt- und Sozialpolitik sowie der Berufsbildung. Dabei geht es u.a. auch darum, zwischen mitunter nicht immer deckungsgleichen Interessen der Mitglieder eine Abwägung vorzunehmen. Der SAV wurde 1908 als Zentralverband schweizerischer Arbeitgeber-Organisationen (ZSAO) in der juristischen Form eines Vereins gegründet. Mitglieder sind – wie bei Spitzenverbänden üblich – Teilverbände und nicht einzelne Unternehmungen; der SAV fasst gegenwärtig 35 Branchenarbeitgeberverbände und 43 lokale oder regionale Arbeitgeberverbände zusammen. Diese Gliederung der angeschlossenen Mitgliederverbände ist ein Abbild der föderalistischen Struktur der Schweiz und der Differenziertheit der Wirtschaft. Branchenarbeitgeberverbände decken das ganze Land ab und repräsentieren Interessen aus der Industrie, dem Gewerbe sowie dem Dienstleistungssektor. Die lokalen und regionalen Arbeitgeberverbände umfassen verschiedene Branchen, deren örtliche Interessen sie wahrnehmen. Der SAV besitzt keine rechtlichen Mittel zu einem internen Verbandszwang und schliesst denn auch keine rechtlich verpflichtenden Verträge ab.

Der **Organisationsgrad** auf Seiten der Arbeitgeber ist höher als bei den Gewerkschaften. Zudem ist das Verbandssystem der Arbeitgeber in der Schweiz branchenmässig und geographisch weitaus stärker aufgegliedert als das der Arbeitnehmer. Es weist eine hohe funktionale und regionale Heterogenität auf. Die Gewerkschaften haben oft mit einer Vielzahl von verschiedenen Arbeitgeberverbänden gleichzeitig zu verhandeln und müssen auf die jeweiligen regionalen bzw. branchenmässigen Unterschiede Rücksicht nehmen.

3.2.2 Einzelverbände

Da dem SAV die bedeutendste Rolle in der Arbeitgeberpolitik zukommt, sollen im Folgenden lediglich dessen wichtigste Einzelverbände dargestellt werden:

- **Arbeitgeberverband der Schweizer Maschinenindustrie (Swissmem):** Von den 35 Branchenorganisationen nimmt Swissmem die Interessenvertretung der Maschinen-, Elektro- und Metallindustrie (MEM-Industrie) wahr, in denen gut 300'000 Arbeitnehmer beschäftigt sind. Die MEM-Industrie ist somit die grösste Arbeitgeberin im industriellen Sektor und umfasst Unternehmungen, die Produkte wie z.B. Werkzeugmaschinen, Pumpen, optische Geräte und Maschinen zur Nahrungsmittelverarbeitung herstellen. Ebenso sind die Unternehmungen in der Weiterentwicklung industrieller Produktionsprozesse (z.B. Förder- und Lagertechnik) tätig. Die Unternehmungen der MEM-Industrie tragen rund 50% zum Warenexport aus der Schweiz bei. Aufgrund ihrer starken Heterogenität bietet Swissmem ihren knapp 1000 Mitgliedunternehmungen in 27 Branchengruppen eine Plattform für den Erfahrungsaustausch und Marketingaktivitäten an. Des Weiteren befasst sich Swissmem u.a. mit Fragen des Wirtschaftsrechts und Exports, des Technologietransfers, der Aus- und Weiterbildung sowie der Umwelt und Energie. Nebst einer flexiblen Handhabung der Lohnpolitik macht sich Swissmem ebenfalls für eine flexible Arbeitszeitgestaltung stark. Insbesondere unterstützt Swissmem die Realisierung von Jahresarbeitszeiten anstelle normierter Tages-, Wochen- oder Monatsarbeitszeiten, weil dadurch Belastungsspitzen abgefangen und unproduktive Leerzeiten vermieden werden können.
- **Schweizerische Metall-Union (SMU):** In der SMU sind die kleinen Unternehmungen mit eher gewerblicher Struktur organisiert. Gegenwärtig zählt diese Branchenorganisation gut 1600 Mitgliedunternehmungen mit rund 17'000 Arbeitnehmern. Die SMU unterstützt Produktions-, Handels- und Dienstleistungsunternehmungen des Metallbaus, des Metallhandwerks und der Landtechnik und fördert ihre Mitgliedunternehmungen ebenfalls in unternehmerischen, fachlichen und wirtschaftspolitischen Belangen.

Weitere der 35 **Branchenorganisationen** des SAV sind z.B. der Arbeitgeberband Basler Pharma-, Chemie- und Dienstleistungsunternehmen, der Schweizerische Baumeisterverband, der Schweizerische Buchhändler- und Verleger-Verband, der Verband der Schweizer Druckindustrie, der Verband für Hotellerie und Restauration (GastroSuisse), der Schweizerische Hotelier-Verein, der Arbeitgeberverband Schweizerischer Papier-Industrieller, der Verband Schweizer Presse und der Schweizerische Versicherungsverband.

Prominente Vertreter der 43 **Regionalorganisationen** des SAV sind z.B. der Basler Volkswirtschaftsbund, der Verband der Arbeitgeber Region Bern (VAB), der Industrie-Verband Zürich, die Luzerner Industrie Vereinigung, die Solothurner Handelskammer, der Zuger Industrie-Verband und der Verband Zürcher Handelsfirmen.

3.2.3 Beurteilung

Der rasch ablaufende und massive **wirtschaftliche Strukturwandel** mit den damit verbundenen Sachzwängen ist ein wesentlicher Grund für bedeutende Veränderungen in den industriellen Beziehungen. Klassische industrielle Wachstumsträger der schweizerischen Volkswirtschaft wie Maschinenbau und Elektrotechnik wurden im Zuge des Strukturwandels abgebaut oder verlagert. Mit dem Bedeutungsverlust dieser Wirtschaftszweige geht aber auch ein Machtverlust der entsprechenden Arbeitgeberorganisationen einher. So sieht sich gerade Swissmem als die bedeutendste Branchenorganisationen des SAV mit dieser für sie ungünstigen Entwicklung konfrontiert. Des Weiteren verlieren auch die Regionalorganisationen des SAV im Zuge einer sich stärker vernetzenden Wirtschaft an Bedeutung.

Einige Arbeitgeber sehen in dieser strukturellen Entwicklung insofern einen Vorteil, als dass sie vermehrt ohne gesamtarbeitsvertragliche Einschränkungen auf den (globalen) Märkten tätig sein wollen. Sie kritisieren und verweigern teilweise den Abschluss von **Gesamtarbeitsverträgen (GAV)** mit der Begründung, dass sich anstehende Restrukturierungen innerhalb der eigenen Unternehmung resp. die Übernahme einer anderen Unternehmung leichter durchführen liessen. Sie werfen ihren Verbänden weiter vor, nicht mehr schlagkräftig zu sein und v.a. in politischen Fragen unnötig kompromissbereit zu handeln.

Gerade Swissmem bekennt sich jedoch zum **GAV als dem tragenden Instrumenten der Sozialpartnerschaft**. Ein GAV hat nämlich gegenüber gesetzlichen Regelungen den Vorteil, dass er je nach Branche unterschiedlich ausgestaltet werden kann und damit eine gute Basis für die betrieblichen Abmachungen ist. Damit lassen sich Fragen bezüglich Lohnpolitik, Arbeitszeitgestaltung und Mitwirkung flexibler lösen als auf dem Gesetzesweg. Die Arbeitgeber und insbesondere Swissmem haben sich seit je einer Regelung von Lohnfragen auf Verbandsebene widersetzt und die Lohnautonomie der Betriebe vertreten. Damit sind die Möglichkeiten einzelner Unternehmungen zur Anpassung an Änderungen der Wirtschaftslage besser.

Sollten Arbeitgeber versuchen, das Arbeitsverhältnis in zunehmendem Masse über individuelle Verträge anstelle von Kollektivverträgen zu regeln, könnte eine wichtige Voraussetzung für den **sozialen Frieden** gefährdet sein. Die Verbände der Arbeitgeber stehen selber klar zur Sozialpartnerschaft und verurteilen eine zu rigorose Durchsetzung rein unternehmerischer Interessen. Sie sind sich bewusst, dass ein von Konfrontation geprägtes sozialpolitisches Klima die Stellung der Schweiz im internationalen Wettbewerb entscheidend schwächen würde. Der soziale Friede ist eine nicht zu unterschätzende Stärke der Schweiz im globalen Standortwettbewerb.

4. Ergebnisse des schweizerischen Arbeitsmarkts

4.1 Arbeitsproduktivität und Reallöhne

Die durchschnittliche Arbeitsproduktivität wird durch das Verhältnis zwischen dem **realen Bruttoinlandprodukt (BIP)** und dem **Einsatz an Arbeit** approximiert; dabei entspricht der Arbeitseinsatz den Arbeitsstunden multipliziert mit der Anzahl Erwerbstätiger. Die Arbeitsproduktivität hat im Wesentlichen drei Bestimmungsfaktoren: die Ausstattung mit Realkapital (beeinflussbar über die Investitionen), die Ausstattung mit Humankapital (beeinflussbar über die Bildung) und die verwendete Technologie (beeinflussbar über den technischen Fortschritt). So ist z.B. ein kaufmännischer Angestellter produktiver, wenn er an seinem Arbeitsplatz über einen Computer verfügt (Realkapital), diesen sinnvoll bedienen kann (Bildung) und regelmässig die neueste Software installiert bekommt (technischer Fortschritt).

Empirische Untersuchungen zeigen, dass die Schweiz im Vergleich mit den Benelux- und den skandinavischen Ländern ihre einst führende Position verloren hat: So lag die Schweiz in Bezug auf das **Niveau der durchschnittlichen Arbeitsproduktivität** im Zeitraum 1950–1970 an erster Stelle. 1980 lag sie hinter den Niederlanden auf dem zweiten Platz, 1990 bereits auf dem fünften Platz, und im Jahr 2004 findet sich die Schweiz am Ende dieser Rangliste. Damit einher geht ein deutlicher Rückgang des **durchschnittlichen jährlichen Wachstums der Arbeitsproduktivität** in der Schweiz: So sank dieses von 2,4% in den 1960er Jahren sukzessive auf 0,8% in den 1990er Jahren. Der Durchschnitt aller Branchen zeigt somit kein besonders gutes Bild der Entwicklung der Ergebnisse des Schweizer Arbeitsmarkts.

Werden hingegen die Wirtschaftsbranchen einzeln betrachtet, so zeigen sich deutliche Unterschiede beim jährlichen Wachstum der Arbeitsproduktivität: Die in der **Chemiebranche** erbrachte Leistung pro Arbeitsstunde wuchs zwischen 1980–1997 im Schnitt um 10%, also zehnmal stärker als der schweizerische Durchschnitt. Viermal schneller als der Durchschnitt aller Branchen nahm die Produktivität der Arbeitnehmer in der **Maschinen-, Druck-, Textil-, Holz- und Papierindustrie** zu. Aber auch Dienstleistungen wie jene der **Banken, des Handels und der Versicherungen** verzeichnen mit 2–3% überdurchschnittliche Produktivitätssteigerungen. Unproduktive Branchen mit z.T. sogar rückläufiger Arbeitsproduktivität sind das **Bau- und Gastgewerbe**, die Branche **Steine und Erden** sowie das **Gesundheitswesen** und die **Landwirtschaft**. Diese wenigen unproduktiven Branchen drücken jedoch den schweizerischen Durchschnitt massiv, da sie alle – mit Ausnahme der Branche Steine und Erden – über einen grossen Bestand an Arbeitnehmern verfügen. Des Weiteren handelt es sich um stark **binnenmarktorientierte Branchen**, die im Gegensatz zur exportorientierten Maschinen- und Chemieindustrie sowie den international tätigen Grossbanken weniger dem Wettbewerb ausgesetzt sind.

Unter der Annahme eines konstanten Arbeitseinsatzes in einer Volkswirtschaft führt nun eine zunehmende Arbeitsproduktivität zu einer **höheren Wertschöpfung**, d.h. zu einem **höheren realen BIP**. Dieser Produktionswert der Unternehmungen wird – gemäss der Volkswirtschaftlichen Gesamtrechnung (VGR) – auf die einzelnen Individuen verteilt, wobei 62% auf Einkommen aus unselbständiger Arbeit entfallen (vgl. Abbildung 100 auf S. 358). Welchen Einfluss nun die Einkommensverteilung eines Landes auf das Wachstum des BIP hat, oder umgekehrt, wie sich das Wachstum des BIP auf die Einkommensverteilung auswirkt, wird kontrovers diskutiert. Um Verteilungspositionen konstant zu halten, sollten sich Reallohn und Arbeitsproduktivität gleich verändern (vgl. Abbildung 44).

Produktivitätsorientierte Lohnpolitik	Abbildung 44
Die Arbeitnehmerseite fordert oft, dass das **Wachstum der Reallöhne** dem **Wachstum der Arbeitsproduktivität** entsprechen sollte. Wird diese Forderung erfüllt, so bleibt die **Lohnquote konstant** (Anteil der Lohnsumme am Bruttoinlandprodukt). Mit diesem verteilungspolitischen Ziel wird erreicht, dass bei Produktivitätssteigerungen und damit verbundenem Wirtschaftswachstum dem Faktor Arbeit ein gleichbleibender Anteil an der Wertschöpfung zufällt.	

Das Wachstum der Lohnkosten eilte in der Schweiz in den Jahren 1960–1984 (Reallöhne +2,4% pro Jahr) jedoch demjenigen der Produktivität voraus (Arbeitsproduktivität +2,0% pro Jahr), was für die Unternehmungen zu einem Anstieg der realen Lohnstückkosten führte. Im Vorfeld der Rezession der 1990er Jahre lag die **Wachstumsrate der Reallöhne** nicht über, sondern eher unter dem Produktivitätstrend. Im Zusammenhang damit nahm die Arbeitsnachfrage stark zu. Es baute sich ein markanter Personalmangel auf. Die Kapazitätsausweitung war so stark, dass sie bis 1991 nur über eine beträchtliche Einwanderung gedeckt werden konnte. In den 1990er Jahren stagnierte das reale BIP, und entsprechend wurden seitens der Unternehmungen keine weiteren Arbeitskräfte mehr eingestellt. Während die Reallöhne 1991 noch um 1,8% und 1992 um 1,2% zulegten, wuchsen sie in der Periode 1993–2004 um durchschnittlich nur noch 0,35% pro Jahr; in den Jahren 1993, 1995, 1999 und 2000 fiel das Reallohnwachstum sogar negativ aus (vgl. Abbildung 45).

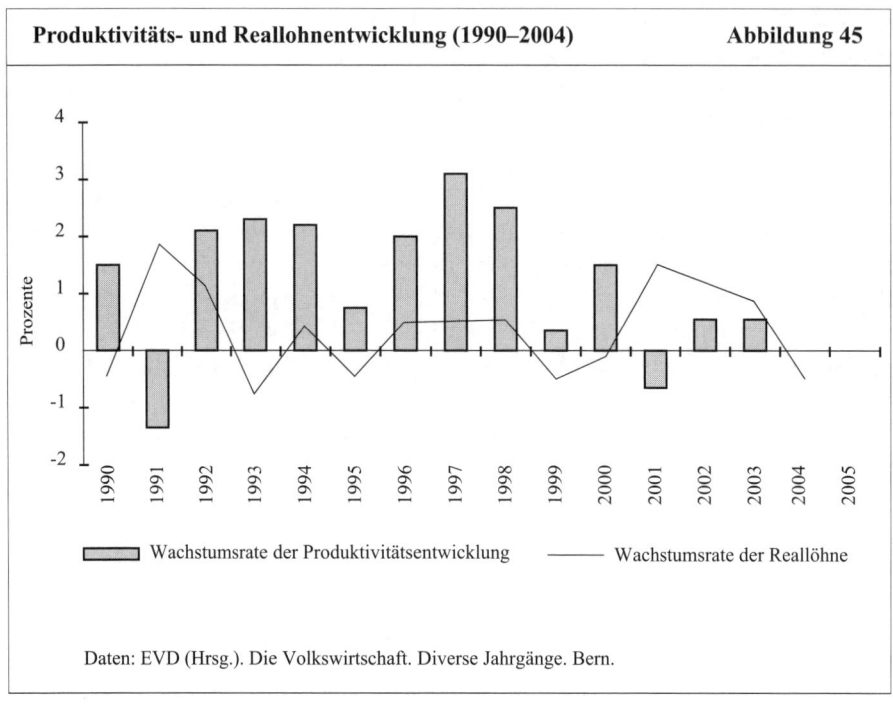

Auch wenn sich das Wachstum der Arbeitsproduktivität in der Schweiz über die letzten Jahrzehnte sukzessive verringert hat, so liegt es dennoch über demjenigen der Reallöhne. Wie lässt sich nun diese Entwicklung vor dem institutionellen Hintergrund des schweizerischen Arbeitsmarkts erklären? Im traditionellen **Verteilungskampf** zwischen Arbeitnehmern und Arbeitgebern trachten die Gewerkschaften danach, die Gehälter ihrer Mitglieder möglichst hoch zu halten. Umgekehrt werden von Seiten der Arbeitgeber immer wieder Bedenken geäussert, dass eine allzu starke Erhöhung der Löhne und damit der Personalkosten häufig ein wichtiger Grund für eine mangelnde Wettbewerbsfähigkeit von Unternehmungen sei und letztlich dadurch Arbeitslosigkeit verursacht werde. Das bescheidene Reallohnwachstum deutet nun darauf hin, dass der Verteilungskampf zuungunsten der Arbeitnehmerseite ausgefallen ist. Insbesondere dürften sich die Gewerkschaften angesichts der Höhe der Arbeitslosenquote moderater in ihren Forderungen nach höheren Reallöhnen verhalten haben.

Analog zur Entwicklung der Arbeitsproduktivität kann die Reallohnentwicklung ebenfalls nach Wirtschaftsbranchen betrachtet werden. So zeigt sich, dass die realen Löhne im **Industriesektor** von 1993–2004 insgesamt um 3,1% und somit deutlich weniger stark gewachsen sind als im **Dienstleistungsbereich** mit 4,5%. Zu den Verlierern zählen das Papier- und Verlagsgewerbe (-0,1%) sowie im tertiären Sektor die Branchen Landverkehr in Transport und Rohrfernleitungen (-2,8%). Zu den Gewinnern zählen hingegen die Angestellten der Chemie- und der Versicherungsbranche, die auf reale Lohnsteigerungen von 8,8% bzw. 13,7% zurückblicken können.

4.2 Beschäftigungsschwankungen

Arbeitslosigkeit liegt dann vor, wenn eine Person erfolglos eine Stelle sucht, obwohl sie bereit und in der Lage wäre, zu den vorherrschenden Arbeitsbedingungen (Lohn, Arbeitszeit, Sozialleistungen etc.) eine Stelle anzunehmen. Arbeitslosigkeit ist somit ein Indikator für bestehende Arbeitsmarktprobleme. Für die Entwicklung von Erwerbstätigen und Arbeitslosen vgl. Abbildung 46.

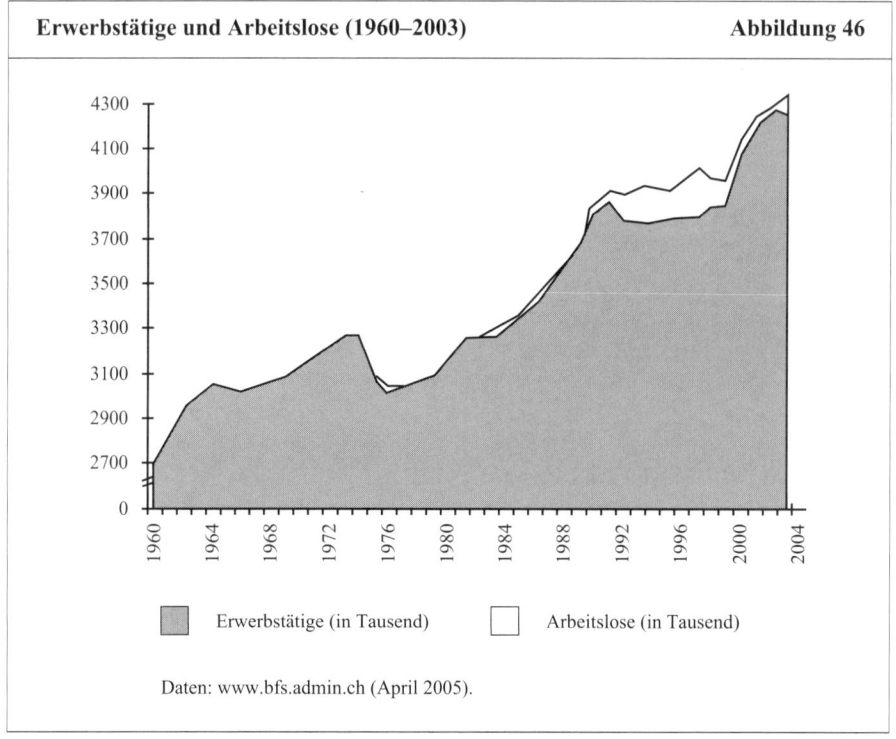

Die Arbeitslosigkeit hat in der Schweiz erst Anfang der 1970er Jahre eine minimale Schwelle überschritten. Der Erdölschock und die kurzfristig stark gestiegenen OPEC-Rohölpreise, welche die Herstellungskosten ansteigen liessen und die gesamtwirtschaftliche Nachfrage entsprechend verminderten, verursachten allerdings nach 1973 einen deutlichen Beschäftigungseinbruch. Von 1973–1976 gingen rund 10% aller Arbeitsplätze, d.h. rund 300'000, verloren. Obwohl die **Arbeitslosenquote** in der Schweiz – ähnlich wie in anderen OECD-Ländern – stieg und teilweise die 1%-Grenze überschritt, blieb sie doch auf einem relativ tiefen Niveau. Gründe dafür sind einerseits in einem **Export der Arbeitslosigkeit** zu sehen, d.h. viele Fremdarbeiter wurden in ihre Herkunftsländer zurückgeschickt, und andererseits in einem **(unfreiwilligen) Rückzug der Frauen** aus dem offiziellen Erwerbsleben. Bis zu diesem Zeitpunkt expandierte die Volkswirtschaft der Schweiz weitgehend mit den Volkswirtschaften der EU-15 wie auch mit den Mitgliedsländern der OECD insgesamt. Nach Überwindung der schweren Rezession Mitte der 1970er Jahre vermochte die Schweiz in der Periode bis 1990 – mit einem jährlichen durchschnittlichen Wirtschaftswachstum von rund 2,5% – mit den europäischen Partnerländern Schritt zu halten, verlor aber zunehmend im Vergleich mit dem gesamten OECD-Raum. Diese hohen BIP-Wachstumsraten widerspiegelten sich auch in der besonders günstigen Entwicklung auf dem schweizerischen Arbeitsmarkt bis in die frühen 1990er Jahre. Von 1990–1993 stieg jedoch die Arbeitslosenquote von 0,5% auf 4,5% und erreichte 1997 einen **Höchststand von 5,7%**; dies bei ähnlicher konjunktureller Lage wie in den 1970er Jahren. Anfang 1998 entwickelte sich die Arbeitslosenquote angesichts des (vorübergehenden) konjunkturellen Aufschwungs wieder rückläufig und betrug 2000 weniger als 2%. Im Laufe der wirtschaftlichen Krisenjahre Anfang des 21. Jahrhunderts stieg die Quote wieder auf rund 4% Ende 2005.

4.2.1 Typen von Arbeitslosigkeit

In der Arbeitsmarktforschung ist es üblich, die Arbeitslosigkeit in verschiedene **Komponenten** aufzuteilen:

- **Klassische Arbeitslosigkeit** besteht, wenn die Kapazitätsnachfrage, also die Arbeitsnachfrage bei voller Auslastung der Produktionskapazitäten, verglichen mit dem Arbeitsangebot zu gering ist. Da ein freier Marktzugang und -abgang, Faktormobilität und vollständige Information der Marktteilnehmer unterstellt wird, kann die Arbeitslosigkeit nur von kurzer Dauer sein. Sie wird deshalb auch gerne als **friktionelle** Arbeitslosigkeit bezeichnet und wird innerhalb homogener Teilmärkte bei gleicher beruflicher Qua-

lifikation oder Region durch offene Stellen aufgewogen. Die friktionelle Arbeitslosigkeit ist v.a. durch kurzfristige Informationsdefizite bedingt. Der Reallohnsatz entspricht hierbei dem Grenzwertprodukt der Arbeit.
- **Strukturelle** Arbeitslosigkeit besteht, wenn auf den Teilarbeitsmärkten die Arbeitsnachfrage in qualitativer und/oder regionaler Hinsicht nicht mit dem Arbeitsangebot übereinstimmt; es liegt ein sog. mismatch von Arbeitslosen und offenen Stellen vor. Die strukturelle Arbeitslosigkeit ist von längerfristigem Charakter und bringt zum Ausdruck, dass das Qualifikationsprofil des Arbeitsangebots nicht dem Anforderungsprofil der Arbeitsnachfrage entspricht. Hier entsprechen sich beim gegebenen Reallohnsatz Angebot und Nachfrage auf dem (Gesamt-)Arbeitsmarkt, jedoch sind die Teilarbeitsmärkte im Ungleichgewicht. Neuere Untersuchungen zeigen, dass auch die Ausgestaltung der Arbeitslosenversicherung ein wesentlicher Bestimmungsfaktor struktureller Arbeitslosigkeit ist: (1) Je besser das System ausgebaut ist, desto länger ist die Dauer der Stellensuche und desto höher ist – ceteris paribus – die Arbeitslosenquote. (2) Je stärker die Bemühungen eine neue Stelle zu finden, überprüft werden und ein Fehlverhalten sanktioniert wird, desto kürzer ist die Dauer der Arbeitslosigkeit.
- Die **keynesianische oder konjunkturelle** Arbeitslosigkeit spiegelt sich im gesamthaften Überschuss der Arbeitslosigkeit über die offenen Stellen aufgrund eines temporären konjunkturellen Abschwungs auf den Gütermärkten. Die effektive Arbeitsnachfrage ist bei einem gegebenen Reallohnsatz geringer als das Arbeitsangebot und liegt auch unterhalb der Produktionskapazität. Der Gesamtarbeitsmarkt ist damit im Ungleichgewicht; es liegt ein gesamtwirtschaftlicher Mangel an Arbeitsplätzen vor.

Die sog. **Beveridge-Kurve** – benannt nach dem Ökonomen William H. Beveridge (1879–1963) – erlaubt es nun, die friktionellen und strukturellen Probleme der Vermittlung zwischen Arbeitsangebot und -nachfrage konzeptionell vom Problem der quantitativen Übereinstimmung zwischen Gesamtangebot und -nachfrage auf dem Arbeitsmarkt zu trennen. Als Diagnose-Instrument setzt die Beveridge-Kurve die offenen Stellen mit den Arbeitslosen in Beziehung. Entspricht die Anzahl der vakanten Stellen jener der Arbeitslosen oder liegen die Arbeitslosenzahlen nahe über oder unter denen der offenen Stellen, herrscht **Gleichgewichtsarbeitslosigkeit.** Sie wird – mit Blick auf mögliche Gründe – als strukturelle und friktionelle Arbeitslosigkeit bezeichnet. Auch sind die Termini "**Sockelarbeitslosigkeit**" und – etwas unglücklich gewählt – "**natürliche Arbeitslosigkeit**" geläufig. Unter diesen Begriffen wird jene Arbeitslosigkeit verstanden, die auch im konjunkturpolitisch definierten Vollbeschäftigungsgleichgewicht nicht verschwindet. **Ungleichgewichtsarbeitslosigkeit** liegt dagegen vor, wenn die Anzahl der Arbeitslosen jene der offenen Stellen in wesentlichem Ausmass übertrifft. Im klassischen Modell verschwindet Ungleichgewichtsarbeitslosigkeit oder konjunkturelle Arbeitslosigkeit, sobald die relativen

Kosten der Arbeitskraft (Lohn plus Lohnnebenkosten) nur tief genug gesunken sind. Gleichgewichtsarbeitslosigkeit dagegen ist bei jeder Höhe der relativen Kosten für die Arbeitskraft möglich.

Eine Analyse der **empirischen Beveridge-Kurve der Schweiz** für die Zeitperiode 1974–2005 zeigt das folgende Bild (vgl. Abbildung 47):

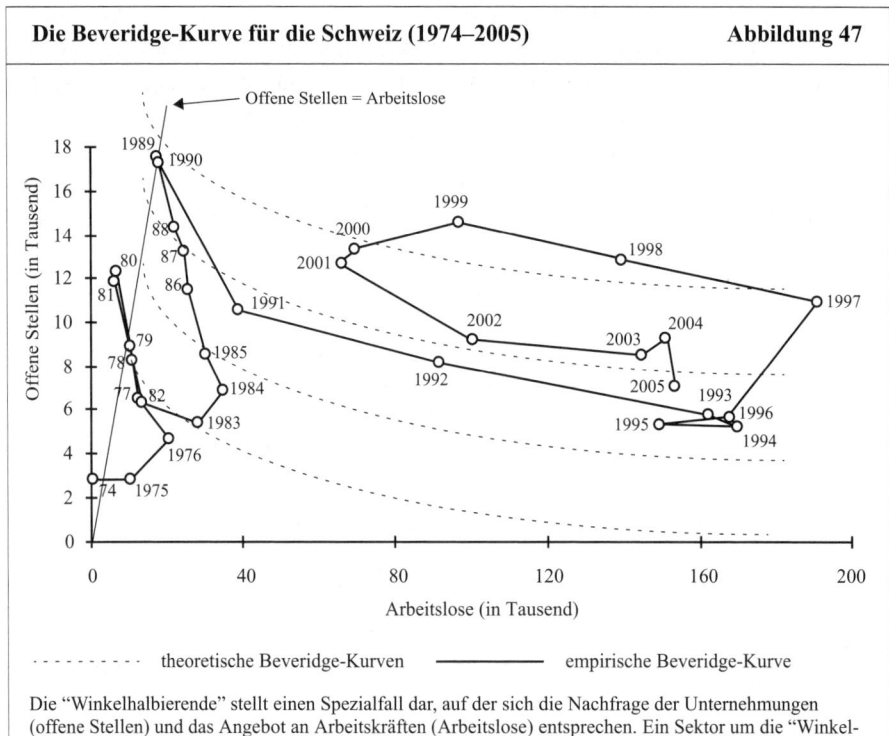

Die Beveridge-Kurve für die Schweiz (1974–2005) — Abbildung 47

Die "Winkelhalbierende" stellt einen Spezialfall dar, auf der sich die Nachfrage der Unternehmungen (offene Stellen) und das Angebot an Arbeitskräften (Arbeitslose) entsprechen. Ein Sektor um die "Winkelhalbierende" stellt die Gleichgewichtsarbeitslosigkeit dar. Beobachtungen stark rechts oder stark links von der "Winkelhalbierenden" entsprechen der Ungleichgewichtsarbeitslosigkeit resp. der konjunkturellen Arbeitslosigkeit. Die Daten für 2005 entsprechen nicht dem Jahresdurchschnittswert, sondern dem Monatswert Dezember 2005.

Daten: ams.jobarea.ch (Februar 2006).

- Grundsätzlich bestand auf dem schweizerischen Arbeitsmarkt in den letzten 30 Jahren mit wenigen Ausnahmen wie z.B. 1980/1981 vorwiegend **Stellenmangel**, wobei sich dieser seit 1991 deutlich akzentuiert hat.
- Die **Gleichgewichtsarbeitslosigkeit** hat sich – insbesondere mit Blick auf die Periode 1974–1990 – deutlich erhöht, d.h. die **Beveridge-Kurve hat sich nach oben verschoben**. Eine Zunahme der Sockelarbeitslosigkeit ist

ein Zeichen für eine abnehmende Allokationseffizienz des Arbeitsmarkts resp. zunehmender Vermittlungsprobleme auf dem Arbeitsmarkt. Die Gründe für den Anstieg der Beveridge-Kurve können struktureller und/oder friktioneller Natur sein, u.a. wegen **steigender Mobilitäts- und Informationsschranken** aufgrund einer Vielzahl von abgeschotteten Teilmärkten. Es gilt zudem zu beachten, dass eine "höhere" Beveridge-Kurve ein höheres Niveau ausweist, auf dem sich die Arbeitslosenquote bei jeder gegebenen Zahl von offenen Stellen einpendelt.

- Seit 1991 ist die Arbeitslosigkeit vorwiegend **konjunkturell bedingt**; dies zeigt sich daran, dass seit Anfang der 1990er Jahre v.a. **Verschiebungen auf der Beveridge-Kurve** auszumachen sind. Zwischen 1991–1997 hat sich die Anzahl arbeitsloser Personen knapp verfünffacht, ohne dass sich die Anzahl offener Stellen wesentlich geändert hätte. Nebst konjunkturellen sind auch institutionelle Faktoren zu nennen, insbesondere das Inkrafttreten des Bundesgesetzes über die obligatorische Arbeitslosenversicherung und die Insolvenzentschädigung **(Arbeitslosenversicherungsgesetz; AVIG)** im Jahre 1984, das den sehr starken Anstieg der Arbeitslosen zwischen 1991–1993 begünstigt haben könnte. Dadurch konnten nämlich einerseits Arbeitgeber – angesichts der schlechten Konjunkturerwartungen im Jahre 1990 – unter erleichterten Bedingungen Entlassungen vornehmen, andererseits sinkt bei gut ausgebauten Leistungen der Anreiz der Betroffenen, eine Beschäftigung aufzunehmen.
- Zwischen 1997–2001 gelang es, über 100'000 Arbeitslose wieder in den Arbeitsmarkt zu integrieren. Einerseits dürfte die **günstige Börsenentwicklung** in der zweiten Hälfte der 1990er Jahre im Rahmen der **New Economy** die Situation am Arbeitsmarkt positiv beeinflusst haben. Andererseits ist auch die **Neuorientierung in der schweizerischen Arbeitsmarktpolitik** Mitte der 1990er Jahre zu nennen, die von einer lediglich passiven zu einer aktiven Politik umgestaltet wurde, bei welcher der Wiedereingliederung von Arbeitslosen mittels aktiver Beratung und Betreuung ein hoher Stellenwert zukommt (vgl. S. 675). Dennoch stieg die Arbeitslosenquote von 2,5% im Jahr 2001 wieder auf 3,8% Ende 2005; dies entspricht rund 150'000 registrierten arbeitslosen Personen.

Zusammenfassend ist festzuhalten, dass sowohl die nicht-konjunkturelle als auch die konjunkturelle Arbeitslosigkeit in der Volkswirtschaft der Schweiz seit 1974 zugenommen haben. Letztere ist insbesondere zu Beginn der Rezession der 1990er Jahre drastisch angestiegen. Die Gründe der viel sensibleren Reaktion auf dem Arbeitsmarkt im Abschwung der 1990er gegenüber demjenigen der 1970er Jahre sind u.a. die stark ausgebaute Arbeitslosenversicherung, das im Vergleich zu früheren Rückschlägen stärkere und schnellere Anpassen der Belegschaften an die geänderten Marktverhältnisse durch die Unternehmungen sowie ein sich kaum mehr rückläufig entwickelnder Fremdarbeiter- und Hausfrauenpuffer.

4.2.2 Analyse der Arbeitslosenquote

In Tabelle 5 ist die Arbeitslosenquote der Schweiz nach ausgewählten Merkmalen für die Zeitperiode 1990–2004 dargestellt.

Arbeitslosenquote[1] nach ausgewählten Merkmalen[2]   Tabelle 5

	1990	1992	1994	1996	1998	2000	2002	2004
Total	0,5	2,5	4,7	4,7	3,9	1,8	2,5	3,9
Regionen:								
Deutsche Schweiz	0,3	2,0	3,8	3,9	3,2	1,4	2,2	3,4
Romandie u. Tessin	1,0	4,0	7,1	6,7	5,4	2,8	3,4	5,0
Geschlecht:								
Frauen	0,6	2,7	5,2	5,1	4,4	2,0	2,6	4,0
Männer	0,4	2,5	4,4	4,4	3,5	1,7	2,5	3,8
Nationalität:								
Schweizer	0,4	2,0	3,7	3,3	2,6	1,3	1,8	2,9
Ausländer	0,9	4,5	8,4	9,3	8,1	3,7	5,0	7,1
Alter:								
15–24 Jahre	0,4	3,0	4,7	4,3	3,3	1,8	3,0	5,1
25–49 Jahre	0,5	2,7	4,9	5,0	4,1	1,9	2,7	3,9
50 und mehr Jahre	0,5	1,8	4,2	4,2	3,7	1,6	2,0	3,0

[1] Arbeitslosenquote: Anzahl Arbeitslose am Stichtag im Verhältnis zur aktiven Bevölkerung. Die Werte für die 1990er Jahre stützen sich dabei auf die Ergebnisse der eidgenössichen Volkszählung 1990 (Total der aktiven Bevölkerung: 3'621'716), die Werte ab 2000 stützen sich auf die Ergebnisse der eidgenössischen Volkszählung 2000 (Total der aktiven Bevölkerung: 3'946'988). Sämtliche Angaben sind in Prozent und geben den entsprechenden Jahresdurchschnitt wieder.
[2] Daten: ams.jobarea.ch (Dezember 2005).

- **Verteilung der Arbeitslosen nach Regionen:** Die Romandie und das Tessin waren in den letzten 15 Jahren durchgehend stärker von Arbeitslosigkeit betroffen als die Deutschschweiz. Es spielen hier v.a. strukturelle Aspekte eine Rolle, da es sich bei der Romandie und dem Tessin um strukturschwache Wirtschaftsregionen handelt. So zeigt sich, dass im Jahr 2004 in den folgenden Branchen eine stark überdurchschnittliche Arbeitslosigkeit vorlag: Gastgewerbe (10,2%), Lederwaren und Schuhe (8,9%), Textilien und Bekleidung (7,8%) und Uhren (6,4%). Das Gastgewerbe dürfte sowohl für das Tessin als auch für das Wallis und die Genfersee-Region einen bedeutenden Wirtschaftszweig darstellen, die Uhrenindustrie hat ihren regionalen Schwerpunkt im Kanton Neuenburg.
- **Verteilung der Arbeitslosen nach Geschlecht:** Im Zeitraum 1990–2004 waren die Frauen durchgehend stärker von Arbeitslosigkeit betroffen als die Männer, auch wenn die Unterschiede relativ gering sind. Dies dürfte v.a. damit zu erklären sein, dass Frauen im Durchschnitt schlechter qualifizierte

Arbeiten ausführen, da sie gegenüber Männern – im Durchschnitt – immer noch über eine schlechtere Ausbildung verfügen. So belief sich 2004 der Anteil Frauen zwischen 25 und 64 Jahren ohne nachobligatorische Bildung auf 23% gegenüber 13% bei Männern im selben Alter. Der Strukturwandel einer Volkswirtschaft sowie der damit einhergehende Modernisierungsprozess zeigt, dass insbesondere schlechter qualifizierte Arbeitnehmer einem höheren Risiko ausgesetzt sind, für längere Zeit arbeitslos zu sein.

- **Verteilung der Arbeitslosen nach Nationalität:** Ausländische Arbeitnehmer waren in den letzten 15 Jahren eindeutig stärker von Arbeitslosigkeit betroffen als inländische. Auch hier dürfte das durchschnittlich tiefere Qualifikationsniveau der ausländischen Arbeitnehmer eine Rolle spielen. So hat in der Schweiz rund ein Drittel der über 25-Jährigen ausländischen Erwerbstätigen keinen nachobligatorischen Schulabschluss, wobei es grosse regionale Unterschiede in der Herkunft gibt: Bei den Erwerbstätigen aus den südlichen Mitgliedstaaten der Europäischen Union (EU) sind es knapp 50%, verglichen mit lediglich 6% der Europäer aus den nördlichen und westlichen EU-Staaten und 11% der schweizerischen Erwerbstätigen. Die Arbeitslosenquote der Ausländer ist zudem auch bereits traditionellerweise höher als diejenige der einheimischen Arbeitnehmer ("last in, first out"). Des Weiteren arbeiten überdurchschnittlich viele Ausländer in besonders negativ betroffenen Branchen (z.B. Bau- und Gastgewerbe, Handel und Verkauf). Letztlich war 2004 fast jeder zweite der knapp 30'000 Langzeitarbeitslosen Ausländer.

- **Verteilung der Arbeitslosen nach Alter:** Hier lässt sich kein eindeutiger Trend feststellen; die Arbeitslosenquote lag zwar die meiste Zeit bei den 25–49-Jährigen am höchsten (1994–2000). In jüngster Zeit scheint sich aber gerade die Problematik einer höheren Jugendarbeitslosigkeit bemerkbar zu machen. Besondere Ursachen dafür sind u.a. Übergangsprobleme Jugendlicher vom Bildungssystem in den Arbeitsmarkt, überdurchschnittliche Konjunktursensibilität, demographische Aspekte mit einer bis 2006 wachsenden Zahl von Schulabgängern sowie der strukturelle Wandel hin zum Dienstleistungssektor, der im Verhältnis zu seinen Beschäftigten weniger Ausbildungsplätze anbietet als die Industrie. Sowohl in weniger wertschöpfungsintensiven (z.B. Verkauf) als auch in sehr produktiven Branchen (z.B. High-Technology-Sektor) ist die Nachfrage nach Lehrstellen grösser als das Angebot. Interessanterweise lag die Arbeitslosenquote bei den über 50-Jährigen immer unter dem totalen Jahresdurchschnitt resp. entsprach diesem. Ein Erklärungsansatz liegt im Effekt einer vermehrten Frühpensionierung in diesem Alter, die zu einer geringeren Arbeitslosenquote führt, als tatsächlich vorliegt.

4.2.3 Reaktionen und Anpassungsprozesse

Die Entwicklung auf dem Arbeitsmarkt folgt der Konjunkturentwicklung mit einer zeitlichen Verzögerung; die Arbeitsmarktindikatoren wie z.B. die Arbeitslosenquote sind sog. Spätindikatoren (vgl. Abbildung 103 auf S. 372). Wie bereits auf S. 159ff. erwähnt, gibt es für die bis zu Beginn der 1990er Jahre sehr tiefe Arbeitslosenquote v.a. zwei Erklärungsansätze: die restriktive Ausländerpolitik sowie Anpassungsprozesse bei den Inländern.

a) Restriktive Ausländerpolitik und bilateraler Weg

Da die Schweiz eine kleine und stark exportorientierte Volkswirtschaft ist, spielt die internationale Migration eine grosse Rolle für das Arbeitsmarktgeschehen. Ausgeprägte internationale Arbeitskräftewanderungen hatten traditionell eine grosse **Stabilisierungswirkung** auf das schweizerische Arbeitskräfteangebot. Den ausländischen Arbeitskräften kam als Kurz- oder Jahresaufenthalter lange Zeit eine wirksame Pufferfunktion zur Lösung konjunktureller und struktureller Probleme der Volkswirtschaft der Schweiz zu. Seit Mitte der 1970er Jahre kann jedoch ein **Trend zu Niederlassungsbewilligungen** beobachtet werden: 1975 waren 58% der mittleren ausländischen Wohnbevölkerung Niedergelassene, 1990 bereits 67%, und 2003 konnten 73% diesen Status verzeichnen; dies sind bei einer knapp 1,5 Mio. Personen umfassenden ausländischen Wohnbevölkerung etwas mehr als eine Million. Aufgrund dieser Entwicklung haben die ausländischen Erwerbstätigen in der rezessiven Phase der 1990er Jahre die ausgleichende Pufferfunktion auf dem Arbeitsmarkt nicht mehr übernommen. So bewirkte in den 1990er Jahren ein Rückgang der Beschäftigten eine entsprechende Zunahme der Arbeitslosen, während in früheren rezessiven Perioden die Arbeitslosenzahl kaum anstieg, da ein grosser Teil der Fremdarbeiter in ihr Herkunftsland zurückwanderte.

Von besonderer Bedeutung in diesem Zusammenhang ist das **Freizügigkeitsabkommen (FZA) im Personenverkehr** zwischen der Schweiz und der Europäischen Union (EU), das eines der sieben Dossiers der Bilateralen I darstellt (vgl. S. 530ff.). Von den knapp 1,5 Mio. Jahresaufenthaltern und Niedergelassenen stammen 57% aus den EU- oder EFTA-Staaten. Das FZA regelt das Recht auf Niederlassung und Aufnahme einer Erwerbstätigkeit und befindet sich seit dem 1. Juni 2004 in der zweiten Phase der Umsetzung; dies bedeutet, dass die während zwei Jahren gültigen systematischen **Kontrollen von Lohn und Arbeitsbedingungen** sowie der **Inländervorrang weggefallen** sind, wobei dies lediglich für die Staaten der EU-15 gilt. Die **Kontingente** für Jahres- und Kurzaufenthalter aus der EU-15 bleiben **bis Ende Mai 2007 erhalten**, können aber im Sinne einer

Schutzklausel bis 2014 wieder eingeführt werden, falls es zu einer übermässigen Zunahme der Einwanderungen kommen sollte. Zudem dürfen in die Schweiz einreisende Arbeitnehmer nicht zu Dumpingpreisen entlöhnt werden, weshalb im Juni 2004 **flankierende Massnahmen zur Verhinderung von Lohndumping** zulasten der Arbeitnehmer in der Schweiz in Kraft getreten sind (Entsendegesetz). Im Gegenzug haben Schweizer seit Mitte 2004 freien Zugang zum Arbeitsmarkt der EU-15, d.h. das FZA ermöglicht schweizerischen Unternehmungen, sich in der EU niederzulassen und dort Schweizer zu beschäftigen. Die Freizügigkeit gilt nicht für Arbeitslose, sondern nur für solche Arbeitnehmer, die in der Schweiz einen Arbeitsvertrag haben resp. vice versa. Die Erweiterung des FZA auf die zehn Oststaaten in der EU-25 wurde am 25. September 2005 vom Schweizer Stimmvolk mit 56% angenommen.

b) Anpassungsprozesse bei den Inländern

Nebst den Ein- und Auswanderungen ausländischer Arbeitskräfte sind auch die **Zu- und Abgänge der schweizerischen Arbeitnehmer** in den Pool der Erwerbspersonen zu berücksichtigen. Traditionell reagierte die Erwerbsquote in der Schweiz sehr sensitiv auf eine Verschlechterung der Arbeitsmarktbedingungen. Die ansässige Wohnbevölkerung war in hohem Masse zum Erwerbsverzicht bei Beschäftigungseinbrüchen bereit, z.B. durch frühzeitige Pensionierung oder verlängerte Ausbildungszeit. Dadurch erfolgte ein Abgang aus dem Pool der Erwerbspersonen und somit dem Arbeitsangebot in denjenigen der Nichterwerbspersonen (vgl. Abbildung 39 auf S. 139). Dieses Verhalten hat den statistisch erfassten Arbeitslosenanteil tief gehalten. Damit ist aber ein hohes Mass an **versteckter Arbeitslosigkeit** verbunden.

Die **Erwerbsquote der Frauen** ist im internationalen Vergleich relativ tief und deren Lohnelastizität relativ hoch. Es besteht demnach bei den Frauen eine grosse stille Reserve an Arbeitskräften. Als ausschlaggebend für die im internationalen Vergleich einzigartig niedrige Arbeitslosenquote in der Schweiz kann auch die Elastizität des ausländischen und seit der Rezession in den Jahren 1982/1983 zunehmend auch des inländischen Arbeitsangebotes angesehen werden.

In der mittleren Frist kann eine kleine offene Volkswirtschaft wie diejenige der Schweiz zwischen der **Höhe der relativen Lohnkosten und dem Ausmass der Ungleichgewichtsarbeitslosigkeit** wählen. Bis anhin hatte die Schweiz immer eine Präferenz für eine hohe Beschäftigung, und die Löhne haben sich als vergleichsweise flexibel erwiesen und mit realen Einbussen auf vorübergehende schlechte Beschäftigungslagen – wie z.B. Anfang der 1970er, aber auch z.T. in den 1990er Jahren – reagiert. Dies reflektiert auch die aktuelle Situation auf dem schweizerischen Arbeitsmarkt im internationalen Vergleich (vgl. Abbildung 48).

Schweizerischer Arbeitsmarkt im internationalen Vergleich	Abbildung 48

Standardisierte Erwerbsquote: Die Schweiz weist mit über 80% eine sehr hohe standardisierte Erwerbsquote auf. In den USA liegt dieser Wert bei knapp 80%, in der EU-15 bei rund 70%. Im Vergleich mit anderen OECD-Ländern weist die Schweiz insbesondere eine hohe Quote bei Arbeitnehmern in der Altersklasse der 50–64-Jährigen auf. So sind 86% der Schweizer Männer dieser Altersgruppe erwerbstätig, während es im OECD-Durchschnitt lediglich 68% sind. Da die Finanzierung der Sozialversicherungen angesichts der demographischen Alterung immer schwieriger wird, ist klar, dass die Stabilität der Sozialwerke verbessert werden kann, wenn ältere Arbeitnehmer länger im Arbeitsprozess gehalten werden können. Aus dieser Perspektive und in Anbetracht der tiefen Arbeitsproduktivität in der Schweiz ist dieses Ergebnis am schweizerischen Arbeitsmarkt erfreulich.

Arbeitslosigkeit: Die hohe Beteiligung der Schweizer am Arbeitsmarkt widerspiegelt sich ebenfalls in der im internationalen Vergleich sehr tiefen Erwerbslosenquote. Diese belief sich 2004 auf 4,3%. Im OECD-Durchschnitt lag die Quote bei 6,9%, in der EU-15 bei 8%. In der EU-25 ist Polen mit 19% am stärksten betroffen, innerhalb der EU-15 Spanien (11%). Deutschland und Frankreich weisen ebenfalls Quoten von rund 9% auf.

Wachstum des realen Bruttoinlandprodukts (BIP) pro Kopf: In Bezug auf das durchschnittliche Wachstum des realen BIP pro Kopf zwischen 1990–1999 liegt die Schweiz im internationalen Vergleich auf dem letzten Platz. So vermochte die Schweiz als einziges OECD-Land das reale BIP pro Kopf in den 1990er Jahren nicht zu steigern. In Luxemburg betrug das mittlere jährliche Wachstum 4%, in Norwegen, Dänemark, den Niederlanden und den USA lag das Wachstum zwischen 2–3%, in Grossbritannien, Deutschland, Finnland, Frankreich und Schweden zwischen 1–2% und selbst die japanische Volkswirtschaft, die von einer schweren Struktur- und Wachstumskrise heimgesucht wurde, wuchs mit einer mittleren jährlichen Rate von 1%.

Niveau des kaufkraftbereinigten BIP pro Kopf: Dieses Mass gibt ein relativ realistisches Bild der Wohlstandsverhältnisse, da die Kaufkraft der verdienten Einkommen berücksichtigt wird. Grundsätzlich verdienen die Schweizer im internationalen Vergleich viel, können sich aber aufgrund der hohen Preise im Inland relativ weniger kaufen. 2003 lag die Schweiz mit 32'500 US-Dollar auf dem vierten Rang. Übertroffen wurde sie dabei von Luxemburg (53'800 US-Dollar), den USA (37'600 US-Dollar) und Irland (33'200 US-Dollar). Der OECD-Durchschnitt betrug 26'300 US-Dollar, der Durchschnitt der EU-15 belief sich auf 27'300 US-Dollar.

Beschäftigung im Dienstleistungssektor: 2003 waren in der Schweiz 73% der Erwerbstätigen im Dienstleistungssektor beschäftigt. In der EU-15 belief sich dieser Anteil auf 68%, während die neuen Mitgliedsländer über deutlich tiefere Anteile verfügten (z.B. Polen: 53%, Tschechien: 56%).

Teilzeitarbeit: Die Niederlande nahmen 2003 mit einem Anteil von 45% eine Spitzenposition ein, und die Schweiz belegte mit 31,5% den zweiten Rang. Im Durchschnitt der EU-15 waren 19% aller Erwerbstätigen teilzeitbeschäftigt. In den neuen Mitgliedstaaten der EU bewegte sich der Anteil zwischen 2,5% (Slowakei) und 10,3% (Polen).

5. Ausblick

Die Ergebnisse auf dem schweizerischen Arbeitsmarkt werden – je länger, desto mehr – durch die Entwicklungen auf internationaler Ebene beeinflusst. Dabei sind erstens die Bestrebungen der Organisation für wirtschaftliche Zusammenarbeit und Entwicklung (Organisation for Economic Co-operation and Development; OECD) hinsichtlich der **Reform der Beschäftigungsstrategie ihrer Mitgliedsländer** sowie zweitens die **Ausdehnung der Personenfreizügigkeit** im Rahmen der Bilateralen I mit der Europäischen Union (EU) auf die zehn neuen EU-Mitgliedstaaten zu nennen.

Die OECD hat 2004 ihre zehn Jahre alte Beschäftigungsstrategie überprüft und dabei ihre Mitgliedsländer aufgefordert, die Strategien zur Schaffung von Arbeitsplätzen so zu gestalten, dass auch andere soziale Ziele berücksichtigt werden. Ziel dieser Überprüfung ist die Ausarbeitung modifizierter und erweiterter Richtlinien und Empfehlungen, die den Mitgliedsländern die **Anpassung des Arbeitsmarkts an den strukturellen Wandel** – bei gleichzeitiger Wahrung von sozialen und Beschäftigungszielen – erleichtern. Die Reformvorschläge sollen den nationalen Arbeitsministern 2006 vorgelegt werden – dies in der Hoffnung, den Mitgliedstaaten ein nützliches Instrument im Kampf gegen die Arbeitslosigkeit in die Hände zu geben. Denn in vielen Ländern liegt die Arbeitslosigkeit immer noch deutlich über dem Niveau der 1970er und 1980er Jahre: Der **europäische OECD-Raum** verzeichnet gegenwärtig **mehr als 36 Mio. Arbeitslose**; dies entspricht einer durchschnittlichen Erwerbslosenquote von 8,8%. Auch wenn die Arbeitslosigkeit gemäss den OECD-Projektionen in kurzer Frist langsam sinken wird, so hat sich die Situation gegenüber früher insofern verschlechtert, als durch das Altern der Industriegesellschaften das gesamtwirtschaftliche Wachstumspotenzial schwächer und die Aussichten für einen steigenden Lebensstandard ungünstiger geworden sind. Die sozialen Ziele, die bei der Reform der Arbeitsmärkte berücksichtigt werden sollten, sind v.a. eine ausreichende **soziale Sicherheit** inkl. **Arbeitsplatzsicherheit** und ein ausgewogener Ausgleich zwischen Arbeit und Freizeit resp. Familienleben (sog. work-life-balance). So befürwortet die OECD zwar flexible Arbeitszeiten, aber es habe sich zugleich gezeigt, dass unregelmässige Arbeitszeiten die gewünschte Abstimmung von Arbeit und Familie erschweren können. Des Weiteren strebt die OECD an, die Zusammenhänge zwischen Ausbildungsniveau, Beschäftigung und Einkommen in konkrete Politikempfehlungen umzusetzen.

Das Freizügigkeitsabkommen (FZA) im Personenverkehr zwischen der Schweiz und der EU ist Mitte 2002 im Rahmen der Bilateralen I in Kraft getreten. Grundsätzlich schafft es eine **breitere Rekrutierungsbasis für die Schweizer Wirtschaft** und flexibilisiert den Arbeitsmarkt. Die ersten Erfahrungen zeigen, dass es zu keiner Überschwemmung der Schweiz mit ausländischen Arbeitskräften gekommen ist. Die ständige ausländische Wohnbevölkerung ist mit einem Anstieg um 24'000 Personen zwischen 2002–2003 nicht stärker gewachsen als im jährlichen Durchschnitt zwischen 1980–2003. Für eine definitive Beurteilung der Auswirkungen des FZA ist es jedoch noch zu früh. Im Hinblick auf die Einführung der Personenfreizügigkeit für die **zehn neuen EU-Mitgliedstaaten** ist ein ähnlich schrittweises Vorgehen geplant wie mit der EU-15. So wurden Mitte 2005 die **Kontrolle von Lohn und Arbeitsbedingungen, der Inländervorrang und Kontingente eingeführt,** die bis 2011 gelten. Analog zur EU-15 werden auch für die zehn ost- und mitteleuropäischen EU-Staaten bis 2014 besondere Schutzbestimmungen zur Anwendung kommen, sollte eine übermässige Zunahme der Einwanderungen in die Schweiz registriert werden. Ebenso werden die Bestimmungen im **Entsendegesetz** wie z.B. Arbeits- und Ruhezeit, Mindestdauer der Ferien oder minimale Entlöhnung für in die Schweiz entsandte Arbeitnehmer gelten, die aus einem der zehn neuen EU-Mitgliedstaaten kommen.

Diese schrittweise Einführung der Personenfreizügigkeit ermöglicht es den besonders betroffenen Branchen und Berufszweigen, allmählich mit der neuen Situation auf dem Arbeitsmarkt zurecht zu kommen. Letztlich wird sich der Wettbewerb unter den Arbeitnehmern in denjenigen Branchen intensivieren, in denen die (neuen) EU-Länder resp. deren Arbeitnehmer über komparative Vorteile verfügen. Da gerade Arbeitnehmer aus Polen, Tschechien oder der Slowakei für einen geringeren Lohn bereit sein werden, in tiefer qualifizierten Berufszweigen zu arbeiten, werden sich schweizerische Arbeitnehmer vermehrt auf die Bearbeitung wertschöpfungsintensiver Bereiche konzentrieren (müssen). Dies könnte wie bis anhin die Entwicklung von (sinnvollen) Medikamenten oder die Bereitstellung von Bankdienstleistungen, aber auch den Aufbau und die Weiterentwicklung von innovativen Clustern – wie z.B. im Bereich der Medizinaltechnik – beinhalten. Damit müssen aber auch weitere Faktoren an Bedeutung gewinnen, welche die Rahmenbedingungen für eine **Dynamisierung der zukünftigen Entwicklung der Volkswirtschaft der Schweiz** schaffen. Zu nennen sind insbesondere eine mässige Besteuerung mobiler Produktionsfaktoren, ein gut ausgebautes Aus- und Weiterbildungssystem, eine leistungsfähige Infrastruktur sowie eine innovative Wettbewerbskultur, die wesentlich zu positiven Beschäftigungs- und Einkommenseffekten beitragen. Nebst diesen staatlichen Massnahmen sind aber auch auf betrieblicher und individueller Ebene Anstrengungen zu unternehmen, um den Wohlstand am Standort Schweiz zu sichern; insbesondere sollten die Unternehmungen vermehrt bestrebt sein, die **Arbeitsmarktfähigkeit** ihrer Arbeitnehmer mittel- und langfristig zu fördern.

# 6. Quellen

6.1 Literatur

Brinkmann, G. (1999). Einführung in die Arbeitsökonomie. München/Wien.

Bundesamt für Statistik (Hrsg.) (2005). Schweizerische Lohnstrukturerhebung – Erste Ergebnisse. Neuchâtel.

Edlund, L. (2005). Sex and the City, in: Scandinavian Journal of Economics. Vol. 107, Nr. 1, S. 25–44.

Eidgenössisches Volkswirtschaftsdepartement (Hrsg.) (2002). Der Wachstumsbericht – Determinanten des Schweizer Wirtschaftswachstums und Ansatzpunkte für eine wachstumsorientierte Wirtschaftspolitik. Bern.

Fluder, R. (1996). Interessenorganisation und kollektive Arbeitsbeziehungen im öffentlichen Dienst der Schweiz: Entstehung, Mitgliedschaft, Organisation und Politik seit 1940. Zürich.

Fluder, R., Hotz-Hart, B. (1999). Switzerland: still as Smooth as Clockwork?, in: Ferner, A., Hyman, R. (Hrsg.). Industrial Relations in the New Europe. Oxford. S. 262–282.

Franz, W. (2003). Arbeitsmarktökonomik. 5. Auflage. Berlin/Heidelberg/New York.

Lalive, R., Zweimüller, J. (2004). Benefit Entitlement and Unemployment Duration – The Role of Policy Endogeneity, in: Journal of Public Economics. Vol. 88, S. 2587–2616.

Lalive, R., van Ours, J. C., Zweimüller, J. (2005). The Effect of Benefit Sanctions on the Duration of Unemployment, in: Journal of the European Economic Association. Vol. 3, S. 1–32.

Landmann, O., Jerger, J. (1999). Beschäftigungstheorie. Berlin/Heidelberg/New York.

McConnell, C. R., Brue, St. L., Macpherson, D. A. (2006). Contemporary Labor Economics. 7th edition. Boston.

OECD (Hrsg.) (jährlich). Employment Outlook. Paris.

Pissarides, Ch. A. (2000). Equilibrium Unemployment Theory. 2nd edition. Cambridge/London.

6.2 Internet

Arbeitsmarktstatistik. URL: ams.jobarea.ch

Büro für arbeits- und sozialpolitische Studien. URL: www.buerobass.ch

der arbeitsmarkt – das Schweizer Portal für Arbeit und Beschäftigung. URL: www.der-arbeitsmarkt.ch

economiesuisse – Verband der Schweizer Unternehmen. URL: www.economiesuisse.ch

Fairpay – Lohngleichheit. URL: www.lohngleichheit.ch

Gewerkschaftsjugend. URL: www.gewerkschaftsjugend.ch

International Labour Organization. URL: www.ilo.org

Schweizerische Maschinen-, Elektro- und Metall-Industrie. URL: www.swissmem.ch

Schweizerische Metall-Union. URL: www.metallunion.ch

Schweizerischer Arbeitgeberverband. URL: www.arbeitgeber.ch

Schweizerischer Gewerbeverband. URL: www.sgv-usam.ch

Schweizerischer Gewerkschaftsbund. URL: www.sgb.ch

Staatssekretariat für Wirtschaft. URL: www.seco-admin.ch

Travail.Suisse – Dachorganisation der Arbeitnehmenden. URL: www.travailsuisse.ch

Treffpunkt-Arbeit.ch. URL: www.treffpunkt-arbeit.ch

Unia – Die Gewerkschaft. URL: www.unia.ch

VI. Wissen, Bildung und Innovationen

1. Einführung

Die Wissensgesellschaft oder auch die sog. **Knowledge-based Economy** sind zu einem der am häufigsten verwendeten Schlagworte der politischen Diskussion geworden. In einem Atemzug damit werden Globalisierung, Bildung und Beschäftigung sowie v.a. Innovationen genannt.

Die Frage ist, inwieweit eine Fokussierung auf diese Themen gerechtfertig ist und worin der Zusammenhang zwischen ihnen besteht. Es lässt sich einwenden, dass **Wissen** ja schon immer für die Entwicklung von Volkswirtschaften eine Rolle gespielt hat.

Eine befriedigende Erklärung kann nur gefunden werden, wenn man die enorme Dynamik verstehen lernt, die durch den internationalen Wettbewerb zwischen Unternehmungen und zwischen Volkswirtschaften entsteht. Wohlstand und Wettbewerbsfähigkeit von kleinen, offenen Volkswirtschaften werden heute auf den Weltmärkten bestimmt. Dies gilt auch und in ganz besonderem Masse für die **Schweiz** als rohstoffarmem Hochlohnstandort. Unternehmungen, die von der Schweiz aus mit Waren und Dienstleistungen auf den Weltmärkten konkurrieren, suchen die Erfolge in aller Regel nicht über den Preiswettbewerb. Sie bieten stattdessen Produkte mit hoher Wertschöpfung an, die ihnen die Finanzierung der vergleichsweise knappen und deshalb teuren Arbeit am Standort Schweiz ermöglicht. Eine Konzentration auf den viel zu kleinen Binnenmarkt Schweiz lohnt sich für die entsprechend kapitalintensive Produktion betriebswirtschaftlich nicht.

Auf den Exportmärkten treten die Unternehmungen über investitions- und wertschöpfungsintensive Güter in Konkurrenz. Ihre jeweiligen Standorte ähneln sich in Bezug auf ihre **Faktorausstattung** (vgl. S. 493ff.). Die Kernkompetenzen der **Unternehmungen** werden deshalb nicht durch unterschiedliche natürliche Gegebenheiten geprägt und nicht in erster Linie aufgrund unterschiedlicher Faktorpreise in den jeweiligen Volkswirtschaften begründet. Vielmehr sind es die **Wissensvorsprünge** und das damit verbundene **Humankapital** der Unternehmungen und der ganzen Volkswirtschaft, die im internationalen Wettbewerb entscheidend sind. Sie bilden die eigentlichen komparativen Vorteile in der Aussenwirtschaft.

Doch spielt nicht nur der internationale Handel mit hochwertigen Konsum- und mit Investitionsgütern eine grosse Rolle. Ebenso wichtig ist auch der vorgelagerte Austauschprozess und damit die **Allokation der Produktionsfaktoren**. Kapitalmobile Unternehmungen suchen weltweit das für ihre Zwecke am besten geeignete Wissen. Dies geschieht neben der Beschäftigung ausländischer Spezialisten und Fachkräfte z.B. über die Verlagerung und Neuansiedlung von F&E-Abteilungen in das Ausland und/oder über den Wissensaustausch im Rahmen der Zusammenarbeit mit ausländischen Partnern.

Unternehmungen in der Schweiz sind bestrebt, unter Einbezug der weltweit zur Verfügung stehenden Wissensquellen Produkte zu entwickeln und auf die Märkte zu bringen, deren Neuigkeitsgehalt und Qualitätsvorzüge befristete, monopolähnliche Wettbewerbsvorteile begründen. Der entsprechende Wertschöpfungsprozess wird als **Innovation** und die damit verbundene Konkurrenzform als **Innovationswettbewerb** bezeichnet. Die Schweiz hat – wie viele andere Volkswirtschaften – ein vitales Interesse, dass möglichst viele Unternehmungen mit wissens- und damit wertschöpfungsintensiven Teilprozessen im Inland angesiedelt sind. Diese Tätigkeiten bilden die Grundlage für attraktive Beschäftigung und hohe Einkommen. Da die Mobilität der Unternehmungen wächst, befinden sich die Länder in einem immer härteren **Standortwettbewerb** um eben solche Unternehmungen. So konkurriert die Schweiz mit einer Vielzahl alternativer Standorte in Asien, den USA und Europa um den Verbleib und die Neuansiedlung innovationsaktiver Unternehmungen oder Teilen davon.

Mit Blick auf die Standortattraktivität der Schweiz sind optimale Bedingungen wichtig, unter denen Wissen und Können der Beschäftigten miteinander kombiniert und weiterentwickelt werden können. Qualifizierungsprozesse des Humankapitals und damit die optimale Ausgestaltung des Schweizer Bildungssystems sind eine wesentliche Grundlage der Innovationskraft. Ebenso tragen Forschung und Entwicklung (F&E resp. Research and Development; R&D) entscheidend zur Herausbildung einer nationalen Wissensbasis bei. Sie sind eine wichtige Quelle von Wissensvorsprüngen im Innovationswettbewerb. Ein gutes **Bildungs- und Forschungssystem** unterstützt die Schweizer Volkswirtschaft, im Standortwettbewerb zu bestehen. Wissen, Bildung und Innovation haben somit für die Prosperität und die gesellschaftliche Entwicklung der Schweiz einen zentralen, ja einzigartigen Stellenwert erhalten. Im Folgenden werden die unternehmerische Perspektive im Innovationswettbewerb und die volkswirtschaftliche Sicht der Schweiz im Standortwettbewerb näher beleuchtet.

2. Innovationsverhalten der Unternehmungen

2.1 Innovationsdynamik und schöpferische Zerstörung

Innovation und **schöpferische Zerstörung** sind Begriffe, die durch den österreichischen Ökonomen **Joseph A. Schumpeter** (1883–1950) geprägt wurden und die noch heute an den Beginn jeder innovationsökonomischen Betrachtung gehören (vgl. Abbildung 49).

Der Innovationsbegriff	Abbildung 49

Innovation heisst die Umsetzung einer neuen nützlichen Idee von ihrer Entstehung bis zu ihrer praktischen Anwendung, d.h. dem Erfolg auf dem Markt. Innovationen setzen unternehmerische Lernprozesse der Aufnahme, Selektion, Anwendung und Verwertung von Wissen und Informationen voraus. Dabei gehen Innovationen über die Erfindung neuer Produkte hinaus. Wichtige Innovationsbereiche sind auch Management, Organisation und Marketing. Innovationen sollen einen temporären Vorsprung gegenüber der Konkurrenz gewährleisten (sog. **first-mover-advantage**).

Folgende **drei Innovationsarten** werden unterschieden:

- **Produktinnovationen:** Herstellung neuer oder qualitativ verbesserter materieller und immaterieller Produkte. Innovationen treten bei Konsumgütern, aber auch bei Investitionsgütern, Halb- und Zwischenfabrikaten bzw. Inputgütern und Dienstleistungen auf.
- **Prozessinnovationen:** Anwendung neuer Technologien, sodass bestehende Prozesse ersetzt und modifiziert werden oder neue Prozesse hinzukommen. Damit entfaltet die Prozessinnovation ihre Wirkung stets bei dem Anwender der neuen Technologie, indem dieser neue Investitionsgütern in seinen Produktionsprozess einbaut. Die Herstellung der auf neuen Technologien basierenden Investitionsgüter stellt für den Produzenten dieser Güter hingegen eine Produktinnovation dar.
- **Organisatorische Innovationen und neue Geschäftsmodelle:** Veränderungen in der Koordination des arbeitsteiligen Leistungserstellungsprozesses und im Management. Sie stehen in enger Verbindung mit den Prozessinnovationen. Aktivitäten werden neu kombiniert, neue Prozesse hinzugenommen oder alte weggelassen. Die räumliche, zeitliche und personelle Arbeitsteilung verändert sich damit fast zwangsläufig. Neben neuen Führungskonzepten sind oft auch neue Aus- und Weiterbildungsmassnahmen notwendig.

Für Schumpeter waren zur Erklärung zyklischer Verläufe der Wirtschaft zwei Aspekte von zentraler Bedeutung: Erstens die von der schöpferischen Zerstörung und von innovativen Anstrengungen ausgehende Dynamik ökonomischen Geschehens und zweitens die Rolle der Unternehmer und Unternehmungen als Initianten dieser Dynamik. Der **Kapitalismus** ist dadurch von Natur aus eine Form resp. eine Methode der ökonomischen Veränderung und ist nicht nur nie stationär, sondern kann es auch nie sein. Dieser **evolutionäre Charakter** des kapitalistischen Prozesses ist aber nicht einfach der Tatsache zuzuschreiben, dass das Wirtschaftsleben in einem sich ändernden gesellschaftlichen Umfeld vor sich geht, wodurch sich die Gegebenheiten der wirtschaftlichen Tätigkeiten wiederum ändern. Dieses Faktum ist zwar wichtig und diese Veränderungen bedingen oft auch eine Umstrukturierung einzelner Unternehmungen und Branchen; die Veränderungen sind aber nicht ihre primäre Triebkraft. Der fundamentale Antrieb, der die "kapitalistische Maschine" in Bewegung setzt und hält, kommt von den neuen Konsumgütern, den neuen Produktions- und Transportmethoden, den neuen Märkten sowie den neuen Formen der industriellen Organisation, welche die kapitalistische Unternehmung schafft.

Gleichgewichtssituationen waren für Schumpeter damit nur in bestimmten wirtschaftlichen Entwicklungsmomenten zu beobachten und nicht der Regelzustand. Er erkannte, dass die wirtschaftlichen Handlungen zu einer ständigen Neukombination von Produktionsfaktoren und damit zu Innovationen führen, die alte Strukturen brechen und durch neue ersetzen. Das stete Wechselspiel zwischen Zerstörung und Schöpfung – die **kreative Zerstörung** durch Innovationen – ist somit das, was nach Schumpeter das eigentliche Wesen ökonomischen Geschehens ausmacht.

2.2 Der Innovationsprozess

Innovationsprozesse sind komplex und verlaufen nur in Ausnahmefällen linear. Sie weisen häufig verschiedene **"Process Loops"** auf, wie dies bei **Nathan Rosenberg** (*1927) in einem viel verwendeten Schema dargestellt wird (vgl. Abbildung 50). Es handelt sich um einen **mehrdimensionalen Koppelungsprozess**, in dem die enge und interaktive Verknüpfung der ggf. zum Einsatz kommenden Forschung und Entwicklung (F&E) mit allen anderen Aktivitätsfeldern der Unternehmung (z.B. Design oder Marketing) sowie die Orientierung an den Kundenbedürfnissen und Mitkonkurrenten berücksichtigt wird.

Aus diesen Gründen kann die Praxis in einem interaktiven Innovationsmodell abgebildet werden. Grundlagenforschung, angewandte Forschung, Technologie- und Produktentwicklung sowie Marketing werden nicht mehr sequenziell, d.h. in

VI. Wissen, Bildung und Innovationen

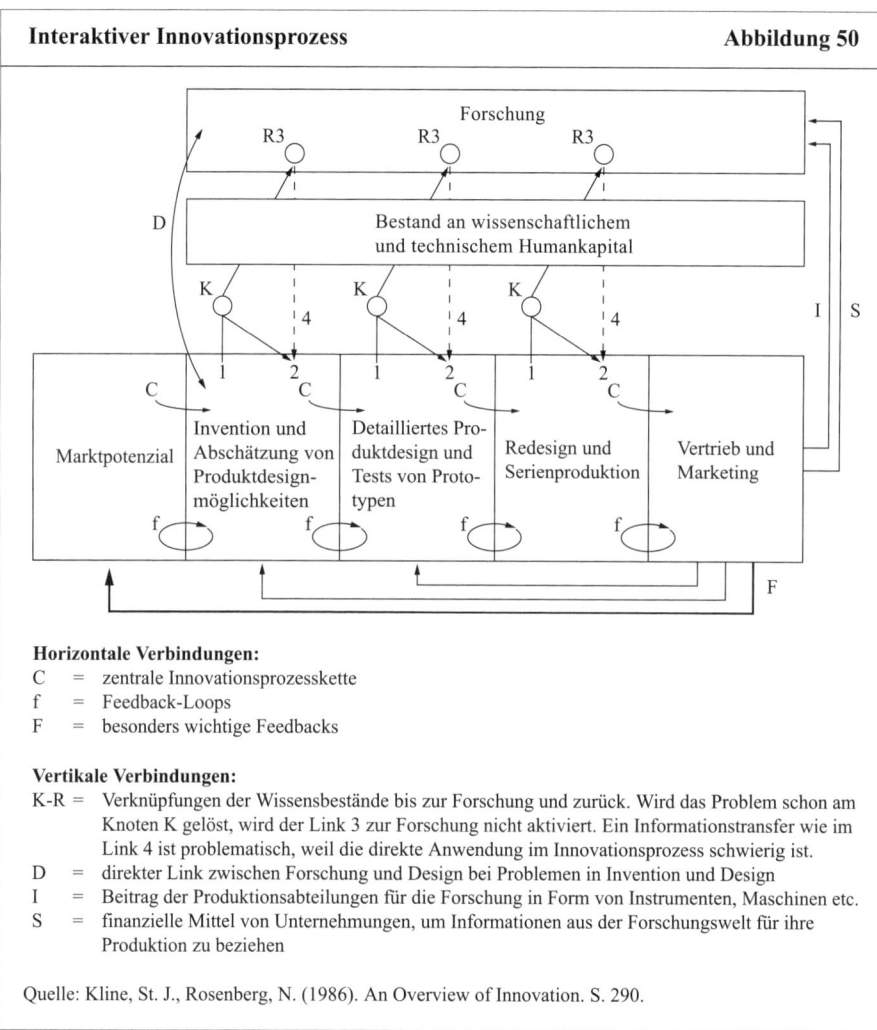

Abbildung 50: Interaktiver Innovationsprozess

Horizontale Verbindungen:
C = zentrale Innovationsprozesskette
f = Feedback-Loops
F = besonders wichtige Feedbacks

Vertikale Verbindungen:
K-R = Verknüpfungen der Wissensbestände bis zur Forschung und zurück. Wird das Problem schon am Knoten K gelöst, wird der Link 3 zur Forschung nicht aktiviert. Ein Informationstransfer wie im Link 4 ist problematisch, weil die direkte Anwendung im Innovationsprozess schwierig ist.
D = direkter Link zwischen Forschung und Design bei Problemen in Invention und Design
I = Beitrag der Produktionsabteilungen für die Forschung in Form von Instrumenten, Maschinen etc.
S = finanzielle Mittel von Unternehmungen, um Informationen aus der Forschungswelt für ihre Produktion zu beziehen

Quelle: Kline, St. J., Rosenberg, N. (1986). An Overview of Innovation. S. 290.

chronologischer Abfolge durchgeführt. Neues Wissen wird auch aus der Grundlagenforschung in neue Produkte umgesetzt. Diese werden am Markt experimentell erprobt und weiterentwickelt. Gleichzeitig werden dementsprechende Erfahrungen in die Forschung zurückgespielt. Die Grenzen der ursprünglich klar getrennten Phasen werden verwischt. Dadurch werden Innovationsprozesse für Unternehmungen organisatorisch höchst komplex. Viele Entwicklungen in den relevanten Technologiefeldern laufen gleichzeitig und weltweit an verschiedenen Orten ab. Durch Austausch und Verknüpfungen erzeugen Unternehmungen weitere Entwicklungen, die oft einen zunächst nicht absehbaren Verlauf nehmen oder in einer unvorhergesehenen Weise beschleunigt werden.

Darüber hinaus zeichnet sich bei global tätigen Grossunternehmungen ein neues Innovationsverhalten ab, das als "offene Innovation" (sog. **Open Innovation**) bezeichnet wird: Sie gehen aufgrund des Kosten- und Verwertungsdrucks sowie der Schnelligkeit des technologischen Wandels immer stärker dazu über, aussichtsreiche F&E-Ergebnisse aus allen verfügbaren globalen Quellen zusammenzutragen resp. zu kaufen und sich nicht mehr oder nicht ausschliesslich auf die interne F&E zu verlassen (sog. Make-or-buy-Entscheidung). Gleichzeitig verkaufen sie konsequent alle anfallenden Rechte, die sie zwar erzeugen, aber nicht selbst verwerten können. Nichts bleibt mehr unverwertet, sämtliches Wissen wird – sofern aus strategischen Gründen nicht anderweitig entschieden wird – vermarktet. KMU werden diesem Trend folgen resp. folgen müssen.

2.3 Der Wissens- und Technologietransfer

Mit dem wachsenden Wissensbedarf – bei gleichzeitiger allgemeiner Verfügbarkeit vieler Wissensarten – wird für Unternehmungen die Unterstützung durch Externe, z.B. Zulieferer, Kunden, Forschungsinstitute wichtiger. Dabei sind neben den formellen (vertraglichen) v.a. die informellen Transferbeziehungen wesentlich. Innovationsnetzwerke, in denen Unternehmungen untereinander, mit Forschungsinstituten, Finanz- und anderen privaten und öffentlichen Dienstleistern zusammenarbeiten, sind ebenso notwendig wie die lokale Verfügbarkeit qualifizierter Arbeitskräfte und flexible, kundenorientierte Behörden.

Wettbewerbsfähigkeit und Innovationskraft einer Unternehmung hängen damit nicht nur von den eigenen Fähigkeiten ab. Grosse und kleine Unternehmungen, Zulieferer und Abnehmer, F&E-Stätten stehen nicht nur im Wettbewerb untereinander. Sie arbeiten auch problemorientiert zusammen, um auf ihren jeweiligen Märkten gemeinsam wettbewerbsfähige Leistungen anzubieten. Ihre Wettbewerbsfähigkeit beruht deshalb ganz wesentlich auch auf der Qualität dieses Zusammenwirkens. Diese Lernprozesse werden als **Wissens- und Technologietransfer (WTT)** bezeichnet.

Die Konjunkturforschungsstelle (KOF) der ETH Zürich untersuchte die Inanspruchnahme externer Wissensquellen durch innovative Unternehmungen. Die Wissensquellen werden in **drei Gruppen** eingeteilt:

- Wissen von anderen Unternehmungen (Kunden, Lieferanten, Konkurrenten, verbundene Unternehmungen),

- primär wissenschaftsbasiertes Wissen von Hochschulen, Fachhochschulen, sonstigen Forschungseinrichtungen, über Technologietransferstellen, Beratungsunternehmungen, Patentschriften und

- Wissen aus allgemein zugänglichen Quellen (Messen, Ausstellungen, Fachtagungen, -literatur, computergestützte Informationssysteme).

Untersucht wurde die Bedeutung der einzelnen Wissensquellen für die Industrie, die Bauwirtschaft und die Dienstleistungen. Die Sektoren unterscheiden sich hinsichtlich der Bedeutung der externen Wissensquellen kaum. Als bedeutendste externe Wissensquelle schätzen Unternehmungen generell Wissen anderer Unternehmungen ein, die sowohl in vertikaler (Kunden, Lieferanten) wie horizontaler (Konkurrenten) Beziehung zu ihnen stehen. Während z.B. 44% aller innovativen und 48% aller F&E-betreibenden Unternehmungen Kunden als die wichtigste externe Wissensquelle einstufen, melden 32% aller innovativen und 27% aller F&E-betreibenden Unternehmungen Konkurrenten als wichtigste Quelle. Auch die Informationen aus allgemein verfügbaren Quellen (Messen, Ausstellungen, Fachtagungen, Fachliteratur, computergestützte Informationssysteme) haben ähnlich grosse Bedeutung. Das wissenschaftsnahe technologische Wissen von Beratungsunternehmungen wird von 15% der innovativen bzw. 23% der F&E-betreibenden Unternehmungen als wesentlich bezeichnet. Das wissenschaftliche Wissen im engeren Sinne der Hochschulen ist für 17% bzw. 23% der befragten Unternehmungen wichtig.

2.4 Internationalisierung der Zusammenarbeit

Neue Untersuchungen der KOF zeigen, dass der WTT mit dem Ausland im Bereich von **Forschung und Entwicklung (F&E)** von den Unternehmungen v.a. aus zwei Gründen betrieben wird. **Erstens** liegen marktorientierte Motive vor. Es geht um die Unterstützung der Fertigung und des Absatzes vor Ort. **Zweitens** bestehen wissensorientierte Motive, indem die Nähe zu führenden Hochschulen und innovativen Unternehmungen im Ausland für die eigene F&E genutzt wird. Dabei werden spezifische Wissenskomponenten aufgenommen und mit jenen am Standort Schweiz kombiniert oder zur Erweiterung der Wissensbasis in die Schweiz transferiert. Die Untersuchungen belegen, dass schweizerische Unternehmungen in der Erschliessung ausländischer Technologieressourcen, im sog. **technology sourcing**, besonders erfolgreich sind. Im Vergleich dazu spielt das Motiv der Kosteneinsparung über im Ausland durchgeführte F&E nur eine untergeordnete Rolle. Mit anderen Worten spielen Standortnachteile der Schweiz als Bestimmungsgrund für die Auslagerung von F&E in das Ausland nicht die grösste Rolle. In der Tat haben bisher die zunehmenden F&E-Aktivitäten Schweizer Unternehmungen an ausländischen Standorten den Forschungsplatz Schweiz nicht geschwächt, sondern gestärkt.

Die Empirie zeigt auch, dass die Wirtschaft nicht nur exportstark ist, sondern dass sie auch durch **Niederlassungen an Drittstandorten** äusserst präsent ist. Dies spiegelt sich in den seit Jahren hohen **Direktinvestitionen** im Ausland wider (vgl. Tabelle 35 auf S. 508). Damit steigt auch das F&E-Engagement im Ausland (vgl. Abbildung 51). Mehr als die Hälfte der F&E-Ausgaben werden an Drittstandorten investiert. Am Standort USA gehört die Schweiz in Chemie und Pharma in absoluten Zahlen zu den grössten ausländischen F&E-Akteuren (vgl. Abbildung 118 auf S. 416).

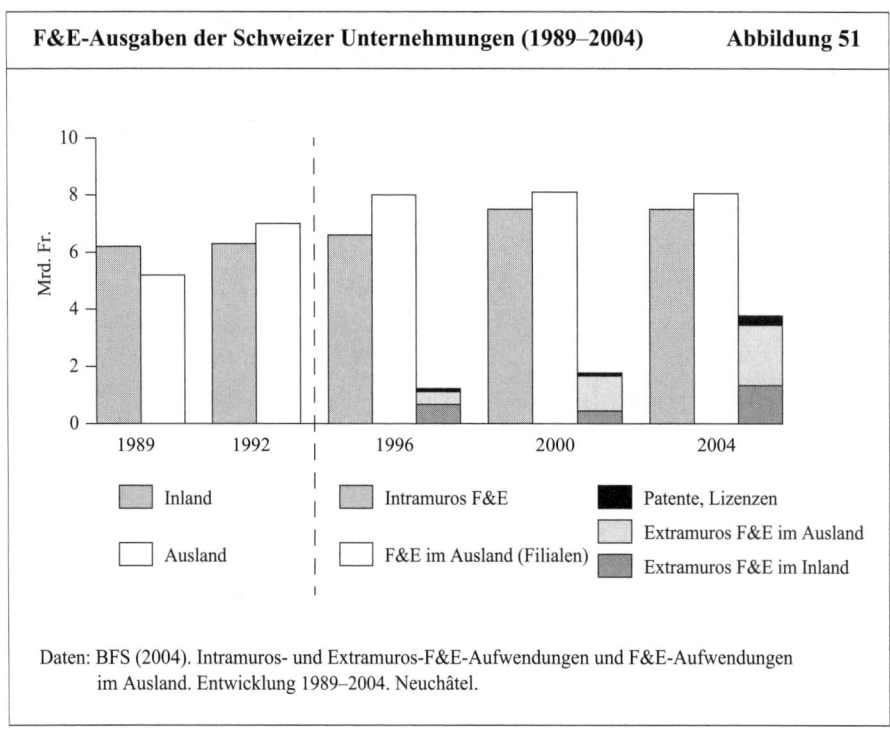

F&E-Ausgaben der Schweizer Unternehmungen (1989–2004)   Abbildung 51

Daten: BFS (2004). Intramuros- und Extramuros-F&E-Aufwendungen und F&E-Aufwendungen im Ausland. Entwicklung 1989–2004. Neuchâtel.

Dabei haben die Unternehmungen am Standort Schweiz in technologischer Hinsicht ihre Kompetenzen schnell und umfassend auf Bereiche fokussiert, in denen das **Know-how** weltweit erheblich anwächst, Wertschöpfung auf neuen Märkten erzielt wird und technologischer Fortschritt stark mit der Wissenschaft verbunden ist. Sie tun dies zu einem erheblichen Teil durch ihre Integration in **grenzüberschreitende Netze der Wissenserzeugung und Technologieentwicklung**. Es ist ein weiteres Zeichen der Stärke, dass die Unternehmungen am Standort

VI. Wissen, Bildung und Innovationen

Schweiz über erhebliche finanzielle Mittel verfügen, um F&E an Drittstandorten durchzuführen. V.a. aufgrund dieser Kooperationen hat der Standort Schweiz in den letzten fünf Jahren erheblich an Kompetenz hinzugewonnen.

Dieser Befund wird durch Ergebnisse des KOF-Innovationstests untermauert. In der Periode zwischen 1991–2000 und insbesondere in den letzten fünf Jahren dieses Zeitraums hat ein starker Anstieg der erstmaligen Auslandsaktivitäten in F&E v.a. bei den **Schweizer KMU** eingesetzt – und zwar sowohl bei den mittleren als auch bei den kleinen Unternehmungen. Interessanterweise geben gerade die KMU im Vergleich zu den grossen Unternehmungen relativ häufig die bessere Verfügbarkeit von F&E-Personal als Motiv des Auslandsengagements an.

Die Erkenntnisse über das F&E-Kooperationsverhalten der Unternehmungen spiegeln sich in Daten, die über das Verhalten Schweizer Unternehmungen bei der **Vergabe von Drittmitteln für F&E** Auskunft geben. Im Jahr 2000 flossen von den totalen F&E-Aufwendungen der Schweizer Unternehmungen für Aufträge an Dritte knapp 65% ins Ausland. Dabei ist zu berücksichtigen, dass in diesen Zahlen nicht die weitaus höheren Direktinvestitionen Schweizer Unternehmungen im Ausland enthalten sind.

2.5 Die unternehmerischen Innovationsleistungen

2.5.1 Verteidigung von Spitzenplätzen

Ein detailliertes Bild der unternehmerischen Innovationsleistungen vermitteln die sog. **Innovationstests**, welche die KOF im Auftrag des Staatssekretariats für Wirtschaft (seco) durchführt. Sie beschreiben die Situation nach Branchen und Unternehmungstypen.

Die Ergebnisse bestätigen, dass sich die Schweizer Unternehmungen im internationalen Innovationswettbewerb dauerhaft auf höchstem Niveau behaupten können. In der Industrie liegt die Innovationshäufigkeit höher als in der Bauwirtschaft und den Dienstleistungen. In einer Branchenbetrachtung ergibt sich folgendes Bild: In der Industrie liegt der Innovatorenanteil in den Branchen Pharma, Elektronik/Instrumente, Chemie, Textil, Maschinenbau, Elektrotechnik und Nahrungsmittel über dem Durchschnitt. Bei den privaten Dienstleistungen schneiden die Branchen EDV-Dienste/F&E-Einrichtungen, Banken/Versicherungen sowie das Gastgewerbe am besten ab.

In den 1990er Jahren ist im Industriesektor eine Verschlechterung eingetreten, während der Dienstleistungssektor unangefochten bleibt. Dennoch konnte die Industrie ihre europäische Spitzenstellung behaupten. Dass ihr Vorsprung aber deutlich geschrumpft ist, liegt weniger an regulierungsbedingten Innovationshemmnissen, die gemäss dem Test der KOF deutlich an Bedeutung verloren haben. Vielmehr schrumpften aufgrund der hartnäckigen wirtschaftlichen Stagnation die für die Innovationsprojekte erforderlichen Finanzierungsreserven. Die Schweizer Industrie verhält sich somit in ihren **Innovationsaktivitäten prozyklisch**. D.h., sie reduziert ihre Innovationsanstrengungen bei sinkenden Umsätzen und Gewinnen.

Während Rezessionsphasen verschieben sich somit die Innovationsaktivitäten von grundlegenden (Weltneuheiten, F&E-getriebene Neuerungen) zu **inkrementalen Innovationen** (Verbesserungen), was als **Rückgang der Innovationstiefe** bezeichnet wird. Diese Verschiebung im Muster der Innovationsaktivitäten entspricht dem unternehmerischen Kalkül, in wirtschaftlich schwierigen Zeiten die Kosten gering zu halten und das Verlustrisiko zu minimieren.

2.5.2 Dynamik und Strukturwandel

Forschung und Entwicklung (F&E) sind, wie die vorangegangenen Überlegungen zeigten, wichtige Inputs für unternehmerische Innovationsprozesse. In welchen Bereichen betreiben Unternehmungen am Standort Schweiz F&E? Diese Frage lässt sich beantworten, wenn man sich die unternehmerischen Aktivitäten in F&E in den sog. Technologiefeldern und damit die **Technologieentwicklung** ansieht.

Um darüber mehr zu erfahren, ist die entscheidende Phase zwischen der eigentlichen F&E und der tatsächlichen Vermarktung des unternehmungsspezifischen Wissens zu betrachten. Dies ist jene Phase, in der die Unternehmungen in die Absicherung ihres erarbeiteten Wissens investieren – in den **Schutz ihres geistigen Eigentums** (sog. **Intellectual Property Rights**); dazu zählen Urheberrechte (sog. Copyrights), Patente und Lizenzen sowie Muster und Modelle. Diese Investitionen sind kein Garant für den späteren Markterfolg. Sie bilden aber einen ausgezeichneten (vorlaufenden) Indikator für das Potenzial an technologiebasierten Innovationen.

Schon seit den 1980er Jahren gilt, dass die Schweiz, gemessen an den **Patentanmeldungen** pro Kopf der Wohnbevölkerung, zur Weltspitze gehört. Neue Untersuchungsergebnisse mit Hilfe von Patent- und Markenindikatoren zeigen erfreu-

VI. Wissen, Bildung und Innovationen

liche Entwicklungen. Es lässt sich ein überraschend tiefgreifender und schneller Strukturwandel am Standort Schweiz belegen. Gemessen am Profil der einzelnen **Technologiefelder** können **drei Gruppen** unterschieden werden.

- In den Technologiefeldern einer ersten Gruppe (elektrische Energie, Biotechnologie, Werkstoffe) sind die Innovationsbestrebungen im In- und Ausland voneinander unabhängig: Die zeitliche Entwicklung bestimmter Technologien in der Schweiz und von Schweizer Unternehmungen im Ausland weist keinen Zusammenhang auf. Im besonders dynamischen Feld **Werkstoffe** etwa gewinnt der Standort Schweiz rasch an Substanz. Die Schweizer Unternehmungen im Ausland halten ihre starke Position unverändert.

- In einer zweiten Gruppe (Maschinenelemente, Motoren/Turbinen, Medizinaltechnik) gehen der Standort Schweiz und die Schweizer Unternehmungen im Ausland in die gleiche Richtung, wenn auch auf unterschiedlichem Niveau. So hat sich der Standort Schweiz in der **Medizinaltechnik (MedTech)** eine starke Position erarbeitet; die Schweizer Unternehmungen im Ausland holen auf. Auch dieses Feld ist weltweit dynamisch und weist einen engen Bezug zur Wissenschaft auf.

- Gegenläufig entwickeln sich die Technologiefelder dagegen in einer dritten Gruppe (Pharma, Materialverarbeitung, Bauwesen). In der **Pharmazie (Pharma)** etwa haben der Standort Schweiz zunehmende, die Schweizer Unternehmungen im Ausland auf hohem Niveau abnehmende Anmeldezahlen.

Abbildung 52 zeigt die Entwicklung in drei für die Schweizer Volkswirtschaft wichtigen Technologiefeldern: den Werkstoffen, der MedTech und der Pharma. Sie zeigen exemplarisch, wie der Standort Schweiz über die Jahre hinweg aufgeholt hat und seine Position im weltweiten Vergleich stetig zu verbessern vermochte. Der Standort gewinnt an Dynamik, z.B. durch die Stärkung der Pharma, und er verliert an strukturellen Altlasten. Dort, wo sich die Portfolios gegenläufig verhalten, profitiert der Standort, anstatt an Substanz zu verlieren.

2.5.3 Innovationen in und mit Dienstleistungen

Wie sieht die technologische und innovatorische Entwicklung bei den Dienstleistungen aus? Die Crux bei der Beantwortung dieser für die schweizerische Zukunft so wichtigen Frage lag bis heute darin, dass Patente und andere industrietypische Instrumente zur Sicherung des geistigen Eigentums in den Diensten entweder keine oder eine geringe Rolle spielten, nicht messbar waren resp. nicht erfasst wurden.

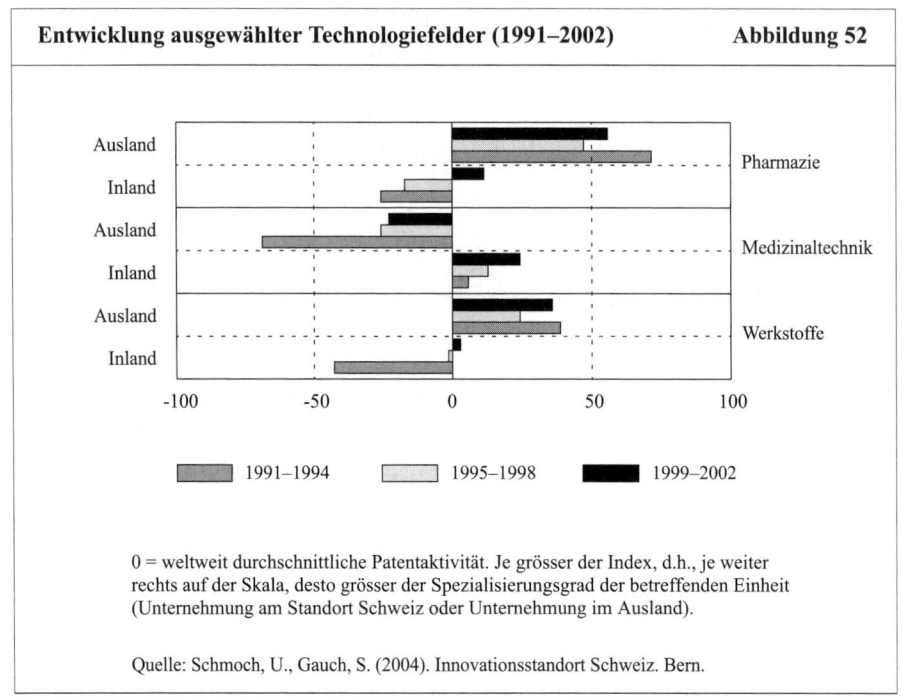

Abbildung 52: Entwicklung ausgewählter Technologiefelder (1991–2002)

0 = weltweit durchschnittliche Patentaktivität. Je grösser der Index, d.h., je weiter rechts auf der Skala, desto grösser der Spezialisierungsgrad der betreffenden Einheit (Unternehmung am Standort Schweiz oder Unternehmung im Ausland).

Quelle: Schmoch, U., Gauch, S. (2004). Innovationsstandort Schweiz. Bern.

Auf der Basis neuer Analysemethoden ist es aber möglich, auch darüber einige wichtige Aussagen treffen zu können. So wurde die neuerdings auf einigen Gebieten zugelassene Anmeldung von **Softwarepatenten** untersucht.

Knapp 5% aller Schweizer Patentanmeldungen lauten auf Software; das ist ein im weltweiten Vergleich eher tiefer Wert. Finnland oder auch die USA kommen etwa in diesem Bereich auf deutlich über 10%. Das Spezialisierungsprofil zeigt, dass die Schweiz keine ausgesprochene Softwareproduzentin ist. Demgegenüber ist aber das Wachstum der schweizerischen Softwarepatentanmeldungen sehr ausgeprägt. Das bedeutet, dass **Software von den hiesigen Unternehmungen erfolgreich weiterentwickelt** wird. Mit anderen Worten wird Standardsoftware aus dem Ausland gekauft und auf die spezifischen Bedürfnisse und Anwendungsgebiete hin verändert und verbessert. Diese Anwendungsgebiete spiegeln die Stärken der Schweizer Wirtschaft wider. Die Weiterentwicklung der Software wird über Patente geschützt.

Auch die Untersuchung einer anderen Möglichkeit zum Schutz geistigen Eigentums, die Anmeldungen von **Markenrechten**, unterstreicht dies. Nicht nur die **Finanzdienstleistungen**, sondern auch die **Weiterentwicklung von Software** sind Schweizer Spezialitäten. Dabei sind besonders starke Aktivitäten zum

Schutz von **Softwaremarken** sind in den Bereichen der **Unternehmungsberatung** zu finden. Auch die Bereiche **Finanzen/Versicherungen, Kultur/Medien** sowie **Kommunikation** sind häufig genannte Kategorien. Ganz offensichtlich ist die Weiterentwicklung und Anwendung von Software eng mit jenen Branchen verzahnt, welche die besonderen Stärken der Schweizer Wirtschaft spiegeln und die ihre spezifischen Bedürfnisse haben.

2.5.4 Innovationsbasierte Exporte

Bei den **Hightech-Güterexporten**, also für jene Gütergruppen, in denen der Aufwand für F&E in Relation zum Umsatz besonders hoch ist, ist die Schweiz im Vergleich zur OECD in vier von acht Kategorien hochtechnologischer Produkte besonders stark vertreten. Dies sind die **Pharma, die wissenschaftlichen Instrumente, Chemie** und **nicht-elektrische Maschinen**. Diese Produktgruppen stehen bezüglich der Technologieintensität auf den Rängen vier, fünf, sieben und acht. In den Bereichen **Luft-/Raumfahrt, EDV und Elektronik**, welche die ersten drei Plätze belegen, ist die **Schweiz schwach** vertreten. In den 1990er Jahren erwies sich diese Spezialisierung als Nachteil, weil die besonders stark wachsenden Märkte nicht den Schwerpunkten der Schweizer Industrie entsprachen. Im Jahr 2002 kam aber der Anteil der Hightech-Güterexporte der Schweiz erstmals über dem OECD-Mittel zu liegen. Die **deutliche Verbesserung** der Schweiz im Vergleich zu den frühen 1990er Jahren beruht primär auf einem starken Anstieg der **Pharma-Exporte**.

Für die nächsten Jahre kann mit einer weiteren Stärkung der schweizerischen Position gerechnet werden. Denn im Bereich der **Informations- und Kommunikationstechnologien** (IKT) und allenfalls auch im Bereich der Flugzeuge, in denen die Schweiz Spezialisierungsnachteile aufweist, wird es in der laufenden Dekade kaum mehr zu einer so stürmischen Entwicklung wie in den 1990er Jahren kommen. Beim Export von **Dienstleistungen** ist die Spezialisierung der Schweiz hervorragend. Der Anteil **wissensintensiver Dienstleistungen** – Banken, Versicherungen, unternehmungsnahe Dienstleistungen, Telekommunikation – ist wesentlich höher als in der OECD. Der Vorsprung hat seit den frühen 1990er Jahren deutlich zugenommen.

3. Die Schweiz im Standortwettbewerb

3.1 Zusammenarbeit im Nationalen Innovationssystem

Die vorangegangenen Überlegungen illustrieren, dass Wissen die Erfolge im Innovationswettbewerb der Unternehmungen, die komparativen Vorteile der Schweizer Volkswirtschaft im Aussenhandel **sowie** die Attraktivität der Schweiz im Standortwettbewerb massgeblich beeinflussen. In einer innovationsorientierten Betrachtung der Schweizer Standortattraktivität können die Volkswirtschaft oder ihre lokalen Teile, die Regionen, systemisch definiert werden. Es wird deshalb vom **Nationalen Innovationssystem (NIS)** gesprochen.

Das bedeutet, dass die Innovationsleistungen der Unternehmungen wesentlich von **Akteuren** und Bestimmungsfaktoren ausserhalb der Unternehmungsgrenzen abhängig sind. Dafür sind aus Sicht der Unternehmungen Partnerschaften notwendig. Die **Partner** sind:

- Kunden, Zulieferer;
- potenzielle und tatsächliche Konkurrenten;
- Bildungseinrichtungen der Sekundär- und Tertiärstufe sowie der Weiterbildung;
- F&E-Einrichtungen (Hochschulen und Forschungseinrichtungen ohne Lehrauftrag);
- der Staat und seine innovationspolitischen Förderorganisationen.

Eine solche Partnerschaft wird in Abbildung 53 dargestellt.

Das Konzept des NIS weist gegenüber traditionellen ökonomischen Modellen **drei Besonderheiten** auf:

- Erstens konzentriert es sich auf Genese und Transfer von Wissen.
- Zweitens stellt es die kooperativen, d.h. nicht-kompetitiven Formen des Wirtschaftens dem Wettbewerb am Markt auf gleicher Stufe zur Seite.
- Drittens werden soziokulturelle Aspekte, welche die Veränderungsbereitschaft und -fähigkeit in einer Gesellschaft beeinflussen, explizit in die Analyse miteinbezogen.

VI. Wissen, Bildung und Innovationen

> **Zusammenspiel im NIS – Möglichkeiten und Beispiel** Abbildung 53
>
> Unternehmungen aus der Maschinenbaubranche benötigen geeignete Absolventen der Hochschulen. Banken haben für ihre neuen Dienstleistungen im elektronischen Zahlungsverkehr einen hohen Bedarf an hervorragenden Informatikern. Kleine und mittlere Unternehmungen (KMU) sind auf die Unterstützung praxisnaher Forschung durch die Universitäten und Fachhochschulen angewiesen. Die Hochschulen erhalten dafür Geld von der Förderagentur für Innovation (KTI). Die Hochschulen ihrerseits sind von Informationen aus der Privatwirtschaft abhängig, die sie in der Forschung voranbringen. Nicht zuletzt müssen Hochschulen mehr Drittmittel aus der Privatwirtschaft zur Finanzierung ihrer Forschung akquirieren. Unternehmungen benötigen für die Durchführung gentechnischer Versuche die behördliche Genehmigung. Staatliche Organisationen schliesslich fördern die Grundlagen- und die angewandte Forschung und setzen sich für eine engere Zusammenarbeit zwischen Hochschulen und Privatwirtschaft in Innovationsprojekten ein. Sie alle sind in der einen oder anderen Weise an Innovationsprozessen innerhalb des Nationalen Innovationssystems (NIS) beteiligt.
>
> Am Beispiel des professionellen Hochleistungssportes im Segelprojekt "Alinghi" kann das Zusammenspiel vieler Akteute illustriert werden. Wissenschaft und Technologien spielten für die Konstruktion, das Design und den Bau des Bootes "Alinghi", das extremen Belastungen Stand halten muss, eine zentrale Rolle. Für Hydrodynamik, Aerodynamik und Werkstofftechnologien waren Forscher der ETH Lausanne (EPFL) die besten Partner. Die Herausforderung für sie bestand darin, ihr Wissen und Können schnell in die Praxis umzusetzen, denn das Sieger-Boot sollte in kürzester Zeit gebaut werden. Den Lausannern standen keine zwei Jahre zur Verfügung. Und sie schafften es! Die Zusammenarbeit zwischen Hochschulen und Wirtschaft funktionierte. Das Beispiel zeigt, dass Wissenschaft und Wirtschaft eine wichtige Voraussetzung für Innovationen sind. Es verdeutlicht aber auch, dass Innovation "Made in Switzerland" vom Teamgeist und der starken Führung einer hochkarätigen Mannschaft profitiert. Zusätzlich zu den finanziellen Mitteln sind dafür "Macher" gefragt, die nicht nur gut ausgebildet, sondern auch hochmotiviert sind.

Die Beschaffenheit des NIS, seine Funktionsweise und damit das Zusammenspiel seiner Akteure sind wesentliche Bestimmungsfaktoren, die über die Attraktivität der Schweiz als Standort für innovationsaktive Unternehmungen entscheiden. Abbildung 54 veranschaulicht das NIS für die Schweiz mit den wichtigsten Akteuren und Bestimmungsfaktoren.

Werden die Besonderheiten eines NIS herausgearbeitet, so wird der "Blick über die Grenzen" erleichtert. Der Vergleich zwischen verschiedenen Arten der Erarbeitung von Innovationen wird durch ein **Begriffs- und Ideenraster** systematisiert und vereinfacht. Warum ist eine Region im Innovationswettbewerb um so vieles erfolgreicher als eine andere? Worin unterscheidet sich das Zusammen-

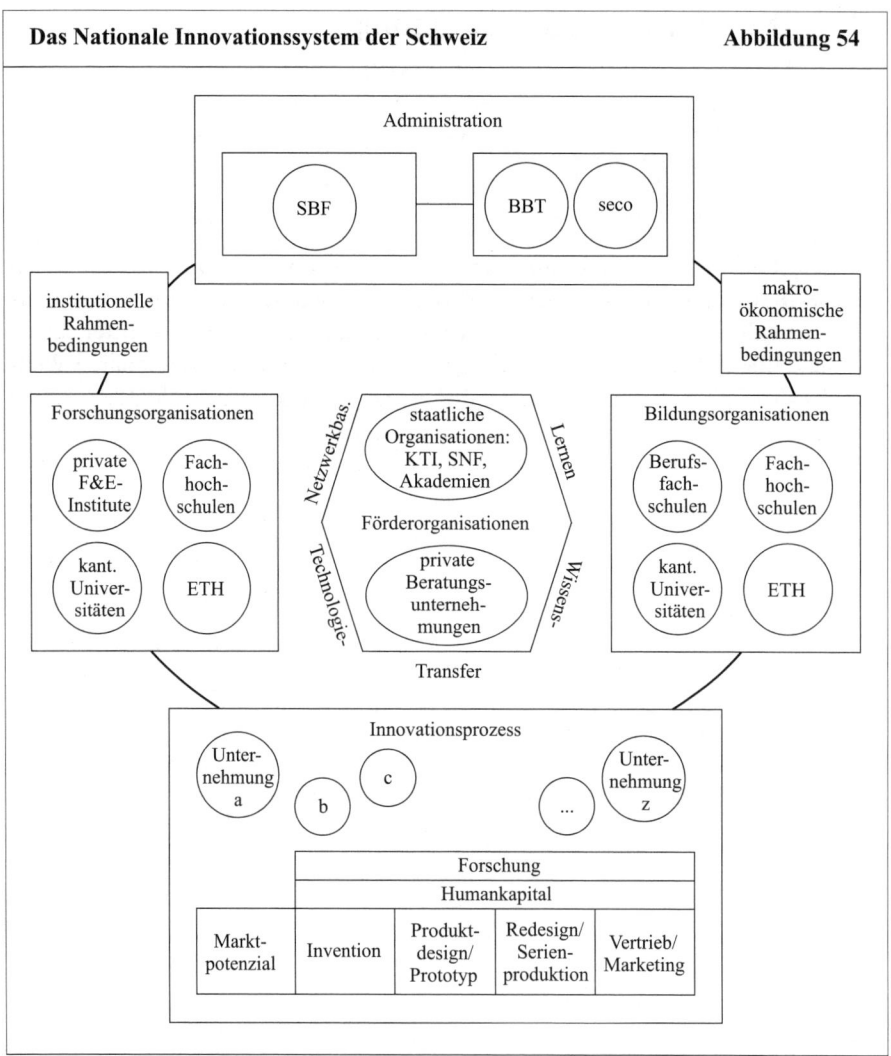

Das Nationale Innovationssystem der Schweiz   **Abbildung 54**

spiel der Akteure eines Landes von jenem in einem anderen? Was tun andere Länder für die Innovationsförderung? Gibt es internationale Benchmarks, an denen sich die schweizerische Innovationspolitik orientieren kann und soll?

3.2 Die Akteure und Bestimmungsfaktoren im Nationalen Innovationssystem

Die Akteure und Bestimmungsfaktoren im Nationalen Innovationssystem (NIS) lassen sich wie folgt spezifizieren:

- **Innovationsaktive Unternehmungen:** Sie sind die eigentlichen Motoren von Innovationen und bestimmen die **Innovationsdynamik**. Wie ist es um die Innovationsfähigkeit der Schweizer Privatwirtschaft bestellt? Wie erarbeiten die Unternehmungen Innovationen und wieviele F&E-Mittel setzen sie dafür ein? Wie schneiden die Unternehmungen im internationalen Wettbewerb ab? Die Beantwortung dieser Fragen lässt Rückschlüsse auf die gesamtwirtschaftliche und damit auf die **Wachstumsentwicklung** der Schweiz zu. Innovationsaktivitäten entwickeln sich in Branchen und Grössenklassen sowie in den verschiedenen Technologiefeldern unterschiedlich.
- **Nationale Rahmenbedingungen und internationales Wettbewerbsumfeld:** Beide Bestimmungsfaktoren haben Auswirkungen auf die Innovationsleistungen der Akteure im NIS. Innovationsdynamik und Forschungsanstrengungen im Ausland prägen das internationale Wettbewerbsumfeld der Schweizer Unternehmungen. Dazu gehören auch die **Preissignale** und **Konkurrenzverhältnisse** auf den nationalen und internationalen Faktor- und Gütermärkten. So bestimmen die Verhältnisse auf dem Kapital- und Arbeitsmarkt Innovationsleistungen entscheidend; z.B. übt das Sparverhalten der Haushalte zumindest indirekt und über den Kapitalmarkt einen Einfluss auf die **Innovationshäufigkeit** aus. Am Kapitalmarkt werden Innovationsvorhaben evaluiert und je nach Ergebnis finanziert oder eben nicht. Rahmenbedingungen setzen Anreize, welche Unternehmungen und Beschäftigte motivieren, Innovationen zu erarbeiten und zum Erfolg zu führen. Weiter kommt dem gebührenden und finanzierbaren **Schutz des geistigen Eigentums** eine entscheidende Rolle zu. Im Sinne der "Spielregeln des Wettbewerbs" geht es neben den Möglichkeiten zum Marktzutritt auch um kulturelle, rechtliche und soziale Verhaltensregeln.
- **Organisationen der (Berufs-)Bildung sowie der Wissenschaft und Forschung:** Zu diesen Organisationen zählen die Grund- und Sekundarschulen, die Berufsschulen, die Höheren Fachschulen, die Fachhochschulen, die Universitäten und die beiden ETH mit ihren Forschungsinstituten. Im Bereich der Bildung und der Lehre werden die schulisch vermittelbaren Voraussetzungen für Lernprozesse gelegt. Neben den Lernprozessen in der Familie und im Arbeitsleben haben die Organisationen des Bildungssystems die Aufgabe, Neugierde, Faktenwissen, Lern- und Problemlösungskompetenz

sowie **Risikobereitschaft** zu wecken, zu entwickeln und zu verankern. Lesekompetenz, soziale Kompetenz und problemlösungsorientiertes Handeln sind für das Berufsleben unabdingbar.
- **Formen und Intensität im Wissens- und Technologietransfer (WTT):** Untersuchungen zeigen, dass die Bedeutung externen Wissens für die einzelne Unternehmung zugenommen hat. Unternehmungen verfügen über ein breites Angebot an **externen Wissensquellen**: von informellen persönlichen Kontakten über F&E-Kooperationen bis hin zum Erwerb von Unternehmungsbeteiligungen oder ganzen Unternehmungen. WTT geht weit über die nationalen Grenzen hinaus und ist gerade für die Attraktivität von Kleinstaaten überlebenswichtig.
- **Aktivitäten des Staates:** Neben dem Setzen von Rahmenbedingungen über die Ordnungs- und Regulierungspolitik und der Bereitstellung öffentlicher Güter geht es um Betrieb und Unterhalt eines leistungsfähigen Bildungssystems sowie die Förderung von Forschung und neuen Technologien. Neben der **Bildungspolitik der Kantone** sind für die **Förderung der F&E auf Bundesebene** v.a. der Schweizerische Nationalfonds (SNF) in der Grundlagen- und die Förderagentur für Innovation (KTI) in der angewandten Forschung zuständig. Bundesämter, die sich mit der Innovationspolitik beschäftigen, sind u.a. das Staatssekretariat für Bildung und Forschung (SBF), das Bundesamt für Berufsbildung und Technologie (BBT) sowie das Staatssekretariat für Wirtschaft (seco) (vgl. Abbildung 37 auf S. 116).

3.3 Netzwerke und Leistungen des Schweizer Innovationssystems

Wie gezeigt wurde, beruhen Innovationsleistungen ganz wesentlich auf dem Zusammenspiel verschiedener Akteure ausserhalb der Unternehmung, obwohl Innovationen die ureigenste Aufgabe der Wirtschaft sind. Weist dieses Zusammenspiel eine gewisse institutionelle und zeitliche Stabilität auf, so spricht man von Netzwerken.

In diesem Sinne sind Innovationen im Wesentlichen als **Lernprozesse in Netzwerken** zu verstehen. Damit gestaltet sich der Innovationswettbewerb zu einem Wettbewerb zwischen Innovationsnetzwerken. Nicht mehr nur einzelne Unternehmungen stehen im Wettbewerb, sondern ganze Verbunde, deren Mitglieder häufig global verteilt sind, konkurrieren.

Die Vorteile eines gut funktionierenden Netzwerks bestehen in einer hochspezialisierten Arbeitsteilung sowie in positiven externen Effekten (spillovers) zwischen den kooperierenden Akteuren. Überdies bieten Netzwerke einen besseren

VI. Wissen, Bildung und Innovationen

Zugang zu sowie einen schnelleren und effektiven Austausch von Informationen, Wissen und Erfahrungen. Netzwerke fördern gegenseitiges **Vertrauen** der Netzwerkteilnehmer und reduzieren die Risiken in Innovationsprozessen.

Empirische Befunde zeigen, dass das Schweizer Innovationssystem ausgeprägte informelle Kontakte zwischen den Netzwerkpartnern ermöglicht und fördert. Der formelle, vertraglich fixierte Austausch von Wissen und Erfahrungen ist im internationalen Vergleich hingegen eher unterdurchschnittlich entwickelt. Insbesondere ist der formelle Austausch zwischen Wirtschaft und Wissenschaft (etwa über Projekte) relativ gering. Im Wesentlichen basieren damit die Erfolge des Schweizer Innovationssystems auf dem sog. **Transfer über Köpfe**, indem z.B. an den Hochschulen ausgebildete Fachleute Forschungswissen in die Unternehmungen tragen und gleichzeitig der "eigenen" Hochschule durch persönliche Kontakte verbunden bleiben. Auffällig ist darüber hinaus auch, dass das Schweizer Innovationssystem über eine ausgesprochen starke internationale Verflechtung im Bereich von F&E verfügt.

Grundsätzlich weisen Untersuchungen nach, dass die **Leistungsfähigkeit** des Schweizer Innovationssystems im internationalen Vergleich schon seit langem hervorragend ist. Das gängige Muster des unternehmerischen Innovationsverhaltens ist die sehr erfolgreiche Anwendung von F&E, die rasche, pragmatische Umsetzung im Bereiche gehobener Technologien. Das Wirtschaften ist geprägt durch inkrementale, d.h. kleinere und verbessernde Innovationen.

Im Folgenden werden mit dem Bildungs- und Forschungssystem zwei wesentliche Teilsysteme des Schweizer Innovationssystems näher beschrieben.

4. Das Bildungssystem

Die Leistungsfähigkeit einer hochentwickelten Volkswirtschaft ist in entscheidendem Masse von den vorhandenen Arbeitskräften, ihrer Qualifikationsstruktur, Verfügbarkeit und Quantität abhängig. Generell lässt sich dies mit dem Begriff **Humankapital** umschreiben. Qualifikationen werden dabei entscheidend von der Leistungsfähigkeit des vorhandenen Bildungssystems beeinflusst.

4.1 Aufbau des Schweizer Bildungssystems

Das Bildungssystem der Schweiz ist, wie fast jedes nationale Bildungssystem, stark durch politische und kulturelle Faktoren geprägt. Da die Bildung hauptsächlich im Verantwortungsbereich der Kantone liegt, hat die Schweiz faktisch 26 Bildungssysteme. Der **Bildungsföderalismus** ist stark ausgeprägt und soll daher im Zuge des **neuen Bildungsrahmenartikels in der Verfassung** stärker harmonisiert werden (vgl. Abbildung 55).

Neuer Bildungsrahmenartikel in der Verfassung	Abbildung 55

Mit der neuen Bildungsverfassung (Art. 61–63 BV) sorgen Bund und Kantone gemeinsam im Rahmen ihrer Zuständigkeiten für eine hohe Qualität und Durchlässigkeit des Bildungsraums Schweiz. Sie setzen sich bei der Erfüllung ihrer Aufgaben dafür ein, dass allgemein bildende und berufsbezogene Bildungswege eine gleichwertige gesellschaftliche Anerkennung finden. Der Grundschulunterricht steht allen Kindern offen, ist obligatorisch und untersteht staatlicher Leitung und Aufsicht. An öffentlichen Schulen ist er unentgeltlich. Der Schuleintritt, die Dauer und die Ziele der Bildungsstufen sowie die Anerkennung der Abschlüsse sollen deshalb landesweit harmonisiert werden.

Die Schaffung eines kohärenten, flächendeckenden und qualitativ hochstehenden Bildungsraums Schweiz geht auf die parlamentarische Initiative des damaligen Aargauer SP-Nationalrats Hans Zbinden im April 1997 zurück. Das neue Hochschulrahmengesetz wird voraussichtlich am 1. Januar 2011 in Kraft treten, wobei dies in erster Linie von der Bereitschaft der Teilnehmer – insbesondere der Kantone – abhängen wird.

Weder der Bund noch die Kantone verfügen über eine einzige Verwaltungseinheit, die für den ganzen Bildungsbereich zuständig ist. Schwergewichtig sind auf **kantonaler Ebene** die Erziehungs- und die Volkswirtschaftsdirektion, auf **bundesstaatlicher Ebene** das Eidgenössische Departement des Innern (EDI) und das

Eidgenössische Volkswirtschaftsdepartement (EVD) engagiert. Zudem gibt es eine Reihe koordinierender Gremien. So haben sich die Kantone in einem **Konkordat** zusammengeschlossen und die Schweizerische Konferenz der kantonalen Erziehungsdirektoren (EDK) mit der Schulkoordination beauftragt. Trotzdem weisen die Schulen selber, inklusive der Universitäten, einen mehr oder weniger hohen Grad der Selbstverwaltung auf.

Noch nicht obligatorisch ist derzeit der Besuch des **Kindergartens**, der zwischen zwei und drei Jahren dauert. Trotzdem besuchen ihn rund 98% der Kinder für mindestens ein Jahr. Die nachfolgenden neun obligatorischen Schuljahre werden in zwei Phasen aufgeteilt: Primarstufe und Sekundarstufe I. Auf der **Sekundarstufe I mit Normallehrplan** dauert der Unterricht entsprechend zwischen drei und fünf Jahren. Je nach Kanton gliedert sich diese Stufe in zwei bis vier Schultypen mit unterschiedlichen Leistungsniveaus. Auch diese Vielfalt unterschiedlicher Schulsysteme soll auf der Basis der neuen Verfassungsbestimmungen über den Schweizer Bildungsraum harmonisiert werden.

Homogener sind die Strukturen der nachfolgenden Ausbildung. Auf der **Sekundarstufe II** wird zwischen der Allgemein- und der Berufsbildung unterschieden: Die **Maturitätsschulen** vermitteln eine breite Allgemeinbildung, ganz nach dem humanistischen Ideal des 19. Jahrhunderts von Wilhelm von Humboldt (1767–1835). Allerdings sind Anpassungen an die Herausforderungen der modernen Gesellschaft vorgenommen worden. Maturitätsschulen vermitteln den grundsätzlich prüfungsfreien Zugang zum Universitätsstudium. Die vom Bund und der EDK gemeinsam geregelte Maturitätsanerkennung bewirkt eine starke Angleichung der kantonalen Lehrpläne.

Etwa zwei Drittel der Schüler der Sekundarstufe II befinden sich in einer **Berufsausbildung**, die durch ein sog. duales System gekennzeichnet ist: Dazu gehört einerseits die Berufslehre bei einem Lehrmeister in einer Unternehmung (on the job) mit einem Lehrvertrag über drei bis vier Jahre. Andererseits wird die Theorie, die für einen Beruf nötig ist, zusammen mit Allgemeinwissen und Wahlfächern (im Umfang von einem bis zwei Tagen die Woche) an einer Berufsschule vermittelt. Zudem führen die Berufsverbände obligatorische Einführungskurse für Lehrlinge durch, u.a. um grundlegende Arbeitstechniken zu erlernen. Regeln und Prüfungsanforderungen werden durch das EVD genehmigt. Nach bestandener Abschlussprüfung wird deshalb der Eidgenössische Fähigkeitsausweis erteilt. Diese Fähigkeitsausweise gewähren den Eintritt in ca. 270 Berufe.

Die **Tertiärstufe** lässt sich grob in drei Teile gliedern: Hochschulen/Universitäten und Fachhochschulen, Schulen für Unterrichtsberufe und die Höhere Berufsbildung. Der Bereich **Hochschulen/Universitäten und Fachhochschulen** umfasst die beiden Eidgenössischen Technischen Hochschulen Lausanne (EPFL) und Zürich (ETHZ), die zehn kantonalen Universitäten Basel, Bern, Freiburg,

Genf, Lausanne, Luzern, Neuenburg, St. Gallen, Tessin (Svizzera italiana) und Zürich sowie die 1997 geschaffenen sieben Fachhochschulen. Die Ausbildungen werden gemäss Bologna-Modell durch einen Bachelor oder einen Master abgeschlossen.

Mit dem laufenden Aufbau der **Fachhochschulen** wird einerseits, wie oben angesprochen, die Attraktivität der Berufsbildung gesteigert, andererseits sollen damit auch die beiden ETH sowie die Universitäten entlastet werden. Den Fachhochschulen soll über eine starke Ausstrahlung die Rolle von Kristallisationskernen und Knoten im Innovationsnetzwerk ihrer Region zukommen. Dazu verfügen sie über einen gesetzlich festgelegten **Leistungsauftrag in dreifacher Richtung**:

- Neben der Ausbildung soll auch die Weiterbildung inklusive Nachdiplomkurse und -studien, insbesondere zugunsten kleiner und mittlerer Unternehmungen (KMU), angeboten werden.
- Dienstleistungsfunktionen sollen zugunsten der Wirtschaft ihrer Region, insbesondere über Know-how-Transfers, erbracht werden.
- Sie sollen praxisbezogene Forschung und Entwicklung (F&E) betreiben.

Die **Schulen für die Unterrichtsberufe** sind heute teilweise in die Universitäten bzw. Fachhochschulen integriert. Im Bereich der **Höheren Berufsbildung** besteht eine Vielfalt von Ausbildungswegen. Von Bund und Kantonen anerkannte Abschlüsse sind: Diplome von Höheren Fachschulen und Technikerschulen sowie höhere Fach- oder Berufsprüfungen. Sie setzen eine abgeschlossene Ausbildung auf der Sekundarstufe II und für die höheren Fach- und Berufsprüfungen auch einige Jahre Berufspraxis voraus (vgl. Abbildung 56).

Einige dieser Schulen der Höheren Berufsausbildung haben im Zuge der laufenden Reformen den Status einer **Fachhochschule** erlangt. Damit sollen sie den entsprechenden Schulen im europäischen Ausland in Bezug auf die Anerkennung des Studienabschlusses (sowohl für den Zutritt zum Arbeitsmarkt wie auch für die Freizügigkeit der Studierenden zwischen Schulen verschiedener Länder) gleichgestellt werden. Die Einführung der **Berufsmaturität** hat bereits teilweise die Kluft zwischen akademischer und fachberuflicher Ausbildung verringert und die Durchlässigkeit zwischen den verschiedenen Bildungswegen verbessert.

4.2 Bildungsbeteiligung der Schweizer Bevölkerung

Die Schweizer Bevölkerung zeichnet sich im internationalen Vergleich nach wie vor durch ein **gutes Bildungsniveau** aus: 82% der Schweizerinnen und Schweizer im Alter von 25 bis 64 Jahren verfügen mindestens über eine Ausbildung der

VI. Wissen, Bildung und Innovationen

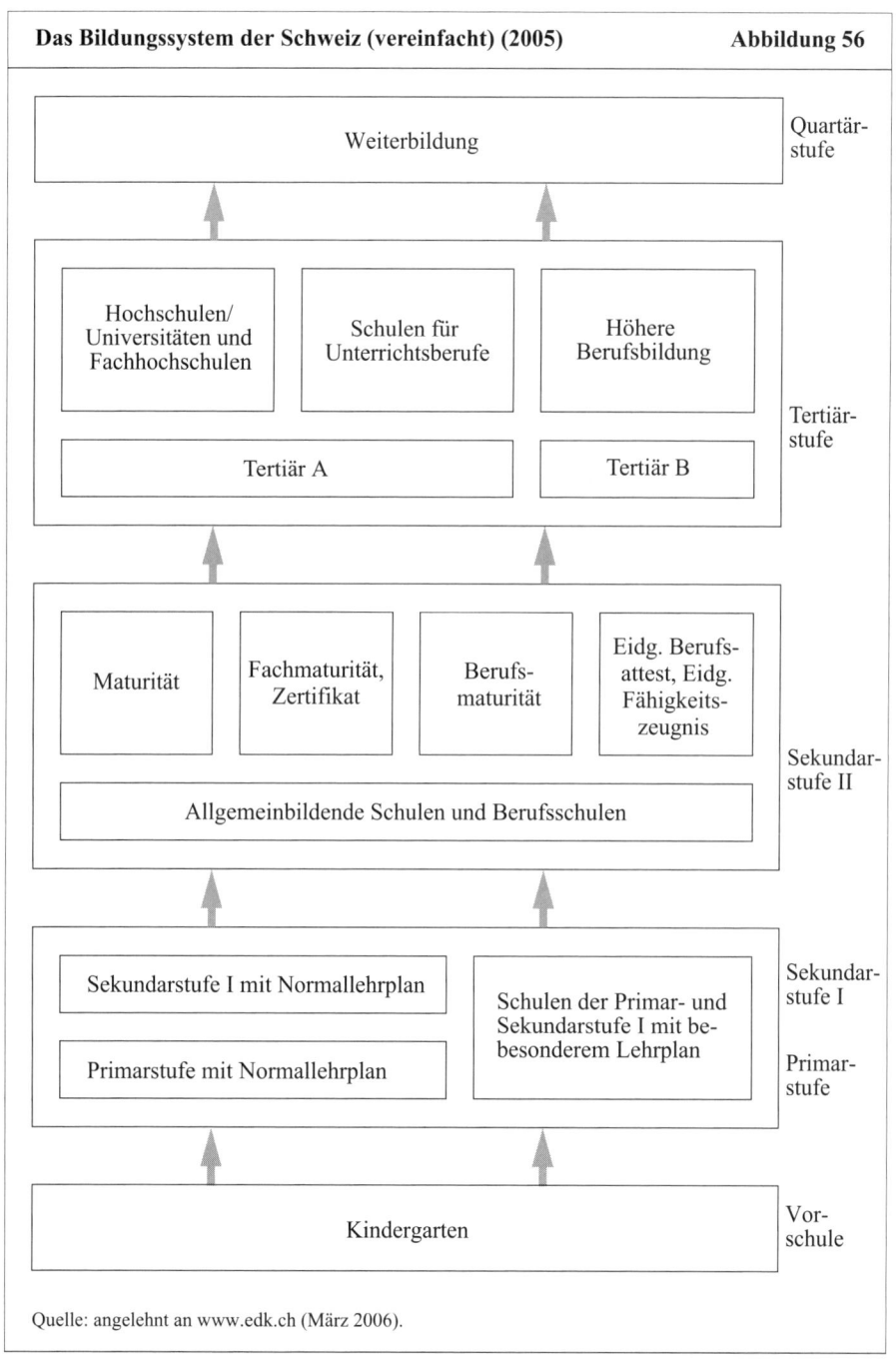

Das Bildungssystem der Schweiz (vereinfacht) (2005) — Abbildung 56

Quelle: angelehnt an www.edk.ch (März 2006).

Sekundarstufe II. Das OECD-Mittel liegt lediglich bei 65%. Von den Schweizer Jugendlichen erhalten 70% eine Berufsbildung (rund 70'000 Lehrvertragsabschlüsse pro Jahr; laufend sind gesamthaft deutlich über 200'000 Jugendliche in einer Berufslehre; Abschlussquote rund 90%). Die **duale Berufsbildung** auf Sekundarstufe II ist damit eine tragende Säule und auch eine der Stärken des schweizerischen Bildungssystems. Während die Privatwirtschaft über 60% der Berufsbildungskosten trägt, kann der Bund seinen gesetzlich festgelegten Anteil an der Finanzierung der Berufsbildung – einen Viertel der Aufwendungen der öffentlichen Hand – bisher noch nicht erbringen.

56% der Bevölkerung verfügen über einen **Tertiär-B-Abschluss**, d.h. entweder über eine Berufsprüfung, eine höhere Fachprüfung oder einen höheren Fachschulabschluss. Jährlich werden 25'000 weitere Abschlüsse erzielt. Diese Abschlüsse haben für die Produktivität der schweizerischen Volkswirtschaft einen sehr hohen Stellenwert, denn die Mehrheit der Bevölkerung wird aufgrund ihrer postobligatorischen Ausbildung keinen Hochschulabschluss erwerben können. Die Abschlüsse auf Tertiär-B-Stufe bilden mit ihren Spezialisierungen das Rückgrat für das mittlere und obere Kader der KMU in der Schweiz. Ein grosser Teil der Kosten werden durch Private selbst bzw. durch die Wirtschaft finanziert.

Im internationalen Vergleich weist die Schweiz auf der **Tertiär-A-Stufe** pro Auszubildenden nach wie vor die höchsten Ausgaben auf. Bezogen auf das Bruttoinlandprodukt (BIP) sind diese Aufwendungen jedoch nicht besonders hoch; sie betragen nur etwa die Hälfte des OECD-Durchschnitts und liegen sogar leicht unter dem Mittelwert der Europäischen Union (EU). Die Schweiz verfügt somit über einen teuren, aber vergleichsweise kleinen Hochschulsektor. Zudem hat sie in den 1990er Jahren weniger stark in Bildung investiert als Spitzenländer bezüglich Innovationsleistungen wie Schweden oder die USA.

Neben einer hochstehenden beruflichen Ausbildung gewinnt die **Weiterbildung** (sog. **Quartärstufe**) grosse Bedeutung für den Erhalt resp. die Steigerung der Produktivität der Schweiz. Rund 1,3 Mio. Personen haben im Jahr 2003 an Kursen zur beruflichen Weiterbildung teilgenommen, ein sehr hoher Anteil davon sogar regelmässig. Im internationalen Vergleich liegt die Schweiz hinsichtlich der Teilnahme an der beruflichen Weiterbildung im Mittelfeld. Insbesondere die Personen in den skandinavischen Ländern sowie in Grossbritannien und in den USA sind in Sachen Weiterbildung aktiver.

4.3 Bildungsausgaben im internationalen Vergleich

Zusammen mit dem Forschungsystem stellt das Bildungssystem der Schweiz einen bedeutenden und wachsenden Sektor der Schweizer Volkswirtschaft dar. Im Jahr 2003 wendeten Bund, Kantone und Gemeinden rund 26 Mrd. Fr. für Bildungszwecke auf allen Stufen auf (vgl. Abbildung 160 auf S. 606). Das sind knapp 20% der öffentlichen Gesamtausgaben und 6% des BIP (2003). Gemessen an den Ausgaben pro Schulkind bzw. pro studierende Person befindet sich die Schweiz mit 8800 US-Dollar (2001) zusammen mit den USA, Dänemark und Norwegen an der Spitze des internationalen Klassements. Das Schweizer Bildungssystem ist nicht zuletzt wegen des hohen Lohnniveaus eines der teuersten der Welt. Es wird von Bund, Kantonen und Wirtschaft gemeinsam finanziert.

Angesichts der relativ hohen Bildungsausgaben ist neben der Frage, ob für Bildung mehr Geld eingesetzt werden kann und soll, das Kosten-/Nutzenverhältnis im Schweizer Bildungssystem mindestens ebenso wichtig. Mit anderen Worten geht es um den effizienten Mitteleinsatz in der Finanzierung der Bildung und um die Frage: "Wer bezahlt was?"

Die folgenden Überlegungen konzentrieren sich auf die **Ausbildung** in der Schweiz, weil die Qualität der Ausbildung das Fundament jeder beruflichen Entwicklung ist. Es ist insofern geboten zu überprüfen, wie hoch die Kosten dafür sind und wer diese Kosten trägt.

Allgemein können Investitionen in die Ausbildung auf zwei Arten gemessen werden: einerseits relativ, z.B. im Verhältnis zum BIP, andererseits absolut, z.B. als Ausgaben pro Schüler. Der Vergleich im Verhältnis zum BIP erlaubt festzustellen, wieviel von der inländischen Wertschöpfung für die Bildung aufgewendet wird. Gemäss einem Vergleich der OECD liegt die Schweiz mit 6,2% des BIP nur knapp über dem Durchschnitt der OECD-Länder von 6,1%. Berücksichtigt wurden zusätzlich zu den öffentlichen auch private Ausgaben für alle vier Ausbildungsstufen, die Vorschule, die Primar-, Sekundarstufe und Tertiärstufe.

Die skandinavischen Länder (ausser Finnland), die USA sowie Korea weisen die höchsten Ausgaben auf. Die Studie der OECD zeigt, dass das schweizerische Bildungssystem im internationalen Vergleich überdurchschnittlich stark durch öffentliche Gelder finanziert wird. Dies gilt insbesondere für die **Tertiärstufe**, auf der – nach Dänemark, Finnland und Schweden – die Schweiz zusammen mit Norwegen den vierthöchsten Anteil ausweist. Nur in den USA und insbesondere in Korea ist der private Anteil an der Finanzierung der tertiären Ausbildung höher als der staatliche Anteil.

4.4 Finanzielle Bevorzugung der Hochschulausbildung

Im Durchschnitt geben die Länder der OECD über alle Schulstufen hinweg 7343 US-Dollar pro Schüler aus. Tendenziell sind die absoluten Ausgaben umso höher, je grösser das Pro-Kopf-Einkommen in einem Land ist. Die Schweiz, die USA und Norwegen gehören zu den Ländern mit dem höchsten kaufkraftbereinigten Pro-Kopf-Einkommen. Auch ihre absoluten Ausgaben pro Schüler sind am höchsten. 4.3 zeigt die **Ausgaben nach Ausbildungsstufen pro Schüler** relativ zur Primarstufe. Während die Schweiz im internationalen Vergleich am wenigsten für die Vorschule ausgibt, gehören die Ausgaben auf **Tertiärstufe** zu den höchsten.

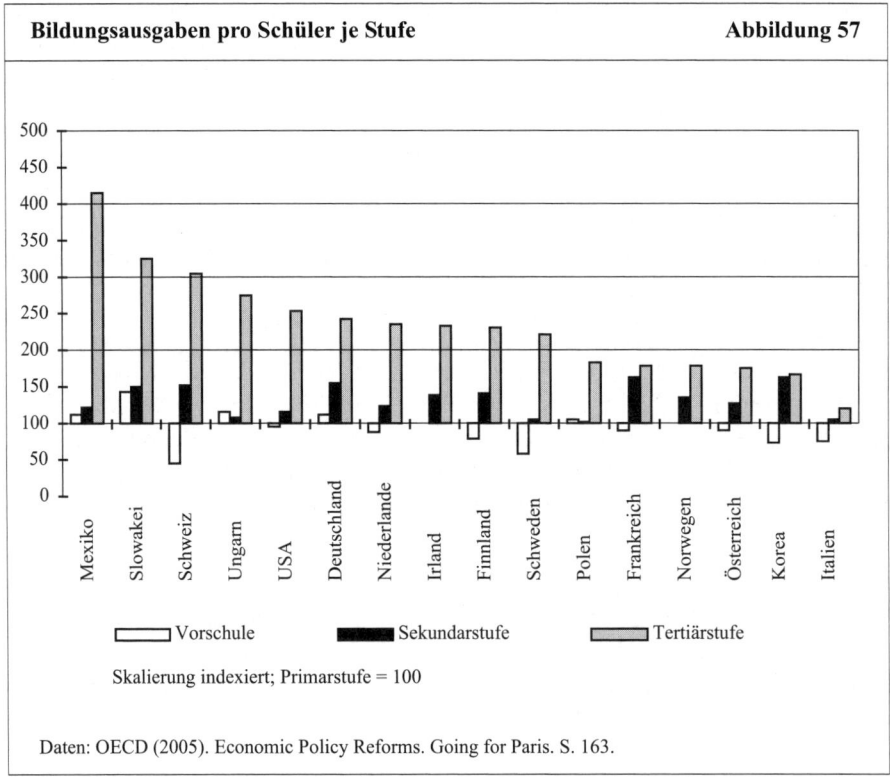

Und noch ein anderer Umstand verdeutlicht die **Bevorzugung** der Tertiärbildung in der Schweiz, wenn es um die Finanzierung der Ausbildung mit öffentlichen Geldern geht. Werden nämlich die absoluten Ausgaben pro Schüler lediglich für

VI. Wissen, Bildung und Innovationen 199

die Tertiärstufe betrachtet, dann weist die Schweiz unter den OECD-Ländern mit kaufkraftbereinigten 23'714 US-Dollar die höchsten Ausgaben auf. Zum Vergleich: Trotz dem hohen relativen Anteil weisen Mexiko und die Slowakei rund fünfmal geringere absolute Ausgaben auf. Im deutlichen Unterschied dazu tragen in der Berufsbildung die Wirtschaft und die Teilnehmer selber über 60% der gesamten Ausbildungskosten.

4.5 Effizienzprobleme in der Allgemeinbildung

Für die **künftige** Entwicklung der Schweiz ist die Frage von Interesse, wie die Leistungen der Schüler im Verhältnis zu den dafür eingesetzten Mitteln zu beurteilen sind. Eine international vergleichbare Messung der Schülerleistung ist wegen der Unterschiede zwischen den Schulsystemen schwierig. Dennoch versuchte das **Programme for International Student Assessment (PISA)** solche Vergleiche vorzunehmen. Ein Vergleich in 2003 bezog sich auf die mathematischen Kompetenzen. Schweizer Schüler erreichten Leistungen, die signifikant über dem OECD-Durchschnitt lagen. Abbildung 58 auf S. 200 belegt, dass die Schweiz dafür aber auch die höchsten Ausgaben zu tragen hatte

Mit Blick auf die Effizienz schnitten die Länder im markierten Rechteck besser ab als die Schweiz. Sie erzielten nicht nur eine höhere Punktzahl, sondern wandten dafür auch weniger Geld auf. Bemerkenswert ist insbesondere das Abschneiden Koreas, das seine Bildungsinvestitionen am effizientesten einsetzte.

4.6 Herausforderungen für die duale Berufsbildung

4.6.1 Theorie und Praxis – Arbeit bildet!

Der zweite zentrale Bereich neben der schulischen Ausbildung ist die duale Berufsbildung in der Schweiz. Alle Umfragen über Erfolgsfaktoren des Standorts Schweiz zeigen, dass eine gute Versorgung des Arbeitsmarktes, ganz besonders mit höheren Qualifikationen, der zentrale Punkt ist.

Neben dem Wissen wird auch Können benötigt. **Wissen** wird primär durch die Schule vermittelt. **Können** ist implizites Wissen (sog. **tacit knowledge**). Dieses wird in der Regel ausserhalb der Schule, z.B. bei der Arbeit im Betrieb erworben.

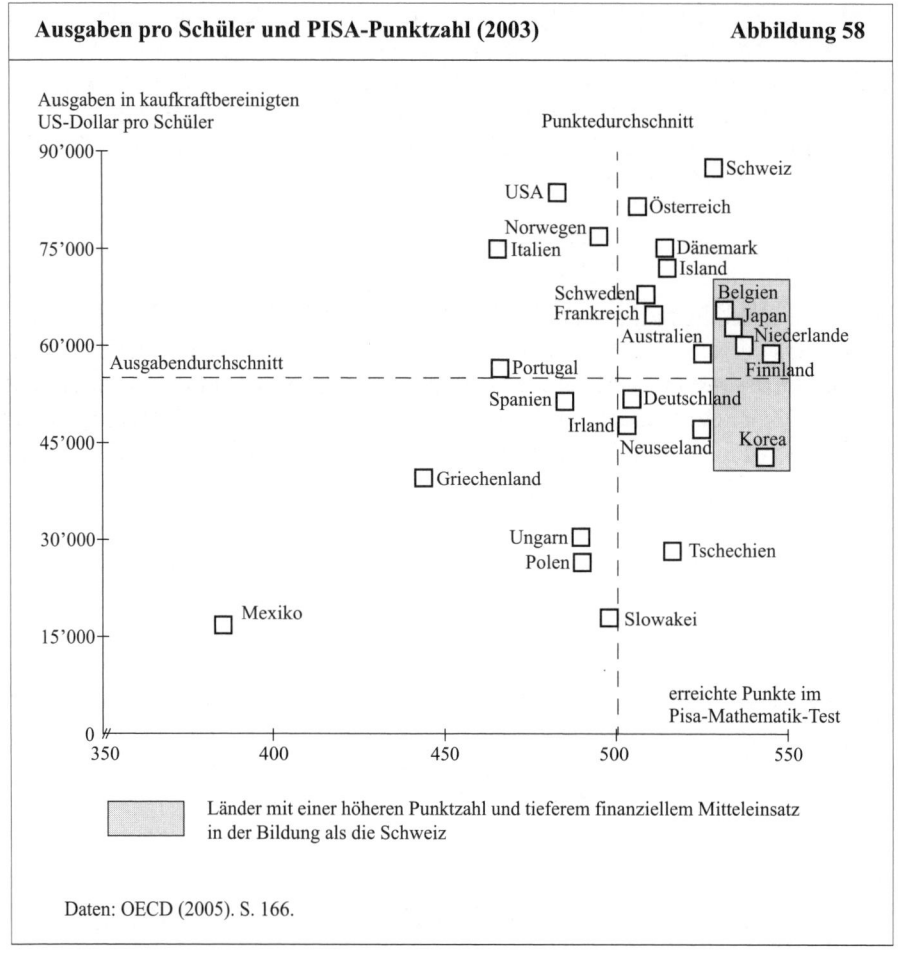

Abbildung 58: Ausgaben pro Schüler und PISA-Punktzahl (2003)

Davon zeugen bekannte Lernkonzepte wie "learning by doing" oder "learning by using". So wurde schon früh zu Recht darauf hingewiesen, dass Arbeit im wahrsten Sinne des Wortes bildet.

Deshalb ist auf der einen Seite eine "Verschulung" beruflicher Lernprozesse unbedingt zu vermeiden. Auf der anderen Seite wächst aber die Bedeutung methodisch-konzeptionellen Wissens in fast allen beruflichen Tätigkeiten. Beides ist also notwendig: schulisches und praktisches Lernen. Es kommt auf die gute Mischung an. Dies ist das Ziel und der Zweck der dualen Berufsbildung.

4.6.2 Die Macht der Tertiarisierung

Im Alter von 20 Jahren verfügten im Zeitraum zwischen 2003 und 2004 knapp 70% aller Jugendlichen über einen Lehrabschluss. 19% der Jugendlichen waren im Besitz der Maturität. 12% verfügten über keinen nachobligatorischen Abschluss. Sicherlich ist die Maturitätsquote im internationalen Vergleich tief. Dafür aber sind gut qualifizierte Berufsleute in hoher Zahl eine der grossen Stärken der Schweizer Volkswirtschaft.

Nun sind allerdings mittel und längerfristig wirkende Trends zu beobachten, die dieses System schwächen können. Notwendig wird früher oder später eine dezidierte Anpassung und **Weiterentwicklung der dualen Berufsbildung**, um das Gute an ihr pflegen und erhalten zu können. Dabei ist die Berufsbildung immer im Zusammenhang mit dem gesamten Bildungssystem der Schweiz zu sehen.

Die grösste Herausforderung für die duale Berufsbildung resultiert aus der **Tertiarisierung** der Wirtschaft (vgl. Abbildung 114 auf S. 408). Im Zuge dieses strukturellen Wandels sind in immer stärkerem Masse berufliche Qualifikationen gefragt, deren **Wissensanteil** grösser ist, die mehr Methodenkompetenz voraussetzen, generelle Kenntnisse verlangen – kurz: die abstrakter und "theorielastiger" sind. Dies hat Konsequenzen für die Art der Vermittlung beruflicher Kompetenzen. Der schulische Anteil an der beruflichen Ausbildung wird steigen.

Jugendlichen in diesem Alter werden zudem in wachsendem Masse attraktive **Alternativen in der schulischen Ausbildung**, wie z.B. Fachmittelschulen, angeboten, sofern diese von den Kantonen aufgrund finanzieller Engpässe nicht wieder beschnitten werden. Auch die Abwägung der Vor- und Nachteile eines Hochschulstudiums gegenüber einem direkten Einstieg in die berufliche Praxis fällt angesichts der Erfordernisse des wissensbasierten Wirtschaftens immer häufiger zugunsten des Hochschulstudiums aus. Dies zeigen die steigenden Zahlen der Erstsemestrigen eindeutig. Das neue Angebot an Bachelor-Studiengängen wird diesen Trend noch verstärken.

Jener Lernanteil, der auf die Aneignung des praktischen, berufsbezogenen Erfahrungswissens ausgerichtet ist, ist immer weniger an einen bestimmten Arbeitsplatz gebunden, also **weniger betriebsspezifisch**. Die Bindung an den Betrieb nimmt ab, die Arbeit wird mobiler. Damit sinkt das Interesse der Betriebe an Investitionen in eigene Lernende, weil sie diese über die Ausbildung nur noch schwach an die eigene Unternehmung binden können. Sie rekrutieren deshalb ihren Nachwuchs in steigendem Masse auf dem externen Arbeitsmarkt.

Im Jahr 2001 waren in der Schweiz noch 18% aller Betriebe in der Ausbildung von Lernenden engagiert. Markant ist der Unterschied zwischen Industrie und **Dienstleistungen** in der Neigung zur Ausbildung des eigenen Nachwuchses: Der

Anteil der ausbildenden Betriebe ist im zweiten Wirtschaftssektor, also in Industrie und Gewerbe, mit 26% deutlich höher als jener im dritten Sektor bei den Dienstleistungen – dort bilden gerade noch 16% der Betriebe aus.

Angesichts der zunehmenden **Tertiarisierung** lässt dieses Verhältnis ein Übergewicht des zweiten Sektors in der beruflichen Grundausbildung vermuten. Es stellt sich die Frage der Ausbildungsbeteiligung der immer bedeutender werdenden Dienstleistungsbranchen. So sind gerade in den neuen, wachsenden Branchen der unternehmungsorientierten Dienste Lehrbetriebe deutlich untervertreten. Daraus resultiert eine strukturell begründete **Diskrepanz** zwischen Ausbildung und Bedarf am Arbeitsmarkt.

5. Das Forschungssystem

5.1 Zunahme des internationalen F&E-Wettbewerbs

Zwischen den Leistungen in der Forschung und der Wirtschaftsentwicklung besteht ein Zusammenhang. Daher haben die EU-Länder auf höchster politischer Ebene beschlossen, die F&E-Investitionen bis 2010 massiv zu erhöhen (3% des BIP, Lissabon/Barcelona-Ziel). Länder wie Schweden (4,27%) und Finnland (3,46%) haben dieses Ziel bereits übertroffen.

Zugleich nimmt die Konkurrenz für die Schweiz in Wissenschaft und Technologie zu, und zwar nicht nur in Bezug auf die grossen Industrienationen wie die USA, Japan und die "alten" EU-15-Länder. Neue offensive Konkurrenten wie die zehn neuen EU-Staaten, ganz besonders aber die Länder im asiatischen Raum, verschärfen den Wettbewerb. China, Indien und Korea verfügen über ein grosses Bildungs-, Forschungs- und Innovationspotenzial und können bereits Erfolge in der Spitzenforschung sowie in deren Umsetzung vorweisen.

5.2 Ressourcen für Forschung und Entwicklung

Gemäss der Konjunkturforschungsstelle (KOF) der ETH Zürich weist die Schweizer Volkswirtschaft einen im internationalen Vergleich hohen Anteil der F&E-Aufwendungen am Bruttoinlandprodukt (BIP) auf. Jedoch nahmen die F&E-Aufwendungen im Zeitraum 1996–2001 in keinem der für einen empirischen Vergleich herangezogenen OECD-Ländern derartig schwach zu wie in der Schweiz. Das bescheidene Wachstum beruhte ausschliesslich auf der Privatwirtschaft, während im öffentlichen Sektor die F&E-Ausgaben sogar sanken (vgl. Tabelle 6). In den letzten Jahren konnte der Trend sinkender F&E-Ausgaben der öffentlichen Hand aber gebrochen werden. Im Vergleich mit anderen OECD-Ländern bleibt aber in der Schweiz der Anteil der öffentlichen Hand an der Finanzierung der gesamten F&E-Ausgaben gering.

Die schweizerischen F&E-Ausgaben verteilen sich wie folgt auf den **Staat** und die **Privatwirtschaft:** Über 70% der finanziellen Mittel für F&E innerhalb der Schweiz werden von der Privatwirtschaft erbracht, knapp 30% vom Staat. Das staatliche Engagement liegt dabei schwergewichtig in der Forschung, insbesondere der Grundlagenforschung, während sich die Privatwirtschaft eher auf die angewandte Forschung und die experimentelle Entwicklung konzentriert.

F&E-Ausgaben im internationalen Vergleich[1] Tabelle 6

	F&E-Ausgaben in % des BIP	durchschn. jährl. Wachstumsrate der F&E-Ausgaben zw. 1995–2001	privatw. F&E-Ausgaben der Industrie in % der Wertschöpfung 2001	durchschn. jährl. Wachstumsrate der privatw. F&E-Ausgaben zw. 1995–2001	durchschn. jährl. Wachstumsrate der staatl. F&E-Ausgaben 1995–2001
Schweiz	2,63	2,63	3,11	2,4	-2,3
Niederlande	1,94	1,94	1,61	3,8	-0,7
Schweden	4,27	4,27	5,20	8,0	3,0
Finnland	3,40	3,40	3,54	13,5	4,7
Dänemark	2,19	2,19	2,31	10,6	5,1
Österreich	1,90	1,90	1,62	9,2	5,0
Irland	1,17	1,17	1,06	7,1	4,8
Deutschland	2,49	2,49	2,50	4,3	0,6
Frankreich	2,20	2,20	2,01	2,8	0,2
Italien	1,07	1,07	0,79	2,8	5,5
GB	1,90	1,90	1,87	2,0	2,7
USA	2,82	2,82	2,85	6,1	1,5
Japan	3,09	3,09	3,33	3,6	2,7
EU	1,93	3,7	1,79	4,4	-
OECD	2,33	4,7	2,27	5,3	2,6

[1] Quelle: Arvanitis et al. (2005).

Mit dem niedrigen Staatsanteil verbindet sich eine traditionelle Regel der schweizerischen Forschungs- und Wissenschaftspolitik. Es werden, von einigen wenigen Ausnahmen abgesehen, keine staatlichen Gelder für F&E direkt an die Wirtschaft bezahlt. Die zurückhaltende Ausgabenpolitik des Staates ist einerseits aus ordnungspolitischer Perspektive als Anzeichen gesunder Strukturen und einer leistungsfähigen Volkswirtschaft anzusehen. Andererseits spiegelt sich in den vorliegenden Zahlen auch eine im internationalen Vergleich weniger ausgeprägte Infrastruktur öffentlicher und halböffentlicher Forschungseinrichtungen wider.

5.3 Nationale Förderorganisationen

Auf bundesstaatlicher Ebene verfügt die Schweiz mit dem Schweizerischen Nationalfonds (SNF) und der Förderagentur für Innovation (KTI) über zwei Organisationen zur Förderung der Forschung. Diese verfolgen unterschiedliche, aber komplementäre Ziele.

5.3.1 Der Schweizerische Nationalfonds

Der Schweizerische Nationalfonds (SNF) wurde 1952 als privatrechtliche Stiftung gegründet. Die Förderschwerpunkte des SNF liegen im Bereich der **thematisch nicht-orientierten Grundlagenforschung**. Dabei geht es um die Finanzierung von Forschungsgesuchen aus der Wissenschaft über meist mehrjährige Projektbeiträge. Gesuche werden bottom-up von **Forscher(-teams)** eingereicht und von **Peers** (anerkannten und erfahrenen Experten) evaluiert und zur Förderung freigegeben. Zusätzlich fördert der SNF über Stipendien und internationale Austauschprogramme den wissenschaftlichen Nachwuchs in der Schweiz auch direkt.

Darüber hinaus finanziert der SNF **Nationale Forschungsschwerpunkte** (NFS resp. National Centres of Competence in Research; NCCR). Bei diesen geht es um den nachhaltigen Aufbau von Kompetenzzentren (sog. leading houses) und um die Unterstützung der von ihnen betriebenen Netzwerke. Dadurch soll es der Schweizer Forschung ermöglicht werden, in strategisch wichtigen Forschungsbereichen über einen Zeitraum von rund zehn Jahren Kompetenzen auf dem Niveau der internationalen Spitzenforschung aufzubauen.

Schliesslich unterhält der SNF **Nationale Forschungsprogramme** (NFP). Ziel dieser Programme ist es, die Erarbeitung innovativer Lösungsbeiträge zu politisch bestimmten gesellschaftlichen oder wirtschaftlichen Fragenkomplexen zu unterstützen. Die Anwendungsorientierung dieser NFP ist im Vergleich mit den anderen Förderinstrumenten des SNF relativ gross. Die nachstehende Tabelle gibt einen Überblick über die Mittelverwendung des SNF (vgl. Tabelle 7).

Aufteilung der Forschungsförderung des SNF (2003)[1]   Tabelle 7

Freie Forschung	Orientierte Forschung
Projektförderung: 253 Mio. Fr.	NFP: 35 Mio. Fr.
Personenförderung: 68 Mio. Fr.	NFS: 58 Mio. Fr.
wiss. Tagungen: 0,8 Mio. Fr.	Schwerpunktprogramme: 0,7 Mio. Fr.
Publikationsbeiträge: 2,1 Mio. Fr.	
int. Zusammenarbeit: 3,6 Mio. Fr.	
Total: 328 Mio. Fr. (Anteil: 78%)	Total: 93 Mio. Fr. (Anteil: 22%)

[1] Daten: www.snf.ch (Februar 2006).

5.3.2 Die Förderagentur für Innovation

Die zentrale Aufgabe der Förderagentur für Innovation des Bundes (KTI) liegt in der Unterstützung von **anwendungsorientierten F&E-Projekten**, die von öffentlichen Forschungseinrichtungen der Schweiz und Unternehmungen des Standorts gemeinsam durchgeführt werden. Die KTI-Projektförderung ist grundsätzlich offen für alle Disziplinen. Sie richtet sich an alle Unternehmungen und Forschungseinrichtungen. Die Förderpolitik der KTI beruht auf dem **Bottom-up-Prinzip**, d.h. die Themen von F&E-Projekten werden von den Projektpartnern selbst definiert und nicht von staatlicher Seite vorgegeben. Die Initiative für Projekte wird **marktgetrieben** von der Wirtschaft und **wissenschaftsgetrieben** von der Forschungseinrichtung in gemeinsamer Absprache ergriffen.

Zusätzlich engagiert sich die KTI auch in der Förderung von ausgewählten Bereichen, in denen die Schweiz über das notwendige wissenschaftliche und wirtschaftliche Potenzial verfügt. Solche speziellen Förderprogramme sind thematisch fokussiert und zeitlich begrenzt. Auch hier steht die Bottom-up-Projektförderung im Mittelpunkt. Sie wird ergänzt durch flankierende Dienstleistungen, wie etwa das **Coaching von Projektteams** und **spezielle Marketing- oder Sensibilisierungsmassnahmen**.

Beispiele für solche Förderinitiativen sind die Förderung der **Nanotechnologie**, der **Medizinaltechnik (MedTech)** und der **Biotechnologie (BioTech)**. Daneben unterstützt die KTI die Gründung einer Unternehmung und das Unternehmertum in der Schweiz. Die KTI-Förderung versteht sich immer als **subsidiäre Förderung**. Die KTI-Gelder fliessen ausschliesslich an die öffentliche Forschungseinrichtung, wo sie hauptsächlich die Personalkosten abdecken. Vom Wirtschaftspartner setzt sie ein finanzielles Engagement von mindestens 50% der Projektkosten voraus. In der Regel sind dies die Finanzierung der eigenen Projektkosten sowie ein geringer **Cash-Beitrag** an die Forschungseinrichtung.

Von Anfang 1986 bis Ende 2003 prüfte die KTI rund 6400 Projektgesuche und unterstützte davon etwa 4000 Projekte. An diesen Projekten waren mehr als 5000 Unternehmungen beteiligt, die rund 60% der Projektkosten finanzierten (vgl. Abbildung 59).

2004 sprach die KTI Förderbeiträge in der Gesamthöhe von 70,8 Mio. Fr. 40% davon flossen in den ETH-Bereich, 30% gingen an die Fachhochschulen und 23% an die Universitäten. Werden die geförderten Disziplinen betrachtet, so zeigt sich, dass ein Schwergewicht bei den **Ingenieurwissenschaften** liegt. Es folgen die sog. Enabling Sciences (z.B. Informatik und neue Kommunikationstechnologien sowie Design und Architektur), die Life Sciences sowie die Mikro- und Nanotechnologien (vgl. Abbildung 121 auf S. 428). Die Unterschiede zwischen den einzelnen Disziplinen sind nicht stark ausgeprägt, sodass sich die Rei-

VI. Wissen, Bildung und Innovationen   207

henfolge leicht ändern kann. Im Vergleich zur KTI konnte der SNF im Jahr 2004 insgesamt 419 Mio. Fr. für die Forschungsförderung einsetzen. In der Schweiz liegt somit der Fokus klar auf der **Förderung der Grundlagenforschung**.

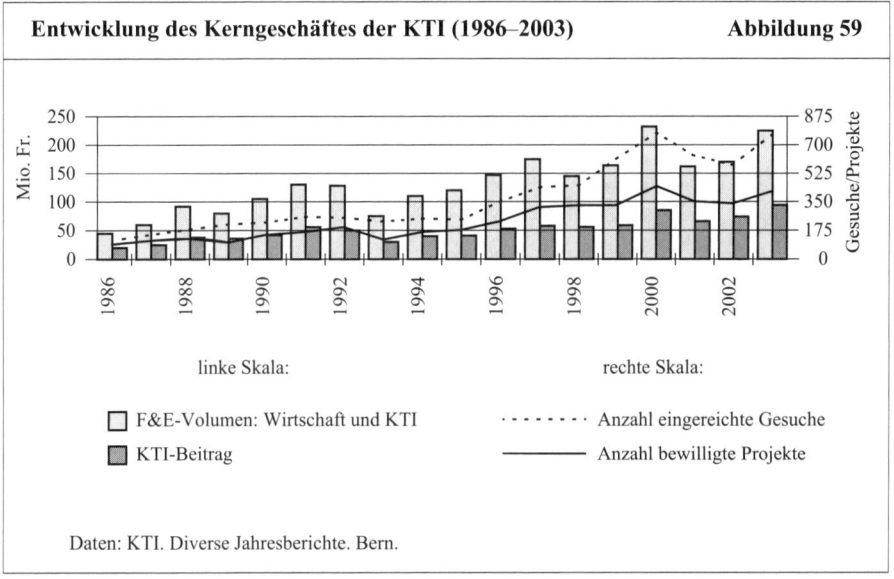

Entwicklung des Kerngeschäftes der KTI (1986–2003)   Abbildung 59

linke Skala:
☐ F&E-Volumen: Wirtschaft und KTI
■ KTI-Beitrag

rechte Skala:
······· Anzahl eingereichte Gesuche
——— Anzahl bewilligte Projekte

Daten: KTI. Diverse Jahresberichte. Bern.

6. Ausblick

Wissen, Bildung und Innovation sind für die Volkswirtschaft der Schweiz zu den wesentlichsten **Erfolgsfaktoren** geworden. Ihre Bedeutung wird in den kommenden Jahren mit dem zunehmenden Konkurrenzdruck alter und neuer Standorte auf der Welt und gravierender demographischer Probleme in der Schweiz weiter steigen. Wohlstand und Beschäftigung lassen sich nur mit einer auf international höchstem Niveau innovativen Wirtschaft und Gesellschaft sicherstellen.

Dabei sind der **Innovationswettbewerb** der Unternehmungen und der **Standortwettbewerb** der Schweizer Volkswirtschaft **zwei Seiten derselben Medaille**. Die grossen Herausforderungen liegen v.a. in der Verbesserung der volkswirtschaftlichen Rahmenbedingungen (Liberalisierung und intelligente Regulierung) sowie in einem überaus leistungsfähigen Bildungssystem, das einem flexiblen und funktionsstarken Arbeitsmarkt zuarbeitet.

Bessere Ausbildung, gleichberechtigter Zugang zur Bildung auch auf der Tertiärstufe und lebenslanges Lernen (sog. life long learning) zur Erhaltung der Arbeitsmarktfähigkeit sind die Erfolgsfaktoren für die Zukunft. Die Schweiz muss hervorragend **qualifizierte Spitzenkräfte** selbst ausbilden. Aufgrund der demographischen Entwicklung wird die Zahl der 16-Jährigen nach 2008 abnehmen. Die Zahl der Studierenden wird bis ca. 2010 weiterhin stark steigen, anschliessend jedoch eher stagnieren. Längerfristig wird die Zahl der Erwerbstätigen aber abnehmen. Um Engpässe zu vermeiden, muss sich die Schweiz deshalb auch international um gut qualifizierte Arbeitskräfte bemühen (**"war for talents"**). Sie ist auf die Personenfreizügigkeit mit der EU angewiesen. Die Hochschulen müssen ihre internationale Anschlussfähigkeit bewahren und weiter ausbauen.

7. Quellen

7.1 Literatur

Arvanitis, S., von Arx, J., Hollenstein, H., Sydow, N. (2004). Innovationsaktivitäten in der Schweizer Wirtschaft: Eine Analyse der Ergebnisse der Innovationserhebung 2002. Strukturberichterstattung Nr. 24. Studienreihe des Staatssekretariats für Wirtschaft. Bern.

Arvanitis, S., Hollenstein, H., Marmet, D., Sydow, N. (2005). Forschungs- und Technologiestandort Schweiz: Stärken-/Schwächenprofil im internationalen Vergleich. Strukturberichterstattung Nr. 32. Studienreihe des Staatssekretariats für Wirtschaft. Bern.

Audretsch, D. B., Bozeman, B., Combs, K. L., Feldman, M., Link, A. N., Siegel, D. S., Stephan, P., Tassey, G., Wessner, Ch. (2002). The Economics of Science and Technology, in: Journal of Technology Transfer. Vol. 27, S. 155–203.

BAK – Basel Economics (2003). Monitoring Innovation in Regions. Schlussbericht Phase 2. Basel.

Baumol, W. J. (2002). The Free-Market Innovation Machine – Analyzing the Growth Miracle of Capitalism. Princeton.

Blind, K., Edler, J., Friedewald M. (2005). Software Patents – Economic Impacts and Policy Implications. Cheltenham/Northampton.

Bundesamt für Statistik (2004). Intramuros- und Extramuros-F&E-Aufwendungen und F&E-Aufwendungen im Ausland. Entwicklung 1989–2004. Neuchâtel.

Bundesamt für Statistik (2005). Das schweizerische Bildungssystem im europäischen Vergleich. Ausgewählte Indikatoren. Neuchâtel.

Feldman, M. P., Link, A. N. (eds.) (2001). Innovation Policy in the Knowledge-Based Economy. Boston/Dordrecht/London.

Good, B. (2006). Technologie zwischen Markt und Staat: Die Kommission für Technologie und Innovation und die Wirksamkeit ihrer Förderung. Zürich/Chur.

Gradstein, M., Justman, M., Meier, V. (2005). The Political Economy of Education: Implications for Growth and Inequality. Cambridge.

Hotz-Hart, B., Dümmler, P., Good, B., Grunt, M., Reuter-Hofer, A., Schmuki, D. (2006). Exzellent anders! Die Schweiz als Innovationshost. Zürich/Chur.

Hotz-Hart, B., Good, B., Küchler, C., Reuter-Hofer, A. (2003). Innovation Schweiz: Herausforderungen für Wirtschaft und Politik. Zürich/Chur.

Hotz-Hart, B., Küchler, C. (1999). Wissen als Chance: Globalisierung als Herausforderung für die Schweiz. Chur/Zürich.

Hotz-Hart, B., Küchler, C. (2005). Neue Dynamik im schweizerischen Technologieportfolio, in: Eidgenössisches Volkswirtschaftsdepartement (Hrsg.). Die Volkswirtschaft. Nr. 1/2, S. 59–62.

Hotz-Hart, B., Reuter-Hofer, A. (2005). Auf dem Weg zu einer nationalen Innovationspolitik, in: Eidgenössisches Volkswirtschaftsdepartement (Hrsg.). Die Volkswirtschaft. Nr. 12, S. 23–26.

Hotz-Hart, B., Reuter, A., Vock, P. (2001). Innovationen: Wirtschaft und Politik im globalen Wettbewerb. Bern.

Kanter, R. M. (1995). World Class: Thriving Locally in the Global Economy. New York.

Kline, St. J., Rosenberg, N. (1986). An Overview of Innovation, in: Landau, R., Rosenberg, N. (Hrsg.). The Positive Sum Strategy – Harnessing Technology for Economic Growth. Washington, D.C. S. 275–304.

Llerna, P., Matt, M. (eds.) (2005). Innovation Policy in a Knowledge-Based Economy: Theory and Practice. Berlin/Heidelberg/New York.

Malerba, F. (ed.) (2004). Sectoral Systems of Innovation: Concepts, Issues and Analyses of Six Major Sectors in Europe. Cambridge.

Rosenberg, N. (1982). Inside the Black Box: Technology and Economics. Cambridge.

Kommission für Technologie und Innovation (Hrsg.) (jährlich). Jahresbericht. Bern.

OECD (Hrsg.) (2005). Economic Policy Reforms. Going for Growth. Structural Policy Indicators and Priorities in OECD Countries. Paris.

OECD (Hrsg.) (2005). Education at a Glance. OECD Indicators 2005. Paris.

Rektorenkonferenz der Schweizer Universitäten (Hrsg.) (2004). Universitätslandschaft Schweiz: Strategie 2005–2015. Bern.

Santangelo, G. D. (Hrsg.). (2005). Technological Change and Economic Catch-up: The Role of Science and Multinationals. Cheltenham/Northampton.

Scherer, F. M. (2005). Patents – Economics, Policy and Measurement. Cheltenham/Northampton

Schweizerischer Bundesrat (2002). Botschaft über die Förderung von Bildung, Forschung und Technologie in den Jahren 2004–2007. Bern.

Schmoch, U., Gauch, S. (2004). Innovationsstandort Schweiz: Eine Untersuchung mit Hilfe von Patent- und Markenindikatoren. Studie für das Bundesamt für Berufsbildung und Technologie. Bern.

Schumpeter, J. A. (1946). Kapitalismus, Sozialismus und Demokratie. Schriftenreihe Mensch und Gesellschaft. Band 7. Bern.

Schweri, J., Mühlemann, S., Pescio, Y., Walther, B., Wolter, St. C., Zürcher, L. (2003). Kosten und Nutzen der Lehrlingsausbildung aus der Sicht Schweizer Betriebe. Chur/Zürich.

Sena, V. (2004). The Return of the Prince of Denmark: A Survey on Recent Developments in the Economics of Innovation, in: The Economic Journal. Vol. 114 (June), S. F312–F332.

7.2 Internet

Bundesamt für Berufsbildung und Technologie. URL: www.bbt.admin.ch

Bundesamt für Statistik. URL: www.bfs.admin.ch

Europäisches Patentamt. URL: www.european-patent-office.org

Rektorenkonferenz der Schweizer Universitäten. URL: www.crus.ch

Schweizerische Konferenz der kantonalen Erziehungsdirektoren. URL: www.edk.ch

Schweizerische Universitätskonferenz. URL: www.cus.ch

Schweizerischer Nationalfonds. URL: www.snf.ch

Staatssekretariat für Bildung und Forschung. URL: www.sbf.admin.ch

Staatssekretariat für Wirtschaft. URL: www.seco.admin.ch

VII. Boden und Realkapital

1. Einführung

Boden ist als Produktionsfaktor **Grundlage jeder wirtschaftlichen Tätigkeit**. Aufgrund seiner physischen Unvermehrbarkeit entsteht bei einer quantitativ wachsenden Gesellschaft und Volkswirtschaft eine sich akzentuierende Verknappung des Bodenangebots. Unter rein marktwirtschaftlichen Bedingungen würde sich damit der Boden verteuern, was in der Folge zu höheren Produktionskosten von Waren und Dienstleistungen führt. Als Argument für einen staatlichen Eingriff in den Bodenmarkt werden jedoch am häufigsten sozialpolitische Gründe genannt. Denn von steigenden Bodenpreisen betroffen ist auch das Wohnen, das ein existenzielles Grundbedürfnis darstellt (vgl. S. 10). Mittels Regulierungen wird deshalb versucht, die Preissteigerung zu dämpfen oder die Bodennutzung zu kontrollieren.

Aus volkswirtschaftlicher Sicht wird neben Boden auch **Realkapital** als ein Produktionsfaktor betrachtet. Unter Realkapital wird der materielle **Produktionsapparat einer Volkswirtschaft** verstanden. Dabei handelt es sich um Maschinen, Gebäude und Verkehrswege etc. Das Realkapital ist physisch mit dem Boden eng verbunden und oft nur beschränkt mobil. Aus diesem Grund werden die beiden Faktoren Boden und Realkapital in einem Kapitel besprochen. Zuerst wird der Boden, dann das Realkapital behandelt. Nach der Darstellung grundlegender Aspekte des Faktors Boden wird auf die Preisbildung auf dem Bodenmarkt, die schweizerische Boden- und Raumpolitik und zuletzt auf einige Problemfelder eingegangen. Beim Realkapital wird zuerst eine Begriffsbestimmung versucht und der Zusammenhang mit den Investitionen aufgezeigt. Danach wird auf die Entwicklung der Bruttoinvestitionen eingegangen und das Realkapital als Teil des Volksvermögens dargestellt. Im Anschluss liegt der Fokus auf einigen theoretischen Aspekten und ausgewählten Daten des schweizerischen Immobilienmarkts, bevor mit Ausführungen zur Mietrechtspolitik das Kapitel über Realkapital abgeschlossen wird.

2. Boden

2.1 Grundlegende Aspekte des Faktors Boden

2.1.1 Ökologische sowie ökonomische Funktionen und Sichtweisen

Die **ökologische Funktion** des Bodens besteht in der Regelung natürlicher Kreisläufe (Luft, Wasser, organische und mineralische Stoffe); denn der Boden hat die Fähigkeit zu filtern oder zu reinigen, er baut Stoffe ab oder lagert diese. Im Boden findet deshalb ein reger Austausch von Stoffen und Energie zwischen Luft, Wasser und Gestein statt. Als Teil des Ökosystems nimmt der Boden eine Schlüsselstellung in lokalen und globalen Stoffkreisläufen ein. Aus **ökologischer Sicht** ist der Boden (Pedosphäre) ein offenes System, das in Interaktion mit Menschen, Tieren und Pflanzen (Biosphäre), der Luft (Atmosphäre), dem Wasser (Hydrosphäre) und der Erdkruste (Lithosphäre) steht. Der Boden kann deshalb als die äusserste Schicht der Erdkruste definiert werden, die durch Lebewesen geprägt wird. Für die Entstehung von Boden sind das Gestein an der Erdoberfläche, abgestorbenes Pflanzenmaterial, ein bestimmtes Klima und Bodenorganismen notwendig. Durch bodenbildende Prozesse, wie z.B. Verwitterung, Mineralisierung oder Humifizierung, werden das Gestein und das Pflanzenmaterial zu Boden umgewandelt. Dieser Prozess der Bodenbildung nimmt je nach Gegebenheiten mehrere tausend Jahre in Anspruch.

Die **ökonomische Funktion** des Bodens leitet sich daraus ab, dass der Boden Grundlage für die Produktion ist. Als Anbauboden dient er der Land- und Forstwirtschaft, als Abbauboden liefert er Rohstoffe. Als Standortboden ist er Voraussetzung für jegliche gesellschaftlichen und ökonomischen Aktivitäten. Aus **ökonomischer Sicht** werden dem Boden als Faktor verschiedene Besonderheiten zugeschrieben:

- Der Boden ist für Menschen, Tiere und Pflanzen der existenznotwendige Lebensraum; auch für die Produktion zeichnet sich der Boden (als Standort oder Produktionsmittel) aufgrund der räumlichen und natürlichen Gegebenheit durch die **Unentbehrlichkeit** aus.
- Der Boden ist von der Natur mengenmässig vorgegeben. Die Fläche ist physisch begrenzt, da der Boden zu den nicht-nachwachsenden Ressourcen gehört. Boden kann nicht produziert werden; deshalb können auch keine

VII. Boden und Realkapital

Produktionskosten entstehen. Diese physische **Unvermehrbarkeit** des Bodens wird bei der ökonomischen Betrachtung dadurch relativiert, dass für ein bestimmtes Stück Boden verschiedene Nutzungsarten und -intensitäten möglich sind. Es gibt also einen Unterschied zwischen dem physischen Bestand an Boden und dem Bodenangebot für die verschiedenen Nutzungsarten.

- Im Gegensatz zum Faktor Arbeit kann der Boden räumlich nicht versetzt werden. Es handelt sich um Boden an einem bestimmten Ort, d.h. an einer bestimmten Lage. Die Bodenmärkte sind deshalb lokale Märkte; die **Immobilität** ist mit ein Grund für regional unterschiedliche Preise. Der Ausgleich zwischen den räumlichen Teilmärkten erfolgt über die Bodennachfrage. Durch die Entwicklungen in Verkehr und Telekommunikation ist die Immobilität des Bodens aus ökonomischer Sicht dahingehend relativiert worden, als dass die Kosten der Verlagerung einer bestimmten Bodennutzung in letzter Zeit gesunken sind (Standortverlagerungen).
- Der Boden ist von sehr **heterogener Qualität**. Durch die Nutzung kann sich die Bodenqualität verschlechtern. Die z.B. durch die Landwirtschaft verursachte Abnutzung kann meistens regeneriert werden, der Verschleiss von Boden ist dagegen irreparabel. Die Nutzungsart und -intensität hängen von der Qualität des Bodens ab, die z.B. durch Trockenlegung, Urbanisierung und Verbesserung der Infrastruktur für eine bestimmte Nutzungsart verändert werden kann. Diese Beeinflussung der Bodenqualität verursacht einerseits Kosten, lässt aber andererseits das Bodenangebot für eine bestimmte Nutzung variabel werden.
- Boden stellt einen Sachwert dar, der quantitativ und teils auch qualitativ nicht zerstört werden kann und damit ein ideales **Wertaufbewahrungsmittel** darstellt. Boden verdirbt und veraltet nicht. Aufgrund spezifischer Angebots- und Nachfragebedingungen können Preissteigerungen erwartet werden, die zu realen Wertsteigerungen führen.

2.1.2 Bodennutzung und Entwicklung

Daten zur Bodennutzung werden in der Schweiz durch die **Arealstatistik** erfasst. Grundlage der mehrere Jahre in Anspruch nehmenden Datenerfassung und -auswertung bilden Luftbilder der gesamten Schweiz. Die Arealstatistik wird deshalb nur alle zwölf Jahre publiziert, die neuesten Daten stammen aus der Erfassungsperiode 1992–1997. Im Jahr 2004 wurde eine neue Erfassungsperiode begonnen, die bis 2009 dauern wird. Die Resultate der Arealstatistik 1992/97 sind in Abbildung 60 zusammengefasst.

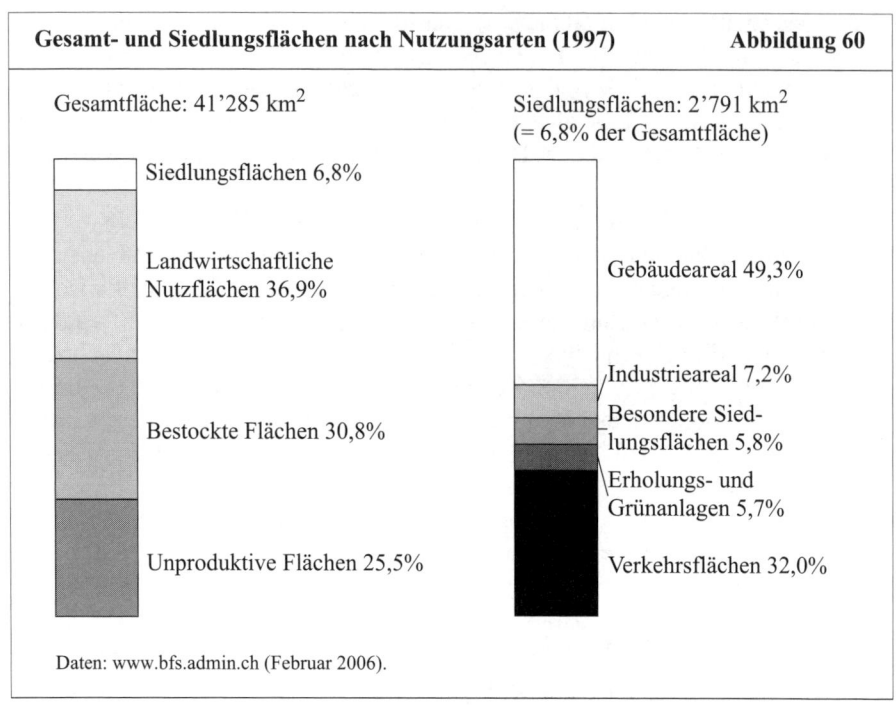

Die Arealstatistik bezeichnet als **unproduktive Flächen** wo kein Wald wächst, eine Nutzung als Kulturland aufgrund der geringen Ertragskraft nicht möglich ist und lebensfeindliche Bedingungen sowie grosse Entfernungen zu Siedlungs- und Arbeitszentren auch eine Besiedlung verhindern. Unterteilt werden die unproduktiven Flächen (100%) in Fels, Sand und Geröll (45,7%), unproduktive Vegetation (25,0%), stehende Gewässer (13,5%), Gletscher und Firn (12,8%) sowie Fliessgewässer (3,0%). Die Bezeichnung "unproduktiv" ist dabei nicht im ökonomischen Sinn zu verstehen, denn die unproduktive Flächen können sehr wohl einen Ertrag abwerfen, z.b. durch den Tourismus (vgl. S. 475ff.) oder Wasser- und Flusskraftwerke. Zusätzlich sind diese Flächen oft als Naturschutzgebiete ausgeschieden und bieten Raum für die Erhaltung der Artenvielfalt. Die Umgestaltung der unproduktiven Flächen wird dominiert durch natürliche Prozesse wie z.B. Bergstürze, Murgänge, Lawinen oder dem Rückgang vieler Gletscher. Aufgrund der Nutzbarmachung durch die landwirtschaftliche Melioration (zusammenfassende Bezeichnung für technische Massnahmen, die zur Werterhöhung des Bodens führen) verringerten sich die unproduktiven Flächen zwischen 1885 und 1997 geringfügig von 29% auf 26% der Gesamtfläche in der Schweiz.

VII. Boden und Realkapital 217

Zu den **bestockten Flächen** (100%) werden der Wald (ohne Gebüschwald; 86,7%), die Gehölze (Feldgehölze, Hecken, Baumgruppen; 8,6%) und der Gebüschwald (4,8%) gezählt. Entgegen der allgemeinen Erwartung steigt der Anteil der bestockten Flächen in der Schweiz, so entsteht täglich (sic!) auf der Fläche von fünf Fussballfeldern neuer Wald. Dies ist nicht so sehr auf aktive Massnahmen wie die der Wiederaufforstung zurückzuführen, sondern geschieht beinahe ausschliesslich durch die natürliche Ausbreitung des Waldes. Insbesondere im Alpengebiet wurden durch den Rückgang der Landwirtschaft ehemals gerodete Flächen wieder frei, die sich die Natur nun wieder zurückholt. Zwischen 1885 und 1997 vergrösserten sich die bestockten Flächen um rund 55% auf 31% der schweizerischen Gesamtfläche.

Die **landwirtschaftlichen Nutzflächen** (100%) werden unterteilt in Wies- und Ackerland sowie Heimweiden (60,7%), alpwirtschaftliche Nutzflächen (35,3%) und Flächen für den Obst-, Reb- und Gartenbau (4,0%). Der Landschaftscharakter, insbesondere abseits der grossen Agglomerationen, wird durch die landwirtschaftlichen Nutzflächen dominiert. Sie beanspruchen mit beinahe 37% den höchsten Anteil an der Gesamtfläche der Schweiz. Trotz dieser Dominanz sind die landwirtschaftlichen Nutzflächen von zwei Seiten unter Druck. So muss erstens immer mehr Kulturland, insbesondere an den besten Lagen im Talgebiet, dem Siedlungsdruck weichen und wird überbaut. Zweitens führt der Rückgang der Landwirtschaft zur Aufgabe von schwieriger zu bewirtschaftenden Alpflächen, die sich rasch in unproduktive oder bestockte Flächen verwandeln. Von 1885 bis 1997 nahmen die landwirtschaftlichen Nutzflächen von 52% auf 37% der Gesamtfläche der Schweiz ab, keine andere Nutzungsart verzeichnete einen grösseren Rückgang. Alleine in den zwölf Jahren seit der letzten Arealstatistik (Erfassungsperiode 1979/85) entsprach der Rückgang 482 Quadratkilometer oder knapp der Grösse des Kantons Obwalden.

Den kleinsten Anteil an der Gesamtfläche machen die **Siedlungsflächen** aus (für eine nähere Unterteilung vgl. Abbildung 60), jedoch mit einer stark steigenden Tendenz. So betrug die Siedlungsfläche 1885 noch rund 1% und stieg bis 1997 auf das Siebenfache an. Alleine zwischen 1950 und 1990 verdoppelte sich die Siedlungsfläche der Schweiz und seit Ende der 1970er Jahre wird durchschnittlich ein Quadratmeter pro Sekunde verbaut. Seit der letzten Arealstatistik vor zwölf Jahren entspricht die Zunahme der Siedlungsfläche in Quadratkilometern mehr als dem Gebiet des Kantons Schaffhausen. Die Ursache für diesen rasanten Bodenverbrauch liegt nicht so sehr im Wachstum der Bevölkerung, sondern in den steigenden Ansprüchen. So ist der Platzbedarf pro Person in den 1990er Jahren weiter stark angestiegen und beträgt heute knapp 400 Quadratmeter Siedlungsfläche. Ein grosser Teil des Anstiegs entfällt auf die steigende Zahl von Kleinhaushalten und das wachsende Wohnareal durch den Bau von Ein- und Zweifamilienhäusern. Wird der Umschwung miteingerechnet, belegt heute jede

Person im Durchschnitt 112 Quadratmeter reines Wohnareal; nur gerade der Verkehr benötigt mit 127 Quadratmeter pro Person mehr Fläche als das Wohnen. Rund 58% sämtlicher Siedlungsflächen konzentrieren sich im Mittelland und damit auf nur 27% der Gesamtfläche. Eine Fahrt von der Ostschweiz nach Genf zeigt dies augenfällig, die Landschaft wird durch die Siedlungsflächen geprägt.

2.2 Preisbildung auf dem Bodenmarkt

2.2.1 Einfluss der Nutzungsart und der Lage

Die Preisbildung auf dem Bodenmarkt wird entscheidend durch die **Nutzungsart** beeinflusst, die staatlich, meist in den Gemeinden, durch Nutzungspläne festgelegt wird. Die Nutzungsart bestimmt den erwarteten Ertrag und beeinflusst damit den Bodenpreis. So wird bei forst- und landwirtschaftlichen Nutzungsarten von einem tieferen erwarteten Ertrag ausgegangen als bei Land, auf dem Gebäude erstellt werden dürfen. Die Festlegung verschiedener Nutzungszonen bestimmt das verfügbare Angebot für eine bestimmte Nutzungsart; der landwirtschaftliche Bodenmarkt wird damit z.B. vom Baulandmarkt getrennt. Die marktwirtschaftliche Abstimmung von Angebot und Nachfrage kann sich deshalb nur noch innerhalb der durch die Nutzungszonen definierten Schranken vollziehen. Das potenzielle Marktangebot wird dadurch gegenüber einem Bodenmarkt ohne Nutzungszonen, zumindest kurz- und mittelfristig, verkleinert.

Aufgrund der Unentbehrlichkeit des Bodens ist der Bodenpreis und dessen Entwicklung eine sozialpolitisch brisante Grösse. Leider bestehen aber gerade dafür nur unvollständige statistische Informationen, denn in der Schweiz fehlt bis heute eine einheitliche, nationale Bodenpreisstatistik. Trotzdem können zur Illustration gewisse Angaben gemacht werden, da einzelne Kantone Daten zum Verkaufspreis und zur Quadratmeterzahl statistisch erheben. Als Beispiel werden an dieser Stelle Zahlen aus dem Kanton Zürich präsentiert. Es zeigt sich, dass für die Bestimmung des Bodenpreises deutliche Unterschiede in Bezug auf die Nutzungsart bestehen (vgl. Tabelle 8).

Die in Tabelle 8 genannten Beträge sind Mittelwerte für den ganzen Kanton Zürich, die jedoch differenziert nach **Lage** eine erhebliche Spannweite aufweisen. So fand man 2004 die höchsten Quadratmeterpreise für Wohnbauland mit 2611 Fr. pro Quadratmeter in der Stadt Zürich und mit 963 Fr. pro Quadratmeter in der Region Pfannenstiel (der sog. Goldküste). Am günstigsten war Boden im Zürcher Weinland zu erstehen, der Quadratmeter kostete dort 273 Fr.

VII. Boden und Realkapital

Quadratmeterpreise im Kanton Zürich für unbebautes Land (2004)[1] Tabelle 8

Nutzungsart	Fr./Quadratmeter[2]
Wald	2
ausserhalb der Bauzonen	46
Reben	125
Gewerbe-/Industriezonen	358
bauliche Mischzonen	526
Wohnbauzonen	635

[1] Daten: www.statistik.zh.ch (Februar 2006).
[2] arithmetisches Mittel.

Bodenpreise spiegeln die Qualität der Standortfaktoren wider. Je attraktiver die Standortfaktoren sind, wie z.B. eine kurze Reisezeit zu einem städtischen Zentrum, desto höher ist die Zahlungsbereitschaft eines potenziellen Käufers. Nun werden aber auch die Standortfaktoren teilweise durch den Staat beeinflusst, sodass sich u.U. das **Problem der Mehrwertabschöpfung** durch den Staat ergibt. Ein Beispiel dafür ist wiederum der Kanton Zürich, in dem viele Grundstücksbesitzer in den 1990er Jahren vom Ausbau des öffentlichen Verkehrs profitierten. So verkürzte der Bau der S-Bahn die Reisezeit von vielen Gemeinden ins Zentrum der Stadt Zürich, was zu steigenden Landpreisen in der Umgebung von S-Bahnhöfen führte. Dieser durch öffentliche Investitionen geschaffene private Mehrwert wurde damals nicht abgeschöpft. Die Auswirkungen staatlicher Infrastrukturpolitik können konträr zu den Zielen der Verteilungspolitik sein, wenn von den steigenden Landpreisen einseitig bereits begüterte Grundstücksbesitzer profitieren.

2.2.2 Einfluss des Ertragswerts

Eine weitere zentrale Grösse bei der Preisbildung auf dem Bodenmarkt ist der Ertragswert des Bodens. Boden wird nicht zum Selbstzweck gemietet oder gekauft. Aus ökonomischer Sicht will man aus der Nutzung des Bodens einen Ertrag erwirtschaften oder einen Nutzen ziehen. Die Ertragsmöglichkeiten bestimmen damit entscheidend den Bodenpreis: Je höher der zukünftige Ertrag eines Landstückes eingeschätzt wird, desto mehr ist ein Akteur dafür bereit zu zahlen. Hier spielen die Nutzungsart und die Lage des Bodens eine wichtige Rolle. Anhand der **ewigen Rente** sind die Schlüsselgrössen zur Bestimmung des Ertragswertes erkennbar (vgl. Abbildung 61).

Die Formel der ewigen Rente	Abbildung 61

Was ist heute ein Stück Land wert? Die Formel der ewigen Rente zeigt die beiden wichtigsten Bestimmungsgrössen, den erwarteten **Ertrag (E)** und den **Zinssatz (r)**:

$$\text{Barwert} = \frac{E}{r} = \frac{\text{Ertrag}}{\text{Zins}}$$

Ein **Beispiel** zur Errechnung des gegenwärtigen Landwerts (bzw. Barwerts): Wird ein jährlicher Ertrag von 100'000 Fr. erwartet und liegt der (Markt-)Zinssatz bei 5%, so ergibt sich ein Landwert von 2'000'000 Fr.

Die **Herleitung** der ewigen Rente zeigt die Grundidee für die Bewertung eines Landstückes auf, gleichzeitig werden aber auch die einschränkenden Annahmen dieser Formel offengelegt. Es wird davon ausgegangen, dass ein Stück Land jeweils einen immer gleichbleibenden Ertrag pro Jahr (E) abwirft. Durch die **Abdiskontierung** der anfallenden Erträge mit einem gleichbleibenden Zinssatz (r) lässt sich der **Barwert der erwarteten Erträge** ermitteln:

$$\text{Barwert} = E \times \left(\frac{1}{1+r}\right) + E \times \left(\frac{1}{1+r}\right)^2 + E \times \left(\frac{1}{1+r}\right)^3 + \dots$$

Durch eine Umformung ergibt sich:

$$\text{Barwert} = E \times \left(\frac{1}{1+r}\right) \times \left[1 + \left(\frac{1}{1+r}\right) + \left(\frac{1}{1+r}\right)^2 + \dots\right]$$

Der Ausdruck in der eckigen Klammer stellt eine geometrische Reihe dar, deren

Grenzwert bei $\dfrac{1}{1 - \left(\frac{1}{1+r}\right)}$ liegt.

Durch eine Vereinfachung erhält man die eingangs erwähnte Formel der ewigen Rente.

Die hauptsächlichen **Kritikpunkte** an der Formel der ewigen Rente sind:
- Für jedes Jahr werden der Ertrag und der Zinssatz als unverändert angenommen.
- Die Erträge werden "bis in alle Ewigkeit" berücksichtigt.

Allgemein formuliert setzt sich der Ertragswert aus der Summe aller abdiskontierten **zukünftigen Erträge** einer Bodenparzelle zusammen. Der Kauf eines Grundstückes kann als Investitionsentscheidung aufgefasst werden, weshalb man sich über die zukünftigen Erträge im Klaren sein muss. Die Schätzung der Erträge beruht auf Erwartungen. Da diese erwarteten Erträge erst in Zukunft anfallen, müssen sie für einen Vergleich mit alternativen Investitionsmöglichkeiten (z.B. einem Sparkonto) auf einen bestimmten Zeitpunkt (meist die Gegenwart) bezogen werden. Auch diese Abdiskontierung mit einem **Zinssatz** stützt sich auf **Erwartungen**.

VII. Boden und Realkapital

Der Ertragswert einer Bodenparzelle kann von Akteur zu Akteur je nach Erwartung unterschiedlich ausfallen; er hängt damit stark von den Vorstellungen über zukünftige Marktbedingungen und von den Erwartungen bezüglich der Entwicklung von Güterpreisen und Zinssätzen ab.

Im Zusammenhang mit dem Ertragswert steht auch die Einsicht, dass die **Güterpreise die Bodenpreise bestimmen**. Nicht die hohen Bodenpreise führen zu hohen Produktpreisen, sondern umgekehrt. Die Nutzung des Bodens als Produktionsfaktor und die daraus erzielten Erträge über den Verkauf von Waren und Dienstleistungen setzen den Massstab für die Bodenpreisbildung. Bei der Bodennachfrage handelt es sich deshalb wie beim Faktor Arbeit um eine von den Gütermärkten **abgeleitete Nachfrage** (vgl. S. 142ff.). Aber nicht nur bei der **einkommens-**, bzw. **gewinnorientierten Nachfrage** nach Boden zur Produktion von Gütern wird von einer abgeleiteten Nachfrage gesprochen. Auch bei der **konsumorientierten Nachfrage** nach Wohnraum oder der **gemeingebrauchsorientierten Nachfrage** durch den Staat handelt es sich um eine abgeleitete Nachfrage.

Auf dem Bodenmarkt kann oft folgendes Phänomen beobachtet werden: Der **Marktpreis** liegt deutlich über der **Kapitalisierung des gegenwärtigen Ertrages**. Diese Situation kann dann vorliegen, wenn die Marktteilnehmer auf zukünftig steigende Erträge hoffen. Gründe dafür können z.B. offensichtliche künftige Knappheiten oder staatliche Regelungen wie z.B. beabsichtigte Umzonungen sein. In einer solchen Situation muss der Bodenkäufer in einer ersten Phase mit Verlusten rechnen, die er mit späteren Gewinnen zu kompensieren erhofft. Auch wenn die Preissteigerung offensichtlich erscheint, ist sie noch keineswegs sicher, da es sich immer um zukünftige Ereignisse handelt. Diese Ausgangslage wird oft mit der **Spekulation** auf dem Bodenmarkt in Verbindung gebracht.

Der **wirtschaftliche Wert des Bodens** lässt sich nun zusammenfassend aus folgenden Elementen ableiten: Zunächst aus der auf S. 214f. angeführten ökonomischen Funktion des Bodens als Anbau-, Abbau- oder Standortboden, weiter aus der Nutzungsart und der Lage des Bodens. Zusätzlich spielen, wie oben dargelegt, der Ertragswert und damit die Erwartungen eine zentrale Rolle bei der Preisbildung auf dem Bodenmarkt.

2.3 Die schweizerische Boden- und Raumpolitik

2.3.1 Aspekte der Boden- und Raumpolitik

Die stark durch den Menschen geprägte Bodennutzung lässt **Konflikte** zwischen der ökologischen und der ökonomischen Funktion des Bodens entstehen. Im Rahmen des Nationalen Forschungsprogrammes (NFP) "Nutzung des Bodens in der Schweiz" wurden die Konflikte systematisch untersucht und Massnahmen zu deren Lösung vorgeschlagen (vgl. Abbildung 62).

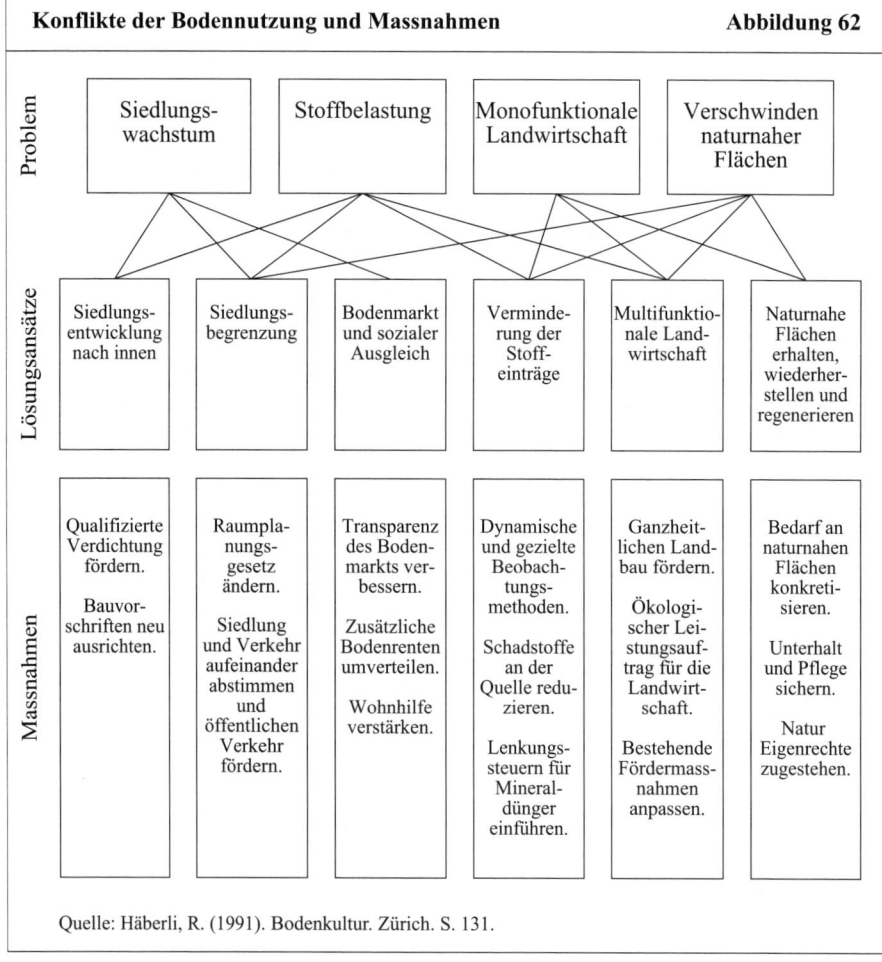

Konflikte der Bodennutzung und Massnahmen — Abbildung 62

Quelle: Häberli, R. (1991). Bodenkultur. Zürich. S. 131.

VII. Boden und Realkapital

Neben den in Abbildung 62 genannten Problemen tangieren die Konflikte bei der Bodennutzung **weitere Bereiche** der Gesamtwirtschaft, wie z.b. Land- und Forstwirtschaft sowie den Verkehr und den Tourismus.

Die weitreichenden Auswirkungen der Bodennutzung können als ein Rechtfertigungsgrund für die **Boden- und Raumpolitik** aufgefasst werden. Sie kann definiert werden als die Gesamtheit aller staatlichen Massnahmen, welche die Zuweisung des Bodens auf die verschiedenen Nutzungsarten regeln oder beinflussen. Ebenso sollen die sich im Zusammenhang mit der Bodennutzung ergebenden Eigentums- und Vermögensprobleme gelöst werden.

Zwei teilweise im Konflikt stehende Ziele der Boden- und Raumpolitik lassen sich unterscheiden:

- **Allokative Ziele** verfolgen die effiziente Nutzung des Faktors Boden, d.h. unterstützen den Marktmechanismus.
- **Distributive Ziele** hingegen streben eine sozial gerechte Verteilung des Eigentums an Boden oder dessen Nutzung an.

Aufgrund der Multifunktionalität des Bodens ist die Boden- und Raumpolitik zwangsläufig sehr stark auf die verschiedenen Sektoralpolitiken aufgesplittet; ein geschlossenes bodenpolitisches Konzept ist kaum durchführbar. Die Boden- und Raumpolitik ist deshalb **querschnittsorientiert**, was sich auch auf die Politikarten auswirkt:

- Unter einer **expliziten Boden- und Raumpolitik** werden Massnahmen verstanden, die zur Erreichung bestimmter bodenpolitischer Ziele führen.
- Die **implizite Boden- und Raumpolitik** beinhaltet Massnahmen, die primär andere als bodenpolitische Ziele haben, jedoch bei der Umsetzung auf die Boden- und Raumpolitik rückwirken.

2.3.2 Rechtliche Grundlagen

a) Verfassungsrechtliche Grundlagen

Rechtliche Bestimmungen zur Konfliktlösung im Bodenbereich finden sich zuerst einmal in den verschiedenen Artikeln der Bundesverfassung. Eine grundsätzliche und ordnungspolitisch wichtige Bestimmung stellt die **Eigentumsgarantie** in Art. 26 BV dar (vgl. Abbildung 24 auf S. 66). Obwohl diese das Privateigentum garantiert, wird damit nicht ausgeschlossen, dass einerseits Grundstücke Staatseigentum sind und andererseits das Eigentumsrecht eingeschränkt werden kann. Für die staatliche Beeinflussung der Raumordnung und Bodennutzung ist die **Raumplanung** in Art. 75 BV als eine explizite Bodenpolitik von zentraler Bedeutung (vgl. Abbildung 63).

Raumplanung	Abbildung 63
Art. 75 BV: [1] Der Bund legt Grundsätze der Raumplanung fest. Diese obliegt den Kantonen und dient der zweckmässigen und haushälterischen Nutzung des Bodens und der geordneten Besiedlung des Landes. [2] Der Bund fördert und koordiniert die Bestrebungen der Kantone und arbeitet mit den Kantonen zusammen. [3] Bund und Kantone berücksichtigen bei der Erfüllung ihrer Aufgaben die Erfordernisse der Raumplanung.	

Daneben gibt es noch eine Reihe von weiteren verfassungsrechtlichen Bestimmungen, die der impliziten Bodenpolitik zugerechnet werden können wie z.B. Art. 78 BV über den **Natur- und Heimatschutz**, Art. 104 Abs. 1 lit. c BV über die dezentrale Besiedlung durch die **Landwirtschaft** (vgl. S. 389ff.) sowie Art. 108 BV über die **Wohnbau- und Wohneigentumsförderung** (vgl. S. 667).

b) Weitere rechtliche Grundlagen

Der Verfassungsartikel zur Raumplanung wird im Bundesgesetz vom 22. Juni 1979 über die Raumplanung (**Raumplanungsgesetz**; RPG) näher ausgeführt; dessen Ziele werden in Abbildung 64 wiedergegeben. Ein wichtiges Ziel des RPG besteht darin, dass der Bund, die Kantone und die Gemeinden angehalten werden, ihre raumwirksamen Tätigkeiten aufeinander abzustimmen.

Dies geschieht mittels Plänen, wobei der **Bund** seine raumwirksamen Aufgaben in **Konzepten und Sachplänen** aufeinander abstimmt. Die 1998 in Kraft getretene **Verordnung über die raumordnungspolitische Koordination der Bundesaufgaben** soll die angestrebte Abstimmung weiter verbessern. Deshalb wurde auch der Rat für Raumordnung (ROR), eine ständige ausserparlamentarische Kommission, ins Leben gerufen, der den Bundesrat in raumordnungspolitischen Grundsatzfragen berät.

VII. Boden und Realkapital

Ziele des Raumplanungsgesetzes   **Abbildung 64**

Art. 1 RPG:

[1] Bund, Kantone und Gemeinden sorgen dafür, dass der Boden haushälterisch genutzt wird. Sie stimmen ihre raumwirksamen Tätigkeiten aufeinander ab und verwirklichen eine auf die erwünschte Entwicklung des Landes ausgerichtete Ordnung der Besiedlung. Sie achten dabei auf die natürlichen Gegebenheiten sowie auf die Bedürfnisse von Bevölkerung und Wirtschaft.

[2] Sie unterstützen mit Massnahmen der Raumplanung insbesondere die Bestrebungen,

    a. die natürlichen Lebensgrundlagen wie Boden, Luft, Wasser, Wald und die Landschaft zu schützen;

    b. wohnliche Siedlungen und die räumlichen Voraussetzungen für die Wirtschaft zu schaffen und zu erhalten;

    c. das soziale, wirtschaftliche und kulturelle Leben in den einzelnen Landesteilen zu fördern und auf eine angemessene Dezentralisation der Besiedlung und der Wirtschaft hinzuwirken;

    d. die ausreichende Versorgungsbasis des Landes zu sichern;

    e. die Gesamtverteidigung zu gewährleisten.

In den von den **Kantonen** zu erstellenden und vom Bundesrat zu genehmigenden **Richtplänen** muss aufgezeigt werden, wie die Kantone ihre raumwirksamen Tätigkeiten in Bezug auf die anzustrebende Entwicklung abstimmen und mit welchen Mitteln und in welcher zeitlichen Abfolge sie diese verwirklichen wollen. Notwendig für die Erstellung der Richtpläne sind einerseits die Festlegung der Gebiete, die sich für die Landwirtschaft eignen oder wertvoll für die Erholung sind, und andererseits die Darlegung des Standes und der angestrebten Entwicklung der Besiedlung, des Verkehrs und der Versorgung. Die kantonalen Richtpläne müssen sich in die eidgenössischen Konzepte und Sachpläne eingliedern.

Die **Nutzungspläne der Gemeinden** legen fest, wo eine bestimmte Nutzung des Bodens zulässig ist. Dazu werden mindestens die Bauzonen, die Landwirtschaftszonen und die Schutzzonen ausgeschieden. Die **Bauzonen** umfassen Land, das weitgehend überbaut ist oder in den nächsten 15 Jahren benötigt und erschlossen wird. In den Bauzonen darf nur mit behördlicher Bewilligung gebaut werden, falls das Bauvorhaben zonenkonform und das Land erschlossen ist. Die **Landwirtschaftszonen** schliessen Land ein, das sich für die landwirtschaftliche Nutzung oder für den Gartenbau eignet oder im Gesamtinteresse landwirtschaftlich genutzt werden soll. Die **Schutzzonen** umfassen Gewässer, wertvolle Landschaften, bedeutende Ortsbilder etc.

Weitere Bestimmungen zur Boden- und Raumpolitik finden sich in der **Verordnung über die Raumplanung**. Zumeist ökologisch motivierte Bestimmungen sind in den Gesetzen zur **Forstpolizei**, zum **Gewässer-** und **Umweltschutz** anzutreffen. Spezielle Bestimmungen zur Nutzung des Bodens durch die Landwirtschaft findet sich im **Landwirtschaftsgesetz** und dem **bäuerlichen Bodenrecht**.

2.4 Problemfelder

2.4.1 Bodenbelastung und -verbrauch

Boden vergisst nichts und lässt sich im Gegensatz zu Wasser oder Luft kaum reinigen. Der **hohe Flächenverbrauch** sowie die **chemische und physikalische Belastung** gefährden deshalb den Boden in der Schweiz. Von den einst über 30'000 Quadratkilometern biologisch aktiver Böden sind heute nur noch knapp zwei Drittel intakt. Rund 3000 Quadratkilometer wurden zerstört, d.h. vor allem mit Häusern, Strassen und weiteren Infrastrukturanlagen überbaut. Weitere 9400 Quadratkilometer sind durch Erosion, Verdichtung oder Schadstoffe gefährdet. Dafür verantwortlich ist neben dem Wachstum der Siedlungen und des Verkehrs auch die Intensiv-Landwirtschaft.

Hält diese Entwicklung an, werden bis ins Jahr 2050 in den wichtigsten Siedlungsgebieten der Schweiz weniger als 40% der Böden noch ökologisch voll funktionsfähig sein. Sie werden damit ihre Funktion zur Regelung der natürlichen Stoffkreisläufe (vgl. S. 214) nicht mehr wahrnehmen können, was **Auswirkungen auf die Umwelt und Lebensqualität** hat. Die 15 primären Bodengefährdungen sind in Tabelle 9 zusammengetragen. Dabei zeigt es sich, dass Boden- und Umweltschutzthemen, z.B. aufgrund der Versauerung des Bodens durch Luftschadstoffe, eng miteinander verknüpft sind.

2.4.2 Weitgehendes Versagen der Raumplanung

Die vorhandenen rechtlichen Instrumente der Raumplanung würden oft genügen, um den **Bodenverbrauch** nach dem **raumplanerischen Grundsatz der Konzentration** einzudämmen. Dieser Grundsatz besagt, dass bodenverändernde Nutzungen wie die Erstellung von Siedlungen räumlich zusammengefasst und nicht über die Landschaft verstreut werden sollen. Andernfalls können die in Art. 75

VII. Boden und Realkapital

Primäre Bodengefährdungen in der Schweiz[1] Tabelle 9

Art der Bodengefährdung	Betroffene Fläche in km^2
Starke Versauerung durch Luftschadstoffe	6000
Ausbreitung von Siedlungen	1600
Flächenbeanspruchung durch Strassenverkehr	1500
Bodenerosion	800
Bodenverdichtung durch Schädigung der Bodenstruktur	700
Schadstoffe aus Abfalldüngungen	550
Pflanzenschutzmittel im Reb- und Obstbau	450
Schadstoffe aus Bodenabtragung und -überschüttung	400
Schweinemast	300
Schadstoffe aus Industrie- und Verbrennungsanlagen	200
Tourismus in den Alpen	180
Schiess- und Übungsplätze der Armee	80
Intensive Bodennutzung im Gemüsebau	80
Moorschwund und -zerstörung	70
Ausbreitung von Handels- und Gewerbezonen	40

[1] Quelle: Bodenkundliche Gesellschaft Schweiz (Hrsg.). Praktischer Bodenschutz.

BV und in Art. 1 RPG festgeschriebenen Ziele der Raumplanung, zu denen an oberster Stelle die haushälterische Nutzung des Bodens, die Schonung der Landschaft und der Schutz der natürlichen Lebensgrundlagen gehören, nicht erreicht werden.

Ein Vergleich zwischen verschiedenen Regionen der Schweiz belegt, dass Personen in städtischen Gebieten mit einer hohen Besiedlungsdichte und einer räumlich konzentrierten Infrastruktur im Durchschnitt deutlich weniger Siedlungsfläche beanspruchen. Die **Verdichtung** in der Form von städtisch geprägten Räumen sollte deshalb ein vorrangiges Ziel der Raumentwicklung sein, um die Zersiedlung insbesondere im Mittelland zu stoppen.

Dass der Bodenverbrauch dennoch beinahe ungebremst weitergeht, hat stark mit der **fehlenden Koordination und Durchsetzungskraft** der schweizerischen Raumplanung zu tun. Denn obwohl die raumwirksamen Tätigkeiten gemäss dem Raumplanungsgesetz unter den drei staatlichen Ebenen Bund, Kantonen und Gemeinden abzustimmen sind, geschieht dies zu wenig. Oftmals bestimmen **Partikularinteressen** auf Gemeinde und Kantonsebene über Umzonungen und Bauvorhaben, was durch die föderalistische Struktur und die starke Gemeinde- und Kantonsautonomie noch verstärkt wird. Statt die Siedlungsflächen einzuschränken, wurde immer mehr landwirtschaftliches Kulturland umgezont und bebaut. Ein Beispiel für die fehlende Durchsetzungskraft übergeordneter raumplanerischer Ziele ist der **Fall Galmiz** (vgl. Abbildung 65).

Als Folge der fehlenden Koordination und Durchsetzungskraft entstand insbesondere im Mittelland ein regelrechter "Siedlungsbrei", der sich von der Ostschweiz bis nach Genf erstreckt. Die **Urbanisierung** und **Metropolisierung** der Schweiz hat inzwischen das ganze Mittelland erfasst. Manche Agglomerationen vergrössern sich dabei nicht nur, sondern sie wachsen mit anderen zusammen. Frühere Dörfer, insbesondere im Einzugsgebiet grösserer Städte, wuchsen mit der Zeit selbst zu Städten heran. So wohnen heute knapp drei Viertel der Bevölkerung in städtischen Gebieten, das berühmte "Haus im Grünen" steht deshalb heute vielfach in einer urbanisierten Vorortgemeinde. Dennoch besteht der **Mythos einer ländlichen Schweiz** weiter und verhindert damit die Schaffung eines neuen Raumbewusstseins und das Erkennen der vorhandenen Probleme.

Ein weiteres, grundsätzliches Problem ist das **Auseinanderfallen von funktionalen und institutionellen Räumen**. So orientieren sich heute die wirtschaftlichen Prozesse nicht mehr an den institutionellen Räumen, die in der Form von Gemeinden und Kantonen geschichtlich gewachsen sind. Funktionale Beziehungen wie z.B. der Pendler- und Freizeitverkehr fallen gemeinde- und zusehends kantonsübergreifend an. Die damit entstehenden Probleme können deshalb nicht mehr durch die hoheitliche Kompetenz eines einzigen institutionellen Raumes gelöst werden. Nötig wird die gebietsübergreifende Koordinierung und Steuerung solcher regionaler Prozesse, was oft unter dem Stichwort der **Regional Governance** zusammengefasst wird. Die Schweiz beginnt erst langsam die Notwendigkeit einer Regional Governance wahrzunehmen.

VII. Boden und Realkapital 229

Der Fall Galmiz   **Abbildung 65**

Ein Beispiel für die Probleme der Raumplanung in der Schweiz ist der berühmt gewordene Fall Galmiz. Im Jahr 2004 wurde publik, dass sich eine ausländische Unternehmung interessiere, in der Schweiz zu investieren. Geplant war der **Bau einer Fabrikationsanlage** mit über 1000 Arbeitsplätzen, die aufgrund der betriebsinternen Abläufe und Anlagen ein Areal von rund einem halben Quadratkilometer umfassen sollte, was grösser ist als die Fläche des Vatikans. Mehrere Gemeinden in der Schweiz zeigten Interesse, darunter auch die **freiburgische Gemeinde Galmiz**. Auf ihrem Gemeindegebiet liegt ein Grundstück in der Nähe des Murtensees, das der flächenmässigen Anforderung der Unternehmung entsprach. Das Grundstück lag bis zum Zeitpunkt der Anfrage in der Landwirtschaftszone, umgeben von weiteren landwirtschaftlich genutzten Flächen. Um den Bau zu ermöglichen, zonte die Gemeinde Galmiz, mit dem Einverständnis des Kantons Freiburg und des Bundes, das Grundstück kurzerhand in die Industriezone um. Umwelt- und Landschaftsschutzverbände verzichteten auf eine Einsprache, da sie nach der Debatte um das Stadion Zürich (vgl. Abbildung 80 auf S. 285) nicht als Verhinderer von über 1000 Arbeitsplätzen auftreten wollten.

Da die geplante Fabrikationsanlage somit als eine Insel mitten in einem **landwirtschaftlichen Kerngebiet** erstellt worden wäre, regte sich in der Bevölkerung und Fachkreisen Widerstand. Es entstand ein Aktionskomitee, das mit raumplanerischen Argumenten gegen die Umzonung protestierte. Statt auf der grünen Wiese, sollten für den Bau neuer Industrieanlagen die bereits reichlich vorhandenen und erschlossenen Bau- und Industriezonen genutzt werden. Die **Umzonung** in Galmiz sei, gemäss dem Aktionskomitee ein Beispiel für eine kurzfristige Sicht, die eine ungeordnete und verstreute Besiedlung des Raums konträr zum bisherigen Recht fördere. Die massive Abweichung vom beschlossenen Richtplan des Kantons Freiburg führe zusätzlich zu untragbaren Infrastrukturkosten. Das Aktionskomitee sah Galmiz als einen Beleg dafür an, dass die Landschaften und mit der Zeit das ganze Land aufgrund des entstehenden, unkoordinierten Siedlungsbreis ihre Identität verlieren.

Erst im Jahr 2005 wurde der Name der bislang anonymen Unternehmung bekannt: Amgen, eine der führenden Biotechnologie-Unternehmungen. Um Amgen bemühten sich nicht nur Galmiz, sondern auch die **Wirtschaftsförderer** weiterer Standorte in den Kantonen Waadt und Wallis. Hinter den Kulissen fand deshalb ein Konkurrenzkampf mit **Steuererleichterungen** und weiteren Zugeständnissen statt. Trotzdem hat schliesslich keiner der Schweizer Standorte das geplante Werk erhalten; Amgen entschloss sich Anfang 2006 für einen Produktionsstandort in Irland. Ausschlaggebend waren dabei nicht die Proteste des Aktionskomitees oder fehlende Zugeständnisse der Wirtschaftsförderer, sondern die fehlende Einbindung der vorgeschlagenen Standorte in der Schweiz in einen Biotechnologie-Cluster und den damit verbundenen spezialisierten Arbeitskräften.

Der Fall Galmiz wurde erstens zu einem **Lehrstück** schweizerischer Raumplanung. Denn der schleichende Verlust von landwirtschaftlich genutztem Land und die identitätslose Zersiedlung wurden an diesem Beispiel erstmals von einer breiteren Bevölkerung wahrgenommen. Zweitens kann die gescheiterte Ansiedlung von Amgen auch als Lehrstück für die Standortförderung mittels Steuererleichterungen dienen. Denn für den Standortwettbewerb ausschlaggebend sind nicht einfach kopierbare Vorteile wie tiefe Steuern, sondern eine exzellente Infrastruktur, hochqualifizierte Arbeitskräfte und eine Einbindung in nationale und internationale Cluster mit hoher Wertschöpfung.

3. Realkapital

Das vorliegende Teilkapitel teilt sich folgendermassen auf: Zuerst werden einige Begriffserklärungen zum Realkapital und zu den Investitionen vorgenommen. Dann wird auf die Entwicklung der Bruttoinvestitionen in der Schweiz eingegangen. In einem nächsten Abschnitt wird das Realkapital als Teil des Volksvermögens betrachtet, bevor der Schwerpunkt auf einige theoretische Aspekte und ausgewählte Daten des Immobilienmarkts gelegt wird. Ausführungen zur Mietrechtspolitik schliessen das Kapitel ab.

3.1 Zum Begriff Realkapital und Investitionen

Der Output einer Volkswirtschaft hängt entscheidend von deren Ausstattung mit Realkapital ab. **Realkapital** ist ein volkswirtschaftlicher Begriff und bezeichnet den (materiellen) **Produktionsapparat**, der für die Erzeugung von Gütern eingesetzt wird. Dazu gehören z.B. Maschinen, Gebäude und Verkehrswege; Realkapital ist deshalb als **Bestandesgrösse** aufzufassen. Der Faktor Realkapital weist neben den schon besprochenen Faktoren Arbeit und Boden eine **Besonderheit** auf. Arbeit und Boden können grundsätzlich nicht durch den Produktionsprozess geschaffen werden, es kann höchstens ihre Qualität verändert werden. Realkapital hingegen wird bewusst und vollständig **im Produktionsprozess erzeugt** und ist das Ergebnis des Entscheidungsprozesses der Wirtschaftssubjekte: Im Produktionsprozess werden nicht Konsumgüter hergestellt, die zur direkten Bedürfnisbefriedigung verwendet werden können, sondern es werden Produktionsmittel erzeugt.

Diese (positive) Veränderung des Bestandes an Realkapital kommt über die **Investitionen als Stromgrösse** zustande. Es werden dazu bewusst Ressourcen eingesetzt, um Produktionsmittel herzustellen, die später in der Produktion wieder verwendet werden können. Güter oder Produktionsfaktoren werden damit nicht für die unmittelbare Befriedigung von Bedürfnissen verwendet, sondern mittelbar für die Verbesserung der zukünftigen Güterversorgung. Ziel dieser Investitionen ist die **Erhöhung der Produktionsmenge und/oder der Produktivität** in der folgenden Periode. Das volkswirtschaftliche Verständnis des Investitionsbegriffs bezeichnet somit die Verwendung von Gütern oder Produktionsfaktoren für die **Erhaltung, Erweiterung oder Verbesserung des Produktionspotenzials einer Volkswirtschaft**.

VII. Boden und Realkapital

Dies ist ein sehr weit gefasster Investitionsbegriff. Bei der statistischen Erfassung von Investitionen in der **Volkswirtschaftlichen Gesamtrechnung (VGR)** wird mit den **Bruttoinvestitionen** ein engerer Investitionsbegriff verwendet. Brutto bedeutet vor Abzug der Abschreibungen. Die Bruttoinvestitionen setzen sich aus folgenden drei Elementen zusammen (vgl. Abbildung 66):

- den **Bruttoanlageinvestitionen**. Sie entsprechen dem Wert der dauerhaften Güter, die durch gebietsansässige produzierende Einheiten gekauft oder selbst hergestellt werden, um für eine Zeitdauer von mehr als einem Jahr im Produktionsprozess eingesetzt zu werden. Ausgaben zur Verbesserung, Reparatur oder Verlängerung der Lebensdauer vorhandener Anlagegüter werden ebenfalls als Bruttoanlageinvestitionen bezeichnet. Die Bruttoanlageinvestitionen lassen sich weiter in **Ausrüstungs- und Bauinvestitionen** unterteilen. Als Beispiel für Ausrüstungsinvestitionen sind v.a. Maschinen zu nennen, während die Bauinvestitionen weiter in **Hochbau** (Bauwerke die an und über der Erdoberfläche liegen) und **Tiefbau** (Bauwerke die an oder unter der Erdoberfläche liegen) unterschieden werden können.
- den **Vorratsveränderungen**. Sie erfassen den Wert der Vorratszugänge abzüglich des Wertes der Abgänge vom Vorratsbestand. Als Vorrat werden sowohl Vorleistungsgüter als auch Halbfabrikate, Fertig- und Handelswaren erfasst.
- den **Nettozugang an Wertsachen**. Als Wertsachen werden nicht-finanzielle Vermögensgüter, die primär der Wertanlage und nicht der Produktion oder dem Konsum dienen, definiert. Normalerweise behalten Wertsachen wie Edelmetalle, Edelsteine, Kunstgegenstände und Antiquitäten ihren physischen Wert.

Der Investitionsbegriff der VGR hat folgende Konsequenzen:

- Bei der Interpretation der Investitionsdaten der VGR muss man sich bewusst sein, dass verschiedene, aus volkswirtschaftlicher Sicht **wichtige Investitionsbereiche nicht berücksichtigt** sind. So können z.B. Aktivitäten zur Erhaltung der Gesundheit oder der Umwelt durchaus als Investitionen angesehen werden, obwohl sie statistisch nicht als solche erfasst werden.
- Manchmal ist es bei einem Gut auch nicht eindeutig klar, ob es sich um ein Investitionsgut handelt oder nicht. Ein Auto z.B. kann im Besitz eines Haushalts als **Konsumgut**, im Besitz einer Unternehmung aber als **Produktionsmittel** angeschaut werden. Sogar im Haushalt könnte es als Investitionsgut für die häusliche Produktion angesehen werden. Dies wird jedoch durch die Regelung der VGR, dass die Haushaltsproduktion nicht zum Inlandprodukt gerechnet wird, ausgeschlossen.

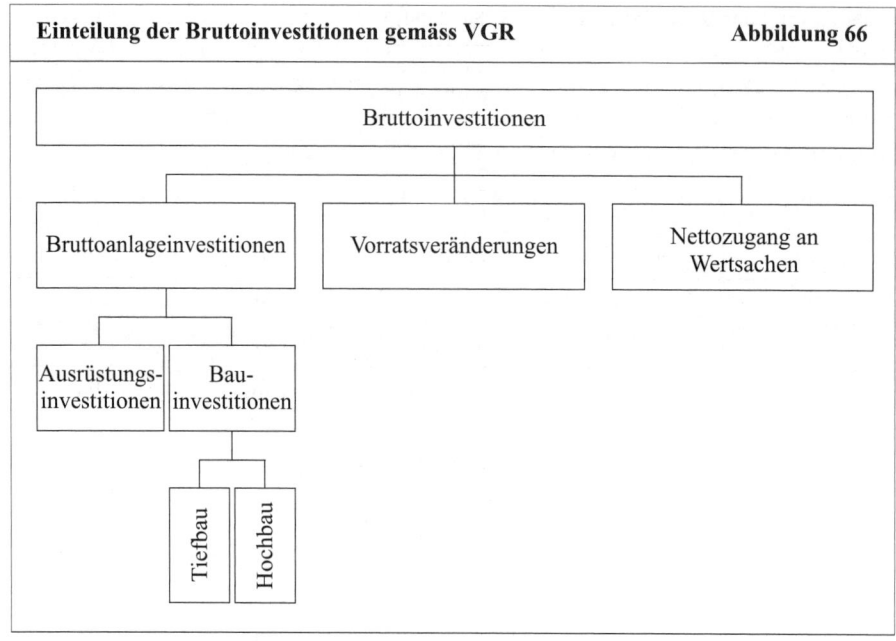

Einteilung der Bruttoinvestitionen gemäss VGR — Abbildung 66

- Wird Investitionskapital in andere Formen von Geldvermögen (z.B. Wertschriften) umgewandelt, so wird von **Finanzinvestitionen** gesprochen. Wird jedoch mit den Investitionen Realkapital angeschafft (z.B. Maschinen), so handelt es sich um Ausrüstungsinvestitionen.

3.2 Entwicklung der Bruttoinvestitionen

Die Entwicklung der Bruttoinvestitionen spielt eine zentrale Rolle im wirtschaftlichen Wachstum (vgl. S. 372ff.) und stehen in einem engen Verhältnis zur Veränderung des Bruttoinlandproduktes (BIP). Tabelle 10 gibt die Entwicklung der Bruttoinvestitionen als Summe aus den ebenfalls aufgeführten Bruttoanlageinvestitionen, den Vorratsveränderungen und dem Nettozugang an Wertsachen wieder. Die **Bruttoinvestitionen sind stark schwankend** und reagieren relativ schnell auf ein verändertes konjunkturelles Umfeld. So stiegen sie Mitte der 1980er Jahre aufgrund der wachsenden Wirtschaft beinahe kontinuierlich an und erreichten 1990 einen Höchststand. Aufgrund der in den 1990er Jahren folgenden Rezession lagen die Bruttoinvestitionen – nach einem Zwischenhoch 2001 mit 99'828 Mio. Fr. – bis 2004 stets unter dem Niveau von 1990.

VII. Boden und Realkapital 233

Entwicklung der Bruttoinvestitionen (1980–2004)[1] Tabelle 10

	Brutto-investitionen (Total)[2]	Bruttoanlage-investitionen[2]	Vorratsver-änderungen[2]	Nettozugang an Wertsachen[2]
1980	56'170	49'547	5564	1059
1985	66'185	64'526	1871	-212
1990	99'971	95'296	5291	-616
1995	87'003	86'849	670	-517
2000	96'369	94'899	148	1321
2004[3]	90'792	93'410	-3320	702

[1] Daten: www.bfs.admin.ch (Februar 2006).
[2] in Mio. Fr. zu laufenden Preisen; teilweise bestehen Rundungsdifferenzen.
[3] provisorische Daten.

Die Bruttoanlageinvestitionen teilen sich in die **Ausrüstungs-** und **Bauinvestitionen** auf. Wurde noch bis 1995 in der Schweiz ungefähr gleich viel für Bau- und Ausrüstungsinvestitionen ausgegeben, so übertrafen ab der zweiten Hälfte der 1990er Jahre die Ausrüstungsinvestitionen erstmals deutlich die Bauinvestitionen (vgl. Tabelle 11). Es handelt sich dabei um eine positive Entwicklung, denn bei der Beurteilung der **Wachstumswirkungen von Investitionen** muss darauf geachtet werden, ob sie produktiv oder nicht-produktiv eingesetzt werden. Der Umfang der Wohnungsbauinvestitionen ist in diesem Zusammenhang kritisch zu betrachten, da er nicht unbedingt zu einer weiteren Produktionsausdehnung beiträgt, die sich in der VGR niederschlägt.

Wie aus Tabelle 11 ebenfalls ersichtlich ist, unterliegen die Ausrüstungsinvestitionen insgesamt stärkeren Ausschlägen als die Bauinvestitionen, da sie schneller auf konjunkturelle Schwankungen reagieren. Dass trotz der höheren Volatilität die Entwicklung der Ausrüstungsinvestitionen als ein wichtiges Mass für die Qualität des Realkapitals angesehen wird, liegt daran, dass Investitionen in neue Ausrüstungsgüter oft auch mit einer technologischen Verbesserung der Ausrüstungsgüter einhergehen. **Ausrüstungsinvestitionen** sind damit auch ein **Indikator** für den **technischen Fortschritt**.

3.3 Realkapital als Teil des Volksvermögens

Die beiden Begriffe Vermögen und Kapital werden in Diskussionen und der Literatur oft verwendet, und trotzdem gibt es für sie keine einheitlichen Definitionen. Zur Illustration wird im Folgenden ein sehr weit gefasster **Vermögensbegriff**

Entwicklung der Bruttoanlageinvestitionen (1980–2004)[1]   Tabelle 11

	Bruttoanlage-investitionen (Total)[2]	Ausrüstungs-investitionen[2]	Bauinvestitionen[2]
1980	49'547	25'371	24'176
1985	64'526	32'983	31'543
1990	95'296	48'577	46'719
1995	86'849	42'968	43'882
2000	94'899	54'333	40'567
2004[3]	93'410	50'042	43'368

[1] Daten: www.bfs.admin.ch (Februar 2006).
[2] in Mio. Fr. zu laufenden Preisen; teilweise bestehen Rundungsdifferenzen.
[3] provisorische Daten.

gewählt. Zum Vermögen werden in etwa alle jene Güter (materielle und immaterielle) gezählt, mit denen in Zukunft selbst wieder Güter oder Einkommen geschaffen werden können. Wird vom Volksvermögen gesprochen, so sind die addierten Vermögen der inländischen Wirtschaftssubjekte gemeint. Der Begriff Volksvermögen taucht in einer leicht anderen Bedeutung oft im politischen Diskurs auf, z.B. bei der Debatte über die Privatisierung ehemaliger Staatsbetriebe wie der Swisscom oder bei der Verteilung der überschüssigen Goldreserven der Schweizerischen Nationalbank (SNB; vgl. S. 550ff.). Abbildung 67 zeigt die wichtigsten Komponenten des Volksvermögens:

Bestandteile des Volksvermögens	Abbildung 67

Sachvermögen
- **Anlagevermögen**
  - - **Ausrüstungen**
    (Fahrzeuge, Maschinen, sonstige technische Einrichtungen)
  - - **Bauten**
    (Wohnbauten, Industriebauten, übrige Bauten)
- **Vorräte**

Natürliches Vermögen
(Grund und Boden, Bodenschätze, Wälder, Gewässer, etc.)

Immaterielles Vermögen
(Wissen, Humankapital)

Geldvermögen
(Nettoauslandstatus)

VII. Boden und Realkapital

- Der Begriff Realkapital wird als Abgrenzung zum Begriff Geldkapital verstanden, d.h. das Realkapital bezieht sich auf die physischen Einheiten des Produktionsapparates. Wird von Realkapital gesprochen, so ist v.a. das **Sachvermögen** gemeint, insbesondere das Anlagevermögen. Dieses im Produktionsprozess entstandene und reproduzierbare Vermögen ist Thema des vorliegenden Teilkapitels über das Realkapital.
- Manchmal wird auch der im letzten Teilkapitel behandelte Faktor Boden zum Realkapital einer Volkswirtschaft gezählt. Überhaupt kann die gesamte Umwelt als das **natürliche Vermögen** gesehen werden. Es wird in der Produktion verwendet und durch die Beanspruchung abgenutzt. Mit der sog. grünen Buchhaltung, d.h. der Bewertung der Umweltgüter und deren Abnutzung, wird versucht, den Wert der Umwelt bewusst zu machen.
- Die Leistung im Produktionsprozess hängt jedoch nicht nur vom Sachvermögen und natürlichen Vermögen ab, auch das **immaterielle Vermögen** spielt eine wichtige Rolle. So sind nicht nur das aus der Forschung und Entwicklung (F&E) gewonnene Wissen, sondern auch die Fähigkeiten und Erfahrungen der Arbeitskräfte ausschlaggebend. Von Humankapital wird im Zusammenhang mit dem Leistungspotenzial von Arbeitskräften gesprochen, das durch eine entsprechende Ausbildung erhöht werden kann (vgl. S. 192ff.). Das Humankapital beeinflusst die Qualität der Arbeitskräfte und hat somit einen Einfluss auf deren Produktionsleistung.
- Zum Volksvermögen gehört auch das **Geldvermögen**. Es wird aber nur der Nettoauslandstatus berücksichtigt, d.h. der Saldo aus den Forderungen und Verpflichtungen der Inländer gegenüber den Ausländern; denn die Forderungen und Verpflichtungen zwischen den inländischen Wirtschaftssubjekten heben sich bei der volkswirtschaftlichen Konsolidierung auf. Die Veränderung der Forderungen und Verpflichtungen gegenüber dem Ausland kommen in der Kapitalverkehrsbilanz zum Ausdruck (vgl. Abbildung 128 auf S. 501; für das Auslandvermögen vgl. Abbildung 133 auf S. 508).

Leider ist das **Volksvermögen der Schweiz insgesamt nicht bezifferbar**. Denn einerseits werden dazu keine Daten erhoben, andererseits verunmöglichen Bewertungsprobleme fundierte Schätzungen. So existieren nur für einzelne Bestandteile des Volksvermögens Zahlen und Schätzungen. Neben dem bereits genannten Nettoauslandstatus (Geldvermögen) sind dies die Statistiken zu den Investitionen als Stromgrösse (vgl. Tabelle 10 auf S. 233). Zur Bestandesgrösse Realkapital, insbesondere zum **Anlagevermögen**, existieren hingegen nur vereinzelte Schätzungen, da die Daten nicht erhoben werden. Um eine Schätzung vorzunehmen, werden zwei grundsätzlich unterschiedliche Methoden verwendet:

- Die gebräuchlichste Methode zur Schätzung des Anlagevermögens ist das **Kumulationsverfahren**. Zentral bei dieser Berechnungsart ist, dass sich der Wert des Anlagevermögens aus der Summe der früher getätigten Investitionen ergibt. Zur Berechnung werden relativ lange Zeitreihen der Investitionstätigkeit und eine Vorstellung über die Nutzungsdauer der getätigten Investitionen (zwecks Abschreibung) benötigt. In der Schweiz wurde der **Wert des Anlagevermögens** mit Hilfe der Kumulationsmethode auf **1500 bis 2000 Mrd. Fr.** geschätzt. Dabei hat man einerseits die langfristigen Reihen der VGR zur Investitionstätigkeit und andererseits durchschnittliche Nutzungsdauern von Investitionen verwendet. Das Anlagevermögen besteht dabei zu rund $^1/_4$ aus Ausrüstungen und zu rund $^3/_4$ aus Bauten.

- Das zweite Verfahren ist die **Statusberechnung**, mit der versucht wird, den Wert des Anlagevermögens zu einem bestimmten Zeitpunkt zu ermitteln. Dies kann entweder direkt über eine Vollerhebung oder indirekt über eine Schätzung mit Daten erfolgen, die z.B. bei den Steuerbehörden, den Feuerversicherungen (v.a. für Gebäude) oder aus Unternehmungsbilanzen erhoben werden. Kritisch bei den Statusberechnungen sind jedoch einerseits die dem Anlagebestand zugrunde gelegte Bewertung und andererseits die fehlenden Informationen zur Altersstruktur des Anlagebestandes. Basierend auf den Daten der öffentlich-rechtlichen Gebäudeversicherungen ergibt sich alleine für den **Gesamtwert der Gebäude** in der Schweiz ein Total von rund **2000 Mrd. Fr.**

Der Vergleich des Bruttowerts (ohne Abschreibungen) mit dem Nettowert des Anlagevermögens ermöglicht gewisse Schlussfolgerungen über die qualitative Zusammensetzung sowie über den Modernisierungs- oder **Gütegrad des Anlagevermögens**. Der Gütegrad entspricht dem Nettoanlagevermögen in Prozent des Bruttoanlagevermögens. Er stellt somit einen Massstab für die verbleibenden Nutzungsmöglichkeiten des vorhandenen Anlagevermögens dar. Ein hoher Gütegrad von 60–70% deutet auf umfangreiche Investitionen zur technologischen Modernisierung hin, während ein Gütegrad von 50% eine stagnierende Investitionstätigkeit und ein Gütegrad von weniger als 50% schwache Investitionstätigkeiten implizieren. In der Schweiz lag der Gütegrad 1990 bei geschätzten 64%. Es kann vermutet werden, dass der er seit Anfang der 1990er Jahre aufgrund der tieferen Investitionen **gesunken** ist.

3.4 Theoretische Aspekte des Immobilienmarkts

3.4.1 Teilmärkte und Ertragswert

Über den Immobilienmarkt sind verschiedene Teilmärkte miteinander verbunden. Die Leistungen für Unterhalt, Ausbau, Neubau und Erneuerung eines Gebäudes werden über den **Bauleistungsmarkt** abgewickelt. Die Nutzung von Gebäuden wird auf dem **Mietmarkt** geregelt und der Transfer von Gebäuden spielt sich auf dem **Eigentumsmarkt** ab. Aufgrund der Nutzungszonen (vgl. S. 218) ist der Immobilienmarkt zusätzlich in die verschiedenen **Nutzungsarten** der Gebäude unterteilt: Landwirtschafts-, Industrie-, Gewerbe- und Wohngebäude.

Ein entscheidendes Element, das Auswirkungen auf alle beteiligten Teilmärkte hat, sind die zukünftigen Erträge eines Gebäudes. Zur Illustration wird dabei von den auf S. 218ff. angestellten Überlegungen zur Preisbildung auf dem Bodenmarkt ausgegangen, die grundsätzlich auch auf den Immobilienmarkt anwendbar sind. Der Miet- oder Kaufpreis eines Gebäudes wird mit dem **Ertragswert** verglichen. Da bei einem bebauten Grundstück der Boden und das Gebäude eine Einheit bilden, beinhaltet der Ertragswert sowohl die kapitalisierten Erträge aus dem Boden als auch aus dem im Gebäude investierten Kapital.

Da letztlich der Zweck von Gebäuden deren Nutzung ist, beeinflusst v.a. der Mietmarkt die Entwicklungen auf dem Bauleistungs- und Eigentumsmarkt. So bestimmen z.B. die **kapitalisierten Mieterträge** den Ertragswert eines Gebäudes, der wiederum den Marktpreis eines Gebäudes beeinflusst. Der Marktpreis ist massgebend dafür, ob das Gebäude gekauft oder ein Neubau erstellt wird. Dies beeinflusst in einem nächsten Schritt die Nachfrage nach Bauleistungen. Eine grössere Nachfrage nach Bauleistungen kann auf diesem Markt Knappheiten entstehen und deshalb die Preise ansteigen lassen. Dies führt wiederum zu höheren Baukosten.

Eine weitere Rolle spielt der **Zinssatz**. Denn der Ertragswert hängt entscheidend von dem für die Kapitalisierung der künftigen Erträge verwendeten Zinssatz ab (vgl. Abbildung 61 auf S. 220). Daraus folgt, dass die Preise für Immobilien deutlich mit dem Zinssatz schwanken. Auch der Markt für Bauleistungen ist von Zinssatzschwankungen betroffen, denn bei der Entscheidung über ein Bauprojekt wird der Ertragswert ermittelt und mit alternativen Kapitalanlagen verglichen.

3.4.2 Angebot und Nachfrage

Aufgrund der hohen wirtschaftlichen und sozialpolitischen Bedeutung steht im Folgenden der Markt für Gebäude mit Wohnzweck im Fokus der Ausführungen. Zuerst wird auf die Preisbildung auf diesem Markt näher eingegangen.

Das **Angebot** an Wohnungen ist gegeben und zumindest kurzfristig unvermehrbar. Der Bau neuer Wohnungen beansprucht Zeit. Damit entsteht eine ähnliche Situation wie auf dem Bodenmarkt, weil das Angebot aus einem fixen Bestand stammt und nicht aus einer laufenden Produktion hervorgeht. Wird ein gewinnmaximierender Anbieter von Wohnraum unterstellt, wird er den Mietpreis so ansetzen, dass der Grenzerlös den Grenzkosten entspricht. Die Kosten der Vermietung einer zusätzlichen Wohnung sind für den Vermieter relativ gering, da der grösste Teil seiner Kosten fix ist und somit nicht in die Grenzkosten einfliesst (z.B. Hypothekarzinsen, Verwaltungskosten, Abschreibungen). Die kurzfristige Preisbildung im Wohnungsmarkt orientiert sich damit am **Ertragswert**. Diese Überlegungen gelten aber nur für schon bestehende Wohnungen. Bei der Preisbildung für neu zu erstellende Wohnungen spielen v.a. die Produktionskosten die Hauptrolle.

Im Gegensatz zum zumindest kurzfristig starren Angebot an Wohnungen ist die **Nachfrage** auch kurzfristig schwankend. Der Ausgleich findet in einem unregulierten Wohnungsmarkt über die **Mieten** als Preis für die Wohnungsnutzung statt. Schon eine kleine Nachfrageausdehnung kann deshalb starke Auswirkungen auf das Gleichgewicht im Wohnungsmarkt und die Mietpreise haben. Eine permanente Vergrösserung der Nachfrage führt über erhöhte Mietpreise langfristig betrachtet zu einer Angebotsausdehnung. Die Anpassung geht jedoch eher langsam vor sich und lässt den Wohnungsmarkt deshalb über eine gewisse Zeit im **Ungleichgewicht**.

Aufgrund des zumindest kurzfristig starren Angebots werden die Mieten in einem theoretisch unregulierten Markt also hauptsächlich durch die Nachfrage bestimmt. Die Nachfrage wird ihrerseits durch die Bevölkerungs- und Einkommensentwicklung beeinflusst. Die **absolute Veränderung der Bevölkerungszahl** ist dabei aber eher zweitrangig, ausschlaggebend ist die durchschnittliche **Anzahl Personen pro Haushalt** und deren Bedarf an Wohnraum. Dies wiederum ist stark vom verfügbaren **Einkommen** abhängig. Je mehr das Einkommen in einer Volkswirtschaft steigt, desto grösser ist auch die nachgefragte Wohnungsgrösse und desto mehr Gewicht wird auch auf die Wohnungs- und Wohnqualität gelegt.

VII. Boden und Realkapital 239

3.5 Ausgewählte Daten des Immobilienmarkts

Um detailliertere Aussagen zum Gebäudebestand zu machen, genügen die in Abbildung 60 auf S. 216 dargestellten Daten der **Arealstatistik** nicht, da sie lediglich aufzeigen, ob eine Bodenparzelle bebaut ist oder nicht und zu welchem Nutzungszweck sie verwendet wird. Detailliertere Angaben finden sich in den **Auswertungen der Volkszählung**, die gesamthaft nur alle zehn Jahre, letztmals 2000, durchgeführt wurde.

Die meisten Gebäude sind reine Wohngebäude (vgl. Tabelle 12). Dominierend sind dabei **Einfamilienhäuser**, deren Anteil am gesamten Gebäudebestand zwischen 1990 und 2000 stark angestiegen ist. Dies ist eine Ursache für den **hohen Bodenverbrauch** in der Schweiz (vgl. S. 217 und S. 226ff.). Zusätzlich werden neben dem eigentlichen Grundstück für das Einfamilienhaus ebenfalls Flächen für die Siedlungserschliessung verbraucht. Bei einer stärkeren Verdichtung der Siedlungen durch Zwei- und Mehrfamilienhäuser wäre der Bodenverbrauch durch Grundstücks- und Erschliessungsflächen geringer.

Entwicklung der Gebäudearten mit Wohnzweck (1990–2000)[1]   Tabelle 12

	1990		2000	
	absolut	Anteil[2]	absolut	Anteil[2]
Wohngebäude	1'207'533	93,4%	1'377'552	94,2%
reine Wohngebäude	1'026'117	79,4%	1'179'278	80,7%
Einfamilienhäuser	695'624	53,8%	821'719	56,2%
Zweifamilienhäuser	126'734	9,8%	129'760	8,9%
Mehrfamilienhäuser	203'759	15,8%	227'799	15,6%
andere Wohngebäude	181'416	14,0%	198'274	13,6%
sonstige Gebäude[3]	84'969	6,6%	84'615	5,8%
Total Gebäude mit Wohnzweck	1'292'502	100%	1'462'167	100%

[1] Daten: www.bfs.admin.ch (Februar 2006).
[2] teilweise bestehen Rundungsdifferenzen.
[3] dazu gehören sog. Kollektivhaushalte wie Hotels, Spitäler etc.

Werden die einzelnen **Wohneinheiten** in den Gebäuden mit Wohnzweck gezählt, so gab es in der Schweiz im Jahr 2000 knapp 3,6 Mio. Wohneinheiten, gut 3 Mio. davon waren dauernd bewohnt, der Rest entfällt v.a. auf Zweitwohnungen. Die Wohneinheiten mittlerer Grösse (3–4 Zimmer) machen mit 54% etwas mehr als die Hälfte des Wohnungsbestandes aus; 21% sind Wohnungen mit 1–2 Zimmern und 25% solche mit fünf und mehr Zimmern. Dieses Verhältnis war bislang relativ stabil, gegenüber 1990 zeigt sich aber immer mehr ein Trend zu grösseren Wohnungen. Denn während der relative Anteil der Wohnungen mit 1–3 Zimmern abgenommen hat, ist der Anteil der Wohnungen mit 4 und mehr Zimmern gestiegen. Im Jahr 2000 beanspruchte jede Person im Durchschnitt 44 Quadratmeter Wohnfläche, 1990 waren es noch 39 Quadratmeter.

Die **Zahl der Wohneinheiten** insgesamt hat seit Beginn des 20. Jahrhunderts stets deutlich stärker zugenommen als das **Bevölkerungswachstum**. So stieg in den 1970er Jahren die Bevölkerung nur um 2%, während die Zahl der Wohnungen um 19% zunahm. Zwischen 1980 und 1990 schwächte sich die Scherenbewegung etwas ab, stieg doch die Zahl der Bevölkerung um 8%, diejenige der Wohnungen um 16%. Auch zwischen 1990 und 2000 schwächte sich die Differenz weiter ab, nach wie vor wurden jedoch überproportional mehr Wohneinheiten erstellt. So stieg die Bevölkerungszahl um 7%, diejenige der Wohnungen um 13%.

Der überproportionale Zuwachs an Wohnungen geht mit einer kontinuierlichen **Abnahme der durchschnittlichen Haushaltsgrösse** einher. Um 1900 umfasste ein Privathaushalt noch 4,2 Personen, 2000 waren es noch 2,3 Personen. Damit hat sich innerhalb von 100 Jahren die Haushaltsgrösse knapp halbiert. Die Hauptursache liegt dabei im **Anstieg der Einpersonenhaushalte**, deren Anteil sich sehr stark erhöhte und 2000 rund 36% aller Privathaushalte ausmachte, 1990 waren es noch 32%. Der damit einhergehende Wandel der Lebensformen, d.h. die verstärkte Individualisierung, wirkt sich auch auf die Gesellschafts- und Sozialpolitik aus; weitere Bereiche wie der Verkehr, die Umwelt oder der Bodenverbrauch sind davon betroffen.

Auch zur **Eigentümerstruktur** liegen Daten vor. Wie bereits 1990 ist auch im Jahr 2000 die überwiegende Mehrheit der Wohnungen in **Privatbesitz** (vgl. Tabelle 13). Den stärksten Rückgang verzeichnete der Anteil von Bau- und Immobiliengesellschaften, wobei dafür wohl v.a. finanzielle Gründe verantwortlich sind, da sich der Immobilienmarkt in den 1990er Jahren aufgrund der Immobilienkrise Ende der 1980er Jahre in einer schwierigen Lage befand.

Trotz des hohen Anteils an Wohnungen in Privatbesitz beträgt die **Wohneigentumsquote** knapp 35%; d.h. nur 35% aller Personen in der Schweiz besitzen auch Wohneigentum, rund 60% sind Mieter, der Rest entfällt v.a. auf die Genossenschafter. Die Schweiz weist damit in Europa die tiefste Quote an Eigentümern und die **höchste Quote an Mietern** auf. V.a. aus sozialpolitischen Gründen wird seit Jahren versucht, den Anteil der Eigentümer zu steigern, bis heute jedoch ohne grossen Erfolg. Dass seit den 1990er Jahren die Eigentumsquote dennoch

VII. Boden und Realkapital 241

Entwicklung der Wohnungen nach Eigentümertyp (1990–2000)[1] Tabelle 13

	1990		2000	
	absolut	Anteil[2]	absolut	Anteil[2]
Privatperson(en)	2'172'795	68,8%	2'617'011	73,3%
Personalvorsorgeeinrichtung	185'622	5,9%	181'743	5,1%
Wohnbaugenossenschaft	143'458	4,5%	161'945	4,5%
Bau- oder Immobiliengesellschaft	233'106	7,4%	132'024	3,7%
Versicherung	108'850	3,4%	118'584	3,3%
Gemeinde, Kanton, Bund	85'006	2,7%	84'088	2,4%
Immobilienfonds	43'674	1,4%	58'306	1,6%
andere Stiftung	39'778	1,3%	44'365	1,2%
Verein	14'223	0,5%	15'141	0,4%
anderer Eigentümertyp	133'465	4,2%	155'974	4,4%
Total Wohnungen	3'159'977	100%	3'569'181	100%

[1] Daten: www.bfs.admin.ch (Februar 2006).
[2] teilweise bestehen Rundungsdifferenzen.

leicht zugenommen hat, lag nicht so sehr an den politischen Massnahmen. Zwei Ursachen können genannt werden: Erstens wurden Immobilien nach der **spekulativen Phase** Ende der 1980er Jahre insgesamt wieder günstiger. Zweitens begünstigten sinkende Hypothekarzinssätze ab dem Jahr 2000 die Refinanzierung von Wohneigentum und führten insbesondere an einzelnen, exklusiven Standorten (z.B. an der Zürcher Goldküste) bereits wieder zu ersten Überhitzungserscheinungen.

3.6 Die Mietrechtspolitik

3.6.1 Rechtliche Grundlagen

Die Schweizer sind ein **Volk von Mietern**, rund 60% bewohnen Immobilien im Mietverhältnis. **Staatliche Eingriffe in die Mietrechtspolitik** betreffen deshalb einen grossen Anteil der Bevölkerung, politische Auseinandersetzungen in Bezug auf das lebensnotwendige Gut Wohnen haben eine lange Tradition. Soll der Staat die Vertragsfreiheit der Mietparteien beschränken? Soll der Staat auch den Kündigungsschutz oder die Höhe der Mietzinsen regeln? Die Antworten auf diese Fragen sind in der Vergangenheit je nach gesellschaftspolitischen Prioritäten, Wirtschaftslage etc. unterschiedlich ausgefallen.

Die obersten rechtlichen Bestimmungen zur schweizerischen Mietrechtspolitik finden sich in der **Bundesverfassung (BV)**, zunächst in Art. 41 Abs. 1 lit. e BV. Darin wird als ein **Sozialziel** das Angebot von Wohnungen zu tragbaren Bedingungen genannt. Jedoch wird dies sofort im gleichen Artikel dahingehend eingeschränkt, dass dadurch keine unmittelbaren Ansprüche auf staatliche Leistungen abgeleitet werden können (Art. 41 Abs. 4 BV; vgl. S. 651). Dennoch finden sich in der Bundesverfassung weitere Ausführungen zum Mietrecht. Das heute gültige Mietrecht stützt sich auf Art. 109 BV, der dem Bund u.a. die Kompetenz gibt, Vorschriften gegen Missbräuche im Mietwesen (namentlich gegen missbräuchliche Mietzinse) sowie über die Anfechtbarkeit missbräuchlicher Kündigungen und die befristete Erstreckung von Mietverhältnissen zu erlassen.

Die Konkretisierung auf Gesetzesstufe findet sich im **Obligationenrecht** (OR; vgl. Abbildung 25 auf S. 69), insbesondere ab Art. 253 bis Art. 274g OR. Die Bestimmungen enthalten u.a. Ausführungen zu den Pflichten des Vermieters und des Mieters, zu den Rechten des Mieters, zur Beendigung des Mietverhältnisses, zum Schutz vor missbräuchlichen Mietzinsen, zum Kündigungsschutz und zum rechtlichen Verfahren bei Streitigkeiten. Weitere Bestimmungen zum Mietrecht finden sich im **Bundesgesetz** und der entsprechenden **Verordnung über Rahmenmietverträge und deren Allgemeinverbindlicherklärung** sowie in der **Verordnung über die Miete und Pacht von Wohn- und Geschäftsräumen** (VMWG). Im Vergleich zu vielen anderen Vertragsarten sind die rechtlichen Bestimmungen zum Mietvertrag relativ umfassend und ausführlich; die staatlichen Eingriffe deshalb relativ gross.

VII. Boden und Realkapital

3.6.2 Aktuelle Festlegung des Mietzinses

Einer der grössten Streitpunkte im Mietrecht ist jeweils die Festlegung des Mietzinses. Art. 269 OR definiert einen Mietzins als missbräuchlich, wenn damit ein überhöhter Ertrag aus der Mietsache erzielt wird oder wenn der Mietzins auf einem offensichtlich überhöhten Kaufpreis der Immobilie beruht. Jedoch werden in Art. 296a OR bereits die Ausnahmen aufgezählt. So ist ein Mietzins nicht missbräuchlich, wenn er

- im Rahmen der orts- oder quartierüblichen Mietzinse liegt;
- durch Kostensteigerungen oder Mehrleistungen des Vermieters begründet ist;
- bei neueren Bauten im Rahmen der kostendeckenden Bruttorendite liegt;
- lediglich dem Ausgleich einer Mietzinsverbilligung dient, die zuvor durch Umlagerung marktüblicher Finanzierungskosten gewahrt wurde, und in einem dem Mieter im Voraus bekanntgegebenen Zahlungsplan festgelegt ist;
- lediglich die Teuerung auf dem risikotragenden Kapital ausgleicht;
- das Ausmass nicht überschreitet, das Vermieter- und Mieterverbände oder Organisationen, die ähnliche Interessen wahrnehmen, in ihren Rahmenverträgen empfehlen.

Daraus ergeben sich zusammengefasst drei Elemente für die Festlegung oder Änderung des Mietzinses:

- Erstens kann ein Mietzins so festlegt werden, dass er im Rahmen der **Orts- und Quartierüblichkeit** liegt. Dies bedeutet, dass der Mietzins den Mietzinsen vergelichbarer Wohnungen in der Umgebung entsprechen darf. Damit wird ein gewisses marktliches Element im Mietrecht gewahrt; der Mietzins kann somit in eingeschränktem Masse der sog. **Marktmiete** angenähert werden.
- Zweitens sind Mietzinserhöhungen in der Regel gerechtfertigt, wenn sie durch **Kostensteigerungen** begründet werden können. Insbesondere der Hypothekarzinssatz wird als Kostenfaktor anerkannt (vgl. Abbildung 68 auf S. 244); das geltende Mietrecht beeinhaltet damit auch Elemente der **Kostenmiete**. Aus ökonomischer Sicht sollte jedoch die gewinnmaximale Miete nicht vom Hypothekarzinssatz abhängig sein, da dieser auf kurze Sicht fixe Kosten darstellt und somit nicht in die Grenzkosten eingeht.
- Drittens wird der Mietzins teilweise auch durch die **Verhandlungsmacht** zwischen Vermieter- und Mieterverbänden beeinflusst, wenn in einem Rahmenmietvertrag weiterführende Bestimmungen zur Mietzinsgestaltung festgelegt werden. Bei einem übereinstimmenden Antrag der Vertragsparteien kann ein Rahmenmietvertrag durch den Bundesrat allgemeinverbindlich

Rechtlicher Zusammenhang zwischen Hypothekarzins und Miete	Abbildung 68

In Art. 269a OR ist u.a. Folgendes festgehalten:

- Mietzinse sind in der Regel nicht missbräuchlich, wenn sie insbesondere: (...)
  a. (...)
  b. durch Kostensteigerungen oder Mehrleistungen des Vermieters begründet sind
  c. (...).

Diese Bestimmung wird in der **Verordnung über die Miete und Pacht von Wohn- und Geschäftsräumen** (VMWG) in Art. 13 Abs. 1 wie folgt präzisiert:

- Eine Hypothekarzinserhöhung von einem Viertel Prozent berechtigt in der Regel zu einer Mietzinserhöhung von höchstens:
  a. 2 Prozent bei Hypothekarzinssätzen von mehr als 6 Prozent;
  b. 2,5 Prozent bei Hypothekarzinssätzen von zwischen 5 und 6 Prozent;
  c. 3 Prozent bei Hypothekarzinssätzen von weniger als 5 Prozent.

Aus diesen rechtlichen Bestimmungen folgt, dass Mietzinserhöhungen aufgrund von Hypothekarzinserhöhungen gerechtfertigt sind, wobei das Ausmass der Mietzinserhöhung jedoch vom Niveau des Hypothekarzinses abhängt. Folgendes **Beispiel** soll diesen Zusammenhang verdeutlichen:

Ein Vermieter hat einen Hypothekarkredit von 1'000'000 Fr. zu verzinsen. Bei einem Hypothekarzinssatz von 5% fallen Zinskosten von 50'000 Fr. an. Steigt der Hypothekarzinssatz um $^1/_4$%, so fallen zusätzliche Zinskosten von 2500 Fr. an. Die Zinskosten sind also um 5% gestiegen (2500 Fr. von 50'000 Fr. oder $^1/_{20}$ von 5%). Der relative Zinskostenanstieg (5%) ist nicht mit dem Hypothekarzinssatz (auch 5%) zu verwechseln. Nimmt man an, dass die Zinskosten 50% der Gesamtkosten für den Vermieter ausmachen, so belaufen sich Letztere auf 100'000 Fr. Die Gesamtkosten steigen durch die erhöhten Zinskosten um 2,5% (2500 Fr. von 100'000 Fr. oder 50% von 5%). Da die Mieteinnahmen die Gesamtkosten decken sollten, dürfen die Mieten um 2,5% angehoben werden.

Dieses Beispiel zeigt, wie das geltende Recht die **kostendeterminierte Miete** stützt. Ausserdem fällt auf, dass die Verknüpfung der Mietzinserhöhung mit dem Niveau des Hypothekarzinssatzes **implizit einen Anteil der Zinskosten an den Gesamtkosten festlegt**, der aber natürlich von Immobilie zu Immobilie unterschiedlich sein kann.

Weiter wird für eine nicht missbräuchliche Erhöhung des Mietzinses in vielen Kantonen auf den **Hypothekarzinssatz der jeweiligen Kantonalbank** abgestellt. Dies ist aus ökonomischer Sicht insofern fragwürdig, als erstens nicht alle Vermieter ihre Hypothek bei einer Kantonalbank beziehen und zweitens viele Vermieter bei der Bank ein Modell mit einem fixen Hypothekarzinssatz und einer fixen Laufzeit wählen. Eine Änderung des Hypothekarzinssatzes der Kantonalbank beeinflusst deshalb die Kostenstruktur der Vermieter u.U. nicht. Dennoch sind die Vermieter berechtigt, den Mietzins für die Mieter anzupassen.

erklärt werden. In der Schweiz betrifft dies bisher erst einen Rahmenmietvertrag, der 2001 für allgemeinverbindlich erklärt wurde und sich nur auf die Westschweiz bezieht.

3.6.3 Revision des Mietrechts

Die ökonomisch und teilweise auch rechtlich unbefriedigende Situation im Mietrecht, insbesondere bei der Gestaltung des Mietzinses, führte in den letzten Jahren immer wieder zu politischen Vorstössen. So hat der Schweizerische Mieter- und Mieterinnenverband (MV) 1997 die **Volksinitiative "Ja zu fairen Mieten"** eingereicht. Die Initiative verlangte u.a. die Anbindung des Mietzinses an einen über fünf Jahre berechneten Durchschnittssatz für Hypotheken. Ziel war, die Mieten damit weniger stark dem schwankenden Hypothekarzinssatz auszusetzen. Bundesrat und Parlament haben die Initiative abgelehnt und ihr einen indirekten Gegenvorschlag gegenübergestellt. Der **Gegenvorschlag** beinhaltete eine Änderung des Obligationenrechts (OR), wobei das bisherige System der Hypothekarzinsbindung der Mieten durch ein System der Anbindung an den Landesindex der Konsumentenpreise (LIK; vgl. S. 559) abgelöst worden wäre. Dabei hätte nicht mehr als der Durchschnitt der Teuerung der vergangenen zwei Jahre auf die Mieten überwälzt werden dürfen. Am 18. Mai 2003 haben Volk und Stände die Initiative mit 67% Nein-Stimmen verworfen. Der Vorschlag des Parlaments, gegen den die Mieterorganisationen erfolgreich das Referendum ergriffen hatten, wurde am 8. Februar 2004 vom Volk mit 64% der Stimmen ebenfalls abgelehnt.

Obwohl es praktisch unbestritten ist, dass das Mietrecht einer Revision bedarf, war es bisher unklar, was genau wie revidiert werden soll. So herrscht zwischen den politischen Parteien Uneinigkeit über das Mass des staatlichen Eingriffs in den Mietmarkt. Während die Einen einen besseren Kündigungsschutz und rigidere Vorschriften zur Mietzinsgestaltung wünschen, setzen die Anderen auf eine Flexibilisierung des Mietmarkts mit dem Argument, dass dadurch für Investoren Anreize entstehen, in den Wohnungsbau zu investieren.

Ende 2005 standen zwei Modelle der Mietrechtsrevision zur Diskussion, die der Bundesrat in die Vernehmlassung schickte. Vorgeschlagen wird ein **duales System**, bei dem die Vertragsparteien zwischen dem **Indexmodell** und dem **Modell der Kostenmiete** wählen können. Beim Indexmodell werden die Mietzinsen von den Hypothekarzinsen entkoppelt, und Mietzinserhöhungen dürfen gemäss der Entwicklung des LIK vorgenommen werden. Der vorliegende Entwurf sieht vor, dass Mietzinsanpassungen einmal jährlich im Ausmass von 80% der Teuerung bei Wohnungen und von 100% bei Geschäftsräumen möglich sein sollen. Das andere Modell orientiert sich an der heute geltenden, aber in verschiedener Hinsicht optimierten Kostenmiete: Mietzinsanpassungen sollen gemäss der Kostenentwicklung erfolgen können, wobei bezüglich Hypothekarzinsen der durch die Schweizerische Nationalbank (SNB) ermittelte Durchschnittssatz massgebend ist. Das zwischen den Parteien vereinbarte Mietzinsmodell soll für die ganze Dauer des Mietverhältnisses gelten. Liegt keine Vereinbarung zwischen den Parteien vor, gilt das Indexmodell.

Wie bei vielen staatlichen Eingriffen in Märkte sind auch im Falle des Mietmarkts die genauen Auswirkungen des vorgeschlagenen dualen Modells nicht abschätzbar. Es ist aber abzusehen, dass darüber heftiger debattiert wird als über andere Eingriffe, da mit dem Mietmarkt insgesamt mehr Personen in der Schweiz betroffen sind als bei vielen anderen Erlassen.

4. Ausblick

Die Faktoren Boden und Realkapital sind beide aus unterschiedlichen Gründen wichtig für die schweizerische Volkswirtschaft.

Beim **Boden** liegt das Grundproblem darin, dass sich seine Knappheit stärker bemerkbar macht und zu Konflikten führt, weil verschiedene Funktionen und Nutzungen des Bodens miteinander konkurrieren. Es ist in der letzten Zeit offensichtlich geworden, dass die ökologische Funktion des Bodens immer mehr eingeschränkt wurde. Diesem Trend ist mit einer umfassenden Politik zur **Erhaltung der Umwelt** entgegenzuwirken. Angesprochen ist dabei neben der Umweltpolitik im Speziellen die Raumplanung. Dieser ist es bis heute nicht hinreichend gelungen, die Ausdehnung der Siedlungsgebiete in die landwirtschaftlichen Nutzflächen zu vermindern. Sollen die Ziele der **haushälterischen Bodennutzung** und der geordneten Siedlungsentwicklung erreicht werden, muss in Zukunft das Bewusstsein noch deutlicher wachsen, dass der Boden nicht in unbeschränktem Mass zur Verfügung steht. Das ungebremste Flächenwachstum der Siedlungsgebiete verbraucht aber nicht nur landwirtschaftliches Kulturland, sondern belastet den Staat mit hohen Kosten für die Erstellung, den Betrieb und Unterhalt von Infrastrukturanlagen.

Die staatlichen, aber auch die privaten Infrastrukturanlagen, Maschinen, Gebäude etc. werden oft unter dem Begriff **Realkapital** zusammengefasst. Dieses ist zum grössten Teil immobil und für die Schweiz auf einem hohen Niveau, jedoch weisen andere Länder eine ähnlich gute Infrastruktur auf. Aufgrund der steigenden Globalisierung und der technologischen Neuerungen werden aber die einzelnen Produktionsprozesse vieler Unternehmungen immer mobiler. Die Attraktivität der an einen Standort gebundenen Faktoren, wie z.B. das Realkapital, können für oder gegen Investitionen einer Unternehmung sprechen. Für die **Wettbewerbsfähigkeit** der Volkswirtschaft am Standort Schweiz ist es deshalb wichtig, das Niveau des Realkapitals zu halten, aber gleichzeitig andere Faktoren, die bei der Leistungserbringung notwendig sind, im **Standortwettbewerb** attraktiv zu machen. Gerade die **immateriellen Komponenten des Volksvermögens** wie z.B. Wissen und Humankapital sind für die Schweiz sehr wichtig. Eine Strategie der Erhaltung und Stärkung der Wettbewerbsfähigkeit muss sich deshalb dieser Bereiche besonderes annehmen.

Ein Aspekt, der Boden und Realkapital vereint, ist das **Wohnen**. Neben der politischen Entscheidung über eine Revision der Mietrechtspolitik müssen insbesondere die Auswirkungen der **steigenden Individualisierung** bewältigt werden. Dazu bedarf es nicht einer einzelnen Massnahme, sondern verschiedenste Politikbereiche sind angesprochen und müssen sinnvoll kombiniert werden.

5. Quellen

5.1 Literatur

Bundesamt für Raumentwicklung (Hrsg.) (1996). Grundzüge der Raumordnung Schweiz. Bern.

Bundesamt für Raumentwicklung, Eidgenössisches Departement für Umwelt, Verkehr, Energie und Kommunikation (Hrsg.) (2005). Raumentwicklungsbericht 2005. Bern.

Bundesamt für Statistik (Hrsg.) (2001). Bodennutzung im Wandel. Arealstatistik Schweiz. Neuchâtel.

Häberli, R., Lüscher, C., Praplan Chastonay, B., Wyss, Ch. (1991). Bodenkultur: Vorschläge für eine haushälterische Nutzung des Bodens in der Schweiz. Zürich.

Kruck, R. (1994). Eine Kapitalbestandesrechnung für die Schweiz, in: Mitteilungsblatt für Konjunkturfragen. Nr. 4. Bern.

Wachter, D. (1993). Bodenmarktpolitik. Bern.

5.2 Internet

Aktionsgemeinschaft für die Wohnraumförderung. URL: www.wohnbund.ch

Bodenkundliche Gesellschaft Schweiz. URL: www.soil.ch

Bundesamt für Raumentwicklung. URL: www.are.admin.ch

Bundesamt für Statistik. URL: www.bfs.admin.ch

Bundesamt für Wohnungswesen. URL: www.bwo.admin.ch

Hausverein Schweiz. URL: www.hausverein.ch

Raumplanung Schweiz. URL: www.planning.ch

Schweizerischer Hauseigentümerverband. URL: www.shev.ch

Schweizerischer Mieterinnen- und Mieterverband. URL: www.mieterverband.ch

Schweizerischer Verband für Wohnungswesen. URL: www.svw.ch

Statistisches Amt des Kantons Zürich. URL: www.statistik.zh.ch

VIII. Umwelt

1. Einführung

Die Umwelt wird aus ökonomischer Sicht gerne als **Produktionsfaktor** angesehen. Viele industrielle Prozesse benötigen natürliche Ressourcen wie Wasser und Luft oder produzieren als Nebenprodukt problematische Abfälle für die Umwelt. Doch nicht nur die Industrie, sondern in steigendem Masse auch der Verkehr trägt durch seine Abgase zur **Umweltbelastung** bei. In vielen Regionen der Welt ist heute deshalb nicht nur die Qualität der Umwelt sondern auch die Lebensqualität gefährdet. Mit steigendem Wohlstand, besonders in den Industrienationen, hat sich aber das Bewusstsein für Umweltprobleme verstärkt. Die **Umweltpolitik** nimmt deshalb bei Wählern und Politikern heute einen höheren Stellenwert ein als früher.

Immer stärker ins Bewusstsein rückt auch die **globale Dimension** der Umweltzerstörung. Denn die eigene Umweltqualität ist von der globalen Umweltqualität abhängig. Was heute z.B. an Abgasen in den Nachbarländern emittiert wird, findet über die Luftverfrachtung den Weg auch zu uns. Diese internationale Dimension der Umwelt setzte einen Prozess in Gang, der neben internationalen Konferenzen auch zu Vereinbarungen führte mit dem Ziel, die Umwelt zu schonen. Die erzielten Übereinkünfte sind aber meist sehr dürftig und basieren oft auf den kleinsten gemeinsamen Interessen.

Das vorliegende Kapitel versucht, die Entstehung und Bekämpfung der Umweltbelastung aus einem ökonomischen Blickwinkel zu analysieren. Zuerst werden ausgewählte **Aspekte des Umweltproblems** bestimmt, um danach verschiedene **ökonomische Ansätze zur Lösung** zu erläutern. In einem nächsten Teil werden die **Grundlagen der Umweltpolitik** dargestellt, wobei insbesondere auf die verschiedenen Instrumente und die Situation in der Schweiz ausführlicher eingegangen wird. Der **Ausblick** schliesst das Kapitel Umwelt ab.

2. Aspekte der Umweltprobleme

2.1 Bevölkerungswachstum

Die Umweltbelastung übertrifft heute in vielen Bereichen die Regenerationsfähigkeit der Natur. Der Produktionsfaktor bzw. das Konsumgut Umwelt wird übermässig abgebaut und verbraucht, was langfristig zu einer Zerstörung der Lebens- und Produktionsgrundlagen führt. Diese Entwicklung lässt sich grösstenteils durch das Bevölkerungs- und das Wirtschaftswachstum erklären.

Das **Bevölkerungswachstum** war im 20. Jahrhundert so hoch wie noch nie in der Geschichte. Alleine zwischen 1950 und 2000 wuchs die Weltbevölkerung um den Faktor 2,4. Die Zeitabstände bis zu einer zusätzlichen Milliarde an Weltbevölkerung wurden immer kürzer und lagen Ende des letzten Jahrhunderts bei rund 12 Jahren (vgl. Tabelle 14).

Wachstum der Weltbevölkerung (1500–2048)[1] Tabelle 14

Weltbevölkerung in Milliarden	Jahr	Zeitabstand
0,5	1500	–
1	1804	304 Jahre später
2	1927	123 Jahre später
3	1960	33 Jahre später
4	1974	14 Jahre später
5	1987	13 Jahre später
6	1999	12 Jahre später
7	2012[2]	13 Jahre später
8	2026[2]	14 Jahre später
9	2048[2]	22 Jahre später

[1] Daten: esa.un.org (Oktober 2005).
[2] Schätzungen mittlere Projektion der UNO.

In ihrer Bevölkerungsprojektion geht die UNO in der sog. mittleren Variante davon aus, dass die durchschnittliche Kinderzahl pro Frau weltweit bis zum Jahr 2050 knapp unter das sog. Ersatzniveau von 2,1 Kindern sinken wird. Die Weltbevölkerung würde dann bis zum Jahre 2050 auf 9,1 Mrd. Menschen anwachsen. Der Anstieg ist damit abgeschwächt, jedoch sehr unterschiedlich verteilt: Wäh-

VIII. Umwelt

rend die UNO in den entwickelten Ländern zwischen 2005 und 2050 von einem Bevölkerungsanstieg von 2% ausgeht, soll die Bevölkerung in Entwicklungsländern im gleichen Zeitraum um rund 50% zunehmen.

Eine Möglichkeit zur Messung der individuellen Umweltbelastung ist der vom Schweizer Mathis Wackernagel entwickelte und inzwischen international bekannte **ökologische Fussabdruck**. Unter dem ökologischen Fussabdruck wird die Fläche auf der Erde verstanden, die notwendig ist, um den Lebensstil und Lebensstandard eines Menschen dauerhaft zu ermöglichen. Das schliesst Flächen ein, die zur Produktion seiner Kleidung und Nahrung, aber z.B. auch zum Abbau des von ihm erzeugten Abfalls oder zum Binden des durch seine Aktivitäten freigesetzten Kohlendioxids (CO_2) benötigt werden. Der Ressourcenverbrauch (z.B. Heizenergie, Treibstoff oder Nahrungsmittel) wird dabei nicht wie gewohnt in Kilo, Litern oder Kilowatt ausgedrückt, sondern in Quadratmeter umgerechnet.

Hochgerechnet auf die gesamte Bevölkerung sind die Durchschnittsresultate je nach Land sehr unterschiedlich. Wäre der Schweizer Fussabdruck Standard, würden wir rund 2,6 Planeten benötigen. In China liegt der Durchschnitt bei 0,9 Planeten, in Bangladesch bei 0,3. Spitzenreiter sind die USA mit fast 6 Planeten. Der weltweite Durchschnitt liegt bei 1,35 Planeten und übersteigt damit die natürliche Regenerationsfähigkeit der Erde.

2.2 Wirtschaftswachstum

Doch nicht nur das Bevölkerungs-, sondern auch das **Wirtschaftswachstum** beeinflusst die Umweltsituation. Lange Zeit wurde die Meinung vertreten, Wirtschaftswachstum schade der Umwelt, weil sich mit steigender Wirtschaftsleistung auch die Umweltbelastung erhöhe. In den 1970er Jahren wurde daraus die Forderung nach **Nullwachstum** abgeleitet, später wurde eine Entkoppelung von Wirtschaftswachstum und Umweltbelastung postuliert und ein **qualitatives Wachstum** gefordert. In den 1980er Jahren wurde, basierend auf der intergenerativen Gerechtigkeit, das Konzept der **Nachhaltigen Entwicklung** entworfen (vgl. Abbildung 69). Die 1990er Jahre brachten die Übertragung der sog. **Kuznets-Kurve** auf den Umweltbereich. Deren Hauptaussage ist, dass ein steigendes Einkommen ab einem bestimmten Grenzwert auch zu einer marginalen Senkung der Umweltbelastung führt (vgl. Abbildung 70).

In der Schweiz hat die Umweltbelastung in den letzten Jahrzehnten in vielen Bereichen trotz Wirtschaftswachstum tatsächlich abgenommen. Es fand damit eine **absolute Entkoppelung** zwischen der Verschmutzungsintensität und dem Wirtschaftswachstum statt. Zusätzliches Wachstum führte also zu einer absoluten Senkung der Umweltbelastung. Beispiele dafür sind einige Luftschadstoffe

Geschichte und Konzept der Nachhaltigen Entwicklung	Abbildung 69

Das Prinzip der Nachhaltigen Entwicklung (sustainable development) hat seinen Ursprung in der 1972 erschienenen **Club of Rome** Studie "**Grenzen des Wachstums**". Darin wurde auf der Basis eines Weltmodells nachzuweisen versucht, dass die Wirtschaft bei einem weiterhin hohen Wachstum infolge begrenzter Ressourcen und Umweltkapazitäten zwangsläufig an Wachstumsgrenzen stossen wird. Dieses Ergebnis diente vielfach als Grundlage für die Forderung nach **Nullwachstum**, das allerdings den latenten Konflikt zwischen Ökonomie und Ökologie nicht löst. Denn mit Nullwachstum sind nicht nur hohe gesellschaftliche Opportunitätskosten verbunden, wie z.B. der Verzicht auf eine weitere materielle Wohlstandssteigerung, sondern Nullwachstum verschärft auch die vielfältigen Verteilungskonflikte in der Wirtschaft. Wenn es weniger zu verteilen gibt, nimmt das **Rent-Seeking** zu, Lobbyisten würden noch stärker versuchen, auf politischem Weg mehr (vom gleich grossen) Verteilungskuchen zu erhalten. Dies ist volkswirtschaftlich ineffizient, da Rent-Seeking keine eigentliche Produktion darstellt, sondern nur die Umverteilung anderswo erwirtschafteter Wertschöpfung zum Ziel hat.

Zusätzlich ist eine Volkswirtschaft mit Nullwachstum stationär und wenig dynamisch. Sie ist kaum durch strukturellen Wandel gekennzeichnet. Die getätigten Investitionen dienen ausschliesslich dem Ersatz verschlissener Anlagen. Der Raubbau an Umweltressourcen kann bei einem Nullwachstum sogar grösser sein als in einer wachsenden Wirtschaft, die in neue, umweltschonende Technologien investieren kann. So wurde bald ein **qualitatives Wachstum** gefordert, welches sich durch eine absolute oder zumindest relative Entkoppelung von Wirtschaftswachstum und Umweltbelastung auszeichnet.

Politisch wirksam wurde das Konzept der **Nachhaltigen Entwicklung** erst im Bericht "Our Common Future", den die World Commission on Environment and Development 1987 veröffentlichte (sog. **Brundtland-Bericht,** benannt nach der früheren norwegischen Ministerpräsidentin Gro H. Brundtland (*1939)). Der Begriff der Nachhaltigkeit ist der Forstwirtschaft entlehnt und kennzeichnet dort eine Art der Waldbewirtschaftung, bei der die Reproduktionskraft des Waldes und die jeweilige Ernte des Holzes so miteinander in Einklang gebracht werden, dass nur so viel Holz geschlagen wird, wie wieder nachwächst. Heute wird der Nachhaltigkeitsbegriff beinahe inflationär verwendet und ist neben der Umweltpolitik auch in vielen anderen Bereichen zu finden.

Im ursprünglichen Sinne des Brundtland-Berichts ist die Nachhaltige Entwicklung definiert als eine "**Entwicklung, die den gegenwärtigen Bedarf zu decken vermag, ohne gleichzeitig späteren Generationen die Möglichkeit zur Deckung des ihren zu verbauen**". Es wird damit ein Wachstum gefordert, das die Erhaltung der Umwelt auch für die Menschen künftiger Generationen sichert (**intergenerative Gerechtigkeit**). Dies bedeutet, dass die Wohlfahrt der gegenwärtigen Generation nur gesteigert werden darf, falls sich die Wohlfahrt zukünftiger Generationen dadurch nicht verringert.

Drei Regeln der Nachhaltigkeit sind dazu zu beachten: Erstens darf die Nutzung erneuerbarer Ressourcen auf Dauer nicht grösser sein als ihre Regenerationsrate, da diese Ressourcen sonst nicht mehr zur Verfügung stehen werden. Zweitens darf die Nutzung nicht erneuerbarer Ressourcen auf Dauer nicht grösser sein als ihre Substitutionsrate. So sollte z.B. Erdöl schrittweise durch andere Energieträger abgelöst werden. Drittens sollte die Freisetzung von umweltbelastenden Stoffen auf Dauer nicht grösser sein als die Abbaufähigkeit der Natur. Dies gilt z.B. für die Anreicherung von CO_2 in der Atmosphäre.

VIII. Umwelt

Die Umwelt-Kuznets-Kurve   **Abbildung 70**

Simon Kuznets (1901–1985) stellte 1955 eine Kurve vor, welche die Abhängigkeit der Einkommensverteilung vom Pro-Kopf-Einkommen zeigte. Jahrzehnte später wurde dieselbe Kurve für den Umweltbereich verwendet: Gemäss diesem Modell nimmt die Verschmutzungsintensität pro Einkommenseinheit mit steigendem Einkommen zuerst zu, um ab einem bestimmten Punkt (Wendepunkt) aber wieder abzunehmen (siehe untenstehende Grafik). Die Hypothese ist also, dass wirtschaftliches Wachstum bzw. ein steigendes Bruttoinlandprodukt (BIP) pro Kopf einen positiven Effekt auf die Umwelt hat. Je nach empirischer Studie wird der Wendepunkt bei einem jährlichen BIP pro Kopf von weniger als 8000 US-Dollar vermutet.

Die Erklärung des Kurvenverlaufs ist folgendermassen: Am Anfang der Industrialisierung sind die Kosten für umweltschonende Technologien relativ hoch, der Faktor Umwelt ist hingegen (zumindest anfangs) beinahe kostenlos und ausreichend verfügbar. Erst mit einem steigenden Einkommen entwickeln die Individuen die **Präferenz** für eine bessere Umweltqualität. Dabei sind aber folgende Punkte zu beachten:

- Mit steigendem Einkommen rechts vom Wendepunkt nimmt nur die Verschmutzungsintensität ab, d.h. die Grenzverschmutzung pro zusätzlichem US-Dollar Einkommen sinkt. Die Gesamtverschmutzung hingegen steigt weiter (relative Entkoppelung).
- Schäden wie z.B. das Artensterben sind trotz steigendem Einkommen irreversibel.
- Viele Umweltschäden treten erst mit einer Zeitverzögerung ein oder sind globaler Natur wie z.B. der Treibhauseffekt. Es existiert damit kein (direkter) Zusammenhang zwischen dem aktuellen BIP pro Kopf und der Umweltverschmutzung.
- Zusätzlich stellt das Modell keinen Automatismus dar. Ein steigendes Einkommen muss nicht automatisch zu einer geringeren Verschmutzungsintensität führen, sondern muss erst über die Präferenzen zu politischen und technologischen Massnahmen führen.

Die Umwelt-Kuznets-Kurve ist ein wichtiger Denkansatz, kann aber den Zusammenhang zwischen Wirtschaftswachstum und Umweltbelastung nur teilweise erklären.

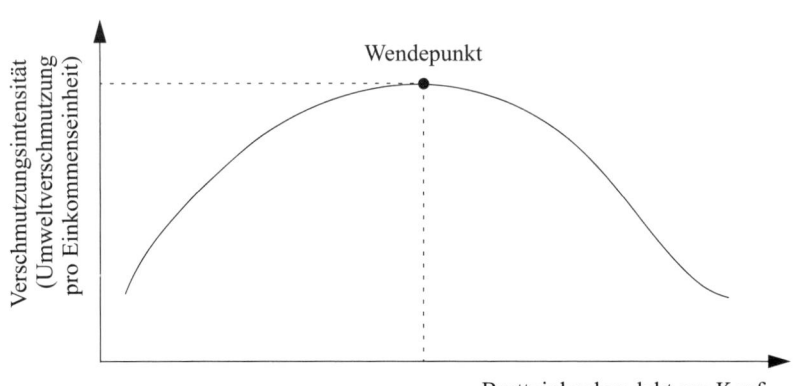

und die Belastung der Gewässer. In einigen Bereichen nahm die Umweltbelastung aber weiter zu: Etwas weniger stark als das Wirtschaftswachstum stiegen die CO_2-Emissionen, es fand damit eine **relative Entkoppelung** statt. **Keine Entkoppelung** gab es bei der Zunahme der Siedlungsfläche (vgl. S. 226ff.), die ähnlich stark oder sogar stärker als das Wirtschaftswachstum stieg.

Die Entkoppelung zwischen Wirtschaftswachstum und Umweltbelastung ist von vielen Faktoren abhängig. Eine Rolle spielen z.B.

- die Änderung des Lebensstils, wie die Nachfrage nach bestimmten Gütern und die Nachfrage nach Umweltqualität;
- die Verfügbarkeit von Technologien und ihr tatsächlicher Einsatz (technischer Fortschritt);
- die Energie- und Materialintensität wichtiger Branchen einer Volkswirtschaft;
- der Strukturwandel hin zu einer Dienstleistungsgesellschaft, bzw. die Verlagerung der landwirtschaftlichen und industriellen Produktion sowie ihrer Umweltbelastung ins Ausland; und
- die relative Preisentwicklung wie z.B. diejenige des Erdöls gegenüber erneuerbaren Energieträgern.

Das oft gehörte Argument, der Umweltschutz behindere wirtschaftliches Wachstum, ist zumindest für die Schweiz nicht richtig. Verschiedene Studien des Bundesamtes für Umwelt (BAFU) belegen, dass sich die Umweltschutzmassnahmen positiv auf die Tourismusbranche auswirken und Innovationen fördern. So sind rund 61'000 Arbeitsstellen und Exporte von rund 1,4 Mrd. Fr. von der Umweltbranche abhängig.

2.3 Umweltprobleme in der Schweiz

Der Umweltschutz in der Schweiz hat in den letzten Jahrzehnten bemerkenswerte Fortschritte erzielt. In einigen Bereichen hat sich die Umweltqualität trotz Bevölkerungs- und Wirtschaftswachstum aufgrund verschiedener Massnahmen verbessert. In vielen anderen Bereichen bestehen aber nach wie vor grosse Belastungen, zusätzlich ergeben sich durch die technische und wirtschaftliche Entwicklung laufend neue Probleme. Es folgt eine Übersicht der in der Schweiz am häufigsten im Zusammenhang mit der Umwelt genannten Bereiche.

VIII. Umwelt 255

- **Boden**: Pro Sekunde werden 0,9 Quadratmeter Boden durch Überbauung versiegelt und vier Quadratmeter der Landschaft umgestaltet. Zusätzlich enthält beinahe die Hälfte aller untersuchten Böden zu viele Schadstoffe wie Blei, Cadmium, Kupfer und Kohlenwasserstoffe. Das Thema Boden wird ausführlicher auf S. 213ff. besprochen.
- **Energie**: Jede Form von Energieproduktion oder -verbrauch führt zu Umweltbelastungen, weshalb Energie eine Schlüsselgrösse im Umweltschutz darstellt und auf S. 301ff. separat behandelt wird.
- **Klima**: Die Klimaänderung ist ein globales Problem. In der Schweiz verharren die CO_2- und Lachgasemissionen aufgrund der Verkehrszunahme auf hohem Niveau. Weltweit haben die durchschnittlichen Temperaturen im Laufe der letzten hundert Jahre zugenommen, was von vielen Forschern auf den Treibhauseffekt zurückgeführt wird. In der Schweiz beträgt die Zunahme rund ein Grad und stellt insbesondere die Bergregionen durch das Auftauen des Permafrosts vor grosse Herausforderungen.
- **Luft**: Durch technische Massnahmen bei Feuerungen, Fahrzeugen und in der Industrie konnten die Emissionen vieler Luftschadstoffe gesenkt werden. Die Immissionsgrenzwerte werden jedoch regelmässig beim bodennahen Ozon, lungengängigem Feinstaub und Stickstoffdioxid überschritten.
- **Wasser**: Wasser ist der einzig vorhandene Rohstoff von Bedeutung in der Schweiz. Viele Fliessgewässer wurden inzwischen renaturiert, jedoch werden vermehrt neue Belastungen der Gewässer durch Hormone und andere Stoffe festgestellt.
- **Stoffe und Abfälle**: Besonders umweltgefährdende konventionelle Stoffe werden in der Schweiz nur noch in Ausnahmefällen verwendet. Zusätzlich werden viele Schadstoffe bei der Verbrennung von Abfällen durch Filter weitgehend eliminiert. Doch es werden vermehrt Auswirkungen durch spezielle Schadstoffe wie hormonartige Substanzen beobachtet, die über lange Zeiträume und in sehr kleinen Dosen in die Umwelt gelangen. Zusätzlich steigen die Siedlungsabfallmengen pro Kopf wieder an.
- **Lärm**: Die Lärmbelastung durch den Strassen- und Flugverkehr ist in den letzten Jahrzehnten insgesamt kaum gesunken. Die zahlreichen Lärm-Sanierungsmassnahmen werden durch die Verkehrszunahme oft mehr als wettgemacht.
- **Biodiversität**: Durch die Zerstörung naturnaher Standorte, die Zunahme der Siedlungs- und Verkehrsflächen, die intensive Landwirtschaft sowie den Eintrag von zu vielen Nährstoffen in die Umwelt hat die Biodiversität in den letzten 50 Jahren deutlich abgenommen. So sind 32% der einheimischen Wildpflanzen-, 95% der Amphibien- und 80% der Reptilienarten ausgestorben oder gelten als gefährdet.

- **Gentechnisch veränderte Organismen (GVO)**: Trotz der schweizerischen Zurückhaltung gegenüber GVO gelangen gentechnisch hergestellte Produkte in die Schweiz (z.B. Medikamente und Nahrungsmittel). Die Schweiz kann sich aufgrund der internationalen Verflechtung zusehends weniger dem weltweiten Vormarsch der GVO entziehen.
- **Nichtionisierende Strahlung**: Darunter werden elektromagnetische Felder verstanden, welche durch die Nutzung vieler elektronischer Geräte und der mobilen Telekommunikation entstehen (Elektrosmog). Viele Forscher gehen heute davon aus, dass Elektrosmog das individuelle Wohlbefinden und die Gesundheit negativ beeinflussen kann.
- **Ionisierende Strahlung (Radioaktivität)**: Diese Art der Strahlung tritt sowohl natürlich (Radon) wie auch durch den Menschen verursacht auf. Während der Grenzwert der Strahlenschutzverordnung von Atomkraftwerken, der Forschung und in der Medizin nicht überschritten wird, leben knapp 2% der Bevölkerung in Gebäuden, welche eine zu hohe Radonkonzentration aufweisen.

3. Ökonomische Sichtweise

3.1 Negative Externalitäten der Umweltnutzung

Die meisten menschlichen Aktivitäten nutzen die Umwelt als Produktionsfaktor oder als Konsumgut, in vielen Fällen kommt es dabei zu einer Umweltbelastung. Die folgende Analyse durch die ökonomische Brille soll anhand eines Beispiels veranschaulicht werden:

Im Produktionsprozess einer Fabrik wird sauberes Wasser eingesetzt, welches anschliessend durch zahlreiche Schadstoffe angereichert als ungeklärtes Abwasser in einen nahe gelegenen See geleitet wird. Der See eignet sich damit immer weniger zum Schwimmen und als Erholungsgebiet, die Umweltqualität sinkt.

Die **private produktive Nutzung** des Wassers in Form der Entsorgung des Abwassers steht in Konkurrenz zur **kollektiven konsumtiven Nutzung** in Form des Erholungswertes des Sees für die Bevölkerung. Die Nutzung des Sees als Entsorgungsort führt damit zu **Opportunitätskosten** (vgl. Abbildung 4 auf S. 11), da der Erholungswert durch die Verschmutzung sinkt. Diese Opportunitätskosten werden im Beispiel jedoch nicht von der Fabrik getragen, sondern von der Erholung suchenden Bevölkerung. Man spricht deshalb von externen Kosten oder **negativen (technologischen) Externalitäten** (vgl. S. 88), welche die Fabrik erzeugt. Externalitäten treten dort auf, wo Knappheit besteht (sauberes Seewasser) und die **Eigentumsrechte** (am sauberen Seewasser) nicht definiert sind. Aber selbst wenn jedem Einwohner einer Stadt eine gewisse Menge an sauberem Seewasser und somit die Eigentumsrechte formell garantiert würde, sind diese für einen einzelnen **nur sehr schwer durchsetzbar**. Es ist kaum möglich festzustellen, wer genau den eigenen Anteil am Seewasser verschmutzt hat.

Sämtliche Güter lassen sich anhand der Kriterien **(Nicht-) Rivalität im Konsum** sowie **(Nicht-) Ausschliessbarkeit vom Konsum** unterteilen (vgl. Tabelle 3 auf S. 87). Bis in die 1970er Jahre hinein wurde bei der Umwelt oft von einem öffentlichen Gut gesprochen; dies ist heute nicht mehr zutreffend. Denn ein **öffentliches Gut** ist durch die Nicht-Rivalität und die Nicht-Ausschliessbarkeit vom Konsum charakterisiert. Um zum obigen Beispiel zurückzukehren: Je mehr Abwasser die Fabrik in den See leitet, desto weniger eignet sich dieser zum Schwimmen. In diesem Sinne ist der See kein öffentliches Gut. Die andauernde Übernutzung der Umwelt lässt Rivalitäten im Konsum erkennen, sodass heute die Umwelt den **Allmendgütern** zugeordnet werden muss.

Das Beispiel der Fabrik liesse sich auch anhand des Strassenverkehrs ausführen: So müssen Verkehrsteilnehmer heute nur einen Teil ihrer gesamten Kosten selbst tragen. Einen grossen Teil der Kosten trägt die Allgemeinheit in Form von Externalitäten wie Lärm, gesundheitlichen Problemen durch die Abgase oder der globalen Erwärmung.

Die **übermässige Nachfrage** nach dem Gut Umwelt folgt v.a. daraus, dass die Umweltgüter kostenlos oder nahezu kostenlos in Anspruch genommen werden können und dass niemand vom Konsum ausgeschlossen werden kann bzw. dass Eigentumsrechte kaum definiert sind. Die privaten Grenzkosten der Nutzung der Umwelt sind demzufolge null. Die Nachfrager werden deshalb ihre Nachfrage solange ausdehnen, bis der Grenznutzen einer zusätzlichen Einheit Umwelt null beträgt. Auf der Angebotsseite kommt dagegen ein **zu kleines Angebot** an Umweltgütern zustande, da ein privater Anbieter ein Gut wie saubere Luft, aufgrund der Nicht-Ausschliessbarkeit bzw. der fehlenden Eigentumsrechte, nicht am Markt verkaufen kann. Solange die Folgekosten der Umweltbelastung nicht von den Verursachern selbst getragen werden, bestehen keine Anreize, mit dem knappen Gut Umwelt haushälterisch umzugehen. Man spricht deshalb von einer **allokativen Ineffizienz**. Es wird zuviel saubere Umwelt verbraucht, und die Umweltqualität ist damit schlechter, als dies volkswirtschaftlich sinnvoll wäre.

3.2 Internalisierung negativer Externalitäten

Die ökonomische (**first-best**)-Lösung des Externalitätenproblems liegt in der Internalisierung dieser negativen Externalitäten. Die Kosten, die der Verursacher unbeteiligten Dritten aufbürdet, werden zuerst bewertet und danach dem Verursacher belastet (Verursacherprinzip, vgl. S. 270ff.). Ziel ist, dass die **privatwirtschaftlichen** Grenzkosten und Grenznutzen den **sozialen** (oder gesellschaftlichen) **Grenzkosten und Grenznutzen** für die Inanspruchnahme der Umwelt entsprechen. Eine Abwälzung der Kosten auf Dritte findet somit nicht mehr statt. Durch die Internalisierung wird die Knappheit der Umwelt in Form eines Preises angezeigt,. Der Verbrauch wird deshalb zurückgehen und der Produktionsfaktor bzw. das Konsumgut Umwelt wird somit allokativ effizient eingesetzt. **Allokative Effizienz** wird also erreicht, wenn Güter in dem Mass produziert werden, dass ihre Grenzkosten ihrem Grenznutzen entsprechen, wobei diese sämtliche Kosten- bzw. Nutzenkomponenten (privat und sozial) enthalten müssen. Volkswirtschaftlich gesehen ergibt sich durch die Internalisierung der negativen Externalitäten und ihre allokative Effizienz einen **Wohlfahrtsgewinn** (vgl. Abbildung 71).

VIII. Umwelt

Die Internalisierung negativer Externalitäten — **Abbildung 71**

In der unten stehenden Grafik sind die **privaten Grenzkosten** der Produktion eines Gutes X eingetragen (Angebotskurve A1). Im Schnittpunkt mit der Nachfrage (N) ergibt sich die aktuell produzierte und verkaufte Menge (M1) des Gutes X. Bei der Produktion des Gutes X entstehen **Externalitäten**, z.B. in Form von Umweltschäden. Zuerst werden diese Externalitäten bewertet, um sie anschliessend als **soziale Grenzkosten** zu den privaten Grenzkosten zu addieren. Sollen die Externalitäten internalisiert werden, so muss sich die Angebotskurve aufgrund der höheren Grenzkosten (privat und sozial) nach links verschieben (Angebotskurve A2). Das **volkswirtschaftliche Optimum** wird im Schnittpunkt von Nachfrage und den totalen Grenzkosten (privat und sozial) erreicht (M2). Die produzierte Menge des Gutes X verkleinert sich von der ursprünglichen Menge (M1) zur volkswirtschaftlich optimalen Menge (M2). Die graue Fläche gibt den Betrag an externen Kosten an, der durch die Produktionsverminderung von M1 auf M2 eingespart werden kann. Diese Kostenreduktion entspricht dem volkswirtschaftlichen **Wohlfahrtsgewinn** durch die Internalisierung.

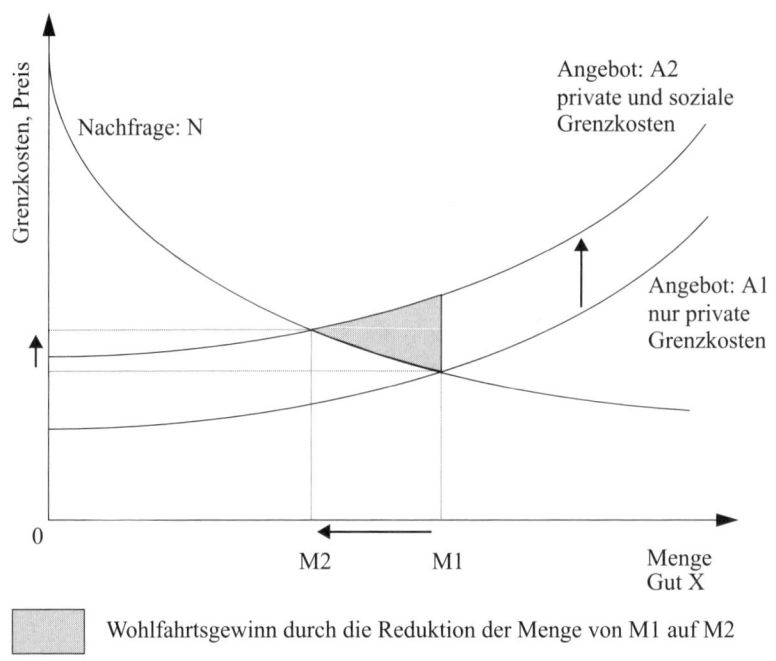

Wohlfahrtsgewinn durch die Reduktion der Menge von M1 auf M2

Wichtig anzumerken ist, dass die Internalisierung nur zu einem Rückgang der Verschmutzung führt, d.h. die Umwelt wird auch bei einer vollständigen Abgeltung der externen Kosten immer noch belastet. Jedoch ist diese verbleibende Verschmutzung volkswirtschaftlich gesehen optimal, da die Grenzkosten der Verschmutzung den Grenznutzen der produzierten Güter entsprechen. Ein vollständiger Verzicht auf jegliche Umweltverschmutzung oder, andersherum ausgedrückt, ein hundertprozentiger Umweltschutz ist damit volkswirtschaftlich gesehen nicht sinnvoll. Im Folgenden werden drei grundsätzliche Möglichkeiten zur Internalisierung der externen Kosten vorgestellt, welche auf die Ökonomen Coase, Pigou sowie Baumol und Oates zurückgehen.

3.3 Der Ansatz von Coase

Das auf S. 257f. vorgestellte Beispiel mit der Fabrik und dem See zeigte, dass erstens die Verschmutzung des Sees zu Opportunitätskosten führt und zweitens die Eigentumsrechte an den Umweltgütern sehr oft nicht definiert sind. Da dieser eigentumsrechtliche Ordnungsrahmen im Umweltbereich – im Gegensatz zu anderen Gütern – meist fehlt, kann von einem **Staatsversagen** gesprochen werden.

Der Nobelpreisträger **Ronald H. Coase** (*1910) verknüpfte 1960 in einem wissenschaftlichen Beitrag die beiden Themen Nutzungskonkurrenz (bzw. Opportunitätskosten) und Eigentumsrechte. Er schlug eine sog. **Verhandlungslösung** vor, die in zwei Schritten abläuft: Zuerst werden die **Eigentumsrechte** an der Umwelt zugeteilt, um danach in einer zweiten Verhandlungsphase die negativen Externalitäten über **Kompensationen** abzugelten. Die Kompensationen bewerten die Umweltgüter mit einem Preis und entsprechen den Opportunitätskosten. Durch dieses Vorgehen wird ein von beiden Seiten gewünschter Umweltstandard erreicht. Dabei kann der Verschmutzer den Geschädigten für den verursachten Schaden entgelten (**Verursacherprinzip**, vgl. S. 270ff.) oder der Geschädigte den Verschmutzer dafür belohnen, dass er auf die schädlichen Emissionen verzichtet (**Abgeltungsprinzip**). Dies hängt ganz davon ab, ob der Verschmutzer ein Anrecht auf die schädlichen Emissionen oder der Geschädigte ein Anrecht auf eine saubere Umwelt besitzt. Liegt das Eigentumsrecht beim Verschmutzer, so muss ihn der Geschädigte kompensieren, damit der Verschmutzer auf die umweltschädigende Tätigkeit verzichtet. Im umgekehrten Fall muss der Verschmutzer den Geschädigten für die schädliche Emission kompensieren. Werden die Eigentumsrechte zugeteilt, Verhandlungen durchgeführt und eine entsprechende Kompensation bezahlt, so sind die externen Kosten internalisiert.

Coase setzt dabei in seinen Annahmen die **Transaktionskosten** für die Verhandlung und anschliessende Durchsetzung der Eigentumsrechte auf null (vgl. zum Begriff der Transaktionskosten S. 26). Das **Coase-Theorem** sagt nun aus, dass bei Transaktionskosten von null immer das volkswirtschaftliche Optimum an Umweltschutz erreicht wird, unabhängig davon (**Invarianzthese**), bei wem die Eigentumsrechte liegen.

Für die Umsetzung des Ansatzes von Coase in der Praxis ergeben sich mehrere **Probleme**:

- Für Verhandlungen und die Durchsetzung der Eigentumsrechte müssen Zeit und Kosten aufgewendet werden, die Transaktionskosten betragen damit nicht null.
- Für die Durchsetzung der Eigentumsrechte muss die Ausschliessbarkeit vom Konsum des Umweltgutes gegeben sein. Dies ist bei Gütern wie sauberer Luft oder unversehrten Landschaften nicht möglich. Sie erfordern deshalb einen staatlichen Eingriff, der die Bereitstellung solcher Umweltgüter sicherstellt.
- Der Ansatz von Coase funktioniert nur bei vollständiger Konkurrenz. Im Falle von bilateralen Monopolen ergibt sich ein Verhandlungsspielraum, der zum Abbruch der Verhandlungen führen kann, da man sich nicht über die Kompensation einigen kann.
- Die Akteure können sich strategisch verhalten. Im Beispiel von Seite S. 257 könnte z.B. die Fabrik die Einleitung von Abwasser androhen, um damit Kompensationszahlungen zu erwirken (Eigentumsrecht bei der Fabrik), obschon sie nie vorhatte, Abwasser einzuleiten. Im umgekehrten Fall könnten potenziell Geschädigte von der Fabrik eine Kompensation verlangen, obwohl sie nie vorhatten, den See als Erholungsraum zu nutzen (Eigentumsrecht bei der Bevölkerung). Kompensationszahlungen wären in beiden Fällen volkswirtschaftlich gesehen ineffizient, da die Opportunitätskosten null betragen.
- Weiter geht der Ansatz von Coase davon aus, dass es nur wenige Verschmutzer und Geschädigte gibt. In der Praxis steht aber einer Vielzahl von Verschmutzern oft eine grosse Zahl von Geschädigten gegenüber. Einige Individuen werden dabei sowohl zu den Verschmutzern wie auch zu den Geschädigten gehören, wie z.B. beim Strassenverkehr. Der Umfang der Verschmutzung, bzw. die Schädigung, kann bei so vielen Akteuren kaum mehr einzelnen Akteuren zugerechnet werden.
- Der Ansatz von Coase ist, wie viele andere Instrumente auch, nicht verteilungsneutral. Denn je nach Erstzuteilung des Eigentumsrechts gehen die Kompensationszahlungen an andere Akteure. So können u.U. bestimmte Regionen, gesellschaftliche Gruppen oder Einkommensschichten unterschiedlich bevorzugt oder benachteiligt werden. Dies kann zu Vermögens- und Einkommenseffekten führen, die sich auch auf die Preise von Nicht-Umweltgütern auswirken.

Diese Gründe erhöhen in der Praxis die Kosten des Ansatzes von Coase, sodass die Kosten in den meisten Fällen höher sind als der mögliche Verhandlungsgewinn. Dieser Ansatz lässt sich deshalb nur in wenigen Fällen eins zu eins zur Lösung von Umweltproblemen anwenden.

3.4 Die Pigou-Steuer

Der Ansatz der Pigou-Steuer geht auf **Arthur C. Pigou** (1877–1959) zurück, der bereits 1920 die Idee entwickelte, die bisher der Allgemeinheit aufgebürdeten Kosten den Verursachern anzulasten. Die Internalisierung der negativen Externalitäten erfolgt mit Hilfe einer Steuer, die genau der Höhe des **Differenzbetrags zwischen privaten und sozialen Kosten** entspricht. Dieser Ansatz wird deshalb oft auch **Sozialkostenabgabe** genannt und soll das **Marktversagen** im Umweltbereich beheben.

Zwischen dem Ansatz von Coase und der Pigou-Steuer besteht ein grosser **Unterschied**: Bei der Pigou-Steuer bezahlt immer der Verursacher der Externalitäten (Verursacherprinzip). Je nach Verwendung dieser Einnahmen zugunsten des Verursachers oder der Geschädigten liegt dann das Eigentumsrecht implizit bei einer der beiden Parteien. Trotz dieser Unterschiede wird auch mit der Pigou-Steuer die Umwelt volkswirtschaftlich gesehen optimal geschützt. Die Wirkungsweise wird in Abbildung 72 dargestellt.

Die Pigou-Steuer ist statisch effizient. Das Kriterium der **statischen Effizienz** (Kosteneffizienz) beurteilt die Fähigkeit einer Massnahme, ein bestimmtes Ziel unter gegebenen technischen Rahmenbedingungen zu geringstmöglichen Kosten zu erreichen. Die Pigou-Steuer ist ebenfalls dynamisch effizient. Unter der **dynamischen Effizienz** einer Massnahme wird ihre Eignung verstanden, den technischen Fortschritt zu fördern und Innovationen zu induzieren, um das Ausmass der negativen Externalitäten zu mindern. Die Pigou-Steuer gibt den Verursachern einen Anreiz, selbst neue Massnahmen zur Belastungsverringerung oder -vermeidung zu ergreifen. Sind die Kosten dieser Massnahmen (sog. **Vermeidungskosten**) geringer als die zu bezahlende Steuer, wird der Verursacher seine Belastung verringern. Dies kann z.B. durch den Einbau von Filtern, der Umstellung von Produktionsprozessen oder die Neugestaltung der Produkte erfolgen.

Wie bereits beim Ansatz von Coase bereitet auch die Pigou-Steuer bei der praktischen Umsetzung einige Probleme:

- Die **monetäre Quantifizierung der Umweltschäden** erweist sich als problematisch und ist umstritten. Die exakte Höhe der (optimalen) Pigou-Steuer lässt sich jedoch nur mit genauer Kenntnis der quantifizierten externen Kosten bestimmen. Doch dies ist sehr schwierig, es besteht damit ein **Informationsproblem**.
- Wie beim Ansatz von Coase ergibt sich auch bei der Pigou-Steuer das Problem, dass es teilweise **viele Verschmutzer** gibt. Eine Zurechnung der Schäden auf einzelne Verschmutzer ist damit sehr schwierig.

VIII. Umwelt

Wirkungsweise der Pigou-Steuer	Abbildung 72

Unten stehende Grafik orientiert sich an Abbildung 71 über die Internalisierung der negativen Externalitäten. Während aber dort nur der grundsätzliche Mechanismus vorgestellt wurde, ist die Pigou-Steuer ein Instrument, um diese Internalisierung tatsächlich zu vollziehen. Die Angebotskurve A1 stellt die privaten **Grenzkosten** der Produktion eines Gutes X dar. Im Schnittpunkt mit der Nachfrage (N) ergibt sich die aktuell produzierte und verkaufte Menge (M1) des Gutes X. Bei der Produktion des Gutes X entstehen **Externalitäten**, z.B. in Form von Umweltschäden. Zuerst werden diese Externalitäten bewertet, um sie anschliessend durch das Erheben einer **Steuer in Höhe des Differenzbetrags zwischen privaten und sozialen Kosten** zu internalisieren. Die Höhe der Steuer hängt von der Preiselastizität von Angebot und Nachfrage ab. Je unelastischer die Nachfrage bzw. der Konsum der Gutes X ist, desto höher muss die Abgabe sein. Die Angebotskurve verschiebt sich aufgrund höherer Grenzkosten nach links (Angebotskurve A2). Das volkswirtschaftliche Optimum wird im Schnittpunkt von Nachfrage und totalen Grenzkosten (privat und sozial) erreicht (M2). Die dunkelgraue Fläche entspricht dem **Wohlfahrtsgewinn** durch die Internalisierung und die hellgraue Fläche dem erhobenen **Steuerertrag**.

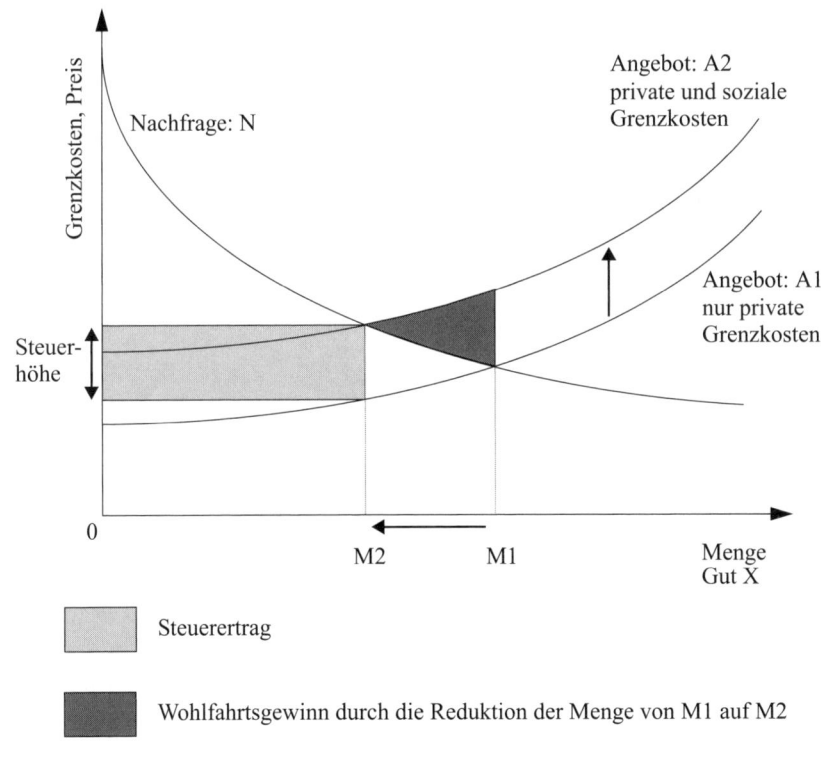

- Weiter ist, wie bei nahezu allen Umweltinstrumenten, auch bei der Pigou-Steuer mit **politischem Widerstand** zu rechnen, sobald es um die praktische Umsetzung geht.

Auch die Pigou-Steuer lässt sich demnach nicht ohne Weiteres in die Praxis umsetzen. Dennoch können sowohl der Ansatz von Coase als auch die Pigou-Steuer eine wichtige Grundlage für die Ausgestaltung praktischer Instrumente der Umweltpolitik sein.

3.5 Der Standard-Preis-Ansatz

Um insbesondere das Informationsproblem der bisher vorgestellten Ansätze zu lösen, schlugen **William J. Baumol** (*1922) und **Wallace E. Oates** (*1937) Mitte der 1970er Jahre den sog. Standard-Preis-Ansatz vor. Dabei soll nicht ein gesellschaftliches Optimum (vgl. M2 in Abbildung 72 auf S. 263) angestrebt werden, sondern ein gewisser umweltpolitischer Standard. Da pareto-optimale Emissionsmengen in der Realität weder identifizierbar noch implementierbar sind, muss der Staat nach politischen Gesichtspunkten **Umweltstandards** festsetzen und diese Standards unter Minimierung der gesamtwirtschaftlichen Kosten (statische Effizienz) durchsetzen.

Als optimales Instrument zur Realisierung dieses Ziels empfehlen Baumol und Oates die Erhebung einer **Emissionssteuer** mit einem einheitlichen Steuerbetrag pro Emissionseinheit. Der Staat tastet sich dabei iterativ in einem **"trial and error"-Prozess** an denjenigen Steuersatz heran, mit dem der festgelegte Umweltstandard möglichst kosteneffizient erreicht werden kann. Ein Beispiel für die praktische Umsetzung des Standard-Preis-Ansatzes sind die weiter hinten vorgestellten Umweltabgaben (vgl. S. 280f.).

3.6 Bewertung von Umweltgütern

Bereits mehrmals wurde auf die Schwierigkeit der Bewertung von Umweltgütern wie sauberes Wasser, Luft oder intakte Landschaften hingewiesen. Für die Verhandlungslösung bei Coase, die Festsetzung der Steuer bei Pigou sowie beim Standard-Preis-Ansatz ist es unerlässlich, die Umweltschäden in monetären Einheiten zu bewerten. In der Forschung haben sich dazu zwei grundsätzlich verschiedene Verfahrensarten der Präferenzerfassung etabliert, welche auf die Zahlungsbereitschaft für intakte Umweltgüter schliessen lassen.

VIII. Umwelt

Bei **indirekten Verfahren** wird aus dem beobachteten Verhalten der Individuen auf die zugrunde liegenden Präferenzen geschlossen (revealed preference analysis). Bei den **direkten Verfahren** stehen Befragungen im Vordergrund, mit denen qualitative oder quantitative Präferenzäusserungen direkt erfasst werden können.

Zuerst zu den **indirekten Verfahren**:

- Bei der **Schadensbewertung** werden die Schäden der Umweltbelastung anhand des Marktwertes der zerstörten Güter oder deren Reparaturkosten gemessen. So kann z.b. die Luftverschmutzung anhand der Schäden an Häuserfassaden bewertet werden. **Probleme** ergeben sich aber aufgrund oftmals unklarer Wirkungszusammenhänge, die eine direkte Zuordnung der Schäden zur Umweltbelastung erschweren. Oftmals fehlen aber auch die Märkte für die Bewertung bestimmter Güter, wie z.B. den Erholungswert eines Sees.
- Bei einem fehlenden Marktpreis wie dem Erholungswert eines Sees kann die **Aufwandmethode** (travel cost approach) angewandt werden. Bei dieser Methode wird der private Aufwand gemessen, der nötig ist, um von bestimmten Umweltgütern zu profitieren; z.B. können die Zeit- und Fahrtkosten erfasst werden, die man für das Schwimmen in einem See auf sich nimmt. Diese Kosten geben jedoch nur die minimale Zahlungsbereitschaft wieder, denn für das Schwimmen in einem See ist kein zusätzlicher Eintrittspreis wie bei Hallenbädern zu entrichten. Da normalerweise bei höheren Zeit- und Fahrtkosten die Anzahl der Besuche am See abnimmt, kann die Nachfragekurve geschätzt werden. Daraus lässt sich ein fiktiver Eintrittspreis für das Schwimmen im See ableiten. Dieser Eintrittspreis zusammen mit den Zeit- und Fahrtkosten ergibt in der Summe aller Seebesucher den Erholungswert des Sees. Doch auch die Aufwandmethode weist einige **Probleme** auf. So ist der direkte Zusammenhang zwischen den Zeit- und Fahrtkosten sowie dem Umweltgut nicht immer direkt gegeben. So kann z.B. nur schon die Fahrt zum See im Cabriolet für das Individuum einen Nutzen darstellen. Weiter ist es schwierig, die Zeitkosten zu monetarisieren, und letztlich kann mit der Aufwandmethode nur der Erlebniswert, nicht aber der Options-, der Existenz- oder der Vermächtniswert des Umweltgutes erfasst werden (vgl. Abbildung 73).
- Bei der **Marktpreismethode** (hedonic price approach) wird der Wert eines Umweltguts aus der Nachfrage nach anderen Gütern abgeleitet. So ist z.B. der Mietpreis einer Wohnung eine Funktion aus den Eigenschaften Alter, Grösse, Aussicht, Verkehrslage, Lärmbelastung, Luftqualität etc. Mit der Regression über ein grosses Datenset an Wohnungen und ihren Eigenschaften können die Umweltgüter Ruhe und saubere Luft bewertet werden. Die **Probleme** dieser Methode können auch mit dem Wohnungsbeispiel erläu-

| Konsumtive und nicht-konsumtive Werte der Umweltgüter | Abbildung 73 |

Der Wert von Umweltgütern lässt sich in verschiedene Arten unterteilen:

- Der **Erlebniswert** umfasst den unmittelbarsten und offensichtlichsten Nutzen, den Individuen aus unversehrten Umweltgütern ziehen können. So bereitet es Freude, in einem sauberen See zu schwimmen. Das Umweltgut See ist damit ein Konsumgut, der Erlebniswert also ein konsumtiver Wert.
- Der **Optionswert** gibt den Nutzen wieder, den Individuen aus der blossen Tatsache ziehen, dass ein Umweltgut erhalten bleibt. So möchten sich viele Individuen wohl die Option offen halten, einmal im See zu schwimmen, selbst wenn sie in der Gegenwart keinen direkten Nutzen aus dem sauberen Wasser ziehen. Der Optionswert widerspiegelt einen möglichen zukünftigen Konsum und ist damit ein nicht-konsumtiver Wert.
- Der **Existenzwert** drückt aus, dass viele Individuen die reine Existenz eines Umweltgutes bereits als wertvoll erachten, auch wenn sie aus dem Gut nie direkt einen Nutzen ziehen werden. So gibt es Individuen, die sich für den Schutz der inzwischen sehr selten gewordenen Feldhasen engagieren, obwohl sie vielleicht nie einen sehen werden. Der Existenzwert entspringt der puren Freude an der reichen Natur und ist deshalb ein nicht-konsumtiver Wert.
- Der **Vermächtniswert** steht für das Bedürfnis, dass viele Individuen ihren Nachkommen eine möglichst intakte Umwelt hinterlassen möchten. Sie empfinden die Übertragung intakter Umweltgüter an die nächste Generation als nutzenstiftend. Der Vermächtniswert ist ein nicht-konsumtiver Wert.

tert werden: Es wird angenommen, dass der Wohnungsmarkt nicht reglementiert ist und die Individuen völlig mobil sind, sodass sie ihren Wohnort bei einer ungenügenden Umweltqualität wechseln. Weiter lässt sich die Marktpreismethode nur für lokale Umweltgüter anwenden. Die Zahlungsbereitschaft zur Reduktion des Treibhauseffektes lässt sich mit dieser Methode nicht ermitteln. Wie bereits bei der Aufwandmethode kann auch hier nur der Erlebniswert, nicht aber der Options-, Existenz- und Vermächtniswert erfasst werden.

Nun zum zweiten Verfahren, der **direkten Präferenzerfassung**: Dieses Verfahren wird auch als **contingent valuation** bezeichnet. Dabei werden Individuen entweder bei Labor- oder in Feldexperimenten gefragt, wieviel ihnen eine bestimmte Verbesserung der Umweltqualität wert sei. Dabei wird oft in einem iterativen Befragungsprozess der Preis so lange erhöht, bis die Befragten nicht mehr bereit sind, den genannten Preis zu bezahlen. Der zuletzt akzeptierte Preis wird dabei mit der maximalen Zahlungsbereitschaft für die Verbesserung der Umweltqualität gleichgesetzt (**willingness to pay**). Im umgekehrten Fall wird den Befragten ein Betrag geboten, um eine bestimmte Verschlechterung der Umweltqualität zu akzeptieren (**willingness to accept**). Im Gegensatz zu den indirekten Verfahren können mit der Befragung auch nicht-konsumtive Werte der Umweltgüter erfasst werden (vgl. Abbildung 73). **Probleme** ergeben sich aber durch ein mögliches strategisches Verhalten der Befragten (Trittbrettfahrersituation), durch die Beeinflussung der Befragten aufgrund der abgegebenen Informationen sowie durch den hypothetischen Bias, da die Befragten wissen, dass es sich nicht um eine reale Situation handelt. Die Befragten sind keiner realen Budgetrestriktion ausgesetzt. Zusätzlich sollten wie bei fast allen ökonomischen Überlegungen auch die gesamtwirtschaftlichen Interdependenzen berücksichtigt werden.

4. Umweltpolitik

4.1 Ziel und Grundprobleme

Die externen Kosten durch die Umweltverschmutzung belasten die Gesellschaft und führen zu einer Fehlallokation von Ressourcen. Die externen Kosten aller Umweltbelastungen werden für die Schweiz auf über 10 Mrd. Fr. geschätzt, was knapp 3% des Bruttoinlandprodukts (BIP) ausmacht. Rund die Hälfte dieser Kosten entfallen auf den Verkehr; 93% davon auf den Strassen-, 7% auf den Schienenverkehr.

Aufgrund der Externalitäten im Umweltbereich kann von einem **Staatsversagen** (Coase) bzw. einem **Marktversagen** (Pigou) gesprochen werden. Eine Lösung des Umweltproblems mit einer Laisser-faire-Politik ohne die Zuweisung von Eigentumsrechten (beim Staatsversagen) bzw. staatliche Eingriffe (beim Marktversagen) ist deshalb kaum möglich. **Ziel** einer effizienten Umweltpolitik muss deshalb die **Internalisierung der externen Kosten** sein, um volkswirtschaftliche **Wohlfahrtsgewinne** realisieren zu können (vgl. S. 258ff.).

Sowohl der theoretische Ansatz von Coase wie auch die Pigou-Steuer weisen jedoch Mängel auf, sodass sie in der praktischen Umweltpolitik kaum direkt angewendet werden können. Grundsätzlich ergeben sich in der Umweltpolitik folgende drei **Grundprobleme**:

- Wie bereits vermerkt (vgl. S. 261), können die **Transaktionskosten** der Umweltschutzmassnahmen ein Problem darstellen. Eine staatliche Umweltpolitik muss versuchen, diese Transaktionskosten zu vermindern oder gar ganz zu überwinden.
- Die volkswirtschaftlich optimale Höhe einer Umweltsteuer (vgl. S. 262) bzw. der optimale Produktionspunkt ist auch einer Umweltschutzbehörde nicht bekannt. Es besteht trotz der vorgestellten Bewertungsverfahren (S. 264ff.) grundsätzlich ein **Informationsproblem**. Zusätzlich bestehen zwischen der Umweltschutzbehörde und den Verursachern der Umweltbelastungen oft **asymmetrische Informationen**. Grund dafür ist, dass die Verschmutzer in den meisten Fällen mehr über ihre Produktionstechnologie und mögliche umweltrelevante Verbesserungen wissen, diese aber aus Kostengründen nicht durchführen.
- Schliesslich besteht auch ein **Kontrollproblem**, denn die Umweltbehörde muss die Einhaltung der Umweltvorschriften überprüfen können. Dabei müssen erstens die Kontrollkosten in einem angemessenen Verhältnis zur erwarteten Umweltverbesserung stehen. Zweitens muss für eine Unternehmung das Produkt aus der erwarteten Aufdeckungswahrscheinlichkeit und der bei der Aufdeckung tatsächlich auferlegten Strafe höher sein als der aus

VIII. Umwelt 269

der Umweltbelastung hervorgehende erwartete Nutzen. Nicht nur die absolute Höhe der Umweltstrafen spielt damit eine Rolle, sondern auch die Wahrscheinlichkeit, überhaupt erwischt zu werden.

Neben diesen drei Grundproblemen steht heute oft auch die Tatsache im Vordergrund, dass die Umweltbelastung eine globale Dimension angenommen hat. Für bestimmte Aspekte der Umweltprobleme sind deshalb internationale Vereinbarungen nötig. Ein Beispiel hierfür ist das Kyoto-Protokoll (vgl. Abbildung 74).

Das Kyoto-Protokoll	Abbildung 74

Das Kyoto-Protokoll stellt zur Zeit die wichtigste internationale Vereinbarung im Umweltbereich dar. Dieses Protokoll hat jedoch eine lange Vorgeschichte: Bereits 1979 fand eine erste Weltklimakonferenz statt, 1988 wurde schliesslich das Intergovernmental Panel on Climate Change (IPCC) ins Leben gerufen. Es sollte den wissenschaftlichen, technischen und sozio-ökonomischen Kenntnisstand über Ursachen und Folgen einer globalen Klimaänderung evaluieren. 1990 folgte die zweite Klimakonferenz und 1992 der **Umweltgipfel von Rio de Janeiro**. Es wurde dabei das Ziel aufgestellt, die Treibhausgaskonzentrationen in der Atmosphäre auf einem Niveau zu stabilisieren, auf dem eine gefährliche anthropogene Störung des Klimasystems verhindert werden kann.

Nach mehreren Zwischenberichten und weiteren Vorarbeiten konnte schliesslich am 11. Dezember 1997 in der japanische Stadt Kyoto das sog. **Kyoto-Protokoll** durch 167 Länder verabschiedet werden. Die Industriestaaten verpflichteten sich darin, ihre **Treibhausgasemissionen** im Schnitt der Jahre 2008–2012 (sog. erste Verpflichtungsperiode) um durchschnittlich 5,2% gegenüber 1990 zu reduzieren. Die Schweiz verpflichtete sich, wie auch die EU, zu einer Reduktion der Treibhausgasemissionen im Schnitt der Jahre 2008–2012 um 8% gegenüber dem Stand von 1990.

Im Jahr 2005 trat das Kyoto-Protokoll schliesslich in Kraft, nachdem Russland es ebenfalls ratifizierte. Die Verpflichtungen des Protokolls erhalten dadurch verbindlichen Charakter und nehmen die rund 130 Unterzeichnerstaaten in die Pflicht. Als weitaus grösster Emittent von Treibhausgasen ratifizierten jedoch die **USA** unter George W. Bush das Protokoll nicht. Auch in den folgenden Konferenzen stellten sich die USA quer und lehnten die Diskussion von (verbindlichen) Klimaschutzverpflichtungen über den Zeithorizont des Kyoto-Protokolls hinaus (d.h. nach 2012) ab. Für die USA steht nicht ein Konsumverzicht, sondern die unverbindliche Verminderung der Treibhausgase mit technologischen Mitteln im Vordergrund. Sie gründeten deshalb zusammen mit Australien, China, Indien, Südkorea und Japan die "Asiatisch-Pazifische Partnerschaft für Saubere Entwicklung und Klima". Diese sechs Länder sind heute für rund 48% der weltweiten Treibhausgasemissionen verantwortlich und ratifizierten, mit der Ausnahme von Japan, das Kyoto-Protokoll nicht.

Um diese Probleme einigermassen zu lösen, erfolgt die praktische Umweltpolitik oft in zwei Schritten: Zuerst werden ökologische Ziele, meistens in Form von **Grenzwerten**, festgelegt. Diese Grenzwerte können naturwissenschaftlich ermittelte, nachhaltige Werte sein, oder Ergebnisse des politischen Prozesses. Danach wird in einem zweiten Schritt ein geeignetes **Instrument** ergriffen, welches den Prinzipien der **Umweltpolitik** folgt, um diese Grenzwerte einzuhalten. In den beiden folgenden Kapiteln soll mit der Beschreibung der drei Prinzipien und den wichtigsten Instrumenten der Umweltpolitik auf diesen zweiten Schritt näher eingegangen werden.

4.2 Prinzipien

Bei der Umsetzung der Umweltpolitik können drei Prinzipien unterschieden werden: das Verursacher-, das Gemeinlast- und das Vorsorgeprinzip.

Das **Verursacherprinzip** stellt den Kern der Umweltpolitik dar. Die Pigou-Steuer (vgl. S. 262ff.) stellt auf das Verursacherprinzip ab, indem der Verursacher die Kosten seiner Umweltbelastung zu tragen hat. Die negativen Externalitäten werden damit direkt beim Verursacher internalisiert. Jedoch birgt auch das Verursacherprinzip in der praktischen Umsetzung verschiedene Probleme:

- Oft ist es nicht möglich, den Verursacher von Schädigungen zu identifizieren. Viele Umweltschäden entstehen nicht nur infolge einer einzigen Ursache (z.B. eines einzigen Schadstoffes), sondern aufgrund des Zusammenwirkens mehrerer Einflüsse (Summationseffekt). Man kann Wirkungsketten häufig erst dann feststellen, wenn der Schaden bereits entstanden ist. Das bedeutet aber, dass vielfach nicht genau ermittelt werden kann, wer für eine Umweltschädigung verantwortlich ist.
- Bei grenzüberschreitenden Emissionen ist das Verursacherprinzip nicht ohne Weiteres anwendbar, da die nationalstaatlichen Gesetze nicht auf extraterritoriale Verursacher angewandt werden können. Supranationale Umweltgesetze, z.B. im Rahmen der Europäischen Union, oder multinationale Vereinbarungen wie das Kyoto-Protokoll (vgl. S. 269) sind deshalb nötig.

Das **Gemeinlastprinzip** wird angewendet, wenn bereits entstandene Umweltbelastungen beseitigt werden müssen und der Verursacher nur mit hohem Aufwand oder gar nicht mehr festgestellt werden kann. In solchen Fällen finanziert der Staat die Beseitigung der Umweltbelastung über die allgemeinen Steuern. Alle Steuerzahler kommen also für Schäden auf, die u.U. nur wenige Personen verur-

VIII. Umwelt

sacht haben. Die Verursacher tragen damit nur einen Bruchteil ihrer verursachten Kosten. Das Gemeinlastprinzip ist damit nicht nur statisch, sondern auch dynamisch ineffizient (vgl. S. 262).

Ziel des **Vorsorgeprinzips** ist es, potenzielle Umweltgefahren vorgängig zu vermeiden. Inwieweit dieses Prinzip in der Umweltpolitik zur Geltung kommt, hängt vom Stellenwert ab, den die Gesellschaft dem Erhalt der Umwelt für künftige Generationen zuschreibt. Das Konzept der Nachhaltigen Entwicklung (vgl. Abbildung 69 auf S. 252) ist in erster Linie am Vorsorgeprinzip orientiert.

4.3 Instrumente

Grundsätzlich lassen sich vier Instrumente der Umweltpolitik mit teilweise unterschiedlicher Effizienz unterscheiden, um beschlossene Grenzwerte einzuhalten: Freiwilliger Umweltschutz, technisch-planerische, polizeiliche und marktwirtschaftliche Instrumente.

4.3.1 Freiwilliger Umweltschutz

Der freiwillige Umweltschutz lässt sich in zwei Instrumente gliedern: Einerseits **freiwillige Verhandlungen** zwischen Verschmutzern und Geschädigten. Da das zugrunde liegende theoretische Gerüst bereits durch den Ansatz von Coase beschrieben wurde (vgl. S. 260ff.), soll dieses Instrument hier nicht mehr weiter ausgeführt werden. Andererseits gehört auch die sog. **neue Umweltethik** zu den Instrumenten des freiwilligen Umweltschutzes.

Die neue Umweltethik glaubt an "das Gute" im Menschen und versucht durch vielfältige Massnahmen, eine Verhaltensveränderung zu bewirken. Beispiele dafür sind:

- Umweltschutzkampagnen mit Informationen; z.B. Informationen über die bodennahe Ozonbildung im Sommer (vgl. Abbildung 75 auf S. 273).
- Ökologische Auszeichnungen; z.B. die Bio-Knospe für ökologisch produzierte Lebensmittel.
- Umwelterziehung; z.B. das Aktionsprogramm Eco-Drive des Bundes und privater Anbieter, das eine energiesparende Fahrweise fördern soll.

- Moral suasion, d.h. die Androhung von Zwangsmassnahmen durch den Staat, falls das umweltgerechte Verhalten freiwillig nicht zustande kommt; z.B. die getroffene Vereinbarung über die Getränkeverpackung PET mit der schweizerischen Industrie.
- Vorreiterrolle des Staates; z.B. durch ein ökologisches Beschaffungswesen.

Die **Vorteile** des freiwilligen Umweltschutzes liegen in der Einfachheit und der schnellen Anwendbarkeit der Massnahmen. Als grösster **Nachteil** lässt sich die geringe Wirksamkeit dieses Instrumentes anführen, da die Transaktionskosten für den Einzelnen zu hoch sein können. In Untersuchungen wurde festgestellt, dass nur etwa 10% der Verhaltensänderungen im Umweltschutz auf die neue Umweltethik zurückgeführt werden können.

Freiwilliger Umweltschutz ist dann erfolgreich, wenn die Kosten für den Einzelnen, sich daran zu halten, vergleichsweise gering sind. Ein Beispiel hierfür ist das Sammeln von Wertstoffen wie Glas und Aluminium. Bei genügend kostenlosen Sammelstellen und einer Abfallsackgebühr sind die Kosten für den Einzelnen gering, sich an diesen freiwilligen Umweltschutz zu halten. Die neue Umweltethik ist damit ein notwendiges, jedoch in keiner Weise ein hinreichendes Instrument, um einen gewissen Umweltstandard zu erreichen.

4.3.2 Technisch-planerische Instrumente

Technisch-planerische Instrumente des Umweltschutzes können verschiedene Ziele haben:

- Bereits aufgetretene Umweltschäden sollen **repariert** werden. Mit diesem auch **End-of-Pipe** genannten Ansatz wird eine nachträgliche Schadensbehebung angestrebt. Ein Beispiel dafür ist die Abwasserreinigung in Kläranlagen, das auch ein typisches Beispiel für die Anwendung des Gemeinlastprinzips (vgl. S. 270) ist.
- Knappe Umweltgüter sollen **vorgängig eingespart** bzw. die Umweltbelastung soll vorgängig **vermieden** werden. So wird z.B. mit der Raumplanung versucht, eine Zersiedelung und damit längere Verkehrswege zu vermeiden. Ein weiteres Beispiel ist die **Umweltverträglichkeitsprüfung** (vgl. S. 285), die im Vorfeld grosser Bauprojekte abklärt, welches die Auswirkungen auf die Umwelt sein werden. Anerkannte Umweltorganisationen besitzen dafür ein **Verbandsbeschwerderecht**, um Bauvorhaben notfalls stoppen zu können. Beide Beispiele orientieren sich am Vorsorgeprinzip (vgl. S. 271).
- **Innovationen** im Umweltbereich sollen **gefördert** werden. So können z.B. Bund und Kantone Forschungsaufträge vergeben, um umweltschonendere Produktionsverfahren oder umweltverträglichere Produkte zu entwickeln.

VIII. Umwelt

Die Rolle von Informationen bei freiwilligem Umweltschutz	Abbildung 75

In den meisten Ländern würde ein Umsteigen vom Privatverkehr auf den öffentlichen Verkehr die Umweltbelastung spürbar reduzieren. Deshalb werden viele Appelle von Politikern an die Bevölkerung gerichtet, wenn immer möglich, den öffentlichen Verkehr zu benützen. Umweltschutzorganisationen und Städte informieren die Bevölkerung z.B. über den Zusammenhang zwischen Autofahren und der Ozonbildung an schönen Sommertagen.

Was volkswirtschaftlich gesehen sinnvoll wäre, nämlich das Umsteigen auf den öffentlichen Verkehr, kann im individuellen Fall jedoch zu Frustrationen führen. Denn ein Individuum wird die Kosten für den öffentlichen Verkehr, wie Abonnementskosten, Zeit, Bequemlichkeit etc., dem Nutzen gegenüberstellen. Dabei ist der Umweltnutzen, wie z.B. eine Verbesserung der Luftqualität, auf eine einzelne Person bezogen marginal und vom Individuum im Gegensatz zu den Kosten des Umsteigens nicht direkt feststellbar. Vielleicht resultiert auch gar keine Umweltverbesserung, denn indem das Individuum seine bisher beanspruchte Strassenfläche freigibt, sinken die Staukosten für die übrigen Verkehrsteilnehmer, was sehr oft wiederum neuen Verkehr generiert (vgl. hierzu auch die Ausführungen zum Gefangenen-Dilemma in Abbildung 18 auf S. 51).

Zwei Strategien können dieser Frustration entgegenwirken: Erstens können die Kosten für die Benutzung des öffentlichen Verkehrs gesenkt bzw. der Nutzen gesteigert werden, z.B. durch günstige Monats- oder Jahresabonnements, die Erhöhung der Anzahl der Verbindungen (Taktfrequenz) oder die Anschaffung von neuen, komfortablen Bahnwagen, Strassenbahnen und Bussen (z.B. Niederflurfahrzeuge). Zweitens können die Kosten des Privatverkehrs erhöht bzw. der Nutzen gesenkt werden, z.B. über ein Road-Pricing, das private Verkehrsteilnehmer mit einer Gebühr belastet.

Beide Strategien beeinflussen die Kosten- und Nutzenabwägung des Individuums und können zu einem Umsteigen auf den öffentlichen Verkehr führen, ohne dass damit Umweltschutzargumente eine relevante Rolle spielten. Informationen über den Zusammenhang zwischen Benutzung des öffentlichen Verkehrs und Umweltqualität sind ein notwendiges, für die Masse der Verkehrsteilnehmer jedoch keinesfalls ein hinreichendes Instrument, um die Umweltqualität zu verbessern.

- Mit der Förderung des **Recyclings** sollen energieintensive Materialien wie Aluminium oder problematische Stoffe wie in Batterien zurückgewonnen werden. Während das Sammeln dieser Wertstoffe ein Instrument des freiwilligen Umweltschutzes ist, ist der Recyclingprozess selbst ein technisches Instrument.

Der grösste **Vorteil** der technisch-planerischen Instrumente liegt in der weitgehenden Etablierung der Massnahmen; der politische Widerstand ist sehr gering. Es lassen sich aber folgende **Nachteile** aufzählen: Erstens wird die technische oder planerische Verbesserung der Umweltqualität oft durch das Anwachsen der Emissionen wieder zunichte gemacht. Zweitens wird statt des Verursacherprinzips oft das Gemeinlastprinzip angewendet. Drittens ist mit diesen Instrumenten die Gefahr eines Staatsversagens nicht gebannt, da die Entscheide gerade bei den planerischen Instrumenten letztlich von Beamten und Gerichten gefällt werden.

4.3.3 Polizeiliche Instrumente

Das in der Schweiz **am weitesten verbreitete Instrumentarium** ist der polizeiliche Umweltschutz. Er lässt sich in folgende drei Massnahmen gliedern:
- **Gebote**, z.B. die Abgaskontrolle beim Auto;
- **Verbote**, z.B. von bestimmten Giftstoffen;
- **Auflagen**, z.B. Emissionsvorschriften für Industrieanlagen.

Der **Vorteil** der polizeilichen Instrumente besteht v.a. darin, dass sie schnell anwendbar sind sowie deren Wirkung relativ einfach abgeschätzt werden kann. Oft werden polizeiliche Instrumente auch als gerecht empfunden, weil sie gleichermassen für alle gelten. Ausserdem kann es bei bestimmten Stoffen durchaus sinnvoll sein, sie ganz zu verbieten. Polizeiliche Instrumente weisen jedoch auch grosse **Nachteile** auf: Zunächst ist einmal ein Bussensystem notwendig und damit eine Überwachung (Kontrollproblem). Weiter können z.B. auch Grenzwerte pro Industrieanlage oder Fahrzeug nicht verhindern, dass die Gesamtemissionen durch zusätzliche Anlagen und Fahrzeuge weiter ansteigen (sog. **Rebound-Effekt**, vgl. S. 295). Zusätzlich gibt es für die Individuen keine Anreize, einmal festgelegte Emissionsgrenzwerte zu unterschreiten, was wiederum keine Anreize zu ökologischen Innovationen setzt (dynamische Ineffizienz). Der grösste Nachteil der polizeilichen Auflagen liegt aber in ihrer **statischen Ineffizienz** (vgl. Abbildung 75 auf S. 273).

4.3.4 Marktwirtschaftliche Instrumente

Marktwirtschaftliche Instrumente zeichnen sich dadurch aus, dass die Vermeidung der Emissionen von jedem Individuum in Umfang und Intensität selbst bestimmt werden kann. Die **Konsumentensouveränität** wird damit gewahrt. Jedoch können bei diesen Instrumenten die Emissionen nicht mehr kostenlos ausgestossen werden, sondern es ist ein entsprechender Preis zu bezahlen. Jedes Individuum verursacht dann so viele Emissionen, bis seine Grenzvermeidungskosten dem Preis für das Recht auf Verschmutzung entsprechen. Da die Emissionen meistens nicht direkt gemessen werden können, werden bestimmte Produkte oder Tätigkeiten belastet. Diese Produkte oder Tätigkeiten sollten dabei in einer

VIII. Umwelt

Statische Ineffizienz von einheitlichen Grenzwerten	Abbildung 76

Die statische Ineffizienz von Auflagen soll an folgendem Beispiel erläutert werden: Die Industrieunternehmungen 1 und 2 emittieren die gleiche Menge an Schadstoffen, haben jedoch unterschiedliche Kurvenverläufe der Grenzvermeidungskosten (= zusätzliche Kosten für die Vermeidung einer weiteren Einheit des Schadstoffes). Nun wird ein neuer Grenzwert pro Fabrikanlage eingeführt, der beide Unternehmungen zu einer Halbierung der Schadstoffemissionen zwingt. Für das Einhalten des neuen Grenzwertes entsteht der Unternehmung 1 die graue Fläche A, der Unternehmung 2 die graue Fläche B an Kosten. Da die Unternehmung B über eine sehr alte Fabrikanlage verfügt, ist ihre Grenzvermeidungskostenkurve steiler, die Kosten für die Schadstoffreduktion sind deshalb höher.

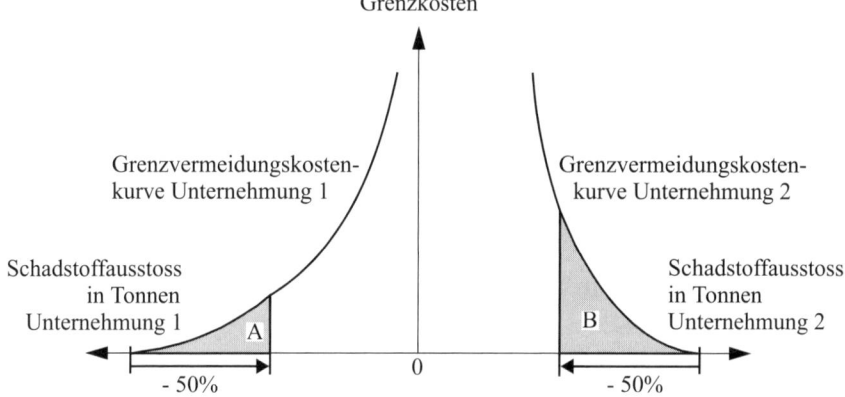

Als Alternative zu den fixen, einheitlichen Grenzwerten könnte Unternehmung 1 mit geringen Mehrkosten den neuen Grenzwert um 10% unterschreiten (Reduktion von -60% statt -50%), während Unternehmung 2 mit ihren höheren Grenzvermeidungskosten 10% über dem Grenzwert emittieren würde. Mit dieser Lösung kann dieselbe Schadstoffreduktion wie mit dem einheitlichen Grenzwert, jedoch mit geringeren volkswirtschaftlichen Kosten erreicht werden. Diese Lösung ist statisch und dynamisch effizienter.

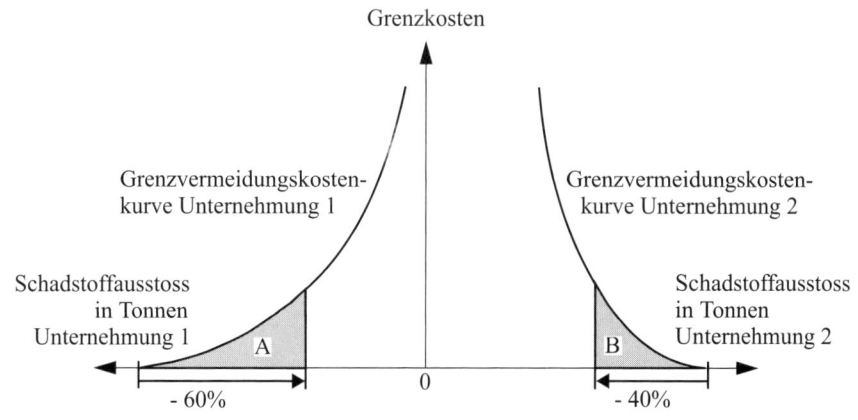

möglichst direkten Beziehung zu den umweltschädlichen Emissionen stehen. Sollen z.B. die Emissionen von CO_2 belastet werden, so sind fossile Energieträger die naheliegendste **Bemessungsgrundlage**, da bei deren Verbrennung immer ungefähr gleich viel CO_2 ausgestossen wird. Für die Vermeidung von Stickoxiden eignen sich die fossilen Energieträger hingegen viel schlechter, da die Emissionen massgeblich von der verwendeten Verbrennungstechnik abhängen.

Die **Vorteile** marktwirtschaftlicher Instrumente bestehen v.a. darin, dass sie nicht nur die festgelegten Umweltziele zu den geringsten volkswirtschaftlichen Kosten erreichen (statische Effizienz), sondern auch die Erforschung und Anwendung von Substitutionsprozessen beschleunigen; das Unterschreiten der festgelegten Grenzwerte wird belohnt (dynamische Effizienz). Als **Nachteil** marktwirtschaftlicher Instrumente lässt sich anführen, dass sie wegen ihrer Umverteilungswirkungen politisch nur schwer durchsetzbar sind. Insbesondere Branchen und Haushalte, welche die Umwelt sehr intensiv beanspruchen, werden sich gegen eine zusätzliche finanzielle Belastung mit politischen Mitteln zur Wehr setzen. Wichtig für die politische Realisierbarkeit dieser Instrumente ist es deshalb, dass es keine grossen Verlierer gibt. Marktwirtschaftliche Instrumente lassen sich folgendermassen gliedern: Umwelthaftung, Umweltzertifikate, Umweltabgaben und Umweltsubventionen, die alle im Folgenden näher vorgestellt werden.

a) Umwelthaftung

Bei der Umwelthaftung wird im Gegensatz zu vielen anderen marktwirtschaftlichen Instrumenten explizit eine **Zuweisung des Eigentumsrechts** an der Umwelt vorgenommen (vgl. den Ansatz von Coase S. 260ff.). Meist wird das Eigentumsrecht dabei den (potenziell) Geschädigten bzw. dem Staat zugesprochen. Die Eigentümer des Umweltgutes können nun mit der Drohung einer **Klage** oder durch die Klage selbst eine Verhaltensänderung bei der Gegenpartei erwirken. Wichtig für die juristische Ausgestaltung dieser Massnahme ist die Erleichterung des Schadens-, Schuld- und Kausalitätsnachweises. Es kann auch eine **Beweisumkehr** festgelegt werden, sodass z.B. der Verschmutzer beweisen muss, dass seine Emissionen für die Umwelt unschädlich sind. Statt einer **Verschuldenshaftung** (Fahrlässigkeit oder Vorsatz) kann auch eine **Gefährdungshaftung** (verschuldensunabhängige Haftung) eingeführt werden. Dies bedeutet, dass Verursacher auch dann für Schäden haften, wenn z.B. die Emissionen vorher behördlich genehmigt waren (z.B. durch die Einhaltung eines Grenzwertes).

Die Umwelthaftung kann damit das Problem der **asymmetrischen Information** (vgl. S. 268) lösen, wenn die Eigentumsrechte am Umweltgut bei den Geschädigten liegt und eine Gefährdungshaftung vereinbart wird. Der Verursacher hat damit einen Anreiz, seine Umweltbelastung mit den neuesten Technologien zu vermindern und eventuelle Risiken wie Störfälle möglichst auszuschliessen.

Ein **Beispiel** ist die 2004 von der EU verabschiedete Richtlinie über die Umwelthaftung, die bis 2007 von den Mitgliedstaaten in nationales Recht umgesetzt werden muss. Die Richtlinie sieht vor, dass ein Betreiber, der durch seine Tätigkeit einen Umweltschaden oder die unmittelbare Gefahr eines solchen Schadens verursacht, dafür finanziell verantwortlich sein soll. Umweltschäden im Sinne der Richtlinie sind Schädigungen von Gewässern, des Bodens, geschützter Arten und natürlicher Lebensräume.

Die Umwelthaftung ist ebenfalls ein Thema im Zusammenhang mit der Gentechnik, bzw. der Inverkehrsetzung gentechnisch veränderter Organismen. Da die Umweltauswirkungen noch nicht abschliessend erforscht sind, besteht ein Gefährdungspotenzial. Es wird deshalb international diskutiert, ob die Inverkehrsetzer gentechnisch veränderter Organismen auch für mögliche Schäden daraus im Sinne der Gefährdungshaftung belangbar sein sollen.

Neben den allgemeinen **Vorteilen** eines marktwirtschaftlichen Instruments wird die Umwelthaftung dem Verursacher- und Vorsorgeprinzip gerecht (vgl. S. 270ff.). Als **Nachteil** hängt die Wirksamkeit der Umwelthaftung sehr stark von den Gerichten ab; die Möglichkeit eines Staatsversagens besteht. Weiter müssen die Interessen beider Parteien gut organisierbar sein, um überhaupt zu einem Gerichtsverfahren zu gelangen. Die Umwelthaftung ist kein geeignetes Instrument, um diffuse Verschmutzungen von grosser räumlicher Ausdehnung in den Griff zu bekommen, bei denen sich keine direkte Verbindung zwischen der Umweltbelastung und den Handlungen einzelner Akteure herstellen lässt. Dies gilt z.B. für die Klimaveränderung (bzw. die Emission von CO_2) und die verkehrsbedingte Luftverschmutzung.

b) Umweltzertifikate

Es bestehen zwei Varianten des Instruments der Umweltzertifikate: Die erste und ältere Variante ist eine marktkonforme Weiterentwicklung der polizeilichen Auflagen (vgl. S. 274). Dabei findet ein **impliziter Handel** mit Verschmutzungsrechten bzw. Umweltzertifikaten statt, da sich die Emittenten untereinander absprechen müssen. Zwei Formen davon sind die Ausgleichs- und die Glockenpolitik:

- Bei der **Ausgleichspolitik** (offset policy) erfolgt die Bewilligung neuer Anlagen nur, wenn an anderer Stelle die neuen Emissionen überkompensiert werden, z.B. indem eine alte Anlage stillgelegt wird. Die positive Folge dieser Massnahme ist, dass sich die Umweltqualität mit einem steigenden Wirtschaftswachstum ebenfalls verbessert.
- Bei der **Glockenpolitik** (bubbles) wird über eine Region eine imaginäre Glocke mit einem maximalen Gesamtausstoss gestülpt. Bei Neuinvestitionen verhandeln die Unternehmungen untereinander, da nicht mehr jeder einzelne Emittent die Grenzwerte einhalten muss, sondern nur noch die ganze Region (vgl. Abbildung 76 auf S. 275, untere Grafik).

Bei der zweiten und jüngeren Variante der Umweltzertifikate kommt es zum **expliziten Handel** der Umweltzertifikate zwischen den Emittenten. In einem ersten Schritt setzt der Staat im Voraus einen maximalen **Gesamtausstoss** an Emissionen fest, der von allen (potenziellen) Emittenten zusammen innerhalb eines bestimmten Zeitraumes nicht überschritten werden darf. In einem zweiten Schritt wird dieser maximale Gesamtausstoss in einzelne Einheiten (z.B. Tonnen) aufgeteilt und in Umweltzertifikaten verbrieft. In einem dritten Schritt werden die Umweltzertifikate den Emittenten ausgehändigt. Dies kann entweder durch eine Gratisverteilung (**grandfathering**) oder über eine Versteigerung geschehen. Eigentümer eines Umweltzertifikates sind nun berechtigt, die auf dem Zertifikat angegebene Menge an Schadstoffen als Teil der Gesamtemission zu emittieren.

Das Entscheidende am Instrument der Umweltzertifikate ist, dass der Staat nur die **Menge**, d.h. den Gesamtausstoss vorgeben muss. Ein Emittent, z.B. eine Unternehmung, welche über die ihr zur Verfügung stehenden Emissionsrechte hinaus emittieren will, muss die erforderlichen Umweltzertifikate am Markt zukaufen. Dies ist nur möglich, wenn andere Emittenten bereit sind, Umweltzertifikate zu verkaufen, z.B. weil ihre Grenzvermeidungskosten geringer sind als der Erlös aus dem Verkauf der Umweltzertifikate. Es entsteht ein (expliziter) Handel mit Zertifikaten, die z.B. an einer speziell eingerichteten **Umweltbörse** gekauft und verkauft werden können. Der **Preis** für Umweltzertifikate muss damit nicht staatlich vorgegeben werden, sondern stellt sich im freien Handel selbst ein. Das Informationsproblem in Bezug auf den optimalen Preis wird damit gelöst. Ein näher erläutertes **Beispiel** für die Anwendung von Umweltzertifikaten mit einem expliziten Handel findet sich in Abbildung 77. Ein Beispiel für die Schweiz folgt in Abbildung 81 auf S. 287.

Die **Vorteile** des Instruments der Umweltzertifikate liegen im Verursacherprinzip sowie der statischen und dynamischen Effizienz, dies insbesondere im Vergleich zur Festlegung von fixen Grenzwerten je Anlage (vgl. S. 274). Als ein weiterer Vorteil der handelbaren Emissionszertifikate muss der Preis nicht staatlich festgelegt werden, sondern ergibt sich aus dem Zusammenspiel zwischen

VIII. Umwelt

CO_2-Zertifikate	Abbildung 77

Das Instrument der Umweltzertifikate wird bereits heute angewendet. So nahm Ende 2003 die **Chicago Climate Exchange** (CCX) ihren Betrieb auf, an der mehrere Dutzend grössere Unternehmungen sowie die Stadt Chicago Zertifikate des Treibhausgases CO_2 handeln. Ziel ist, die CO_2-Emissionen aller Börsenteilnehmer jährlich um ein Prozent zu verringern. Die Teilnahme basiert auf Freiwilligkeit, bietet aber insbesondere den Unternehmungen neben dem Werbeeffekt die Chance, erste Erfahrungen mit diesem Instrument zu sammeln, da ab 2012 von der amerikanischen Regierung ein Teilnahmeobligatorium geprüft werden soll.

Auch die **EU** führte Anfang 2005 einen Handel mit CO_2-Zertifikaten ein, dem aber die Unternehmungen zwangsweise unterstellt sind. Die erste Phase des Handels läuft von 2005 bis 2007, die EU verteilte dafür die CO_2-Zertifikate kostenlos an die teilnehmenden Unternehmungen. Jedoch entsprachen die zugeteilten Zertifikate je Unternehmung einem etwas geringeren CO_2-Ausstoss als sie benötigten. Falls eine Unternehmung nun trotz besserer Technologie mehr emittiert, als wofür sie Zertifikate besitzt, beträgt die Busse 40 Euro pro Tonne ausgestossenem CO_2. Dies ist höher als der Preis für ein entsprechendes CO_2-Zertifikat an einer der EU-Umweltbörsen.

In dieser ersten Phase gilt die Teilnahme nur für Unternehmungen der Branchen Energie, Eisen, Fasern und Papier. Trotz dieser Einschränkung sind dies über 5000 Unternehmungen mit rund 12'000 Anlagen. Die zweite Phase beginnt 2008, wenn erstmals die Auflagen aus dem **Kyoto-Protokoll** (vgl. S. 269) erfüllt werden müssen, und umfasst dann zusätzliche Branchen, wie z.B. Fluggesellschaften oder Verkehrsunternehmungen. Diese zweite Phase soll neben weiteren Massnahmen gewährleisten, dass bis 2012 der EU-weite Gesamtausstoss von CO_2 gegenüber 1990 um 8% reduziert wird.

Der Zertifikats-Handel der EU wird ergänzt durch sog. **Joint Implementation**-Projekte (JI) in anderen Industriestaaten oder Transitionsländern. Dabei wird die Einführung umweltschonenderer Technologien unterstützt. Unternehmungen der EU können sich auch zusätzliche CO_2-Zertifikate verdienen, indem sie Projekte fördern, die den CO_2-Ausstoss senken. Dies lohnt sich für eine Unternehmung dann, wenn die Grenzvermeidungskosten bei anderen Unternehmungen oder Projekten geringer sind sowohl als die eigenen Grenzvermeidungskosten als auch der Preis eines CO_2-Zertifikates (vgl. Abbildung 76 auf S. 275). Dieses **Clean Development Mechanism** (CDM) genannte Instrument fördert damit den Export sauberer Technologien, insbesondere in Entwicklungs- und Schwellenländer im Bereich der Energieerzeugung. Der CDM verbindet die Ausgleichspolitik (vgl. S. 278) mit dem expliziten Handel.

In der EU wurde Anfang 2005 befürchtet, dass sich der Preis für ein CO_2-Zertifikat auf einem zu tiefen Niveau einpendeln würde und damit seine Signalwirkung für eine Verhaltensänderung verliert. Im Verlauf des Jahres 2005 kam es jedoch aufgrund der massiven Verteuerung des Erdgases zu einem starken Anstieg der Zertifikatspreise. Weshalb? Die Preissteigerungen beim Erdgas waren auf die Verteuerung des Erdöls zurückzuführen. Viele Energieerzeuger der EU, die mit Erdgas arbeiteten, stiegen auf die relativ günstigere Kohle um, erhöhten damit aber ihren CO_2-Ausstoss. Sie mussten damit zusätzliche Zertifikate kaufen. Ausserdem führte die Wasserknappheit in Südeuropa dazu, dass weniger Energie aus Wasser- und Atomkraft (Kühlung) gewonnen werden konnte, sodass Kohlekraftwerke einspringen mussten.

Angebot und Nachfrage (kein Informationsproblem). Auch Umweltorganisationen können z.B. Umweltzertifikate aufkaufen, um sie dann stillzulegen. Zusätzlich kann der Staat eine Abwertung der Zertifikate vorschreiben, um den Gesamtausstoss von Schadstoffen langfristig zu senken.

Als **Nachteil** ist die schwierige Festlegung der Erstverteilung von Zertifikaten zu erwähnen, insbesondere die Behandlung von Neuemittenten bei einem kurz zuvor erfolgten grandfathering. Dies kann zu einer Wettbewerbsverzerrung führen. Kaum gelöst ist ebenfalls das Kontrollproblem. Denn es muss überprüft werden, ob die durch die Anzahl der verfügbaren Zertifikate vorgegebene Emissionsmenge durch die Emittenten eingehalten wird. Der Aufbau eines effizienten Kontrollsystems ist zudem teuer (Transaktionskostenproblem). Weiter sollten, damit ein Börsenhandel von Umweltzertifikaten effizient funktioniert, ein genügend grosses Angebot und eine genügend grosse Nachfrage nach Umweltzertifikaten vorhanden sein (Marktliquidität).

c) Umweltabgaben

Umweltabgaben gehen von ihrer Konzeption her auf den **Preis-Standard-Ansatz** zurück (vgl. S. 264) und werden oft auch Lenkungsabgaben oder Öko-Steuern genannt. Die Emissionen werden mit einer **Abgabe** belastet; das Eigentumsrecht an der Umwelt liegt also implizit bei den Geschädigten oder beim Staat. Die Emittenten werden, da sie für ihre Schadstoffemissionen bezahlen müssen, aus ökonomischen Überlegungen ihre Emissionen, wo immer es sich lohnt, reduzieren. Der Abgabesatz wird so festgelegt, dass nur noch die politisch **gewünschte Emissionsfracht** ausgestossen wird. Die Reaktion der Emittenten kann durch die Preiselastizität ihrer Nachfrage nach den entsprechenden umweltbelastenden Aktivitäten beschrieben werden. Je stärker Schadstoffemittenten auf eine Abgabe reagieren, desto tiefer kann der Abgabesatz festgelegt werden.

In der Schweiz finden sich bereits mehrere **Beispiele** für Umweltabgaben:

- Die vorgezogenen Entsorgungsgebühren, u.a. für Batterien, elektronische Geräte und Fahrzeuge.
- Die Abfallsackgebühr für Siedlungsabfälle stellt die verursachergerechte Finanzierung der Entsorgungs- und Recyclingkosten sicher.
- Ebenso sind Umweltabgaben auf flüchtigen organischen Verbindungen (VOC), auf Heizöl extraleicht mit einem Schwefelgehalt von mehr als 0,1% (HEL) und Benzin und Dieselöl mit einem Schwefelgehalt von mehr als 0,001% (BDS) zu leisten. Der Ertrag wird der Bevölkerung über die Krankenkassen zurückerstattet, im Jahr 2006 waren dies 16,80 Fr. pro Kopf.
- Ein weiteres Beispiel ist die leistungsabhängige Schwerverkehrsabgabe (LSVA), die den Gütertransport auf der Strasse verteuert.

- In der Diskussion ist weiter eine CO_2-Abgabe, die jedoch dem starken Gegendruck aus Lobbyorganisationen der Erdöl- und Autobranche ausgesetzt ist (vgl. S. 286ff.).

Ein **Vorteil** der Umweltabgaben ist, dass die Verursacher mit fixen Preisen für die Emissionen rechnen können. Weiter ist dieses Instrument verursachergerecht sowie statisch und dynamisch effizient. Zusätzlich versprechen sich insbesondere viele Politiker bei einer Besteuerung von Energieträgern und einer gleichzeitigen Senkung der Lohnnebenkosten eine sog. **doppelte Dividende**. Dies bedeutet, dass eine Verschiebung der Steuerlast, weg von der Arbeit hin zum Faktor Energie, erstens zu einer geringeren Umweltbelastung führt (Umweltdividende) und zweitens die Arbeitslosigkeit senkt (Beschäftigungsdividende). Neuere theoretische Forschungen zeigen jedoch, dass es in der Regel nicht zu einer doppelten Dividende kommt.

Ein **Nachteil** der Umweltabgaben liegt in der schwierigen Festsetzung des richtigen Abgabesatzes (Informationsproblem), um ein gegebenes Umweltqualitätsziel zu erreichen. Diese Festlegung ist einem Trial-and-error-Prozess unterworfen, was von der Bevölkerung rasch als ein Versagen des Instruments interpretiert werden könnte. Zusätzlich kann bei einem zu geringen Abgabesatz und einer unelastischen Nachfrage der Verursacher die erwünschte Lenkungswirkung fast vollständig ausbleiben.

d) Umweltsubventionen

Umweltsubventionen funktionieren grundsätzlich so wie Umweltabgaben. Der Unterschied liegt darin, dass bei der Umweltabgabe die Umweltbelastung mit Kosten verbunden wird, während bei der Umweltsubvention die **Reduktion der Umweltbelastung belohnt** wird. Ein Emittent wird dafür entschädigt, dass er auf die Emission verzichtet bzw. eine umweltfreundlichere Technologie einsetzt. Das **Eigentumsrecht** an der Umwelt liegt damit implizit beim Emittenten.

In vielen Fällen wird jedoch nicht direkt die Emissionsvermeidung subventioniert, sondern es werden Aktivitäten gefördert, die emissionsintensivere ersetzen sollen. Diese Unterstützung emissionsarmer Aktivitäten kann zu weniger Emissionen führen, ist jedoch unter gesamtwirtschaftlichen Effizienzgesichtspunkten ein verfehltes Instrument. Da sich nicht die Preise der umweltbelastenden Güter verteuern, sondern sich die umweltentlastenden Aktivitäten verbilligen, wird insgesamt zuviel dieser Güter produziert. Ein **Beispiel** dafür ist die Subvention des öffentlichen Verkehrs als Substitut zum motorisierten privaten Verkehr. Mit der Subvention wird der Preis der Mobilität gesenkt und damit volkswirtschaftlich gesehen insgesamt zuviel Mobilität produziert. Das sich einstellende Ergebnis ist demnach suboptimal und entspricht einer **"second-best"-Lösung**. Die "first-best"-Lösung wäre die vollständige Internalisierung der negativen Externalitäten (vgl. S. 258ff.) beim privaten (und öffentlichen) Verkehr.

Umweltsubventionen haben folgende **Vorteile**: Sie sind in den meisten Fällen politisch einfacher und damit rascher durchsetzbar als die Internalisierung der negativen Externalitäten. Subventionen sind auch dann sinnvoll, wenn neue, umweltschonende Technologien schneller eingeführt werden sollen. Jedoch weisen auch Umweltsubventionen mehrere **Nachteile** auf: Neben dem Erreichen einer blossen "second-best"-Lösung besteht auch ein Kontrollproblem. Denn es muss gewährleistet werden, dass die subventionierten Leistungen auch angeboten werden bzw. die Technologie auch eingesetzt wird. Weiter können Umweltsubventionen, wie Subventionen allgemein, dazu führen, dass eine vorher unrentable Produktion weitergeführt wird. Emittenten können sich auch strategisch verhalten, um mehr Subventionen zu erhalten, d.h. sie versuchen ihre Emissionen vor der Einführung der Umweltsubvention auf einem möglichst hohen Niveau festzusetzen.

5. Die schweizerische Umweltpolitik

Die schweizerische Umweltpolitik ist eine Querschnittspolitik, da umweltrelevante Entscheidungen in vielen Politikbereichen gefällt werden. Zwei Beispiele dafür sind die Boden- und die Energiepolitik, die auf S. 213ff. bzw. S. 301ff. in zwei eigenständigen Kapiteln behandelt werden. An dieser Stelle werden die wichtigsten rechtlichen Grundlagen der Umweltpolitik genannt, bevor der Schwerpunkt auf die Probleme in der Vorbereitung und konkreten Umsetzung der Rechtsgrundlagen gelegt wird. Ausführungen zur sinnvollen Kombination der Umweltinstrumente schliessen das vorliegende Kapitel ab.

5.1 Rechtliche Grundlagen

5.1.1 Verfassungsrechtliche Grundlagen

Grundlage der Umweltpolitik in der Schweiz ist die Bundesverfassung (BV). Bereits in Art. 2 Abs. 2 und 4 BV wird als ein Zweck der Schweizerischen Eidgenossenschaft erstens die **nachhaltige Entwicklung** und zweitens die dauerhafte **Erhaltung der natürlichen Lebensgrundlagen** genannt.

Die meisten Artikel finden sich jedoch im dritten Titel der Bundesverfassung. Insbesondere im vierten Abschnitt des zweiten Kapitels werden die wichtigsten Artikel unter den Begriffen **Umwelt und Raumplanung** aufgeführt. Art. 73–80 BV geben unter den Überschriften Nachhaltigkeit, Umweltschutz, Raumplanung, Wasser, Wald, Natur- und Heimatschutz, Fischerei und Jagd sowie Tierschutz Auskunft über die wichtigsten Verfassungsbestimmungen im Bereich Umwelt. Daneben existieren weitere umweltrelevante Artikel im Abschnitt **Öffentliche Werke und Verkehr** (Art. 84 BV: Alpenquerender Transitverkehr und Art. 85 BV: Schwerverkehrsabgabe), im Abschnitt **Energie und Kommunikation** (Art. 89 BV: Energiepolitik) sowie im Abschnitt **Wirtschaft** (Art. 104 BV: Landwirtschaft).

Der eigentliche Kern der Umweltschutzpolitik, der **Umweltartikel** Art. 74 BV, wurde aufgrund einer parlamentarischen Motion 1964 vom Bundesrat vorbereitet, aber erst 1971 dem Souverän vorgelegt und gutgeheissen (vgl. Abbildung 78).

Umweltartikel in der Bundesverfassung	Abbildung 78

Art. 74 BV:

[1] Der Bund erlässt Vorschriften über den Schutz des Menschen und seiner natürlichen Umwelt vor schädlichen oder lästigen Einwirkungen.

[2] Er sorgt dafür, dass solche Einwirkungen vermieden werden. Die Kosten der Vermeidung und Beseitigung tragen die Verursacher.

[3] Für den Vollzug der Vorschriften sind die Kantone zuständig, soweit das Gesetz ihn nicht dem Bund vorbehält.

5.1.2 Das Umweltschutzgesetz

Basierend auf dem Umweltartikel der Bundesverfassung trat am 1. Januar 1985 das **Umweltschutzgesetz (USG)** in Kraft, 14 Jahre nach der entsprechenden Verfassungsbestimmung. Das Umweltschutzgesetz stellt die wichtigste Grundlage dar für Verordnungen in den Sachbereichen Immissionen (Luftverschmutzung, Lärm und Erschütterungen, nichtionisierende Strahlen), Katastrophenschutz, umweltgefährdende Stoffe, umweltgefährdende Organismen, Abfälle und Belastungen des Bodens.

Das Gesetz rückt die Anwendung des **Vorsorge- und Verursacherprinzips** (vgl. S. 270f.) in den Vordergrund, was bereits in den ersten beiden Gesetzesartikeln zum Ausdruck kommt (vgl. Abbildung 79).

Auszüge aus dem Umweltschutzgesetz	Abbildung 79

Art. 1 Zweck

[1] Dieses Gesetz soll Menschen, Tiere und Pflanzen, ihre Lebensgemeinschaften und Lebensräume gegen schädliche oder lästige Einwirkungen schützen sowie die natürlichen Lebensgrundlagen, insbesondere die biologische Vielfalt und die Fruchtbarkeit des Bodens, dauerhaft erhalten.

[2] Im Sinne der Vorsorge sind Einwirkungen, die schädlich oder lästig werden könnten, frühzeitig zu begrenzen.

Art. 2 Verursacherprinzip

Wer Massnahmen nach diesem Gesetz verursacht, trägt die Kosten dafür.

VIII. Umwelt

Unter den Allgemeinen Bestimmungen des Umweltschutzgesetzes (Art. 7–10 USG) ist neben verschiedenen Definitionen auch die **Umweltverträglichkeitsprüfung** verankert, die in einer separaten Verordnung detaillierter geregelt wird. Das Gesetz und die Verordnung schreiben vor, dass Projekte, welche die Umwelt erheblich belasten können, vorgängig durch ein festgelegtes Verfahren überprüft werden müssen. In den meisten Fällen handelt es sich dabei um Bauvorhaben in den Bereichen Verkehr, Energie, Entsorgung, Sport/Tourismus/Freizeit und Industrie. Aber auch Neubauten oder die Erweiterung von Einkaufszentren müssen sich einer Umweltverträglichkeitsprüfung unterziehen.

Die Umweltverträglichkeitsprüfung erwies sich dabei als effizient zur vorgängigen Verminderung von örtlichen Emissionen oder Risiken, obwohl jedes zusätzliche Projekt, selbst wenn es als sehr umweltverträglich beurteilt wird, eine zusätzliche Belastung für eine Region darstellt. In Ballungszentren tritt deshalb oft die grundsätzliche Frage auf, ob überhaupt noch ein zusätzliches Projekt realisiert werden soll. Die Umweltverträglichkeitsprüfung stösst bei dieser Frage offensichtlich an ihre Grenzen. Dem wird aber insofern entgegengewirkt, als gewisse Umweltorganisationen ein **Verbandsbeschwerderecht** besitzen und gegen die Realisierung der geplanten Projekte Beschwerde einlegen können. Ein Beispiel dafür findet sich in Abbildung 80.

Anwendung des Verbandsbeschwerderechts	**Abbildung 80**

Ein viel diskutiertes Beispiel war die Beschwerde des Verkehrs-Clubs Schweiz (VCS) gegen das geplante neue Stadion Zürich (Hardturm). Der VCS argumentierte 2003, dass die geplante Mantelnutzung in Form eines Einkaufszentrums zu Mehrverkehr und einer zu hohen Umweltbelastung für diesen Stadtteil führe. Durch das Scheitern verschiedener Verhandlungsrunden und den rechtlichen Weiterzug der Beschwerde verzögerte sich der Bautermin immer weiter, sodass das Stadion nicht mehr rechtzeitig für die Fussball-Europameisterschaft 2008 fertiggestellt werden kann.

Dies löste eine Solidarisierungswelle für das Stadion aus. Weite Teile der Bevölkerung verstanden nicht, weshalb das Verbandsbeschwerderecht das Vorgehen des VCS zulässt. Wirtschaftsverbände witterten ihre Chance und übten darauf Druck auf die Politik aus, um das Verbandsbeschwerderecht entweder ganz zu streichen oder zumindest stark einzuschränken. Während für die nächsten Jahre eine Diskussion über die Revision des Verbandsbeschwerderechts sicher nötig ist, sind die grundsätzlichen Erfolge dieses umweltpolitischen Instrumentes im Sinne des Vorsorgeprinzips (vgl. S. 271) nicht von der Hand zu weisen.

Den Allgemeinen Bestimmungen des Umweltschutzgesetzes folgen die Artikel zur **Begrenzung der Umweltbelastung**. Die Bestimmungen zu den Emissionen (Art. 11 Abs. 2 USG) enthalten den wichtigen Grundsatz, dass **Emissionen** unabhängig von der bestehenden Umweltbelastung so weit zu begrenzen sind, als dies technisch und betrieblich möglich und wirtschaftlich tragbar ist. Im Gegensatz dazu steht die Festlegung der maximalen **Immissionsgrenzwerte** (Art. 14 USG), die sich ohne Berücksichtigung der wirtschaftlichen Tragbarkeit nur an der Schädlichkeit der Auswirkungen orientiert. Emissionen und Immissionen dürfen jedoch **nicht voneinander unabhängig** betrachtet werden, was auf S. 294 weiter ausgeführt wird.

Zu den wichtigsten Neuerungen des revidierten Umweltschutzgesetzes zählt die **Einführung von marktwirtschaftlichen Instrumenten** unter dem Titel Lenkungsabgaben (2. Titel, 6. Kapitel USG). So basieren die Verordnungen für die Abgaben auf flüchtigen organischen Verbindungen (VOC), auf Heizöl extraleicht mit einem Schwefelgehalt von mehr als 0,1% (HEL) und auf Benzin und Dieselöl mit einem Schwefelgehalt von mehr als 0,001% (BDS) (vgl. S. 280) auf dem Umweltschutzgesetz. Die **Anreizfunktion** dieser marktwirtschaftlichen Instrumente ergänzt die nach wie vor zahlreichen polizeilichen Instrumente der schweizerischen Umweltpolitik.

5.1.3 Das CO_2-Gesetz

Das **CO_2-Gesetz** trat am 1. Mai 2000 in Kraft. Sein Zweck ist, die CO_2-Emissionen aus der Nutzung fossiler Energieträger zu reduzieren. Zusätzlich sollen die schädlichen Auswirkungen auf die Umwelt vermindert werden; weiter soll die sparsame und rationelle Energienutzung sowie der Anteil von erneuerbaren Energieträgern gefördert werden. Das Gesetz schreibt dabei vor, dass die **CO_2-Emissionen bis im Jahr 2010 auf 10% unter das Niveau von 1990 gesenkt** werden müssen. Hintergrund dafür ist das **Kyoto-Protokoll** von 1997, welches neben vielen anderen Staaten ebenfalls durch die Schweiz ratifiziert wurde (vgl. S. 269). Die CO_2-Emissionen aus Brennstoffen sollen dabei um 15%, diejenigen aus Treibstoffen (ausgenommen Flugtreibstoffe) um 8% vermindert werden. Das unterschiedliche Reduktionsziel hat politische Gründe, da man der Auto-Lobby keinen Vorwand für ein Referendum geben wollte.

Die festgelegten Reduktionsziele sollen in einer **ersten Phase** mit folgenden Massnahmen erreicht werden:

VIII. Umwelt 287

- Freiwillige Massnahmen von Wirtschaft und Privaten. Im Rahmen dieser Vermeidungsstrategie schloss der Bund deshalb mit rund 40 Branchen **Zielvereinbarungen** über die Begrenzung ihres Energieverbrauchs und der CO_2-Emissionen ab.
- In bestimmten Fällen können diese Zielvereinbarungen in rechtlich verbindliche **Verpflichtungen** überführt werden, mit der Möglichkeit, am **Emissionshandel** teilzunehmen (vgl. Abbildung 81).
- Klimawirksame Massnahmen anderer Politikbereiche. So sollen z.B. die leistungsabhängige Schwerverkehrsabgabe LSVA, das Energiegesetz oder das Aktionsprogramm Energie Schweiz einen Reduktionsbeitrag leisten.
- Flexible Mechanismen des Kyoto-Protokolls, die in der Schweiz im Sekretariat **SwissFlex** des Bundesamtes für Umwelt (BAFU) angesiedelt sind. Dazu gehören Projekte mit Akteuren in anderen Staaten, wie z.B. die **Joint Implementation** (JI) oder der **Clean Development Mechanism** (CDM) (vgl. S. 279). Zusätzlich führt die Schweiz ein **nationales Register**, in dem alle Emissionsgutschriften und -lastschriften aus dem Emissionshandel erfasst werden.

Der geplante CO_2-Emissionshandel in der Schweiz   Abbildung 81

Das schweizerische Emissionshandelssystem betrifft gemäss dem Bundesamt für Umwelt (BAFU) v.a. Unternehmungen, die eine rechtlich verbindliche **Verpflichtung** zur Reduktion von CO_2-Emissionen eingehen und sich somit zu einem Emissionsziel für 2008–2012 verpflichten. Die Unternehmungen werden im Gegenzug von der geplanten CO_2-Abgabe befreit. Dieser Weg ist v.a. für energieintensive Industrien aus den Bereichen Zement, Papier und Pappe, Glas und Keramik von zentraler Bedeutung.

Emissionsrechte werden gemäss den ausgehandelten Emissionszielen für 2008–2012 kostenlos zugeteilt (grandfathering), während die absoluten Reduktionsziele in einem Bottom-up-Ansatz bestimmt werden: Auf der Basis von Produktions- und Emissionsprognosen wird das technische und wirtschaftliche Potenzial der Unternehmungen eruiert. Bereits getroffene CO_2-wirksame Massnahmen werden berücksichtigt. Für kleine und mittlere Unternehmungen (KMU) wird ein vereinfachtes Top-down-Modell angewendet.

Ab 2008 müssen jährlich Emissionsgutschriften in der Höhe der emittierten Menge entwertet werden. Nicht ausgeschöpfte Gutschriften können verkauft werden. Bei Mehremissionen müssen Gutschriften auf dem nationalen oder internationalen Markt dazugekauft und/oder durch konkrete Projekte im Ausland (JI oder CDM) generiert werden. Im Falle einer Zielverfehlung muss die CO_2-Abgabe für jede seit der Befreiung emittierte Tonne CO_2 nachgezahlt werden.

Quelle: www.umwelt-schweiz.ch (November 2005).

Greifen die oben genannten Massnahmen nicht oder nur ungenügend, dann ist der Bundesrat mit dem CO_2-Gesetz in einer **zweiten Phase** verpflichtet, frühestens ab dem Jahr 2004 eine **CO_2-Abgabe** auf fossilen Brenn- und Treibstoffen sowie Kohle einzuführen (was bis Ende 2005 jedoch nicht gemacht wurde, vgl. S. 292f.). Die CO_2-Abgabe wirkt deshalb nur subsidiär, falls mit den anderen Massnahmen das Reduktionsziel von 10% bis 2010 nicht erreichbar scheint. Die Höhe der Abgabe wird davon abhängig gemacht, wie weit man vom Reduktionsziel entfernt ist, wobei der genaue Abgabesatz durch das Parlament genehmigt werden muss. Der maximale Abgabesatz wurde hingegen bereits im Gesetz auf 210 Fr. pro Tonne CO_2 festgelegt. Beim Benzin entspräche dies einer Erhöhung von maximal 50 Rp. pro Liter. Der gesamte Ertrag der Abgabe wird an die Bevölkerung und Wirtschaft zurück verteilt, wobei vom Anteil der Bevölkerung jeder Einwohner gleich viel erhält, sodass die Lenkungswirkung der Abgabe erhalten bleibt.

Die CO_2-Abgabe weist folgende volkswirtschaftlichen **Vorteile** auf (vgl. S. 281):

- Die CO_2-Abgabe erleichtert die Budgetplanung, da die Verursacher mit fixen Preisen für die Emissionen rechnen können.
- Die CO_2-Abgabe ist verursachergerecht. Es besteht ein direkter Zusammenhang zwischen dem Steuerobjekt (fossile Energieträger) und der Umweltbelastung (CO_2-Ausstoss).
- Die CO_2-Abgabe ist statisch effizient. Das Ziel der Emissionsreduktion wird unter den gegebenen technischen Rahmenbedingungen zu den volkswirtschaftlich geringstmöglichen Kosten erreicht.
- Die CO_2-Abgabe ist dynamisch effizient. Sie eignet sich, um den technischen Fortschritt zu fördern und Innovationen zu induzieren, um das Ausmass der negativen Externalitäten zu mindern. Die Verursacher haben einen Anreiz, selbst neue Massnahmen zur Belastungsverringerung oder -vermeidung zu ergreifen (Nachfragedämpfungseffekt).
- Die CO_2-Abgabe beschleunigt die Substitution von fossilen Energieträgern durch Energieträger mit einem geringeren CO_2-Gehalt (Substitutionseffekt). Erneuerbare Energien wie Wasserkraft, Wind- und Solarenergie würden relativ attraktiver.
- Die CO_2-Abgabe erstattet den Ertrag an die Bevölkerung zurück, es kommt damit nicht zu einer Erhöhung der Staatsquote. Die Rückerstattung ist damit nicht zweckgebunden und führt nicht zu einer unerwünschten Verzerrung auf den Märkten.
- Die CO_2-Abgabe bzw. das Vorgehen ist international koordiniert (Kyoto-Protokoll), die Schweiz sollte dadurch keine wirtschaftlichen Wettbewerbsnachteile erleiden.

Der grösste **Nachteil** der CO_2-Abgabe liegt, so paradox es klingen mag, in ihrer Wirksamkeit und der dadurch ausgelösten Lobby-Arbeit von Interessengruppen. Auf diesen Punkt wird detaillierter auf S. 292 eingegangen.

5.1.4 Weitere rechtliche Grundlagen

Neben den Bestimmungen in der Bundesverfassung, dem Umweltschutz- und CO_2-Gesetz besteht eine Vielzahl von weiteren rechtlichen Grundlagen, die teilweise auch Bestimmungen über den Umweltbereich beinhalten. Zu nennen sind mehrere Staatsverträge, Bundesbeschlüsse sowie dutzende von Verordnungen. Im Folgenden werden nur die wichtigsten Gesetze genannt, auf denen viele umweltrelevante Verordnungen basieren:

- Das **Gentechnikgesetz** (GTG) soll die Menschen, die Tiere und die Umwelt vor Missbräuchen der Gentechnologie schützen und gleichzeitig dem Wohl der Menschen, der Tiere und der Umwelt bei der Anwendung dieser Technologie dienen. Dabei geht es v.a. um die Bewilligungspflicht von Versuchen sowie die Kennzeichnungspflicht von gentechnisch veränderten Lebensmitteln.
- Das **Gewässerschutzgesetz** (GSchG) soll die Gesundheit von Menschen, Tieren und Pflanzen schützen. Weiter sollen damit die Trink- und Brauchwasserversorgung sichergestellt und die Gewässer als Lebensraum erhalten werden.
- Das **Bundesgesetz über die Fischerei** (BGF) hat zum Ziel, die Lebensbedingungen von Wassertieren zu schützen und nur eine nachhaltige Nutzung der Bestände zuzulassen.
- Das **Bundesgesetz über den Natur- und Heimatschutz** (NHG) sieht neben dem Erhalt des heimatlichen Landschafts- und Ortsbildes auch den Schutz der einheimischen Tier- und Pflanzenwelt vor. Darunter fällt z.B. der Artenschutz sowie der Schutz der Lebensräume der Tiere und Pflanzen, wie z.B. die Moore (Rothenthurm-Initiative).
- Das **Jagdgesetz** (JSG) bezweckt unter anderem, die Artenvielfalt und Lebensräume der Säugetiere und Vögel zu erhalten und bedrohte Tierarten zu schützen. Darunter fällt z.B. auch die Schonzeit oder die Bewilligungspflicht für die Ein- und Ausfuhr von geschützten Tieren.
- Das **Nationalparkgesetz** ist die rechtliche Grundlage für den seit 1914 bestehenden Nationalpark im Kanton Graubünden.

- Das **Waldgesetz** (WaG) soll den Wald in seiner Fläche und räumlichen Verteilung erhalten. Es besteht ein prinzipielles Rodungsverbot, von dem nur unter strengen Voraussetzungen abgewichen werden darf. Ebenso gilt der Grundsatz der nachhaltigen Bewirtschaftung des Waldes.
- Das **Raumplanungsgesetz** (RPG) soll sicherstellen, dass die Massnahmen der Raumplanung die natürlichen Lebensgrundlagen wie Boden, Luft, Wasser, Wald und die Landschaft schützen. So sind z.B. Schutzzonen auszuscheiden.
- Das **Landwirtschaftsgesetz** (LwG) soll neben anderem auch die natürlichen Lebensgrundlagen erhalten sowie die Kulturlandschaft pflegen (vgl. S. 397).
- Das **Strassenverkehrsgesetz** (SVG) ist die Grundlage für die periodische Prüfpflicht von Fahrzeugen bezüglich Abgas- und Lärmemissionen sowie Treibstoffverbrauch. Es enthält die Festsetzung einer Gewichtslimite von 44 Tonnen sowie ein Nachtfahrverbot für Lastwagen.
- Das **Schwerverkehrsabgabegesetz** (SVAG) ist die rechtliche Grundlage für die leistungsabhängige Schwerverkehrsabgabe (LSVA).
- Das **Verkehrsverlagerungsgesetz** und das **Bundesgesetz über den Strassentransitverkehr im Alpengebiet** (STVG) sind Ausflüsse der Alpen-Initiative. Sie sehen erstens vor, dass der alpenquerende Gütertransitverkehr auf der Schiene abzuwickeln ist, und zweitens, dass die Transitstrassen-Kapazität im Alpengebiet nicht erhöht werden darf.
- Das **Luftfahrtgesetz** (LFG) erklärt u.a. die Bekämpfung von Lärm und Luftverunreinigung zu seinen Zielvorgaben. Es stellt die Grundlage für die verfügten Lärm- und Abgas-Emissionsgrenzwerte für Luftfahrzeuge dar.
- Das **Eisenbahngesetz** (EBG) und das **Bundesgesetz über die Lärmsanierung der Eisenbahnen** regelt die Anforderungen des Umweltschutzes im Bahnbereich und setzt den Bahnbetreibern eine Lärmsanierungsfrist.
- Das **Bundesgesetz über die Binnenschiffahrt** (BSG) weist auf die Erfordernisse im Gewässer- und Umweltschutz hin.
- Das **Energiegesetz** (EnG) bezweckt neben anderem auch die sparsame und rationelle Energienutzung sowie die verstärkte Nutzung von einheimischen und erneuerbaren Energien (vgl. S. 326).

5.2 Probleme in der Vorbereitung und der Umsetzung

Die Vorbereitung und die spätere konkrete Umsetzung der rechtlichen Grundlagen stellt die Umweltpolitik neben den bisher genannten oft vor weitere Probleme. Bei der Vorbereitung ist die schwierige Feststellung eines Zusammenhangs zwischen Ursachen und Schäden zu nennen sowie die Zeitverzögerung und oft globale Dimension von Ursachen und Schäden. Weiter ist die Umweltpolitik in der Vorbereitungsphase dem Lobbying ausgesetzt, und bei der Umsetzung stellen sich Probleme des Vollzugs sowie des quantitativen Wachstums der Umweltbelastungen.

5.2.1 Zusammenhang zwischen Ursache und Schäden

Im politischen Prozess werden Massnahmen oft erst ergriffen und umgesetzt, wenn die Schäden sicht- und spürbar sind. Verschmutztes Trinkwasser, Lungenkrankheiten, Hautkrebs etc. geben den Anlass, Massnahmen zu ergreifen. Viele dieser Schäden sind jedoch nicht ohne Weiteres der übermässigen Umweltbelastung zuzuordnen. Der **Zusammenhang** muss mit komplexen Methoden und Untersuchungen nachgewiesen werden. Selbst wenn Zusammenhänge festgestellt werden, handelt es sich selten nur um eine einzelne Ursache, sondern meist um ein Zusammenwirken vieler Faktoren. So kann z.B. die steigende Temperatur der Atmosphäre durch viele Faktoren wie eine hohe CO_2- und Methan-Konzentration oder Vulkanausbrüche etc. beeinflusst werden.

Bessere Kenntnisse der **Ursache-Wirkungs-Kette im Ökosystem** erlauben es immer genauer, den Anteil des durch den Menschen verursachten Umwelteinflusses zu messen. Die genauere Bezifferung des menschlichen Einflusses führt aber noch nicht zu Verhaltensänderungen. Die oft nur wissenschaftlich dargestellten Zusammenhänge müssen der breiten Bevölkerung allgemein verständlich zugänglich gemacht werden. Dadurch kennen die Individuen auch die langfristigen Auswirkungen ihres Handelns und können ihr Verhalten entsprechend anpassen. Ein Beispiel ist die vom schweizerischen Souverän in Volksabstimmungen mehrfach unterstützte Verlagerung des Güterverkehrs auf die Schiene, teilweise unter Inkaufnahme von hohen Staatsausgaben z.B. für die Neue Eisenbahn-Alpentransversale (NEAT).

5.2.2 Zeitverzögerung und globale Dimension der Ursachen und Schäden

Verschiedene Schadstoffe wirken erst sehr **langfristig** und **global**, wie z.B. das CO_2. Die Mehrheit der Forscher sieht inzwischen einen direkten Zusammenhang zwischen dem durch den Menschen verursachten CO_2-Ausstoss und dem Anstieg der durchschnittlichen Temperaturen in den letzten hundert Jahren. Die globale Erwärmung der Erdatmosphäre vollzieht sich jedoch langsam, die Folgen sind deshalb erst nach Jahrzehnten spürbar. Zusätzlich hat die Klimaänderung sehr unterschiedliche Auswirkungen auf verschiedene Weltregionen, was zu einem uneinheitlichen Bild der Schäden führt.

Die Zeitverzögerung zwischen Ursache und den Schäden sowie die globale Dimension eines Umweltproblems bedingen **internationale Vereinbarungen** zur Reduktion der Umweltbelastung. Dazu ist ein Grundkonsens der internationalen Staatengemeinschaft nötig, um ein **Trittbrettfahrer-Verhalten** einzelner Staaten zu verhindern. Alle beteiligten Länder brauchen Anreize in Form von Strafen oder Belohnungen, um die Abmachungen einzuhalten. Bisher wurden auf verschiedenen internationalen Konferenzen mehrere Absichtserklärungen unterzeichnet, sehr oft jedoch, ohne international verbindliche Abkommen nach sich zu ziehen. Zu unterschiedlich sind Einkommen, Wohlstand und damit die Interessen global verteilt. So ist es umso wertvoller, dass mit dem **Kyoto-Protokoll** (vgl. S. 269) eine erste und bis heute die wichtigste internationale Vereinbarung dennoch zustande gekommen ist.

5.2.3 Lobbying

Bevor eine Massnahme überhaupt vollzogen werden kann, muss sie den politischen Entscheidungsprozess passieren. Neben den gewählten politischen Entscheidungsträgern versuchen immer stärker auch private **Interessengruppen** über Lobbying das Ergebnis zu beeinflussen (vgl. S. 123ff.). Ein reales Beispiel helvetischer Politik und gleichzeitig ein guter Beleg für die Theorie der Neuen Politischen Ökonomie (vgl. Abbildung 28 auf S. 92) ist der (bisherige Nicht-) Übertritt in die zweite Phase des CO_2-Gesetzes (vgl. S. 286ff.). Diese zweite Phase sieht die Einführung einer **CO_2-Abgabe** vor.

Obwohl der Bundesrat seit 2004 die Vollmacht hat, eine CO_2-Abgabe einzuführen und bereits eine entsprechende Verordnung besteht, wurde bis Ende 2005 noch kein Entscheid über einen Einführungszeitpunkt gefällt, obwohl die schweizerischen CO_2-Emissionen 2004 rund 41,3 Mio. Tonnen betrugen, was einem Anstieg von insgesamt 0,6% gegenüber dem Stand von 1990 entspricht. Während bei den Brennstoffen ein Rückgang von 4,4% zu verzeichnen war, stiegen die Emissionen bei den Treibstoffen um 8,9%. Zur Erinnerung: Das Ziel des CO_2-Gesetzes ist eine Reduktion bis 2010 um 15% bei den Brennstoffen und um 8% bei den Treibstoffen. Seit Ende 2004 ist damit absehbar, dass das **Reduktionsziel bis 2010** mit den bisherigen Massnahmen der ersten Phase kaum erreicht werden kann.

VIII. Umwelt 293

Um die drohende Einführung einer CO_2-Abgabe zu verhindern, oder zumindest aufzuschieben, schlugen die **Auto-Lobby** und die **Erdölbranche** deshalb einen **Klimarappen** vor, der am 1. Oktober 2005 eingeführt wurde. Der Klimarappen ist keine staatliche Abgabe, sondern eine freiwillige Massnahme der Erdölbranche, und verteuerte den Liter Treibstoff um rund 1,5 Rp. Mit dem Ertrag von rund 100 Mio. Fr. pro Jahr finanziert die Erdölbranche CO_2-senkende Massnahmen im In- und Ausland und kauft im Ausland CO_2-Zertifikate auf.

Doch es ist fraglich, ob mit dem Klimarappen die angestrebte CO_2-Reduktion insbesondere bei den **Treibstoffen** doch noch erreicht werden kann. Denn neben den Ausgleichsmassnahmen im In- und Ausland führt der geringe Betrag von 1,5 Rp. pro Liter Treibstoff **nicht** zu einer (inländischen) **Verhaltensänderung**. Kaum einer wird deswegen weniger Auto fahren, der Anstieg des Treibstoffverbrauchs wird damit nicht gebremst (**keine Substitutionswirkung**). Ebenfalls zu **bezweifeln** ist deshalb die **dynamische Effizienz** des Klimarappens. Insgesamt dürften die positiven volkswirtschaftlichen Effekte des Klimarappens damit weit geringer sein als die der vorgesehenen CO_2-Abgabe.

Eine sehr ähnliche Entwicklung zeichnet sich für die CO_2-Abgabe auf **Brennstoffe** ab. Hier schlägt eine Allianz aus Hauseigentümerverband und Wirtschaftsorganisationen ebenfalls einen Klimarappen wie bei den Treibstoffen vor. Mit den Erträgen aus diesem sog. Klimarappen II oder Gebäuderappen sollen energetische Sanierungen von Immobilien gefördert werden. Auch hier sind aus ökonomischer Sicht die fehlende Substitutionswirkung und die geringe dynamische Effizienz zu kritisieren.

5.2.4 Vollzug des Umweltrechts

Der Vollzug des Umweltschutzgesetzes sowie vieler umweltpolitischer Instrumente obliegt den Kantonen. Neben der schon traditionellen Verzögerung des Vollzuges sind folgende Probleme zu erwähnen:

- Insbesondere die kleinen Kantone verfügen nicht über die nötige **fachliche, personelle und finanzielle Kapazität**, um die in den Verordnungen festgelegten Kontrollen auch sachgemäss durchzuführen.
- **Fehlende Kompetenzen** erlauben es den Kantonen oft nur Anträge an den Bund zu stellen. Die Einhaltung der Grenzwerte mit verhältnismässigen Mitteln innerhalb der bestehenden Kantonskompetenzen scheint kaum möglich zu sein.
- Die **Akzeptanz** der nötigen Einschränkungen, um die vom Bund definierten Qualitätsziele zu gewährleisten, scheint bei der Bevölkerung einzelner Kantone zu fehlen.

Trotz der aufgezählten Mängel handelt es sich beim schweizerischen Umweltschutzgesetz im internationalen Vergleich um ein fortschrittliches Gesetz.

5.2.5 Quantitatives Wachstum

Ein weiteres Umsetzungsproblem der rechtlichen Grundlagen ergibt sich durch das quantitative Wachstum einzelner Umweltbelastungen. Um dieses Problem weiter zu erläutern, muss zuerst zwischen Emissionen und Immissionen unterschieden werden:

- **Emissionen** sind die von einer Anlage ausgehenden Luftverunreinigungen, Geräusche, Erschütterungen etc. Die Emissionsgrenzwerte beschreiben deshalb maximal zugelassene Werte der Belastungen, die direkt bei einer Anlage gemessen werden. Beispiel: die Kontrolle der Schadstoffemissionen eines Fahrzeugs beim Abgastest.
- Schädliche Umwelteinwirkungen sind **Immissionen**, die nach Art, Ausmass und Dauer geeignet sind, Gefahren, erhebliche Nachteile oder erhebliche Belästigungen für die Allgemeinheit oder die Nachbarschaft herbeizuführen. Immissionsgrenzwerte beschreiben damit die maximal zulässige Umwelteinwirkung eines Schadstoffes; Immissionen werden an verschiedenen Standorten gemessen. Beispiel: die Messung der Luftschadstoffe in der Stadt Zürich an der Stampfenbachstrasse 144.

Das Auftreten von Immissionen setzt entsprechende Emissionen voraus. Die Immission steht somit am Ende einer Kausalkette, deren Anfang durch die Emission bedingt ist. Das Bindeglied zwischen Emission und Immission ist die **Transmission** (Ausbreitung), welche aufgrund der Abstandsverhältnisse und der örtlichen Gegebenheiten in der Regel für eine Abschwächung der Umwelteinwirkungen (z.B. Lärm) auf ihrem Ausbreitungsweg von der Emissionsquelle zum Einwirkungsort (Immissionspunkt) sorgt.

Die im Umweltschutzgesetz definierten **Immissionsgrenzwerte** können mit den ebenfalls gesetzlich festgelegten **Emissionsgrenzwerten** v.a. im Bereich der Luftreinhaltung (Stickstoffdioxid, Ozon, lungengängiger Feinstaub), des Boden- (Blei, Kupfer, Cadmium, Fluor) und Wasserschutzes (Pflanzenschutzmittel, Kohlenwasserstoffe) nicht erreicht werden. Offensichtlich reicht es nicht, nur die Grenzwerte zu bestimmen, da der Emissionsgrenzwert hauptsächlich durch das **technisch Machbare** beeinflusst wird. Die Gesamtfracht der Emissionen kann immer noch zu einer Überschreitung der Immissionsgrenzwerte führen. Ein Beispiel soll diese Problematik verdeutlichen:

- Die Schadstoffemissionen in die Luft wurden sowohl bei Feuerungen als auch bei Fahrzeugen dank technischer Verbesserungen in den 1980er und 1990er Jahren massiv gesenkt. Die Emissionsgrenzwerte werden also eingehalten, teilweise sogar unterschritten. Gleichzeitig werden jedoch die Immissionsgrenzwerte der **Luftreinhalte-Verordnung** (LRV; stützt sich auf das USG) teilweise massiv überschritten.

Diese Situation stellt kein Paradox dar. Sie ist darauf zurückzuführen, dass die schädlichen Abgase je Fahrzeug zurückgehen (Emissionen), jedoch die Anzahl der Fahrzeuge gleichzeitig stark zugenommen hat. Die Gesamtfracht an Schadstoffen vergrösserte sich damit stärker als der Rückgang an Schadstoffen je Fahrzeug. Als Folge davon stiegen die Immissionen. Der technische Fortschritt wird somit durch das quantitative Wachstum zunichte gemacht. Dieses Resultat lässt sich auch an anderen Beispielen aufzeigen und wird **Rebound-Effekt** genannt.

Diese Problematik lässt sich auch auf die gesetzlich unterschiedliche Definition der Grenzwerte von Emissionen und Immissionen zurückführen. Während bei den **Emissionen** die Konzentration an Schadstoffen z.B. pro Kubikmeter Abluft gemessen wird (**qualitativ**), werden die **Immissionen** durch den Schadstoffgehalt der Luft, über eine bestimmte Zeitperiode gemessen, definiert (**quantitativ**). Die Gesamtfracht der Emissionen lässt sich somit nicht durch die Konzentration des Schadstoffs je Kubikmeter begrenzen.

Eine Verbesserung der ökologischen Situation kann deshalb nur eintreten, wenn ein entsprechendes quantitatives Wachstum der umweltbelastenden Tätigkeiten den technischen Fortschritt bei der Vermeidung der Umweltbelastung nicht kompensiert. Weiter muss die maximal zulässige Emissionsfracht quantitativ begrenzt und mit entsprechenden Instrumenten, z.B. Zertifikaten oder Lenkungsabgaben, angesteuert werden.

5.3 Sinnvolle Kombination der Instrumente

Die schweizerische Umweltpolitik besteht zum überwiegenden Teil aus polizeilichen (Gebote, Verbote und Auflagen; vgl. S. 274) und technisch-planerischen Instrumenten (S. 272ff.) sowie freiwilligen Massnahmen (vgl. S. 271f.). Nur in sehr wenigen Fällen kommen marktwirtschaftliche Instrumente (vgl. S. 274ff.) zur Anwendung. Da sich **marktwirtschaftliche Instrumente** v.a. durch ihre **statische und dynamische Effizienz** auszeichnen, wäre ein vermehrter Einsatz volkswirtschaftlich wünschbar. Eine mögliche Strategie zum Einsatz der verschiedenen Instrumente in der Umweltpolitik wäre folgende:

- Die Einhaltung einer maximalen Emissionsfracht eines Schadstoffes gewährleisten sowohl Umweltzertifikate als auch das Erheben einer entsprechenden Umweltabgabe. Der Schadstoffausstoss für eine Region oder ein ganzes Land wird damit wirksam begrenzt, das quantitative Schadstoffwachstum wird damit unterbunden.
- Örtliche übermässige Konzentrationen mit sehr schädlichen Auswirkungen können weiterhin durch polizeiliche Instrumente vermieden werden (Verbote, Auflagen).
- Lassen sich die oben genannten Instrumente z.B. aus politischen Gründen nicht einsetzen, so verbleiben immer noch technisch-planerische Instrumente des Umweltschutzes.
- Das Verständnis der Auswirkungen der Umweltverschmutzung ist langfristig zu fördern. Informationen sollten damit eine Ergänzung zu den übrigen Massnahmen darstellen.

Für eine effiziente Umweltpolitik sind damit nicht ausschliesslich marktwirtschaftliche Instrumente anzuwenden. Sie sind aber sehr viel häufiger als bisher einzusetzen und sinnvoll mit den Stärken anderer Instrumente zu kombinieren.

6. Ausblick

Der Begriff der **Nachhaltigen Entwicklung** (Sustainable Development) ist inzwischen in der breiten Öffentlichkeit bekannt, ohne jedoch von allen genau verstanden zu werden. Weitgehend unbestritten ist allerdings die Einsicht, dass für die langfristige Steigerung der Wohlfahrt auch die **Umweltqualität** mit einzubeziehen ist. Doch bereitet die Umsetzung der Einsicht in konkrete Taten einige Mühe. So ist sich eine Mehrheit der Schweizer bewusst, dass die eigene private Mobilität hohe externe Kosten verursacht, dennoch halten vier von fünf das eigene Auto für unverzichtbar. Sobald es aber um die eigene Wohnsituation geht, beklagen sich wiederum viele über den Lärm und die Luftschadstoffe.

Eine **Internalisierung der externen Kosten** schafft eine wichtige Voraussetzung für eine nachhaltigere Entwicklung der Schweiz. Sie bietet durch eine bessere **allokative Effizienz** die Chance, volkswirtschaftliche **Wohlstandsgewinne** zu realisieren. In den letzten Jahren wurden diesbezüglich Anstrengungen unternommen. Für eine sinnvolle Kombination der Instrumente sollten aber insbesondere **marktwirtschaftliche Instrumente** stärker eingesetzt werden, da sie sich nicht nur durch ihre **statische**, sondern auch ihre **dynamische Effizienz** auszeichnen. Die geplante **CO_2-Abgabe** würde der Schweiz eine Chance eröffnen, im Sinne der dynamischen Effizienz **Produkt- und Prozessinnovationen** zu entwickeln, die nicht nur im Inland genutzt, sondern auch exportiert werden könnten. Dies schafft einen **first-mover-advantage** sowie qualifizierte Arbeitsplätze mit einer hohen Wertschöpfung. Verschiedene Studien zeigen, dass sich der Umweltschutz positiv auf die Schweizer Wirtschaft auswirkt. Ein Beispiel ist die schweizerische Führungsposition bei der technologischen Wasseraufbereitung.

Für solche positive volkswirtschaftliche Effekte ist es aber nötig, dass (geplante) marktwirtschaftliche Instrumente nicht wie bisher aufgeschoben, sondern endlich implementiert werden. Dabei dürfen ihre **Substitutionswirkung** und Effizienz nicht durch zu viele Ausnahmeregelungen geschwächt werden. Denn nur bei einer Substitutionswirkung werden die Instrumente einen spürbar positiven Effekt auf die Umweltqualität sowie die Wirtschaft haben und damit letztlich auch zur nachhaltigeren Entwicklung der Schweiz beitragen. Für die **politische Durchsetzung** ist es deshalb nötig, dass die volkswirtschaftlichen Vorteile des Umweltschutzes verstärkt kommuniziert, weitere Vereinbarungen zwischen Politik und Wirtschaft abgeschlossen und die Umweltschutzmassnahmen langfristig ausgelegt werden, um für die Wirtschaft berechenbar zu sein. Auf staatlicher Seite ist eine verstärkte Verknüpfung der Technologie- und der Umweltpolitik anzustreben.

7. Quellen

7.1 Literatur

Baumol, W. J., Oates, W. E. (1971). The Use of Standards and Prices for Protection of the Environment, in: The Swedish Journal of Economics. Vol. 73, Nr. 1, S. 42–54.

Baumol, W. J., Oates, W. E. (1975). The Theory of Environmental Policy. Cambridge.

Bretschger, L. (2005). Economics of technological change and the natural environment. How effective are innovations as a remedy for resource scarcity?, in: Ecological Economics. Vol. 54, Nr. 2–3, S. 148–163.

Bundesamt für Statistik (Hrsg.) (2002). Umwelt Schweiz 2002. Statistiken und Analysen. Neuchâtel.

Bundesamt für Umwelt, Wald und Landschaft (Hrsg.) (2005). Wirtschaftliche Dimensionen der Umweltpolitik. Synthese von Forschungsprojekten zu den Wechselwirkungen zwischen Wirtschaft und Umwelt. Schriftenreihe Umwelt Nr. 385. Bern.

Coase, R. (1960). The Problem of Social Cost, in: The Journal of Law and Economics. Vol. 3, S. 1-44.

Endres, A. (2000). Umweltökonomie. 2. Auflage. Stuttgart.

Frey, B. S., Kirchgässner, G. (2002). Demokratische Wirtschaftspolitik: Theorie und Anwendung. 3. Auflage. München.

Frey, R. L., Staehelin-Witt, E., Blöchlinger, H. (Hrsg.) (1993). Mit Ökonomie zur Ökologie. Analyse und Lösungen des Umweltproblems aus ökonomischer Sicht. 2. Auflage. Basel/Frankfurt am Main.

Iten, R., Peter, M., Walz, R., Menegale, S., Blum, M. (2005). Auswirkungen des Umweltschutzes auf BIP, Beschäftigung und Unternehmen. Umwelt-Materialien Nr. 197. Bundesamt für Umwelt, Wald und Landschaft. Bern.

Jaeger, F. (1994). Natur und Wirtschaft. Ökonomische Grundlagen einer Politik des qualitativen Wachstums. 2. neu bearbeitete Auflage. Chur/Zürich.

Jakubowski, P. (1999). Demokratische Umweltpolitik. Eine institutionenökonomische Analyse umweltpolitischer Zielfindung. Frankfurt am Main.

Kuznets, S. (1955). Economic Growth and Income Inequality, in: American Economic Review. Vol. 45, Nr. 1, S. 1–28.

Ott, W., Baur, M., Iten, R., Vettori, A. (2005). Konsequente Umsetzung des Verursacherprinzips. Umwelt-Materialien Nr. 201. Bundesamt für Umwelt, Wald und Landschaft. Bern.

Perman, R., Ma, Y., McGilvray, J., Common, M. (2003). Natural Resource and Environmental Economics. 3rd edition. Harlow.

Pigou, C. (1920). The Economics of Welfare. London.

Rausch, H. (2005). Panorama des Umweltrechts. Schriftenreihe Umwelt Nr. 226. 4. Auflage. Bundesamt für Umwelt, Wald und Landschaft. Bern.

Schoder, Th., Bleisch, A., Kübler, Th., Suter, St. (2002). Nachhaltige Metropolen. ZKB Monitoring von Zürichs Wirtschaft, Umwelt und Gesellschaft im internationalen Vergleich. Schriftenreihe Wirtschaft und Gesellschaft. Zürcher Kantonalbank. Zürich.

Siebert, H. (2005). Economics of the Environment: Theory and Policy. 6th edition. Berlin/Heidelberg/New York.

Vaterlaus, St., Schoder, Th., Suter, St., Kübler, Th., Koellreuter, Ch. (2000). Nachhaltiges Wachstum. Wirtschaft, Umwelt und Gesellschaft schweizerischer Regionen im internationalen Vergleich. Schriftenreihe Wirtschaft und Gesellschaft. Zürcher Kantonalbank. Zürich.

Vaterlaus, St., Schoder, Th., Suter, St., Kübler, Th., Koellreuter, Ch. (2001). Regionale Nachhaltigkeit. ZKB Monitoring von Wirtschaft, Umwelt und Gesellschaft in Zürich. Zürcher Kantonalbank. Zürich.

Wackernagel, M., Rees, W. E. (1996). Our Ecological Footprint: Reducing Human Impact on the Earth. Gabriola Island, BC.

7.2 Internet

Abfall-Informationsplattform. URL: www.abfall.ch

Bundesamt für Energie. URL: www.energie-schweiz.ch

Bundesamt für Raumentwicklung. URL: www.are.admin.ch

Bundesamt für Statistik. URL: www.bfs.admin.ch

Bundesamt für Umwelt. URL: www.umwelt-schweiz.ch

Bundesamt für Wasser und Geologie. URL: www.bwg.admin.ch

Eidgenössisches Departement für Umwelt, Verkehr, Energie und Kommunikation. URL: www.uvek.admin.ch

European Environment Agency. URL: www.eea.eu.int

Global Footprint Network. URL: www.footprintnetwork.org

International Union for Conservation of Nature and Natural Resources. URL: www.redlist.org

MONET – Nachhaltige Entwicklung messen. URL: www.monet.admin.ch

Praktischer Umweltschutz Schweiz (Pusch). URL: www.umweltschutz.ch

ProClim – Forum for Climate and Global Change. URL: www.proclim.ch

Pro Natura. URL: www.pronatura.ch

United Nations Environment Programme. URL: www.unep.ch

United Nations Framework Convention on Climate Change. URL: unfccc.int

Vereinigung Umwelt und Bevölkerung (EcoPop). URL: www.ecopop.ch

WWF. URL: www.wwf.ch oder URL: www.footprint.ch

IX. Energie

1. Einführung

Jede Form des Lebens ist auf die Zufuhr und die Nutzung von Energie angewiesen. Energie ist in verschiedenen Formen wie Erdöl, Kohle, Holz, Gas, Wasser, Uran oder Strahlung gebunden und kann nur mit entsprechendem Aufwand nutzbar gemacht werden. Da der grösste Anteil der auf der Erde verfügbaren Energie durch Sonneneinstrahlung zugeführt wird, lässt sich von beinahe unendlichen Energieressourcen sprechen. Erst die **Umwandlung** dieser Ressourcen in eine für den Menschen nutzbare Energieform macht die **Energie zum knappen Gut**.

Produktion und Konsum von Energie werden massgeblich vom **Staat beeinflusst**, wobei dieser Einfluss nicht unumstritten ist. Ein Grund für die staatlichen Eingriffe in die Energiemärkte kann darin gesehen werden, dass die Produktion und der Konsum von Energie sehr oft die **Umwelt gefährden oder gar verschlechtern**. Beispielsweise fallen bei der Produktion von Elektrizität in Kernkraftwerken verstrahlte Abfälle an, die noch für Jahrhunderte die Umwelt gefährden. Die Verbrennung von fossilen Energieträgern führt jedoch zur stärksten Umweltbelastung, denn das entstehende Kohlendioxid (CO_2) ist eine wichtige Ursache für die Erwärmung der Erdatmosphäre.

Ein weiterer Grund für die staatlichen Eingriffe kann im erwünschten **reibungslosen Funktionieren der Wirtschaft** gesehen werden. Industrialisierte Volkswirtschaften hängen in einem hohen Masse von der Verfügbarkeit des Produktionsfaktors Energie ab. Unerwartete Energieknappheiten können deshalb grosse volkswirtschaftliche Kosten verursachen. Der Staat versucht daher durch sein politisches Instrumentarium, das Angebot von und die Nachfrage nach Energie zu steuern, um Engpässe zu vermeiden.

Das vorliegende Kapitel untersucht einerseits die Entwicklungen auf den Energiemärkten und zeigt andererseits anhand der Schweiz die wichtigsten Probleme der Energiepolitik auf.

2. Betrachtung des weltweiten Energiemarkts

Bei der Betrachtung des weltweiten Energiemarkts wird zuerst auf die theoretisch verfügbaren Energiereserven eingegangen, bevor dann das effektive Energieangebot und die Energienachfrage dargestellt werden. Dieses Teilkapitel verwendet verschiedene **Begriffe bezüglich der Energieträger und deren Nutzung**. Sie sind übersichtsartig in Abbildung 82 zusammengestellt.

2.1 Energiereserven

Die kommerziell meistverwendeten **fossilen Energieträger** Erdöl, Gas und Kohle deckten 2004 knapp 90% des weltweiten Energieverbrauchs ab. Es handelt sich dabei nicht nur um knappe, sondern auch um für menschliche Zeiträume **beschränkte Ressourcen**. Denn vergleicht man die weltweiten Energiereserven, deren Abbau sich bei den heutigen Energiepreisen lohnt (effektive Reserven), mit der jährlichen Nutzung, so reichen diese Reserven bei jährlich konstanter Nutzung bei Erdöl noch rund 40 Jahre, bei Erdgas 55 Jahre und bei Kohle 270 Jahre. Die Reserven des ebenfalls knappen Energieträgers Uran reichen noch für rund 100 Jahre.

Diese Sichtweise der absoluten Knappheit greift aus folgenden Gründen ökonomisch aber zu kurz:
- Erstens sind noch längst nicht alle Reserven entdeckt,
- zweitens sind nicht alle abbaubaren, bereits entdeckten Reserven bei der heutigen Preislage abbauwürdig,
- und drittens sind nicht alle bekannten Reserven mit der heutigen Technik abbaubar.

Dieser Zusammenhang wird anschaulich durch die **McKelvey-Box** dargestellt, benannt nach Vincent E. McKelvey (1916–1987) (vgl. Abbildung 83 auf S. 304). Die fossilen Energieträger werden zuerst aus den entdeckten Reserven mit den geringsten Förderkosten gewonnen (**effektive Reserven**). Sind diese Reserven nahezu erschöpft, verringert sich das potenzielle Angebot, was unter normalen Marktbedingungen eine Preissteigerung zur Folge hat. Diese Preissteigerung löst sowohl angebots- als auch nachfrageseitig Reaktionen aus, die wieder zu einer Verringerung der Knappheit führen.

IX. Energie

| Energieträger und Energieverbrauch | Abbildung 82 |

Energieträger

Der Begriff Energieträger umfasst alle Ressourcen, mit deren Hilfe sich Energie gewinnen lässt. Diese Gewinnung kann direkt oder indirekt durch eine Umwandlung erfolgen.

- **Primärenergieträger**
  Primärenergieträger sind solche, die in der Natur vorgefunden werden und die noch nicht umgewandelt worden sind. Dies ist unabhängig davon, ob die Primärenergieträger in dieser Form direkt verwendbar sind oder nicht. Beispiele für Primärenergieträger sind Erdöl, Wasser(-kraft), Uran, Gas, Kohle, Holz sowie energetisch genutzter Müll und Industrieabfälle.
- **Sekundärenergieträger**
  Sekundärenergieträger entstehen aus der Umwandlung der Primärenergieträger, wobei Umwandlungsverluste anfallen. Beispiele für Sekundärenergieträger sind Brenn- und Treibstoffe, Elektrizität sowie Fernwärme.

Energieverbrauch

Der Energieverbrauch lässt sich in die untenstehenden Kategorien einteilen.

- **Bruttoenergieverbrauch**
  Der Bruttoenergieverbrauch umfasst die inländische Gewinnung von Primärenergieträgern zuzüglich des Aussenhandelssaldos mit Energieträgern und die Lagerveränderungen.
- **Endenergieverbrauch**
  Unter dem Endenergieverbrauch werden die von den Konsumenten verwendeten Primärenergieträger, die vor ihrer Verwendung keine Umwandlung benötigen, die Sekundärenergieträger und die selbstgewonnene Energie aus erneuerbaren Ressourcen verstanden. Die Differenz zwischen Bruttoenergieverbrauch und Endenergieverbrauch ist durch Umwandlungsverluste bestimmt.
- **Nutzenergieverbrauch**
  Nutzenergie ist die Energie, die nach der letzen Umsetzung in den Geräten des Endverbrauchers zur Verfügung steht. Folgende Anwendungsgebiete werden üblicherweise unterschieden:
  - Wärme (z.B. Raumwärme, Warmwasser)
  - mechanische Arbeit (z.B. die Vorwärtsbewegung des Autos)
  - chemisch gebundene Energie (z.B. Elektrolyse, Reduktionsprozesse)
  - Licht

Durchschnittlich wird wegen der hohen **Umwandlungs-, Übertragungs- und Verteilverluste** schliesslich weniger als die Hälfte der Bruttoenergie als Nutzenergie genutzt.

Angebotsseitig werden bekannte, aber aufgrund der hohen Förderkosten bisher noch nicht ausgebeutete Reserven abbauwürdig (**potenzielle Reserven**). Zusätzlich lohnt es sich, nach neuen Reserven zu suchen, da die erwarteten Erträge aus dem Verkauf der fossilen Energieträger die Such- und Förderkosten nun übersteigen (**hypothetische und spekulative** sowie **zufällig zu findende Reserven**).

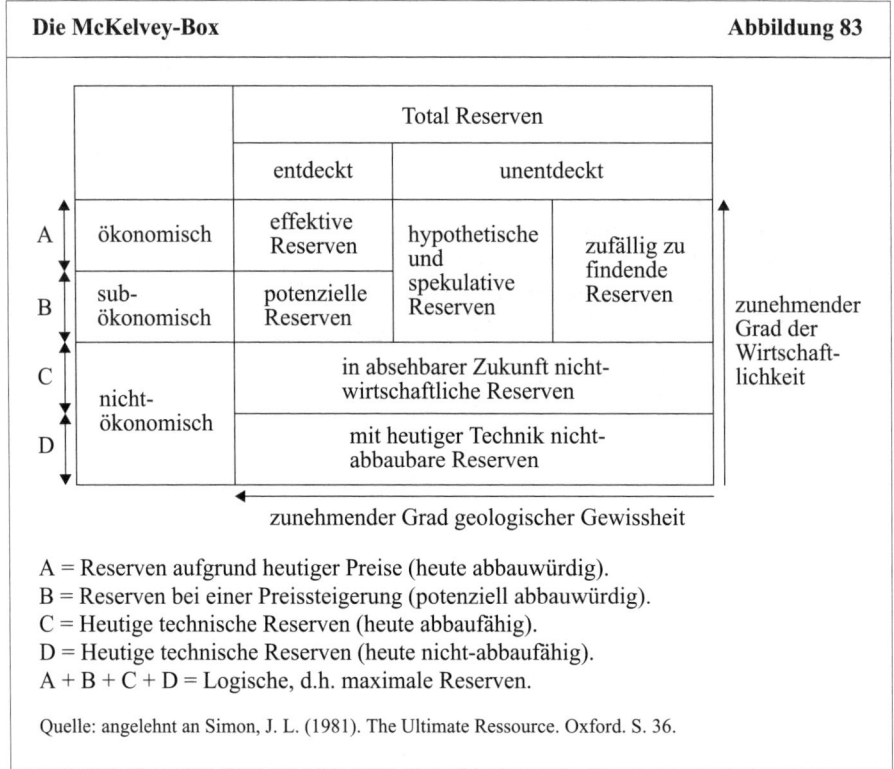

Weiter wird die Forschung intensiviert, um mit technischen Mitteln die Such- und Erschliessungskosten zu senken, sodass **in absehbarer Zukunft nicht-wirtschaftliche Reserven** abbauwürdig werden. Auch die **mit heutiger Technik nicht-abbaubaren Reserven** können dank neuer Fördertechniken abbaufähig werden.

Nachfrageseitig führt die steigende Verknappung und damit der Preisanstieg zu einem Nachfragerückgang. Die Konsumenten werden versuchen, die teureren Ressourcen **einzusparen** oder zu **substituieren**. Wenn möglich werden die Ressourcen auch **recycelt**. Aber nicht nur die Preisentwicklung der fossilen Energieträger selbst beeinflusst deren Nachfrage, sondern auch die Preisentwicklung anderer Energieträger. Denn werden nicht-fossile Energieträger günstiger, so werden die fossilen Energieträger relativ teurer, womit ceteris paribus deren Verbrauch sinkt. Eine Folgerung aus der McKelvey-Box ist deshalb, dass eine **absolute Aussage über die Beschränktheit der Energiereserven nicht möglich** ist. Es lässt sich lediglich feststellen, dass nicht-erneuerbare Energieträger begrenzt vorhanden sind und bei dem heutigem Verbrauchs- und Preisniveau schnell abgebaut werden.

2.2 Energieangebot

2.2.1 Angebot an Primärenergieträgern

Das weltweite Energieangebot setzt sich aus verschiedenen Primärenergieträgern zusammen (vgl. Tabelle 15). Am bedeutendsten sind dabei die **nicht-erneuerbaren Energieträger** Erdöl, Kohle, Gas und Uran. Trotz ihrer endlichen Reserven machen sie mit 86,5% der weltweit angebotenen Primärenergieträger den grössten Anteil aus. In den 30 Staaten der Organisation for Economic Co-operation and Development (OECD; vgl. S. 519ff.) beträgt dieser Anteil sogar 93,9%.

Energieangebot nach Primärenergieträgern (2003)[1]   Tabelle 15

Primärenergieträger	Anteil in % Welt[2]	Anteil in % OECD[2]
Erdöl	34,4	40,7
Kohle	24,4	20,5
Gas	21,2	22,0
Uran	6,5	10,7
Wasser(-kraft)	2,2	2,0
erneuerbare Energieträger (z.B. Holz) und Abfall	10,8	3,3
andere (z.B. Sonne, Wind)	0,5	0,8
Total	**100,0**	**100,0**

[1] Quelle: IEA (2005). Key World Energy Statistics.
[2] Bemessungsgrundlage Mtoe (Million tons of oil equivalent).

Die Ressourcen der heute am häufigsten verwendeten Primärenergieträger sind begrenzt. Beim Abbau stellt sich deshalb die Frage, wie schnell dieser vorangetrieben werden soll. Eine ökonomisch rationale Leitlinie dazu ist die sog. **Hotelling-Regel** (vgl. Abbildung 84). Das Energieangebot wird jedoch nicht nur durch die Überlegungen gemäss der Hotelling-Regel bestimmt, sondern gerade die Teilmärkte für die nicht-erneuerbaren Energieträger entsprechen selten dem Ideal einer vollkommenen Konkurrenz. In den meisten Fällen bestehen auf der Angebotsseite regionale oder nationale Monopole, Oligopole oder Kartelle, ein Anbieterwechsel ist deshalb für die meisten Nachfrager kaum möglich.

Die Hotelling-Regel	Abbildung 84

Grundsätzlich steht ein Ressourcenbesitzer vor zwei Alternativen: Entweder werden die Ressourcen im Boden gelassen oder heute gefördert und verkauft. Die Entscheidungsgrundlagen dafür beleuchtet die sog. **Hotelling-Regel** und wurde 1931 von Harold Hotelling (1895–1973) publiziert. Vereinfacht ausgedrückt bildet folgende Feststellung den Ausgangspunkt der Überlegung: Der Preis einer erschöpfbaren Ressource kann mit den (Extraktions-)Grenzkosten nicht identisch sein, wie es sich nach dem Modell der vollständigen Konkurrenz ergeben würde. Denn wäre dies der Fall, dann wäre es optimal, den gesamten Ressourcenbestand möglichst schnell zu fördern, um den Erlös in andere, renditebringende Projekte am Markt zu investieren.

Der Entscheid zur Extraktion oder Nicht-Extraktion der Ressourcen hat jeweils **Opportunitätskosten** zur Folge, die der Ressourcenbesitzer in die Entscheidung miteinbezieht:

- Wenn die Wertsteigerung der Ressourcen kleiner ist als der Marktzinssatz, werden in der aktuellen Periode aus wirtschaftlichen Gründen mehr Ressourcen gefördert, da der Erlös gewinnbringender am Markt angelegt werden kann.
- Falls aber die Wertsteigerung der Ressourcen grösser ist als der Marktzinssatz, dann besteht der Anreiz, in der aktuellen Periode die Fördermenge an Ressourcen zu verringern oder die Extraktion ganz zu stoppen.

Damit der Ressourcenbesitzer **indifferent** ist zwischen den beiden Möglichkeiten, muss die **Wertsteigerung der Ressourcen genau dem Marktzinssatz entsprechen**.

2.2.2 Das Erdölangebot

Ein gutes Beispiel für die Angebotsmacht im Energiemarkt ist das Erdöl, dem weitaus wichtigsten Primärenergieträger in den meisten Ländern. Auf dem Erdölmarkt sind es v.a. die grossen multinationalen Konzerne und die **Organization of the Petroleum Exporting Countries (OPEC)**, welche die freien Marktkräfte zurückbinden (vgl. Abbildung 85). So verfügen die Mitgliedsländer der OPEC über knapp 75% der weltweiten Erdölreserven (vgl. Tabelle 16). Auch die regionale Verteilung der Erdölreserven zeigt eine grosse Konzentration, denn über 60% befinden sich im Mittleren Osten. Diese geographische und teilweise kartellistische Angebotsmacht lässt sich anhand der Entwicklung des Erdölpreises belegen.

Der reale Preis in US-Dollar für einen Barrel Erdöl (= 159 Liter) sank seit der ersten kommerziellen Förderung in den 1860er Jahren aufgrund neuer Fördertechniken und der Entdeckung neuer Vorkommen (vgl. Abbildung 86). Während rund 100 Jahren pendelte der Preis grösstenteils zwischen 10 und 20 US-Dollar; daran änderte auch die Gründung der OPEC 1960 vorerst nichts. Erst im Oktober 1973 konnte sich die OPEC erstmals am Markt durchsetzen.

IX. Energie 307

| Organization of the Petroleum Exporting Countries | Abbildung 85 |

Die Organization of the Petroleum Exporting Countries (OPEC) ist eine permanente, zwischenstaatliche Organisation, die an der Bagdader Konferenz 1960 von Iran, Irak, Kuwait, Saudi-Arabien und Venezuela gegründet wurde. Heute zählt die OPEC elf Mitgliedsländer. Während der ersten Jahre befand sich der Hauptsitz der OPEC in Genf, 1965 erfolgte jedoch die Verlegung nach Wien.

Die OPEC verfolgt offiziell vier Ziele:

- die Koordination und Vereinheitlichung des Handels und der Politik der Mitgliedsländer in Sachen Erdöl;
- die Vermeidung schädlicher und unnötiger Fluktuationen des Preises für die Erdölproduzenten;
- effiziente, rationelle und regelmässige Erdöllieferungen an die Verbraucherländer;
- eine angemessene Rendite für die Investoren der Erdölindustrie.

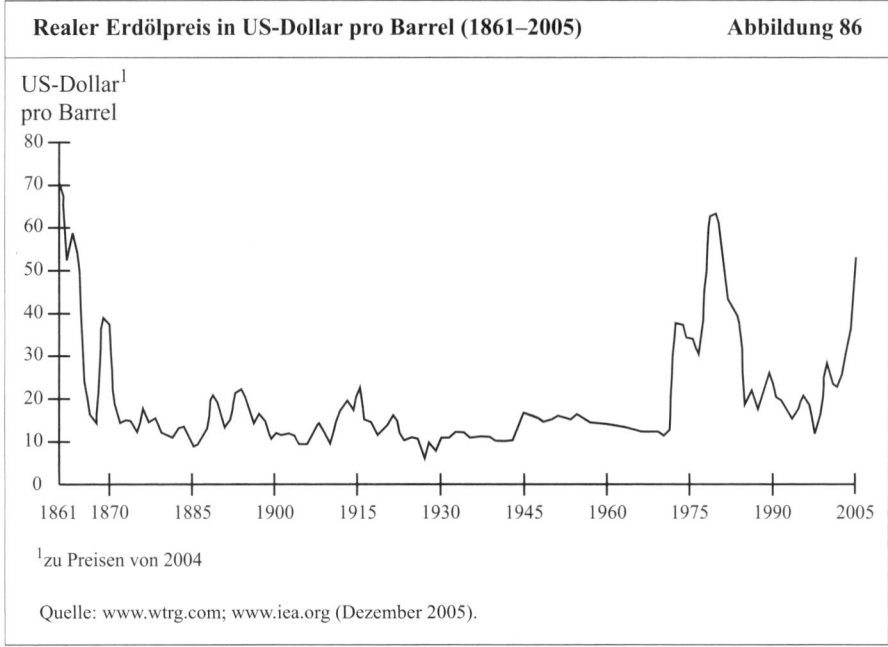

Abbildung 86: Realer Erdölpreis in US-Dollar pro Barrel (1861–2005)

[1] zu Preisen von 2004

Quelle: www.wtrg.com; www.iea.org (Dezember 2005).

Die Ursache war aber nicht so sehr wirtschaftliches, sondern eher politisches Kalkül: Mit der Verknappung des Erdölangebots versuchten mehrere OPEC-Staaten, einige Industrieländer unter Druck zu setzen, da sie mit deren Politik während des israelisch-arabischen Jom-Kippur-Kriegs nicht einverstan-

Verteilung der Erdölreserven[1] Tabelle 16

		Reserven in %
OPEC-Mitgliedsländer		**74,9**
	Saudi-Arabien	22,1
	Iran	11,1
	Irak	9,7
	Kuwait	8,3
	Vereinigte Arabische Emirate (VAE)	8,2
	Venezuela	6,5
	Libyen	3,3
	Nigeria	3,0
	Katar	1,3
	Algerien	1,0
	Indonesien	0,4
Nicht-OPEC-Mitgliedsländer		**25,1**
	Russland	6,1
	Kasachstan	3,3
	USA	2,5
	Kanada	1,4
	China	1,4
	Mexiko	1,2
	Übrige nicht-OPEC-Mitgliedsländer	9,2
Welt		**100,0**

[1] Daten: BP (2005). Putting Energy in the spotlight. BP Statistical Review of World Energy 2005.

den waren. Die Preise vervielfachten sich und erreichten 1974 mit knapp 40 US-Dollar einen Höchststand, was heute als **erste Erdölkrise** bezeichnet wird. Die **zweite Erdölkrise** begann 1979, als Förderausfälle und die Verunsicherung während des Kriegs zwischen Iran und Irak den Preis in die Höhe trieben.

Die massive Produktionsausdehnung und die Substitutionsanstrengungen der Erdölimportländer führten 1986 zum faktischen Zerfall des OPEC-Kartells; der Preis fiel auf unter 20 US-Dollar. Bis Ende 1998 bildete sich der Erdölpreis wieder vermehrt auf dem internationalen Erdölmarkt. Ab dem Jahr 1999 stieg der Preis wieder an. Für den starken Preisanstieg, insbesondere im Jahr 2005, war jedoch nicht so sehr die Politik der OPEC verantwortlich. Engpässe in den Raffinerien, die Spekulation von Händlern an der Börse, die hohe Nachfrage in Asien, Förderausfälle im Irak sowie Streiks in Norwegen, Venezuela und Nigeria führten zu einer Verteuerung des Erdöls. Mehrere Kenner des Erdölmarkts sahen eine

Ursache für die Preissteigerung auch im Erreichen des sog. **Peak-Oils**. Damit wird der Zeitpunkt bezeichnet, an dem die Fördermenge aller weltweiten Erdölquellen ihr Maximum erreicht. Zu Beginn der Förderung aus einer Ölquelle steht die Lagerstätte unter einem sehr hohen physikalischen Druck, sodass die Fördermenge zunächst gesteigert werden kann. Wenn etwa die Hälfte des Erdöls aus einer Quelle gefördert worden ist, ist die Spitze (Peak) der möglichen Förderleistung erreicht. Aufgrund des sinkenden Druckes im Feld sinkt nun die Förderleistung kontinuierlich. Zudem steigt kontinuierlich der energetische und finanzielle Aufwand, das restliche, schwerere und zähflüssigere Erdöl zu fördern. Mit dem Erreichen des Peaks steigt bei einer weltweit steigenden Nachfrage der Erdölpreis an. Ob dieser Peak tatsächlich bereits 2005 erreicht wurde, lässt sich nur schwer feststellen, da insbesondere die OPEC-Staaten aus taktischen Gründen keine Angaben über ihre Erdölfelder veröffentlichen.

Preisausschläge auf dem Erdölmarkt hatten insbesondere während der ersten Erdölkrise zu einer ökonomischen Rezession in den meisten Industrieländern geführt. Doch bereits die zweite Erdölkrise und die Preissteigerungen seit 1999 trafen viele Länder weniger hart. Denn erstens wurde die Abhängigkeit vom Erdöl durch Einsparungen sowie Substitution reduziert, und zweitens wurden zum Ausgleich der kurzfristigen Preisschwankungen grosse Erdöllager aufgebaut.

2.3 Energienachfrage

Die Nachfrage nach Primärenergieträgern hat sich mit dem **Wirtschafts- und Bevölkerungswachstum** in den letzten 70 Jahren weltweit rund verachtfacht. Der Primärenergieverbrauch pro Kopf verdoppelte sich während dieser Periode. Trotzdem sind **regional massive Unterschiede** festzustellen. Obwohl die 30 OECD-Staaten nur rund 18% der Weltbevölkerung stellen, beanspruchten sie im Jahre 2005 rund 52% des weltweiten Primärenergieaufkommens. Die restlichen Länder mit 82% der Bevölkerung verbrauchten demgegenüber also nur gut 48% des Primärenergieaufkommens. Wird der Energieverbrauch pro Kopf einzelner Regionen verglichen, so ergibt sich ein noch unterschiedlicheres Bild. Im Vergleich zum weltweiten Durchschnitt wird in Nordamerika pro Kopf knapp fünfmal mehr Energie verbraucht, in Europa immerhin noch mehr als doppelt soviel wie im weltweiten Durchschnitt (vgl. Tabelle 17). Generell lässt sich festhalten, dass der Energieverbrauch pro Kopf in den industrialisierten Ländern höher ist als in den ärmeren Schwellen- oder Entwicklungsländern.

Bruttoenergieverbrauch pro Kopf in ausgewählten Ländern (2001)[1]   **Tabelle 17**

		Jährlicher Verbrauch pro Kopf in kg of oil equivalents (kgoe)
Nordamerika		**7929**
	Kanada	8000
	USA	7921
Europa		**3621**
	Niederlande	6558
	Frankreich	4459
	Deutschland	4264
	Grossbritannien	3994
	Schweiz	3906
	Italien	2990
	Albanien	549
Asien		**890**
	Südkorea	4132
	Japan	4092
	China	887
	Indien	514
	Bangladesch	145
Welt		**1631**

[1] Daten: IEA (2004). Energy Balances of OECD Countries and Energy Balances of non-OECD Countries.

Unter der Annahme, dass die Schwellen- und Entwicklungsländer im Laufe ihrer wirtschaftlichen Entwicklung ihren Energiebedarf steigern, lässt sich folgern, dass auch die **Nachfrage v.a. nach fossiler Energie langfristig ansteigen** wird. Dies führt zu Preissteigerungen, die gemäss den Überlegungen der McKelvey-Box (vgl. S. 302ff.) auf der Angebotsseite die Entwicklung neuer Fördertechnologien und die Intensivierung der Suche nach neuen Erdöllagerstätten auslöst. Auf der Nachfrageseite werden ebenfalls neue Technologien entwickelt, um Energie einzusparen oder das Erdöl durch andere Energieträger zu substituieren. Die steigende Nachfrage nach fossilen Energieträgern hat jedoch nicht nur Auswirkungen auf den Energiemarkt. In engem Zusammenhang damit stehen auch die Entwicklung der Umweltqualität in einzelnen Ländern und der globale CO_2-Ausstoss (vgl. hierzu auch die Ausführungen zum Kyoto-Protokoll in Abbildung 74 auf S. 269).

3. Kennzahlen des schweizerischen Energiemarkts

In diesem Teilkapitel sollen einige wichtige Kennzahlen vorgestellt werden, die den schweizerischen Energiemarkt charakterisieren. Zuerst sollen anhand des Energieverbrauchs und des Wirkungsgrads einige grundlegende Aspekte aufgezeigt werden. Die folgenden Abschnitte über die Entwicklung des Endenergieverbrauchs sowie die Ursachen für den steigenden Endenergieverbrauch geben einen ersten Überblick über den schweizerischen Energiemarkt. Die detailliertere Aufteilung des Endenergieverbrauchs auf die Energieträger und die Verbrauchergruppen vertiefen den Überblick. Der Abschnitt zum Aussenhandel mit Energieträgern rundet die Darstellung der wichtigsten Kennzahlen des schweizerischen Energiemarkts ab.

3.1 Energieverbrauch und Wirkungsgrad

Abbildung 87 stellt die beiden Stufen **Brutto- bzw. Endenergieverbrauch** dar sowie die Aufteilung auf die verschiedenen Energieträger. Weiter zeigt die Abbildung die Umwandlungs-, Übertragungs- und Verteilverluste zwischen den beiden Stufen. Je öfter die Energieträger umgewandelt, übertragen und verteilt werden müssen, bevor sie ihre zugedachte Funktion erfüllen, desto höher sind tendenziell die Verluste. Ein Mass dafür ist der **Wirkungsgrad** zwischen den beiden Stufen; er gibt an, wieviel von der eingesetzten Energiemenge nach der Umwandlung noch zur Verfügung steht. Der Wirkungsgrad Endenergieverbrauch/Bruttoenergieverbrauch betrug 2004 in der Schweiz knapp 75%. Wird der sog. **Gesamtwirkungsgrad** zwischen Nutzenergieverbrauch und Bruttoenergieverbrauch gemessen, so beträgt er heute weniger als 50% und hat sich damit in den letzten 20 Jahren verschlechtert. Eine Ursache ist der steigende private Individualverkehr, denn bei Benzinmotoren beträgt der Wirkungsgrad nur rund 20%. Eine Erhöhung der Umwandlungs-, Übertragungs- und Verteileffizienz bietet offensichtlich ein grosses Energiesparpotenzial. Ein Anreiz zur Verbesserung der Effizienz kann über die Internalisierung der externen Kosten erfolgen (vgl. Abbildung 71 auf S. 259).

An dieser Stelle muss jedoch eine Einschränkung angebracht werden: Die Genauigkeit der aufgeführten Kennzahlen zum Endenergieverbrauch ist zu relativieren, denn in allen Kennzahlen ist die sog. **graue Energie** nicht enthalten. Graue Energie ist diejenige Energie, die zur Herstellung von importierten Gütern (z.B. Stahl, Dünge- und Futtermittel) eingesetzt wurde. Umgekehrt ist auch in den schweizerischen Exporten graue Energie enthalten, die in der Statistik als

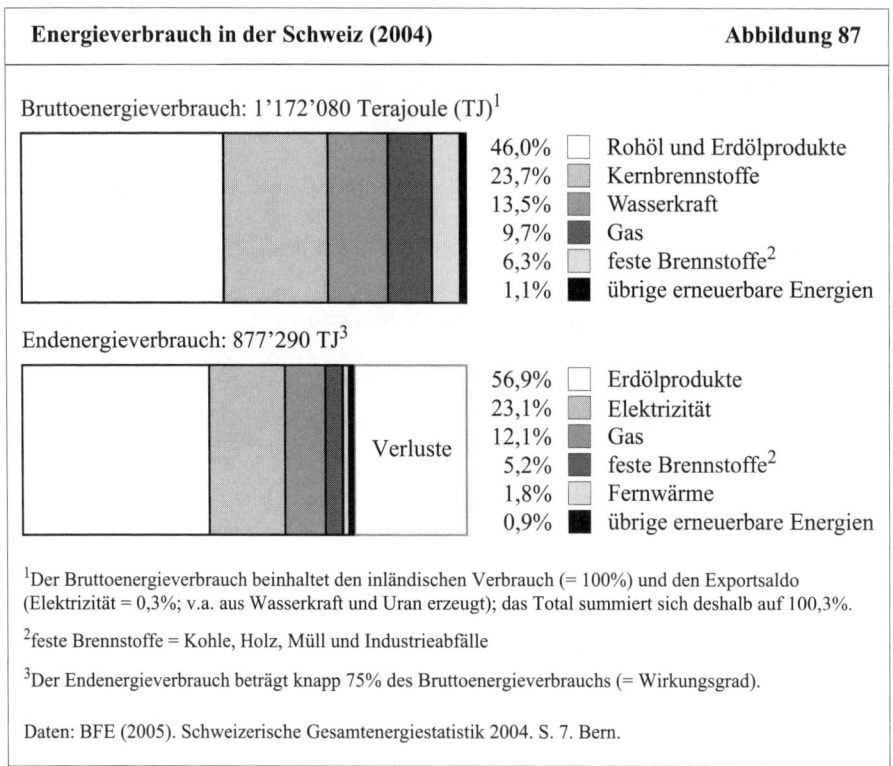

schweizerischer Verbrauch ausgewiesen wird. Da keine Statistiken zur grauen Energie erhoben werden, muss sie geschätzt werden. Für die Schweiz wird der Einfuhrüberschuss an grauer Energie auf etwa 25% des Endenergieverbrauchs beziffert. Unter Einbezug der grauen Energie wird in der Schweiz damit mehr Energie verbraucht, als die Statistik vermuten lässt.

Im Folgenden soll nur noch der Endenergieverbrauch in der Schweiz betrachtet werden, da er letztlich die von den Konsumenten nachgefragten Energieträger umfasst.

3.2 Entwicklung des Endenergieverbrauchs

Wird der Endenergieverbrauch der Schweiz seit 1910 betrachtet, so lässt sich eine uneinheitliche Entwicklung feststellen. Der Zuwachs des Endenergieverbrauchs war in der ersten Hälfte des 20. Jahrhunderts sehr gering, was auf die beiden Weltkriege sowie die grossen Wirtschaftskrisen der frühen 1920er und 1930er Jahre zurückgeführt werden kann. Seit dem Ende des Zweiten Weltkriegs aber versiebenfachte sich der Endenergieverbrauch (vgl. Abbildung 88).

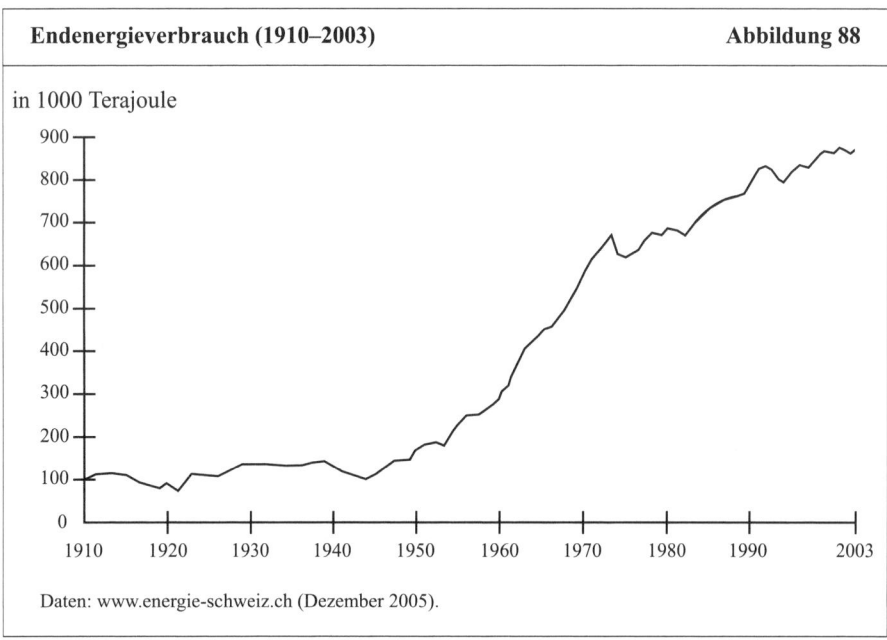

Um die Ursachen für den steigenden Endenergieverbrauch in der Schweiz seit Ende des Zweiten Weltkriegs ermitteln zu können, muss die betrachtete Periode in verschiedene Abschnitte unterteilt werden. Für die starke Zunahme des Endenergieverbrauchs von 1945–1973 sind folgende Faktoren verantwortlich:

- Die durchschnittlichen Energiepreise stiegen zwar zwischen 1950 und 1973 absolut gesehen leicht an, jedoch weit weniger als die allgemeine Preisentwicklung. **Energie verbilligte sich** somit relativ zur allgemeinen Preisentwicklung jährlich um durchschnittlich 2,3%. Die stärksten Verbilligungen waren bei den Erdölprodukten zu verzeichnen. Dies trug entscheidend zur zunehmend dominierenden Rolle des Erdöls in der schweizerischen Energieversorgung bei.
- Der Anstieg der Reallöhne **verteuerte den Faktor Arbeit**, der deshalb nach Möglichkeit durch die beiden Faktoren Kapital und Energie substituiert wurde. Energiesparende Investitionen waren bei tiefen Energiepreisen unrentabel. Der stark zunehmende Energieverbrauch entsprach dem wirtschaftlichen, d.h. gewinnmaximierenden Verhalten der Produzenten.

- Im Konsumbereich führten die sinkenden Energiepreise und das wirtschaftliche Wachstum zu einer starken **Steigerung der Mobilität**. Die wachsende Mobilität und die **zunehmende Wohnfläche** (Heizung) ergaben ein überdurchschnittliches Wachstum des Energiekonsums.

Mit der ersten massiven Erdölpreisverteuerung 1973/1974 (erste Erdölkrise; vgl. S. 307) setzte eine Verlangsamung des Wachstums des Endenergieverbrauchs ein, in einzelnen Jahren sogar ein Rückgang. Diese Abschwächung lässt sich wie folgt begründen:

- Mit der schon erwähnten Preissteigerung beim Erdöl gerieten auch andere nicht-erneuerbare Energieträger in deren Sog (Kohle, Erdgas, Uran), wenn auch nicht im selben Ausmass. Von Anfang 1973 bis Ende 1979 stieg der gewichtete Durchschnittspreis der Energie jährlich real um 3,7%, der Heizölpreis sogar um 12,5%.
- Die starke Erhöhung der Energiepreise führte zu einem **Aufschwung der Energienutzungstechnik**. Investitionen in bisher nicht-rentable Techniken zur Energieeinsparung wurden lohnend.

Trotz des Preisverfalls beim Erdöl Mitte der 1980er Jahre wuchs der Endenergieverbrauch nur noch um rund 1,3% jährlich:

- Dies kann als eine Auswirkung der **staatlichen Energiespar- sowie der Umweltschutzpolitik** gesehen werden.
- Weiter führte auch die **Rezession** in den 1990er Jahren zu einem geringeren Wachstum des Endenergieverbrauchs.
- In den letzten Jahren ist insbesondere die **Zunahme des Verkehrs** für den Anstieg des Endenergieverbrauchs verantwortlich.

Der Anstieg reflektiert nur den gesamten Verbrauch an Endenergie in der Schweiz. Aussagekräftiger ist das Verhältnis des gesamten Endenergieverbrauchs zum **Endenergieverbrauch pro Kopf** oder zum erwirtschafteten Bruttoinlandprodukt (BIP). Wird die Entwicklung von 1970 bis 2003 betrachtet, so wuchs der gesamte Endenergieverbrauch um rund 50%. Der Endenergieverbrauch pro Kopf verlief bis Anfang der 1980er Jahre weitgehend parallel zum gesamten Endenergieverbrauch (vgl. Abbildung 89). Energiesparmassnahmen und neue Umweltvorschriften führten danach zu einer Entkoppelung, das Wachstum des Pro-Kopf-Verbrauchs wurde abgebremst.

Das Auseinanderklaffen des gesamten Endenergieverbrauchs und des Pro-Kopf-Verbrauchs lässt vermuten, dass für die Entwicklung der Endenergienachfrage das Wirtschaftswachstum und nicht das Bevölkerungswachstum die entscheidende Einflussgrösse ist. Tatsächlich entwickelten sich das **BIP** und der gesamte Endenergieverbrauch weitgehend parallel, obschon Ende der 1990er Jahre das BIP stärker Anstieg als der gesamte Endenergieverbrauch.

IX. Energie 315

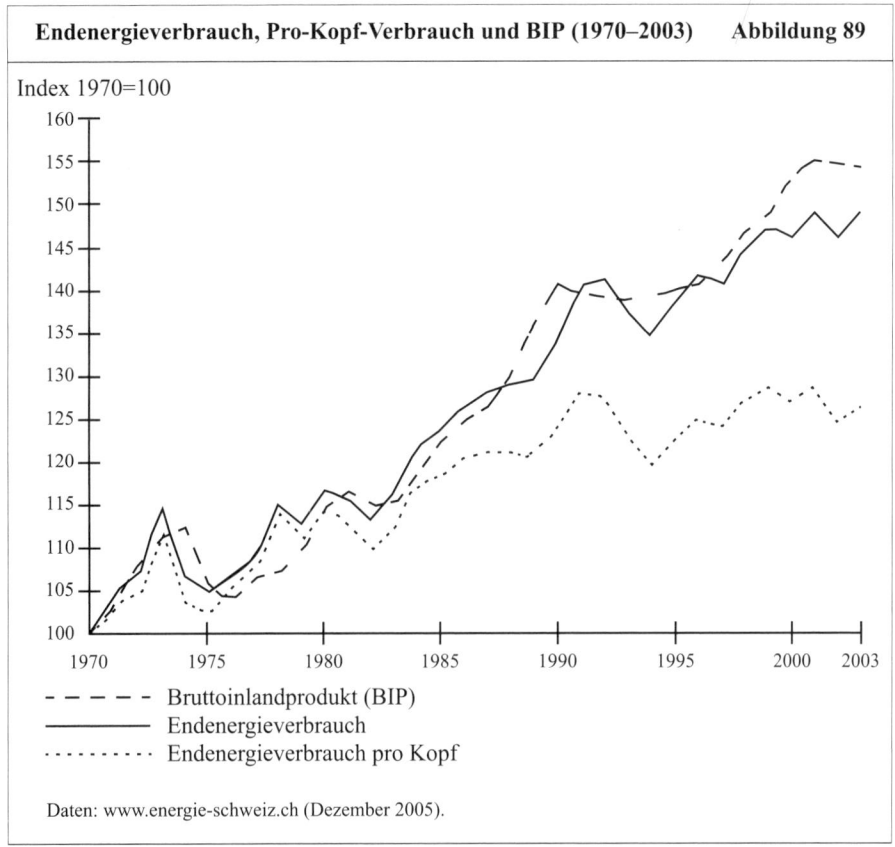

Endenergieverbrauch, Pro-Kopf-Verbrauch und BIP (1970–2003) Abbildung 89

Daten: www.energie-schweiz.ch (Dezember 2005).

In der Schweiz wurden 2001 rund 142 tons of oil equivalent (toe) pro 1 Mio. (bereinigter) US-Dollar des BIP benötigt. Als Vergleich: Die entsprechende Zahl für Sambia beträgt 841 toe, für die USA 253 toe, für Hong Kong 101 toe. Der weltweite Durchschnitt liegt bei 239 toe. Generell zeigt es sich, dass insbesondere weniger entwickelte Länder aufgrund der schlechten Energieeffizienz sowie der Nicht-Erfassung der Selbstversorgung im BIP mehr toe pro Mio. US-Dollar des BIP benötigen.

3.3 Aufteilung des Endenergieverbrauchs auf die Energieträger

3.3.1 Überblick

Der Endenergieverbrauch der Schweiz lässt sich anhand der Energieträger folgendermassen aufteilen: Erdöl, Elektrizität, Gas, Holz und Holzkohle, Müll und Industrieabfälle, Fernwärme, übrige erneuerbare Energien sowie Kohle. In den folgenden Teilkapiteln soll anhand der Einteilung in Tabelle 18 der Endenergieverbrauch detaillierter untersucht werden.

Endenergieverbrauch nach Energieträgern (1930–2004)[1]   Tabelle 18

	1930	1950	1970	1990	2004
Erdöl	7,7%	25,5%	77,6%	63,7%	57,0%
Elektrizität	9,8%	19,0%	15,4%	21,3%	23,1%
Gas	2,7%	2,2%	1,1%	8,1%	12,1%
Holz und Holzkohle	14,8%	13,0%	1,7%	2,2%	2,6%
Müll und Industrieabfälle	...	...	...	1,1%	2,0%
Fernwärme	...	...	...	1,3%	1,7%
übrige erneuerbare Energien	...	...	...	0,4%	0,9%
Kohle	65,0%	40,4%	4,2%	1,8%	0,6%
Total[2]	100%	100%	100%	100%	100%
Total in Terajoule	130'480	167'700	586'050	786'140	877'290

[1] berechnet auf der Grundlage von Terajoule (TJ); Daten: BFE (2005). Schweizerische Gesamtenergiestatistik 2004. S. 18.
[2] aufgrund von Rundungsdifferenzen muss das Total nicht genau 100,0% entsprechen.

3.3.2 Erdöl

Erdöl stellt für die Schweiz, wie für die meisten anderen industrialisierten Länder, den weitaus **wichtigsten Energieträger** dar (vgl. Tabelle 18 auf S. 316). Noch 1930 betrug der Anteil des Erdöls am schweizerischen Endenergieverbrauch lediglich 7,7%, im Jahr 1973 wurde mit rund 79,8% nicht nur ein relativer, sondern mit rund 536'480 TJ auch ein absoluter Höchstwert erreicht. Da Erdöl vollständig in die Schweiz importiert werden muss, ergibt sich eine **Abhängigkeit vom Ausland**. Die erste Erdölkrise 1973/1974 löste auch in der Schweiz Substitutionsprozesse aus, in deren Folge der Anteil des Erdöls am Endenergieverbrauch sank. So wurden 2004 noch 57% des schweizerischen Endenergieverbrauchs bzw. 500'360 TJ durch Erdöl abgedeckt.

Das Erdöl, bzw. das Ausgangsprodukt Rohöl, wird in Raffinerien aufbereitet und veredelt und dabei in schwere und leichte Fraktionen zerlegt. Mit einer anschliessenden chemischen Behandlung wird entweder **Brennstoff** (v.a. Heizöl) oder **Treibstoff** (v.a. Benzin, Diesel und Kerosin) gewonnen. Während 1973 noch mehr als doppelt so viele Brenn- wie Treibstoffe in der Schweiz verbraucht wurden, so ist der Anteil der Brennstoffe am gesamten Endenergieverbrauch seither stark zurückgegangen (2004: 25,7%). Beinahe kontinuierlich gestiegen ist demgegenüber der Anteil der Treibstoffe (2004: 31,3%).

Die Erdölprodukte unterliegen in der Schweiz einer unterschiedlichen Belastung durch Zölle, Abgaben und Steuern. So differiert z.B. die **Mineralölsteuer** je nach Produkt und dessen Verwendung stark. Sie beträgt je Liter unverbleites Benzin 73,1 Rp., Dieselöl 75,9 Rp. und Heizöl extraleicht 0,3 Rp. (vgl. S. 628). Steuerbegünstigungen sind z.B. für Treibstoffe vorgesehen, die in der Landwirtschaft, Forstwirtschaft und der Berufsfischerei oder durch konzessionierte Transportunternehmungen (öffentlicher Verkehr) verwendet werden. Abgabefrei ist die Verwendung von Kerosin als Flugtreibstoff.

Die Mineralölsteuer ist ein wichtiger Bestandteil der Bundeseinnahmen und betrug 2004 rund 5 Mrd. Fr. Die Hälfte der Mineralölsteuer ist für Aufgaben im Zusammenhang mit dem Strassenverkehr zweckgebunden. Der Rest des Reinertrags ist für allgemeine Aufwendungen des Bundeshaushaltes bestimmt.

3.3.3 Elektrizität

Die Elektrizität hatte 2004 einen Anteil von 23,1% am Endenergieverbrauch (vgl. Tabelle 18 auf S. 316). Massgebend für die Elektrizitätsproduktion in der Schweiz sind die Wasserkraft- sowie die Kernkraftwerke. Kleinere Anteile an der Elektrizitätsproduktion haben konventionell-thermische und andere Kraftwerke (vgl. Tabelle 19).

Elektrizitätserzeugung nach Kraftwerkstyp (1970–2004)[1]   Tabelle 19

	1970	1980	1990	2000	2004
Wasserkraftwerke	89,6%	69,6%	56,7%	60,9%	55,3%
Kernkraftwerke	5,3%	28,4%	41,2%	35,3%	40,0%
Konventionell-thermische und andere Kraftwerke[2]	5,1%	2,0%	2,0%	3,8%	4,7%
Total[3]	100%	100%	100%	100%	100%
Landeserzeugung in GWh	34'886	48'162	54'074	66'693	63'523

[1] berechnet auf der Grundlage von Gigawattstunden (GWh); Daten: BFE (2005). Schweizerische Gesamtenergiestatistik 2004. S. 33.
[2] inkl. Elektrizitätsproduktion aus Sonne, Wind und Biogas.
[3] aufgrund von Rundungsdifferenzen muss das Total nicht genau 100,0% entsprechen.

a) Wasserkraftwerke

Während der Bruttoenergieverbrauch aus Wasserkraft 2004 nur rund 13,5% betrug (vgl. Abbildung 87 auf S. 312), nimmt die Wasserkraft hingegen in der Elektrizitätserzeugung eine **dominante Stellung** ein: Dank ihrer topographischen Verhältnisse konnte die Schweiz lange Zeit Elektrizität fast ausschliesslich mit einheimischer Wasserkraft erzeugen; im Jahr 1970 lag der Anteil der Wasserkraft an der gesamten Elektrizitätsproduktion bei 89,6%. Dieser Anteil sank jedoch durch den Bau der Kernkraftwerke relativ kontinuierlich, seit Mitte der 1980er Jahre schwankt er relativ konstant um die 55–60% (vgl. Tabelle 19). Die Gründe für die Schwankungen liegen in den unterschiedlichen jährlichen Niederschlagsmengen.

Grundsätzlich können folgende drei Arten von Wasserkraftwerken unterschieden werden:

IX. Energie 319

- **Speicherkraftwerke** nutzen das in Stauseen gespeicherte Wasser zum Antrieb ihrer Turbinen. Charakteristisch für diesen Kraftwerkstyp sind ein grosses Gefälle und damit hoher Druck, jedoch kleinere Wassermengen. Speicherkraftwerke können je nach Bedarf innerhalb weniger Minuten in Betrieb genommen und wieder abgestellt werden. Deshalb werden sie vorwiegend während der Spitzenverbrauchszeiten über Mittag eingesetzt.
- **Pumpspeicherkraftwerke** verfügen über ein oberes und ein unteres Staubecken. Bei geringer Stromnachfrage wird das Wasser in den höher gelegenen Speichersee zurückgepumpt. Bei grosser Nachfrage steht es dann wieder zur Stromerzeugung zur Verfügung. Für den Antrieb der Pumpen werden gut 3% der gesamten Stromerzeugung eingesetzt. Die Erzeugung von Elektrizität mit Wasserkraft erfolgte 2004 in der Schweiz zu 54% mittels Speicher- und Pumpspeicherkraftwerken.
- Die Turbinen von **Laufkraftwerken** werden vom Wasser eines Flusses angetrieben. Das Gefälle ist im Vergleich zu Speicherkraftwerken gering, dafür stehen meist grössere Wassermengen zur Verfügung. Laufkraftwerke arbeiten ständig. Sie decken den Grundbedarf an Strom, sind also Grundlastkraftwerke. Ihre Stromerzeugung hängt von der Wasserführung des Flusses ab; in der Regel produzieren sie im Sommer mehr Strom als im Winter.

Auf den Bau neuer, grosser Wasserkraftwerke wurde in den letzten Jahren aus Gründen des Landschaftsschutzes und aus wirtschaftlichen Überlegungen verzichtet. Auch der zukünftige Bau neuer Wasserkraftwerke ist umstritten, sogar ein Ausbau bestehender Wasserkraftwerke ist schwierig. So haben z.B. mehrere Umweltverbände gegen die geplante Erhöhung der Grimsel-Staumauer Einsprache erhoben.

b) Kernkraftwerke

Eine weitere Quelle zur Energiegewinnung ist **Uran**. Der Anteil der Energie aus Kernbrennstoffen am Bruttoenergieverbrauch betrug 2004 rund 23,7% (vgl. Abbildung 87 auf S. 312). Der Anteil der Kernenergie an der gesamten Elektrizitätsproduktion belief sich 2004 auf 40% (vgl. Tabelle 19 auf S. 318) und stammt aus **fünf Kernkraftwerken**: Beznau I und II sowie Leibstadt (Kanton Aargau), Mühleberg (Kanton Bern) und Gösgen (Kanton Solothurn).

Noch stärker als bei der Wasserkraft ist der Ausbau der Kapazitäten bei der Kernkraft politisch umstritten. So plante man in den 1970er Jahren den Bau eines sechsten Kernkraftwerks in **Kaiseraugst**, welches zu zahlreichen Bürgerinitiativen und 1975 zur Besetzung des vorgesehenen Baugeländes führte. Erst 1988 wurde definitiv auf den Bau in Kaiseraugst verzichtet. Damit war jedoch das

Thema Kernenergie in der Schweiz noch lange nicht erledigt. Unter dem Eindruck der **Tschernobyl-Katastrophe** von 1986 in der Ukraine wurde 1990 in der Schweiz die Volksinitiative "Stopp dem Atomkraftwerkbau" angenommen. Damit wurde ein Moratorium verhängt, das den Bau neuer Kernkraftwerke in der Schweiz bis zum Jahr 2000 verbot. Eine zweite Volksinitiative zur Verlängerung des Moratoriums wurde jedoch 2003 in einer Abstimmung abgelehnt. Ebenfalls abgelehnt wurde 2003 der schrittweise Ausstieg der Schweiz aus der Atomenergie. Damit ist es heute zumindest aus verfassungsrechtlicher Sicht wieder möglich, ein neues Kernkraftwerk in der Schweiz zu bauen.

Dennoch bestehen zur Zeit keine konkreten Projekte, um neue Kernkraftwerke zu bauen. Dazu können, neben den weiterhin bestehenden politischen Widerständen, auch folgende Probleme der Energiegewinnung aus Uran angeführt werden:

- Uran stellt eine **endliche Reserve** dar und gehört damit zu den nicht-erneuerbaren Energieträgern.

- Ähnlich wie bei der Gewinnung von Energie aus Erdöl fallen auch beim Uran **externe Kosten** an. Insbesondere zu nennen ist dabei die Abwälzung des Restrisikos auf die Allgemeinheit, da die Betreiber von Kernkraftwerken in der Schweiz bei einem Unfall nur limitiert haften.

- Die **hochradioaktiven Abfälle** aus Schweizer Kernkraftwerken werden fortlaufend aus den Wiederaufbereitungsanlagen in La Hague (Frankreich) und Sellafield (Grossbritannien) in die Schweiz zurückkehren. Die Abfälle müssen aber zur Abkühlung für weitere 30 bis 40 Jahre zwischengelagert werden, bevor sie in ein **Endlager** gebracht werden können. Während man sich über den Bau eines Endlagers in der Schweiz grundsätzlich einig ist, stösst die konkrete Standortwahl auf Widerstand. Ein solches Verhalten wird oft als "**Not in my backyard**" **(NIMBY)-Prinzip** bezeichnet.

Dass trotz dieser Probleme die Krenkraft weiterhin als eine Option zur Energieversorgung betrachtet wird liegt einerseits an fehlenden, mittelfristig valablen Alternativen, andererseits aber auch an der Diskussion um den Klimawandel. Denn im Gegensatz zum Erdöl führt die Produktion von Elektrizität durch Kernkraftwerke, wie bei den Wasserkraftwerken, **nicht zu Kohlendioxid-Emissionen** (CO_2-Emissionen), die zum Treibhauseffekt beitragen.

c) Konventionell-thermische und andere Kraftwerke

Der Anteil der konventionell-thermischen und anderen Kraftwerken an der gesamten Elektrizitätsproduktion nimmt mit 4,7% eine geringe Bedeutung ein (vgl. Tabelle 19 auf S. 318). Insbesondere konventionell-thermische Kraftwerke, die mit Erdöl, Gas oder Kohle betrieben werden können, spielen im Gegensatz zu vielen anderen Ländern in der Schweiz eine **stark unterdurchschnittliche**

Rolle. Das mit Abstand grösste konventionell-thermische Kraftwerk Vouvry im Kanton Wallis wurde 1999 aus wirtschaftlichen Gründen ausser Betrieb genommen. Heute stammt der grösste Teil dieser Kategorie der Stromproduktion aus Kehrichtverbrennungsanlagen, Industrie-Wärme-Kraft-Kopplungsanlagen und zu einem kleineren Teil aus Sonne, Wind und Biogas. Der Anteil dieser erneuerbaren Energieträger (ausser Wasserkraft) an der gesamten Elektrizitätsproduktion ist mit rund 1,5% noch sehr gering, jedoch aufgrund verschiedener Förderprogramme wachsend.

3.3.4 Gas

Gas, insbesondere Erdgas, war lange Zeit ein Abfallprodukt der Erdölgewinnung. Doch die bessere Energieeffizienz sowie die relative Umweltfreundlichkeit liessen Erdgas in den letzten drei Jahrzehnten zu einem attraktiven **Substitut für Erdöl** werden. Der schweizerische Gasverbrauch bei der Endenergie vergrösserte sich von 1,1% im Jahr 1970 auf 12,1% im Jahr 2004 (vgl. Tabelle 18 auf S. 316). Ein Nachteil des Gases ist, dass es für die Nutzung eine **kapitalintensive Infrastruktur** v.a. in Form von Gasleitungen voraussetzt. Zusätzlich müssen viele Sicherheitsprobleme gelöst werden, da Gas hochexplosiv ist. Doch inzwischen kann Gas in Haushalten für das Kochen und Waschen sowie zum Heizen eingesetzt werden. In der Industrie wird immer mehr Wärme mit Gas erzeugt, und bereits sind mit Gas betriebene Fahrzeuge erhältlich, die weit weniger Schadstoffe emittieren als solche mit einem Benzin- oder Diesel-Antrieb.

3.3.5 Weitere Energieträger

Unter den weiteren Energieträgern werden Holz und Holzkohle, Müll und Industrieabfälle, Fernwärme sowie die übrigen erneuerbaren Energien zusammengefasst (vgl. Tabelle 18 auf S. 316).

Die Bedeutung des **Holzes und der Holzkohle** als Energieträger ist, gemessen am Anteil des Endenergieverbrauchs (2004: 2,6%), bis Mitte der 1980er Jahre langsam geschrumpft. Seit Anfang der 1990er Jahre gewannen das Holz und die Holzkohle wieder Anteile, aufgrund neuer Techniken, die eine effizientere und wartungsärmere Nutzung zu Heizzwecken erlauben. Zusätzlich besitzt Holz den Vorteil, dass es eine nachwachsende, CO_2-neutrale und einheimische Ressource ist.

Die **Fernwärme** (Anteil am Endenergieverbrauch 2004: 1,7%) wird in einer zentralen Anlage, einem Heizkraftwerk oder einer Abfallverbrennungsanlage, erzeugt. Die gewonnene Energie wird dabei zum grössten Teil über ein isoliertes Rohrleitungsnetz in Form von heissem Wasser den Konsumenten zum Heizen und zur Warmwasser-Aufbereitung zugeleitet. Wird die gewonnene Energie in der Abfallverbrennungsanlage nicht für Heizzwecke, sondern zur Stromerzeugung verwendet, ist sie unter **Müll und Industrieabfälle** (Anteil am Endenergieverbrauch 2004: 2,0%) ausgewiesen.

Unter den **übrigen erneuerbaren Energien** werden die Sonnen- und Windenergie sowie die Energiegewinnung aus Biogas und der Umgebungswärme (Wärmepumpen) verstanden. Mit einem Anteil von 0,9% am Endenergieverbrauch 2004 stellen sie eine kleine, aber wachsende Kategorie dar. Dieser Anteil ist jedoch nicht mit dem Total aller erneuerbarer Energieträger gleichzusetzen. Denn in der traditionellen Energiebilanz (wie in diesem Kapitel vorgestellt) verstecken sich die erneuerbaren Energieträger teilweise unter anderen Begriffen. Werden zu den übrigen erneuerbaren Energien die Wasserkraft, das Holz und die Holzkohle und zu einem Teil auch der Müll und die Industrieabfälle hinzugerechnet, so beträgt der **Anteil aller erneuerbarer Energien am Endenergieverbrauch rund 15%**. Insbesondere die Endlichkeit des Erdöls und des Urans sowie die steigenden CO_2-Emissionen dürften deshalb zu einer volkswirtschaftlich immer wichtigeren Rolle erneuerbarer Energieträger beitragen.

Kohle deckte noch 1910 knapp 80% des schweizerischen Endenergieverbrauchs. Das billigere und einfacher anzuwendende Erdöl verdrängte jedoch die umweltbelastende Kohleverbrennung, sodass deren Anteil am Endenergieverbrauch 2004 nur noch 0,6% beträgt. Aus verschiedenen Gründen könnte Kohle in Zukunft aber wieder an Bedeutung gewinnen: Einerseits reichen im Gegensatz zum Erdöl die Steinkohlevorräte noch für rund 270 Jahre, andererseits könnte der technische Fortschritt bei der Vergasung und der Verflüssigung von Kohle die Umweltbelastung massiv senken. Dennoch spricht ein wichtiger Nachteil gegen ein neues Kohlezeitalter: Wie beim Erdöl entstehen durch die Kohleverbrennung CO_2-Emissionen, die hauptverantwortlich für den Treibhauseffekt sind. Diese Emissionen lassen sich auch auf technischem Weg nicht vermindern, denn sie entstehen immer proportional zur verbrannten Menge des fossilen Energieträgers.

3.4 Aufteilung des Endenergieverbrauchs auf die Verbrauchergruppen

Nach der Aufteilung des Endenergieverbrauchs auf die verschiedenen Energieträger soll in diesem Abschnitt die Aufteilung auf die unterschiedlichen Verbrauchergruppen analysiert werden. Die grössten Verbraucher gemessen am Endenergieverbrauch 2004 war die Gruppe **Landwirtschaft, Industrie und Dienstleistungen**, gefolgt vom **Verkehr** und den **Haushalten** (vgl. Tabelle 20).

Endenergieverbrauch nach Verbrauchergruppen (1980–2004)[1]   Tabelle 20

	1980	1990	2000	2004
Landwirtschaft, Industrie und Dienstleistungen[2]	39,9%[3]	37,7%	37,6%	38,8%
Verkehr	27,4%	33,4%	35,4%	32,6%
Haushalte	32,7%	29,0%	27,0%	28,6%
Total[4]	100%	100%	100%	100%

[1] berechnet auf der Grundlage von Terajoule (TJ).; Daten: errechnet aus BFE (2005). Schweizerische Gesamtenergiestatistik 2004. S. 23f.
[2] dieser Gruppe zugerechnet werden ebenfalls die statistischen Fehler der Erhebung und Auswertung.
[3] nicht empirisch erhoben, sondern nur statistisch errechnet.
[4] aufgrund von Rundungsdifferenzen muss das Total nicht genau 100,0% entsprechen.

Über die Zeit betrachtet ist der Anteil des Verkehrs am Endenergieverbrauch am stärksten angestiegen. Dies ist insbesondere auf den Energieträger Erdöl zurückzuführen. Wurden 1980 noch gut 36% des Erdöls vom Verkehr beansprucht, so waren es 2004 bereits 55%. Im Gegensatz dazu nahm der Anteil der Haushalte ab, da insbesondere der Verbrauch von Erdölprodukten nicht nur anteilmässig, sondern auch absolut gemessen zurückging. Dies kann einerseits auf Sparmassnahmen, wie eine bessere Isolierung, zurückgeführt werden, andererseits aber auch auf die teilweise Umstellung von Heizanlagen auf Gas.

3.5 Aussenhandel mit Energieträgern

Der Aussenhandel mit Energieträgern ist in der Schweiz sehr stark durch einen **konstanten Importüberschuss** geprägt. Beinahe alle Energieträger müssen aufgrund fehlender Ressourcen in die Schweiz importiert werden. Eine Ausnahme stellt die Elektrizität dar, die einen Exportüberschuss erwirtschaftet. Der Saldo in Tabelle 21 berechnet sich aus der Differenz zwischen allen Energie-Importen und -Exporten.

Aussenhandel mit Energie (1970–2004)[1]   Tabelle 21

	1970	1980	1990	2000	2004
Elektrizität	+205	+447	+293	+468	+1118
Erdöl	-1273	-6446	-3911	-5413	-5197
Gas	-1	-198	-491	-712	-848
Kernbrennstoffe	-69	-123	-216	-162	-98
Kohle	-111	-132	-73	-28	-24
Holz und Holzkohle	...	-1	-9	-6	-6
Saldo	-1249	-6453	-4407	-5853	-5055

[1] sämtliche Angaben in Mio. Fr.; ein Minus weist auf einen Importüberschuss hin, ein Plus steht für einen Exportüberschuss; Daten: BFE (2005). Schweizerische Gesamtenergiestatistik 2004. S. 44.

Der schweizerische **Exportüberschuss bei der Elektrizität** kommt durch die Ausfuhr von **Spitzenstrom** (vgl. S. 319) zustande. Dies bedeutet, dass die Schweiz insbesondere dann exportiert, wenn die Nachbarländer über Mittag zusätzlichen Strom benötigen, um die Nachfrage decken zu können. Im Gegenzug dazu muss die Schweiz im Winter Strom importieren, da dann ein Bedarfsüberschuss im **Grundlastbereich** auftritt. In einzelnen Regionen der Schweiz kommen bis zu 45% des konsumierten Stroms im Winter aus dem Ausland.

Auch wenn die Stromexporte im Jahresschnitt per Saldo die Stromimporte überwiegen, heisst das nicht, dass in der Schweiz zuviel Strom produziert würde. Der Export an teurem Spitzenstrom kann nicht mit dem Import von günstiger Grundlastenergie verrechnet werden. Denn es wäre wirtschaftlich wie technisch unsinnig, den Spitzenstrom aus den Speicherkraftwerken im Grundlastbereich einzusetzen.

4. Die schweizerische Energiepolitik

In diesem Teilkapitel soll die schweizerische Energiepolitik zuerst anhand der historischen Entwicklung und des Verfassungsartikels beschrieben werden. Danach werden kurz das Energiegesetz und die Energieverordnung vorgestellt, bevor auf die beiden Aktionsprogramme "Energie 2000" und "EnergieSchweiz" eingegangen wird. Wie bei den Instrumenten der Umweltpolitik, die auch energiepolitische Zielsetzungen beinhalten, trifft das Umgekehrte auch für diese Programme der Energiepolitik zu. Der Abschnitt über den Wandel im schweizerischen Elektrizitätsmarkt schliesst das Teilkapitel über die Energiepolitik ab.

4.1 Historische Entwicklung und Verfassungsartikel

Die erste explizite energiepolitische Aktivität des Bundes ergab sich im Gefolge der Energiekrise 1974 mit der Einsetzung der **Eidgenössischen Kommission für die Gesamtenergiekonzeption (GEK)**. Jedoch besass der Bund bis zu diesem Zeitpunkt keine Kompetenz zu einer schweizerischen Energiepolitik. Die GEK hatte deshalb die Aufgabe, die energiepolitischen Ziele der Schweiz zu formulieren und die zur Zielerreichung notwendigen Massnahmen aufzuzeigen. Zusätzlich hatte sie zu prüfen, ob zur Verwirklichung dieser Massnahmen ein Energieartikel in die Bundesverfassung (BV) aufzunehmen sei.

Die GEK leitete, innerhalb der gesteckten Rahmenbedingungen, folgende energiepolitischen Ziele ab:

- die Gewährleistung einer ausreichenden und sicheren Energieversorgung;
- die Gewährleistung einer volkswirtschaftlich optimalen Energieversorgung;
- den Schutz von Mensch und Umwelt.

Als wichtigste Mittel zur Zielerreichung wurden das Energiesparen, die Energieforschung sowie das Substituieren und Vorsorgen genannt. Das Ergebnis der GEK, ein **Verfassungsartikel**, scheiterte jedoch 1983 zunächst knapp am Ständemehr und wurde erst 1990 in modifizierter Form angenommen. Dieser mit Energiepolitik überschriebene Verfassungsartikel ist damit die Grundlage für die eidgenössische Energiepolitik (vgl. Abbildung 90).

Energiepolitik	Abbildung 90

Art. 89 BV:

[1] Bund und Kantone setzen sich im Rahmen ihrer Zuständigkeiten ein für eine ausreichende, breit gefächerte, sichere, wirtschaftliche und umweltverträgliche Energieversorgung sowie für einen sparsamen und rationellen Energieverbrauch.

[2] Der Bund legt Grundsätze fest über die Nutzung einheimischer und erneuerbarer Energien und über den sparsamen und rationellen Energieverbrauch.

[3] Der Bund erlässt Vorschriften über den Energieverbrauch von Anlagen, Fahrzeugen und Geräten. Er fördert die Entwicklung von Energietechniken, insbesondere in den Bereichen des Energiesparens und der erneuerbaren Energien.

[4] Für Massnahmen, die den Verbrauch von Energien in Gebäuden betreffen, sind vor allem die Kantone zuständig.

[5] Der Bund trägt in seiner Energiepolitik den Anstrengungen der Kantone und Gemeinden sowie der Wirtschaft Rechnung; er berücksichtigt die Verhältnisse in den einzelnen Landesgegenden und die wirtschaftliche Tragbarkeit.

4.2 Das Energiegesetz und die Energieverordnung

Die Verfassungsbestimmung in Art. 89 BV werden im Energiegesetz (EnG) und in der Energieverordnung (EnV) von 1999 konkretisiert. Damit bestehen die notwendigen **Grundlagen für eine fortschrittliche und nachhaltige Energiepolitik** sowie für die Aktionsprogramme des Bundes. Das Gesetz bezweckt erstens die Sicherstellung einer wirtschaftlichen und umweltverträglichen Bereitstellung und Verteilung der Energie, zweitens die sparsame und rationelle Energienutzung und drittens die verstärkte Nutzung einheimischer und erneuerbarer Energien. Der Bund kann Aufgaben aus dem Gesetz privaten Organisationen (sog. Agenturen) übertragen. Die Kantone können eigene Programme und Förderprioritäten entwickeln und dafür Globalbeiträge des Bundes erhalten; Einzelprojekte werden vom Bund nur noch in Ausnahmefällen direkt unterstützt.

4.3 Die Aktionsprogramme des Bundes

Der Bund initiierte 1990 ein erstes Programm zur Umsetzung der Energiepolitik. Dieses **Energie 2000** genannte Programm des Bundesamtes für Energie (BFE) animierte Dutzende von Städten und Gemeinden sowie Hunderte von Industrie-

und Dienstleistungsunternehmungen, Energiesparmassnahmen umzusetzen. Vorrangig waren **freiwillige Massnahmen**. Daneben wurde auf den energiepolitischen Dialog mit den betroffenen Anspruchsgruppen sowie auf die Schaffung von gesetzlichen Rahmenbedingungen gesetzt. Zusätzlich schufen vom Bund bereitgestellte Gelder Anreize zu umwelt- und energieschonenden Investitionen.

Der **Zielerreichungsgrad** der anvisierten Ziele des Programms Energie 2000 war jedoch unterschiedlich: Die Zunahme des Verbrauchs von Elektrizität konnte zielgemäss gedämpft werden. Ebenso wurden die Ziele zur Förderung der erneuerbaren Energien und die Leistungssteigerung der bestehenden Kernkraftwerke grösstenteils erreicht. Nicht erreicht wurde hingegen die Stabilisierung des Verbrauchs fossiler Energieträger und die Emissionen von Kohlendioxid (CO_2). Sowohl der Verbrauch als auch die Emissionen stiegen, teilweise deutlich, und verfehlten somit das Ziel von Energie 2000. Der freiwillige Ansatz stiess bei den fossilen Energieträgern an seine Grenzen, weil insbesondere der private Individualverkehr zu wenig Anreize zu Einsparungen hatte. Dass die **Gesamtbilanz** des Programms dennoch überwiegend positiv ausfällt, liegt daran, dass das Hauptziel, die Dämpfung der Zunahme des Endenergieverbrauchs, erreicht werden konnte.

Im Jahr 2001 wurde deshalb mit **EnergieSchweiz** ein Nachfolgeprogramm gestartet. Es ist in **zwei Oberziele** unterteilt, die bis 2010 erreicht werden sollen: Unter dem Oberziel der **rationelleren Energieverwendung** sollen die CO_2-Emissionen gemäss den Vorgaben im CO_2-Gesetz um 10% gegenüber 1990 gesenkt (vgl. S. 286ff.) und der Anstieg des Elektrizitätsverbrauchs auf maximal 5% gegenüber dem Jahr 2000 begrenzt werden. Das zweite Oberziel ist die **Förderung der erneuerbaren Energien**. So soll der Anteil der erneuerbaren Energien in der Elektrizitäts- und der Wärmeproduktion bis 2010 um 0,5 Terawattstunden (TWh) bzw. 3,0 TWh steigen.

Für die Zielerreichung wurden folgende **Initiativen** gestartet:

- Die enge Zusammenarbeit mit den Kantonen im Gebäude-Bereich mittels kantonaler Förderprogramme und Globalbeiträgen des Bundes.
- Die Förderung und markante Verbesserung der Energieeffizienz im Gebäudebereich durch die Kampagne "bau-schlau" und durch das "MINERGIE"-Label.
- Die erfolgreiche Weiterführung und der Ausbau des Labels "Energiestadt". Bis Ende 2004 wohnten in den total 121 Energiestädten rund 2 Mio. Einwohner.
- Der Aufbau der Energie-Agentur der Wirtschaft (EnAW) durch tragende Verbände der Schweizer Wirtschaft. Sie unterstützt ihre Mitglieder bei der Umsetzung des CO_2-Gesetzes und dem Abschluss von Zielvereinbarungen oder Verpflichtungen (vgl. S. 287).

- Die erfolgreiche Einführung der Energieetikette für elektrische Haushaltgeräte, Glühbirnen und Fahrzeuge. Die Energieetikette gibt Auskunft über die Energieeffizienz und soll zu einem wichtigen Kriterium beim Neukauf von Geräten und Fahrzeugen werden.
- Die Zielvereinbarung mit "auto-schweiz" zur Senkung des spezifischen Treibstoffverbrauchs neuer Fahrzeuge.
- Die Förderung innovativer Mobilitätsformen (Car-Sharing, z.B. Mobility), gasbetriebener Fahrzeuge und der energiebewussten Fahrweise (Eco-Drive).
- Die Zunahme der Produktion erneuerbarer Energien durch verschiedene Fördermassnahmen, z.b. durch die Agentur für erneuerbare Energien und Energieeffizienz (AEE). Der AEE gehören Verbände aus den Bereichen Haustechnik, Holz- und Forstwirtschaft sowie erneuerbare Energien an.

Gemäss dem Jahresbericht von EnergieSchweiz zeigte das Programm in der Periode 2004/2005 bereits **Wirkung**: Ohne EnergieSchweiz und das Vorgängerprogramm Energie 2000 würden der Verbrauch an fossiler Energie um 7,6% und die CO_2-Emissionen um 2,8 Mio. Tonnen höher liegen. Zudem wäre der Elektrizitätsverbrauch um rund 4,7% grösser.

Trotzdem ist bereits heute absehbar, dass die **energie- und umweltpolitischen Ziele mit den bisherigen Massnahmen des Programms EnergieSchweiz nicht zu erreichen** sind. Folgende Gründe können dafür genannt werden:

- Das steigende Verkehrsvolumen insbesondere des individuellen Privatverkehrs, teilweise mit einem höheren Verbrauch (Gewicht, Motorenleistung) der Fahrzeuge.
- Das Fehlen marktwirtschaftlicher Instrumente für Innovations-, Substitutions- und Sparanreize. So wurde die Einführung der sog. Energielenkungsabgabe und der Förderabgabe für erneuerbare Energien durch das Volk im September 2000 abgelehnt. Zusätzlich wurde die Erhebung einer CO_2-Abgabe aufgrund des Lobbyings von Interessengruppen aufgeschoben (vgl. S. 292ff.).
- Die Budgetreduktionen von Bund, Kantonen und Privaten. So kürzte z.B. der Bund im Zuge eines Entlastungsprogramms den Beitrag für das Programm EnergieSchweiz. Seit der Lancierung im Jahr 2001 stehen damit rund 40% weniger an Bundesmitteln zur Verfügung.
- Der höhere Ausrüstungsstandard mit elektrischen Haushalts- und Gartengeräten, Klimaanlagen sowie Geräten der Freizeitelektronik.

4.4 Wandel im Elektrizitätsmarkt

Die Elektrizitätswirtschaft ist im Umbruch, denn der während langer Zeit monopolistisch organisierte Sektor wurde oder wird gegenwärtig in vielen Ländern dereguliert. Heute sprechen aus ökonomischer Sicht v.a. drei **Gründe für eine Reform** des Elektrizitätssektors:

- Die vorherrschende staatliche Regulierung führte oft zu Staatsversagen.
- Da der technische Fortschritt die minimal effiziente Betriebsgrösse bei Kraftwerken auf ein Zehntel des bisherigen Wertes schrumpfen liess, ist eine mögliche Voraussetzung zur Begründung eines staatlichen Monopols nicht mehr gegeben.
- Fortschritte in der Informationsverarbeitung machen es heute möglich, dass die bisher vertikal integrierte Branche in einzelne Bereiche aufgespalten werden kann, wie z.B. Erzeugung, Übertragung und Verteilung von Elektrizität (vgl. Abbildung 91).

Allgemein wird davon ausgegangen, dass die Marktöffnung in der Elektrizitätswirtschaft zu einer Effizienzsteigerung und damit letztlich zu einer Preissenkung führt.

In der Schweiz wurde die Deregulierungsdiskussion zu Beginn der 1990er Jahre durch **industrielle Stromgrossverbraucher** angeregt, die sich von einer Öffnung des Elektrizitätsmarkts v.a. **niedrigere Elektrizitätspreise** erhofften. Denn bis heute ist die schweizerische Elektrizitätswirtschaft durch ein System von regionalen und lokalen Monopolisten gekennzeichnet. Dies hat zur Folge, dass die meisten Endverbraucher keine Wahlmöglichkeit beim Strombezug haben.

Um dem zu begegnen, wurde ein neues **Elektrizitätsmarktgesetz (EMG)** ausgearbeitet, gegen das die politische Linke erfolgreich das Referendum ergriffen hat. In der Volksabstimmung vom September 2002 fiel das EMG schliesslich durch, die Ängste vor weiteren Liberalisierungen in der Schweiz überwogen.

Nach diesem Rückschlag kam erst 2004 wieder Bewegung in die Liberalisierungsdiskussion, da immer mehr industrielle Grossverbraucher einzeln versuchten, bessere Verträge mit Elektrizitätsanbietern auszuhandeln. So soll nach Diskussionen im eidgenössischen Parlament der Schweizer Strommarkt nicht sofort geöffnet werden, sondern in zwei Etappen. Zunächst sollen nur Industrie und Gewerbe die Freiheit erhalten, ihren Stromlieferanten selber zu wählen, erst in einer zweiten Etappe würden dann auch die privaten Verbraucher von der Wahlfreiheit profitieren. In einem neuen Elektrizitätsmarktgesetz sollen zudem verbindliche Massnahmen aufgeführt werden, um die erneuerbaren Energien zu fördern.

Unbundling im Elektrizitätsmarkt	Abbildung 91

Unter dem sog. **Unbundling** versteht man die abrechnungstechnische und gesellschaftsrechtliche Trennung der Bereiche **Erzeugung, Übertragung sowie Verteilung** von Elektrizität bei den bisher vertikal integrierten Elektrizitätsunternehmungen in drei unabhängige Geschäftsbereiche. Das Unbundling dient der Vermeidung von Diskriminierungen, Quersubventionierungen und Wettbewerbsverzerrungen in einem liberalisierten Elektrizitätsmarkt. Die Elektrizitätserzeuger bieten dabei ihre Leistungen an einer Strombörse interessierten Händlern an, die auch die Verteilung des Stroms an die Konsumenten übernehmen können. Entscheidend ist dabei die **Gewährleistung eines diskriminierungsfreien Zugangs zum Übertragungsnetz**.

Um gute Voraussetzungen für die bevorstehenden Liberalisierungsschritte im schweizerischen Elektrizitätsmarkt zu schaffen, schlossen sich sechs Unternehmungen zu einer nationalen Netzgesellschaft mit dem Namen **swissgrid** zusammen: die Nordostschweizerischen Kraftwerke AG (NOK), die Centralschweizerischen Kraftwerke (CKW), die Elektrizitäts-Gesellschaft Laufenburg AG (EGL), die Aare Tessin AG für Elektrizität (Atel), die BKW FMB Energie AG (BKW) und die Energie Ouest Suisse SA (EOS). Gespräche über einen Beitritt bestehen mit dem Elektrizitätswerk der Stadt Zürich (EWZ).

Um sicherzustellen, dass es effektiv zu einem "Unbundling" kommt und der Zusammenschluss den Wettbewerb nicht behindert, hat die **Wettbewerbskommission** (Weko; vgl. S. 61ff.) im März 2005 für swissgrid u.a. folgende **Auflagen** verfügt: Erstens sind die Stromdurchleitungen zu vereinfachen. Die Netzgesellschaft ist deshalb verpflichtet, Dritten diskriminierungsfrei Zugang zu ihrem Netz zu gewähren und die Netznutzungstarife und Netznutzungsbedingungen zu veröffentlichen. Zweitens müssen die Netznutzungstarife wirkungsvoll überwacht werden können. Deshalb ist swissgrid verpflichtet, eine Kostenrechnung für die Hochspannungsnetze zu erstellen. Drittens müssen mögliche Interessenkonflikte vermieden werden. swissgrid darf deshalb Strom weder kommerziell erzeugen, verkaufen oder handeln noch an entsprechenden Unternehmungen Beteiligungen besitzen. Zusätzlich dürfen die Mitglieder des Verwaltungsrates und der Geschäftsleitung der swissgrid nicht Organen anderer Stromunternehmungen angehören. swissgrid erhob gegen diese Auflagen der Weko Einspruch, was den für Oktober 2005 geplanten operativen Start von swissgrid weiter hinauszögerte.

Die Gründung einer eigenständigen nationalen Übertragungsnetzgesellschaft ist ein notwendiger Schritt zur stufenweisen Liberalisierung des schweizerischen Elektrizitätsmarkts, auch im Hinblick auf die für 2007 geplante **Liberalisierung des Strommarkts in der Europäischen Union** (EU). Die EU forderte seit längerem einen einzigen Ansprechpartner für das Übertragungsnetz in der Schweiz.

Allerdings werden mit swissgrid nicht alle Netze der beteiligten Elektrizitätsunternehmungen zusammengefasst. Es handelt sich lediglich um die **Hochspannungsnetze**, die insbesondere für die Übertragung von Elektrizität über grössere Distanzen wichtig sind. Die Niederspannungsnetze für den Anschluss eines einzelnen Haushalts sind vom Zusammenschluss (vorerst) nicht betroffen. Der einzelne Haushaltsanschluss ist damit immer noch im Besitz des bisherigen Monopolisten.

Die Diskussion um die Öffnung des schweizerischen Strommarkts zeigt, dass insbesondere energieintensive Branchen der Wirtschaft auf eine rasche Liberalisierung angewiesen sind, um gegenüber der ausländischen Konkurrenz keine Wettbewerbsnachteile zu haben. Im Gegensatz dazu sind viele Stimmbürger skeptisch, ob die geplante Liberalisierung auch wirklich zu einer Preissenkung führt, ohne dass dadurch Versorgungsprobleme auftreten oder die Versorgung der Randregionen eingeschränkt wird. Ein weiterer Aspekt der geplanten Liberalisierung hat direkten **Einfluss auf die Energie- und Umweltpolitik**: Sinken durch die Liberalisierung die Preise, so lohnt sich das Energiesparen weniger. Das Ziel einer Dämpfung des Anstiegs des Elektrizitätsverbrauchs könnte so gefährdet werden.

5. Ausblick

Wie mehrfach dargelegt, unternimmt die Schweiz seit längerem einige Anstrengungen, um **Energie einzusparen**. Weshalb sollte aber auch in Zukunft noch mehr Energie gespart werden? Denn Energiesparen als Selbstzweck ist kein ökonomisch rationales Ziel. Jedoch wird ein ökonomisch optimaler Energieverbrauch erst dann erreicht, wenn alle **externen Effekte** bei der Produktion und dem Konsum von Energie berücksichtigt werden. Denn gerade der Energieverbrauch verursacht in hohem Masse negative externe Effekte in Form von **Umweltschäden**. Da diese Umweltbelastung meistens nicht im Energiepreis enthalten ist, wird heute der Produktionsfaktor Energie zu billig angeboten. Dies gilt insbesondere für den privaten Individualverkehr und führt zu **allokativen Verzerrungen**. Es wird zuviel Mobilität nachgefragt bzw. bei den Unternehmungen zu energieintensiv produziert. Anzustreben ist eine Entkoppelung des Energieverbrauchs vom Wirtschaftswachstum. Insbesondere das Beispiel des Verkehrs zeigt, dass die Energiepolitik aufs Engste mit der **Umweltpolitik** zusammenhängt. Denn würden die externen Kosten des Energieverbrauchs **internalisiert**, so würde sich nicht nur der Energieverbrauch reduzieren, sondern auch die Umweltbelastung durch fossile Energieträger.

Ein weiterer, aber untergeordneter Grund zum Energiesparen liegt insbesondere für die Schweiz in der **Verringerung der Auslandsabhängigkeit**. Die inländische Versorgung kann nur über Wasser- oder Kernkraftwerke verbessert werden, doch gegen den Ausbau beider Energiequellen gibt es breiten Widerstand. Aus dieser Sicht erweist sich somit nur Energiesparen als Weg zu einer unabhängigeren Energieversorgung. Doch ist es fraglich, ob bei dem hohen Anteil an importierter Energie überhaupt ein gewisser Grad an Unabhängigkeit erreichbar ist.

Neben dem Erfordernis des Energiesparens steht die schweizerische Energiepolitik in den nächsten Jahren und Jahrzehnten vor weiteren grossen **Herausforderungen**. Erstens sind in den nächsten Jahren die gesetzlichen Grundlagen zur **Öffnung des Elektrizitätsmarkts** zu schaffen. Sie sind für die Standortattraktivität der Schweiz wichtig, weist doch die Schweiz bereits heute bei der Liberalisierung gegenüber den meisten EU-Staaten einen Rückstand auf. Zweitens ist es absehbar, dass die Schweiz ab 2020 in eine **Stromlücke** hineingerät, aufgrund der altersbedingten Stillegung von drei (Beznau I und II sowie Mühleberg) der fünf Kernkraftwerke. Das Bundesamt für Energie (BFE) initiierte deshalb das Forum Energieperspektiven 2035/2050, um Lösungsansätze zu diskutieren. In der Diskussion ist z.B. der Bau eines **Gaskraftwerks**, das jedoch den schwerwiegenden Nachteil hat, dass es nicht CO_2-neutral ist und damit das Ziel einer CO_2-Reduktion in weite Ferne rücken liesse.

6. Quellen

6.1 Literatur

Balmer, M., Möst, D., Spreng, D. (2006). Schweizer Wasserkraftwerke im Wettbewerb Eine Analyse im Rahmen des europäischen Elektrizitätsversorgungssystems. Zürich.

BP (jährlich). Putting Energy in the spotlight. BP Statistical Review of World Energy.

Bundesamt für Energie (Hrsg.) (jährlich). Schweizerische Elektrizitätsstatistik. Bern.

Bundesamt für Energie (Hrsg.) (jährlich). Schweizerische Gesamtenergiestatistik. Bern.

Erdmann, G. (1995). Energieökonomik: Theorie und Anwendungen. 2. Auflage. Zürich.

Hotelling, H. (1931). The Economics of Exhaustible Ressources, in: The Journal of Political Economy. Vol. 39, S. 137–175.

Jagmetti, R. (2005). Energierecht. Schweizerisches Bundesverwaltungsrecht, Band VII. Basel/Genf/München.

Jochem, E., Jakob, M. (2004) (Hrsg.). Energieperspektiven und CO_2-Reduktionspotenziale in der Schweiz bis 2010. Zürich.

McKelvey, V. E. (1972). Mineral Resource Estimates and Public Policy, in: American Scientist. Vol. 60, Nr. 1, S. 32–40.

Simon, J. L. (1981). The Ultimate Ressource. Oxford.

Weber, R. H., Kratz, B. (2005). Elektrizitätswirtschaftsrecht. Bern.

6.2 Internet

Agentur für erneuerbare Energien. URL: www.erneuerbar.ch

BP. URL: www.bp.com

Bundesamt für Energie. URL: www.energie-schweiz.ch

Bundesamt für Statistik. URL: www.bfs.admin.ch

Eidgenössisches Departement für Umwelt, Verkehr, Energie und Kommunikation. URL: www.uvek.admin.ch

Energie-Agentur der Wirtschaft. URL: www.enaw.ch

International Energy Agency. URL: www.iea.org

Organization of the Petroleum Exporting Countries. URL: www.opec.org

Schweizerischer Energierat. URL: www.worldenergy.ch

Schweizerische Energie-Stiftung. URL: www.energiestiftung.ch/

Schweizerische Erdölvereinigung. URL: www.erdoel.ch

Verband der schweizerischen Gasindustrie. URL: www.erdgas.ch

Verband Fernwärme Schweiz. URL: www.fernwaerme-schweiz.ch

Verband Schweizerischer Elektrizitätsunternehmen. URL: www.strom.ch

World Energy Council. URL: www.worldenergy.org

WTRG Economics. URL: www.wtrg.com

Ergebnis und Strukturen

In den folgenden drei Kapiteln stehen die Leistung und die Struktur der Volkswirtschaft im Vordergrund:

Mit den drei Begriffen **Wirtschaftskreislauf, Wohlstand und Wachstum (Kapitel X.)** und deren Analyse wird versucht, auf die Frage nach dem materiellen Wohlstand der Volkswirtschaft eine Antwort zu finden. Grundlage bildet dabei das statistische System der Volkswirtschaftlichen Gesamtrechnung (VGR). Sie hat sich als analytisches Instrument zur Erfassung des gesamtwirtschaftlichen (makroökonomischen) Wirtschaftskreislaufes international etabliert. Aufgrund ihrer synthetischen Angaben können Aussagen über den Wohlstand und das Wachstum einer Volkswirtschaft gemacht werden.

Die produktive Leistung einer Volkswirtschaft kann nach ihrer Struktur analysiert werden. Traditionell ist die Aufteilung in drei **Produktionssektoren (Kapitel XI.)**. Diese sind in sich jeweils homogener als die Gesamtwirtschaft. Ihre Entwicklung kann zur Beschreibung des wirtschaftlichen Strukturwandels verwendet werden. Die jüngere Entwicklung der Volkswirtschaft – basierend auf dem Produktionsfaktor Wissen sowie auf Informations- und Kommunikationstechnologien (IKT) – hat diese Trennung jedoch teilweise hinfällig gemacht.

Die Schweiz als kleine offene Volkswirtschaft ist sehr stark mit dem Ausland verflochten, weshalb **internationale Strukturen (Kapitel XII.)** und die damit verbundene internationale Arbeitsteilung von besonderem Interesse sind. Zum Verständnis ihrer Bestimmungsgründe werden verschiedene Theorien des Aussenhandels dargestellt. Das Konzept der Zahlungsbilanz erfasst die grenzüberschreitenden Geld- und Güterströme. Zur Erfassung des weltwirtschaftlichen Rahmens werden wichtige internationale Wirtschaftsinstitutionen vorgestellt und insbesondere die Beziehungen der Schweiz zur Europäischen Union (EU) thematisiert.

X. Wirtschaftskreislauf, Wohlstand und Wachstum

1. Einführung

Wie gut geht es uns? Eine Frage, die sich wohl jeder schon gestellt hat und die nur schwierig zu beantworten ist. Die Anwort erstreckt sich auf die verschiedensten Dimensionen des Lebens: Familie, Freizeit, Gesundheit, Wohnen, Arbeit, materieller Wohlstand etc. Die Frage nach der **Lebensqualität** ist vielschichtig und wird subjektiv immer unterschiedlich beantwortet. Es liegt durchaus in unserer Fähigkeit, in einzelnen Lebensbereichen ein qualitatives Urteil abgeben zu können. So ist man z.B. mit der Wohnsituation zufrieden oder eben nicht. Es wird aber viel schwieriger oder gar unmöglich, wenn ein quantitatives Urteil gefällt werden sollte. Bei einem Umzug in eine neue Wohnung wird es schwierig sein zu sagen, ob man mit dieser zweimal so zufrieden sei wie mit der alten Wohnung. Auch wenn es gelingen würde, in den einzelnen Lebensbereichen ein quantitatives oder qualitatives Urteil fällen zu können, es verbliebe noch immer die Zusammenfassung und somit Gewichtung dieser einzelnen Urteile zu einem gesamten Urteil über die Lebensqualität.

Die Volkswirtschaftslehre befasst sich zum grössten Teil nur mit dem wirtschaftlichen Bereich des Lebens. Nur schon dies ist ein Grund, weshalb die Volkswirtschaftslehre eher eine Antwort auf die Frage nach dem materiellen Wohlstand als auf die Frage nach der Lebensqualität geben kann. Der Ansatzpunkt zur Ermittlung des materiellen Wohlstandes liegt bei der Darstellung des ökonomischen Grundproblems und Ziels einer modernen Wirtschaft: Produktion von Gütern (= Waren und Dienstleistungen) für die Bedürfnisbefriedigung der Menschen (vgl. S. 10 und Abbildung 6 auf S. 14). Diese Güter werden in einem arbeitsteiligen Produktionsprozess hergestellt, was dazu führt, dass unzählige Wirtschaftssubjekte miteinander in Beziehung stehen. Eine Art der Darstellung dieses Beziehungsgeflechtes ist ein Wirtschaftskreislauf. Die **Volkswirtschaftliche Gesamtrechnung (VGR)** ist Hauptgegenstand des vorliegenden Kapitels. Sie baut auf dem erwähnten Kreislauf auf und ist damit ein Instrument zur quantitativen

Erfassung des Wirtschaftsgeschehens. Entscheidend für das Ergebnis ist, was alles unter wirtschaftlicher Tätigkeit verstanden, d.h. wie der Produktionsbegriff festgelegt wird. Diese Abgrenzung wird durch die Gesellschaft bestimmt und ist nicht vorgegeben. Im Falle der VGR ist der Markt entscheidend: Grundsätzlich wird über den Markt bestimmt, was zur Produktion gezählt wird und wie diese bewertet wird. Über diesen **marktbestimmten Produktionsbegriff** erfolgt mit der VGR eine Bewertung der wirtschaftlichen Leistung einer Gesellschaft. Die anfangs aufgeworfene Frage nach der Lebensqualität kann jedoch auch mit den Daten der VGR nicht abschliessend beantwortet werden, da sich die Lebensqualität in der gesamten Wohlfahrt einer Gesellschaft und nicht nur in der produktiven Leistung einer Volkswirtschaft widerspiegelt.

Auch wenn die Zahlen der VGR allein nicht geeignet sind für Aussagen über die Lebensqualität, so spielen sie doch eine sehr wichtige Rolle. Die Bedeutung dieser Zahlen liegt für den Ökonomen v.a. darin, dass sie für die Überprüfung von Wirtschaftstheorien verwendet werden können. Im politischen Bereich können diese Kennzahlen als Grundlage für die Wirtschaftspolitik herangezogen werden, im Weiteren stellen sie Indikatoren für die Wirtschaftsentwicklung und sogar für den materiellen Wohlstand dar. Zusätzlich ermöglicht das System der VGR internationale Vergleiche ökonomischer Kennzahlen. Aufgrund der wirtschaftlichen und politischen Relevanz der VGR ist es deshalb lohnenswert, mehr über die Berechnungsgrundlagen zu erfahren. Dies erleichtert die Interpretation von wirtschaftlichen Grössen wie z.B. dem Bruttoinlandprodukt (BIP) und zeigt damit auch die Grenzen der VGR auf.

Nach der Darstellung der VGR folgen Ausführungen zum Wachstum und zur Konjunktur.

X. Wirtschaftskreislauf, Wohlstand und Wachstum 339

2. Die Volkswirtschaftliche Gesamtrechnung der Schweiz

Ziel der Volkswirtschaftlichen Gesamtrechnung (VGR) als Synthesestatistik ist es, alle **monetären Flüsse** makroökonomisch zusammenzufassen. Die Erfassung dieser monetären Flüsse und damit der Wirtschaftstätigkeit eines Landes erfolgt im Rahmen eines kohärenten Systems mit Hilfe der Buchhaltungstechnik. Die praktische und politische Bedeutung der VGR liegt in den wichtigsten **volkswirtschaftlichen Kennzahlen**, die aus einer Fülle von Einzeldaten ex post berechnet werden. Wird das Konzept der VGR einmal verstanden, so erkennt man die Bedeutung und Interpretation der einzelnen Aggregate, wie z.B. dasjenige des Bruttoinlandprodukts (BIP). Daher wird im Folgenden dieses Konzept dargestellt. Grundsätzlich beruht es auf der Idee eines **Wirtschaftskreislaufes**, dem auch die in der Schweiz veröffentlichten Konten der VGR zugrunde liegen.

2.1 Der einfache Wirtschaftskreislauf

Abbildung 92 auf S. 340 zeigt einen einfachen Wirtschaftskreislauf. Im oberen Teil der Abbildung ist der Kreislauf **grafisch** dargestellt. Er zeigt exemplarisch Tauschbeziehungen zwischen einer Unternehmung und einem privaten Haushalt während einer bestimmten Zeitperiode. Einerseits hat der Haushalt Ausgaben (monetärer Strom) für den Kauf von Gütern (realer Strom), andererseits stellt der Haushalt der Unternehmung seine Faktorleistung (realer Strom) gegen Entgelt (monetärer Strom) zur Verfügung. Die Faktorleistung entsteht dann, wenn Produktionsfaktoren (z.B. Arbeit, Kapital oder Boden) im Leistungserstellungsprozess bei der Unternehmung eingesetzt werden.

Im unteren Teil der Abbildung wird der gleiche Kreislauf anstatt grafisch in **Kontenform** dargestellt. Dabei wird für die Unternehmung und für den Haushalt ein eigenes Konto aufgestellt, in dem jeweils auf der rechten Seite die zufliessenden Ströme (Aufkommen) und auf der linken Seite die abfliessenden Ströme (Verwendung) eingetragen werden.

Aus den Konten in Abbildung 92 ist ein Problem des dargestellten Kreislaufs klar ersichtlich: Die verschiedenen, jeweils auf einer Kontoseite eingetragenen Ströme werden in unterschiedlichen Masseinheiten erfasst und können deshalb **nicht aggregiert** werden. Werden jedoch die realen Ströme weggelassen und konzentriert man sich nur auf die monetären Ströme, so sind alle Ströme in der gleichen Masseinheit (z.B. Fr.) dargestellt und deshalb auch miteinander verre-

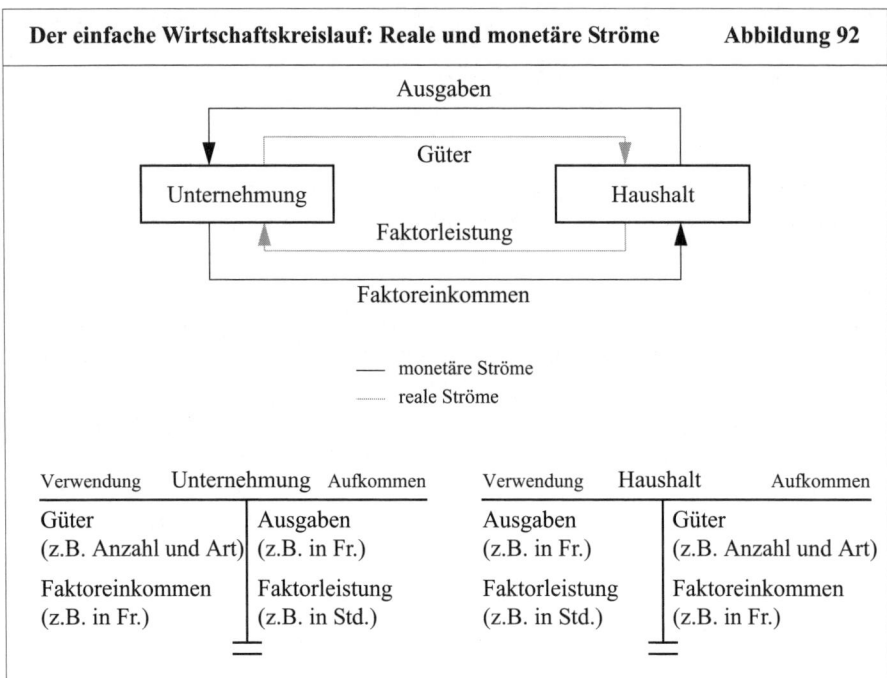

chenbar. Das **Weglassen der realen Ströme** führt zu einem Informationsverlust. Es ist nicht mehr ersichtlich, z.B. wieviele und welche Güter gekauft und wieviele Stunden gearbeitet wurden. Die monetären Ströme zeigen somit nur noch, welche Ausgaben für die Güter getätigt wurden und welches Einkommen mit der Faktorleistung erzielt wurde. Die Verbindung zwischen den monetären und realen Strömen entsteht über eine **Bewertung:** bei den Gütern über die Preise und bei der Faktorleistung über den Lohn, den Zins oder die (Boden-)Rente. Die Bewertung ist ein grundlegendes Problem eines volkswirtschaftlichen Kreislaufs, der nur monetäre Ströme darstellt.

In Abbildung 93 ist der Kreislauf zwischen einer Unternehmung und einem Haushalt nur mit monetären Strömen dargestellt. Ausserdem wurde aus dem grundsätzlich offenen Kreislauf aus Abbildung 92 ein **geschlossener Kreislauf** gemacht. Betrachtet man z.B. den Haushalt, so muss der zufliessende Strom wertmässig nicht genau dem abfliessenden Strom entsprechen, d.h. das Faktoreinkommen kann grösser oder kleiner sein als die Ausgaben. Im dargestellten Fall in Abbildung 93 ist das Faktoreinkommen grösser als die Ausgaben, d.h. der Haushalt spart. Diese Differenz zwischen zufliessendem und abfliessendem Strom beim Haushalt wird mit einem zusätzlichen Strom, der auf einen neu eingeführten **Ausgleichspool** fliesst, dargestellt. Wird nun das Konto des Haushalts betrachtet, so ist festzustellen, dass der zufliessende Strom den beiden abfliessen-

X. Wirtschaftskreislauf, Wohlstand und Wachstum

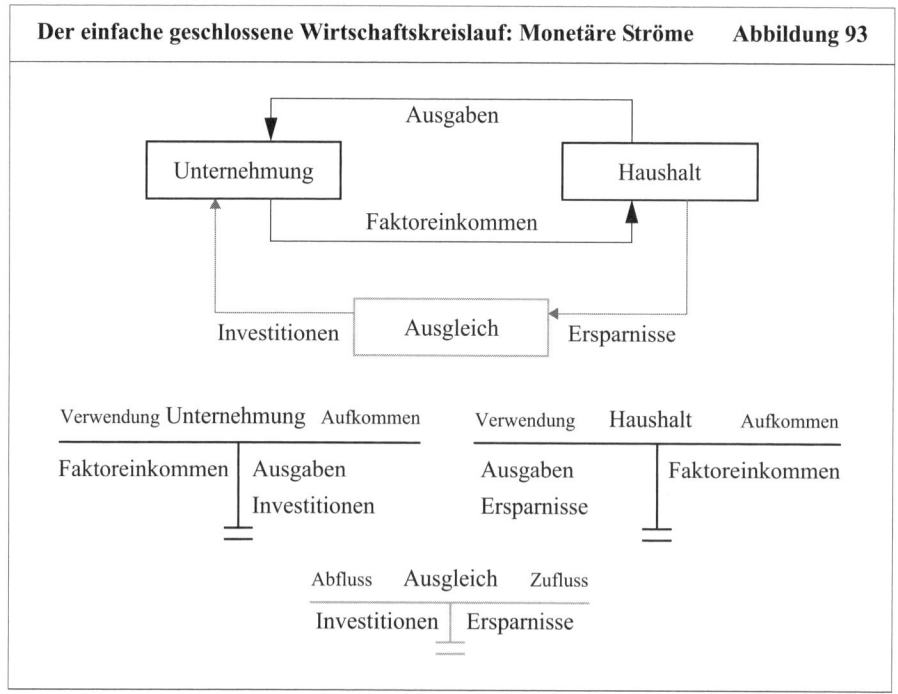

Abbildung 93: Der einfache geschlossene Wirtschaftskreislauf: Monetäre Ströme

den Strömen entspricht, d.h. das Konto ist ausgeglichen. Bei der Unternehmung entsteht wegen der Ersparnisse des Haushalts ein Finanzierungsdefizit in gleicher Grösse: Die Einnahmen aus dem Verkauf von Gütern sind geringer als die zu leistenden Faktoreinkommen, was eine zusätzliche Finanzierung notwendig macht. Auch bei der Unternehmung kann die Differenz zwischen zufliessendem und abfliessendem Strom mit einem zusätzlichen Strom vom Ausgleichspool dargestellt werden. Dann ist auch das Unternehmungskonto ausgeglichen. Auch im neu geschaffenen Ausgleichspool entsprechen sich der zufliessende und der abfliessende Strom. In einem solchen geschlossenen Kreislauf sind die Konten für die Unternehmung, den Haushalt und die Ausgleichsströme immer ausgeglichen. Grund dafür ist, dass in einem geschlossenen Kreislauf einerseits alle Ströme jeweils am Anfangs- und am Endpunkt erfasst werden und andererseits für die Differenz in jedem Konto ein Ausgleichsstrom eingeführt wird.

2.2 Methodische Aspekte der Volkswirtschaftlichen Gesamtrechnung

2.2.1 Die Einteilung der Wirtschaftssubjekte in institutionelle Sektoren

Der in Abbildung 93 auf S. 341 dargestellte Kreislauf ist einfach und beispielhaft, doch vermittelt er die Grundidee des Wirtschaftskreislaufs, welcher der VGR zur Abbildung einer Volkswirtschaft zugrunde liegt. Damit der Wirtschaftskreislauf der VGR dargestellt werden kann, braucht es einige Verallgemeinerungen und Erweiterungen des einfachen Kreislaufs in Bezug auf die Wirtschaftssubjekte und die von ihnen durchgeführten Transaktionen.

In einem real existierenden Wirtschaftskreislauf stehen nicht nur zwei Akteure wie in Abbildung 93 miteinander in Beziehung, sondern Tausende. Um nun von einer mikro- zu einer makroökonomischen Betrachtungsweise zu gelangen, werden im Rahmen der VGR diese Wirtschaftssubjekte sog. **institutionellen Sektoren** zugeordnet. In der Definition der VGR üben Wirtschaftssubjekte (in der VGR auch institutionelle Einheiten genannt) wirtschaftliche Tätigkeiten aus, sind selber Eigentümer von Waren oder Aktiva, können Verbindlichkeiten eingehen und verfügen über eine eigene Rechnungsführung oder wären zumindest in der Lage, eine solche vorzunehmen.

Die Zuteilung eines Wirtschaftssubjekts zu einem institutionellen Sektor hängt von verschiedenen Kriterien ab (vgl. Abbildung 94): Zuerst wird unterschieden, ob sich das betrachtete Wirtschaftssubjekt im In- oder Ausland befindet. Gebietsfremde Wirtschaftssubjekte, die Transaktionen mit gebietsansässigen Wirtschaftssubjekten tätigen, werden dem institutionellen Sektor **übrige Welt** zugerechnet. Entscheidend für die Abgrenzung zwischen gebietsansässigen und gebietsfremden Wirtschaftssubjekten ist der Schwerpunkt der wirtschaftlichen Tätigkeit.

Falls es sich um ein gebietsansässiges Wirtschaftssubjekt handelt, wird in einem nächsten Schritt untersucht, ob ein privater Haushalt vorliegt. Falls ja, ist das Wirtschaftssubjekt Teil des institutionellen Sektors **private Haushalte**. Zu diesem Sektor gehören alle Individuen in ihrer Funktion als Konsumenten. Falls es sich nicht um einen privaten Haushalt handelt, wird weiter nach dem Produzententyp unterschieden, d.h. ob es sich um Marktproduzenten oder Nichtmarktproduzenten handelt. Nichtmarktproduzenten sind institutionelle Einheiten, deren Produktionswert zum grössten Teil unentgeltlich oder zu wirtschaftlich nicht signifikanten Preisen Dritten zur Verfügung gestellt wird. Falls es sich um Markt-

X. Wirtschaftskreislauf, Wohlstand und Wachstum 343

Die Einteilung der Wirtschaftssubjekte in institutionelle Sektoren Abbildung 94

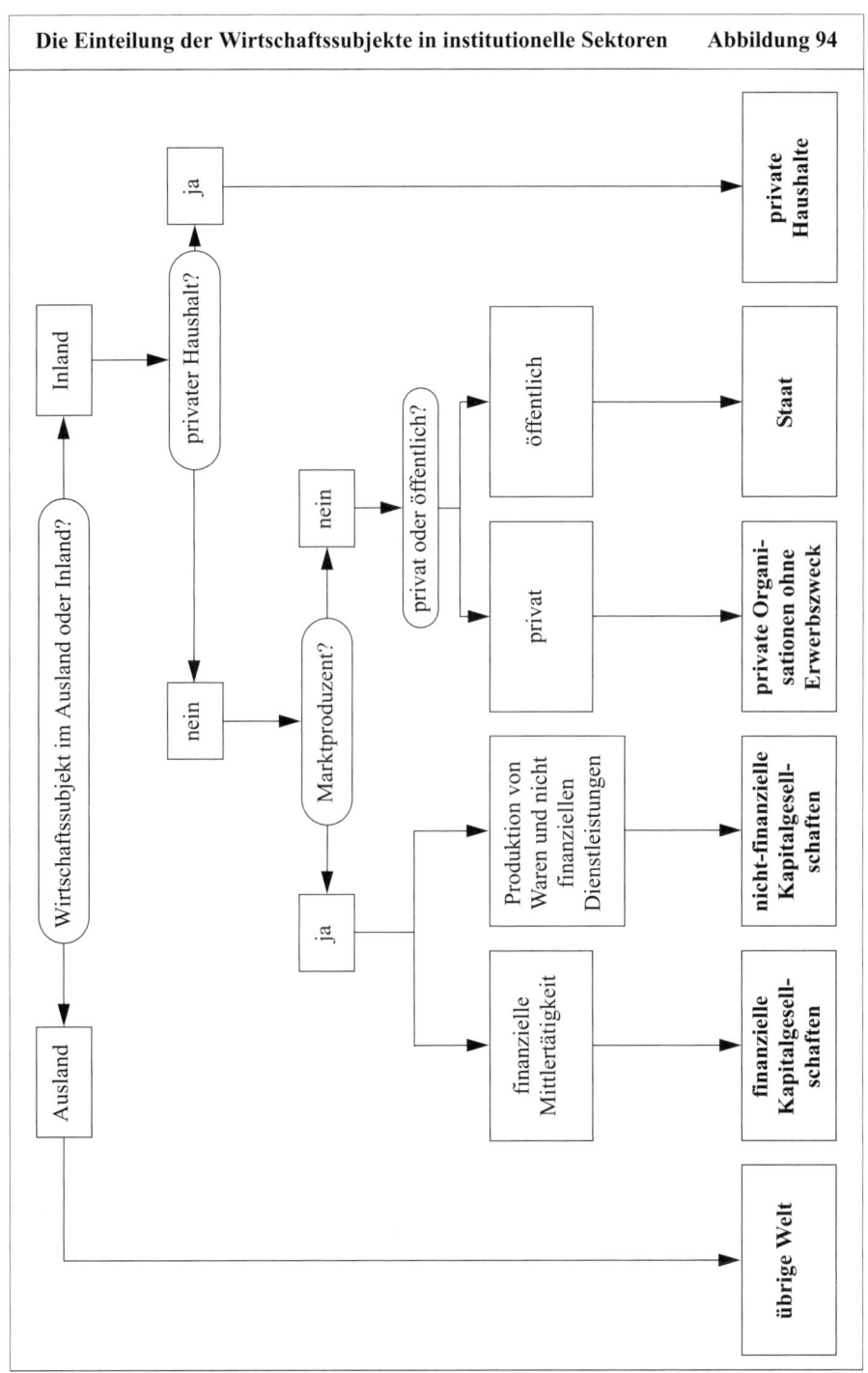

produzenten handelt, wird zwischen zwei Haupttätigkeiten unterschieden: finanzielle Mittlertätigkeit (finanzielle Kapitalgesellschaften) oder Produktion von Waren und nicht finanziellen Dienstleistungen (nicht-finanzielle Kapitalgesellschaften). Eine Unterscheidung zwischen privater oder öffentlicher Kontrolle ist schliesslich erforderlich, um die Nichtmarktproduzenten in die institutionellen Sektoren Staat und private Organisationen ohne Erwerbszweck zu trennen.

Die als Produzenten identifizierten institutionellen Sektoren können folgendermassen charakterisiert werden:

- Der institutionelle Sektor **finanzielle Kapitalgesellschaften** vereint alle Wirtschaftssubjekte, deren Hauptfunktion die finanzielle Mittlertätigkeit ist oder die im Bereich der privaten Sozialversicherungen tätig sind. Dazu wird auch die Sozialversicherung der öffentlichen Verwaltung in ihrer Funktion als Arbeitgeber gezählt. Beispiele für Wirtschaftssubjekte im Sektor finanzielle Kapitalgesellschaften sind Banken, Versicherungen, Anlagefonds, Pensionskassen und Leasinggesellschaften.
- Der **Staat** bildet einen eigenen institutionellen Sektor im Rahmen der VGR. Dazu gehören die öffentlichen Sozialversicherungen, Tätigkeiten im Bereich der allgemeinen Verwaltung und der Landesverteidigung sowie sonstige durch staatliche Gelder finanzierte Tätigkeiten. Das gemeinsame Merkmal der Wirtschaftssubjekte im Sektor Staat ist die Umverteilung von Einkommen und Vermögen. Nur sekundär ist die Produktion von Waren und Dienstleistungen, welche der Öffentlichkeit zu Preisen zur Verfügung gestellt werden, die den grössten Teil der Produktionskosten nicht abdecken. Ein grosser Teil der finanziellen Ressourcen stammt dabei aus obligatorischen Beiträgen der anderen Sektoren, wie Steuern und Sozialversicherungsbeiträge.
- Die Wirtschaftssubjekte im institutionellen Sektor **private Organisationen ohne Erwerbszweck** (POoE) dienen den privaten Haushalten und bieten Güter zu nicht marktbestimmten Preisen an, die zum grössten Teil über freiwillige Beiträge finanziert werden. Beispiele dafür sind Gewerkschaften, politische Parteien, Kirchen, Vereine sowie Konsumenten- und Wohlfahrtsverbände.
- Der institutionelle Sektor **nicht-finanzielle Kapitalgesellschaften** ist aufgrund der grossen Anzahl der Wirtschaftssubjekte am bedeutendsten für die wirtschaftliche Entwicklung der Volkswirtschaft der Schweiz. Denn dazu gehören alle Wirtschaftssubjekte, die Marktproduzenten sind und deren Haupttätigkeit die Produktion von Waren und nicht finanziellen Dienstleistungen ist.

2.2.2 Die Gliederung von Transaktionen

Die im einfachen Kreislauf (vgl. S. 339ff.) dargestellten Beziehungen zwischen den beiden Wirtschaftssubjekten beschränken sich auf den Austausch von Gütern gegen Geld und Faktorleistungen gegen Geld. In der VGR spricht man bei diesen Austauschbeziehungen zwischen den Wirtschaftssubjekten von **Transaktionen**. Sie können somit die **Übertragung von Gütern, Faktorleistungen und Forderungen** beinhalten. Forderungen verleihen dem Eigentümer der Forderung (Gläubiger) einen Anspruch gegenüber dem Schuldner, der eine Verpflichtung hat. Sie können verbrieft und gehandelt werden, z.B. in Form von Aktien und Guthaben. Auch Geld stellt nichts anderes als eine Forderung dar. Der in Abbildung 92 auf S. 340 dargestellte Tausch einer Leistung gegen Einkommen kann demnach allgemeiner als Tausch einer Faktorleistung gegen eine Forderung dargestellt werden. Dabei handelt es sich um eine **zweiseitige Transaktion**, die als Übertragung von Gütern, Faktorleistungen oder Forderungen definiert ist, denen immer eine Gegenleistung in Form von Gütern, Faktorleistungen oder Forderungen gegenübersteht. Im einfachen Wirtschaftskreislauf wurden nur zweiseitige Transaktionen dargestellt. In Abbildung 92 auf S. 340 sind dies reale und monetäre Ströme und in Abbildung 93 nur monetäre Ströme. **Einseitige Transaktionen** hingegen sind Übertragungen von Gütern, Faktorleistungen oder Forderungen ohne eine (direkte) Gegenleistung. Diese werden auch Transfers genannt. Beispiele dafür sind Steuern, Subventionen, Sozialversicherungsbeiträge und -leistungen.

Die VGR erfasst sowohl einseitige als auch zweiseitige Transaktionen und unterscheidet folgende Kategorien:

- **Waren- und Dienstleistungstransaktionen** beschreiben den Ursprung (Inlandproduktion oder Importe) und die möglichen Verwendungszwecke (Konsum, Investition etc.) der Güter.
- **Verteilungstransaktionen** zeigen, wie durch die Produktion entstandene Wertschöpfung zwischen den Arbeitskräften, dem Kapital und dem Staat verteilt wird. Weiter beschreiben sie detailliert den Prozess der Einkommens- und der Vermögensumverteilung durch Abgaben und Transfers.
- **Finanzielle Transaktionen** betreffen den Nettoerwerb finanzieller Vermögenswerte oder den Nettozuwachs an Passiven nach Art des Finanzinstruments.
- **Übrige Transaktionen** gehören nicht in eine der bisher genannten Kategorien. Es handelt sich dabei insbesondere um die Abschreibungen als Bezeichnung für die Wertverminderung des Anlagevermögens.

Neben den erwähnten Kategorien lassen sich Transaktionen auch **funktional** gliedern. Denn statt in einem grafischen Kreislauf können Transaktionen auch in Kontenform dargestellt werden. So wird für jeden der institutionellen Sektoren ein eigenes Konto aufgestellt. Ein solches Konto weist auf der rechten Seite die zufliessenden und auf der linken Seite die abfliessenden Ströme auf. Ganz allgemein sieht ein solches **Transaktionskonto** wie in Abbildung 95 (links) dargestellt aus und fasst alle möglichen Transaktionen zusammen. So bestehen die monetären Zuflüsse aus den Einnahmen aus dem Verkauf von Gütern, aus der Bereitstellung von Produktionsfaktoren und aus Transfereinkünften. Die monetären Abflüsse setzen sich dementsprechend aus den Ausgaben für den Kauf von Gütern, der Nutzung von Produktionsfaktoren sowie den Transferausgaben zusammen. Die Ausgleichsposition entsteht als Saldo zwischen Aufkommen und Verwendung.

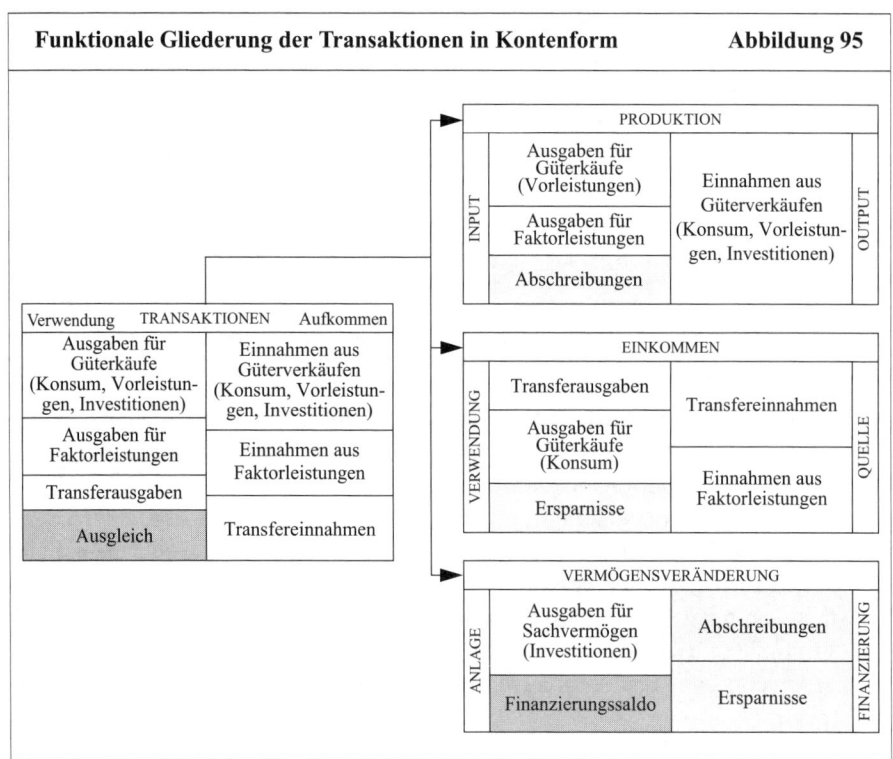

Ein solches Transaktionskonto gibt wohl eine Zusammenstellung aller Zu- und Abflüsse wieder, es ist daraus jedoch nicht ersichtlich, aus welchem Grund ein Wirtschaftssubjekt eine bestimmte Transaktion durchgeführt hat. Man versucht deshalb die Transaktionen nach den grundlegenden ökonomischen Aktivitätsbereichen eines Wirtschaftssubjekts zu gliedern. Rechts in Abbildung 95 steht die Gliederung der Transaktionen eines Wirtschaftssubjekts bezüglich der Produktion, der Einkommens- und der Vermögensdisposition im Vordergrund.

Im **Produktionskonto** wird grundsätzlich der in die Produktion fliessende Input dem daraus entstehenden Output gegenübergestellt. Die Transaktionen, die bezüglich der Produktion monetäre Abflüsse verursachen, sind einerseits die Ausgaben für den Einkauf von Gütern, die in der Produktion unmittelbar eingesetzt werden (sog. Vorleistungen), und andererseits die Ausgaben für die in Anspruch genommenen Produktionsfaktoren. Weiter ist auf der Inputseite zu berücksichtigen, dass der vorhandene Produktionsapparat durch den Produktionsprozess abgenutzt wird. Dieser Verschleiss drückt sich in den Abschreibungen aus und erscheint im Produktionskonto als Saldo. Die monetären Zuflüsse aus der Produktion sind die Einnahmen aus den verkauften Gütern, die für den Konsum, die Vorleistungen oder die Investitionen verwendet werden.

Im **Einkommenskonto** wird die Quelle der Einkommen der Verwendung derselben gegenübergestellt. Monetäre Abflüsse bestehen aus Transferausgaben und den Ausgaben für Konsumgüterkäufe. Einkommen muss jedoch nicht notwendigerweise ausgegeben werden, es kann auch in Form von Ersparnissen zurückbehalten werden. Die Ersparnisse ergeben sich als Saldo im Einkommenskonto. Die monetären Zuflüsse setzen sich aus den Transfereinnahmen und den Einnahmen aus dem zur Verfügung stellen von Produktionsfaktoren zusammen.

Im **Vermögensveränderungskonto** wird die Anlage des neu geschaffenen Vermögens (die Vermögensveränderung, nicht der Vermögensbestand) dessen Finanzierung gegenübergestellt. Die monetären Abflüsse bestehen aus den Ausgaben für den Kauf von Realkapital, d.h. für Investitionen (vgl. S. 232ff.). Bei der Finanzierung dieser Investitionen werden die im Produktionskonto berechneten Abschreibungen und die aus der Einkommensdisposition entspringenden Ersparnisse hinzugezogen. Übrig bleibt als Ausgleichsposition der Finanzierungssaldo. Dieser Finanzierungssaldo kann als Verrechnung von Forderungen und Verpflichtungen aufgefasst werden.

Wird in Abbildung 95 die Aufteilung der Transaktionen auf die grundlegenden Aktivitätsbereiche eines Wirtschaftssubjekts rückgängig gemacht, indem die Positionen auf der Zu- und Abflussseite des Produktions-, Einkommens- und Vermögensveränderungskontos konsolidiert (d.h. alle Positionen der gleichen Seite werden addiert und gemeinsame Positionen herausgestrichen) werden, so erhält man wieder das alle Transaktionen umfassende Transaktionskonto. Es wird auch deutlich, dass die Abschreibungen und die Ersparnisse nur durch die Aufteilung auf die drei Aktivitätskonten entstanden sind und deshalb bei der Konsolidierung wieder wegfallen.

2.2.3 Der erweiterte Wirtschaftskreislauf

Nach diesen Verallgemeinerungen bezüglich der Wirtschaftssubjekte und der Transaktionen kann nun vom Kreislauf in Abbildung 93 zum Wirtschaftskreislauf der VGR in Abbildung 96 übergegangen werden. Wie erwähnt, stehen in einer Volkswirtschaft Tausende von Wirtschaftssubjekten miteinander in Beziehung. Ein Kreislauf, der jedes Wirtschaftssubjekt einzeln ausweisen würde, wäre nicht mehr sinnvoll darstellbar. Deshalb wird versucht, jedes Wirtschaftssubjekt einem der oben erwähnten institutionellen Sektoren zuzuordnen.

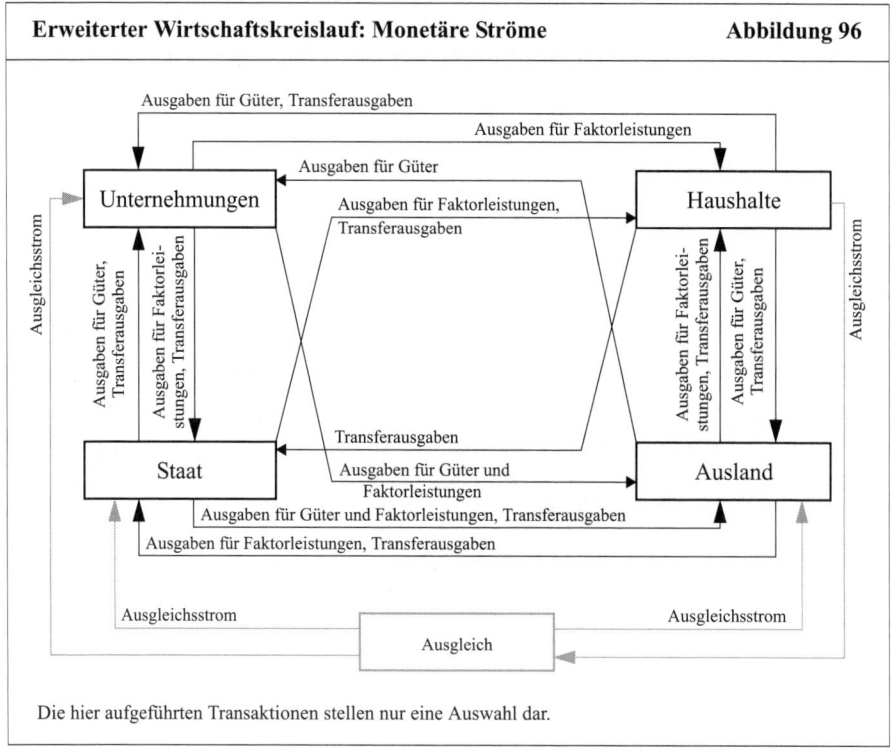

Die Aggregation einzelner Wirtschaftssubjekte zu institutionellen Sektoren führt dazu, dass alle Ströme zwischen diesen Wirtschaftssubjekten (intrasektorale Ströme) wegfallen, was einen Informationsverlust bedeutet. Dagegen werden alle Ströme von den Wirtschaftssubjekten des gleichen Sektors mit Wirtschaftssubjekten anderer Sektoren (intersektorale Ströme) ausgewiesen. Im Gegensatz zur VGR, die alle sechs Sektoren (teilweise mit Untersektoren) einzeln aufführt, wer-

X. Wirtschaftskreislauf, Wohlstand und Wachstum

den in Abbildung 96 aus Gründen der Vereinfachung nur die teilweise aggregierten Sektoren **Unternehmungen** (bestehend aus finanziellen Kapitalgesellschaften, privaten Organisationen ohne Erwerbszweck und nicht-finanziellen Kapitalgesellschaften), **Staat** und **Haushalte** (private Haushalte) unterschieden. Um die Transaktionen der inländischen mit den ausländischen Wirtschaftssubjekten zu erfassen, werden Letztere (ungeachtet der Zugehörigkeit zu einem Sektor) zu einem zusätzlichen Sektor **übrige Welt** zusammengefasst.

Zwischen diesen vier aggregierten Sektoren in Abbildung 96 sind jeweils zwei gegenläufige Ströme eingezeichnet (Aufkommen = Zuflüsse; Verwendung = Abflüsse), welche die monetären Ströme für verschiedene Transaktionsgruppen darstellen. So stellt z.B. der Strom von den Unternehmungen ans Ausland, der mit Ausgaben für Güterkäufe und Faktorleistungen überschrieben ist, Zahlungen der inländischen Unternehmungen an ausländische Wirtschaftssubjekte für die Lieferung von Gütern oder die Inanspruchnahme von Faktorleistungen dar. Eingezeichnet sind also nur monetäre und keine realen Ströme. Einerseits stellt jeder Strom, der von einem Sektor wegfliesst, für diesen Ausgaben dar; andererseits fliesst der gleiche Strom einem anderen Sektor zu und stellt damit für diesen Einnahmen in gleicher Höhe dar. In Abbildung 96 auf S. 348 sind die Ströme der Übersicht halber nur als Ausgabenströme bezeichnet. Im Folgenden soll nun auf die Beschreibung der Zu- und Abflüsse bei den einzelnen Sektoren näher eingegangen werden.

Bei den **Unternehmungen** setzen sich die monetären **Zuflüsse** aus den Einnahmen aus dem Verkauf von Gütern an die Haushalte, den Staat und das Ausland sowie aus Transfereinnahmen des Staates (z.B. Subventionen) und der Haushalte (z.B. Spenden an private Organisationen ohne Erwerbszweck) zusammen. Die monetären **Abflüsse** bilden sich aus den Käufen für Güter im Ausland, den Ausgaben für die Inanspruchnahme von Faktorleistungen der Haushalte, des Staates und des Auslands sowie den Transferzahlungen an den Staat.

Bei den **Haushalten** stammen die **Zuflüsse** aus der Bereitstellung von Faktorleistungen an Unternehmungen, den Staat und das Ausland sowie aus den Transferzahlungen des Staates und des Auslands. Die **Abflüsse** teilen sich auf die Ausgaben für den Einkauf von Gütern bei den Unternehmungen und im Ausland sowie die Transferzahlungen an den Staat und ans Ausland auf.

Beim **Staat** setzen sich die **Zuflüsse** aus den Transfereinnahmen der Unternehmungen, der Haushalte und des Auslands sowie den Einnahmen für die den Unternehmungen und dem Ausland zur Verfügung gestellten Faktorleistungen zusammen. Die **Abflüsse** bestehen aus Käufen für Güter bei den Unternehmungen und im Ausland, aus Ausgaben für die Inanspruchnahme von Faktorleistungen der Haushalte und des Auslandes sowie aus den Transferzahlungen an die Unternehmungen, Haushalte und ans Ausland.

Dem **Ausland** fliessen folgende monetären **Ströme zu:** Einnahmen aus Güterverkäufen an die drei inländischen aggregierten Sektoren, Einnahmen aus den den Unternehmungen und dem Staat zur Verfügung gestellten Produktionsfaktoren sowie Transfereinkommen aus den beiden aggregierten Sektoren Haushalt und Staat. **Abflüsse** ergeben sich als Ausgaben für die Güterkäufe bei Unternehmungen, als Ausgaben für die Inanspruchnahme von Faktorleistungen der Haushalte und des Staates und als Transferausgaben an die Haushalte und den Staat.

Um diesen grundsätzlich offenen Kreislauf zwischen diesen vier aggregierten Sektoren zu schliessen, wird wie beim einfachen Kreislauf ein Pool **Ausgleich** eingefügt, der jeweils von jedem Sektor die Differenzen zwischen Zu- und Abflüssen aufnimmt. Dass diese Ausgleichsströme bei den Sektoren Unternehmungen, Staat und Ausland zufliessen, beruht auf einer willkürlichen Annahme und bedeutet nur, dass bei diesen Sektoren jeweils die Abflüsse grösser als die Zuflüsse sind. Beim Sektor Haushalt trifft das Umgekehrte zu: Die Abflüsse sind kleiner als die Zuflüsse. Damit ist der geschlossene Kreislauf, welcher der VGR zugrunde liegt, vollständig beschrieben.

2.2.4 Die Kontensequenz

Die oben beschriebenen zahlreichen und vielfältigen Transaktionen sind in der VGR nicht nur in drei Konten wie in Abbildung 95 auf S. 346 zusammengefasst, sondern in einer ganzen Reihe von Konten, der so genannten **Kontensequenz**. Jedes Konto bezieht sich auf einen Aspekt des Wirtschaftsprozesses und weist einen Saldo auf, der jeweils auf das nächste Konto übertragen wird. In jedes Konto der VGR wird auf der linken Seite (Soll) die **Verwendung** und auf der rechten Seite (Haben) das **Aufkommen** eingetragen, analog zu den Beispielen in der Abbildung 92 auf S. 340 und Abbildung 93 auf S. 341).

Für das Verständnis der Konten im System der VGR ist es wichtig, zwischen der Ebene der institutionellen Sektoren und der gesamtwirtschaftlichen Ebene zu unterscheiden. Um die wirtschaftlichen Aktivitäten zu systematisieren, wird in einem ersten Schritt jedem inländischen **institutionellen Sektor** eine Kontensequenz zugeteilt. Jedes dieser Konten bezieht sich dabei auf einen Aspekt des Wirtschaftskreislaufs und umfasst gewisse Transaktionen, deren Ergebnisse in einem Saldo ausgedrückt werden. Neben den restlichen fünf institutionellen Sektoren stellt die übrige Welt einen Sektor sui generis dar. Als Besonderheit verfügt er über keine spezielle Haupttätigkeit bzw. Funktion. Er erfasst die gebietsfremden Einheiten nur insoweit, als sie Transaktionen mit den gebietsansässigen Einheiten vornehmen. Als gebietsansässig werden alle diejenigen Wirtschaftssub-

X. Wirtschaftskreislauf, Wohlstand und Wachstum

jekte bezeichnet, die ihren Interessenschwerpunkt im Inland haben. Die Kontensequenz für den Sektor der übrigen Welt ist deshalb kürzer als für die anderen Sektoren.

In einem zweiten Schritt wird die **gesamtwirtschaftliche Ebene** berechnet, die sich, vereinfacht ausgedrückt, aus der Aggregation der Kontensequenz aller institutionellen Sektoren ergibt. Die gesamtwirtschaftliche Kontensequenz mit ihren Hauptkonten ist in Tabelle 22 dargestellt.

Die Kontensequenz der Gesamtwirtschaft Tabelle 22

Kontonummer	Kontenbezeichnung
0	Waren- und Dienstleistungskonto
I	Produktionskonto
II	Verteilungs- und Verwendungskonten
III	Vermögensveränderungskonten
IV	Vermögensbilanzen

Erst auf der gesamtwirtschaftlichen Ebene erhält man wichtige Kennzahlen wie das Bruttoinlandprodukt (BIP), welches in der VGR als Saldo jeweils direkt im Produktionskonto ersichtlich ist (vgl. Abbildung 97, weitere Ausführungen hierzu folgen auf S. 353ff.). Auf der Ebene der institutionellen Sektoren ist dementsprechend der Beitrag eines jeden institutionellen Sektors zum BIP ersichtlich.

Das Produktionskonto der Gesamtwirtschaft Abbildung 97

Verwendung	Produktionskonto (I)	Aufkommen
Vorleistungen		Bruttoproduktionswert (BPW)
Saldo:		Gütersteuern
Bruttoinlandprodukt zu Marktpreisen		(-) Gütersubventionen

Quelle: angelehnt an BFS (2004). Volkswirtschaftliche Gesamtrechnung. Neuchâtel. S. 22.

2.2.5 Revisionen der Volkswirtschaftlichen Gesamtrechnung

Da die VGR als theoretisches Konstrukt versucht, so weit wie möglich die Realität abzubilden, wird sie durch die sich verändernden Strukturen und Rahmenbedingungen der Wirtschaft immer wieder vor neue Aufgaben gestellt. Folgende Gründe sind für eine regelmässige Revision der VGR ausschlaggebend:

- Strukturelle **Veränderungen** der Wirtschaft sowie neue Güter, wie z.B. Derivate oder das Leasing, erfordern eine Anpassung der VGR.
- Statistische Vergleiche der Wirtschaftskraft verschiedener Länder erfordern eine **Harmonisierung** der VGR. Die schweizerische VGR folgt dabei im Grundsatz dem Europäischen System der Volkswirtschaftlichen Gesamtrechnungen (ESVG 95), welches seit 1999 für alle Staaten der Europäischen Union (EU) verbindlich ist.
- Neue **Bedürfnisse** der Nutzer der VGR erfordern eine detailliertere und klar definierte Struktur der VGR.
- Die Bewahrung der **makroökonomischen Kohärenz** der VGR zu anderen Statistiken wie z.B. der Zahlungsbilanz erfordert eine Anpassung. Mit dem Übergang zur ESVG 95 wird in der Schweiz diese Kohärenz wieder hergestellt.

Die VGR der Schweiz wurde in den 1970er Jahren erstmals grundlegend revidiert, nachdem erhebliche Schwierigkeiten auftraten, die zwischenzeitlich sogar zur Einstellung der Berechnungen führten. Die nächste grössere Revision erfolgte 1997. Diese hatte eine bessere Vergleichbarkeit mit der EU sowie die Berechnung des BIP direkt im Produktionskonto zum Ziel. Die neueste Revision begann 2003 mit dem Ziel, in verschiedenen Schritten das ESVG 95 auch in der Schweiz einzuführen. Nicht alle Aspekte des ESVG 95 können sofort umgesetzt werden, vielmehr erfolgt die Umstellung sequenziell und dürfte erst in einigen Jahren vollständig abgeschlossen sein.

3. Kennzahlen und Resultate der Volkswirtschaftlichen Gesamtrechnung der Schweiz

Das Ergebnis der Volkswirtschaftlichen Gesamtrechnung (VGR) schlägt sich in einer Vielzahl von (aggregierten) Kennzahlen nieder, die je nach Detaillierungsgrad verschiedenen Benutzern zu ganz unterschiedlichen Zwecken dienen. Insbesondere erlaubt es die VGR, die **Wirtschaftsentwicklung ex post** zu messen. Sie stellt damit eine wichtige Grundlage für Wirtschafts- und Konjunkturanalysen sowie weitere Prognosen dar. Neben privaten Unternehmungen haben auch staatliche Stellen Interesse an den Kennzahlen der VGR, sind sie doch oft Basis für wirtschafts- und finanzpolitische Entscheide. Da das Konzept mit anderen Ländern kompatibel ist, eignen sich die Daten der VGR auch für internationale Vergleiche. Des Weiteren stellt die VGR eine empirische Grundlage der makroökonomischen Forschung dar.

3.1 Das Bruttoinlandprodukt im Zusammenhang mit weiteren Kennzahlen

Während früher die volkswirtschaftliche Leistung verschiedener Länder meistens mit dem Bruttosozialprodukt (BSP; heute Bruttonationaleinkommen BNE genannt) verglichen wurde, ist in den letzten Jahrzehnten das **Bruttoinlandprodukt (BIP)** zum wichtigsten Referenzaggregat der VGR avanciert. Das BIP ist ein Mass für die wirtschaftliche Leistung einer Volkswirtschaft im Laufe eines Jahres. Es misst den Wert der im Inland hergestellten Waren und Dienstleistungen (die Wertschöpfung), soweit diese nicht als Vorleistungen für die Produktion anderer Waren und Dienstleistungen verwendet werden.

Das BIP berechnet sich stets nach dem **Inlandskonzept**. Soll das aus dem BIP folgende BNE berechnet werden, so muss auf das **Inländerkonzept** übergegangen werden. Den Hintergrund bildet dabei die Überlegung, dass sich die VGR immer nur auf eine klar abzugrenzende Volkswirtschaft bezieht. Zwei Kriterien sind dabei massgebend: einerseits das Wirtschaftsgebiet, andererseits der Interessenschwerpunkt eines Wirtschaftssubjekts (vgl. Abbildung 98).

Inlands- und Inländerkonzept — Abbildung 98

Wirtschaftliche Vorgänge können aus zwei unterschiedlichen Perspektiven erfasst werden. Wird als Abgrenzung das **Wirtschaftsgebiet** einer Volkswirtschaft genommen, so wendet man das **Inlandskonzept** an. Zum Wirtschaftsgebiet der Schweiz werden neben der geographischen Fläche u.a. auch die diplomatischen Vertretungen im Ausland gezählt. Im Gegenzug gehören die ausländischen Botschaften in der Schweiz nicht dazu. Im Inlandskonzept enthalten sind deshalb alle sowohl von gebietsansässigen als auch von gebietsfremden Einheiten innerhalb des Wirtschaftsgebiets der Schweiz getätigten Transaktionen.

Werden dagegen die **Wirtschaftssubjekte** betrachtet, die ihren **Interessenschwerpunkt im Inland** haben, dann verwendet man das **Inländerkonzept**. Damit ein Interessenschwerpunkt gegeben ist, muss eine wirtschaftliche Tätigkeit während mindestens einem Jahr in der Schweiz ausgeübt werden. Das Inländerkonzept bezieht sich deshalb auf die von gebietsansässigen Einheiten sowohl im Wirtschaftsgebiet der Schweiz als auch in der übrigen Welt getätigten Transaktionen.

Der Wechsel vom Inlands- zum Inländerkonzept geschieht, indem die an Gebietsfremde im Inland fliessenden Faktoreinkommen abgezogen werden und die von Gebietsansässigen im Ausland erwirtschafteten Einkommen dazugezählt werden. Die Differenz zwischen den beiden Konzepten entspricht damit dem Saldo der grenzüberschreitenden Faktoreinkommen.

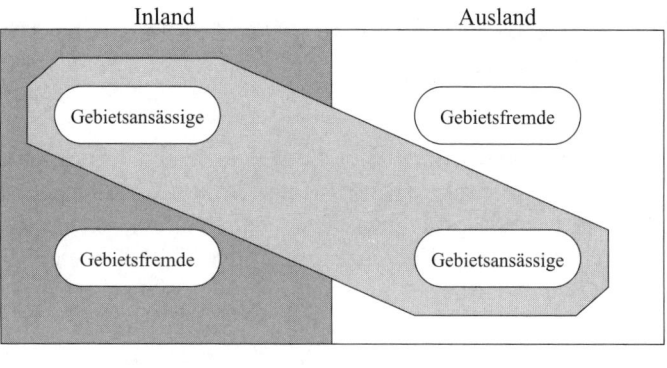

Die Bezeichnung Gebietsansässige/Gebietsfremde bezieht sich immer auf das Inland und ist unabhängig von der Nationalität des wirtschaftlichen Subjekts.

Im Folgenden wird auf die Unterschiede zwischen dem BIP und weiteren Grössen eingegangen. Unterschiedliche Kennzahlen ergeben sich aus der Berechnungsart: nach dem Inlands- oder Inländerkonzept (Inlandprodukt/Nationaleinkommen), mit oder ohne Abschreibungen (brutto/netto) und mit oder ohne staatliche Marktpreisbeeinflussung (Marktpreise/Faktorkosten).

Ausgegangen wird vom **Bruttoproduktionswert zu Faktorkosten** (**BPW$_F$**; vgl. Abbildung 99), der Teil des Produktionskontos ist (vgl. Abbildung 97 auf S. 351). Werden davon die in- und ausländischen Vorleistungen abgezogen, resultiert die **Bruttowertschöpfung zu Faktorkosten** (**BWS$_F$**). Durch die Addition der Gütersteuern und die Subtraktion der Gütersubventionen resultiert schliesslich das **Bruttoinlandprodukt zu Marktpreisen** (**BIP$_M$**; oft nur BIP genannt). Als Beispiel für eine Gütersteuer ist die Alkohol- und Tabaksteuer zu nennen. Unter Gütersubventionen werden keine generellen Subventionen verstanden; diese Subventionsart wird stets auf der Menge oder dem Wert basierend berechnet, so z.B. viele Subventionen der Landwirtschaft.

Der Wechsel vom Inlandskonzept zum Inländerkonzept (vgl. Abbildung 98 auf S. 354) geschieht, indem die Faktoreinkommen aus dem Ausland addiert und die Faktoreinkommen ans Ausland subtrahiert werden. Die resultierende Grösse ist das **Bruttonationaleinkommen zu Marktpreisen** (**BNE$_M$**; früher Bruttosozialprodukt zu Marktpreisen = BSP$_M$). Werden vom BNE$_M$ bzw. vom BIP$_M$ die Abschreibungen in Abzug gebracht, so resultiert das **Nettonationaleinkommen zu Marktpreisen** (**NNE$_M$**; früher Nettosozialprodukt zu Marktpreisen = NSP$_M$) bzw. das **Nettoinlandprodukt zu Marktpreisen** (**NIP$_M$**).

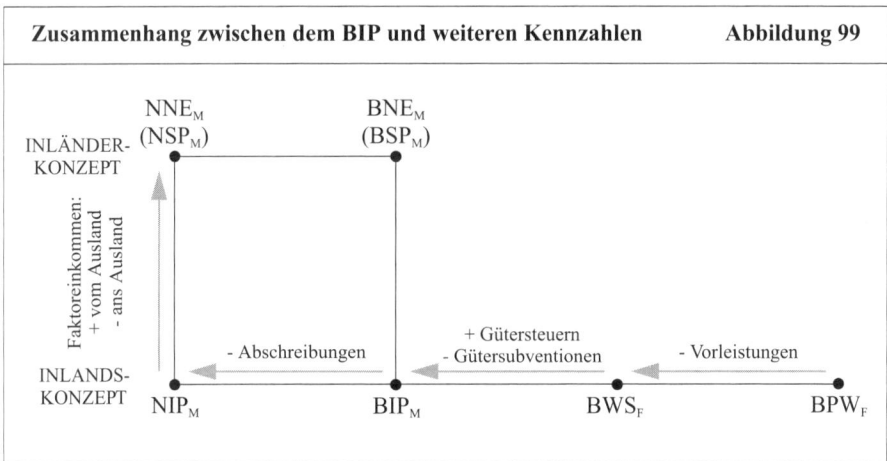

Zusammenhang zwischen dem BIP und weiteren Kennzahlen — Abbildung 99

3.2 Drei Ansätze zur Messung des Bruttoinlandprodukts

Die VGR basiert auf drei Ansätzen: **dem Produktions-, dem Einkommens- und dem Verwendungsansatz** (vgl. Abbildung 6 auf S. 14). Mit allen drei Ansätzen lässt sich das BIP berechnen, wobei jeder Ansatz auf andere statistische Grundlagendaten zurückgreift. Diese Unabhängigkeit der Ansätze voneinander gewährleistet, dass bei gleichen Resultaten die berechnete Grösse des BIP auf einer sehr soliden Grundlage beruht.

Mit dem **Produktionsansatz** kann die Wertschöpfung bestimmt werden, welche durch die Wirtschaftssubjekte im Verlauf einer Periode erbracht wird. Dieser Ansatz findet sich nicht nur im Produktionskonto (vgl. Abbildung 97 auf S. 351), sondern auch in Abbildung 99 auf S. 355 wieder. Tabelle 23 zeigt die Berechnung des BIP nach dem Produktionsansatz mit den (provisorischen) Zahlen für 2004. Ausgehend vom Bruttoproduktionswert werden die Gütersteuern addiert, danach die Gütersubventionen und Vorleistungen subtrahiert. Als Saldo resultiert das BIP.

Bruttoinlandprodukt gemäss Produktionsansatz (2004)[1]   Tabelle 23

	Verwendung	Aufkommen
Bruttoproduktionswert		829'755
Vorleistungen	410'398	
Gütersteuern		29'876
Gütersubventionen		-3'302
BIP	**445'931**	
Total	856'329	856'329

[1] Quelle: www.bfs.admin.ch (September 2005); provisorische Werte zu laufenden Preisen in Mio. Fr.

Beim **Einkommensansatz** steht die Bezahlung der Produktionsfaktoren im Vordergrund. Ausgehend vom Arbeitnehmerentgelt (Löhne) werden die Nettobetriebsüberschüsse (Gewinn oder Verlust), die Abschreibungen sowie die Produktions- und Importabgaben (insbesondere Steuern) addiert und die Subventionen (nicht gleichzusetzen mit den Gütersubventionen) subtrahiert. Als Ergebnis erhält man das BIP. Die Addition der Faktoreinkommen (Arbeitnehmerentgelt und Vermögenseinkommen) aus dem Ausland und die Subtraktion der Faktoreinkommen ans Ausland führt zum BNE (Tabelle 24).

X. Wirtschaftskreislauf, Wohlstand und Wachstum

Bruttoinlandprodukt gemäss Einkommensansatz (2004)[1] Tabelle 24

Arbeitnehmerentgelt	276'082
Nettobetriebsüberschuss	77'114
Abschreibungen	79'468
Produktions- und Importabgaben	32'373
Subventionen	-19'106
Bruttoinlandprodukt (BIP)	**445'931**
Arbeitnehmerentgelt aus der übrigen Welt	1'945
Arbeitnehmerentgelt an die übrige Welt	-11'536
Vermögenseinkommen aus der übrigen Welt	87'582
Vermögenseinkommen an die übrige Welt	-40'770
Bruttonationaleinkommen (BNE)	**483'152**

[1] Quelle: www.bfs.admin.ch (September 2005); provisorische Werte zu laufenden Preisen in Mio. Fr.

Der **Verwendungsansatz** schliesslich zeigt, wie die verschiedenen Wirtschaftssubjekte ihr verfügbares Einkommen in Konsum und Investitionen aufteilen. Die Berechnung des BIP erfolgt durch die Summe der Inlandnachfrage (Konsumausgaben und Bruttoinvestitionen) und des Aussenbeitrags (Exporte minus Importe von Gütern; Tabelle 25)

Bruttoinlandprodukt gemäss Verwendungsansatz (2004)[1] Tabelle 25

Konsumausgaben	322'449
Bruttoinvestitionen	90'792
Exporte	206'052
Importe	-173'362
Bruttoinlandprodukt	**445'931**

[1] Quelle: www.bfs.admin.ch (September 2005); provisorische Werte zu laufenden Preisen in Mio. Fr.

In einer Formel ausgedrückt wird das BIP beim Verwendungsansatz folgendermassen berechnet:

$$BIP = C + G + I + X - M$$

wobei C = Konsum der privaten Haushalte; G = Konsum des Staates; I = Bruttoinvestitionen; X = Exporte; M = Importe

Daraus lässt sich das **gesamtwirtschaftliche Gleichgewicht** ableiten:

$$BIP + M = C + G + I + X$$

Die Entstehung (linke Seite) entspricht der Verwendung (rechte Seite).

Abbildung 100 fasst die drei Ansätze zusammen. Die Prozentzahlen beziehen sich auf den Anteil am BIP, wobei pro Ansatz der Anteil 100% beträgt.

358 Ergebnis und Strukturen

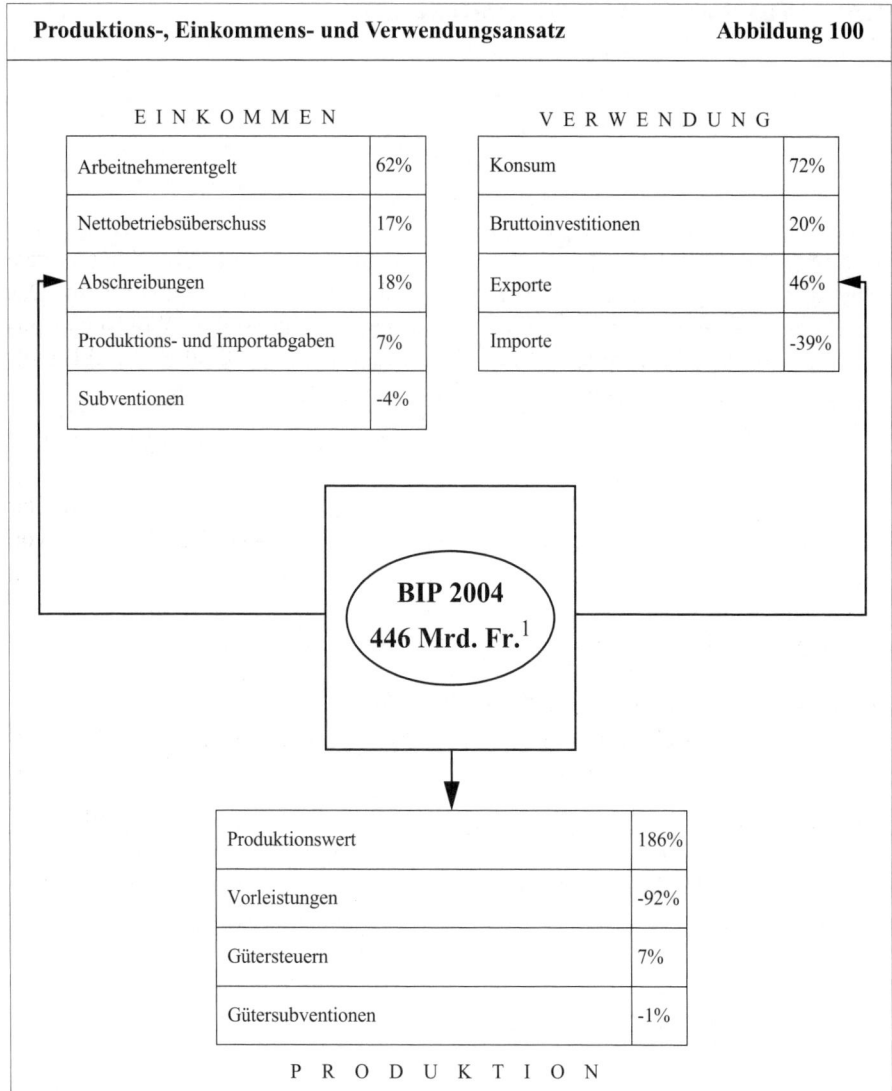

Produktions-, Einkommens- und Verwendungsansatz Abbildung 100

EINKOMMEN

Arbeitnehmerentgelt	62%
Nettobetriebsüberschuss	17%
Abschreibungen	18%
Produktions- und Importabgaben	7%
Subventionen	-4%

VERWENDUNG

Konsum	72%
Bruttoinvestitionen	20%
Exporte	46%
Importe	-39%

BIP 2004
446 Mrd. Fr.[1]

Produktionswert	186%
Vorleistungen	-92%
Gütersteuern	7%
Gütersubventionen	-1%

PRODUKTION

[1] provisorische Zahl des BIP zu laufenden Preisen; es bestehen teilweise Rundungsdifferenzen bei den Prozentangaben.

Daten: www.bfs.admin.ch (September 2005).

3.3 Internationale Vergleiche und Quoten

In den bisherigen Daten wurde stets das nominelle BIP angegeben, d.h. das BIP zu laufenden Preisen. In laufenden Preisen gemessen hat sich das BIP seit 1950 rund verzwanzigfacht. Der wichtigste Grund für diese enorme Zunahme liegt in der Preisentwicklung. Wird hingegen das reale BIP, d.h. das BIP zu konstanten Preisen, betrachtet, so ergibt sich seit 1950 noch rund eine Vervierfachung. Ein weiterer Grund liegt in der Bevölkerungszunahme. Das pro Kopf berechnete reale BIP hat sich im gleichen Zeitraum noch knapp verzweieinhalbfacht. Das am ehesten geeignete Mass für die Beurteilung der materiellen Wohlstandsentwicklung ist damit das **reale BIP pro Kopf**, da dieses um die Preis- und Bevölkerungsentwicklung bereinigt ist (vgl. dazu auch S. 366ff.).

Wird das BIP pro Kopf im **internationalen Vergleich** betrachtet (vgl. S. 365), so befindet sich die Schweiz unter den OECD-Ländern mit an der Spitze. Werden die laufenden Wechselkurse zur Umrechnung des BIP pro Kopf in US-Dollar genommen, so stand die Schweiz 2003 mit einem Pro-Kopf-Einkommen von 43'500 US-Dollar an dritter Stelle nach Luxemburg und Norwegen. Wird jedoch ein aussagekräftigeres Mass zur Umrechnung genommen, nämlich die Kaufkraftparität (vgl. S. 365f.), so verkleinern sich die Abstände und die Schweiz (32'600 US-Dollar) rutscht auf den fünften Platz ab nach Luxemburg, den USA, Norwegen und Irland. Dies bedeutet, dass die Schweiz durch das hohe inländische Preisniveau (durchschnittlich rund 40% über demjenigen der EU) einen beträchtlichen Teil der Kaufkraft einbüsst.

Um die Struktur der volkswirtschaftlichen Leistung detaillierter darzustellen, bildet man zusätzlich verschiedene **Quoten**. Dabei werden einzelnen Komponenten der Produktion, des Einkommens oder der Verwendung Aggregate wie das BIP gegenübergestellt. Diese interessieren im zeitlichen, aber auch im internationalen Vergleich. Für die praktische Berechnung der einzelnen Quoten können manchmal verschieden definierte Aggregate verwendet werden. Deshalb existieren oft auch verschiedene Werte für die einzelnen Quoten. Folgende Quoten werden oft benützt und im Verhältnis zum BIP berechnet:

- Die **Investitionsquote** (Bruttoanlageinvestitionen in % des BIP) lag 2004 bei 21%. Sie wird von der Konjunkturlage beeinflusst und unterliegt Schwankungen: In den 1980er Jahren nahm die Investitionsquote zu, Anfang der 1990er Jahre hat sich der Trend gekehrt (vgl. Tabelle 11 auf S. 234).
- Die **Staatsquote** betrug 2005 rund 36% des BIP, wobei die Kantone den grössten Anteil haben. International gesehen ist die schweizerische Staatsquote seit dem Anstieg in den 1990er Jahren nur noch knapp unter dem OECD-Durchschnitt (vgl. S. 615ff.). Von Wirtschaftsverbänden wird oft

argumentiert, dass diese Definition der Staatsquote nicht adäquat sei. Werden alle Ausgaben des Staates und die privaten, aber obligatorischen Versicherungen (z.B. berufliche Vorsorge) mit einbezogen, betrugen die gesamten Ausgaben mit sog. Zwangscharakter im Jahr 2002 gut 50% des BIP.
- Ähnlich wird auch bei der **Fiskalquote** (Steuereinnahmen inkl. Sozialversicherungen in % des BIP) argumentiert. Offiziell betrug die Fiskalquote 2003 rund 30% und lag damit noch unter dem OECD-Durchschnitt. Werden jedoch neben den Steuern und Sozialversicherungen auch die obligatorischen privaten Versicherungen wie Krankenkasse, Unfallversicherung und berufliche Vorsorge mit eingeschlossen, steigt der Anteil auf über 40%. Oft werden diese "Zwangsausgaben" wie erwähnt kritisiert, jedoch würden sich bei einem Wegfall des Obligatoriums wohl die meisten Personen auch freiwillig versichern.
- Auch die **Verschuldungsquote** (öffentliche Schulden in % des BIP) ist in den 1990er Jahren stark angestiegen und betrug 2005 rund 56% (vgl. Abbildung 165 auf S. 616). Der weitaus grösste Anteil entfiel dabei auf den Bund.
- Die internationale Verflechtung bezüglich des Güteraustausches kann mit der **Exportquote** (Exporte in % des BIP) und der **Importquote** (Importe in % des BIP) ausgedrückt werden: 2004 lag der Anteil der Exporte am BIP bei knapp 32% und der Importanteil bei knapp 30%. Die **Nettoexportquote** betrug damit gut 2% des BIP.

4. Grenzen der Volkswirtschaftlichen Gesamtrechnung

Im Folgenden wird das Konzept der Volkswirtschaftlichen Gesamtrechnung (VGR) und dessen Verwendung kritisch betrachtet. Das Konzept beruht auf verschiedensten Kategorien (Haushalte, Unternehmungen, Staat, Gebietsansässige, Gebietsfremde, Konsumgüter, Vorleistungen, Investitionen etc.), die voneinander abgegrenzt werden müssen. Diese Abgrenzungen können in der Praxis zu Zuordnungsproblemen führen. Zusätzlich liegen Bewertungsprobleme vor, da die VGR ausschliesslich auf monetären Grössen aufbaut. In der Praxis ist es jedoch schwierig, für alle Komponenten der volkswirtschaftlichen Produktion monetäre Grössen zu finden. Die Probleme, die entstehen, wenn Aggregate der VGR miteinander verglichen werden, oder wenn das Bruttoinlandprodukt (BIP) als Wohlfahrtsindikator verwendet wird, sind am Ende dieses Kapitels angefügt.

4.1 Zuordnungsprobleme

Damit mit dem Wirtschaftskreislauf quantitative Aussagen gemacht werden können, muss dieser mit Daten gefüllt werden. Dabei stellt sich die Frage, ob geeignete Daten bzw. Statistiken vorhanden sind und wie diese den einzelnen Teilen des Wirtschaftskreislaufs zugeordnet werden.

Ein Ziel der VGR ist es, die wirtschaftliche Leistung einer Volkswirtschaft zu erfassen. Dabei stellt sich die grundsätzliche Frage, was alles als wirtschaftliche Tätigkeit gilt. In der VGR herrscht grundsätzlich ein **marktbestimmter Produktionsbegriff** vor. Lehnt man sich an die im Produktionskonto ausgewiesene Produktion an, so werden Güter erfasst, die durch Markttransaktionen an andere Wirtschaftssubjekte übergehen. Es gibt aber auch produktive Leistungen, die nicht über den Markt sichtbar werden und trotzdem in der VGR erfasst sind: z.B. die Produktion staatlicher Leistungen, die selbsterstellten Anlagen und die auf Lager produzierten Güter. Es lassen sich aber in einer Volkswirtschaft durchaus auch produktive Leistungen finden, die nicht auf dem Markt sichtbar werden und deshalb in der VGR nur begrenzt berücksichtigt werden, so z.B. die Schattenwirtschaft (vgl. S. 364).

Weiter sind in der VGR **Konsumgüter** jene Güter, die dem in- oder ausländischen Haushaltssektor zufliessen. Dieser Konsumgüterbegriff kann zu Problemen führen. Die so genannten dauerhaften Konsumgüter, die den Haushalten zufliessen, können durchaus als **Investitionsgüter** für die Haushalte angesehen werden. Erst die Nutzung dieser Güter stellt den Konsum dar. Probleme gibt es auch bei der staatlichen Produktion, bei der nicht nach Verwendungszweck, d.h. zwischen **Endprodukten** und **Vorleistungen**, unterschieden wird. Es ist noch durchaus nachvollziehbar, dass staatlich produzierte Leistungen, die den Haushalten zugute kommen, als Endprodukte klassifiziert werden. Es gibt aber vom Staat produzierte, kollektive Güter (wie z.B. die Landesverteidigung), welche auch für die Unternehmungen einen Nutzen darstellen und damit eigentlich als Vorleistungen zu betrachten wären. Die Tatsache, dass Vorleistungen als Endprodukte klassifiziert werden, führt dazu, dass die Bruttowertschöpfung der Unternehmungen überbewertet ist. Da die Haushaltproduktion in der VGR nur unvollständig erfasst wird (vgl. S. 363), werden all jene produktiven Leistungen der Haushalte, die den Unternehmungen zugute kommen, nicht als Vorleistungen erfasst.

4.2 Bewertungsprobleme

Da der Wirtschaftskreislauf der VGR monetäre Grössen aufweist, unterliegt jede dargestellte Transaktion einer Bewertung. Ein Ziel der VGR ist es, eine am Output orientierte Bewertung produktiver Leistungen auszuweisen. Wie die folgenden Ausführungen zeigen, erfolgt die Bewertung grundsätzlich bei den **Unternehmungen** über **Herstellungspreise** (Bruttoproduktionswert zu Faktorkosten, BPW_F) oder durch **Hilfsgrössen der Outputseite** und beim **Staat** über **Inputwerte**. Bei den **Haushalten** liegt oft gar **keine Bewertung** vor.

Während die Bewertung der produktiven Leistung bei einer Industrieunternehmung noch keine Probleme verursacht, ist dies beim **Handel** schwieriger. Gemäss dem Produktionskonto kann der Umsatz einer Handelsunternehmung als Outputwert gesehen werden. Soll jedoch die eigene produktive Leistung der Handelsunternehmung festgehalten werden, so stützt man sich bei deren Berechnung auf die Handelsmarge ab, die den eigentlichen Wert der Dienstleistung angibt. Hier erfolgt die Bewertung der produktiven Leistung also über eine Hilfsgrösse.

Die **Abschreibungen** werfen ein spezielles Bewertungsproblem auf. Sie stellen keine eigentliche Transaktion dar und sind nur eine kalkulatorische Grösse, welche die Wertverminderung des Anlagevermögens durch den produktionsbedingten Verschleiss umfassen sollte. Für die Berechnung der Wertverminderung wäre die Bewertung des Kapitalstocks oder die Bewertung der tatsächlichen Inanspruchnahme der Produktionsanlagen notwendig. Die in den Unternehmungsbilanzen ausgewiesenen Abschreibungen werden jedoch meist nach steuerlichen Kriterien gebildet und entsprechen nicht den volkswirtschaftlichen Abschreibungen. Ein weiteres Problem stellt der technische Fortschritt dar: Der Produktionsapparat wird nicht nur abgenutzt, sondern er veraltet auch. Bei Investitionen wird nur selten das Anlagevermögen wieder hergestellt, sondern auch gemäss dem technischen Fortschritt erneuert.

Bei den **Finanzinstituten** und den **Versicherungsunternehmungen** ergeben sich Probleme bei der Berechnung des Outputwerts. Welches sind die von Banken und Versicherungen verkauften Produkte, und spiegeln diese den Wert der eigenen Leistungen wider? Für die Berechnung des Produktionswertes bei den Banken wird v.a. auf Gebühren, Kommissionen und Zinsen und bei den Versicherungen auf die Prämienzahlungen minus die geleisteten Schadenszahlungen abgestellt. Auch hier erfolgt also eine Bewertung über Hilfsgrössen.

Bei der **staatlichen Produktion** ergibt sich ein weiteres Problem, da der grösste Teil der Staatsproduktion unentgeltlich zur Verfügung gestellt und damit eine Bewertung über Marktpreise oder Hilfsgrössen der Outputseite verunmöglicht wird. Es erfolgt deshalb grösstenteils eine Bewertung über die Inputseite. Dies führt dazu, dass eine Lohnerhöhung des öffentlichen Personals zu einer Erhöhung des BIP führt, obwohl keine Leistungssteigerung stattgefunden hat.

Wird der Sektor der **privaten Haushalte** betrachtet, so liegen nur wenige Informationen über die Haushaltproduktion vor. Im Produktionskonto wird deshalb insbesondere die unbezahlte Haushaltsarbeit nur unvollständig erfasst. So produziert der Haushalt für den Eigengebrauch (z.B. Do-it-yourself-Arbeiten oder Rasieren) oder unentgeltlich auch für andere (z.B. Kochen). All diese Tätigkeiten könnten durchaus von Unternehmungen angeboten werden: die Do-it-yourself-Arbeiten durch einen Schreiner, Elektriker oder Sanitärinstallateur, das Rasieren durch einen Coiffeur und das Kochen durch Restaurants. Damit würden aber all diese Aktivitäten im Kreislauf der VGR erfasst und Bestandteil des BIP. Die Grösse des BIP hängt somit auch von der Ausprägung der Arbeitsteilung zwischen Unternehmungen und Haushalten ab.

Das Bundesamt für Statistik hat zum Ziel, die Haushaltproduktion besser einschätzen zu können und führte deshalb ein sog. **Satellitenkonto** zur VGR ein. Datengrundlage bilden die Erhebungen im Rahmen der Schweizerischen Arbeitskräfteerhebung (SAKE) über die unbezahlte Arbeit. Zusätzlich schätzte man die Produktionskosten der Haushaltsgüter (Inputwerte) und kam so auf einen jährlichen Wert der unbezahlten Haushaltproduktion von rund 221 Mrd. Fr.

Neben diesen Wirtschaftstätigkeiten gibt es noch eine Vielzahl von weiteren Aktivitäten, die nicht beobachtet werden oder werden können. Für diese legalen oder illegalen Tätigkeiten gibt es somit kaum statistische Angaben. Deshalb werden sie bei der Berechnung der Kennzahlen der VGR auch nicht berücksichtigt. Zwei Beispiele:

- Legale Tätigkeiten wie die **Freiwilligenarbeit** in Vereinen, Kirchen sowie unbezahlte Dienste für Verwandte und Bekannte (z.B. Einkaufen oder Kinder hüten) werden durch die VGR nicht erfasst. Umfragen und anschliessende Hochrechnungen beziffern den Wert der Freiwilligenarbeit auf rund 27 Mrd. Fr. pro Jahr.
- Der nicht legale Teil der Wirtschaft wird oft als **Schattenwirtschaft** bezeichnet. Naturgemäss kann dieser Teil der Wirtschaft noch weniger genau beziffert werden als die Haushaltproduktion oder die Freiwilligenarbeit, denn niemand gibt gerne über eventuelle Schwarzarbeit, kriminelle Machenschaften oder Steuerhinterziehung Auskunft. Es existieren deshalb nur Schätzungen der Schattenwirtschaft in der Schweiz, die von rund 9% des BIP ausgehen, was im internationalen Vergleich eher gering ist (vgl. S. 91ff.).

4.3 Vergleiche von Aggregaten

Die Aggregate der VGR erhalten ihre wirtschaftspolitische Bedeutung erst im Vergleich. Es ist z.B. nicht so bedeutend, wie gross das Bruttoinlandprodukt (BIP) einer Volkswirtschaft in einem bestimmten Jahr ist, sondern wie sich dieses im Vergleich zum Vorjahr entwickelt hat. Dieser **intertemporale Vergleich** von Aggregaten der VGR wirft jedoch einige Fragen auf. Bei den für ein bestimmtes Jahr ausgewiesenen Aggregaten handelt es sich um nominelle Grössen, die zu den laufenden Preisen des betreffenden Jahres ermittelt werden. Meist interessiert jedoch nicht die **nominelle**, sondern die **reale Entwicklung**. Wird z.B. von einem Jahr auf das andere eine Erhöhung des nominellen BIP festgestellt, so möchte man wissen, ob diese Erhöhung auf gestiegene Preise oder eine Ausdehnung der Produktion zurückzuführen ist. Es ist deshalb notwendig, die nominelle Entwicklung in eine Komponente, welche die Preisänderung ausweist, und in eine andere Komponente, welche die Ausdehnung der Produktion misst, aufzuteilen.

Eine Möglichkeit ist, die nominelle Entwicklung um das Preisniveau zu bereinigen, d.h. zu **deflationieren**. Als Rest bleibt die reale Entwicklung. Früher wurde dies in der Schweiz anhand eines Güterkorbs gemacht, der viele wichtige Güter beinhaltete und zuletzt 1990 für die VGR neu zusammengesetzt wurde. 1990 wurde damit zum **Basisjahr**, die Preisveränderungen des Güterkorbs in den Folgejahren dienten jeweils als Deflator. Man sprach dann z.B. vom BIP 1999 zu konstanten Preisen, Basis 1990. Für die Interpretation der so berechneten realen Entwicklung sollte jedoch die mögliche Veränderung der gütermässigen Zusammensetzung des BIP beachtet werden. Denn nicht nur nehmen neue Güter im

Laufe der Zeit einen Anteil am BIP ein (z.B. mobile Telekommunikation und Internetanschluss), sondern auch die Qualität bestehender Güter verändert sich teilweise rasant (z.B. Computer). Diese Änderungen können bei einer Berechnung des BIP zu einem bestimmten Basisjahr nicht nachvollzogen werden. Insbesondere zu einem mehrere Jahre zurückliegenden Basisjahr kommt es deshalb zu **Verzerrungen**.

Die VGR der Schweiz verzichtet seit Einführung des ESVG 95 auf den offiziellen Ausweis von Aggregaten zu konstanten Preisen, d.h. zu den Preisen eines bestimmten Basisjahres. Das BIP wird zunächst zu laufenden Preisen (= nominell) berechnet, dann für den Vergleich zu den Preisen des Vorjahres. Damit wird jeweils immer das Vorjahr zur Basis, die Änderungen im Güterangebot sind deshalb gering, die Verzerrungen werden minimiert. Ein weitergehender intertemporaler Vergleich ist auch weiterhin möglich, jedoch müssen dafür die Preisindizes der einzelnen Jahre miteinander verkettet werden.

Neben den intertemporalen Vergleichen von Aggregaten der VGR werden oft auch **internationale Vergleiche** durchgeführt. Wird das BIP (oder dessen Wachstum) zweier Länder verglichen, dann ergeben sich verschiedene Probleme. Erstens stellt sich ein **inhaltliches Problem**: Grundsätzlich haben alle Mitglieder der UNO das System of National Accounts (SNA 93) übernommen, das jedoch aufgrund der Verschiedenheit der Mitgliedsländer eine gewisse Flexibilität offen lässt. Das von der EU eingeführte ESVG 95 baut auf dem SNA 93 auf und konkretisierte die offenen Details. Die VGR der Schweiz wiederum orientiert sich an der ESVG 95. Damit ergibt sich eine sehr gute statistische Vergleichbarkeit der Schweiz mit den EU-Staaten und eine gute Vergleichbarkeit mit den restlichen Staaten. Gerade in Details können aber Definitionsunterschiede auftreten, die bei der Interpretation eines internationalen Vergleichs berücksichtigt werden müssen.

Ein zweiter Problembereich liegt bei der **Umrechnung** der einzelnen BIP-Daten. Da die Aggregate jeweils in nationalen Währungen ausgedrückt werden, müssen diese auf einen einheitlichen Massstab umgerechnet werden. Sehr einfach, aber problematisch, ist die reine Umrechnung mit dem Wechselkurs (vgl. S. 359). Durch die Art und Weise, wie ein Wechselkurs bestimmt wird, ist es fraglich, ob dieser der geeignete Umrechnungsindex für Aggregate der VGR ist.

Besser ist ein Vergleich durch die **Kaufkraftparität (KKP)**. Gemäss der Kaufkraftparitätentheorie sollten identische Güter überall auf der Welt das gleiche kosten, wenn die entsprechenden nationalen Preise in einer einheitlichen Währung wie z.B. dem US-Dollar ausgedrückt werden. Andernfalls würden die Güter aus den billigeren in die teureren Länder exportiert, bis sich die Wechselkurse angepasst haben. Der KKP-Wechselkurs wird deshalb so festgelegt, dass man mit einer bestimmten Geldsumme, wenn sie mit dem KKP-Wechselkurs in die verschiedenen Währungen umgerechnet wird, in allen Ländern den gleichen Güterkorb kaufen kann. Mit dem KKP-Wechselkurs werden also die Preisniveau-Unterschiede zwischen den Ländern aufgehoben. Solche KKP-Wechselkurse auf der Basis von Güterkörben werden meist durch internationale Organisationen wie die UNO, die OECD oder die Weltbank erhoben.

Ein populäres Beispiel für einen KKP-Wechselkurs ist der von der Zeitschrift "The Economist" seit einigen Jahren regelmässig veröffentliche Big-Mac-Index. Dabei wird ermittelt, wieviel ein Big Mac in einem McDonald's-Restaurant in den verschiedenen Ländern der Welt kostet. Diese Preise werden zur Grundlage der Währungsumrechnung gemacht. Neueren Datums ist der sog. iPod-Index. Dazu werden die Preise des Musik-Abspielgeräts iPod in verschiedenen Ländern verglichen, um daraus Rückschlüsse auf die Über- oder Unterbewertung einzelner Währungen zu ziehen.

Im Vergleich zu einem ganzen Güterkorb wird mit dem Big-Mac- und iPod-Index jeweils aber nur ein Produkt international verglichen. Produktspezifische Einflüsse wie Zölle und staatliche Vorschriften können den nationalen Preis massgeblich beeinflussen und gegenüber dem Vergleich mit Güterkörben zu einer stärkeren Verzerrung des ("wahren") KKP-Wechselkurses führen. Aber auch der Vergleich von Güterkörben ist Einflussfaktoren wie unterschiedlichen nationalen Steuergesetzgebungen, Schutzzöllen, dem Marketing und den Transportkosten ausgesetzt. Dennoch ist der Vergleich von Güterkörben zur Zeit das wohl beste Mittel, um Beträge wie das BIP international vergleichbar zu machen.

Ein dritter Problembereich öffnet sich mit der Frage nach der Aussagekraft von BIP-Vergleichen. Je grösser die Unterschiede im Entwicklungsstand der zu vergleichenden Volkswirtschaften sind, desto schwieriger ist die Interpretation. Die **Arbeitsteilung** zwischen Unternehmungen und Haushalten hat einen grossen Einfluss auf das BIP (vgl. S. 363). Während in Entwicklungsländern sehr oft noch die Selbstversorgung im Vordergrund steht, werden Güter in den Industriestaaten stärker über den Markt gehandelt und damit von der VGR erfasst. Ein sehr tiefes BIP pro Kopf muss damit nicht automatisch bedeuten, dass die Grundbedürfnisse der Einwohner auch nicht über die Selbstversorgung gedeckt sind.

4.4 Das Bruttoinlandprodukt als unzulängliches Wohlfahrtsmass

Das BIP als eines der wichtigsten Aggregate der VGR wird oft als Indikator für die Wohlfahrt einer Gesellschaft verwendet. Wird jedoch der Zusammenhang zwischen dem BIP und der Wohlfahrt einer Gesellschaft genauer betrachtet, so zeigen sich, wie in den vorangegangenen Kapiteln dargelegt, klar die Grenzen der VGR und damit auch des BIP als Wohlfahrtsindikator. Die Wohlfahrt einer Gesellschaft kann als eine irgendwie ausgestaltete Zusammenfassung der Nutzen der einzelnen Individuen in der betreffenden Gesellschaft gesehen werden. Ein Individuum kann seinerseits Nutzen aus **materiellen Werten** (z.B. durch den Konsum von Gütern) und **immateriellen Werten** (Familie, eigene Freizeit, Ausgestaltung der Einkommensverteilung etc.) erhalten. Das BIP, das höchstens einen Indikator für den Nutzen aus materiellen Werten abgeben kann, ist damit kein Indikator für die Wohlfahrt einer Gesellschaft. Mit zunehmender Relevanz immaterieller Werte für den individuellen Nutzen sinkt die Relevanz des BIP als Wohlfahrtsindikator.

Ausserdem ist im BIP keine Information darüber enthalten, auf welche Art und Weise ein Individuum aus materiellen Werten einen **Nutzen** ziehen kann. So ist es z.B. vorstellbar, dass ein Individuum durch eine Änderung der Art und Weise seines Konsums bereits einen höheren Nutzen erhält, wobei es aber weiterhin die gleiche Menge an Gütern konsumiert. So bliebe das BIP gleich, aber die Wohlfahrt würde trotzdem steigen.

Im BIP sind weiter auch Grössen enthalten, die teilweise **unfreiwillige Ausgaben** darstellen, wie die Folgekosten von Unfällen oder die Ausgaben für Reparaturen. Auch die Aufwendungen zur Behebung von Umweltschäden stellen streng genommen keine Wohlfahrtssteigerung dar.

Ein weiterer Punkt ist insbesondere bei internationalen Vergleichen zu berücksichtigen: So profitiert z.B. Norwegen substanziell vom Erdölsektor, sodass das rechnerische BIP pro Kopf höher ist als dasjenige der Schweiz (vgl. S. 359). Diese Sichtweise ist gemäss der Systematik der VGR richtig, da der Verkauf des Erdöls als Einkommen verbucht wird. Wird jedoch das Erdöl als Teil des norwegischen **Vermögens** betrachtet, dann findet mit dem Erdölverkauf nur eine Vermögensumschichtung statt: vom (nicht erneuerbaren) Erdöl hin zu Geld, das vom Staat international investiert wird. Per Saldo ist nach dieser Betrachtungsweise das norwegische Vermögen gleich geblieben, als Einkommen wäre nur der Zins aus den Anlagen zu verbuchen.

4.5 Möglichkeiten zur Messung der Wohlfahrt und Lebensqualität

Die bisherigen Ausführungen haben gezeigt, dass das BIP kein geeigneter Indikator für die Messung der Wohlfahrt oder der Lebensqualität ist. Tabelle 26 auf S. 368 gibt einen Überblick über alternative Möglichkeiten.

Möglichkeiten zur Messung der Wohlfahrt und der Lebensqualität   Tabelle 26

Eindimensionale Masse		Mehrdimensionale Masse	
Korrekturen am BIP	Alternativen zum BIP	Objektive Indikatoren	Subjektive Indikatoren
Satellitenkonto Umwelt (BFS) Satellitenkonto Haushaltproduktion (vgl. S. 363ff.; BFS) Wirtschaftlicher Gesamtnutzen von Nordhaus und Tobin	Arbeit-Konsum-Rechnung: Wie lange muss ein Individuum arbeiten, um ein bestimmtes Produkt kaufen zu können? Öko-Buchhaltung	Sozialindikatoren (OECD, BFS) Human Development Index (UNO) Quality of life survey (Mercer Consulting) Reichtum der Nationen (Weltbank)	Feststellen der subjektiven Lebensqualität mittels Umfragen: Erhebungen von Walter-Busch für die Schweiz

Seit Jahren wurden verschiedenste Versuche unternommen, die VGR so weiterzuentwickeln, dass sie den vorgebrachten Mängeln und der Kritik gerecht wird. So haben z.B. Nordhaus und Tobin in den 1970er Jahren für die USA versucht, durch verschiedene Korrekturen ein Wohlstandsmass (gesamtwirtschaftlicher Nutzen) aus dem BIP zu erhalten. Die Korrekturen berücksichtigen u.a. die Reklassifizierung von Endprodukten als Vorleistungen, den Wert der Haushaltproduktion und den Wert der Freizeit. Immer mehr wird auch der Interaktion zwischen Wirtschaft und Umwelt Beachtung geschenkt. Für die Schweiz liegt eine Studie vor, welche die Integration von Wirtschaft und Umwelt im System der VGR versucht. Dabei wurde ein Zusatzkonto (Satellitenkonto) zum Kontenrahmen der VGR erstellt, das die Ausgaben für Umweltschutz und Umweltpflege erfasst.

Neben Korrekturen am BIP sind aber auch Alternativen diskutiert worden. Unter den mehrdimensionalen Massen sind v.a. die Sozialindikatoren hervorzuheben. Diese gesellschaftlichen oder sozialen Indikatoren werden in Bereichen wie Gesundheit, Bildung, Arbeitsbedingungen, Freizeit, Haushalt, Verkehr, Familie, Wohnen etc. erhoben. Im Bereich Wohnen wird z.B. der Anteil der Privathaushalte mit Warmwasseraufbereitung, Balkon etc. ermittelt. Doch auch gerade das letztgenannte Beispiel zeigt, wie schwierig es ist, Aussagen über die Lebensqualität zu gewinnen. Warmwasseraufbereitung und Balkone geben nämlich nur die Quantität wieder. Damit kann noch nicht zwingend eine Aussage über die Lebensqualität gemacht werden.

5. Wachstum, Konjunktur und Investitionen

5.1 Wachstum und Konjunktur

Wachstum und Konjunktur sind zwei Begriffe, die sehr häufig gebraucht werden und nicht immer klar definiert sind. Beide beziehen sich auf die Entwicklung der wirtschaftlichen Tätigkeit. Die **Konjunktur** bezieht sich dabei auf eine Periode von mehreren Jahren. In dieser eher kurz- bis mittelfristigen Perspektive wird die wellenförmige Entwicklung, die wiederkehrenden Schwankungen um einen Trend, betont. Wird von **Wachstum** gesprochen, so beschreibt man die längerfristige wirtschaftliche Entwicklung, losgelöst von den kurzfristigen konjunkturellen Schwankungen. In Abbildung 101 auf S. 370 sind beide Begriffe grafisch dargestellt. Als Indikator für die wirtschaftliche Entwicklung kann z.B. das Bruttoinlandprodukt (BIP) gewählt werden. Eine gemäss Annahme langfristig wachsende Wirtschaft ist in Abbildung 101 mit einer Geraden wiedergegeben. Der potenzielle Output ist eine fiktive Grösse. Er stellt denjenigen Output dar, der bei voller Auslastung, aber nicht Überlastung der Produktionsfaktoren möglich wäre. In Tat und Wahrheit schwankt der effektiv erzielte Output um diesen Trend. Manchmal sind die Produktionskapazitäten nicht ausgelastet (effektiver Output < potenzieller Output), manchmal sind sie überlastet (effektiver Output > potenzieller Output). Die Konjunkturschwankungen entsprechen damit den Schwankungen der gesamtwirtschaftlichen Kapazitätsauslastung. Wie Abbildung 101 auch zeigt, werden die Konjunkturphasen unterschiedlich benannt.

Werden die Konjunkturphasen so wie in Abbildung 101 verstanden, dann ergeben sich für die Schweiz folgende **Konjunkturzyklen** (vgl. Abbildung 102):

- Nach dem Zweiten Weltkrieg fand ein eigentlicher Investitions- und Konsumboom statt. Die Schweiz konnte dabei stark vom wirtschaftlichen Aufschwung und dem lang anhaltenden Wachstum der wichtigsten Handelspartner profitieren.
- In der ersten Hälfte der 1970er Jahre verschlechterte sich die Wirtschaftslage massiv. Die Inflation stieg stark an, zusätzlich verteuerte sich das Erdöl explosionsartig, was in den meisten Industriestaaten zu einer Rezession führte (erste Erdölkrise). Auch die Schweiz konnte sich diesem Sog nicht entziehen. Neben einem dramatischen Einbruch der Exporte beeinflussten auch die restriktive Geldpolitik der Schweizerischen Nationalbank (SNB) und sinkende Ausgaben der öffentlichen Hand das Wirtschaftswachstum negativ.

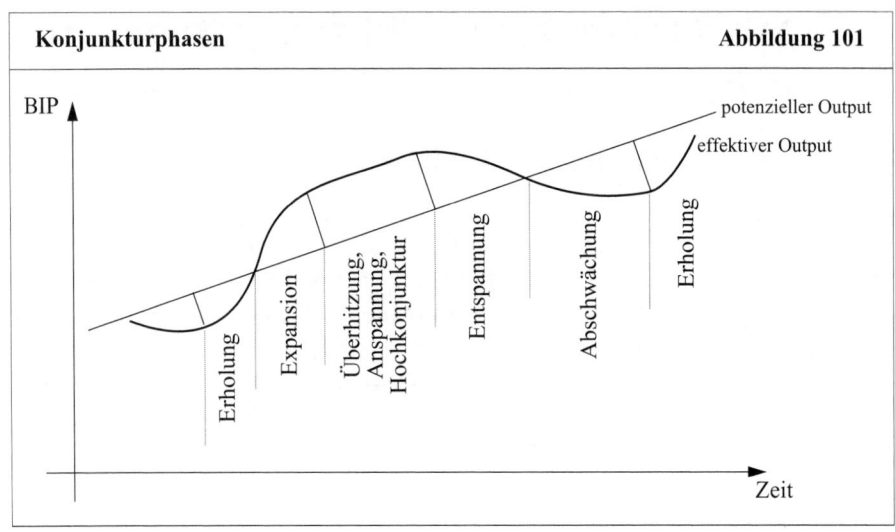

Abbildung 101: Konjunkturphasen

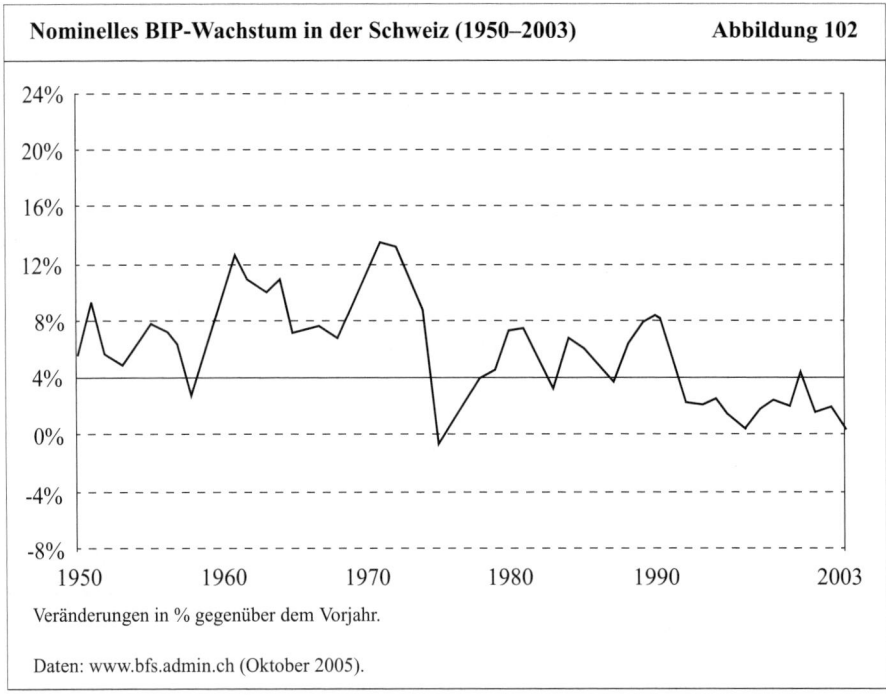

Abbildung 102: Nominelles BIP-Wachstum in der Schweiz (1950–2003)

Veränderungen in % gegenüber dem Vorjahr.

Daten: www.bfs.admin.ch (Oktober 2005).

- In der zweiten Hälfte der 1970er Jahre kam es wieder zu einem wirtschaftlichen Aufschwung. Die Wachstumsraten blieben jedoch im Vergleich zur Boomphase seit dem Zweiten Weltkrieg vergleichweise bescheiden.

X. Wirtschaftskreislauf, Wohlstand und Wachstum

- Das moderate Wachstum seit 1976 wurde 1982 kurz unterbrochen, als ein Run auf den Schweizer Franken die SNB zu einer Ausweitung der Geldmenge veranlasste. Zusammen mit einem Anstieg der Erdölpreise (zweite Erdölkrise) führte dies zu einem Anstieg der Inflationsrate und einer Abschwächung des Wirtschaftswachstums.
- Ab 1983 fand die Schweiz auf einen stetigen und breit abgestützten Wachstumspfad zurück, der zu einem markanten Lohnanstieg und einer Zuwanderung ausländischer Arbeitskräfte führte. Der Bau- und Immobiliensektor boomte.
- Aber bereits 1987 zeigten sich erste Probleme, als die Börsen einbrachen und die SNB die Geldmenge massiv ausdehnte. Dies führte zu einer Überhitzung des Immobilienmarkts. Als schliesslich die Immobilienblase Ende der 1980er Jahre platzte, sassen viele Banken auf ungedeckten Hypothekarkrediten in Milliardenhöhe.
- Anfang der 1990er Jahre begann sich zuerst schleichend, dann immer stärker ein Strukturwandel abzuzeichnen. Das weltwirtschaftliche Umfeld beeinflusste durch die Globalisierung vermehrt die schweizerische Konjunkturlage. Restrukturierungen grosser Unternehmungen und Betriebsschliessungen führten zu einem Anstieg der Arbeitslosenzahlen in Grössen, die seit dem Zweiten Weltkrieg nie mehr in der Schweiz beobachtet wurden.
- Ab 1997 erholte sich die Wirtschaft langsam. Neue Informations- und Kommunikationstechnologien führten zu einem Börsenboom, der im Börsengang dutzender sog. Dotcoms (für die Internet-Endung .com) gipfelte. Der Begriff der **New Economy** machte die Runde, gängige Erklärungsmuster für das Wirtschaftswachstum wurden hinterfragt. Bereits 2000 zeichnete sich aber eine Trendwende ab, viele Dotcoms und damit auch die Erklärungen der New Economy verschwanden. Die Börsennotierungen sanken und beeinflussten das Wirtschaftswachstum negativ.
- Die darauf folgenden Jahre waren geprägt von einem knapp positiven Wirtschaftswachstum in der Schweiz, das aufgrund der hohen aussenwirtschaftlichen Verflechtung, insbesondere mit Deutschland, bescheiden blieb. Der Anstieg der Erdölpreise 2005 wirkte dämpfend auf das Wachstum.

Doch nicht nur die historische Entwicklung des Wirtschaftswachstums interessiert, sondern auch, wie sich die heutige Wirtschaftslage präsentiert und wie sie sich in naher Zukunft verändern wird. Abbildung 103 auf S. 372 gibt dazu einen Überblick.

Diagnose und Prognose der Wirtschaftslage	Abbildung 103

Wie ist die gegenwärtige Wirtschaftslage und wie wird sie sich in naher Zukunft entwickeln? Zwei Fragen, von denen viele direkt oder indirekt betroffen sind. Je nach Interessenlage werden dabei verschiedene Kriterien zur Beurteilung herangezogen.

Generell erfolgt die Bestimmung (Diagnose) und die Vorhersage (Prognose) der Wirtschaftslage über **Indikatoren**. Ausgegangen wird immer von den **für den heutigen Zeitpunkt vorliegenden Daten**. Einerseits ist es dann möglich, die aktuellen Daten im Hinblick auf den heutigen Zustand, aber auch auf die künftige Entwicklung **direkt zu interpretieren**. Andererseits können mit Hilfe verschiedener Verfahren (Extrapolation, Modellrechnungen, Befragungen etc.) **zukünftige Werte** für die Indikatoren **geschätzt** werden.

Der wohl bekannteste Indikator für die Beurteilung der **gegenwärtigen Wirtschaftslage** ist das Bruttoinlandprodukt (BIP). Es gibt aber auch branchenspezifische Indikatoren zu Nettoproduktion, Kapazitätsauslastung, Umsatz oder zur Geschäftslage allgemein. Diese Indikatoren, welche die aktuelle Wirtschaftslage (Konjunktur) anzeigen, werden **mitlaufende Indikatoren** genannt.

Heute schon vorliegende Daten können aber auch für die Vorhersage der künftigen Wirtschaftslage verwendet werden. Gewisse Indikatoren können eine bevorstehende Veränderung der Wirtschaftslage ankündigen (z.B. Auftragseingänge, Einkaufsmanagerindex, Konsum- oder Geschäftsklimaindikatoren). Deshalb werden sie **vorlaufende Indikatoren** (leading indicators) genannt. Die Konjunkturforschungsstelle der ETH (KOF) veröffentlicht monatlich das Konjunkturbarometer, der sich u.a. aus dem Bestellungseingang in der Industrie, der Beurteilung der Höhe der Lagerbestände durch den Grosshandel und der Einschätzung der Konsumenten zur persönlichen finanziellen Lage zusammensetzt.

Es gibt auch Indikatoren, die sog. **nachlaufenden Indikatoren** (lagging indicators), welche der konjunkturellen Entwicklung verzögert folgen (z.B. Zinsniveau, Inflationsrate, Arbeitslosenquote).

Für die Prognose der künftigen Wirtschaftslage können aber auch die zukünftigen Werte der Indikatoren **geschätzt** werden. So versuchen z.B. verschiedene Institutionen die Entwicklung des BIP und dessen Komponenten zu schätzen. Die KOF führt im Rahmen ihres Konjunkturtests Befragungen u.a. in den Branchen Industrie, Gross- und Detailhandel, Banken, Versicherungen sowie im Bau- und Gastgewerbe durch.

5.2 Wachstum und Investitionen

Investitionen sind aus volkswirtschaftlicher Sicht aus zwei Gründen bedeutungsvoll: Einerseits stellen sie eine Komponente der gesamtwirtschaftlichen Nachfrage dar, die jedoch mit der Konjunktur stark schwankt. Andererseits sind sie die Grundlage für die Bildung des Kapitalstocks. Entscheidend dabei ist, ob die Investitionen produktiv verwendet werden. Wie erwähnt hängt die Veränderung des **Realkapitalbestandes** (= Produktionsapparat einer Volkswirtschaft; vgl. S. 230ff.) entscheidend von den getätigten Investitionen ab. Dieser Zusammenhang soll modellhaft anhand einer schrumpfenden, einer stagnierenden und einer wachsenden Wirtschaft kurz erläutert werden (vgl. Abbildung 104):

In einer **schrumpfenden Wirtschaft** produzieren die Unternehmungen unter Verwendung von Vorleistungen und Produktionsfaktoren Güter. In der Volkswirtschaft werden gemäss Modellannahmen keine Abschreibungen und Ersparnisse gebildet sowie keine Schulden gegenüber dem Ausland eingegangen. In dieser Situation wird der Produktionsapparat durch die laufende Produktion abgenützt, ohne dass Investitionen getätigt werden. Es findet damit keine Vermögensveränderung statt. Durch den Wertverlust des Realkapitalbestandes kann in der folgenden Periode nur noch in eingeschränktem Masse produziert werden. Die Wirtschaft schrumpft.

In einer **stagnierenden Wirtschaft** kann von Periode zu Periode die gleiche Menge Güter produziert werden. Die Volkswirtschaft bildet gemäss Annahmen noch keine Ersparnisse und verschuldet sich auch nicht im Ausland. Die Abnützung des Realkapitalbestandes durch den Produktionsprozess wird nun aber durch eine ständige Erneuerung wettgemacht. Dies geschieht, indem die Unternehmungen in ihrer Produktionskalkulation **Abschreibungen** im Umfang der Abnützung des Realkapitalbestandes einplanen. Soll nun der Produktionsapparat intakt gehalten werden, so sind die abgenützten Maschinen zu unterhalten oder zu ersetzen. Die dafür getätigten Investitionen werden **Ersatzinvestitionen** genannt und als Vermögensveränderung registriert (vgl. Abbildung 104). Durch sie bleibt der Realkapitalbestand erhalten, wodurch in jeder Periode gleich viel produziert werden kann. Die Wirtschaft stagniert, d.h. sie bleibt stationär.

In einer **wachsenden Wirtschaft** wird der Realkapitalbestand nicht nur erhalten, sondern auch ausgebaut. Die Unternehmungen kalkulieren Abschreibungen ein und verwenden diese für Ersatzinvestitionen zur Erhaltung des Realkapitalbestandes. Daneben werden aber zusätzliche Investitionen getätigt, die den Realkapitalbestand erweitern und deshalb **Nettoinvestitionen** genannt werden. Die Summe der Ersatz- und Nettoinvestitionen werden als **Bruttoinvestitionen** bezeichnet und als Vermögensveränderung im gleichnamigen Konto eingetragen (vgl. Abbildung 104). Die Nettoinvestitionen können nun über **inländische** oder **ausländische Ersparnisse** finanziert werden. Die Finanzierung über ausländische Ersparnisse schlägt sich im Finanzierungssaldo nieder. Es ist jedoch auch möglich, und dies gilt für den Fall der Schweiz, dass die Abschreibungen und die inländischen Ersparnisse die Bruttoinvestitionen übertreffen: Der Überschuss kann dann dem Ausland zur Verfügung gestellt werden. Zusammengefasst ergibt sich erst durch die Nettoinvestitionen eine Ausweitung des Realkapitalbestandes und damit eine wachsende Wirtschaft.

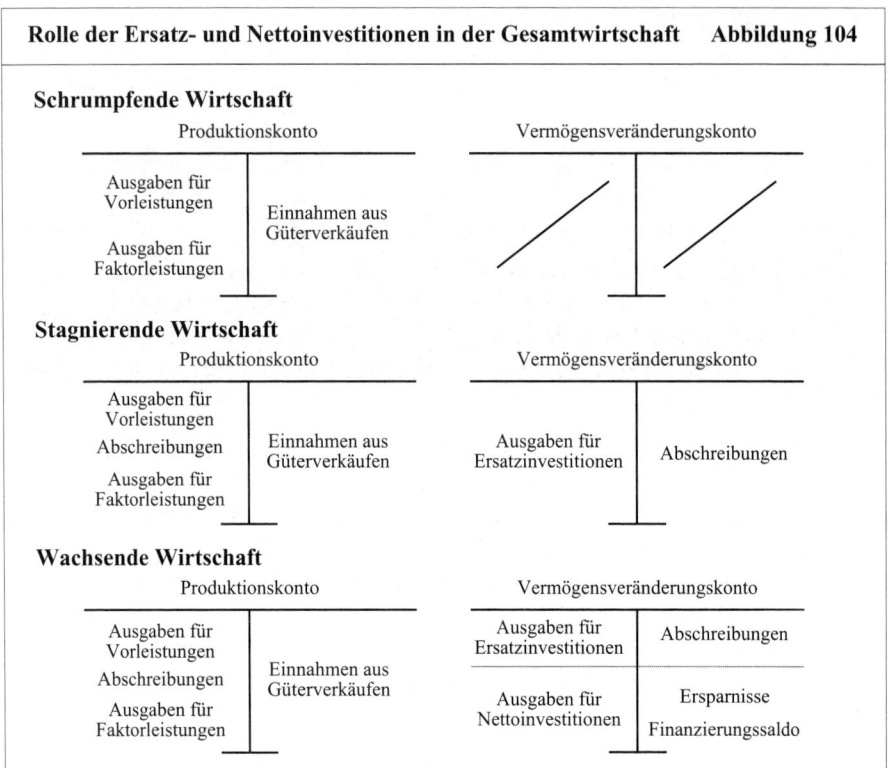

Rolle der Ersatz- und Nettoinvestitionen in der Gesamtwirtschaft   Abbildung 104

6. Ausblick

Der Wirtschaftskreislauf zeigt Zusammenhänge zwischen der Produktion, Verteilung und Verwendung von Einkommen und Gütern. Die **Volkswirtschaftliche Gesamtrechnung (VGR)** ist ein fest etabliertes Rechnungssystem, das trotz gewisser Mängel die produktive Leistung einer Volkswirtschaft wiedergeben kann. Sollen jedoch qualitative Aussagen bezüglich einer Gesellschaft gemacht werden, z.B. über die **Lebensqualität**, so greift die VGR eindeutig zu kurz. Qualitative Aussagen können wohl kaum auf eine einzelne Masszahl wie das Bruttoinlandprodukt (BIP) reduziert werden; es handelt sich hierbei um **mehrdimensionale Phänomene**.

Das Bundesamt für Statistik (BFS) versucht diesen Ansprüchen an die statistischen Daten gerecht zu werden, indem für spezifische Themengruppen eigene Konten entwickelt wurden. Sog. **Satellitenkonten** sollen genauere Analysen ermöglichen, die bisher im Rahmen der VGR kaum möglich waren. Ergänzt werden diese Satellitenkonten durch zusätzliche Untersuchungen zu ausgewählten Aspekten der Lebensqualität, die oft durch die öffentliche Hand in Auftrag gegeben werden. Zusätzlich berechnen immer mehr private und internationale Organisationen Indikatoren zur Lebensqualität, bei denen das BIP nur eine Kennzahl unter vielen ist.

Die Relativierung des BIP als Masszahl zur Messung des Wohlstandes kann mit der Diskussion um die **Wachstumsschwäche** der Schweiz seit Beginn der 1990er Jahre verknüpft werden. Wird nur das Wachstum des BIP betrachtet, so bildete die Schweiz oft das Schlusslicht in internationalen Statistiken. Die Konzentration auf das Wachstum des Brutto*inland*produkts lässt ausser Acht, dass ein sehr grosser Teil der schweizerischen Volkswirtschaft über Vermögenseinkommen direkt mit dem Ausland verknüpft ist. Während bei grossen Ländern wie den USA der Anteil der ausländischen Faktoreinkommen relativ zur Binnenwirtschaft gering ist, fällt dieser Anteil in der Schweiz viel höher aus. Wird deshalb anstelle des BIP das Wachstum des Bruttonationaleinkommens (BNE) betrachtet, dann ist die Schweiz nicht mehr das Schlusslicht. Zusätzlich haben sich die realen Austauschverhältnisse (Terms-of-Trade) für die Schweiz seit den 1990er Jahren verbessert. Dies bedeutet, dass die Preise für die Exporte stärker gestiegen sind als die Preise für die Importe. Mit dem gleichen Geldbetrag konnte die Schweiz also mehr importieren, der (materielle) Wohlstand ist dadurch gestiegen.

Zusammenfassend lässt sich sagen, dass das Wirtschaftswachstum der Schweiz seit den 1990er Jahren wohl nicht so gering war, wie es die reinen BIP-Zahlen vermuten lassen. Anhand anderer Kennzahlen und Indikatoren der Lebensqualität gemessen, gehört die Schweiz im internationalen Vergleich immer noch zur Spitzengruppe. Dennoch lässt sich ein relatives Zurückfallen der Schweiz feststellen: War die Schweiz in den 1970er Jahren noch das reichste Land der Welt, so hat sie diese Position sukzessive verloren und wurde von anderen Volkswirtschaften mit einem dynamischeren Wachstum verdrängt.

Die Herausforderung der Zukunft besteht einerseits darin, zuverlässige mehrdimensionale Indikatoren zur Lebensqualität zu entwickeln und zu verfeinern. Andererseits müssen Rahmenbedingungen geschaffen werden, unter denen die Schweiz auch in Zukunft Wirtschaftswachstum verzeichnen kann, um im weltweiten Standortwettbewerb attraktiv zu bleiben.

7. Quellen

7.1 Literatur

Abrahamsen, Y., Aeppli, R., Atukeren, E., Graff, M., Müller, Ch., Schips, B. (2005): The Swiss Disease: Facts and Artefacts. A Reply to Kehoe and Prescott, in: Review of Dynamics. Vol. 8, Nr. 3, S. 749–758.

Bohley, P., Jans, A., Malaguerra, C. (2000). Wirtschafts- und Sozialstatistik der Schweiz: Eine Einführung. 3. Auflage. Bern.

Borner, S., Bodmer, F. (2004). Wohlstand ohne Wachstum – Eine Schweizer Illusion. Zürich.

Brümmerhoff, D. (2002). Lexikon der volkswirtschaftlichen Gesamtrechnungen. 3., völlig überarbeitete Auflage. München.

Brümmerhoff, D. (2002). Volkswirtschaftliche Gesamtrechnungen. 7., vollständig überarbeitete und erweiterte Auflage. München.

Bundesamt für Statistik (Hrsg.) (2003). Volkswirtschaftliche Gesamtrechnung. Eine Einführung in Theorie und Praxis. Methoden und Konzepte des ESVG. Neuchâtel.

Bundesamt für Statistik (Hrsg.) (2004). Volkswirtschaftliche Gesamtrechnung. Produktionskonto der Schweiz 1990–2002 (ESVG 95). Neuchâtel.

Bundesamt für Statistik (Hrsg.) (2005). Volkswirtschaftliche Gesamtrechnung. Resultate 1998 bis 2003. Neuchâtel.

Bundesamt für Statistik (Hrsg.) (2005). Bericht zur Freiwilligenarbeit in der Schweiz. Sozialberichterstattung Schweiz. Neuchâtel.

Bundesamt für Statistik (Hrsg.) (2005). Die Schweizer Wirtschaft von den Neunzigerjahren bis heute. Wichtige Fakten und Konjunkturanalysen. Neuchâtel.

Frenkel, M. (2003). Volkswirtschaftliche Gesamtrechnung. 5., völlig neu bearbeitete Auflage. München.

International Bank for Reconstruction and Development, World Bank (ed.) (2006). Where Is the Wealth of Nations? Measuring Capital for the XXI Century. Washington.

Jones, Ch. I. (2002). Introduction to Economic Growth. 2nd edition. New York/London.

Kohli, U. (2005). Switzerland's growth deficit. A real problem, but only half as bad as it looks. Avenir Suisse. Referat vom 4. März. Zürich.

Meier, R., Reich, U.-P. (2001). Von Gütern und Geld, Kreisläufen und Konten – Eine Einführung in die Volkswirtschaftliche Gesamtrechnung der Schweiz. Bern.

Nissen, H.-P. (2004). Das Europäische System volkswirtschaftlicher Gesamtrechnungen. 5., aktualisierte Auflage. Heidelberg.

Nordhaus, W., Tobin, J. (1992). Is Growth Obsolete? National Bureau of Economic Research. New York.

Pillet, G. (1992). Ökonomische Umweltkonten: Ein Modell zur Integration von Umwelt und Wirtschaft in der Nationalen Buchhaltung. Bundesamt für Statistik. Bern.

Schneider, F. (2004). Arbeit im Schatten – wo Deutschlands Wirtschaft wirklich wächst. Wiesbaden.

United Nations Development Programme (2005). Human Development Report 2005. International cooperation at a crossroads. Aid, trade and security in a unequal world. New York.

Walter-Busch, E. (1997). Regionale Lebensqualität in der Schweiz: Ergebnisse der Rekrutenbefragungen 1996, 1987 und 1978. Aarau.

7.2 Internet

Avenir Suisse. URL: www.avenir-suisse.ch

BAK – Basel Economics. URL: www.bakbasel.ch

Bundesamt für Statistik. URL: www.bfs.admin.ch

KOF – Konjunkturforschungsstelle der ETH Zürich. URL: www.kof.ethz.ch

Mercer Human Resource Consulting. URL: www.mercerhr.com

OECD. URL: www.oecd.org

UNO. URL: www.un.org

XI. Produktionssektoren

1. Einführung

In der Volkswirtschaftslehre wird üblicherweise zwischen der Mikro- und Makroökonomie unterschieden. Die **Mikroökonomie** konzentriert sich auf einzelwirtschaftliche Betrachtungen und beschäftigt sich mit dem Verhalten einzelner Wirtschaftssubjekte (Personen) oder Wirtschaftseinheiten (Haushalten oder Unternehmungen). Es werden die Beziehungen zwischen diesen und zwischen einzelnen Gütern, Angebot und Nachfrage auf einzelnen Märkten und die damit verbundene Preisbildung analysiert. Dementsprechend beschäftigt sich die Mikroökonomie mit der Produktions- und Kostentheorie, der Haushaltstheorie und der Preistheorie.

Die **Makroökonomie** untersucht demgegenüber gesamtwirtschaftliche Vorgänge anhand vereinfachter Aggregate der Volkswirtschaft, wie die Investitionen, den Konsum, die Importe und Exporte oder das Volkseinkommen. Die typischen Aggregate der Wirtschaftseinheiten ergeben sich aus der Kreislaufanalyse resp. der auf S. 339ff. diskutierten Volkswirtschaftlichen Gesamtrechnung (VGR): private und öffentliche Haushalte, Unternehmungen, Sozialversicherungen und die übrige Welt (Ausland). Zentrale Fragestellungen der Makroökonomie sind Bestimmungsgründe für die Höhe des Volkseinkommens und die Beschäftigung der Produktionsfaktoren, Entstehungsgründe für Konjunkturabläufe, Ursachen und Wirkungen der Inflation, Einflüsse staatlicher Aktivitäten etc.

Diese gängige Aufteilung der Volkswirtschaftslehre in die Mikro- und Makroökonomie verhindert die Analyse des Phänomens der Wirtschaftsstruktur. Es sind weder die einzelnen Haushalte und Unternehmungen noch die Aggregate aller Haushalte oder aller Unternehmungen, die unter sektoralen Aspekten interessieren. Das Niveau der Aggregation der Makroökonomie ist zu hoch, dasjenige der Mikroökonomie zu niedrig. Die Wirtschaftsstruktur ist Thema der **Mesoökonomie**. Sie befasst sich mit einem Phänomen auf einer mittleren Aggregationsebene. Gegenstand dieser Betrachtungsweise sind hauptsächlich Probleme und Verhaltensweisen von Gruppen, Wirtschaftszweigen und Regionen. Sie können von den individuellen Problemen und Verhaltensweisen abweichen. Als Teildisziplinen umfasst die Mesoökonomie die Gruppen- und Interaktionstheorie, die Theorie des Strukturwandels, sektorale und regionale Entwicklungstheorien, Regulierungs- und Deregulierungstheorie sowie die entsprechenden Politiken.

Für die **Wirtschaftsstruktur** gibt es mehrere Definitionen. Allgemein wird als Struktur die Anordnung der Teile eines Ganzen zueinander verstanden; dabei erfolgt die Aufteilung einer Gesamtgrösse in Teilgrössen mittels einer **Disaggregation**, wobei in der Regel und von der Logik der Sache her diese Teilgrössen homogener sind als das Aggregat selbst. Die Strukturanalyse betrachtet u.a. das Gewicht der Einzelteile im Ganzen und/oder das Verhältnis zwischen Teilgrössen eines Ganzen.

Von besonderem wissenschaftlichen wie auch von wirtschaftspolitischem Interesse sind sowohl die Analyse dieser Gewichte und Verhältnisse als auch deren Entwicklung im Verlaufe der Zeit und damit der **Strukturwandel**. Dazu gehört auch das Verständnis seiner Ursachen. Diese Aspekte haben im Zuge der generellen Liberalisierung und Deregulierung vieler Märkte sowie der raschen Entwicklung und weltweiten Verbreitung der Informations- und Kommunikationstechnologien (IKT) deutlich an Bedeutung gewonnen.

Konkrete Gesamtgrössen resp. Gesamteinheiten und deren Aufteilung in verschiedene Teilgrössen sind:

- die volkswirtschaftliche Produktion und ihre Struktur, z.B. nach Branchen oder Sektoren;
- alle Erwerbstätigen und ihre Struktur, z.B. nach Alter, Branchenzugehörigkeit oder Qualifikation;
- alle Unternehmungen und ihre Struktur, z.B. nach der Grösse oder ihrer technologischen Orientierung;
- die Wirtschaftstätigkeit im Gebiet eines Landes und ihre Struktur, z.B. nach Regionen sowie deren Eigenschaften;
- die Wirtschaftstätigkeit in der Welt und ihre Struktur, z.B. nach Export- oder Importabhängigkeit resp. nach dem Grad der Internationalisierung der Produktion; nach den aus einer gesamten Wertschöpfungskette am Standort jeweils bearbeiteten Phasen.

In diesem Kapitel soll einleitend auf einige allgemeine Aspekte der sektoralen Wirtschaftsstruktur aufgeteilt nach Produktion und Erwerbstätigkeit eingegangen werden. Anschliessend werden einzelne Sektoren der Volkswirtschaft der Schweiz diskutiert.

XI. Produktionssektoren

2. Sektorale Wirtschaftsstruktur

2.1 Die Drei-Sektoren-Hypothese von Fourastié

Die Volkswirtschaft wird traditionellerweise in drei Sektoren (gemessen am Anteil der Erwerbstätigen oder am Beitrag zur Wertschöpfung) unterteilt:
- **Primärer Sektor**: Land- und Forstwirtschaft, Fischerei etc.
- **Sekundärer Sektor**: Bergbau, Nahrungsmittel- und Getränkeindustrie, Textilgewerbe, chemische und pharmazeutische Industrie, Maschinenbau, Uhrenindustrie, Energie- und Wasserversorgung, Baugewerbe etc.
- **Tertiärer Sektor**: Gross- und Detailhandel, Gastgewerbe, Verkehr und Nachrichtenübermittlung, Kredit- und Versicherungsgewerbe, Immobilien, Forschung und Entwicklung (F&E), öffentliche Verwaltung, Landesverteidigung, Sozialversicherungen, Unterrichtswesen, Gesundheits- und Sozialwesen etc.

Der tertiäre Sektor hat den Charakter eines **Residualaggregates**; dies bedeutet, dass sämtliche wirtschaftliche Aktivitäten, die nicht eindeutig dem ersten oder zweiten Sektor zugeordnet werden können, dem dritten Sektor zugeteilt werden. Die Hypothese der Aufteilung in drei Sektoren wurde durch verschiedene Autoren vertreten, wobei diese Argumentation besonders mit dem Namen von **Jean Fourastié** (1907–1990) verbunden wird: Sein Drei-Sektoren- resp. Drei-Phasen-Modell aus dem Jahre 1949 sollte dabei die idealtypische Entwicklung einer Volkswirtschaft von der Agrarwirtschaft bis hin zur Dienstleistungsgesellschaft erklären (sog. **sektoraler Strukturwandel**): Ausgehend von der traditionellen Zivilisation (Primärsektor) wächst zunächst die Industrie (Sekundärsektor). Dabei werden vermehrt Maschinen in der Agrarwirtschaft eingesetzt, sodass sich der Bedarf an Arbeitsplätzen im primären Sektor reduziert. Der Nachfrageanstieg nach Maschinen bewirkt eine fortschreitende Industrialisierung (Fliessbandproduktionen, Manufaktur etc.). Dies führt weiter zur Automatisierung und Rationalisierung im primären und sekundären Sektor, weshalb der Bedarf an Arbeitskräften in diesen beiden Sektoren abnimmt. Im Gegenzug steigt der Bedarf an (freigesetzten) Arbeitskräften für die Erbringung von Dienstleistungen (Tertiärsektor). Damit umschreibt der Strukturwandel letztlich eine **dauerhafte Veränderung im Gefüge einer Volkswirtschaft** – dies im Gegensatz zu den Konjunkturschwankungen, bei denen es sich um periodische Bewegungen der wirtschaftlichen Aktivität handelt (vgl. Abbildung 101 auf S. 370). Diese Veränderungen in der Produktionsstruktur einer Volkswirtschaft konnten aber bisher nicht durch eine umfassende, empirisch bewährte Theorie erklärt werden. Es ist fraglich, ob eine solche allgemein gültige Erklärung für eine dynamische Marktwirtschaft überhaupt zu erwarten ist.

Zu den **Ursachen des Strukturwandels** finden sich heute nur eine grössere Zahl von Einzelerklärungen, die verschiedene Elemente beinhalten:

- Reaktionen auf gesamtwirtschaftliche Entwicklungen, veränderte Rahmenbedingungen und andere exogene Einflüsse;
- Effekte von neuen Produktionstechnologien auf der Angebotsseite, allgemein von Innovationen, die sich in den Wirtschaftszweigen unterschiedlich auswirken und unterschiedlich schnell durchsetzen;
- damit verbundene Veränderungen in den Produktionsprozessen resp. in den Produktivitäten;
- Wandel in der Nachfrage der Haushalte aufgrund steigender Einkommen (Präferenzverschiebungen) und/oder Wandel in der Nachfrage der Unternehmungen betr. Vorleistungen und Produktionsfaktoren;
- veränderte relative Preise auf den Güter- und/oder Faktormärkten;
- veränderte Anforderungen und Qualifikationen am Arbeitsmarkt und damit verbundene neue Beschäftigungsformen.

Mit dem Strukturwandel gehen somit auch immer Verschiebungen in der Branchenstruktur einher (sog. **branchenmässiger Strukturwandel**); dies ist ein normales Zeichen wirtschaftlicher Dynamik und in der Regel auch Kennzeichen für eine zunehmend arbeitsteilige Wirtschaft. Aus (evolutions-)ökonomischer Sicht bringt der Strukturwandel für die gesamte Volkswirtschaft Vorteile mit sich.

2.2 Die sektorale Entwicklung in der Schweiz

In Tabelle 27 auf S. 384 sind die Sektoren und deren wichtigste Branchen aufgeführt. Die Bedeutung der verschiedenen Branchen kann entweder am Anteil der Erwerbstätigen oder am Anteil der Wertschöpfung am jeweiligen Total abgelesen werden. Der Vergleich des Anteils der Erwerbstätigen mit demjenigen der Wertschöpfung gibt einen Hinweis auf die Produktivität eines Sektors. Die Produktivität ist das **Verhältnis** zwischen Output und Input und stellt somit ein Mass für die Effizienz einer (Produktions-)Tätigkeit dar (vgl. Abbildung 105).

Der **primäre Sektor** hat im Verlauf der jüngeren Geschichte auch in der Schweiz sukzessiv an Gewicht verloren. Allein von 1950–1985 ist der **Anteil der Erwerbstätigen** des primären Sektors von 21% auf unter 7% zurückgegangen. Dieser Prozess ist bis heute nicht abgeschlossen, schrumpfte der primäre Sektor doch weiter bis auf knapp 3,8% der Erwerbstätigen im Jahre 2004. In einer ersten

XI. Produktionssektoren

| Produktivitätsbegriffe | Abbildung 105 |

Die Produktivität stellt grundsätzlich den Output (Gütererzeugung) dem Input (Faktoreinsatzmenge) gegenüber:

$$\text{Produktivität} = \frac{\text{Output}}{\text{Input}}$$

Totale Produktivität: Der erzielte Output wird dem Einsatz aller Faktoren gegenübergestellt. Da der Einsatz der Faktoren in verschiedenen Einheiten gemessen wird und somit eine Addition nicht möglich ist, müssen diese mit den Faktorpreisen bewertet werden.

Durchschnittsproduktivität eines Faktors: Die erzielte Outputmenge wird der eingesetzten (oder vorhandenen) Faktormenge gegenübergestellt. Häufig wird die Arbeitsproduktivität oder Kapitalproduktivität berechnet, entweder in realen oder monetären Grössen.

Grenzproduktivität (marginale Produktivität) eines Faktors: Es wird gezeigt, welche zusätzliche Outputmenge durch den Einsatz einer infinitesimal kleinen zusätzlichen Einheit eines bestimmten Faktors erzielt wird.

Phase der Industrialisierung wanderten die von der Landwirtschaft als Folge des technischen Fortschritts freigesetzten Arbeitskräfte vorwiegend in den **sekundären Sektor**, d.h. in industrielle Aktivitäten. Mit einem Anteil der Erwerbstätigen von knapp 46% Anfang der 1960er Jahre erreichte der sekundäre Sektor in der Schweiz seinen Höhepunkt. Seither ist sein Anteil an den Erwerbstätigen bis auf rund 24% im Jahre 2004 geschrumpft. Die Industrie hat insbesondere in den konjunkturellen Rückschlägen in der ersten Hälfte der 1970er Jahre und Anfang der 1990er Jahre massiv an Arbeitsplätzen und Erwerbstätigen verloren. Zu Beginn der 1970er Jahre überflügelte der **tertiäre Sektor** denjenigen der Industrie. Der Anteil der Erwerbstätigen im tertiären Sektor betrug 2004 rund 73%.

Eine genauere Analyse des Strukturwandels zeigt, dass diese relativen Anteilsverschiebungen der Erwerbstätigen zwischen den Sektoren und Branchen nicht immer in einem spannungsfreien Umfeld ablaufen. Eine idealtypische Strukturentwicklung setzt voraus, dass stets ein Wirtschaftssektor mit vielfältigen Branchen zur Verfügung steht, der die meisten jeweils freigesetzten Arbeitskräfte wieder aufnimmt. Ende der 1980er Jahre waren dies die Banken und Versicherungen, die zahlreiche neue Arbeitsplätze geschaffen und damit freigesetzte Arbeitskräfte aufgenommen haben. Erfolgt der Strukturwandel jedoch nicht in einer kontinuierlichen und allmählichen Weise, sondern plötzlich und mit einschneidenden Auswirkungen, so wird häufig von einem **Strukturbruch** gesprochen. Ein solcher Schock kann durchaus die normalen Anpassungs- resp. Absorptionsprozesse beeinträchtigen und damit negative (aber auch positive)

Erwerbstätige und Wertschöpfung nach Sektoren und Branchen[1] Tabelle 27

	Erwerbstätige[2]	Wertschöpfung[3]
PRIMÄRSEKTOR (1–5)	**3,8**	**1,2**
Land- und Forstwirtschaft, Fischerei, Jagd (1–5)	3,8	1,2
SEKUNDÄRSEKTOR (10–45)	**23,7**	**26,8**
Bergbau, Gewinnung von Steinen/Erden (10–14)	0,1	0,2
Nahrungsmittel und Getränke (15)	1,4	2,0[4]
Textilgewerbe, Lederwaren und Schuhe (17, 19)	0,3	0,2
Be- und Verarbeitung von Holz (20)	0,9	0,7
Chem. Industrie[5], Mineralölverarb. (23, 24)	1,6	3,3
Gummi- und Kunststoffwaren (25)	0,6	0,6
Metall und Metallerzeugnisse (27, 28)	2,3	2,2
Maschinenbau (29)	2,4	2,7
Med. Geräte, Präzisionsinstrumente; Uhren (33)	1,8	2,5
Energie- und Wasserversorgung (40, 41)	0,6	2,3
Baugewerbe (45)	6,9	5,5
Übrige Branchen	4,6	4,6
TERTIÄRSEKTOR (50–95)	**72,6**	**65,2**
Handel und Reparaturgewerbe (50–52)	15,6	12,9
Gastgewerbe (55)	5,6	2,4
Verkehr und Nachrichtenübermittlung (60–64)	6,6	6,3
Kredit- und Versicherungsgewerbe (65, 66)	5,3	14,4
Immob., Vermietung, Informatik, F&E (70–74)	11,7	9,8
Öff. Verwaltung, Landesvert., Sozialvers. (75)	4,1	10,7
Unterrichtswesen (80)	6,5	0,6
Gesundheits- und Sozialwesen (85)	11,3	5,7
Übrige Branchen	5,7	2,4

[1] die angegebenen Zahlen in Klammern beziehen sich auf die Noga-Nomenklatur.
[2] Erwerbstätige in Prozent des Totals (4'185'000); Jahresdurchschnitt und provisorische Werte für 2004; Rundungsdifferenzen möglich. Daten: EVD (2005). Die Volkswirtschaft. Aktuelle Wirtschaftsdaten. 7/8–2005. Bern. S. 93.
[3] proportionaler Anteil der Bruttowertschöpfung in Prozent des Totals; provisorische Werte für 2003; Rundungsdifferenzen möglich. Die ausgewiesenen Prozentangaben summieren sich lediglich auf 93,2%, da die Vermietung durch die privaten Haushalte in der Höhe von 7,2% keinem der drei Wirtschaftssektoren zugeordnet wird (Noga-Nomenklatur 96, 97). Daten: BFS (2005). Produktionskonto der Schweiz. S. 12.
[4] inkl. Genussmittel (16).
[5] die chemische Industrie beinhaltet ebenfalls die pharmazeutische Industrie. Die Pharmaindustrie wird in den offiziellen Statistiken (noch) nicht separat ausgewiesen.

Auswirkungen auf die gesamte Volkswirtschaft zeitigen. Dabei können einerseits als negative Folge Investitionen in Sach- und Humankapital an Wert verlieren, was sich u.a. in Form von Arbeitslosigkeit zeigt; so verlor z.B. die schweizerische Uhrenindustrie in den 1970er Jahren innerhalb von sechs Jahren fast 40% ihrer Beschäftigten. Ein Strukturbruch kann aber auch andererseits im Sinne der **Evolutionsökonomie** erstarrte Strukturen aufbrechen, Raum für Innovationen durch kreative Unternehmer schaffen und damit eine dynamische wirtschaftliche Entwicklung auslösen.

In einer empirischen Studie der BAK Basel Economics (2005) werden Strukturbrüche in der Schweiz während der Periode 1980–2003 analysiert. Danach folgte die Verteilung der Strukturbrüche auf Kantone und Branchen keinem eindeutigen Muster; zeitlich häuften sie sich zu Beginn der 1990er Jahre. Strukturbrüche stellten in den letzten 25 Jahren für die Volkswirtschaft der Schweiz als Ganzes kein bedeutendes Problem dar; schwierig empfundene Anpassungsprozesse wurden vielmehr durch einen trendmässigen Niedergang einer für eine Region wichtigen Branche oder Unternehmung ausgelöst. Gesamthaft betrachtet scheint der **Strukturwandel in der Schweiz relativ konstant und geordnet** abzulaufen.

Im internationalen Vergleich zeichnet sich die Volkswirtschaft der Schweiz 2003 durch einen relativ geringen Anteil der Erwerbstätigen im Sekundärsektor an der Gesamterwerbstätigkeit aus (vgl. Abbildung 106).

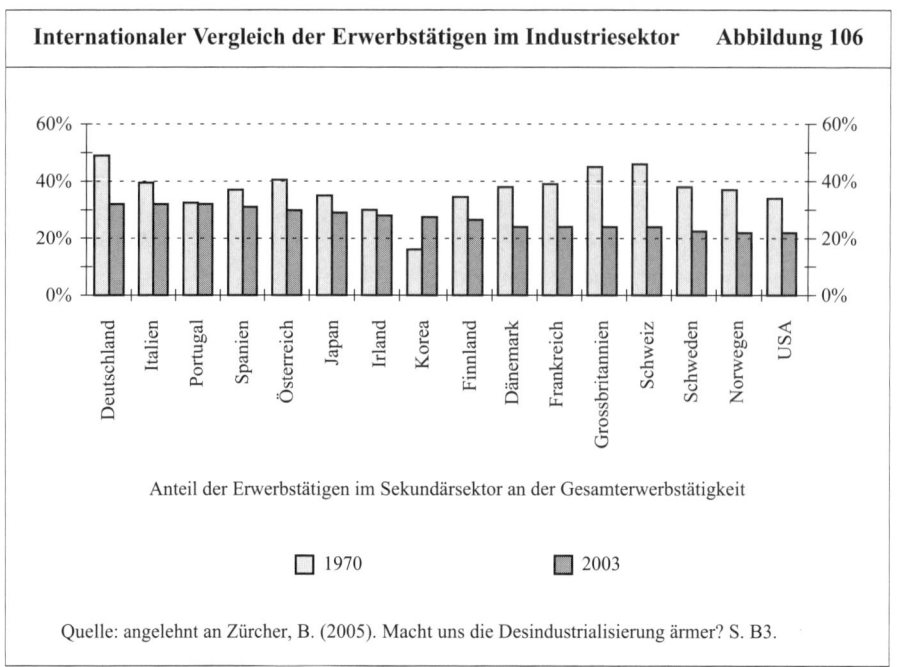

Unter Berücksichtigung der Tatsache, dass auch der entsprechende Anteil der Erwerbstätigen im Primärsektor im internationalen Vergleich tief ist, gehört die Schweiz zu den international führenden **Dienstleistungsgesellschaften** – ganz im Gegensatz zur Struktur von 1990. Die Schweiz hat ähnlich wie Grossbritannien in den letzten 30 Jahren einen im Vergleich zu anderen hochentwickelten Volkswirtschaften besonders starken sektoralen Wandel durchgemacht. Eine Fortsetzung dieses Strukturwandels in Richtung Tertiarisierung ist zu erwarten. Dabei kommt **Informationen** für wirtschaftliche Aktivitäten eine zunehmend wichtigere Rolle zu. Im Zuge dieser Entwicklung verliert die traditionelle Aufteilung der Volkswirtschaft in drei Sektoren an Aussagekraft und Bedeutung.

2.3 Kritik an der sektoralen Betrachtung

Eine differenziertere Betrachtung der Entwicklung der Sektoren und Branchen zeigt, dass der Strukturwandel nicht nur zwischen den drei Sektoren stattfindet. Vielmehr findet ein Wandel auch innerhalb der Sektoren, ja innerhalb der einzelnen Branchen statt (auf diesen Aspekt wird in Abbildung 114 auf S. 408 näher eingegangen). So ist im schweizerischen Industriesektor nicht nur ein Abbau von Arbeitsplätzen zu beobachten, wie z.B. im Bereich der Dieselmotoren, Dampf- und Gasturbinen; ebenso kommt es zu Umlagerungen innerhalb des Sektors hin zu neuen industriellen Aktivitäten wie Biotechnologie oder Medizinaltechnik. Dieser Wandel ist unauffälliger, aber von grosser Bedeutung für die Produktivität der Industrie. Weiter führt eine wachsende Bedeutung von Dienstleistungen innerhalb der Industrie, wie Forschung und Entwicklung (F&E), Engineering, Informatikentwicklung und -anwendung, Logistik, Marketing, Wartung von Maschinen zu einer **Tertiarisierung der Industrie**. Es bildet sich ein **servo-industrieller Bereich** heraus, der Aktivitäten zusammenfasst, welche industrielle Produktionsprozesse und Sachgüterprodukte mit Dienstleistungen vielfältiger Art verbinden. Solche unternehmungsnahen Dienstleistungen konnten in den letzten Jahren denn auch einen deutlichen Beschäftigungszuwachs verzeichnen. Parallel findet aber auch eine **Industrialisierung im Dienstleistungsbereich** statt. Beispiele dafür sind die informations- und kommunikationstechnologische Unterstützung im Bankensektor (z.B. für den Zahlungsverkehr, "backoffice") oder Elektronikanwendungen in Spitälern oder Shopping-Centers. In diesem Zusammenhang ist auch von **"techno-tertiären"** Geschäftsbereichen die Rede.

Die Gründe für diese Entwicklung sind vielfältig; besonders wichtig dafür ist aber ohne Zweifel der Einsatz von Informations- und Kommunikationstechnologien (IKT) und IKT-Diensten in den verschiedensten Branchen, z.B. in Form der

XI. Produktionssektoren

ständig zunehmenden Internetanwendungen. Grundsätzlich neu ist dabei, dass die Entwicklung des Internets die (marginalen) Kosten für die Informationsproduktion und (digitale) Informationsverbreitung deutlich reduziert hat. Zudem wird ein grösserer Teil der Informationen öffentliches Gut, zumindest für diejenigen Personen mit Zugang zum Internet. Daraus ergibt sich eine entsprechende **Neuorganisation von Wertschöpfungsketten**.

Diese Entwicklung kann deshalb auch als eine Vermischung und Durchdringung des zweiten und dritten Sektors in einen servo-industriellen Komplex interpretiert werden. Somit besteht zwischen dem zweiten und dritten Sektor nicht mehr ein "entweder–oder", sondern eine Kombination und funktionale Wechselwirkung. Damit ist der Tertiärsektor nicht mehr residual, wie dies in der Literatur oft angenommen wird. Es lässt sich sogar argumentieren, dass Dienste die Wirtschaftsdynamik durchaus auch anstossen können, wie die Telekommunikation, der Verkehr und Transport oder die Medien. Abbildung 107 zeigt schematisch die Ausbildung und die Bedeutung des servo-industriellen Bereichs für die Schweiz.

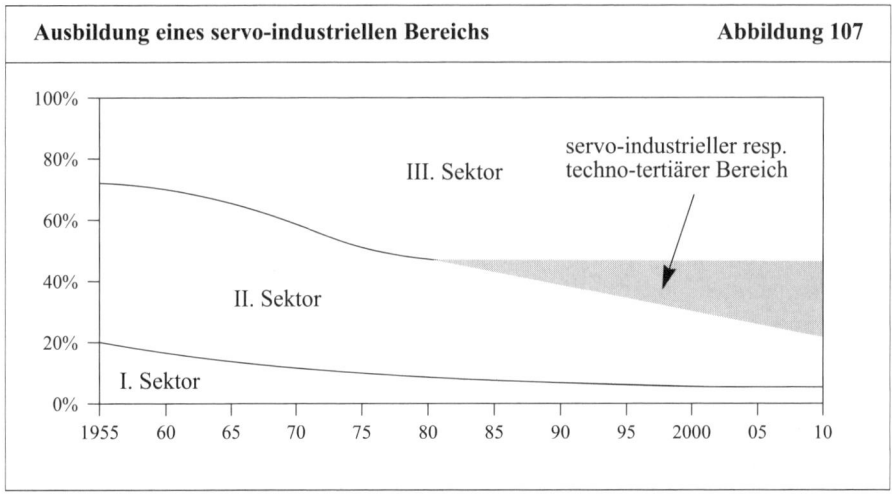

Die Analyse nach Wirtschaftssektoren und Branchen hat an Informationsgehalt und Aussagekraft verloren, denn klare Grenzen zwischen ihnen verschwinden zusehends. Die verschiedenen wirtschaftlichen Aktivitäten wie z.B. die Forschung und Entwicklung (F&E), das Engineering, die Fertigung, das Marketing und die Finanzierung bedingen sich gegenseitig immer mehr. Im Zentrum der Analyse stehen heute deshalb nicht mehr Sektoren oder Branchen, sondern in vermehrtem Masse wertschöpfungsorientierte **Verflechtungen verschiedener**

Aktivitäten in Netzwerken oder Clustern. Ein Cluster kann definiert werden als Verdichtung von Akteuren aus Industrie und Dienstleistung, die in derselben Wertschöpfungskette tätig sind. Sie sind durch den Austausch von Wissen, Gütern und Dienstleistungen miteinander verknüpft und profitieren voneinander über Externalitäten, die einen positiven Effekt auf ihre Wettbewerbsfähigkeit und damit ihren wirtschaftlichen Erfolg haben. Besondere Aufmerksamkeit gewinnen also Aspekte wie Interaktionen und Kooperationen sowie Externalitäten und damit verbundene Synergien und Multiplikatoreffekte im Cluster. Im Fokus der Analyse sind (dispositive und operative) Funktionen und ihr Zusammenspiel im Rahmen einer funktionalen Arbeitsteilung. Vermehrt wird auch auf nicht rein ökonomische Dimensionen, wie soziale und kulturelle Aspekte, als Erfolgsfaktoren hingewiesen. Weiter sind Cluster und Netzwerke als **dynamische Konfigurationen** zu interpretieren, die einem laufenden Wandel unterworfen sind. Die Volkswirtschaft der Schweiz verfügt über zumindest zwei starke und dynamische Cluster: "Life Science" und "Finance".

Im Folgenden soll der Verständlichkeit halber die Analyse der wirtschaftlichen Produktionsprozesse dennoch nach der Drei-Sektoren-Hypothese von Fourastié erfolgen, wenn auch sektorübergreifende Zusammenhänge fallweise berücksichtigt werden.

3. Primärsektor

Im Primärsektor werden die Landwirtschaft, der Gartenbau, die Forstwirtschaft und die Fischerei zusammengefasst. 2004 waren 3,8% der Erwerbstätigen im Primärsektor tätig, die 1,2% zur gesamtwirtschaftlichen Wertschöpfung beisteuerten (vgl. Tabelle 27 auf S. 384). Im Folgenden wird nur die Struktur der Landwirtschaft dargestellt, da die Landwirtschaft den weitaus grössten Anteil der Erwerbstätigen im Primärsektor umfasst.

3.1 Grundlagen der Agrarwirtschaft

Während die **Landwirtschaft** in vorindustrieller Zeit vorwiegend für den Eigenbedarf produzierte, so ist sie heute durch die Arbeitsteilung vollständig **in die Gesamtwirtschaft eingebunden**. Die Landwirtschaftsbetriebe beziehen ihre **Inputfaktoren** und Technologien (z.B. Baumaterialien, Maschinen, Dünger, Saatgut etc.) zum grössten Teil von Unternehmungen ausserhalb des primären Sektors. Ihre eigenen landwirtschaftlichen Produkte, d.h. ihren **Output**, liefern sie meist nicht direkt an die Endverbraucher (Konsumenten) ab, sondern an Unternehmungen, welche die Produkte weiterverarbeiten und als Nahrungsmittel vermarkten. So wird z.B. ein grosser Teil der produzierten Milchmenge von den Bauern an die Unternehmungen Emmi und die Aargauer Zentralmolkerei (AZM) verkauft; diese haben sich 2005 zur Gründung der Gemeinschaftsunternehmung (sog. **Jointventure**) Molkerei Mittelland AG entschieden, wobei der Entscheid seitens der Wettbewerbskommission (Weko) Anfang 2006 noch ausstehend war. Die Verarbeiter von Milchprodukten verkaufen diese über den Detailhandel (z.B. Migros oder Coop) an die privaten Haushalte. Von Interesse in diesem Zusammenhang ist, welcher **Anteil des ausgegebenen Konsumentenfrankens** auf den Bauer für die Herstellung der Agrarerzeugnisse (sog. **Erzeugeranteil**) und welcher Anteil auf die weiterverarbeitenden Unternehmungen (sog. **Marktspanne**) entfällt. In der Schweiz wird anhand der seit 1950 kontinuierlich durchgeführten Marktspannenberechnung das Ausmass dieser beiden Komponenten am Konsumentenfranken zu ermitteln versucht. Dafür gilt es einerseits den **Produktionswert** der landwirtschaftlichen Erzeugnisse zu ermitteln, die dem schweizerischen Nahrungsmittelverbrauch zufliessen. Anderseits wird der **Verbrauchswert** der Nahrungsmittel, die aus der inländischen Produktion stammen, berechnet. Aus diesen beiden Werten lassen sich der Erzeugeranteil und die Marktspanne berechnen. Untersuchungen zeigen, dass die schweizerischen Landwirte 1998 rund 24 Rp. des Konsumentenfrankens erhalten haben, während es zehn Jahre früher noch knapp 38 Rp. waren; entsprechend stieg die Marktspanne in der Periode 1988–1998 von rund 62% auf 76% (ohne Berücksichtigung der staatlichen Direktzahlungen bei der Ermittlung des Produktionswerts). Diese Entwicklung der beiden Anteile am Konsumentenfranken ist seit Beginn der Berechnungen im Jahr 1950 (Marktspanne: 35%) zu beobachten und lässt sich mit den **veränderten Konsumgewohnheiten** erklären. So steigt mit zunehmenden Realeinkommen – wie es seit 1950 der Fall ist – die Nachfrage nach vorverarbeiteten und tischfertigen Nahrungsmitteln, und ebenso führen ganzjährige Angebote zahlreicher Produkte zu einer Zunahme der Konservierungs- und Lagerkosten und damit auch zu einer Zunahme der Marktspanne. Im **internationalen Vergleich** lassen sich ähnliche Entwicklungen beobachten; so nahmen sowohl in Deutschland als auch in den USA die Erzeugeranteile seit 1988 in ähnlichem Ausmass ab und beliefen sich 1998 auf rund 26% resp. 22%. Diese Ausführungen zeigen, dass die Landwirtschaft wesentlich über die Märkte auf der Input- und insbesondere auf der Outputseite mit der Gesamtwirtschaft vernetzt ist und deshalb auch massgeblich von deren Entwicklung mitbestimmt wird.

Zur Analyse der **Entwicklung des Landwirtschaftssektors** und der daraus entstehenden Probleme ist die Entwicklung der Nachfrage nach und des Angebots an Nahrungsmitteln entscheidend. Die **Nachfrage** nach Nahrungsmitteln wird v.a. durch die Bevölkerungs- und die reale Einkommensentwicklung beeinflusst. Da einerseits die **Bevölkerung** in der Schweiz in den letzten Jahrzehnten nur schwach zugenommen hat und andererseits auch die **reale Einkommensentwicklung** mit zunehmendem Einkommensniveau für die Nachfrage nach Nahrungsmitteln unbedeutender wird, steigt die potenzielle Nachfrage nach Nahrungsmitteln nur noch geringfügig an (geringe Einkommenselastizität der Nachfrage, vgl. Abbildung 108). Im klassischen Preis-Mengen-Diagramm in Abbildung 10 auf S. 27 verschiebt sich die Nachfragefunktion nur wenig nach rechts. Das **Angebot** hingegen wird durch die vorhandenen **Produktionstechnologien** und langfristig durch deren **(technische) Weiterentwicklung** bestimmt. Durch diese und den vermehrten Einsatz von Kapital ist es möglich geworden, die Arbeits- und Bodenproduktivität sowie den Ertrag pro Nutztier zu steigern. Dies hat zur Folge, dass in den letzten Jahrzehnten das potenzielle Angebot deutlich angestiegen ist. Im Preis-Mengen-Diagramm verschiebt sich die Angebotsfunktion dadurch stark nach rechts. Diese Entwicklung von Nachfrage und Angebot hätte auf einem **unregulierten Markt** für landwirtschaftliche Produkte einen Preisdruck zur Folge. Dieser würde zu einem Rückgang des landwirtschaftlichen Gesamterlöses ($Preis \times Menge$) führen, denn die Preiselastizität der Nachfrage nach landwirtschaftlichen Produkten ist tendenziell gering, d.h. die Preisreaktion fällt stärker aus als die Mengenreaktion. Der damit verbundene Rückgang des landwirtschaftlichen Gesamteinkommens würde sich auf das Arbeitseinkommen der einzelnen Landwirte auswirken. Die Reaktion der Landwirte könnte verschieden ausfallen: Erhöhung der Arbeitsproduktivität durch weiteren technischen Fortschritt, Produktionsausdehnung, Abwanderung in andere Sektoren etc. Dieses dem Landwirtschaftssektor inhärente Phänomen des **Strukturwandels** ist ein Hauptgrund für die **Agrarpolitik**.

Elastizitätsbegriffe	Abbildung 108

Die Elastizität (ε) ist grundsätzlich das Verhältnis der relativen Veränderung einer abhängigen Variable (Y) zur relativen Veränderung einer sie mitbestimmenden unabhängigen Variable (X). Damit einerseits der Einfluss der für die Variablen gewählten Masseinheiten entfällt und andererseits das Ausgangsniveau X und Y berücksichtigt werden, wird die relative (und nicht die absolute) Veränderung genommen:

$$\text{Elastizität} = \frac{\frac{dY}{Y}}{\frac{dX}{X}}$$

Es gibt verschiedenste Arten von Elastizitäten. Hier einige Beispiele:

Preiselastizität der Nachfrage: Die abhängige Variable ist die nachgefragte Menge eines bestimmten Gutes, die unabhängige Variable ist der Preis desselben Gutes.

Preiselastizität des Angebots: Die abhängige Variable ist die angebotene Menge eines bestimmten Gutes, die unabhängige Variable ist der Preis desselben Gutes.

Kreuzpreiselastizität der Nachfrage (des Angebots): Die abhängige Variable ist die nachgefragte (angebotene) Menge eines bestimmten Gutes, die unabhängige Variable ist der Preis eines anderen Gutes. Ist die Kreuzpreiselastizität positiv, sind beide Güter Substitute (z.B. Butter und Margarine); ist die Kreuzpreiselastizität negativ, sind beide Güter Komplemente (z.B. Achsen und Reifen bei Fahrzeugen).

Einkommenselastizität der Nachfrage: Die abhängige Variable ist die nachgefragte Menge eines bestimmten Gutes, die unabhängige Variable ist das Einkommen des Haushaltes, der das Gut kauft.

3.2 Der Strukturwandel im schweizerischen Landwirtschaftssektor

Seit 1985 hat die Anzahl der **Landwirtschaftsbetriebe** täglich (!) um deren fünf abgenommen und lag 2003 bei etwas über 65'000 (vgl. Tabelle 28 auf S. 392).

Mit einer durchschnittlichen Nutzfläche von knapp 14 Hektaren liegen die schweizerischen Landwirtschaftsbetriebe deutlich unter der durchschnittlichen Betriebsgrösse in der Europäischen Union (EU). Von den rund 65'000 Betrieben

Anzahl Landwirtschaftsbetriebe nach Nutzfläche (1985–2003)[1]   Tabelle 28

	1985	1990	1996	2000	2003
0–1 ha[2]	7978	6629	5054	3609	2979
1–3 ha	15'195	13'190	7113	4762	4139
3–10 ha	23'964	27'092	22'074	18'542	16'220
10–20 ha	32'337	31'630	27'877	24'984	23'077
20–50 ha	12'662	13'590	16'411	17'433	17'984
50+ ha	623	684	950	1207	1467

[1] Quelle: BFS (2005). Statistisches Jahrbuch der Schweiz 2005. Zürich. S. 344.
[2] ha: Hektare; 2004 wurde auf rund 10% der bewirtschafteten Nutzfläche biologischer Landbau betrieben, während es 1990 erst 1% war. In Bezug auf die Anzahl Betriebe sind es gerade die kleinsten Einheiten (0–3 ha), die überdurchschnittlich oft einen unbiologischen Landbau durchführen; nur 1,5% dieser Betriebseinheiten produzieren biologisch, während es bei den Betrieben mit mehr als 3 ha Nutzfläche über 10% der Betriebe sind.

sind knapp ein Drittel Nebenerwerbsbetriebe. Rund 60% der Betriebe sind im Talgebiet angesiedelt, während die restlichen 40% im Berggebiet liegen. Ein Drittel sämtlicher Betriebe weist eine negative Eigenkapitalbildung auf, womit eine klare Verschuldung der Landwirtschaft vorliegt; einige der Betriebe sind sogar über die gesetzliche Belehnungsgrenze, die bei 135% des Ertragswerts liegt, verschuldet.

Der in Tabelle 28 gezeigte Strukturwandel in der Schweiz muss differenziert betrachtet werden. Es zeigt sich nämlich eine Zunahme bei der Anzahl der überdurchschnittlich grossen Betriebe, während die Zahl der Betriebe mit durchschnittlicher Grösse leicht und diejenige der sehr kleinen Betriebe sehr stark zurückging. Somit dürften bei den Landwirtschaftsbetrieben **Skalenerträge in der Produktion** bäuerlicher Erzeugnisse vorliegen, die es durch grössere und spezialisiertere Betriebe auszunützen gilt. Denn dadurch lassen sich die Kosten pro produzierter Gütereinheit senken, womit auch der Preis des entsprechenden Gutes sinken kann, ohne dass der Betrieb unterhalb der Gewinnschwelle operieren muss. Ob die **optimale Betriebsgrösse** in der Landwirtschaft effektiv bei einer grösseren Nutzfläche liegt, als dies über die letzten Jahre der Fall war, lässt sich jedoch nicht so einfach beantworten. Denn der Erlös aus der landwirtschaftlichen Produktion stellt nicht den einzigen und erst recht nicht den wichtigsten Einkommensstrom der Landwirte dar. Um die Schuldzinsen bezahlen und letztlich auch die Schulden tilgen zu können, sind die Bauern auf weitere finanzielle Zuströme angewiesen; entsprechend üben rund ein Drittel der schweizerischen Landwirte einen Nebenerwerb aus, um mit nicht-landwirtschaftlichem Einkommen ihre Betriebe querzufinanzieren. Da mit zunehmender Betriebsgrösse jedoch der Anteil des Nebeneinkommens sinkt, kann aus einer Betriebsvergrösserung nicht zwingend auf eine Zunahme der Überlebenschance eines Betriebs geschlossen werden.

Durch den Strukturwandel nahm auch die Anzahl der in Landwirtschaftsbetrieben **Beschäftigten** kontinuierlich ab. Waren 1985 noch etwas mehr als 300'000 Beschäftigte zu verzeichnen, betrug die Anzahl im Jahre 2003 noch gut 190'000. Der Rückgang bei den Arbeitskräften und die Vergrösserung der Betriebe ist v.a. auf den **technischen Fortschritt** zurückzuführen. Durch den Einsatz von immer leistungsfähigeren Maschinen sowie durch die Substitution von Arbeit durch Kapital ist die **Arbeitsproduktivität** in der Landwirtschaft deutlich angestiegen.

3.3 Die landwirtschaftliche Produktion in der Schweiz

In der Schweiz können knapp 37% der Fläche landwirtschaftlich genutzt werden (vgl. Abbildung 60 auf S. 216): Davon sind rund 61% Wies- und Ackerland sowie Heimweiden; der Rest dient v.a. als alpwirtschaftliche Nutzfläche. Diese natürlichen Verhältnisse beeinflussen die landwirtschaftliche Produktion entscheidend. So entfallen wertmässig rund 52% der landwirtschaftlichen Gesamtproduktion auf die Tierhaltung und rund 48% auf den Pflanzenbau (vgl. Abbildung 109 auf S. 394).

Die schweizerische Landwirtschaftsproduktion entspricht weder von der Struktur noch vom Niveau her dem schweizerischen **Nahrungsmittelbedarf**. Die pflanzliche Produktion kann aufgrund der natürlichen Produktionsverhältnisse den Bedarf in weit geringerem Mass decken, als dies die tierische Produktion vermag. Die Schweiz erreicht im Schnitt einen **Selbstversorgungsgrad** von rund 60%, wobei der Selbstversorgungsgrad als kalorienmässiger Anteil der Inlandproduktion am Gesamtverbrauch definiert ist; 2002 wurden vom gesamten pflanzlichen Nahrungsenergiewert 44%, vom tierischen 94% im Inland produziert. Einzelne Produktgruppen weisen aber auch Überschüsse auf, so z.B. die Milch und Milchprodukte (z.B. Butter und Käse) mit einem Selbstversorgungsgrad von 110%; vor diesem Hintergrund ist die laufende Deregulierung des Milchmarkts im Rahmen der Agrarpolitik 2007 zu sehen. Allein schon die Unter- und Überversorgung mit einzelnen Landwirtschaftsprodukten zwingt die Schweiz zum **Aussenhandel** (vgl. S. 497); dem schweizerischen Konsumenten steht somit durch die Importe ein breiteres Angebot zur Verfügung (z.B. chilenische Weine oder argentinisches Rindfleisch).

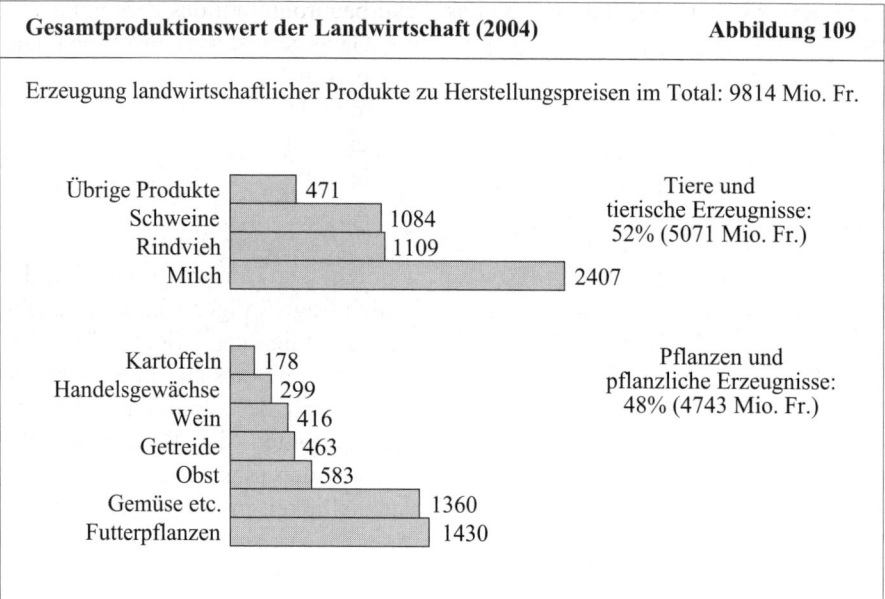

Abbildung 109: Gesamtproduktionswert der Landwirtschaft (2004)

3.4 Die schweizerische Agrarpolitik

3.4.1 Staatliche Intervention bis Anfang der 1990er Jahre

Die Landwirtschaft zählte lange zu den staatlich bestgeschützten Bereichen der Schweizer Volkswirtschaft. Die beiden Weltkriege im 20. Jahrhundert führten zu zahlreichen Massnahmen des Staates, die dafür sorgen sollten, dass die Bauern die inländische Bevölkerung auch im Notfall ausreichend mit Nahrungsmitteln versorgen konnten. So war z.B. jeder Kanton verpflichtet, eine bestimmte Ackerfläche unter Pflug zu halten, sodass das Ackerbauprogramm des Zweiten Weltkriegs innerhalb kürzester Frist wieder hätte in Gang gesetzt werden können. Die Bauern mussten Pflichtlager anlegen, wofür sie vom Staat entschädigt wurden. Als Entgelt für diese staatlichen Auflagen wurden den Bauern kostendeckende Produktpreise zugesichert und wenn nötig mittels staatlicher Subventionen oder dem nötigen Grenzschutz, wie z.B. Importzölle von bis zu 700%, erzwungen. Damit sollte der heimische Markt vor internationaler Konkurrenz geschützt werden. Durch die **Sicherung der bäuerlichen Einkommen über die staatlich gestützten Produktpreise** wurden für die Bauern aber Anreize geschaffen, die Produktion in ökologisch und volkswirtschaftlich fragwürdiger Weise auszudehnen. Sie mussten sich aufgrund der staatlichen Garantien keine Sorgen über fallende Preise oder nicht absetzbare Mengen machen, wie dies auf einem unregulierten Markt der Fall wäre. Vielmehr entstanden durch diese Politik der Einkommenssicherung verschiedene **Zielkonflikte:** So hatten die Bauern zwecks Erhöhung ihrer Einkommen z.B. den Anreiz, durch den Einsatz von Dünger und Pestiziden die Produktion ohne die nötige Nachhaltigkeit in der Bewirtschaftung zu erhöhen (Zielkonflikt zwischen Einkommenssicherung und Umweltschutz). Die **Bürger subventionierten damit die Landwirtschaft** in zweifacher Hinsicht: als Konsumenten über hohe Produkt- resp. Konsumentenpreise sowie als Steuerzahler für die Verwertung der Überschussproduktion (vgl. Abbildung 110 auf S. 396). Symptomatisch für diese falschen Effekte der Agrarpolitik waren die Worte von Bundesrat Hans Schaffner (1908–2004), Vorsteher des Eidgenössischen Volkswirtschaftsdepartements (EVD) von 1961–1969: "Wo Butterberge sich erheben, da ist die Alpenwelt."

3.4.2 Von der Agrarpolitik 2002 zur Agrarpolitik 2007

Die drei wesentlichen Stützpfeiler des **agrarpolitischen Instrumentariums** sind die **Preis- und Absatzsicherungen**, **Direktzahlungen** und Instrumente im Bereich der **Grundlagenverbesserung**. Letztere umfassen ein breites Spektrum an Massnahmen, wie z.B. Forschung, Bildung und Beratung, aber auch Regelungen im bäuerlichen Boden- und im Pachtrecht. Mit dem Siebten Landwirtschaftsbericht im Jahre 1992 hat der Bundesrat eine **Neuorientierung in der Agrarpolitik** eingeleitet, die letztlich zu einer Umschichtung der staatlichen Ausgaben zwischen diesen Stützpfeilern führte. So gab der Bund im Jahre 1990 insgesamt rund 2,5 Mrd. Fr. für die Landwirtschaft aus, wovon 60% auf die Preis- und Absatzsicherungen, 30% auf Direktzahlungen und 10% auf die Grundlagenverbesserungen entfielen. 2004 belief sich das Total der Ausgaben auf 3,5 Mrd. Fr., 70% für Direktzahlungen, 20% für die Preis- und Absatzsicherungen und weiterhin 10% für Massnahmen der Grundlagenverbesserungen. Entscheidend für die

| Staatliche Preis- und Absatzsicherung auf dem Getreidemarkt | Abbildung 110 |

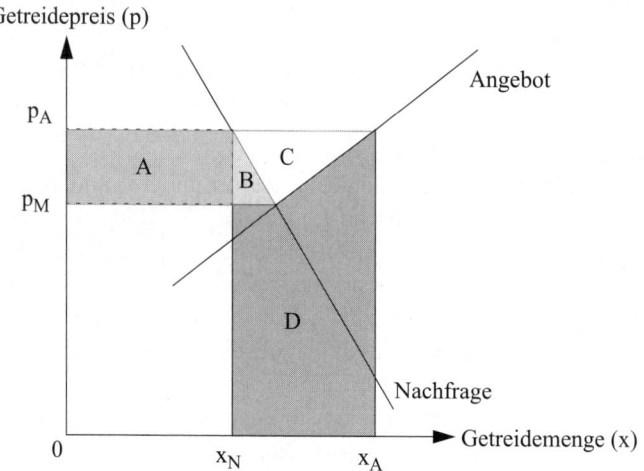

Für zahlreiche Produkte, wie z.B. Milch, Getreide, Zuckerrüben, Kartoffeln oder Raps, wurden den Schweizer Bauern garantierte Preise und Absätze zugesichert. Ausser bei Getreide und Kartoffeln wurden auch noch Maximalmengen (Kontingentierungen) vorgegeben. Da der über die Absatzsicherung garantierte Preis (p_A) über dem (effektiven) Marktpreis (p_M) liegt, ergibt sich für die Bauern (Anbieter) ein Vorteil in Form eines Gewinns an Produzentenrente (Flächen A+B+C). Für den Konsumenten (Nachfrager) resultiert ein Verlust an Konsumentenrente (Flächen A+B). Da sich der Bund zur Übernahme der überschüssigen Produktion (x_A-x_N), d.h. der nicht von den Konsumenten nachgefragten Menge, zum garantierten Preis p_A verpflichtet, hat der Bund (und letztlich der Steuerzahler) finanzielle Mittel hierzu aufzuwenden (Flächen B+C+D). Gesamtgesellschaftlich und somit wohlfahrtsökonomisch betrachtet, resultiert ein Wohlfahrtsverlust in der Höhe der beiden Flächen B+D. Es zeigt sich somit, dass Preis- und Absatzsicherungen eine volkswirtschaftlich ineffiziente Art der Einkommenssicherung für die Bauern darstellen.

Quelle: angelehnt an Carlton, D., Perloff J. (1994). Modern Industrial Organization. 2nd edition. New York. S. 893.

demokratische Legitimierung der Reallokation der Mittel war die Aufnahme des neuen Landwirtschaftsartikels in die Bundesverfassung (BV) im Jahre 1996 (Art. 104 BV: Landwirtschaft). In ihm sind die Aufgaben der Landwirtschaft aufgezählt und die Grundzüge einer neuen Agrarpolitik umschrieben. Im Zentrum der **Agrarpolitik 2002 (AP 2002)** stand die marktwirtschaftliche Erneuerung des Agrarsektors mit dem Ziel, die internationale **Wettbewerbsfähigkeit** des gesamten Ernährungssektors zu verbessern. Gleichzeitig sollte auch die **Nachhaltigkeit**

XI. Produktionssektoren 397

in der landwirtschaftlichen Bewirtschaftung weiterentwickelt und sichergestellt werden. Basierend auf Art. 104 BV wurde am 1. Januar 1999 das neue Landwirtschaftsgesetz in Kraft gesetzt, das die Verfassungsbestimmungen konkretisiert.

Die Einkommenssicherung der Landwirte erfolgt heute somit weniger durch preisstützende Massnahmen als vermehrt über ergänzende und ökologische Direktzahlungen, womit eine **Trennung von Preis- und Einkommenspolitik** verbunden ist. Mittels Direktzahlungen wird einerseits versucht, eine subventionsinduzierte Überschussproduktion zu verhindern, andererseits sollen gemeinwirtschaftliche und ökologische Leistungen der Bauern abgegolten werden. Als eine **gemeinwirtschaftliche Leistung** kann z.B. die Pflege der Kulturlandschaft genannt werden. Aus ökonomischer Sicht entsprechen gemeinwirtschaftliche Leistungen Allmendgütern, die keinen Marktpreis haben (vgl. Tabelle 3 auf S. 87); so kann z.B. niemand vom "Konsum" einer gepflegten Landschaft ausgeschlossen werden. Sollen die Landwirte nebst dem reinen Produktionsauftrag weitere gemeinwirtschaftliche Leistungen erbringen, setzt dies eine leistungsgerechte Einkommenssicherung der bäuerlichen Produzenten voraus. Diese ist jedoch strikt von der Nahrungsmittelproduktion zu trennen, womit die entsprechenden Direktzahlungen nicht an die mengenmässige Herstellung landwirtschaftlicher Produkte geknüpft werden dürfen. Nur so können Fehlallokationen von Ressourcen und Marktverzerrungen vermieden werden. Unter dieser Perspektive ist die Neuorientierung in der schweizerischen Agrarpolitik zu begrüssen, da sich der **Erhalt von Direktzahlungen am marktwirtschaftlichen Prinzip "Leistung–Gegenleistung" orientiert** und die Landwirtschaftsbetriebe in ihrer strukturellen Entwicklung nicht behindert werden. Ökologische Anliegen werden somit durch ökonomische Anreize verwirklicht.

Die **Agrarpolitik 2007 (AP 2007)** stützt sich ebenfalls auf Art. 104 BV und knüpft somit an die Grundzüge und Zielsetzungen der AP 2002 an. Kernelemente der seit Anfang 2004 laufenden AP 2007 sind die stufenweise Aufhebung der öffentlich-rechtlichen Milchkontingentierung, die Versteigerung der Fleischimportkontingente, weitere Strukturverbesserungsmassnahmen und der neue Zahlungsrahmen für die Landwirtschaft während der Periode 2004–2007 (Total: 14'092 Mio. Fr.). Der **Ausstieg aus der staatlichen Milchkontingentierung** auf den 1. Mai 2009 wird eine Flexibilisierung des schweizerischen Milchmarkts zur Folge haben, da Angebot und Nachfrage über ein privatrechtliches Mengensystem aufeinander treffen werden. Gemessen am Gesamtproduktionswert macht die Milchwirtschaft den weitaus grössten Anteil der schweizerischen Nahrungsmittelproduktion aus (vgl. Abbildung 109 auf S. 394), weshalb die Reform der Milchmarktordnung von besonderer Bedeutung für die schweizerische Agrarwirtschaft ist. Die Milchkontingente, welche die Milchproduktion mengenmässig einfrieren, wurden 1977 als Folge der damaligen unkontrollierten Ausdehnung der Milchmenge eingeführt. Mit einem Kontingent erhält ein Bauer gleichzeitig ein Produktionsrecht für eine bestimmte Menge Milch; die durchschnittliche Grösse eines Milchkontingents beträgt ca. 83'000 kg. Kontingente sind grundsätzlich unter den Landwirten durch Kauf oder Miete handelbar. Rund 80% der festgelegten Gesamtkontingentsmenge von 3,1 Mrd. kg Milch sind betriebseigene Kontingente, knapp 20% sind zugemietet. Bereits in der Periode 1992–2002 wurde die staatliche Stützung bei der Milch von rund 1,3 Mrd. Fr. auf 590 Mio. Fr. abgebaut. Diese Reduktion erfolgte durch eine Senkung des Milchpreises von 1,07 Fr. auf 0,77 Fr., den die produzierenden Landwirte von den Milchverarbeitern für ein Kilogramm Milch erhalten. Dennoch ist auf dem schweizerischen Milchmarkt weiterhin eine jährliche Überschussproduktion in der Höhe von rund 200 Mio. kg Milch zu verzeichnen, die in Form von Butter, Käse oder Vollmilchpulver weiterverarbeitet wird. Von der Aufhebung der staatlichen Milchkontingentierung wird ein weiterer Druck auf den Milchpreis erwartet: Untersuchungen zeigen, dass die schweizerischen Landwirte bei einem Preis von 0,60 Fr. pro kg Milch gerade noch bereit sind, die aktuelle Kontingentsmenge freiwillig anzubieten. Somit resultiert gegenwärtig eine Kontingentsrente von 17 Rp. pro kg Milch, die durch die Aufhebung der Kontingentierung entfällt (vgl. Abbildung 111). Ein zusätzlicher Druck auf den Milchpreis ergibt sich zudem aufgrund der bilateralen Verträge zwischen der Schweiz und der Europäischen Union (EU).

3.4.3 Internationaler Rahmen der schweizerischen Agrarpolitik

Auf internationaler Ebene wird versucht, die weltweiten Agrarmärkte und die nationalen Landwirtschaftspolitiken teilweise zu liberalisieren. Dies geschieht z.B. im Rahmen der **Welthandelsorganisation** (World Trade Organization; WTO), wobei dort zwei unterschiedliche Auffassungen aufeinander treffen. Auf der einen Seite finden sich die klassischen Agrarexportstaaten (sog. **Cairns-Gruppe**) wie Argentinien, Australien oder Neuseeland, teilweise auch die USA und Kanada, die eine umfassende Liberalisierung des Agrarhandels anstreben. Auf der anderen Seite stehen die EU, Norwegen oder Japan und Südkorea, die – wie die Schweiz – nicht bereit sind, ihren Agrarsektor zugunsten einer übermässigen Liberalisierung aufzugeben (sog. **Multifunktionalisten**). Diese Länder schützen ihre Landwirtschaft, da dieser neben der Produktion von Nahrungsmitteln auch sicherheits-, siedlungs-, umwelt- und sozialpolitische Aufgaben zugeschrieben werden – entsprechend wird von einer Multifunktionalität der Landwirtschaft gesprochen, wie sie ebenfalls in Art. 104 BV festgehalten ist: So hat die schweizerische Landwirtschaft einen Beitrag zu leisten zur sicheren Versorgung der Bevölkerung, zur Erhaltung der natürlichen Lebensgrundlagen und zur Pflege der Kulturlandschaft sowie zu einer dezentralen Besiedlung des

XI. Produktionssektoren 399

Aufhebung der staatlichen Kontingentierung auf dem Milchmarkt   Abbildung 111

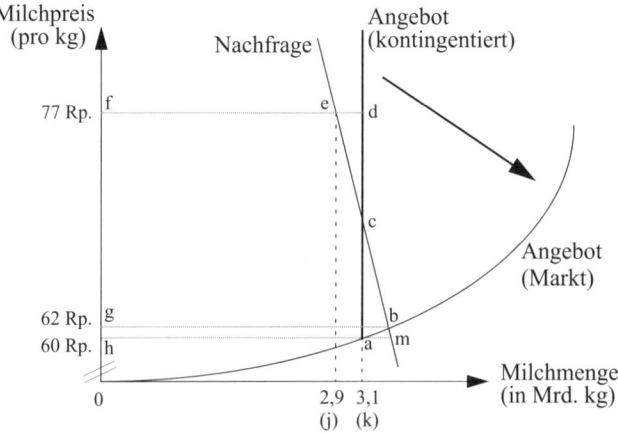

Die Neugestaltung der schweizerischen Milchmarktordnung wird über die etappenweise Aufhebung der mengenmässigen Produktionsbeschränkungen vorgenommen. Die Kontingentierung führt im Preis-Mengen-Diagramm zu einer vertikalen (Gesamt-)Angebotskurve für Milch; diese mengenmässige Beschränkung ist jedoch erst für Preise von Bedeutung, die über demjenigen Preis liegen, bei dem die Anbieter gerade noch bereit sind, die gesamte Kontingentsmenge von 3,1 Mrd. kg Milch zu produzieren. Gemäss Modellrechnungen der ETH Zürich liegt dieser Preis bei 60 Rp. pro kg Milch (Punkt a). Bei dem gegenwärtigen Abnahmepreis von 77 Rp. (Punkt d) erwirtschaften die Anbieter eine Produzentenrente in der Grösse der Fläche 0adf. Durch ein Herabsetzen des Preises auf 60 Rp. pro kg Milch wird freiwillig nicht mehr produziert als mit der gesetzlichen Kontingentierung (Punkt a im Vergleich zu Punkt d); die Produzentenrente reduziert sich somit auf die Fläche 0ah. Für die Nachfrager ergibt sich aufgrund des gesunkenen Preises ein Gewinn an Konsumentenrente (Fläche hacef), vorausgesetzt die milchverarbeitenden Unternehmungen geben die Preissenkung vollständig weiter. Die Überschussproduktion von 200 Mio. kg Milch zu einem Preis von 77 Rp. pro kg und die damit verbundene Weiterverarbeitung der Milch zu Käse etc. entfällt, wodurch sich die teure Exportsubventionierung von Schweizer Käse vermindert. Entsprechend reduzieren sich letztlich die staatlichen Ausgaben für die Milchwirtschaft (Fläche dejk). Es gilt des Weiteren darauf hinzuweisen, dass ein Preis von 60 Rp. pro kg Milch noch nicht dem Marktpreis entspricht; es liegt eine Überschussnachfrage in der Grösse der Strecke a–m vor und damit verbunden ein Wohlfahrtsverlust (sog. Dead weight loss) in der Grösse der Fläche abc. Durch die Marktkräfte sollte sich der Milchpreis gemäss Modellrechnungen der ETH Zürich bei rund 62 Rp. einpendeln; in diesem Falle werden alle denkbaren Produzenten- und Konsumentenrenten realisiert – d.h. es existiert kein Wohlfahrtsverlust mehr –, und es liegt ein Pareto-Optimum in Punkt b vor.

Landes. Dieser Verfassungsauftrag an einen Teil der erwerbstätigen Bevölkerung ist einmalig und rechtfertigt aus Sicht der Landwirte die staatlichen Schutzmassnahmen gegenüber ausländischer Konkurrenz. Der in der schweizerischen Landwirtschaft vorherrschende Protektionismus ist eine **Eigenart in der grundsätzlich liberalen Handelspolitik der Schweiz** und kann aus polit-ökonomischer Warte partiell durch die überdurchschnittliche Vertretung des Bauernstandes im eidgenössischen Parlament erklärt werden. Auch wenn der Anteil der Ausgaben für die Landwirtschaft an den Gesamtausgaben des Bundes seit 1960 deutlich abgenommen hat, wird der Agrarsektor in der Schweiz im internationalen Vergleich durch Steuerzahler und Konsumenten weiterhin stark gestützt (vgl. Abbildung 112).

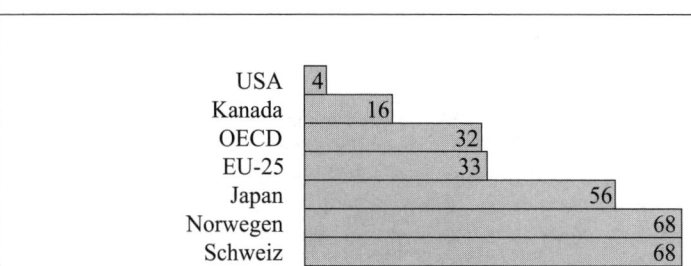

Internationale Subventionierung der Landwirtschaft (2004) — Abbildung 112

USA 4
Kanada 16
OECD 32
EU-25 33
Japan 56
Norwegen 68
Schweiz 68

Die Zahlen entsprechen dem Wert der gesamten Schutz- und Stützmassnahmen für die Landwirtschaft in Prozent des landwirtschaftlichen Produktionswerts (sog. Producer Support Estimates; PSE). Da der Produktionswert zugleich das Einkommen darstellt, erhalten die Landwirte in der Schweiz somit rund 70% ihres Einkommens durch den Staat entweder direkt über Steuergelder oder indirekt über Eingriffe des Staates in die Preisbildung. So liegt bei Agrar-Importen die durchschnittliche Zollbelastung bei 34%, was zu entsprechend höheren Konsumentenpreisen führt. Auch wenn der PSE in der Schweiz seit 1986 von 78% auf 68% gesunken ist, fällt die Schweiz weiterhin durch das hohe Niveau der Unterstützung der Landwirtschaft auf.

Daten: www.oecd.org (Juli 2005); Das Datum für den OECD-Durchschnitt gilt für das Jahr 1997.

Die Liberalisierung der Agrarmärkte auf internationaler Ebene geht auf die jahrelange Sonderbehandlung der Landwirtschaft im Rahmen internationaler Handelsabkommen zurück, die den Handel mit Agrargütern gegenüber industriellen Gütern erschweren. Zum handelspolitischen Instrumentarium der Länder zählten Kontingente, prohibitiv hohe und teils variable Zölle, administrative Schikanen sowie Export- und Produktionssubventionen. Im Rahmen des 1994 abge-

XI. Produktionssektoren

schlossenen Abkommens der **Uruguay-Runde** der WTO wurde eine schrittweise Rückführung des Agrarhandels unter die Prinzipien des GATT vereinbart (vgl. Abbildung 136 auf S. 518). Dieses Abkommen enthält generelle und spezifische Verpflichtungen in den Bereichen **Marktzutritt, Inlandstützung** und **Exportsubventionen**. So mussten z.B. die Industrieländer ihre Zölle auf Agrargütern im Zeitraum 1995–2000 um durchschnittlich 36% senken und die Exportsubventionen im gleichen Zeitraum um 36% gegenüber dem Basiszeitraum 1986–1990 kürzen. Diese Entwicklung ist für Agrarexportländer und damit oft auch Entwicklungsländer insofern vorteilhaft als sich ihre Exportchancen erhöhen. Denn die durch Zölle künstlich hoch gehaltenen Abnahmepreise führen oft zu Überschüssen, die dann mit Hilfe von Exportsubventionen auf den Weltmärkten wiederum abgestossen werden müssen. Entsprechend reduzieren sich durch die ausgelöste Preiserosion die Exporteinkünfte von Agrarexporteuren. Als Folge der Senkung der Zölle und Exportsubventionen um je rund einen Drittel und der damit verbundenen stärkeren Marktorientierung ist ein **Angleichen der Landwirtschaftspreise in der OECD an die Weltmarktpreise** festzustellen: Die Differenz ist von 57% Mitte der 1980er Jahre auf 31% im Jahr 2002 gesunken. Die zunehmende Marktorientierung der schweizerischen Agrarpolitik im Rahmen der AP 2002 und AP 2007 ist jedoch nur beschränkt mit diesen Entwicklungen auf internationaler Ebene verknüpft, denn in erster Linie wurden innenpolitische Reformen im Bereich der Inlandstützung vollzogen. Der schweizerische Agrarmarkt ist nach wie vor stark vor ausländischer Konkurrenz geschützt, d.h. der Marktzutritt für ausländische Produzenten ist weiterhin schwierig. Dieser starke Grenzschutz wird erreicht durch hohe Zollsätze für Importe ausserhalb der in der Uruguay-Runde zugestandenen Zollkontingente, wobei dies u.a. für die wichtigen Güter wie Milch, Fleisch, Getreide, Gemüse und Früchte gilt. Die Abschottung des heimischen Markts vor ausländischer Konkurrenz lässt sich auch daran erkennen, dass der Selbstversorgungsgrad für pflanzliche Produkte (bei rund 45%) und für tierische Produkte (bei rund 95%) seit 1995 stabil ist.

Von weiterer Bedeutung für die Schweiz ist das **Agrarabkommen** mit der EU im Rahmen der **bilateralen Verträge** (vgl. S. 531). Dieses Abkommen sieht den Abbau von Zöllen sowie von technischen Handelshemmnissen vor, um den gegenseitigen Marktzugang zu verbessern. So wird fünf Jahre nach Inkrafttreten der Bilateralen II und somit am 1. Juni 2007 für Schweizer Käse der Freihandel mit der EU eingeführt. Die hohen Marktverflechtungen bedingen, dass sich die Schweiz an der EU orientieren muss, in welcher der Milchpreis bei unter 0,45 Fr. liegt. Die gegenseitige Marktöffnung trägt insbesondere zur Verbesserung der Wettbewerbsfähigkeit des schweizerischen Agrarsektors bei und wird damit die produktive Funktion der schweizerischen Landwirtschaft stärken.

4. Sekundärsektor

4.1 Charakterisierung der schweizerischen Industrie

Die Schweiz hat eine stolze industrielle Tradition. Ausgehend von der Textilindustrie wurde über die metallverarbeitende Industrie der Maschinen- und Apparatebau sehr erfolgreich aufgebaut. Der frühe Zwang zur Elektrifizierung löste die Entwicklung der elektrotechnischen Industrie aus. Der Verbund dieser Bereiche in der Investitionsgüterindustrie zusammen mit Spitzenleistungen der Ingenieurskunst ist ein klassischer Pfeiler der Schweizer Wirtschaft. Parallel entwickelte sich das zweite Standbein der Industrie, der Bereich Chemie und Pharma. Im Folgenden wird eine **Charakterisierung** besonders erfolgreicher **industrieller Aktivitäten** am Standort Schweiz gegeben.

Der kleine Binnenmarkt zwingt zum Export, weshalb die Industrie am Standort Schweiz ausgesprochen **exportorientiert** ist. Sie ist damit auch in hohem Masse der internationalen Konkurrenz ausgesetzt, was ihr Flexibilität und Dynamik abverlangt. Export bedeutet grössere Abhängigkeit von Wechselkursentwicklungen sowie der konjunkturellen und politischen Entwicklung in den Ländern der Kunden. Die Absicherung damit verbundener Risiken verursacht zusätzliche Kosten. Neben stark internationalisierten Branchen bestehen aber auch von der internationalen Konkurrenz abgeschottete Bereiche wie z.B. das Baugewerbe. Es ist deshalb oft von einer **dualen Wirtschaft** der Schweiz die Rede.

Die Rohstoffarmut der Schweiz zwingt, **Rohstoffe** zu importieren und deshalb mit wenigen auszukommen. Umweltressourcen und Energie werden im internationalen Vergleich in der Produktion relativ effizient eingesetzt. Geachtet wird auf hohe Form-Werte (Design) und geringe Transportkosten je Geldeinheit, d.h. es werden vorwiegend Veredelungen von eher teuren Rohstoffen und Halbfabrikaten durchgeführt. Dem stehen allerdings **hohe Arbeits- und Fertigungskosten** gegenüber. Erfolgreiche industrielle Aktivitäten am Standort Schweiz sind besonders Know-how-intensiv; die Stärken des Standorts liegen denn auch im hohen technischen Wissen und Können basierend auf einem guten Ausbildungssystem. Gefragt sind gut bis **hochqualifizierte Erwerbstätige**. Studien und Umfragen über Entwicklungsengpässe zeigen regelmässig dasselbe Ergebnis: Es besteht ein chronischer Mangel an qualifizierten Arbeitskräften und an Spezialisten, der je nach Konjunkturphase mehr oder weniger akut ist.

Das optimale Verhältnis zwischen externen Vorleistungen und eigener Wertschöpfung muss jede Unternehmungsleitung stets wieder von neuem finden. Im internationalen Vergleich ist der **Grad der Arbeitsteilung** und Spezialisierung in der schweizerischen Volkswirtschaft **unterdurchschnittlich gering**, d.h. die sog. **Fertigungstiefe** ist **relativ gross**. Die Volkswirtschaft der Schweiz erstellt relativ viel noch selbst. Der von anderen Standorten bezogene Vorleistungsanteil am Bruttoproduktionswert stieg im Durchschnitt aller Branchen zwischen 1992 und 2002 von 47,8% geringfügig auf 48,7% an. Der Grad der Arbeitsteilung und der Spezialisierung in der schweizerischen Wirtschaft verstärkt sich somit leicht, d.h. **die Fertigungstiefe vermindert sich.**

Im Gegensatz zu anderen hochindustrialisierten Volkswirtschaften besitzt die Schweiz **keine massenproduzierenden und kapitalintensiven Grossindustrien** wie Kohle, Stahl, Automobile, Flugzeug- und Schiffsbau. Massenproduktion ist für schweizerische Unternehmungen eine Ausnahme (z.B. Billig-Uhren). Es gibt keine Unternehmungen, die Fabriken mit Tausenden von Arbeitern betreiben. Damit stellen sich für andere Länder typische Probleme (wie z.B. Monostruktur, Proletarisierung und Massenarbeiterschaft) in der Schweiz nicht. Weite Teile der Industrie zeichnen sich vielmehr durch einen **gewerblichen Charakter** aus: Traditionellerweise operiert die Volkswirtschaft der Schweiz mit, gemessen am Durchschnitt, eher kleinen betrieblichen oder unternehmerischen Einheiten, was auf eine ausgeprägte Präsenz eines lokal verarbeitenden Gewerbes hindeutet. Die **Betriebszählung des Bundesamtes für Statistik (BFS)** von 2001 zählt in der Schweiz gut 380'000 Betriebe (ohne Land- und Forstwirtschaft); als Betrieb gilt eine örtlich abgegrenzte Einheit einer Unternehmung, in der eine wirtschaftliche Tätigkeit ausgeübt wird. Als Unternehmung hingegen wird die kleinste juristisch selbständige Einheit bezeichnet; diese setzt sich aus einem oder mehreren Betrieben (Haupt- und Nebenbetrieb, Filialen) zusammen. Gemäss BFS **können 2001 in der Schweiz 318'000 Unternehmungen gezählt werden**; davon entfielen knapp 76'000 auf den Sekundär- und rund 242'000 auf den Tertiärsektor. Die kleinen und mittleren Unternehmungen (KMU), d.h. Unternehmungen mit weniger als 250 Beschäftigten (gemessen in Vollzeitäquivalenten), erreichen einen Anteil von 99,7% an der Gesamtzahl der Unternehmungen und von 67% an der Gesamtzahl der Beschäftigten. Die grossen Unternehmungen machten 2001 mit einem Total von 1064 somit nur 0,3% aller Unternehmungen in der Schweiz aus; bei ihnen arbeiteten aber 33% aller Beschäftigten. Innerhalb der KMU dominieren, was die Anzahl der Betriebe betrifft, eindeutig die **Mikro-Unternehmungen** (0–9 Vollzeitbeschäftigte) mit einem Anteil von rund 88%. Die **Entwicklung der Grössenstruktur** zwischen 1985 und 2001 führte zu einem Rückgang der mittleren Unternehmungsgrösse. Massgebend war dabei die Abnahme im Sekundärsektor, in dem die durchschnittliche Grösse einer Unternehmung von 19 auf 14 Beschäftigte sank. Der **Trend** geht sowohl im Sekundär- als auch im Tertiärsektor Richtung **kleinere Unternehmungen**. Des Weiteren zeigt eine Studie der Universität St. Gallen, dass fast 90% aller Schweizer Betriebe **Familienunternehmungen** sind. Bei einer solchen Unternehmung üben eine oder mehrere Familien einen substanziellen Einfluss aus; dieser kann entweder über Managementfunktionen (Anteil der Familienmitglieder im Managementteam) oder/und über Aufsichtsfunktionen (Anteil der Familienmitglieder im Verwaltungsrat) ausgeübt werden. Bei denjenigen Unternehmungen, die über weniger als 10 Angestellte verfügen, können knapp 80% zu den Familienunternehmungen gezählt werden. Obwohl 80% als Aktiengesellschaft geführt werden, verfügen lediglich 40% der Schweizer Familienunternehmungen über einen Aufsichts- oder Verwaltungsrat; dieser umfasst durchschnittlich 3,3 Mitglieder.

Auch **regional** besteht **kaum eine Massierung** bestimmter Industrien. Die industrielle Produktion ist überdurchschnittlich dezentralisiert, vielfältig und heterogen, im Ganzen relativ kleinräumig und überblickbar. Mit wenigen Ausnahmen, wie z.B. Juragebiet (Uhren) sowie einigen Städten, wie z.B. Basel (Chemie und Pharma) oder Winterthur (Maschinen und Feinmechanik), zeichnen sich auch die Regionen selbst durch eine diversifizierte Wirtschaftsstruktur aus, was die Krisenanfälligkeit auch regional reduziert. Es finden sich deshalb auch an unvermuteten Orten kleinere, aber breit diversifizierte industrielle Aktivitäten. So werden z.B. im jurassischen Le Noirmont in den Freibergen Käse produziert, Uhrenbestandteile und Mode-Zubehör gefertigt, gleichzeitig aber auch medizinaltechnische Produkte hergestellt.

Weiter profitiert die Industrie von der **Symbiose mit dem Finanzplatz Schweiz** und damit von den guten Finanzierungsmöglichkeiten (vgl. S. 590ff.). Die Industrieunternehmungen profitieren von einer geschickten Kombination von Dienstleistungen wie Finanzierungshilfen oder Versicherungsleistungen sowie dem internationalen Handel. Dies hat wesentlich zu ihrem Exporterfolg beigetragen. Gleichzeitig betreiben die Unternehmungen eine sehr vorsichtige und zurückhaltende Finanzpolitik. Die Rendite des Eigenkapitals ist gering.

Schweizer Industrieunternehmungen beliefern ausgewählte Marktsegmente mit **Spezialitäten** und konkurrieren mit Präzisionsarbeit, qualitativ hochstehenden Produkt- und Arbeitsleistungen, Lieferpünktlichkeit sowie guten Beratungs- und Unterhaltsleistungen. Charakteristisch für das Produkteangebot sind somit Investitionsgüter mit hohem Qualitätsstandard und Luxus-Konsumgüter, wobei die Unternehmungen im angestammten Sortimentsbereich in der Regel über eine gute bis sehr gute technische Kompetenz verfügen. Die Industrieprodukte haben aufgrund dieser Eigenheiten eine **eher geringe Preiselastizität der Nachfrage**, d.h. die Nachfrage reagiert nur schwach auf eine prozentuale Veränderung der Preise. Die **Einkommenselastizität** ist jedoch **eher hoch** (vgl. Abbildung 108 auf S. 391).

Die wichtigsten Merkmale der schweizerischen Industrie finden sich zusammenfassend in Abbildung 113.

XI. Produktionssektoren

> **Typische Merkmale industrieller Tätigkeiten am Standort Schweiz   Abbildung 113**
>
> Die schweizerische Industrieproduktion weist die folgenden typischen Merkmale auf:
> - Starke Exportorientierung industrieller Branchen mit bis zu 95% des Umsatzes im Export;
> - Vorwiegend Veredelung von Rohstoffen und Halbfabrikaten aufgrund der Rohstoffarmut;
> - Hohe Arbeits- und Fertigungskosten, aber auch eine gut qualifizierte und motivierte Erwerbsbevölkerung;
> - Hohe Fertigungstiefe, geringe Spezialisierung auf einzelne Tätigkeiten;
> - Keine massenproduzierenden Grossindustrien, hohe Diversifikation;
> - Gewerblicher Charakter der Industrie, Trend zu kleineren Unternehmungen; starke Präsenz der Familienunternehmungen;
> - Keine räumlichen Massierungen, allenfalls regionale Schwerpunkte;
> - Synergien zwischen Finanz- und Werkplatz; Nutzung der am Standort Schweiz angebotenen Finanz- und anderen Dienstleistungen durch die Industrie.
> - Hohe Differenzierung der angebotenen Produkte, Spezialitäten mit Eigenschaften wie hohe Präzision und Qualität, Lieferpünktlichkeit, guter Service;
> - Eine eher geringe Preiselastizität der Nachfrage und eine eher hohe Einkommenselastizität der Nachfrage für die Industrieprodukte;
> - Handwerkliche Tradition und damit verbundene hohe Qualität.

4.2   Veränderungen im Umfeld industrieller Aktivitäten

Die **internationalen Wettbewerbsbedingungen** der Industrie und damit verbunden auch die Arbeitsteilung in der Weltwirtschaft haben sich wesentlich verändert. So kann von einem **Niedergang der Massenproduktion** in den hochindustrialisierten Volkswirtschaften gesprochen werden. Die etablierten Industrieländer suchen nach **neuen Strategien**, wobei ihnen die **technologische Entwicklung** eine besondere Chance bietet. Dies gilt auch für den Industriestandort Schweiz.

Im Folgenden werden einige der wichtigsten Entwicklungen im Umfeld industrieller Aktivitäten erläutert.

- **Flexible Spezialisierung:** Unter flexibler Spezialisierung werden Produktionsmethoden in kleinerem Massstab verstanden. Diese sind besonders in Zeiten niedrigen Wirtschaftswachstums, hoher Energiekosten und starker Umweltschutzanstrengungen hinsichtlich Kosten und Anpassungsfähigkeit geeigneter als riesige Industrieanlagen. Ausgangspunkt ist dabei die Möglichkeit, durch computerunterstützte, flexible Automation die Produktion so zu integrieren und zu steuern, dass auch Kleinstserien von Produktvarianten mit denselben Kosten hergestellt werden können, wie es bisher nur für Massenserien von Standardprodukten möglich war.

- **Zukünftige Markterfordernisse:** Die flexible Spezialisierung kommt gerade den Markterfordernissen der Zukunft entgegen. Diese sind geprägt von einer sinkenden Lebensdauer und einer steigenden Vielfalt der Produkte sowie einer vermehrten Bedeutung individueller Kundenwünsche. Klassische Unternehmungsziele wie die betriebliche Effizienz werden durch neue Ziele wie z.B. Flexibilität ergänzt. Zahlreiche Unternehmungen streben Wettbewerbsstärke nicht mehr (ausschliesslich) über steigende Skalenerträge und damit über die Massenproduktion an. Vielmehr spielen heute die Durchsetzung eines flexiblen Produktionssystems, technologische Innovationen, Präzisionsherstellung und eine kundenspezifische Erzeugnisgestaltung die zentrale Rolle bei der Etablierung eines Wettbewerbsvorteils gegenüber der Konkurrenz.
- **Systemlösungen:** Nachgefragt und angeboten werden weniger einzelne abgegrenzte Produkte als vielmehr Systemlösungen aus einer ganzheitlichen Sicht. Erforderlich ist dazu die Kombination und Vernetzung verschiedener Technologien, womit auch die Integration von Diensten in das Leistungsangebot an Bedeutung gewinnt. Untersuchungen zeigen, dass der grösste Teil der unternehmerischen Wertschöpfung im zweiten Sektor weiterhin stark durch den industriellen Teil und weniger durch den Dienstleistungsteil bestimmt wird. Die effektive industrielle Wertschöpfung entspricht dabei dem Mehrwert – gemessen am Verkaufspreis –, den die Entwicklung, Eigenfertigung/Fabrikation und Montage leistet. Der Dienstleistungsteil an der Wertschöpfung kann verschiedene Elemente beinhalten; in der Maschinenindustrie z.B. Unterstützung der Kunden bei der Projektausarbeitung, Schulung der Kunden in Bezug auf die Produkte, technische Lösungen bei bestehenden Anwendungsproblemen, Reparaturen sowie Maschinenwartungen beim Kunden.
- **Markt- und Kundennähe durch Dezentralisierung:** Lassen flexible Techniken ohne grösseren Aufwand massgeschneiderte, spezialisierte Lösungen für Kunden in Kleinstserien oder sogar in Einzelfertigung zu, so gewinnen der Kundenkontakt und die Kundenbetreuung für das Bestehen im Wettbewerb eine wachsende Bedeutung. Die Anbieter stehen mit den Nachfragern laufend in Kontakt, um Lösungen problemorientiert und gemeinsam zu entwickeln und zu realisieren. Dies zeigen auch Umfragen, die bestätigen, dass der Kundenkontakt die grösste Innovationsquelle einer Unternehmung ist. Die Nähe zum Kunden wird letztlich auch über eine Dezentralisierung der Produktionsstandorte erreicht. So wurden z.B. 2004 rund 20% der Mitarbeiter der Unternehmung Rieter in Nordamerika beschäftigt, während es zehn Jahre zuvor lediglich deren 2% waren. Im glei-

chen Zeitraum erhöhte sich der Anteil in Asien von weniger als 1% auf rund 6%. Dieser Trend zum Aufbau von Arbeitsplätzen in wichtigen Kundenmärkten, insbesondere in China und Indien, wird weiterhin anhalten. Durch die Dezentralisierung der industriellen Produktion können auch die für Systemlösungen notwendigen Dienstleistungen effektiver und effizienter erbracht werden; Produkte können über deren gesamten Lebenszyklus hinweg betreut werden (Produktion, Vermarktung, Reparatur und Service).

- **Unternehmungsgrössenstruktur:** Da neue Technologien zu immer günstigeren Preisen erhältlich sind, verlieren sie ihre Exklusivität. Sie können vermehrt auch bei kleinen und mittelgrossen Serien und in kleinen Unternehmungen eingesetzt werden. Die KMU müssen die damit verbundenen Möglichkeiten rasch nutzen und ausschöpfen oder sie geraten in existenzielle Gefahr. Zudem werden unternehmerische Leistungen vermehrt im Netzwerk über Kooperationen zwischen verschiedenen Unternehmungen erbracht. Dabei tragen KMU im Leistungsverbund mit grösseren Unternehmungen durchaus auch einen eigenständigen Beitrag zur Technologieentwicklung und Innovationsleistung bei.
- **Mobilität, Lernfähigkeit und Qualifikationen der Arbeitnehmer:** Die Anforderungen an die räumliche Mobilität und die Lernfähigkeit der Arbeitnehmer steigen. Die neuen Technologien erfordern vom Arbeitnehmer für seinen beruflichen Erfolg eine immer grössere Bereitschaft und Fähigkeit zum Lernen, zur Weiterbildung und Umschulung, zum Stellenwechsel, zur Flexibilität und zur Anpassung an gewandelte Umweltbedingungen. Dadurch verlieren aber auch durch langjährige Erfahrungen erworbene Fertigkeiten und traditionelle Berufsbilder an Wert und Bedeutung. Umgekehrt entsteht ein Bedarf an neuartigen Qualifikationen, insbesondere an planerischen, analytischen und konstruktiven, allgemein an kreativen Leistungen wie dem Entwerfen von Systemlösungen. Für die Veränderung der Beschäftigung in den letzten Jahren vgl. Abbildung 114 auf S. 408.
- **Das Dilemma der Forschung und Entwicklung (F&E):** Produkte werden F&E- und Know-how-intensiver. Die allgemeine Beschleunigung des technologischen Wandels hat zur Folge, dass die durchschnittlichen Markt-Lebenszyklen von Produkten kürzer werden. Gleichzeitig werden die Entstehungszyklen für neue Produkte (so z.B. der Zeitbedarf für Forschung, Produktidee, -konzeption und -entwicklung bis zur Markteinführung) länger und benötigen mehr Ressourcen, da die Forschungsprozesse immer komplexer und die Regulierungen immer strenger werden. So sind z.B. die Gesamtaufwendungen für eine neue chemische Wirksubstanz von knapp 120 Mio. US-Dollar in den 1970er Jahren auf heute 500–600 Mio. US-Dollar gestiegen. Ebenso sind die F&E-Ausgaben in der pharmazeutischen Industrie beträchtlich: So investierte z.B. Novartis 4,8 Mrd. Fr. (2005) in F&E. Daraus ergibt sich ein F&E-Dilemma, die sog. Zeitfalle; immer aufwändigere

408 Ergebnis und Strukturen

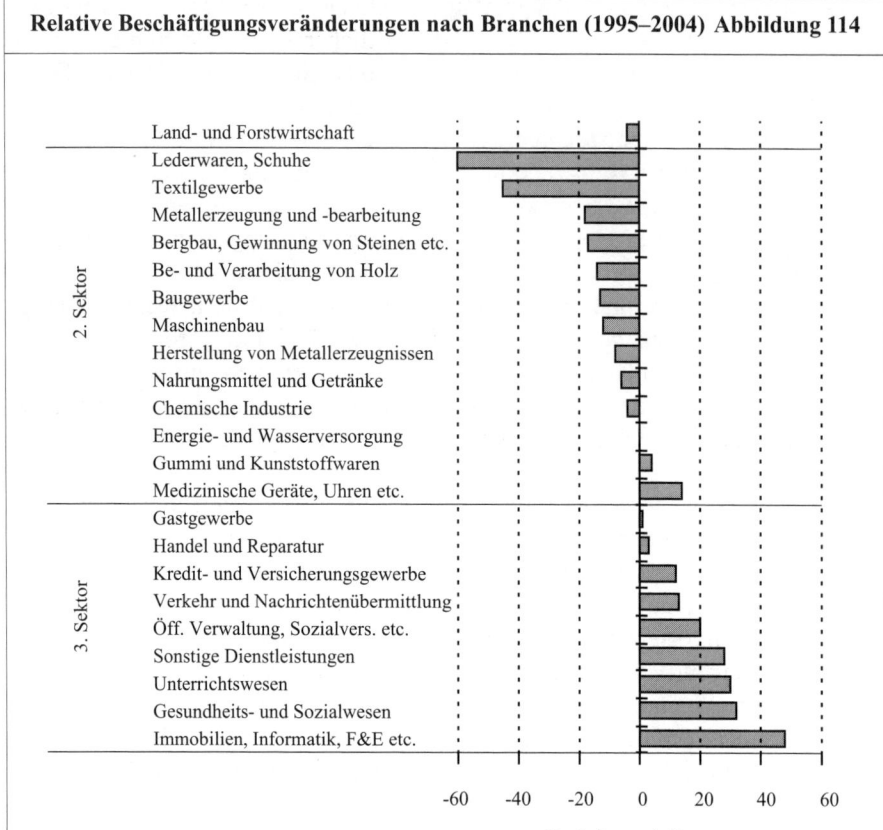

Relative Beschäftigungsveränderungen nach Branchen (1995–2004) Abbildung 114

Die Gesamtzahl der Erwerbstätigen nahm im gleichen Zeitraum um 10,1% von 3,80 Mio. auf 4,19 Mio. zu.

Absolut betrachtet waren 2004 in den folgenden Branchen am meisten Erwerbstätige zu verzeichnen: Handel und Reparatur (654'000), Immobilien, Informatik, F&E etc. (491'000), Gesundheits- und Sozialwesen (471'000), Baugewerbe (289'000), Verkehr und Nachrichtenübermittlung (278'000). In der grössten Branche befindet sich sowohl der grösste Arbeitgeber in der Schweiz (Migros-Konglomerat u.a. mit den Unternehmungen Chocolat Frey, Jowa, Mibelle, Micarna, Midor, Seba-Aproz: 56'000 Angestellte) als auch umsatzmässig die grösste Schweizer Unternehmung (Rohstoffhandelskonzern Glencore: 90 Mrd. Fr.).

Daten: EVD (1999). Die Volkswirtschaft. Aktuelle Wirtschaftsdaten. 1–1999. Bern. S. 22;
EVD (2005). Die Volkswirtschaft. Aktuelle Wirtschaftsdaten. 7/8–2005. Bern. S. 93.

F&E-Leistungen müssen in immer kürzerer Zeit amortisiert werden. Die Produktivität in der Entstehungsphase muss dadurch gesteigert und das F&E-Management verbessert werden. Der Innovationswettbewerb, der Wettbewerb über Neuerungen, wird sich weiter intensivieren (vgl. S. 175ff.).

- **Globalisierung des Wirtschaftsgeschehens:** Globalisierung bedeutet "Entgrenzung" und ist auf volkswirtschaftlicher Ebene als eine weitergehende und komplexere Form der Internationalisierung zu verstehen. Letztere umschreibt die zunehmende geographische Ausdehnung ökonomischer Aktivitäten über die nationalstaatlichen Grenzen hinaus, womit aber lediglich der klassische Export und Import von Gütern angesprochen ist. Die Globalisierung hingegen bezeichnet volkswirtschaftlich betrachtet einen Prozess der gesteigerten funktionalen Integration zwischen international verstreuten Aktivitäten: Somit findet – im Unterschied zur Internationalisierung – eine **Entkoppelung** statt zwischen dem Ort, an dem Wertschöpfung stattfindet, und jenem Ort, an dem die Wertschöpfenden leben und konsumieren. Auf unternehmerischer Ebene agieren Unternehmungen zusehends in internationalen Kooperationen und Netzwerken. Dadurch vollziehen sich Beschaffung, Produktion, Handel und Vermarktung weltweit. Geographische Distanzen und nationalstaatliche oder natürliche Grenzen verlieren rapide an Bedeutung. Diese Entwicklung wird durch den technischen Fortschritt, insbesondere die Entwicklung und Anwendung von Informations- und Kommunikationstechnologien (IKT), vorangetrieben. Folgen sind u.a. eine Intensivierung des Wettbewerbs, z.B. durch eine rasche Ausnutzung von Standortvorteilen, zunehmende grenzüberschreitende Unternehmungsverflechtungen und eine rasche Verbreitung neuer Technologien, z.B. über intensiveren Technik- und Know-how-Handel oder über eine Internationalisierung der F&E-Aktivitäten resp. der Technikproduktion. Globalisierung ist somit ein weltweites Programm zur **Mehrung von Exit-Optionen**, d.h. von Ausweichmöglichkeiten für die Privaten. Ein globalisierter Markt heisst aber nicht zwingend, dass eine Unternehmung ihre Produkte weltweit identisch anbieten soll. Die Kundenbedürfnisse sind nicht einfach uniform, denn zu unterschiedlich sind die Werte, Normen und gelebten Kulturen zwischen den Kontinenten. So zeigt sich z.B. auf dem Uhrenmarkt, dass US-Bürger eher konservative Modelle einkaufen, während in Europa grosser Wert auf Qualität gelegt wird und in Asien ein hohes Markenbewusstsein herrscht.

Bei einem **Vergleich der typischen Eigenheiten und Stärken der industriellen Produktion am Standort Schweiz** mit dem **veränderten Umfeld industrieller Aktivitäten** ist Folgendes festzustellen und zu erwarten: Bisher als typisch schweizerisch verstandene unternehmerische Strategien werden von einer wachsenden Anzahl von Unternehmungen aus anderen Volkswirtschaften ebenfalls aufgebaut und verfolgt. Auch werden Vorteile, die bisher typisch für die KMU galten, immer stärker von Grossunternehmungen selbst genutzt. Die Wettbewerbsintensität in traditionell von der schweizerischen Industrie besetzten Bereichen nimmt zu. Bewährte Verhaltensmuster werden zusehends weniger Erfolg versprechend.

4.3 Strukturell starke und gefährdete industrielle Aktivitäten

Erfolgreiche Unternehmungen passen sich neuen Konstellationen auf den für sie relevanten Märkten pro-aktiv an. **Wettbewerb** ist deshalb zu verstehen als ein Prozess der Rivalität zwischen Unternehmungen auf den für sie bedeutenden Märkten. Dabei versuchen sie über die Wahl und Durchsetzung einer zukunftsorientierten Strategie, ihre Umwelt und ihren Erfolg aktiv zu gestalten. Sie haben sich bezüglich **Skills, Scope** und **Profile** zu entscheiden (vgl. Abbildung 115). Diese Entscheidungen sind laufend zu überprüfen und über Suchaktionen, Imitationen und Innovationen zu verbessern: Der Wettbewerb ist ein Prozess. Ziel ist es, die relative Position der Unternehmung gegenüber ihren Konkurrenten zumindest zu halten oder zu verbessern.

Wettbewerbsfähigkeit wird verstanden als die Fähigkeit, neue Produkte und neue technische Problemlösungen zu entwickeln und damit positive Beschäftigungs- und Einkommenseffekte zu erzielen. Entscheidend ist, dass diese Effekte auch dann noch positiv ausfallen, wenn nachstossende Wettbewerber allmählich das technische Wissen und die organisatorischen Fähigkeiten erwerben, diese Produkte und Problemlösungen ebenfalls herzustellen resp. zu erbringen.

Wettbewerbsfähigkeit von Unternehmungen   Abbildung 115

Jede Unternehmung hat zu entscheiden über:

- **Skills:** Welches ist unsere Kernkompetenz? Bestimmte Quantität an Wissen und Fähigkeiten, z.B. Technik-, Organisations- sowie Marketing-Wissen.
- **Scope:** Wie gross soll die Spannweite oder Fertigungstiefe sein? Ausmass der vertikalen und horizontalen Integration aller unternehmerischen Aktivitäten; Festlegung der optimalen Spannweite aufgrund von Make-or-buy-Überlegungen.
- **Profile:** Wie soll die räumliche und geographische Aufteilung der Unternehmung sein? Optimale (internationale) Lokalisierung der Wertschöpfungskette resp. der Aktivitäten wie Forschung und Entwicklung (F&E), Produktion und Vertrieb.

Die internationale Wettbewerbsfähigkeit einer Unternehmung hängt entscheidend von der Art und Weise der Kombination dieser drei Aspekte ab.

Für den Erfolg **grosser multinationaler Unternehmungen** ist v.a. die Wahl der Spannweite (Scope) und des Internationalisierungsprofils (Profile) entscheidend, für **kleine und mittlere Unternehmungen** (KMU) v.a. die vorhandenen Kernfähigkeiten (Skills).

Die schnell voranschreitende internationale Verflechtung lässt am Standort Schweiz wirtschaftliche Tätigkeiten stärker werden, bei denen gegenüber dem Ausland sog. **komparative Vorteile** bestehen (vgl. S. 493ff.). Bezogen auf die Produktion gilt dies v.a. für die hohe Qualifikation der Arbeitskräfte oder für die günstigen Finanzierungsmöglichkeiten. Standortnachteile bestehen bei arbeitsintensiven Produktionsprozessen, die von Arbeitskräften mit geringer Ausbildung und entsprechend geringerem Lohnniveau bewältigt werden können. Solche Tätigkeiten werden über kurz oder lang von ausländischen Konkurrenten übernommen resp. vom Standort Schweiz ausgelagert.

Über die 1990er Jahre betrachtet, wurde der gesamtwirtschaftliche Zuwachs der **Arbeitsproduktivität** überwiegend durch Produktivitätssteigerungen innerhalb der einzelnen Wirtschaftszweige erzielt. Die Industrie und das verarbeitende Gewerbe steuerten alleine knapp die Hälfte dazu bei. Das hohe Produktivitätswachstum im zweiten Sektor wurde überwiegend durch den Einsatz arbeitssparender und kapitalintensiver Technologien erzielt. Dazu gehören auch organisatorische Innovationen wie das Outsourcing von dienstleistungsnahen Tätigkeiten oder die Verschlankung der Produktionsprozesse. So war es denn möglich, dass der reale Wertschöpfungsanteil der Industrie und des verarbeitenden Gewerbes am Bruttoinlandprodukt (BIP) trotz des dramatischen Um- und Abbaus in den 1990er Jahren ungefähr konstant blieb: Am Standort Schweiz verschwunden sind traditionelle Stärken wie Lastwagen- und Lokomotivenbau, Rüstungsindustrie, Schiffsdieselmotoren, Textilmaschinen etc. Die **Des-Industrialisierung** betrifft also v.a. die Struktur der Erwerbstätigen – mehr als die Hälfte der schweizerischen Werkplätze gingen verloren –, aber nur zu einem geringen Grade die Struktur der Wertschöpfung.

Es können drei Bereiche oder Typen der Industrie am Standort Schweiz unterschieden werden, wobei im Folgenden näher auf ausgewählte strukturstarke und strukturell gefährdete Branchen eingegangen wird (vgl. Abbildung 116 auf S. 412).

4.3.1 Strukturell starker Bereich

Der am Standort Schweiz besonders starke Teil der Industrie ist in höchstem Masse **exportorientiert**. Dies sind einige multinationale Konzerne von Weltformat, aber auch viele kleine und mittlere Unternehmungen (KMU), die sich mit Erfolg der harten internationalen Konkurrenz aussetzen.

Ihr Faktoreinsatz entspricht gemäss dem **Faktorproportionen-Theorem** den typischen Eigenheiten der Faktorausstattung der Schweiz. Sie arbeiten **kapitalintensiv** (hohe Investitionen pro Arbeitskraft, Automation) und **arbeitskräftespa-**

| Strukturelle Bereiche der Schweizer Volkswirtschaft | Abbildung 116 |

Der **Strukturstärkeindex** wurde von der BAK Basel Economics entwickelt. Dieser versucht, Abweichungen in der gesamtwirtschaftlichen Stundenproduktivität (= Wertschöpfung pro geleisteter Arbeitsstunde) zwischen konkurrierenden Regionen auf Abweichungen in den regionalen Branchenstrukturen zurückzuführen. Grundsätzlich dient der Durchschnittswert der Stundenproduktivität in den Ländern der EU-15 als Referenzwert.

- **Strukturstark und wertschöpfungsintensiv** sind Branchen, deren Stundenproduktivität deutlich (>20%) über dem Referenzwert liegt. Für die Schweiz (2003) sind dies u.a. Feinmechanik, Optik, Uhren, Chemie, Pharma, Banken, Nachrichtenübermittlung und unternehmungsbezogene Dienste.
- **Strukturell gefährdet** sind Bereiche, die tendenziell eine geringe Stundenproduktivität aufweisen und nur unter grossen Anstrengungen wettbewerbsfähig bleiben können. Für die Schweiz (2003) sind dies u.a. die Textil- und Bekleidungsindustrie, die Druckindustrie, die Holz- und Möbelindustrie sowie die Nahrungsmittelindustrie; ähnlich schwankend, wenn auch in einer besseren Position, ist die Maschinen-, Elektro- und Metallindustrie (MEM-Industrie).
- **Strukturschwach und wertschöpfungsarm** sind Branchen, deren Stundenproduktivität deutlich (<20%) unter dem Referenzwert liegt. Für die Schweiz (2003) sind dies u.a. Baugewerbe, Detailhandel, Reparatur, Gastgewerbe, öffentliche Verwaltung, Sozialversicherung, Unterrichtswesen.

rend (vgl. S. 493ff.). Die Anforderungen an die Qualifikation ihrer Arbeitskräfte sind hoch, sie erzielen infolgedessen eine **hohe Stundenproduktivität**. Ihre Produkte und Fertigungsprozesse müssen in einem permanenten technologischen Wandel bestehen, womit sie über wiederholte Innovationen Wettbewerbsvorteile immer wieder von neuem aufbauen. Dadurch können sie in der Preisgestaltung vorübergehend einen erheblichen Gestaltungsspielraum erreichen. Dies wird im Folgenden exemplarisch an zwei Branchen aufgezeigt: (a) der **Uhrenindustrie** und (b) der **chemisch-pharmazeutischen Industrie**.

a)   Die Uhrenindustrie

Die schweizerische Uhrenindustrie war bis Anfang der 1970er Jahre weltweit Marktführer im Segment der Qualitätsuhren. Zwei Drittel ihres Umsatzes tätigten die Unternehmungen der Uhrenindustrie im Segment der Luxusuhren, wo sie fast eine Monopolstellung einnahmen. Die Exportquote, d.h. die Exporte in Prozent des Umsatzes, wurde auf ca. 95% geschätzt. Waren 1975 rund 90'000 Arbeitskräfte in der Uhrenindustrie tätig, so waren es Ende 1985 nur noch rund 32'000. Innerhalb nur eines Jahrzehnts büsste die schweizerische Uhrenindustrie ihre Dominanz auf dem Weltmarkt ein. Der grosse Einbruch beim Auslandsabsatz in der zweiten Hälfte der 1970er Jahre war weitgehend technologisch und marktstrategisch bedingt: Aus **technologischer Sicht** spielte die späte Umstellung von der Mechanik auf die Elektronik eine zentrale Rolle, die zum starken Rückgang beim Auslandsabsatz führte. Die schweizerische Uhrenindustrie hatte zwar schon früh wichtige mikroelektronische Technologien selbst erforscht und entwickelt, so z.B. die erste Quarzarmbanduhr der Welt. Die Quarztechnologie wurde jedoch durch den japanischen Marktführer Seiko auf dem Weltmarkt eingeführt. Ähnlich erging es den Erfindungen im Bereiche der Flüssigkristallanzeige (liquid cristal display; LCD). Sie wurden weltweit zuerst von Brown Boveri Company (BBC) in Zusammenarbeit mit Hoffmann-La Roche erarbeitet. Das Management der Uhrenindustrie hatte eine Anwendung in ihrem Bereich in dieser Frühphase der Entwicklung jedoch als uninteressant abgelehnt. Das Know-how wurde schliesslich von der BBC als Lizenz an Sharp nach Japan verkauft; Sharp eroberte in der Folge den Weltmarkt. Aus **marktstrategischer Sicht** verhinderten Fehleinschätzungen und Versäumnisse durch das Management eine Umsetzung der Forschungsergebnisse in Markterfolge. In marktstrategischer Hinsicht verliess sich die Uhrenindustrie zu lange auf ihre wohlbewährten hochwertigen Produkte und ihre traditionelle Modellpolitik. Sie nutzte den Wandel der Produktionstechnik von mechanischen zu elektronischen Systemen und den Wandel der Konsumenteneinstellungen gegenüber der Uhr als einem Gut mit Modecharakter lange nicht.

Die Krise in der Uhrenindustrie während der 1970er und 1980er Jahre hat eine starke Strukturbereinigung zur Folge gehabt. Viele kreative Unternehmungen der schweizerischen Uhrenindustrie sind aber gestärkt daraus hervorgegangen. So hat z.B. die **Swatch Group AG** 1983 mit der Lancierung der Swatch-Uhr einen grossen Erfolg verzeichnen können; mit der Betonung des modischen Charakters der Uhr und ihrem farbig-trendigen Design hat sich die Swatch-Uhr weltweit zu einem bekannten Markenartikel entwickelt. Die einschneidende Restrukturierung der Uhrenindustrie und die Entscheidung für das Projekt Swatch kam allerdings nur auf massivsten Druck des Markts und der Geldgeber zustande (vgl. Abbildung 117 auf S. 414).

Die Schweizer Uhrenindustrie produziert pro Jahr rund 30 Mio. Uhren, was weniger als 5% der weltweiten Jahresproduktion von knapp 1 Mrd. Uhren entspricht. Wertmässig betrachtet ist die Schweiz jedoch absolute Marktführerin, denn rund 80% der schweizerischen Uhrenproduktion entfallen auf die Marktsegmente mit mittleren und hohen Preisen. Von den Uhren mit einem Endverkaufspreis ab 9000 Fr. stammen 95% aus der Schweiz, im mittleren Preissegment zwischen 1000 Fr. und 9000 Fr. sind es 80%. Die Gewinnmarge beträgt gemäss einer Studie der Privatbank Pictet&Cie. rund 50% des Endverkaufspreises, die anderen 50% decken die Produktions- und Marketingkosten. Von der Marge gehen rund zwei Drittel an den Hersteller und ein Drittel an die Zwischenhändler und Endverkäufer. Im Rahmen des Konzentrationsprozesses in der Uhrenindu-

Die Uhrenindustrie am Beispiel der Swatch Group AG	Abbildung 117

Die Swatch Group AG geht in ihren Ursprüngen auf die in der zweiten Hälfte des 19. Jahrhunderts gegründeten **"Fabriques d'Ebauches"** in Grenchen zurück (ebauches = Rohwerke). 1927 war die Ebauches SA ein Holding-Verbund der wichtigsten Rohwerkfabriken der Schweiz und mutierte 1931 mit Unterstützung des Bundesrats zur "Allgemeine Schweizer Uhrenindustrie AG" (Asuag). Ein Jahr davor entstand aus den beiden Unternehmungen Omega und Tissot der **SSIH-Konzern**. Nach dem Zweiten Weltkrieg wurden die interventionistischen Bestandteile der Asuag sukzessive beseitigt, der Konzern blieb jedoch erhalten, woraus 1983 durch eine Fusion mit der SSIH der **SMH-Konzern** entstand. Der mittlerweilen in Swatch Group AG umbenannte SMH-Konzern mit Sitz in Biel ist heute der weltweit grösste Hersteller und Vertreiber von Uhren.

Zur Swatch Group AG gehört ebenfalls der Uhren- und Uhrwerke-Produzent **ETA SA Manufacture Horlogère Suisse** (ETA) in Grenchen. ETA stellt einerseits seit 1983 die Billiguhr Swatch her, von denen in den ersten zehn Jahren mehr als 100 Mio. Stück die Produktionsstrasse verlassen haben. Durch dieses grosse Produktionsvolumen liessen sich durch Ausnützen von Skalenerträgen erstmals integrierte Schaltungen, Quarzresonatoren und Batterien kostengünstig herstellen. Andererseits produziert ETA ebenfalls in Einzelteile zerlegte und fertig montierte Rohwerke. Mit einer Jahresproduktion von über 120 Mio. Uhrwerken stellt sie für fast 80% aller mechanischen Uhren mit dem Siegel "swiss made" die Rohwerke her. Von den global rund 20'000 Mitarbeitern der Swatch Group AG arbeiten 8000 bei ETA. Der Jahresumsatz belief sich 2004 auf etwas mehr als 4 Mrd. Fr. Dabei entfielen 3 Mrd. Fr. auf den Umsatz mit Fertiguhren und je 500 Mio. Fr. auf die Uhrenproduktion und die Elektroniksysteme.

strie wird zusehends **vertikal integriert**, d.h. der Vertrieb und der Verkauf werden durch den Hersteller im Detailhandel selbst vorgenommen; so hat z.B. die Swatch Group AG für die eigenen Marken Omega und Breguet eigene Verkaufspunkte und für die Swatch eigene Swatch-Shops errichtet. In der gesamten Uhrenindustrie ist die Produktion in den 1990er Jahren im Durchschnitt jährlich um 7,5% gestiegen. Die Anzahl der Erwerbstätigen stagniert seit Mitte der 1980er Jahre bei etwas mehr als 30'000 Personen. Die Branche zeichnet sich – zusammen mit der mikrotechnischen Industrie – durch eine räumliche Konzentration der Betriebe auf den Jurabogen aus. Die Anzahl Betriebe in dieser Branche beträgt knapp 600, wobei drei Viertel weniger als 50 Angestellte beschäftigen.

b) Die chemisch-pharmazeutische Industrie

Mit einem Anteil am BIP von rund 5% liegt die chemisch-pharmazeutische Industrie deutlich über dem Anteil der gleichen Branche in anderen hochindustrialisierten Ländern. In den 1990er Jahren erreichte sie die höchste Wachstumsrate aller Branchen und war damit wesentlich stärker als die gleiche Branche in konkurrierenden Ländern. Neben den "Business Services" war die chemisch-pharmazeutische Industrie der stärkste Wachstumsmotor in den letzten 15 Jahren. Dabei schuf sie Arbeitsplätze und steigerte die Produktivität deutlich stärker als die Gesamtwirtschaft der Schweiz, auch wenn das Produktivitätsniveau im internationalen Vergleich mässig ist. Dies erlaubte, ihren Beschäftigten hohe Löhne zu zahlen. Der Forschungsaufwand pro Produkt ist sehr gross und geht in die Grössenordnung von 800 Mio. Fr. über zehn Jahre. Dies verlangt einerseits eine Mindest-Unternehmungsgrösse, um die Risiken zu tragen, aber auch andererseits Märkte und Absatzvolumen, um diese Mittel amortisieren zu können. Der Erfolg zeigte sich im raschen Exportwachstum mit einer Verdreifachung in den 1990er Jahren. Das Zentrum der chemisch-pharmazeutischen Industrie ist der **Grossraum Basel**, doch andere holen auf, wie **Espace Mitteland**, **Bassin Lémanique** oder **Zürich**. Die schweizerische Pharma-Unternehmung Novartis zählt weltweit ebenfalls zu den führenden Unternehmungen auf pharmazeutischen und therapeutischen Märkten (vgl. Abbildung 118 auf S. 416).

Die weltweite Pharmaindustrie ist seit Beginn der 1990er Jahre durch einen starken **Konzentrationsprozess** geprägt, der sich durch zahlreiche Fusionen und Akquisitionen bemerkbar macht. So hat sich in der Periode 1988–2004 der Weltmarktanteil der zehn grössten Pharma-Unternehmungen von 25% auf 50% erhöht; die beiden grössten Konzerne – GlaxoSmithKline und Pfizer – verfügten 2004 zusammen über rund 17%; auf dem fünften Platz rangierte Novartis mit einem Weltmarktanteil von knapp 5%. Aus volkswirtschaftlicher Perspektive besteht somit eine **Tendenz zur Marktmacht** – der weltweite Pharmamarkt zeichnet sich in zunehmendem Masse durch **oligopolistische Züge** aus. Diese Konzentration kann jedoch einer einzelnen Unternehmung durchaus Vorteile bringen, indem sich Synergien nutzen und relative Kosten senken lassen. Dies ist insbesondere aufgrund des anhaltenden und zunehmenden Preisdrucks von Relevanz, der v.a von billigeren **pharmazeutischen Nachahmerprodukten** (sog. **Generika**) ausgeht. Denn eine ganze Reihe von umsatzstarken Produkten, die in den 1990er Jahren am Markt eingeführt worden sind, werden in nächster Zeit ihren **Patentschutz** verlieren und in der Folge durch billigere Imitate ersetzt werden können. Der wachsende Kostendruck im Gesundheitswesen sowie der politische Druck von Ländern in ärmeren Regionen der Welt werden dafür sorgen, dass Kunden von dieser Substitutionsmöglichkeit auch regen Gebrauch machen werden. Das Geschäft mit Generika ist zukunftsträchtig – es werden jährliche Wachstumsraten um die 10% erwartet. Novartis hat deshalb neben seinem angestammten Geschäft mit Forschung und Patentschutz das gesamte Generika-Geschäft des Konzerns – im Rahmen einer eigenständigen Unternehmungsdivision – gebündelt und unter der Marke Sandoz neu lanciert. Um trotz wachsender Konkurrenz am Nachahmer-Markt Weltmarktleader zu werden, hat Novartis 2005 den deutschen Generika-Hersteller Hexal und die US-Unterneh-

Die Pharmaindustrie am Beispiel Novartis	Abbildung 118

Novartis ist 1996 aus der damals weltweit grössten Fusion zwischen den beiden Konzernen **Ciba-Geigy** und **Sandoz** entstanden und gliederte sich 2005 in **drei Divisionen**: **Pharmaceuticals** (u.a Herz-Kreislauf und Stoffwechsel, Onkologie und Hämatologie, Atmung und Dermatologie sowie Augenheilmittel), **Consumer Health** (u.a. Selbstmedikation, CIBA Vision, Animal Health und Medical Nutrition) sowie **Sandoz** (verschreibungspflichtige Generika). Rund zwei Drittel des gesamten Nettoumsatzes in der Höhe von 32,2 Mrd. US-Dollar (2005) werden durch die Division Pharmaceuticals erzielt. Nach Regionen betrachtet werden 40% des gesamten Nettoumsatzes in Nordamerika, 7% in Kanada und Lateinamerika, 34% in Europa und 19% in Asien, Australien und Afrika erwirtschaftet; die Internationalisierung der Basler Pharmaindustrie am Beispiel der Novartis hat damit die Form einer eigentlichen **"Nordatlantisierung"** angenommen, denn sowohl Umsatz als auch Investitionen waren in den 1970er Jahren weit breiter verteilt, als sie es heute sind. Vollzog sich seit den 1950er Jahren in der Produktion noch eine geographisch ungleiche Expansion und Dezentralisierung mit dem Ziel, die Märkte möglichst stark zu durchdringen, so zeigt sich seit den 1990er Jahren eine massive **Re-Konzentration** und **Zentralisierung** der Kräfte. Diese Zentralisation lässt sich in der kapitalintensiven chemischen Produktion noch stärker beobachten als in der eher personalintensiven Pharmaindustrie. Novartis beschäftigte 2005 weltweit rund 89'000 Mitarbeiter, davon 11'145 in der Schweiz. Gemessen an der Börsenkapitalisierung war Novartis Ende 2005 mit 161 Mrd. Fr. die grösste Schweizer Unternehmung.

Die Reorganisation der Wertschöpfungsketten in der Pharmaindustrie seit Mitte der 1990er Jahre ist mitunter auf die vermehrte Nutzung der **Biotechnologie** und **Molekularbiologie** zurückzuführen; damit hat sich Novartis von einer einst chemischen und pharmazeutischen Unternehmung zu einem **reinen Pharmakonzern** gewandelt. Die **chemische Produktion** der beiden ursprünglichen Unternehmungen Ciba-Geigy und Sandoz wurde Ende der 1990er Jahre in separate eigenständige Unternehmungen ausgegliedert. So stellen sowohl **Clariant** (ehemals Teil der Sandoz) als auch die **Ciba Spezialitätenchemie** (ehemals Teil der Ciba-Geigy) Produkte im Bereich der Farbstoff- und Spezialitätenchemie her. Ebenso erfolgte 2000 die Ausgliederung von Produkten für die Agrarwirtschaft aus dem Konzern Novartis, indem der britisch-schweizerische Agrobusiness-Konzern **Syngenta** gegründet wurde; dieser konzentriert sich auf die Herstellung von Produkten im Bereich Pflanzenschutz und Saatgut. Mit der Konzentration auf pharmazeutische Erzeugnisse hat sich für Novartis auch eine Restrukturierung der Produktion ergeben, denn die Komplexität des Produktsortiments hat sich reduziert.

Forschung und Entwicklung (F&E) spielen in der Pharmaindustrie eine wichtige Rolle, da F&E Ausgangspunkt neuer Produkte sind. Die Markteinführung eines neuen Wirkstoffs oder Arzneimittels kann die zukünftige Ertrags- und Umsatzentwicklung einer Unternehmung stark beeinflussen, wobei jedoch erst die kommerzielle Nutzung des Produktes die effektive Wirkung auf Ertrag und Umsatz zeigt. Aufgrund der Komplexität des F&E-Prozesses lassen sich Innovationen nur bedingt strategisch planen; entsprechend liegt das Ziel der Forschungsstrategie von Novartis vorerst in einem besseren Verständnis der Ursachen bestimmter Krankheiten und derer molekularer Grundlagen, um dann gezielt Medikamente gegen diese Krankheiten herzustellen. F&E wird bei Novartis räumlich äusserst selektiv über die Triade Europa, USA und Japan wahrgenommen – ein neuer Forschungsstandort in China ist gegenwärtig (2005) im Aufbau.

mung Eon Labs für total 10 Mrd. Fr. gekauft. Über die damit zu erzielenden Skalenerträge verspricht sich Novartis Kostenvorteile in der Entwicklung, der Produktion sowie im Marketing. Trotz Grösse und angestrebter Marktdominanz muss allerdings auch ein Generika-Hersteller in der Lage sein, auf sich rasch ändernde Marktbedingungen zu reagieren.

2004 lagen erstmals separate Branchenzahlen zur Pharmaindustrie vor (Studie der BAK Basel Economics und Plaut Economics). Danach hat sich die Produktivität pro Erwerbstätigem zwischen 1990 und 2004 gemessen als Jahreswert von 220'000 Fr. auf 315'000 Fr. gesteigert und war damit am Ende der Periode dreimal so hoch wie der gesamtwirtschaftliche Durchschnitt. Die Stundenproduktivität lag 2004 mit 178 Fr. deutlich über dem gesamtwirtschaftlichen Niveau von 66 Fr. (als Vergleich: diejenige im Bankenwesen belief sich auf 171 Fr., diejenige in der privaten Versicherungsbranche auf 204 Fr.). Dementsprechend lag auch der im Pharma-Sektor erzielte Durchschnitts-Bruttolohn mit 7730 Fr. pro Monat rund einen Viertel über dem gesamtwirtschaftlichen Niveau von 6180 Fr.

Innerhalb der chemisch-pharmazeutischen Industrie gilt die **Biotechnologie** (**BioTech**) als einer der Bereiche mit dem grössten Zukunftspotenzial. Als Basistechnologie kann sie in verschiedenen Gebieten zur Anwendung kommen. Die Wertschöpfung dieses jungen Zweigs betrug 2001 erst 1,7 Mrd. Fr. Gleichzeitig betrug der F&E-Aufwand 1,5 Mrd. Fr., was über 10% aller F&E-Ausgaben der Schweizer Volkswirtschaft ausmachte. Es geht also zentral um das Generieren von neuem Wissen. Wichtig für den Erfolg sind dabei die Nähe zu Hochschulen, der Patentschutz, die Qualität und Voraussehbarkeit des rechtlich-politischen Umfeldes (vgl. z.B. die grosse Bedeutung der Ablehnung der Gen-Schutz-Initiative) sowie die Nähe zu Vorleistern und zu anspruchsvollen Kunden. Die Entwicklung von BioTech-Unternehmungen erfolgt nach dem Muster von **Clustern**. Bestehende Unternehmungen der Branche ziehen weitere neue an, u.a. Dienste wie Rechtsberatung, Informatik, Marketing, Public Relations, Analysten. Über vielfältige Interaktionen zwischen den Unternehmungen, den Hochschulen und der öffentlichen Hand baut sich die Branche auf. Konkrete Schätzungen liegen dazu für die Pharmaindustrie vor: Nach dem von BAK Basel Economics und Plaut Economics geschätzten Multiplikator dürfte eine in der Pharma-Industrie zusätzlich generierte Wertschöpfung von 1000 Fr. eine zusätzliche Wertschöpfung in der restlichen Volkswirtschaft von 1100 Fr. auslösen. Auf die Beschäftigung umgemünzt ergibt dieses Modell, dass die Pharma-Industrie nicht nur 31'000 Beschäftigte hat, sondern – alle vor- und nachgelagerten Betriebe eingeschlossen – 101'000 Arbeitsplätze generiert.

4.3.2 Strukturell gefährdeter Bereich

Der strukturell gefährdete Bereich der Industrie am Standort Schweiz umfasst Unternehmungen, deren Faktoreinsatz in der Regel nicht der typisch schweizerischen Faktorausstattung entspricht. Sie erzielen nur eine geringe Wertschöpfung. Die Herstellung ihrer stark standardisierten resp. leicht standardisierbaren Produkte verlangt **geringere Qualifikationen der Belegschaften**. Länder mit einem tiefen Lohnniveau weisen für solche Aktivitäten einen substanziellen Standortvorteil auf. Sie sind in der Lage, durch Kostenkonkurrenz das Preisniveau auf dem Weltmarkt massiv unter Druck zu setzen (z.B. Textilien aus China). Das hohe Lohnniveau in der schweizerischen Volkswirtschaft kann in diesen Bereichen nur in beschränktem Umfange durch Rationalisierungen und Automation kompensiert werden. Deshalb sind diese Bereiche am Standort Schweiz international weniger konkurrenzfähig, verlieren an Beschäftigten und verschwinden allmählich. Typische Beispiele sind die Redimensionierung der (a) **Textil- und Bekleidungsindustrie**, der (b) **Druckindustrie** sowie der (c) **Maschinenindustrie**, deren Entwicklungen im Folgenden näher ausgeführt werden.

a) Die Textil- und Bekleidungsindustrie

Die Schweizer Textil- und Bekleidungsindustrie erarbeitete vor dem Ersten Weltkrieg fast die Hälfte aller Schweizer Exporte; 2004 waren es noch 2,7%. Während sich die weltweite Produktion textiler Rohstoffe zwischen 1980 und 2003 verdoppelte, schrumpfte sie in der Schweiz massiv. Obwohl sich die Belegschaft in den letzten zehn Jahren auf 17'400 (2004) halbierte, stieg der Umsatz der Branche leicht, womit eine deutliche Steigerung der Arbeitsproduktivität vorliegt. Ausländische Billigkonkurrenten entzogen der Schweizer Textilbranche den Boden; zur Illustration sei auf die Aufteilung der Wertschöpfung am Beispiel eines Basketball-Leibchens der National Basketball Association (NBA) zum Ladenpreis von 65 Fr. hingewiesen: Produktionskosten 8 Fr. (davon Löhne: 0,25 Fr., d.h. 25 Rp. (!)), Transport und Steuern 3 Fr., Markenname 22 Fr. (davon Werbung: 5,60 Fr.) und Detailhandel 33 Fr.

Im Gegensatz zur Europäischen Union (EU) und zu den USA gab es in der Schweiz nie Importquoten, um einheimische Textilbetriebe vor ausländischer Konkurrenz zu schützen. Diese mussten sich deshalb früh von der Massenproduktion verabschieden und als sog. **Textil-Tüftler-Betriebe** mit innovativen und exklusiven Nischen- und Qualitätsprodukten weltweit Erfolge anstreben. Ein Erfolgsbeispiel ist die Zimmerli Textil AG in Aarburg, eine Unternehmung, die Unterwäsche produziert und weltweit vermarktet. Zimmerli produziert Textilien mit erstklassigen Materialien von höchster Qualität im obersten Preissegment,

XI. Produktionssektoren 419

verkauft diese in den exklusivsten Geschäften in wenigen Zentren auf der ganzen Welt und spricht mit einem aufwändigen Marketing ein ausgewähltes Zielpublikum an. Schwieriger haben es indessen jene Textilbetriebe, deren Fokus auf dem Heimmarkt liegt. Dieser wird von der ausländischen Konkurrenz überschwemmt. Ein Grossteil der Kleider sind raschlebige Verbrauchsartikel mit Verfallsdatum geworden. Entscheidend sind Geschwindigkeit und Kostendruck, denn der schnellste Anbieter erzielt die grösste Marge. Deshalb haben Europa-nahe Produktionsstandorte wie Tunesien oder die Türkei trotz nicht zu unterbietenden Löhnen in Asien noch eine Überlebenschance.

b) Die Druckindustrie

Die Druckindustrie in der Schweiz beschäftigt rund 26'000 Personen. Die Anzahl **Mitarbeiter** war Anfang der 1990er Jahre deutlich und für die zweite Hälfte der 1990er Jahre leicht rückläufig. Die Anzahl **Betriebe** in der Druckbranche beträgt rund 1700, wovon drei Viertel weniger als 10 Mitarbeiter beschäftigen; die Branche wird somit von kleinen und mittleren Unternehmungen (KMU) geprägt, die fast alle in Familienbesitz sind. Zu Beginn der 1990er Jahre war die Ertragslage der Branche relativ schlecht. Die damit einhergehende **Strukturbereinigung** hat die Branche wieder rentabler werden lassen; auch ist die **Kapazitätsauslastung** seit Mitte der 1990er Jahre wieder etwas höher als zuvor. Diese ist generell stark abhängig von der konjunkturellen Lage, da z.B. eine anziehende Konjunktur den Werbe- und Anzeigeteil in Zeitungen umfangreicher werden lässt.

Obwohl die Druckindustrie am Standort Schweiz in den letzten Jahren ihren Umsatz kaum steigern konnte, hat sie einen starken Wandel durchlaufen. Gründe liegen insbesondere in der Entwicklung digitaler Druckmaschinen und damit der Ablösung des analogen Bild- und Datenmaterials, wie es im konventionellen Offsetdruck verwendet wird. Der tonerbasierte **Digitaldruck** unterscheidet sich vom herkömmlichen **Offsetdruck** grundsätzlich dadurch, dass die Drucktrommel für jede Druckseite von neuem direkt digital bebildert wird. Diese direkte Einzelbebilderung birgt einerseits den Vorteil, dass die im Offsetdruck nötigen Einricht- resp. Rüstzeiten der Maschinen wegfallen. Andererseits erreichen digitale Systeme nicht die im Offsetverfahren möglichen hohen Druckgeschwindigkeiten; zudem ist der heute verwendete Toner im Digitaldruck markant teurer als die Offsetfarben. Entsprechend sind die beiden Druckverfahren für **unterschiedliche Bedürfnisse** seitens der Kunden attraktiv: Um die hohen Rüstzeiten zu amortisieren, eignet sich das Offsetverfahren v.a. für Druckaufträge mit hohen Auflagen (ab ca. 3000 Exemplaren). Der Digitaldruck hingegen eignet sich für kleinere Auflagen, insbesondere für Drucksachen, die nicht mehr wie im Offsetverfahren auf Lager, sondern kontinuierlich nach Bedarf produziert werden (sog.

Print-on-Demand). Ein typisches Beispiel für das Prinzip des Print-on-Demand ist die Produktion von Gebrauchsanleitungen oder Testauflagen für Prospekte. So führt z.b. die Basler Digitaldruckerei Buysite AG mit ihrem Nexpress-Digitalsystem solche Aufträge für die Basler Pharmaindustrie aus. Das Konzept des Print-on-Demand lässt sich weiter verfeinern, indem die gewünschte Anzahl gleich am richtigen Ort gedruckt wird (sog. **verteiltes Drucken**); damit werden nicht nur Lager-, sondern zusätzlich auch noch Transportkosten und -zeiten eingespart. Dies wird bereits beim Druck von internationalen Ausgaben von Tageszeitungen praktiziert. Da beim Digitaldruck das Druckbild für jede Seite neu aufgebaut werden muss, kann es auch von Seite zu Seite variieren. Damit wird das **variable Drucken** für den Digitaldruck sehr attraktiv und kommt den Bedürfnissen des 1:1-Marketings entgegen, indem Drucksachen wie Direct-Mailings je Empfänger individuell gestaltet werden können.

Der **Digitaldruck** stellt in der Schweiz immer noch eine Ausnahme dar, entfallen doch **wertmässig vom Umsatz der Druckbranche lediglich 3%** auf ihn, während der Offsetdruck auf Bogen und Rollen 85% des Umsatzes generiert. Der Anteil des Digitaldrucks am gesamten Druckumsatz soll sich jedoch bis 2007 auf rund 11% erhöhen. Damit ergeben sich einerseits neue Herausforderungen für die Druckindustrie selbst: So gilt es erstens eine gezielte **Konzentration** auf lukrative Segmente in der Wertschöpfungskette vorzunehmen und Arbeitskräfte zu rekrutieren, die über ausreichende Kenntnisse in Informatik, Datenhandling und Design verfügen. Zweitens dürfte die **Dynamik der Aussenhandelsverflechtung** der Druckbranche mit der Digitalisierung zunehmen, da die Standortfrage bei der Auftragsvergabe an eine Druckunternehmung an Relevanz verlieren wird. Andererseits werden sich auch Unternehmungen vor- und nachgelagerter Industrien den Herausforderungen der Digitalisierung zu stellen haben. Dies gilt z.B. für die Hersteller von Papier, da der Digitaldruck massgeschneiderte Formate ermöglicht. Zudem dürfte die Digitalisierung eine weitere starke Strukturbereinigung in der kapitalintensiven graphischen Industrie zur Folge haben.

c) Die Maschinen-, Elektro- und Metallindustrie

Die schweizerische Maschinen-, Elektro- und Metallindustrie (MEM-Industrie) beschäftigte 2003 rund 300'000 Personen. Dabei ist der Maschinen- und Fahrzeugbau mit über 100'000 Personen der grösste Teilbereich. Die MEM-Industrie realisierte 48% der gesamten industriellen Wertschöpfung in der Schweiz, was einem Anteil von 8,6% am gesamtschweizerischen BIP entspricht. Sie hat dabei Mittel für F&E von total 6,2 Mrd. Fr. (2000) aufgewendet (3,5 Mrd. Fr. in der Schweiz, 3 Mrd. Fr. im Ausland). Knapp 60 Mrd. Fr. (2004) wurden im Exportgeschäft erwirtschaftet, 53% davon in Europa. Mit 78% ihres totalen Absatzes im Ausland ist die MEM-Industrie stark von der weltwirtschaftlichen Entwicklung, insbesondere von der Wechselkursentwicklung, abhängig. Sie hat denn auch unter den weltweiten Rezessionen 1974/1975 und insbesondere Anfang der 1990er Jahre erheblich gelitten. Die verschiedenen Aufwertungen des Schweizer Frankens brachten Anfang der 1970er Jahre die Einführung der Absicherung des Währungsrisikos durch die schweizerische Exportrisikogarantie (ERG); die Versicherung des Währungsrisikos wurde jedoch 1985 wieder abgeschafft.

Im Maschinenbau finden sich unterschiedlichste Marktausrichtungen der involvierten Unternehmungen: Im Bereich der **Textilmaschinen** zählt Rieter zu den weltweit tätigen Industriekonzernen (vgl Abbildung 119).

Rieter ist insofern eine Ausnahme in der Maschinenindustrie, als dass diese Unternehmung nicht der typischen Grösse entspricht: 97% der Unternehmungen in der Maschinen-, Elektro- und Metallindustrie sind kleinere und mittlere Unternehmungen (KMU). So beschäftigt z.B. die seit 1919 im Bereich der **Werkzeugmaschinen** tätige Affolter Technologies SA in Malleray 100 Mitarbeiter. Dabei entwickelt, konstruiert und fabriziert sie elektronische und mechanische Komponenten für **Präzisionsmaschinen** und **Spezialmaschinen für die Mikrotechnik und die Uhrenindustrie**. Die Hauptprodukte sind dabei CNC-Steuerungen (Computer Numerical Control) und Motorspindeln. Die Gietz & Co. AG wiederum entwickelt, produziert und vertreibt weltweit **Prägefolien-Druckmaschinen und Maschinen für die Packmittel-Industrie.** Ebenso handelt sie als Exklusivvertreter in der Schweiz mit grafischen Maschinen von führenden Druck- und Weiterverarbeitungsherstellern; diese Unternehmung wurde 1892 als Servicewerkstätte für einen deutschen Druckmaschinenhersteller gegründet, ist in Dietlikon angesiedelt und beschäftigt rund 80 Mitarbeiter in der Schweiz.

Abschliessend werden zwei Beispiele von Aktivitäten in der Maschinenindustrie geschildert, die aus strukturellen Gründen am Standort Schweiz (nahezu) verschwunden sind:

Die **Adolph Saurer AG** in Arbon am Bodensee war in der ersten Hälfte des 19. Jahrhunderts weltweit ein Pionier im Lastwagenbau. Besonders erfolgreich waren ihre technologischen Eigenentwicklungen, z.B. im Motorenbau, aber auch das Marketing mit Verkäufen nach Osteuropa, Brasilien oder in die USA. Im Höhepunkt waren bis 8000 Arbeitskräfte in Arbon beschäftigt; die Wartezeit für einen Saurer-Lastwagen betrug bis zu drei Jahren. 1982 wird Saurer mit FBW zur Nutzfahrzeuggesellschaft Arbon Wetzikon (NAW) zusammengeschlossen, Daimler-Benz ist mit 40% beteiligt. 1983 wird der letzte zivile Saurer ausgeliefert, 1987 erhält die Schweizer Armee den letzten "10 DM". Die Motoren-Forschungsabteilung übernahm um 1990 der italienische LKW-Hersteller IVECO. Versuche einer Neu-Ausrichtung der Unternehmung führten zu Fehlschlägen im Geschäft mit Spinnereimaschinen und damit verbundenen Akquisitionen. Heute ist Saurer einer der grössten Textilmaschinenhersteller der Welt. Die Fabrikation

| Die Maschinenindustrie am Beispiel Rieter | Abbildung 119 |

Rieter wurde 1795 in Winterthur gegründet und ist heute ein weltweit agierender Industriekonzern. Als führender Produzent bietet er Systemlösungen und Dienstleistungen für die **Textil-, Automobil- und Kunststoffindustrie** an. Rieter zählt rund 13'500 Mitarbeiter, davon 13% in der Schweiz, und generiert einen Umsatz von rund 3 Mrd. Fr. Der Konzern gliedert sich in zwei Divisionen:

- **Rieter Textile Systems** ist der weltweit einzige Hersteller eines vollständigen Produktprogramms für **Spinnereien**, die aus Baumwolle, Chemiefasern oder Fasermischungen Garne für die Weiterverarbeitung produzieren. Zudem gehört Rieter Textile Systems zu den weltweit führenden Anbietern von Maschinen und Systemen für die **Herstellung und Veredelung von synthetischen Garnen** und für die **Verarbeitung von Kunststoffen zu Granulaten**. Eine Innovation der Division Rieter Textile Systems ist z.B. das **Spinnverfahren ComforSpin**, das der ganzen Wertschöpfungskette vom Spinnen bis zum Modedesign kreative Impulse gibt. Rieter Textile Systems ist mit Produktionsstätten in Westeuropa, in Tschechien, Indien, Taiwan und Hongkong vertreten. Über **Verkaufs- und Servicezentren** wird zudem die weltweite Kundschaft unterstützt. 70% des Umsatzes von rund 1 Mrd. Fr der Division Rieter Textile Systems wird in Asien erzeugt, wobei 30% des in Asien generierten Umsatzes auf China entfällt.
- **Rieter Automotive Systems** ist führender Lieferant für akustischen Komfort und Hitzeschutz für die weltweite Automobilindustrie. Dabei funktioniert diese unternehmerische Division als **Systemzulieferer**, indem akustische Produkte und jene für den Hitzeschutz mit anderen Komponenten zu einfach installierbaren Modulen integriert werden. So verbessern z.B. die Unterboden-Module die **Aerodynamik** vieler Fahrzeuge im Strassenverkehr, vermindern den **Kraftstoffverbrauch** und reduzieren mit Hilfe von **Schalldämmung** und absorbierenden Materialien das Geräuschaufkommen im Innenraum. Dabei spielt auch der Einsatz von wiederverwerteten Materialien zum Schutz der Umwelt eine immer wichtigere Rolle in den Produktionsprozessen. Die Division Rieter Automotive Systems beschäftigt rund 9000 Mitarbeiter und somit zwei Drittel der Konzernangestellten. Aufgrund der Zulieferertätigkeit für die weltweite Automobilindustrie sind die Mitarbeiter stark in Nordamerika, aber auch in Westeuropa – insbesondere in Frankreich und Italien – angesiedelt; der stärkste Personalzuwachs im Jahr 2004 konnte jedoch in China verzeichnet werden, wo die Mitarbeiter von 12 auf 111 zunahmen.

Ende 2005 hat der Rieter-Konzern rückwirkend auf Anfang Juli 2005 die Graf-Gruppe gekauft. Die Graf-Gruppe erzielte 2004 mit knapp 600 Mitarbeitern einen Umsatz von rund 90 Mio. Fr., wovon rund 7 Mio. Fr. aus Lieferungen an Rieter stammten. Letztere umfassen Komponenten einerseits für Spinnerei-Anlagen und andererseits für Vliesstoff-Anlagen (Nonwoven), die v.a. im Zusammenhang mit synthetischen Verfahren als Wachstumsgebiet gelten. Dieser Zukauf kann als Beispiel einer **vertikalen Integration** in der Textilbranche angesehen werden.

wurde jedoch aus der Schweiz ausgelagert; in Arbon sind gegenwärtig noch 240 Personen beschäftigt, während es weltweit 10'000 sind. 70% des Umsatzes werden in Asien erarbeitet, davon 40% in China.

Eine ähnliche Entwicklung war im traditionellen und lange sehr starken und stolzen Schweizer **Lokomotivenbau** zu beobachten: Noch 1996 feierte Sulzer seine "Schweizerische Lokomotiven- und Maschinenfabrik". Kurz darauf wurden verschiedene funktionale Teile dieses Geschäftes einzeln verkauft. Der Getriebebau wurde von Stadler in Bussnang erfolgreich aufgenommen. Das Engineering ging an Adtranz. Diese wiederum verkauften es wenig später an den kanadischen Bahntechnikhersteller Bombardier, der diesen Bereich 2004 in der Schweiz einstellte. Gründe für den Niedergang waren eine schrumpfende Wertschöpfung, eine unterkritische Grösse, ein stark fluktuierender Geschäftsgang sowie weiter massive Produktivitätssteigerungen in den 1990er Jahren (Zeitbedarf für die Montage einer Lok 1992: 1900h; 1995: 700h) mit dem Resultat von Überkapazitäten bei gleichzeitigem Nachfragerückgang. Die Folge war ein Preiseinbruch zwischen 30% und 50%. Heute gibt es in der Schweiz keinen Lokomotivenbau mehr (vgl. Abbildung 120).

Auf- und Abbau im Industriesektor	Abbildung 120

Der Industrie-Historiker Hans-Peter Bärtschi (*1950) kommt nach zahlreichen Fallstudien über Auf- und Abbau von Industriezweigen und industriellen Unternehmungen in der Schweiz zu folgendem Fazit:

"Die Schweiz verlor ihre Grossindustrie fast still und klammheimlich. Ebenso wie der Aufbau der industriellen Schweiz war auch ihr Abbau menschengemacht. Ansätze und Erklärungen führen, nach Unternehmen und Branchen variierend, zu höchst unterschiedlichen Kombinationen von teils widersprüchlichen Ursachen. Im Vordergrund stehen überstürzte Produktentwicklungen mit entsprechenden Fehlinvestitionen, Fehlbeurteilungen von Märkten, falsche Antizipation künftiger Entwicklungen, missglücktes Outsourcing, unüberlegtes Verscherbeln von Kompetenzzentren des Wissens und Könnens, Führungswechsel in oft beängstigender Kadenz, ratlose Umstrukturierungen ohne Ende, ‚Konzentration' bis zur Selbstauflösung, Demontage von Grossbetrieben, um mit Teilverkäufen (häufig das ‚Familiensilber') die Erfolgsrechnung wieder ins Lot zu bringen, Fusionen ins Abseits und Übernahmen wie im Monopoly-Spiel bis zum grössenwahnsinnigen Realitätsverlust von Managern, deren hohle Phrasen Journalisten wie Aktionäre kritiklos schluckten; aber auch masslose Löhne und Boni auf den Führungsetagen und – last but not least – Spekulationen von gerissenen Asset-Strippern, die mit dem Applaus der Medien zu eigentlichen Totengräbern der Industrie wurden (was man im Rausch der Wohlstandsverwahrlosung allerdings erst im Nachhinein realisierte)."[1]

[1] Quelle: Bärtschi, H.-P. (2004). Kilometer Null – vom Auf- und Abbau der industriellen Schweiz. S. 110.

4.3.3 Mögliche industriepolitische Massnahmen

Die Des-Industrialisierung führt bei den betroffenen Unternehmungen und Branchen oft auch zum Ruf nach **industriepolitischen Massnahmen** und staatlichem Schutz. Ein anschauliches Beispiel liefert hier die 1934 gegründete **schweizerische Exportrisikogarantie (ERG),** die gegenwärtig – auch auf Begehren der stark exportorientierten Maschinenindustrie – auf politischer Ebene zur schweizerischen Exportrisikoversicherung (SERV) ausgebaut wird. Die Ausfuhr von Gütern in bestimmte Länder ist für den Exporteur oft mit erhöhten politischen oder wirtschaftlichen Unsicherheiten verbunden. Mit dem staatlichen Instrument der ERG können sich schweizerische Exporteure gegen das Risiko der **Zahlungsunfähigkeit von Staaten** absichern, d.h. es lassen sich Aufträge versichern, die von einer (ausländischen) öffentlichrechtlichen Körperschaft getätigt werden. Die Revision der ERG beabsichtigt – vor dem Hintergrund einer zunehmenden Privatisierung in Entwicklungs- und Schwellenländern – eine Ausdehnung des versicherbaren Bereichs auf Bestellungen **privater Käufer.** Industriebereiche, die überwiegend private resp. privatisierte Käufer beliefern, sind v.a. in der Maschinenindustrie zu finden, wie z.B. Hersteller von Verpackungs-, Werkzeug- oder Textilmaschinen. Die grösste Nachfrage nach Dienstleistungen der ERG bestand für Ausfuhren nach der Türkei, wogegen auch Exporte nach China, Iran und Mexiko von besonderem Gewicht waren. Die Leistungen der ERG, die pro Jahr Garantien in der Höhe von rund 2 Mrd. Fr. übernimmt, sind einerseits aus **ordnungspolitischer Sicht** kritisch zu beurteilen, handelt es sich letztlich um eine indirekte Subventionierung der Exportwirtschaft. Andererseits liegt eine klassische Situation des **Gefangenen-Dilemmas** vor (vgl. Abbildung 18 auf S. 51): Da zahlreiche Industrieländer ihren ausfuhrorientierten Industriezweigen eine Exportrisikogarantie für staatliche und private Abnehmer gewähren, muss eine solche auch für die schweizerische Exportwirtschaft gelten, damit die Produzenten resp. Lieferanten mit gleichen Mitteln kämpfen. Die gesamtwirtschaftlich bessere Lösung wäre jedoch ein Verzicht auf diesen staatlichen Eingriff in die Privatwirtschaft in allen Ländern.

4.4 Optionen der Industrie am Standort Schweiz

4.4.1 Alternative Entwicklungswege von Industrieunternehmungen

In Anbetracht der verschiedenen **Entwicklungswege einer Industrieunternehmung oder eines industriellen Bereiches** stellt sich die Frage, wo im Lebenszyklus der verschiedenen Produkte oder Märkte eine Unternehmung operieren will. Es bietet sich eine Reihe von Alternativen an:

- **Marktführerschaft oder "first (early) to market strategy":** Die Unternehmung will in einem frühen Stadium der Entwicklung der Produkte oder Märkte eintreten. Sie will vor den anderen Konkurrenten am Markt sein oder sogar als Pionier ein neues strategisches Geschäftsfeld aufbauen. Für eine solche Strategie werden Kreativität und Risikobereitschaft, ausreichende Ressourcen, ein starkes Engagement in F&E, ein Know-how-Vorsprung etc. verlangt. Dies setzt die Beherrschung strategischer Technologien, den Einsatz entsprechender Qualifikationen und ein gutes F&E-Management voraus. Nur wenige Industrieunternehmungen am Standort Schweiz können diese Voraussetzungen dauerhaft erfüllen.
- **Kostenführerschaft oder "late to market strategy":** Die Unternehmung will durch gezielte und konsequente Rationalisierungen, z.B. durch Ausnutzung der Erfahrungskurve resp. der Skalenerträge, Geschäftserfolge erzielen. Der Eintritt in den Markt erfolgt erst bei dessen Wachstum oder noch später. Verlangt werden dazu u.a. spezielle Qualitäten im Produkt- und Prozess-Engineering sowie radikales Kostenmanagement. Dazu gehört auch ein rasches und konsequentes Ausnutzen internationaler Standortunterschiede. Forschungs- und Entwicklungsanstrengungen und damit verbundene Risiken sind geringer. Es werden reife Technologien angewendet. Diese Strategie entspricht weitgehend der traditionellen Massenproduktion und ist immer weniger ein valabler Weg im Rahmen einer reifen Volkswirtschaft am Standort Schweiz.
- **Qualitätsführerschaft oder Strategie der Spezialisierung und Fokussierung:** Die Unternehmung verfolgt eine bewusst eng gehaltene Zielsetzung durch Konzentration der Kräfte und Betonung ihrer spezifischen Stärken. Es werden wenige ausgewählte Kundengruppen durch die bessere Erfüllung ihrer Wünsche gezielt angegangen. Die Unternehmungen behaupten sich durch unverwechselbare Produkte mit hohem Kundennutzen für einen abgrenzbaren Markt (sog. Behauptung in einem Marktsegment durch Diffe-

renzierung). Verlangt werden starke Fähigkeiten im angewandten Engineering, rasches Lernen und Umsetzen, eine hohe Flexibilität im Produktionsbereich und u.U. ein weltweites Nischen-Marketing.
- **Rascher Anwender oder "first user":** Der "first user" sucht die rasche Imitation der Pioniere und dringt in neue oder junge Märkte in einer frühen Phase ein, spätestens in der Wachstumsphase des Produktlebenszyklus. Er nimmt entscheidende Produktevariationen vor, veredelt Bestehendes und begründet damit auf dem Markt eine Einzigartigkeit.

Natürlich muss nicht gleichzeitig dieselbe Strategie für alle Produkte einer Unternehmung und/oder von allen Unternehmungen einer Industriebranche verfolgt werden. Verschiedene Wege können zum Geschäftserfolg führen. Möglich, ja sogar zweckmässig ist ein Strategiemix, d.h. eine Kombination verschiedener Produkttypen und Verhaltensweisen. Für jede der vier Strategien lassen sich Erfolgsbeispiele aus der Schweizer Industrie finden. Die Unternehmung muss bei der Strategiewahl den Markt und ihr Produkt, die Branche, die Konkurrenzsituation, die Situation auf den Faktormärkten sowie ihre eigene Grösse berücksichtigen.

4.4.2 Schweizerische Industrieunternehmungen als rasche Anwender mit hoher technologischer Kompetenz

Wohlstand und die weitere Entwicklung am Standort Schweiz hängen ganz wesentlich von denjenigen **Branchen** ab, die sich durch Strukturanpassungen konsequent in die Weltwirtschaft integrieren können. Dazu gehört ihre Fähigkeit, ihre Leistungen auf den Weltmärkten mit Erfolg zu vermarkten. Dies setzt u.a. einen Marktzutritt sowie eine leistungsfähige Vertriebs- und Absatzorganisation voraus.

Die **Internationalisierung** ist für die Schweiz untrennbar und notwendigerweise mit dem **Innovationswettbewerb** verbunden. Mit einer Internationalisierung ohne Innovationen hat die schweizerische Industrie kaum Chancen auf Erfolg, und Innovationen im Bereich der Industrie ohne internationales Verwertungspotenzial bleiben ohne grosse Breiten- und Tiefenwirkungen auf die Wirtschaftsentwicklung. Wird vom internationalen Innovationswettbewerb ausgegangen, so ist realistischerweise einzusehen, dass ein kleines Land wie die Schweiz nur in seltenen Fällen eigenständige technologische Entwicklungsdynamik zu induzieren vermag. Sie kann nicht in strategischen oder Schlüssel-Technologien wie z.B. der Mikroelektronik oder den Informations- und Kommunikationstechnologien (IKT) in F&E führend sein und selber produzieren. In Bezug auf solche Technologiefelder kann die Schweiz höchstens in **Nischen** agieren, d.h. in einigen ausgewählten Spezialgebieten, wo sie auch über eine entsprechende industrielle Verwertungsbasis verfügt. Die für die industriellen Aktivitäten am Standort Schweiz Verantwortlichen haben eine Entscheidung zu treffen, in welchem Marktsegment sie mit an der Spitze dabei sein, wo sie sich primär auf die Anwendung konzentrieren und wo sie nicht mehr präsent sein können und wollen (vgl. Abbildung 121).

Für die Industrie am Standort Schweiz ist die **Fähigkeit, Technik optimal zu nutzen und anzuwenden**, letztlich wichtiger als die Fähigkeit, sie überlegen zu erforschen und zu produzieren. Eine strategische Chance liegt darin, neue Techniken zusammen mit potenziellen Kunden in zahllose massgeschneiderte Lösungen hoher Qualität umzusetzen, wobei dies durchaus in Verbindung mit herkömmlichen und bewährten Lösungen geschehen kann. Ziel sind **Systemlösungen**, die in einem besonderen Masse die **Kombination von perfekt beherrschter traditioneller und von neu entwickelter Hochtechnologie** erfordern.

Die am Standort Schweiz tätigen Industrieunternehmungen sind keine, die nur oder v.a. auf neueste und teuerste Spitzentechnologie setzen, sondern in erster Linie auf ein Combi-Tech, d.h. auf die kreative Kombination von High-, Middle- und Low-Tech, also Technologien verschiedener Entwicklungsstufen und Reifegrade; entsprechende Komponenten werden weltweit beschafft und zusammengebaut. Natürlich verlangt auch dies in einigen ausgewählten Bereichen Spitzenleistungen in der Forschung. Bei der Wahl der Forschungsfelder ist auf die richtige Positionierung und damit auf den jeweiligen Beitrag und die Wirkung dieser F&E-Anstrengungen für das Leistungsangebot zu achten. Dabei ist bewusst an bestehende Stärken anzuknüpfen, ohne allerdings den Sinn und die Risikobereitschaft für Neues ganz aufzugeben.

Chancen der Schweiz liegen in ihrer **handwerklichen Tradition und im Qualitätsstandard ihrer Produktion**. Gearbeitet wird fleissig, sorgfältig und handwerklich tüchtig, wobei die Kreativität und Spontaneität eher im Hintergrund stehen. Die Industrie am Standort Schweiz ist gegenüber Neuerungen zuerst einmal skeptisch. Sie nutzt sie im Vergleich zur internationalen Konkurrenz erst spät und nur zurückhaltend. Eine solche industrielle Strategie berücksichtigt ein markt- und kundengerechtes Angebot, das auf Erfindungen anderer beruht. Diese Strategie entspricht derjenigen des raschen Anwenders. Die dabei nötige Ausrichtung auf die optimale Erfüllung von Kundenbedürfnissen bedeutet für viele eine eigentliche Umkehr von der bisher gewohnten Betrachtungsweise. Oft stand – z.B. in der Maschinenindustrie – am Anfang ein Produkt, das für das beste gehalten wurde, dann wurde dafür eine ausgefeilte Verkaufstechnik entwickelt, und erst am Schluss wurde der Kunde berücksichtigt. In Zukunft wird der gegen-

Potenzial zur Re-Industrialisierung	Abbildung 121

Die Anwendung und Verwertung neuer, anspruchsvoller Technologien kann zur Re-Industrialisierung am Standort Schweiz, zur Stärkung der Wettbewerbsfähigkeit und zum Aufbau neuer Arbeitsplätze führen. Beispiele mit hohem Zukunftspotenzial sind:

- **Mikromechanik und Nanotechnologien:** sind im Frühstadium, dürften aber einen Technologieschub in der Industrie auslösen. Erste bereits entwickelte Anwendungen weisen auf eine hohe Spannweite im industriellen Einsatz hin, seien dies kratzfeste Autolacke, Computerspeicher mit 1000facher Speicherdichte oder kontrollierte Transporte von Medikamenten zu Zielorten im Körper. Diese Breite an Einsatzmöglichkeiten kann als ein erstes Indiz für den Umfang des Technologieschubs gedeutet werden. Die Ursprünge der Nanowissenschaft gehen auf die Erfindung des Rastertunnelmikroskops Anfang der 1980er Jahre im IBM-Forschungslabor in Zürich zurück. Mit Blick auf die umsatzstärksten Exportbranchen der Schweizer Industrie können Nanotechnologien fast überall zur Anwendung gelangen, sei es in der chemisch-pharmazeutischen Industrie, der Maschinen-, Elektro- und Metall-Industrie (MEM-Industrie), der Uhrenindustrie, aber auch in neuen Branchen wie z.B. der Medizinaltechnik und der Life Science.
- **Medizinaltechnik (MedTech):** rund 30'000 Mitarbeiter mit einem Jahresumsatz von 9 Mrd. Fr.; die Schweiz bietet für diesen Bereich beste Bedingungen, v. a. wenn es um die Kombination von Mikroelektronik, Mikromechanik, Kunststofftechnologie und Medizin geht. Hier verfügt sie auf engstem Raum über ein weltweit einzigartiges Know-how; nirgends gibt es eine solche Dichte und Verzahnung von Stärken; z.B. Straumann (Zahnimplantate), Phonak (Hörgeräte), oder Synthes (Instrumente, Implantate, Antriebsmaschinen für operative Knochenbehandlung).
- **Biotechnologie (BioTech):** mit Bereichen wie Gentechnologie bei Pflanzen und damit im Agrarsektor, Anwendungen in industriellen Prozessen, Produktion von Medikamenten, z.B. mit Eiweissen im Gegensatz zu den chemisch-synthetischen Medikamenten der herkömmlichen Pharmaindustrie. Besondere Bedeutung hat der Know-how-Transfer über Partnerschaften. Novartis und Roche investieren in BioTech und haben zahlreiche Abkommen über F&E, Technologien und Produkte; weiter z.B. Serono: biotechnologisch hergestellte Fruchtbarkeitshormone oder Medikament gegen multiple Sklerose.
- **Neue Materialien:** u.a. geht es um Entwicklung und Anwendung von Werkstoffen mit klar definierten neuen Eigenschaften und entsprechenden Verarbeitungsverfahren, die ganz neuartige Produkte ermöglichen, wie z.B. Mikrobauteile aus Keramik, Kunststoffen oder Metallen; elektrisch leitfähige Kunststoffe; Kombination verschiedener Materialien zu ultraleichten Verbundwerkstoffen bis in den Nano-Bereich, wie bei Sulzer Innotec, dem Forschungs- und Entwicklungszentrum von Sulzer.

Gemeinsame Eigenschaften und Anforderungen dieser Chancen für eine Re-Industrialisierung sind: wissenschaftsbasiert, hohe F&E-Kosten und zeitintensiv; im Querschnitt zu den traditionellen Branchen; Zwang zur Spezialisierung sowie Übernahme damit verbundener Risiken; bereits in der Frühphase aggressiver, weltweiter Wettbewerb; auf Partnerschaften angewiesen.

läufigen Argumentationskette eine wachsende Bedeutung zukommen, bei der von der Nachfrageseite, d.h. vom Kunden und vom Marktpotenzial, ausgegangen wird.

Aus diesen Überlegungen leitet sich die **Innovations-Kompetenz** als der Schlüssel zum industriellen Erfolg der Schweiz in einer Welt des sich beschleunigenden Technologiewettlaufes ab. Zentral für Behauptung und Ausbau traditioneller Stärken wichtiger Teile der Industrie ist die Fähigkeit – ausgehend von Vorstellungen über marktfähige Produkte und Leistungen – verschiedene Technologien sicher und schnell aufzunehmen, kritisch zu beurteilen und auszuwählen, um sie dann entschlossen anzuwenden und umzusetzen.

4.4.3 Determinanten des zukünftigen Erfolgs der schweizerischen Industrie

Der Erfolg für einen Grossteil der schweizerischen Industrie wird deshalb in Zukunft u.a. von folgenden Faktoren abhängen:

- Verlangt wird, dass die Industrieunternehmungen am Standort Schweiz von den **Pionieren lernen** und das **Gelernte für ihre eigenen Zwecke rasch weiterentwickeln und nutzen**. Dies verlangt eine rasche Auffassungs- und Kombinationsgabe sowie gute Entwicklungs- und Ingenieurfähigkeiten. Oft verpassen Unternehmungen die rechtzeitige Anpassung an technologische Entwicklungen, wie z.B. die Elektronik in der Uhr oder die Computerisierung von Maschinen. Dadurch reduziert sich aber die Konkurrenzfähigkeit gegenüber ausländischen Unternehmungen, die über Standardisierung ihr erheblich tieferes Lohnniveau ausspielen. Innovative Unternehmungen verfügen hingegen über einen **temporären Wettbewerbsvorteil**.
- Verlangt wird ein **rasches und sicheres Urteil**, Entscheidungsfreudigkeit und Entschlusskraft sowie damit verbundene Risikobereitschaft und unternehmerische Führerschaft. Die Industrie darf nicht durch Vorurteile oder eine geistige Abwehrhaltung blockiert sein, sollte einmal eine zur Anwendung geeignete Technologie nicht in der Schweiz erfunden worden sein.
- Verlangt wird eine hohe **Qualität in der Produktion** und das dafür **qualifizierte Personal**. Dies wiederum verlangt die Bereitschaft der Arbeitnehmer zur **Anpassung ihres Fähigkeitsprofils**. So sollten z.B. Maschinisten imstande sein, auf Computer Numerical Control (CNC) basierende Fräsmaschinen zu bedienen, was wiederum Kenntnisse im Programmieren verlangt. Damit geht es um die Entwicklung des zukünftig erforderlichen Bildungsangebotes und dessen Inhalte. Untersuchungen zeigen denn auch, dass Aspekte der Qualität und der Arbeitskräfte die wichtigsten Gründe sind,

warum einst ausgelagerte Produktionsbereiche wieder in die Schweiz zurückkehren; fiskalische Überlegungen spielen dabei eine untergeordnete Rolle.
- Verlangt wird die **Fähigkeit zum raschen Umsetzen von Entwicklungsarbeiten in Marktaktivitäten**, d.h. die Fähigkeit zu einem guten Marketing, verbunden mit einer kreativen Zusammenarbeit mit den Kunden und einer optimalen Ausrichtung der Produktion auf die Kundenbedürfnisse. Dies setzt eine Symbiose von Technologiebereichen und deren Umsetzung voraus. Es scheint, dass es in der Schweiz den Marketing- und Produktestrategen zuwenig gelingt, im Dialog mit Technikern eigene Entwicklungsleistungen gezielt in Wettbewerbsvorteile umzusetzen.
- Verlangt wird in Anbetracht der in der Schweiz vorhandenen kleinstrukturierten Unternehmungen die **Fähigkeit zur Kooperation**, die Teamfähigkeit innerhalb der Wirtschaft zwischen Unternehmungen verschiedener Grössenklassen sowie zwischen den Hochschulen, den Forschungslaboratorien und der Wirtschaft im nationalen wie im internationalen Rahmen. Eine Strategie, Grössenvorteile und Flexibilität miteinander zu vereinen, ist die Bildung virtueller Organisationen: ein temporäres Netzwerk von unabhängigen Unternehmungen – mit Zulieferern, Kunden und sogar Konkurrenten –, verknüpft durch Informationstechnologien, um Kosten zu teilen, Fähigkeiten gemäss ihren Kernkompetenzen zu ergänzen und Märkte gemeinsam zu erschliessen.

Damit wird deutlich, wie wichtig für die Wettbewerbsfähigkeit der schweizerischen Industrie folgendes Verhalten geworden ist: Es geht in erster Linie um Fähigkeiten zum Lernen, zum Wandel und zum Übernehmen von kalkulierten Risiken. Die Industrie muss sich weniger mit dem Status quo und dessen Vor- und Nachteilen beschäftigen als vielmehr mit neuen Zielen sowie deren Realisierung.

5. Tertiärsektor

Im Folgenden sollen einige grundlegende Aspekte des Tertiärsektors diskutiert werden; anschliessend werden ausgewählte Dienstleistungsbranchen hinsichtlich ihrer Bedeutung für die schweizerische Volkswirtschaft analysiert und beurteilt.

5.1 Grundlagen des Tertiärsektors

5.1.1 Merkmale von Dienstleistungen

Es gibt verschiedene Definitionen von Dienstleistungen. Oft werden sie negativ und als Abgrenzung zu den Industrieaktivitäten formuliert sowie als nicht-produktive Tätigkeiten bezeichnet. In empirischen Arbeiten werden Dienstleistungen oft als Residuum bestimmt und beinhalten all diejenigen wirtschaftlichen Aktivitäten, die nicht eindeutig dem ersten oder zweiten Sektor zugeordnet werden können. Der dritte Sektor ist deshalb äusserst heterogen. Bei allen Definitionen werden allerdings mehr oder weniger dieselben **Merkmale** verwendet:

- Dienste sind **keine physischen Produkte**, sondern immaterielle, ideelle Leistungen (sog. intangibles); Dienste sind "what you cannot drop on your feet". Der Nutzen von Diensten wird u.a. durch Werte wie Wohlbefinden, Gesundheit, Unterhaltung oder Zeitersparnis generiert.
- Die Leistung eines Dienstes wird meistens im gleichen Zuge produziert und konsumiert; es wird vom sog. **Uno-acto-Prinzip** gesprochen, z.B. Unterhaltung bei einem Theaterstück, Bildung im Unterricht oder Wohlbefinden bei einem Kuraufenthalt. Dabei besteht ein Zwang zum direkten Kontakt zwischen Produzent und Konsument und zur räumlichen Nähe; persönliche Beziehungen miteinander sind häufig und für den Erfolg wichtig. Diese (Beinah-)Simultanität von Produktion und Konsum ist eine wesentliche Schranke für markante Verbesserungen in der Produktivität. Dienstleistungen lassen sich deshalb auch in vielen Fällen nicht auf Lager produzieren; sie sind an Ort und Zeit gebunden.
- Dienste sind aber **nicht immer an Personen gebunden**. Sie können z.B. auf den Produktionsprozess bezogen sein wie Organisationsberatung und Marketing oder auf die Verbindung von Produktion und Konsum wie der Handel und Transport.

Einige **stereotype Vorstellungen** über Dienste mögen in Einzelfällen zutreffen, sind aber in ihrer Allgemeinheit falsch: Dienste weisen nicht generell eine geringe Kapitalintensität auf und sind nicht technologisch wenig anspruchsvoll wie Hinweise auf Kommunikations-, Finanz- oder Gesundheitsdienste leicht belegen. Obwohl die durchschnittliche Unternehmungsgrösse im Dienstleistungsbereich kleiner als in der Industrie ist, gibt es dennoch auch sehr grosse Dienstleistungsunternehmungen wie z.B. Fluggesellschaften oder Banken. Die Konzentrationsrate ist in bestimmten Bereichen durchaus mit derjenigen in der Industrie vergleichbar. Oft wird behauptet, Dienste seien wenig wertschöpfungsintensiv und zahlen nur geringe Saläre. Dies mag für Teile des Gastgewerbes oder des Detailhandels zutreffen, nicht jedoch für Banken oder Top-Beratungsunternehmungen. Eine weitere falsche Vorstellung ist, dass es unter den Diensten nur schlecht qualifizierte Arbeiten gebe. Im Vergleich der Sektoren ist das durchschnittliche Qualifikationsniveau bei den Diensten aber klar am höchsten. Die Tertiarisierung der Wirtschaft bedeutet einen allgemeinen Anstieg im Qualifikationsniveau der Erwerbstätigen.

Die Entwicklung und Anwendung der **Informations- und Kommunikationstechnologien (IKT)** haben für die Produktion und den Vertrieb von Diensten eine revolutionäre Entwicklung ausgelöst: Indem sie zur Überwindung von Raum und/oder Zeit durch Transport und Lagerung von Diensten beitragen, ermöglichen sie für einen substanziellen Teil der Dienste eine Trennung von Produktion und Konsum (vgl. Software, digitale Inhalte). Das Uno-acto-Prinzip, das ursprünglich auf die meisten Dienste Anwendung fand, verliert somit an Bedeutung. IKT ermöglichen den Handel von Diensten. Der Grad der **Handelbarkeit** (sog. tradeability) einzelner Dienste ist allerdings sehr unterschiedlich. Haare schneiden ist trotz IKT nicht handelbar, jedoch Unterhaltung mit Musik und Film. Eine hohe Handelbarkeit bedeutet eine starke Internationalisierung und umgekehrt. Eine Ausnahme bilden Telekommunikationsdienste, die gut handelbar sind, aber wegen des hohen Grads nationaler Regulationen bisher einen geringen Grad an Internationalisierung aufweisen. Hier besteht zweifellos ein grosses Entwicklungspotenzial.

Dienste sind oft **Netzwerkaktivitäten**, z.B. Telekommunikation. Jede Einheit, die hinzukommt, verbessert den Nutzen für sich und alle anderen (sog. **Netzwerkexternalitäten**). Netzwerkbildung erlaubt das Erzielen von Skalenerträgen. Darauf aufbauend ist eine allmähliche Verlagerung der wirtschaftlichen Bedeutung traditioneller Dienste mit physischer Präsenz (sog. Uno-acto) zu sog. Info-type-Diensten zu beobachten. Damit nähern sich die Dienste und die verarbeitende Industrie gegenseitig an, wie dies z.B. die Entwicklungen in der Medien- und Unterhaltungsindustrie (Hard- und Software) zeigen. Einzelne Dienste sind zu einer **treibenden Wirtschaftskraft** geworden und begannen bereichsweise sogar die Industrie zu dominieren. Oft sind sie es, die den eigentlichen Mehrwert wirtschaftlicher Aktivitäten schaffen (vgl. Mehrwertdienste im Telekom-Bereich).

Dienstleistungen werden über **kodifiziertes Wissen** in industrielle Produkte eingebettet, z.B. über die Software in Computern oder Maschinen und Apparaten. Gleichzeitig findet eine Industrialisierung von Diensten statt. Geschäftsfelder wie Finanzdienstleistungen, Unterhaltung oder Informationsdienste werden (durch ihre grossen Investitionen in IKT) kapitalintensiver und (aufgrund ihrer stärkeren Abstützung auf Wissen und Erfahrungen) Know-how- und qualifikationsintensiver. Den zentralen Mehrwert der Dienste bildet immer mehr der Inhalt (sog. content). Typisch für die Entwicklung zur Informationsgesellschaft ist denn auch der kontinuierliche Wandel in der Wertschöpfung vom industriellen Produkt mit zunehmend grösserem Anteil an eingebettetem kodifiziertem Wissen hin zu Diensten, die auf **gebundenem Wissen** (sog. tacit knowledge) basieren, wie z.B. Erfahrungen, Kreativität und Originalität. Dies erklärt zumindest teilweise das Bestreben der elektronischen Industrie und der Computerindustrie oder der sog. carriers in der Telekommunikation, in Geschäftsfelder mit Informationsinhalten wie Medien, Bildung oder Kultur einzusteigen; es findet eine Konvergenz der Technologien sowie der Geschäftsfelder statt.

5.1.2 Dienstleistungsgruppen und ihre Bedeutung

Dienste sind generell sehr heterogen und vielfältig. Der Versuch zur Bildung relativ homogener Gruppen hat zur Einteilung in folgende vier Gruppen geführt, wozu allerdings nur wenige auch international vergleichbare Statistiken vorhanden sind:

- **Distributive Dienste:** werden von privaten sowie staatlichen Anbietern sowohl als Vorleistungen als auch direkt an Endverbraucher erbracht; z.B. Gross- und Kleinhandel, Transporte, Telekommunikation, Post.
- **Kommerzielle Dienste:** werden von privaten Anbietern als Vorleistungen für Unternehmungen und den Staat erbracht; z.B. Banken, Versicherungen, Immobilien, technische Beratung und Planung.
- **Soziale Dienste:** werden meist von staatlichen Anbietern an individuelle Endverbraucher erbracht; z.B. Gesundheitswesen, Bildung/Unterricht, öffentliche Verwaltung, Sozialversicherung, Wohlfahrt.
- **Persönliche Dienste:** werden von privaten Anbietern an individuelle Endverbraucher erbracht; z.B. Tourismus, Gastgewerbe, Reparaturen, Reinigung, häusliche Dienste.

Die Struktur der am Standort Schweiz erbrachten Dienste weist einige im internationalen Vergleich typische Eigenschaften auf. So haben Finanzdienste (insbesondere Banken) als Teil des **kommerziellen** Bereiches einen überdurchschnittlich hohen Anteil und zudem eine sehr hohe Wertschöpfung pro Kopf der Beschäftigten; das stärkste Wachstum dieser Kennziffer zeigen die **distributiven** Dienste. Somit dürfte das Wachstumspotenzial bei den kommerziellen und distributiven Diensten am höchsten sein. Bei den **persönlichen** Diensten ist der Anteil des Tourismus sehr hoch; der Anteil persönlicher Dienste im engeren Sinne ist in der Schweiz relativ gering. Dies mag Ausdruck einer geringen Ausdifferenzierung und Kommerzialisierung sein und kann ein mögliches Wachstumspotenzial anzeigen. **Soziale** Dienste haben einen hohen Anteil innerhalb des Dienstleistungssektors.

Aufgrund seiner **Faktorausstattung** (günstiges Kapital, gut qualifizierte Arbeitskräfte) hat der Standort Schweiz **Vorteile für den internationalen Handel mit Diensten**. Die Exportorientierung von Dienstleistungen ist allerdings um ein Vielfaches kleiner als bei Gütern, wenn auch in absoluten Grössen dennoch bedeutend: Der Tourismus erwirtschaftet rund die Hälfte seines Umsatzes mit ausländischen Kunden; bei Telekommunikationsdiensten beträgt der Aussenhandelsanteil weniger als 10%. Dies weist auf ein enormes Potenzial hin, das u.a. wegen bestehender Regulationen und dem damit verbundenen hohen Preisniveau bis heute allerdings nicht ausgenutzt werden konnte. Die Nettoeinkommen der Banken und Versicherungen aus dem Ausland sind absolut grösser als der Aussenhandelsüberschuss der Maschinen- oder Pharmaindustrie. Insgesamt konnte die Schweiz beim Handel mit Diensten einen Dienstleistungsbilanzüberschuss von rund 27 Mrd. Fr. (2004) erwirtschaften. Daran hatten die Finanzdienstleistungen mit mehr als einem Drittel den grössten Anteil, gefolgt vom Tourismus mit einem Viertel und Transporten mit rund einem Sechstel (vgl. Abbildung 131 auf S. 505). Dennoch ist der **Grad der Exportorientierung** einzelner Dienstleistungen deutlich geringer als in wichtigen Industriebranchen. Ein wesentlicher Grund mag eine wegen des notwendigen engen Kundenkontakts im Vergleich zur Industrie andere Strategie der Internationalisierung sein (stärker über Direktinvestitionen). Der Binnenmarkt ist damit für das Wachstum dieser Dienste am Standort Schweiz wichtiger, wegen seiner Kleinheit aber auch eine härtere Schranke.

In hochentwickelten Volkswirtschaften ist der Dienstleistungssektor der Schlüssel für stärkeres Wachstum und mehr Beschäftigung. Aus der relativen Bedeutung der Dienstleistungen gemäss ihrem hohen BIP-Anteil ist abzuleiten, dass sowohl im Binnenmarkt als auch aus dem Aussenbeitrag die wichtigsten **Wachstumsimpulse** von den Dienstleistungen kommen müssen. Der Dienstleistungssektor ist jedoch sehr heterogen. So wird der Beitrag zur Wachstumsrate der Schweizer Volkswirtschaft in der Zeit von 1995 bis 1998 für die Telekommunikationsbranche (sog. **Telekombranche**) auf etwa 10% geschätzt; dies ist ähnlich gross wie der Beitrag der chemisch-pharmazeutischen Industrie mit 11%. Von 1998 bis 2003 war der Beitrag der Telekombranche mit 7% allerdings geringer. Ein Teil des Wachstums der Dienstleistungen dürfte allerdings lediglich auf das Outsourcing von unternehmungsnahen Dienstleistungen wie Informatik, Forschung und Entwicklung (F&E), Beratung und Logistik aus dem zweiten Sektor zurückzuführen sein.

Die Unterschiede in den Beiträgen der einzelnen Branchen zur gesamtwirtschaftlichen Wachstumsrate finden sich ebenfalls in der branchenmässigen **Produktivitätsentwicklung** (vgl. Tabelle 29).

Produktivität[1] ausgewählter Branchen der Volkswirtschaft der Schweiz[2]   Tabelle 29

	1990	1998	2003
Gesamtwirtschaftlicher Durchschnitt	94'183	99'948	100'610
Banken	272'465	339'980	325'964
Telekombranche	184'838	225'032	284'792
Chemie/Pharmazie	83'544	180'004	232'321

[1] Wertschöpfung pro Erwerbstätigem in Schweizer Franken.
[2] Daten: www.bakbasel.ch; www.plaut-economics.ch; www.bfs.admin.ch (Oktober 2005).

Die unternehmungsnahen kommerziellen Dienste (z.B. Banken) leisten wesentliche Produktivitätsbeiträge, auch wenn sich diese in den letzten Jahren leicht rückläufig entwickelt haben. Ebenso tragen die distributiven Dienste der Telekombranche stark zur Produktivitätsentwicklung bei. Die durch die Binnennachfrage getriebenen gebundenen Dienstleistungen, namentlich aus dem Gesundheits- und dem Sozialwesen sowie – quantitativ etwas weniger bedeutsam – dem Unterrichtswesen, sind ebenfalls wichtige Träger der Produktivitätsentwicklung.

Finanzdienstleistungen, Rechtspflege, Logistik, Telekommunikation und viele weitere Dienstleistungen bilden als eine sog. **unsichtbare Infrastruktur** eine wichtige Voraussetzung für das Wachstum einer Volkswirtschaft. Sie verursachen jedoch in allen Branchen **Transaktionskosten** (vgl. S. 26). Bei der Produktivität der Dienstleistungen schneidet die Schweiz (ausser bei den Finanzen) im internationalen Vergleich relativ schlecht ab. Dies verursacht hohe Transaktionskosten, ist ein Wettbewerbsnachteil und bremst das Wachstum. Eine Verbesserung durch Effizienzsteigerung über höhere Wettbewerbsintensität, Dienstleistungsinnovationen und/oder Dienstleistungsimporte – auch durch einen Zufluss von Humankapital und Know-how – ist notwendig.

Im Folgenden werden einige ausgewählte Branchen des Tertiärsektors und ihre Bedeutung für die Schweiz vorgestellt: für distributive Dienste die Telekom und Software (S. 436ff.); für kommerzielle Dienste die Banken (S. 438ff.) und die Privatversicherungen (S. 464ff.) sowie für persönliche Dienste der Fremdenverkehr (S. 475ff.). Soziale Dienste werden sowohl im Kapitel "Wissen, Bildung und Innovationen" (S. 173ff.) als auch im Kapitel "Soziale Sicherung" (S. 645ff.) behandelt.

5.2 Die schweizerische Telekom- und Softwarebranche

Gemessen an der Verbreitung der Informations- und Kommunikationstechnologien (IKT) – dies sind Personal Computer (PC), Internetanschlüsse, E-Mail, Breitbandtechnologien, Homepages, Intranet, Extranet – nahmen 2002 die drei nordischen Länder Schweden, Dänemark und Finnland in Europa eine Spitzenstellung ein. Nach dieser Spitzengruppe folgt die Schweiz, wobei der Rückstand teilweise minimal ist. PC, E-Mail und Internet werden in praktisch allen Unternehmungen eingesetzt. Die Ausgaben für IKT pro Einwohner waren 2003 in der Schweiz mit 2675 Euro vor den USA weltweit am höchsten und mit 7,9% des BIP nach Grossbritannien (8,0%) an zweiter Stelle. Dies alles trägt zur Stärkung des Wachstumspotenzials und der Produktivität der Schweizer Wirtschaft bei. Ein Grossteil dieser Leistungen (z.B. Hardware, Standardsoftware) wird importiert. Welche Bedeutung kommt dabei einer selbständigen Telekom- und Softwarebranche am Standort Schweiz zu?

Die **Telekombranche** kann definiert werden als diejenigen Unternehmungen, welche die Fest-, Mobil- oder Kabelnetzinfrastruktur betreiben bzw. Produkte und Dienstleistungen aus diesen anbieten. In der Schweiz gelten **Cablecom, Orange, Sunrise** und **Swisscom** als die vier grossen Telekomanbieter. Dabei ist die Swisscom eine spezialgesetzliche Aktiengesellschaft im Mehrheitsbesitz des Bundes. Gemäss einer Studie des Sozialökonomischen Instituts der Universität Zürich zusammen mit Plaut Economics betrug 2003 die reale Wertschöpfung der Telekombranche rund 8,5 Mrd. Fr.; dies entspricht einem Anteil der realen Wertschöpfung dieses Sektors von 2% des BIP, während sich der Arbeitsplatzanteil jedoch nur auf 0,7% beläuft. Die Telekombranche weist denn auch mit knapp 285'000 Fr. Wertschöpfung pro Erwerbstätigem eine rund dreimal so hohe Arbeitsproduktivität aus wie der gesamtschweizerische Durchschnitt (vgl. Tabelle 29). Sie war sowohl bezüglich der Wertschöpfungs- als auch bezüglich der Arbeitsplatzentwicklung eine der Wachstumsstützen der Schweizer Volkswirtschaft in den letzten Jahren. In einer stark auf IKT basierten Volkswirtschaft spielt die Telekommunikation als Vorleistung im Produktionsprozess eine wichtige Rolle. So werden denn auch 65% des Outputs der Branche als Vorleistungen in andere Branchen geliefert. 31% werden direkt von Konsumenten absorbiert, und 4% fliessen als Exporte ins Ausland. Die Telekom-Kunden stammen vorwiegend aus Wachstumsbranchen, was die überdurchschnittliche volkswirtschaftliche Bedeutung dieser Branche weiter steigert (Multiplikatoreffekte).

Die selbständige **Softwarebranche** der Schweiz umfasst Unternehmungen, die Software für Dritte herstellen, weiterentwickeln, implementieren oder anderswie nutzbar machen. Nicht dazu zählen Informatikabteilungen z.B. von Banken. Gemäss einer Studie von Pascal Sieber&Partner umfasste diese Branche 2001 rund 63'400 Arbeitsstellen; für den IKT-Bereich insgesamt – dies sind Telekom und Software zusammen – wurden 122'800 Arbeitsstellen geschätzt. Ein bedeutender Teil der IKT-Entwicklung wird innerhalb von Anwenderfirmen betrieben (sog. **inside industry**); so erbringt z.B. die Finanzbranche intern sehr viele Informatikleistungen – das IKT-Budget der UBS AG für die Schweiz liegt in der Grössenordnung bei rund 2 Mrd. Fr. Mit dazu gehören die Eigenproduktion von Drittanbietern und Anwendern sowie die Fremdproduktion von IKT-Diversifizierern. Die "inside industry" für die in der Schweizer Volkswirtschaft Beschäftigten wird auf rund einen Drittel des IKT-Bereichs geschätzt, womit total rund 160'000 Beschäftigte der Telekom- und Softwarebranche zugerechnet werden können; dies sind knapp so viele Erwerbstätige wie im Primärsektor.

Die Bruttowertschöpfung der Softwarebranche beträgt rund 7,45 Mrd. Fr. resp. 1,75% des BIP; diejenige der gesamten IKT-Branche beläuft sich auf über 15 Mrd. Fr., was ca. 4% des BIP entspricht. Grösster Nachfrager von IKT-Leistungen ist der öffentliche Sektor (z.B. Unterrichtswesen). Die Exporte sind sehr gering und stellen damit sicherlich ein Zukunftspotenzial dar. Der Durchschnittslohn (brutto) beträgt rund 7680 Fr. und liegt damit deutlich über dem gesamtwirtschaftlichen Durchschnitt. Der IKT-Bereich ist einer der Wachstumsträger der Schweizer Volkswirtschaft; dabei wird der Wachstumsbeitrag der selbständigen Softwarebranche auf rund einen Fünftel desjenigen der Finanzbranche geschätzt.

Die Softwarebranche ist entlang der **Wertschöpfungskette** in vielfältiger Weise mit der Volkswirtschaft verflochten: So zeigen empirische Schätzungen, dass pro Mitarbeiter eines Software-Herstellers zwischen zwei und 23 Mitarbeiter bei nachgelagerten Dienstleistungsunternehmungen beschäftigt sind. Erhöht sich die Nachfrage und damit die Ausgaben nach Informatikdienstleistungen um einen Franken, so löst dies über die Vorleistungsverflechtung eine Steigerung der gesamtwirtschaftlichen Bruttoproduktion um 1,69 Fr. aus. Der IKT-Einsatz hat des Weiteren bedeutende Produktivitätseffekte: Es wird geschätzt, dass ein Franken, der zusätzlich in die Softwarebranche investiert wird, gesamtwirtschaftlich 1,30 Fr. pro Jahr an zusätzlicher Wertschöpfung auslöst.

Das Potenzial der Anwendungen von IKT in der Wirtschaft am Standort Schweiz ist gross. Der Strukturwandel geht denn auch unter dem Einfluss von IKT intensiv weiter. Betroffen ist insbesondere das Kerngeschäft der Schweiz, d.h. die nach Wertschöpfung wichtigsten Bereiche wie die kommerziellen Dienste (Banken, Versicherungen), die distributiven Dienste (Handel), der Tourismus, aber auch der Maschinen- und Apparatebau. Diese Anwender erwarten von IKT Effizienzsteigerungen, eine Verbesserung der Ertragslage und – wenn auch nicht primär – innovative Anwendungen. Die Schweiz hat sehr gute Voraussetzungen für die erfolgreiche Anwendung von IKT, nämlich eine gute Infrastruktur und qualifiziertes Personal. Negativ sind allerdings die im internationalen Vergleich höheren Preise für den Zutritt und die Nutzung des Internets. Dennoch nimmt die Schweiz bei der IKT-Nutzung für kommerzielle Zwecke im internationalen Vergleich eine Spitzenstellung ein.

5.3 Das schweizerische Bankenwesen

Das Bankenwesen stellt die **wichtigste Branche des Finanzplatzes Schweiz** dar. Letzterer umfasst nebst den Banken auch die Versicherungen und die mit dem Kredit- und Versicherungsgewerbe verbundenen Tätigkeiten. Verteilt auf mehrere grosse Zentren – insbesondere Zürich, aber auch Genf und Lugano – hat der gesamte Finanzplatz gemäss Analysen der BAK Basel Economics 2002 rund 15% des BIP erwirtschaftet. Sein Wertschöpfungsanteil ist damit mehr als doppelt so hoch wie im Durchschnitt der übrigen westeuropäischen Länder und der USA, in denen der Anteil bei 4 bis 5% liegt. Die Spezialisierung innerhalb des Finanzplatzes Schweiz auf das Bankenwesen zeigt sich u.a. darin, dass rund drei Viertel dieser Wertschöpfung durch die Bankeninstitute generiert werden. Ihre Stundenproduktivität liegt über dem an sich schon hohen Schnitt der Banken in den westeuropäischen Ländern. Für den Finanzplatz Schweiz gilt, dass pro geleisteter Arbeitsstunde eine Wertschöpfung von rund 74 Fr. erwirtschaftet wird. Damit ist dieser Bereich einer der wenigen der Schweiz, der hinsichtlich der Produktivität im internationalen Vergleich überdurchschnittlich abschneidet. Trotz seinem im internationalen Vergleich unterdurchschnittlichen Wachstum war der Finanzplatz zwischen 1997 und 2002 mit einem Zuwachs von 2% pro Jahr einer der Wachstumsmotoren der Schweizer Wirtschaft. Weitere Ausführungen zum Finanzplatz Schweiz – insbesondere zum Geld- und Kapitalmarkt sowie zur technologischen Infrastruktur der Schweizer Börse (SWX) – finden sich auf S. 590ff.

5.3.1 Rechtliche Grundlagen des Bankenwesens

Aufgrund der Bestimmungen in **Art. 98 BV (Banken und Versicherungen)** hat der Bund Vorschriften über das Banken- und Börsenwesen zu erlassen. Dabei enthält das **Bundesgesetz über die Banken und Sparkassen (Bankengesetz; BankG) vom 8. November 1934** keine Definition des Begriffs "Bank". Stattdessen umschreibt es den Kreis jener Institute, die ihm unterstehen. In Art. 2a der Verordnung über die Banken und Sparkassen (Bankenverordnung; BankV) vom 17. Mai 1972 findet sich folgende Umschreibung:

"Als Banken im Sinne (...) des Gesetzes gelten Unternehmen, die hauptsächlich im Finanzbereich tätig sind und insbesondere:

- gewerbsmässig Publikumseinlagen entgegennehmen oder sich öffentlich dafür empfehlen, um damit auf eigene Rechnung eine unbestimmte Zahl von Personen oder Unternehmungen, mit denen sie keine wirtschaftliche Einheit bilden, auf irgendwelche Art zu finanzieren, oder
- sich in erheblichem Umfang bei mehreren nicht massgebend an ihnen beteiligten Banken refinanzieren, um damit auf eigene Rechnung eine unbestimmte Zahl von Personen oder Unternehmungen, mit denen sie keine wirtschaftliche Einheit bilden, auf irgendwelche Art zu finanzieren (...)."

Zusätzlich ist in Art. 1 Abs. 2 BankG festgelegt:

- "Natürliche und juristische Personen, die nicht diesem Gesetz unterstehen, dürfen keine Publikumseinlagen gewerbsmässig entgegennehmen. Der Bundesrat kann Ausnahmen vorsehen, sofern der Schutz der Einleger gewährleistet ist. Die Auflage von Anleihen gilt nicht als gewerbsmässige Entgegennahme von Publikumseinlagen."

Die Aufnahme der Geschäftätigkeit einer Bank und ihr Eintrag ins Handelsregister muss durch die **Eidgenössische Bankenkommission (EBK)** bewilligt werden; 2005 waren 410 Banken und Effektenhändler anerkannt. Zudem wirkt die EBK als Aufsichtsbehörde über das Bankenwesen, aber auch über die Anlagefonds, das Börsenwesen, die Offenlegung bedeutender Beteiligungen und die öffentlichen Kaufangebote; im Rahmen der laufenden Reformvorhaben im Bereich der Banken- und Finanzmarktregulierung ist ebenfalls die **Schaffung einer integrierten Finanzmarktaufsichtsbehörde (Finma)** resp. einer **eidgenössischen Finanzmarktaufsicht** vorgesehen, die sich stark an der Organisation und den Verfahren der EBK orientieren soll (vgl. Abbildung 122).

Börsenagenten und -firmen, Vermögensverwalter, Notare und Geschäftsagenten sind dem Bankengesetz nicht unterstellt, solange sie keinen Bankbetrieb führen. Sie müssen sich auf den Wertpapierhandel sowie die Verwaltung der Gelder ihrer Kunden beschränken. Das Bankengesetz enthält des Weiteren Bestimmungen

Integrierte Finanzmarktaufsicht	Abbildung 122

Die sieben bis elf Mitglieder der Eidgenössischen Bankenkommission (EBK) werden vom Bundesrat gewählt. Die EBK ist eine autonome, von der Bundesverwaltung und der Schweizerischen Nationalbank (SNB) in ihrer materiellen Entscheidungsfindung völlig unabhängige Fachbehörde. Sie ist jedoch dem Bundespersonalgesetz unterstellt, wodurch sie für die Beförderung des Kaderpersonals zur Genehmigung durch mehrere Stellen und Gremien verpflichtet ist. In der Regel tritt sie nur subsidiär zu den privaten Revisionsstellen in Aktion, womit die EBK ein **dualistisches Aufsichtssystem** verfolgt (Trennung in ein sog. **regulatory audit**, das bei der EBK angesiedelt ist, und ein sog. **financial audit**, das von den privaten Prüfungsgesellschaften praktiziert wird). Die wichtigsten Kompetenzen der EBK sind:

- Kontrolle ordentlicher Bankrevisionen;
- Anordnung von ausserordentlichen Bankrevisionen in besonderen Fällen;
- Bewilligung vorübergehender Abweichungen von den Vorschriften über Eigenmittel und Liquidität;
- Anordnung zur Behebung von Missständen, die durch die Bankrevisoren gemeldet werden. Notfalls kann die EBK die angeordneten Massnahmen selbst durchführen.

Geplant ist die **Zusammenführung der EBK, des Bundesamtes für Privatversicherungen (BPV) und der Kontrollstelle für die Bekämpfung der Geldwäscherei** in eine öffentlich-rechtliche Anstalt mit einem vornehmlich strategisch orientierten und vom Bundesrat gewählten Aufsichtsrat und einer das operative Geschäft wahrnehmenden Geschäftsleitung. Durch den Zusammenschluss sollen die in verschiedenen Berufsfeldern aufgebauten Fachkompetenzen gebündelt und effizienter genutzt werden können. Über das rein Organisatorische hinausgehend, werden damit im Banken-, Börsen- und Anlagefondsbereich einerseits und im Versicherungsbereich andererseits die Aufsichtsinstrumente und das Prüfwesen vereinheitlicht werden. Angesichts der sich im Banken- und Versicherungswesen abzeichnenden Abkehr vom Allfinanzgeschäft erscheint diese geplante Integration der Aufsichtsorgane eher spät. Finanziert wird die eidgenössische Finanzmarktaufsicht (Finma) über Beiträge der beaufsichtigten Institute. Spielbanken, Pensionskassen, unabhängige Vermögensverwalter sollen der Finma nicht unterstehen. Sowohl die dualistische Aufsicht bei den Banken als auch die direkte Aufsicht bei den Versicherern sollen als Modelle zulässig sein. Das bisherige Sanktionssystem der EBK, welches die Rüge und den Bewilligungsentzug zur Geschäftstätigkeit beinhaltet, soll um ein befristetes Berufsverbot von bis zu fünf Jahren ergänzt werden. Ebenso soll die Finma eine schwerwiegende Verfehlung eines beaufsichtigten Instituts öffentlich bekanntmachen können (sog. **naming and shaming**). Straftatbestände, die für alle Spezialgesetze des Finanzmarkt-Aufsichtsrechts einheitlich formuliert werden können, sollen im künftigen **Bundesgesetz zur Finanzmarktaufsicht (FinmaG)** geregelt werden. Vergehen bei vorsätzlichem Handeln sollen mit einer Freiheitsstrafe von bis zu drei Jahren und einer Geldstrafe von maximal 1,08 Mio. Fr. bestraft werden, fahrlässiges Handeln mit einer Busse von höchstens 250'000 Fr. Die neue Behörde soll dem Bundesrat Rechenschaft über ihre Tätigkeit ablegen; sie soll aber von wirtschafts- und sozialpolitischen Auseinandersetzungen und Vorgaben (z.B. von Mindestzinssätzen und Umwandlungsprozenten in der beruflichen Vorsorge; BVg) freigehalten werden. Die Botschaft des Bundesrats zur Finma wurde Anfang Februar 2006 vorgelegt; das FinmaG soll nach der parlamentarischen Beratung 2007/2008 in Kraft treten.

über die eigenen Mittel und die Liquidität einer Bank, über deren Überwachung und Revision sowie über das Bankkundengeheimnis. Diese Aspekte sollen im Folgenden näher erläutert werden:

a) Eigene Mittel

Um den **Gläubigerschutz der Banken** zu gewährleisten, schreibt das Bankengesetz vor, dass die eigenen Mittel einer Bank in einem angemessenen Verhältnis zu ihren gesamten Verbindlichkeiten stehen müssen. Als Verbindlichkeiten gelten die Ausleihungen an einen einzelnen Kunden sowie die Beteiligungen an einer einzelnen Unternehmung. Dabei bestimmt letztlich der Bundesrat die Elemente der anrechbaren Eigenmittel (Art. 11 BankV): Kernkapital (sog. tier 1; Art 11a BankV), ergänzendes Kapital (sog. tier 2; Art. 11b BankV) und Zusatzkapital (sog. tier 3; Art. 11c BankV). Ebenso legt der Bundesrat die Mindestanforderungen nach Massgabe der Geschäftstätigkeit und der Risiken fest. Die EBK ist ermächtigt, Ausführungsvorschriften zu erlassen.

Die Eigenmittelvorschriften regeln die Kreditrisiken sowie die Marktrisiken. Bei der Ermittlung der notwendigen eigenen Mittel für die **Kreditrisiken** werden folgende Positionen berücksichtigt: **Forderungen nach Gegenpartei** – wie z.B. die flüssigen Mittel oder Kredite an Regierungen, internationale Wirtschaftsinstitutionen, Banken und Kunden – werden je nach Ausfallrisiko der Gegenpartei (d.h. des Kreditnehmers) mit einem unterschiedlichen Satz zwischen 0% und 250% gewichtet. **Nicht gegenparteibezogene Aktiven** – wie z.B. die sonstigen Aktiven oder das Bankgebäude – werden mit einem Satz zwischen 0% und 625% gewichtet. Die **Ausserbilanzgeschäfte** (derivative Finanzinstrumente) sind in Kreditäquivalente umzurechnen und anschliessend – je nach Verlustrisiko – ebenfalls mit verschiedenen Sätzen zu gewichten. Auch sind die **Nettoforderungen aus Darlehens- und Repo-Geschäften** sowie die **Nettopositionen in Beteiligungstiteln und Zinsinstrumenten** (emittentenspezifisches Ausfallrisiko) nach Ausfallrisiko zu gewichten. Für die Unterlegung von **Marktrisiken** sind ebenfalls eigene Mittel erforderlich, welche mögliche Verluste der Banken aus bilanziellen und ausserbilanziellen Positionen aufgrund der Veränderung von Marktpreisen auffangen sollen; als Positionen gelten Zinsinstrumente und Beteiligungstitel im Handelsbuch, aber auch Devisen, Gold und Rohstoffe in der gesamten Bank. Die erforderlichen Eigenmittel zur Unterlegung von Marktrisiken können dabei nach dem **Standardverfahren** oder – sofern eine Bewilligung der EBK vorliegt – nach dem **Modellverfahren** berechnet werden. Die erforderlichen minimalen eigenen Mittel entsprechen letztlich der Summe aus 8% der risikogewichteten Positionen zur Unterlegung der Kreditrisiken und den nicht-risikogewichteten erforderlichen Eigenmitteln zur Unterlegung der Marktrisiken vermindert um die in Art. 13 BankV aufgeführten Ausnahmen.

Mitte 2004 verabschiedete der **Basler Ausschuss für Bankenaufsicht** die überarbeitete **Eigenkapitalvereinbarung** (sog. **Basel II**), welche die geltende Vereinbarung von 1988 ersetzen soll. Basel II soll im Sinne eines internationalen Mindeststandards die Eigenmittelvorschriften für die Banken auf eine neue Grundlage stellen (Grundidee eines globalen Eigenkapitalstandards). Die EBK ist dabei mit der technischen Umsetzung von Basel II in der Schweiz betraut. Unter ihrer Leitung haben Vertreter der SNB, der Grossbanken UBS AG und Credit Suisse sowie der relevanten Verbände eine eigenständigen **Eigenmittel- und Risikoverteilungsverordnung (ERV)** erstellt sowie vier technisch ins Detail gehende Rundschreiben der EBK verfasst. Die nationale Studie "Quantitative Impact Study Schweiz" (QIS-CH) – Ende 2005 bei einer repräsentativen Auswahl von Banken durchgeführt – soll die empirischen Grundlagen für die definitive Kalibrierung der Kreditrisiken und operationellen Risiken festlegen. Sowohl für die einfachen, standardisierten Verfahren als auch für die Basisvariante der bankinternen Ratingverfahren zur Berechnung der Eigenmittelanforderungen sollen die neuen Regelungen am 1. Januar 2007 in Kraft treten. Für die fortgeschrittenen, bankinternen Verfahren bei den Kreditrisiken einerseits und die institutsspezifischen Ansätze bei den operationellen Risiken andererseits soll der 1. Januar 2008 gelten. Dabei sollen die anspruchsvolleren Ansätze zur Gewichtung von Kreditrisiken vorerst nur von den Grossbanken, der Banque Cantonale Vaudoise (BCV) und rund 20 Auslandsbanken umgesetzt werden. Basel II erfolgt in der Schweiz im Rahmen des bestehenden Bankengesetzes. Wie bisher sollen die grundlegenden Entscheide sowie die standardisierten Risikogewichtungen und Unterlegungssätze durch den Bundesrat auf Verordnungsstufe festgelegt werden, wobei dies neu in der ERV geschehen soll.

Die Eigenkapitalvorschriften bilden einerseits die Grundlage für die Sicherheit des schweizerischen Bankenwesens, andererseits werden die Banken auch in ihrer Handlungsfähigkeit eingeschränkt. Ein Wachstum der Bilanz muss immer von entsprechenden Rückstellungen oder Kapitalerhöhungen begleitet werden. Die Eigenmittelvorschriften sind somit als **Kompromiss zwischen Rentabilität und Sicherheit** zu interpretieren.

b) Liquidität

Für das **Vertrauen des Publikums in das Bankensystem** ist die kurzfristige Zahlungsfähigkeit der Banken fundamental. Um diese Zahlungsfähigkeit zu sichern, schreibt das Bankengesetz vor, dass die Banken einzeln und auf konsolidierter Basis über eine angemessene Liquidität verfügen müssen. Dabei haben die liquiden Aktiven ständig mindestens 33% der kurzfristigen Verbindlichkeiten zu betragen. **Liquide Aktiven** sind u.a. flüssige Mittel, Edelmetalle, Kontokorrent-Debitoren sowie Werte, welche die SNB für geldpolitische Repo-Geschäfte

XI. Produktionssektoren 443

zulässt; die liquiden Aktiven werden zum Buchwert verrechnet. Als **kurzfristige Verbindlichkeiten** gelten u.a. 50% der Kreditoren auf Sicht sowie 15% der Einlagen auf Spar-, Depositen- und Einlageheften. Die Banken haben vierteljährlich einen Liquiditätsausweis zu erstellen. Die EBK zieht die SNB zum Vollzug der Liquiditätsvorschriften bei.

c) Überwachung und Revision

Die Banken haben ihre Jahresrechnung jedes Jahr durch eine sog. **externe Revisionsstelle** prüfen zu lassen. Mit der Revision kann nur ein Revisionsverband oder eine Treuhandgesellschaft beauftragt werden, die als Revisionsstelle für Banken von der EBK anerkannt worden ist. 2005 waren neun Revisionsverbände resp. Treuhandgesellschaften durch die EBK anerkannt, z.B. die Deloitte&Touche AG, die KPMG Fides Peat, die PricewaterhouseCoopers (PWC) AG oder die ATAG Ernst&Young AG. Werden bei der Revision Verletzungen gesetzlicher Vorschriften oder sonstige Missstände festgestellt, hat die Revisionsstelle der betroffenen Bank eine angemessene Frist zur Herstellung des ordnungsgemässen Zustandes anzusetzen. Wird die Frist nicht eingehalten, so hat die Revisionsstelle der EBK Bericht zu erstatten. Nebst der externen Revisionsstelle wird eine Bank ebenfalls durch das sog. **interne Inspektorat** revidiert. Hierbei handelt es sich um Mitarbeiter der Bank selbst, die im Auftrag des Verwaltungsratspräsidenten die Bank überprüfen. Der Verwaltungsrat selbst übt als strategisches Organ die Aufsicht über die operativ tätige Geschäftsleitung aus. Des Weiteren werden diejenigen Banken, welche die Rechtsform einer Aktiengesellschaft haben, durch die **Revisionsstelle laut Obligationenrecht (OR)** revidiert. Oft entspricht diese Revisionsstelle der externen Revisionsstelle. Die Revisionsstelle laut OR prüft im Auftrag der Aktionäre zuhanden der Generalversammlung (GV) der Aktionäre. Die Oberaufsicht über das Bankenwesen wird durch die **EBK** ausgeübt. Diese ist gemäss Art. 23bis Abs. 3 BankG befugt, den anderen schweizerischen Finanzmarktaufsichtsbehörden sowie der Schweizerischen Nationalbank (SNB) nicht öffentlich zugängliche Auskünfte und Unterlagen zu übermitteln, welche diese zur Erfüllung ihrer Aufgaben benötigen.

d) Bankkundengeheimnis

Die Banken erhalten im Rahmen von Bankgeschäften Einblick in die finanziellen und wirtschaftlichen Verhältnisse ihrer Kunden. Der **Bankkunde hat ein Recht** auf Schutz seiner vermögensrechtlichen Situation und damit auf Schutz seiner Privatsphäre. Aufgrund der Bestimmungen in **Art. 13 BV (Schutz der Privatsphäre)** und **Art. 47 BankG** ist das Bankkundengeheimnis nicht nur Bestandteil der vertraglichen Beziehung zwischen dem Kunden und der Bank. Vielmehr **hat die Bank eine gesetzliche Pflicht**, über alle Tatsachen, die ihre Kunden betreffen, Verschwiegenheit zu wahren; es handelt sich somit um ein **Berufsgeheimnis**, das heutzutage vielfach mit der Verschwiegenheitspflicht eines Arztes oder eines Rechtsanwalts verglichen wird. Dieses Recht des Kunden bzw. diese Pflicht der Banken nennt sich Bankkundengeheimnis. Das Bankengesetz spricht nur von Bankgeheimnis. Da es sich aber um ein Recht des Kunden handelt, ist der Begriff "Bankkundengeheimnis" korrekter. Der Schutz der Privatsphäre des Kunden ist ein wichtiges Element für ausländische, aber auch für schweizerische Investoren. Insofern darf das Bankkundengeheimnis durchaus als ein Standortvorteil des schweizerischen Finanzplatzes angesehen werden.

Eine **Verletzung** des Bankkundengeheimnisses ist strafbar und ein **Offizialdelikt**, d.h. eine Verletzung wird von Amtes wegen verfolgt und nicht nur auf Antrag des Geschädigten. Eine Verletzung wird in jedem Falle bestraft; ein **absichtliches** Handeln des Täters wird mit Gefängnis bis zu sechs Monaten oder mit einer Busse bis zu 50'000 Fr., ein **fahrlässiges** Handeln mit einer Busse bis zu 30'000 Fr. bestraft; die vorgesehenen Freiheits- resp. Geldstrafen im neuen Bundesgesetz zur Finanzmarktaufsicht (FinmaG) sollen um einiges höher ausfallen (vgl. Abbildung 122 auf S. 440). Das Bankkundengeheimnis war und ist auch heute **nicht absolut**, d.h. in verschiedenen Fällen besteht eine gesetzliche Auskunftspflicht des Bankiers. Dadurch kommen die **Grenzen des Bankkundengeheimnisses** zum Tragen. Die Banken sind verpflichtet, in folgenden Fällen **zwingend Informationen an die zuständigen Behörden zu liefern**: im Rahmen von **Strafuntersuchungen** (z.B. bei Verdacht auf Geldwäscherei, Mitgliedschaft einer kriminellen Organisationen, Raub, Erpressung und Steuerbetrug), im Falle eines **Konkursverfahrens** und im Rahmen von **zivilrechtlichen Verfahren** (z.B. bei Erbschaft oder Scheidung). Das Bankkundengeheimnis wird jedoch **bei Steuerhinterziehung nicht aufgehoben**. Steuerhinterziehung liegt vor, wenn Einkommen oder Vermögen nicht deklariert wurde, während beim Steuerbetrug eine Steuererleichterung mittels gefälschter Dokumente (z.B. gefälschte Bilanzen) zu erreichen versucht wird. Als Mittel zur Bekämpfung der Steuerhinterziehung setzt die Schweiz einen im internationalen Vergleich mit 35% ausserordentlich hohen Verrechnungssteuersatz ein. Allerdings werden damit über die Schweiz getätigte Anlagen im Ausland, z.B. am Euromarkt, natürlich nicht erfasst.

Das Bankkundengeheimnis wurde im Zusammenhang mit den **Bilateralen II** (erneut) thematisiert (vgl. S. 532). Im Rahmen des Abkommens **"Zinsbesteuerung"** wird es dadurch gewahrt, dass die Schweiz nicht automatisch Informationen über die an EU-Anleger erfolgte Auszahlung von Zinserträgen an die entsprechende ausländische Steuerbehörde liefern darf. Stattdessen wird sie auf diese Einkommen einen Steuerrückbehalt erheben und hiervon 75% anonym weiterleiten. Die der Schweiz verbleibenden 25% des Steuerrückbehalts sind als Aufwandentschädigung für die technische und administrative Umsetzung bei den schweizerischen Zahlstellen (= Banken) zu verstehen. Der jährlich wiederkehrende Kostenaufwand wird dabei auf ca. 200–300 Mio. Fr. geschätzt. Es handelt sich somit nicht um die Schaffung einer neuen schweizerischen Steuer, sondern vielmehr um die Umsetzung der EU-Zinsbesteuerung. Diese ist seit Mitte 2005 in Kraft, wobei sich der Steuerrückbehalt während drei Jahren auf 15% der betroffenen Zinserträge beläuft. Anschliessend wird er bis Mitte 2011 auf 20% erhöht; ab dann gelten – analog zur Verrechnungssteuer in der Schweiz – 35%.

5.3.2 Der Strukturwandel im schweizerischen Bankenwesen

Aus analytischen Gründen werden die Banken in der Schweiz durch die SNB in verschiedene Gruppen eingeteilt. In der Regel betreiben die Banken in der Schweiz sämtliche Geschäfte (sog. **Universalbankensystem**), dies im Gegensatz zu den Banken im angelsächsischen Raum und in Japan (sog. **Trennbankensystem**). **Vorteile** der Universalbanken sind eine Risikoverteilung auf möglichst verschiedene Bankgeschäfte und Kunden aus allen Wirtschaftszweigen. Als **Nachteil** lassen sich ein allenfalls weniger massgeschneidertes Produkte- und Dienstleistungsportfolio nennen, insbesondere aber auch die Gefahr möglicher **Interessenkonflikte** zwischen der Bank und ihren Kunden einerseits sowie zwischen unterschiedlichen Kunden andererseits. So ist es denkbar, dass bei einer Kreditüberwachung entdeckt wird, dass einer Aktiengesellschaft die baldige Zahlungsunfähigkeit droht; naheliegend wäre der interne Hinweis seitens der Kreditabteilung an die Vermögensverwaltung, vorhandene Aktienbestände zu veräussern oder sog. **Put-Optionen** auf die Aktie der betroffenen Unternehmung zu kaufen. Zur Reduktion solcher Interessenkonflikte hat sich der Aufbau sog. **Chinese Walls** etabliert, d.h. Abschottungen zwischen Organisationseinheiten, die keine resp. nur kontrollierte Informationsflüsse durchlassen (z.B. Einschränkungen von Zugriffsmöglichkeiten auf unterschiedliche interne Daten). Eine Überprüfung solcher Schranken auf ihre Durchlässigkeit hin dürfte jedoch in den Universalbanken in Anbetracht der zahlreichen informellen Kanäle besonders schwierig sein.

Trotz des Universalbanksystems herrschen bei einzelnen Bankengruppen bestimmte Geschäftssparten vor, so etwa die Vermögensverwaltung bei den Privatbankiers oder das Hypothekargeschäft bei den Regionalbanken. Institutionelle Gründe, die geographische Ausdehnung der Geschäftsaktivitäten und die Grösse der Bilanzsumme sind weitere Faktoren, die bei der Gruppierung durch die SNB berücksichtigt werden. Tabelle 30 gibt einen Überblick über die Anzahl Institute während der Periode 1991–2004.

Anzahl Bankeninstitute (1991–2004)[1]   Tabelle 30

	1991	1993	1995	1997	1999	2001	2002	2003	2004
Kantonalbanken[2]	28	28	25	24	24	24	24	24	24
Grossbanken	4	4	4	4	3	3	3	3	3
Regionalbanken und Sparkassen	189	155	127	117	106	94	88	88	83
Raiffeisenbanken[3]	2	2	1	1	1	1	1	1	1
Übrige Banken[4]	222	230	225	214	200	205	200	190	188
Finanzgesellschaften[5]	112	79	-	-	-	-	-	-	-
Filialen ausländischer Banken	16	13	14	18	21	25	25	26	25
Privatbankiers	19	18	17	16	17	17	15	15	14
Total	592	529	413	394	372	369	356	342	338

[1] Daten: SNB (2005). Die Banken in der Schweiz 2004. Zürich. S. A4–A8.
[2] sowohl der Kanton Basel als auch der Kanton Unterwalden verfügen über je zwei Kantonalbanken: die 1864 gegründete Basellandschaftliche Kantonalbank und die 1899 gegründete Basler Kantonalbank resp. die 1879 gegründete Nidwaldner Kantonalbank und die 1886 gegründete Obwaldner Kantonalbank. Der Kanton Solothurn verfügt seit 1995 über keine eigene Kantonalbank mehr.
[3] Ende 2004 waren dem Schweizer Verband der Raiffeisenbanken (SVRB) 450 Institute angeschlossen.
[4] diese Gruppe umfasst einerseits die inländisch beherrschten Banken, die sich in die Handelsbanken, Börsenbanken, Kleinkreditbanken und andere Banken gliedern, und andererseits die ausländisch beherrschten Banken.
[5] seit 1. Februar 1995 existieren keine bankähnlichen Finanzgesellschaften mehr. Diese hatten vor der Inkraftsetzung der neuen Bestimmungen im Bankengesetz die Gelegenheit, eine Banklizenz zu beantragen oder sich in eine nicht dem Bankengesetz unterstellte Finanzgesellschaft umzuwandeln.

Die Reduktion der **Anzahl Institute** in weniger als 15 Jahren um über 250, d.h. um über 40%, widerspiegelt den **Umstrukturierungs- und Konzentrationsprozess** im schweizerischen Bankenwesen. Der Rückgang ist einerseits auf die Auflösung bankähnlicher Finanzgesellschaften zurückzuführen. Andererseits ist er auch ein Resultat von Übernahmen und in vereinzelten Fällen von Schliessungen einzelner Bankeninstitute. Dabei ist festzustellen, dass der Rückgang schwergewichtig in die konjunkturell rezessive Zeitperiode von 1990–1997 fiel. Insbesondere die kleineren Banken wie z.B. die Regionalbanken und Sparkassen sahen sich starken Veränderungen ausgesetzt. Trug zu Beginn der 1990er Jahre v.a. eine zu grosszügige **Kreditvergabe** dazu bei, dass gewisse Institute in ihrer Existenz bedroht und letztlich übernommen wurden, so spielt heute vermehrt der **Einsatz von Informations- und Kommunikationstechnologien (IKT)** eine zentrale Rolle bei der noch nicht abgeschlossenen Strukturbereinigung. Die rasante Verbreitung des **Internets** und die Entwicklung von **Verschlüsselungs-**

software haben dazu beigetragen, dass heutzutage Finanzdienste von viele Kunden elektronisch in Anspruch genommen werden (sog. **E-Banking**). Damit verbundene wesentliche Änderungen im Vergleich zum traditionellen Banking betreffen die **Vertriebskanäle**, den **Zahlungsverkehr**, das **Risikomanagement** und generell **Rationalisierungsmöglichkeiten**. So wird z.B. der Backoffice-Bereich automatisiert oder sogar ganze Filialen werden abgebaut. Der technologische Fortschritt birgt für die Banken einerseits **Chancen** in Form der Entwicklung neuer Produkte und Dienstleistungen und deren Kombination, des Erschliessens neuer Märkte, der Nutzung neuer Vertriebs- und Absatzkanäle und von geringeren Transaktionskosten für standardisierte Produkte und Dienstleistungen; als Beispiel lässt sich die Software finnova nennen, die eine modulare Gesamtbankenlösung darstellt und als integriertes Produkt die gesamte Schnittstellenproblematik reduziert. Andererseits sind mit dem technologischen Fortschritt auch **Risiken** verbunden, wie z.B. hohe Fixkosten, ein verschärfter Wettbewerb, eine höhere Transparenz und in der Folge die geringere Möglichkeit des Erwirtschaftens eines mark-ups, aber auch der Verlust der traditionellen Kundenbindung sowie eine in gewissen Bereichen weiterhin unklare rechtliche Situation und damit verbundene Möglichkeiten des Betrugs. Diese Entwicklung stellt die Rolle der Banken als traditionelle Spareinlage- und Kreditvergabeinstitute insgesamt stark in Frage. Die Effekte des Einsatzes von IKT zeigen sich auch teilweise in der Entwicklung des **Personalbestandes** und dessen räumlicher Struktur. So waren 1997/1998 mit Beginn des E-Bankings knapp 120'000 Personen bei den damals 394 ausgewiesenen Bankeninstituten angestellt – davon knapp 13'000 im Ausland. Ende 2004 waren es noch knapp 116'000 Personen: 16'000 davon im Ausland, wovon vier Fünftel bei den Grossbanken waren.

Im Folgenden wird einerseits der allgemeine Typus einer Bankengruppe dargestellt und andererseits auf einzelne Gruppenmitglieder näher eingegangen. Aufgrund ihrer besonderen volkswirtschaftlichen Bedeutung wird dabei ein Schwergewicht der Analyse auf die Kantonal- und die Grossbanken gelegt:

a) Kantonalbanken

Art. 3a BankG definiert als Kantonalbank eine Bank, die aufgrund eines **kantonalen gesetzlichen Erlasses** als Anstalt oder Aktiengesellschaft errichtet wurde. Zudem muss der Kanton an der Bank eine Beteiligung von mehr als einem Drittel des Dotationskapitals halten und über mehr als einen Drittel der Stimmen verfügen. Kantonalbanken können in der Rechtsform der **öffentlich-rechtlichen Anstalt** mit eigener Rechtspersönlichkeit, als **gemischtwirtschaftliche** oder **privatrechtliche Aktiengesellschaft** gebildet werden. 2004 wiesen zwei Drittel der 24 Kantonalbanken die Rechtsform der öffentlich-rechtlichen Anstalt auf. Ihr Eigenkapitalgeber ist der Kanton. Die Kantonsregierung delegiert die obersten

Verwaltungsorgane, und das jeweilige Kantonalbankgesetz schreibt vor, welcher Gewinnanteil an die Staatskasse abzuliefern ist. Sechs Kantonalbanken haben die Rechtsform der gemischtwirtschaftlichen Aktiengesellschaft (Genf, Jura, Luzern, Waadt, Wallis und Zug). Die Berner Kantonalbank (BEKB) wandelte 1998 als erste und bis anhin einzige Kantonalbank ihr Rechtskleid in dasjenige einer privatrechtlichen Aktiengesellschaft um und zählt mittlerweile mehr als 50'000 Aktionäre. Mitte 2000 erfolgte die Umwandlung der St. Galler Kantonalbank (SGKB) von einer öffentlich-rechtlichen Anstalt in eine Aktiengesellschaft. Die Solothurner Kantonalbank wurde Anfang der 1990er Jahre infolge Misswirtschaft privatisiert und vom (damaligen) Schweizerischen Bankverein (SBV) übernommen; dieser führte sie ab Januar 1995 unter dem Namen Solothurner Bank (SoBa) als Tochtergesellschaft weiter. Seit Ende August 2000 gehört die SoBa als Baloise Bank SoBa zur Bâloise-Gruppe resp. zu den Basler Versicherungen. Die Ausserrhodische Kantonalbank wurde Anfang 1997 von der (damaligen) Schweizerischen Bankgesellschaft (SBG) übernommen.

Mit der Revision des Bankengesetzes im Jahre 1999 wurden den Kantonalbanken mehr Freiheiten eingeräumt. Die Kantone können seither z.B. frei entscheiden, ob und in welchem Umfang sie die sog. **Staatsgarantie** als konstitutives Merkmal einer Kantonalbank gewähren wollen, d.h. ob und in welchem Ausmass ein Kanton – und damit letztlich der Steuerzahler – für die Verbindlichkeiten seiner Kantonalbank die vollumfängliche (unbeschränkte) oder teilweise (beschränkte) Haftung übernehmen will. Mit der Gewährung der Staatsgarantie durch einen Kanton ist im Gegenzug eine besondere Berücksichtigung kantonaler Anliegen durch die entsprechende Kantonalbank verbunden wie z.B. günstige Kredite für das ansässige Gewerbe und die Landwirtschaft sowie eine wohlwollende Berücksichtigung entwicklungsschwacher Regionen des Kantons. Es liegt somit ein **trade-off** vor zwischen dem betriebswirtschaftlichen Rendite-Kalkül einerseits und dem volkswirtschaftlichen Gesamtinteresse andererseits; dieser trade-off wird oft auch als Argument gegen eine zu grosszügige Liberalisierung angeführt. 2005 wurde 21 Kantonalbanken die unbeschränkte und der Banque Cantonale de Genève (BCGE) eine beschränkte Staatsgarantie gewährt. Die zweitgrösste Kantonalbank – gemessen sowohl am Eigenkapital als auch an der Bilanzsumme – verfügt über keine Staatsgarantie, wobei eine solche auch vor der Gesetzesrevision nicht bestand; es handelt sich dabei um die im Rechtskleid der gemischtwirtschaftlichen Aktiengesellschaft ausgestaltete Banque Cantonale Vaudoise (BCV). Die BEKB soll als einzige Kantonalbank eine schrittweise Aufhebung der Staatsgarantie bis zum Jahre 2012 erfahren; so wurde diese bereits per 1. Januar 2006 auf Spargelder bis zu 100'000 Fr. je Kunde und auf Obligationenanleihen reduziert. Ein weiterer wichtiger Revisionspunkt des Bankengesetzes im Jahre 1999 war, dass die Kantonalbanken neu der Aufsicht der EBK unterstellt sind und mit anderen Banken fusionieren oder eine Holding bilden können; davon wurde jedoch bis jetzt weder Gebrauch gemacht noch zeichnet sich gegenwärtig eine solche Entwicklung ab.

Die Kantonalbanken weisen erhebliche Unterschiede in ihren Merkmalen auf und sind damit eine in sich sehr **heterogene Gruppe**. Während die grossen Kantonalbanken viel mit Grossbanken gemeinsam haben, sind die mittelgrossen und kleineren Institute eher mit Regionalbanken vergleichbar. Obwohl das Schwergewicht auf dem Spar- und Hypothekengeschäft liegt, spielt in einzelnen Fällen ebenfalls das Vermögensverwaltungsgeschäft sowohl mit in- als auch ausländischen Kunden eine wichtige Rolle. Letztere werden insbesondere durch die Kantonalbanken von Basel, Genf, Graubünden, St. Gallen, Waadt und Zürich betreut. Ebenso sind das Wertschriften- und Devisengeschäft sowie Spezialdienstleistungen wie z.B. Kleinkredite, Exportfinanzierung oder Leasing Bestandteile des Dienstleistungsangebots der Kantonalbanken. In vereinzelten Fällen sind sie ausserkantonal und über die Landesgrenzen hinaus präsent, wobei festzuhalten ist, dass die 24 Kantonalbanken Ende 2004 gerade einmal vier Personen im Ausland beschäftigten.

Mit Blick auf Deutschland entsprechen die Kantonalbanken am ehesten den **deutschen Landesbanken**. Diese haben im Juli 2005 ihre Staatsgarantie verloren, was teilweise mit einer Rückstufung der Bonität der Institute und einer damit verbundenen Erhöhung der Refinanzierungskosten einherging. Im Gegensatz zu den Schweizer Kantonalbanken sind die Landesbanken in der Regel nicht im Massengeschäft tätig und verfügen über kein Filialnetz. Vielmehr unterstützen sie die ihnen angeschlossenen Sparkassen z.B. bei grösseren Finanzierungsprojekten derer Kunden. Ebenso sind die Landesbanken auch in der Finanzierung von Gemeinden oder Bundesländern aktiv. Mit einer Bilanzsumme von 323 Mrd. Euro und rund 12'600 Mitarbeitern im Jahr 2003 ist die Landesbank Baden-Württemberg (LBBW) das grösste Institut dieser Gruppe.

b) Grossbanken

Die Zuordnung der Grossbanken beruht in der Bankenstatistik der SNB z.T. auf historischer Überlieferung. Bis 1989 wurden fünf Grossbanken gezählt: die Schweizerische Bankgesellschaft (SBG), der Schweizerische Bankverein (SBV), die Schweizerische Kreditanstalt (SKA), die Schweizerische Volksbank (SVB) und die Bank Leu AG. Seit 1991 wird die Bank Leu AG den Börsenbanken zugeordnet, nachdem sie im Vorjahr durch die SKA übernommen wurde. Die beiden Grossbanken SVB und SKA wurden Mitte der 1990er Jahre in die Konzernstruktur der Credit Suisse Group (CSG) eingebettet, nachdem 1993 die Übernahme der SVB durch die SKA erfolgte; ab Anfang 1997 trat die SVB unter dem Namen

Credit Suisse auf, die SKA firmierte seither als Credit Suisse First Boston (CSFB). 1998 vollzogen die vorübergehend in Union Bank of Switzerland umbenannte SBG einerseits und der SBV andererseits ihre bereits im Vorjahr angekündigte Fusion zur UBS AG (vgl. Abbildung 23 auf S. 64). In den von der SNB erhobenen statistischen Daten für 2004 wurden die **drei Grossbanken** UBS AG, die Credit Suisse und die CSFB unterschieden. Dies ist damit zu erklären, dass die Statistik die rechtlich selbständigen Institute ausweist. Es zeigt sich aber gerade an diesem Beispiel, dass aus der **rechtlichen Selbständigkeit** nicht immer zwingend auf eine **wirtschaftliche Selbständigkeit** geschlossen werden darf, da ja sowohl die Credit Suisse als auch die CSFB unter der Dachorganisation der CS-Holding tätig sind. Seit dem 1. Januar 2006 firmiert die CSG mit nur noch einer Banklizenz einheitlich unter dem Namen Credit Suisse mit den drei Geschäftsbereichen Private Banking (Privatkundengeschäft), Investment Banking (Firmenkundengeschäft) und Asset Management; Letzterer berät und beliefert die beiden anderen Geschäftsbereiche als Entwicklungsabteilung mit marktgängigen Produkten.

Für 2004 zeigt eine Analyse der jeweiligen **Bilanzsumme** (in- und ausländische Aktiven resp. Passiven) folgendes Bild: Die UBS AG nahm mit rund 1140 Mrd. Fr. eine internationale Spitzenposition ein. Weltweit gehörte sie damit zu den bedeutendsten Vermögensverwalter, was mit ein Grund für die Fusion der beiden Institute UBS und SBV war. Die Bilanzsumme der Credit Suisse belief sich auf rund 220 Mrd. Fr., während diejenige der CSFB rund 290 Mrd. Fr. betrug. Damit entfielen auf die drei Grossbanken 66% der Bilanzsumme sämtlicher Bankbilanzen in der Schweiz; 1975 belief sich dieser Anteil der Grossbanken auf 45%, zehn Jahre später auf 51% und 1995 auf rund 55%. Diese Entwicklung kann als Indikator einer zunehmenden und sich beschleunigenden **Konzentration** im schweizerischen Bankenwesen dienen (vgl. Abbildung 19 auf S. 53). Des Weiteren verfügte die UBS AG über eine **Eigenkapitalbasis** von 0,9 Mrd. Fr. und über **Reserven** von 35 Mrd. Fr. Die Credit Suisse wies Eigenkapital in der Höhe von 3,1 Mrd. Fr. und Reserven von rund 1,9 Mrd. Fr. aus, während die entsprechenden Werte bei der CSFB bei 4,4 Mrd. Fr. resp. 13,6 Mrd. Fr. lagen.

Auch am **Bruttogewinn** und an der **Anzahl der Beschäftigten (Personalbestand)** gemessen stellten die drei Grossbanken unter den Banken in der Schweiz Ende 2004 die grösste Bankengruppe dar. Mit 12 Mrd. Fr. verfügten die Grossbanken über 52% des gesamten Bruttogewinns im Bankenwesen (1995: 52%). Der Personalbestand von rund 53'000 macht 46% der Beschäftigten aller Banken in der Schweiz aus (1995: 52%), wobei gegenüber 1995 bei den Grossbanken eine Einbusse von 9500 beschäftigten Personen zu verzeichnen ist; dabei gilt es jedoch zu berücksichtigen, dass seit 2001 in der Statistik der SNB die Teilzeitbeschäftigten nach Arbeitspensum gewichtet werden.

XI. Produktionssektoren

Ein wesentliches Merkmal der schweizerischen Grossbanken besteht in ihrer starken Verflechtung mit der Weltwirtschaft und den internationalen Finanzmärkten. Die Grossbanken verfügen über ein weltweites Netz von sog. **Filialen**; als Filialen gelten alle **rechtlich unselbständigen Geschäftsstellen** (z.B. Zweigniederlassungen, Agenturen, Einnehmereien oder Depositenkassen). Der damalige SBV verfügte bereits 1898 über eine Niederlassung in London, während die Expansion der anderen Grossbanken in fremde Märkte erst nach dem Zweiten Weltkrieg wirklich begann. Die Grossbanken sind traditionell typische Vertreter der Universalbanken und bieten grundsätzlich alle Geschäfte an, wobei eine Tendenz zur Spezialisierung auf die Bereiche des **Private Banking** und des **Investment Banking** vorliegt: Das Private Banking-Geschäft wird in Abbildung 123 näher erläutert, Ausführungen zum Investment Banking-Geschäft finden sich auf S. 461.

In der Regel werden in den jährlichen und vierteljährlichen Berichterstattungen derjenigen Bankeninstitute, die im Private Banking tätig sind, seit wenigen Jahren Kennzahlen publiziert, die mit den betreuten Kundenvermögen im Zusammenhang stehen (sog. **Assets under Management; AuM**). Dabei sind sowohl der aktuelle Bestand als auch die Wertveränderungen von hoher Relevanz. Bei den Veränderungen ist jedoch zu unterscheiden, ob diese aufgrund von **Wertschwankungen** bestehender Kundenportfolios oder durch **Akquisition resp. Verlust** von Kundengeldern zustande gekommen sind. Beide Grössen können grundsätzlich als Vertrauenshinweise interpretiert werden: Durch (1) Wertveränderungen bestehender Kundenportfolios wird zum Ausdruck gebracht, als wie Erfolg versprechend sich die Geschäftstätigkeit der Bank erwiesen hat. Allerdings ist dabei zu berücksichtigen, dass einerseits das eingegangene Risiko und die exogenen Faktoren ausgeblendet werden und andererseits die AuM-Kennzahlen auch nicht-diskretionär angelegte Kundengelder umfassen, über deren Anlagepolitik der Kunde letztlich selbst entscheidet. Durch (2) den Ausweis von Netto-Neugeldern wird dargelegt, dass Neukunden in der zu berücksichtigenden Periode Guthaben bei der Bank angelegt resp. bestehende Kunden Vermögensbestände erhöht haben. Dabei bleibt allerdings unklar, ob Neugelder aufgrund Weiterempfehlung durch bestehende zufriedene Kunden oder vielmehr durch Einräumung attraktiver Sonderkonditionen gewonnen werden konnten. Banken scheinen am Ausweis hoher Neugeld-Zuflüsse besonders interessiert zu sein, zumal diese von Finanzanalysten als kritischer Erfolgsfaktor beurteilt werden und der Totalbestand der AuM massgeblich zur **Bestimmung des Unternehmungswertes** herangezogen wird.

Im Inland beruht die Tätigkeit der Grossbanken zum grossen Teil auf der **Kreditvergabe** an die Wirtschaft. Die zu grosszügige Kreditpolitik der frühen 1990er Jahre hat jedoch zu erzwungenen grossen Abschreibungen geführt und Anpassungen bei der Kreditvergabe durch die Banken bewirkt. So wurden Mitte der

| Das Private Banking-Geschäft | Abbildung 123 |

Das "Private Banking" gehört zum absoluten Kerngeschäft der Volkswirtschaft der Schweiz. Gemäss einer Untersuchung des Swiss Banking Institute der Universität Zürich erzielten sie 2004 die **höchste Eigenkapitalrendite** und erwirtschafteten den **höchsten Gesamtertrag pro Angestelltem** von rund 543'000 Fr. Dementsprechend sind auch die Personalkosten je Mitarbeiter mit 225'000 Fr. deutlich höher als in allen anderen Wirtschaftszweigen, ja deutlich höher als im "Private Banking" in wichtigen Konkurrenzländern. Bei der Anlagerendite – gemessen als Performance der Fonds – platzieren sich die Schweizer Banken im Langzeitvergleich hinter den USA auf Platz zwei. Das "Private Banking" befindet sich als Wirtschaftszweig aber in einem starken Umbruch. Eines der wenigen, aber zentralen Probleme sind die nur noch **geringen Wachstumschancen am Offshore-Markt Schweiz**, während die Vermögen betuchter Kunden weltweit mit zweistelligen Raten zunehmen. Schweizer Banken haben sich im "Private Banking" lange allzu stark auf "natürliche" Wettbewerbsvorteile wie die innenpolitische Stabilität, das Bankkundengeheimnis oder den stabilen Franken verlassen. Die Bedeutung dieser Faktoren hat jedoch abgenommen, der internationale Wettbewerb ist wesentlich intensiver geworden. Dies zeigt sich u.a. in der **Stagnation der Neugelder** einerseits im Heimmarkt und andererseits in so bedeutenden Zulieferländern wie Deutschland und damit verbunden letztlich in der Stagnation der verwalteten Vermögen. Zudem versuchen umliegende Länder viel engagierter als bisher den Abfluss von Geldern (und Steuersubstrat) durch den Erlass regulatorischer Filter zu verhindern oder bereits in ausländischen Depots liegende Vermögen über Steueramnestien zurückzuholen (z.B. Italien). Der Druck auf das Bankkundengeheimnis der Schweiz von Seiten der EU und der OECD ist deutlich gestiegen. Seit 1. Juli 2005 stellen die Schweizer Banken – wie auf S. 444 dargelegt – in Erfüllung des **Zinsbesteuerungsabkommens zwischen der Schweiz und der EU** die Besteuerung von Zinserträgen natürlicher Personen mit Steuerdomizil in der EU sicher. Aber auch die Kunden sind anspruchsvoller, kostenbewusster und fachkundiger geworden und achten stärker auf die Performance und Dienstleistungsqualität.

Je nach Standpunkt ist im "Private Banking" am Standort Schweiz von **Sättigung** oder von grossen **Überkapazitäten** und überfälliger **Konsolidierung** die Rede. Probleme haben v.a. mittelgrosse Institute wie die Banken Vontobel, Sarasin oder Julius Bär mit zu verwaltenden Kundenvermögen per Ende 2004 zwischen 49–135 Mrd. Fr. Im Vergleich dazu verwalteten die Private Banking-Einheiten der UBS AG Ende 2004 insgesamt 778 Mrd. Fr. und diejenigen der Credit Suisse Group (CSG) 539 Mrd. Fr. Wichtig zur Erwerbung neuer Vermögenswerte ist die Fähigkeit, aus dem stagnierenden Offshore-Geschäft auszubrechen, eine Auslandsexpansion selber voranzutreiben, den Kunden zu folgen und attraktive Dienstleistungen an Ort ("Onshore") anzubieten – sei dies über Akquisitionen oder über organisches Wachstum. So investierte die UBS AG alleine 2004 über 1 Mrd. Fr. in den Ausbau des europäischen Onshore-Geschäfts. Die mittleren Institute sind zuwenig kapitalkräftig, um die dazu nötigen hohen Investitionen und den langen Atem aufzubringen. Gleichzeitig steht ihre Kostenstruktur einer Nischenstrategie entgegen, wie sie kleine und kleinste Privatbanken erfolgreich umsetzen. Deshalb sollten sich auch mittlere Einheiten im "Private Banking" auf diejenigen Phasen der Wertschöpfungskette konzentrieren, in denen sie ihre Kernkompetenzen ausspielen können, z.B. **Wettbewerb über strukturierte Beratungsprozesse**. Damit gewinnen internationale Netzwerke und Allianzen an Bedeutung. Dennoch bleibt die Schweiz mit rund 1780 Mrd. US-Dollar (2003) vor Grossbritannien und Luxemburg das führende Offshore-Zentrum.

1990er Jahre selektive Rating-Verfahren für die Gesuchsteller eingeführt, welche die Bonität der Kreditnehmer umfassender beurteilen und darauf basierend unterschiedliche Zinssätze für die Kredite veranschlagen (sog. **Risk-adjusted Pricing**). Bei verschiedenen kleinen und mittleren Unternehmungen (KMU) ergaben sich daraus Finanzierungsprobleme.

Nebst dem Kreditgeschäft haben die Grossbanken im Inland auch das **Hypothekargeschäft** stark ausgedehnt. Als weitere wichtige Geschäftssparten, die aber in der Bilanz nicht zum Ausdruck kommen, sind zu erwähnen: die **Vermögensverwaltung**, das **Börsen- und Emissionsgeschäft**, die Geschäfte mit **Devisen**, **Edelmetallen** und **Münzen** sowie mit **derivativen Finanzinstrumenten** (Optionen und Futures). In den letzten Jahren hat sich auch das Wertpapierleihgeschäft, das sog. **Securities Lending and Borrowing**, stark entwickelt. Eine nähere Analyse einzelner Bankgeschäfte findet sich auf S. 457ff.

Im **internationalen Vergleich** zählen die beiden Schweizer Grossbanken UBS AG und Credit Suisse zu den führenden Bankeninstituten. Sowohl in Bezug auf die Marktkapitalisierung als auch in Bezug auf die Bilanzsumme nehmen sie Spitzenpositionen ein. Vergleichbare Banken Europas sind u.a. die **HSBC Group** mit Sitz in London, die auf die 1865 gegründete Hongkong and Shanghai Banking Corporation Limited (HSBC Ltd.) zurückgeht, die 1870 in Berlin gegründete **Deutsche Bank** oder die grösste Bank Frankreichs, die **BNP Paribas Groupe**, deren Ursprung im Zusammenschluss französischer und holländischer Banken Mitte des 19. Jahrhunderts liegt (Paribas = Paris und Pays-Bas). Anfang Februar 2006 hat die BNP Paribas die sechstgrösste italienische Bank, die Banca Nazionale del Lavoro (BNL) für rund 9 Mrd. Euro erworben. Dabei hat sie mit 13 Aktionären der BNL eine Grundsatzübereinkunft über den Kauf von 48% des Aktienkapitals für 4,3 Mrd. Euro abgeschlossen.

c) Übrige Bankengruppen

Die Gruppe der **Regionalbanken** und **Sparkassen** weist eine heterogene Zusammensetzung auf. Neben Spezialinstituten wie Bodenkreditanstalten sind v.a. die in ihrer Geschäftstätigkeit geographisch begrenzten Lokal- und Regionalbanken sowie die Sparkassen zu erwähnen. Der Geschäftsbereich der Regionalbanken und Sparkassen ist im Allgemeinen jenem der Kantonalbanken ähnlich, wobei sie sich aber v.a. in der Rechtsform und in ihrem in der Regel **geographisch enger begrenzten Tätigkeitsgebiet** von den Kantonalbanken unterscheiden. Die meisten Institute dieser Gruppe weisen die Rechtsform der **privatrechtlichen Aktiengesellschaft** auf (z.T. auch Genossenschaften). Das Geschäftsfeld liegt vorwiegend im **Kommerzgeschäft**: Das Aktivgeschäft besteht zu rund 80% aus Hypothekarkrediten, das Schwergewicht im Passivgeschäft liegt mit rund 60%

bei Sparheften, Anleihen und Pfandbriefen. Die **Krise im Immobiliensektor** hat in den frühen 1990er Jahren bei verschiedenen schweizerischen Regionalbanken und Sparkassen zu grossen Problemen und teilweise zu **Übernahmen** – z.B. des Crédit Foncier durch die Banque Cantonale Neuchâteloise – aber auch zu **Konkursen** geführt. Ein prominentes Beispiel war die Schliessung der 70 Personen beschäftigenden Spar- und Leihkasse Thun (SLT) im Herbst 1991 durch die EBK aufgrund zu hoher eingegangener Risiken bei der Belehnung von Immobilien. Die Liquidation konnte erst Anfang 2006 abgeschlossen werden. Dabei müssen die Gläubiger rund 220 Mio. Fr. und somit 20% ihrer ursprünglichen Forderungen abschreiben. Die Liquidation selbst verursachte Kosten in der Höhe von 20 Mio. Fr. Neben der grossen **Risikokonzentration im Immobiliensektor** können kleine Regionalbanken mit den technischen Innovationen im Bankensektor kaum mithalten, da diese eine Mindestgrösse bedingen. Die meisten Banken dieser Gruppe schlossen sich 1971 zum **Verband Schweizer Regionalbanken** zusammen; knapp 90 Regionalbanken und Sparkassen gründeten 1994 angesichts der Immobilienkrise die **RBA-Holding**. Diese bietet ihren Mitgliedern (sog. **RBA-Banken**) über vier Tochtergesellschaften, nämlich die RBA-Finanz, die RBA-Service, die RBA-Dienste und die RBA-Zentralbank, gewisse Leistungen an und wickelt diese zentral ab. Mitte 2005 gehörten der RBA-Holding 67 Banken an; diese verfügten über eine gemeinsame Bilanzsumme von 53 Mrd. Fr. und eigene Mittel (Eigenkapital und Reserven) in der Höhe von 4,4 Mrd. Fr. In diesen Zahlen sind auch die Daten des Konzernabschlusses der **Valiant Gruppe** und der **Clientis Gruppe** enthalten. Diese beiden Akteure kontrollieren zusammen fast zwei Drittel der gesamten Stimmen innerhalb der RBA-Holding. Während die Valiant Gruppe innerhalb der RBA-Holding zusammen mit neun anderen grösseren Regionalbanken zum sog. Initiativbanken-Pool zählt, haben 31 Regionalbanken und Sparkassen 2004 Clientis gegründet. Die Clientis Gruppe bietet ihren Mitgliedern Zugang zum Geld- und Kapitalmarkt sowie zentrale Unterstützungs- und Transaktionsdienstleistungen. Dabei gilt Clientis als Vertragskonzern, weil zwischen den 31 Partnern keine gegenseitige Kapitalbeteiligung eingegangen wurde. Die Mitglieder der Valiant und der Clientis Gruppe bemängelten 2004 insbesondere die Revision des zehnjährigen **Aktionärsbindungsvertrags** der RBA-Holding. Dieser hätte den RBA-Banken immer mehr die Rolle reiner Vertriebskanäle für standardisierte Dienstleistungen der RBA-Holding zukommen lassen (z.B. die Bezugspflicht für Leistungspakete der RBA-Holding in den Bereichen IKT, Überwachung und interne Revision sowie Clearing).

Bei den **Raiffeisenbanken** handelt es sich um eine Bankengruppe von ortsweise organisierten Spar- und Kreditinstituten. Nach ihrem geistigen Vater werden sie auch Raiffeisenbanken genannt. Meist ist ihre Tätigkeit auf eine Ortschaft begrenzt, wobei die Banken meistens in ländlichen und halbstädtischen Agglomerationen angesiedelt sind. In der Rechtsform von **Genossenschaften** geführt, erfolgt die Kreditgewährung im Allgemeinen nur an Mitglieder gegen Grund-, Faust- und Viehpfand oder unter der Bedingung der Bereitstellung von Bürgen. Die 450 rechtlich selbständigen Raiffeisenbanken (2004) sind im 1902 gegründeten **Schweizer Verband der Raiffeisenbanken (SVRB)** zusammengeschlossen. Dieser unterstützt sie landesweit in verschiedenen Geschäftsbereichen und garantiert alle Verbindlichkeiten seiner Mitgliedsbanken, während diese gleichzeitig für den Verband haften. Der Geldverkehr zwischen den einzelnen Raiffeisenbanken erfolgt über die verbandseigene Zentralbank, die auch die Liquiditätserfordernisse der Gruppe garantiert und selbst Bankgeschäfte abwickelt. Die Raiffeisenbanken haben über 2,5 Mio. Kunden, wovon rund die Hälfte Genossenschafter und somit Miteigentümer sind. Mit rund 1200 Standorten verfügen die Raiffeisenbanken über das dichteste Bankfilialen-Netz in der Schweiz. An der Bilanzsumme gemessen ist die Raiffeisen-Gruppe – nach der UBS AG und der Credit Suisse – mit 106 Mrd. Fr. (2005) die drittgrösste Bank in der Schweiz.

Die Gruppe der **übrigen Banken** umfasst all jene Banken, die in keiner der anderen Gruppen eingeteilt werden können. Es wird dabei zwischen inländisch und ausländisch beherrschten Banken unterschieden.

- Die **inländisch beherrschten** Banken lassen sich in weitere vier Untergruppen einteilen: Die **Handelsbanken** sind in der Regel national tätige Universalbanken, die im Kommerz- und Vermögensverwaltungsgeschäft sowie im Investment Banking aktiv sind. Die Rechtsform ist die privatrechtliche Aktiengesellschaft. Beispiele von Handelsbanken sind die Bank Coop AG, die Migrosbank und die Alternative Bank ABS in Olten. Die Tätigkeiten der **Börsenbanken** konzentrieren sich auf das Börsen-, Effekten- und Vermögensverwaltungsgeschäft, das sich nur teilweise in der Bilanz niederschlägt. Als Beispiele von Börsenbanken lassen sich die Bank Leu AG, die Bank Sarasin&Cie AG, die Bank Vontobel AG, aber auch die swissfirst Bank AG und die Swissnetbank.com AG nennen. Seit 1981 werden die gemeinsamen Interessen von Handels- und Börsenbanken durch die Vereinigung schweizerischer Handels- und Verwaltungsbanken vertreten. Die Gruppe der **Kleinkreditbanken** und die Gruppe der **anderen Banken** weisen zusammen nur vier Institute aus: die Freie Gemeinschaftsbank BCL, die WIR Bank, die UBS Card Center AG und die City Bank. Die Kleinkreditbanken sind hauptsächlich im Klein- und Konsumkredit- sowie dem Abzahlungsgeschäft tätig.
- Bei den **ausländisch beherrschten** Banken handelt es sich um **Banken schweizerischen Rechts**. Als ausländisch beherrscht gilt eine schweizerische Bank, wenn Ausländer mit qualifizierten Beteiligungen direkt oder indirekt mit mehr als der Hälfte der Stimmen an ihr beteiligt sind oder auf sie in anderer Weise einen beherrschenden Einfluss ausüben. Als Ausländer gelten dabei sowohl natürliche als auch juristische Personen. Die auslän-

disch beherrschten Banken sind oft in allen Geschäftsfeldern tätig, wobei vorwiegend ein Schwerpunkt auf dem Private Banking oder dem Investment Banking liegt.

Die Gruppe der **Filialen ausländischer Banken** umfasst die in der Schweiz tätigen rechtlich unselbständigen Niederlassungen ausländischer Banken. Es handelt sich also um Banken, die **nicht nach schweizerischem Recht** gegründet wurden – im Gegensatz zu den ausländisch beherrschten Banken in der Gruppe der übrigen Banken. Bei den Filialen handelt es sich um Zweigbetriebe, die dem ausländischen Mutterinstitut wirtschaftlich und rechtlich unterstehen; es handelt sich somit um keine eigene Rechtspersönlichkeiten. Die Filialen ausländischer Banken unterliegen der Verordnung über die ausländischen Banken in der Schweiz. (**Auslandbankenverordnung**; ABV). Sie sind vorwiegend im Investment Banking tätig, wobei sich auch einige dieser Bankeninstitute auf das auslandorientierte Vermögensverwaltungsgeschäft konzentrieren. Seit 1972 sind alle Auslandsbanken im **Verband der Auslandsbanken** in der Schweiz zusammengeschlossen; als Auslandsbanken gelten dabei sowohl die in der Schweiz tätigen Filialen ausländischer Banken als auch die ausländisch beherrschten Banken.

Der **Privatbankier** verkörpert die älteste Unternehmungsform im schweizerischen Bankgewerbe. Die Gründungsjahre der ältesten Privatbankiers gehen auf die Mitte des 18. Jahrhunderts zurück. Die Rechtsform ist die **Einzelfirma, Kollektiv- oder Kommanditgesellschaft**. Der Schwerpunkt der Tätigkeit liegt heute in der Vermögensverwaltung, weshalb die Bilanzsumme meist gering bleibt und nicht zur Beurteilung des Geschäftsumfangs herangezogen werden kann. Per Ende 2004 wiesen die 14 Privatbankiers in der Schweiz zusammen eine Bilanzsumme von 16,8 Mrd. Fr. aus. Privatbankiers sind – soweit sie sich nicht öffentlich zur Annahme fremder Gelder empfehlen – davon befreit, die gesetzlich verlangte Zuweisung an den Reservefonds zu machen sowie ihre Jahresrechnung und Zwischenbilanzen zu veröffentlichen. Beispiele von Privatbankiers sind die Lombard, Odier, Darier, Hentsch&Cie (LODH), die Mirabaud&Cie, die Rahn&Bodmer sowie die Pictet et Cie. Nur sie dürfen den rechtlich geschützten Begriff "Privatbanquier" führen, da einige Partner mit ihrem gesamten Privatvermögen unbeschränkt und persönlich haften. Seit 1934 sind alle Privatbankiers zur **Vereinigung Schweizerischer Privatbankiers** zusammengeschlossen. Das verstärkte Eindringen anderer Banken in das Kerngeschäft der Privatbankiers – das Vermögensverwaltungsgeschäft – zeigt, dass sich der vormals einheitliche Markt für vermögende Kunden in mehrere Segmente aufgespalten hat. Je nach Markt und Kundensegment, die eine Bank betreuen will, kommen der Grösse und der weltweiten Präsenz unterschiedliche Gewichte zu. Die unterschiedlichen Kundenbedürfnisse führen zu einer Aufteilung der Märkte und lassen damit auch

Raum für unterschiedliche Geschäftsmodelle im Privat Banking zu. Für die Privatbankiers wird es umso wichtiger sein, eine ausgewählte Nische zu belegen und sich auf diese klar zu fokussieren.

Die **Institute mit besonderem Geschäftskreis** spielen eine zentrale Rolle im schweizerischen Bankensektor. Darunter werden die Folgenden zusammengefasst:

- die 1905 gegründete **Schweizerische Nationalbank** (SNB), deren Organisation und Aufgaben auf S. 553ff. näher dargestellt werden;
- die 1930 gegründete **Pfandbriefbank schweizerischer Hypothekarinstitute** und die 1931 gegründete **Pfandbriefzentrale der schweizerischen Kantonalbanken**. Beide Institute sind Aktiengesellschaften mit Sitz in Zürich, welche Pfandbriefanleihen emittieren und den Erlös an Mitgliedsbanken ausleihen;
- die 1994 gegründete **RBA-Zentralbank**. Sie bezweckt die Bündelung der Geschäftsvolumen und den gemeinsamen Leistungseinkauf für die RBA-Banken, namentlich im Interbank-, Handels- und Versicherungs- bzw. Vorsorgegeschäft;
- die 1999 gegründete Holdinggesellschaft **SIS Swiss Financial Services Group AG (SIS Group)**. Dieser gehören u.a. die SIS SegaInterSettle AG an, die für den Schweizer Finanzmarkt die Funktion sowohl des nationalen als auch des internationalen Wertschriften-Sammelverwahrens wahrnimmt. Des Weiteren gehört der SIS Group die SIS x-clear AG (x-clear) an, die neben dem London Clearing House als zweite zentrale Gegenpartei für die paneuropäische Handelsplattform virt-x auftritt; x-clear verfügt seit 2003 über den Bankenstatus (vgl. S. 590ff.).

5.3.3 Die Bankgeschäfte

Die schweizerischen Banken sind im Gegensatz zu den Banken in den angelsächsischen Ländern meistens Universalbanken, d.h. sie sind sowohl im Kommerzgeschäft als auch im indifferenten Geschäft tätig. Das **Kommerzgeschäft**, resp. die Kreditvermittlung, findet Niederschlag in der Bankbilanz. Der Ertrag, den die Banken beim Kommerzgeschäft erzielen, liegt in der Differenz zwischen dem Total der Aktivzinsen und dem Total der Passivzinsen. Deshalb wird das Kommerzgeschäft auch als Zinsdifferenzgeschäft bezeichnet. Das **indifferente Geschäft** zeichnet sich dadurch aus, dass das Kreditmoment keine Rolle spielt. Deshalb findet das indifferente Geschäft keinen unmittelbaren Niederschlag in der Bankbilanz. Die Bank erhält als Ertrag nicht eine Zinsdifferenz, sondern eine Kommission.

Einen Überblick über die Geschäftsbereiche einer Bank gibt Abbildung 124.

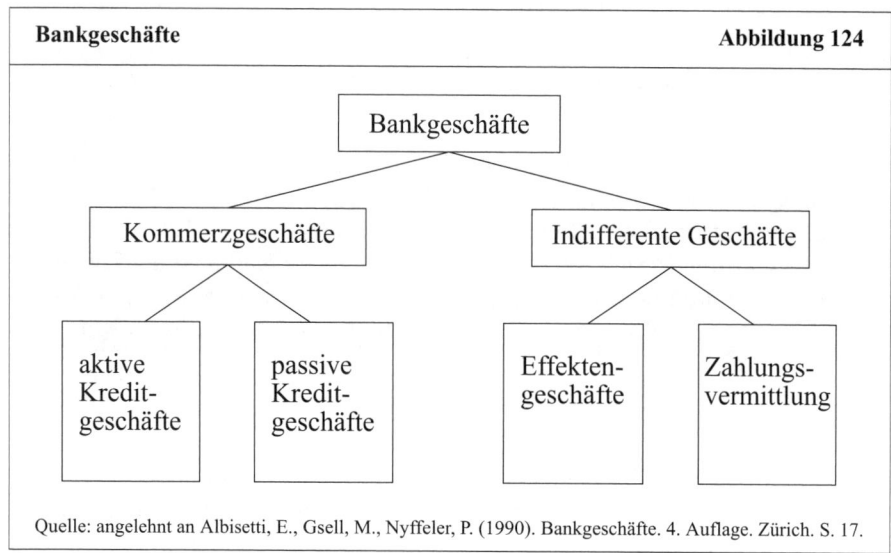

Abbildung 124: Bankgeschäfte

Quelle: angelehnt an Albisetti, E., Gsell, M., Nyffeler, P. (1990). Bankgeschäfte. 4. Auflage. Zürich. S. 17.

a) Die Kommerzgeschäfte

Die Kommerzgeschäfte beinhalten sowohl die aktiven als auch die passiven Kreditgeschäfte. Dabei entspricht das **aktive Kreditgeschäft** der Kreditvergabe der Banken und erscheint auf der Aktivseite der Bankbilanz (vgl. Tabelle 31 auf S. 463). Es können verschiedene Formen und Arten von Krediten unterschieden werden, z.B. der Blankokredit oder der gedeckte Kredit, der produktive oder der konsumtive Kredit, der Hypothekar-, Export- oder Kontokorrentkredit. Für die Kreditgewährung seitens der Bank an den Kunden ist es für die Bank unerlässlich, eine sorgfältige **Bonitätsanalyse des Kreditnehmers** durchzuführen. Es geht hierbei um die Analyse des Kreditnehmers hinsichtlich **Kreditwürdigkeit** und **Kreditfähigkeit**. Des Weiteren hat eine Bank auch nach der Kreditsprechung eine Kreditüberwachung durchzuführen. Die Erfahrung zeigt nämlich, dass ein Grossteil der Kreditverluste der Banken nicht auf falsche Kreditentscheide, sondern auf eine ungenügende Kreditüberwachung zurückzuführen ist. Das **passive Kreditgeschäft** entspricht der Aufnahme von Fremdgeldern durch die Bank und erscheint auf der Passivseite der Bankbilanz (vgl. Tabelle 31 auf S. 463). Als passive Kreditgeschäfte werden folgende Geschäfte bezeichnet: die Entgegennahme von Kundengeldern auf Sicht und Termin, die Entgegennahme von Geldern auf Spar-, Depositen-, Einlage- und Anlagehefte sowie -konten, die Ausgabe von Anleihens- und Kassenobligationen, die Aufnahme von Pfandbriefdarlehen und die Aufnahme von Krediten bei anderen Banken und bei der SNB. Die Fremdgelder (Passivgelder) werden somit bei der Bank gesammelt und in Form des aktiven Kreditgeschäfts an Nachfrager von Krediten weitergeleitet. Die Banken nehmen damit eine **intermediäre Funktion** zwischen den Geldnachfragern und Geldanbietern ein (vgl. S. 586ff. und insbesondere Abbildung 155 auf S. 587).

b) Die indifferenten Geschäfte

Die indifferenten Geschäfte beinhalten die Effektengeschäfte und die Zahlungsvermittlung der Banken.

Die **Effektengeschäfte** umfassen u.a. die Anlageberatung und die Vermögensverwaltung (sog. **Portfolio-Management**), das Depot- und Tresorfachgeschäft, das Börsengeschäft sowie das Emissionsgeschäft. Als **Effekten** im engeren Sinne werden in der Regel Wertpapiere bezeichnet, die in einer grösseren Anzahl inhaltlich (d.h. in jeder Beziehung) gleicher Stücke, lediglich mit verschiedenen Nummern, in den Verkehr gebracht werden und somit untereinander vertretbar (sog. fungibel) sind. Als Effekten gelten insbesondere Aktien, Partizipationsscheine, Anteilsscheine von Anlagefonds (sog. Anlagefondszertifikate), Obligationen, Pfandbriefe sowie derivative Finanzinstrumente wie Optionen, Futures und Swaps.

Bei der **Anlageberatung** (sog. nicht-diskretionäres Geschäft) werden die Kunden entsprechend ihren Wünschen beim Anlegen ihrer Gelder unterstützt. Die klassische **Vermögensverwaltung** (sog. diskretionäres Geschäft) besteht darin, dass die Banken im Rahmen der ihnen vom Kunden gewährten Vollmachten dessen Vermögen treuhänderisch in seinem Auftrag sowie auf seine Rechnung und Gefahr anlegen und verwalten (sog. **Treuhandguthaben**). Die Bank übernimmt damit keine Risiken wie z.B. Delkredere-, Währungs- und Transferrisiken; sie hat sich jedoch an die **Richtlinien für Vermögensverwaltungsaufträge der Schweizerischen Bankiervereinigung (SBVg)**, die den Status von Standesregeln haben, zu halten. Zusammen mit dem Kunden erarbeitet ein Berater massgeschneiderte Anlagerichtlinien, in denen z.B. die Gewichtung einzelner Anlagekategorien, die Anlagestrategie und die Referenzwährung festgehalten werden. Werden diese Anlagerichtlinien seitens der Bank verletzt, so haftet sie für den daraus resultierenden Schaden. Ebenso sind Verstösse gegen grundlegende Prinzipien der Vermögensverwaltung, wie z.B. eine unausreichende Diversifikation der Anlagen auf Unternehmungs- und Branchenebene, ein Haftungsgrund (Verletzung der **Sorgfaltspflicht**). Unbegründete Käufe und Verkäufe der Bank zwecks Maximierung des Kommissionsvolumens bilden einen Verstoss gegen die **Treuepflicht**.

Es wird geschätzt, dass die Banken in der Schweiz rund einen Drittel sämtlicher Offshore-angelegten Gelder der Welt verwalten, d.h. Gelder, die sehr reiche Einzelpersonen ausserhalb ihres Landes anlegen. Mit Bezug auf dieses Kundensegment wird auch von sog. **high net worth individuals** (hnwi) und ab einem Vermögen von 50 Mio. Fr. von sog. super hnwi gesprochen. Gemäss der Erhebung der Schweizerischen Nationalbank (SNB) bei den einzelnen Bankeninstituten verwalteten die Banken Ende 2004 **Wertschriften von in- und ausländischen Kunden im Betrag von rund 3500 Mrd. Fr.**; dies entspricht dem Achtfachen (!) des schweizerischen Bruttoinlandproduktes (BIP), wobei hervorzuheben ist, dass das BIP ein Mass für die Wertschöpfung darstellt (vgl. S. 353ff.). Davon entfielen rund 2000 Mrd. Fr. und somit knapp 60% auf ausländische Depotinhaber. Zudem wurden rund 1800 Mrd. Fr. und damit rund 50% sämtlicher Wertschriften von institutionellen und knapp 40% von privaten Kunden besessen; die restlichen 10% – rund 380 Mrd. Fr. – gehörten kommerziellen Kunden. Rund die Hälfte sämtlicher Wertschriftenanlagen erfolgte in Schweizer Franken, ein Viertel in Euro und ein Fünftel in US-Dollar. 40% sämtlicher Wertschriften waren Aktien, ein Drittel Obligationen und knapp ein Viertel Anlagefondszertifikate. Die Kundendepots und Treuhandanlagen sind eine der tragenden Säulen und eine sog. **Cash Cow des Finanzplatzes Schweiz**. So generierten das Wertschriften- und Anlagegeschäft 2004 einen Kommissionsertrag von 23,5 Mrd. Fr., wovon rund die Hälfte auf die drei Grossbanken entfielen. Der Kommissionsertrag betrug rund 25% aller Erträge der Banken in der Schweiz (Zins-, Diskont-, Dividenden- und Kommissionsertrag). Diese hohe Attraktivität hat auch dazu geführt, dass namhafte ausländische Banken ihre Kompetenzzentren für die Vermögensverwaltung nach Genf verlegt haben, wie etwa die Deutsche Bank, Goldman Sachs oder HSBC. Die Schweiz galt 2005 gemäss der Studie "European Wealth and Private Banking Industry" als das weltweit führende Offshore-Zentrum, gefolgt von Singapur, Hong Kong, Grossbritannien und Luxemburg. Für 2007 wird ein Wechsel an der Spitze prognostiziert, indem Singapur den ersten und die Schweiz den zweiten Rang belegen sollen.

Das **Depot- und Tresorfachgeschäft** umfasst die Aufbewahrung von Spargeldern und Wertschriften sowie deren Verwaltung (Bezug von Zinsen und Dividenden etc.). Dabei schliesst der Kunde – im Gegensatz zur Vermögensverwaltung – lediglich einen Depotführungsvertrag ab; die Anlageentscheide fällt der Kunde selbst (sog. **Execution-only-Kunde**). Eine Informationspflicht seitens der Bank entsteht erst dann, wenn der Kunde in komplexe und risikoreiche Anlageklassen wie z.B. Derivate oder strukturierte Produkte (z.B. Hedge-Funds) investiert. Gibt ein Anlageberater bewusst falsche Empfehlungen ab, um z.B. unliebsame Positionen abzubauen, so liegt eine Verletzung der Treuepflicht seitens des Beraters vor.

XI. Produktionssektoren

Das **Börsengeschäft** ist ein zusehends wichtigerer Teil der Effektengeschäfte. Seit Anfang der 1990er Jahre ist insbesondere das Geschäft mit derivativen Finanzinstrumenten für die Banken immer wichtiger geworden; dieses wird in der Schweiz über die Handelsplattform der **Schweizer Börse (Swiss Exchange; SWX)** abgewickelt (vgl. S. 590ff.). Derivative Finanzinstrumente ermöglichen, eine oder mehrere Eigenschaften von Wertpapieren als Anlage zu wählen. Eine Kaufoption für eine Aktie (sog. **Call-Option**) ist z.B. das Recht, eine Aktie zu einem jetzt festgelegten Preis (Ausübungspreis; sog. **exercise price**) während einer bestimmten Zeitperiode zu kaufen. Dies erlaubt dem Anleger von einem Anstieg des Aktienpreises über den festgelegten Preis (Ausübungspreis) zu profitieren, ohne dass er die Aktie selbst kaufen muss. Bleibt der Preis der Aktie unter dem festgelegten Ausübungspreis, so wird der Anleger die Option verfallen lassen. Er verliert damit nur den Betrag, den er für die Option, das Kaufrecht, bezahlen musste. Grundlage für derivative Instrumente bieten Zinsveränderungen, Wechselkursschwankungen, Obligationen- und Aktienkursschwankungen etc. Die Marktteilnehmer können sich dabei gegen Ereignisse, z.B. einen Zinsanstieg, absichern. Solange die Banken nur als Vermittler für derivative Geschäfte auftreten, übernehmen sie kein Risiko. In den meisten Fällen sind die Banken jedoch an der Konstruktion von derivativen Instrumenten beteiligt und übernehmen dabei Verpflichtungen bzw. Risiken. Damit ist das Vermögen direkt betroffen. Diese Aktivitäten fallen somit nicht mehr unter das indifferente Geschäft.

Das **Emissionsgeschäft** ist ein weiterer wichtiger Teil der Effektengeschäfte. Forderungen gegenüber einem Schuldner bzw. Beteiligungen an einer Gesellschaft werden in Wertpapieren verbrieft und dem Anlegerpublikum angeboten. Die Titel werden von den Banken, ohne bilanzwirksam zu sein, weitervermittelt. Die Zusammenführung von Kapitalangebot und -nachfrage garantiert dem Schuldner (bzw. Gläubiger), die Mittel zu Marktkonditionen aufnehmen (bzw. ausleihen) zu können.

Die meisten Effektengeschäfte können dem sog. **Investment Banking** zugerechnet werden. Dabei unterstützen Banken, die als Finanzintermediäre im weiteren Sinne tätig sind, den Handel an den Kapitalmärkten. Unter das Investment Banking fallen Bankleistungen, wie z.B. der Handel mit Finanzkontrakten. So sind die Banken auf dem Primärmarkt – wie oben dargelegt – bei der Emission von Fremd- und Eigenkapital von Unternehmungen involviert. Sie helfen auch allgemein Kapitalnehmern bei der Suche nach Kapitalgebern. Als weitere Vermittlungsleistung kann die Tätigkeit im Bereich Mergers&Acquisitions (M&A; Fusionen und Übernahmen) betrachtet werden. Auf dem Sekundärmarkt bietet eine Investment Bank ihre Dienste als Berater und Vermögensverwalter (Asset Manager) an. Ebenso zählt der Eigenhandel der Banken zum Investment Banking (z.B. Handel mit Eigen- und Fremdkapitaltiteln oder mit Metallkontrakten).

Die **Zahlungsvermittlung** der Banken – als zweiter Bereich des indifferenten Geschäfts (vgl. Abbildung 124 auf S. 458) – umfasst den üblichen Zahlungsverkehr, Geschäfte der bankmässigen Zahlungsvermittlung wie z.B. Banküberweisungen oder der Checkverkehr sowie das Devisengeschäft. Dank ihrem national und international gut organisierten Netz von Verbindungen verfügen die Banken über ideale Voraussetzungen zur Abwicklung der Zahlungsvermittlung. Der bargeldlose Zahlungsverkehr hat in den letzten Jahren stark zugenommen. Die Zahlungen erfolgen dabei durch Umbuchungen in den jeweiligen Konten. V.a. die Zahlungsabwicklung von Wirtschaft und Staat findet praktisch vollständig über Buchgeld statt. Bargeldlose Zahlungsmittel wie Kreditkarten, Checks, point of sale (z.B. EC-direkt) etc. werden auch für Privathaushalte immer wichtiger. Die Abwicklung des durch den internationalen Zahlungsverkehr bedingten Devisenhandels ist ein weiterer Geschäftsbereich. Als Devisen gelten in erster Linie im Ausland zahlbare Geldforderungen oder Zahlungsmittel in fremder Währung. Ausländische Banknoten im Besitz eines Inländers stellen hingegen keine Devisen dar.

5.3.4 Die Bankbilanz

In der Bankbilanz schlägt sich nur das Kommerzgeschäft direkt nieder, während das indifferente Geschäft sich über zurückbehaltene Gewinne oder Verluste indirekt in der Bilanz ausdrückt. Die Aktivseite der Bankbilanz zeigt die Verwendung der Mittel, d.h. welche Kredite vergeben wurden oder wo investiert wurde. Die Passivseite zeigt die Herkunft der Mittel, d.h. Höhe und Zusammensetzung von Eigenkapital und Fremdkapital.

Die Bilanzsumme dient oft als Massstab für die Grösse einer Bank. Das indifferente Geschäft trug in den letzten Jahren jedoch bei zahlreichen Banken in der Schweiz erheblich zum Ertrag bei. Insofern lässt sich aus der Bilanzsumme nicht in jedem Fall auf die Ertragskraft bzw. Grösse einer Bank schliessen.

Die SNB erstellt jeweils jährlich eine **Gesamtbilanz aller Banken in der Schweiz**, indem sie die Bilanzpositionen der einzelnen Bankeninstitute aggregiert. Die SNB orientiert sich dabei an den in der Bankenverordnung aufgeführten Grundsätzen zur Gliederung der Bilanz (Art. 25 BankV). Die Ergebnisse des Jahres 2004 sind in Tabelle 31 auf S. 463 zusammengefasst.

Von den ausgewiesenen Aktiven entfielen 2004 rund 61% auf das Ausland (1997: 51%), von den ausgewiesenen Passiven waren es rund 56% (1997: 45%). Gegenüber 1997 ist die ausgewiesene Bilanzsumme aller Bankengruppen um 40% angestiegen. Dabei konnten die Börsenbanken, aber auch die Raiffeisenbanken ein überdurchschnittliches Wachstum verzeichnen, während die Kantonal-

XI. Produktionssektoren 463

banken sowie die Regionalbanken und Sparkassen unterdurchschnittlich in ihrem Wachstum abschnitten. Die aggregierte Bilanzsumme der Filialen ausländischer Banken in der Schweiz hat in der Zeitperiode 1997–2004 sogar um knapp 40% abgenommen; dies deutet auf deren zunehmende Spezialisierung auf die nicht-bilanzwirksamen Bankgeschäfte hin.

Aktiven und Passiven der Bankbilanzen in der Schweiz (2004)[1] Tabelle 31

Aktiven	in Mio. Fr.
Flüssige Mittel (inkl. Giroguthaben bei der SNB)	17'625
Forderungen aus Geldmarktpapieren (inkl. Schatzscheine)	71'207
Forderungen gegenüber Banken[2]	712'862
Forderungen gegenüber Kunden[3]	392'107
Hypothekarforderungen	601'618
Handelsbestände in Wertschriften und Edelmetallen	334'559
Finanzanlagen	87'333
Beteiligungen	44'764
Sachanlagen (inkl. Liegenschaften)	18'865
Übrige[4]	209'830
Bilanzsumme (Aktiven)	2'490'768
Passiven	
Verpflichtungen aus Geldmarktpapieren	89'568
Verpflichtungen gegenüber Banken[2]	729'794
Verpflichtungen gegenüber Kunden in Spar- und Anlageform[5]	362'247
Übrige Verpflichtungen gegenüber Kunden[2]	681'543
Kassenobligationen	29'794
Anleihen und Pfandbriefdarlehen	182'224
Reserven[6]	96'200
Übrige[7]	308'673
Gewinnvortrag	10'943
Verlustvortrag	-218
Bilanzsumme (Passiven)	2'490'768

[1] Daten: SNB (2005). Die Banken in der Schweiz 2004. Bern/Zürich. S. A72f.
[2] auf Sicht und auf Zeit.
[3] mit und ohne Deckung.
[4] Rechnungsabgrenzungen, sonstige Aktiven, nicht einbezahltes Gesellschaftskapital.
[5] davon waren 2004 in Sparform 5,2% Freizügigkeitskonten der 2. Säule und rund 6,6% gebundene Vorsorgegelder der 3. Säule.
[6] Reserven für allgemeine Bankrisiken, allgemeine gesetzliche Reserven, Reserven für eigene Beteiligungstitel, Aufwertungsreserve, andere Reserven.
[7] Rechnungsabgrenzungen, sonstige Passiven, Wertberichtigung und Rückstellungen (inkl. Schwankungsreserven für Kreditrisiken), Gesellschaftskapital.

5.4 Das schweizerische Privatversicherungswesen

5.4.1 Ökonomische Grundlagen der Versicherungswirtschaft

Die wirtschaftliche Absicherung des Individuums wird in der Schweiz zu einem grossen Teil von den **Sozialversicherungen** (z.B. Alters- und Hinterlassenenversicherung, Pensionskassen, Arbeitslosenversicherung) und nur zu einem kleinen Teil von den **Privatversicherungen** (z.B. Lebensversicherung, Haftpflichtversicherung, Diebstahlversicherung) geleistet. Da die Sozialversicherungen auf S. 645ff. behandelt werden, wird im Folgenden nur auf die Privatversicherungen eingegangen.

Der normale Gang des Lebens und der wirtschaftlichen Abläufe wird oft durch unvorhergesehene Ereignisse gestört. Es mag u.U. gelingen, solche Ereignisse wirtschaftlich zu verkraften. In gewissen Fällen ist jedoch eine Bedrohung der normalen Lebensverhältnisse des betroffenen Individuums oder der normalen Produktionsabläufe der betroffenen Unternehmung zu befürchten. Die Funktion der Versicherung besteht darin, die finanziellen Folgen eines unvorhergesehenen Ereignisses zu tragen, wobei die Kosten dabei einer **Risikogemeinschaft** aufgebürdet werden. Mit der einbezahlten Versicherungsprämie erwirbt sich jeder Versicherungsnehmer die Option auf eine Leistung im Schadensfall. Dabei sieht sich jede Versicherungseinrichtung mit einigen grundsätzlichen Problemen konfrontiert, die sich aus dem eigennützigen Verhalten der Versicherungsnehmer ergeben. Im Folgenden sollen diese Probleme kurz dargelegt werden.

- **Negative Auslese (Adverse selection):** Eine Versicherung steht immer vor dem Problem, dass sie Ereignisse versichern muss, deren Eintrittswahrscheinlichkeit sie nicht genau kennt. Sie berechnet aufgrund einer Schadenswahrscheinlichkeit die Prämie. Die Höhe der Prämie muss so festgelegt werden, dass die Schäden mit den Prämieneinnahmen gedeckt werden können. Der Versicherungsnehmer weiss jedoch in vielen Fällen besser als die Versicherung, wie gross die von der Versicherung nicht beeinflussbare Eintretenswahrscheinlichkeit eines Schadens ist – es liegt eine sog. **asymmetrische Informationsverteilung** vor (vgl. S. 89). Wohnt ein Individuum z.B. in einem Wohnviertel, in dem es viele Einbrüche gibt, dann versichert sich dieses Individuum mit einer relativ hohen Wahrscheinlichkeit gegen Diebstahl. Ein Individuum, das jedoch in einem sicheren Wohnviertel wohnt, wird sich weniger schnell gegen Diebstahl versichern. Somit besteht die Tendenz, dass sich die Individuen mit hohem Risiko versichern und diejenigen mit tiefem Risiko nicht versichern. Es erfolgt dadurch eine schlechte

Auswahl, d.h. eine negative Auslese, der Versicherungsnehmer. In einem solchen Fall müsste die Versicherung nachträglich die Prämie erhöhen, um den potenziellen Schaden decken zu können.
- **Moralisches Risiko (Moral hazard):** Eine Absicherung gegen bestimmte Risiken führt oft dazu, dass die Versicherungsnehmer ihr Verhalten ändern und mehr versicherte Risiken eingehen. Beispielsweise bewirkt eine Diebstahlversicherung, dass sich der Versicherungsnehmer tendenziell weniger vorsichtig verhält und weniger gegen Diebstahl schützt. Versicherungen können diesem Verhalten entgegenwirken, indem sie vom Kunden gewisse Vorsichtsmassnahmen verlangen, bevor sie ihn versichern, oder indem sie ein Bonussystem bei der Prämienausgestaltung einführen.
- **Schutz des Versicherungsnehmers:** Versicherungen versichern Ereignisse, die selten eintreten und einen grossen Schaden verursachen. Dabei versucht die private Versicherung einerseits die Prämien tief zu halten, um möglichst viele Versicherungspolicen abzuschliessen. Andererseits muss sie mit den Prämien auch Rückstellungen für zukünftige Schäden bilden. Kommt es zum Schadensfall, muss garantiert sein, dass die Versicherung den Schaden decken kann. Die Tatsache, dass eine Versicherung zu wenig Rückstellungen macht und damit ihre Versicherungsleistungen im Schadensfall nicht erbringen kann, stellt der Versicherungsnehmer jedoch erst fest, wenn die Versicherung die vertragliche Versicherungsleistung nicht erbringen kann. Um dies zu verhindern, unterstehen Privatversicherungen in der Schweiz der Aufsicht des **Bundesamtes für Privatversicherungen (BPV)**. Diese Aufsicht überwacht u.a. die Einhaltung der Vorschriften für Rückstellungen, sodass die Versicherungen auf jeden Fall die vertraglich festgelegten Leistungen erbringen können. Das BPV soll im Rahmen der geplanten integrierten Finanzmarktaufsichtsbehörde mit der Eidgenössischen Bankenkommission (EBK) und der Kontrollstelle für die Bekämpfung der Geldwäscherei zusammengelegt werden (vgl. Abbildung 122 auf S. 440).

5.4.2 Rechtliche Grundlagen der Versicherungswirtschaft

Verfassungsgrundlage für das Privatversicherungswesen ist **Art. 98 BV (Banken und Versicherungen)**, in dessen Abs. 3 festgehalten wird, dass der Bund Vorschriften über das Privatversicherungswesen erlässt. Schweizerische Versicherungsunternehmungen, welche die Direkt- oder die Rückversicherung betreiben, unterstehen dabei dem **Bundesgesetz betreffend die Aufsicht über Versicherungsunternehmen (Versicherungsaufsichtsgesetz; VAG)** vom 17. Dezember 2004. Gemäss Art. 1 Abs. 2 VAG bezweckt dieses Gesetz insbesondere den

Schutz der Versicherten vor den Insolvenzrisiken der Versicherungsunternehmungen und vor Missbräuchen (Insolvenz = Zahlungsunfähigkeit). Zur Aufnahme der Versicherungstätigkeit bedarf es einer Bewilligung der Aufsichtsbehörde, d.h. des BPV. Dabei bestimmt der Bundesrat, was unter Ausübung einer Versicherungstätigkeit in der Schweiz zu verstehen ist (Art. 2 Abs. 4 VAG). Eine Unternehmung, die eine Bewilligung zur Versicherungstätigkeit erlangen will, hat dem BPV ein Gesuch zusammen mit einem Geschäftsplan einzureichen. Dieser muss u.a. die geplanten Versicherungszweige und die Art der zu versichernden Risiken enthalten; ebenso sind Angaben zur Erfassung, Begrenzung und Überwachung der Risiken vorzunehmen. Neben dem Versicherungsgeschäft darf eine Versicherungsunternehmung nur Geschäfte betreiben, die damit in unmittelbarem Zusammenhang stehen (Art. 11 Abs. 1 VAG). Das BPV hat die gesetzliche Pflicht, die erteilten Bewilligungen zu veröffentlichen (Art. 6 Abs. 4 VAG).

a) Regelung der eigenen Mittel

Versicherungsunternehmungen müssen gemäss Art. 7 VAG die Rechtsform der Aktiengesellschaft oder der Genossenschaft haben. Je nach den betriebenen Versicherungszweigen, muss eine Unternehmung über ein Mindestkapital zwischen drei und 20 Mio. Fr. verfügen. Die genauen Beträge finden sich in Art. 7–9 der **Verordnung über die Beaufsichtigung von privaten Versicherungsunternehmen (Aufsichtsverordnung; AVO)** vom 9. November 2005, die seit Anfang 2006 in Kraft ist. Das BPV kann von diesen Beträgen abweichen, insbesondere wenn die **Risikoexposition** der Versicherungsunternehmung und der geplante Geschäftsumfang dies rechtfertigen. Ebenso muss eine Versicherungsunternehmung über ausreichende freie und unbelastete Eigenmittel bezüglich ihrer gesamten Tätigkeiten verfügen. Dabei bemisst sich die finanzielle Sicherheit nach der sog. **Solvabilität** und den versicherungstechnischen Rückstellungen (Art. 21 AVO). Die Solvabilität der Unternehmung wird gemäss Art. 22 AVO nach zwei Methoden bestimmt (solvent = zahlungsfähig), wobei beide Methoden unabhängig voneinander anzuwenden sind:

- **Solvabilität I:** Festlegung der erforderlichen Eigenmittel nach Massgabe des Geschäftsumfanges (geforderte Solvabilitätsspanne) und der anrechenbaren Eigenmittel (verfügbare Solvabilitätsspanne)
- **Schweizer Solvenztest (SST):** Festlegung der erforderlichen Eigenmittel nach Massgabe der Risiken, denen eine Versicherungsunternehmung ausgesetzt ist (Zielkapital) und der anrechenbaren Eigenmittel (risikotragendes Kapital).

Der SST soll seiner Bedeutung wegen im folgenden Abschnitt näher erläutert werden.

b) Der Schweizer Solvenztest

Der SST ist auf die Grundsätze von **Solvency II** abgestimmt. Solvency II bezweckt v.a. die Bindung der Eigenmittel an die eingegangenen Risiken und hat zum Ziel, ein europäisches Solvenzsystem für das Versicherungswesen zu etablieren. Durch diese Konvergenz sollen u.a. Marktverzerrungen durch nationale Besonderheiten sowie die unterschiedliche Auslegung von Pflichten und Befugnissen der nationalen Aufsichtsbehörden beseitigt werden. Analog zu Basel II für das Bankenwesen basiert Solvency II auf einem Drei-Säulen-Ansatz: (1) quantitative Beurteilung der Solvabilität, (2) aufsichtsrechtliches Überprüfungsverfahren und (3) Marktdisziplin, d.h. Transparenz und Offenlegung. Die Kommission der Europäischen Union (EU) soll im Juli 2007 die Rahmen-Richtlinien beschliessen, wobei die nationale Umsetzung erst für das nächste Jahrzehnt geplant ist. Solvency II wird die erste Versicherungs-Richtlinie der EU sein, bei der das sog. **Lamfalussy-Konzept** angewendet wird. Dieses findet seinen Ursprung im Schlussbericht des Ausschusses der Weisen über die Regulierung der europäischen Wertpapiermärkte (vgl. Abbildung 125 auf S. 468).

Grundlage des Schweizer Solvenztests (SST) bilden Art. 41–53 AVO. Zur Festlegung der erforderlichen Eigenmittel müssen (1) das Zielkapital und (2) das risikotragende Kapital ermittelt werden. Die Ermittlung des **Zielkapitals** beruht dabei auf drei Elementen:

- **Modell zur Quantifizierung der relevanten Risiken:** Es handelt sich dabei in der Regel um Finanz- und Versicherungsrisiken, die durch die Aufsichtsbehörde festgelegt werden. Die Behörde definiert ein Standardmodell einerseits mit einer einheitlichen Ausgestaltung der Finanzrisiken für alle Versicherungsunternehmungen, andererseits mit einer unterschiedlichen Ausgestaltung der Versicherungsrisiken für die verschiedenen Versicherungstypen. Die Versicherungsunternehmungen können eigene Modelle (sog. interne Modelle) zur Quantifizierung der Risiken verwenden, sofern diese von der Aufsichtsbehörde genehmigt werden.
- **Auswertung einer Reihe von Szenarien:** Die Aufsichtsbehörde definiert hypothetische Ereignisse oder die Kombination von Ereignissen (sog. Szenarien), mit deren Eintritt innerhalb Jahresfrist mit einer bestimmten Wahrscheinlichkeit zu rechnen ist und die sich in bestimmtem Ausmass ungünstig auf die Versicherungsunternehmungen auswirken. Die Eintrittswahrscheinlichkeit dieser Szenarien wird durch die Behörde festgelegt. Die Versicherungsunternehmungen definieren zudem eigene Szenarien, die ihrer individuellen Risikosituation Rechnung tragen.

Das Lamfalussy-Konzept	Abbildung 125

Im Bericht des Ausschusses der Weisen – unter Vorsitz des Belgiers Baron Alexandre Lamfalussy (*1929) – wird in Bezug auf die europäischen Wertpapiervorschriften ein **Vier-Stufen-Konzept** vorgeschlagen, das sich auf zwei neue Ausschüsse stützt, den Europäischen Wertpapierausschuss (EWA) und den Ausschuss der Europäischen Wertpapierregulierungsbehörden (AEWRB). Beide wurden von der Kommission im Juni 2001 eingesetzt.

Das Vier-Stufen-Konzept funktioniert in seinen Grundzügen wie folgt:

- **Stufe 1** besteht aus Rechtsakten, d.h. Richtlinien oder Verordnungen, die nach Konsultation aller interessierten Kreise auf Vorschlag der Kommission vom Rat und vom Europäischen Parlament gemäss EG-Vertrag im Mitentscheidungsverfahren erlassen werden. Bei der Verabschiedung einer Richtlinie oder Verordnung werden sich Rat und Parlament auf der Grundlage eines Kommissionsvorschlags jedes Mal über Art und Ausmass der auf Stufe 2 zu beschliessenden detaillierten technischen Durchführungsmassnahmen einigen.
- Auf **Stufe 2** wird der Europäische Wertpapierausschuss (der künftige Regelungsausschuss) die EU-Kommission bei der Verabschiedung der Durchführungsmassnahmen unterstützen. Diese sollen gewährleisten, dass die technischen Bestimmungen mit der Marktentwicklung Schritt halten.
- Die Massnahmen der **Stufe 3** zielen darauf ab, für eine einheitliche Umsetzung der auf den Stufen 1 und 2 erlassenen Akte in den Mitgliedstaaten zu sorgen. Dies wird insbesondere die Aufgabe des Ausschusses der Europäischen Wertpapierregulierungsbehörden sein.
- Auf **Stufe 4** wird die EU-Kommission die Durchsetzung des Gemeinschaftsrechts energischer vorantreiben.

Dieses Konzept fand im März 2001 in Stockholm die uneingeschränkte Unterstützung des Europäischen Rats.

Quelle: europa.eu.int (Februar 2006).

- **Aggregationsverfahren:** Mittels eines Aggregationsverfahrens sollen die Resultate des Modells und der Szenarioauswertung vereinigt werden. Dieses Verfahren wird durch die Aufsichtsbehörde festgelegt, wobei sie für die internen Modelle auf Antrag andere Aggregationsverfahren genehmigen kann.

Das **risikotragende Kapital** dient der Bedeckung des Zielkapitals und muss frei und unbelastet sein. Dabei kann die Aufsichtsbehörde in Ausnahmefällen eine Versicherungsunternehmung von der Bedeckung befreien, falls z.B. die Unternehmung die Tochter einer anderen Versicherungsunternehmung ist, triftige ökonomische Gründe für die Nichtbedeckung des Zielkapitals der Tochter vorliegen oder die Interessen der Versicherten gewahrt sind. Das risikotragende Kapital ergibt sich aus der Summe von Kernkapital und ergänzendem Kapital. Das

XI. Produktionssektoren

Kernkapital selbst ergibt sich einerseits aus der Summe der folgenden zwei Summanden: (a) der Differenz zwischen **marktnah bewerteten Aktiven** und dem **marktnah bewerteten Fremdkapital**, wobei die marktnahe Bewertung im Rahmen des Anhangs 3 zur AVO geregelt wird, und (b) dem **Mindestbetrag**, der dem Kapitalaufwand für das während der Dauer der Abwicklung der versicherungstechnischen Verpflichtungen zu stellende risikotragende Kapital entspricht. Anderseits werden davon u.a. vorgesehene Dividenden und Kapitalrückzahlungen, immaterielle Vermögenswerte und latente Liegenschaftssteuern abgezogen. Als **ergänzendes Kapital** gelten hybride Instrumente, wie z.B. Darlehen, Obligationenanleihen und sonstige Verbindlichkeiten mit Eigenkapitalcharakter.

Das Zielkapital entspricht nun dem risikotragenden Kapital, das zu Jahresbeginn vorhanden sein muss, damit der Durchschnitt der möglichen Werte des risikotragenden Kapitals am Jahresende, die unter einem bestimmten Schwellenwert liegen, grösser oder gleich dem oben erwähnten Mindestbetrag ist. Dieser Schwellenwert wird als sog. **Value at Risk** bezeichnet, die mögliche negative Änderung der Marktwerte als **Expected Shortfall**. Dabei findet sich die Formel zur Berechnung des Expected Shortfall in Anhang 2 der AVO.

c)   Weitere rechtliche Bestimmungen

Art. 16 Abs. 1 VAG verpflichtet die Versicherungsunternehmungen zur Bildung ausreichender versicherungstechnischer Rückstellungen für die gesamte Geschäftstätigkeit. Zudem müssen die Ansprüche aus Versicherungsverträgen durch ein gebundenes Vermögen sichergestellt sein. In den Versicherungsverträgen selbst werden die Rechte und Pflichten des Versicherers und des Versicherungsnehmers festgehalten (sog. **Police**). Dabei ist der Versicherungsnehmer berechtigt, vom Vertrag zurückzutreten, wenn dem Versicherer die Bewilligung zum Geschäftsbetrieb durch das BPV entzogen worden ist. Tritt der Versicherungsnehmer tatsächlich vom Vertrag zurück, so kann er die bezahlte Prämie für die noch nicht abgelaufene Versicherungszeit zurückfordern. Weitere Bestimmungen zum Versicherungsvertrag finden sich im **Bundesgesetz über den Versicherungsvertrag (Versicherungsvertragsgesetz; VVG)** vom 2. April 1908.

Versicherungsverträge können durch sog. **Versicherungsvermittler** angeboten und abgeschlossen werden. Die Aufsichtsbehörde führt ein Register über die Versicherungsvermittler, deren Daten öffentlich sind und im Abrufverfahren zugänglich gemacht werden können (Art. 188 AVO). Dabei besteht jedoch nur für unabhängige Versicherungsvermittler die Pflicht, sich in das Register eintragen zu lassen. So besteht z.B. für Personen, die eine leitende Funktion in einer Versicherungsunternehmung innehaben oder auf andere Weise Einfluss auf den Geschäftsgang einer Versicherungsunternehmung ausüben können, keine Eintragungspflicht (Art. 183 Abs. 1 lit. e AVO). Als Voraussetzung für die Eintragung ins Register gilt bei natürlichen Personen der Ausweis ausreichender beruflicher Qualifikationen und bei juristischen Personen der Nachweis, dass genügend Mitarbeiter diese Qualifikationen besitzen. Ebenso muss entweder eine Berufshaftpflichtversicherung für Vermögensschäden abgeschlossen oder gleichwertige finanzielle Sicherheiten geleistet worden sein. Im ersten Fall muss die Versicherungssumme für alle Schadenfälle eines Jahres mindestens 2 Mio. Fr. betragen, während im zweiten Fall die Aufsichtsbehörde einzeln entscheidet, welche anderweitigen finanziellen Sicherheiten als gleichwertig anzusehen sind. Dabei wird die fachliche Qualifikation durch den erfolgreichen Abschluss einer Prüfung oder durch einen gleichwertigen anderen Ausweis nachgewiesen. Die Aufsichtsbehörde regelt den Inhalt der Prüfung und kann für den Ablauf der Prüfung sowie die Dispensationsgründe Vorschriften erlassen (Art. 184 AVO). Versicherungsvermittler, die am 1. Januar 2006 über eine Erfahrung von mindestens fünf Jahren in der hauptberuflichen oder acht Jahren in der nebenberuflichen Versicherungsvermittlung verfügten, gelten als beruflich qualifiziert; registrierungspflichtige Versicherungsvermittler müssen eine fehlende berufliche Qualifikation bis zum 31. Dezember 2007 nachholen (Art. 6 AVO-BPV). Für Versicherungsvermittler bestehen gegenüber Versicherten mehrere **Informationspflichten** (Art. 45 VAG); so müssen sie z.B. über die Person informieren, die für Nachlässigkeit, Fehler oder unrichtige Auskünfte im Zusammenhang mit ihrer Vermittlungstätigkeit haftbar gemacht werden kann.

Gemäss Art. 12 AVO müssen die **Mitglieder des Verwaltungsrats** einer Versicherungsunternehmung über das nötige Versicherungswissen verfügen, um der Beaufsichtigung und Oberleitung der Unternehmung nachkommen zu können. Ebenso müssen die Personen, die für die **Geschäftsführung** verantwortlich sind, über Kenntnisse verfügen, die für die Leitung der ihnen unterstellten Bereiche der Unternehmung erforderlich sind. Um dies zu prüfen, ist der Aufsichtsbehörde innerhalb 14 Tagen nach Ernennung eines neuen Verwaltungsrats- oder Geschäftsführungsmitglieds dessen Curriculum Vitae zuzustellen. Der Verwaltungsratspräsident darf nicht zugleich Vorsitzender der Geschäftsleitung sein, wobei die Aufsichtsbehörde in begründeten Einzelfällen Ausnahmen bewilligen und diese an Bedingungen knüpfen kann.

5.4.3 Die Struktur im schweizerischen Privatversicherungswesen

Die privatrechtlichen Versicherungen zeichnen sich gegenüber den Sozialversicherungen dadurch aus, dass sie keine staatliche Unterstützungsgelder erhalten. Der Anhang 1 zur AVO definiert die Versicherungszweige und unterscheidet drei Hauptkategorien:

- **Lebensversicherung:** z.B. Kollektivlebensversicherung im Rahmen der beruflichen Vorsorge oder anteilgebundene Lebensversicherung;
- **Schadenversicherung (Nichtleben):** z.B. Unfall, Krankheit, Landfahrzeug-, Schienenfahrzeug-, Luftfahrzeug- und Flussschifffahrts-Kasko, Feuer und Elementarschäden, touristische Beistandsleistung sowie finanzielle Verluste, wie z.B. Berufsrisiken, Gewinnausfall, Miet- oder Einkommensausfall;
- **Rückversicherung:** z.B. Rückversicherung durch Captives.

Bei den ersten zwei Kategorien handelt es sich um die sog. **Direktversicherung**, die unmittelbar das Leben eines Individuums bzw. einen Schaden eines privaten Haushalts versichert. Mittels der **Rückversicherung** können sich Versicherungsunternehmungen rückversichern, deren Risiken zu stark konzentriert sind.

Ende August 2005 unterstanden insgesamt **216 private Versicherungsunternehmungen** dem BPV. Davon entfielen 146 auf die Direktversicherung und 70 auf die Rückversicherung. Von den **146 Direktversicherern** entfielen 104 auf Unternehmungen mit Sitz in der Schweiz und 42 auf solche mit Sitz im Ausland. Bei den **70 Rückversicherern** handelt es sich ausschliesslich um schweizerische Unternehmungen. Dies ist damit zu erklären, dass Versicherungsunternehmungen mit Sitz im Ausland, die in der Schweiz nur die Rückversicherung betreiben, von der Aufsicht nach dem VAG und damit durch das BPV ausgenommen sind. Von den 146 Direktversicherern handelte es sich zudem um **27 Lebensversicherer** (davon drei ausländische) und **119 Schadenversicherer** (davon 39 ausländische). Ende 1997 unterstanden dem BPV insgesamt 164 private Versicherungsunternehmungen. Der Zuwachs um 52 Unternehmungen innerhalb von knapp acht Jahren ist zum grössten Teil auf den starken Anstieg der schweizerischen Rückversicherer zurückzuführen; ihre Anzahl hat sich von 28 auf 70 und damit um den Faktor 2,5 erhöht.

Der Einfluss der Privatversicherungen auf die Finanzmärkte ergibt sich v.a. durch die **Kapitalbildung** der Lebens- und Schadenversicherungen. Die beaufsichtigten schweizerischen privaten Versicherungseinrichtungen verfügten 2003 über Kapitalanlagen von insgesamt 463,9 Mrd. Fr. (vgl. Tabelle 32). Das Schwergewicht der Anlagen liegt mit rund 40% bei den festverzinslichen Wertpapieren.

Kapitalanlagen der schweizerischen Privatversicherungen[1]   Tabelle 32

Versicherungseinrichtung	1987^2	1997^2	2003^2
Leben	82,8	222,0	295,6
Schaden	33,6	71,0	101,9
Rück	9,9	34,7	66,4
Total	126.3	327.7	463.9

[1] Quelle: BFS (2005). Statistisches Jahrbuch der Schweiz 2005. Zürich. S. 493, BFS (1999). Statistisches Jahrbuch der Schweiz 2000. Zürich. S. 350; Daten: BPV.

[2] sämtliche Angaben sind in Mrd. Fr. und widerspiegeln das Gesamtgeschäft sämtlicher vom BPV beaufsichtigten schweizerischen privaten Versicherungseinrichtungen.

Die **Prämieneinnahmen** der beaufsichtigten Privatversicherungen im direkten Schweizer Geschäft beliefen sich 2003 insgesamt auf 51,6 Mrd. Fr., und die ausbezahlten **Versicherungsleistungen** betrugen 26,9 Mrd. Fr. (vgl. Tabelle 33). Rund 60% der Prämieneinnahmen stammen aus dem Lebensversicherungszweig, der wegen seines Sparversicherungscharakters sehr prämienintensiv ist. Bei den Versicherungsleistungen entfallen mit 14,6 Mrd. Fr. ebenfalls mehr als die Hälfte auf den Versicherungszweig der Lebensversicherungen (zum Vergleich: Für die Hochwasserschäden vom August 2005 mussten die Privatversicherer 1,3 Mrd. Fr. bezahlen). Aus der Differenz zwischen den Einnahmen und Leistungen bezahlen die Versicherungsunternehmungen ihren Aufwand und bilden die nötigen **versicherungstechnischen Rückstellungen**. Dabei legt der Bundesrat die Grundsätze zur Bestimmung dieser Rückstellungen fest, wobei er die Regelung der Einzelheiten bezüglich Art und Umfang der Aufsichtsbehörde überlassen kann (Art. 16 VAG). 2003 beliefen sich die versicherungstechnischen Rückstellungen auf 391 Mrd. Fr.

Im Schweizer Privatversicherungswesen (sog. **Schweizer Privatassekuranz**) waren Ende 2005 rund 135'000 Personen beschäftigt, davon rund 30% im Inland und 70% im Ausland. Von den Beschäftigten in der Schweiz waren knapp 20% teilzeitangestellt. Die Schweizer Privatassekuranz wird durch die **Dachorganisation des Schweizerischen Versicherungsverbands** (SVV) gegenüber Behörden, Politik und Öffentlichkeit vertreten. Ihm sind über 80 kleine und grosse, national und international tätige Erst- und Rückversicherer angeschlossen. Auf die Mitglieder entfallen mehr als 95% der am Schweizer Markt erwirtschafteten Prämien der Privatassekuranz. Das Prämienvolumen der Schweizer Privatassekuranz belief sich 2004 weltweit auf 187 Mrd. Fr. Davon entfielen drei Viertel auf die Direktversicherung (= Erstversicherung) und ein Viertel auf die Rückversicherung. 30% wurden im Inland erwirtschaftet und 70% im Ausland. Die Rückversicherungen erwirtschaften über 90% ihres Prämienvolumens im Ausland. Dies hängt damit zusammen, dass die Rückversicherungen stärker als die

Prämien und Leistungen im direkten Schweizer Geschäft (2003)[1]   Tabelle 33

Versicherungszweig	Prämieneinnahmen[2]	Versicherungsleistungen[2]
Leben	32,2	14,6
Schaden (davon:)	19,4	12,3
Unfall	2,6	1,6
Krankheit	5,5	4,2
Haftpflicht	1,9	0,9
Motorfahrzeughaftpflicht	2,3	1,7
Übrige[3]	4,5	2,6
Total	51,6	26,9

[1] Quelle: BFS (2005). Statistisches Jahrbuch der Schweiz 2005. Zürich. S. 492; Daten: BPV; Rundungsdifferenzen möglich.
[2] sämtliche Angaben sind in Mrd. Fr. und widerspiegeln die gesamten Prämieneinnahmen resp. die gesamten ausbezahlten Versicherungsleistungen der vom BPV beaufsichtigten privaten Versicherungseinrichtungen im direkten Schweizer Geschäft.
[3] Motorfahrzeugversicherungen (nebst Haftpflicht), Feuer, See, Luftfahrt, Transport, Kaution, Kredit und Rechtsschutz.

Direktversicherungen auf den geographischen (und branchenmässigen) Risikoausgleich angewiesen sind. Einer der weltweit grössten Rückversicherer ist die Swiss Re mit Sitz in Zürich, die aus der Schweizerischen Rückversicherungs-Gesellschaft entstanden ist. In einer Studie der Swiss Re wurde untersucht, ob die Rückversicherer **systemische Risiken** darstellen, d.h. ob Rückversicherer reihenweise in den Konkurs getrieben werden könnten. So können temporäre Angebotsverknappungen in der Rückversicherungsbranche zu Deckungsrückgängen mit negativen Rückkoppelungseffekten auf die Erstversicherer und die Realwirtschaft führen. Als potenzielles Risiko sind v.a. die sog. **Retrozessionsspiralen** zu nennen, die entstehen, wenn sich Rückversicherer gegenseitig und letztlich bei sich selber rückversichern. Im Gegensatz zum klassischen Systemrisiko bei den Geschäftsbanken – dem sog. **Bank Run** (vgl. S. 548) – kann der Kunde beim Rückversicherer jedoch kein Geld auf Sicht oder auf Zeit abheben. Er kann nur Leistungen beim Vorliegen eines versicherten Ereignisses fordern, womit es den im Bankenwesen denkbaren **Dominoeffekt** mit einer rasch um sich greifenden **Pleitewelle** nicht geben kann. Ein Rückversicherer könnte jedoch einen Run auf die Banken auslösen, wenn er Verpflichtungen aus Kreditderivaten nicht erfüllen oder wenn sein Konkurs ein Finanzkonglomerat destabilisieren würde. Die Tatsache jedoch, dass Erstversicherer grosse Risiken immer an mehrere Rückversicherer weitergeben, hat eine systemstabilisierende Wirkung. Insofern würde der Ausfall einer Rückversicherung die Solvenz des Erstversicherers nur in geringem Masse beeinträchtigen und damit auch die Interessen der versicherten Individuen resp. Haushalte nur geringfügig tangieren. Die Eintrittswahrscheinlichkeit einer Retrozessionsspirale kann damit als gering eingestuft werden.

Ein hervorstechendes Merkmal der Versicherungswirtschaft ist ihr **Konzentrationsgrad** (vgl. zum Begriff der "Konzentration" auch Abbildung 19 auf S. 53). Tabelle 34 gibt einen Überblick über das weltweite Prämienvolumen der Schweizer Privatassekuranz, aufgeteilt nach einzelnen Versicherungsunternehmungen; es zeigt sich, dass die vier grössten Anbieter über 70% auf sich vereinigen.

Weltweites Prämienvolumen der Schweizer Privatversicherer (2004)[1]   Tabelle 34

Versicherung	Prämienvolumen[2]	Anteil am Gesamtgeschäft
Zürich	61,2	32,7
Swiss Re	31,7	17,0
Winterthur	21,4	11,4
Swiss Life	20,3	10,9
Basler	7,0	3,7
Helvetia Patria	5,1	2,7
Converium	4,7	2,5
Allianz Suisse	3,6	1,9
Mobiliar	2,5	1,3
Generali	1,9	1,0
National	1,8	1,0
Vaudoise	1,7	0,9
Übrige	24,1	11,2
Total	187,0	100

[1] Daten: SVV (2006). Zahlen und Fakten 2006 der privaten Versicherungswirtschaft. Zürich. S. 4; z.T. eigene Berechnungen.
[2] in Mrd. Fr.

Die Konzentration in der Versicherungswirtschaft ist Resultat der besonderen Eigenschaften des Versicherungsgeschäfts. Die Versicherung soll einen Risikoausgleich schaffen. Je grösser dabei eine Versicherung ist, desto besser kann sie ceteris paribus diese Aufgabe erfüllen. Zudem ist eine grosse Versicherung für viele Kunden vertrauenswürdiger, da die Zahlungsfähigkeit – insbesondere bei grossen Schäden – von der Grösse und damit den finanziellen Rücklagen abhängt. Obwohl kleinere Versicherungseinrichtungen durch genügend hohe Rückversicherungen die gleiche Sicherheit wie grosse bieten können, scheint es ein Problem zu sein, diese Glaubwürdigkeit an den Kunden zu vermitteln.

Ein weiteres Argument, das für einen ökonomischen **Zwang zur Grösse** spricht, ist der **Wandel in der Kostenstruktur** bei den Versicherern: Während fixe Kosten – etwa zum Aufbau von Informationssystemen, zur Entwicklung von Produktpaletten, zur Pflege des Markennamens oder zur Vermögensverwaltung – an Bedeutung gewinnen, verlieren die in der Branche traditionell hohen variablen Kosten – etwa für Provisionen von Agenten – relativ an Gewicht. Gleiches impliziert die folgende Entwicklung, die sich mit dem Begriff der sog. **Kommoditisierung** umschreiben lässt: Unterstützt durch die Globalisierung der Märkte und das Vordringen elektronischer Geschäftsmodelle wird Versicherungsschutz zu einem **Massengut**. Der Preiswettbewerb nimmt bei gleichzeitiger Margenerosion besonders im Nichtleben-Bereich deutlich zu.

Es gibt aber auch durchaus Gründe, die **gegen eine Zunahme der Unternehmungsgrösse** im Versicherungsbereich sprechen: So können z.B. unterschiedliche **Vertriebstraditionen** durchaus für das Verfolgen einer multilokalen Strategie über (kleinere) national agierende Tochterunternehmungen sprechen, die auf isolierten und nach wie vor fragmentierten Märkten agieren. Denkbar ist die Trennung der Produktion von Versicherungsleistungen vom Vertrieb und damit eine Aufteilung der Wertschöpfungskette. Dies aber würde eine radikale Neudefinition der Versicherungsunternehmung bedeuten.

5.5 Das schweizerische Fremdenverkehrswesen

Der Fremdenverkehr resp. **Tourismus** wird definiert als Aktivitäten von Personen, die an Orte ausserhalb ihrer gewohnten Umgebung reisen und sich dort zu Freizeit-, Geschäfts- oder bestimmten anderen Zwecken nicht länger als ein Jahr ohne Unterbrechung aufhalten. Somit umfasst der Fremdenverkehr Erholungs-, Geschäfts- und Sportreisen sowie Kur- und Studienaufenthalte.

Die Bedeutung des Fremdenverkehrs für die schweizerische Volkswirtschaft begann Mitte des 19. Jahrhunderts. Dabei waren die Anfänge und die frühe Entwicklung des Tourismus in der Schweiz keine unmittelbar nationalen Errungenschaften. Vielmehr waren es v.a. sehr begüterte Engländer, aber auch Franzosen und Deutsche, welche die nötigen Anstösse und Innovationen brachten, um dem Tourismus in der Schweiz zu seiner Bedeutung zu verhelfen. Nach dem Zweiten Weltkrieg wurde die Schweiz dann zusehends zu einem Begegnungszentrum der europäischen und später der überseeischen Hochfinanz, aber auch von Prominenz aus Kunst, Literatur und Film. Nicht wenige ihrer Vertreter gründeten bereits in den 1950er und 1960er Jahre am Genfersee, im Tessin oder im Engadin einen attraktiven Haupt- oder Zweitwohnsitz. Dies erlaubte es ihnen, auf legalem Weg der hohen Steuerbelastung in ihren Herkunftsländern auszuweichen. Die Schweiz zählte in den 1950er Jahren zu den fünf grössten Tourismusländern der Welt, die zusammen über zwei Drittel des damals noch relativ kleinen internationalen Tourismusmarkts beherrschten. Seit den 1970er Jahren ist die Schweiz – dank der Reisemöglichkeiten, die auch breiteren Volksschichten zugänglich sind – auch für Personen des Mittelstandes ein attraktives Reiseziel. Von dieser Entwicklung konnten auch die Banken direkt und indirekt profitieren. Des Weiteren haben verschiedenste ökonomische Mechanismen zur positiven Entwicklung im Tourismus begetragen: Als ein sog. **Boomfaktor** des Tourismus sind z.B. die über die letzten Jahrzehnte **angestiegenen Realeinkommen** in der Schweiz zu nennen. Da die Nachfrage nach Tourismus einkommenselastisch ist, sind somit die nachgefragten Dienstleistungen im Fremdenverkehr überproportional angestiegen (vgl. Abbildung 108 auf S. 391). Zudem haben auch die **vermehrte Freizeit** der Individuen und die **zunehmende Mobilität** als Boomfaktoren einen positiven Beitrag zur Entwicklung im Fremdenverkehr geleistet.

2004 betrugen die **Totaleinnahmen** des schweizerischen Tourismus 22,6 Mrd. Fr. Davon entfielen 9,7 Mrd. Fr. auf Einnahmen aus dem Binnentourismus, während sich die Einnahmen von Ausländern in der Schweiz auf 12,9 Mrd. Fr. beliefen. Die Ausgaben von Schweizern im Ausland betrugen demgegenüber 10,9 Mrd. Fr. Der **Saldo der Fremdenverkehrsbilanz** als Teil des Dienstleistungsbilanzsaldos fiel dadurch mit einem Überschuss von 2,0 Mrd. Fr. positiv aus (vgl. Abbildung 131 auf S. 505). Seit 1970 weist die Fremdenverkehrsbilanz traditionellerweise immer einen positiven Saldo auf und schwankte zwischen 1,5 Mrd. Fr. (1980) und 2,4 Mrd. Fr. (2000).

Werden Angebot und Nachfrage in der touristischen Branche untersucht, so zeigt sich für die Schweiz folgendes Bild: Auf der **Angebotsseite** werden die touristisch nutzbaren **Betten** und **Schlafplätze** ausgewiesen. 2003 wurden 1,06 Mio. Betten und Schlafplätze gezählt, wobei mit rund 260'000 ein Viertel durch die sog. **Hotellerie** bereitgestellt wurde. Rund 45'000 Gastbetten finden sich im Kanton Graubünden und 25'000 im Berner Oberland. Die Hotellerie umfasst einerseits die Hotel- und andererseits die Kurbetriebe. Drei Viertel der Betten und Schlafplätze und damit eine Anzahl von 800'000 wurden durch die sog. **Parahotellerie** bereitgestellt. Die Parahotellerie umfasst Ferienhäuser und -wohnungen, Privatzimmer, Zelt- und Wohnwagenplätze, Gruppenunterkünfte sowie Jugendherbergen. Auf der **Nachfrageseite** wird die Anzahl **Logiernächte** ausgewiesen. 2003 wurden 64,96 Mio. Übernachtungen gezählt, wovon je rund 50% auf die Hotellerie und die Parahotellerie entfielen. Die Aufenthaltsdauer in Hotelbetrieben belief sich 2003 auf 2,5 Übernachtungen (1970: 3,3). Die Bettenbesetzung in der Hotellerie belief sich 2002 auf 35,4% der vorhandenen Betten und 41,8% der verfügbaren Betten. Im Rahmen der Sparanstrengungen des Bundes ersetzte 2004 eine Stichprobenerhebung die Beherbergungsstatistik, die seit 1934 für die Hotellerie und seit 1978 für die Parahotellerie erhoben wurden. Aus **volkswirtschaftlicher Sicht** zählte der Tourismus 2003 mit einem Anteil am Bruttoinlandprodukt (BIP) von 5,1% zu den bedeutendsten Wirtschaftszweigen der schweizerischen Volkswirtschaft.

2003 publizierte das Bundesamt für Statistik (BFS) zum ersten Mal ein **Satellitenkonto "Tourismus" (Tourism Satellite Account; TSA)** für die Schweiz. Dabei wird das TSA nach den Methoden der Volkswirtschaftlichen Gesamtrechnung (VGR) erstellt. Es enthält alle wichtigen wirtschaftlichen Wirkungen, die der Tourismus in der Schweiz auslöst, wie z.B. die Umsätze, die Wertschöpfung, die Vorleistungen, die Beschäftigung und die Produktivität der Tourismuswirtschaft sowie der verwandten Branchen. Das TSA ist vorläufig nur für das Jahr 1998 verfügbar und weist u.a. die folgenden Werte aus: Das Total der **touristischen Verwendung** im Inland belief sich auf 30,6 Mrd. Fr. Davon entfielen z.B. je ein Viertel auf Beherbergungsleistungen und den Passagierverkehr, 12% auf das Gaststättengewerbe und 13% auf die tourismusverwandten Wirtschaftszweige, wie z.B. den Detailhandel, die Nachrichtenübermittlung sowie das Banken- und Versicherungswesen. Das Total der **touristischen Bruttowertschöpfung** belief sich auf 12,3 Mrd. Fr., wobei ein Drittel auf die Beherbergungsleistungen, 15% auf den Passagierverkehr und knapp 10% auf die Reisebüros und die Tourismusvereine entfielen. Gemäss einer Studie der Credit Suisse konnten 2003 in der Schweiz rund 2200 Reisebüros gezählt werden, die in der Branche der sog. **Reisevermittlung** tätig sind. Davon entfielen je rund 500 auf den Grossraum Zürich und die Région Lémanique sowie weitere knapp 400 auf das Espace Mittelland. In der Nordwestschweiz ist mit 250 eine im Vergleich zur Bevölkerung geringe Dichte an Reisebüros vorhanden. Der durchschnittliche Bruttoumsatz pro Reisebüro belief sich auf 5 Mio. Fr.

Der Fremdenverkehr bringt einer Region oder einem ganzen Land verschiedene **Chancen**. So schafft er einerseits Arbeitsplätze und Einkommen und verhindert dadurch z.B. die Abwanderung aus Berggebieten oder Randregionen. Andererseits trägt der Fremdenverkehr zur Finanzierung von Infrastruktur bei, die auch durch die ansässige Bevölkerung genutzt werden kann (z.B. ein Schwimmbad oder eine Eiskunstlaufbahn in einem Kurort); dadurch verbessern sich auch die Wohnverhältnisse für die entsprechenden Ortsbewohner. Eine weitere Chance liegt darin, dass der Fremdenverkehr die Landwirtschaft stützt, indem er insbesondere im Winter den Bergbauern eine Nebenverdienstmöglichkeit einräumt. Dadurch trägt der Tourismus auch indirekt zur Landschaftspflege bei, die direkt durch die Landwirtschaft wahrgenommen wird. Diesen Chancen stehen aber auch **Risiken** entgegen. So führt der Tourismus in gewissen Regionen zu einer einbeinigen und anfälligen Wirtschaftsstruktur. Ein übermässiges einseitiges und unkoordiniertes Wachstum führt dazu, dass der Fremdenverkehr seine eigene Ertragskraft aushöhlt; in Regionen, deren primäre Stärke in einer unberührten Natur liegt, kann eine übermässige touristische Nutzung langfristig negative Effekte auf die wirtschaftlichen Erträge haben. Des Weiteren ist der Bau von Infrastruktur immer auch von einem Verbrauch an Boden, Natur und Landschaft begleitet (vgl. S. 226ff.); ebenso kann der Bau von Infrastruktur auch eine Überschuldung der entsprechenden Region zur Folge haben wie das Beispiel der Gemeinde Leukerbad Ende der 1990er Jahre gezeigt hat. Der Tourismus bringt der ansässigen Bevölkerung Fremdbestimmung und eine wirtschaftliche Abhängigkeit von den in- und ausländischen Gästen. Oft wird auch argumentiert, dass der Fremdenverkehr die Eigenart der einheimischen Kultur untergräbt; Fremdenverkehr kann aber gerade auch Grund sein, die eigene Kultur umso stärker zu pflegen und darzustellen. Eine **nachhaltige Entwicklung** im Tourismus muss somit immer vor diesem Hintergrund gesehen werden. Chancen und Risiken sind gegeneinander abzuwägen.

Auf nationaler Ebene wird die Schweiz u.a. über die nationale Organisation **Schweiz Tourismus (ST)** vermarktet. Sie bezweckt eine Professionalisierung der Tourismusbranche, indem sie z.B. die Entwicklung zu einer zunehmenden Destinationenbildung und zu Kooperationsnetzwerken fördert. Von spezifischer Bedeutung für die Hotellerie ist zudem die **Schweizerische Gesellschaft für Hotelkredit (SGH)** mit Sitz in Zürich. Die SGH kann gestützt auf dem **Bundesgesetz über die Förderung der Beherbergungswirtschaft vom 20. Juni 2003** einerseits Darlehen gewähren und andererseits weitere Aufgaben, wie z.B. die betriebswirtschaftliche Beratung von Hotelbetrieben übernehmen. Dabei ist die Gewährung der Darlehen auf Fremdenverkehrsgebiete und Badekurorte beschränkt. Der Bundesrat bezeichnet diese Gebiete und Ortschaften nach Anhören der Kantone. Die SGH finanziert sich einerseits über zinslose Darlehen, die der Bund im Rahmen der bewilligten Kredite gewähren kann. Andererseits kann die SGH bei interessierten Kreisen oder am Kapitalmarkt Fremdkapital beschaffen. Die SGH selbst ist von den Einkommens- und Vermögenssteuern befreit; ebenso unterliegen die von der SGH ausgegebenen Genossenschaftsanteile in der Höhe von 500 Fr. nicht der eidgenössischen Emissionsabgabe (vgl. S. 627). Eine weitere Sonderbehandlung erfährt der Fremdenverkehr im Rahmen der Mehrwertsteuer durch den **Sondersatz für Beherbergungsleistungen** in der Höhe von 3,6% (vgl. S. 625). Dieser ist gemäss Art. 36 Abs. 2 des Bundesgesetzes über die Mehrwertsteuer (MWSTG) bis am 31. Dezember 2006 befristet. Dabei gilt als Beherbergungsleistung die Gewährung von Unterkunft einschliesslich der Abgabe eines Frühstücks, selbst wenn dieses separat berechnet wird.

Der internationale Tourismus wird v.a. durch die **Welttourismus-Organisation (World Tourism Organization; WTO)** untersucht. Bei der WTO handelt es sich um eine mit den Vereinigten Nationen (United Nations; UNO) verbundene

Spezialagentur mit Sitz in Madrid. 2005 konnte die Branche ein weltweites Wachstum von 5,5% verzeichnen, während die langfristige Zuwachsrate im Welttourismus – gemessen an den internationalen Ankünften – bei 4,1% liegt. Absolut betrachtet haben die internationalen Ankünfte 2005 erstmals die Grenze von 800 Mio. überschritten. Davon entfielen 55% auf Europa, 19% auf den asiatischen/pazifischen Raum und 16% auf Amerika. Je 5% entfielen auf Afrika und den Nahen Osten. Gegenüber 2004 hat der Tourismus in Afrika am stärksten zugenommen (+10,1%), wobei Moçambique, Kenya und Südafrika die höchsten Zuwachsraten verzeichnen konnten. Gemäss Prognosen der WTO soll der Schweiz bis ins Jahr 2010 ein jährliches Wachstum an internationalen Ankünften von 1,7% beschieden sein. Bis ins Jahr 2020 sollen sich die internationalen Ankünfte weltweit auf rund 1,6 Mrd. verdoppeln.

6. Ausblick

Auf internationaler Ebene wurde Ende 2005 in Hongkong in der sechsten Handelsministerkonferenz im Rahmen der **Doha- resp. Dauha-Runde** der Welthandelsorganisation (World Trade Organization; WTO) über einen substanziellen Abbau der handelsverzerrenden Inlandstützung bei der **Landwirtschaft** verhandelt (vgl. S. 518). In diesem Bereich hat die Schweiz sowohl mit der Agrarpolitik 2002 als auch mit der Agrarpolitik 2007 nötige interne Reformen beschritten. Die laufende **Agrarpolitik 2011** soll den Reformprozess fortsetzen, wobei der Zahlungsrahmen für die Periode 2008–2011 mit 13,5 Mrd. Fr. rund 600 Mio. Fr. unter dem Niveau für die Jahre 2004–2007 liegt. Schwerpunkt der schweizerischen agrarpolitischen Strategie ist weiterhin die Umlagerung der finanziellen Mittel von Preisstützungen in Direktzahlungen, womit sie der seitens der WTO geforderten Reduktion der handelsverzerrenden Inlandstützung nachkommt. Anders sieht dies im Bereich des Marktzugangs aus, wo sich die Schweiz als Multifunktionalist in einer stark defensiven Position befindet. So wird auf multinationaler Ebene eine Erhöhung der Zollkontingente im Hinblick auf deren spätere Abschaffung diskutiert. Zum Schutz der heimischen Produzenten müsste dies mit einer starken Erhöhung der bisher gültigen Kontingentszölle einhergehen, was den Verhandlungen über Zollsenkungen entgegenläuft. Die Verhandlungsergebnisse des Ministertreffens in Hongkong im Rahmen der Doha-Runde beinhalten u.a. die Abschaffung der Agrarexport-Subventionen und das Aufstellen eines Programms zur Verminderung aller anderweitigen agrarischen Exportbeihilfen bis Ende 2013. Zudem sollen die Industrieländer ihre Märkte ab 2008 oder allenfalls früher generell für die Entwicklungsländer zoll- und kontingentsfrei öffnen. Das Angebot soll mindestens 97% aller Zolltariflinien erfassen. Keine konkreten Ergebnisse gibt es zur Liberalisierung des Handels von Industriegütern und Dienstleistungen. Enttäuscht zeigten sich insbesondere die Baumwolle produzierenden westafrikanischen Länder Benin, Burkina Faso, Mali und Tschad, die einen Abbau von massiven Subventionen – v.a. in den USA – gefordert hatten. Am Ministertreffen nahmen insgesamt 11'000 Personen statt, davon 5800 Regierungsvertreter. Die Doha-Runde soll bis Ende 2006 beendet werden.

Das **industrielle Aktivitätsportfolio** am Standort Schweiz wurde in den 1990er Jahren einem radikalen strukturellen Wandel unterworfen. Umstrukturierungen erfolgten in Richtung einer stärkeren Durchdringung mit wissensbasierten Diensten, einer Reduktion der Fertigungstiefe, einer stärkeren Spezialisierung und der Aufgabe traditioneller Geschäftsfelder wie dem Bau von Lokomotiven oder Dieselturbinen. Werden industrielle Tätigkeiten abgebaut, so vermindern sich auch damit verbundene techno-tertiäre Dienste wie z.B. die Technologieentwicklung oder das Engineering. Beides zieht Veränderungen in der Aus- und Weiterbildung nach sich. In den betreffenden Bereichen werden weniger Lehrstellen angeboten; entsprechende Studiengänge werden weniger attraktiv, und an den Hochschulen werden u.U. ganze Ausbildungsgänge oder Abteilungen aufgehoben. Unternehmungen, die in Geschäftsfeldern mit komplementären kommerziellen Diensten tätig sind, haben weniger Aufträge. Es kommt zu einem **Dominoeffekt** oder einem sog. **Vicious Circle** an dessen Ende eine industrielle Tätigkeit mit allem, was dazu gehört, unumkehrbar verloren ist, wie es das Beispiel der Eisenbahntechnologie gezeigt hat. Für das Entstehen wertschöpfungsstarker und innovativer industrieller Branchen stützt sich die Schweiz aber gerade auch im Sinne der Pfadabhängigkeit auf ihre traditionellen Stärken der industriellen Basis. So erleichtern z.B. vorhandene feinmechanische, handwerkliche Fertigkeiten, das strikte Einhalten von sehr hohen Qualitätsstandards und das Wissen um neue Werkstoffe entscheidend den Übergang von einer einstmals dominierenden Uhren- und Maschinenindustrie zu einer aufstrebenden Medizinaltechnikbranche in der Schweiz. Die Lehre daraus ist, dass dynamische Cluster in ihrer Gesamtheit gesehen werden müssen. Zum strukturellen Wandel gehört zwingend auch die Entwicklung von neuen Strategien. Wurden früher einzelne Produkte verkauft, so werden heute vermehrt Systeme und Zusatzleistungen über den ganzen Lebenszyklus eines Produktes angeboten. Systemlösungen kombinieren in einem besonderen Masse perfekt beherrschte traditionelle Technologien und neu entwickelte Hochtechnologien. Besondere Chancen am Standort Schweiz hat die kreative Kombination von Technologien verschiedener Entwicklungsstufen und Reifegrade, das sog. **Combi Tech**. Die Erfahrung zeigt, dass in vielen industriellen Geschäftsfeldern am Standort Schweiz Forschung und Entwicklung (F&E) kein Erfolgsfaktor ist und deshalb oft gar nicht durchgeführt wird. Überdurchschnittliche Erfolgschancen ergeben sich eher bei Aktivitäten, für die gut ausgebildete und erfahrene Leute mittleren Qualifikationsniveaus notwendig sind, die in Teams Lösungen komplexer Probleme entwickeln und umsetzen können. Wettbewerbsvorteile beruhen also nicht nur auf wissenschaftlicher Exzellenz, sondern allgemeiner auf Humankapital und wissensintensiven Leistungen. Für den Standort Schweiz ist die Fähigkeit, Technik kundenorientiert optimal zu nutzen und anzuwenden, letztlich wichtiger als die Fähigkeit, sie in ganzer Breite selbst zu erzeugen. Oft ist es sinnvoller und zielführender, ausgehend von Vorstellungen über marktfähige Produkte und Leistungen, verschiedene Technologien aufzunehmen, kritisch zu beurteilen und auszuwählen, um sie dann entschlossen anzuwenden und umzusetzen. Erfreulicherweise ist der rasche Anwender mit hoher technologischer Kompetenz eine typische Stärke des Standorts Schweiz.

Im Zuge des Strukturwandels werden **Dienstleistungen** am Standort Schweiz zusehends wichtiger und bedeutender; aufgrund der zunehmenden internationalen Arbeitsteilung und Öffnung verschiedenster Märkte wird sich ein tertiärer Pol mit Schwergewicht auf den Banken und Versicherungen, Tourismus, Beratung, Aus- und Weiterbildung sowie Gesundheit und Fürsorge herausbilden. Eine nur auf Dienstleistungen fokussierte Wirtschaft birgt aber Risiken in sich, da gerade kommerzielle Dienste, wie diejenigen der Banken oder Versicherungen, in gewissen Bereichen eine Erfahrungs- und Kontaktbasis zur Industrie voraussetzen. Umgekehrt hängt die Wettbewerbsfähigkeit industrieller Tätigkeiten von der erfolgreichen Kombination verschiedenster Dienstleistungen ab. Diese Aktivitäten ergänzen und stärken sich gegenseitig, d.h. die Nachfrage des einen Bereiches setzt das Angebot des anderen voraus. Auch wenn sich in Zukunft die Bildung eines tertiären Pols verstärken wird, darf deshalb die eigene Industrieerfahrung nicht verloren gehen. Die jüngere Wirtschaftsentwicklung hat die Aufteilung in drei Produktionssektoren weitgehend hinfällig gemacht. Dies zeigt sich besonders deutlich an der dynamischen Durchdringung breiter Teile der Wirtschaft mit wissensbasierten Diensten. Diese lassen sich schon aufgrund ihrer strukturellen Merkmale keinem der traditionellen Sektoren zuordnen. Je stärker die Wertschöpfung durch wissensbasierte Dienste fortschreitet, desto weniger bietet die überkommene Einteilung in Landwirtschaft, Industrie und Dienstleistungen noch eine begrifflich und gedanklich sinnvolle Orientierungshilfe. Diese Entwicklung wurde und wird durch die Anwendung und Verbreitung von Informations- und Kommunikationstechnologien (IKT) erheblich gefördert. Dies geschieht im Wesentlichen über das Internet mit einer massiven Steigerung der Effizienz in Kommunikation, Transaktion und Informationsbeschaffung sowie der Zunahme von Inhaltsangeboten; dies alles bei gleichzeitiger deutlicher Steigerung der Kunden- und Bedienungsfreundlichkeit. Die wichtigsten Geschäftsfelder und die stärksten Technologiebereiche der Volkswirtschaft der Schweiz sind zentral von diesen Entwicklungen betroffen und damit herausgefordert. Gleichzeitig bieten sich damit aber auch zahlreiche Chancen für den Aufbau neuer Geschäftsfelder, was mit einem beträchtlichen wirtschaftsstrukturellen Wandel verbunden sein wird. Neben den Marktleistungen im engeren Sinne dürfte sich eine grundlegende Neuorientierung des Wirtschaftslebens durchsetzen: von einer industriellen und produktionsorientierten Kultur hin zu einer Kultur der immateriellen Leistungen. Mit dem neuen Fokus auf Information und Wissen, Kommunikation und Medien sowie dem sog. **Edutainment** als Kombination von Bildung und Unterhaltung verbindet sich ein Wandel in der Denk- und Arbeitsweise. Das Handeln und Denken ist zur Zeit immer noch stark durch traditionelle Muster geprägt, das jedoch sukzessive durch eine Gründerszene mit **Start-up- und Venture-Capital-Aktivitäten** abgelöst wird. Traditionell finanzierten Banken Produktionsanlagen und Fabriken; als Sicherheit diente ihnen das materielle Objekt. Die Finanzierung immaterieller Güter wie Know-how oder Software wurde weitgehend auf Venture-Capital spezialisierte Unternehmungen oder Funds überlassen. Diese erzielen Einkommen weniger mit Zinssätzen als mit Risikoprämien sowie dem Handel von Aktien der finanzierten Projekte und sind damit direkt am Erfolg oder Misserfolg beteiligt. Dadurch stehen innovativen Unternehmungen viel mehr liquide Mittel zur Verfügung. Die aufkommende wissensgetriebenen oder **Learning Economy** unterscheidet sich von der traditionellen Volkswirtschaft schon in ihren Funktionsprinzipien und -mechanismen: Die Grundlagen für die Wahlentscheidungen – Präferenzen, Institutionen und Technologien – sind damit in ständigem Wandel begriffen. Auch die Regeln selbst werden dadurch immer wieder in Frage gestellt und ändern sich von Zeit zu Zeit. Der Fokus liegt weniger auf der Allokation von existierenden Ressourcen sowie physischem Kapital als auf der Schaffung neuer Werte, Produkte und Dienste, auf Kreativität und Originalität. Die Lehrbuch-Ökonomie – gleich welcher ordnungspolitischer Couleur – kann diese Aspekte kaum erfassen. Die **Evolutionsökonomie** ist eine Alternative. Dort liegt der Fokus auf qualitativem Wandel und auf dem Einsatz von Konzepten wie Vielfalt, Selektion und Reproduktion und damit auf Dimensionen von Innovation und Lernen.

7. Quellen

7.1 Literatur

Albisetti, E., Gsell, M., Nyffeler, P. (1990). Bankgeschäfte. 4. Auflage. Zürich.

Anderegg, R. (1999). Grundzüge der Agrarpolitik. München/Wien.

Bärtschi, H.-P. (2004). Kilometer Null – Vom Auf- und Abbau der industriellen Schweiz. Vontobel Schriftenreihe. Nr. 1660. Zürich.

Baumann, C. (2002). Die fünf Irrtümer zum Bankgeheimnis, in: Die Weltwoche. Nr. 18, S. 9.

Bieger, Th. (2004). Tourismuslehre – Ein Grundriss. Bern/Stuttgart/Wien.

Bühler, A. (2000). Risikomessung mit Value at Risk-Methoden, in: Gehrig, B., Zimmermann, H. (Hrsg.). Fit for Finance – Theorie und Praxis der Kapitalanlage. 6. Auflage. Zürich, S. 265–288.

Bundesamt für Statistik (Hrsg.) (2002). Betriebszählung 2001 – Die wichtigsten Ergebnisse im Überblick. Neuchâtel.

Carlton, D., Perloff, J. (1994). Modern Industrial Organization. 2nd edition. New York.

Clark, C. (1939). The Conditions of Economic Progress. London.

Cocca, T. D. (2005). The International Private Banking Study 2005. Swiss Banking Institute, University of Zurich. Zurich.

Credit Suisse (Hrsg.) (2003). Reisevermittlung: Wie viel geben Schweizer für Reisen aus? Spotlight des Economic & Policy Consulting. Zürich.

Dembinski, P. H. (2004). KMU in der Schweiz – Profile und Herausforderungen. Chur/Zürich.

Dümmler, P. (2006): Wissensbasierte Cluster in der Schweiz – Realität oder Fiktion? Das Beispiel der Medizinaltechnikbranche. Schriftenreihe des Instituts für öffentliche Dienstleistungen und Tourismus (IDT) der Universität St. Gallen, Beiträge zur Regionalwirtschaft. Bern/Stuttgart/Wien.

economiesuisse (Hrsg.) (2006). Agrarpolitik 2011 – Landwirtschaft im Spannungsfeld interner Restriktionen und aussenwirtschaftlicher Forderungen. Dossierpolitik. Nr. 2. Zürich.

Eichler, M., Benz, S. (2005). Strukturbrüche in der Schweiz: Erkennen und Vorhersehen. Strukturberichterstattung Nr. 27. Studienreihe des Staatssekretariats für Wirtschaft. Bern.

Eidgenössische Bankenkommission (Hrsg.) (2004). Finanzmarktaufsichtsgesetz (FinmaG) – Ämterkonsultation. Bern.

Eidgenössische Bankenkommission (Hrsg.) (jährlich). Jahresbericht. Bern.

Emch, U., Renz, H., Arpagaus, R. (2004). Das schweizerische Bankgeschäft: das praktische Lehrbuch und Nachschlagewerk. 6. Auflage. Zürich/Basel/Genf.

Fourastié, J. (1949). Le grand espoir du XXe siècle. Paris.

Frey, U., Halter, F., Zellweger, Th. (2004). Bedeutung und Struktur von Familienunternehmen in der Schweiz. Schweizerisches Institut für Klein- und Mittelunternehmen der Universität St. Gallen. St. Gallen.

Hartmann-Wendels, Th., Pfingsten, A., Weber, M. (2000). Bankbetriebslehre. 2. Auflage. Berlin/Heidelberg/New York.

Hill, B. (2005). The New Rural Economy – Change, Dynamism and Government Policy. The Institute of Economic Affairs. London.

Hirszowicz, Ch. (2003). Schweizerische Bankpolitik. 5. Auflage. Bern/Stuttgart/Wien.

Hotz-Hart, B., Küchler, C. (1999). Wissen als Chance. Chur/Zürich.

Hotz-Hart, B., Reuter, A., Vock, P. (2001). Innovationen: Wirtschaft und Politik im globalen Wettbewerb. Bern.

IBM Business Consulting Services (ed.) (2005). European Wealth and Private Banking Industry – Survey 2005. Basingstoke.

Kaspar, C. (1996). Die Tourismuslehre im Grundriss. 5. Auflage. Bern/Stuttgart/Wien.

Kneschaurek, F. (1995). Unternehmung und Volkswirtschaft. 4. Auflage. Zürich

Krippendorf, J. (1986). Alpsegen, Alptraum: Für eine Tourismus-Entwicklung im Einklang mit Mensch und Natur. Bern.

OECD (Hrsg.) (jährlich). Agricultural Outlook. Paris.

OECD (Hrsg.) (jährlich). Agricultural Policies in OECD Countries. Paris.

Popp, H. (1983). Agrarökonomie: Grundlagen der Agrarpolitik. Zürich.

Popp, H. (2000). Das Jahrhundert der Agrarrevolution: Schweizer Landwirtschaft und Agrarpolitik im 20. Jahrhundert. Bern.

Schäfer, W. (2003). Das Bankgeheimnis als Ausdruck liberalen Wirtschaftsdenkens – Die Steuerhinterziehung sollte mit Steuerreformen bekämpft werden, in: Neue Zürcher Zeitung. Nr. 278, S. 29.

Schumpeter, J. A. (1997). Theorie der wirtschaftlichen Entwicklung. 9. Auflage. Berlin.

Schweizerische Nationalbank (Hrsg.) (jährlich). Die Banken in der Schweiz. Bern/Zürich.

Schweizerischer Versicherungsverband (Hrsg.) (2006). Zahlen und Fakten 2006 der privaten Versicherungswirtschaft. Zürich.

Stapfer, P. (2005). Anreizsysteme in der Private Banking-Kundenbeziehung. Bern/Stuttgart/Wien.

Vaterlaus, St., Telser, H., Suter, St., Schoder, Th., Grass, M., Eichler, M. (2005). Bedeutung der Pharmaindustrie für die Schweiz – Studie im Auftrag der Interpharma. Regensdorf/Basel.

Vogler, R. U. (2005). Das Schweizer Bankgeheimnis: Entstehung, Bedeutung, Mythos. Beiträge zur Finanzgeschichte. Heft 7. Zürich.

Zürcher, B. (2005). Macht uns die Desindustrialisierung ärmer? – Der zweite Sektor: Produktiver bei weniger Arbeitsplätzen, in: Neue Zürcher Zeitung. Nr. 141, S. B3.

Zweifel, P., Eisen, R. (2003). Versicherungsökonomie. 2. Auflage. Berlin/Heidelberg/New York.

7.2 Internet

BAK – Basel Economics. URL: www.bakbasel.ch

Bundesamt für Landwirtschaft. URL: www.blw.admin.ch

Bundesamt für Privatversicherungen. URL: www.bpv.admin.ch

Clientis. URL: www.clientis.ch

Credit Suisse: www.credit-suisse.com

Eidgenössische Bankenkommission. URL: www.ebk.ch

hotelleriesuisse. URL: www.hotelleriesuisse.ch

Institute of International Finance. URL: www.iif.com

Insurance Institute of Switzerland. URL: www.insurance-institute.ch

XI. Produktionssektoren

International Association of Insurance Supervisors. URL: www.iaisweb.org

Kantonalbank. URL: www.kantonalbank.ch

Landwirtschaftlicher Informationsdienst. URL: www.lid.ch

Migros. www.migros.ch

Nanotechnologien. URL: www.innovationsgesellschaft.ch

Novartis. URL: www.novartis.com

Plaut Economics. URL: www.plaut-economics.ch

Raiffeisen. URL: www.raiffeisen.ch

Regionalbanken-Holding. URL: www.rba-holding.ch

Rieter. URL: www.rieter.com

Schweizerische Bankiervereinigung. URL: www.swissbanking.org

Schweizerische Exportrisikogarantie. URL: www.swiss-erg.com

Schweizerische Gesellschaft für Hotelkredit. URL: www.sgh.ch

Schweizerische Nationalbank. URL: www.snb.ch

Schweizerischer Anlagefondsverband. URL: www.sfa.ch

Schweizerischer Bauernverband. URL: www.bauernverband.ch

Schweizerischer Versicherungsverband. URL: www.svv.ch

Schweizer Landwirtschaft. URL: www.landwirtschaft.ch

Schweizer Verband unabhängiger Effektenhändler. URL: www.svue.ch

Schweiz Tourismus. URL: www.myswitzerland.com

Swatch Group. URL: www.swatchgroup.ch

Swisscom. URL: www.swisscom.ch

Swiss Re. URL: www.swissre.com

UBS. URL: www.ubs.com

Valiant. URL: www.valiant.ch

Verband Schweizerischer Vermögensverwalter. URL: www.vsv-asg.ch

World Tourism Organization. URL: www.world-tourism.org

Zurich Financial Services. URL: www.zurich.com

XII. Internationale Strukturen

1. Einführung

Der **Wohlstand einer Volkswirtschaft** hängt, wie schon Adam Smith erkannt hatte, entscheidend von der Arbeitsteilung ab. In modernen Volkswirtschaften betrifft dies die Zerlegung des gesamten **Wertschöpfungsprozesses**, um mittels einer besseren Ausnutzung der eingesetzten Faktoren eine höhere Produktivität und somit einen höheren Wohlstand zu erreichen. Die Aufteilung des Wertschöpfungsprozesses kann dabei auf vielfältige Art und Weise erfolgen: z.B. nach Funktionen, Personen, Unternehmungen oder Regionen. Da Staaten jeweils gesellschaftliche Einheiten bilden, spielen deren Grenzen für die Beurteilung der Zerlegung des Wertschöpfungsprozesses eine wesentliche Rolle.

Die **Schweiz als kleine offene Volkswirtschaft** ist v.a. mit Europa wirtschaftlich stark verflochten. Dies birgt einerseits Chancen, andererseits aber auch Abhängigkeiten. Um die Vorteile des internationalen Handels ausnützen zu können, hat sich die Schweiz gestützt auf Art. 54 und 101 BV prinzipiell einer **liberalen Aussenwirtschaftspolitik** verschrieben. Im engeren Sinne geht es dabei um die **Sicherung des Marktzugangs im Ausland**, d.h. schweizerischen Exporteuren den Eintritt in ausländische Märkte zu ermöglichen resp. zu erleichtern. Dafür ist der **Abbau von Hemmnissen** bei der grenzüberschreitenden Wirtschaftstätigkeit nötig, wie z.B. der Abbau von Zollschranken oder nicht-tarifären Behinderungen. Ebenso gehört der **Aufbau von transparenten, leistungsfähigen und international kompatiblen Regeln** für den Wirtschaftsverkehr dazu – dies mit dem Ziel eines diskriminierungsfreien Marktzugangs für schweizerische Produzenten. Es sind jedoch nicht nur die Exporte für Wirtschaftswachstum und Wohlstandseffekte von Bedeutung, ebenso wichtig sind die Importe. Diese sorgen für einen **verstärkten Wettbewerb auf dem Binnenmarkt** und zwingen dadurch die heimischen Unternehmungen zu Produktivitätssteigerungen, um sich gegenüber der Importkonkurrenz behaupten zu können. Des Weiteren erhöhen die Importe die Wettbewerbsfähigkeit der exportorientierten Unternehmungen, da sich diese mit günstigen, qualitativ hochstehenden Vorleistungen versorgen können. In einem weiteren Sinne zielt die Aussenwirtschaftspolitik auch darauf ab, einen Beitrag zur **wirtschaftlichen Entwicklung in Partnerländern** zu leisten und am **wirtschaftspolitischen Dialog innerhalb internationaler Wirtschaftsorganisationen** aktiv mitzuwirken. Denn eine kleine offene Volkswirtschaft ist der Dynamik der Weltwirtschaft ausgesetzt und hat sich daher aktiv in die internationalen Integrationsbestrebungen einzubringen. Gelingt dies nicht, können dadurch ungewollte Folgen in Bezug auf den Strukturwandel, auf die Allokation der Ressourcen und auf die Veränderung der Einkommensverteilung entstehen. Dies ist auch der Grund, weshalb die Aussenwirtschaftspolitik in verschiedenen Ländern auf Partikularinteressen Rücksicht nimmt. Neuere Untersuchungen zeigen z.B., dass es durchaus sinnvoll sein kann, eine **junge Branche (infant industry)** durch staatliche Massnahmen vor ausländischer Konkurrenz zu schützen; in diesem Zusammenhang wird von einer **strategischen Handelspolitik** des Staates gesprochen. Entscheidend ist dabei, dass der durch den Staat künstlich geschaffene Schutz nur so lange dauert, als die junge Branche nicht aus eigener Kraft auf den internationalen Märkten bestehen kann.

Für die Schweiz zeigt sich die Bedeutung der Aussenwirtschaft z.B. darin, dass der **Warenexport und -import** in Relation zum Bruttoinlandprodukt (BIP) je rund 30% betragen; es werden somit pro Jahr Waren im Wert von über 130 Mrd. Fr. sowohl aus- als auch eingeführt. Um den aussenwirtschaftlichen Bereich eines Landes zu analysieren, sollte jedoch nicht nur der Aussenhandel mit Waren betrachtet werden. So hat in den letzten Jahrzehnten der **internationale Austausch von Dienstleistungen und Investitionen** stärker an Gewicht gewonnen als der Austausch von Waren. Neben dem grenzüberschreitenden Güterverkehr sind auch der Kapitalverkehr, das Auslandvermögen und die damit zusammenhängenden wirtschaftlichen Aktivitäten von Interesse.

Um die aussenwirtschaftliche Verflechtung der Schweiz ökonomisch erklären zu können, soll zu Beginn dieses Kapitels die Perspektive enger gefasst werden: Einleitend werden theoretische **Erklärungsansätze zur regionalen Struktur** eines Landes vorgestellt. Anschliessend wird die Perspektive weiter gefasst, und es wird auf die wichtigsten **Erklärungsansätze des internationalen Handels** und damit auch auf internationale Strukturen eingegangen. Weiter folgt die Beschreibung der Struktur und Formen der schweizerischen Aussenwirtschaft anhand des Konzepts der **Zahlungsbilanz**, das sich in der Praxis als wichtiges Instrument zur Analyse und Messung der grenzüberschreitenden Leistungs- und Finanztransaktionen eines Landes etabliert hat. Zuletzt soll der weltwirtschaftliche Rahmen einerseits anhand verschiedener **Integrationsformen** und andererseits anhand der wichtigsten **Wirtschaftsinstitutionen** dargelegt werden, wobei Letzteren durch die bilateralen Verträge zwischen der Schweiz und der Europäischen Union (EU) eine besondere Bedeutung zukommt.

2. Erklärungsansätze wirtschaftlicher Aktivitäten im Raum

2.1 Erklärungsansätze der regionalen Verflechtung

Bei den räumlichen Aspekten volkswirtschaftlicher Tätigkeiten stehen die Analyse und die Erklärung der unterschiedlichen regionalen **Strukturen** und deren **Entwicklung** im Vordergrund. Die wichtigsten Erklärungsansätze werden im Folgenden vorgestellt.

Zunächst einmal ist jede Standortwahl grundsätzlich eine einzelbetriebliche, **unternehmerische Entscheidung**. Dabei werden die Anforderungen einer Unternehmung an einen Standort mit den Eigenschaften von verschiedenen Standorten verglichen. Es wird derjenige Standort gewählt, der in Bezug auf die Unternehmungsziele die beste Übereinstimmung zwischen Standortanforderungen und -eigenschaften aufweist. Neben rein betrieblichen spielen auch regulatorische Erfordernisse, die Infrastrukturausstattung und der Arbeitsmarkt eine grosse Rolle bei der Standortentscheidung.

Verschiedene Theorien versuchen, diese einzelbetrieblichen Standortentscheide zu aggregieren, um auf volkswirtschaftlicher Ebene Erklärungsansätze für unterschiedliche regionale Verflechtungen und Strukturen zu finden. So führte der Ökonom **Alfred Marshall** (1842–1924) eine unterschiedliche regionale Wirtschaftsstruktur neben den natürlichen Standortvorteilen (Bodenschätze, Zugang zu Land- und Wasserwegen) auch auf eine hohe, spezialisierte Nachfrage zurück. Diese regionale Nachfrage setzt eine Wirkungskette in Gang, die zu Lern- und positiven Skaleneffekten in den Unternehmungen führt. Es bildet sich ein **Industrial District** heraus, der durch eine Vielzahl von hochspezialisierten Unternehmungen gekennzeichnet ist, die arbeitsteilig in einer Wertschöpfungskette voneinander abhängen. Ähnlich argumentiert die **Milieu-Theorie**, die aber von einem Netzwerk von Wirtschaftssubjekten spricht, die in einen territorialen Rahmen eingebunden sind. Ein weiterer Ansatz stammt von **François Perroux** (1903–1987) der argumentierte, dass bestimmte Schlüsselbranchen durch eine steigende Zahl an Beziehungen untereinander zu regionalem Wachstum führen. Ausgehend von diesen Schlüsselbranchen entsteht so ein **Wachstumspol**.

Unterschiedliche regionale Strukturen und Verflechtungen werden auch durch den **Clusteransatz** beschrieben. Dieser Ansatz dominiert seit Anfang der 1990er Jahre und seiner Popularisierung durch **Michael E. Porter** (*1947) die wissenschaftliche und praktische Diskussion. So wenden heute Hunderte von Regionen eine Clusterstrategie an, um ihre wirtschaftliche Verflechtung und letztlich ihr Wachstum zu fördern. Cluster können dabei als räumlich konzentrierte Verdichtungen von Wirtschaftssubjekten verstanden werden, die durch den Austausch von Wissen oder Gütern miteinander verbunden sind und von Spillovers profitieren.

Spillovers sind räumlich begrenzte Externalitäten, die entstehen, weil nicht jede Unternehmung ihr Wissen ausschliesslich für sich alleine nutzen kann. Ein Teil des Wissens schwappt auf andere, räumlich nahe Unternehmungen über. Konkret kann man sich z.B. vorstellen, dass Mitarbeiter zu einer räumlich nahe liegenden Konkurrenzunternehmung wechseln und dort ihr erworbenes Wissen weitergeben. Zwei Arten von Spillovers werden dabei unterschieden:

- **Jacobs-Spillovers** (benannt nach der Soziologin Jane Jacobs, *1916) entstehen, wenn das Vorhandensein einer Branche aufgrund günstiger lokaler Bedingungen weitere, andere Branchen anzieht. Es resultiert eine heterogene wirtschaftliche Zusammensetzung einer Region. Die Diversität der Branchen führt zu neuen Ideen und Kombinationen von Wissen und Gütern.
- Die **Marshall- oder Marshall-Arrow-Romer-(MAR)-Spillovers** argumentieren genau umgekehrt. Ist eine Branche räumlich verdichtet und eine Region somit räumlich spezialisiert, zieht dies Unternehmungen der gleichen Branche an. Es entsteht somit eine relativ homogene Wirtschaftsstruktur.

Sowohl Jacobs- wie auch MAR-Spillovers können also dazu führen, dass sich Unternehmungen in der Nähe von anderen ansiedeln und so **regionale Verflechtungen** begünstigt werden.

2.2 Erklärungsansätze der internationalen Verflechtung

Auch für die Erklärung der internationalen Verflechtung eines Standorts gibt es zahlreiche Ansätze. Diese versuchen einerseits Handelsrichtung, -struktur, -volumen etc. und andererseits die gegenseitige Abhängigkeit makroökonomischer Grössen wie Volkseinkommen, Preisniveau, Wechselkurse, Zinssätze etc. zu erklären. Grundsätzlich lassen sich diese Ansätze in zwei Kategorien einteilen, nämlich in die Ansätze der traditionellen Aussenhandelstheorie und in die Ansätze der neuen Aussenhandelstheorie. Im Folgenden soll auf Ansätze beider Kategorien genauer eingegangen werden.

XII. Internationale Strukturen

2.2.1 Ansätze der traditionellen Aussenhandelstheorie

Bis zu Beginn der 1970er Jahre beschränkten sich die Erklärungen des Aussenhandels im Wesentlichen auf zwei theoretische Ansätze: die **Theorie von Ricardo** sowie die **Theorie von Heckscher und Ohlin**.

a) Die Theorie von Ricardo

Während Adam Smith den internationalen Handel aufgrund absoluter Kostenvorteile zu erklären vermochte, wird in der Regel **David Ricardo** (1772–1823) das Verdienst zugeschrieben, die Relevanz unterschiedlicher relativer Kosten – der sog. **komparativen Kosten** – für die Bedeutung und Erklärung des internationalen Handels erkannt zu haben. Diese Theorie besagt, dass Handelsströme nicht durch die absoluten Produktionskosten, sondern durch die Alternativkosten der Produktion (sog. opportunity costs of production) bestimmt werden. Mittels seines berühmt gewordenen Tuch-Wein-Beispiels zeigt Ricardo, dass sich ein Land im internationalen Handel auf dasjenige Gut spezialisieren sollte, bei dem es komparative Kostenvorteile besitzt; damit kann der Freihandel allen Ländern, unabhängig von ihrem wirtschaftlichen Entwicklungsgrad, zum Vorteil gereichen (vgl. Abbildung 126 auf S. 494).

Ricardo geht in seinem Zwei-Güter-/Zwei-Länder-Modell von lediglich einem Produktionsfaktor aus, nämlich der Arbeit. Insofern handelt es sich bei Ricardos Theorie um eine **Theorie der internationalen Arbeitsteilung**. Die komparativen Kostenvorteile eines Landes bei der Herstellung eines Gutes erklären sich somit durch unterschiedliche relative Arbeitsproduktivitäten in den Ländern, die am internationalen Handel teilnehmen. Diese Unterschiede begründet Ricardo mit **klimatischen und natürlichen Gegebenheiten** eines Landes, welche die Herstellung gewisser Güter begünstigen resp. verunmöglichen.

b) Die Theorie von Heckscher und Ohlin

Eli F. Heckscher (1879–1952) und **Bertil G. Ohlin** (1899–1979) gingen um 1920 im Gegensatz zu Ricardo, der nur einen Produktionsfaktor (Arbeit) berücksichtigte, von **unterschiedlichen relativen Faktorausstattungen** in den einzelnen Ländern aus; dies bedingt ein Modell mit mindestens zwei Produktionsfaktoren (im Allgemeinen Arbeit und Kapital), die in den verschiedenen Ländern ökonomisch gesehen unterschiedlich knapp sind. Internationaler Handel kommt im Heckscher-Ohlin-Modell dadurch zustande, dass ein Land dasjenige Gut einführt bzw. ausführt, für dessen Produktion derjenige Faktor intensiv genutzt wird, der

Absolute und komparative Kostenvorteile	**Abbildung 126**

Englisches Tuch gegen portugiesischen Wein: Dieses Anschauungsbeispiel für die Aussenhandelstheorie der komparativen Kostenvorteile geht auf den Abschluss des englisch-portugiesischen Handelsvertrags am 27. Dezember 1703 zurück. Während Portugal seinen Markt für englische Textilien öffnete, verpflichtete sich England, die portugiesischen Weine zollmässig um einen Drittel weniger zu belasten als die französischen Konkurrenzprodukte, an die sich die englischen Konsumenten gewöhnt hatten.

Absolute Kostenvorteile:

Durchschnittlicher Faktoreinsatz (gemessen in Arbeitseinheiten) für die Herstellung von:

	1 Fass Wein	1 Ballen Tuch
Portugal	**80**	90
England	120	**45**

Beide Länder haben in einem Gut einen absoluten Kostenvorteil, d.h. das Gut kann mit weniger Arbeitsaufwand hergestellt werden. Jedes Land spezialisiert sich auf die Produktion des günstiger herstellbaren Gutes.

Komparative Kostenvorteile:

Durchschnittlicher Faktoreinsatz (gemessen in Arbeitseinheiten) für die Herstellung von:

	1 Fass Wein	1 Ballen Tuch
Portugal	**80**	**90**
England	120	100

Beide Güter können in Portugal absolut billiger hergestellt werden. Deshalb ist eine Betrachtung der komparativen Kosten notwendig. Mit jeweils gleichem Arbeitsaufwand können in:

Portugal	**1 Fass Wein**	oder	**0,89 Ballen Tuch** (80/90),
England	1 Fass Wein	oder	1,20 Ballen Tuch (120/100),
Portugal	1 Ballen Tuch	oder	1,125 Fass Wein (90/80),
England	**1 Ballen Tuch**	oder	**0,83 Fass Wein** (100/120)

hergestellt werden.

Beim Wein fällt der komparative Kostenvorteil für Portugal günstiger aus. Portugal wird Wein zu einem Preis pro Fass von zwischen 0,89 und 1,20 Ballen Tuch exportieren.

Beim Tuch fällt der komparative Kostenvorteil für England günstiger aus. England wird Tuch zu einem Preis pro Ballen von zwischen 0,83 und 1,125 Fass Wein exportieren.

Über die tatsächlichen Vor- und Nachteile aus dem Methuen-Handelsabkommen – benannt nach dem englischen Diplomaten John Methuen (1650–1706) – gingen die Meinungen allerdings bald auseinander. So sah Adam Smith in der Bevorzugung der portugiesischen Weine einen Nachteil für England, weil er eine Ausschaltung der freien Konkurrenz befürchtete. England sicherte sich aber zugleich einen Absatzmarkt für Textilprodukte – eines der wenigen Produkte, die England nicht aus den eigenen Kolonien bezog. Die englischen Textileinfuhren machten aber den portugiesischen Erzeugern zu schaffen; zudem kam es zu einer Explosion des Weinbaus. Viele Landbesitzer kultivierten nicht mehr Getreide, sondern wegen der attraktiveren Preise Trauben. Es kam zu Überproduktion, Preisverfall und Hungersnot. 1756 wurde die Abgrenzung einer exklusiven Anbauregion für den Wein dekretiert, der wegen der Haltbarkeit beim Transport mit Branntwein versetzt und exportiert werden durfte; aus dieser ältesten geschützten Anbauregion der Welt kommt der bekannte Portwein.

im Land relativ selten bzw. häufig vorhanden ist. Dieses sog. **Faktorproportionen-Theorem** lässt somit – im Unterschied zur Theorie von Ricardo – Aussenhandel auch bei gleichen Produktionstechnologien stattfinden.

Eine empirische Untersuchung des Heckscher-Ohlin-Theorems für die USA brachte jedoch widersprüchliche Resultate hervor. Das Ergebnis war, dass die USA als kapitalintensives Land arbeitsintensive Güter exportierte. Später wurde jedoch durch Nobelpreisträger **Paul A. Samuelson** (*1915) erkannt, dass der Faktor Arbeit in **niedrig- und hochqualifizierte Arbeitskräfte** zu unterteilen sei. Damit konnte aufgezeigt werden, dass die USA für die untersuchte Periode v.a. Güter ausführte, deren Herstellung den Einsatz hochqualifizierter Arbeit bedingte. Diese Erweiterung des traditionellen Faktorproportionen-Theorems wird als **Neofaktorproportionen-Theorem** bezeichnet, oder in Anlehnung an Samuelson als **Heckscher-Ohlin-Samuelson-Theorem**.

2.2.2 Ansätze der neuen Aussenhandelstheorie

In den frühen 1960er Jahren wurde die Theorie des internationalen Handels dynamisiert. Die Beziehung zwischen internationaler Wettbewerbsfähigkeit und Technologie wurde im Rahmen der sog. **neotechnologischen Theorien** des Aussenhandels modelliert, auf die hier eingegangen werden soll. Zudem soll auch die **Theorie der differenzierten Produkte** erläutert werden, die eng mit der Bedeutung der Inlandnachfrage für den Aussenhandel zusammenhängt.

a) Die neotechnologischen Theorien

Als eigentliche Repräsentanten der neotechnologischen Ansätze werden meistens die Theorien der technologischen Lücke und des Produktlebenszyklus genannt.

Die Entwicklung des **Konzepts der technologischen Lücke** wird **Richard A. Posner** (*1939) zugeschrieben, da er als erster den Versuch unternahm, den Zusammenhang zwischen technischem Fortschritt (dynamischer Aspekt) und Aussenhandel zu modellieren. Posner geht in seiner Theorie von einem Zwei-Länder-Modell aus, wobei in einem der beiden Länder eine **Innovation** – eine technische Neuerung – erfolgt. Die dadurch verursachten Anpassungsprozesse in und zwischen den beiden Ländern analysiert Posner mittels einer sog. **Lag-Konzeption**. Zentrales Argument dieser Konzeption ist, dass das innovative Land für eine bestimmte Zeit über den technischen Vorsprung verfügt, der es erlaubt, ein qualitativ besseres oder völlig neues Produkt herzustellen. Dieser Vorsprung dauert solange an, bis die technologische Lücke zwischen dem innovativen und dem anderen Land geschlossen ist, d.h. bis Letzteres die neue Technologie übernommen hat. Handel entsteht aber nur, falls das nicht-innovative Land die neue Technologie weniger schnell übernimmt als sich das neue Produkt auf den Märkten durchsetzt.

Die **Theorie des Produktlebenszyklus** geht auf **Raymond Vernon** (1913–1999) zurück und ist ein ähnlicher Ansatz wie derjenige der technologischen Lücke. Gemäss der Produktlebenszyklus-Theorie wird ein neues Produkt in einem industrialisierten Land entwickelt, das über eine **fortgeschrittene Technologie** und eine **hochentwickelte Inlandnachfrage** verfügt. Die zunehmende ausländische Nachfrage nach dem neuen Produkt bewirkt eine Erhöhung der Produktion und somit den Export dieses Produktes. In dieser Phase des Lebenszyklus (Reifephase) ergibt sich aufgrund der Produktionszunahme eine gewisse Standardisierung des Produktes, die das Ausschöpfen von **Skalenerträgen** ermöglicht. Im Zeitablauf gelangt das Know-how zur Herstellung dieses Produktes in die Entwicklungsländer, wodurch diese die Möglichkeit zur Herstellung erhalten. Aufgrund derer Kostenvorteile gegenüber dem Industrieland verlagert sich die Produktion in die Entwicklungsländer; es besteht sogar die Möglichkeit von Importen der einstmals neuen Produkte durch das Industrieland. Ein Beispiel, das diese Theorie bestätigt, ist die Verlagerung der Produktion von Personal Computers (PC) aus den USA in die ehemaligen Entwicklungsländer Südkorea und Taiwan. Es zeigt sich somit für einzelne Unternehmungen in einem industrialisierten Land wie der Schweiz, dass es absolut notwendig ist, frühzeitig Innovationen zu tätigen und neue Erkenntnisse in marktfähige Produkte umzusetzen (vgl. S. 175ff.).

b) Die Theorie differenzierter Produkte

Durch die Ansätze der traditionellen Aussenhandelslehre kann nur der **inter-industrielle Handel**, d.h. der Handel zwischen einzelnen Industrien, erklärt werden. In der Praxis zeigt sich jedoch, dass es auch Handel mit differenzierten Produkten innerhalb der gleichen Industrie (**intra-industrieller Handel**) gibt. Gemäss der Organisation für wirtschaftliche Entwicklung und Zusammenarbeit (Organisation for Economic Co-operation and Development; OECD) kommt in den letzten Jahren insbesondere dem intra-industriellen Handel eine **zunehmende Bedeutung** zu. Unter dem intra-industriellen Handel ist jene Art von Handel zu verstehen, der zwischen Ländern innerhalb der gleichen oder ähnlicher Produktgruppen bzw. Industrien stattfindet. Beispielsweise importiert Deutschland Automobile aus Frankreich, obwohl Deutschland selbst über eine Automobilindustrie verfügt (und vice versa). Eine wesentliche Voraussetzung für ein Exportprodukt ist eine **genügend grosse Inlandnachfrage**, wodurch potenzielle Exportprodukte durch die **Struktur der Inlandnachfrage** bestimmt werden.

Die Ausfuhr solcher Produkte bedingt demzufolge eine **ähnliche Nachfragestruktur bzw. Präferenzen** und damit verbunden ein ähnliches Pro-Kopf-Einkommen in den am Import interessierten Ländern und dem exportierenden Land. Somit findet der intra-industrielle Handel **vorwiegend zwischen ähnlich stark industrialisierten Ländern** statt, während sich der inter-industrielle Handel zwischen stark unterschiedlichen Ländern abspielt. Erfolgreicher intra-industrieller Handel führt somit zu **monopolistischem Wettbewerb durch Produktdifferenzierung** als strategischem Verhalten der Unternehmungen; für den Entwurf und die Herstellung solch differenzierter Produkte müssen speziell **Technologien** und **Know-how** als die entscheidenden Faktoren angesehen werden. Der Handel mit nur gering voneinander unterschiedlichen Produkten kann auch als **Austausch von Charakteristikabündeln** interpretiert werden. Dies soll nochmals am Beispiel des Automobilhandels zwischen Deutschland und Frankreich aufgezeigt werden: Während die deutschen Automobile besonders für ihren hohen Sicherheitsstandard bekannt sind, zeichnen sich die französischen Automobile durch einen hohen Komfort aus. Damit es also zum internationalen Handel von Automobilen zwischen diesen beiden Ländern kommt, müssen (gewisse) Deutsche eine Präferenz für komfortable und (gewisse) Franzosen eine Präferenz für sichere Automobile haben.

2.2.3 Ursachen der Aussenhandelsverflechtung der Schweiz

Die Schweiz als kleine offene Volkswirtschaft ist sehr stark in den internationalen Handel involviert. Auf S. 503ff. finden sich statistische Angaben, die diese hohe Aussenverflechtung der Schweiz dokumentieren. An dieser Stelle sollen nur die wichtigsten Gründe für diese starke internationale Verflechtung genannt werden:

- Die Schweiz ist ein **rohstoffarmes Land**;
- die **ungenügende Eigenversorgung** mit landwirtschaftlichen Produkten führt dazu, dass die Schweiz auf den Import gewisser Nahrungsmittel angewiesen ist;
- die **Kleinheit des Binnenmarkts** reicht oft nicht zur Ausschöpfung von Skalenerträgen aus und zwingt die Schweiz zum Export verschiedenster Güter;
- die **relative Faktorausstattung** (teure Arbeitskräfte, billiges Kapital) führt zum Import arbeitsintensiver Güter, bei deren Herstellung die involvierten Arbeitskräfte über geringere Qualifikationen verfügen müssen.

3. Die Messung und Struktur der schweizerischen Aussenwirtschaft

3.1 Die Zahlungsbilanz als Messinstrument der internationalen Verflechtung

Für die Volkswirtschaft der Schweiz, die einen beachtlichen Teil ihrer Transaktionen mit dem Ausland abwickelt, ist eine Analyse dieser **grenzüberschreitenden wirtschaftlichen Beziehungen** von grossem Interesse. Im schon früher erwähnten System der Volkswirtschaftlichen Gesamtrechnung (VGR) werden die internationalen Transaktionen in der Kontensequenz der übrigen Welt festgehalten. Dort werden zwar einseitige wie auch zweiseitige Transaktionen bezüglich Gütern und Faktorleistungen ausgewiesen, doch die **Finanzierung** derselben ist nur als Saldo ersichtlich. Will man nun z.B. aus währungspolitischem Interesse mehr über die finanziellen Transaktionen mit dem Ausland erfahren, so kann die Zahlungsbilanz zu Hilfe genommen werden.

Die **Zahlungsbilanz** ist eine Statistik der internationalen Beziehungen, welche die während eines bestimmten Zeitraums (monatlich, vierteljährlich, jährlich) zwischen In- und Ausländern stattfindenden Transaktionen abbildet. Entsprechend dem Konzept der VGR gelten auch bei der Zahlungsbilanz Gebietsansässige als Inländer und Gebietsfremde als Ausländer (vgl. Abbildung 98 auf S. 354). In ihr wird einerseits der **Austausch** und andererseits die **unentgeltliche Übertragung** von **Gütern, Faktorleistungen und Forderungen** aufgeführt. Entgegen dem traditionell mit dem Begriff "Bilanz" verbundenen Verständnis handelt es sich also bei der Zahlungsbilanz nicht um eine Bestandesrechnung wie im Rahmen einer Unternehmungsbilanz (Erfassung von Beständen zu einem bestimmten Zeitpunkt), sondern um eine **Stromrechnung** (Erfassung von Flüssen während einer bestimmten Zeitperiode). Die methodischen Grundlagen für die Erstellung der Zahlungsbilanz sind im **Zahlungsbilanzhandbuch des Internationalen Währungsfonds (IWF)** aus dem Jahre 1993 enthalten.

Gemäss dem **Konzept der VGR** werden die wirtschaftlichen Transaktionen einer Volkswirtschaft mit Hilfe eines geschlossenen Kreislaufs abgebildet (vgl. Abbildung 93 auf S. 341). Jede Transaktion wird dort mit einem einzelnen monetären Strom dargestellt, der am Anfangs- und am Endpunkt erfasst wird. Dies führt zum Ausgleich der einzelnen Konten. Die **Zahlungsbilanz** ist im Gegensatz zur VGR **kein geschlossenes System** mehr; die grenzüberschreitenden Transaktionsströme werden nur noch entweder am Anfang oder am Ende (und

XII. Internationale Strukturen

nicht mehr an beiden Punkten) erfasst, und zwar jeweils nur aus der Sicht des Inlands. Diese zu- und abfliessenden Transaktionsströme können in einem Konto dargestellt werden. Eine wichtige Grundregel der Zahlungsbilanz ist es, dass jede Transaktion durch zwei exakt gleiche Werte einmal auf der **Sollseite** und einmal auf der **Habenseite** des Zahlungsbilanzkontos dargestellt wird **(doppelte Buchhaltung)**. Diese Praxis der doppelten Eintragung jeder Transaktion führt dazu, dass die Soll- und Habenseite der Zahlungsbilanz immer gleich gross sind, und die Bilanz demzufolge einen **Saldo von null** aufweist. Werden die Transaktionen der Zahlungsbilanz jedoch einzelnen Gruppen zugeteilt, d.h. werden **Teilbilanzen** gebildet, so können diese durchaus von null verschieden sein.

In Abbildung 127 auf S. 500 ist schematisch dargestellt, welche Transaktionen in der Zahlungsbilanz erscheinen und ob sie auf der **Sollseite (+)** oder **Habenseite (-)** verbucht werden. Die zahlreichsten und wichtigsten Transaktionen in der Zahlungsbilanz sind **zweiseitig**, d.h. zwischen Inländern und Ausländern findet ein gegenseitiger Austausch von Werten statt. Diese Werte können entweder **Güter, Faktorleistungen oder Forderungen** sein, deren Austausch einen doppelten Eintrag in der Zahlungsbilanz zur Folge haben sollte. Wie in Abbildung 127 gezeigt, ist es relativ einfach, eine zweiseitige Transaktion mit zwei gegenläufigen Strömen darzustellen. Wird z.B. eine Maschine im Wert von 1000 Fr. zahlbar in 90 Tagen ins Ausland geliefert, so findet ein Eintrag von +1000 Fr. (realer Export: Gut) und ein Eintrag von -1000 Fr. (Kapitalexport: Zunahme der Forderungen des inländischen Exporteurs gegenüber dem Ausland) statt. In diesem Beispiel findet also **sowohl ein Güterexport als auch ein Kapitalexport statt**, was folgendermassen erklärt werden kann: Stellt man sich die Transaktion ohne Zahlung vor, so entsteht aufgrund des Güterexports eine Forderung des Inlands gegenüber dem Ausland (Kapitalexport). Die Zahlung selbst ist uninteressant, da Geld selbst auch nichts anderes als eine Forderung ist. Der inländische Exporteur erhält für seine Maschine z.B. US-Dollar, womit er eine Forderung gegenüber dem Ausland besitzt, mit der wieder Güter gekauft werden können.

Neben den zweiseitigen Transaktionen erfasst die Zahlungsbilanz auch **einseitige Transaktionen**, bei denen Güter, Faktorleistungen oder Forderungen **ohne Gegenleistung** übertragen werden. Damit auch eine einseitige Transaktion doppelt eingetragen werden kann, wird dem tatsächlichen Strom ein entgegengesetzter Strom mit der Bezeichnung "laufende Übertragung" gegenübergestellt (in Abbildung 127 grau eingezeichnet). Überweist z.B. ein in der Schweiz ansässiger Ausländer (dieser gilt nach dem Prinzip der Gebietsansässigkeit als Inländer) einen Unterstützungsbeitrag von 1000 Fr. seiner Familie im Ausland, so ergibt sich ein Eintrag von 1000 Fr. (Kapitalimport: Zunahme der Forderungen der ausländischen Familie gegenüber dem als Inländer geltenden Arbeitnehmer) und ein Eintrag von -1000 Fr. (laufende Übertragung).

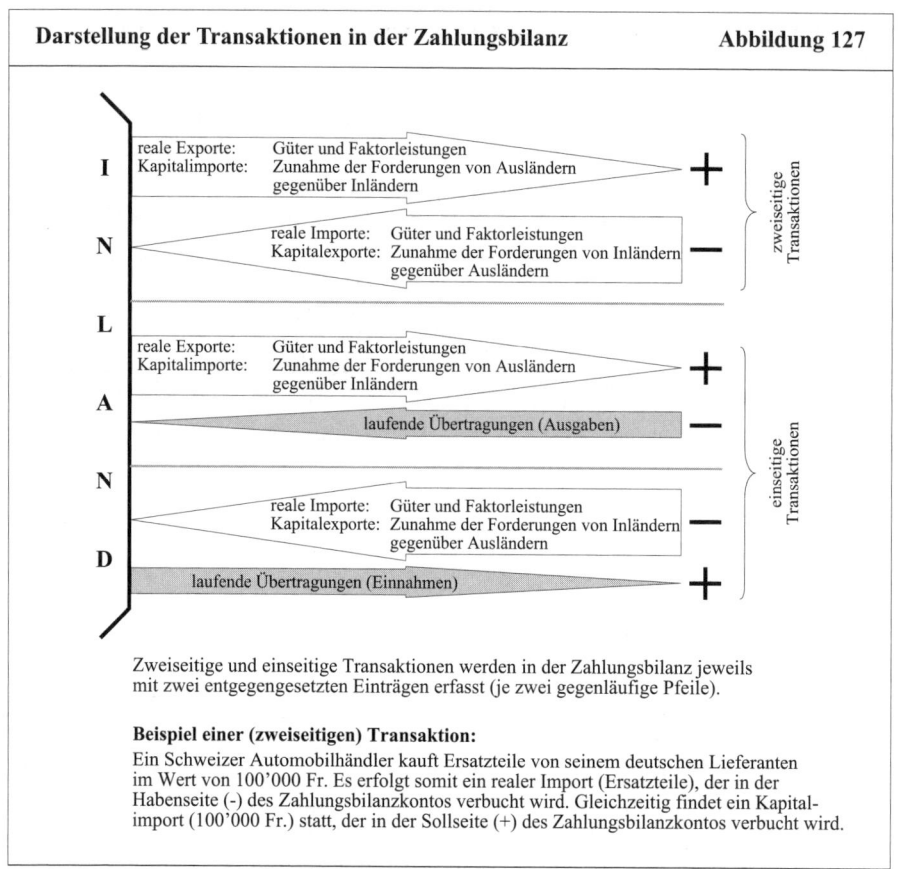

Darstellung der Transaktionen in der Zahlungsbilanz — Abbildung 127

In Abbildung 128 ist das Grundschema der schweizerischen Zahlungsbilanz aufgeführt. Grundsätzlich werden die Übertragungen von **realen** und **finanziellen** Aktiven gesondert ausgewiesen, weshalb der Export und der Import von Gütern und Faktorleistungen von der Veränderung der Forderungen getrennt werden. Diese Aufteilung der Transaktionen in die zwei Typen **Leistungstransaktionen** (Güter und Faktorleistungen) und **Finanztransaktionen** (Forderungen) unterteilt die Zahlungsbilanz in zwei Teilbilanzen: die **Ertragsbilanz**, welche die Leistungstransaktionen ausweist, und die **Kapitalverkehrsbilanz**, welche die Finanztransaktionen ausweist. Die Ertragsbilanz gliedert sich des Weiteren in Teilbilanzen wie z.B. die Handels- oder Dienstleistungsbilanz; auf deren Bedeutung soll aber erst im Rahmen der Analyse der Strukturen der schweizerischen Aussenwirtschaft eingegangen werden (vgl. S. 503ff.). Bei der Analyse der Kapi-

XII. Internationale Strukturen 501

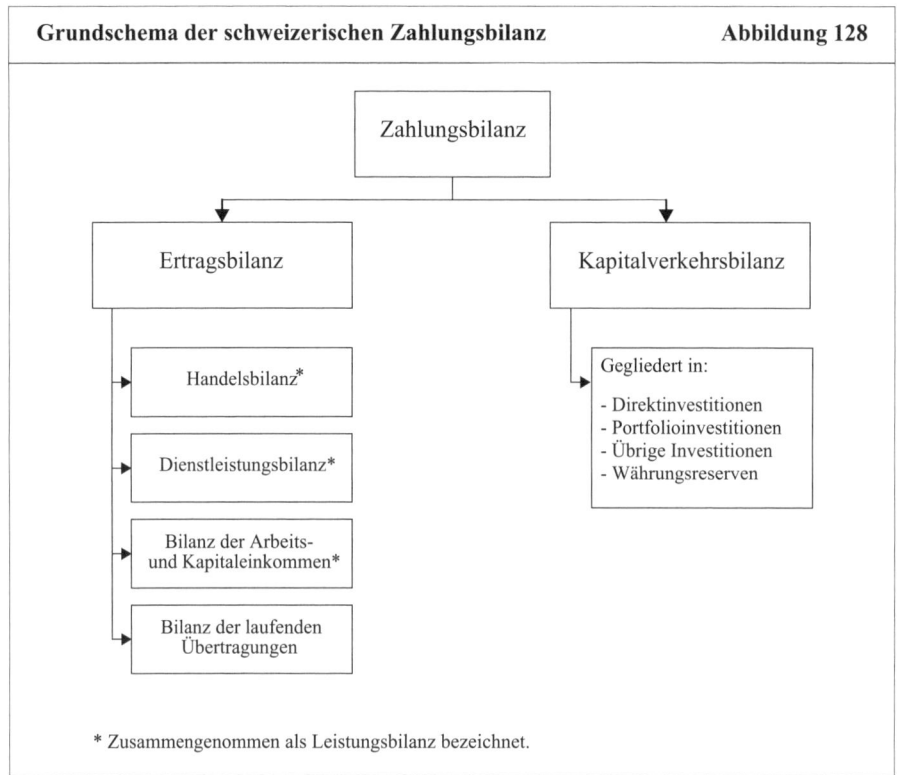

Grundschema der schweizerischen Zahlungsbilanz — Abbildung 128

talverkehrsbilanz spielen u.a. die Direktinvestitionen und die Portfolioinvestitionen eine bedeutende Rolle. In Abbildung 129 auf S. 502 wird der Unterschied zwischen diesen beiden Investitionsarten erläutert.

Für das bessere Verständnis des Aufbaus der Zahlungsbilanz soll kurz die **Verbuchung** von Transaktionen erläutert werden: Bei den **zweiseitigen Leistungstransaktionen** (z.B. Güterexport auf Kredit) werden Leistungen gegen Forderungen getauscht. Es erfolgt somit **ein Eintrag in der Ertragsbilanz** und **ein Eintrag in der Kapitalverkehrsbilanz**. Bei den **zweiseitigen Finanztransaktionen** (z.B. Kauf einer Aktie gegen Geld) werden Forderungen gegen Forderungen getauscht. **Beide Einträge** erfolgen somit in der **Kapitalverkehrsbilanz**. Bei den **einseitigen Leistungstransaktionen** (z.B. Warenexport als Entwicklungshilfe) findet nebst dem Eintrag in der Ertragsbilanz für die Übertragung von Gütern oder Faktorleistungen eine fiktive Gegenbuchung in der Bilanz der laufenden Übertragungen statt. Es erfolgen also **zwei Einträge in der Ertragsbilanz**, da die Bilanz der laufenden Übertragungen eine Teilbilanz der Ertragsbilanz darstellt. Bei den **einseitigen Finanztransaktionen** (z.B. Beiträge an internationale Organisationen) findet **ein Eintrag in der Kapitalverkehrsbilanz** für

Direktinvestitionen und Portfolioinvestitionen	Abbildung 129

Mit einer **Direktinvestition** soll ein dauerhafter und direkter Einfluss auf die Geschäftstätigkeit einer Unternehmung im Ausland ausgeübt werden. Eine schweizerische Direktinvestition im Ausland liegt normalerweise dann vor, wenn ein inländischer Investor sich mit mindestens 10% am stimmberechtigten Kapital einer Unternehmung im Ausland beteiligt oder im Ausland eine Tochtergesellschaft oder eine Filiale gründet. Die von der Schweizerischen Nationalbank (SNB) jährlich durchgeführte Erhebung umfasst die Kapitalbestände (Beteiligungskapital und Konzernkredite), die Finanzbewegungen auf dem Beteiligungskapital (Gründung, Erwerb, Verkauf, Kapitalerhöhungen etc.) und den Konzernkrediten sowie die reinvestierten Erträge.

Schweizerische **Portfolioinvestitionen** im Ausland umfassen einerseits die Anlage von Inländern in Schuldtitel ausländischer Emittenten wie z.B. Anleihen (Obligationen), Notes und Geldmarktpapiere. Andererseits beinhalten diese Portfolioinvestitionen auch die Anlage in Dividendenpapiere ausländischer Emittenten wie z.B. Aktien, Anlagefondszertifikate, Partizipationsscheine oder Genussscheine.

die Übertragung von Forderungen statt sowie ebenfalls eine fiktive Gegenbuchung in der Bilanz der laufenden Übertragungen als Teilbilanz der **Ertragsbilanz**.

Bei einer ersten Interpretation der Zahlungsbilanz zeigt sich aus Abbildung 128 auf S. 501 deutlich, dass absolut gesehen der **Saldo der Ertragsbilanz dem Saldo der Kapitalverkehrsbilanz entspricht**. Dies ist aus makroökonomischer Sicht eine wichtige Feststellung. Die erwähnten Salden zeigen nämlich auf, in welchem Mass die grenzüberschreitenden Transaktionen finanziert wurden. Ein **positiver Saldo der Ertragsbilanz** (Überschuss) bedeutet, dass die Volkswirtschaft mit den Transaktionen einer Periode, netto gesehen, ihre Forderungen gegenüber dem Ausland ausbauen konnte. Die Volkswirtschaft ist in der betrachteten Periode, netto gesehen, in einer Gläubigerposition und hat netto Kapital exportiert. Ein **negativer Saldo der Ertragsbilanz** (Defizit) bedeutet umgekehrt, dass eine Volkswirtschaft ihre grenzüberschreitenden Transaktionen teilweise mit ausländischer Hilfe finanziert hat. Der Netto-Kapitalimport hat die Verpflichtungen gegenüber dem Ausland netto ansteigen lassen. Anzumerken bleibt, dass der Saldo der Ertragsbilanz dem Saldo des Vermögensveränderungskontos der Gesamtwirtschaft in der VGR entspricht. Damit wird der Nettobetrag an Mitteln ausgewiesen, den die inländische Gesamtwirtschaft der übrigen Welt (bzw. die übrige Welt der inländischen Gesamtwirtschaft) zur Verfügung stellt.

XII. Internationale Strukturen 503

3.2 Die Struktur der schweizerischen Aussenwirtschaft

Auch die Schweiz veröffentlicht eine **vollständige Zahlungsbilanz**, wie sie vom Internationalen Währungsfonds (IWF) empfohlen wird; dabei werden die Daten über die **grenzüberschreitenden Transaktionen** durch die Schweizerische Nationalbank (SNB) erhoben und publiziert. Die in Abbildung 130 gezeigte Zahlungsbilanz entspricht – in einer anderen dargestellten Form – dem Grundschema der Zahlungsbilanz in Abbildung 128 auf S. 501.

Die schweizerische Zahlungsbilanz (2004)			Abbildung 130
	Soll (+)	Haben (-)	Saldo
1. Ertragsbilanz			**65,1**
Waren	148,7	142,0	6,7
Dienste	53,9	26,6	27,3
Arbeitseinkommen	1,9	12,2	-10,2
Kapitaleinkommen	87,0	38,3	48,7
Laufende Übertragungen	17,6	25,0	-7,5
2. Vermögensübertragungen			**-1,8**
3. Kapitalverkehr			**-74,2**
Direktinvestitionen	-32,5	-2,1	-34,6
Portfolioinvestitionen	-53,3	3,6	-49,7
Kredite der Geschäftsbanken	-16,6	33,5	16,9
Kredite der Unternehmungen	-14,6	1,7	-12,9
Kredite der öffentlichen Hand			0,4
Sonstige Investitionen			7,5
Währungsreserven			-1,8
4. Restposten			**10,9**
Total der Salden			**0**

Der positive Saldo bei der Ertragsbilanz bedeutet einen Überschuss der Exporte über die Importe, beim Kapitalverkehr weist der negative Saldo auf einen Nettokapitalexport hin.

Zahlen in Mrd. Fr.; Rundungsdifferenzen möglich; provisorische Daten.

Daten: SNB (2005). Statistisches Monatsheft August 2005. Bern/Zürich. S. 106–110; www.snb.ch (August 2005).

Die schweizerische Zahlungsbilanz in Abbildung 130 besteht aus den **drei Teilbilanzen** Ertragsbilanz (1), Vermögensübertragungen (2) und Kapitalverkehrsbilanz (3). Unter die **Vermögensübertragungen** fallen der Schuldenerlass und die Finanzhilfegeschenke durch den Bund, private Vermögensübertragungen sowie immaterielle Vermögensgüter. Zwischen diesen drei Teilbilanzen gibt es einen inneren Zusammenhang. Theoretisch, d.h. ohne Berücksichtigung der statistischen Fehler im Restposten (4), entspricht der Saldo aus Ertragsbilanz und Vermögensübertragungen dem Saldo der Kapitalverkehrsbilanz mit umgekehrtem Vorzeichen. Damit ergibt die Summe dieser drei Teilbilanzen folglich null.

In Abbildung 131 ist die Entwicklung der Salden der Teilbilanzen der schweizerischen Ertragsbilanz über die letzten 15 Jahre ersichtlich. Die **Ertragsbilanz** weist traditionellerweise einen Überschuss aus, was bedeutet, dass die Schweiz dauernd Kapital exportiert hat. 2004 wurde mit einem Ertragsbilanzüberschuss von 65 Mrd. Fr., die rund 15% des Bruttoinlandproduktes (BIP) entsprechen, der höchste je registrierte Wert verzeichnet. In der **Handelsbilanz** wird der Warenverkehr und damit die Warenexporte und -importe ausgewiesen. Der Handelsbilanzsaldo verhält sich in der Regel "antizyklisch" in Bezug auf die konjunkturelle Lage in der Schweiz. So überwiegten die Warenimporte gegenüber den Warenexporten bis Anfang der 1990er Jahre, während in der Periode 1992–1996 die Handelsbilanz einen positiven Saldo auswies. Die kurze konjunkturelle Erholung Ende der 1990er Jahre führte in der Handelsbilanz in den Jahren 2000 und 2001 wieder zu einem negativen Saldo; seit 2002 wird erneut ein Überschuss in der Handelsbilanz verzeichnet. In der **Dienstleistungsbilanz** nimmt der Fremdenverkehr in Bezug auf die Einnahmen und Ausgaben eine wichtige Rolle ein (vgl. S. 475ff.). Der aktive Dienstleistungsbilanzsaldo kommt jedoch v.a. durch den Überschuss bei den Bankkommissionen zustande, der rund 40% des gesamten Überschusses der Dienstleistungsbilanz ausmacht. In der **Bilanz der Arbeits- und Kapitaleinkommen** ergibt sich der Überschuss ausschliesslich durch die Kapitaleinkommen (v.a. Kapitalerträge aus Direkt- und Portfolioinvestitionen), da die Bewegungen der Arbeitseinkommen zuungunsten der Schweiz ausfallen; es fliesst ein Mehrfaches an Arbeitseinkommen aus dem Inland ans Ausland (v.a. Lohnzahlungen an ausländische Grenzgänger) als aus dem Ausland ans Inland (v.a. Löhne der bei internationalen Organisationen in der Schweiz beschäftigten Personen). Die **Bilanz der laufenden Übertragungen** ist einerseits durch die privaten Übertragungen der im Inland ansässigen ausländischen Arbeitnehmer stets im Defizit; aufgrund der zunehmenden Zahl ausländischer Arbeitskräfte in der Schweiz nimmt dieses laufend zu. Andererseits tragen auch die öffentlichen Übertragungen zum Defizit bei. Diese setzen sich aus den Zahlungen der Sozialversicherungen an Ausländer (z.B. Renten) sowie den Ausgaben des Staates (z.B. Überweisungen an internationale Organisationen) zusammen.

XII. Internationale Strukturen 505

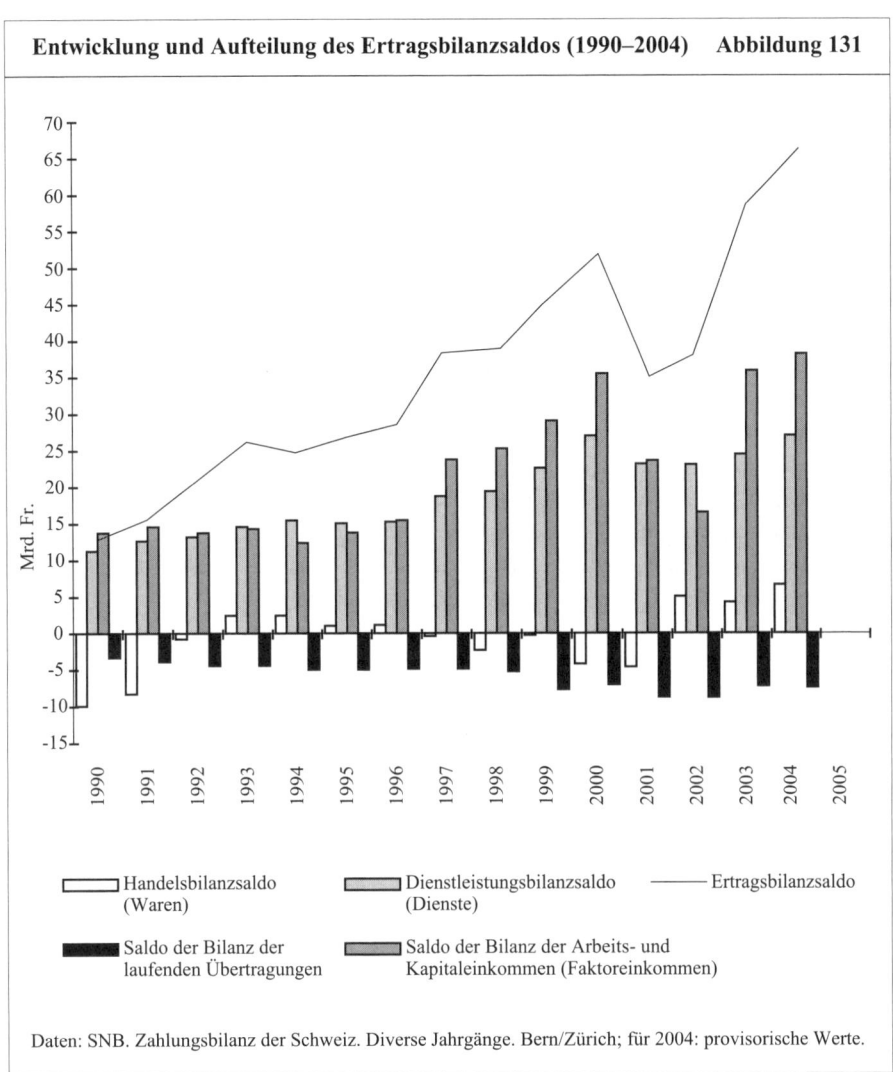

Entwicklung und Aufteilung des Ertragsbilanzsaldos (1990–2004) Abbildung 131

Handelsbilanzsaldo (Waren)
Dienstleistungsbilanzsaldo (Dienste)
Ertragsbilanzsaldo
Saldo der Bilanz der laufenden Übertragungen
Saldo der Bilanz der Arbeits- und Kapitaleinkommen (Faktoreinkommen)

Daten: SNB. Zahlungsbilanz der Schweiz. Diverse Jahrgänge. Bern/Zürich; für 2004: provisorische Werte.

Der 2004 erzielte Ertragsbilanzüberschuss von 65 Mrd. Fr. bildet letztlich die Differenz aus den **grenzüberschreitenden Einnahmen** (Soll) in der Höhe von 309 Mrd. Fr. und den **grenzüberschreitenden Ausgaben** in der Höhe von 244 Mrd. Fr. (Haben) (vgl. Abbildung 130 auf S. 503). Da der Warenhandel sowohl bei den Einnahmen als auch bei den Ausgaben den deutlich grössten Anteil ausmacht, soll im Folgenden auf die **Struktur des schweizerischen Warenhandels** näher eingegangen werden (vgl. Abbildung 132 auf S. 507). Bei der räumlichen Aufteilung des Handels nach **Ländern** zeigt sich die sehr starke Verflechtung der

Schweiz mit den europäischen Staaten, wobei Deutschland mit Abstand der wichtigste Handelspartner der Schweiz ist; angesichts der spärlichen Entwicklung der deutschen Wirtschaft ist dies von besonderer Relevanz. Bei einer Analyse des schweizerischen Warenhandels nach **Wirtschaftsblöcken** zeigt sich, dass die Schweiz über 80% ihrer Importe aus den Ländern der Europäischen Union (EU) bezieht und über 60% ihrer Waren in die EU exportiert. Die Exporte in die Entwicklungsländer haben zwar seit Ende der 1990er Jahre anteilmässig leicht zugenommen, betragen jedoch immer noch weniger als diejenigen nach Deutschland, Frankreich oder Italien. Bei den **Warenarten** zeigen sich die wichtigen Exportindustrien: Die Ausfuhr von Chemikalien, Maschinen, Präzisionsinstrumenten und Uhren machen 75% sämtlicher Warenexporte aus. Interessanterweise entfallen auch über 40% der Warenimporte auf chemische Erzeugnisse und Maschinen; darin widerspiegelt sich die zunehmende Bedeutung des intra-industriellen Handels (vgl. S. 496). Das Fehlen einer eigenen Automobilindustrie zeigt sich im deutlichen Überschuss der Fahrzeugimporte gegenüber den Fahrzeugexporten. Der Importüberschuss bei den Landwirtschaftsprodukten deutet auf die ungenügende Eigenversorgung der Schweiz mit Lebensmitteln hin. Aus der Gliederung nach dem **Verwendungszweck** ist ersichtlich, dass die Schweiz im Handel mit Investitionsgütern einen Exportüberschuss erzielt. Der Handel mit Rohstoffen, Halbfabrikaten und Konsumgütern ist ziemlich ausgeglichen. Volkswirtschaftlich von besonderer Bedeutung ist jedoch der deutliche Importüberschuss bei den Energieträgern und Hilfsstoffen (vgl. S. 323ff.).

Abbildung 133 auf S. 508 gibt einen Überblick über das **Auslandvermögen**, d.h. eine Aufstellung der Aktiven und Passiven der Schweiz gegenüber dem Ausland. In dieser Vermögensrechnung werden nicht wie in der Zahlungsbilanz jährliche Ströme, sondern die über die Jahre gebildeten **Bestände** ausgewiesen. Die schon früher erwähnte Tatsache, dass die Schweiz dank einem stetig anhaltenden Ertragsbilanzüberschuss über Jahre Kapital exportieren konnte, zeigt sich auch in der Vermögensposition der Schweiz gegenüber dem Ausland. Das Nettoauslandvermögen der Schweiz übertrifft das Bruttoinlandprodukt (BIP) der Schweiz um rund 150 Mrd. Fr. Diese Vermögensposition wird v.a. durch die **Überschüsse bei den Direkt- und Portfolioinvestitionen**, durch die **Treuhandgelder** und durch die **Währungsreserven** erreicht.

In Tabelle 35 auf S. 509 finden sich genauere Angaben zu den **schweizerischen Direktinvestitionen im Ausland**. Der Direktinvestitionsbestand **(Kapitalbestand)** betrug im Jahr 2003 rund 424 Mrd. Fr. (vgl. Abbildung 133 auf S. 508). Davon entfallen 75% auf die Industrieländer resp. 40% auf die Länder der Europäischen Union (EU). Der Kapitalbestand in Form von Direktinvestitionen gibt letztlich Auskunft über die Kapitalverflechtung schweizerischer Unternehmungen mit dem Ausland (vgl. Abbildung 129 auf S. 502). Im internationalen Vergleich sind die schweizerischen Unternehmungen überdurchschnittlich stark im

XII. Internationale Strukturen

Struktur des schweizerischen Warenhandels (2004)   Abbildung 132

	Exporte	Importe
nach Ländern:		
Deutschland	20,6%	33,9%
Frankreich	8,6%	10,1%
Italien	8,5%	11,7%
Grossbritannien	4,8%	3,6%
USA	10,1%	4,3%
Japan	3,8%	2,1%
nach Wirtschaftsblöcken:		
Industrieländer	79,2%	90,7%
EU	62,6%	83,4%
EFTA	0,4%	0,3%
Entwicklungsländer	6,7%	3,5%
nach Warenarten:		
Land- und Forstwirtschaft	3,4%	7,9%
Bekleidung, Textilien, Schuhe	2,7%	6,5%
Chemikalien	34,9%	22,3%
Maschinen	23,6%	20,6%
Fahrzeuge	3,1%	10,2%
Präzisionsinstrumente, Uhren	17,1%	6,2%
nach Verwendungszweck:		
Rohstoffe, Halbfabrikate	24,8%	26,9%
Energieträger, Hilfsstoffe	0,3%	4,9%
Investitionsgüter	32,2%	26,4%
Konsumgüter	42,7%	41,8%

Die Prozentangaben gelten für 2004 und beziehen sich jeweils auf die Gesamtexporte bzw. -importe. 2004 betrugen die Gesamtexporte an Waren 142 Mrd. Fr., die Gesamtimporte an Waren 132 Mrd. Fr. Damit haben sich die schweizerischen Warenexporte (-importe) seit 1999 um 25% (17%) erhöht.

Anmerkung: Die Differenz aus den Gesamtexporten und -importen beträgt 10 Mrd. Fr.; dies ist mehr als die im Saldo der Handelsbilanz ausgewiesenen 6,7 Mrd. Fr. Dieser Unterschied ergibt daraus, dass in der Handelsbilanz zusätzlich der Handel mit elektrischer Energie, Edelmetallen, Kunstgegenständen etc. sowie der Kauf und Verkauf von Rheinschiffen (!) berücksichtigt wird.

Daten: EVD (2005). Die Volkswirtschaft 7/8-2005. Bern. S. 79f.

Ausland präsent. Dies zeigt das Verhältnis zwischen dem Bestand der Direktinvestitionen und dem nominellen Bruttoinlandprodukt (BIP), das als ein übliches **Mass für die internationale Kapitalverflechtung** gilt. Das Verhältnis des Bestandes schweizerischer Direktinvestitionen im Ausland zum BIP belief sich im Jahr 2003 auf 98%. In den OECD-Ländern lag dieses Verhältnis im Durchschnitt bei 23%. Die Direktinvestitionen im Ausland **(Kapitalexport)** stiegen im Jahr 2003 auf rund 20 Mrd. Fr., wobei der grösste Teil durch den Dienstleistungssektor getätigt wurde; von den Branchen im Tertiärsektor investierten die Finanz- und Holdinggesellschaften sowie die Banken am meisten. Nach Ländern

Auslandvermögen der Schweiz (2003)   Abbildung 133

	Aktiven	Passiven	
Direktinvestitionen	424	200	**Direktinvestitionen**
Portfolioinvestitionen	813	557	**Portfolioinvestitionen**
Schuldtitel	450	59	Schuldtitel
Dividendenpapiere	363	498	Dividendenpapiere
Übrige Auslandaktiven	859	839	**Übrige Auslandpassiven**
Kredite der inl. Banken	629	639	Kredite an inl. Banken
Kredite der Unternehmen	125	105	Kredite an Unternehmen
Kredite der öffentlichen Hand	1	1	Kredite an die öff. Hand
Treuhandanlagen	64	1	Kredite an die SNB
Währungsreserven	86		
Gold	27		
Devisen	56		
Übrige Währungsreserven	3		
Total	**2183**	**1596**	**Total**
Nettoauslandvermögen der Schweiz (Saldo)		587	

Provisorische Zahlen in Mrd. Fr. für Ende 2003; Rundungsdifferenzen möglich.

Daten: SNB (2004). Das Auslandvermögen der Schweiz im Jahr 2003. Bern/Zürich. S. 39ff.

betrachtet floss mit 7 Mrd. Fr. ein Drittel der gesamten Direktinvestitionen in die USA; besonders Banken, Versicherungen und die chemische Industrie investierten in Nordamerika.

Schweizerische Direktinvestitionen im Ausland (2003)[1]   Tabelle 35

	Kapitalbestand[2]	Kapitalexport[2]	Personalbestand
Industrieländer	323'004	16'461	1'333'732
EU	181'622	5992	759'164
EFTA	3081	39	9208
Nordamerika	84'557	7025	327'843
Schwellenländer[3]	26'889	602	259'525
Entwicklungsländer	73'814	3288	215'042
Total	423'706	20'351	1'808'298

[1] Daten: EVD (2005). Die Volkswirtschaft 7/8-2005. Bern. S. 81; provisorische Werte.
[2] Kapitalbestand: Buchwerte am Ende des Jahres in Mio. Fr.; Kapitalexport: Export während des Jahres in Mio. Fr.
[3] Argentinien, Brasilien, Chile, Hongkong, Malaysia, Mexiko, Philippinen, Singapur, Südkorea, Taiwan und Thailand.

XII. Internationale Strukturen

Tabelle 36 gibt abschliessend über die **ausländischen Direktinvestitionen in der Schweiz** genauer Auskunft. Der Direktinvestitionsbestand **(Kapitalbestand)** betrug im Jahr 2003 rund 200 Mrd. Fr. Davon entfallen über 50% auf Investoren aus der EU und 40% auf Investoren aus den USA. Die ausländischen Direktinvestitionen in der Schweiz **(Kapitalimport)** verdoppelten sich im Jahr 2003 auf rund 22 Mrd. Fr.; davon flossen 16 Mrd. Fr. in den Dienstleistungssektor.

Ausländische Direktinvestitionen in der Schweiz (2003)[1]   Tabelle 36

		Kapitalbestand[2]	Kapitalimport[2]	Personalbestand[3]
Industrieländer		196'638	21'283	147'088
	EU	112'022	13'777	115'452
	EFTA	1097	72	48
	Nordamerika	81'439	7734	30'513
Schwellenländer[4]		688	135	297
Entwicklungsländer		2833	888	1872
Total		200'159	22'306	149'257

[1] Daten: EVD (2005). Die Volkswirtschaft 7/8-2005. Bern. S. 82; SNB (2004). Die Entwicklung der Direktinvestitionen im Jahr 2003. Bern/Zürich. S. 29; provisorische Werte.
[2] Kapitalbestand: Buchwerte am Ende des Jahres in Mio. Fr.; Kapitalimport: Import während des Jahres in Mio. Fr.
[3] Der Personalbestand wird im Verhältnis zur Kapitalbeteiligung des Direktinvestors ausgewiesen. Z.B. werden bei einer Unternehmung in der Schweiz, die 1000 Mitarbeiter beschäftigt und sich je zu 20% in französischem und deutschem Besitz befindet, Frankreich und Deutschland je 200 Beschäftigte zugewiesen.
[4] Argentinien, Brasilien, Chile, Hongkong, Malaysia, Mexiko, Philippinen, Singapur, Südkorea, Taiwan und Thailand.

Diese Ausführungen zeigen, dass die Volkswirtschaft der Schweiz in hohem Masse internationalisiert und dabei bezüglich den Weltregionen relativ stark diversifiziert ist, allerdings bei einem deutlichen Schwergewicht im EU-Raum.

3.3 Formen der Internationalisierung

Die aussenwirtschaftlichen Beziehungen sind für die Volkswirtschaft der Schweiz von grosser Bedeutung. Die offensichtlichste Form der Internationalisierung von Unternehmungen ist der Austausch von Waren, also der **Handel**. Die starke Handelsverflechtung der Schweiz kommt in einer Exportquote von knapp 32% (2004) zum Ausdruck, d.h. die Warenexporte betragen knapp ein Drittel des BIP. Neben dem Handel gibt es mit den **Direktinvestitionen** eine weitere traditionelle Form der Internationalisierung. Die Waren werden nicht mehr im Inland produziert und dann exportiert, sondern durch eigene Anlagen im Ausland hergestellt. Für die Schweiz gilt, dass die Produktion der schweizerischen Industrie im Ausland die schweizerischen Exporte bei weitem übersteigt. Schweizerische Unternehmungen schaffen durch ihre Auslandaktivitäten damit zahlreiche Arbeitsplätze im Ausland. Diese beiden traditionellen Formen der Internationalisierung, also Exporte und Direktinvestitionen, können jedoch aus verschiedenen Gründen (z.B. sektoraler Protektionismus) erheblich eingeschränkt werden. Deshalb haben sich weitere Formen der Internationalisierung herausgebildet. Diese in letzter Zeit immer bedeutender werdenden neuen Formen beziehen sich einerseits auf Arten **internationaler Investitionen** (z.B. Lizenzverträge, Auftragsfertigung, Beratungsverträge, Kooperationen, Joint Ventures) und andererseits auf Arten der **Exportfinanzierung** (z.B. Tauschgeschäfte, Rahmenabkommen, Gegengeschäfte, Lieferung schlüsselfertiger Anlagen).

Wird nun versucht, diese neueren Formen der Internationalisierung zu charakterisieren, so können z.B. der **Grad der Risikoübernahme** und der **Grad der Kontrolle über das Know-how** betrachtet werden. Die **klassischen Exporte** beinhalten kein Risiko, jedoch geht auch die Kontrolle über das gelieferte Know-how vollständig verloren, da die Rechte an den exportierten Gütern verkauft werden; es besteht somit die **Gefahr eines Re-Engineering** des exportierten Gutes durch den Käufer. Bei den **klassischen Direktinvestitionen** bleibt das Unternehmungsrisiko vollständig vorhanden, jedoch – zumindest theoretisch – auch die Kontrolle über das eingesetzte Know-how; in der Realität kann es aber durchaus auch bei Direktinvestitionen zu einem Re-Engineering des verkauften Gutes kommen, da die Präsenz des Verkäufers im Land des Käufers noch kein ausreichendes Kriterium für die Vermeidung eines Know-how-Verlusts darstellt. Die neueren Formen der internationalen Investitionen und der Exportfinanzierung stellen somit **Zwischenformen** zwischen Exporten und Direktinvestitionen dar. Einerseits wird eine gewisse Kontrolle über das transferierte Know-how behalten, andererseits auch ein Teil des Unternehmungsrisikos mitgetragen.

Im Zusammenhang mit der Internationalisierung der wirtschaftlichen Vernetzung wird oft auch der Begriff der **Globalisierung** verwendet; nähere Ausführungen hierzu finden sich auf S. 409.

4. Weltwirtschaftlicher Rahmen für die Schweiz

Durch verschiedenartigste Formen der Zusammenarbeit versuchen Staaten den regen Austausch von Gütern und Kapital zu ihrem gemeinsamen Vorteil zu nutzen. Im Folgenden werden deshalb verschiedene Formen der wirtschaftlichen Integration und die daraus entstandenen Institutionen vorgestellt.

4.1 Formen der internationalen Wirtschaftsintegration

Unzählige Millionen von Wirtschaftssubjekten stehen weltweit miteinander in Beziehungen verschiedenster Art. Die Zugehörigkeit dieser Wirtschaftssubjekte zu Staaten beeinflusst deren Beziehungen untereinander massgeblich. So finden Transaktionen zwischen Wirtschaftssubjekten im gleichen Land vielfach unter den gleichen, einheitlichen nationalen Rahmenbedingungen statt. Transaktionen zwischen Wirtschaftssubjekten unterschiedlicher Staaten unterliegen jedoch meist unterschiedlichen Rechtssystemen und Politiken. Dies bedeutet, dass die internationalen Wirtschaftsbeziehungen nicht nur durch die **Aussenhandelspolitik**, sondern auch durch die unterschiedlichen **Binnenmarktpolitiken** beeinflusst werden. Aus diesem Grund gibt es bei internationalen Transaktionen verschiedenste Hindernisse und Diskriminierungen, wie z.B. Zölle, Kontingente, unterschiedliche technische Standards, Subventionsvorschriften, Regeln im öffentlichen Beschaffungswesen und Wettbewerbsregeln.

Durch ihre Wirtschaftspolitik versuchen die einzelnen Staaten entweder für sich alleine oder für eine Ländergruppe, der sie angehören, Vorteile zu erzielen. Versucht ein Land, seine inländischen Produzenten von anderen abzuschirmen, so wird von **Protektionismus** gesprochen. Arbeiten jedoch die Länder mit dem Ziel des Abbaus von Hindernissen zusammen, so wird von **Integration** gesprochen. In der Realität kommen jeweils beide Politikformen vor, mit unterschiedlichen Ausprägungen und Entwicklungstendenzen. Einerseits finden sich in manchen Volkswirtschaften geschützte Sektoren wie z.B. die Landwirtschaft, die auch zu einem gewissen Grad in der Schweiz vor ausländischer Konkurrenz abgeschirmt wird, auch wenn sich diesbezüglich deregulierende Tendenzen abzeichnen (vgl. S. 395ff.). Andererseits spielt aber auch die Zusammenarbeit zwischen verschiedenen Staaten eine immer bedeutendere Rolle, z.B. bei der europäischen Integration.

Weltweit gesehen gibt es verschiedenste Integrationsbemühungen, die in ihrem Gehalt sehr unterschiedlich sind. Für eine erste Orientierung können sie nach der jeweiligen **räumlichen Ausdehnung**, dem **Bereich der Marktintegration**, der angewendeten **Methode der Integration der Wirtschaftspolitik** und dem **Bereich der Politikintegration** charakterisiert werden. Demzufolge kann die Integration auf globalem oder regionalem Niveau stattfinden und Güter- und/oder Faktormärkte umfassen. Bei der Methode der Integration der Wirtschaftspolitik kann zwischen negativer und positiver Integration unterschieden werden. Die **negative Integration der Wirtschaftspolitik** beinhaltet die gemeinsam beschlossene, nationale Beseitigung von diskriminierenden Massnahmen. Werden Institutionen oder Regeln beschlossen, die anderen Mitgliedstaaten die Möglichkeit geben, auf die nationalen Politikentscheide Einfluss zu nehmen, so wird von **positiver Integration der Wirtschaftspolitik** gesprochen. Der **Unterschied** zwischen negativer und positiver Integration lässt sich wie folgt erklären: Die negative Wirtschaftspolitikintegration schränkt die Autonomie der nationalen Politik ohne Aufgabe von Souveränitätsrechten ein. Dagegen verlagern sich die Souveränitätsrechte bei der positiven Integration an eine Instanz über der nationalen Gerichtsbarkeit.

Integrationsbemühungen werden oft vor dem Hintergrund eines vollständig integrierten Markts beurteilt, auf dem der freie Austausch von Waren, Dienstleistungen, Personen und Kapital möglich ist. Dahinter steckt die Überzeugung, dass der freie Austausch zur besten Allokation der Ressourcen führt. Die verschiedenen Integrationsbemühungen stellen jeweils unterschiedliche Annäherungen an dieses Ideal dar.

Die schwächste Form der Zusammenarbeit findet in der **Präferenzzone** statt, in der sich die beteiligten Mitgliedstaaten Handelsvorteile einräumen. Dies ist z.B. im Handel zwischen Industrie- und Entwicklungsländern durch die einseitige Gewährung von Vorzugszöllen auf dem Import von Produkten aus Entwicklungsländern der Fall.

In einer etwas erweiterten Integrationsform, nämlich der **Freihandelszone**, beseitigen die Mitglieder untereinander jegliche Zölle (und eventuell weitere Handelshemmnisse), behalten aber ihr individuelles Zollregime gegenüber Drittstaaten bei. Die 1960 gegründete Europäische Freihandelsassoziation (European Free Trade Association; EFTA), der auch die Schweiz angehört, ist dafür ein Beispiel (vgl. S. 520ff.). In einer Freihandelszone besteht jedoch der Anreiz, dass Güter über dasjenige Land in die Zone eingeführt werden, das über den niedrigsten Aussenzoll verfügt. Um dies zu verhindern, werden Ursprungsregeln benötigt, die festlegen, unter welchen Bedingungen ein Gut im Zollverbund hergestellt wurde und deshalb von der Zollbefreiung profitiert. Mit zunehmender internationaler Arbeitsteilung wird dieses Verfahren sehr aufwändig.

XII. Internationale Strukturen

Das Problem der Ursprungsregeln fällt weg, wenn die Länder der Freihandelszone statt unterschiedlicher Aussenzölle einen gemeinsamen Aussenzoll anwenden. In diesem Fall wird von einer **Zollunion** gesprochen. In einer Zollunion ist dafür eine Formel notwendig, nach der die gemeinsamen Zollerträge aufgeteilt werden. So hat z.b. die Europäische Gemeinschaft (EG) und Vorläuferin der heutigen Europäischen Union (EU; vgl. S. 523ff.) 1968 eine Zollunion eingeführt.

Können sich in einer Zone nicht nur die Güter, sondern auch die Faktoren frei bewegen, so wird von einem **gemeinsamen Markt** gesprochen. Damit ein wirklich freier Austausch von Waren, Dienstleistungen, Personen und Kapital gewährleistet ist, müssen nicht nur bestehende Hindernisse abgebaut, sondern auch neue, einheitliche Rahmenbedingungen kreiert werden. Ein Beispiel für einen gemeinsamen Markt ist der Binnenmarkt der EG, welcher 1993 eingeführt wurde.

Wird eine einheitliche Wirtschaftspolitik zwischen den am gemeinsamen Markt beteiligten Ländern ausgeübt, wird von einer **Wirtschaftsunion** gesprochen, wie dies gegenwärtig für die EU der Fall ist. Diejenigen Mitgliedsländer der EU, welche den Euro als gemeinsames Zahlungsmittel eingeführt haben, haben bereits den Schritt zur **Währungsunion** vollzogen (vgl. S. 578ff.).

Als letzte Stufe der wirtschaftlichen und politischen Integration bleibt die **politische Union**, die nebst einer Vereinheitlichung der allgemeinen Bereiche der Wirtschaftspolitik auch eine gemeinsame Aussenpolitik vorsieht; dies ist im Falle der EU noch nicht verwirklicht, aber deutlich als Ziel erkennbar.

In Abbildung 134 auf S. 514 sind die verschiedenen Stufen der wirtschaftlichen und politischen Integration überblicksartig zusammengestellt. Es bleibt einerseits anzumerken, dass der stufenförmige Aufbau nur bedingt gilt. Beispielsweise ist eine politische Union durchaus auch ohne die in der Abbildung vorangehende Stufe der Währungsunion denkbar. Andererseits ist anzumerken, dass z.B. die Mitgliedsländer einer Freihandelszone gegenüber Drittländern ein Abkommen schliessen können, das eine Präferenzzone zwischen der Freihandelszone auf der einen Seite und den Drittländern auf der anderen Seite etabliert.

4.2 Wirtschaftsinstitutionen

Zusammenarbeit oder Integration haben vielfach die Bildung von Institutionen zur Folge. Die Weltwirtschaftsordnung und die europäische Ordnung sind wesentlich durch die Entwicklungen während und nach dem Zweiten Weltkrieg bestimmt worden. Im Folgenden werden die Bretton-Woods-Institutionen, die

Stufen der wirtschaftlichen und politischen Integration   **Abbildung 134**

Politische Union   Währungsunion und gemeinsame Aussenpolitik

Währungsunion   Wirtschaftsunion und einheitliche Währung

Wirtschaftsunion   Gemeinsamer Markt und gemeinsame Wirtschaftspolitik

Gemeinsamer Markt   Zollunion und freier Personen-, Waren-, Dienstleistungs- und Kapitalverkehr

Zollunion   Freihandelszone und gemeinsamer Aussenzoll

Freihandelszone   Präferenzzone und freier Handel ohne Zölle untereinander, unterschiedlicher Aussenzoll

Präferenzzone   Einräumung von Handelsvorteilen, z.B. Vorzugszölle

Quelle: angelehnt an Mini, G.M. (1998). Volkswirtschaftslehre heute. 4. Auflage. Thun. S. 116.

Welthandelsorganisation (World Trade Organization; WTO), die Organisation für wirtschaftliche Zusammenarbeit und Entwicklung (Organisation for Economic Co-operation and Development; OECD), die Europäische Freihandelsassoziation (European Free Trade Association; EFTA) und die Europäische Union (EU) sowie die bilateralen Verträge der Schweiz mit der EU genauer vorgestellt.

4.2.1 Die Bretton-Woods-Institutionen

Unter dem Eindruck der Weltwirtschaftskrise und dem Zweiten Weltkrieg wurde in den 1940er Jahren die Neuordnung der internationalen Wirtschaftsbeziehungen angestrebt. Aus der Konferenz von **Bretton-Woods** im US-Bundesstaat New Hampshire gingen 1944 der **Internationale Währungsfonds (IWF)** und die **Weltbank** hervor. Der grundlegende Unterschied zwischen dem IWF und der Weltbank besteht darin, dass der **IWF ein geordnetes Weltwährungssystem** zum Ziel hatte, während die **Weltbank hauptsächlich eine Entwicklungsinstitution** ist. An dieser Stelle soll ausschliesslich auf die Weltbank eingegangen werden, da sich genauere Ausführungen zum IWF auf S. 573ff. finden.

Die Weltbank ist eine **Sonderorganisation der Vereinten Nationen (United Nations Organization; UNO)** und unterstützte nach dem Zweiten Weltkrieg zunächst den Wiederaufbau in Europa. Das erste Darlehen in Höhe von 250 Mio. US-Dollar wurde 1947 an Frankreich zum Zweck des Wiederaufbaus vergeben. Der **Aspekt des Wiederaufbaus** ist nach wie vor ein wichtiger Schwerpunkt der Tätigkeit der Weltbank – dies auch vor dem Hintergrund der Naturkatastrophen, humanitären Notsituationen sowie kriegs- und konfliktbedingten Zerstörungen, die **Entwicklungs- und Transformationsländer** belasten. Heute legt die Weltbank den Fokus jedoch verstärkt auf den **Abbau der Armut** als übergeordnetes Ziel ihrer Arbeit, denn weltweit leben rund 2,8 Mrd. Menschen von weniger als zwei US-Dollar am Tag. Bis 2050 wird die Weltbevölkerung voraussichtlich von sechs auf neun Mrd. Menschen anwachsen, wobei nahezu 95% dieses Zuwachses auf die Entwicklungsländer entfallen wird. Damit gewinnt die **Förderung des wirtschaftlichen und sozialen Fortschritts** in den Entwicklungsländern an grosser Bedeutung. Die Weltbank leistet entsprechend einen Beitrag an die Produktivitätssteigerung in den Entwicklungs- und Transformationsländern, indem sie die entsprechenden Regierungen bei ihren Bemühungen unterstützt, Schulen und Gesundheitszentren zu errichten, eine Wasser- und Stromversorgung aufzubauen, Krankheiten zu bekämpfen und die Nachhaltigkeit im Umweltbereich zu fördern.

Der Weltbank gehören gegenwärtig 184 Mitgliedsländer an. Diese Länder sind gemeinsam für die Finanzierung dieser Institution und die Verwendung der Gelder verantwortlich. Die Schweiz ist 1992 der Weltbank beigetreten und stellt jeweils einen von 24 Exekutivdirektoren. Das Direktoriumsmitglied der Schweiz vertritt eine Ländergruppe, die sich aus Aserbaidschan, Kirgisien, Polen, Schweiz, Turkmenistan, Usbekistan und Tadschikistan zusammensetzt. Die Weltbank hat ihren Hauptsitz in Washington D.C. und beschäftigt rund 10'000 Entwicklungsfachleute, dabei rund 40% in über 100 Länderbüros. Die Weltbank setzt sich aus **fünf eng assoziierten Institutionen** zusammen, wobei nicht alle 184 Länder Mitglied bei sämtlichen fünf der Weltbank angeschlossenen Institutionen sind (vgl. Abbildung 135).

Die fünf Institutionen der Weltbank-Gruppe	Abbildung 135

The International Bank for Reconstruction and Development (IBRD) vergibt Darlehen sowie wirtschaftspolitische und technische Beratung an Länder mit einem mittleren Pro-Kopf-Einkommen sowie an kreditwürdige ärmere Entwicklungsländer; die Darlehen müssen von den Ländern zurückbezahlt werden, wobei diese jedoch mehr Zeit für die Rückzahlung haben als bei Krediten von Geschäftsbanken. Der grösste Teil der Gelder der IBRD stammt aus dem Verkauf von Obligationenanleihen an den internationalen Kapitalmärkten. Der gute Schuldnerstatus der IBRD (Bonitätseinstufung AAA) gewährleistet den Kreditnehmern tiefere Kreditkosten, als wenn sie das Geld direkt am internationalen Kapitalmarkt aufnehmen müssten. 2002 unterstützte die IBRD mit Krediten im Gesamtvolumen von 11,5 Mrd. US-Dollar rund 100 Projekte in 40 Ländern; damit machen die IDA-Kredite rund ein Drittel der finanziellen Hilfen der Weltbank aus.

The International Development Association (IDA) spielt eine zentrale Rolle bei der Bekämpfung der weltweiten Armut. Die Hilfe der IDA konzentriert sich auf die ärmsten Entwicklungsländer mit einem jährlichen Pro-Kopf-Einkommen von maximal 925 US-Dollar. Die Kredite werden zinslos vergeben, sind aber ebenfalls zurückzuzahlen. Im Gegensatz zur IBRD werden die IDA-Kredite von den reicheren Mitgliedern der Weltbank finanziert, indem diese die notwendigen finanziellen Mittel durch alle vier Jahre zahlbare Beiträge bereitstellen. 2002 vergab die IDA Kredite in der Höhe von rund 8,1 Mrd. US-Dollar und unterstütze damit rund 130 Projekte in 62 Ländern. Sowohl IBRD- als auch IDA-Kredite sind mit wirtschafts- sowie meistens mit sozial- und umweltpolitischen Auflagen verbunden.

The International Finance Corporation (IFC) ist eine Mischung aus einer multilateralen Entwicklungs- und einer privaten Geschäftsbank. Sie fördert das Wachstum in den Entwicklungsländern, indem sie Investitionen privater Unternehmungen finanziert sowie technische Hilfe und Beratung an Regierungen und Unternehmungen leistet; die Erfahrung zeigt, dass Entwicklungsbemühungen meistens dann am erfolgreichsten sind, wenn sie vom privaten Sektor geleitet, gleichzeitig aber von einer Regierung unterstützt werden. Im Unterschied zu den meisten internationalen Organisationen akzeptiert die IFC keine Staatsgarantien, weshalb die IFC ihre Aufgaben in Zusammenarbeit mit privaten Investoren wahrnimmt.

The Multilateral Investment Guarantee Agency (MIGA) unterstützt Direktinvestitionen in Entwicklungsländern, indem sie ausländische Investoren gegen nicht-kommerzielle Risiken versichert. Ein Beispiel nicht-kommerzieller Risiken sind die politischen Risiken, wie z.B. die Unmöglichkeit eines ausländischen Investors, Geld in lokaler Währung in die Währung seines Heimatlandes zu tauschen.

The International Centre for Settlement of Investment Disputes (ICSID) ist eine internationale Organisation, die im Falle eines Disputs zwischen einem ausländischen Investor und einem Kredit beziehenden Land als Schlichtungs- und Vermittlungsstelle funktioniert.

4.2.2 Die Welthandelsorganisation

Die Welthandelsorganisation (World Trade Organization; WTO) ist die einzige internationale Institution, die sich mit den **Regeln des internationalen Handels** befasst. Sie wurde am 1. Januar 1995 mit 81 Mitgliedsländern gegründet – unter ihnen auch die Schweiz – und umfasste Ende 2005 deren 149, darunter nicht weniger als 32 besonders arme Entwicklungsländer und als letzten "Neuzugang" Saudi Arabien. Zu einer endgültig globalen Institution fehlen heute nur noch wenige Länder, wie z.B. Irak, Iran und Russland.

Das Ziel der WTO ist die Sicherstellung eines möglichst freien Handels zwischen den Mitgliedsländern, um positive Einkommens- und Beschäftigungseffekte zu erzielen. Der Ursprung der WTO geht auf das multilaterale Handelssystem **"General Agreement on Tariffs and Trade" (GATT)** aus dem Jahr 1948 zurück; dieses entsprach grundsätzlich periodisch stattfindenden **Verhandlungsrunden**, in denen über die Erleichterung des internationalen Handels debattiert wurde. Dabei stand insbesondere der **Abbau von Handelsbarrieren für Industriegüter** im Vordergrund; entsprechend ist der Grad der Liberalisierung des internationalen Handels mit Industriegütern weit fortgeschritten. Die achte und letzte abgeschlossene Verhandlungsrunde fand von 1986–1994 statt und wurde in der Folge als **Uruguay-Runde** bezeichnet, da sie mit der politischen Ministererklärung von Punta del Este (Uruguay) eingeleitet wurde; diese Runde brachte nicht nur insofern einen Durchbruch, als dass der **Agrarhandel** vollumfänglich den multilateralen Handelsregeln unterstellt wurde, sondern es kam auch zu einer ersten, zaghaften Öffnung der Landwirtschaftsmärkte. Ebenso wurde auch der **Dienstleistungshandel** neu in das multilaterale Handelssystem integriert. Mit Abschluss der Uruguay-Runde 1994 in Marrakesch konnte auf Anfang 1995 die WTO als **Dach-Organisation** gebildet werden, die drei Bereiche unter sich vereinigt. Diese stellen in Form eines **multilateralen Handelssystems** das Kernstück der WTO dar und bilden den rechtlichen Rahmen für den internationalen Handel (vgl. Abbildung 136).

Die WTO steht somit für einen möglichst freien Weltmarkt, dessen Prinzipien das **Höchstmass an Konsens in handelspolitischen Belangen** zwischen den Mitgliedsländern reflektieren; die Mitgliedstaaten handeln einen gemeinsamen Nutzen und mögliche Nachteile untereinander aus. Insgesamt werden im Rahmen der WTO über 30 multilaterale Abkommen betreut und deren Einhaltung wird überwacht. Das System dieses **Minimalkompromisses** ist somit kein statisches Gebilde, sondern bildet jeweils Ausgangspunkt und Rahmen für einen **Verhandlungsprozess zur Weiterentwicklung der internationalen Wirtschaftsbeziehungen**. In den Leitorganen und Arbeitsgruppen der WTO nehmen die Regierungen der Mitgliedsländer gleichberechtigt Einsitz. Alle wichtigen Beschlüsse werden somit gemeinsam ausgehandelt und im Konsens gefällt, und

| Die Rechtsprinzipien der Welthandelsorganisation | Abbildung 136 |

Die Welthandelsorganisation (WTO) ist Dachorganisation folgender drei Bereiche:

General Agreement on Tariffs and Trade (GATT): Das Allgemeine Zoll- und Handelsabkommen regelt den Warenverkehr. Die Grundprinzipien des GATT sind:

- **Meistbegünstigung ("most-favoured-nation"):** Alle handelspolitischen Vorteile (v.a. Zollvergünstigungen), die ein Land einem anderen Land gewährt, sind auch allen anderen Mitgliedstaaten zu gewähren. Dieses Prinzip der Nichtdiskriminierung, die sog. Meistbegünstigung, wird jedoch verschiedentlich durchbrochen. So sind Zollpräferenzabkommen zugunsten der Entwicklungsländer, aber auch Freihandelszonen und Zollunionen als Ausnahmen vom GATT gebilligt.
- **Inländerprinzip ("national treatment"):** Importierte Waren dürfen gegenüber gleichartigen inländisch hergestellten Waren – mit Ausnahmen – nicht durch Abgaben oder sonstige Vorschriften auf den Absatzmärkten schlechter gestellt werden.
- **Verbot quantitativer Handelshemmnisse (Kontingente):** Dieses Prinzip versucht die Beschränkung resp. Regulierung des Handels über die Zölle transparent zu machen, weil preisliche Massnahmen für den Konsumenten durchschaubarer sind als mengenmässige Beschränkungen. Auch dieses Anliegen wird nicht voll durchgesetzt, da seit langer Zeit Ausnahmen, wie etwa Kontingente für die Landwirtschaft, bestehen (diese wurden jedoch in der Uruguay-Runde in Zölle umgewandelt, die schrittweise abgebaut werden sollen).
- **Verbesserung des Marktzutritts:** Dieses Prinzip wird v.a. durch den Abbau von Zöllen erreicht, die in den sog. Länderlisten verbindlich verankert sind.
- **Abbau der nicht-tarifären Handelshemmnisse:** Diese Hemmnisse umfassen z.B. technische Vorschriften, Importlizenzen, Ursprungsregeln und freiwillige Exportbeschränkungen.

General Agreement on Trade and Services (GATS): Dieses Abkommen regelt den Handel mit Dienstleistungen. Banken, Versicherungen, Telekommunikationsunternehmungen, die international tätig sind, können von denselben Prinzipien des GATT profitieren.

Trade-Related Aspects of Intellectual Property Rights (TRIPS): Dieses Abkommen regelt den Schutz für geistige Eigentumsrechte, wie z.B. Urheberrechte (sog. Copyrights) für Kunst, Literatur und Musik, Trademarks sowie industrielle Designs.

zwar in der Regel auf Ebene der Wirtschaftsminister anlässlich von **Ministerkonferenzen**; die Schweiz wird dabei durch den Vorsteher des Eidgenössischen Volkswirtschaftsdepartements (EVD) vertreten. Entscheidend ist, dass **Änderungen von Kernbestimmungen der WTO** nur nach **Annahme durch alle Mitglieder** in Kraft treten (nach Ratifikation gemäss landeseigenen, von der Verfassung vorgeschriebenen Verfahren).

Seit November 2001 wird im Rahmen der **neunten Welthandelsrunde (Doha-Runde)** im Rahmen von Ministerkonferenzen über drei Dossiers debattiert:

- **Agrarerzeugnisse:** Im Bereich des **Marktzutritts** ist ein substanzieller und harmonisierender Zollabbau vorgesehen, wobei die höchsten Zölle stärker reduziert werden sollen als die niedrigeren. Im Gegenzug wird insbesondere eine gewisse Ausweitung der Zollkontingente verlangt. Daher wird der Marktzutritt den Nettoimportländern von Agrarerzeugnissen und damit auch der Schweiz stärkere Anpassungen abverlangen. Im Bereich der **internen Stützung** ist eine Senkung der produktgebundenen Stützung (pro Produkt) vorgesehen. Aufgrund der verschiedenen Etappen der Agrarreform ergibt sich für die Schweiz ein geringer Anpassungsbedarf. Die produktungebundene Stützung der sog. Green Box zur Abgeltung multifunktionaler Leistungen der Landwirtschaft (z.B. mittels Direktzahlungen) wird nicht beschränkt. Letztlich ist auch die Beseitigung sämtlicher Formen von **Exporthilfen** (z.B. Exportsubventionen) vorgesehen. Diese werden bis heute in der Schweiz für bestimmte Grunderzeugnisse (insbesondere Milchpulver) und verarbeitete Produkte ("Schoggigesetz") gewährt.
- **Industrieprodukte:** Den zentralen Punkt bilden die Zollreduktionen mittels einer nicht-linearen Formel, gemäss der höhere Zollsätze stärker zu reduzieren sind als niedrige, mit dem Effekt einer harmonisierenden Wirkung. Für Entwicklungsländer sind allerdings Ausnahmen und Sonderbehandlungen vorgesehen. Dennoch sollte eine substanzielle Reduktion der Importzölle erreicht werden. Eine technische Frage betrifft die Umwandlung der Gewichtszölle in Wertzölle
- **Dienstleistungen:** Die WTO-Mitgliedsländer sind bestrebt, die Dienstleistungsverhandlungen fortzusetzen. Diese zielen auf eine Verbesserung des Marktzugangs sowie auf die Nicht-Diskriminierung im Handel mit Dienstleistungen. An diesen Verbesserungen hat die Schweiz als Dienstleistungsgesellschaft ein wesentliches Interesse.

Die Doha-Runde ist seit 1947 und nach der Uruguay-Runde die neunte Runde der Welthandelsorganisation (World Trade Organization; WTO); sie soll Ende 2006 abgeschlossen werden (vgl. S. 480).

4.2.3 Die Organisation für wirtschaftliche Zusammenarbeit und Entwicklung

Die Organisation für wirtschaftliche Zusammenarbeit und Entwicklung (Organisation for Economic Co-operation and Development; OECD) geht auf die 1948 gegründete Organisation für Europäische wirtschaftliche Zusammenarbeit (OEEC) mit Sitz in Paris zurück. Letztere war eine rein europäische Organisation zum Wiederaufbau Europas nach dem Zweiten Weltkrieg, deren Zustandekommen auf der umfassenden US-Finanzhilfe (sog. Marshall-Plan) fusste und dementsprechend unter starkem US-Einfluss stand. Die Prinzipien der wirtschaftlichen Zusammenarbeit in Europa im Rahmen der OEEC haben die **europäische Integration** nachhaltig gefördert, auch wenn sich vorerst mit der Europäischen Wirtschaftsgemeinschaft (EWG) und der Europäischen Freihandelsassoziation (EFTA) zwei verschiedene Integrationsformen in Westeuropa herausbildeten. Mit der Transformation der OEEC in die OECD im Jahr 1961, zu deren Gründungsmitgliedern nebst 17 europäischen Staaten (inkl. der Schweiz) auch die USA und Kanada zählten, wurde die **transatlantische Zusammenarbeit** vertieft. 2005 zählte die OECD 30 der am höchsten entwickelten Industrieländer als Mitglieder, darunter auch Mexiko und Südkorea. Die Mitgliedstaaten der OECD umfassten 2004 rund 60% des weltweiten Bruttoeinkommens zu Kaufkraftparitäten, 76% des Welthandels, 52% des weltweiten Energiekonsums (2005) und 18% der Weltbevölkerung (2005).

Kernaufgabe der OECD ist die **Gestaltung nationaler und internationaler Politik**, die nachhaltiges wirtschaftliches Wachstum und höchste Beschäftigung erzielen soll. Die OECD funktioniert dabei als eine Mitgliederorganisation von Regierungen, die u.a. Informationen und Erfahrungen in konkreten Politikbereichen austauschen, um voneinander zu lernen (sog. **Best-practice-Ansatz** oder besser **Good-practice-Ansatz**, da es aus Gründen der komplexen Kontextabhängigkeit keine Best Practice gibt). Als Instrumente werden **konkrete Politikempfehlungen** ausgearbeitet (z.B. zur Bildungspolitik im Rahmen der PISA-Studie; vgl. hierzu Abbildung 58 auf S. 200) oder **Richtlinien** formuliert (z.B. die Verhaltensrichtlinie für multinationale Unternehmungen). Jedes Land verfügt dabei über das gleiche Mitspracherecht, wobei die multilaterale Zusammenarbeit alle wirtschaftlich relevanten Bereiche staatlichen Handelns wie z.B. die Agrar-, Gesundheits-, Sozial-, Technologie- und Umweltpolitik umspannt. Die OECD übt damit einen **Einfluss auf die Ausgestaltung nationaler Politikbereiche** aus. Als Beispiele für die Volkswirtschaft der Schweiz können hier die Revision der Arbeitslosenversicherung (vgl. S. 675), aber auch Reformen im Bereich der Wettbewerbspolitik (vgl. S. 56ff.) genannt werden.

4.2.4 Die Europäische Freihandelsassoziation

Schon bei der Gründung der Vorläuferorganisation der OECD im Jahr 1948 gab es erste Anzeichen für die Entwicklung verschiedener Integrationsformen in Westeuropa, namentlich der Europäischen Freihandelsassoziation (European Free Trade Association; EFTA) und der heutigen Europäischen Union (EU). Die unterschiedliche Entwicklung gründete auf den verschiedenen Auffassungen zur

XII. Internationale Strukturen

Supranationalität. Die Supranationalität entspricht einem politischen Konstrukt, bei dem einer den Mitgliedstaaten übergeordneten Instanz gewisse Aufgaben, und als Folge auch einzelstaatliche Hoheitsrechte, übertragen werden. Während die **EFTA** eine **Freihandelszone** ist, hat die **EU** in mehreren Schritten die Stufe der **Wirtschaftsunion** erreicht und supranationale Instanzen geschaffen. Jene EU-Mitgliedsländer, die den Euro eingeführt haben, sind sogar bereits auf der Stufe der **Währungsunion** angelangt (vgl. Abbildung 134 auf S. 514) und haben mit der Europäischen Zentralbank (EZB; vgl. S. 581ff.) eine weitere supranationale Instanz geschaffen.

Die EFTA (vgl. Abbildung 137) wurde 1960 als Reaktion auf die damalige Europäische Wirtschaftsgemeinschaft (EWG) gegründet, nachdem es nicht gelungen war, eine grosse westeuropäische Freihandelszone – ohne Supranationalität oder Rechtsvereinheitlichung – zu schaffen (vgl. S. 523ff.). In den 1960er Jahren gehörten damit die meisten westeuropäischen Staaten entweder der EFTA oder der damaligen EWG an.

Die Europäische Freihandelsassoziation   Abbildung 137

Name: Europäische Freihandelsassoziation (European Free Trade Association; EFTA)

Gründung: Unterzeichnung der EFTA-Konvention am 4. Januar 1960; Inkrafttreten am 3. Mai 1960.

Sitz: Genf

Gründungsmitglieder: Dänemark, Grossbritannien, Norwegen, Österreich, Portugal, Schweden und die Schweiz.

Aufnahme weiterer Mitglieder: Island (1970), Finnland (1986) und Fürstentum Liechtenstein (1991).

Heutige Mitglieder: Fürstentum Liechtenstein, Island, Norwegen und die Schweiz.

Zahlen: Einwohner 12 Mio.; Fläche 0,5 Mio. km^2; BIP 623 Mrd. US-Dollar (2004).

Wichtige Organe: EFTA-Gerichtshof (Luxemburg; juristische Instanz für das EWR-Abkommen; Schweiz nicht Mitglied); EFTA-Überwachungsbehörde (Brüssel; überwacht die Anwendung des EWR-Abkommens; Schweiz nicht Mitglied); EFTA-Sekretariat (Genf; Verwaltungsarbeiten); ständiger Ausschuss der EFTA-Staaten (Forum für Konsultationen; Schweiz Beobachterstatus), parlamentarischer Ausschuss der EFTA-Staaten (gibt Stellungnahmen ab und ist Verbindungsorgan zu den nationalen Parlamenten; Schweiz Beobachterstatus).

Das vorrangige Ziel bei der Gründung der EFTA war, den Handel zwischen ihren eigenen Mitgliedsländern zu liberalisieren, ähnlich dem Prozess in der EWG, der aber bereits im Gange war. Die folgenden Jahrzehnte brachten deshalb auch eine immer stärkere **Anbindung an die heutige EU:**

- In den 1970er Jahren wurden die beiden Freihandelsräume EFTA und EWG durch **bilaterale Freihandelsabkommen** miteinander verbunden.
- Die 1980er Jahre führten schliesslich zu einer noch engeren Zusammenarbeit mit der damaligen Europäischen Gemeinschaft (EG), wobei der **Abbau technischer und anderer nicht-tarifärer Handelshemmnisse** Priorität hatte. Intensiviert wurde zudem die Zusammenarbeit in den Bereichen ausserhalb des Handels, wie in Forschung und Entwicklung (F&E).
- In den 1990er Jahren wurde mit dem **Abkommen über den Europäischen Wirtschaftsraum (EWR)** die bisher engste Partnerschaft zwischen der EFTA und der EU ausgehandelt; das Abkommen trat am 1. Januar 1994 in Kraft. Während das EWR-Abkommen von den drei EFTA-Staaten Fürstentum Liechtenstein, Island und Norwegen ratifiziert wurde, hat die Schweiz in der Volksabstimmung vom 6. Dezember 1992 das Abkommen knapp abgelehnt. Damit besteht der EWR aus den drei EFTA- und den 25 EU-Staaten. Das EWR-Abkommen beinhaltet als Kernstück sowohl den gemeinsamen Markt als auch gemeinsame Institutionen zu dessen Verwaltung.

Obwohl sich die EFTA nur auf den Freihandel beschränkt, sind die Vertragsregeln relativ ausführlich. Sie führen aber nicht zu einer Vereinheitlichung oder gar zu einem Zusammenschluss der EFTA-Staaten. Die unterschiedliche Auffassung bezüglich der Vereinheitlichung bzw. einem Zusammenschluss sowie veränderte Zielsetzungen in einzelnen EFTA-Staaten führten in der Folge zu verschiedenen **Austritten aus der EFTA und Beitritten zur EU:** Dänemark und Grossbritannien (Aufnahme in die EU: 1973); Portugal (1986); Finnland, Österreich und Schweden (1995).

In Zukunft wird es in der EFTA darum gehen, die Verbindungen gegenüber anderen Staaten ausserhalb der EU auszubauen. Dazu stehen zwei Instrumente im Vordergrund: Der Abschluss von Freihandelsabkommen sowie die Vereinbarung von Zusammenarbeitserklärungen.

Die **Freihandelsabkommen** der EFTA regeln den Handel mit Industrieprodukten, Fisch und verarbeiteten Landwirtschaftsprodukten. Der Handel mit unverarbeiteten Landwirtschaftserzeugnissen wird demgegenüber in separaten bilateralen Landwirtschaftsvereinbarungen geregelt, die zwischen den einzelnen EFTA-Staaten und den Freihandelspartnern parallel zum jeweiligen EFTA-Freihandelsabkommen abgeschlossen werden. Grund für diese besondere Behandlung der Basisagrarprodukte ist die Tatsache, dass die EFTA-Staaten keine gemeinsame Landwirtschaftspolitik kennen. Mit dem Abschluss von Freihandelsabkommen verfolgen die EFTA-Staaten das Ziel, ihren Unternehmungen einen gegenüber wichtigen ausländischen Konkurrenten (insbesondere aus der EU, den USA oder Japan) mindestens gleichwertigen Zugang zu ausgewählten ausländischen Märkten zu verschaffen. Gleichzeitig verbessern die Abkommen die Rechtssicherheit und die Stabilität der Rahmenbedingungen für die Exporteure und Auslandinvestoren der EFTA-Staaten.

Seit Mitte der 1990er Jahre bemüht sich die EFTA verstärkt um den Abschluss von Freihandelsabkommen mit Mittelmeerstaaten. Damit sollen die Voraussetzungen geschaffen werden, um an der geplanten **grossen Freihandelszone Europa-Mittelmeer** teilnehmen zu können, die im Rahmen des Barcelona-Prozesses der EU bis 2010 verwirklicht werden soll. Freihandelsabkommen bestehen mit folgenden 16 Staaten bzw. Institutionen: Bulgarien, Kroatien, Mazedonien, Rumänien, Israel, Jordanien, Libanon, Marokko, der palästinensischen Autonomiebehörde, Tunesien, Türkei, den SACU-Staaten (Southern African Customs Union: Botswana, Namibia, Lesotho, Südafrika, Swasiland), Chile, Mexiko, Singapur und Südkorea.

Weniger weit als Freihandelsabkommen gehen **Zusammenarbeitserklärungen**. Sie sehen nur einen institutionalisierten Dialog über handelsfördernde Massnahmen vor, können aber eine Vorstufe zu späteren Verhandlungen über Freihandelsabkommen sein. Zusammenarbeitserklärungen bestehen mit Albanien, Serbien und Montenegro, der Ukraine, Algerien, Ägypten, dem Golf-Kooperationsrat (Bahrein, Katar, Kuwait, Oman, Saudi-Arabien, Vereinigte Arabische Emirate) und dem Mercosur (Argentinien, Brasilien, Paraguay, Uruguay).

Verhandlungen über Freihandelsabkommen werden geführt mit Ägypten, Kanada und Thailand. In Prüfung sind (weitere) Vereinbarungen mit Algerien und Syrien.

4.2.5 Die Europäische Union

a) Gründungsmotive

Zahlreiche Motive sprachen und sprechen für die europäische Einigung. Sie geben – neben den konkurrierenden politisch-institutionellen Leitbildern – Aufschluss über die Triebkräfte und über die Zielrichtung der historischen Integrationsentwicklung Europas. Zudem helfen sie die Gestalt, die das politische Europa heute hat, besser zu verstehen. Im Überblick waren **sechs Motivbündel** die wesentlichen Triebkräfte für die europäische Einigung:

- Friedenssicherung,
- Zugehörigkeit zu einer Wertegemeinschaft,
- Steigerung des wirtschaftlichen Wohlstandes,
- mehr Einfluss in der Aussen- und Sicherheitspolitik,
- Aussicht auf grösseren Erfolg bei der Lösung grenzüberschreitender Probleme, z.B. beim Umweltschutz, sowie
- Stärkung der nachbarschaftlichen Beziehungen.

Die Bedeutung dieser Motive war im Zeitablauf unterschiedlich gross und variiert auch von Land zu Land.

b) Wichtige Entwicklungsschritte

Als Beginn der europäischen Integration wird meistens Winston Churchills Rede vom 19. September 1946 in der Aula der Universität Zürich zitiert. Diese Rede an die "akademische Jugend der Welt" gipfelte im berühmt gewordenen Aufruf **"Let Europe arise!"**.

Erste konkrete Schritte erfolgten 1951 mit der Gründung der **Europäischen Gemeinschaft für Kohle und Stahl** (EGKS, auch Montanunion genannt). Die sechs Gründungsstaaten der EGKS (Belgien, Deutschland, Frankreich, Italien, Luxemburg und die Niederlande) einigten sich auf eine supranationale Behörde, welche die gemeinsame Verfügung über kriegswirtschaftliche Schlüsselindustrien ausübte.

In der Folge trieben die sechs Staaten ihre Integrationsbemühungen weiter und gründeten 1957 in den sog. **Römischen Verträgen** die **Europäische Wirtschaftsgemeinschaft (EWG)** sowie die **Europäische Atomgemeinschaft (Euratom)**. Kernstück der EWG war die Absicht, einen gemeinsamen Markt zu schaffen, der 1979 durch das sog. **Cassis-de-Dijon-Urteil** (vgl. Abbildung 138 und S. 78ff.) des Europäischen Gerichtshofes massgeblich mitgeprägt wurde. Die weiteren Integrationsbemühungen führten schliesslich zur **Europäischen Gemeinschaft (EG)**, bestehend aus den sechs Gründungsstaaten der ehemaligen EGKS. Im Jahr 1973 wuchs die EG ein erstes Mal um die zwei ehemaligen EFTA-Staaten Grossbritannien und Dänemark sowie um Irland.

Um die Wechselkursschwankungen zwischen den nun neun EG-Mitgliedern zu verringern, trat 1979 das **Europäische Währungssystem (EWS)** in Kraft (vgl. Abbildung 154 auf S. 582). Doch bereits 1981 wuchs die EG weiter, als Griechenland der EG beitrat. 1986 kamen Portugal (ehemaliges EFTA-Mitglied) sowie Spanien hinzu und erhöhten die Mitgliederzahl auf zwölf.

XII. Internationale Strukturen

Das Cassis-de-Dijon-Prinzip   **Abbildung 138**

Das **Cassis-de-Dijon-Prinzip** besagt, dass Waren, die in einem Mitgliedstaat der Europäischen Union (EU) rechtmässig hergestellt worden sind, auch in allen andern EU-Staaten verkauft werden dürfen. Konkret ist jedes aus einem Mitgliedstaat eingeführte Erzeugnis grundsätzlich im Hoheitsgebiet der anderen Mitgliedstaaten zuzulassen, sofern es rechtmässig hergestellt worden ist, d.h. soweit es der im Ausfuhrland geltenden Regelung oder den dortigen verkehrsüblichen, traditionsgemässen Herstellungsverfahren entspricht und in diesem Land in den Verkehr gebracht worden ist.

Grundlage des Prinzips ist ein Urteil des **Europäischen Gerichtshofes (EuGH)** vom 20. Februar 1979: Dem deutschen Lebensmittelkonzern REWE war von der Bundesmonopolverwaltung für Branntwein die Einfuhr des französischen Likörs Cassis-de-Dijon (20% Alkoholgehalt) verboten worden, weil die deutschen Gesetze einen Mindestgehalt von 32% vorgeschrieben haben. Der Konzern klagte daraufhin beim EuGH. Der Gerichtshof sah im Einfuhrverbot der Bundesmonopolverwaltung einen Verstoss gegen Art. 30 des EG-Vertrages und hiess die Klage gut. Nach Art. 30 müssen Hemmnisse für den Warenverkehr, die sich aus einer unterschiedlichen Regelung der Herstellung und Vermarktung ergeben, nur dann hingenommen werden, wenn sie aufgrund gesundheitlicher oder ökologischer Kriterien zwingend notwendig sind.

Das Urteil des EuGH erwies sich als grundlegend für die Verwirklichung des freien Warenverkehrs im Europäischen Binnenmarkt.

Ein weiterer wichtiger Schritt wurde 1987 mit dem Inkrafttreten der **Einheitlichen Europäischen Akte (EEA)** gemacht: Deren Kernpunkt war die Errichtung des europäischen **Binnenmarkts** mit seinen **vier Freiheiten** (freier Verkehr von Waren, Dienstleistungen, Personen und Kapital) bis Ende 1992. Zusätzlich enthielt die EEA Bestimmungen zur Wirtschafts- und Währungsunion, zu Wettbewerbsregeln, zur Handels-, Landwirtschafts-, Verkehrs-, Sozial- und Umweltpolitik sowie zu Forschung und Bildung.

Am 1. Januar 1993 wurde der **Binnenmarkt** Realität. Im November desselben Jahres trat der **Maastricht-Vertrag** über die **Europäische Union (EU)** in Kraft und löste damit die EG ab (vgl. Abbildung 139 auf S. 526). Die wichtigsten Ziele der EU sind: die Errichtung einer Wirtschafts- und Währungsunion (vgl. S. 578ff.), die Etablierung einer gemeinsamen Aussen- und Sicherheitspolitik, die Einführung der Unionsbürgerschaft sowie die Zusammenarbeit in der Innen- und Rechtspolitik.

Die Anwendung des Abkommens über die Schaffung des **Europäischen Wirtschaftsraums** (**EWR**; vgl. S. 522) folgte 1994. Ebenfalls 1994 erfolgte die Gründung des **Europäischen Währungsinstituts (EWI)**, als weiterer Schritt zur Stufe der Wirtschafts- und Währungsunion. Weitere drei ehemalige EFTA-Staaten (Finnland, Österreich und Schweden) traten 1995 der EU bei. Ebenfalls 1995

| Die Europäische Union | Abbildung 139 |

Name: Europäische Union (EU)

Gründung: Inkrafttreten des Vertrags über die EU am 1. November 1993.

Sitz: Brüssel

Gründungsmitglieder: Belgien, Deutschland, Frankreich, Italien, Luxemburg und die Niederlande mit der 1951 erfolgten Gründung der Europäischen Gemeinschaft für Kohle und Stahl (EGKS, auch Montanunion genannt).

Aufnahme weiterer Mitglieder: Dänemark, Grossbritannien und Irland (1973); Griechenland (1981); Portugal und Spanien (1986); Finnland, Österreich und Schweden (1995); Estland, Lettland, Litauen, Malta, Polen, Slowakische Republik, Slowenien, Tschechische Republik, Ungarn und Zypern (2004).

Heutige Mitglieder: Die Gründungsmitglieder sowie seither aufgenommene Staaten.

Zahlen: Einwohner 457 Mio.; Fläche 3,9 Mio. km^2; BIP 10'208 Mrd. Euro (2004).

Wichtige Organe:

Im **Europäischen Rat** (Brüssel) treten die Staats- und Regierungschefs der EU sowie der Kommissionspräsident zusammen. Der Europäische Rat legt die allgemeinen politischen Leitlinien der EU fest. Von den Beschlüssen, die auf den Tagungen des Europäischen Rates gefasst werden, gehen wesentliche Anstösse für die Festlegung der allgemeinen politischen Leitlinien der EU aus.

Die **Europäische Kommission** (Brüssel) ist ein unabhängiges, nicht an nationale oder politische Weisungen gebundenes Organ von 25 Kommissaren. Sie ist die Antriebskraft der EU, indem sie Rechtsvorschriften, Massnahmen und Aktionsprogramme vorschlägt. Weiter ist sie für die Umsetzung der Beschlüsse des Europäischen Parlaments und des Rats der EU verantwortlich.

Der **Rat der EU (Ministerrat)** (Brüssel) setzt sich aus je einem Minister der Mitgliedsländer zusammen. Er ist das wichtigste Entscheidungsgremium der EU, hat zusammen mit dem Europäischen Parlament gesetzgeberische Kompetenzen und genehmigt den Haushaltsplan. Weiter sorgt er für die Abstimmung der Wirtschaftspolitik, schliesst internationale Verträge, entwickelt die gemeinsame Aussen- und Sicherheitspolitik und koordiniert die Zusammenarbeit der nationalen Gerichte in Strafsachen. Der Rat der EU ist die Stimme der Mitgliedstaaten.

Das **Europäische Parlament** (Strassburg) hat zusammen mit dem Rat der EU gesetzgeberische Kompetenzen und die Haushaltsbefugnis. Weiter übt es die demokratische Kontrolle über die EU aus. Die über 700 Abgeordneten werden direkt vom Volk gewählt, das Europäische Parlament ist die Stimme des Volkes.

Der **Europäische Gerichtshof** (Luxemburg) wacht darüber, dass das Gemeinschaftsrecht in allen Mitgliedstaaten einheitlich ausgelegt und angewendet wird. Um den Gerichtshof zu entlasten, wurde 1989 das (beigeordnete) Gericht erster Instanz geschaffen, das bestimmte Aufgaben des Gerichtshofes übernommen hat.

Die **Europäische Zentralbank** (Frankfurt) verwaltet den Euro und führt Devisengeschäfte durch. Als unabhängige Institution ist sie für die Gestaltung der Wirtschafts- und Währungspolitik verantwortlich (vgl. S. 581ff.).

XII. Internationale Strukturen

trat das **Schengener Übereinkommen** in Kraft. Schengen vereinfacht insbesondere den Grenzübertritt von Personen und die polizeiliche Zusammenarbeit (Europol). Später wurde das Schengener Übereinkommen in den **Vertrag von Amsterdam** eingebunden, der 1999 eine umfassende Revision der grundlegenden Verträge der EU auf verschiedenen Gebieten einleitete.

Im Jahr 1998 erfolgte die Errichtung der **Europäischen Zentralbank (EZB)**. 1999 wurde der **Euro** offiziell eingeführt und am 1. Januar 2002 in Form von Münzen und Geldscheinen in Umlauf gebracht. Der Euro wird zum alleinigen Zahlungsmittel in den teilnehmenden EU-Staaten (vgl. S. 585).

Ein weiterer Eckpunkt der Entwicklung der EU folgte im Frühjahr 2000 in Lissabon. Mit der sog. **Lissabon-Strategie** soll die EU bis 2010 zum wettbewerbsfähigsten und dynamischsten wissensbasierten Wirtschaftsraum gemacht werden, der fähig ist, ein dauerhaftes Wirtschaftswachstum mit mehr und besseren Arbeitsplätzen und einem grösseren sozialen Zusammenhalt sicherzustellen. Um dieses Ziel zu erreichen, sollen innerhalb der nächsten Jahre sowohl auf Ebene der Mitgliedstaaten als auch auf Gemeinschaftsebene eine Reihe von strukturellen Massnahmen getroffen werden, die vor dem Hintergrund stabiler makroökonomischer Rahmenbedingungen darauf abzielen, das Wachstumspotenzial Europas voll auszuschöpfen. Gleichzeitig sollen die sozialen Schutzsysteme modernisiert, deren langfristige Finanzierbarkeit sichergestellt und an die Dynamik des Wirtschaftslebens angepasst werden.

Mit dem 2003 in Kraft getretenen **Vertrag von Nizza** bereitete sich die EU für die Aufnahme der Beitrittsländer vor. Der Vertrag besiegelte einen tragfähigen Kompromiss, der die Integrationsfähigkeit der EU auch während der Erweiterungsphase bewahrt und die Legitimität ihrer Entscheidungen stärkt. Damit hat die alte EU der 15 Mitgliedstaaten das Tor zur neuen EU aufgestossen. Am 1. Mai 2004 fand die bisher **umfangreichste Erweiterung** der EU statt: Mit Estland, Lettland, Litauen, Malta, Polen, der Slowakischen Republik, Slowenien, der Tschechischen Republik, Ungarn und Zypern treten zehn Staaten bei. Die EU weist damit 25 Mitglieder auf.

c) Weitere Entwicklung

Als nächstes grosses Projekt soll der Vertrag über die **Europäische Verfassung** in Kraft treten, dessen Ratifizierungsprozess 2005 aber aufgrund negativer Volksabstimmungen in Frankreich und den Niederlanden ins Stocken geriet. Die Europäische Verfassung soll durch einen einzigen Rechtsakt alle derzeitigen Verträge der EU ersetzen und damit eine Vereinfachung und grössere Einheitlichkeit bringen. Die Verfassung gibt Antwort auf mehrere Fragen: Wie funktionieren die Organe? Wie wird die Gewaltenteilung gehandhabt? Welche Instrumente stehen zur Umsetzung der Politik zur Verfügung? Welche Werte werden vertreten? Welche Grundrechte haben die Bürger? Der Vertrag über die Europäische Verfassung ist damit sowohl ein völkerrechtlicher Vertrag als eben auch eine Verfassung, da er konstitutionelle Elemente enthält.

Die Europäische Verfassung ist in vier Teile gegliedert:

- In Teil I werden die Werte, Ziele, Zuständigkeiten (vgl. Abbildung 140), Entscheidungsverfahren und Organe der EU definiert. Teil I befasst sich zudem mit den Symbolen der Union, der Unionsbürgerschaft, dem demokratischen Leben und den Finanzen der Union.
- Teil II greift die Charta der Grundrechte auf.
- Teil III beschreibt die internen und externen Politikbereiche und Massnahmen sowie die Arbeitsweise der EU.
- Teil IV enthält die allgemeinen Bestimmungen und Schlussbestimmungen, darunter die Verfahren zur Annahme und Änderung der Verfassung.

Neben der Europäischen Verfassung zählen die Verhandlungen mit den **Kandidatenländern** Bulgarien, Kroatien, Rumänien und der Türkei sowie die Einführung des Euro in weiteren Mitgliedstaaten zu den nächsten Grossprojekten der EU.

4.2.6 Die bilateralen Verträge der Schweiz mit der Europäischen Union

a) Die Bilateralen I

Da die Schweiz durch den Aussenhandel sehr stark mit der EU verflochten ist (vgl. Abbildung 132 auf S. 507), drängte sich eine Öffnung gegenüber dem wichtigsten Handelspartner auf. Bereits 1992 hatte die Schweiz die Möglichkeit, mit dem zwischen der EFTA und der EU ausgehandelten **EWR** diese wirtschaftliche Öffnung zu vollziehen, doch wurde das Abkommen vom Souverän in der Schweiz abgelehnt (vgl. S. 522). In der Folge ersuchte der schweizerische Bundesrat die EU deshalb um die Aufnahme von bilateralen Verhandlungen. Die beiden Partner einigten sich auf **sieben Dossiers**, zu denen sie Ende 1993 die Diskussion aufnahmen. Nach fünf Jahren schwieriger Verhandlungen konnte Ende 1998 eine Einigung in allen sieben Dossiers erzielt werden, die schliesslich 1999 zur Unterzeichnung durch die Schweiz führte. Aufgrund eines Referendums wurden die Verträge im Mai 2000 dem Souverän vorgelegt und mit 67% der Stimmen angenommen. Die sog. Bilateralen I beinhalten folgende sieben Dossiers:

XII. Internationale Strukturen

Zuständigkeitsbereiche der EU in der Europäischen Verfassung   **Abbildung 140**

In der **Europäischen Verfassung** werden u.a. auch die Zuständigkeiten der EU geklärt und aufgezählt. Die Verfassung legt die Bereiche fest, in denen die EU alleine handeln kann (ausschliessliche Zuständigkeit), in denen sowohl die EU, als auch die Mitgliedstaaten tätig werden können (geteilte Zuständigkeit), und in denen die EU ohne Harmonisierungsmöglichkeit nur ergänzend tätig werden kann (Unterstützungs-, Koordinierungs- und Ergänzungsmassnahmen). Es gilt das **Subsidiaritätsprinzip** (vgl. S. 107ff.). So wird die Union in den Bereichen, die nicht in ihre ausschliessliche Zuständigkeit fallen, nur tätig, sofern und soweit die Ziele der in Betracht gezogenen Massnahmen von den Mitgliedstaaten weder auf zentraler noch auf regionaler oder lokaler Ebene ausreichend erreicht werden können, sondern vielmehr wegen ihres Umfangs oder ihrer Wirkungen auf supranationaler Ebene besser erreicht werden können.

Ausschliessliche Zuständigkeit:
- Zollunion
- Wettbewerb (im Kontext des Binnenmarkts)
- Währungspolitik für die Mitgliedstaaten, deren Währung der Euro ist
- Erhaltung der biologischen Meeresschätze
- Gemeinsame Handelspolitik

Geteilte Zuständigkeit:
- Binnenmarkt
- Bestimmte Aspekte der Sozialpolitik
- Wirtschaftlicher, sozialer und territorialer Zusammenhalt
- Landwirtschaft und Fischerei
- Umwelt
- Verbraucherschutz
- Verkehr
- Transeuropäische Netze
- Energie
- Raum der Freiheit, der Sicherheit und des Rechts
- Bestimmte Aspekte des Gesundheitswesens
- Bestimmte Aspekte der Forschung, der technologischen Entwicklung und der Raumfahrt
- Bestimmte Aspekte der Entwicklungszusammenarbeit und der humanitären Hilfe

Unterstützungs-, Koordinierungs- und Ergänzungsmassnahmen:
- Gesundheitsschutz
- Industrie
- Kultur
- Tourismus
- Allgemeine Bildung, Jugend, Sport und berufliche Bildung
- Bevölkerungsschutz
- Verwaltungszusammenarbeit

Die EU ist darüber hinaus für die Koordinierung der Wirtschafts- und Beschäftigungspolitik der Mitgliedstaaten und für die gemeinsame Aussen- und Sicherheitspolitik, zu der auch die gemeinsame Verteidigungspolitik gehört, zuständig.

Das Dossier **Landverkehr** führte zu einer gegenseitigen Öffnung der Landverkehrsmärkte. In der Schweiz erfolgte bis 2005 eine schrittweise Erhöhung der Gewichtslimite je Lastwagen von 28 auf 40 Tonnen. Das vom schweizerischen Souverän mehrfach gutgeheissene Ziel der Verlagerung des Schwerverkehrs von der Strasse auf die Schiene soll v.a. durch die eingeführte leistungsabhängige Schwerverkehrsabgabe (LSVA) und die 2007 (Lötschberg) bzw. 2015 (Gotthard) fertiggestellte Neue Eisenbahn-Alpentransversale (NEAT) erreicht werden. Die sich akzentuierende Herausforderung für die Schweiz ist, das Verlagerungsziel zu erreichen, ohne den ausländischen Schwerverkehr zu diskriminieren oder mit (zu) hohen staatlichen Subventionen auf die Bahn umzulenken.

Im Dossier **Luftverkehr** wird – auf Grundlage der Gegenseitigkeit – der Zugang schweizerischer Fluggesellschaften zum liberalisierten europäischen Luftverkehrsmarkt geregelt. Durch die schrittweise Gewährung von Verkehrsrechten (sog. Freiheiten) und das Diskriminierungsverbot erhalten die schweizerischen Luftfahrtunternehmungen gleiche Wettbewerbsbedingungen wie ihre europäischen Konkurrenten und können auch Mehrheitsanteile an Fluggesellschaften aus der EU übernehmen. Das Dossier Luftverkehr trat 2002 in Kraft, als die Swissair bereits bankrott war und die Swiss mit Startschwierigkeiten zu kämpfen hatte. Inzwischen gehört die Swiss zur deutschen Lufthansa, sodass sich viele Vorteile des Luftverkehrsabkommens für die Schweiz inzwischen relativierten.

Der **Personenverkehr** ist ein Kerndossier der Bilateralen I und regelt u.a. Folgendes: Aufenthalt von Selbständigerwerbenden und Arbeitnehmern, Niederlassungsrecht, Diplomanerkennung, Koordination des Sozialversicherungsrechts, Aufenthaltsrecht für nicht-erwerbstätige Personen (Studenten, Rentner) mit ausreichenden finanziellen Mitteln und die Liberalisierung der grenzüberschreitenden Dienstleistungserbringung bis zu maximal 90 Tagen pro Kalenderjahr. Die Einführung der Personenfreizügigkeit erfolgt etappenweise: Bis zum 31. Mai 2007 sind die Arbeitsbewilligungen kontingentiert, danach wird die Personenfreizügigkeit auf Probe eingeführt. Dies bedeutet den Wegfall der Kontingente für die EU-Bürger aus den 15 alten EU-Mitgliedstaaten. Im Fall einer massiven Erhöhung des Zuzugs von EU-Arbeitskräften kann die Schweiz einseitig wieder Kontingente einführen. Im Jahr 2009 muss das Schweizer Parlament in einem referendumsfähigen Bundesbeschluss über die Weiterführung des Freizügigkeitsabkommens entscheiden. Bei einem negativen Entscheid gilt die sog. **Guillotine-Klausel** der Bilateralen I, d.h. die EU ist dann berechtigt, alle Dossiers einseitig zu kündigen. Bei einem positiven Abstimmungsergebnis soll ab dem 1. Juni 2014 der freie Personenverkehr gemäss dem Freizügigkeitsabkommen definitiv umgesetzt werden. Für die Ausdehnung der Personenfreizügigkeit auf die zehn neuen EU-Mitgliedstaaten handelte die Schweiz eine separate **Übergangsregelung** aus, die am 25. September 2005 in einer Abstimmung vom schweizerischen Souverän mit 56% Ja-Stimmen angenommen wurde. So kann die Schweiz

XII. Internationale Strukturen

bis zum 30. April 2011 arbeitsmarktliche Beschränkungen für Arbeitnehmer aus acht der zehn neuen EU-Mitgliedstaaten aufrecht erhalten. Für Malta und Zypern gelten als Ausnahme die gleichen Bestimmungen wie für die 15 alten EU-Mitgliedstaaten. Um das hohe schweizerische Lohnniveau vor insbesondere osteuropäischen Arbeitnehmern zu schützen, beschloss der Bund **flankierende Massnahmen** gegen Sozial- und Lohndumping. Diese Massnahmen finden nicht nur auf ausländische Arbeitnehmer Anwendung, sondern erweiterten auf Druck der Gewerkschaften auch den Arbeitnehmerschutz in der Schweiz (vgl. S. 166ff.).

Das Dossier **öffentliches Beschaffungswesen** regelt die gegenseitige Öffnung der Märkte für das öffentliche Beschaffungswesen durch eine zwingende öffentliche Ausschreibung ab einem gewissen Schwellenwert. Es gilt die grundsätzliche Gleichbehandlung in- und ausländischer Anbieter. So kommen z.B. beim NEAT-Bau auch ausländische Unternehmungen zum Zuge. Grundsätzlich fusst dieses Dossier auf den **WTO-Bestimmungen**, geht aber beim Geltungsbereich über diese hinaus. In der EU werden von der öffentlichen Hand jährlich über 1150 Mrd. Franken für die Beschaffung von Gütern, Dienstleistungen und Bauleistungen ausgegeben. Das stellt für die schweizerischen Unternehmungen ein grosses Auftragspotenzial dar.

Die **technischen Handelshemmnisse** werden in einem weiteren Dossier geregelt. Das Ziel ist die gegenseitige Anerkennung von Konformitätsbewertungen wie Tests, Zertifikaten, Produktzulassungen etc. Diesem Dossier kommt nach der Personenfreizügigkeit wirtschaftlich am meisten Bedeutung zu, da sich das Abkommen auf die meisten industriellen Produkte erstreckt. Unternehmungen profitieren deshalb von tendenziell sinkenden Kosten und kürzeren Wartezeiten bei der europaweiten Vermarktung von neuen Produkten.

Im Dossier **Forschung** wird der Schweiz die umfassende Teilnahme am EU-Forschungsprogramm garantiert. So kann die Schweiz Projektleiter stellen und erhält Zugang zu allen Forschungsprogrammen. Dieses Dossier ist elementar für die Hochschulen.

Die **Landwirtschaft** ist Gegenstand eines weiteren Dossiers und vereinfacht den Handel mit Agrarprodukten zwischen der Schweiz und der EU. Dies geschieht einerseits durch die Beseitigung nicht-tarifärer Handelshemmnisse, andererseits durch den Abbau von Zöllen. Im Rahmen eines Abbaus von nicht-tarifären Handelshemmnissen werden die technischen Vorschriften in den Bereichen Veterinärmedizin, Pflanzenschutz, biologische Landwirtschaft sowie die Qualitätsnormen für Früchte und Gemüse als gleichwertig anerkannt. Mit dem Abkommen wird zwar nicht der freie Handel für alle landwirtschaftlichen Produkte eingeführt, doch bietet es den Schweizer Produzenten in jenen Bereichen neue Möglichkeiten, in denen gegenseitige Konzessionen gewährt wurden.

b) Die Bilateralen II

Die Bilateralen II sind die Fortsetzung der Bilateralen I von 1999. Nach deren Abschluss war die EU grundsätzlich skeptisch gegenüber neuen Verhandlungen mit der Schweiz. Dass sie trotzdem zur Eröffnung einer neuen Verhandlungsrunde bereit war, lag daran, dass die EU ihrerseits zwei wichtige Anliegen an die Schweiz hatte: Die Schweiz sollte erstens in das von der EU geplante System der grenzüberschreitenden **Zinsbesteuerung** eingebunden werden. Zweitens wollte die EU die Zusammenarbeit mit der Schweiz bei der **Betrugsbekämpfung** im Bereich der indirekten Steuern (namentlich gegen den Zigarettenschmuggel) intensivieren. Die Schweiz hingegen war an der Teilnahme am Abkommen von **Schengen/Dublin** interessiert sowie an Abkommen in **sieben Dossiers**, die bei den Bilateralen I ausgespart wurden. Insgesamt ergaben sich somit zehn Dossiers als Verhandlungsbasis.

Ab dem 17. Juni 2002 wurde zwischen der Schweiz und der EU in den zehn Dossiers parallel verhandelt und am 19. Mai 2004 konnte anlässlich eines Gipfeltreffens eine politische Einigung in neun Dossiers erzielt werden. Einzig im Dossier **Liberalisierung der Dienstleistungen** haben die Schweiz und die EU angesichts der Vielzahl noch offener Punkte und der Komplexität vereinbart, die Verhandlungen in diesem Bereich einzustellen und zu einem späteren Zeitpunkt zum Abschluss zu bringen. Folgende neun Dossiers waren Gegenstand der Bilateralen II und konnten abgeschlossen werden:

Im Dossier **Zinsbesteuerung** verpflichtete sich die Schweiz, einen Steuerrückbehalt auf alle Zinserträge ausländischer Quellen zu erheben, die an natürliche Personen mit steuerlichem Wohnsitz im EU-Raum geleistet werden. Der Satz dieser Quellensteuer wird schrittweise bis auf 35% erhöht. Auf ausdrückliche Anweisung des Zinsempfängers kann der Steuerrückbehalt durch eine freiwillige Meldung der Zinszahlung an das Finanzamt des Steuersitzlandes ersetzt werden. Zudem verpflichtet sich die Schweiz, den EU-Ländern bei Steuerbetrug oder bei sinngemäss gleich schweren Vergehen auf Anfrage hin Amtshilfe zu leisten. Die Schweizer Rechtsordnung sowie das **Bankkundengeheimnis** bleiben damit gewahrt (vgl. S. 443). Im Gegenzug hat die Schweiz die Abschaffung der Quellenbesteuerung auf Zahlungen von Dividenden, Zinsen und Lizenzgebühren zwischen verbundenen Unternehmungen eingehandelt.

Mit dem Dossier **Schengen/Dublin** erhält die Schweiz Anschluss an die Instrumente der EU-Sicherheits- und EU-Asylzusammenarbeit. Schengen fördert den freien Reiseverkehr durch eine Aufhebung der systematischen Personenkontrollen an den Binnengrenzen. Zur gleichzeitigen Stärkung der inneren Sicherheit werden die Kontrollen an den Aussengrenzen des Schengen-Raumes intensiviert. Wichtig für die Schweiz ist der Anschluss an das **Schengen-Informationssystem (SIS)**, die europaweite elektronische Fahndungsdatenbank. Dublin basiert

XII. Internationale Strukturen

auf dem Grundsatz, dass für die Durchführung eines Asylverfahrens immer nur ein EU-Staat zuständig ist. Zudem wird mit der elektronischen **Fingerabdruck-Datenbank Eurodac** sichergestellt, dass Asylsuchende nur in einem einzigen Land Antrag auf Aufnahme stellen können.

Die **Betrugsbekämpfung** wurde in einem weiteren Dossier geregelt und sieht eine intensivere Zusammenarbeit gegen Schmuggel und andere Deliktformen im Bereich der indirekten Steuern (Zölle, Mehrwertsteuer, Verbrauchssteuern) sowie im Subventions- und Beschaffungswesen vor. Zu diesem Zweck werden die Amts- und die Rechtshilfe effizienter ausgestaltet und der Informationsaustausch mit den Verwaltungs- und Justizbehörden in der EU verstärkt.

Gemäss einem weiteren Dossier gilt die Zollfreiheit neu für eine breite Palette von **verarbeiteten Landwirtschaftsprodukten**.

Der Bereich **Umwelt** umfasst ein weiteres Dossier, in dem eine engere Zusammenarbeit und die schweizerische Mitgliedschaft bei der **Europäischen Umweltagentur (EUA)** vereinbart wurde. Damit wird die Schweiz aktiv die Ausrichtung der Projekte und Forschung auf europäischer Ebene mitbestimmen und vollständigen Zugang zu den europaweiten Umweltdaten der EUA erhalten.

Im Dossier **Statistik** einigte sich die Schweiz mit der EU auf eine Harmonisierung der statistischen Datenerhebung, sodass die Vergleichbarkeit schweizerischer und europäischer Daten in Bereichen wie Handelsbeziehungen, Arbeitsmarkt, soziale Sicherheit, Verkehr, Raumplanung und Umwelt garantiert ist. Weiter erhält die Schweiz auch einen besseren Zugang zu den in der EU veröffentlichten Daten, und die schweizerischen Daten werden fortan in den Statistiken des **Statistischen Amts der Europäischen Union (Eurostat)** publiziert.

Als **Media** wurde ein Dossier benannt, das die Teilnahme schweizerischer Kino- und Fernsehschaffendender an den EU-Media-Programmen ermöglicht, sodass sie gleichberechtigt von EU-Unterstützungsmassnahmen profitieren können.

Das Dossier **Bildung, Berufsbildung und Jugend** führte als einziges der Dossiers nicht zu einem Abkommen, sondern nur zu einer Absichtserklärung. So hat die Schweiz mit der EU in Form eines Schriftwechsel vereinbart, dass sich die beiden Partner einmal pro Jahr treffen. Dies dient der Festigung der Zusammenarbeit sowie der Vorbereitung der Verhandlungen zur Vollbeteiligung der Schweiz an den Gemeinschaftsprogrammen bezüglich Bildung, Berufsbildung und Jugend.

Um **Ruhegehälter** geht es im letzten Dossier. Es beinhaltet ein neues Doppelbesteuerungsabkommen zwischen der Schweiz und der EU, sodass die Ruhegehälter von ehemaligen EU-Beamten mit Wohnsitz in der Schweiz nicht mehr zweifach besteuert werden; die Schweiz verzichtet dabei auf eine Besteuerung. Diese Regelung betrifft lediglich rund 50 Pensionierte.

Sieben der neun Dossiers wurden schliesslich dem fakultativen Staatsvertragsreferendum unterstellt, wobei einzig das **Referendum** (vgl. Abbildung 36 auf S. 112) gegen das Abkommen der Schweiz für die Beteilung an Schengen/Dublin zustande kam. Schengen/Dublin wurde jedoch am 5. Juni 2005 in einer Abstimmung vom schweizerischen Souverän mit 55% Ja-Stimmen angenommen. Damit war auf schweizerischer Seite der Weg frei, die Bilateralen II umzusetzen. Inzwischen sind zahlreiche der Abkommen in Kraft getreten.

Die wichtigsten Ziele der schweizerischen Integrationspolitik sind in ausgewählten Bereichen erreicht worden. So z.B. der Abbau von Handelshemmnissen, d.h. die Reduktion von Transaktionskosten, der verbesserte Zugang zum europäischen Binnenmarkt sowie eine vertiefte Zusammenarbeit mit der EU als dem wichtigsten Wirtschaftspartner der Schweiz. Die bilateralen Verträge sind auf die schweizerischen Interessen massgeschneidert, jedoch entwickelt sich der sog. **Acquis communautaire** weiter. Es ist dabei auf verschiedenen Ebenen zu entscheiden, inwieweit die bilateralen Verträge an die Rechtsentwicklung der beiden Vertragsparteien angepasst werden sollen. Dies dürfte mit zunehmenden verfahrensmässigen und institutionellen Schwierigkeiten verbunden sein. Sollte die EU weitere Mitglieder aufnehmen, so steht die Schweiz vor der Herausforderung, die bilateralen Verträge jeweils auf die neuen Mitglieder auszuweiten. Der bilaterale Weg ist fruchtbar und gewinnbringend, dürfte jedoch nur eine Lösung auf Zeit sein; er bedarf einer Weiterentwicklung.

5. Ausblick

Die Volkswirtschaft der Schweiz weist einen hohen Grad der Internationalisierung und geographischen Diversifikation auf. Sie ist damit stark in die internationalen Strukturen eingebettet. Für die zukünftige Sicherung der **internationalen Wettbewerbsfähigkeit der Schweiz** sind die beiden Perspektiven inward und outward von zentraler Bedeutung:

Bei der **inward**-Perspektive geht es um die Standortattraktivität, die Ansiedlung von Unternehmungen und die Nutzung des Standorts Schweiz. Mit der zunehmenden Konkurrenz von polit-ökonomischen Systemen um attraktive Rahmenbedingungen für zukunftsträchtige mobile Produktionsfaktoren und Wirtschaftsaktivitäten wird auch für die Schweiz die eigene Standortattraktivität immer wichtiger. Internationale Wettbewerbsfähigkeit bedeutet wirtschafts- und gesellschaftspolitische Voraussetzungen erhalten oder schaffen. Diese Voraussetzungen sollen folgende zwei Effekte bewirken: Erstens sollen **einheimische Unternehmungen international wettbewerbsfähig bleiben oder werden**, d.h. mit Hilfe von Qualitäts- und Produktivitätsvorsprüngen im weltweiten Konkurrenzkampf eine so hohe Wertschöpfung erzielen, dass sie die nächsten Anpassungsschritte finanzieren können. Zweitens soll bewirkt werden, dass **für ausländische Unternehmungen der Standort Schweiz attraktiver** wird. Für sesshafte Arbeitskräfte und investiertes Sachkapital geht es somit darum, sich für komplementäre mobile Produktionsfaktoren attraktiv zu machen, um damit positive Beschäftigungs- und Einkommenseffekte zu generieren. Die Schweiz als kleine offene Volkswirtschaft hat folglich nur dann eine Chance, ihren Wohlstand zu bewahren, wenn sie sich vorteilhaft in die Weltwirtschaft integriert; dabei hat sie jedoch nur einen **geringen Einfluss auf die konkrete Ausgestaltung und Weiterentwicklung der Weltwirtschaftsordnung**. Es bleibt ihr deshalb meist nur der Weg, auf die sich dauernd verändernde Weltwirtschaftsordnung möglichst initiativ zu reagieren. Die Standortattraktivität der Schweiz hängt für viele internationale wie auch schweizerische Unternehmungen massgeblich von den Zugangsschranken zum EU-Binnenmarkt und den damit verbundenen Wechselkursrisiken ab. Weitergehende **Integrationsschritte** der Schweiz in Richtung Europa können die Standortattraktivität erhöhen. Für die Zukunft stellt sich deshalb die Frage, ob die Weiterverfolgung des bilateralen Wegs wirtschaftlich und politisch noch Sinn macht, oder ob die Schweiz mittelfristig den **EU-Beitritt** als eine valable Alternative ins Auge fassen soll.

Damit ist auch bereits zur **outward**-Perspektive übergeleitet. Zu den Grundsätzen der Aussenwirtschaftspolitik der Schweiz gehört die **Offenheit nach allen Seiten**. Eine kleine offene Volkswirtschaft wie die Schweiz hat ein vitales Interesse am möglichst freien Zugang zu den verschiedensten Märkten der Welt.

Dabei möchte die Schweiz dies erreichen, ohne eine politische Finalität eingehen zu müssen. Allerdings dürfte sich freier Handel und politische Finalität (im Sinne eines politischen Zusammenschluss mit Abtreten von Kompetenzen an supranationale Institutionen) in bestimmten Räumen und Märkten nicht immer trennen lassen. Im Bereich des **Welthandels** werden die Regeln und deren Erfolg v.a. durch die Welthandelsorganisation (World Trade Organization; WTO) bestimmt. Dabei gilt es für die Schweiz, eine Kohärenz zwischen diesen multilateralen Verpflichtungen und den bilateralen Beziehungen mit der EU anzustreben. Als Beispiel sei die zur Diskussion stehende einseitige Anwendung des Cassis-de-Dijon-Prinzips gegenüber der EU genannt (vgl. S. 525 und S. 79ff.). Dieser handelspolitische Vorteil, den die Schweiz dadurch den Mitgliedsländern der EU eingestehen würde, wäre jedoch u.U. aufgrund der Meistbegünstigungsklausel (vgl. Abbildung 136 auf S. 518) ebenfalls sämtlichen Mitgliedsländern der WTO zu gewähren. Des Weiteren gilt es für die Schweiz, eine weitere Harmonisierung der technischen Regelungen und Normen – insbesondere mit der EU – anzustreben.

Obwohl die WTO eine weltweite Liberalisierung des Handels anstrebt, werden vermehrt regionale Abkommen gebildet, v.a. in Europa, Amerika und Asien. Dies führt zur weiteren **Polarisierung der weltwirtschaftlichen Beziehungen** in Wirtschaftsblöcke. Die schweizerische Politik der Öffnung nach allen Seiten versucht deshalb, teilweise über die EFTA, teilweise im Alleingang, **neue Freihandelsabkommen** abzuschliessen. Ein gewünschtes Freihandelsabkommen mit den USA kam aber Anfang 2006 nicht zustande. Als eine Zwischenlösung wurde die Schaffung eines gemeinsamen Handels- und Investitions-Kooperationsforums vereinbart. Das Ziel sind bilaterale Arrangements in jenen Bereichen, die für beide Seiten von Vorteil sind. Zu erwähnen sind insbesondere nicht-tarifäre Handelshemmnisse (z.B. bei Pharmaprodukten) und Erleichterungen für Arbeitnehmer, Dienstleister und Konsumenten, auch wenn kein umfassendes Abkommen mit freiem Agrarhandel angestrebt wird. Weitere Sondierungsgespräche zu Handelsabkommen sind mit Japan und Russland im Gange.

6. Quellen

6.1 Literatur

Aydalot, Ph. (Hrsg.) (1986). Milieux innovateurs en Europe. Paris.

Barnett, M., Finnemore, M. (2005). Rules for the World – International Organisations in Global Politics. Ithaca.

Dümmler, P. (2006): Wissensbasierte Cluster in der Schweiz – Realität oder Fiktion? Das Beispiel der Medizinaltechnikbranche. Schriftenreihe des Instituts für öffentliche Dienstleistungen und Tourismus (IDT) der Universität St. Gallen, Beiträge zur Regionalwirtschaft. Bern/Stuttgart/Wien.

Donges, J. B., Menzel, K., Paulus, Ph. (2003). Globalisierungskritik auf dem Prüfstand – Ein Almanach aus ökonomischer Sicht. Stuttgart.

economiesuisse (Hrsg.) (2004). Bilaterale Abkommen Schweiz – Europäische Union (EU): Die Ausdehnung der Personenfreizügigkeit und die neun Dossiers der Bilateralen II. Zürich.

Eidgenössisches Volkswirtschaftsdepartement (Hrsg.) (jährlich). Bericht des Bundesrates zur Aussenwirtschaftspolitik. Bern.

Fischler, F., Ortner, Ch. (2006). Europa: Der Staat, den keiner will. Salzburg.

Hix, S. (2005). The Political System of the European Union. London.

International Monetary Fund (ed.) (1993). Balance of Payments Manual. 5th edition. Washington. D.C.

Jacobs, J. (1961). The Death and Life of Great American Cities. New York.

Marshall, A. (1920). Principles of Economics. 8th (1st edition 1890). London.

Mini, G. M. (1998). Volkswirtschaft heute. Ein Lehr- und Arbeitsbuch. 4. Auflage. Münsingen/Thun.

Neue Zürcher Zeitung (Hrsg.) (2005). Weiter auf dem bilateralen Weg: Mehr als nur wirtschaftliche Kooperation Schweiz – EU. NZZ Fokus. Nr. 27. Zürich.

OECD (Hrsg.) (jährlich). Annual Report. Paris.

OECD (Hrsg.) (2005). Economic Policy Reforms: Going for Growth. Structural Policy Indicators and Priorities in OECD Countries. Paris.

OECD (Hrsg.) (2006). Policy Framework for Investment – Draft Text for Public Consultation. Paris.

Perroux, F. (1955). Note sur la notion de pôle de croissance, in: Economie appliqué. Jan.-June Nr. 7, S. 307–320.

Porter, M. E. (1990). The Competitive Advantage of Nations. London/Basingstoke.

Sautter, H. (2004). Weltwirtschaftsordnung – Die Institutionen der globalen Ökonomie. München.

Schmid, H., Graf, St., Liebig, Th. (unter Mitarbeit von Baur, D., Tanner, E.) (2004). Das Ausland und die schweizerische Wirtschaftspolitik seit 1945. Bern/Stuttgart/Wien.

Schweizerische Nationalbank (Hrsg.) (jährlich). Das Auslandvermögen der Schweiz. Bern/Zürich.

Schweizerische Nationalbank (Hrsg.) (jährlich). Die Entwicklung der Direktinvestitionen. Bern/Zürich.

Schweizerische Nationalbank (Hrsg.) (jährlich). Zahlungsbilanz der Schweiz. Bern/Zürich.

Senti, R. (2000). WTO: System und Funktionsweise der Welthandelsordnung. Zürich.

Senti, R., Ziegler, A. R. (Hrsg.) (2005). Die Schweiz und die internationalen Wirtschaftsorganisationen. Zürich.

Slaughter, A.-M. (2004). A New World Order. Princeton.

Vernon, R. (1966). International Investment and International Trade in the Product Cycle, in: Quarterly Journal of Economics. Vol. 80, S. 190–207.

Zweifel, P., Heller, R. H. (1997). Internationaler Handel: Theorie und Empirie. 3. Auflage. Heidelberg.

6.2 Internet

Eidgenössische Zollverwaltung. URL: www.zoll.admin.ch

Europäische Union. URL: www.eu.int

Europäische Freihandelsassoziation. URL: www.efta.int

Integrationsbüro des EDA/EVD. URL: www.europa.admin.ch

International Chamber of Commerce Switzerland. URL: www.icc-schweiz.ch

OECD. URL: www.oecd.org

Osec – Business Network Switzerland. URL: www.osec.ch

Schweizerische Nationalbank. URL: www.snb.ch

Staatssekretariat für Wirtschaft. URL: www.seco.admin.ch

SwissCham – Association of Swiss Foreign Trade Chambers. URL: www.swisscham.ch

UNO. URL: www.un.org

Weltbankgruppe. URL: www.worldbank.org

Welthandelsorganisation. URL: www.wto.org

Staatliche Beeinflussung

Der Staat übernimmt einen bedeutenden Teil der Leistungserstellung der schweizerischen Volkswirtschaft. So sind die soziale Sicherung, das Schulwesen, die Justiz, das Polizei- und Militärwesen sowie die politischen Aussenbeziehungen Staatsaufgaben. Das Angebot der Leistungen wird über den politischen Prozess festgelegt und über öffentliche Abgaben, wie z.B. Steuern oder Gebühren, finanziert. Neben diesen Leistungen werden einzelne Aufgaben wie die Geld- und Währungspolitik oder Teile des öffentlichen Verkehrs an spezialgesetzliche Aktiengesellschaften des Bundes delegiert. Diese Unternehmungen sind wirtschaftlich unabhängig, werden jedoch von den politischen Behörden kontrolliert.

Die folgenden drei Kapitel geben einen Überblick über die wichtigsten Entwicklungen und Probleme im öffentlichen Bereich der Schweiz:

Mittels **Geld und Währung (Kapitel XIII.)** wird die Realwirtschaft am Standort Schweiz massgeblich beeinflusst, wobei die Schweizerische Nationalbank (SNB) die zentrale Institution der nationalen Geld- und Währungsordnung darstellt. Auf weltwirtschaftlicher Ebene spielen Institutionen wie die Bank für Internationalen Zahlungsausgleich (BIZ) oder der Internationale Währungsfonds (IWF) eine bedeutende Rolle, während auf europäischer Ebene die Europäische Zentralbank (EZB) die führende Rolle im Geldwesen innehat.

Im Rahmen der **öffentlichen Finanzen (Kapitel XIV.)** interessiert einerseits die Verflechtung der Aufgaben und Ausgaben zwischen den drei staatlichen Ebenen Bund, Kantone und Gemeinden. Andererseits wird anhand des Steuersystems aufgezeigt, welche unterschiedlichen Einnahmequellen und Arten der Besteuerung existieren und was ihre gesamtwirtschaftlichen Wirkungen sind.

Die **soziale Sicherung (Kapitel XV.)** gewinnt insbesondere aufgrund der absehbaren demographischen Entwicklung zusehends an Brisanz in der politischen Diskussion. Bereits heute zeichnen sich Engpässe bei der Finanzierung der verschiedenen Sozialversicherungen wie z.B. der Alters- und Hinterlassenenversicherung (AHV) ab, die mit gezielten Reformen entschärft werden sollen.

XIII. Geld und Währung

1. Einführung

Dass **Geld** aus dem täglichen Wirtschaftsleben nicht wegzudenken ist, ist jedermann bekannt. Wie Geld entsteht, und wie es verteilt wird, wissen nur noch wenige. Wie sich Änderungen der Geldversorgung schliesslich auf die reale Wirtschaft und die Preise an den Güter- und Finanzmärkten auswirken, darüber streiten sich sogar die Experten.

Um die in einer Volkswirtschaft produzierten Waren und Dienstleistungen nicht direkt tauschen zu müssen, werden die Güter durch eine gleiche Menge Geld abgebildet. Einer mit Preisen bewerteten Menge Güter steht also eine bestimmte Menge Geld gegenüber. Während einer Zeitperiode, z.B. eines Jahres, kann die gleiche Menge Geld mehrmals durch verschiedene Hände gehen; d.h., je häufiger dieses Geld umgesetzt wird, desto mehr Güter können in einem bestimmten Zeitraum mit der gleichen Menge Geld gekauft werden.

Dieser Zusammenhang zwischen der Gütermenge und dem Preisniveau einerseits sowie der Menge und der Umlaufgeschwindigkeit des Geldes andererseits lässt sich in der sog. **Quantitätsgleichung** darstellen (vgl. Abbildung 141 auf S. 544).

Die Quantitätsgleichung gibt zu verschiedenen Fragen Anlass, die im folgenden Kapitel erörtert werden sollen:

- Wie entsteht Geld, und wie kommt es in den Umlauf?
- Welche statistischen Definitionen werden für die Messung der Geldversorgung in der Schweiz verwendet?
- Wer ist in der Schweiz für die Geldpolitik verantwortlich?
- Über welche Kanäle wirken sich geldpolitische Massnahmen auf die Realwirtschaft und das Preisniveau aus?
- Welchen internationalen Einflüssen unterliegt die schweizerische Geld- und Währungsordnung?
- Welche Rolle spielen die Finanzmärkte für die Umsetzung der Geldpolitik?

Interpretationen der Quantitätsgleichung — Abbildung 141

Die Quantitätsgleichung, die auf **Jean Bodin** (1529–1596), **David Hume** (1711–1776) und **Irving Fisher** (1867–1947) zurückgeht, lässt sich schreiben als $M \times V = P \times Y$. Dabei bezeichnet die Variable M die **Geldmenge**, die von der Zentralbank gesteuert wird. Die **Umlaufgeschwindigkeit** des Geldes V gibt an, wie häufig eine Geldeinheit während einer Zeitperiode verwendet wird, um Käufe von Waren und Dienstleistungen zu bezahlen. Bei Y handelt es sich um die in der Volkswirtschaft produzierte **Outputmenge**, die üblicherweise anhand des realen Bruttoinlandprodukts (BIP) gemessen wird. Das **Preisniveau** P bildet den durchschnittlichen Preis einer Output-Einheit ab – empirisch wird dieser zumeist durch den BIP-Deflator ermittelt.

Die Quantitätsgleichung besagt, dass das Produkt aus Geldmenge und Umlaufgeschwindigkeit dem Produkt aus Preisniveau und Outputmenge entspricht. Dahinter steht die Idee, dass die während einer bestimmten Zeitperiode fliessenden Geld- und Güterströme wertmässig gleich gross sein müssen. So bezeichnet die linke Seite der Quantitätsgleichung den Geldstrom, der für die Abwicklung von Transaktionen verwendet wird, während auf der rechten Seite der Wert der ausgetauschten Waren und Dienstleistungen dargestellt ist. In diesem Sinn handelt es sich bei der Quantitätsgleichung um einen **tautologischen Zusammenhang**, der aufgrund der Definition der Variablen ex post immer erfüllt sein muss.

Aus der Quantitätsgleichung kann eine **Theorie** für die Erklärung des Preisniveaus in Abhängigkeit der Geldmenge abgeleitet werden. Zu diesem Zweck sind bestimmte Annahmen über einzelne Grössen der Quantitätsgleichung zu treffen:

- Wird unterstellt, dass V konstant ist, führt eine Veränderung der Geldmenge durch die Zentralbank zu einer gleichgerichteten und proportionalen Veränderung des nominellen Wertes des Outputs $(P \times Y)$. Mit anderen Worten bestimmt die Geldmenge den nominellen Wert des Outputs einer Volkswirtschaft.
- In der längeren Frist wird die Outputmenge (Y) von der Ausstattung der Volkswirtschaft mit den Produktionsfaktoren Arbeit und Kapital und der vorhandenen Technologie – und damit unabhängig von der Geldmenge – bestimmt. Eine Veränderung des nominellen Wertes des Outputs als Folge einer Veränderung der Geldmenge kann somit nur zustande kommen, wenn sich das Preisniveau proportional zur Geldmenge entwickelt.

Diese Überlegungen führen zum Schluss, dass die Zentralbank, welche die Geldmenge steuert, letztlich auch das Preisniveau kontrolliert. Hält die Zentralbank die Geldmenge konstant, bleibt auch das Preisniveau stabil. Demgegenüber führt eine starke Ausdehnung der Geldmenge zu einer schnellen Erhöhung des Preisniveaus.

Empirische Untersuchungen zeigen, dass die aus der Quantitätsgleichung abgeleiteten Aussagen in der längerfristigen Betrachtung durch internationale Evidenz gestützt werden, während kurzfristig keine stabile Beziehung zwischen Geldmenge und Preisniveau identifizierbar ist. Der Grund liegt darin, dass die Preisentwicklung kurzfristig häufig durch nicht-monetäre Faktoren beeinflusst wird. Zu nennen sind z.B. starke Veränderungen der Rohstoffpreise (z.B. Erdöl), indirekte Steuern und fiskalische Nachfrageeffekte.

2. Funktionen, Entstehung und Messung von Geld

2.1 Funktionen des Geldes

Geld hat grundsätzlich drei **Funktionen**: Es dient als Zahlungsmittel, Recheneinheit und Wertaufbewahrungsmittel.

- Als **Zahlungsmittel** ersetzt es den Tausch von realen Gütern. Dies schafft die Grundlage für eine arbeitsteilige Wirtschaft. Wenn ein Individuum beim Bäcker Brot kaufen will, muss es nicht ein Gut produzieren, mit dem es Brot eintauschen kann, sondern kann einen Teil seines Lohnes aus einer beliebigen Tätigkeit für den Kauf des Brotes verwenden. Geld senkt dadurch die **Transaktionskosten**.
- Geld dient als **Recheneinheit (Wertmassstab)**, um den Marktwert von Gütern quantitativ zu bestimmen. Es erlaubt uns, zwei so unterschiedliche Dinge wie z.B. eine Waschmaschine mit einer Ferienreise wertmässig miteinander zu vergleichen, da beide Güter gegen dieselbe Grösse – eben Geld – (ein-)getauscht werden können. Sind nun beide Güter auf dem Markt für denselben Preis erhältlich, so werden wir uns für dasjenige Gut entscheiden, das uns mehr (subjektiven) Nutzen stiftet. In dieser Funktion senkt Geld die **Informationskosten**, da der Umfang an Informationen, den die Marktübersicht erfordert, erheblich geringer ist. Ohne Geld bräuchten die Individuen eigentlich eine Umrechnungstabelle, die den Wert für jedes einzelne Gut gegenüber den anderen Gütern festhält.
- Geld kann zu Hause unter der Matratze versteckt werden, womit in der Gegenwart auf Konsum verzichtet wird. Geld kann, insbesondere wenn sein Wert stabil bleibt, d.h. keine Inflation vorliegt, für zukünftigen Konsum verwendet werden. Es dient insofern als **Wertaufbewahrungsmittel**. Damit Geld diese ihm zugedachte Funktion möglichst gut erfüllen kann, sollte es nicht verderblich sein. Im Laufe der Geschichte dienten deshalb auch zahlreiche unverderbliche Güter als Tausch- und Wertaufbewahrungsmittel wie z.B. Muscheln, Salz, Tee, Zigaretten, Edelsteine oder Silber. Damit verringert das Vorhandensein von Geld die **Wertaufbewahrungskosten** in einer Volkswirtschaft.

2.2 Entstehung von Geld

Um zu verstehen, wie Geld in einem arbeitsteiligen Wirtschaftssystem entsteht, ist vorerst zu klären, was genau zum Geld zählt. Grundsätzlich werden **zwei Formen von Geld** unterschieden:

- Das **Bargeld** in Form von **gedruckten Banknoten** oder **geprägten Münzen** ist heute die bekannteste physische Form von Geld. In vielen Epochen und Kulturen wurden lange Gold- und Silbermünzen als Zahlungsmittel verwendet. Diese Münzen hatten einen effektiven Materialwert, da diese Edelmetalle rar waren. Zudem konnten sie nicht verderben und waren schwer zu fälschen. Nachteilig erwies sich jedoch die Tatsache, dass bei grossen Beträgen gleich ganze Säcke voll mit Münzen den Besitzer wechseln mussten. Es war deshalb wesentlich bequemer, Gold und Silber bei einer Bank zu hinterlegen, dafür von der Bank eine Quittung zu verlangen und diese Papiere als Zahlungsmittel zu verwenden. So entstanden einfach zu tauschende "Bank-Noten", die Vorläufer unseres heutigen Papiergeldes. Das Vertrauen in den Wert dieser "Bank-Noten" war damals durch die **Golddeckung** sowie die Verpflichtung der emittierenden Banken, die Noten jederzeit einzulösen (sog. **Konvertibilität**), gegeben (Auf den Banknoten vieler Länder stand: "Zahlen Sie dem Überbringer dieser Note den folgenden Betrag in Gold"). Die heutigen Banknoten und Münzen sind "nur noch" Träger einer Wert-Information, die letztlich auch elektronisch (und somit bargeldlos) übermittelt werden kann.
- Die technologische Entwicklung macht es möglich, dass heute ein grosser Teil der Güter mittels **Buchgeld** (sog. **Giralgeld**) erworben wird. So bezahlen zahlreiche Konsumenten ihre Einkäufe nicht mehr bar, sondern mit einer Debitkarte (z.B. Maestro-Karte) oder einer Kreditkarte (z.B. Visa-Karte), die an ein Bankkonto gebunden sind. Buchgeld entsteht somit durch die Vergabe von Krediten. Da sowohl die Zentralbank als auch die Geschäftsbanken Kredite gewähren, können beide (Buch-)Geld kreieren.

Buchgeldschöpfung durch die Zentralbank

Vergibt die Zentralbank z.B. einen **Lombardkredit** über 100 Mio. Fr. an eine Geschäftsbank (Kredit gegen Hinterlegung von Wertschriften), so schreibt die Zentralbank den Betrag dem Konto der Geschäftsbank (Girokonto) gut. Damit schafft sie **Buchgeld** im Umfang von 100 Mio. Fr. In diesem Zusammenhang wird von der sog. **Monetisierung** von Wertschriften gesprochen.

XIII. Geld und Währung 547

Buchgeldschöpfung im (Geschäfts-)Bankensystem

Ein wichtiger Teil der Buchgeldschöpfung erfolgt durch die Kreditvergabe der Geschäftsbanken. Diese Form von Geldschöpfung kann am folgenden Beispiel gezeigt werden (vgl. Abbildung 142):

Geldschöpfung durch die Geschäftsbanken — Abbildung 142

	Barreserve (R)	Kredite (K)	Sichtdepositen (S)
Konto Müller bei der UBS AG: 10'000 Fr.			
UBS AG: R 2000 / K 8000 // 10'000 S	2000	8000	10'000
Die UBS AG gibt einen Kredit an Meier: 8000 Fr.			
Meier bezahlt Huber 8000 Fr. für einen Gebrauchtwagen.			
Konto Huber bei der Migrosbank: 8000 Fr.			
Migrosbank: R 1600 / K 6400 // 8000 S	1600	6400	8000
Die Migrosbank gibt einen Kredit an Schneider: 6400 Fr.			
	3600	14'400	**18'000**

Herr Müller zahlt 10'000 Fr. auf sein Lohnkonto bei der UBS AG ein. Diesen Betrag kann er jederzeit wieder abheben, weshalb dieses Guthaben als **Sicht-** oder **Giroeinlage** bezeichnet wird. Angenommen die UBS AG unterliegt einer Mindestreservevorschrift, die besagt, dass der (Mindest-)Reservesatz (Anteil der

Barreserve an den Sichteinlagen) 20% zu betragen habe, dann behält die UBS AG als **Barreserve** 2000 Fr. und leiht 8000 Fr. als **Kredit** an Frau Meier. Frau Meier bezahlt mit den erhaltenen 8000 Fr. einen Gebrauchtwagen. Die Verkäuferin des Gebrauchtwagens, Frau Huber, geht zur Migrosbank und zahlt die erhaltenen 8000 Fr. ein. Die Migrosbank behält von diesen 8000 Fr. ebenfalls 20% (1600 Fr.) als Barreserve zurück und leiht 6400 Fr. an Herrn Schneider aus.

Diese zwei Kreditvergabevorgänge haben die ursprüngliche Geldmenge von 10'000 Fr. auf 18'000 Fr. durch die Schöpfung von Buchgeld im Geschäftsbankensystem ansteigen lassen. Der oben beschriebene Prozess kann nun so lange wiederholt werden, bis alle Banken zusammen eine Barreserve von 10'000 Fr. halten. Wenn jede Bank, wie im vorliegenden Beispiel, 20% als Barreserve zurückbehält, kann sie mit 80% der Einlagen Kredite gewähren. Die Geldmenge erhöht sich bei einem Reservesatz von 20% von 10'000 Fr. auf 50'000 Fr. (10'000 Fr. Barreserve + 40'000 Fr. Kredite). Die Höhe der maximal möglichen Buchgeldschöpfung hängt somit vom jeweiligen Reservesatz ab.

Je höher der Reservesatz, desto weniger Buchgeld kann – ceteris paribus – geschöpft werden. Der sog. **Geldschöpfungsmultiplikator** ($1/r$) des Geschäftsbankensystems entspricht 1 dividiert durch den Reservesatz (r). Im vorliegenden Fall wäre dies $1/0{,}2 = 5$. Ein geringerer Reservesatz von nur 10% liesse die Geldmenge im vorliegenden Beispiel mit dem Geldschöpfungsmultiplikator 10 auf 100'000 Fr. ansteigen. Die Geschäftsbanken halten somit einen gewissen Anteil der Einlagen als Reserven, damit freie Mittel verfügbar sind, falls die Einleger Geld abheben wollen. Das Verhältnis zwischen Einlagen und Reserven wird einerseits durch die Geschäftspolitik der Banken und andererseits durch die die Banken regulierende Gesetzgebung bestimmt. Anhand der Formel für den Geldschöpfungsmultiplikator zeigt sich auch, weshalb das Halten von Mindestreserven gesetzlich vorgeschrieben ist. Würde keine Reservehaltung vorgeschrieben, wäre der Reservesatz theoretisch 0%; damit würde der Geldschöpfungsmultiplikator ins Unendliche steigen. Käme es unter diesen Umständen z.B. aufgrund hoher Inflationsraten zu einem Vertrauensverlust in die einheimische Währung, könnte dies zu einem eigentlichen **Systemrisiko** führen: Zahlreiche Investoren würden ihre in Franken denominierten Sichtdepositen in einer stabileren Währung wie z.B. dem US-Dollar anlegen oder mit ihrem Geld (vorübergehend) in Sachwerte flüchten wollen. Bei einem sog. **Bank Run** wären die Banken aufgrund der mangelnden Reservehaltung nicht in der Lage, allen Kunden ihre zurückgeforderten Gelder auszubezahlen; das System würde in sich zusammenbrechen.

XIII. Geld und Währung

Der Geldschöpfungsmultiplikator in der Form $(1/r)$ vernachlässigt den Aspekt, dass die Individuen ihr Geld nicht vollumfänglich bei einer Bank (in Form von Sichtguthaben) halten; vielmehr werden sie einen kleinen Teil als Bargeld stets zur Verfügung haben wollen. Damit lässt sich der ursprüngliche Geldschöpfungsmultiplikator erweitern (vgl. Abbildung 143).

Der Geldschöpfungsmultiplikator mit Bargeldhaltung   **Abbildung 143**

In der Realität kann nicht damit gerechnet werden, dass das Geld (nach einer erfolgten Transaktion zwischen zwei Individuen) jeweils wieder vollumfänglich auf ein Bankkonto einbezahlt wird. Die Individuen wollen ihr Geld letztlich nicht nur in Form von Sichtdepositen bei einer Geschäftsbank halten, sondern einen Teil in Form von Bargeld bei sich aufbewahren, um laufende Transaktionen zu tätigen (z.B. für den Konsum einer Tasse Kaffee in einem Strassen-Café). Der ursprüngliche Geldschöpfungsmultiplikator $(1/r)$ erweitert sich um die Bargeldhaltung:

$$1/[r + (1-r) \times c]$$

Dabei bedeuten:

r: Reservesatz (reserve-deposit ratio); Anteil der Barreserve an den Sichtguthaben;

c: Bargeldsatz (cash-deposit ratio); Anteil des Bargeldes an den (erhaltenen) Kreditgeldern.

Beträgt der Reservesatz z.B. 20% und der Bargeldsatz 10%, dann beläuft sich der Multiplikator auf: $1/[0.2 + (1 - 0.2) \times 0.1] = 3{,}57$. Der Multiplikator ist somit tiefer als in Abbildung 142 auf S. 547, wo implizit ein Bargeldsatz von 0% unterstellt wurde. Ceteris paribus gilt: Je höher der Bargeldsatz, desto geringer der Geldschöpfungsmultiplikator. Dies ist deshalb der Fall, weil die Kreditschöpfung nur mit demjenigen Geld möglich ist, das auf ein Konto einbezahlt wurde. Somit wirken letztlich sowohl der Reservesatz der Banken als auch der Bargeldsatz der Einleger als "Geldschöpfungsbremsen".

2.3 Messung von Geld

Geld hat u.a. die Funktion eines Zahlungsmittels (vgl. S. 545). Als Zahlungsmittel haben sich Bargeld (Noten und Münzen) sowie Buchgeld durchgesetzt. Neben diesen Formen gibt es noch eine ganze Reihe von Vermögensgegenständen, die ähnliche Eigenschaften wie Bar- und Buchgeld haben bzw. leicht in solches umgewandelt werden können. Es sind dies Sparheftguthaben, Termineinlagen, Sichteinlagen in fremder Währung, gehandelte Obligationen und Aktien etc. Ob ein Vermögenswert als geldnah (liquid) oder geldfern (illiquid) betrachtet wird, hängt davon ab, ob er als Zahlungsmittel verwendbar oder rasch und ohne Kosten in ein solches umgewandelt werden kann. Die Schweizerische Nationalbank

(SNB) hat die Einteilung der Vermögensgegenstände in geldnähere und geldfernere Aggregate vorgenommen (**Notenbankgeldmenge, M1, M2, M3**). Die entsprechenden Definitionen sind in Abbildung 144 aufgeführt.

In einer wachsenden Volkswirtschaft muss bei konstanter Umlaufgeschwindigkeit das Geldangebot ausgedehnt werden, wenn die Preise stabil bleiben sollen (vgl. Abbildung 141 auf S. 544). Eine Ausweitung der Geldversorgung kann auf verschiedene Arten erreicht werden. In der Regel dehnt die Zentralbank die Notenbankgeldmenge im Gleichschritt mit der realwirtschaftlichen Entwicklung aus. Daneben ist aber auch denkbar, dass sie auf eine Erhöhung des Geldschöpfungsmultiplikators im Bankensystem abzielt, indem sie den Reservesatz verringert. Während die Zentralbank und die Geschäftsbanken über die **Notenbankgeldmenge** miteinander in Verbindung stehen, kommen in den **Publikumsgeldmengen M1, M2 und M3** die Beziehungen zwischen den Geschäftsbanken und dem Publikum – d.h. den privaten Unternehmungen und Haushalten – zum Ausdruck.

Die Notenbankgeldmenge erscheint in der Bilanz der SNB auf der Passivseite (vgl. dazu die Aktivseite der Bilanz der Geschäftsbanken in Tabelle 31 auf S. 463). Die SNB ist damit die einzige Unternehmung, die Banknoten auf der Passivseite ihrer Bilanz ausweist. (vgl. Abbildung 145 auf S. 552).

Der Grund liegt in der bereits erwähnten historischen **Golddeckung der Banknoten** (vgl. S. 546): Der Notenumlauf stellte früher eine Schuld der SNB dar, zumal die Banknoten nur Stellvertreter für das Edelmetall waren und vom Publikum jederzeit gegen Gold eingelöst werden konnten. Das Gold selbst wurde indessen – nebst weiteren Vermögenspositionen – auf der Aktivseite der Bilanz aufgeführt. Die Rolle des Goldes hat sich inzwischen allerdings stark verändert: Mit Inkrafttreten des **Bundesgesetzes über die Währung und die Zahlungsmittel (WZG)** im Mai 2000 wurde die Mindestgolddeckung des Notenumlaufs beseitigt, und die SNB wurde endgültig von der Pflicht entbunden, ihre Banknoten gegen Gold einzulösen. Für die SNB bedeutete dies, dass sie von den ursprünglich rund 2590t Gold, die bislang als Währungsreserven gedient hatten, lediglich noch 1290t für monetäre Zwecke benötigte. Die überschüssigen 1300t Gold baute die SNB in der Folge ab, indem sie im Zeitraum von Mai 2000 bis März 2005 – unabhängig vom geltenden Marktpreis – täglich eine Tonne Gold veräusserte. Als Abnehmer des Goldes sind einerseits andere Zentralbanken, andererseits aber auch die Endverbraucher von reinem Gold, wie z.B. die Schmuckindustrie, die Zahntechnik, die Elektroindustrie und private Investoren, zu nennen. Der Verkauf des Nationalbankgoldes brachte einen **Erlös von 21 Mrd. Fr.** Nachdem auf politischer Ebene intensiv über die Verwendung dieses einmaligen Erlöses debattiert worden war, beschloss der Bundesrat im Februar 2005, die Einnahmen aus den Goldverkäufen nach geltendem Recht (Art. 99 Abs. 4 BV) zu **zwei Dritteln den Kantonen** und zu **einem Drittel dem Bund**

XIII. Geld und Währung

Aktuelle Geldmengendefinitionen seit 1995		Abbildung 144

| **Notenbank-Geldmenge** 41,7 Mrd. Fr. | Notenumlauf | |
| | + Girokonten inländischer Banken bei der SNB | |

Bei den Bankeinlagen in den Publikumsgeldmengen M1, M2 und M3 handelt es sich um die Bestände in Franken von Inländern bei den inländischen Bankstellen und bei deren Filialen im Ausland.

Geldmenge M1 287,9 Mrd. Fr.	Bargeldumlauf	Noten- und Münzumlauf + Depotkonten bei der SNB + Sichtguthaben von Handel und Industrie bei der SNB − Noten und Münzen bei Banken und Post
	+ Sichteinlagen	Sichteinlagen bei Banken + Postkontoguthaben − Postkontoguthaben der Banken und des Bundes
	+ Transaktionskonti	Einlagen in Spar- und Anlageform für Zahlungszwecke
Geldmenge M2 495,4 Mrd. Fr.	Geldmenge M1	
	+ Spareinlagen	Verpflichtungen der Geschäftsbanken gegenüber Kunden in Spar- und Anlageform − Transaktionskonten − Freizügigkeits- und Vorsorgekonten
Geldmenge M3 561,5 Mrd. Fr.	Geldmenge M2	
	+ Termineinlagen	

Durchschnitt aus Monats(end)werten für 2004.   Quelle: www.snb.ch (Februar 2006).

Ausgewählte Transaktionen und deren Einfluss auf die M-Geldmengen:

1. Ein Bankkunde wandelt seine Sichteinlagen in Termineinlagen um:
   - M1 und M2 werden kleiner,
   - M3 bleibt unverändert.
2. Bei einer Geschäftsbank werden 5000 Fr. bar eingezahlt:
   - Die drei M-Geldmengen nehmen um je 5000 Fr. ab.
3. Herr Müller leiht Frau Huber 20'000 Fr. für den Kauf eines neuen Fahrzeugs:
   - Die drei M-Geldmengen bleiben unverändert.

Vereinfachte Bilanz der Schweizerischen Nationalbank (2004)			Abbildung 145
Aktiven	Bilanz		Passiven
Gold und Forderungen aus Goldgeschäften	21'639	Notenumlauf	39'719
Devisenanlagen	60'708	Girokonten inl. Banken	6542
Reserveposition beim IWF	2035	Girokonten ausl. Banken und Institutionen	329
Forderungen aus Repo-Geschäften in Schweizer Franken	24'503	Verbindlichkeiten gegenüber dem Bund	2155
Wertschriften in Schweizer Franken	7394	Rückstellungen und Eigenkapital	68'837
übrige Aktiven	1630	übrige Passiven	327
Bilanzsumme	117'909	Bilanzsumme	117'909

Jahresendwerte in Mio. Fr.   ▭ = Notenbankgeldmenge

Daten: SNB (2005). Geschäftsbericht 2004. Bern/Zürich. S. 96–97.

zuzuteilen. Die Kantone beabsichtigen, die 14 Mrd. Fr. in erster Linie für den Schuldenabbau zu gebrauchen. Für die 7 Mrd. Fr., die dem Bund zustehen, wurden verschiedene Verwendungszwecke vorgeschlagen. Im Mittelpunkt der gegenwärtigen Debatte stehen neben dem Schuldenabbau insbesondere die Lancierung einer Bildungsinitiative und die Zuweisung des Geldes an den AHV-Fonds, damit dieser seine Schulden aus der Invalidenversicherung (IV) abtragen kann (vgl. S. 686). Das **Vertrauen der Öffentlichkeit in die Stabilität der Währung** wurde durch die Aufhebung der Golddeckung nicht beeinträchtigt, da die SNB gleichzeitig auf gesetzlicher Ebene **zur Gewährleistung der Preisstabilität verpflichtet** wurde (Art. 5 NBG).

3. Die Geld- und Währungsordnung der Schweiz

Das Geldwesen war bis 1850 Sache der Kantone. Es existierte bis zu diesem Zeitpunkt keine einheitliche **schweizerische Landeswährung**. Der **Schweizer Franken** war ab 1850 als Währungseinheit vorgeschrieben. Nachdem mit dem Bundesgesetz über das Münzwesen die rechtliche Grundlage geschaffen und 1891 das ausschliessliche Recht zur Ausgabe von Münzen und Banknoten an den Bund übertragen wurde (Art. 99 BV: Geld- und Währungspolitik), wurde 1906 das Bundesgesetz über die Schweizerische Nationalbank **(Nationalbankgesetz)** und damit die entscheidende Rechtsgrundlage für die Geldpolitik erstellt. Mit dem revidierten Nationalbankgesetz, das am 1. Mai 2004 in Kraft trat, erhielt die Schweiz ein zeitgemässes Zentralbankstatut. Im Wesentlichen konkretisiert das Nationalbankgesetz den verfassungsrechtlichen Notenbankauftrag und die Unabhängigkeit der SNB, sieht eine Rechenschaftspflicht gegenüber Bundesrat, Parlament und Öffentlichkeit vor und definiert den Geschäftskreis der SNB.

3.1 Organisation der Schweizerischen Nationalbank

Die Zentralbank der Schweiz ist die Schweizerische Nationalbank (SNB), die den Geschäftsbetrieb im Jahre 1907 aufnahm. Sie verkehrt im Wesentlichen mit den Geschäftsbanken – als **Bank der Banken** – und verschiedenen Bundesstellen – als **Bank des Bundes**.

Die SNB ist eine **spezialgesetzliche Aktiengesellschaft** des Bundesrechts; die aktienrechtlichen Bestimmungen des Obligationenrechts haben nur subsidiäre Geltung. Die Nationalbank wird unter Mitwirkung und Aufsicht des Bundes nach den Vorschriften des Nationalbankgesetzes verwaltet. Das Aktienkapital der SNB beträgt 25 Mio. Fr. und wird in Form von 100'000 Namenaktien an der Börse (in bescheidenem Ausmass) gehandelt. Die Aktien befinden sich zu rund zwei Dritteln im Besitz von Kantonen, Kantonalbanken und anderen öffentlich-rechtlichen Körperschaften. Die übrigen Aktien befinden sich grösstenteils in Privatbesitz. Der **Bund besitzt keine Aktien**, um die Unabhängigkeit der SNB (Art. 6 NBG) zu gewährleisten.

Die beiden Sitze der SNB befinden sich in Bern und in Zürich; für die Sicherstellung der Geldversorgung des Landes unterhält die SNB je eine Zweigniederlassung in Genf und Lugano sowie vier Vertretungen (Basel, Lausanne, Luzern und

St. Gallen). Die politisch-unternehmerische Organisation der SNB wird in Abbildung 146 dargestellt, ohne dass jedoch die Zweigniederlassungen und Vertretungen berücksichtigt werden.

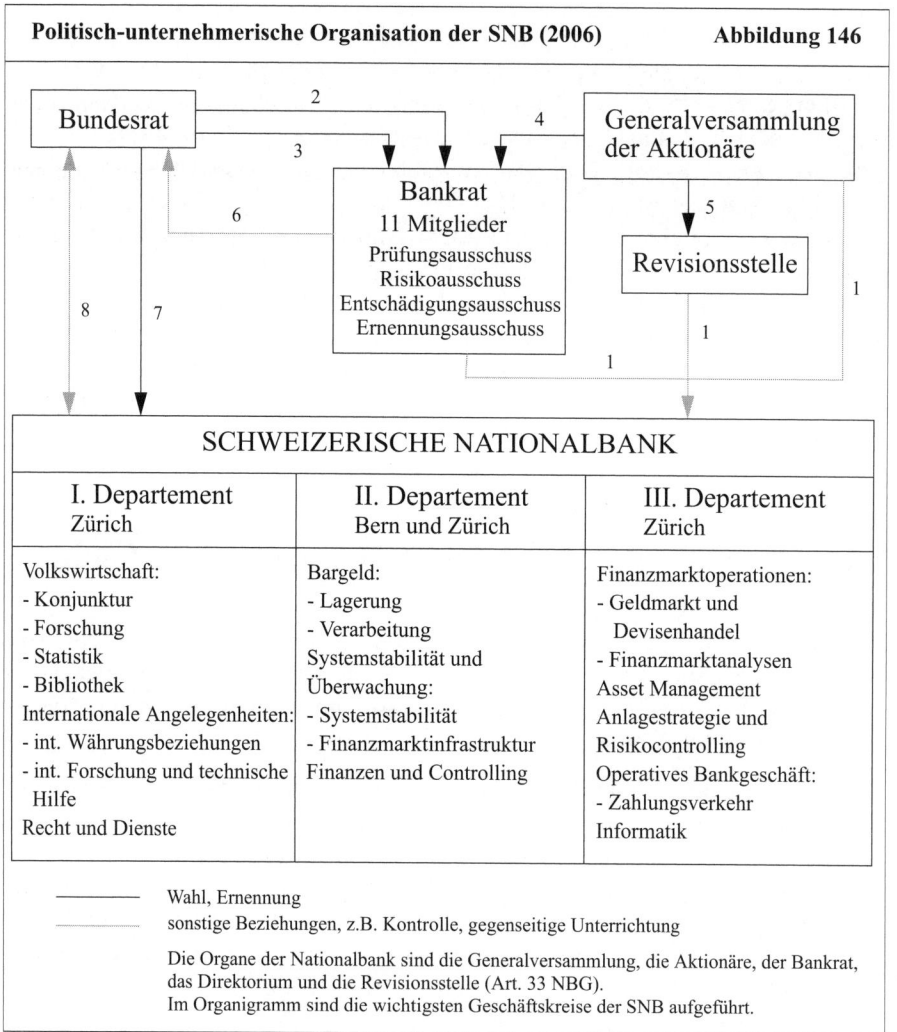

Die einzelnen Pfeile bedeuten:

1. Die Generalversammlung, der Bankrat und die Revisionsstelle sind Aufsichts- und Kontrollorgane der SNB.
2. Der Bundesrat wählt sechs Mitglieder des Bankrats (Art. 39 Abs. 1 NBG), wobei er die verschiedenen Wirtschaftskreise, Landesgegenden und Sprachregionen berücksichtigt (Art. 40 NBG). Insofern besteht über den Bankrat die wichtigste direkte Einflussmöglichkeit von Interessengruppen auf die Politik der SNB. Dem Bankrat obliegt hauptsächlich die allgemeine Aufsicht über Geschäftsgang und Geschäftsführung der SNB (Art. 42 Abs. 2 NBG).
3. Der Bundesrat ernennt zusätzlich auch den Präsidenten und Vizepräsidenten des Bankrats (Art. 39 Abs. 2 NBG).
4. Die Generalversammlung wählt fünf Mitglieder des Bankrats (Art. 36 lit. a NBG).
5. Die Generalversammlung wählt die Revisionsstelle. Sie kann aus einer oder mehreren natürlichen oder juristischen Personen bestehen (Art. 47 Abs. 1 NBG).
6. Der Bankrat macht dem Bundesrat Vorschläge für die Ernennung des Direktoriums (Art. 42 Abs. 2 lit. h NBG).
7. Der Bundesrat ernennt das Direktorium (drei Mitglieder), ihre Stellvertreter und den Präsidenten des Direktoriums (Art. 43 Abs. 2 NBG). Die drei Mitglieder des Direktoriums stehen je einem der drei Departemente vor, wobei der Präsident traditionellerweise dem I. Departement vorsteht. Die Amtsdauer der Direktoriumsmitglieder beträgt sechs Jahre.
8. Bundesrat und Nationalbank unterrichten sich vor Entscheidungen von wesentlicher wirtschaftspolitischer und monetärer Bedeutung über ihre Absichten und stimmen die Massnahmen aufeinander ab (Art. 7 Abs. 1 NBG).

3.2 Aufgaben der Schweizerischen Nationalbank

In Art. 99 Abs. 2 BV wird festgehalten, dass die SNB als unabhängige Zentralbank eine **Geld- und Währungspolitik führt, die dem Gesamtinteresse des Landes** dient. Mit dem "Gesamtinteresse" wird betont, dass die SNB ihre Politik auf die Bedürfnisse der schweizerischen Volkswirtschaft als Ganzes ausrichtet; dabei darf sie keine besondere Rücksicht auf die Partikularinteressen einzelner Wirtschaftszweige (z.B. exportorientierter Branchen) oder Regionen nehmen. Dieser Hauptauftrag wird in Art. 5 NBG präzisiert: **Die SNB gewährleistet die Preisstabilität** und trägt dabei der konjunkturellen Entwicklung Rechnung. In diesem Rahmen hat die Nationalbank die folgenden Aufgaben:

- Versorgung des Schweizerfranken-Geldmarkts mit Liquidität;
- Gewährleistung der Bargeldversorgung;
- Erleichterung und Sicherstellung des Funktionierens bargeldloser Zahlungssysteme;
- Verwaltung der Währungsreserven;
- Beitrag zur Stabilität des Finanzsystems;
- Mitwirkung bei internationalen Währungskooperationen;
- Erbringung von Bankdienstleistungen für den Bund.

Einige dieser Aufgaben werden im Folgenden näher vorgestellt und erläutert.

3.2.1 Die Nationalbank im Zahlungsverkehr

Die **Geldhoheit** in der Schweiz teilt sich in das **Münzregal** und das **Banknotenmonopol**. Dem Bund steht das alleinige Recht zur Ausgabe von Münzen und Banknoten zu (Art. 99 BV), wobei dieser das ausschliessliche Recht zur Ausgabe von Banknoten der SNB übertragen hat (Art. 4 NBG). Die SNB versorgt die Wirtschaft aber nicht nur mit Noten, sondern setzt im Auftrag des Bundes auch die Münzen über ihr Bankstellennetz in Umlauf.

Der **Bargeldumlauf** enthält die Noten und Münzen, die in den Händen des Publikums (Nichtbankensektor) sind, und richtet sich nach der Nachfrage der Wirtschaft. Der Bargeldumlauf weist entsprechend den Bewegungen des Barzahlungsvolumens saisonale Schwankungen auf. Er erhöht sich regelmässig an den Monatsenden (Monatsultimo) und erreicht jeweils am Jahresende seinen Höchststand (Jahresultimo). Der grösste Teil des **bargeldlosen Zahlungsverkehrs** erfolgt über das **Swiss Interbank Clearing System** (SIC) sowie die verschiedenen Zahlungsdienstleistungen der Geschäftsbanken und der Postfinance. Daneben können Zahlungen auch über das Überweisungssystem der SNB (**Nationalbankgiro**) abgewickelt werden.

Das SIC ist ein elektronisches Zahlungssystem und wird von einer Tochtergesellschaft der **Telekurs Holding** betrieben; Letztere ist eine Gemeinschaftsunternehmung der Schweizer Banken. Über das SIC wickeln die Banken und die Post den Grossbetrags- und einen Teil des Massenzahlungsverkehrs ab. Die Zahlungsaufträge werden dabei in Echtzeit (real-time) unwiderruflich und individuell über die **Girokonten der Teilnehmer bei der SNB** ausgeführt; diese finden sich auf der Passivseite der Nationalbankbilanz (vgl. Abbildung 145 auf S. 552). Am SIC waren Ende 2004 rund 300 Teilnehmer angeschlossen, die pro Tag gut 800'000 Zahlungen im Wert von 164 Mrd. Fr. abwickelten. Die Einführung des SIC im

XIII. Geld und Währung 557

Jahr 1988 hat die Nachfrage nach Giroguthaben bei der SNB seitens der Geschäftsbanken deutlich vermindert, da die Umlaufgeschwindigkeit des Geldes aufgrund dieser Prozessinnovation stark zunahm.

Die Nationalbank führt Girokonten u.a. für Banken, öffentliche Körperschaften, ausländische Noten- und Geschäftsbanken sowie internationale Organisationen. Die Guthaben auf den Girokonten sind unverzinsliche, täglich fällige Verbindlichkeiten der SNB. Das Girosystem wird heute v.a. für die Abwicklung von Zahlungsaufträgen von Banken, die nicht am SIC angeschlossen sind, und für die Ein- und Auszahlung von Bargeld gebraucht.

3.2.2 Die Nationalbank als Bankier des Bundes

Gestützt auf Art. 11 NBG, besorgt die SNB die meisten **Bankgeschäfte des Bundes**, insbesondere den in- und ausländischen Zahlungsverkehr, die Liquiditätsbewirtschaftung sowie die Verwaltung von Wertschriften und Wertgegenständen. Für diese Zwecke unterhält der Bund bei der Nationalbank ein Konto (Bundeskonto). Das Guthaben des Bundes bei der SNB belief sich Ende 2004 auf 2155 Mio. Fr. (vgl. Abbildung 145 auf S. 552).

Im Auftrag und auf Rechnung des Bundes wirkt die Nationalbank bei der Begebung von Bundesanleihen und bei der Anlage eidgenössischer Staatsgelder mit. Bei der Emission von **Bundesanleihen** als (langfristige) Kapitalmarktpapiere und **Geldmarktbuchforderungen (GMBF)** als (kurzfristige) Geldmarktpapiere ist die Mitwirkung der SNB von technischer und beratender Art. Die Mitwirkung bei der Anlage von Bundesmitteln ist für die SNB von speziellem Interesse, da das Tresorerieverhalten des Bundes unmittelbar Einfluss auf die Liquidität des Markts hat.

2004 wurden 25 **Emissionen** von Bundesanleihen durchgeführt, wobei sich die **Zeichnung (Nachfrage)** auf 16,1 Mrd. Fr. belief. Die **Zuteilung** seitens der Nationalbank an die Investoren betrug 11,1 Mrd. Fr. Ende 2004 waren Bundesanleihen im Gesamtbetrag von 88,7 Mrd. Fr. ausstehend. Damit haben sich in der Periode 1999–2004 sowohl die Nachfrage als auch der ausstehende Gesamtbetrag an Bundesanleihen verdoppelt. 2004 wurden 52 Emissionen von GMBF durchgeführt. Die Zeichnung belief sich auf 41,8 Mrd. Fr. und die Zuteilung auf 39,5 Mrd. Fr. Ende 2004 waren GMBF in der Höhe von 12 Mrd. Fr. ausstehend. Somit hat sich zwischen 1999 und 2004 die Nachfrage nach GMBF knapp halbiert und der ausstehende Gesamtbetrag an GMBF um rund 30% reduziert. Diese Substitution in der Kapitalnachfrage von GMBF zugunsten von Bundesanleihen ist letztlich auf den Verlauf der Zinsstruktur am schweizerischen Geld- und Kapitalmarkt zurückzuführen (vgl. Abbildung 156 auf S. 589).

Die **automatische Finanzierung eines Bundesdefizites durch Notenbankkredite ist gesetzlich untersagt** (Art. 11 Abs. 2 NBG); ebenso darf die SNB auch keine staatlichen Schuldtitel (GMBF, Bundesanleihen) aus Emissionen erwerben. Damit soll vermieden werden, dass die SNB zur Finanzierung öffentlicher Ausgaben missbraucht wird, was mit dem (Preis-)Stabilitätsauftrag der Nationalbank, wie er in Art. 5 NBG festgehalten ist, nicht vereinbar wäre.

3.3 Das geldpolitische Konzept

Die in Art. 5 NBG festgehaltenen Aufgaben der Nationalbank sind letztlich im Rahmen der schweizerischen Geld- und Währungspolitik zu sehen. Die **Geldpolitik** umfasst sämtliche Massnahmen, die eine Notenbank ergreift, um die Geldversorgung einer Volkswirtschaft so zu steuern, dass vorgegebene wirtschaftspolitische Ziele erreicht werden. Wie bereits erwähnt, hat die Schweizerische Nationalbank (SNB) eine Geld- und Währungspolitik zu führen, die dem Gesamtinteresse des Landes dient. Danach hat die SNB die **Preisstabilität** zu gewährleisten und dabei der **konjunkturellen Entwicklung** angemessen Rechnung zu tragen. Der Konjunkturartikel von 1978 (Art. 100 BV) beauftragt ebenfalls den Bund, Massnahmen für eine ausgeglichene konjunkturelle Entwicklung zu treffen, die insbesondere zur Verhütung und Bekämpfung von Arbeitslosigkeit und Teuerung beitragen. Für die SNB hat das Ziel der Preisstabilität jedoch klare Priorität. Mit dem vorrangigen Ziel der Preisstabilität wird betont, dass es in einer Volkswirtschaft **sowohl inflationäre als auch deflationäre Entwicklungen zu vermeiden gilt**: Beide beeinträchtigen nämlich die Wirtschaftsentwicklung, indem sie die Entscheidungen von Konsumenten und Produzenten erschweren und die Funktionsweise der Märkte erheblich stören, zumal Angebot und Nachfrage letztlich durch die (relativen) Preise in Übereinstimmung gebracht werden. Darüber hinaus verursachen Inflation und Deflation soziale Kosten, da sie zu einer unerwünschten Einkommens- und Vermögensverteilung führen (vgl. Abbildung 147).

Die Frage, wie die SNB das Ziel der Preisstabilität erreichen soll, wird im sog. **geldpolitischen Konzept**, d.h. in der **geldpolitischen Strategie**, geklärt. Dabei handelt es sich um ein längerfristig gültiges Rahmenwerk für die geldpolitischen Entscheidungen der Notenbank. Es definiert einerseits, welche Zielsetzung die Geldpolitik verfolgt; andererseits legt es auch fest, auf welche Indikatoren sich die geldpolitischen Entscheidungen abstützen und welche Instrumente zur Zielerreichung eingesetzt werden. Das aktuelle geldpolitische Konzept der SNB ist seit Anfang 2000 in Kraft und besteht aus drei Elementen:

XIII. Geld und Währung 559

Kosten von Inflation und Deflation   **Abbildung 147**

Sowohl die ökonomische Theorie (vgl. Abbildung 141 auf S. 544) als auch die Empirie zeigen, dass es sich bei inflationären und deflationären Entwicklungen um monetäre Phänomene handelt. Dies bedeutet, dass sie auf eine dauerhafte **Über- oder Unterversorgung der Wirtschaft mit Geld** und damit auf eine verfehlte Geldpolitik zurückzuführen sind.

Kosten der Inflation und Deflation sind u.a.:

- Kostspielige Anpassung von Preisen für die Unternehmungen. Es entstehen Kosten durch den Druck von Katalogen, Prospekten, Speisekarten etc. (Menukosten);
- Verlust der Aussagekraft der Preise einzelner Güter (Beeinträchtigung der Funktion des Geldes als Recheneinheit). Die Wirtschaftssubjekte haben Mühe, Veränderungen der relativen Preise von Veränderungen des Preisniveaus zu unterscheiden; daraus ergeben sich Fehlallokationen von Ressourcen;
- Erschwerte Bildung von Preiserwartungen für die Wirtschaftssubjekte.

Kosten der Inflation (Deflation) sind des weiteren:

- Verteuerung (Verbilligung) der Bargeldhaltung aufgrund höherer (tieferer) Zinsen;
- Verlust (Gewinn) an Kaufkraft (Beeinträchtigung der Funktion des Geldes als Wertaufbewahrungsmittel);
- Unerwünschte Einkommens- und Vermögensumverteilungen mit der Folge der Benachteiligung (Bevorzugung) der Arbeitnehmer (Lohn-Lag-Hypothese), der Benachteiligung (Bevorzugung) der Gläubiger (Gläubiger-Schuldner-Hypothese) und zulasten (zugunsten) der Bezieher von Transfers (Rentner-Hypothese).

Auch wenn die Deflation vordergründig positive Aspekte zu beinhalten scheint, so hat sie auf die Realwirtschaft wachstumshemmende Wirkungen: Die Zinsen mögen noch so tief sein, solange die Unternehmungen und Haushalte weitere Preissenkungen erwarten, werden sie weder investieren noch konsumieren. Die schwache Nachfrage wiederum führt dazu, dass die Deflation weiter steigt. Ebenso bedeutet die Bevorzugung der Arbeitnehmer durch Deflation zugleich eine Benachteiligung der Arbeitgeber etc.

- einer expliziten Definition der Preisstabilität,
- einer mittelfristigen Inflationsprognose und
- einem Zielband für den kurzfristigen Zinssatz.

3.3.1 Explizite Definition der Preisstabilität

Die SNB versteht unter **Preisstabilität** einen **jährlichen Anstieg des Landesindexes der Konsumentenpreise (LIK) zwischen 0–2%**. Ein (dauerhafter) Anstieg von über 2% bezeichnet eine inflationäre Phase, Phasen mit sinkendem Preisniveau, d.h. Werten von unter 0%, gelten als Deflation. Die explizite Definition der Preisstabilität dient der Nationalbank als **langfristiges Stabilitätsziel**. Ein leicht positiver Anstieg des LIK ist mit dem Ziel der Preisstabilität durchaus zu vereinbaren, da der Preisindex die wahre Teuerung geringfügig überschätzt. Dieses **Messproblem** ergibt sich v.a., weil Qualitätsverbesserungen, die Einführung neuer Produkte und die Substitutionsmöglichkeiten zwischen ähnlichen Gütern im LIK nicht ausreichend berücksichtigt werden. Der LIK basiert auf einem **repräsentativen Warenkorb** und wird seit der Revision im Mai 2000 als **Laspeyres-Kettenindex** berechnet. Dies bedeutet, dass der Warenkorb jährlich neu gewichtet wird. Er beinhaltet rund 1050 Waren und Dienstleistungen, die von Haushalten zu Konsumzwecken gekauft werden. Diese Güter werden in **zwölf Hauptgruppen** zusammengefasst und unterschiedlich gewichtet (z.B. Nahrungsmittel, Getränke und Tabakwaren zu 13%, Bekleidung und Schuhe zu 4%, Gesundheitspflege zu 16%, Erziehung und Unterricht zu 1%, Wohnungsmiete und Energie zu 26%). Das **Bundesamt für Statistik (BFS)** hat den LIK im Jahr 2005 revidiert, um veränderte Konsumgewohnheiten der Haushalte sowie neue Markt- und Sortimentsstrukturen zu berücksichtigen. So sind neu Auberginen, Kaffee in Kapseln, Energiegetränke und Downloads von Musik und Film enthalten, während Sofortbildkameras, Videorekorder und Autobahn-Vignetten aus dem LIK verschwunden sind. Der neue LIK nimmt für Dezember 2005 den Wert 100 an. V.a. aus Spargründen hat das Bundesamt für Statistik (BFS) die Zahl der Preiserhebungsregionen von 16 auf elf reduziert (Basel, Bern, Chur, Genf, Lausanne, Lugano, Luzern, Neuenburg, Sitten, St. Gallen und Zürich).

3.3.2 Mittelfristige Inflationsprognose

Die Nationalbank berechnet und veröffentlicht anlässlich ihrer vierteljährlichen Lagebeurteilungen eine Prognose über die Entwicklung der Inflation in den nachfolgenden drei Jahren. Dieser Zeitraum entspricht in etwa dem Zeitbedarf für die **Übertragung der geldpolitischen Impulse auf die Realwirtschaft und das Preisniveau**. Die Inflationsprognose stützt sich auf ein Szenario der internationalen Konjunkturentwicklung. Zudem wird die Inflationsprognose unter der wichtigen Annahme erstellt, der Dreimonats-Libor (Referenzzinssatz der SNB) bleibe während des Prognosezeitraums konstant (sog. **bedingte Inflationsprognose**). Damit bildet die Inflationsprognose die künftige Preisentwicklung vor dem Hintergrund eines weltwirtschaftlichen Konjunkturszenarios und **unveränderter monetärer Rahmenbedingungen** in der Schweiz ab. Die Inflationsprognose der SNB hat folglich den Charakter einer Projektion, sodass sie sich nicht mit den Prognosen anderer Institutionen vergleichen lässt, da diese die erwarteten geld-

XIII. Geld und Währung 561

politischen Reaktionen der SNB in ihre Prognosen einbeziehen. Abbildung 148 zeigt die Entwicklung der Inflation und zwei ausgewählte Inflationsprognosen der Nationalbank seit Einführung des neuen geldpolitischen Konzepts.

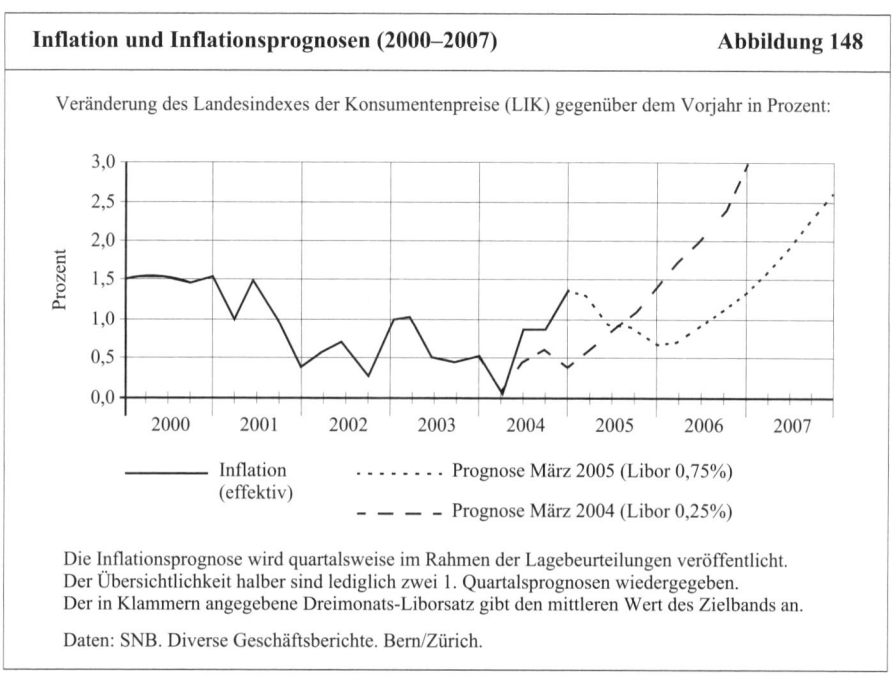

Inflation und Inflationsprognosen (2000–2007) Abbildung 148

Veränderung des Landesindexes der Konsumentenpreise (LIK) gegenüber dem Vorjahr in Prozent:

——— Inflation (effektiv)
········ Prognose März 2005 (Libor 0,75%)
– – – Prognose März 2004 (Libor 0,25%)

Die Inflationsprognose wird quartalsweise im Rahmen der Lagebeurteilungen veröffentlicht.
Der Übersichtlichkeit halber sind lediglich zwei 1. Quartalsprognosen wiedergegeben.
Der in Klammern angegebene Dreimonats-Liborsatz gibt den mittleren Wert des Zielbands an.
Daten: SNB. Diverse Geschäftsberichte. Bern/Zürich.

Die Inflationsprognose der SNB basiert einerseits auf **Simulationen**, die mit Hilfe von makroökonomischen Modellen durchgeführt werden; andererseits werden aber auch zahlreiche **Einzelindikatoren** ausgewertet, die Informationen über die zukünftige Preisentwicklung beinhalten. So sind für die Inflation in der kurzen Frist Faktoren wie der **Wechselkurs** des Frankens gegenüber dem Euro und dem US-Dollar, die Entwicklung der **Rohstoffpreise** (Erdöl) oder Änderungen der **Mehrwertsteuersätze** von Bedeutung. Mittelfristig wird die Inflationsprognose vornehmlich von der erwarteten **Konjunkturentwicklung** und dem Auslastungsgrad der Produktionsfaktoren Arbeit und Kapital bestimmt. Die **Geldversorgung**, wie sie in der Entwicklung der Geldaggregate M1, M2 und M3 zum Ausdruck kommt, spielt schliesslich für die Einschätzung der Inflationsrisiken in der längeren Frist eine wichtige Rolle.

Die Inflationsprognose ist letztlich der zentrale Indikator für die Geldpolitik. Signalisiert die Inflationsprognose, dass das Ziel der Preisstabilität verletzt wird, drängt sich eine Überprüfung des geldpolitischen Kurses auf. Droht die Teuerung auf über 2% zu steigen, reagiert die SNB mit einer Straffung der geldpolitischen Zügel (**restriktive Geldpolitik**). Umgekehrt sieht sie eine Lockerung vor, wenn die Gefahr einer Deflation besteht (**expansive Geldpolitik**).

3.3.3 Zielband für den kurzfristigen Zinssatz

Die Nationalbank setzt ihre geldpolitischen Absichten um, indem sie das Zinsniveau auf dem Geldmarkt beeinflusst. Als Referenzzinssatz verwendet die SNB den **Dreimonats-Libor (London interbank offered rate) für Schweizer Franken**, den wirtschaftlich bedeutendsten Geldmarktsatz für Frankenanlagen. Der Libor wird für verschiedene Währungen und Laufzeiten am Londoner Markt täglich nach einem transparenten Verfahren fixiert und publiziert. Er gilt als zentrale Grösse für die Refinanzierung von erstklassigen Banken und Unternehmungen. Für den Dreimonats-Libor für Schweizer Franken legt die SNB jeweils als **operationelles Ziel** ein Band mit einer Breite von normalerweise einem Prozentpunkt (100 Basispunkten) fest und publiziert dieses regelmässig. Die Angemessenheit des geldpolitischen Kurses wird von der SNB anlässlich ihrer vierteljährlichen Lagebeurteilungen überprüft. Sofern es die Umstände erfordern, beschliesst das Direktorium der SNB eine Anpassung des Zinszielbandes nach oben oder unten (vgl. Abbildung 149).

Unmittelbar nach der Einführung des geldpolitischen Konzeptes Anfang 2000 straffte die SNB die geldpolitischen Zügel vorübergehend. Hernach betrieb sie eine zunehmend **expansive Geldpolitik**, indem sie das Zielband zwischen März 2000 und März 2003 in mehreren Schritten von 3–4% auf 0–0,75% senkte. Mit ihrer expansiven Politik versuchte die Nationalbank auf die konjunkturelle Stagnation zu reagieren und die gesamtwirtschaftliche Nachfrage zu beleben, um deflationäre Tendenzen zu vermeiden. Eine moderate Erhöhung des Zielbands auf 0,25–1,25% erfolgte erst wieder im Herbst 2004 angesichts einer besseren Konjunkturlage und mittelfristigen Inflationsgefahren. Die Wirksamkeit des neuen geldpolitischen Konzepts überzeugt insofern, als die Nationalbank ihrem Auftrag, die Preisstabilität zu gewährleisten, klar nachgekommen ist. Die Inflationsraten zwischen 2000–2004 bewegten sich stets unterhalb der 2%-Grenze (vgl. Abbildung 148 auf S. 561). Ebenso zeigen internationale Vergleiche, dass die Schweiz in dieser Zeitperiode sowohl gegenüber den Mitgliedsländern der EU-15 als auch der OECD die tiefste Inflationsrate auswies. Die einzige Ausnahme bildet Japan mit einem absoluten Preisniveaurückgang (Deflation) zwischen 2000–2004. Der Übergang von der Geldmengensteuerung der Jahre 1973–1999 zum heute gültigen geldpolitischen Konzept kann somit als erfolgreich bezeichnet werden (vgl. Abbildung 150 auf S. 564).

XIII. Geld und Währung 563

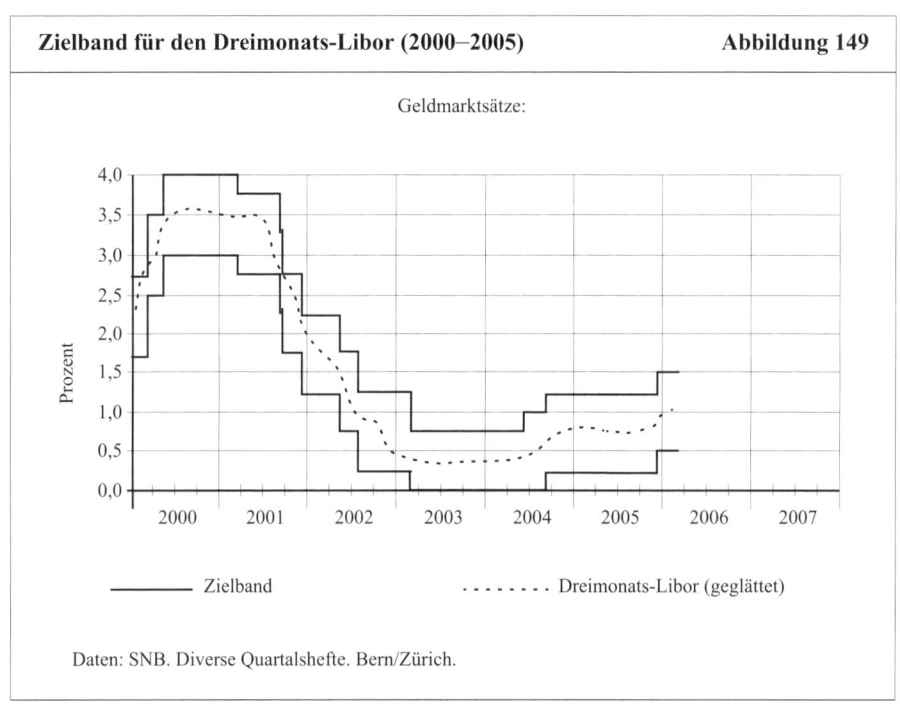

Zielband für den Dreimonats-Libor (2000–2005) Abbildung 149

Daten: SNB. Diverse Quartalshefte. Bern/Zürich.

3.4 Die Umsetzung der Geldpolitik

Die Nationalbank hat gemäss Art. 5 NBG die Aufgabe, den Franken-Geldmarkt im Rahmen der Geld- und Währungspolitik mit Liquidität zu versorgen (vgl. S. 556). Die Geschäfte, welche die SNB mit Finanzmarktteilnehmern tätigen kann, sind unter Art. 9 NBG aufgelistet. Die "Richtlinien der Schweizerischen Nationalbank über das geldpolitische Instrumentarium" konkretisieren Art. 9 NBG und beschreiben die **Instrumente und Verfahren**, welche die SNB **zur Umsetzung ihrer Geldpolitik** einsetzt. Als Geschäftspartner sind neben allen in der Schweiz ansässigen Banken auch die international tätigen Banken im Ausland zugelassen, sofern sie die Auflagen der SNB erfüllen.

Das geldpolitische Konzept (1973–1999)   **Abbildung 150**

Nach dem Zusammenbruch des Fixkurssystems von **Bretton Woods** (vgl. S. 515ff.) ging die Schweizerische Nationalbank (SNB) im Januar 1973 zu **flexiblen Wechselkursen** über. Ende 1974 beschloss die SNB, sich fortan an **Geldmengenzielen** zu orientieren. So veröffentlichte sie in den Jahren 1975–1977 jährliche Zielwerte für die **Geldmenge M1**, die verhältnismässig gut erreicht wurden. Während die SNB am kontrollierten Geldmengenwachstum festhielt, betrieben viele Industrieländer im Anschluss an die weltweite Rezession von 1975 eine stark expansive Geldpolitik. Dadurch wertete sich der Franken 1977 und v.a. 1978 massiv auf. Als Reaktion liess die SNB am 1. Oktober 1978 ihr Geldmengenziel fallen und gab stattdessen ein **explizites Ziel** für den **Wechselkurs** des Frankens zur D-Mark bekannt. Sie intervenierte am Devisenmarkt, bis sich die Währungsturbulenzen beruhigten. Für 1980 kündigte sie erneut ein jährliches Geldmengenziel an, das sich jedoch neu auf die **Notenbankgeldmenge** bezog. Da die SNB mit der Wechselkurspolitik 1978/1979 einen grossen Geldüberhang geschaffen hatte, begann sie 1980 mit der Abschöpfung der überschüssigen Liquidität. Dies führte in den Jahren 1980 und 1981 zu einer rückläufigen Notenbankgeldmenge und zur Unterschreitung der Geldmengenziele. Es gelang ihr jedoch nicht, zu verhindern, dass die Inflationsrate bis August 1981 auf 7,5% hochkletterte. Erst in den Jahren 1982–1986, als sich die Inflationsrate dem Ziel der Preisstabilität wieder annäherte, konnte die SNB zu einer Lockerung der Politik im Einklang mit ihren Geldmengenzielen übergehen.

Nach dem **Börsencrash** im Oktober 1987 versorgte die SNB den Bankensektor grosszügig mit Liquidität – nicht zuletzt, um eine drohende Aufwertung des Frankens sowie eine Konjunkturverlangsamung abzuwenden. Als 1988 neue **Liquiditätsvorschriften** und das elektronische Interbankenzahlungssystem **SIC** eingeführt wurden, schrumpfte die Nachfrage der Banken nach Notenbankgeld jedoch deutlich. Deshalb war das Geldangebot der SNB überhöht, was ab 1989 zu einem rasanten Inflationsanstieg führte. Obschon die SNB die geldpolitischen Zügel bereits ab 1989 straffte, erreichte die Teuerungsrate Mitte 1991 – begleitet von einer **überhitzen Konjunktur**, einer **Immobilienblase** und **steigenden Importpreisen** – den Höchststand von 6,6%.

Für die Jahre 1990–1994 legte die SNB einen **mittelfristigen** – auf fünf Jahre ausgerichteten – **Wachstumspfad** für die Notenbankgeldmenge fest. Angesichts der hohen Inflation fuhr die SNB allerdings einen restriktiven Kurs, sodass der Zielpfad deutlich unterschritten wurde. Die Preisstabilität konnte erst Anfang 1994 – nach einer für die Wirtschaft schmerzhaften Stabilisierungsrezession – wieder hergestellt werden. Wegen ihrer straffen geldpolitischen Gangart geriet die SNB Mitte der 1990er Jahre vermehrt in die Kritik der Öffentlichkeit. Für die Jahre 1995–1999 gab sie eine Anpassung des Geldmengenpfads bekannt, die mit einer geldpolitischen Lockerung verbunden war. So konnte sich die Wirtschaft Ende 1996 schliesslich aus der Stagnation lösen, wenngleich das Wirtschaftswachstum vorerst moderat blieb. In der zweiten Hälfte der 1990er Jahre trat das **Geldmengenziel** als Orientierungsgrösse für die SNB zunehmend **in den Hintergrund**. Ausschlaggebend war, dass die Nachfrage nach Notenbankgeld in der Schweiz offensichtlich zu wenig stabil war. Ende 1999 beschloss die SNB deshalb, ein neues geldpolitisches Konzept einzuführen, das eine **direkte** Ausrichtung der Geldpolitik am Ziel der **Preisstabilität** vorsieht (vgl. S. 558ff.).

3.4.1 Ordentliche Instrumente der Geldmarktsteuerung

Alle ordentlichen geldpolitischen Instrumente der SNB beruhen auf dem **Repurchase Agreement (Repo-Geschäft)**. Bei einem Repo-Geschäft verkauft der Geldnehmer Wertpapiere an den Geldgeber. Gleichzeitig wird vereinbart, dass der Geldnehmer Wertpapiere derselben Gattung und Menge zu einem späteren Zeitpunkt vom Geldgeber zurückkauft. Die hinterlegten Wertpapiere sind in der Regel Franken- oder Euro-Anleihen. Aus rechtlicher Sicht findet mit einem Repo-Geschäft eine Eigentumsübertragung statt. Ökonomisch gesehen handelt es sich jedoch um ein **gesichertes Darlehen**, weshalb der Geldnehmer dem Geldgeber für die Dauer des Repo-Geschäfts einen Zins zu bezahlen hat. Der **Repo-Zins** wird für verschiedene Laufzeiten bei den täglichen Auktionen jeweils neu festgelegt und ist in der Regel tiefer als der Dreimonats-Libor (für Blankokredite), da Letzterer eine Kreditrisikoprämie und (höhere) Fristigkeitsprämie enthält. Die Laufzeiten für die Repo-Geschäfte liegen in der Regel zwischen einem Tag und drei Wochen.

Die Nationalbank kann einen unerwünschten Anstieg des Dreimonats-Libor verhindern, indem sie den Geschäftsbanken mittels **Hauptfinanzierungsgeschäften** vermehrt Liquidität zuführt und ihre Repo-Sätze reduziert (**Liquiditätsschaffung**). Umgekehrt bewirkt sie durch eine Verknappung der Liquiditätsversorgung mittels **Abschöpfungsgeschäften** einen Zinsanstieg (**Liquiditätsabschöpfung**). Diese Geschäfte werden täglich um 9 Uhr in Form von sog. Repo-Auktionen durchgeführt, wobei es üblich ist, dass mehrere Partner – d.h. Geschäftsbanken mit einem Girokonto bei der Nationalbank – in das Geschäft involviert sind.

Nebst den ordentlichen Hauptfinanzierungs- und Abschöpfungsgeschäften betreibt die SNB auch **Feinsteuerungsgeschäfte.** Diese dienen dem Ausgleich von unerwünschten Auswirkungen exogener Einflüsse auf die Liquiditätsversorgung sowie von starken Schwankungen der kurzfristigen Geldmarktzinsen. Die Feinsteuerung erfolgt über bilaterale Repo-Geschäfte, deren Bedingungen von denjenigen der Hauptfinanzierungsgeschäfte abweichen können. Ebenso stellt die SNB den Geschäftspartnern während des Tages zinslos Liquidität (Intraday) über Repo-Geschäfte zur Verfügung (**Innertagsfazilität**), um die Abwicklung des Zahlungsverkehrs im SIC und der Devisentransaktionen zu erleichtern. Zur kurzfristigen Überbrückung von unerwarteten Liquiditätsengpässen bietet die SNB ebenfalls eine **Engpassfinanzierungsfazilität** an (Repo-Geschäft zum Sondersatz). Liquiditätsengpässe treten insbesondere dann auf, wenn erwartete Zahlungen ausbleiben und die benötigten Mittel nicht rechtzeitig am Interbankenmarkt beschaffbar sind. Die Engpassfinanzierungsfazilität dient eigentlich nicht der Steuerung der Geldmarktzinsen. Dennoch kommt ihr eine gewisse Stabilisierungsfunktion zu, da sich Liquiditätsengpässe einzelner Geschäftsbanken auf die

Taggeldsätze auswirken können. Der Sondersatz für den Bezug von Liquidität liegt im Rahmen dieser Fazilität zwei Prozentpunkte über dem Niveau des Tagesgeldsatzes. Dieser Zinsaufschlag soll die Geschäftsbanken davon abhalten, die Engpassfinanzierungsfazilität als dauerhafte Refinanzierungsquelle zu benützen.

3.4.2 Weitere geldpolitische Instrumente

Neben den ordentlichen geldpolitischen Instrumenten stehen der SNB gestützt auf Art. 9 Abs. 1 NBG weitere Instrumente zur Verfügung, die jedoch nur in Ausnahmefällen zum Zuge kommen: **Devisenkassa- und -termingeschäfte** gelangen in erster Linie im Rahmen von Devisenmarktinterventionen zur Anwendung, um den Wechselkurs des Schweizer Frankens gegenüber ausländischen Währungen zu beeinflussen. **Devisenswaps** werden seit 2000 nur noch ausnahmsweise zu geldpolitischen Zwecken eingesetzt. Die **Ausgabe von eigenen verzinslichen Schuldverschreibungen** dienen insbesondere zur Abschöpfung überschüssiger Liquidität. Ebenso kann die Nationalbank **Derivate** auf Forderungen, Effekten, Edelmetalle und Währungspaare schaffen, kaufen oder verkaufen. Währungsderivate können auch zur Verstärkung von Devisenmarktinterventionen eingesetzt werden.

3.4.3 Ausserordentliche Liquiditätshilfe

Gestützt auf Art. 9 Abs. 1 lit. e NBG wirkt die SNB auch als Kreditgeber in letzter Instanz (sog. **lender of last resort**), womit die Nationalbank einen wichtigen Beitrag zur Stabilität des Finanzsystems leistet (vgl. S. 556). Im Rahmen dieser ausserordentlichen Liquiditätsversorgung kann die SNB einer oder mehreren Banken Liquidität zur Verfügung stellen, wenn sich diese Institute nicht mehr am Markt refinanzieren können. Die ausserordentliche Liquiditätshilfe ist dabei von folgenden Voraussetzungen abhängig:

- Die kreditsuchende Bank oder Bankengruppe muss für die **Stabilität des Finanzsystems** von Bedeutung sein. Eine Bank oder Bankengruppe ist dann systemrelevant, wenn ihre Zahlungsunfähigkeit das Funktionieren des inländischen Finanzsystems oder wesentlicher Teile davon gravierend beeinträchtigt und zudem negative Auswirkungen auf die Realwirtschaft zeitigen würde.

XIII. Geld und Währung

- Die betreffende Bank oder Bankengruppe muss **solvent** sein. Zur Beurteilung der Solvenz holt die SNB die Stellungnahme der Eidgenössischen Bankenkommission (EBK) ein (vgl. Abbildung 122 auf S. 440).
- Die ausserordentliche Liquiditätshilfe muss jederzeit vollständig **durch ausreichende Sicherheiten gedeckt** sein. Dabei bestimmt die SNB, welche Sicherheiten ausreichend sind. Grundsätzlich kann die Liquiditätshilfe auch in Fremdwährung erfolgen.

3.5 Auswirkungen der Geldpolitik

Zwischen dem Einsatz der geldpolitischen Instrumente und der Entwicklung des allgemeinen Preisniveaus wirkt ein komplexer und vielfältiger **Übertragungs- oder Transmissionsmechanismus**. Im Allgemeinen zeigt eine Änderung des geldpolitischen Kurses zuerst eine Wirkung auf die Finanzmärkte – namentlich auf die Geld- und Kapitalmarktzinsen, die Wechselkurse, die Preise von Vermögensanlagen sowie den Zugang zu Krediten. Mit zeitlicher Verzögerung folgen dann Effekte auf die gesamtwirtschaftliche Nachfrage, die Produktion und die Beschäftigung. Diese wiederum bewirken, dass sich schliesslich die Preise von Waren und Dienstleistungen anpassen. Die wichtigsten Kanäle, über die sich geldpolitische Impulse auf die Realwirtschaft und das Preisniveau entfalten, werden im Folgenden dargestellt (vgl. Abbildung 151 auf S. 568). Zu diesem Zweck betrachten wir das **Beispiel** einer **restriktiven Geldpolitik**, die darauf abzielt, die Inflationsrate zu senken; im Fall einer expansiven Geldpolitik gelten die entgegengesetzten Wirkungszusammenhänge.

Es wird angenommen, dass sich die Volkswirtschaft der Schweiz am Anfang einer **konjunkturellen Überhitzung** befindet. Die kräftige Gesamtnachfrage übersteigt die Produktionskapazitäten, was zu einem Aufwärtsdruck auf Löhne und Güterpreise führt. Die **Inflationsprognose der SNB** signalisiert, dass die Preisstabilität beim aktuellen geldpolitischen Kurs mittelfristig gefährdet ist. Um die Gesamtnachfrage zu dämpfen und die inflationären Tendenzen zu bekämpfen, beschliesst die SNB eine Straffung der geldpolitischen Zügel. Diesen Kurswechsel unterstreicht sie mit der **Anhebung des Zielbandes für den Dreimonats-Libor**. Damit der Dreimonats-Libor tatsächlich in den gewünschten Bereich steigt, muss die SNB die **Liquidität im Geschäftsbankensystem** verknappen. Zu diesem Zweck erhöht sie die **Repo-Zinsen**, welche die Geschäftsbanken der SNB entrichten müssen, um im Rahmen der Repo-Geschäfte **Giroguthaben** zu erhalten. Der Rückgang der Liquidität im Geschäftsbankensystem hat nicht nur eine Erhöhung des Dreimonats-Libor zur Folge, sondern auch die aller anderen Zinssätze auf dem **Geldmarkt**.

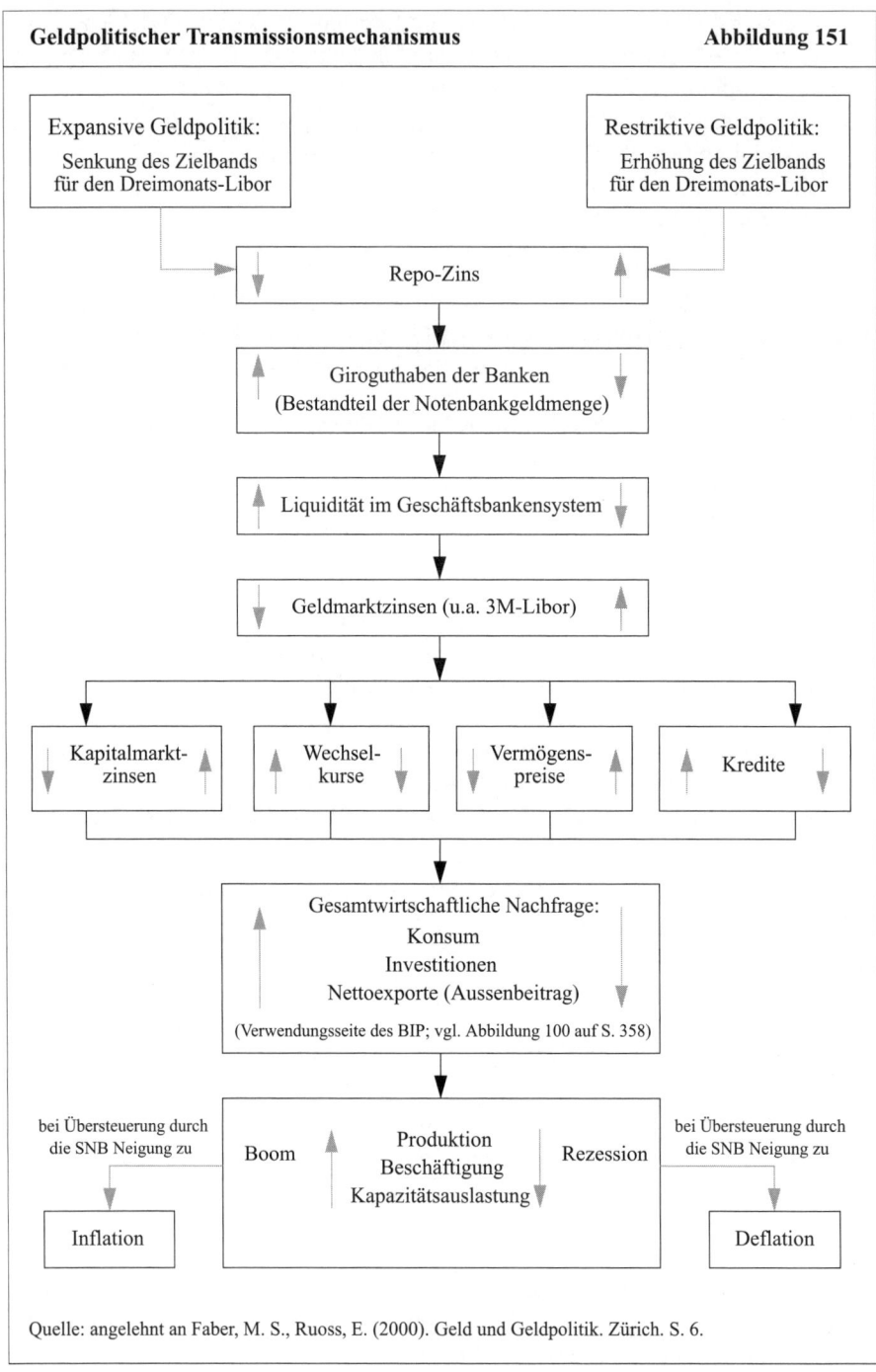

XIII. Geld und Währung

Die Art und Weise, wie sich der Anstieg der Geldmarktzinssätze in der Folge auf die gesamtwirtschaftliche Nachfrage auswirkt, kann anhand der folgenden vier **Transmissionskanäle** erläutert werden:

- **Zinskanal:** Wenn sich die kurzfristigen Geldmarktzinsen erhöhen, so steigen in der Regel auch die langfristigen **Kapitalmarktzinsen**. Dieser Zusammenhang ist darauf zurückzuführen, dass die langfristigen Zinsen aus einem Durchschnitt der aktuellen und erwarteten zukünftigen Kurzfristzinsen gebildet werden. Durch den Anstieg der Kapitalmarktzinsen nehmen auch die **Realzinssätze** zu und damit die Kapitalkosten der Unternehmungen, sodass diese ihre **Investitionstätigkeit** drosseln. Darüber hinaus wird für die Haushalte das Sparen attraktiver. Infolgedessen wird der **heutige Konsum** verringert und in die Zukunft verschoben. Dabei sinken insbesondere die investitionsähnlichen Konsumausgaben der Haushalte, wie z.B. die Ausgaben für langlebige Konsumgüter und für den Wohnungsbau. Sowohl die Reaktion der Unternehmungen als auch der Haushalte führt zu einem Rückgang der wirtschaftlichen Gesamtnachfrage.
- **Wechselkurskanal:** Bei einem Anstieg der Geld- und Kapitalmarktzinsen gewinnen in Schweizer Franken denominierte Anlagen – im Vergleich zu Anlagen in Fremdwährungen – an Attraktivität. Infolgedessen nimmt die Nachfrage nach Frankenanlagen zu, wodurch nicht nur deren Wert, sondern auch der Preis des Frankens, der Wechselkurs, steigt. Die **Aufwertung des Schweizer Frankens** beeinflusst den **Aussenhandel** der Schweiz mit dem Ausland auf zwei Arten: Einerseits bedeutet die Aufwertung für die im Inland produzierenden Unternehmungen, dass sie gegenüber ausländischen Konkurrenten an preislicher Wettbewerbsfähigkeit einbüssen und daher **weniger exportieren** können. Andererseits verbilligen sich importierte Güter im Vergleich zu inländischen Gütern, weshalb die inländischen Konsumenten und Unternehmungen vermehrt ausländische Produkte kaufen und die **Importe** zunehmen. Beide Effekte führen zusammen zu einem Rückgang des **Aussenbeitrags**, d.h. der Differenz von Exporten und Importen, und der gesamtwirtschaftlichen Nachfrage im Inland. Der Wechselkurskanal funktioniert naturgemäss nur bei Ländern mit flexiblen Wechselkursen, und er wirkt um so stärker, je mehr eine Volkswirtschaft mit dem Ausland verflochten ist.
- **Vermögenskanal:** Geldpolitische Impulse werden auch über die Preise von Vermögensanlagen, wie z.B. **Obligationenanleihen, Aktien und Immobilien**, übertragen. Bei einer restriktiven Geldpolitik, die mit einer Erhöhung der Geld- und Kapitalmarktzinsen einhergeht, sinken die Preise dieser Anlagen, da ihre zukünftigen Erträge mit höheren Zinssätzen abdiskontiert werden müssen. Die Immobilienpreise geraten überdies auch unter Druck, weil mit dem Anstieg der Zinsen die Kosten der Wohnungsfinanzierung zunehmen und die Nachfrage nach Immobilien sinkt. Wenn sich das Finanz- und

Immobilienvermögen der Haushalte verringert, geben diese weniger für die **Käufe von Konsumgütern** aus. Die Unternehmungen wiederum reagieren auf den Preisrückgang ihrer Vermögensanlagen, indem sie ihre **Investitionstätigkeit** zurücknehmen. Auch über den Vermögenskanal ergibt sich folglich eine Abkühlung der gesamtwirtschaftlichen Nachfrage.

- **Kreditkanal:** Der Anstieg der Zinssätze veranlasst die Geschäftsbanken, ihr **Kreditangebot einzuschränken.** Hierfür gibt es zwei Ursachen: Erstens bewirkt der – bereits erwähnte – Rückgang der Preise von Vermögensanlagen, dass sich die Bilanzen der Unternehmungen und der Haushalte verschlechtern. Damit sinkt ihr Spielraum bei der Aufnahme von Krediten, weil sie den Banken nicht mehr im gleichen Umfang **Sicherheiten** anbieten können. Zweitens nehmen aufgrund der gestiegenen Geld- und Kapitalmarktzinsen die Refinanzierungskosten der Banken zu, sodass diese die Zinssätze für ihre Kredite anheben. Wenn die Kreditzinsen steigen, nimmt allerdings die Gefahr zu, dass die Kreditnehmer ihre Schulden nicht mehr zurückzahlen können. Hierfür ist ein sog. **Moral-hazard-Problem** verantwortlich (vgl. S. 465). Dieses ergibt sich aus dem Anreiz der Unternehmungen, vermehrt in **risikoreiche Projekte** zu investieren, um höhere Erträge zu erwirtschaften und die teureren Kredite zu bedienen. Auf die zunehmende Konkurswahrscheinlichkeit der Schuldner reagieren die Geschäftsbanken mit einer **Rationierung der Kredite**, d.h. sie lehnen vermehrt Kreditanträge ab und reduzieren so das Volumen der vergebenen Kredite. Für die betroffenen Kreditnehmer bedeutet dies, dass sie auf ihre geplanten Ausgaben für Konsum oder Investitionen verzichten müssen.

Die restriktive Gangart der SNB bewirkt über alle vier Transmissionskanäle eine **Dämpfung der gesamtwirtschaftlichen Nachfrage** und damit eine Abkühlung der überhitzten Wirtschaft. In der Folge kommt es auf den Märkten für Waren und Dienstleistungen zu einem Überangebot, sodass sich die Unternehmungen veranlasst sehen, die **Produktion** zu verringern und den **Personalbestand** abzubauen. Damit erreicht die SNB die gewünschte Entspannung auf den Güter- und Arbeitsmärkten, die mit einem **nachlassenden Preis- und Lohndruck** einhergeht. Es ist sogar denkbar, dass eine Reihe von Unternehmungen die Preise ihrer Produkte mit der Zeit ermässigt, um die hohen Lagerbestände zu reduzieren und die vorhandenen Kapazitäten besser auszulasten. Insgesamt lassen die inflationären Kräfte allmählich nach, und die Wirtschaft kehrt in den Zustand der Preisstabilität zurück.

Die Darstellung des Transmissionsmechanismus verdeutlicht, dass die SNB bei der Einschätzung der Inflationsrisiken und der Bestimmung geeigneter geldpolitischer Massnahmen mit einem **hohen Grad an Unsicherheit** konfrontiert ist. Diese Unsicherheit betrifft einerseits die **Stärke und Dauer der Wirkungszusammenhänge** zwischen den involvierten makroökonomischen Grössen. Andererseits kann der Transmissionsmechanismus auch durch zahlreiche **externe Faktoren** beeinflusst oder gar gestört werden. Zu nennen sind insbesondere Nachfrage- oder Angebotsschocks, technischer Fortschritt und der strukturelle Wandel in der Volkswirtschaft. Darüber hinaus wird offenbar, dass die SNB aufgrund der langen Wirkungsverzögerungen im Transmissionsprozess – sog. **long and variable lags** – eine **vorausschauende Haltung** einzunehmen hat. Mit anderen Worten muss die SNB heute den geldpolitischen Kurs bestimmen, der die Preisstabilität in der Zukunft gewährleistet, wenn der Transmissionsprozess durchlaufen ist. Im Fall der Volkswirtschaft der Schweiz benötigt die vollständige Übertragung geldpolitischer Impulse auf das Preisniveau erfahrungsgemäss zwei bis drei Jahre. Aus diesem Grund orientiert sich die SNB bei ihren geldpolitischen Entscheidungen massgeblich an einer **Inflationsprognose**, die sie über einen Zeitraum von **drei Jahren** berechnet (vgl. Abbildung 148 auf S. 561).

Der dargestellte geldpolitische Transmissionsmechanismus kann schliesslich vor dem Hintergrund der **Quantitätsgleichung** betrachtet werden (vgl. Abbildung 141 auf S. 544). Die intellektuelle Strömung des **Monetarismus** etwa leitete aus der Quantitätsgleichung eine Reihe von Einsichten ab, welche die Geldpolitik vieler Zentralbanken geprägt haben (vgl. Abbildung 152 auf S. 572). Eine zentrale Einsicht lautet, dass **Inflation** und **Deflation** letztlich **monetäre Phänomene** sind, d.h. langfristige Änderungen des allgemeinen Preisniveaus sind auf eine Über- oder Unterversorgung der Volkswirtschaft mit Geld zurückzuführen. Aus der Sicht der monetaristischen Schule kann die gesamtwirtschaftliche Nachfrage lediglich **vorübergehend** durch geldpolitische Impulse gesteuert werden. Demgegenüber ist die Geldpolitik nicht in der Lage, das Wirtschaftswachstum dauerhaft über die **langfristigen Wachstumsmöglichkeiten** der Volkswirtschaft hinaus anzuheben, da diese einzig von der Ausstattung der Wirtschaft mit den Produktionsfaktoren Arbeit und Kapital sowie der verfügbaren Technologie bestimmt werden. Die anfänglich noch stimulierenden Effekte der expansiven Geldpolitik würden bald schon in einer **Beschleunigung der Inflation** verpuffen. Anstelle der erwünschten Wachstumsgewinne würden einzig volkswirtschaftliche Wohlfahrtsverluste auftreten.

| Monetaristische Position zur Geldpolitik | Abbildung 152 |

Verschiedene Theorien ziehen aus der definitorischen Quantitätsgleichung unterschiedliche wirtschaftspolitische Schlüsse. Eine der prominentesten ist die monetaristische Theorie, die insbesondere durch **Milton Friedman** (*1912) und **Karl Brunner** (1916–1989) geprägt wurde. Die Monetaristen gehen von der Hypothese aus, dass Schwankungen der wirtschaftlichen Aktivität im Wesentlichen durch monetäre Impulse bestimmt werden. Folgende Aussagen präzisieren diese Hypothese:

"1. Stosskraft und Stossrichtung monetärer Impulse werden durch Änderungen der Geldmenge angezeigt (...).

2. Die absolute Höhe der Wachstumsrate der Geldmenge ist von geringem Einfluss auf die Beschäftigung und die Entwicklung des realen Sozialprodukts, aber von dominierendem Einfluss auf die Inflationsrate. Je höher die Wachstumsrate der Geldmenge, desto grösser ist die Inflationsrate (und umgekehrt).

3. Wird die Wachstumsrate der Geldmenge angehoben (vermindert), so ergibt sich für die Beschäftigung und die Entwicklung des realen Sozialproduktes nur vorübergehend ein expansiver (kontraktiver) Impuls; die Inflationsrate wird demgegenüber dauerhaft erhöht (gesenkt) (...)."[1]

Die Schweizerische Nationalbank (SNB) hat in den 1970er Jahren zu den **Vorreitern einer monetaristischen Geldpolitik** gehört. Mit ihrem damaligen geldpolitischen Konzept der expliziten Definition eines Geldmengenziels entsprach sie der aus der monetaristischen Theorie abgeleiteten Forderung nach einer **regelgebundenen Geldpolitik** (sog. **k%-Regel**). Mit ihrem heutigen geldpolitischen Konzept werden die Geldmengen (Geldaggregate) weiterhin als **Informationsvariablen oder Indikatoren für die Inflationsprognose** beachtet; die Orientierung an der Geldmenge kann daher sogar als einfaches Instrument der Inflationsprognose verstanden werden. Geldmengenziele als solche sind jedoch zu Recht aus dem Konzept entfernt worden. Die schweizerische Geldpolitik ist weiterhin monetaristisch geprägt, da die 2. und 3. der obigen Aussagen anerkannt werden und ihr vorrangiges Ziel die Gewährleistung der Preisstabilität ist.

[1] Quelle: Jarchow, H.-J. (1998). Theorie und Politik des Geldes 1. Göttingen. S. 247.

XIII. Geld und Währung 573

4. Internationale Währungsordnung

Die Geld- und Währungspolitik der Schweiz unterliegt aufgrund der **hohen Aussenverflechtung über die Realwirtschaft und Finanzmärkte** zahlreichen ausländischen Einflüssen. Entsprechend zählt die **Mitwirkung bei der internationalen Währungskooperation** zu den in Art. 5 NBG aufgeführten Aufgaben der Schweizerischen Nationalbank (vgl. S. 556). Die SNB arbeitet dabei v.a. mit dem Internationalen Währungsfonds, der Zehnergruppe und der Bank für Internationalen Zahlungsausgleich zusammen. Seit der Gründung der Europäischen Währungsunion ist ebenfalls das geldpolitische Verhalten der Europäischen Zentralbank für die schweizerische Geldpolitik von besonderer Bedeutung.

4.1 Der Internationale Währungsfonds

Der Internationale Währungsfonds (IWF) wurde am Ende des Zweiten Weltkriegs als **Teil der Bretton-Woods-Institutionen** gegründet (vgl. S. 515ff.). Die Einrichtung des IWF als gemeinsames Forum darf als Reaktion auf die damals weit verbreitete Nichtkonvertierbarkeit und die damit zusammenhängenden Wechselkursprobleme gesehen werden. Der Fonds zählte bei seiner Gründung Ende 1945 in Washington 29 Mitglieder und nahm seine Tätigkeit im Mai 1946 mit 39 Mitgliedern auf. Heute umfasst der Fonds 184 Mitgliedstaaten und beschäftigt rund 2700 Mitarbeiter.

4.1.1 Ziele des Internationalen Währungsfonds

Der IWF hat gemäss Art. I des IWF-Übereinkommens folgende Ziele:
- Die internationale Zusammenarbeit auf dem Gebiet der Währungspolitik durch eine ständige Einrichtung zu fördern, die als Apparat zur Konsultation und Zusammenarbeit bei internationalen Währungsproblemen zur Verfügung steht;
- die Ausweitung und ein ausgewogenes Wachstum des Welthandels zu erleichtern und dadurch zur Förderung und Aufrechterhaltung eines hohen Beschäftigungsgrads und Realeinkommens sowie zur Entwicklung des Produktionspotenzials aller Mitglieder als oberste Ziele der Wirtschaftspolitik beizutragen;

- die Stabilität der Währungen zu fördern, geordnete Währungsbeziehungen unter den Mitgliedern aufrecht zu erhalten und Währungsabwertungen aus Wettbewerbsgründen zu vermeiden;
- bei der Errichtung eines multilateralen Zahlungssystems für die laufenden Geschäfte zwischen den Mitgliedern und bei der Beseitigung von Devisenverkehrsbeschränkungen, die das Wachstum des Welthandels hemmen, mitzuwirken;
- das Vertrauen der Mitglieder dadurch zu stärken, dass ihnen zeitweilig unter angemessenen Sicherungen die allgemeinen Fondsmittel zur Verfügung gestellt werden und ihnen so Gelegenheit gegeben wird, Unausgeglichenheiten in ihrer Zahlungsbilanz zu bereinigen, ohne zu Massnahmen Zuflucht nehmen zu müssen, die dem nationalen oder internationalen Wohlstand schaden.

4.1.2 Tätigkeiten des Internationalen Währungsfonds

Der IWF ist in erster Linie eine auf Zusammenarbeit ausgerichtete Institution, deren Mitgliedstaaten die Vorteile eines stabilen Systems für den An- und Verkauf ihrer Währungen zu schätzen wissen, damit Zahlungen in in- und ausländischen Währungen zwischen Ländern reibungslos und unverzüglich stattfinden können. Dazu überwacht der IWF die **Währungspolitik** seiner Mitglieder und hat die Befugnis, von seinen Mitgliedern die Offenlegung von Informationen über ihre **Geld- und Fiskalpolitik** zu verlangen. Diese Überwachung beruht auf der Überzeugung, dass eine solide und konsequente Wirtschaftspolitik in den einzelnen Ländern zu stabilen Wechselkursen und einer wachsenden Weltwirtschaft führt. Die IWF-Überwachung ist im Gefolge sowohl der mexikanischen Währungskrise von 1994/1995 als auch der Asienkrise von 1997/1998 verbessert worden.

Zusätzlich tritt der IWF als wichtiger Kreditgeber auf. Diese **kurz- und mittelfristigen Kredite** erhalten nur Industrie- und Entwicklungsländer, die sowohl Mitglieder des IWF als auch in zeitweiligen Zahlungsbilanzschwierigkeiten sind. Durch die Bereitstellung von Krediten soll die Gesamtnachfrage dieser Länder gestützt und eine Rezession abgewendet werden. Im Jahre 2004 waren **Argentinien, Brasilien und die Türkei** die drei grössten Kreditnehmer des IWF. Die Krisen in diesen Ländern waren vornehmlich auf ein Konstrukt fester Wechselkurse zurückzuführen. Entsprechend mussten die betroffenen Staaten das Wechselkursregime aufgeben und zu flexiblen Wechselkursen übergehen.

XIII. Geld und Währung

Alle Mitglieder beim Fonds zeichnen entsprechend ihrer wirtschaftlichen Leistungsfähigkeit Kapitalanteile in Form von **Quoten**. Ein Viertel der Quote wird direkt einbezahlt, der Rest wird dem IWF gutgeschrieben. Die Quoten dienen mehreren Zwecken: Erstens stellen sie eine **Geldreserve** dar, auf die der Fonds zurückgreifen kann, um Mitgliedern in finanziellen Schwierigkeiten Kredite zu gewähren. Zweitens sind die Quoten entscheidend für das **Stimmrecht** der Länder, wobei gilt: Je reicher das Land, desto höher die Quote. Drittens bilden sie die Basis für die Ermittlung der Summe, die das beitragszahlende Mitglied vom IWF ausleihen kann oder die es vom IWF in regelmässigen Zuteilungen von Spezialwerteinheiten, die als **Sonderziehungsrechte (SZR)** bezeichnet werden, empfängt. Der Wert der 1969 eingeführten SZR wird anhand eines **Währungskorbes** bestimmt, der sich aus den vier wichtigsten Währungen zusammensetzt (britisches Pfund, Euro, US-Dollar und Yen); seine Zusammensetzung wird alle fünf Jahre überprüft. Die Summe der Quoten beträgt gegenwärtig 213 Mrd. SZR, die Anzahl Stimmen aller Mitgliedsländer beläuft sich auf 2,14 Mio.

4.1.3 Mitwirkung der Schweiz

Die Schweiz trat dem IWF 1992 bei, wobei die Mitgliedschaft sowohl durch die SNB als auch durch das Eidgenössische Finanzdepartement (EFD) wahrgenommen wird. Der Präsident der Nationalbank nimmt als Gouverneur Einsitz im **Gouverneursrat** als dem obersten Organ des IWF, während der Vorsteher des EFD die **schweizerische Delegation** leitet, die an den Tagungen des IWF teilnimmt. Die Schweiz hält einen der 24 Sitze im **Exekutivrat**, dem wichtigsten operativen Organ des IWF, wobei dieser Sitz wechselweise durch einen Vertreter der SNB und des EFD besetzt wird. Die Schweiz gestaltet – ähnlich ihrer Mitwirkung bei der Weltbank – als Vertreterin einer Stimmrechtsgruppe die Politik des IWF aktiv mit. Die Stimmrechtsgruppe besteht aus Aserbeidschan, Kirgisien, Polen, Serbien-Montenegro, Tadschikistan, Turkmenistan, Usbekistan und der Schweiz (vgl. S. 515ff.).

Die Quote der Schweiz zur Finanzierung der Aktivitäten des Fonds beläuft sich auf rund 3,5 Mrd. SZR und macht damit 1,63% der Quotensumme aus. Der vom IWF beanspruchte Teil der schweizerischen Quote, die sog. **Reserveposition**, wird von der Nationalbank finanziert. Diese Position stellt für die Nationalbank eine Währungsreserve dar und kann von ihr jederzeit beansprucht werden. Ende 2004 betrug die Reserveposition der Schweiz rund 1,15 Mrd. SZR und entsprach damit dem in der Nationalbankbilanz ausgewiesenen Betrag von 2035 Mio. Fr. (vgl. Abbildung 145 auf S. 552). In Bezug auf die Stimmen verfügt die Schweiz über deren 34'835, was einem Stimmenanteil von 1,61% entspricht.

4.2 Die Zehnergruppe

Die Zehnergruppe (G-10) ist ursprünglich ein Zusammenschluss von zehn wichtigen Industriestaaten, namentlich Belgien, Deutschland, Frankreich, Grossbritannien, Italien, Japan, Kanada, der Niederlande, Schweden und den USA. Sie stellt dem Internationalen Währungsfonds (IWF) seit 1962 in Ausnahmesituationen und bei Mittelknappheit zusätzliche Mittel im Rahmen der **Allgemeinen Kreditvereinbarungen (AKV)** zur Verfügung. Diese erlauben es dem IWF, nach einem vereinbarten Schlüssel bei den Ländern der G-10 Kredite in Höhe von 17 Mrd. SZR aufzunehmen. Der IWF darf die AKV nur im Falle aussergewöhnlicher Krisensituationen beanspruchen, wenn er einen **Liquiditätsmangel** nachweisen kann und die **Stabilität des internationalen Währungssystems** gefährdet ist. Die Kredite werden in der jeweiligen Landeswährung gewährt und sind an strenge Auflagen gebunden. Die G-10 agiert auch als Forum für wirtschafts- und währungspolitische Gespräche zwischen Vertretern von Notenbanken und Finanzministerien.

Die Schweiz assoziierte sich bereits 1964 mit den AKV des IWF und wurde damit auch Beobachterin in der G-10. Anlässlich des Ausbaus der AKV Ende 1983 beschloss die Schweiz, an diesen voll teilzunehmen und wurde damit auch **Mitglied der G-10**. Teilnehmende Institution ist die Nationalbank, die auch allfällige Kredite an den IWF im Rahmen der AKV finanziert. Die Nationalbank nimmt deshalb an den Sitzungen der Finanzminister und Notenbankgouverneure der G-10 sowie an verschiedenen Arbeitsgruppen teil. In jüngster Zeit widmete sich die G-10 eingehend der Finanzlage des IWF, insbesondere den Risiken, denen der Fonds ausgesetzt ist, sowie den Möglichkeiten, diese zu begrenzen.

4.3 Die Bank für Internationalen Zahlungsausgleich

Die Bank für Internationalen Zahlungsausgleich (BIZ) wurde 1930 in Basel gegründet und stellt die weltweit älteste internationale Finanzorganisation dar. Ihre ursprüngliche Aufgabe war die Organisation und Durchführung der deutschen Reparationszahlungen an die Alliierten nach dem Ersten Weltkrieg. Die BIZ steht heute im Eigentum und unter der Kontrolle von Zentralbanken, bietet diesen eine Palette hochspezialisierter Dienstleistungen an und beschäftigt gegenwärtig rund 550 Mitarbeiter. In den letzten Jahren hat die BIZ ihre Beziehungen zu Zentralbanken ausserhalb ihres traditionellen Schwerpunktbereichs – der Industrieländer – ausgebaut. Im Rahmen der BIZ treffen sich die Gouverneure der Zentralbanken der Industrie- und Schwellenländer alle zwei Monate zum Informationsaustausch.

XIII. Geld und Währung

Die wichtigsten Aufgaben der BIZ sind einerseits die Förderung der **Zusammenarbeit der Zentralbanken** und andererseits die Schaffung **neuer Möglichkeiten für internationale Finanzgeschäfte**. Des Weiteren ist die Förderung der **Stabilität des internationalen Finanzsystems** ein wesentliches Ziel. Vor diesem Hintergrund ist die Gründung des BIZ-internen Forums für Finanzstabilität im Jahre 1999 zu sehen, das den Informationsaustausch und die Koordination zwischen nationalen Behörden, internationalen Organisationen sowie Aufsichts- und Expertengremien fördert, die allesamt für Fragen der Stabilität des internationalen Finanzsystems zuständig sind. Gleichzeitig zeigt sich aber auch eine zunehmende und nicht zwingend erwünschte Überschneidung der Aktivitäten der BIZ mit denjenigen des Internationalen Währungsfonds (IWF).

Die Schweizerische Nationalbank (SNB) arbeitet in den **vier ständigen Ausschüssen der BIZ** mit: im Basler Ausschuss für Bankenaufsicht, im Ausschuss für Zahlungsverkehrs- und Abrechnungssysteme, im Ausschuss für das weltweite Finanzsystem und im Märkteausschuss. Der bekannteste ist der **Basler Ausschuss für Bankenaufsicht**, der auf drei Gebieten tätig ist: Erstens dient er für bestimmte bankenaufsichtsrechtliche Probleme als Diskussionsforum, zweitens bemüht er sich um eine weltweit wirksame Aufsicht über Bankgeschäfte, und drittens versucht er, die bankenaufsichtsrechtlichen Standards zu verbessern, insbesondere bezüglich der Solvenz der einzelnen Bankinstitute (vgl. S. 441ff.).

Die BIZ wird auch mit der **Durchführung von Bankgeschäften** für Zentralbanken betraut. Ihr Kundenkreis beschränkt sich nebst Zentralbanken auf internationale Finanzorganisationen. Sie ist befugt, Gold und Währungen zu kaufen und zu verkaufen, marktgängige Wertpapiere nachzufragen und anzubieten sowie Zentralbanken (Überbrückungs-)Kredite zu gewähren oder bei ihnen Einlagen zu tätigen. Rund 140 Zentralbanken und internationale Finanzorganisationen aus aller Welt unterhalten derzeit Einlagen bei der BIZ. Per 31. März 2004 beliefen sich ihre Währungsreserven bei der BIZ auf insgesamt rund 130 Mrd. SZR, was rund 6% der weltweiten Devisenreserven entspricht.

Ferner ist die BIZ ein **Zentrum der Währungs- und Wirtschaftsforschung**, das zum besseren Verständnis der internationalen Finanzmärkte und der geldpolitischen Wechselwirkungen zwischen den Ländern beiträgt. Zudem erleichtert die BIZ in ihrer Funktion als **Agent** oder **Treuhänder** die Umsetzung verschiedener internationaler Finanzvereinbarungen.

4.4 Die Europäische Währungsunion

Die Europäischen Währungsunion (EWU) ist das Resultat jahrzehntelanger **monetärer Integrationsbestrebungen** zwischen den Staats- und Regierungschefs der ökonomisch bedeutendsten Länder Europas. Mit der EWU ist ein **Währungsgebiet** entstanden, innerhalb dessen Grenzen nicht nur die Wechselkurse zwischen den teilnehmenden Ländern unwiderruflich fixiert wurden, sondern auch eine einheitliche Währung – der Euro – eingeführt wurde.

4.4.1 Die Theorie optimaler Währungsgebiete

In der Makroökonomie sind verschiedene theoretische Ansätze zu finden, die anhand unterschiedlicher Kriterien bestimmen, wie ein optimaler Währungsraum abgegrenzt werden kann (vgl. Abbildung 153). Diese Ansätze sind jedoch wenig geeignet, um monetäre Integrationsbestrebungen in der Praxis zu beurteilen. Deshalb erfolgt die Abgrenzung eines Währungsraums bzw. die Einschätzung seiner Optimalität in der Realität zumeist mit Hilfe einer Kosten-Nutzen-Analyse.

Als **Kosten einer Währungsintegration** sind zu nennen:

- **Verlust an wechselkurspolitischer Autonomie:** Mit der Währungsintegration und der Aufgabe flexibler Wechselkurse geben die beteiligten Länder ein wichtiges Anpassungsinstrument auf. Dieses spielt v.a. dann eine wichtige Rolle, wenn ein exogener Schock eintritt, der die betroffenen Länder unterschiedlich stark erfasst. Durch Wechselkursanpassungen liessen sich Ungleichgewichte bei der Beschäftigung und der Leistungsbilanz beseitigen (vgl. hierzu das Beispiel in Abbildung 153): Mittels einer Aufwertung der Währung in Land A resp. einer Abwertung der Währung in Land B würden sich die beiden Volkswirtschaften wieder auf ihr ursprüngliches Gleichgewicht zurückbewegen. Dasselbe gilt auch für Länder mit unterschiedlichen Arbeitsproduktivitäten: Die Wettbewerbsfähigkeit eines Landes mit einer geringen Arbeitsproduktivität liesse sich mittels einer Abwertung der Währung aufrecht erhalten. Beide Faktoren – exogene asymmetrische Schocks und Produktivitätsunterschiede – führen somit zu einer unterschiedlichen regionalen Entwicklung der Realwirtschaft, die sich in einer Währungsunion nicht mehr durch Anpassungen der Wechselkurse beseitigen lassen. Andere Formen des Ausgleichs müssen gefunden werden, oder die sozialen und politischen Spannungen zwischen diesen Regionen nehmen zu.

XIII. Geld und Währung

Die Theorie optimaler Währungsgebiete	Abbildung 153

Die Theorie optimaler Währungsgebiete wurde von **Robert A. Mundell** (*1932) begründet. Anhand eines von ihm formulierten Beispiels soll die Theorie im Folgenden erläutert werden:

"Gegeben sind zwei Länder A und B eines Währungsgebietes, in denen **Vollbeschäftigung** herrscht und die ein **Zahlungsbilanzgleichgewicht** aufweisen. Angenommen wird, dass zwischen den Ländern eine vollkommene **Faktorimmobilität** und innerhalb der Länder eine **Faktormobilität** vorliegt. Ausserdem wird von der Prämisse ausgegangen, dass die Löhne und Preise nach unten starr sind. Eine Verschiebung der Nachfrage von Gütern des Landes B hin zu Gütern des Landes A hat zur Folge, dass Land B aufgrund der Unterauslastung der Produktionskapazitäten mit **Unterbeschäftigung** und einem **Leistungsbilanzdefizit** zu kämpfen hat. Demgegenüber führt der Nachfrageschub des Landes A zu **inflationärem Druck** und einem **Leistungsbilanzüberschuss**. Obwohl in einem Währungsraum flexible Wechselkurse als Anpassungsmechanismen wegfallen, könnte dieses Ungleichgewicht durch eine Arbeitskräftewanderung beseitigt werden, indem die unterbeschäftigten Arbeiter von Land B ins Land A ziehen. Dadurch wird die Arbeitslosigkeit des Landes B abgebaut und den inflationären Tendenzen im Land A entgegengewirkt. Aufgrund der fehlenden Mobilität der Arbeitskräfte bleiben jedoch die **Zahlungsbilanzungleichgewichte** bestehen."[1]

Als Kriterium für die Bestimmung eines optimalen Währungsgebiets wird in diesem Beispiel das **Ausmass der Faktormobilität** einer Volkswirtschaft angeführt. Weitere Ansätze, die auf den Überlegungen von Robert Mundell aufbauen, nennen als zusätzliche Kriterien:

- den **Grad der Offenheit** einer Volkswirtschaft, definiert als das Verhältnis zwischen handelbaren und nicht-handelbaren Gütern;
- den **Grad der Diversifikation** einer Volkswirtschaft, definiert als die Sortimentsbreite der Exportgüter.

Je grösser der jeweilige Grad, desto vorteilhafter sind fixierte Wechselkurse.

Weitere Kriterien für die Definition eines optimalen Währungsgebiets sind:

- die **Ähnlichkeit der Inflationsraten** zwischen den teilnehmenden Ländern;
- das **Vorliegen homogener Präferenzen** bezüglich Preisstabilität und Vollbeschäftigung und damit verbunden die Absicht, die verschiedenen nationalen Wirtschaftspolitiken zu harmonisieren.

[1] Quelle: Schmid, H. (2004). Geld, Kredit und Banken. 5. Auflage. Bern/Stuttgart/Wien. S. 368f.

- **Verlust an geldpolitischer Autonomie:** Werden die Länder einer Währungsunion von einem exogenen Schock unterschiedlich stark erfasst, so bräuchten diejenigen Länder, in denen sich der Schock positiv (negativ) auswirkt, eine restriktive (expansive) Geldpolitik. In einem Währungsgebiet, in dem nur noch eine Zentralbank existiert, können jedoch nicht beide Geldpolitiken gleichzeitig umgesetzt werden.

Als **Nutzen einer Währungsintegration** sind zu nennen:

- **Reduktion der Transaktionskosten:** Sowohl für die Unternehmungen als auch für die Haushalte führt eine einheitliche Währung zu Einsparungen bei den Transaktionskosten. Beide Wirtschaftseinheiten profitieren sowohl von wegfallenden Gebühren für den Devisenumtausch als auch von der Beseitigung des Währungsrisikos. Ebenso lassen sich grenzüberschreitende Überweisungen leichter abwickeln, und die Haltung von Devisenreserven fällt geringer aus.
- **Erhöhung der Markttransparenz:** Für die Individuen resultiert aus dem Wegfall der Wechselkursschwankungen eine Senkung der Informationskosten, indem Preise innerhalb eines Währungsgebiets direkt miteinander verglichen werden können. Dies führt zu einer Intensivierung des Wettbewerbs im Binnenmarkt. Weiter wird damit die internationale Arbeitsteilung gefördert, was zu einer effizienten Nutzung von Arbeit und Kapital führt und damit die Volkswirtschaften stärkt.

4.4.2 Die Entstehung der Europäischen Währungsunion

Am 1. Januar 1999 trat das Abkommen über die EWU in Kraft, die ursprünglich elf Mitglieder umfasste: Belgien, Deutschland, Finnland, Frankreich, Irland, Italien, Luxemburg, die Niederlande, Österreich, Portugal und Spanien. Am 1. Januar 2001 trat Griechenland als zwölftes Mitglied der EWU bei. Die Aufnahme sowohl der bisherigen als auch zukünftiger Mitglieder hängt dabei von den folgenden **vier Konvergenzkriterien** – sog. **Maastricht-Kriterien** – ab:

- **Preisstabilität:** Die Inflationsrate eines Mitgliedslandes darf nicht mehr als 1,5% über dem Durchschnitt der drei preisstabilsten Länder liegen;
- **Öffentlicher Finanzhaushalt:** Das öffentliche Defizit sämtlicher Gebietskörperschaften inkl. der Sozialversicherungen darf nicht 3% und die öffentliche Verschuldung nicht 60% des Bruttoinlandproduktes (BIP) übersteigen;
- **Teilnahme am Europäischen Währungssystem (EWS):** Die betreffende Währung muss sich mindestens zwei Jahre ohne starke Spannungen innerhalb der Bandbreite des EWS bewegt haben, ohne dass jedoch das betreffende Land eine Abwertung der Leitkurse auf eigene Initiative unternommen hat;
- **Langfristiger Zinssatz:** Der Zinssatz von langfristigen Staatsanleihen darf maximal 2% über dem Durchschnitt der drei Mitgliedsländer liegen, welche die tiefste Inflationsrate ausweisen.

XIII. Geld und Währung　　　　　　　　　　　　　　　　　　　　　　　　　581

Von den drei restlichen Ländern der EU-15 erfüllte Schweden nicht alle geforderten Konvergenzkriterien, während Dänemark und Grossbritannien von ihrem Recht Gebrauch machten, der Währungsunion vorerst nicht beizutreten – sog. **Opting out**. In Abbildung 154 auf S. 582 sind die wichtigsten historischen Etappen zur Verwirklichung der EWU wiedergegeben.

4.4.3 Die Geldpolitik der Europäischen Zentralbank

Für die Festlegung und Durchführung der Geldpolitik in der EWU ist das bereits Anfang Juni 1998 errichtete **Europäische System der Zentralbanken (ESZB)** zuständig. Das ESZB setzt sich einerseits aus der **Europäischen Zentralbank (EZB)** mit Sitz in Frankfurt als zentraler Institution und andererseits aus den nationalen Zentralbanken der 25 EU-Mitgliedsländer zusammen. Jener Teil des ESZB, der die zwölf Mitglieder umfasst, die bereits den Euro eingeführt und ihre geldpolitische Souveränität an das ESZB abgetreten haben, wird **Eurosystem** genannt. Das Eurosystem ist für die einheitliche Geldpolitik im Euroraum verantwortlich. Dabei bilden der **EZB-Rat** und das **Direktorium** die Beschlussorgane des Eurosystems. Während der EZB-Rat die geldpolitische Strategie festlegt und die zinspolitischen Entscheidungen fällt, ist das Direktorium für die Umsetzung der Geldpolitik und den Einsatz des geldpolitischen Instrumentariums verantwortlich.

a) Die geldpolitische Strategie

Das vorrangige Ziel der Geldpolitik der EZB besteht in der Gewährleistung der **Preisstabilität**. Gemäss der Definition des EZB-Rates ist dieses Ziel erfüllt, wenn die Inflationsrate – gemessen als Anstieg des Harmonisierten Verbraucherpreisindex (HVPI) für das Euro-Währungsgebiet gegenüber dem Vorjahr – unter, aber nahe bei 2% liegt. Bei der Einschätzung der Risiken für die Preisstabilität und der Ableitung geldpolitischer Massnahmen stützt sich der EZB-Rat auf ein **Zwei-Säulen-System**: Die erste Säule, die "**wirtschaftliche Analyse**", umfasst die kurz- bis mittelfristigen Bestimmungsfaktoren der Preisentwicklung – allen voran die realwirtschaftliche Entwicklung und die Finanzierungsbedingungen der Wirtschaft. Die zweite Säule, die "**monetäre Analyse**", nimmt eine längerfristige Perspektive ein und konzentriert sich auf den Zusammenhang zwischen Geldmengen und Preisen. Wichtiger Bestandteil der zweiten Säule ist die Bekanntgabe eines "**Referenzwertes**" für das Wachstum des Geldmengenaggregats M3. Hierbei handelt es sich jedoch nicht um ein eigentliches Geldmengenziel, das eine Verpflichtung der EZB zur automatischen Korrektur von eventuel-

| Die Entstehung der Europäischen Währungsunion | Abbildung 154 |

Die Idee zur Errichtung einer Wirtschafts- und Währungsunion tauchte erstmals 1957 im Rahmen der **Römer Verträge zur Gründung einer Europäischen Wirtschaftsgemeinschaft (EWG)** auf. Der EWG-Vertrag enthielt lediglich einige grundsätzliche Aussagen, die sich im Wesentlichen auf die **Koordination der Währungspolitik** unter den damaligen sechs EWG-Mitgliedstaaten bezogen. Die Erosion der bestehenden Weltwährungsordnung des Bretton-Woods-Systems wurde Mitte der 1960er Jahre eingeläutet und zwang die Mitgliedstaaten der EWG, eigene europäische Integrationsanstrengungen auf monetärem Gebiet zu unternehmen. 1971 wurde mit dem **Werner-Plan** erstmals ein ernsthafter Versuch unternommen, in einem stufenweisen Vorgehen eine Wirtschafts- und Währungsunion zu errichten. Zu deren Verwirklichung sollte ein eigenständiger Währungsraum mit vollständiger Konvertibilität der Währungen und unveränderlichen Paritäten ohne jede Bandbreite für die Wechselkurse geschaffen werden. Zur praktischen Umsetzung des Werner-Plans kam es indessen aufgrund der Währungskrise des Jahres 1971 nicht. 1972 wurde der **Europäische Wechselkursverbund** ins Leben gerufen. Dieser sah vor, dass die Wechselkurse der Gemeinschaftswährungen innerhalb einer Bandbreite von ±2,25% gehalten werden und sich in Bezug auf den US-Dollar innerhalb des definierten Bandes parallel entwickeln sollten. Daraus ergab sich für die Mitgliedsländer die Notwendigkeit umfassender Interventionsverpflichtungen, denen die betroffenen Zentralbanken über bilaterale Kreditgewährung nachkamen. Der 1973 gegründeten **Europäische Fonds für Währungspolitische Zusammenarbeit (EFWZ)** löste diese bilaterale Kreditgewährung ab. Mit dem Zusammenbruch des Bretton-Woods-Systems 1973 kündigten mehrere der ursprünglich zehn Mitglieder ihre Teilnahme am Währungsverbund auf und liessen ihre Währungen frei schwanken.

Mit der Inkraftsetzung des **Europäischen Währungssystems (EWS)** im Jahre 1979 wurde ein erneuter Versuch unternommen, sämtliche Länder der Europäischen Gemeinschaft (EG) in einen gemeinsamen Wechselkursverbund einzubeziehen. Als Hauptziel wurde die Schaffung einer **Zone monetärer Stabilität** formuliert. Das EWS lässt sich als ein System fixer, aber anpassungsfähiger Wechselkurse beschreiben und war durch drei Merkmale gekennzeichnet: der **ECU (European Currency Unit)** als gemeinsame europäische Währung, der **Wechselkurs- und Interventionsmechanismus** als Stabilisierungsgrösse der Währungen der Mitgliedsländer sowie der **Kreditmechanismus** als Finanzierungshilfe bei Zahlungsbilanzproblemen. Das Ziel der Preisstabilität wurde in den Mitgliedsländern weitgehend erreicht, und ebenso waren Fortschritte in Bezug auf die Wechselkursstabilität zu verzeichnen. Dennoch geriet das EWS 1992/1993 in eine schwere Krise, die durch die **Abschaffung der Kapitalverkehrskontrollen** ausgelöst wurde. Dadurch mussten die Mitgliedstaaten entweder ihre unabhängige Geldpolitik aufgeben oder zu flexiblen Wechselkursen übergehen. Entsprechend erhöhte sich nun aber die Wahrscheinlichkeit spekulativer Attacken auf einzelne Währungen. Angesichts dieser inhärenten Systemschwächen wurden Forderungen nach einer Weiterentwicklung immer lauter. Mit dem in Maastricht im Februar 1992 unterzeichneten Vertrag über eine Europäische Union (EU) wurde die stufenweise Errichtung einer **Europäischen Währungsunion (EWU)** beschlossen. Die wichtigsten Bestimmungen dieses dreistufigen Plans waren die Konstituierung eines **Europäischen Systems der Zentralbanken (ESZB)**, eine **Europäische Zentralbank (EZB)** sowie die Einführung einer **einheitlichen europäischen Währung (Euro)**.

XIII. Geld und Währung

len Abweichungen des effektiven Geldmengenwachstums vom Referenzwert beinhaltet. Vielmehr soll der Referenzwert verdeutlichen, welches Geldmengenwachstum die EZB auf mittlere Sicht mit der Preisstabilität als vereinbar betrachtet. Der EZB-Rat beschloss am 1. Dezember 1998, einen Referenzwert in der Höhe von **4,5% für das Wachstum der Geldmenge M3** festzulegen. Diese bis anhin jährlich überprüfte Höhe des Werts gilt auch noch heute (2005); die Überprüfung soll in Zukunft aber nicht mehr jährlich erfolgen, um damit den längerfristigen Charakter als Richtwert zur Evaluierung der monetären Entwicklung zu bekräftigen. Die Höhe von 4,5% beruht auf verschiedenen Annahmen bezüglich der Variablen in der **Quantitätsgleichung** (vgl. Abbildung 141 auf S. 544): So beträgt das geschätzte Wachstum des realen Volkseinkommens 2–2,5% pro Jahr, der zu kompensierende Rückgang der Umlaufgeschwindigkeit von M3 0,5–1% pro Jahr und die angestrebte jährliche Inflationsrate weniger als 2%.

Die EZB verfolgt für alle zwölf Mitglieder der EWU eine **einheitliche Geldpolitik**, die keine regionalen Differenzierungen zulässt. Sie folgt einer regelgebundenen Politik, behält sich aber eine gewisse Flexibilität im Hinblick auf das Erreichen ihres Referenzwertes vor. Insbesondere versucht die EZB auf neu auftauchende Entwicklungen oder Strömungen angemessen zu reagieren, soweit diese Reaktionen mit dem primären Ziel der Preisstabilität vereinbar sind. Diese Strategie entspricht ebenfalls derjenigen der SNB und wird als **Closed-Loop-Policy** bezeichnet; dies im Gegensatz zur starren Regelbindung (Open-Loop-Policy). Letztere geht von der Annahme aus, dass die Selbstregulierungskräfte der Märkte am besten ohne Eingriffe funktionieren, während im Rahmen der Closed-Loop-Policy den geldpolitischen Entscheidungsträgern die Fähigkeit bescheinigt wird, stabilisierend auf den Wirtschaftsverlauf einzuwirken.

Die EZB ist in ihren geldpolitischen Entscheidungen **unabhängig**; dies wird durch das Verbot von Zentralbankkrediten an öffentliche Stellen unterstützt. Des Weiteren wird auch eine **transparente Geldpolitik**, d.h. eine Begründung der geldpolitischen Beschlüsse und Rechtfertigung derer Ergebnisse, erwartet. Das ESZB kommt dieser Verpflichtung u.a. dadurch nach, dass es wöchentlich eine konsolidierte Bilanz des Eurosystems veröffentlicht. Daraus erhofft sich die EZB Transparenz und Berechenbarkeit für die wirtschaftlichen Akteure.

b) Das geldpolitische Instrumentarium

Eine wichtige Rolle in der Geldpolitik des ESZB spielen die Offenmarktgeschäfte. Sie werden eingesetzt, um die Zinssätze und die Liquidität am Markt zu steuern sowie Signale bezüglich des geldpolitischen Kurses zu vermitteln. Bei den Offenmarktgeschäften geht die Initiative von der EZB aus, die auch über das einzusetzende Instrument und die Konditionen für die Durchführung der

Geschäfte entscheidet. Als **Hauptrefinanzierungsgeschäft** dienen liquiditätszuführende Transaktionen, die wöchentlich abgewickelt werden und in der Regel eine Laufzeit von einer Woche besitzen. Sie können entweder über das Mengentender- oder das Zinstenderverfahren, d.h. durch eine Versteigerung von Zentralbankgeld, durchgeführt werden:

- **Mengentender:** Die EZB legt den Zinssatz im Voraus fest, und die teilnehmenden Geschäftsbanken nennen dafür Geldbeträge. Übersteigt – im Falle einer expansiven Geldpolitik – das Gesamtangebot seitens der Geschäftsbanken den von der EZB vorgesehenen Betrag der Zentralbankgeldausweitung, so erfolgt eine proportionale Kürzung der Zuteilungsbeiträge.
- **Zinstender:** Die teilnehmenden Geschäftsbanken geben Angaben über die Beträge und Zinssätze ab, zu denen sie mit der Zentralbank Offenmarktgeschäfte abschliessen wollen. Dient dieser der Zentralbankgeldausweitung, so schliesst die EZB mit dem den höchsten Zinssatz nennenden Anbieter ab. Dann folgen in absteigender Reihenfolge der Zinsangebote die übrigen Anbieter, bis der vorgesehene Betrag an Zentralbankgeld erreicht ist. Bis Mitte 2000 verwendete die EZB das Mengentenderverfahren, seither das Zinstenderverfahren.

Ständige Fazilitäten werden ebenfalls zur Sicherung des Liquiditätsbedarfs der Geschäftsbanken eingesetzt. Die **Spitzenrefinanzierungsfazilitäten** dienen den Geschäftsbanken zur Deckung eines vorübergehenden Liquiditätsbedarfs. Die Fazilitäten haben Tagesgeldcharakter, und die Kreditsicherung erfolgt durch Verpfändung oder Pensionierung von Wertpapieren. Die **Einlagefazilitäten** dienen zur Mittelanlage und ermöglichen Geschäftsbanken, Zentralbankgeldüberschüsse bei den nationalen Zentralbanken zinstragend anzulegen.

Die Geschäftsbanken im Euro-Währungsraum unterliegen der **Mindestreservepflicht**; diese sichert eine minimale Nachfrage nach Zentralbankgeld und gewährleistet die effiziente Liquiditätssteuerung durch die Zentralbank auch in Zeiten neuer Zahlungsmedien wie des elektronischen Geldes (vgl. S. 546). Die Mindestreservesätze liegen zwischen 0–10% der reservepflichtigen Verbindlichkeiten. Werden die geforderten Mindestreserven von den Geschäftsbank nicht eingehalten, kann die EZB **Sanktionen** ergreifen, wobei entweder ein Sonderzins auf dem Fehlbetrag oder eine unverzinsliche Einlage bei der EZB resp. der nationalen Zentralbank in Frage kommen.

XIII. Geld und Währung 585

4.4.4 Der Euro

Im Mai 1998 wurden die bilateralen Wechselkurse der Währungen der anfänglich elf EWU-Teilnehmer festgelegt. Diese entsprachen den Leitkursen im Wechselkursmechanismus des **Europäischen Währungssystems (EWS)**, das von 1979–1998 die Währungsrisiken im innergemeinschaftlichen Handel der EU begrenzte. Das EWS sah feste Wechselkursparitäten mit Bandbreiten vor – diese beliefen sich seit 1993 auf ±15% mit Ausnahme des D-Mark-Gulden-Wechselkurses (±2,25%).

Die im Mai 1998 festgelegten Wechselkurse sowie die Marktkurse vom 31. Dezember 1998 bildeten die Basis für die Umrechnungskurse der nationalen Währungen in den Euro. Damit wurde sichergestellt, dass sich der Aussenwert des ECU, der im Verhältnis 1:1 in den Euro umgewandelt werden musste, durch die Einführung des Euro nicht veränderte. Am 1. Januar 1999 trat der Euro zum festgelegten Umrechnungskurs an die Stelle der nationalen Währungen, die noch bis 2002 als Untereinheiten des Euro galten. Im Zeitraum 1999–2002 wurde der Euro ausschliesslich im elektronischen Zahlungsverkehr eingesetzt, da die europäischen Münzen und Banknoten erst am 1. Januar 2002 eingeführt wurden. Am 1. Juli 2002 verloren die nationalen Währungen endgültig ihre Eigenschaft als Zahlungsmittel. Seit diesem Zeitpunkt gilt der Euro in Form von Münzen und Noten als **alleiniges gesetzliches Zahlungsmittel**. Während die EZB ihren Sitz in Frankfurt hat, findet der Handel mit Euro primär in London statt: Im Jahr 2002 wurden 31% des weltweiten Devisenhandels in der britischen Hauptstadt abgewickelt, auf Frankfurt entfielen 5%.

Die Erweiterung der Europäischen Union (EU) um zehn Staaten am 1. Mai 2004 (vgl. Abbildung 139 auf S. 526) hat zur Folge, dass diese neuen Mitgliedsländer die europäische Gemeinschaftswährung ebenfalls einführen müssen, sobald sie die vier Konvergenzkriterien erfüllt haben werden. Bis dann gehören sie formell zwar bereits der Wirtschafts- und Währungsunion (WWU) an, aber als Mitgliedstaaten, für die eine Ausnahmeregelung gilt. Es ist vorgesehen, dass **Slowenien** den Euro am 1. Januar 2007 einführen wird. Die Erfolgsaussichten von **Estland** und **Litauen,** die ihre Währungen ebenfalls zum selben Zeitpunkt durch den Euro ersetzen möchten, sind angesichts der hohen Inflationsraten weniger gewiss. Die übrigen Länder sollen baldmöglichst im Zeitraum 2007–2010 folgen, wobei die Erfüllung des Kriteriums des Haushaltsdefizits das grösste Problem für die Euro-Einführung darstellen dürfte.

5. Die Finanzmärkte

5.1 Volkswirtschaftliche Funktionen

In einer Volkswirtschaft wird normalerweise ein Teil des verfügbaren Einkommens für Konsum verwendet und ein Teil gespart. Die Ersparnisse stehen für Investitionen zur Verfügung, wobei Investoren und Sparer jedoch meistens nicht identisch sind. Es gilt deshalb, die Spareinlagen in Form von Krediten an Investoren zu vermitteln. Diese Aufgabe übernehmen die **Finanzmärkte resp. die Banken als deren zentrale Akteure**, die als Intermediäre zwischen Anbietern von und Nachfragern nach finanziellen Mitteln auftreten. Die Banken verfügen dabei durch ihre vermittelnde Funktion über **Informationen** über die Investitionsprojekte der Kreditnehmer und die Anlagebedürfnisse der Sparer. Dadurch können die Ersparnisse in verschiedenen Mengen, für eine bestimmte Frist und bei gewünschtem Risiko angelegt werden. Diese volkswirtschaftlichen Aufgaben der Finanzmärkte resp. Banken werden deshalb als Mengen-, Fristen-, und Risikotransformation bezeichnet (vgl. Abbildung 155).

5.2 Geldmarkt

Der Begriff Geldmarkt wird unterschiedlich verwendet:

- In der Makroökonomie versteht man unter dem Geldmarkt das Zusammentreffen von **Geldangebot** und **Geldnachfrage**. Der Geldmarktzins entspricht dem Preis für das Geld im Gleichgewicht von Angebot und Nachfrage.
- Nach der Art der **Teilnehmer** wird unter dem Geldmarkt im engeren Sinne der Interbankenmarkt, der die Zentralbank und die Geschäftsbanken umfasst, verstanden. Der Geldmarkt im weiteren Sinne schliesst neben den Banken kommerzielle Unternehmungen, Versicherungen, Pensionskassen, die öffentliche Hand und Privatanleger ein.
- Das Kriterium der **Fristigkeit** der Kreditgewährung dient zur Unterscheidung zwischen dem Kapitalmarkt als dem Markt für langfristige und dem Geldmarkt als dem Markt für kurzfristige Finanzmittel. Üblicherweise werden Kredite mit einer Laufzeit bis zu einem Jahr dem Geldmarkt zugerechnet, während der Rest als Kapitalmarkt definiert ist.

XIII. Geld und Währung 587

Die drei Funktionen der Finanzmärkte   **Abbildung 155**

Die volkswirtschaftlichen Aufgaben der Finanzmärkte sind:

- **Mengentransformation:** Die Funktion der Mengentransformation besteht darin, dass Finanzmärkte als Sammel- und Verteilstellen zwischen den in unterschiedlicher Menge angebotenen und nachgefragten finanziellen Mitteln einen Ausgleich schaffen. Dadurch erhöhen die Finanzmärkte die Allokationseffizienz zwischen Spar- und Kreditgeldern.
- **Fristentransformation:** Die Frist, während der ein Kredit durch einen Investor beansprucht wird, weicht in der Regel von der Frist ab, während der ein Sparer bereit ist, seine finanziellen Mittel zur Verfügung zu stellen. Finanzmärkte erfüllen auch hier eine Ausgleichsfunktion, indem sie die intertemporale Allokation finanzieller Mittel begünstigen.
- **Risikotransformation:** Finanzmärkte geben dem Sparer die Möglichkeit, das Kreditrisiko zu diversifizieren oder abzusichern. Dadurch erfolgt eine Verbesserung der Allokation von Risiken zwischen den Wirtschaftssubjekten. So erlauben derivative Finanzinstrumente wie z.B. Optionen und Futures das sog. Hedging von Risiken.

Letztlich verarbeiten Finanzmärkte über diese drei Funktionen ein breites Spektrum an Informationen und tragen dadurch per se zu einer erhöhten Allokationseffizienz zwischen Spar- und Kreditgeldern bei. So werden die Aktien von Unternehmungen täglich an der Börse bewertet (sog. Marktwert; vgl. S. 590ff.), oder die Bonität von Unternehmungen und öffentlichen Schuldnern äussert sich in der Risikoprämie, die in Anleihenrenditen enthalten ist. Ebenso liefert die Fristenstruktur der Zinsen Informationen über die erwartete Inflation und zukünftigen Zinsen resp. über erwartete Zinssatzänderungen der Zentralbank. **Informationseffiziente Finanzmärkte** führen dadurch zu einer volkswirtschaftlich optimalen Allokation des Kapitals, da Investoren die für sie optimale Finanzierungsform und Sparer die für sie optimale Anlageform wählen können.

In der Folge wird die dritte Definition, d.h. die unterschiedliche Fristigkeit der Kredite, als Kriterium für die Unterscheidung zwischen Geld- und Kapitalmarkt verwendet.

Der Geldmarkt bietet dem Investor die Möglichkeit, seine Mittel sehr kurzfristig anzulegen. Er kann sein Geld für lediglich einen Tag, einen Monat, zwei Monate, etc. anlegen. Der grösste Teil des Geldmarkts spielt sich unter den Banken ab, dem sog. Interbankengeschäft. Da die Schweizerische Nationalbank (SNB) gemäss Nationalbankgesetz (Art. 5 NBG) für die Liquiditätsversorgung des Schweizerfranken-Geldmarkts verantwortlich ist, zählt sie zu den wichtigsten Akteuren auf diesem Markt.

5.3 Kapitalmarkt

Der Kapitalmarkt wird als Markt für **langfristige Finanzierungsmittel** definiert. In diesem Sinne gehören Beteiligungen (z.B. Aktien) und langfristige Kredite (z.B. Obligationenanleihen) zum Kapitalmarkt.

2004 belief sich die **Nettobeanspruchung** des schweizerischen Kapitalmarkts durch öffentlich aufgelegte Schweizerfranken-Anleihen und Aktien auf 14,3 Mrd. Fr. (vgl. Tabelle 37). Davon entfielen 5,1 Mrd. Fr. auf schweizerische und 9,2 Mrd. Fr. auf ausländische Emittenten, womit rund $^2/3$ der am schweizerischen Kapitalmarkt angelegten Gelder ausländischen Unternehmungen resp. öffentlichen Körperschaften zugute kamen. Dies ist Ausdruck dafür, dass der Finanzplatz Schweiz die Funktion einer **Drehscheibe** für internationale Gläubiger und Schuldner erfüllt. Geld fliesst vom Ausland zu und wird vornehmlich wieder im Ausland angelegt. Dies bedeutet aber auch, dass die Volkswirtschaft der Schweiz als Nettokapitalexporteur über einen bedeutenden Anteil an Kapital im Ausland verfügt, was sich im hohen Auslandvermögen der Schweiz widerspiegelt (vgl. Abbildung 133 auf S. 508).

Nettobeanspruchung des Kapitalmarkts (1995–2004)[1] Tabelle 37

	1995	2004
CHF-Anleihen schweizerischer Schuldner[2]	23,8	32,1
Schweizer Aktien[2]	1,8	5,1
Total schweizerische Emittenten[3]	10,9	5,1
CHF-Anleihen ausländischer Schuldner[2]	25,1	34,9
Total ausländische Emittenten[3]	10,9	9,2
Total[3]	21,8	14,3

[1] sämtliche Angaben in Mrd. Fr.; Quelle: SNB (2005). Statistisches Monatsheft. Nr. 3. Zürich. S. 47.
[2] Emissionswert nach Liberierungsdatum (Kapitalnachfrage der Investoren).
[3] die jeweiligen Werte entsprechen dem durch die Sparer tatsächlich angebotenen Kapital und somit der effektiven Kapitalnachfrage (Nettobeanspruchung); sie bildet die Differenz zwischen dem jeweiligen Emissionswert und den (in der Tabelle nicht angegebenen) Rückzahlungen.

An den Finanzmärkten weisen Anlagen mit unterschiedlichen Laufzeiten (Fristen) unterschiedliche Zinssätze auf. Der zeitliche Zusammenhang, der zwischen den einzelnen Zinssätzen besteht, wird als Fristenstruktur der Zinsen oder Zinsstruktur bezeichnet. Häufig wird die Zinsstruktur als **Differenz** – sog. **Spread** – **zwischen einem langfristigen Zinssatz und einem kurzfristigen Zinssatz** ausgedrückt (vgl. Abbildung 156). Je nach Vorzeichen dieser Differenz, ist die Zinsstruktur anders zu interpretieren:

XIII. Geld und Währung 589

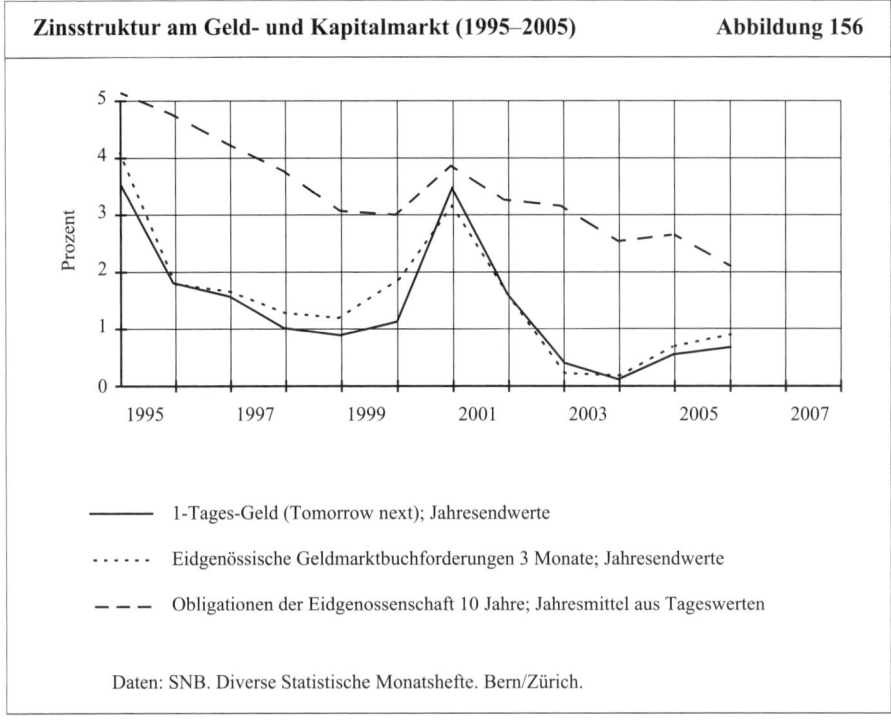

- **Normale Zinsstruktur:** In diesem Fall fällt die Differenz positiv aus, d.h. der Zins für eine lange Überlassungsdauer von Kapital ist höher, weil die Akteure eine Präferenz für Liquidität haben; entsprechend müssen sie dafür entschädigt werden, wenn sie ihr Geld für eine lange Zeit anlegen (sog. Fristigkeitsprämie). Ebenso spielen die Erwartungen in Bezug auf die **Inflationsentwicklung** eine wichtige Rolle. Eine normale Zinsstruktur ist typisch für eine konjunkturell ausgeglichene Situation oder einen **wirtschaftlichen Aufschwung**. Erwarten die Akteure einen starken Wirtschaftsaufschwung und eine einsetzende **Lohn-Preis-Spirale**, d.h. einen Anstieg der Inflation, so vergrössert sich die Differenz zwischen kurz- und langfristigen Zinsen.
- **Inverse Zinsstruktur:** Eine solche Zinsstruktur ist typisch für eine Situation, in der die Zentralbank – als Folge einer konjunkturellen Überhitzung und hoher Inflationsraten – eine restriktive Geldpolitik durchführt. Dadurch verknappt sich die Liquidität auf dem Geldmarkt, wodurch die kurzfristigen Zinssätze steigen. Am langen Ende liegen die Zinsen tiefer, weil die Akteure mit einer konjunkturellen Abkühlung, d.h. einem Rückgang der Inflation rechnen.
- **Flache Zinsstruktur:** In diesem Falle sind die lang- und kurzfristigen Zinssätze gleich hoch.

5.4 Der Finanzplatz Schweiz

Der Finanzplatz ist ein Grundpfeiler der Volkswirtschaft der Schweiz. Speziell in den Bereichen der Anlageberatung und Vermögensverwaltung spielt er eine international führende Rolle. Mit der Banken- und Versicherungsbranche und den damit verbundenen Tätigkeiten erwirtschaftete der Finanzplatz 2002 rund 15% des BIP. Die **Schweizer Börse (SWX; Swiss Exchange AG)**, die 1995 aus dem Zusammenschluss der drei regionalen Börsen Basel, Genf und Zürich entstand, ist ein zentrales Glied in der Wertschöpfungskette des Finanzplatzes Schweiz. So sind an der SWX u.a. die Schweizer **Blue Chips** Novartis, Nestlé, Roche und UBS kotiert. Diese Unternehmungen belegten im Oktober 2005 – gemessen am Börsenwert – in der genannten Reihenfolge die Ränge zwei (122 Mrd. Euro) bis fünf (93 Mrd. Euro) der grössten Unternehmungen in Kontinentaleuropa; auf Rang eins platzierte sich der französische Energiekonzern Total. Die **Kapitalisierung** sämtlicher Unternehmungen im **Swiss Performance Index** (**SPI**; umfasst 225 Titel) belief sich Ende 2005 auf 1021 Mrd. Fr., diejenige der Unternehmungen im **Swiss Market Index** (**SMI**; umfasst 27 Titel) auf 916 Mrd. Fr. Die beiden Indizes wiesen Ende 2005 den Stand von 5742 (SPI) resp. von 7584 (SMI) auf; dies ist im Falle des SPI der höchste jemals registrierte Jahresendwert, während der SMI Ende 2000 seinen Höchststand bei 8135 erzielte. Von der **SWX Group**, die als Holdinggesellschaft keine operativen Aktivitäten verfolgt, werden u.a. die Beteiligungen an der SWX gehalten, die wiederum zu 100% an der **virt-x Ltd.** ("virtual exchange") sowie zu 50% an der **Eurex Zürich AG** ("European exchange") beteiligt ist.

5.4.1 Die Schweizer Börse

Die Schweizer Börse (SWX) organisiert und betreibt wichtige Elemente der **Geld- und Kapitalmarktinfrastruktur**. Die Leistungen resp. Geschäftsfelder der SWX umfassen dabei:

- **Zulassung:** Die SWX ist zuständig für die Zulassung von Wertpapieren (sog. Effekten) zum Handel auf ihrer Plattform sowie derjenigen der virt-x. Als handelbare Wertpapiere sind Aktien, Obligationenanleihen, traditionelle Anlagefonds sowie standardisierte und nicht-standardisierte Derivate zu nennen. Die SWX nimmt in der Schweiz regulatorische Aufgaben selber wahr (sog. Selbstregulierung).

- **Effektenhandel:**

  (1) Schweizerisch-regulierter Kassamarkt: Der schweizerische Kassamarkt wird durch die SWX organisiert. Mit Ausnahme der Titel des Swiss Market Index (SMI) werden hier alle an der SWX kotierten Effekten sowie sekundärkotierte ausländische Gesellschaften gehandelt.

  (2) Britisch-regulierter Kassamarkt: Der Kassamarkt für das SMI-Segment (z.B. Aktien der Nestlé AG, Novartis AG oder UBS AG) und für grenzüberschreitend gehandelte europäische Blue Chips (z.B. Aktien der Alcan Alu.) wird durch virt-x auf Europas führendem Finanzplatz London betrieben.

  Mit der Organisation des Kassamarkts durch die SWX resp. virt-x betreibt sie auch den Markt für **Schweizer Franken Repo-Geschäfte** (vgl. S. 565).

- **Marktinformationen:** Die Marktinformationen werden durch die SWX als standardisierte oder individuell aufbereitete Informationsprodukte vertrieben. Die SWX entwickelt, berechnet und publiziert eine Vielzahl von Aktien- und Obligationenindizes.

Nebst diesen Leistungen zählt insbesondere das **integrierte, vollautomatische Handels-, Clearing- und Settlement-System** zu den Stärken der SWX – mit einem einzigen Mausklick werden Aufträge ausgeführt, abgewickelt, abgerechnet und bestätigt. Die SWX gehört damit heute (2006) zu den technologisch führenden Börsen und verfolgt eine konsequent auf Internationalität ausgerichtete Strategie: So bildet die virt-x die **erste gesamteuropäische Börse**, die ihren Teilnehmern den Handel in sämtlichen führenden Aktientiteln und börsengehandelten Fonds Europas ermöglicht und damit die Transaktions- und Abwicklungskosten des grenzüberschreitenden Handels signifikant reduziert hat.

Die SWX ist als gemeinschaftliche Institution in der Rechtsform einer Aktiengesellschaft organisiert, wobei sich die Aktionäre aus den gegenwärtig **61 in- und 29 ausländischen Teilnehmerbanken** zusammensetzen. Damit garantieren sie ein internationales Umfeld und stärken durch ihre grosse Platzierungskraft den Finanzplatz Schweiz sowie den Interessenausgleich unter den Marktteilnehmern. Für schweizerische Industrie- und Dienstleistungsunternehmungen wahrt sie zwecks Kapitalaufnahme zudem den Zugang zu den nationalen und internationalen Finanzmärkten. Eine weitere wichtige Funktion erfüllt die SWX, indem sie **regulatorische Rahmenbedingungen** schafft und deren Einhaltung überwacht und durchsetzt. Die SWX ihrerseits untersteht schweizerischem Recht, wobei insbesondere das Bundesgesetz über die Börsen und den Effektenhandel (BEHG) zur Anwendung kommt. Im BEHG ist das Konzept der **Selbstregulierung** verankert, das die SWX verpflichtet, internationalen Standards Rechnung zu tragen. Überwacht wird die SWX von der Eidgenössischen Bankenkommission (EBK).

5.4.2 Die Regulierung des Finanzplatzes Schweiz

Mit der Regulierung wird das Ziel verfolgt, die Systemsicherheit und damit die **Effizienz** und **Stabilität** des Finanzplatzes Schweiz zu erhöhen. Ebenso muss sie einen Beitrag zum **Schutz der Sparer und Investoren** leisten. Je besser diese Zwecke erfüllt werden, umso mehr kommt dies der **Reputation** der Geschäftsbanken zugute und erhöht das Vertrauen der Kunden. Ein guter Ruf und eine hohe Systemstabilität wiederum sind Garanten für die internationale Wettbewerbsfähigkeit der Schweizer Banken und damit des Finanzplatzes Schweiz insgesamt. Gegenwärtig stehen rund 30 regulatorische Vorhaben an, die sich mehr oder minder stark auf die Geschäftstätigkeit der Banken auswirken werden. Zu den wichtigsten Vorhaben zählen die Einführung einer **integrierten Finanzmarktaufsicht (Finma)**, die Umsetzung der **Basler Eigenkapitalvereinbarung (Basel II)** und die Schaffung eines **Kapitalanlagegesetzes**. Solche regulatorische Vorhaben generieren jedoch nicht nur Nutzen, sondern sind stets auch mit Kosten verbunden – insbesondere, wenn der Regulator zur Überregulierung neigt – und können damit gerade auch die internationale Wettbewerbsfähigkeit der Finanzbranche gefährden. Untersuchungen für die Schweiz zeigen, dass allein die messbaren **Regulierungskosten** durchschnittlich 4,5% des Geschäftsaufwands eines Bankeninstituts ausmachen, wobei sich dieser Anteil bei kleinen Banken verdoppelt. Insofern sollte jedes regulatorische Vorhaben einer Kosten-Nutzen-Analyse unterzogen werden, um seine Auswirkungen besser abschätzen zu können – die Finanzmarktregulierung darf kein Selbstzweck sein.

Als Alternative zur rein staatlichen Regulierung über Gesetze und Verordnungen bietet sich ebenfalls die **Selbstregulierung** an. Dies bedeutet, dass private Akteure bindende Regeln für ihre Branche aufstellen, diese durchsetzen und Regelverstösse sanktionieren. Die Selbstregulierung ist insbesondere zur Schaffung einer internationalen Finanzarchitektur zur Priorität geworden: Dabei geht es um die Weiterentwicklung **international anerkannter Mindeststandards und Prinzipien im Finanzbereich** und ihre möglichst flächendeckende Umsetzung. Gegenwärtig bestehen über 60 finanzmarktrelevante, von privaten Organisationen und internationalen Finanzinstitutionen geschaffene Standards. Diese beziehen sich z.B. auf die Schaffung einer geld-, finanz- und steuerpolitischen Transparenz, aber auch auf die Revision und Rechnungslegung von Unternehmungen sowie auf den Gläubigerschutz. Die Früherkennung und Koordination des Handlungsbedarfs im Finanzbereich nimmt das 1999 geschaffene **Forum für Finanzstabilität** wahr, während die Überwachung der Umsetzungsprozesse auf nationaler Ebene in erster Linie dem Internationalen Währungsfonds (IWF) und der Weltbank übertragen wurde. Auch als rechtlich nicht-bindendes "Soft law" entfalten Standards indessen ökonomische Wirkung, insbesondere auf folgenden Ebenen:

XIII. Geld und Währung   593

- **Effizienz der Kapitalallokation:** Wird ein Standard von einem Land verbindlich erklärt, so wirkt dies als Signal nach aussen, womit die Effizienz des Kapitaleinsatzes erhöht werden kann. Durch den erhöhten Informationsstand können die Marktteilnehmer eine differenziertere Risikobeurteilung für Kredite oder Investitionen vornehmen. Dies erlaubt gerade für aufstrebende Märkte fundierte Entscheide, was dämpfend auf die beobachtete Volatilität der Kapitalflüsse wirken dürfte.
- **Krisenprävention und Systemstabilität:** Durch den Vergleich mit internationalen Standards (sog. Benchmarking) können Stärken und Schwächen der Finanzmarktregulierung und -aufsicht identifiziert und ein Handlungsbedarf für die Stärkung des Aufsichtsregimes abgeleitet werden. Eine bessere Abschätzung der bestehenden Risiken für das Finanzsystem ist damit möglich, v.a. auch betreffend die Leistungsfähigkeit und Robustheit der Finanzmarktinfrastruktur.
- **Verbesserung der Wachstumsvoraussetzungen:** Ein funktionsfähiger Finanzplatz spielt – namentlich auch in ärmeren Ländern – eine wichtige Rolle für das Wachstum und eine nachhaltige Erhöhung des Lebensstandards. Die Ausrichtung und Annäherung an internationale Standards fördert dadurch die Rechtssicherheit und das Vertrauen der Sparer und Investoren im Inland und erleichtert mit der Zeit den Zugang zu ausländischem Kapital.
- **Angleichung der Wettbewerbsbedingungen:** Im globalen Finanzgeschäft setzen gemeinsame Standards dem Wettbewerb der Rahmenbedingungen Grenzen. Dies hilft zu verhindern, dass sich Länder durch laxe Regulierung und Aufsicht Vorteile im Wettbewerb um Kapital verschaffen. Möglichst weit verbreitete Standards schaffen tendenziell gleiche Voraussetzungen auf hohem Niveau und erschweren regulatorische Arbitrage.

Eine weltweit verstärkte Orientierung an Mindeststandards erwies sich bis anhin als realistische und international konsensfähige Massnahme. Damit hat sich aber auch zugleich der **Anpassungsdruck auf nationale Regelwerke** verstärkt. Als Beispiel hierzu sei der Mindeststandard der "Financial Action Task Force on Money Laundering" (FATF) genannt, der entsprechende Auswirkungen auf das schweizerische Geldwäschereigesetz (GWG) hat. Dabei handelt es sich bei der FATF um ein Forum der Zusammenarbeit von 31 Ländern – darunter auch die Schweiz – und von 20 internationalen Organisationen, wie z.B. der Europäischen Zentralbank (EZB), des Internationalen Währungsfonds (IWF) oder der OECD.

5.4.3 Merkmale des Finanzplatzes Schweiz

Im Zuge der Globalisierung wird der Wettbewerb zwischen den Finanzplätzen deutlich härter. Entsprechend gilt es, Stärken weiter auszubauen und Schwächen – so gut wie möglich – zu beseitigen. Abbildung 157 gibt einen Überblick über die traditionellen Stärken und Schwächen des Finanzplatzes Schweiz.

Stärken und Schwächen des Finanzplatzes Schweiz   Abbildung 157

Stärken des Finanzplatzes Schweiz:
- attraktive makroökonomische Rahmenbedingungen (z.B. tiefe Inflationsraten, niedriges Zinsniveau als Vorteil für Investoren);
- politische Stabilität aufgrund der Konkordanzdemokratie (vgl. S. 115ff.);
- der Schweizer Franken bietet aufgrund seiner Stabilität und Konvertibilität für internationale Anleger eine attraktive Diversifikationsmöglichkeit;
- Vertraulichkeit von Finanztransaktionen (sog. Bankkundengeheimnis);
- attraktiver Arbeitsmarkt (gute Know-how-/Humankapitalbasis, d.h. qualifizierte Mitarbeiter mit grossen Erfahrungen und guten Beziehungen);
- spezielles Dienstleistungsangebot (Vermögensverwaltung, Emissionen etc.; vgl. S. 459ff.);
- umfangreiche Palette von steuerbefreiten Kapitalanlagen;
- Effizienz, hervorragende Logistik (z.B. SegaInterSettle AG), rasche und zuverlässige Bereitstellung und Abwicklung von Anleihensprojekten oder Börsenaufträgen und eine entsprechend gut funktionierende technologische Infrastruktur;
- grosse Platzierungskraft der Schweizer Banken;
- Offenheit der Schweiz als internationaler Finanzplatz mit einer starken Präsenz der Auslandsbanken und Versicherungen.

Schwächen des Finanzplatzes Schweiz:
- hohe Transaktionskosten u.a. wegen staatlicher Abgaben wie Stempel;
- z.T. negative Reputation aufgrund des Bankkundengeheimnisses (vgl. S. 443ff.);
- geringe Markttiefe und damit verbundene grössere Markt-Fluktuationen;
- Übertragungsbeschränkungen (u.a. Vinkulierung);
- hohe Personalkosten (Löhne).

Das **Bankkundengeheimnis** der Schweiz wird in der Öffentlichkeit unterschiedlich wahrgenommen, weshalb es sowohl als Stärke als auch als Schwäche des Finanzplatzes Schweiz gewertet werden kann. Dabei besteht es faktisch – ähnlich wie in Luxemburg und Österreich – aus einer Schweigepflicht der Banken betreffend Geschäftsangelegenheiten von Kunden zum Schutze ihrer Privatsphäre. Seine Grenzen bestehen in der Verpflichtung zur Auskunft bei kriminellen Missbräuchen, Abgabebetrug, Geldwäscherei, Korruption, Terrorismus. Dazu

XIII. Geld und Währung

wurde u.a. das Bundesgesetz zur Bekämpfung der Geldwäscherei im Finanzsektor (Geldwäschereigesetz; GwG) vom 10. Oktober 1997 mit einer verbindlichen Meldepflicht von verdächtigen Transaktionen erlassen. Zwecks Prävention wird dieses ergänzt mit Richtlinien der Eidgenössischen Bankenkommission (EBK) sowie einer entsprechenden Vereinbarung zwischen der Schweizerischen Bankiervereinigung und den Banken über die Standesregeln zur Sorgfaltspflicht bei der Entgegennahme von Geldern; dazu gehören u.a. die Identifizierung des Vertragspartners ("know your customer"), keine anonymen Konten, Feststellung der wirtschaftlich Berechtigten, Abklärung ungewöhnlicher Geschäftsbeziehungen oder Sperre von verdächtigen Vermögenswerten. Die effektive Anwendung dieser Regeln unterstützen das Bundesgesetz über internationale Rechtshilfe in Strafsachen (Rechtshilfegesetz; IRSG) und Zusammenarbeitsvereinbarungen mit zahlreichen Staaten. Internationale Organisationen attestieren der Schweiz eine der weltweit modernsten Gesetzgebungen gegen die Geldwäscherei.

Off-shore-Finanzplätze werden anhand von Negativkriterien definiert: Sie sind vorwiegend für ausländische Kundschaft tätig und erheben keine oder sehr tiefe Steuern, handhaben spezielle Unternehmungsstrukturen sehr flexibel, gewähren eine hohe Vertraulichkeit, weisen Lücken in der Finanzaufsicht auf, haben dementsprechend auch ein mangelhaftes Anti-Geldwäscherei-Dispositiv und gewähren ungenügende Transparenz und internationale Zusammenarbeit. Die OECD strebt an, nach diesen und weiteren Kriterien eine schwarze Liste zu führen. Aufgrund ihrer Gesetzgebung sowie der Selbstregulation des Finanzsektors ist der Standort Schweiz kein Off-shore-Finanzplatz.

6. Ausblick

Die monetären Integrationsbestrebungen im Rahmen der Europäischen Währungsunion (EWU) stellen aufgrund der starken aussenwirtschaftlichen Verflechtung der Schweiz mit der Europäischen Union (EU) die **schweizerische Geld- und Währungspolitik** zwangsläufig vor grosse Herausforderungen. Je nach realwirtschaftlicher Entwicklung in der EWU werden makroökonomische Grössen der Schweiz wie z.B. der Wechselkurs des Schweizer Frankens, die Inflation, die Zinsen und das Wachstum des Bruttoinlandproduktes (BIP) unterschiedlich beeinflusst. Im Vorfeld der Einführung des **Euro** am 1. Januar 1999 wurden die Befürchtungen geäussert, dass die neue gemeinsame Währung zu Turbulenzen an den Devisenmärkten führen und somit eine Flucht der Anleger in den stabilen Schweizer Franken bewirken werde. Diese Befürchtungen haben sich jedoch nicht bewahrheitet – der Euro hat sich in den ersten sechs Jahren seit seiner Einführung als überraschend **stabile Währung** erwiesen. Inwiefern sich diese Entwicklung mit der Einführung des Euro in den neuen Mitgliedsländer der EU fortsetzen wird, kann jedoch zum heutigen Zeitpunkt noch nicht beurteilt werden. **Drei Grobszenarien** sollen die Herausforderungen an die zukünftige schweizerische Geld- und Währungspolitik skizzieren:

Im besten Fall setzt sich die Entwicklung der EWU zu einer **Zone monetärer Stabilität** fort. Dieses Szenario ist für die Schweiz insofern positiv zu bewerten, als es der Schweizerischen Nationalbank (SNB) erlauben würde, ihre autonome – auf die Preisstabilität ausgerichtete – Geldpolitik weiter zu verfolgen. Diese Nicht-Anbindung des Schweizer Frankens an den Euro hat v.a. zwei Vorteile: Erstens kann die SNB mit einer autonomen Geldpolitik auf die **spezifischen Bedürfnisse der schweizerischen Wirtschaft** eingehen und zweitens ermöglicht diese, die **langfristigen Zinsen** tendenziell auf einem **tieferen Niveau** zu halten als im Eurogebiet. Letzteres ist ein nicht zu unterschätzender (langfristiger) Wettbewerbsvorteil für die Schweiz, um ihre Attraktivität als internationaler Finanzplatz bewahren zu können. Gleichzeitig schwankt jedoch bei einer solchen geldpolitischen Strategie der Wechselkurs frei, womit kurzfristig Einbussen an Wettbewerbsfähigkeit durch einen steigenden Schweizer Franken nicht ausgeschlossen werden können.

Im schlechtesten Fall entwickelt sich die EWU – z.B. im Falle einer Aufweichung der Konvergenzkriterien – zu einer **monetär instabilen Zone**, wodurch mit einem starken **Aufwertungsdruck** auf den Schweizer Franken gerechnet werden muss. Denn sowohl die Investoren als auch die Sparer werden bei Informationen, die eine Instabilität des Euro prognostizieren, stabilere Währungen präferieren und entsprechend ihre Nachfrage nach Schweizer Franken ausdehnen. Dies wird jedoch zu einer Aufwertung des Schweizer Frankens führen. In der Folge dürfte nicht nur die preisliche Wettbewerbsfähigkeit der inländischen Exportunternehmungen merklich beeinträchtigt werden, sondern es sind angesichts des **hohen Anteils der Exportindustrie** an der Gesamtwirtschaft auch negative Effekte auf die mittelfristige Wirtschaftsentwicklung zu erwarten. In dieser Situation würde die **Anbindung des Schweizer Frankens an den Euro** die Aufwertung der schweizerischen Währung zwar verhindern, allerdings würde sie auch der Preisgabe einer autonomen Geldpolitik gleichkommen. Damit verbunden wäre zwangsläufig der **Verlust des Zinsvorteils** der Schweiz, da mit einer dauerhaften Fixierung des Schweizer Frankens gegenüber dem Euro diese beiden Währungen enge Substitute werden, womit der Zinsunterschied rasch verschwindet. Die Konsequenz für die schweizerische Volkswirtschaft wäre eine **Verteuerung der Investitionen**, wodurch die Produktion, der Kapitalstock sowie die Löhne zurückgehen würden.

Letztlich ist es auch denkbar, dass die Schweiz den Euro freiwillig und ohne Beitritt zur Wirtschafts- und Währungsunion (WWU) als Zahlungsmittel übernimmt. Damit könnte sie von den Vorteilen einer gemeinsamen Währung profitieren, ohne die politischen Konsequenzen eines EU-Beitritts eingehen zu müssen. Eine solche Strategie ist aber mit vielen Nachteilen verbunden und wurde noch nie von einem Land mit einer anerkannten Währung verfolgt. Neben dem Verlust des Zinsbonus und der eigenständigen Geldpolitik, die ebenfalls aus einer Anbindung an den Euro resultieren, würde ein solches Vorgehen den Verlust der gesamten schweizerischen **Seigniorage** bedeuten. Mit der Seigniorage werden diejenigen Einkünfte der SNB bezeichnet, die sie aus dem Kauf zinstragender Aktiven mit zinslosem Notenbankgeld erwirtschaftet. Bei einem jährlichen Zinssatz von 4% beläuft sich die Seigniorage auf rund 1,5 Mrd. Fr. und bildet eine wichtige Quelle für die Transfers der SNB an Bund und Kantone. Eine **"Euroisierung" der Schweiz wäre daher ein kostspieliges Unterfangen**.

Die bisherigen Erfahrungen mit dem Euro deuten darauf hin, dass der Schweizer Franken durchaus eine eigenständige Rolle spielen kann. Die SNB führt ihre unabhängige Geldpolitik weiter. Der **Aufwertungsdruck** auf den Schweizer Franken hielt sich bis anhin im Rahmen; so belief sich das Jahresmittel des Devisenkurses für einen Euro 1999 auf 1,60 Fr. während es 2004 rund 1,54 Fr. war. Die **"Zinsinsel Schweiz"**, d.h. das inflationsbereinigte tiefere Zinsniveau in der Schweiz gegenüber dem Ausland, hat weiter Bestand. Der Schweizer Franken bleibt eine interessante Diversifikationswährung. Die befürchtete Etablierung des Euro als **Parallelwährung** im Wirtschaftsraum Schweiz fand (bisher) nicht statt. Allerdings bleibt die Schweizer Wirtschaft dem Risiko von Währungsschwankungen ausgesetzt.

7. Quellen

7.1 Literatur

Bank für Internationalen Zahlungsausgleich (Hrsg.) (1999). Bank für Internationalen Zahlungsausgleich. Basel.

Bank of England (Hrsg.) (2005). The Transmission Mechanism of Monetary Policy. London.

Bofinger, P., Reischle, J., Schächter, A. (1996). Geldpolitik: Ziele, Institutionen, Strategien und Instrumente. München.

Bundesamt für Statistik (Hrsg.) (2006). Der neue Landesindex der Konsumentenpreise: Dezember 2005 = 100. Methodenübersicht und Gewichtung. Neuchâtel.

Driscoll, D. D. (1998). Was ist der Internationale Währungsfonds? Washington D.C.

Eidgenössisches Finanzdepartement (Hrsg.) (2005). Kennzahlen zum Finanzstandort Schweiz. Bern.

Eidgenössisches Finanzdepartement (Hrsg.) (2005). Richtlinien für Finanzmarktregulierung – Vorgaben für eine verhältnismässige, kostenbewusste und wirksame Regulierung des Finanzmarktes. Bern.

Faber, M. S., Ruoss, E. (2000). Geld und Geldpolitik. Lehrerinformation Jugend und Wirtschaft. Zürich.

Feldkord, E.-U. (2005). Die Bedeutung der monetären Analyse für die Europäische Zentralbank, in: Wirtschaftsdienst. Vol. 85, Nr. 4, S. 258–263.

Friedman, M. (1991). Monetarist Economics. Oxford/Cambridge.

Hildebrand, Ph. M. (2004). Vom Monetarismus zur Inflationsprognose: Dreissig Jahre Schweizerische Geldpolitik. Referat an der Universität Bern.

Ingham, G. K. (2004). The Nature of Money. Cambridge/Malden.

Issing, O. (1996). Einführung in die Geldpolitik. 6. Auflage. München.

Issing, O. (2003). Einführung in die Geldtheorie. 13. Auflage. München.

Jarchow, H.-J. (1998). Theorie und Politik des Geldes 1. 10. Auflage. Göttingen.

Mishkin, F. S. (1995). Symposium on the Monetary Transmission Mechanism, in: Journal of Economic Perspectives. Vol. 9, Nr. 4, S. 3–10.

XIII. Geld und Währung

Mundell, R. A., Zak, P. J., Schaeffer, D. (Hrsg.) (2005). International Monetary Policy after the Euro. Cheltenham/Northampton.

Österreichische Nationalbank (Hrsg.) (2005). Wie wirkt Geldpolitik auf die Wirtschaft? Wien.

Rich, G. (2000). Schweizerische Geldpolitik – Autonomie oder Anpassung an Europa? Zürich.

Sautter, H. (2004). Weltwirtschaftsordnung – Die Institutionen der globalen Ökonomie. München.

Schmid, H. (2001). Geld, Kredit und Banken. 5. Auflage. Bern/Stuttgart/Wien.

Schmid, H., Graf, St., Liebig, Th. (unter Mitarbeit von Baur, D., Tanner, E.) (2004). Das Ausland und die schweizerische Wirtschaftspolitik seit 1945. Bern/ Stuttgart/Wien.

Schweizerische Nationalbank (Hrsg.) (2004). Ein Kurzporträt. Bern/Zürich.

Schweizerische Nationalbank (Hrsg.) (2004). Richtlinien der Schweizerischen Nationalbank über das geldpolitische Instrumentarium. Bern/Zürich.

Schweizerische Nationalbank (Hrsg.) (jährlich). Geschäftsbericht. Bern/Zürich.

Schweizerische Nationalbank (Hrsg.) (vierteljährlich). Quartalsheft. Bern/ Zürich.

Stiglitz, J. (2002). Die Schatten der Globalisierung. Berlin.

Storck, E. (2005). Globale Drehscheibe Euromarkt. 3. Auflage. München.

Veyrassat, A. (2004). Der Frankengeldmarkt: Instrumente und Marktteilnehmer, in: Quartalsheft der Schweizerischen Nationalbank, Vol. 3, S. 42–55.

Weber, R. (2004). Finanzstabilität und Krisenprävention – Die Rolle internationaler Standards. Bern/Stuttgart/Wien.

Welfens, P. J. J. (1998). Europäische Währungsunion, Binnenmarkt und Wohlfahrtseffekte, in: WISU 12/ 98, S. 1469–1476.

7.2 Internet

Bank für Internationalen Zahlungsausgleich. URL: www.bis.org

Bank of England. URL: www.bankofengland.co.uk

Europäische Zentralbank. URL: www.ecb.int

Financial Action Task Force on Money Laundering. URL: www.fatf-gafi.org

Financial Stability Forum. URL: www.fsforum.org

Internationaler Währungsfonds. URL: www.imf.org

Österreichische Nationalbank. URL: www.oenb.at

Reformprojekt Finanzmarktregulierung Schweiz. URL: www.finweb.admin.ch

Schweizer Börse. URL: www.swx.com

Schweizerische Bankiervereinigung. URL: www.swissbanking.org

Schweizerische Nationalbank. URL: www.snb.ch

Swiss Interbank Clearing. URL: www.sic.ch

Virt-X. URL: www.virt-x.com

XIV. Öffentliche Finanzen

1. Einführung

Staatsaktivitäten werden aus ökonomischer Sicht grundsätzlich mit einem **Versagen des Marktmechanismus** begründet (vgl. S. 86ff.); beispielsweise hat der Staat in einer Marktwirtschaft für die Bereitstellung von öffentlichen Gütern zu sorgen, da privatwirtschaftliche Unternehmungen mit dem Ziel der Gewinnmaximierung keinen Anreiz zur Produktion solcher Güter haben. Im Rahmen der Finanzordnung eines Staates stellt sich u.a. die Frage, wie die Aufwendungen für öffentliche Güter resp. Leistungen durch die Gesamtheit der Staatsbürger aufgebracht werden sollen. In einer Geldwirtschaft, in welcher der Staat die benötigten Güter einkauft, müssen die Staatsangehörigen die dafür verwendeten Geldbeträge zur Verfügung stellen. Naturalleistungen oder die Finanzierung über Kredite sind für die Sicherstellung der öffentlichen Leistungen nur untergeordnete Prinzipien.

Die Finanzierung der öffentlichen Leistungen kann entweder über eine Kreditaufnahme des Staates am Kapitalmarkt – z.B. über die Ausgabe von Bundesobligationen (vgl. S. 588ff.) – oder über die von den einzelnen Einwohnern geleisteten Geldbeträge erfolgen. Die Abführung dieser Geldbeträge an den Staat stellt eine Einschränkung der privaten Verfügungsmöglichkeiten dar. Wer soll nun wieviel für die öffentlichen Leistungen bezahlen?

Zur Finanzierung öffentlicher Leistungen stehen grundsätzlich zwei Prinzipien zur Verfügung: das Äquivalenzprinzip und das Leistungsfähigkeitsprinzip. Die Bedeutung des **Äquivalenzprinzips** besteht in erster Linie in seiner Funktion als Fundamentalprinzip zur Rechtfertigung und Gestaltung von **Gebühren** und **Beiträgen**. In diesem Falle haben die staatlichen Leistungen halb-öffentlichen Charakter und können durch gleichwertige Leistungen der Nutzniesser abgegolten werden. Wird implizit davon ausgegangen, dass der Staat keinen Gewinn erwirtschaften soll, wird die Gebühr resp. der Beitrag in der Höhe eines marktpreisähnlichen Entgeltes oder eines kostendeckenden Preises ausfallen (z.B. Passgebühr,

Kehrichtsackgebühr). Dieses Prinzip versagt jedoch bei reinen öffentlichen Gütern; denn aus diesen Gütern können alle Individuen einen beliebigen Nutzen ziehen, ohne dass eine Zurechnung der individuellen Nutzenäquivalente nach individueller Inanspruchnahme resp. nach individueller Kostenverursachung erfolgt. Kann oder soll das Äquivalenzprinzip nicht angewendet werden, so muss ein anderes Kriterium zur Aufteilung der anfallenden Lasten gefunden werden. Wird dabei nach einer sozial akzeptierten Lastenverteilung gesucht, so drängt sich die Aufteilung der zu leistenden Abgaben nach dem **Leistungsfähigkeitsprinzip** auf. Dieses Prinzip besagt, dass jedes Individuum zur Finanzierung einer öffentlichen Leistung ein relativ gleich schwer wiegendes Opfer erbringen soll. Mit dem relativen Opfer soll jeder nach seiner (Leistungs-)Fähigkeit belastet werden, d.h. die Bedürfnisbefriedigung der Einwohner – und damit die privaten Verfügungsmöglichkeiten über Güter – wird in gleichem Masse eingeschränkt. Dieses Prinzip gelangt bei denjenigen **Steuern** zur Anwendung, bei denen die Höhe der Steuer nach der Fähigkeit von Personen bemessen wird, Steuerlasten zu tragen. Dies ist z.B. bei einer Kopfsteuer, bei der jede Person gleich viel bezahlt, nicht der Fall. Als Indikator für die Bemessung der Leistungsfähigkeit dient in der Regel das Einkommen, das sowohl in seiner Verwendung für Konsum als auch für Ersparnis Nutzen stiftet. Das Leistungsfähigkeitsprinzip ist explizit in der Bundesverfassung verankert (Art. 127 BV: Grundsätze der Besteuerung).

In der Praxis dienen neben dem Einkommen auch andere Tatbestände wie Vermögen, Verbrauch, Besitz und Aufwand als Bemessungsgrundlage für Steuern. Das Einkommen ist der wichtigste Tatbestand der Besteuerung nach dem Leistungsfähigkeitsprinzip. Wird ein einfacher Wirtschaftskreislauf zwischen einer Unternehmung und einem Haushalt betrachtet (vgl. Abbildung 92 auf S. 340), so lassen sich die verschiedenen Anknüpfungspunkte der Besteuerung des Einkommens erkennen: Die direkte Erfassung und Belastung der Einkommen wird über die **Einkommenssteuer** vorgenommen, während die indirekte Erfassung und Belastung über eine **Konsumsteuer** erfolgt, wie z.B. die Mehrwertsteuer (MWSt) oder die Mineralölsteuer. Das in der Schweiz existierende Steuersystem besteht aus einer Kombination von direkten und indirekten Steuern sowie verschiedenen anderen Steuern, die ergänzend, ersetzend oder kontrollierend wirken (vgl. Tabelle 39 auf S. 618).

XIV. Öffentliche Finanzen

2. Die schweizerische Finanzordnung

Jede Finanzordnung kann durch vier Elemente charakterisiert werden: die Gebietsorganisation, die Aufgabenteilung zwischen den staatlichen Ebenen, die Steuerordnung (Zuordnung der Einnahmen) und das Transfersystem (vgl. Abbildung 158).

Die schweizerische Finanzordnung im Überblick   **Abbildung 158**

1. Gebietsorganisation

In welche Einheiten ist das betreffende Gebiet (Bund) aufgeteilt? Die Schweiz ist in 26 Kantone (20 Voll- und sechs Halbkantone) und ca. 2800 Gemeinden eingeteilt. Die Kantone und Gemeinden sind unterschiedlich in ihrer Grösse, Verwaltung, Finanzkraft etc.

2. Aufgabenteilung

Welche Aufgaben resp. Funktionen werden von den einzelnen Einheiten wahrgenommen? Gemessen an der Ausgabenverteilung im Jahre 2003 sind die Hauptaufgaben:
- für den Bund: Soziale Wohlfahrt, Verkehr, Finanzen und Steuern, Landesverteidigung, Volkswirtschaft sowie Beziehungen zum Ausland;
- für die Kantone: Bildung, Gesundheit sowie Justiz, Polizei und Feuerwehr;
- für die Gemeinden: Allgemeine Verwaltung, Umwelt und Raumordnung sowie Kultur und Freizeit.

3. Steuerordnung

Welche Einnahmen, insbesondere Steuern, dürfen die einzelnen Einheiten einfordern? Auf allen Ebenen (Bund, Kantone, Gemeinden) hat der Souverän, d.h. das Volk, die Kompetenz zur Festlegung der Steuersätze. Die in der Schweiz erhobenen Steuern werden unterteilt in Einkommens- und Vermögenssteuern sowie in Verbrauchs-, Besitz- und Aufwandsteuern. Bei den Einkommens- und Vermögenssteuern herrscht Steuerkonkurrenz zwischen Bund, Kantonen und Gemeinden. Verbrauchssteuern werden nur vom Bund, Besitz- oder Aufwandsteuern nur von den Kantonen und Gemeinden erhoben.

4. Transfersystem

Welche Transfers (Finanzströme) gibt es zwischen den verschiedenen Einheiten? Zwischen den verschiedenen staatlichen Ebenen bestehen Unterschiede in der Finanzkraft, der Steuerbelastung und der Versorgung mit öffentlichen Leistungen. Zudem führt die Gebietsaufteilung des Bundes in Kantone und Gemeinden zu zahlreichen Spillovers (räumliche Externalitäten); z.B. nutzen gewisse Kantone Leistungen anderer Kantone, ohne dafür zu bezahlen. Mit einem gezielten Finanzausgleich helfen Bund und reichere Kantone den finanzschwächeren Kantonen (Ressourcenausgleich). Sonderlasten der Kantone mit Berggebieten oder Kernstädten trägt der Bund mit (Lastenausgleich).

Die schweizerische Finanzverfassung wird in der Bundesverfassung (BV) in einem separaten Kapitel mit dem Titel "Finanzordnung" geregelt (Art. 126–135 BV), wobei diese Regelung stark vom föderativen Aufbau des schweizerischen Bundesstaates geprägt ist. Dies bedeutet für die Finanzverfassung u.a., dass die öffentlichen Aufgaben und deren Finanzierung auf die drei Staatsebenen Bund, Kantone und Gemeinden aufgeteilt werden müssen. Da der Bund mit der höchsten Staatsgewalt ausgestattet ist, findet sich in der Bundesverfassung die **föderative Aufteilung der Kompetenzen**. Aus Art. 3 BV lässt sich herauslesen, dass nur diejenigen Rechte, die ausdrücklich in der Bundesverfassung erwähnt sind, vom Bund ausgeübt werden können; die übrigen Rechte sind automatisch bei den Kantonen angesiedelt. Die Kantonsverfassungen geben grundsätzlich den Rahmen für die Rechte der Gemeinden wieder. Die folgende Darstellung der öffentlichen Aufgabenteilung erfolgt anhand von Ausgaben und Einnahmen, die aus der **Staatsrechnung** stammen, wobei unter dem Begriff **"öffentliche Hand"** die zusammengefassten Haushalte des Bundes, der Kantone und der Gemeinden verstanden wird (vgl. Abbildung 159).

2.1 Die Aufgaben und Ausgaben der öffentlichen Hand

Obwohl die **Aufgaben** des Bundes in der Bundesverfassung einzeln aufgezählt werden müssen, verbleibt den Kantonen praktisch kein zusammenhängendes Aufgabengebiet, über das sie autonom entscheiden könnten. Vielmehr besteht eine enge Verzahnung der Kompetenzen. Die Aufteilung der Ausgaben für ein bestimmtes Gebiet auf die drei Staatsebenen stellt einen Indikator für die Aufteilung der Aufgaben dar. Aus Abbildung 160 auf S. 606 kann die Bedeutung der einzelnen Aufgabengebiete, einerseits für die gesamte öffentliche Hand und andererseits für die drei einzelnen Staatsebenen, erkannt werden.

Im Bereich der Bildung entfallen rund 50% der Ausgaben auf die Volksschulen, während ein Viertel für die Hochschulen und weitere 13% für die Berufsbildung aufgewendet werden. Ein Viertel der Ausgaben für die soziale Wohlfahrt dienen der Alterssicherung, je 20% der Fürsorge und der Invalidenversicherung (IV). Über 90% der Gesundheitsausgaben fliessen den Spitälern zu. Von den Verkehrsausgaben entfallen 27% auf die Bundesbahnen und 31% auf die National- und Kantonsstrassen. Mit 70% ist die Landwirtschaft der grösste Ausgabenposten im Bereich Volkswirtschaft. Ein Drittel der Ausgaben für die Umwelt und Raumordnung werden für die Abwasserreinigung aufgewendet, und die Beziehungen zum Ausland werden zu 60% über die Entwicklungshilfe wahrgenommen.

XIV. Öffentliche Finanzen

Rechnungsmodelle des privaten und öffentlichen Bereichs	Abbildung 159

Rechnungsmodelle zeigen die finanziellen Aspekte wirtschaftlicher Vorgänge und Verhältnisse auf. Sie dienen als Informations- und Entscheidungsgrundlage.

Im **privaten Bereich** wird zwischen externer und interner Rechnungslegung unterschieden. Erstere dient der externen Information (z.b. zum Schutz der Gläubiger und Kapitalgeber einer Unternehmung) und Letztere als interne Entscheidungsgrundlage für Betriebsführung, Preispolitik und Erfolgskontrolle. Zu den wichtigsten Bereichen des privatwirtschaftlichen Rechnungswesens gehören:

- die **Erfolgsrechnung**, die Wertveränderungen (Aufwand/Ertrag) und als Differenz Vermögensveränderungen (Gewinn/Verlust) ermittelt,
- die **Bilanz**, welche die Vermögenslage aufzeigt und
- die **Finanzierungsrechnung**, welche die Geldströme erfasst und Informationen für Finanzierungsentscheide (Eigen- oder Fremdkapital) und Liquiditätssteuerung bereitstellt.

Da im **öffentlichen Bereich** keine zweiteilige Rechnungslegung (extern/intern) vorgenommen wird, dient die **Staatsrechnung** gleichzeitig als externes Informations- und internes Führungs- und Kontrollinstrument. Die föderative Finanzordnung hat zur Ausbildung verschiedener öffentlicher Rechnungssysteme geführt, wobei deren Ausgestaltung vorwiegend auf jene Aspekte auszurichten ist, die für die Beurteilung der Haushaltsführung des einzelnen Gemeinwesens von ausschlaggebender Bedeutung sind. So liegt bei den Kantonen und Gemeinden das Schwergewicht der Aufgabenerfüllung in der Erbringung von Dienstleistungen, weshalb die Aufgaben viel personalintensiver und auch wesentlich stärker produktionsorientiert sind als beim Bund. Das **harmonisierte Rechnungsmodell der Kantone und Gemeinden** orientiert sich deshalb primär an betrieblichen Aspekten. Die **Verwaltungsrechnung** dieses Modells unterteilt sich in die **Laufende Rechnung** und die **Investitionsrechnung**. Im Gegensatz zur Privatwirtschaft sowie kantonalen und kommunalen Haushalten fällt beim **Bund** der Anteil der Produktions- und Dienstleistungszentren am gesamten Haushaltsvolumen gering aus; seine Eigeninvestitionen betragen nur ca. 2–3 Prozent der Ausgaben. Das Ausgabenschwergewicht liegt beim Bund auf dem **Transferbereich**. Auf Bundesebene ist der zusammengefasste Ausweis der Ausgaben und ihrer Finanzierung in Form der **Finanzrechnung** die **zentrale finanzpolitische Führungsgrundlage**. Als Spiegelbild der geplanten Aktivitäten bildet die Finanzrechnung die Grundlage der Steuerung gemäss den Vorgaben der **Schuldenbremse (Art. 126 BV)** und erlaubt, die Verteilung der knappen finanziellen Mittel vorzunehmen. Mit dem Projekt "**Neues Rechnungsmodell des Bundes**" (**NRM**) werden sowohl die haushaltpolitischen Bedürfnisse der Gesamtsteuerung und Prioritätenbildung als auch die Effizienz des Mitteleinsatzes und Kostentransparenz in integrierter Form abgedeckt. Kernstück des Projekts NRM ist der neue Aufbau der Bundesrechnung, die – angelehnt an die zeitgemässe Rechnungsgliederung in der Privatwirtschaft – eine Erfolgsrechnung, eine Bilanz, den Anhang zur Jahresrechnung sowie eine Finanzierungs- und Mittelflussrechnung umfasst. Die Einführung der neuen Rechnungsdarstellung ist erstmals mit dem Voranschlag 2007 geplant. Grundlegende Bestimmungen zum heutigen Rechnungssystem finden sich im Bundesgesetz vom 6. Oktober 1989 über den eidgenössischen Finanzhaushalt (Finanzhaushaltsgesetz; FHG).

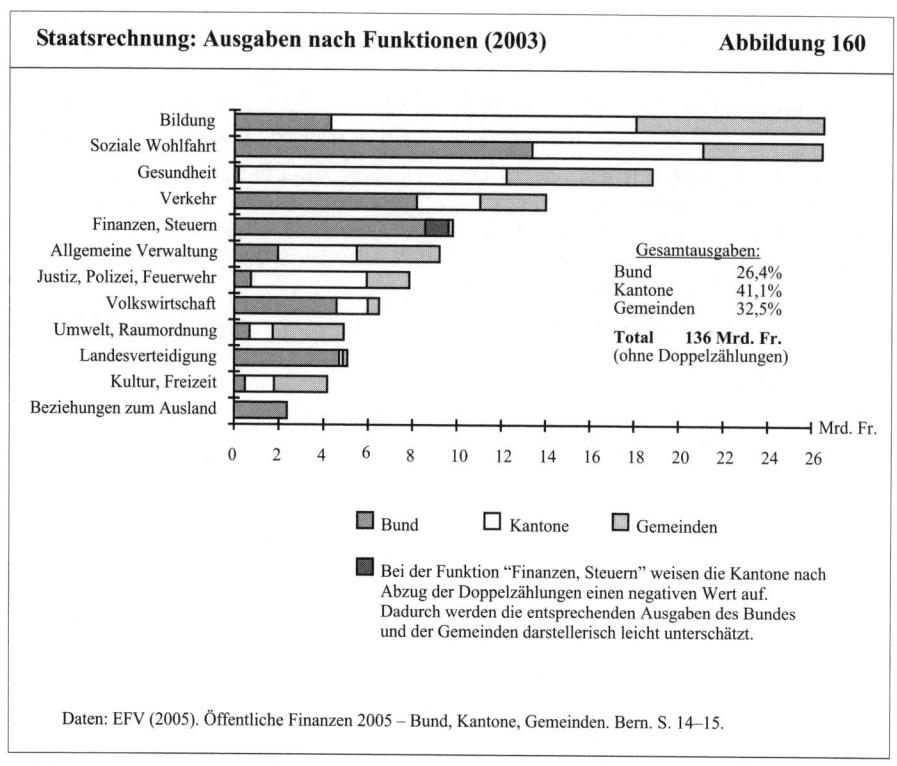

Neben der Gliederung nach Aufgabengebieten (funktionale Gliederung) ist auch die Gliederung nach Sachgruppen (finanz- und volkswirtschaftliche Gliederung) üblich. Abbildung 161 auf S. 607 zeigt mit ihrer Gliederung die Bedeutung der einzelnen Sachgruppen für die gesamte öffentliche Hand und die einzelnen Staatsebenen.

2.2 Die Einnahmen der öffentlichen Hand

Die föderative Ausgestaltung der schweizerischen Finanzordnung zeigt sich nicht nur in der Aufteilung der Aufgaben und Ausgaben, sondern auch bei der Aufteilung der **Steuern**. Die Bestimmungen in der Bundesverfassung geben dem Bund das Recht, einerseits Steuern auf dem Einkommen oder Erträgen (Art. 128 BV: Direkte Steuern) und auf dem Vermögensverkehr (Art. 132 BV: Stempelsteuer und Verrechnungssteuer) zu erheben. Andererseits kann er auch Konsumsteuern erheben, wie z.B. die Mehrwertsteuer (Art. 130 BV) oder gemäss Art.

XIV. Öffentliche Finanzen

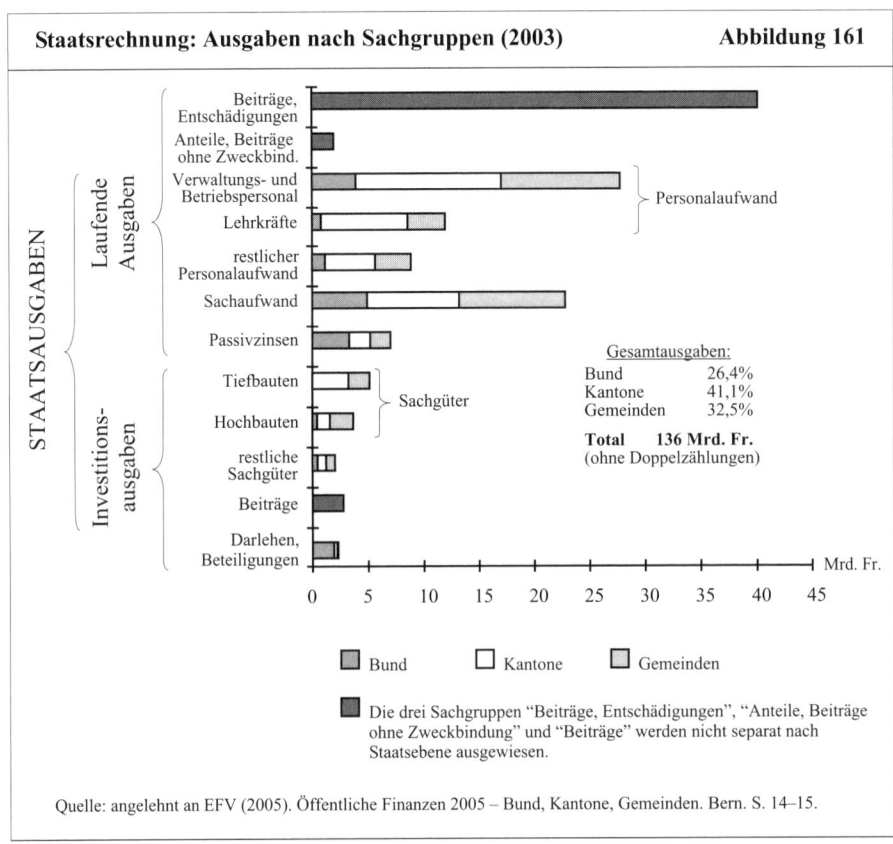

131 BV besondere Verbrauchssteuern wie auf Tabak, gebrannten Wassern, Bier, Automobilen und Erdöl. Den Kantonen und Gemeinden ist die Erhebung zusätzlicher Verbrauchssteuern untersagt. Dafür können sie Einkommens- und Vermögenssteuern sowie Steuern auf andere Tatbestände einfordern. Auf S. 617ff. wird auf das schweizerische Steuersystem im Allgemeinen und die Bundessteuern im Besonderen detaillierter eingegangen. Aus Abbildung 162 kann die Bedeutung der verschiedenen Einnahmequellen für die öffentliche Hand insgesamt und für die einzelnen Staatsebenen herausgelesen werden.

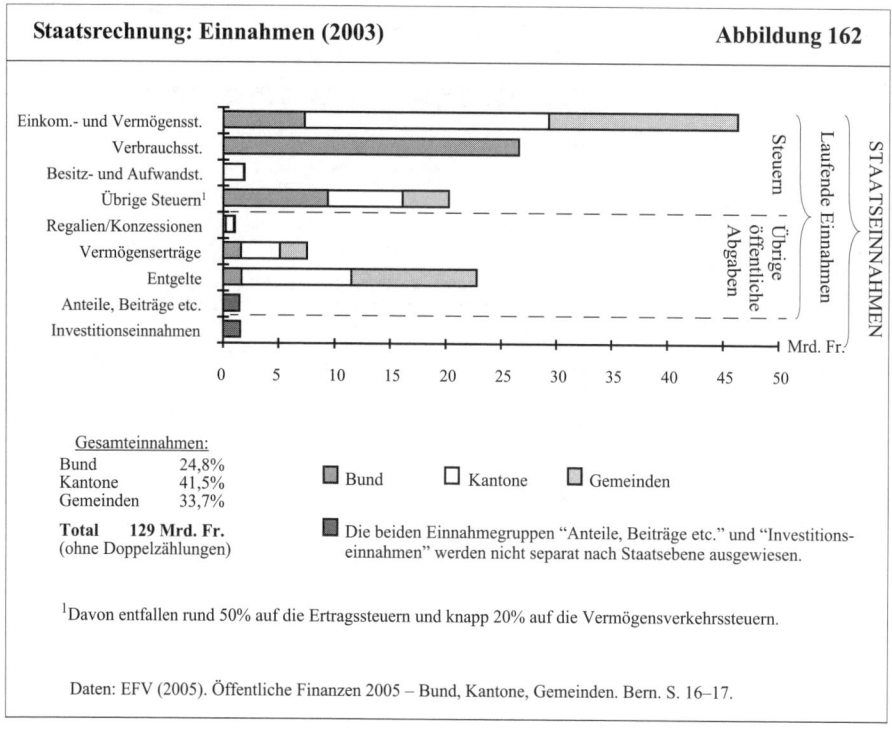

2.3 Die Rechnungsabschlüsse der öffentlichen Hand

Neben den Ausgaben und Einnahmen interessiert natürlich auch der **finanzielle Saldo** der Tätigkeiten der öffentlichen Hand. Abbildung 163 auf S. 609 zeigt die Ausgaben und Einnahmen sowie den daraus resultierenden Saldo für die öffentlichen Haushalte. Die Ausgaben und Einnahmen haben nominell gesehen stetig zugenommen. Während ca. 20 Jahren (1964–1985) schloss die konsolidierte Rechnung aller öffentlichen Haushalte mit geringen Defiziten ab. Nach den Überschüssen in der zweiten Hälfte der 1980er Jahre (1986–1989) widerspiegelten die Rechnungsabschlüsse der frühen 1990er Jahre die wirtschaftliche Rezession in der Schweiz. Das ausgewiesene Defizit der öffentlichen Hand erreichte 1993 mit über 16 Mrd. Fr. seinen Höchststand. 1998 wies der Bund aufgrund des Börsengangs der Swisscom und der damit verbundenen Einnahmen einen leichten Überschuss aus, was sich indirekt im relativ geringen Defizit der öffentlichen Hand zeigt. Im Jahr 2000 erzielte die gesamte öffentliche Hand einen Überschuss von knapp 8 Mrd. Fr.; dabei erwirtschaftete jede Staatsebene für sich betrachtet den höchsten je registrierten Einnahmeüberschuss, womit das gute Ergebnis v.a.

XIV. Öffentliche Finanzen 609

konjunkturell bedingt sein dürfte. 2003 betrug das Defizit der öffentlichen Hand rund 6 Mrd. Fr., wovon rund 60% auf Bundesebene angefallen sind. Vor diesem Hintergrund sind die beiden laufenden **Entlastungsprogramme (EP 03 und EP 04)** zu sehen, dank derer der chronisch defizitäre Bundesetat bis 2007 ausgeglichen werden soll.

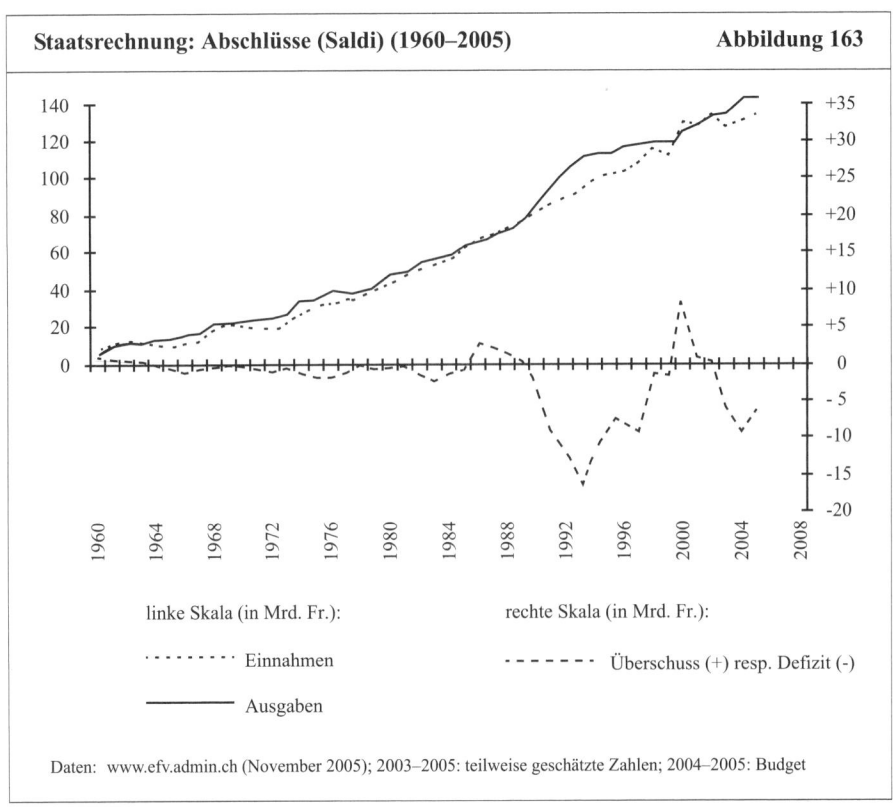

Staatsrechnung: Abschlüsse (Saldi) (1960–2005)   Abbildung 163

linke Skala (in Mrd. Fr.):   rechte Skala (in Mrd. Fr.):
.... Einnahmen   - - - - - - Überschuss (+) resp. Defizit (-)
———— Ausgaben

Daten: www.efv.admin.ch (November 2005); 2003–2005: teilweise geschätzte Zahlen; 2004–2005: Budget

2.4 Die Schulden der öffentlichen Hand

Während die Saldi der Rechnungsabschlüsse der öffentlichen Hand Auskunft geben, ob die Ausgaben innerhalb eines bestimmten Jahres grösser oder kleiner waren als die Einnahmen, widerspiegeln die Schulden der öffentlichen Hand die langfristige finanzielle Entwicklung des Staates. Mit jedem negativen Rechnungsabschluss steigt der Schuldenberg an, da die Schulden letztlich den kumulierten Defiziten entsprechen. Tabelle 38 zeigt die Entwicklung der Schulden von Bund, Kantonen und Gemeinden seit 1980, wobei diese Entwicklung bis 2000 in Fünfjahres-Schritten dokumentiert wird.

Schulden[1] von Bund, Kantonen und Gemeinden (1980–2006)[2]   Tabelle 38

	Bund[3]	Kantone	Gemeinden[4]	Total[5]
1980	31'680	22'400	23'000	77'080
1985	39'161	26'472	25'500	91'133
1990	38'509	30'535	29'000	98'044
1995[6]	79'936	53'436	37'000	170'372
2000	105'332	64'167	38'000	207'499
2001	106'188	69'161	38'000	213'349
2002	122'923	73'407	38'500	234'830
2003	124'309	77'919	39'000	241'228
2004[7]	127'271	80'405	39'400	247'076
2005	131'205	74'680	40'100	245'985
2006	133'210	74'423	41'000	248'633

[1] sämtliche Angaben in Mio. Fr.; Schulden = Fremdkapital abzüglich Rückstellungen und transitorische Passiven.
[2] Daten: www.efv.admin.ch (November 2005).
[3] inkl. Verpflichtungen für Sonderrechnungen.
[4] teilweise geschätzte Zahlen.
[5] sämtliche Angaben sind nominelle Werte.
[6] ab 1993: Die vom Bund finanzierten Kantonsdarlehen an die Arbeitslosenversicherung wurden bei den Schulden des Bundes eliminiert (bereits in den Schulden der Kantone enthalten).
[7] 2004–2006: Schätzungen FS.

Die Staatsverschuldung kann grundsätzlich auf zwei Arten finanziert werden: Es besteht einerseits die Möglichkeit, dass der Staat seine (Mehr-)Ausgaben über eine **Steuererhöhung** deckt, oder er versucht andererseits, die Schulden mittels der **Aufnahme von Krediten** zu finanzieren. Eine weitere Möglichkeit wäre die Finanzierung durch die Nationalbank, was jedoch in der Schweiz gesetzlich untersagt ist (vgl. S. 558). Erfolgt die Mittelbeschaffung über einen Kredit, kann sich der Staat für den längerfristigen Kapitalbedarf am inländischen Kapitalmarkt durch die Ausgabe von Anleihen (z.B. Bundesobligationen) finanzieren; der kurzfristige Kapitalbedarf wird über den Geldmarkt gedeckt. Im Gegensatz zur privaten Kreditaufnahme, wo eine Äquivalenz zwischen Nutzniesser und Kostenträger des Kredites besteht, ist dies bei der staatlichen Kreditfinanzierung nicht zwingend der Fall, da eine Verlagerung der Zahlungsverpflichtung auf die zukünftigen Generationen erfolgt.

XIV. Öffentliche Finanzen   611

Ende 2001 hat sich der Souverän in einer Volksabstimmung mit knapp 85% für die Verankerung der sog. **Schuldenbremse** in der Bundesverfassung ausgesprochen (Art. 126 BV). Damit wurde die Übergangsbestimmung vom befristeten Haushaltsziel 2001 durch eine verfassungsbasierte Regelbindung abgelöst. Die Schuldenbremse verfolgt grundsätzlich **zwei Ziele**: Einerseits soll sie **strukturelle und damit chronische Defizite des Bundeshaushalts verhindern**. Andererseits soll diese Grundregel **konjunkturverträglich ausgestaltet** werden, d.h. der Ausgleich hat nicht zwingend über ein Jahr, sondern "nur" über einen Konjunkturzyklus zu erfolgen (vgl. Abbildung 101 auf S. 370). Die Schuldenbremse arbeitet dabei mit zwei Elementen: erstens einem sog. **Konjunkturfaktor**, der den langfristigen Wirtschaftstrend mit dem im folgenden Jahr erwarteten Wirtschaftswachstum verrechnet, und zweitens mit einem sog. **Ausgleichstopf** für nicht-konjunkturbedingte Defizite und Überschüsse. Dabei wird der Konjunkturfaktor anhand einer im Finanzhaushaltgesetz (FHG) festgelegten Methode berechnet. Die Schuldenbremse sieht **zwei Ausnahmefälle** vor: Einerseits kann das eidgenössische Parlament in aussergewöhnlichen Fällen (z.B. Grosskatastrophen, ungewöhnlich starker Flüchtlingsstrom) mit qualifiziertem Mehr die Ausgabenhöchstgrenze überschreiten. Andererseits sind Anpassungen des Rechnungsmodells und verbuchungsbedingte Zahlungsspitzen weitere im FHG genannte Fälle. Mit den beiden Entlastungsprogrammen EP 03 und EP 04 hat der Bundesrat versucht, den Bundeshaushalt soweit zu stabilisieren, dass die Regeln der Schuldenbremse erfüllt werden. Ende 2005 hat sich auch der Basler Grosse Rat für die Verankerung einer Schuldenbremse in der Basler Kantonsverfassung entschieden; so dürfen die Schulden von Basel-Stadt netto nicht mehr als 7,5 Promille des Schweizer Bruttoinlandproduktes (BIP) betragen.

2.5 Schweizerischer Finanzföderalismus

Der föderalistische Staatsaufbau der Schweiz macht sich in keinem anderen wirtschaftlichen Bereich derart bemerkbar wie bei den öffentlichen Finanzen. Die Aufteilung des Staates auf die drei Ebenen Bund, Kantone und Gemeinden bedingt einerseits eine Aufteilung der **Aufgaben** und andererseits eine Aufteilung der für die Aufgabenfinanzierung benötigten **Einnahmemöglichkeiten**. Ist eine solche Aufteilung von Aufgaben und Einnahmen einmal vorgenommen, kann aufgrund der ungleichgewichtigen Entwicklung der öffentlichen Finanzen zwischen den einzelnen staatlichen Ebenen und innerhalb jeder einzelnen Ebene ein **Finanzausgleich** notwendig sein. Dieser lässt sich grundsätzlich auf drei Arten erreichen:

- Der **vertikale Finanzausgleich** dient dem Ausgleich der finanziellen Belastungsunterschiede zwischen den einzelnen staatlichen Ebenen. Der Bund übernimmt z.b. von den Kantonen oder Gemeinden Aufgaben oder lässt diesen Mittel zur Finanzierung ihrer Aufgaben zukommen.
- Der **horizontale Finanzausgleich** dient dem Ausgleich der finanziellen Belastungsunterschiede zwischen den einzelnen Teilen auf einer staatlichen Ebene. Ein finanzstarker Kanton richtet z.b. an einen finanzschwachen Kanton Ausgleichszahlungen aus.
- Beim **vertikalen Finanzausgleich mit horizontalem Effekt** finden Zahlungen von einer staatlichen Ebene an eine andere staatliche Ebene statt (wie beim vertikalen Finanzausgleich). Bei diesen Zahlungen wird jedoch die Finanzkraft der Empfänger berücksichtigt; finanzstarke erhalten weniger als finanzschwache Empfänger.

Ein föderativ ausgestaltetes Staatswesen führt ohne Finanzausgleich (im engeren Sinne) unweigerlich zu **unterschiedlichen Steuerbelastungen** für die Bürger. Die Steuerbelastung resultiert grundsätzlich aus dem Verhältnis zwischen den Ausgaben und den bestehenden Einnahmemöglichkeiten des betreffenden Gemeinwesens. Unterschiede bei der relativen **Ausgabenhöhe** können mit dem unterschiedlichen Angebot an öffentlichen Leistungen (z.B. unterschiedliches Bildungsangebot in den Kantonen) oder mit der zusätzlichen Leistungserbringung für andere Gemeinwesen erklärt werden (z.B. erbringt ein Kanton Leistungen im nationalen Interesse oder die von einer Stadt zur Verfügung gestellten kulturellen Einrichtungen werden von Bewohnern der Agglomeration genutzt). Die relativen Unterschiede bei den **Einnahmen** können auf das unterschiedliche Finanzierungspotenzial der Gemeinwesen, das durch die Wirtschaftsstruktur bedingt ist (z.B. unterschiedlich zahlungskräftige Unternehmungen oder Haushalte), zurückgeführt werden.

In der Schweiz wirkt der **bundesstaatliche Finanzausgleich** v.a. über folgende drei Arten von Massnahmen: die Abstufung der Beiträge und Rückvergütungen des Bundes an die Kantone nach deren Finanzkraft, die differenzierte Verteilung der Kantonsanteile an den Bundeseinnahmen (direkte Bundessteuer) und die Berücksichtigung der Finanzkraft bei der Berechnung der Kantonsbeiträge an die Sozialwerke des Bundes. Die **direkte Bundessteuer** ist die einzige Steuer auf dem Einkommen der natürlichen Personen (Haushalte) und auf dem Gewinn und Kapital von juristischen Personen (Unternehmungen), die in der ganzen Schweiz nach einheitlichen Grundsätzen erhoben wird. Durch das unterschiedliche Steueraufkommen und die progressive Besteuerung werden die finanzstarken Kantone stärker belastet als die finanzschwachen. Bei den diversen **Bundesbeiträgen** an die Kantone erhalten die finanzkräftigeren Kantone geringere Beiträge als die finanzschwächeren. Für diese Abstufung wird vom Bundesrat ein kantonaler **Finanzkraftindex** festgelegt, der versucht, das Finanzierungspotenzial und die

XIV. Öffentliche Finanzen

Ausgabenlasten eines Kantons in einer Masszahl zu charakterisieren. Dabei werden das Volkseinkommen, die Steuerkraft, die Steuerbelastung und die Lage (Berggebiet) berücksichtigt, wobei im Durchschnitt ein Wert von 100 gilt. Nach diesem Index sind für die Jahre 2006/2007 die Kantone Zug (224), Basel-Stadt (173), Genf (152), Zürich (147) und Nidwalden (128) finanzstark, die Kantone Graubünden (58), Freiburg (47), Uri (40), Jura (38), Wallis (32) und Obwalden (30) finanzschwach und die übrigen Kantone mittelstark (Werte zwischen 61 und 110).

Am 28. November 2004 hat sich der Souverän mit knapp 65% für die **Neugestaltung des Finanzausgleichs und der Aufgabenteilung zwischen Bund und Kantonen (NFA)** ausgesprochen. Mit der NFA sollen Doppelspurigkeiten und unklare Zuständigkeiten bei der Wahrnehmung von Aufgaben beseitigt, die Finanzströme übersichtlicher gestaltet und die Unterschiede in der Finanzkraft der Kantone vermindert werden. Die NFA geht des Weiteren vom unbestrittenen Prinzip aus, wonach zur Erreichung eines Ziels jeweils nur ein Instrument einzusetzen ist. Die wichtigsten Elemente der NFA sind in Abbildung 164 dargestellt.

Mit der NFA soll ebenfalls ein neues Konzept, die sog. **aggregierte Steuerbemessungsgrundlage (ASG)**, zur Messung des Reichtums der Kantone eingeführt werden. In Anlehnung an den aktuellen Finanzkraftindex wird auch vom **Ressourcenindex** gesprochen (vgl. Abbildung 164). Das Grundprinzip der ASG besagt, dass sämtliche Einkommen und Vermögen der Einwohner und sämtliche Gewinne der Unternehmungen eines Kantons summiert und anschliessend durch die Anzahl der Einwohner geteilt wird; daraus resultiert die ASG-Masszahl pro Einwohner. Für eine einheitliche Erhebung der Einkommen und Gewinne unter den Kantonen wird auf die harmonisierten Werte der direkten Bundessteuer zurückgegriffen. 2002 schwankten die Werte der ASG-Masszahl zwischen 13'296 Fr. (Kanton Jura) und 43'429 Fr. (Kanton Zug). Die ASG geht von der Annahme aus, dass jeder Franken – unabhängig, ob er als Einkommen, Vermögen oder Gewinn anfällt – genau gleich besteuert wird. Zur Berücksichtigung der unterschiedlichen kantonalen Steuerprogressionsstrukturen wird davon ausgegangen, dass die ersten 25'100 Fr. Einkommen nicht und jeder zusätzliche Franken gleich besteuert wird. Somit wird zur Ermittlung der ASG-Masszahl resp. des Ressourcenindexes nur jener Einkommensteil berücksichtigt, der über diesem Freibetrag liegt, wodurch diejenigen Kantone profitieren, die über eine hohe Zahl von Erwerbstätigen mit niedrigem Einkommen verfügen (z.B. Kanton Jura).

Die NFA zwischen Bund und Kantonen	Abbildung 164

Das heute gültige **Bundesgesetz vom 19. Juni 1959 über den Finanzausgleich unter den Kantonen (Finanzausgleichsgesetz; FAG)** vermischt Lasten- und Einnahmeelemente, und die Anreiz- und Umverteilungsfunktionen werden nicht konsequent auseinandergehalten. Die Neugestaltung des Finanzausgleichs und der Aufgabenteilung zwischen Bund und Kantonen (NFA) bezweckt eine sinnvolle Aufgabenentflechtung, moderne Formen der Zusammenarbeit auf den Ebenen des Bundesstaates sowie eine Neuordnung des eigentlichen Finanzausgleichs:

- **Entflechtung der Aufgaben:** Der Bund nimmt nur diejenigen Aufgaben wahr, welche die Kraft der Kantone übersteigen (sog. Subsidiaritätsprinzip; vgl. Kap. S. 107) oder gesamtschweizerisch einheitlich geregelt werden müssen. Des Weiteren gilt, dass das Gemeinwesen, in dem der Nutzen einer Leistung anfällt, über die Leistung bestimmt und deren Kosten trägt. Der **Bund** ist z.B. in folgenden Bereichen **allein** zuständig: individuelle Leistungen bei der 1. Säule der staatlichen Altersvorsorge, Bau, Betrieb und Unterhalt der Nationalstrassen sowie Landesverteidigung. Die **Kantone** sind **allein** zuständig für: Bau- und Betriebsbeiträge an Wohnheime, Werk- und Tagesstätten, Sonderschulung, Turnen und Sport (freiwilliger Schulsport, Lehrmittel) etc.
- **Verbundaufgaben:** Dabei liegt die strategische Führung beim Bund und die operative Verantwortung bei den Kantonen. In diesem Kontext richtet der Bund Global- oder Pauschalbeträge aus und orientiert sich am Ergebnis (Zielerreichung) statt am Aufwand. Beispiele für **gemeinsame** Bereiche sind: Ergänzungsleistungen, Ausbildungsbeihilfen auf Hochschulstufe, Agglomerationsverkehr, Straf- und Massnahmevollzug sowie amtliche Vermessung.
- **Interkantonale Zusammenarbeit:** Diese soll gestärkt werden, wobei der Bund auf Antrag von Kantonen interkantonale Verträge allgemein verbindlich erklären oder Kantone zur Beteiligung an solchen Verträgen verpflichten kann. Beansprucht ein Kanton von einem anderen eine Leistung, so muss er für diese bezahlen – er erhält aber auch Mitwirkungsrechte. Ein Beispiel ist die Spitzenmedizin, in der Überkapazitäten bestehen und eine Konzentration der hoch spezialisierten Medizin auf wenige Zentren angestrebt wird. Ökonomisch betrachtet soll eine Erzielung von Skalenerträgen, eine erhöhte Wirtschaftlichkeit und die Unterbindung des Trittbrettfahrens erfolgen.
- **Reform des Finanzausgleichs:** Der neue Ressourcenausgleich stellt die Leistungsfähigkeit der finanzschwächeren Kantone sicher, indem der Mittelfluss von den finanzstarken zu den finanzschwachen Kantonen neu geregelt wird. Dabei werden die Ausgleichsleistungen mit dem **Ressourcenindex** ermittelt. Neu legt das eidgenössische Parlament die Beiträge des Ausgleichs fest und unterstellt den Beschluss dem fakultativen Referendum. Der Bund kann mit dem **Lastenausgleich** sicherstellen, dass Kantone, die Sonderlasten tragen, angemessen unterstützt werden. So haben z.B. Kantone wie Graubünden, das Tessin und das Wallis aus geographisch-topographischen Gründen höhere Kosten bei den Infrastrukturen, während Kantone wie Zürich und Genf ihrerseits aufgrund soziodemografischer Gründe überdurchschnittliche Wohlfahrtskosten tragen.

Die NFA bewirkt eine Änderung von 27 Verfassungsartikeln und Anpassungen bei den gesetzlichen Grundlagen. Die gesamte NFA soll am 1. Januar 2008 in Kraft treten.

XIV. Öffentliche Finanzen

2.6 Die schweizerische Finanzordnung im internationalen Vergleich

Abbildung 165 auf S. 616 zeigt die schweizerischen öffentlichen Haushalte im Vergleich mit ausgewählten OECD-Ländern.

Die **Staatsquote** in der Schweiz ist eine der tiefsten der aufgeführten Länder; sie wird lediglich um 0,2 Prozentpunkte von derjenigen der USA unterschritten. Die skandinavischen Länder sowie die grossen europäischen Nationen Deutschland, Frankreich und Italien weisen die höchsten Werte auf. Ein ähnliches Bild zeigt sich bei der **Fiskalquote**: Lediglich Japan und die USA weisen einen tieferen Wert aus, während die höchsten Werte in Schweden, Finnland, Frankreich und Italien zu finden sind. Die gute Position der Schweiz relativiert sich jedoch, wenn die Entwicklung über die Zeit betrachtet wird: Im Zeitraum 1990–2005 ist die Staatsquote in der Schweiz am stärksten angestiegen, ebenso findet sich der stärkste Anstieg der Fiskalquote im Zeitraum 1990–2004 in der Schweiz; dennoch liegen beide Werte weiterhin leicht unter dem Durchschnitt sämtlicher OECD-Länder.

Die **Brutto-Verschuldungsquote** der Schweiz liegt ebenfalls unter dem OECD-Durchschnitt und ist somit eine der geringeren. Am stärksten verschuldet ist Japan, dessen Brutto-Verschuldungsquote sich zwischen 1990–2005 mehr als verdoppelt hat; in der Schweiz hat sie sich über denselben Zeitraum betrachtet ebenfalls knapp verdoppelt. Mit Blick auf die **Defizitquote** zeigt sich, dass Finnland und Schweden die einzigen Länder sind, die einen positiven Wert und somit einen Überschuss in der Staatsrechnung aufweisen; die Schweiz belegt den dritten Platz und liegt auch hier unter dem Durchschnitt sämtlicher OECD-Länder.

Kennzahlen öffentlicher Haushalte im internationalen Vergleich — Abbildung 165

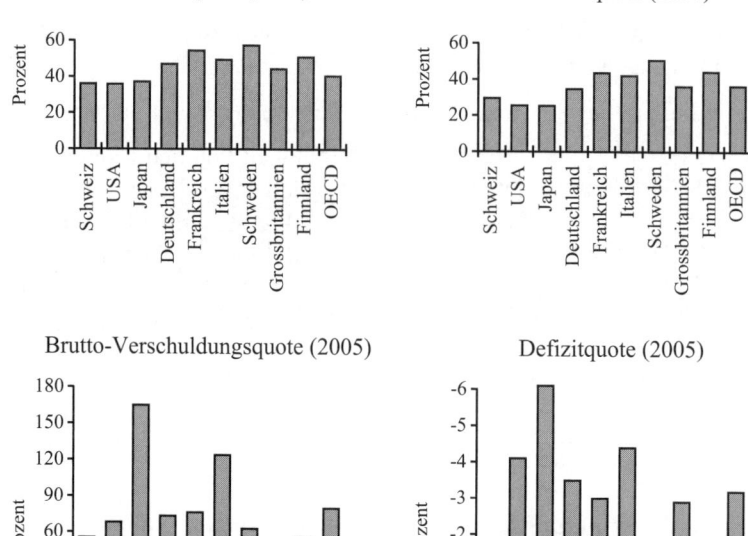

Staatsquote: Anteil des Staatsaufwands am nominellen Bruttoinlandprodukt (BIP). Der Aufwand ist definiert als laufender Aufwand plus Kapitalaufwand des öffentlichen Sektors (konsolidierte Daten der Zentral-, Regional- und Lokalregierung). Für die USA beziehen sich die Daten auf die Ausgaben der öffentlichen Unternehmungen minus Betriebsüberschuss.

Fiskalquote: Anteil der Fiskaleinnahmen am nominellen BIP. Die Fiskaleinnahmen sind definiert als Steuereinnahmen plus die Beiträge an die Sozialversicherungen. Für Japan und den OECD-Durchschnitt gelten die Angaben für 2003; die Angaben für 2004 sind Schätzungen.

Brutto-Verschuldungsquote: Anteil der Schulden des Staatssektors am nominellen BIP (gemäss ESA95/SNA93). Ein Ländervergleich ist nicht immer möglich, weil verschiedene Definitionen resp. Verfahren zur Behandlung der Schuldenkomponenten bestehen. Bei Deutschland sind die Schulden des "Fonds Deutsche Einheit", bei Japan diejenigen der "Japan Railway Settlement Corporation" und des "National Forest Special Account" berücksichtigt. Bei den USA sind die festen Anteile der Pensions-Verbindlichkeiten für die Beschäftigten im öffentlichen Dienst berücksichtigt; dies führt zu einer Überbewertung der Schulden.

Defizitquote: Anteil des Defizits am nominellen BIP. Die Angaben basieren auf volkswirtschaftlichen Konten der jeweiligen Länder.

Quelle: www.efv.admin.ch (November 2005); Daten: OECD

3. Das schweizerische Steuersystem

Das Steuersystem stellt einen Teil der Finanzordnung dar (vgl. Abbildung 158 auf S. 603). Seiner Bedeutung wegen soll es in diesem Kapitel jedoch separat diskutiert werden.

Das schweizerische Steuersystem ist historisch gewachsen und ein Spiegelbild der **föderalistischen Staatsstruktur** der Eidgenossenschaft. Mit der Gründung des Bundesstaates im Jahre 1848 ging die Zollhoheit von den Kantonen vollumfänglich an den Bund über. Die Kantone sahen sich daher gezwungen – als Ersatz für die Ausfälle der Grenz- und Brückenzölle – ihre Steuerquellen beim Einkommen und beim Vermögen zu erschliessen. Bis zum Ersten Weltkrieg reichten die Zölle zur Deckung der Bundesausgaben aus. Erst später benötigte der Bund weitere Mittel und griff auf den bis dahin den Kantonen zugestandenen Bereich der direkten Steuern über. Heute werden in der Schweiz **drei Steuerhoheiten** unterschieden: Sowohl der Bund als auch die Kantone und Gemeinden besitzen das Recht, Steuern einzufordern. Die **Kantone** sind die **ursprünglichen Hoheitsträger** und somit in der Wahl ihrer Steuern grundsätzlich frei, es sei denn, die Bundesverfassung (BV) verbiete ihnen die Erhebung einer bestimmten Steuer oder behalte eine solche ausdrücklich dem Bund vor. Dadurch ergeben sich zwangsläufig Unterschiede zwischen Bundes- und kantonalen Steuergesetzen einerseits und zwischen den einzelnen Kantonen andererseits. Das kantonale Recht, d.h. die Kantonsverfassung, bestimmt wiederum den Umfang der Autonomie der jeweiligen Gemeinden. Im Gegensatz zur ursprünglichen Hoheit der Kantone verfügen die **Gemeinden** damit über eine **abgeleitete oder delegierte Steuerhoheit**. Tabelle 39 gibt einen Überblick über die Steuerhoheiten in der Schweiz.

Die schweizerische Steuergesetzgebung ist des Weiteren durch mehrere **Gestaltungsprinzipien** gekennzeichnet, die in der BV verankert sind. Dies sind z.B. der Grundsatz der Rechtsgleichheit (Art. 8 BV), derjenige der Eigentumsgarantie (Art. 26 BV) und derjenige der Wirtschaftsfreiheit (Art. 27 BV), aber auch das Verbot der interkantonalen Doppelbesteuerung (Art. 127 Abs. 3 BV) und dasjenige ungerechtfertigter Steuervergünstigungen (Art. 129 Abs. 3 BV). Letztlich zeichnet sich das schweizerische Steuersystem auch dadurch aus, dass die Bürger selber darüber entscheiden können, welche Steuern von ihnen erhoben werden dürfen. Ebenso hat das Volk bei der Festsetzung der Steuertarife (Steuersätze) und der Steuerfüsse in den meisten Fällen mitzureden.

Das Einkommen als wichtigster Anknüpfungspunkt für die Besteuerung kann entweder **direkt bei der Entstehung** (Einkommens- und Vermögenssteuern) oder **indirekt bei der Verwendung** (Belastung des Verbrauchs/ Besitz- und Aufwandsteuern) erfasst werden. Im Folgenden soll auf ausgewählte **direkte und indirekte Steuern auf Bundesebene** näher eingegangen werden.

Die drei Steuerhoheiten[1] Tabelle 39

	Einkommens- und Vermögenssteuern	Belastung des Verbrauchs[2]/ Besitz- und Aufwandsteuern
Bund	- Einkommenssteuer (nat. Personen) - Gewinnsteuer (jur. Personen) - Eidg. Verrechnungssteuer - Eidg. Spielbankenabgabe - Wehrpflichtersatzabgabe	- Mehrwertsteuer - Eidg. Stempelabgaben - Tabaksteuer - Biersteuer - Steuer auf Spirituosen - Mineralölsteuer - Automobilsteuer - Zollabgaben
26 Kantone	- Einkommens- und Vermögenssteuer - Kopf-, Personal- oder Haushaltsteuer - Gewinn- und Kapitalsteuer - Erbschafts- und Schenkungssteuer - Grundstückgewinnsteuer - Liegenschaftssteuer - Handänderungssteuer - Lotteriegewinnsteuer	- Motorfahrzeugsteuer - Hundesteuer - Vergnügungssteuer - Kantonale Stempelsteuer - Wasserwerksteuer - Diverse
2800 Gemeinden	- Einkommens- und Vermögenssteuer - Kopf-, Personal- oder Haushaltsteuer - Gewinn- und Kapitalsteuer - Erbschafts- und Schenkungssteuer - Grundstückgewinnsteuer - Liegenschaftssteuer - Handänderungssteuer - Lotteriegewinnsteuer - Taxe professionelle fixe	- Hundesteuer - Vergnügungssteuer - Diverse

[1] Quelle: Schweizerische Steuerkonferenz (2005). Das schweizerische Steuersystem. Bern. S. 17–18.
[2] Verbrauchssteuern werden nur auf der bundesstaatlichen Ebene erhoben, Besitz- und Aufwandsteuern nur auf kantonaler und kommunaler Ebene.

3.1 Einkommens- und Vermögenssteuern

3.1.1 Die direkte Bundessteuer

Verfassungsgrundlage bildet Art. 128 BV, der durch das Bundesgesetz vom 14. Dezember 1990 über die direkte Bundessteuer (DBG) konkretisiert wird. Die direkte Bundessteuer bildet eine der wichtigsten Einnahmequellen des Bundes und setzt sich aus der **Einkommenssteuer natürlicher Personen** (Haushalte) und der **Gewinnsteuer juristischer Personen** (Unternehmungen) zusammen.

a) Die Einkommenssteuer natürlicher Personen

Steuerpflichtig sind in der Regel natürliche Personen, die in der Schweiz ihren Wohnsitz haben oder sich in der Schweiz aufhalten und hier eine Erwerbstätigkeit ausüben. Natürliche Personen mit Wohnsitz im Ausland sind beschränkt steuerpflichtig, wenn sie wirtschaftliche Beziehungen zu bestimmten Steuerobjekten in der Schweiz unterhalten (z.B. Grundeigentum). Gemäss dem **Grundsatz der Familienbesteuerung** werden die Einkommen der in ungetrennter Ehe lebenden Ehegatten unabhängig von ihrem Güterstand zusammengerechnet. Die Veranlagung der Einkommenssteuer erfolgt in der Schweiz jährlich aufgrund einer **Steuererklärung**, die dem Steuerpflichtigen zugestellt wird und von diesem wahrheitsgemäss und vollständig auszufüllen ist; sog. **Selbstveranlagung**.

Die direkte Bundessteuer erfasst das **gesamte Einkommen**, wie z.B. das Einkommen aus selbständiger und unselbständiger Erwerbstätigkeit, Ersatzeinkommen (z.B. Renten, Pensionen und Ruhegehälter), Nebeneinkommen (z.B. Dienstaltersgeschenke und Trinkgelder), Einkommen aus beweglichem und unbeweglichem Vermögen sowie Lotterie- und Totogewinne. Vom Bruttoeinkommen können die **Aufwendungen**, die zur Erzielung dieser Einkünfte notwendig waren (sog. Gewinnungskosten), grundsätzlich abgezogen werden (z.B. Berufsauslagen). Daneben werden einerseits sog. **allgemeine Abzüge** gewährt, wie z.B. für Versicherungsbeiträge oder Prämien an die Altersvorsorge, und andererseits sog. **Sozialabzüge** für Kinder und unterstützungsbedürftige Personen. Damit wird speziell Rücksicht auf die wirtschaftliche Einheit der Familie genommen.

Die **Tarife** der direkten Bundessteuer sind **progressiv** ausgestaltet, was bedeutet, dass die Durchschnittsbelastung mit wachsendem Einkommen zunimmt; dies kommt zwangsläufig Steuerzahlern mit bescheidenem Einkommen zugute. Der Höchstsatz der direkten Bundessteuer beträgt 11,5% auf dem Einkommen der natürlichen Personen (Art. 128 BV). Die Steuererhebung beginnt für Verheiratete bei einem steuerbaren Einkommen von 27'400 Fr. und für die übrigen Pflichtigen bei 16'100 Fr. Zum Ausgleich der Folgen der **kalten Progression** werden die Tarife und Abzüge obligatorisch und voll der Teuerung angepasst, sobald sich der Landesindex der Konsumentenpreise (LIK) seit der letzten Anpassung um mehr als 7% erhöht hat (vgl. zum LIK S. 559ff.). Die Steuertarife sind direkt anwendbar für die Steuerberechnung, womit es keinen Steuerfuss gibt.

Der Bruttoertrag aus der Einkommenssteuer natürlicher Personen auf Bundesebene belief sich 2004 auf rund 7,3 Mrd. Fr. (inkl. Kantonsanteil von 30%).

b) Die Gewinnsteuer juristischer Personen

Steuerpflichtig sind in der Regel juristische Personen – auch **Körperschaften** genannt –, die ihren Sitz oder ihre Verwaltung in der Schweiz haben. Unterschieden werden einerseits **Kapitalgesellschaften** (z.B. Aktiengesellschaften oder GmbHs) und **Genossenschaften** sowie andererseits **übrige juristische Personen** wie z.B. Vereine, Stiftungen, öffentlich-rechtliche Körperschaften sowie Anlagefonds mit direktem Grundbesitz. Der Gewinnsteuersatz der Kapitalgesellschaften und Genossenschaften beträgt 8,5% und ist **proportional**, d.h. linear ausgestaltet. Die übrigen juristischen Personen unterliegen bei der direkten Bundessteuer einem proportionalen Gewinnsteuersatz von 4,25%, sofern der Gewinn mehr als 5000 Fr. beträgt. Ansonsten bleibt er steuerfrei.

Beteiligungsgesellschaften sind eine besondere Form von Kapitalgesellschaften und werden durch eine Verminderung der Gewinnsteuer im Verhältnis des Nettoertrags aus Beteiligungen zum gesamten Reingewinn begünstigt. Diese Gesellschaften sind zu mindestens 20% am Grund- oder Stammkapital anderer Gesellschaften beteiligt. **Reine Holdinggesellschaften**, d.h. solche, die zu 100% aus Beteiligungen bestehen, **schulden keine Gewinnsteuer.**

2004 betrug der Bruttoertrag aus der Gewinnsteuer juristischer Personen auf Bundesebene rund 4,7 Mrd. Fr. (inkl. Kantonsanteil von 30%).

3.1.2 Übrige direkte Steuern auf Bundesebene

Die eidgenössische **Verrechnungssteuer** von 35% ist eine vom Bund an der Quelle erhobene Steuer auf dem Ertrag von Vermögen (v.a. Zinsen und Dividenden) und bezweckt v.a. die Eindämmung der Steuerhinterziehung. Sie basiert auf Art. 132 Abs. 2 BV sowie dem Bundesgesetz vom 13. Oktober 1965 über die Verrechnungssteuer (VStG). Die Steuer wird an Steuerpflichtige, die in der Schweiz wohnhaft sind, von den Steuerbehörden zurückerstattet. Für im Ausland wohnhafte Steuerpflichtige stellt die Verrechnungssteuer grundsätzlich eine endgültige Belastung dar. Einen Anspruch auf Rückerstattung können nur diejenigen Personen erheben, deren Wohnsitzland mit der Schweiz ein **Doppelbesteuerungsabkommen** abgeschlossen hat. Die effektive Rückerstattung erfolgt aber nur, sofern die ausländischen Steuerpflichtigen den Nachweis erbringen, dass sie die Erträge, die der Verrechnungssteuer unterliegen, in ihrem Wohnsitzstaat versteuern. Die Verrechnungssteuer ist zudem eine **Objektsteuer**, da sie ohne Rücksicht auf die wirtschaftliche Leistungsfähigkeit des Empfängers der steuerbaren Leistung erhoben wird. Letztlich gilt wie bei der Einkommenssteuer natürlicher Personen das Prinzip der Selbstveranlagung. Der Gesamt-Nettoertrag aus der Verrechnungssteuer (inkl. Kantonsanteil) betrug 2004 rund 2,7 Mrd. Fr.

Die eidgenössische **Spielbankenabgabe** stützt sich auf Art. 106 BV über die Glücksspiele sowie das Bundesgesetz vom 18. Dezember 1998 über Glücksspiele und Spielbanken (Spielbankengesetz; SBG). Diese spezielle Steuer auf den Einnahmen der Spielbanken (sog. Casinos) darf 80% der Bruttospielerträge nicht übersteigen und wird zur Deckung des Bundesbeitrags an die 1. Säule der Alters-, Hinterlassenen- und Invalidenvorsorge verwendet (vgl. Abbildung 171 auf S. 653). Als Bruttospielertrag gilt die Differenz zwischen allen Spieleinsätzen und allen ausbezahlten Spielgewinnen. Der Abgabesatz von 80% kann durch den Bundesrat um höchstens einen Viertel reduziert werden, falls die Spielbankerträge wesentlich für **öffentliche Interessen der Region** verwendet werden (z.B. Unterstützung des Sports, Förderung kultureller Tätigkeiten, Massnahmen im sozialen Bereich). Die Spielbankenabgabe wird seit April 2000 erhoben, nachdem durch die Volksabstimmung im März 1993 das Spielbankenverbot in der Bundesverfassung aufgehoben wurde. Der Steuerertrag betrug 2004 rund 300 Mio. Fr.

Der **Wehrpflichtersatz** ist von denjenigen Schweizern zu entrichten, welche die Wehrpflicht durch persönliche Militär- oder Zivildienstleistung nicht erfüllen. Verfassungsgrundlage sind Art. 40 und Art. 59 BV, die rechtlichen Bestimmungen finden sich im Bundesgesetz vom 12. Juni 1959 über die Wehrpflichtersatzabgabe (WPEG). Die Ersatzabgabe wird auf dem gesamten Reineinkommen erhoben, das der Ersatzpflichtige im In- und Ausland erzielt. Dabei beträgt sie 3 Franken je 100 Franken des ersatzpflichtigen Einkommens und wird ggf. entsprechend der Gesamtzahl bereits geleisteter Diensttage ermässigt. 2004 belief sich der Steuerertrag aus der Wehrpflichtersatzabgabe auf rund 200 Mio. Fr.

3.2 Belastung des Verbrauchs

3.2.1 Grundsätzliche Möglichkeiten

Die Besteuerung des Verbrauchs direkt bei den Konsumenten ist wenig praktikabel und hat sich in der Praxis nicht durchgesetzt. Die Verbrauchsbesteuerung erfolgt deshalb **vor** dem eigentlichen Konsum. Es werden die Umsätze der Unternehmungen belastet. Dadurch erfolgt eine **indirekte Besteuerung des Konsums.**

In Abbildung 166 sind verschiedene Beispiele von Umsatzbesteuerungen dargestellt. Um die Unterschiede leicht erfassen zu können, wird ein einzelnes Produkt betrachtet, das von den Konsumenten zu 150 Fr. im Detailhandel erworben werden kann. Der Detailist kauft dieses Produkt beim Grosshändler zu 100 Fr. ein, d.h. er schlägt eine Handelsmarge von 50% auf den Preis. Der Grossist kauft das Produkt zu 70 Fr. bei den Produzenten ein. In Variante A wird das Produkt in einem arbeitsteiligen Prozess durch drei verschiedene Unternehmungen hergestellt. In Variante B wird das Produkt vollständig durch eine Unternehmung fabriziert.

Aufgrund der Möglichkeit, die Umsätze der Unternehmungen auf allen oder nur einer einzelnen Stufe eines arbeitsteiligen Produktionsprozesses zu besteuern, werden folgende Arten von Umsatzsteuern unterschieden:

- **Einphasensteuer:** Bei einer Einphasensteuer werden die Umsätze der Unternehmungen nur auf einer Produktionsstufe erfasst.
- **Allphasensteuer:** Hier werden die Umsätze aller Stufen eines arbeitsteiligen Produktionsprozesses besteuert.

Beispiele einer Einphasensteuer sind die früher praktizierte Detailisten- und Grossistensteuer. Bei der Detailistensteuer wurde der Bruttoumsatz der Detailhandelsunternehmungen, bei der Grossistensteuer derjenige der Grosshandelsunternehmungen besteuert. Einphasensteuern weisen verschiedene Nachteile gegenüber den Allphasensteuern auf. Die Steuerlast fällt vollständig auf eine Produktionsstufe, wobei aber nicht alle zu besteuernden Güter über die zur Besteuerung herangezogene Stufe laufen. Unter Auslassung der jeweiligen Stufe kann somit der Steuer ausgewichen werden.

Bei einer Allphasensteuer können entweder die Bruttoumsätze oder Nettoumsätze besteuert werden:

- **Allphasen-Bruttoumsatzsteuer:** Bei dieser Variante wird der Umsatz jeder Unternehmung voll besteuert.

XIV. Öffentliche Finanzen

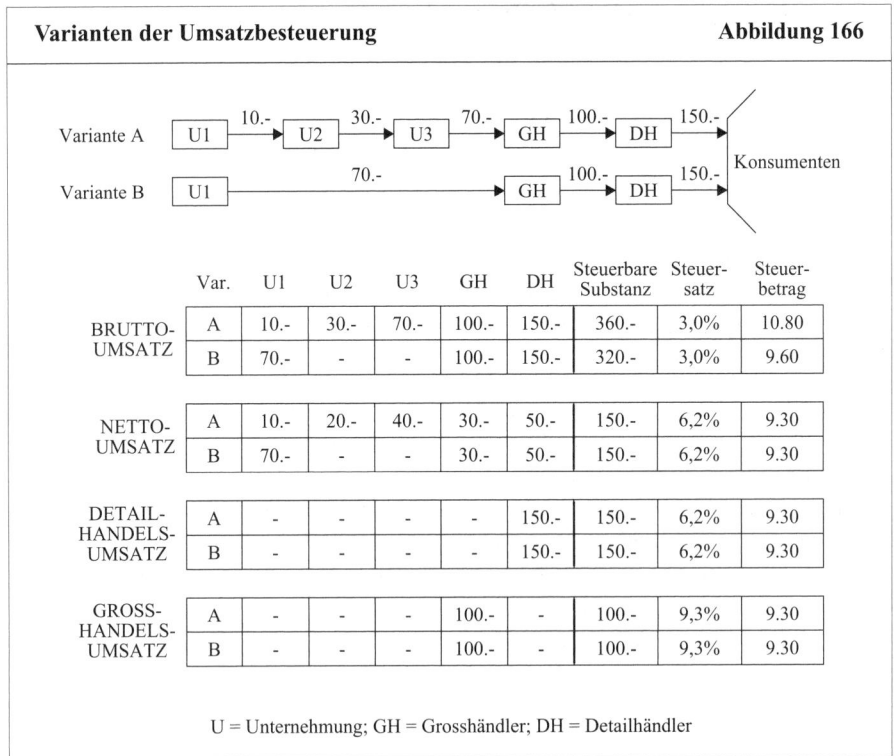

Abbildung 166: Varianten der Umsatzbesteuerung

- **Allphasen-Nettoumsatzsteuer:** Bei dieser Variante werden bei allen Unternehmungen nur die Nettoumsätze besteuert.

Der Vergleich der beiden Varianten zeigt sofort, dass die erste keine geeignete Besteuerungsform ist. Die steuerbare Substanz, d.h. das Total der besteuerten Umsätze und somit auch der Steuerbetrag, fällt je nach Arbeitsteilung anders aus. Wird das genau gleiche Produkt durch mehrere nachgelagerte Unternehmungen produziert, fällt die Steuerlast höher aus, als wenn dieses nur in einer Unternehmung hergestellt würde; es entsteht somit eine **Wettbewerbsverzerrung** (vgl. Abbildung 166). Um eine gleichmässige Besteuerung beim Konsumenten zu erreichen, müsste man den Steuersatz nach der Arbeitsteilung differenzieren, was jedoch nicht praktikabel ist. Ein weiteres Problem entsteht dadurch, dass die Steuer auf jeder Stufe zum Umsatz dazukommt und somit in die Berechnungsgrundlage der nächsten Stufe eingeht. Diese "Steuer von der Steuer" (**"taxe occulte"**; sog. **Schattenbelastung**) ist in den Beispielen in Abbildung 166 vernachlässigt.

Die Abhängigkeit der Besteuerung von der Ausprägung der Arbeitsteilung fällt bei der zweiten Variante, d.h. der Allphasen-Nettoumsatzsteuer, weg. Der Nettoumsatz einer Unternehmung ist die Differenz zwischen dem getätigten Umsatz (Verkauf) und dem empfangenen Umsatz (Einkauf). Bei der Nettoumsatzsteuer entspricht die steuerbare Substanz genau dem Endverbraucherpreis. Bei jeder Unternehmung wird nur jener Teil des Umsatzes besteuert, der noch nicht belastet worden ist. Da nur der jeweilige Wertzuwachs oder Mehrwert jeder Unternehmung besteuert wird, spricht man auch von **Mehrwertsteuer (MWSt)**.

3.2.2 Die Mehrwertsteuer

Am 1. Januar 1995 wurde die Mehrwertsteuer (MWSt) als **allgemeine Verbrauchs- oder Konsumsteuer** in der Schweiz eingeführt. Dabei stützt sie sich auf Art. 130 BV und das Bundesgesetz vom 2. September 1999 über die Mehrwertsteuer (MWSTG). Dieses ist seit Anfang 2001 in Kraft und hat damit die MWSt-Verordnung aus dem Jahr 1994 abgelöst. Der Systemwechsel von der **früheren Warenumsatzsteuer** (WUSt) zur MWSt ist massgeblich auf die Etablierung Letzterer in der Europäischen Union (EU) zurückzuführen.

Die ehemalige WUSt wies **zahlreiche Mängel** auf, die sich als Wettbewerbsverzerrungen bemerkbar machten. Einerseits belastete die WUSt praktisch nur Warenlieferungen und liess **Dienstleistungen** unbesteuert, obwohl diese einen Grossteil des Konsums und der Wertschöpfung ausmachen. Andererseits bewirkte der Kreis der **Steuerpflichtigen** (die Grossisten), dass der **Steuersatz gestaffelt** werden musste, um eine gleichmässige Besteuerung der Konsumgüter zu erreichen. Dies war deshalb erforderlich, weil die Grossisten ihre Waren entweder direkt an den Konsumenten oder an Nicht-Grossisten (z.B. Detailhändler) liefern konnten. So wurden bei der WUSt die Grossisten für Detaillieferungen an Konsumenten mit 6,2% und für Engroslieferungen an Nicht-Grossisten mit 9,3% belastet. Die gewählte Satzstaffelung ging davon aus, dass der Detailpreis 50% über dem Engrospreis lag (vgl. Abbildung 166 auf S. 623).

Die heute gültige MWSt ist in ihrer Wirkung eine **Allphasen-Nettoumsatzsteuer**, bei welcher der **Bruttoumsatz** besteuert und ein **Vorsteuerabzug** gewährt wird. In der Praxis wird die MWSt folgendermassen erhoben: Vom Umsatz (ohne Steuer) einer jeweiligen Produktionsstufe wird mit dem Steuersatz der geschuldete Steuerbetrag berechnet. Von diesem wird die Summe der bezahlten Vorsteuern abgezogen. Die MWSt erfüllt damit den Grundsatz der **Wettbewerbsneutralität**.

XIV. Öffentliche Finanzen 625

Zum Kreis der **Steuerpflichtigen** gehören alle, die eine selbständige berufliche oder gewerbliche Tätigkeit zwecks Erzielung von Einnahmen ausüben, sofern ihre Lieferungen und Dienstleistungen sowie ihr Eigenverbrauch jährlich insgesamt 75'000 Fr. übersteigen. Die MWSt zählt rund 300'000 Pflichtige. Ausgenommen sind u.a. nicht-gewinnstrebige, ehrenamtlich geführte Sportvereine und gemeinnützige Institutionen mit einem Jahresumsatz bis zu 150'000 Fr. Ebenso sind Land- und Forstwirte sowie Gärtner für die Lieferungen der im eigenen Betrieb gewonnen Erzeugnisse von der Steuerpflicht befreit.

Als Besonderheiten der MWSt können einerseits die von ihr **befreiten** und andererseits die von ihr **ausgenommenen Umsätze** genannt werden. Auf beiden Umsatzkategorien ist keine Steuer zu entrichten, jedoch besteht ein Unterschied beim Anspruch auf den Vorsteuerabzug. Dieser besteht nur für den Bezug von Waren und Dienstleistungen, die der Erzielung von Umsätzen dienen, die von der MWSt befreit sind. Bei der Erzielung von Umsätzen, die von der Steuer ausgenommen sind, darf für die dafür benötigten Waren und Dienstleistungen kein Vorsteuerabzug vorgenommen werden:

- **Recht auf Vorsteuerabzug (echte Steuerbefreiung):** Von der MWSt befreit sind Exportlieferungen, sofern die Ausfuhr nachgewiesen ist, Transportleistungen über die Grenze und Dienstleistungen an Empfänger im Ausland zur dortigen Nutzung oder Auswertung. Somit ist der Export nach dem Bestimmungslandprinzip von der Steuer vollständig befreit (vgl. Abbildung 167 auf S. 626).
- **kein Anspruch auf Vorsteuerabzug ("Pseudo-Steuerbefreiung"):** Von der MWSt ausgenommen sind insbesondere Leistungen im Bereich des Gesundheitswesens, der sozialen Sicherung, des Erziehungswesens, kulturelle Leistungen, Versicherungsumsätze, Umsätze im Bereich des Geld- und Kapitalverkehrs, Vermietungen von Wohnungen und Verkäufe von Liegenschaften.

Bei der MWSt musste im Gegensatz zur früheren WUSt **keine Satzstaffelung** eingeführt werden. Es gelten jedoch **drei unterschiedliche Steuersätze,** die seit Anfang 2001 folgende Höhen aufweisen: Der **Normalsatz** beträgt **7,6%**. Der **Sondersatz** beträgt zur Zeit **3,6%** und kommt bei Beherbergungsleistungen (Übernachtungen mit Frühstück) der Hotellerie und Parahotellerie zur Anwendung. Der **reduzierte Satz von 2,4%** gilt für Esswaren, nicht-alkoholische Getränke, Vieh, Geflügel, Fische, Getreide, Zeitungen, Zeitschriften, Bücher, Medikamente und die Dienstleistungen der Radio- und Fernsehgesellschaften. Die **Steuererhebung** erfolgt einerseits auf den Umsätzen im Inland und auf den Dienstleistungsimporten durch die eidgenössische Steuerverwaltung, andererseits auf den Warenimporten durch die eidgenössische Zollverwaltung. 2004 belief sich der **Steuerertrag** aus der MWSt auf knapp 18 Mrd. Fr., was dem Eineinhalbfachen desjenigen aus der direkten Bundessteuer entspricht. Vom

MWSt-Ertrag sind gemäss den Verfassungsbestimmungen (Art. 130 BV) knapp **ein Fünftel zweckgebunden zu verwenden**. So werden 1 Prozentpunkt des Normalsatzes, 0,5 Prozentpunkte des Sondersatzes und 0,3 Prozentpunkte des reduzierten Satzes zur Finanzierung der 1. Säule der Alters-, Hinterlassenen- und Invalidenvorsorge verwendet (vgl. Abbildung 171 auf S. 653). Weitere 0,1 Prozentpunkte aller drei Sätze müssen zur Finanzierung von grossen Eisenbahnprojekten eingesetzt werden. Und letztlich dienen 5% des jährlichen MWSt-Ertrags der Prämienverbilligung in der Krankenversicherung zugunsten unterer Einkommensschichten (vgl. S. 668ff.)

Besteuerungsprinzipien in offenen Volkswirtschaften			**Abbildung 167**
Durch die Verflechtung der Volkswirtschaften ist eine Abstimmung der verschiedenen nationalen Steuersysteme angezeigt.			
Bei der direkten Einkommensbesteuerung stellt sich die Frage, ob das Faktoreinkommen im Land der Einkommensentstehung (Quellenland) oder im Wohnsitzland des Faktoreigentümers besteuert wird:			
direkte Besteuerung	Faktoreinkommensbesteuerung durch Quellenland		
	ja		nein
Faktoreinkommensbesteuerung durch Wohnsitzland	ja	Doppelbesteuerung	Wohnsitzprinzip
	nein	Quellenprinzip	Steuerfreiheit
Bei der indirekten Besteuerung (Konsum) muss entschieden werden, ob der Export oder der Import besteuert wird:			
indirekte Besteuerung	Exportbesteuerung durch Exportland		
	ja		nein
Importbesteuerung durch Importland	ja	Doppelbesteuerung	Bestimmungslandprinzip
	nein	Ursprungslandprinzip	Steuerfreiheit

XIV. Öffentliche Finanzen

3.2.3 Übrige indirekte Steuern auf Bundesebene

Die eidgenössischen **Stempelabgaben** stützen sich auf Art. 132 Abs. 1 BV sowie das Bundesgesetz vom 27. Juni 1973 über die Stempelabgaben (StG). Die Stempelabgaben sind vom Bund erhobene Steuern auf bestimmten Vorgängen des Rechtsverkehrs, v.a. der Kapitalbeschaffung und des Kapitalverkehrs. Es gibt die folgenden drei Arten von Abgaben:

- Die **Emissionsabgabe** von 1% auf inländischen Beteiligungsrechten (z.B. Aktien, Anteils- und Partizipationsscheine) und diejenige auf inländischen Obligationen; Letztere beträgt bei Anleihensobligationen 1,2 Promille, bei Kassenobligationen 0,6 Promille und ist vom inländischen Schuldner, der die Titel ausgibt, zu bezahlen. 2004 betrug der Bruttoertrag aus der Emissionsabgabe rund 600 Mio. Fr.
- Die **Umsatzabgabe** wird auf den von inländischen Effektenhändlern getätigten Käufen und Verkäufen von in- und ausländischen Wertpapieren erhoben. Ebenso wird diese Abgabe beim Handel mit Wertpapieren durch ausländische Mitglieder der Schweizer Börse (sog. Remote members) erhoben. Für inländische Wertpapiere beträgt die Abgabe 1,5 Promille, für ausländische Wertpapiere 3,0 Promille. Es gibt zahlreiche Ausnahmen von der Abgabe wie z.B. der Handel mit Bezugsrechten und Optionen oder derjenige mit Geldmarktpapieren. 2004 betrug der Bruttoertrag aus der Umsatzabgabe rund 1,5 Mrd. Fr.
- Der **Abgabe auf Versicherungsprämien** unterliegen v.a. die Prämienzahlungen für die Haftpflicht-, Feuer-, Kasko- und Hausratversicherung. In der Regel beträgt sie 5% der Versicherungsprämie. Ein reduzierter Abgabesatz von 2,5% gilt für rückkaufsfähige Lebensversicherungen, die mittels Einmalprämie finanziert wurden. Von der Abgabe befreit sind Personenversicherungen wie Lebensversicherungen mit periodischen Prämienzahlungen sowie die Kranken-, Unfall-, Invaliditäts- und Arbeitslosenversicherung. Der Bruttoertrag aus der Abgabe auf Versicherungsprämien betrug 2004 rund 630 Mio. Fr.

Der **Tabaksteuer** unterliegen die im Inland hergestellten und verbrauchsfertigen sowie die importierten Tabakfabrikate und Zigarettenpapiere. Für ein zu 5,80 Fr. verkauftes Päckchen Zigaretten beträgt die Tabaksteuer gegenwärtig (2005) rund 3,25 Fr. Die Gesamteinnahmen aus der Tabaksteuer beliefen sich 2004 auf rund 2 Mrd. Fr. und sind vollumfänglich für die Mitfinanzierung der 1. Säule der Alters-, Hinterlassenen- und Invalidenvorsorge zweckgebunden.

Der **Biersteuer** unterliegen inländische Brauereien für die Lieferung von alkoholhaltigem Bier an inländische Abnehmer resp. die Importeure für das eingeführte Bier. Die Steuerbelastung beträgt 24,75 Rp. je Liter. Der Steuerertrag betrug 2004 rund 100 Mio. Fr.

Seit Mitte 1999 werden einheimische und importierte **Spirituosen** mit einem Einheitssteuersatz von 29 Fr. pro Liter reinem Alkohol besteuert. Seit dem 1. Februar 2004 wird ebenfalls eine Sondersteuer für Alcopops erhoben, welche 1,80 Fr. pro 2,75 dl-Flasche beträgt. Der Reinertrag aus der Tätigkeit der eidgenössischen Alkoholverwaltung betrug 2004 rund 250 Mio. Fr. Davon sind 10% an die Kantone weiterzuleiten, die zur Bekämpfung der Ursachen und Wirkungen von Suchtproblemen eingesetzt werden müssen.

Die **Mineralölsteuer** unterscheidet sich je nach Produkt und dessen Verwendung. Bei unverbleitem Benzin beträgt die Steuerbelastung (inkl. Treibstoffzuschlag) 73,1 Rp. pro Liter, bei Dieselöl 75,9 Rp. und bei Heizöl extraleicht 0,3 Rp. Dadurch sind die Konsumenten 2004 um knapp 5 Mrd. Fr. belastet worden (vgl. S. 317).

Seit Anfang 1997 wird auf dem Wert von leichten Nutzfahrzeugen eine **Automobilsteuer** von 4% erhoben. Nahezu das gesamte Steueraufkommen von rund 300 Mio. Fr (2004) wird bei der Einfuhr erzielt, da die Inlandproduktion unbedeutend ist. Elektromobile sind von der Steuer befreit.

Bei den **Zollabgaben** resp. **Zöllen** handelt es sich steuerrechtlich um Wirtschaftsverkehrssteuern. Dabei kann der Bund gestützt auf Art. 133 BV Zölle und andere Abgaben erheben. Die Einzelheiten sind im **Zolltarif** geregelt, der den Anhang zum Zolltarifgesetz vom 9. Oktober 1986 (ZTG) bildet. Das Tarifschema beinhaltet rund 8000 Tarifnummern, die mit wenigen Ausnahmen durch die GATT-Abkommen gebunden sind; damit stellen die Zollansätze den wichtigsten Grenzschutz dar. Besonders zu erwähnen ist, dass die Ansätze fast durchwegs als **Gewichtszölle** gestaltet sind. Die Schweiz hat mit verschiedenen Staaten und Staatengruppen Freihandelsabkommen zur Präferenzbehandlung von Waren abgeschlossen (vgl. S. 523). Der Zollertrag belief sich 2004 auf rund 1 Mrd. Fr. und fliesst vollumfänglich in die Bundeskasse.

3.3 Laufende Steuerreformen auf Bundesebene

Hauptaufgabe eines Steuersystems ist die faire und effiziente Finanzierung der öffentlichen Aufgaben. Die Steuerstruktur sollte dabei so gewählt werden, dass die Finanzierung der Staatsaufgaben und die Verfolgung möglicher nicht-fiskalischer Ziele mit möglichst geringen Kosten für die Bürger erfolgt. Dabei werden

XIV. Öffentliche Finanzen 629

jedoch die Herausforderungen an die Steuerpolitik aufgrund der globalen wirtschaftlichen Entwicklungen zunehmen, da es zusehends schwieriger wird, die mobilen und immobilen Produktionsfaktoren gleich zu belasten. Das geltende schweizerische Steuersystem ist vielfältig und kompliziert, aber in seiner Gesamtheit attraktiv (vgl. Abbildung 168).

Stärken und Schwächen des schweizerischen Steuersystems	Abbildung 168
Stärken des schweizerischen Steuersystems: • attraktiv für Aktiengesellschaften (einige Länder holen auf), Spitze für Headquarters; • attraktiv für Dienstleistungsgesellschaften; • attraktiv für Pauschalierte; • Konsum wenig belastet; • tiefe Belastung von Grundeigentum; • gerecht, bürgernah. Schwächen des schweizerischen Steuersystems: • vielfältig, kompliziert; • Belastung des Erwerbseinkommens (inkl. Sozialversicherungen) im Mittelfeld; • Vermögensbelastung eher hoch. Quelle: EVD (2005). Die Volkswirtschaft. 5–2005. Bern. S. 6.	

Am 16. Mai 2004 wurde in einer Volksabstimmung das "**Steuerpaket**" mit knapp 66% abgelehnt, das Entlastungen in drei Bereichen vorgesehen hätte: Erstens wäre die Heiratsstrafe bei der direkten Bundessteuer abgeschafft worden (sog. Progressionsfalle), zweitens wäre der erstmalige Erwerb einer Eigentumswohnung resp. eines eigenen Hauses erleichtert worden und drittens wären die in den Jahren 1999 und 2001 dringlich eingeführten Massnahmen im Bereich der Stempelabgaben ins ordentliche Recht übergeführt worden. Vor diesem Hintergrund sind einige der laufenden Reformen des schweizerischen Steuersystems zu sehen: Sie haben zum Ziel, die Position der Volkswirtschaft der Schweiz im **internationalen Steuerwettbewerb** zu verbessern.

3.3.1 Reformen im Bereich der direkten Steuern

Im Bereich der direkten Steuern auf Bundesebene steht insbesondere die **Reform des Bundesgesetzes über die direkte Bundessteuer (DBG)** im Zentrum. Dabei geht es einerseits um Anpassungen bei der Einkommensteuer natürlicher Personen, andererseits um Änderungen im Bereich der Gewinnsteuer juristischer Personen.

a)   Einkommensteuer natürlicher Personen

Das DBG enthält gegenwärtig eine verfassungswidrige **steuerliche Diskriminierung der Ehepaare** einerseits gegenüber den gleichsituierten Konkubinatspaaren und andererseits gegenüber den gleichsituierten Alleinstehenden. Diese Benachteiligung wird als sog. **Heiratsstrafe** bezeichnet und wurde durch das Bundesgericht bereits 1984 bemängelt, worauf die verschiedenen Haushaltstypen nach ihrer wirtschaftlichen Leistungsfähigkeit eingeteilt wurden. Allerdings werden Ehepaare steuerlich nicht einfach gleich behandelt, sondern in **Alleinverdiener** und **Doppelverdiener** (sog. Zweiverdiener-Ehepaare) eingeteilt. Dabei zahlt ein Alleinverdiener und somit eine traditionelle Familie mehr Steuern als ein Ehepaar, bei dem dasselbe Gesamteinkommen durch beide Partner erarbeitet wird. Dennoch werden rund 50% aller Zweiverdiener-Ehepaare steuerlich benachteiligt. Betroffen sind Ehegatten, die beide massgebend zum Haushaltseinkommen beitragen und ein Bruttoarbeitseinkommen zwischen 80'000 und 500'000 Fr. erzielen. Der Vorschlag des Bundesrates, den fixen Zweiverdiener-Abzug in der heute gültigen Höhe von 7600 Fr. auf 50% des niedrigeren Einkommens zu erhöhen – und zwar bis zu einem Maximalbetrag von 55'000 Fr. – wurde in der Vernehmlassung Ende 2005 u.a. von economiesuisse als untauglich beurteilt. Neu soll der Abzug – gemäss der Eidgenössischen Steuerverwaltung (ESTV) – die Hälfte des Zweiteinkommens ausmachen und sich zwischen dem geltenden Betrag von 7600 Fr. und 15'000 Fr. bewegen. Dabei würde sich diese Massnahme vorerst nur auf das Erwerbs-, d.h. Arbeitseinkommen beschränken; Renten, Vermögenserträge etc. wären ausgenommen. Zudem schlägt der Bundesrat neu einen Sozialabzug für alle Ehepaare vor, der nach den provisorischen Angaben der ESTV 3000 Fr. betragen dürfte. Gemäss Angaben des Eidgenössischen Finanzdepartementes (EFD) würde für rund 200'000 Zweiverdiener-Ehepaare die Heiratsstrafe beseitigt werden. Für weitere 50'000 Ehepaare würde die Mehrbelastung zumindest deutlich gemildert. Die daraus anfallenden Mindererträge für den Bund werden auf rund 600 Mio. Fr. geschätzt, während die ursprüngliche Vorlage zu einem Einnahmeausfall von 750 Mio. Fr. geführt hätte. Die Einnahmeausfälle dürften sich erstmals 2009 auswirken, wobei die Art der

Gegenfinanzierung noch nicht entschieden ist. Ursprünglich wäre eine Erhöhung des Steuertarifs für Alleinstehende ab einer gewissen Einkommenshöhe vorgesehen gewesen, die sich auf rund 200'000 alleinstehende Personen ausgewirkt hätte.

Eine weitere mögliche, aber noch nicht so weit gediehene Reform wäre die Einführung einer **Einheitssteuer** (sog. **flat rate tax**). Dabei wird auf eine möglichst umfassend definierte Steuerbasis mit einem einheitlichen, d.h. proportionalen Steuersatz zugegriffen, wobei verteilungspolitischen Anliegen mit einem einheitlichen Steuerfreibetrag Rechnung getragen werden könnte. Um das bisherige Einkommenssteuervolumen der gesamten öffentlichen Hand über eine Einheitssteuer aufbringen zu können, wäre gemäss Schätzungen des EFD ein **Einheitssteuersatz von ca. 24%** erforderlich. Inbegriffen sind dabei Freibeträge von 20'000 Fr. für Alleinstehende und 40'000 Fr. für Verheiratete sowie Kinderabzüge von 10'000 Fr. pro Kind. Eine solche Kombination des Steuerfreibetrags mit dem proportionalen Steuersatz (= konstanter Grenzsteuersatz) ergibt einen **indirekt progressiven Steuertarif**. Ein solches System hat einerseits mehrere **Vorteile**, wie z.B. die Verhinderung der kalten Progression ohne Tarifreform oder die Erleichterung der Integration von Einkommens- und Körperschaftssteuern. Andererseits zeigen empirische Analysen auch **Nachteile**, z.B. wären gerade die niedrigeren Einkommensklassen die Verlierer einer solchen Reform. Ebenso wäre ein Einheitssteuersatz für die gesamte öffentliche Hand mit einer Abkehr vom heutigen Steuerföderalismus resp. Steuerwettbewerb verbunden, obwohl Unterschiede in den kantonalen Steuern nachweislich einen Einfluss auf die Standortwahl von Unternehmungen und die kantonale Beschäftigung haben. Das System der "flat rate tax" kannten früher nur Hongkong, Steuerparadiese wie die britischen Kanalinseln und einige US-Bundesstaaten. Seit Mitte der 1990er Jahre wurde es jedoch in zahlreichen Ländern Osteuropas eingeführt, so in Estland und Litauen (1994), Lettland (1995), Russland (2001), Serbien, der Slowakei und der Ukraine (2003).

b) Gewinnsteuer juristischer Personen

Die Unternehmenssteuerreform I vom Jahre 1997 zeigte mit der Verbesserung des Holdingstandorts, der Beseitigung der Kapitalsteuer auf Bundesebene und dem linearen Gewinnsteuersatz von 8,5% positive Wirkungen: Die Besteuerung beim Bund (und den meisten Kantonen) auf Stufe der Unternehmung fällt im internationalen Vergleich günstig aus, die Grenzsteuersätze bei den Gewinnsteuern in der Schweiz sind deutlich niedriger als in Deutschland und Frankreich. Dieser steuerliche Vorteil ist jedoch weniger ausgeprägt, wenn nebst der Unternehmungsebene auch die Grenzbelastung für den Investor selbst miteinbezogen wird. Im Zentrum der laufenden **Unternehmenssteuerreform II** geht es u.a.

darum, eine gezielte steuerliche **Entlastung des Risikokapitals** zu erreichen. Diese Entlastung soll primär den Investoren, die sich unternehmerisch beteiligen, zugute kommen. Die Steuern sollen somit möglichst entscheidungsneutral in Bezug auf Investitionen, Finanzierung, Wahl der Rechtsform und Wahl des Standorts ausgestaltet werden. Gerade im Bereich der Besteuerung von Unternehmungen ist das schweizerische Steuersystem nicht neutral: So diskriminiert die Besteuerung bei Kapitalgesellschaften stark zwischen ausgeschütteten und einbehaltenen (sog. thesaurierten) Gewinnen, womit die **Neutralität zwischen Selbst- und Beteiligungsfinanzierung** (sog. **Gewinnverwendungsneutralität**) **verletzt** ist. Während nämlich **Dividenden** einer vollen **wirtschaftlichen Doppelbelastung** unterliegen, können die z.T. aus einbehaltenen Gewinnen entstehenden **Kapitalgewinne** weitgehend **steuerfrei** vereinnahmt werden, sofern die Beteiligungen in privater Hand gehalten werden. Dies führt dazu, dass insbesondere kleine Unternehmungen kaum Gewinne ausschütten und dass die Selbstfinanzierung von Investitionen aus einbehaltenen Gewinnen dominiert. Damit besteht ebenfalls ein geringer Anreiz, neues Eigenkapital von aussen zu beschaffen und sich damit der Kontrolle und Prüfung durch neue Investoren zu unterwerfen.

3.3.2 Reformen im Bereich der indirekten Steuern

a) Mehrwertsteuer

Eine **ideal konstruierte Mehrwertsteuer (MWSt)** erfüllt grundsätzlich fünf Kriterien:

- Sie ist als Netto-Allphasensteuer konzipiert,
- sie ist vom Konsumtyp, d.h. die auf Investitionsgüter und Vorleistungen entfallende Steuer kann als Vorsteuer sofort und vollständig abgezogen werden,
- sie wird nach dem Bestimmungslandprinzip erhoben,
- sie kennt keine Ausnahmen im Sinne der "Pseudo-Steuerbefreiung" und
- sie verfügt über einen Einheitssatz.

Wird die schweizerische MWSt nach diesen Kriterien beurteilt, so zeigt sich, dass insbesondere die letzten beiden Kriterien stark vom Ideal abweichen: So werden einerseits in Art. 18 MWSTG im Detail die 25 von der MWSt ausgenommenen Waren und Dienstleistungen aufgeführt, andererseits werden mit Art. 36 MWSTG drei unterschiedliche Steuersätze festgelegt.

Grundsätzlich sollten alle Wirtschaftssubjekte, die Güter anbieten, der MWSt unterliegen; ebenso sollten auch möglichst alle Waren und Dienstleistungen der Steuer unterstellt werden. Dies ergibt eine möglichst breite Steuerbasis, womit – ceteris paribus – der Steuersatz tiefer angesetzt werden kann als bei einer engeren Steuerbasis, um denselben Steuerertrag zu generieren (sog. **tax cut cum base broadening**). Ausnahmen von der Steuerpflicht können gerechtfertigt sein, wenn die administrativen Kosten für den Vollzug zu hoch sind und damit die Erhebungsbilligkeit der Steuer nicht mehr erfüllt ist. Eine Ausnahmeregelung für umsatzmässig kleine Unternehmungen – wie sie bereits besteht – ist somit (weiterhin) sinnvoll. Dabei handelt es sich jedoch um eine Ausnahmeregelung, die sich nicht auf bestimmte Güter bezieht, wie sie in Art 18 MWSTG aufgeführt werden. Zur Diskussion stehen somit eine Vereinfachung des MWSt-Systems, indem einerseits **keine Ausnahmen von bestimmten Waren und Dienstleistungen** mehr bestehen sollen und andererseits ein **Einheitssteuersatz in einer Höhe von 5–6%** eingeführt werden soll. Somit handelt es sich wie bei der vorgeschlagenen Reform der Einkommensbesteuerung natürlicher Personen um eine "flat rate tax", auch wenn gelegentlich von einer "flat tax" gesprochen wird. Bisher wurde ein reduzierter Satz von 2,4% für lebenswichtige Güter damit begründet, dass einkommensschwächere Bevölkerungsschichten entlastet werden sollen. Dieser Entlastungseffekt lässt sich – gemäss einer OECD-Studie – mit reduzierten Sätzen kaum mehr erreichen, da sich die Konsumstruktur der verschiedenen Einkommensgruppen zunehmend einander angleicht. Demgegenüber ist jedoch festzuhalten, dass die Grenzneigung des Konsums bei tiefen Einkommen grösser ist; somit müsste den unteren Einkommen eigentlich zu mehr verfügbaren Mitteln verholfen werden, um den Konsum und damit das gesamtwirtschaftliche Wachstum anzukurbeln.

b)   Eidgenössische Stempelabgaben

Die bisher angenommenen dringlichen Massnahmen im Bereich der Stempelabgaben hätten im Rahmen des "Steuerpakets" ins ordentliche Recht überführt werden sollen (vgl. S. 629). Im August 2004 hat der Bundesrat eine **Botschaft über eine neue Revision der Stempelabgaben** verabschiedet. Dies erfolgte mit dem Ziel, die zusätzliche Erleichterung des Steuerpakets bei den eidgenössischen Stempelabgaben gesetzlich zu verankern, obwohl das Volk das Paket in seiner Gesamtheit abgelehnt hat. So ist einerseits der Handel mit ausländischen Banken und Brokern neu von der **Umsatzabgabe** befreit. Andererseits wird die Liste der befreiten Anleger um diejenigen ausländischen Gesellschaften erweitert, deren Aktien an einer anerkannten Börse kotiert sind (sog. Corporates). Bei der **Emissionsabgabe** wurde die Freigrenze von 250'000 Fr. auf 1 Mio. Fr. erhöht. Die

Revision ist am 1. Januar 2006 in Kraft getreten, um eine Verschiebung von Geschäften ins Ausland zu verhindern sowie Neugründungen und Kapitalerhöhungen von kleinen und mittleren Unternehmungen zu begünstigen.

4. Die schweizerische Fiskalpolitik

Verschiedene Bestimmungen in der Bundesverfassung (BV) beziehen sich auf die Fiskalpolitik. So kann einerseits Art. 126 BV angeführt werden, der u.a. den Regelmechanismus der Schuldenbremse beinhaltet, womit eine prozyklische Fiskal- resp. Finanzpolitik auf Bundesebene verhindert werden soll. Andererseits kann auch der Konjunkturartikel (Art. 100 BV) genannt werden, der die öffentliche Hand beauftragt, ihre Fiskalpolitik an der Konjunkturlage zu orientieren.

Mit der Fiskalpolitik, d.h. mit finanzpolitischen Entscheiden auf der Einnahmen- und Ausgabenseite, haben die drei Staatsebenen Einfluss auf die **gesamtwirtschaftliche Nachfrage**. Einerseits tritt der Staat durch seine Ausgaben als Nachfrager von Gütern auf, andererseits beeinflusst er über das Steuersystem die Einkommensdisposition der Wirtschaftsakteure. Die Fiskalpolitik ist somit eine zentrale Komponente, welche die **Attraktivität eines Standorts** bestimmt. Es ist deshalb entscheidend, dass diese Politik transparent und berechenbar geführt wird, weil sie die Standortentscheidungen von Unternehmungen im internationalen Wettbewerb massgeblich beeinflusst.

Was kann nun der Staat mit seiner Fiskalpolitik für eine ausgeglichene konjunkturelle Entwicklung tun? Zur Stabilisierung der Konjunktur wird von den **Keynesianern** – benannt nach John M. Keynes (1883–1946) – ein **antizyklisches Verhalten des Staates** gefordert. In Zeiten der Hochkonjunktur sollte er die Ausgaben senken, die Steuern erhöhen und mit den resultierenden Einnahmenüberschüssen die Defizite abtragen (sog. **restriktive Fiskalpolitik**). Dagegen sollte die öffentliche Hand in Zeiten der Rezession mit kreditfinanzierten Ausgabenüberschüssen die gesamtwirtschaftliche Nachfrage stützen (sog. **expansive Fiskalpolitik**). Bei Vollbeschäftigung ist ein ausgeglichenes Budget anzustreben (sog. neutrale Fiskalpolitik). Der Einsatz der Fiskalpolitik als **Mittel der Stabilisierungspolitik** ist in der ökonomischen Theorie umstritten und in der Praxis aus verschiedenen Gründen sehr problematisch. So können – wie beim Einsatz geldpolitischer Massnahmen – **Entscheidungs- und Wirkungsverzögerungen** (sog. Lags) auftreten, die bewirken, dass die Fiskalpolitik prozyklisch statt antizyklisch wirkt und somit die jeweilige konjunkturelle Phase verstärkt anstatt dämpft. Des Weiteren bewirkt eine staatliche Ausgabenfinanzierung über Kredite eine Erhöhung des Zinsniveaus und damit eine **Verdrängung privater Investitionen** (sog. **Crowding-out-Effekt**). Aus diesen Gründen lehnen die **Monetaristen** eine antizyklische Fiskalpolitik des Staates ab und betonen die Bedeutung der Entwicklung der Geldmenge für eine ausgeglichene konjunkturelle Entwicklung (vgl. Abbildung 152 auf S. 572).

Ausgehend von den keynesianischen Überlegungen könnte der Eindruck entstehen, dass ein Budgetdefizit immer mit einer expansiven Fiskalpolitik gleichzusetzen ist. Dies ist jedoch nicht der Fall, da sich Budgetverschlechterungen in einer Rezession automatisch einstellen. In diesem Zusammenhang wird von **automatischen Stabilisatoren** gesprochen, d.h. Regelmechanismen, die antizyklisch auf den Konjunkturverlauf wirken. So führt auf der Einnahmeseite des Staates eine progressive Einkommenssteuer dazu, dass im Aufschwung das Steueraufkommen überproportional anwächst, während im Abschwung das Steueraufkommen überproportional zurückgeht. Auf der Ausgabenseite lässt sich als automatischer Stabilisator die Entwicklung bei der Arbeitslosenversicherung nennen, deren Ausgaben in der Rezession zunehmen und in der Hochkonjunktur zurückgehen. Das aktuelle Budgetdefizit kann deshalb nicht als ein zuverlässiger Indikator für die Wirkung der Fiskalpolitik dienen. Die Veränderungen der staatlichen Ausgaben und Einnahmen sind nicht nur das Resultat von finanzpolitischen Entscheiden, sondern werden eben auch wesentlich durch die konjunkturelle Lage bestimmt. Diese konjunkturellen Schwankungen des Budgets sollten bei der Beurteilung der (aktiven) Fiskalpolitik sinnvollerweise ausgeklammert werden.

In Abbildung 169 ist eine Modellierung der Konjunkturforschungsstelle der ETH (KOF) zur Beurteilung der schweizerischen Fiskalpolitik grafisch wiedergegeben. Es wird versucht, aus dem Saldo der öffentlichen Hand diejenige Komponente herauszufiltern, die zur Beurteilung finanzpolitischer Entscheide der Legislative verwendet werden kann. Der Vergleich des erzielten Outputs (z.B. Bruttoinlandprodukt) mit einem geschätzten potenziellen Output bei Vollbeschäftigung ergibt die **Outputlücke**, einen Indikator für die Konjunkturlage (vgl. Abbildung 101 auf S. 370). Mit Hilfe dieser Outputlücke können die konjunkturbedingten Ausfälle der Staatseinnahmen im Vergleich zur Vollbeschäftigung berechnet werden. Damit lässt sich der ausgewiesene Rechnungssaldo in eine konjunkturelle und eine strukturelle Komponente unterteilen; Letztere basiert auf den beabsichtigten, d.h. den **diskretionären politischen Entscheiden** in Bezug auf die Entwicklung der Staatsfinanzen. Zur Beurteilung der Fiskalpolitik kann somit der **strukturelle Saldo** verwendet werden. Die Fiskalpolitik wird dann als konjunkturneutral bezeichnet, wenn der um die konjunkturell bedingten Einnahmeschwankungen korrigierte Saldo konstant bleibt. Wird nun die Veränderung des strukturellen Saldos der öffentlichen Haushalte ins Verhältnis zum nominellen BIP gesetzt, so lässt sich direkt ein Indikator für die Ausrichtung der Fiskalpolitik ermitteln: der sog. **Fiskalimpuls**. Er ist damit ein Mass für die Ausrichtung der diskretionären Fiskalpolitik und blendet – dies im Gegensatz zum Nachfrageimpuls – die Wirkungen der automatischen Stabilisatoren aus. Ein zunehmendes strukturelles Defizit (z.B. durch Gewährung zusätzlicher Ausgaben) stellt einen positiven Fiskalimpuls dar und zeigt somit eine expansive diskretionäre Fiskalpolitik an. Bei der Verwendung dieses summarischen Indikators für

XIV. Öffentliche Finanzen

die Beurteilung der Fiskalpolitik ist jedoch festzuhalten, dass die unterschiedlichen Nachfrageeffekte der verschiedenen Einnahmen- und Ausgabenkomponenten nicht berücksichtigt sind. Dennoch zeigt sich in der Regel in empirischen Untersuchungen, dass eine expansive diskretionäre Fiskalpolitik die konjunkturelle Entwicklung stimuliert und umgekehrt.

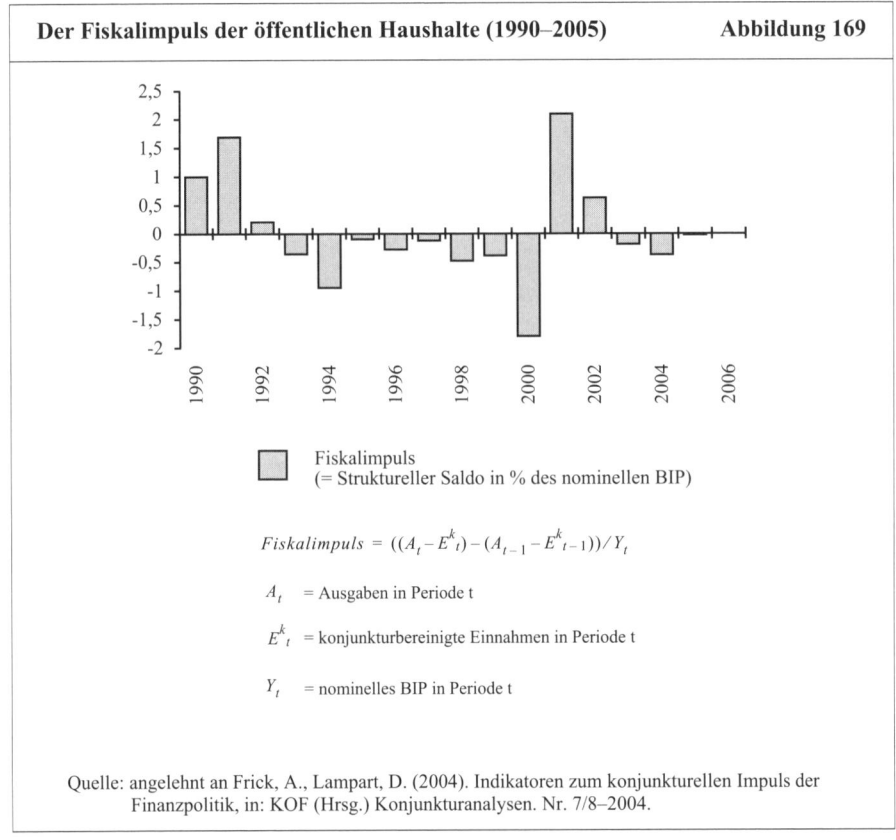

Der Fiskalimpuls der öffentlichen Haushalte (1990–2005) — Abbildung 169

Fiskalimpuls (= Struktureller Saldo in % des nominellen BIP)

$$Fiskalimpuls = ((A_t - E^k{}_t) - (A_{t-1} - E^k{}_{t-1}))/Y_t$$

A_t = Ausgaben in Periode t

$E^k{}_t$ = konjunkturbereinigte Einnahmen in Periode t

Y_t = nominelles BIP in Periode t

Quelle: angelehnt an Frick, A., Lampart, D. (2004). Indikatoren zum konjunkturellen Impuls der Finanzpolitik, in: KOF (Hrsg.) Konjunkturanalysen. Nr. 7/8–2004.

Wie ist nun anhand dieser Überlegungen die **(diskretionäre) Fiskalpolitik in der Schweiz** zu beurteilen? In den Hochkonjunkturjahren 1988 bis 1990 betrieb die öffentliche Hand eine expansive Fiskalpolitik und verstärkte so die bereits lebhafte Nachfrage. Dieser Impuls ging von allen Staatsebenen aus, am stärksten jedoch von den Kantonen. 1991 war die Fiskalpolitik jedoch antizyklisch; einem rückläufigen realen Bruttoinlandprodukt (BIP) stand ein positiver Fiskalimpuls gegenüber. In der Stagnationsphase 1993–1996 wirkte die Fiskalpolitik in der Schweiz restriktiv. Die Einführung der Mehrwertsteuer Anfang 1995 führte beim

Bund zu einem deutlich negativen Impuls. In der Aufschwungsphase ab 1997 wurde die restriktive Ausrichtung auf Bundesebene beibehalten, während sie auf Kantons- und Gemeindeebene leicht restriktiv bis neutral war. Antizyklisch wirkte die Fiskalpolitik auch in den Abschwungjahren 2001 und 2002, während 2003 und 2004 die Sparanstrengungen aller Staatsebenen prozyklisch wirkten; für 2005 lag hingegen eine neutrale Fiskalpolitik vor.

5. Ausblick

Die öffentlichen Finanzen sind ein wichtiger Bestandteil eines modernen Staates und beeinflusst massgeblich das Verhalten von Unternehmungen und Haushalten. Die Schweiz steht mit anderen Nationen in einem Standortwettbewerb, der durch die Finanzordnung mitbestimmt wird. Da die historisch gewachsene Finanzordnung der Schweiz Verbesserungsmöglichkeiten aufweist, wird immer wieder von **Finanzreformen** gesprochen. Dabei zeichnen sich auf internationaler Ebene in den kommenden Jahren folgende **steuerpolitische Herausforderungen** ab: Einerseits geht es für eine Volkswirtschaft darum, die eigene Steuerbasis z.B. mit Quellensteuern oder einem grenzüberschreitenden Informationsaustausch zu schützen. Andererseits gilt es auch, Steuersubstrat und mobile Produktionsfaktoren aus anderen Staaten anzuziehen, um die (potenzielle) Steuerbasis zu vergrössern.

Ein völliger Umbau des schweizerischen Steuersystems ist in den nächsten Jahren nicht zu erwarten: Ende November 2004 hat sich das Volk im Rahmen der Abstimmung über die "Neue Finanzordnung" mit 74% für die Sicherung der direkten Bundessteuer und der Mehrwertsteuer ausgesprochen. Die Kompetenz des Bundes, diese beiden Steuern zu erheben, wurde damit bis 2020 verlängert. Zusammen machen diese Steuern rund 60% der gesamten Bundeseinnahmen aus. Ziel der Finanzordnung soll es letztlich sein, ein möglichst transparentes, systematisches und gerechtes Steuer- und Abgabensystem festzulegen.

Aufgrund der föderalen Struktur der Schweiz präsentierten sich die kantonalen Steuergesetze bis Ende 2000 sehr unterschiedlich. So war es bei den direkten Bundessteuern nicht ungewöhnlich, wenn die Bestimmungen des Steuerobjekts (z.B. des Einkommens), die Bemessungsgrundlagen oder sogar die Steuerbelastung unterschiedlich ausfielen. Das **Bundesgesetz über die Harmonisierung der direkten Steuern der Kantone und Gemeinden (Steuerharmonisierungsgesetz; StHG)** schreibt den kantonalen und kommunalen Gesetzgebern vor, nach welchen Grundsätzen sie die Steuerordnung bezüglich Steuerpflicht, Gegenstand und zeitlicher Bemessung der Steuern, Verfahrensrecht und Steuerstrafrecht auszugestalten haben. Es handelt sich dabei um eine **formelle Harmonisierung** der direkten Bundessteuern. Eine **materielle Harmonisierung** mit Vereinheitlichung der Steuersätze, der Steuertarife und der Steuerfreibeträge ist auch in den nächsten Jahren nicht zu erwarten. Eine solche würde den **interkantonalen Steuerwettbewerb** nicht mehr spielen lassen, und die Anreize zu einer möglichst effizienten Erbringung der Leistungen seitens des Staates würden entfallen. Ebenso würde eine Vereinheitlichung der Steuersätze tendenziell zu einer höheren Steuerbelastung in der gesamten Schweiz führen, da den Bürgern ihre

Abwanderungsoption (sog. **Exit-Option**) weggenommen würde. Eine Annäherung in der interkantonalen Steuerbelastung wird im Rahmen des Neuen Finanzausgleichs (NFA) angestrebt, der Anfang 2008 in Kraft treten wird.

Die Schweiz ist des Weiteren nebst den USA, den Niederlanden und Irland das einzige OECD-Mitglied, das noch eine **volle wirtschaftliche Doppelbelastung der Dividenden** kennt. Diese doppelte Besteuerung erfolgt einerseits bei der Unternehmung über die Gewinnsteuer und andererseits beim Investor, d.h. Aktionär, im Rahmen der Einkommensbesteuerung. In Zukunft sollen auf Bundesebene die Dividenden beim Investor nur noch teilbesteuert werden, wobei diese Reinvermögenszugänge sowohl im Geschäfts- als auch im Privatvermögen – gemäss Vorschlag des Bundesrates – nur noch partiell dem übrigen steuerbaren Einkommen zuzurechnen wären. Damit nicht nur die Grossinvestoren von dieser steuerlichen Entlastung profitieren, ist es zentral, dass nicht nur qualifizierte Beteiligungen an Unternehmungen entlastet werden. Die Teilbesteuerung sollte vielmehr für sämtliche Aktionäre – und damit auch für den Kleinaktionär – gelten. Die **Unternehmenssteuerreform II (USTR II)** würde jedoch auch zu Mindereinnahmen der öffentlichen Hand von 700–800 Mio. Fr. pro Jahr führen, die grösstenteils zu Lasten der Kantone und Gemeinden gingen. Die Vernehmlassung zur USTR II ist Ende April 2004 abgeschlossen worden. Die Botschaft des Bundesrats an das Parlament sollte 2006 erfolgen, und erste Teile der USTR II sollten Anfang 2007 in Kraft treten. Letztlich hat die USTR II zum Ziel, einerseits die Standortattraktivität der Schweiz zu erhöhen und andererseits mehr Wirtschaftswachstum zu generieren. Dabei darf jedoch nicht vergessen werden, dass die wirtschaftliche Doppelbelastung ausgeschütteter Gewinne für ausländische Investoren irrelevant ist, da sie nicht der schweizerischen Einkommenssteuer unterliegen. Ebenso löst eine Milderung der Doppelbelastung erst langfristig Wachstumsimpulse aus.

Auch im Bereich der Konsumbesteuerung, und zwar namentlich der **Mehrwertsteuer (MWSt)**, sind – wie bereits diskutiert – Reformen im Gange. Eine vereinfachte MWSt mit einem Einheitssatz und dem Verzicht auf die gegenwärtig 25 Ausnahmetatbestände könnte bis 2008/2009 in Kraft sein. Wie bei jeder Gesetzesänderung wird auch hierzu ein Vernehmlassungsverfahren, eine bundesrätliche Botschaft und eine parlamentarische Beratung erfolgen.

6. Quellen

6.1 Literatur

Blankart, Ch. B. (2006). Öffentliche Finanzen in der Demokratie. 6. Auflage. München.

Bohley, P. (2003). Die öffentliche Finanzierung: Steuern, Gebühren und öffentliche Kreditaufnahme. München/Wien.

Brennan, G., Buchanan, J. M. (1980). The Power to Tax: Analytical Foundations of a Fiscal Constitution. Cambridge.

Brümmerhoff, D. (1996). Finanzwissenschaft. 7. Auflage. München.

Bundesamt für Statistik, Eidgenössische Steuerverwaltung (Hrsg.) (jährlich). Die Mehrwertsteuer in der Schweiz: Resultate und Kommentare. Neuchâtel.

Eidgenössische Finanzverwaltung (Hrsg.) (2005). Öffentliche Finanzen 2005 – Bund, Kantone, Gemeinden. Bern.

Eidgenössische Finanzverwaltung (Hrsg.) (jährlich). Staatsrechnung. Bern.

Eidgenössisches Finanzdepartement (Hrsg.) (2005). Vernehmlassungsvorlage zu den Sofortmassnahmen im Bereich der Ehepaarbesteuerung. Bern.

Eidgenössische Steuerverwaltung (Hrsg.) (2005). Unternehmenssteuerreform II: Bericht der eidgenössischen Steuerverwaltung über die Ergebnisse des Vernehmlassungsverfahrens. Bern.

Feld, L. P., Kirchgässner, G. (2001). Steuerwettbewerb oder Steuerharmonisierung? – Theoretische und empirische Überlegungen am Beispiel der Schweiz, in: Neue Zürcher Zeitung. Nr. 22, S. 103.

Frick, A., Lampart, D. (2004). Indikatoren zum konjunkturellen Impuls der Finanzpolitik, in: KOF (Hrsg.). Konjunkturanalysen. Nr. 7/8–2004, S. A1–A13. Zürich.

Fuest, C. (2005). Flat Rate Tax – Vor- und Nachteile eines Steuersystems mit einheitlichem Steuersatz, in: Eidgenössisches Volkswirtschaftsdepartement (Hrsg.). Die Volkswirtschaft. Nr. 5, S. 15–18. Bern.

Gygax, D. R., Gerber, Th. L. (Hrsg.) (2006). Die Steuergesetze des Bundes (inkl. OECD-Musterabkommen). Zürich.

Homburg, St. (2005). Allgemeine Steuerlehre. 4. Auflage. München.

International Monetary Fund (ed.) (2001). The Modern VAT. Washington D. C.

Keller, H., Richner, F., Stockar, C., Vallender, K. A., Looser, M. E. (2006). Schweizerisches Steuer-Lexikon Band 1: Bundessteuern. 2. Auflage. Zürich/Basel/Genf.

Keuschnigg, Ch., Dietz, M. D. (2003). Unternehmenssteuerreform II: Quantitative Auswirkungen auf Wachstum und Verteilung. Bern.

Kuhn, St. (2005). Steuerreform statt Steuerreförmchen – Eine wachstumsorientierte Fiskalpolitik wäre möglich, in: Neue Zürcher Zeitung. Nr. 80, S. 27.

Metzger, D. (2005). Schweizer Mehrwertsteuer auf Abwegen – Ein Plädoyer für radikale Vereinfachungen, in: Neue Zürcher Zeitung. Nr. 44, S. 25.

Musgrave, R. A., Musgrave, P. B. (1994). Die öffentlichen Finanzen in Theorie und Praxis. 6. Auflage. Tübingen.

Sauter, Ch. (2004). Wer ist reich und wer ist arm? – Ein neues Masssystem für den neuen Finanzausgleich (NFA), in: Neue Zürcher Zeitung. Nr. 264, S. 17.

Schaltegger, Ch. A. (2004). Überlegungen zu einem Einheitssteuersatz (flat rate tax) auf Einkommen in der Schweiz. Bern.

Schaltegger, Ch. A. (2004). Wieviel Staatsschulden kann sich die Schweiz leisten? Bern.

Schweizerischer Bundesrat (2005). Bericht des Bundesrates über Verbesserungen der Mehrwertsteuer – 10 Jahre Mehrwertsteuer. Bern.

Schweizerische Steuerkonferenz (Hrsg.) (2002). Die Vorzüge des schweizerischen Steuersystems. Bern.

Schweizerische Steuerkonferenz (Hrsg.) (2005). Das schweizerische Steuersystem. 12. Auflage. Bern.

Zimmermann, H., Henke, K.-D. (2005). Finanzwissenschaft: Eine Einführung in die Lehre von der öffentlichen Finanzwirtschaft. 9. Auflage. München.

6.2 Internet

Eidgenössische Finanzkontrolle. URL: www.efk.admin.ch

Eidgenössische Finanzverwaltung. URL: www.efv.admin.ch

Eidgenössische Steuerverwaltung. URL: www.estv.admin.ch

Eidgenössische Zollverwaltung. URL: www.zoll.admin.ch

Konferenz der kantonalen Finanzdirektoren. URL: www.fdk-cdf.ch

Schweizerische Steuerkonferenz – Vereinigung der schweizerischen Steuerbehörden. URL: www.steuerkonferenz.ch

Steuer Revue – Revue fiscale. URL: www.steuerrevue.ch

Treuhandkammer. URL: www.treuhand-kammer.ch

XV. Soziale Sicherung

1. Einführung

Im Rahmen der sozialen Sicherung werden grundsätzlich zwei Ziele verfolgt, wobei diese nicht unabhängig voneinander sind: Einerseits sollen sich Individuen gegen Risiken wie z.B. Invalidität oder Arbeitslosigkeit **absichern** können, da sie im Falle eines Risikoeintritts direkt und u.U. existenziell in ihrer Lebenslage bedroht wären. Andererseits soll, wenn die sozialen Unterschiede zwischen Individuen oder Gruppen als unbefriedigend empfunden werden, eine **Umverteilung** der verfügbaren Realeinkommen erfolgen. Aus dieser Perspektive hat die Sozialpolitik die Verbesserung der Lebenslage gesellschaftlich schwächerer Individuen und damit Bedarfsgerechtigkeit zum Ziel. Da die sozialen Probleme von Gesellschaft zu Gesellschaft verschieden sind und sich im Laufe der Zeit wandeln, hat die Sozialpolitik keinen allgemein anerkannten und präzis abgrenzbaren Inhalt.

In jeder Wirtschaftsordnung müssen grundsätzliche Fragen bezüglich der Entstehung, Verteilung und Verwendung der Güter beantwortet werden (vgl. Abbildung 6 auf S. 14). Da in einer arbeitsteiligen Marktwirtschaft grundsätzlich das Einkommen den Anspruch der einzelnen Individuen auf die Güter bestimmt, wird die Lebenslage der Individuen somit weitgehend durch deren **Einkommenssituation** und damit durch die **Einkommensverteilung** beeinflusst. Deshalb setzt die Sozialpolitik bei der Entstehung, der Umverteilung und/oder bei der Verwendung der Einkommen an: Benachteiligte Individuen sollen bessere oder überhaupt Verdienstmöglichkeit haben, sie sollen von Einkommenstransfers profitieren, und/oder die von ihnen nachgefragten Güter sollen preisgünstiger sein (z.B. Lebensmittelverbilligungen).

Die Einkommensverteilung wird hauptsächlich durch die **Entstehung der Einkommen** auf den Faktormärkten bestimmt, insbesondere auf dem Arbeitsmarkt. Sozialpolitisch motivierte Massnahmen umfassen dabei die Arbeitsmarkt-, die

Beschäftigungs- und die Lohnpolitik. Aber auch die Bildungs- und die Gesundheitspolitik setzen wichtige Rahmenbedingungen für die Einkommensentstehung.

Die Verteilung dieser verdienten Einkommen (Primärverteilung) kann nun weiter v.a. durch staatliche Massnahmen beeinflusst und dadurch zusätzlich umverteilt werden (Sekundärverteilung). Diese **Umverteilung der Einkommen** kann aus zwei verschiedenen Perspektiven erfolgen: Entweder wird die Einkommenslage einzelner Personen zu einem bestimmten Zeitpunkt verglichen **(interpersonelle Einkommensverteilung)**, oder es wird der Verlauf des Lebenseinkommens der einzelnen Individuen betrachtet und beeinflusst **(intertemporale Einkommensverteilung)**, wobei meist beide Effekte miteinander verbunden sind. Des Weiteren kann zwischen einer **Ex-ante-** und einer **Ex-post-Umverteilung** unterschieden werden. Eine Ex-post-Umverteilung geht zwangsweise mit jeder Versicherung einher, weil diejenigen Individuen, bei denen ein Schadensfall eintritt, einen Geldbetrag erhalten, der u.a. auch aus den Beiträgen derjenigen Individuen finanziert wird, bei denen kein Schadensfall eingetreten ist. In den Sozialversicherungen findet sich zudem eine Komponente einer Ex-ante-Umverteilung, da z.B. die Beiträge nicht vollständig risikoadäquat ausgestaltet werden.

Die bei der Entstehung und durch die Umverteilung beeinflussten Einkommen – das sind die den Individuen effektiv zur Verfügung stehenden Einkommen – bestimmen deren Lebenslage noch nicht vollständig. Verschiedene Individuen und Gruppen haben unterschiedliche Bedürfnisse und deshalb unterschiedliche Konsumstrukturen. Diese unterschiedlichen Verbrauchsstrukturen und die unterschiedliche Preisentwicklung einzelner Güter beeinflussen die Verwendung des verfügbaren Geldvermögens und somit die Lebenslage der Wirtschaftssubjekte. Sozialpolitische Massnahmen, die bei der **Verwendung des Einkommens** ansetzen, sind deshalb der Konsumenten-, der Wohnungs- oder der Mieterschutz.

2. Grundprinzipien und Bedeutung

Die Zielsetzung der sozialen Sicherung besteht in der Einkommenssicherung und dem Einkommensausgleich, wobei aus marktwirtschaftlicher Perspektive die Einkommensunterschiede nicht vollständig ausgeglichen werden sollen. Zur Verwirklichung des Systems der sozialen Sicherung stehen verschiedene Möglichkeiten zur Verfügung, die im Folgenden vorgestellt werden. Anschliessend wird auf die finanz- und volkswirtschaftliche Bedeutung der sozialen Sicherung eingegangen.

2.1 Grundprinzipien der sozialen Sicherung

Der überwiegende Teil der Institutionen der sozialen Sicherung befasst sich mit der Gewährung von Geldleistungen zum Schutz des Einkommens vor verschiedenen **Risiken**. Worauf soll dabei aber die Gewährung der Leistungen ausgerichtet werden? Auf den Einkommensausfall selbst oder auf dessen Ursache? Ist das System der sozialen Sicherung nach dem **Kausalprinzip** aufgebaut, so betrachtet man die Ursache, die zum Einkommensausfall geführt hat. Je nach Ursache ist eine andere Institution mit ihren eigenen Regeln für die Gewährung der Leistungen zuständig. So wird z.B. der Einkommensausfall aufgrund von Arbeitslosigkeit durch die Arbeitslosenversicherung (ALV) gedeckt, während der Einkommensausfall aufgrund einer Invalidität durch die Invalidenversicherung (IV) gedeckt wird. Ist das System der sozialen Sicherung dagegen nach dem **Finalprinzip** ausgestaltet, so spielt die Ursache des Einkommensausfalls keine Rolle. Es zählt nur die Tatsache, dass ein Einkommensausfall vorliegt. Die zu gewährenden Leistungen stellen einen Einkommensersatz dar.

Das System der sozialen Sicherung kann unterschiedlich verwirklicht werden, je nachdem, welche Kriterien bei der Gewährung und Finanzierung der Leistungen angesetzt werden. Ist die soziale Sicherung nach dem **Versicherungsprinzip** aufgebaut, so stehen die individuellen Beiträge und Leistungen in einem engen Verhältnis zueinander. Individuen, die voneinander unabhängig vom gleichen Risiko bedroht sind, schliessen sich freiwillig oder zwangsweise zu einer Versicherungsgemeinschaft zusammen. Die Gewährung und der Umfang der Leistungen sind von den bezahlten Beiträgen abhängig. Ist die soziale Sicherung nach dem **Versorgungsprinzip** ausgestaltet, so erhalten alle gewisse Leistungen, unabhängig davon, ob sie Beiträge einbezahlt haben oder bedürftig sind. Diese Art der sozialen Sicherung wird über Steuern finanziert. Ist das **Fürsorgeprinzip** für die soziale Sicherung massgebend, so werden die Hilfeleistungen nur dann gewährt, wenn ein individueller Bedürftigkeitsnachweis erbracht ist. Auch diese Leistungen werden durch die öffentliche Hand finanziert.

Die soziale Sicherung in der Schweiz ist historisch gewachsen und orientiert sich vorwiegend am Kausalprinzip. Bei der Ausgestaltung der einzelnen Institutionen findet man weder das Versicherungsprinzip noch das Versorgungs- oder das Fürsorgeprinzip in reiner Form angewendet. Vielmehr stellt das System der sozialen Sicherung ein Mischsystem dar, das Elemente aller drei Prinzipien vereinigt.

2.2 Finanz- und volkswirtschaftliche Bedeutung der sozialen Sicherung

Das Netz der sozialen Sicherung hat sowohl aus finanz- als auch aus volkswirtschaftlicher Perspektive eine grosse Bedeutung in der Schweiz:

Werden die öffentlichen Ausgaben nach Funktionen betrachtet, so standen 2003 die **Ausgaben für die soziale Wohlfahrt** mit gut 26 Mrd. Fr. an zweiter Stelle. Damit bildeten sie knapp 20% der Gesamtausgaben der öffentlichen Haushalte (vgl. Abbildung 160 auf S. 606). Die Finanzierung der **Einnahmen für die soziale Wohlfahrt** kam 2002 zu mehr als der Hälfte über den Faktor Arbeit zustande; so bestand die Einnahmeseite zu rund 24% aus **Sozialbeiträgen der Arbeitnehmer** und zu rund 32% aus **Beiträgen der Arbeitgeber**. Dies stellt eine schwerwiegende Belastung des Faktors Arbeit über Lohnnebenkosten dar und hat ohne Zweifel auch beschäftigungspolitische Konsequenzen. **Vermögenserträge** mit einem Anteil von knapp 20% sind stark schwankend. Die Beiträge von Bund, Kantonen und Gemeinden, die letztlich über **Steuern** finanziert werden, sind steigend und machten den restlichen Viertel der Gesamteinnahmen aus. Der künftige notwendige **zusätzliche Finanzierungsbedarf sämtlicher Sozialversicherungen** wird denn auch oft in Mehrwertsteuer-Äquivalenten (MWSt-Äquivalenten) geschätzt. Gemäss der Schätzung einer eidgenössischen Expertenkommission von 2003 besteht ein totaler Mehrbedarf im Zeitraum von 2000–2010 von 4,1 MWSt-Prozenten und im Zeitraum von 2010–2025 von weiteren 4,6 MWSt-Prozenten, unter der Annahme eines durchschnittlichen jährlichen BIP-Wachstums von 1,3% bis 2010 und danach von 0,7% bis 2025 sowie einem jährlichen Anstieg der Reallöhne um 1% und einer durchschnittlichen Arbeitslosigkeit von 2,5% pro Jahr. Damit verbindet sich ein unausweichlicher Sparzwang.

XV. Soziale Sicherung

Die **Entwicklungen der Soziallast- und der Sozialleistungsquote** geben aus volkswirtschaftlicher Sicht Informationen in Bezug auf die zunehmende Bedeutung des Sozialstaates in der Volkswirtschaft der Schweiz (vgl. Tabelle 40).

Soziallast- und Sozialleistungsquote in der Schweiz[1]   Tabelle 40

	1960[2]	1970	1980	1990	2000
Soziallastquote[3]	11,5%	13,5%	19,6%	23,0%	26,0%
Sozialleistungsquote[4]	6,0%	8,5%	13,2%	14,4%	20,1%

[1] Quelle: BSV (2004). Schweizerische Sozialversicherungsstatistik 2004. Bern. S. 69.
[2] 1960–1980: gemäss Nationaler Buchhaltung; ab 1990: gemäss Volkswirtschaftlicher Gesamtrechnung.
[3] Anteil der Sozialversicherungseinnahmen am BIP.
[4] Anteil der Sozialversicherungsleistungen am BIP.

Dabei handelt es sich jedoch um **unechte Quoten**, weil der Sozialversicherungshaushalt nicht vollumfänglich Bestandteil des Bruttoinlandprodukts (BIP) ist. Innerhalb der Volkswirtschaftlichen Gesamtrechnung (VGR) werden diese beiden Aggregate aus unterschiedlichen Perspektiven ermittelt: Das BIP resultiert aus der Produktions- und Verwendungsrechnung, während die Sozialversicherungstransaktionen Teil des Einkommensverteilungskontos sind. Die **Soziallastquote** zeigt dabei an, welcher Teil der Wirtschaftsleistung für die Sozialversicherungen verwendet wird und kann somit als Indikator für die relative Belastung der Volkswirtschaft durch Einnahmen der Sozialversicherungen dienen. Das Niveau dieses Indikators erlaubt zwar keine direkten Aussagen – da es sich eben um eine unechte Quote handelt –, die Veränderungsraten sind jedoch von Interesse für die aktuelle Entwicklung und langfristige Vergleiche. Die Verdoppelung der Soziallastquote zwischen 1960–1990 und der weitere Anstieg um drei Prozentpunkte in den 1990er Jahren sind u.a. vor dem Hintergrund einer zunehmenden Integration der Frauen in die Arbeitswelt zu sehen. Verschiedene Aufgaben wie z.B. die Betreuung und Pflege der älteren Generation wurden früher durch die Frauen wahrgenommen; heute werden diese Arbeiten aber vermehrt an die entsprechenden sozialen Institutionen delegiert. Eine Zunahme der Soziallastquote darf somit nicht leichtfertig resp. ausschliesslich mit einer ineffizienten Aufblähung des Staatsapparates gleichgesetzt werden. Die **Sozialleistungsquote** zeigt an, welcher Teil der gesamten Wirtschaftsleistung durch die Empfänger von Sozialleistungen beansprucht wird und ist somit der Quotient aus Sozialleistungen und BIP. Auch hier weist die Quote eine eindeutig steigende Tendenz auf, hat sie sich doch in den Jahren 1960–2000 mehr als verdreifacht.

Um die Sozialausgaben verschiedener Länder miteinander vergleichen zu können, muss sichergestellt werden, dass die Definitionen übereinstimmen und die Zuordnungen in allen Ländern nach den gleichen Kriterien erfolgen. Zu diesem

Zweck wurde sowohl von der OECD als auch von der Europäischen Union (EU) ein umfassendes **Konzept zur Erfassung der Sozialausgaben und -einnahmen** entwickelt. Dabei orientieren sich diese beiden Konzepte nicht nur institutionell an den bestehenden Sozialversicherungen, sondern schliessen zusätzlich z.B. auch Ausgaben für den **Jugendschutz** und Massnahmen im Bereich des **Asylwesens** mit ein. Damit ergibt sich ein international vergleichbares Mass für den **Sozialschutz**. Ein Vergleich der Resultate anhand des "Europäischen Systems der integrierten Sozialschutzstatistik" zeigt, dass die Schweiz mit einem Anteil der Sozialschutzausgaben am BIP von knapp 30% leicht über dem Durchschnitt der EU-15 liegt. Höhere Werte weisen die beiden skandinavischen Länder Dänemark und Schweden sowie die beiden grossen europäischen Volkswirtschaften Deutschland und Frankreich aus.

Eine Übersicht über alle **Sozialleistungen nach Funktionen** und im internationalen Vergleich zeigt, dass in der Schweiz die Altersvorsorge besonders gut ausgebaut ist, während etwa die Familie deutlich unterdurchschnittliche Leistungen erhält. Im europäischen Vergleich waren die **Ausgaben für die soziale Sicherheit** 2001 in der Schweiz nach Kaufkrafteinheiten pro Einwohner hinter Dänemark und Norwegen am dritthöchsten.

3. Die Zweige der sozialen Sicherung in der Schweiz

Die Schweiz verfügt über einen Sozialstaat mit einem ausgebauten Netz der sozialen Sicherung. In Art. 2 BV wird der Zweck der Schweizerischen Eidgenossenschaft u.a. mit der Förderung der gemeinsamen Wohlfahrt umschrieben; Art. 41 BV nennt die wichtigsten **Sozialziele**, die durch Bund und Kantone erreicht werden sollen. So soll z.B. grundsätzlich jede Person an der sozialen Sicherheit teilhaben oder die für ihre Gesundheit notwendige Pflege erhalten, ohne dass jedoch aus den Sozialzielen selbst ein unmittelbarer Anspruch auf staatliche Leistungen abgeleitet werden könnte. Daneben finden sich verschiedene Verfassungsartikel, welche die Kompetenz für die Einrichtung einzelner Zweige der sozialen Sicherung regeln.

Das System der sozialen Sicherung besteht überwiegend aus staatlichen Massnahmen, welche die Verteilung der Einkommen beeinflussen. Abbildung 170 auf S. 652 gibt einen Überblick über das System der sozialen Sicherung in der Schweiz. Es sind die verschiedenen Risiken (z.B. Arbeitslosigkeit) oder Schutztatbestände (z.B. Alter) sowie die dazugehörigen Institutionen (z.B. Arbeitslosenversicherung) dargestellt. Die soziale Sicherung setzt sich aus zwei Instrumenten zusammen: die Sozialversicherungen und die Sozialhilfe. Bei den **Sozialversicherungen** liegt die Gesetzgebungskompetenz beim Bund, der Vollzug grösstenteils bei den Kantonen. Auf die Leistungen besteht ein Rechtsanspruch, ohne dass ein Nachweis der Bedürftigkeit erbracht werden muss (ausser bei den Ergänzungsleistungen). Bei der **Sozialhilfe** (Fürsorge) liegt die Gesetzgebungskompetenz bei den Kantonen, der Vollzug ebenfalls bei den Kantonen und oft sogar bei den Gemeinden. Die von der Sozialhilfe geleistete wirtschaftliche Hilfe (Bar- und/oder Naturalleistungen) oder persönliche Hilfe (Beratung und/oder Betreuung) setzt den Nachweis der Bedürftigkeit voraus. Die Sozialhilfe setzt subsidiär ein, d.h. erst wenn die Leistungen der Sozialversicherungen und von privater Seite ausgeschöpft sind, aber immer noch Bedürftigkeit besteht. Die Sozialhilfe stellt somit ein Auffangnetz dar.

Im Folgenden werden die einzelnen Sozialversicherungen kurz beschrieben, v.a. der Kreis der Versicherten, die Leistungen und deren Finanzierung. Gegliedert wird nach dem Risiko, das zur Einkommenseinbusse führen kann. Einige Institutionen der sozialen Sicherung (z.B. Militärversicherung, Erwerbsersatzordnung, Familienzulagen) werden nicht behandelt.

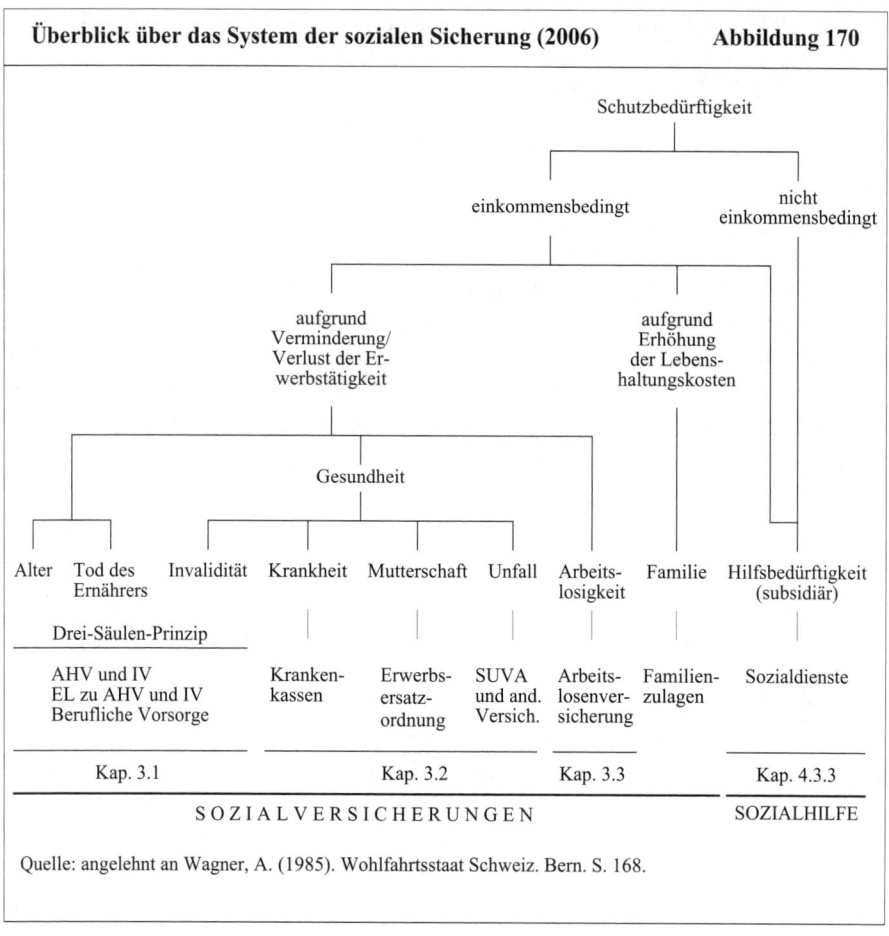

3.1 Risikofaktor: Alter, Tod und Invalidität des Ernährers

Das am häufigsten eintretende Risiko, das durch das System der sozialen Sicherung abgedeckt werden sollte, ist der durch das Alter bedingte Einkommensrückgang oder -ausfall. In vielen Fällen ist jedoch nicht nur der Einkommensbezieher, sondern sind auch dessen Familienangehörige vom Einkommensausfall betroffen. Weitere durch die Sozialversicherungen abzudeckende Risiken sind somit der durch Tod oder Invalidität des Ernährers entstehende Einkommensausfall bei den Hinterlassenen resp. Angehörigen. Die Ausgaben für diese drei Risiken betragen heute rund 70% der Gesamtausgaben der Sozialversicherungen.

Schon 1925 wurde die Errichtung einer Alters- und Hinterlassenenversicherung (AHV) in der Bundesverfassung verankert, doch erst im Jahr 1948 konnte das entsprechende Bundesgesetz in Kraft treten. Dieses Gesetz konzipierte die Altersvorsorge als eine Basisversicherung, die nicht einmal den Existenzbedarf abdeckte. Dieser Mangel machte es notwendig, die freiwillige berufliche Alters- und Hinterlassenenvorsorge weiter zu entwickeln. Da die staatliche AHV bei ihrer Einführung nicht den Existenzbedarf zu decken vermochte und nicht alle zusätzlich auf eine berufliche Vorsorge zurückgreifen konnten, bestand für einen Teil der Bevölkerung keine ausreichende Alters- und Hinterlassenenvorsorge. Diese Lücke wurde anfänglich mit Fürsorgeleistungen abgedeckt, die 1966 durch die Ergänzungsleistungen (EL) zur AHV ersetzt wurden. Diese historisch so gewachsene Alters- und Hinterlassenenvorsorge wurde im Jahr 1972 mit der Volksabstimmung über das **Drei-Säulen-Prinzip** (vgl. Abbildung 171) für die Vorsorge im Alter, bei Todesfall und Invalidität in der Bundesverfassung festgeschrieben.

Alters-, Hinterlassenen- und Invalidenvorsorge	Abbildung 171
Art. 111 BV: 1 Der Bund trifft Massnahmen für eine ausreichende Alters-, Hinterlassenen- und Invalidenvorsorge. Diese beruht auf drei Säulen, nämlich der eidgenössischen Alters-, Hinterlassenen- und Invalidenversicherung, der beruflichen Vorsorge und der Selbstvorsorge. 2 (...)	

Die 1. Säule der Alters-, Hinterlassenen- und Invalidenvorsorge bilden die AHV und die Invalidenversicherung (IV); im Weiteren zählen die Ergänzungsleistungen (EL) zur AHV/ IV sowie die Erwerbsersatzordnung dazu. Diese staatliche Säule stellt eine eidgenössische Versicherung dar, die mit ihren Renten für die ganze Bevölkerung den **Existenzbedarf** angemessen decken soll. Die 1. Säule wird ergänzt durch die 2. Säule, d.h. die berufliche Alters-, Hinterlassenen- und Invalidenvorsorge. Diese berufliche Vorsorge (BVg) wird durch die zahlreichen betrieblichen Pensionskassen institutionalisiert und soll zusammen mit den Leistungen der 1. Säule ermöglichen, die **gewohnte Lebenshaltung** in angemessener Weise fortzusetzen. Die private Selbstvorsorge bildet die 3. Säule, die durch Bund und Kantone – insbesondere durch Fiskal- und Eigentumspolitik – gefördert wird. So sind einerseits Maximalbeträge, die in die 3. Säule einbezahlt werden, vom steuerbaren Einkommen abziehbar, andererseits können diese Gelder für den Bau oder Erwerb von selbstgenutztem Wohneigentum vorzeitig bezogen

werden. Die 3. Säule soll somit den **Wahl- oder Luxusbedarf** ermöglichen. Da es sich um eine private und somit individuelle Vorsorge handelt, wird sie in Abbildung 170 auf S. 652 nicht aufgeführt.

Das Drei-Säulen-Prinzip wird von der OECD regelmässig als eines der besten Systeme der Altersvorsorge unter den Industrieländern gepriesen. Dies rührt daher, dass die Schweiz **verschiedene Mechanismen kombiniert**, womit eine Zunahme konzeptioneller Fähigkeiten sowie eine Diversifikation marktlicher und politischer Risiken verbunden ist. So liegt eine Kombination des Ausgabenumlage- und Kapitaldeckungsverfahrens hinsichtlich der Finanzierung vor, wobei insbesondere die Kapitaldeckungskomponente sehr viel kräftiger ausgebaut ist als in praktisch allen Ländern des europäischen Kontinents. Ebenso werden staatliche mit privater Vorsorge sowie obligatorische und nicht-obligatorische Ersparnisbildung miteinander verknüpft. Probleme der Altersvorsorge, wie sie angesichts der Alterung der Bevölkerung zu lösen sind, können somit auf unterschiedlichen Konzepte basierend angepackt werden, wie im Folgenden dargelegt werden soll.

3.1.1 Die Alters- und Hinterlassenenversicherung

Die AHV wird in Art. 112 BV geregelt und im Bundesgesetz über die Alters- und Hinterlassenenversicherung (AHVG) konkretisiert. Sie deckt mit ihren Leistungen grundsätzlich die gesamte Bevölkerung ab, d.h. alle natürlichen Personen, die in der Schweiz einen zivilrechtlichen Wohnsitz haben, sind – unabhängig ihrer Nationalität – obligatorisch versichert. Somit unterstehen auch Kinder, Hausmänner, Rentner und Studierende der **Versicherungspflicht** der AHV. Für in der Schweiz wohnhafte, jedoch in der Europäischen Union (EU) erwerbstätige Personen gilt mit dem Freizügigkeitsabkommen im Rahmen der Bilateralen I das sog. **Erwerbsortprinzip**. Die Versicherungspflicht besteht demnach nur in einem Land, nämlich im Land der Erwerbstätigkeit. Die AHV zahlt allen Personen, die das Pensionsalter erreicht haben, eine Altersrente aus, resp. entrichtet den Hinterlassenen einer versicherten Person eine Hinterlassenenrente. Die ausbezahlten Renten beliefen sich 2003 auf eine Gesamtsumme von 30 Mrd. Fr., wobei an rund 1,8 Mio. Personen eine Rente entrichtet wurde. Das **Rentensystem der AHV** unterscheidet drei Arten von Renten (vgl. Abbildung 172).

Hat ein Individuum einmal einen Anspruch auf eine Rente, so berechnet sich deren Höhe aus dem Einkommen, auf dem Beiträge entrichtet wurden, und aus der Beitragsdauer. Wurden in allen Beitragsjahren die Beiträge entrichtet, so kommt der Rentenbezüger in den Genuss einer Vollrente; sonst erhält er eine Teilrente. Um die Höhe der Rente zu berechnen, wird das durchschnittliche Ein-

XV. Soziale Sicherung

| Das Rentensystem der Alters- und Hinterlassenenversicherung | Abbildung 172 |

Altersrenten:

Bis zur 9. AHV-Revision wurden einfache Altersrenten und Ehepaar-Altersrenten ausgerichtet. Seit dem Inkrafttreten der 10. AHV-Revision am 1. Januar 1997 wird grundsätzlich nur noch von Altersrenten für Personen im Rentenalter gesprochen. Die Altersrente steht Frauen nach dem erfüllten 64., Männern nach dem erfüllten 65. Lebensjahr zu. Bereits seit 1969 kennt die AHV das flexible Rentenalter, jedoch nur nach oben (Rentenaufschub). Der Aufschub beträgt sowohl für Männer als auch für Frauen je nach Bedürfnis 1–5 Jahre. Mit der 10. AHV-Revision wurde die Flexibilisierung des Rentenalters auch nach unten eingeführt (Rentenvorbezug). Der Vorbezug ist ebenfalls geschlechtsneutral um 1–2 Jahre möglich. Während sich durch den Rentenaufschub der Rentenbetrag lebenslänglich erhöht, wird durch einen Vorbezug die Rente lebenslänglich gekürzt. Die Altersrenten machen die grosse Mehrheit der Rentenbezüger und Rentenbeträge der AHV aus: Rund 1,6 Mio. Bezüger von Altersrenten erhalten jährlich eine Gesamtsumme von rund 28 Mrd. Fr.

Zusatzrenten:

Zusatzrenten werden an Familienangehörige von Altersrentnern ausgerichtet, einerseits in gewissen Fällen an Ehepartner, andererseits an Kinder. So erhält z.B. die Ehefrau eines Altersrentners, die keinen eigenen Anspruch auf eine Altersrente erheben kann, eine solche Zusatzrente ausbezahlt. Dies kommt insbesondere im Ausland öfters vor. Kinderrenten werden in der Regel bis zur Vollendung des 18. Altersjahrs des Kindes ausgerichtet, falls ein Elternteil bereits Bezüger einer Altersrente ist. Ist das Kind nach Vollendung des 18. Altersjahrs noch in Ausbildung, so wird die Kinderrente längstens bis zum vollendeten 25. Altersjahr ausbezahlt. Rund 70'000 Bezüger von Zusatzrenten erhalten jährlich rund 270 Mio. Fr.

Hinterlassenenrenten:

Die Witwenrente beträgt maximal 80% der Altersrente und steht Frauen zu, die bei der Verwitwung Kinder haben. Haben sie keine Kinder, muss die Ehefrau über 45 Jahre sein und mindestens fünf Jahre verheiratet gewesen sein. Der Anspruch auf die Witwenrente erlischt bei einer Wiederverheiratung oder mit dem Anspruch auf eine Alters- oder Invalidenrente, die höher ist als die Witwenrente. Eine Witwerrente kennt die AHV erst seit der 10. AHV-Revision; verwitwete Männer erhalten eine solche Leistung jedoch nur, solange ihre Kinder weniger als 18 Jahre alt sind. Ausserdem gibt es Renten für Waisen und Vollwaisen. An die rund 130'000 Empfänger von Hinterlassenenrenten werden jährlich etwa 15 Mrd. Fr. ausbezahlt.

kommen über alle Beitragsjahre ermittelt. Bis zu einem durchschnittlichen Jahreseinkommen von 12'900 Fr. erhält ein Bezüger die **Minimalrente**, ab einem Einkommen von 77'400 Fr. die **Maximalrente**. Dazwischenliegende Einkommen ergeben eine Rente zwischen Minimal- und Maximalrente, die nach der sog. **Rentenformel** berechnet wird (vgl. Abbildung 173).

Die Rentenformel der Alters- und Hinterlassenenversicherung	Abbildung 173

Die Formel zur Rentenberechnung berücksichtigt das massgebende durchschnittliche Jahreseinkommen und die Beitragsdauer und ist so aufgebaut, dass der Rentenbetrag für jede Skala im Verhältnis 1:2 variiert. Mathematisch präsentiert sie sich wie folgt:

$a \times b \times R_0$ wenn $E \leq 12 \times R_0$

$a \times b \times (0.74 \times R_0 + 13 \times E/600)$ wenn $12 \times R_0 < E < 36 \times R_0$

$a \times b \times (1.04 \times R_0 + 8 \times E/600)$ wenn $36 \times R_0 \leq E \leq 72 \times R_0$

$2 \times a \times b \times R_0$ wenn $E > 72 \times R_0$

Dabei bedeuten:

R_0: Betrag der minimalen Vollrente (1075 Fr. im Jahr 2005)

$2 \times R_0$: Betrag der maximalen Vollrente (2150 Fr. im Jahr 2005)

a: von der Rentenart abhängiger Faktor (Alters-, Zusatz- oder Hinterlassenenrente)

b: von der Rentenskala abhängiger Faktor (Skala 44 bei vollständiger Beitragsdauer)

E: massgebendes durchschnittliches Jahreseinkommen

Quelle: BSV (Hrsg.). AHV-Statistik 2004. Bern. S. 35.

Mit der 10. AHV-Revision wurde eine neue Formel eingeführt, die wesentlich zur Besserstellung von wirtschaftlich schwächeren Rentnern beiträgt. Für die Altersrente beträgt das monatliche Minimum 1075 Fr. (12'900 Fr. pro Jahr) und das Maximum 2150 Fr. (25'800 Fr. pro Jahr), also genau das Doppelte. Die Höhe der AHV-Rente eines Pensionierten weist somit also keinen direkt-proportionalen Wert zu seinem früheren Einkommen auf; mit der Limitierung der Rente sowohl nach oben als auch nach unten wird eine **staatliche Umverteilung der Einkommen im Alter** bewirkt (Solidaritätseffekt). Der Bundesrat passt die Renten in der Regel alle zwei Jahre an, wobei im Rahmen der 2004 abgelehnten 11. AHV-Revision eine Anpassung nach drei Jahren vorgeschlagen wurde (vgl. S. 683); diese Anpassung der Renten erfolgt anhand des **Mischindexes**, der das arithmetische Mittel aus Preis- und Lohnindex ist. Mit der Anpassung an die Preisentwicklung wird die Erhaltung der Kaufkraft der Renten bewirkt. Mit der Anpassung an die Lohnentwicklung wird ein Teil der Produktivitätssteigerung der Erwerbstätigen an die pensionierte Generation weitergegeben. Neben den Renten gewährt die AHV **Hilflosenentschädigungen** oder finanziert die Abgabe von **Hilfsmitteln** wie z.B. Prothesen, Hörgeräten oder Lupenbrillen.

XV. Soziale Sicherung

Beitragspflichtig sind alle selbständig und unselbständig Erwerbstätigen (ab dem 17. Altersjahr) und alle Nichterwerbstätigen (ab dem 20. Altersjahr) bis sie das Rentenalter erreichen oder (danach) die Erwerbstätigkeit aufgeben. Nichterwerbstätige Ehegatten sind unter gewissen Umständen von der Beitragspflicht befreit. Bei unselbständig Erwerbenden beträgt der Beitragssatz seit über zwanzig Jahren 8,4% auf dem Einkommen (davon wird die Hälfte – der sog. Arbeitnehmerbeitrag – direkt auf dem Lohnausweis abgezogen). Bei selbständig Erwerbenden liegt der Beitragssatz je nach Einkommen zwischen 4,2 und 7,8% des Lohnes. Beitragspflichtige Nichterwerbstätige zahlen Beiträge, die nach dem Vermögen abgestuft werden.

Die **Lohnbeiträge** der Erwerbstätigen stellen mit 70% der Gesamteinnahmen die wichtigste Einnahmequelle der AHV dar und bewirken die Umverteilung von den Erwerbstätigen zu den Rentenbezügern; mehr als 9% des verfügbaren Einkommens aller Haushalte in der Schweiz entstammen aus den Renten der AHV. Weitere 20% der Gesamteinnahmen der AHV werden durch die **öffentliche Hand** bestritten, wobei der Bund und letztlich der Konsument über die Alkohol- und die Tabaksteuer die Hauptlast trägt. Der Rest wird über das **Mehrwertsteuer-Prozent** der AHV (sog. Demographie-Prozent), die **Steuern aus Spielbanken** und die **Kapitalzinsen des Ausgleichsfonds** gedeckt.

Der Finanzierungsmechanismus der AHV ist durch das sog. **Umlageverfahren** geregelt (vgl. Abbildung 174 auf S. 658). Ein **Ausgleichsfonds** fängt die konjunkturell, aber nicht demographisch bedingten Schwankungen der jährlichen Einnahmen auf und deckt vorübergehende Ausgabenüberschüsse; der Fonds dient somit nicht der Ersparnisbildung. Gemäss gesetzlichen Bestimmungen sollten mittels dieses Fonds rund ein Jahr lang alle Leistungen finanziert werden (rund 30 Mrd. Fr.), wobei bereits heute nur noch knapp 80% einer Jahresausgabe gedeckt werden können. Werden keine Massnahmen zur Sanierung der AHV ergriffen, dürfte der Prozentsatz ab 2010 unter 70% sinken, womit der Fonds seine eigentliche Aufgabe immer weniger erfüllen kann.

Falls die Altersrente zusammen mit weiteren Einkünften (z.B. Zinserträge auf Sparguthaben) nicht ausreicht, die minimalen Lebenskosten zu decken, sind die AHV-Rentner zum Bezug von **Ergänzungsleistungen (EL) zur AHV** berechtigt. Der Anspruch auf EL wird individuell ermittelt, und die Höhe ergibt sich aus der Differenz der gesetzlich anerkannten Ausgaben und der anrechenbaren Einnahmen. Versichert sind in der Schweiz wohnhafte Schweizer, die eine Rente (oder Hilflosenentschädigung) der AHV beziehen. Auch die seit mindestens 15 Jahren in der Schweiz wohnhaften Ausländer können den Anspruch auf EL geltend machen. 2003 wurden 146'000 Altersrentner und 2400 Hinterlassenenrentner als Bezüger von EL gezählt. Somit wurde also rund 12% aller AHV-Rentner EL gewährt, wobei diese eine Gesamthöhe von 1,6 Mrd. Fr. aufwiesen. Bei den EL handelt es sich um Bedarfsleistungen, d.h. der Anspruch darauf hängt von der

| Finanzierungsverfahren der Altersvorsorge I | Abbildung 174 |

Umlageverfahren (UV):

Beim UV sind die Beiträge der Versicherten einer Periode so geplant, dass sie für die Zahlungen der anfallenden Versicherungsleistungen der gleichen Periode ausreichen. Die heute einbezahlten Beiträge finanzieren also die heute ausbezahlten Renten. Aus ökonomischer Sicht lässt sich sagen, dass die Nutzniesser (Rentenbezüger) nicht mit den Kostenträgern (Beitragszahlende) identisch sind: Die Umverteilung ist somit zunächst interpersonell, aber nicht intertemporal. Wenn sich die Beitragszahlenden jedoch darauf verlassen können, dass die nachkommende Generation ebenfalls ihre Beiträge entrichten wird (sog. **impliziter Generationenvertrag**), bewirkt das UV aus individueller Sicht eine intertemporale Umverteilung: Der Rentenbezug basiert auf "Ansprüchen", die durch Beitragszahlungen während der Erwerbsphase erworben werden. Da die AHV auf dem UV basiert, ist das Verhältnis zwischen der Anzahl Rentenbezüger und der Anzahl Beitragszahlender für das **finanzielle Gleichgewicht** von grosser Bedeutung. Änderungen in der **demographischen Struktur** in Richtung "Überalterung" bergen somit auch klare Risiken für ein solches Rentenfinanzierungssystem. Dies soll anhand der folgenden Überlegungen gezeigt werden:

In einem einfachen **Generationen-Modell (overlapping generations model)** gibt es in der Periode t zwei Generationen: Einerseits die Erwerbstätigen und somit die Beitragszahlenden (N_t^1), andererseits die Pensionierten und somit die Rentenbezüger (N_t^2); der obere Index bezieht sich dabei auf die Generation, der untere auf die Zeitperiode. Die Grundgleichung des UV hält nun fest, dass die Einnahmen in einer Periode den Ausgaben in derselben Periode entsprechen sollten, damit das Finanzierungssystem im Gleichgewicht ist. Drei Faktoren bestimmen die Höhe der Einnahmen in Periode t: die Anzahl der Erwerbstätigen (N_t^1), der Reallohn (w_t) und der Beitragssatz (b_t) (d.h. im Falle der AHV die Lohnabzüge). Die Ausgaben in Periode t ergeben sich aus der Anzahl der Pensionierten (N_t^2) und der Rente pro Kopf (p_t):

$N_t^1 \times w_t \times b_t = N_t^2 \times p_t$ (1) **(Grundgleichung des UV)**

Für die Rente pro Kopf gilt: $p_t = N_t^1 \times w_t \times b_t / N_t^2$ (2)

Für die Wachstumsrate der Erwerbstätigen (n_t) gilt: $n_t = (N_t^1 - N_{t-1}^1)/N_{t-1}^1$ (3)

Da die Erwerbstätigen in der Periode t-1 (N_{t-1}^1) den Rentnern in der Periode t (N_t^2) entsprechen, kann die Gleichung (3) wie folgt neu geschrieben werden: $n_t = (N_t^1 - N_t^2)/N_t^2$ (4)

Gleichung (4) lässt sich wie folgt umformen: $1 + n_t = N_t^1/N_t^2$ (5)

Eingesetzt in Gleichung (2) lässt sich die Rente pro Kopf im UV wie folgt darstellen:
$p_t = (1 + n_t) \times w_t \times b_t$ (6).

Aus Gleichung (6) lassen sich die folgenden Zusammenhänge erkennen: Die Höhe der Rente pro Kopf in Periode t wird im UV positiv vom Wachstumsfaktor der Erwerbstätigen, von der Höhe des Reallohns und von der Höhe des Beitragssatzes in derselben Periode beeinflusst. Verlangsamt sich nun die Zunahme der Erwerbstätigen resp. sinkt sogar deren absolute Zahl, so hat dies bei konstanten Reallöhnen und konstanten Beitragssätzen einen negativen Effekt auf die Höhe der Rente pro Kopf. Es gilt speziell zu beachten, dass die heutige Rente ausschliesslich von **gegenwartsbezogenen Grössen** – d.h. Grössen der Periode t – bestimmt wird.

individuellen Bedürftigkeit ab. EL sind dazu da, ungenügende Einnahmen so zu ergänzen, dass die durch das Bundesgesetz über Ergänzungsleistungen zur AHV anerkannten Ausgaben gedeckt werden können. Sie üben deshalb bis zu einem gewissen Betrag eine Auffüllfunktion aus. Die EL werden durch die Kantone ausgerichtet und über Steuern finanziert, wobei die Kantone vom Bund gewisse Subventionen erhalten.

3.1.2 Die Invalidenversicherung

Gemäss dem in Abbildung 171 auf S. 653 erwähnten Drei-Säulen-Prinzip hat der Bund für die **Invalidenvorsorge** zu sorgen. Die IV bildet zusammen mit der AHV die 1. Säule der Alters-, Hinterlassenen- und Invalidenvorsorge und ist auch organisatorisch und strukturell eng mit ihr verbunden. Die IV ist wie die AHV eine **obligatorische Versicherung** für die ganze Bevölkerung. Sämtliche Individuen, die obligatorisch oder freiwillig bei der AHV versichert sind, geniessen automatisch auch den Versicherungsschutz der IV. Die IV ist im schweizerischen Netz der sozialen Sicherung die Hauptinstitution, die für die Folgen von Invalidität aufkommt. Auch andere Versicherungen wie z.B. die Unfallversicherung, die Militärversicherung und die berufliche Vorsorge sehen Leistungen im Falle von Invalidität vor. Invalidität wird in der IV als **Erwerbsunfähigkeit** bei Erwerbstätigen und als **Arbeitsunfähigkeit** bei Nichterwerbstätigen verstanden.

Die **individuellen Leistungen** der IV unterscheiden sich in Eingliederungsmassnahmen und effektive Geldleistungen, wobei der Grundsatz "Eingliederung vor Rente" gilt:

- Die **Eingliederungsmassnahmen** zielen darauf ab, den Invaliden (wieder) in das Erwerbsleben zu integrieren. Darunter fallen medizinische Massnahmen, Massnahmen für die Sonderschulung und die Betreuung hilfloser Minderjähriger, Abgabe von Hilfsmitteln, Massnahmen beruflicher Art wie z.B. berufliche Ausbildung, Weiterbildung und Umschulung sowie die Ausrichtung von Taggeldern. Die Kosten der individuellen Eingliederungsmassnahmen beliefen sich im Jahr 2003 auf knapp 2 Mrd. Fr., womit sie seit 1998 um 26% angestiegen sind.
- Die **Geldleistungen** werden in Form von Renten oder Hilflosenentschädigungen ausgerichtet. Eine **Invalidenrente** wird nur zugesprochen, wenn zuerst die Möglichkeit einer Eingliederung geprüft wurde. Nebst der individuellen Invalidenrente gibt es ähnlich wie bei der AHV Zusatzrenten für den Ehepartner und Kinderrenten. Die Invalidenrenten entsprechen in ihrer Höhe den Altersrenten der AHV. Eine Besonderheit der IV-Renten ist es, dass je nach **Invaliditätsgrad** eine ganze Rente (ab 70%), eine Dreiviertels-

(mindestens 60%), eine halbe (mindestens 50%) oder eine Viertelsrente (mindestens 40%) gewährt wird. Der Invaliditätsgrad errechnet sich z.B. bei Erwerbstätigen dadurch, dass das Erwerbseinkommen ohne Behinderung mit dem möglichen Erwerbseinkommen mit Behinderung verglichen wird. 2003 wurden rund 450'000 Invalidenrenten bezogen (davon rund 185'000 in Form einer Zusatzrente); damit hat sich die Anzahl gewährter Renten seit 1990 um 75% erhöht. **Hilflosenentschädigungen** sind für versicherte Individuen bestimmt, die bei alltäglichen Lebensverrichtungen wie Ankleiden, Essen, Körperpflege etc. dauernd auf die Hilfe anderer Personen angewiesen sind, dauernder Pflege oder persönlicher Überwachung bedürfen.

Nebst den individuellen werden auch **kollektive Leistungen** gewährt. So richtet die IV kollektive Beiträge für die schulische und berufliche, z.T. auch für die soziale Integration aus. Diese stehen in der Regel in einem engen Zusammenhang zu den Leistungen, welche die IV individuell erbringt. Als Beispiele können genannt werden: Bau- und Betriebsbeiträge an Anstalten und öffentliche Werkstätten, welche die Eingliederungsmassnahmen der IV durchführen, Beiträge an öffentliche oder gemeinnützige private Werkstätten für die Dauerbeschäftigung von Behinderten oder Subventionen von Wohnheimen und Tagesstätten zur Aufnahme von Invaliden. Die Ausgaben für kollektive Leistungen beliefen sich 2003 auf knapp 1,9 Mrd. Fr., womit sie seit 1998 um 24% angestiegen sind.

Die **Finanzierung** der individuellen und kollektiven Leistungen der IV erfolgt nach dem **Umlageverfahren** (vgl. Abbildung 174 auf S. 658). Die Einnahmen ergeben sich v.a. durch die Beiträge der Versicherten und der Arbeitgeber, durch die Beiträge der öffentlichen Hand sowie durch die Zinsen des Ausgleichsfonds; dieser ist identisch mit demjenigen der AHV. Der Beitrag der Erwerbstätigen liegt bei 1,4% des Erwerbseinkommens und wird – wie bei der AHV – zur Hälfte direkt auf dem Lohnausweis abgezogen. Die Versicherten und die Arbeitgeber tragen rund 40% zu den Einnahmen bei, gut 50% wird durch die öffentliche Hand finanziert, wobei der Bund $^{3}/_{4}$ davon übernimmt. Die finanzielle Situation der IV hat sich in den letzten Jahren stetig verschlechtert: So wies der Rechnungssaldo 1990 noch einen Überschuss von 278 Mio. Fr. auf (Einnahmen: 4412 Mio. Fr.; Ausgaben: 4133 Mio. Fr.), während 2002 bereits ein Defizit von über 1 Mrd. Fr. verzeichnet wurde (Einnahmen: 8775 Mio. Fr.; Ausgaben: 9964 Mio. Fr.). Erste Massnahmen zur finanziellen Konsolidierung der IV wurden bereits mit der auf Anfang 2004 in Kraft getretenen **4. IV-Revision** ergriffen. So wurden gezielte Anpassungen im Leistungsbereich vorgenommen, wie z.B. die Aufhebung der Zusatzrente für Ehepartner oder die Aufhebung der Härtefallrente bei gleichzeitigem Anspruch auf Ergänzungsleistungen (EL) für Bezüger einer Viertelsrente der IV. Ende 2004 hatte die IV ein Defizit von gut 6 Mrd. Fr. angehäuft; die Wahrscheinlichkeit für eine erwerbsfähige Person, eine IV-Rente zu beziehen, lag bei 5.2% und damit 2 Prozentpunkte höher als 1992. Die Ursachenforschung wurde vernachlässigt. Politisch sehr sensibel sind vermutete Missbräuche der IV durch Arbeitnehmer und Arbeitgeber im Zuge des wirtschaftlichen Strukturwandels. Jedenfalls ist die Sanierung der IV eines der grössten sozial- und finanzpolitischen Probleme der Schweiz; eine **5. IV-Revision** wird 2006 im eidgenössischen Parlament beraten (vgl. S. 686).

3.1.3 Die berufliche Vorsorge

Die berufliche Vorsorge (BVg), d.h. die **Pensionskasse**, stellt im Drei-Säulen-Prinzip der Bundesverfassung die **2. Säule** dar (vgl. Abbildung 171 auf S. 653) und wird in Art. 113 BV geregelt. Die ersten Initiativen zur Gründung von freiwilligen Einrichtungen für den Schutz vor den Risiken Alter, Tod und Invalidität begannen Anfang des 19. Jahrhunderts. Sie gingen zuerst von Berufsverbänden und dem Gemeinwesen aus, später auch von sozial verpflichteten Arbeitgebern. Der Beitritt war aber im Gegensatz zu heute freiwillig. Lücken im Kreis der Versicherten bezüglich der Leistungen und der Risikodeckung sowie mangelnde Freizügigkeit (Wechsel von einer Vorsorgeeinrichtung in eine andere) liessen es als nötig erscheinen, die BVg als Obligatorium mit einheitlichen Mindestvorschriften zu gestalten. Das Obligatorium wurde mit dem Drei-Säulen-Prinzip im Jahr 1972 in der Verfassung festgeschrieben. Die massgebende Gesetzgebung, das Bundesgesetz über die berufliche Alters-, Hinterlassenen- und Invalidenvorsorge (BVG), wurde aber erst Anfang 1985 in Kraft gesetzt und garantiert eine **Minimalvorsorge**. Da das BVG ein Rahmengesetz ist, sind die Vorsorgeeinrichtungen (Pensionskassen) frei, über die minimalen obligatorischen Leistungen hinauszugehen, was dann auch höhere Arbeitgeber- und Arbeitnehmerbeiträge zur Folge haben kann. Die BVg ist heute ein bedeutender Teil der betrieblichen Sozialpolitik einer Unternehmung.

Arbeitnehmer, die schon in der 1. Säule versichert sind und mindestens einen Jahreslohn von 19'350 Fr. (= $^{3}/4$ der maximalen AHV-Rente) erhalten, müssen von ihren Arbeitgebern **obligatorisch** versichert werden. Die Versicherung gegen Tod und Invalidität beginnt frühestens mit Vollendung des 17. Altersjahres, diejenige gegen Alter mit Vollendung des 24. Altersjahres. Selbständigerwerbende können sich freiwillig einer Pensionskasse für die Minimalvorsorge anschliessen. 2002 wiesen 8'134 Pensionskassen gut 3,3 Mio. versicherte Personen und rund 800'000 Rentenbezüger auf, wobei Letztere Renten im Gesamtwert von 18 Mrd. Fr. bezogen. Von 1997–2002 hat sich einerseits die Anzahl der Pensionskassen um rund 25% vermindert und andererseits die Anzahl Rentenbezüger um 15% erhöht. Ebenso nahm in diesem Zeitraum die Zahl der Versicherten um rund 200'000 Personen zu. Diese Entwicklung umschreibt einen Prozess der laufenden **Konzentration im schweizerischen System der BVg.** Nebst dieser zunehmenden Konzentration im Sinne einer Prozessbeschreibung lässt sich ebenfalls eine hohe Konzentration im Sinne einer Zustandsbeschreibung ausmachen: Rund 70% der Versicherten gehörten Ende 2002 einer der 101 Vorsorgeeinrichtungen mit 5000 und mehr Versicherten an.

Die Leistungen der 1. und 2. Säule zusammen sollen gemäss Art. 113 Abs. 2a. BV die **Fortsetzung der gewohnten Lebenshaltung** in angemessener Weise ermöglichen. In der Praxis wird davon ausgegangen, dass bei voller Versicherungsdauer mit den AHV- und BVg-Leistungen rund **60% des letzten Bruttolohnes** erreicht werden sollten. Die BVg ist als Ergänzung zur AHV ausgelegt. Diese Koordination ist in Abbildung 175 dargestellt.

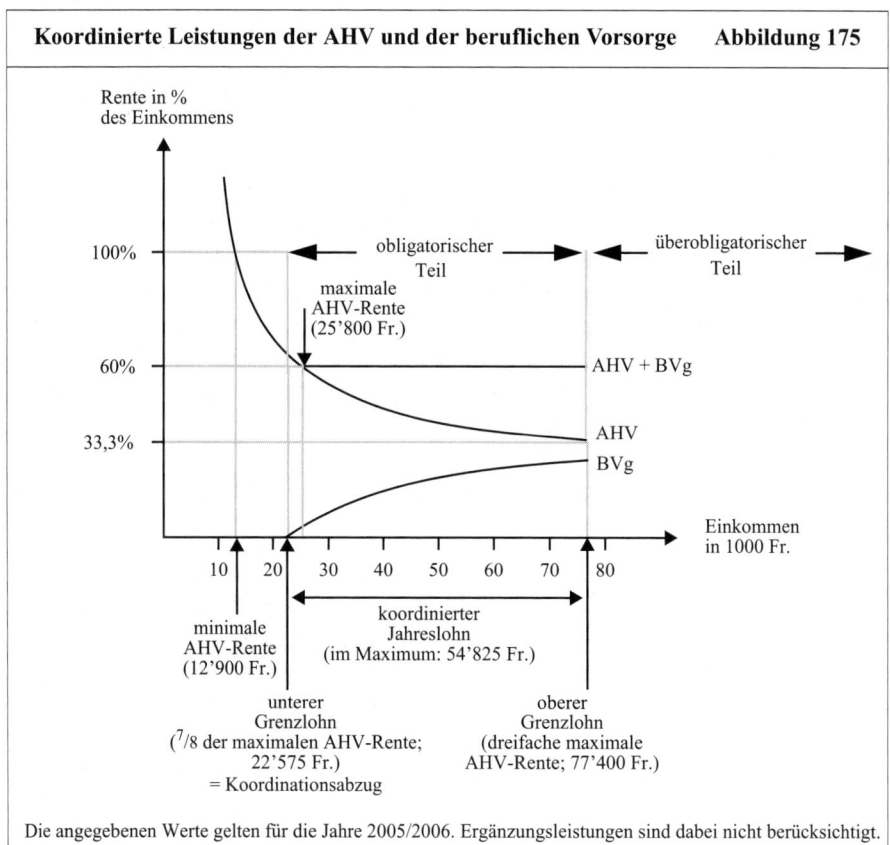

Bei einem Jahreseinkommen von 12'900 Fr. erhält ein Rentenbezüger genau die jährliche AHV-Minimalrente von 12'900 Fr., die so 100% des früheren Einkommens ausmacht (Personen mit noch tieferem Jahreseinkommen erhalten durch die AHV-Minimalrente sogar mehr als 100% des früheren Einkommens). Bei einem Einkommen von 77'400 Fr., das zur jährlichen AHV-Maximalrente von 25'800 Fr. berechtigt, macht die AHV-Rente nur noch 33,3% des früheren Einkommens aus. Ab jenem Einkommen, für das die AHV-Rente (rund) 60% des Einkommens ausmacht, müssen die Leistungen der BVg beginnen. 2005 lag dieses Einkommen bei 22'575 Fr. Die BVg-Leistungen müssen dann die AHV-Leistungen bis zu einem Jahreseinkommen von 77'400 Fr. so ergänzen, dass die kombinierte Rente jeweils 60% des früheren Einkommens ausmacht. Von der BVg wird also nur der Jahreslohn zwischen 22'575 Fr. und 77'400 Fr. obligatorisch versichert. Dieser wird auch als **koordinierter Jahreslohn** bezeichnet. Arbeitnehmer mit einem Jahreseinkommen von über 77'400 Fr. können sich bei ihrem Arbeitgeber auf dem überobligatorischen Teil des Einkommens ebenfalls absichern, wobei Beiträge und Leistungen unterschiedlich ausfallen können, da sie eben gerade nicht mehr im BVG geregelt werden. Es gilt zu beachten, dass durch die Anwendung eines **fixen Koordinationsabzugs** kleine Erwerbseinkommen systematisch aus der BVg ausgeschlossen werden, da in diesen Fällen bereits die Leistungen der AHV mehr als die im Gesetz erforderlichen 60% des letzten Erwerbseinkommens ausmachen. Diese Ersatzquote von 60% (Rente gemessen am Lohn) ist aber gerade bei kleineren Erwerbseinkommen problematisch, da in der Nähe des angemessenen Existenzbedarfs die absolute Rente massgebend ist. Vor diesem Hintergrund ist auch die Senkung des Koordinationsabzugs in der Höhe der einfachen AHV-Maximalrente auf $7/8$ dieses Betrages zu sehen. Dies bewirkt, dass kleine Jahreseinkommen zwischen 22'575 Fr. und 25'800 Fr. mit der kombinierten Rente effektiv etwas mehr als 60% erhalten. Diese Senkung erfolgte im Rahmen der **1. BVG-Revision**, die am 1. Januar 2005 in Kraft getreten ist; sie stellt aber nur eine von mehreren Massnahmen zur längerfristigen Sicherung der BVg in diesem Reformpaket dar.

Die BVg richtet wie die AHV **Alters- und Hinterlassenenrenten** aus; zusätzlich werden auch **Invaliden- sowie Invalidenkinderrenten** ausbezahlt. Da die BVg grundsätzlich nach dem **Kapitaldeckungsverfahren** aufgebaut ist, errechnet sich die effektive Höhe der Rente aus dem geäufneten **Altersguthaben**. Dieses Guthaben entsteht einerseits dadurch, dass jedem Versicherten jährlich **Altersgutschriften** auf dessen individuelles Konto gutgeschrieben werden, die sich aus den Arbeitnehmer- und Arbeitgeberbeiträgen ergeben, und andererseits durch die auf dem geäufneten Kapital erwirtschafteten Zinserträge (vgl. Abbildung 176 auf S. 664).

Die **Altersgutschriften** sind nach Alter differenziert und werden in Prozenten des koordinierten Lohnes berechnet (vgl. Abbildung 177).

Finanzierungsverfahren der Altersvorsorge II	Abbildung 176

Kapitaldeckungsverfahren (KDV):

Im KDV baut jeder Versicherte mit seinen Beiträgen ein Deckungskapital auf, das er später durch den Bezug von Rentenleistungen wieder abbaut. Das geäufnete Kapital wird durch die über die Jahre hinweg anfallenden Zinsen ergänzt. Durch das KDV ergibt sich eine bedeutende Kapitalbildung. Ende 2002 belief sich der Kapitalstock der Pensionskassen in der Schweiz in Form von direkten und indirekten Kapitalanlagen auf rund 440 Mrd. Fr. Im Gegensatz zum Umlageverfahren sind bei dieser Finanzierungsart Nutzniesser und Kostenträger identisch. Die Umverteilung erfolgt somit grundsätzlich intertemporal, aber nicht interpersonell; ein interpersoneller Effekt entsteht erst durch den Versicherungsausgleich zwischen den Versicherten aufgrund ihrer unterschiedlich langen Lebenserwartungen. Ein Rentenfinanzierungssystem in Form des KDV mag zwar gegenüber Änderungen in der demographischen Struktur der Bevölkerung weniger anfällig sein, birgt jedoch umso höhere **Risiken aufgrund von Kapitalmarktschwankungen**, wie die folgenden Überlegungen zeigen:

Die Grundgleichung des KDV hält fest, dass die Einnahmen in einer Periode den Ausgaben in der darauffolgenden Periode entsprechen sollten, d.h. die Einnahmen in Periode t-1 sollten sich mit den Ausgaben in Periode t decken, damit das Finanzierungssystem im Gleichgewicht ist. Ausgehend von einem einfachen Generationen-Modell wird die Höhe der Einnahmen in Periode t-1 durch folgende Grössen bestimmt: durch die Anzahl der Erwerbstätigen N^1_{t-1}, durch den Reallohn w_{t-1} (d.h. im Fall der BVg der koordinierte Jahreslohn) und durch den Beitragssatz b_{t-1} (d.h. im Falle der BVg die Altersgutschriften). Diesen Einnahmen wird bis zur Periode t ein Zins (r_{t-1}) gutgeschrieben (d.h. im Falle der BVg der Mindestzinssatz). Die Ausgaben in Periode t ergeben sich aus der Anzahl der Pensionierten (N^2_t) und der Rente pro Kopf (p_t):

$(N^1_{t-1} \times w_{t-1} \times b_{t-1}) \times (1 + r_{t-1}) = N^2_t \times p_t$ (1) **(Grundgleichung des KDV)**

Da es sich beim KDV um eine eigene, auf einem individuellen Konto getätigte Ersparnisbildung handelt, ist die Anzahl der Erwerbstätigen in Periode t-1 (N^1_{t-1}) identisch mit derjenigen der Pensionierten in t (N^2_t). Bei einer individuellen Betrachtung würden beide Variablen den Wert 1 annehmen, wodurch Gleichung (1) gekürzt werden kann. Gleichung (2) stellt die Rente pro Kopf im KDV dar:

$p_t = (w_{t-1} \times b_{t-1}) \times (1 + r_{t-1})$ (2)

Aus Gleichung (2) lassen sich folgende Zusammenhänge erkennen: Die Höhe der Rente pro Kopf in Periode t wird im KDV ausschliesslich von **vergangenheitsbezogenen Grössen** bestimmt. Einerseits haben die Höhe des früheren Reallohns und die Höhe des früheren Beitragssatzes einen positiven Effekt auf die Höhe der Rente. Andererseits hat auch die Höhe des Zinsfaktors $(1 + r_{t-1})$ einen positiven Einfluss auf die Höhe der Rente. In der BVg wird dieser Zinsfaktor durch die Höhe des Mindestzinssatzes bestimmt, wobei dieser nicht über dem effektiven Kapitalmarktsatz liegen sollte, um die langfristige Stabilität des Rentenfinanzierungssystems nicht zu gefährden. Insofern muss dieser Zinssatz als exogen betrachtet werden.

XV. Soziale Sicherung

Altersgutschriften		Abbildung 177
Altersjahr Männer	Frauen	Minimale jährliche Altersgutschrift in Prozent des koordinierten Lohnes
25–34	25–34	7%
35–44	35–44	10%
45–54	45–54	15%
55–65	55–64	18%

Diese **Staffelung** der Altersgutschriften ist v.a. historisch begründet: Die älteren Versicherten der Eintrittsgeneration sollten rascher ein Altersguthaben aufbauen. Je länger das BVG in Kraft ist, desto mehr verliert diese Überlegung jedoch an Bedeutung, wogegen die **Nachteile dieses Systems der gestaffelten Lohnabgabe** stärker in den Vordergrund treten. Erstens werden **ältere Arbeitnehmer für einen Arbeitgeber uninteressanter**, da sich für ihn die Lohnnebenkosten erhöhen. Gerade aber mit Blick auf die demographische Entwicklung sind solche Anreize kontraproduktiv, denn der Arbeitsmarkt der Zukunft muss – je länger, desto mehr – auch von älteren Erwerbstätigen getragen werden. Konstante Altersgutschriften hingegen würden das relative Lohngefüge nicht verzerren. Zweitens konzentriert sich bei der gegenwärtigen Staffelung die Äufnung des Kapitals in der 2. Säule stark auf das Ende der Berufslaufbahn und lässt die **letzten Beitragsjahre besonders wichtig** werden. Die Wahrscheinlichkeit, aus dem Erwerbsleben zu scheiden, nimmt jedoch gerade mit Näherung an das offizielle Pensionsalter zu.

Der Bundesrat legt gemäss Art. 15 BVG einen **Mindestzinssatz** auf den geäufneten Altersgutschriften fest, wobei er die Entwicklung der Rendite marktgängiger Anlagen berücksichtigt, insbesondere der Bundesobligationen sowie zusätzlich der Aktien, Anleihen und der Liegenschaften. Dieser Zinssatz wurde 1985 bei der Einführung der obligatorischen BVg auf **nominell 4%** festgelegt, dessen Erzielung für das Portfolio-Management der Vorsorgeeinrichtungen angesichts der damaligen hohen Inflationsraten keine besondere Herausforderung darstellte. Mit den zurückgehenden Inflationsraten in den 1990er Jahren (Disinflation) sanken die (nominellen) Renditen von Obligationen, die aufgrund gesetzlicher Vorschriften den grössten Teil der Anlagen bei Pensionskassen ausmachen. Kompensiert wurde dieser Rückgang bei den Obligationenrenditen durch die hohe Performance an den Aktienmärkten, die jedoch in den Jahren 2000 und 2001 durch das Platzen der New Economy-Blase einbrach. Die damit verbundenen Börsenverluste führten 2002 zu einer **Unterdeckung** von vielen Pensionskassen, d.h. die vorhandenen Sparkapitalien (Altersguthaben) reichten nicht aus, um sämtliche Verpflichtungen gegenüber den Versicherten zu decken (Deckungsgrad von unter 100%). Dies veranlasste den Bundesrat, für das Jahr **2003 eine erstmalige Reduktion des Mindestzinssatzes auf 3,25%** vorzunehmen. Der Entscheid führte zu einer landesweiten Debatte unter dem Schlagwort "**Rentenklau**". Nach einer weiteren Senkung um 100 Basispunkte für das Jahr 2004 erhöhte der Bundesrat den Mindestzinssatz per Anfang 2005 auf 2,5%, auch wenn damals noch rund $^1/_4$ der Pensionskassen eine Unterdeckung aufwiesen.

Die **Flexibilisierung des nominell festgelegten Mindestzinssatzes** kann jedoch aus ökonomischer Warte aus mehreren Gründen **sinnvoll** sein: Einerseits stellt das BVG bei den Kapitalanlagen die Sicherheit in den Vordergrund, weshalb der **Mindestzinssatz eigentlich einem risikolosen Zinssatz entsprechen sollte**, also einem Kapitalmarktsatz wie ihn etwa die Rendite der 10jährigen Benchmark-Anleihe der Schweizerischen Eidgenossenschaft darstellt; diese verharrt seit 1996 hartnäckig unter 4%. Wird nun eine höhere Rendite vorgeschrieben, so zwingt dies die Vorsorgeeinrichtungen zur Anlage von Geldern in höher verzinsliche Anlagen und damit verbunden auch zur Inkaufnahme von höheren Risiken. Da sich alle Pensionskassen aufgrund der gesetzlichen Vorgabe des Mindestzinses mit diesen Risiken konfrontiert sehen, wird implizit auf volkswirtschaftlicher Ebene ein **Systemrisiko** akzeptiert. Der von allen BVg-Versicherten mitfinanzierte Sicherungsfonds könnte ein solches Systemrisiko nicht auffangen, da dieser für vereinzelte "Unfälle" konzipiert ist. Die Europäische Union (EU) kennt bereits eine Regelung, die diesem Aspekt Rechnung trägt, indem der Mindestzinssatz nicht höher als 60% der Rendite risikofreier Staatspapiere sein darf. Andererseits **garantiert ein nominell festgelegter Zinssatz noch keineswegs die Erwirtschaftung realer Zinserträge**. So lag die Inflationsrate Anfang der 1990er Jahre bei über 4%, wodurch Pensionskassen, die genau den Mindestzinssatz als Performance auf ihren Anlagen erzielten, effektiv einen realen Vermögensverlust erlitten. Dass jedoch Anfang der 1990er Jahre niemand von einem "Rentenklau" sprach, ist mit der weit **verbreiteten Geldillusion** unter den Individuen zu erklären. Aufgrund der tiefen Inflationsraten zu Beginn des 21. Jahrhunderts lässt sich auch eine Senkung des (nominellen) technischen Zinssatzes rechtfertigen, ohne dass ein realer Vermögensschwund eintritt. Entsprechend wäre natürlich der Zinssatz bei steigenden Inflationsraten nach oben anzupassen. Eine Flexibilisierung des Mindestzinssatzes ist somit zu begrüssen, müsste jedoch nach einer für die Individuen nachvollziehbaren Formel erfolgen. Dies hätte einen stabilisierenden Effekt auf die Erwartungsbildung der Individuen und würde eine willkürliche Satzanpassung seitens des Bundesrates grundsätzlich ausschliessen.

Die BVg-Rente errechnet sich nun aus dem Altersguthaben (= **Altersgutschriften** und darauf erwirtschaftetem **Kapitalmarktzins**) multipliziert mit dem **Umwandlungssatz**. Letzterer gibt an, wieviele Prozent des Altersguthabens, das bei Rentenbeginn vorhanden ist, für jährliche Rentenzahlungen zur Verfügung stehen. Diese Grössen stellen somit die **drei wichtigsten politischen Parameter** im Funktionskonzept der 2. Säule dar. Der Mindestumwandlungssatz wird ebenfalls durch den Bundesrat festgelegt und belief sich seit 1985 bis zur 1. BVG-Revision auf 7,2%. Es gilt hierbei zu beachten, dass diesem Satz implizit ein Mindestzinssatz von 4% und eine bestimmte Lebenserwartung zugrunde liegt – die politischen Parameter dürfen also nicht unabhängig voneinander betrachtet werden. Aufgrund der erhöhten Lebenserwartung wird dieser Satz für Frauen bis 2013 und für Männer bis 2014 schrittweise auf 6,8% gesenkt werden (1. BVG-Revision); dies hat ceteris paribus einen schmälernden Effekt auf die jährliche/monatliche Rente zur Folge. Eine Erhöhung der Altersgutschriften könnte diese Wirkung kompensieren, käme jedoch einer Erhöhung der Lohnnebenkosten für die Arbeitgeber gleich. Ende 2006 will der Bundesrat dem eidgenössischen Parlament eine Vorlage unterbreiten, mittels welcher der Mindestumwandlungssatz ab 2008 in stärkerem Masse gesenkt werden soll als nach den Vorgaben der 1. BVG-Revision. So soll der Satz sowohl für Frauen als auch für Männer bis 2011 auf 6,4% gesenkt werden, wobei bei den Frauen die Annahme gilt, dass das ordentliche Rentenalter ab 2009 auf 65 Jahre angehoben wird. Zudem soll der Umwandlungssatz in Zukunft alle fünf Jahre und nicht, wie im BVG vorgesehen, alle zehn Jahre überprüft werden; die erste Analyse soll 2009 erfolgen und die Jahre ab 2012 umfassen.

Anstatt der monatlich ausbezahlten Altersrenten kann auch **eine einmalige Kapitalabfindung** bezogen werden. Die Wahl ist stark abhängig von individuellen Faktoren (z.B. Zivilstand, Gesundheitszustand) und hat grosse Bedeutung, da von der einmal gewählten Form nicht mehr abgewichen werden kann. So hat die Rente einerseits den Vorteil, dass sie lebenslang ausbezahlt wird. Andererseits birgt diese Lösung den Nachteil, dass bei einem frühen Ableben eines (unverheirateten) Pensionierten das unverbrauchte Kapital an die Pensionskasse fällt und allfällige gesetzliche Erben leer ausgehen. Ausserdem kann das Altersguthaben im Sinne der **Wohneigentumsförderung** vorbezogen oder verpfändet werden, wobei der Gesetzgeber den Erwerb von selbst benutztem Eigentum vorsieht; die Finanzierung einer Ferienwohnung über Gelder der 2. Säule ist somit nicht möglich. Mit einem **Vorbezug** erhält der Versicherte Eigenkapital, mit einer **Verpfändung** als Sicherheit für den Geldgeber mehr Fremdkapital in entsprechendem Umfang.

In Bezug auf die **Arbeitnehmer- und Arbeitgeberbeiträge** sind Vorsorgeeinrichtungen frei, ob sie die Beiträge nach Alter und Geschlecht differenzieren wollen oder ob sie Durchschnittsprämien einfordern. Vorgeschrieben ist einzig, dass der Arbeitgeberbeitrag mindestens gleich hoch sein muss wie die gesamten Beiträge seiner Arbeitnehmer. Bei gut ausgebauten Pensionskassen leisten die Arbeitgeber oft mehr als das Doppelte der Summe aller versicherten Beiträge. Im Schnitt zahlen die Versicherten rund 12% ihres koordinierten Lohnes für die

Äufnung der Altersguthaben. Dazu kommen noch Prämien für die Risikoversicherung, den Sicherheitsfonds, für Sondermassnahmen und für Verwaltungskosten. Insgesamt belaufen sich die Prämien für Arbeitgeber und -nehmer auf rund 15% des koordinierten Lohnes. Auf den gesamten Lohn bezogen fällt der Prozentsatz selbstverständlich kleiner aus. Die öffentliche Hand zahlt **keine Subventionen** für die BVg, trägt aber **indirekt** zur Finanzierung bei, indem die Beiträge sowie das Vermögen der 2. Säule von Steuern befreit sind.

3.2 Risikofaktor: Krankheit, Mutterschaft und Unfall

Die Beeinträchtigung der Gesundheit stellt einen weiteren Risikofaktor dar, dem in einem System der sozialen Sicherung Rechnung getragen werden sollte. Die ökonomischen Folgen der Verschlechterung der Gesundheit können einerseits der Ausfall von Erwerbseinkommen und andererseits steigende Lebenshaltungskosten sein. In der Schweiz gibt es verschiedene Institutionen, die sich mit dem Risikofaktor Gesundheit befassen. Da auf die Beeinträchtigung der Gesundheit durch Invalidität bereits im Rahmen der IV als Teil des Drei-Säulen-Prinzips eingegangen wurde (vgl. S. 659ff.), sollen an dieser Stelle nur noch die gesundheitlichen Risiken von Krankheit, Mutterschaft und Unfall betrachtet werden.

3.2.1 Die Krankenversicherung

Die Grundversicherung bei einer der knapp 100 Versicherern **(Krankenkassen)** ist seit dem Inkrafttreten des Bundesgesetzes über die Krankenversicherung (KVG) am 1. Januar 1996 für jede in der Schweiz wohnhafte Person obligatorisch. Das KVG brachte eine klare Trennung zwischen **obligatorischer Krankenpflegeversicherung (Grundversicherung) und freiwilliger/privater Zusatzversicherung**. Für die Grundversicherung sind die Prämien je versicherter Person ab 26 Jahren einheitlich festgelegt, wobei pro Kanton bis zu drei Prämienregionen unterschieden werden können; die Prämien der Zusatzversicherungen folgen hingegen effektiv dem Versicherungsprinzip. Die **Einheitsprämie (pro Versicherer) im Obligatorium** drückt soziale Ziele aus, indem sie eine Umverteilung nach Gesundheitszustand (von Gesunden zu Kranken), nach Alter (von Jungen zu Alten) und nach Geschlecht (von Männern zu Frauen) bewirkt. Entsprechend sind die Prämien im Obligatorium somit **nicht risikogerecht** ausgestaltet, da für die Krankenkassen die Möglichkeit der Prämiendifferenzierung nach individuellen Merkmalen der Versicherten gesetzlich untersagt ist; unabhängig von der Beanspruchung der (Dienst-)Leistungen des Gesundheitssystems bezahlen alle innerhalb eines Kantons für die Grundversicherung gleich viel. Diese Regelung bewirkt, dass junge und insbesondere gesunde Personen bei den Krankenkassen als Versicherte besonders beliebt sind: Sie verursachen kaum Kosten, bezahlen aber die Einheitsprämie. Damit nun seitens der Versicherer keine **Risikoselektion**, d.h. keine Jagd auf die guten Risiken betrieben wird resp. keine Abwehr von schlechten Risiken erfolgt, besteht das im KVG verankerte **Instrument des Risikoausgleichs** zwischen den Krankenkassen: Versicherungen mit vielen guten Risiken zahlen in einen Fonds, von dem Versicherungen mit einem hohen Anteil an schlechten Risiken profitieren. Der Risikoausgleich ist somit eine notwendige Begleiterscheinung der marktverzerrenden Einheitsprämie.

Besondere Versicherungsmodelle haben eine Reduktion der (Einheits-)Prämie zur Folge: So ändert sich erstens durch die **Wahl der Franchise** die Kostenbeteiligung des Versicherten (nicht jedoch die Deckung der Behandlungskosten). Eine Franchise, die über der ordentlichen Franchise von 300 Fr. liegt, hat somit eine Prämienreduktion zur Folge. Zweitens kann sich der Versicherte für eine **eingeschränkte Wahl der Leistungserbringer** (Ärzte, Spitäler, Apotheken etc.) entscheiden, indem er sich entweder ausschliesslich von einem ärztlichen Kollektiv behandeln lässt (sog. HMO-Modell; health maintenance organization) oder immer zuerst den Weg über seinen Hausarzt wählt, der den Patienten nur bei Bedarf an einen Spezialisten weiterleitet; der Hausarzt funktioniert damit als eigentlicher "Gatekeeper" zum Gesundheitssystem (sog. Hausarztmodell; HAM). Drittens kann der Versicherte eine zunehmende Prämienreduktion erlangen, indem er eine **Bonusversicherung** abschliesst. Dabei wird die Reduktion mit jedem Jahr wirksam, in dem der Versicherte keine Rückvergütung von seiner Krankenkasse verlangt. Wird der Versichertenbestand im Jahr 2003 nach diesen Versicherungsformen betrachtet, so zeigt sich folgende Struktur: Die Hälfte aller Versicherten entschied sich für ein Modell mit einer wählbaren Franchise, gut 8% der Versicherten entschied sich für eine eingeschränkte Wahl der Leistungserbringer und lediglich 0,1% wählte eine Bonusversicherung. Die restlichen gut 40% der Versicherten bezahlten die ordentliche Franchise und machten somit keinen Gebrauch eines alternativen Versicherungsmodells. Seit Einführung des KVG im Jahr 1996 hat sich damit der Anteil der Versicherten mit einer ordentlichen Franchise von 60% um ein Drittel reduziert, während sich entsprechend mehr Personen für eine wählbare Franchise oder eine eingeschränkte Wahl der Leistungserbringer entschieden haben.

Die Krankenkassen werden vom Staat nur dann anerkannt, wenn sie gewisse **Mindestleistungen** garantieren, d.h. die Pflichtleistungen der obligatorischen Grundversicherung anbieten. Diese Pflichtleistungen sind vorwiegend **inhaltlich und nicht kostenmässig festgelegt** (vorgeschriebener Grundleistungskatalog). So bestehen z.B. **Listen** von ärztlichen Behandlungsmethoden oder von Arzneimitteln, deren Kosten von den Krankenkassen übernommen werden müssen. Weitere Pflichtleistungen umfassen Therapien, Analysen und einen Teil der Aufenthaltskosten im Spital. Über diese Pflichtleistungen hinaus gewähren die Krankenkassen **Zusatzleistungen**, die man bei Zahlung von weiteren Prämien im Rahmen der freiwilligen Zusatzversicherung erhält. Sämtliche in der Schweiz erbrachten Leistungen beruhen auf der **gesamtschweizerisch vereinbarten Tarifstruktur Tarmed**, die seit 2004 für alle gesetzlichen Grundlagen (KVG, IVG, MVG, UVG) angewendet wird. Innerhalb dieser Struktur werden die Einzelleistungen nach kantonal unterschiedlich festgelegten Taxpunkten abgerechnet. Aus ökonomischer Sicht wird durch die Vorgabe kantonal einheitlicher Taxpunkte und inhaltlicher Listen das **Spiel der Marktkräfte im Schweizer Gesundheitswesen stark eingeschränkt**. Die Krankenkassen können nämlich weder die Preise noch die Eigenschaften ihrer Produkte variieren, wie es für Unternehmungen auf funktionierenden Märkten der Fall sein sollte, um den unterschiedlichen Präferenzen der Kunden gerecht zu werden. Es existieren zwar besondere Versicherungsmodelle, die eine Prämienreduktion zur Folge haben, aber die Krankenkassen können keine wirklich differenzierten Krankenversicherungsverträge anbieten (z.B. könnte ein solcher Vertrag vorsehen, dass – falls vorhanden – ausschliesslich Generika über die Krankenkasse abgerechnet werden).

Die Aufgaben der Krankenkassen beschränken sich in diesem **System der sozialen Krankenversicherung** somit auf die Erfüllung verschiedener gesetzlicher Bestimmungen, wovon die Folgenden exemplarisch genannt werden: der Verzicht der Versicherer, nach Gewinn zu streben, die Rückerstattung von erbrachten Leistungen (Krankenkasse als Zahlstelle) und die Unterstützung der Gesundheitsförderung in Zusammenarbeit mit den Kantonen. Die **Aufsicht** über die Versicherer, welche die Grundversicherung anbieten, wird vom **Bundesamt für Gesundheit** ausgeübt, diejenige über die Zusatzversicherer, die dem Privatversicherungsrecht unterliegen, erfolgt durch das **Bundesamt für Privatversicherungen**.

Im internationalen Vergleich zählt die Schweiz zu den Ländern mit dem **höchsten Anteil der Gesundheitskosten am Bruttoinlandprodukt (BIP)**; dieser beläuft sich auf rund 11%, womit die Schweiz nach den USA den zweiten Platz belegt. In den letzten 20 Jahren haben sich die Kosten im Gesundheitswesen mehr als verdoppelt, wobei sich der Kostenschub insbesondere in einem Anstieg der Krankenkassenprämien bemerkbar macht: So stieg die Nettoprämienbelastung (Prämien der obligatorischen Grundversicherung abzüglich der Beiträge der öffentlichen Hand für die Prämienverbilligung) seit der Einführung des KVG bis 2003 von 9,3 Mrd. Fr. auf 13,9 Mrd. Fr. und erhöhte sich somit innert sieben Jahren um 50%. Als Ursachen für die gestiegenen Gesundheitskosten sind verschiedene Faktoren zu nennen: Auf der **Angebotsseite** ist erstens der **medizi-**

nisch-technische Fortschritt anzuführen, wobei es zwischen Produkt- und Prozessinnovationen zu unterscheiden gilt. Prozessinnovationen – wie z.B. die Optimierung der Schnittstellen zwischen Abteilungen in Spitälern mittels EDV – haben zwar zumeist einen kostensenkenden Effekt; diese Art von Innovationen werden im Gesundheitswesen aber wesentlich weniger getätigt als Produktinnovationen, die grundsätzlich kostentreibende Effekte aufweisen. Der Grund für dieses Innovationsverhalten liegt in den staatlich gesetzten Anreizen – geringe Wahlmöglichkeiten für Versicherte und kantonal einheitliche Taxpunkte –, welche Produktinnovationen einseitig begünstigen. Zweitens hat der Anstieg der **Ärztedichte** aufgrund des Kontrahierungszwangs zwischen den Versicherern (Krankenkassen) und Leistungserbringern (Ärzten) eine volkswirtschaftlich ineffiziente Mengenausweitung im Gesundheitswesen zur Folge. Drittens hat sich die staatliche (kantonale) **Spitalplanung** als ungeeignet erwiesen, den Abbau von Überkapazitäten im Spitalbereich herbeizuführen, da sich der Bedarf im Gesundheitswesen nicht als objektive Grösse ermitteln lässt. Auf der **Nachfrageseite** ist als kostentreibender Faktor einerseits der heutige hohe Grad der medizinischen Versorgung zu nennen, der zu steigenden Ansprüchen an eine Spitzenmedizin nach dem Motto "Die gesamte Medizin auf neuestem Stand für alle" führt. Andererseits ist gemäss der sog. Medikalisierungs-These die steigende individuelle Lebenserwartung anzuführen. Dieses Argument für den Kostenanstieg im Gesundheitswesen gilt es jedoch gemäss der "Kompressions-These" zu relativieren: Entscheidend für die Kosten ist nicht die Lebenserwartung per se, sondern vielmehr verursachen die beiden letzten Lebensjahre die höchsten Kosten. Eine höhere Lebenserwartung bedeutet dann keinen unmittelbaren Kostenanstieg im Gesundheitswesen. Dies zeigt auch, dass die demographische Entwicklung für sich genommen weniger dramatische Auswirkungen auf die Finanzierung des Gesundheitswesens haben wird als auf diejenige der Altersvorsorge. Vor diesem Hintergrund sind die laufenden Reformen im schweizerischen Gesundheitssystem zu sehen (vgl. S. 684ff.).

3.2.2 Die Mutterschaftsversicherung

Der Bund ist durch Art. 116 BV seit 1945 beauftragt, eine Mutterschaftsversicherung (MV) einzurichten. Erst 2004 wurde jedoch über die Revision des Erwerbsersatzgesetzes (für Dienstleistende und bei Mutterschaft) ein bezahlter Mutterschaftsurlaub für erwerbstätige Mütter eingeführt, nachdem sich das Volk 1999 noch mit 61% ein drittes Mal gegen die Schaffung einer MV ausgesprochen hatte. Die Schweiz war bis zu diesem Zeitpunkt das einzige Land in Europa, das keine MV kannte. Die Leistungen bei Mutterschaft wurden über die Krankenkassen abgegolten, da die Mutterschaft versicherungstechnisch gesehen einer Krankheit gleichgesetzt wurde.

Erwerbstätige Mütter erhalten seit 2004 einen **Anspruch auf einen einheitlichen, zeitlich begrenzten Lohnersatz:** Während 14 Wochen nach der Geburt eines Kindes steht einer Frau ein Ersatz von 80% des vorherigen Lohnes zu, maximal jedoch 172 Fr. pro Tag. Während der ersten zwei bis drei Jahre werden die Kosten aus den **Reserven der Erwerbsersatzordnung (EO)** gedeckt, danach werden die **Arbeitnehmer- und Arbeitgeberbeiträge** um je 0,1% erhöht. Diese Revision führt einerseits zu Mehrausgaben der EO von 575 Mio. Fr. pro Jahr. Andererseits entfallen die bisherigen jährlichen Kosten von rund 382 Mio. Fr. für die Bezahlung von Mutterschaftsurlauben. Diese entstanden hauptsächlich bei den Arbeitgebern, die aufgrund von Bestimmungen des OR oder aufgrund gesamt- oder arbeitsvertraglicher Regelungen dazu verpflichtet waren, einen Mutterschaftsurlaub zu gewähren; diese Kosten variierten von Branche zu Branche sehr stark.

Mit der Einführung eines bezahlten Mutterschaftsurlaubs wird letztlich den sich ändernden gesellschaftlichen Entwicklungen Rechnung getragen. So betrug die Erwerbsquote der Frauen in der Schweiz im Jahr 2004 rund 50% (vgl. Tabelle 4 auf S. 141). Das traditionelle Familienbild mit dem Mann als Ernährer und der Frau am Herd verliert somit zusehends an Bedeutung.

3.2.3 Die Unfallversicherung

Die Folgen eines Unfalls sind neben den Folgen einer Krankheit eine weitere wichtige Beeinträchtigung der Gesundheit. Es ist deshalb nicht erstaunlich, dass die Regelung der Kranken- und Unfallversicherung gemeinsam erfolgte: Die Verfassungsgrundlage für die Kranken- und Unfallversicherung findet sich seit 1890 in Art. 117 BV, ab 1911 existierte ein gemeinsames Bundesgesetz über die Kranken- und Unfallversicherung (KUVG). Erst 1981 wurde eine eigenständige gesetzliche Grundlage geschaffen, das **Bundesgesetz über die Unfallversicherung (UVG)**. Die Unfallversicherung ist eine **obligatorische Versicherung für in der Schweiz beschäftigte Arbeitnehmer**, im Gegensatz z.B. zur IV, deren Anwendungsbereich auch Nichterwerbstätige (z.B. Hausmänner, Studenten oder Rentner) umfasst; Selbständigerwerbende können sich freiwillig versichern. Die Unfallversicherung befasst sich mit den wirtschaftlichen Folgen von drei Arten von Unfällen: **Berufsunfälle (BU)**, **Nichtberufsunfälle (NBU)** und **Berufskrankheiten**.

XV. Soziale Sicherung

Gegenwärtig wird die obligatorische Unfallversicherung nach UVG durch mehrere Träger durchgeführt, wobei die **Schweizerische Unfallversicherungsanstalt (SUVA)** über ein Teilmonopol verfügt. Die SUVA mit Hauptsitz in Luzern nahm ihre Tätigkeit 1918 in Form einer öffentlich-rechtlichen Anstalt auf. Heute ist die Non-Profit-Unternehmung der grösste Unfallversicherer der Schweiz: Bei ihr sind rund zwei Drittel der in der Schweiz beschäftigten Arbeitnehmer in über 100'000 Betrieben sowie rund 120'000 arbeitslose Personen versichert. Nebst der SUVA sind auch **andere Versicherungsträger** zugelassen, wie z.B. Krankenkassen oder private Versicherungen. Gegenwärtig sind 43 Versicherer beim Bundesamt für Sozialversicherung registriert, die zusammen 3,5 Mio. Arbeitnehmer versichern. Jährlich werden gut 700'000 Unfälle gemeldet, davon mehr als die Hälfte NBU.

Die Unfallversicherung erbringt einerseits Sach- und andererseits Geldleistungen. Die **Sachleistungen** beinhalten Pflegeleistungen wie z.B. die ambulante oder stationäre Behandlung durch einen Arzt, aber auch Kostenvergütungen (z.B. Rettungs- oder Bestattungskosten, aber auch Kosten für notwendige Hilfsmittel wie Rollstühle). Die **Geldleistungen** werden je nach Unfallfolgen in Form von Taggeldern, Renten (Invaliden- und Hinterlassenenrenten) oder Entschädigungen (Integritäts- oder Hilflosenentschädigungen) ausgerichtet, um den Einkommensausfall aufgrund eines Unfalls auszugleichen. Dabei werden diese Geldleistungen mit allfälligen Leistungen aus anderen Zweigen der sozialen Sicherung koordiniert (z.B. IV- oder AHV-Rente oder Taggelder der ALV), damit aus dem Empfang von verschiedenen Sozialversicherungsleistungen keine Bereicherung entstehen kann. Die Ausgaben der Unfallversicherung beliefen sich 2002 auf 6,6 Mrd. Fr. und haben sich damit seit 1990 um 60% erhöht. Davon wurden 4,2 Mrd. Fr. für die effektive Erbringung von Sach- und Geldleistungen aufgewendet, während die restlichen Ausgaben für Rückstellungen, Verwaltungs- und Durchführungskosten getätigt wurden.

Die Versicherungsleistungen werden vorwiegend über Prämien finanziert, die in Promille des versicherten Verdienstes erhoben werden. Die Prämien für die Nichtberufsunfälle werden durch **Beiträge der Arbeitnehmer** bezahlt, diejenigen für Berufsunfälle und Berufskrankheiten müssen vom **Arbeitgeber** finanziert werden, wobei die Prämien nach Risiko (Art des Betriebs) differenziert werden. Der gesamte Prämienbetrag wird vom Arbeitgeber geschuldet, wobei er den Anteil der Arbeitnehmer von deren Lohn abzieht. Die **öffentliche Hand** unterstützt die Unfallversicherung nicht. Die Einnahmen beliefen sich 2002 auf knapp 6 Mrd. Fr., womit sie seit 1990 um rund 40% angestiegen sind.

3.3 Risikofaktor: Arbeitslosigkeit

Die ersten Arbeitslosenversicherungen in der Schweiz gehen auf private Initiative im 19. Jahrhundert zurück. Massgeblich am Aufbau beteiligt waren vorerst die Gewerkschaften, später die Gemeinden und Kantone. Eine einheitliche und für die ganze Schweiz obligatorische Versicherung wurde erst nach dem Beschäftigungseinbruch von 1973–1976 umgesetzt. Die heutige **Arbeitslosenversicherung (ALV)** beruht auf Art. 114 BV und dem im Jahre 1984 in Kraft getretenen Bundesgesetz über die obligatorische Arbeitslosenversicherung und Insolvenzentschädigung (AVIG).

Alle obligatorisch in der AHV versicherten Personen sind für die ALV beitragspflichtig, wobei die **Beiträge** gegenwärtig in Form von zwei Lohnprozenten je zur Hälfte von den Arbeitgebern und -nehmern getragen werden. Dabei zieht der Arbeitgeber den Beitrag des Arbeitnehmers direkt vom Lohn ab und entrichtet ihn der AHV-Ausgleichskasse. Die Beitragspflicht besteht bereits seit 1977 für alle Arbeitnehmer ohne Ausnahme. Selbständigerwerbende sind nicht beitragspflichtig und somit auch nicht gegen Arbeitslosigkeit versichert. Die finanziellen **Leistungen** der ALV umfassen Taggelder in Form von Arbeitslosen-, Kurzarbeits-, Schlechtwetter- und Insolvenzentschädigungen. Letztere decken den Verdienstausfall für maximal vier Monate bei Zahlungsunfähigkeit (Insolvenz) des Arbeitgebers. Als Basis für die Auszahlung einer Leistung gilt der sog. versicherte Verdienst, der von der **Arbeitslosenkasse** normalerweise aufgrund des Einkommens der letzten sechs Monate festgesetzt wird. Davon wird aus Gründen des sog. moralischen Risikos (vgl. S. 465) jedoch keine volle Lohnentschädigung ausbezahlt, sondern nur ein gewisser Prozentsatz: Ein Lohn von unter 140 Fr. pro Tag berechtigt in jedem Fall zu einer Entschädigung von 80% des versicherten Lohnes. Bei einem Lohn von über 140 Fr. pro Tag bezieht eine arbeitslose Person nur 70%, es sei denn, dass Invalidität oder eine Unterhaltspflicht gegenüber Kindern besteht.

Der Beginn der Rezession Anfang der 1990er Jahre führte zu einem starken Anstieg der Arbeitslosigkeit (vgl. Abbildung 47 auf S. 162). Der Gesetzgeber reagierte vorerst, indem er auf der Leistungsseite die maximale Bezugsdauer der Taggelder von ursprünglich 250 auf 300, dann auf 400 und im Jahre 1997 auf 520 Taggelder erhöhte. Ebenso leitete er im Rahmen der 2. Revision des AVIG Mitte der 1990er Jahre einen Wechsel der Prioritäten in der schweizerischen Arbeitsmarktpolitik ein: So wurde der rein passive Taggeldbezug durch **aktive resp. präventive Massnahmen der Arbeitsmarktpolitik** ergänzt, die eine möglichst rasche und nachhaltige Wiedereingliederung Arbeitsloser in den Erwerbsprozess als Hauptziel haben. Dieses Ziel wird einerseits über die durch die 2. AVIG-Revision geschaffenen **Regionalen Arbeitsvermittlungszentren (RAV)** und andererseits über eine stärkere Gewichtung **arbeitsmarktlicher Massnah-**

men zu erreichen versucht. Als arbeitsmarktliche Massnahmen lassen sich z.B. Beschäftigungsprogramme oder Weiterbildungs- und Umschulungsmassnahmen nennen, die ein aktives Verhalten der Versicherten fordern und fördern. Nebst diesen Anpassungen auf der Leistungsseite musste auch der Beitragssatz erhöht werden: Betrug dieser 1977 noch 0,8%, so wurde 1995 eine Erhöhung von mittlerweile zwei auf drei Lohnprozente beschlossen. Diese Erhöhung war vorerst bis 1999 befristet, wurde jedoch in der Folge aufgrund der massiven Verschuldung der ALV bis Ende 2003 verlängert; seit Anfang 2004 beträgt der Beitragssatz wieder zwei Lohnprozente. Damit die Finanzierung der ALV auch langfristig gesichert ist, musste somit spätestens per Ende 2003 die Finanzierung neu geregelt werden. Dies erfolgte in der per 1. Juli 2003 in Kraft getretenen 3. AVIG-Revision.

Im Rahmen der **3. AVIG-Revision** wurde auf der **Leistungsseite** erstens für unter 55-jährige Arbeitnehmer die maximale **Bezugsdauer** von 520 wieder **auf 400 Taggelder gesenkt**. Diese Reduktion darf als vertretbar beurteilt werden, da sich der Anteil der Langzeitarbeitslosen, d.h. der länger als ein Jahr arbeitslosen Personen, am Total der Arbeitslosen in den letzten Jahren stets unter 20% bewegt hat. Dies ist ein im internationalen Vergleich sehr tiefer Wert. Zudem lässt die Revision insofern Spielraum für eine regionale Differenzierung, als Kantone mit einer erhöhten Arbeitslosigkeit die Leistungsdauer für alle Erwerbstätigen auf 520 Tage erhöhen können, sofern sich der Kanton zu 20% an den Kosten beteiligt. Zweitens wurde die **öffentliche Arbeitsvermittlung (RAV) professionalisiert** und die bisherigen arbeitsmarktlichen Massnahmen wurden ausgebaut. Dabei zeigen Untersuchungen, dass von den über 100 RAV in der Schweiz der weitaus grösste Teil abnehmende Skalenerträge aufweist. Dies bedeutet, dass eine Zusammenlegung von RAV die Produktivität der Berater nicht erhöhen würde. Auf der **Beitragsseite** wurde die **Mindestbeitragszeit**, die einen Entschädigungsanspruch auslöst, von sechs **auf zwölf Monate erhöht**, wie sie umliegende Länder wie Deutschland, Österreich und Italien kennen. Ohne diese Anpassungen müssten im Rahmen der Personenfreizügigkeit mit der Europäischen Union (EU) Missbräuche der schweizerischen ALV befürchtet werden.

Dieses neue **Finanzierungsmodell** soll die ALV über einen Konjunkturzyklus im Gleichgewicht halten, d.h. in wirtschaftlich guten Jahren sollen Reserven für die schlechteren gebildet werden. Damit soll verhindert werden, dass der Produktionsfaktor Arbeit ausgerechnet in schlechteren Zeiten verteuert wird und Arbeitgeber und -nehmer unter zusätzlichen Abgaben leiden, welche die Investitionen und den Konsum zusätzlich drosseln. Ausgangspunkt für diese neue Finanzierung ist die Annahme, dass über den Verlauf eines Konjunkturzyklus betrachtet durchschnittlich 100'000 Personen arbeitslos sind.

4. Herausforderungen für die Sozialpolitik in der Schweiz

Nach der Beschreibung der einzelnen Zweige der sozialen Sicherung werden im Folgenden die wichtigsten Herausforderungen für die Sozialpolitik in der Schweiz behandelt.

Einleitend erfolgen eine Analyse und eine Beurteilung von Struktur und langfristiger Entwicklung der Bevölkerung in der Schweiz. Damit wird die Grundlage geschaffen, um die wichtigsten laufenden Reformen im System der sozialen Sicherung zu verstehen. Abschliessend wird auf die Armut und damit auch auf die Problematik der Working poor in der Schweiz eingegangen.

4.1 Die Bevölkerungsstruktur und deren Entwicklung

Kenntnisse der Bevölkerungsstruktur und deren möglichen Entwicklung sind für die Diskussion von langfristigen Fragen in Wirtschaft, Politik und Gesellschaft von grosser Bedeutung. Dies gilt insbesondere auch für den Bereich der sozialen Sicherung, z.B. bei der Altersvorsorge oder beim Gesundheitswesen. Das Bundesamt für Statistik (BFS) veröffentlicht periodisch **Daten zur Struktur und Entwicklung der schweizerischen Wohnbevölkerung**. Die **Bevölkerungsstruktur** (vgl. Abbildung 178) bietet einen guten Einstieg in die Problematik. Sie zeigt die Struktur der ständigen Wohnbevölkerung der Schweiz anhand der Kriterien Geschlecht und Altersklassen. Weiterführende Statistiken berücksichtigen Kriterien wie Nationalität, regionale Abgrenzung, Zivilstand, Erwerbssituation, Ausbildungsstand etc. Die schweizerische Bevölkerungsstruktur weist eine charakteristische Form einer alten oder überalterten Bevölkerung auf, indem sie sich eindeutig von einer klassischen Bevölkerungspyramide unterscheidet. Oft wird die Bevölkerung in folgende Altersklassen eingeteilt: eine Gruppe der unter 20-Jährigen (Junge), eine Gruppe der 20- bis 64-Jährigen (potenziell Erwerbstätige) und eine Gruppe der über 64-Jährigen (Alte). Jede dieser Gruppen stellt andere Anforderungen an Wirtschaft und Gesellschaft.

Zukünftige Probleme im Bereich der sozialen Sicherung werden durch die Entwicklung der Bevölkerungsstruktur nachhaltig mitbestimmt. Das BFS veröffentlicht seit 1984 im Auftrag des Bundesrates **Szenarien zur Bevölkerungsentwicklung**. Diese bauen auf der Bevölkerungsstruktur auf und versuchen unter Verwendung verschiedener Hypothesen, deren Entwicklung in den nächsten Jahrzehnten abzuschätzen. **Hypothesen**, die sich aus gewissen sozioökonomi-

XV. Soziale Sicherung

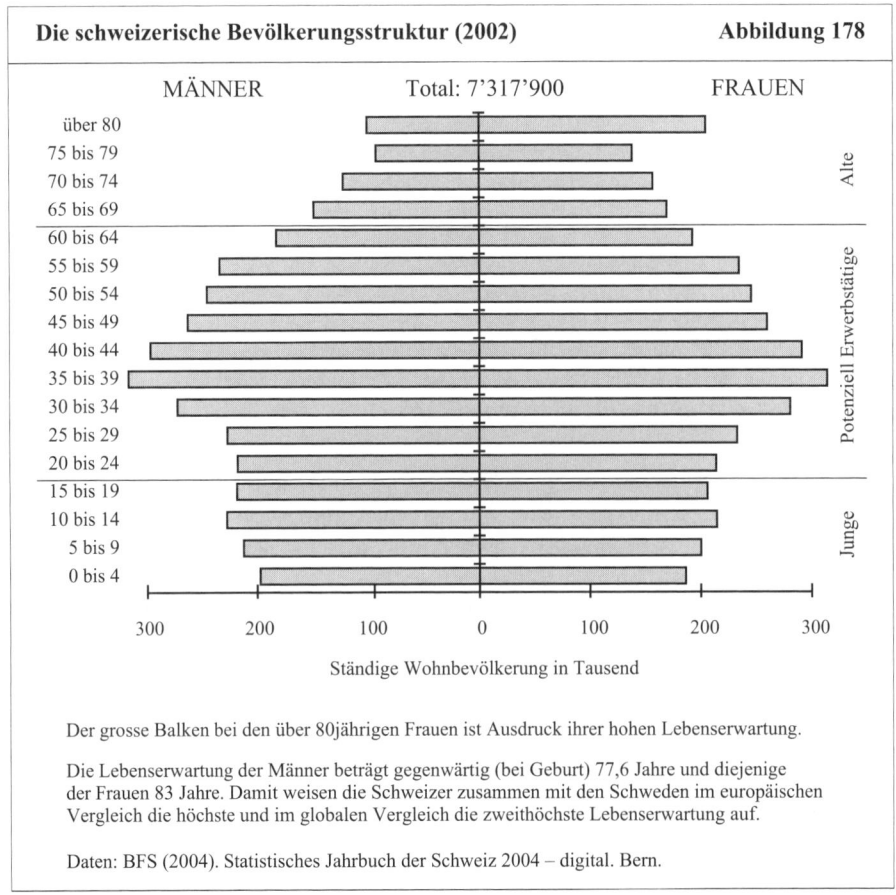

Abbildung 178: Die schweizerische Bevölkerungsstruktur (2002)

Der grosse Balken bei den über 80jährigen Frauen ist Ausdruck ihrer hohen Lebenserwartung.

Die Lebenserwartung der Männer beträgt gegenwärtig (bei Geburt) 77,6 Jahre und diejenige der Frauen 83 Jahre. Damit weisen die Schweizer zusammen mit den Schweden im europäischen Vergleich die höchste und im globalen Vergleich die zweithöchste Lebenserwartung auf.

Daten: BFS (2004). Statistisches Jahrbuch der Schweiz 2004 – digital. Bern.

schen Rahmenbedingungen ergeben, beziehen sich auf **Fruchtbarkeit, Sterblichkeit, Wanderungen** und den **Erwerb des Schweizer Bürgerrechts**. Besonders schwierig sind Prognosen über die zukünftige Entwicklung der internationalen Migrationsströme. Durch die Verwendung verschiedener Annahmen über die Bestimmungsfaktoren erhält man unterschiedliche Verläufe der Bevölkerungsentwicklung, sog. Szenarien.

Die aktuellsten **Szenarien zur Bevölkerungsentwicklung der Schweiz (2000–2060)** befassen sich damit, welche Auswirkungen auf die Bevölkerungsstruktur zu erwarten sind. Dabei werden drei Grundszenarien und zwei Alternativszenarien unterschieden, wobei die letztgenannten die Altersstruktur der Bevölkerung verstärkt berücksichtigen. Im Folgenden sollen die Hypothesen und die Ergebnisse der drei Grundszenarien näher erläutert werden:

Das **erste Szenario** soll den "**Trend**" abbilden und geht von der Annahme eines konstanten, mässigen Wirtschaftswachstums in der Schweiz aus. In der Familienpolitik werden keine grossen Veränderungen erwartet. Die Migrationspolitik wird insbesondere durch das Abkommen über den freien Personenverkehr zwischen der Schweiz und der Europäischen Union (EU) und durch das neue Ausländergesetz geprägt. Somit beschreibt das Szenario "Trend" die mittelfristig plausibelste Entwicklung. Das **zweite Szenario ("Positive Dynamik")** geht von einer deutlichen Zunahme der Geburtenhäufigkeit aus, da Erwerbs- und Familienleben besser vereinbar sein werden. Ebenso steigt die Lebenserwartung bei der Geburt eindeutig an. Der Wirtschaftsstandort Schweiz gewinnt zudem an Attraktivität, da sich die wirtschaftlichen Beziehungen zwischen der Schweiz und der EU intensivieren; dadurch kommt es zu einer Zunahme an Arbeitskräften aus der EU. Das **dritte und letzte Szenario** mit dem Titel "**Negative Dynamik**" geht v.a. von einem Anhalten der derzeit tiefen Geburtenhäufigkeit aus. Zudem führen neue Epidemien zu einer wesentlich langsamer ansteigenden Lebenserwartung bei der Geburt. Letztlich führt die geringere sozioökonomische Attraktivität der Schweiz zu einem Rückgang der Einwanderung ausländischer Staatsangehöriger. Mit Hilfe dieser deutlich unterschiedlichen Szenarien wird versucht, mögliche **Entwicklungen der ständigen Wohnbevölkerung der Schweiz** darzustellen; diese belief sich 2000 auf 7,189 Mio. Personen.

Die drei Szenarien unterscheiden sich stark in ihren **Ergebnissen**: Im Szenario "Trend" steigt die gesamte ständige Wohnbevölkerung bis ca. 2028 auf 7,416 Mio. Einwohner an. Danach vermag der Wanderungssaldo das Geburtendefizit nicht mehr auszugleichen, die Wohnbevölkerung geht zurück und erreicht bis 2060 einen Stand von 7,061 Mio. Personen. Die ausländische Wohnbevölkerung nimmt während der gesamten Periode 2000–2060 kontinuierlich zu, womit ihr Anteil Ende 2060 rund 22,8% gegenüber heute 19,6% beträgt. Das zweite Szenario "**Positive Dynamik**" zeigt für die gesamte ständige Wohnbevölkerung während des gesamten Perspektivzeitraums ein anhaltendes Wachstum, wodurch die Bevölkerung auf rund 8,674 Mio. Einwohner bis ins Jahr 2060 ansteigt. Das dritte Szenario "**Negative Dynamik**" geht von einem starken Rückgang der ständigen Wohnbevölkerung ab dem Jahr 2007 aus; damit zählt die Bevölkerung der Schweiz im Jahr 2060 nur noch knapp 5,635 Mio. Einwohner. Bei allen drei Szenarien wird die beschriebene Bevölkerungsentwicklung wesentlich stärker durch den **Migrationssaldo** bestimmt resp. geprägt als durch den (allfälligen) Geburtenüberschuss.

Im Zusammenhang mit der sozialen Sicherung und insbesondere deren Finanzierung ist aber nicht die Bevölkerungsentwicklung entscheidend, sondern vielmehr die **Bevölkerungsstruktur** und deren **demographische Veränderung**, da diese

XV. Soziale Sicherung

einen direkten Einfluss auf den Anteil der Erwerbsbevölkerung an der Gesamtbevölkerung hat. Abbildung 179 zeigt den Altersaufbau der Bevölkerung gemäss den drei beschriebenen Szenarien.

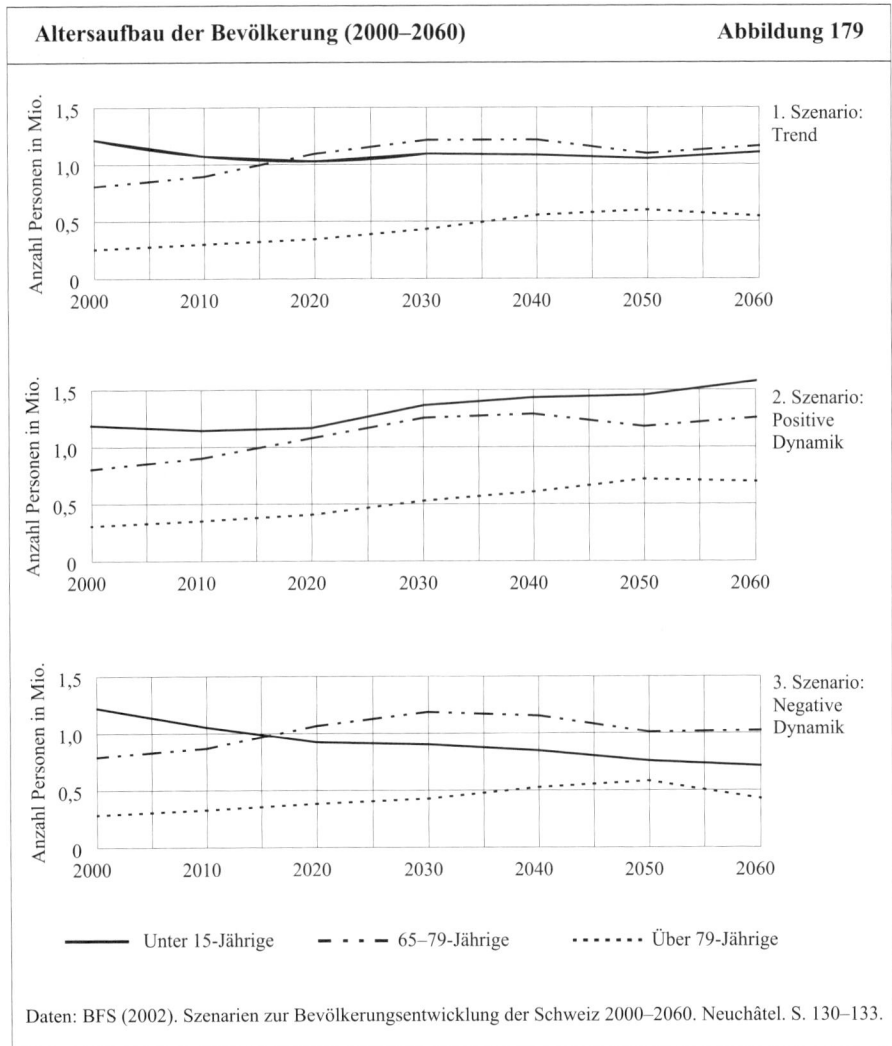

Altersaufbau der Bevölkerung (2000–2060) Abbildung 179

Daten: BFS (2002). Szenarien zur Bevölkerungsentwicklung der Schweiz 2000–2060. Neuchâtel. S. 130–133.

Alle drei Szenarien weisen eine klare Zunahme der Altersgruppe der über 79-Jährigen aus. Die Altersgruppe der 65–79-Jährigen zeigt in allen drei Fällen eine Zunahme bis ca. 2030 und sinkt dann wieder im ersten und dritten Szenario, während sich diese Altersgruppe im zweiten Szenario von 2030–2060 bei knapp

1,3 Mio. Personen einpendelt. Bei sämtlichen drei Szenarien liegt aber das Niveau dieser Altersgruppe im Jahre 2060 eindeutig höher als das Ausgangsniveau im Jahre 2000. So wäre gemäss dem Szenario "Trend" ab 2035 jede vierte in der Schweiz wohnhafte Person 65 Jahre oder älter. Die grössten Unterschiede sind bei der Altersgruppe der unter 15-Jährigen auszumachen: Während das Grundszenario "Trend" von einer relativ stabilen Entwicklung ausgeht, zeigt das zweite Szenario eine deutliche Zunahme dieser Altersgruppe. Besonders dramatisch fällt die Entwicklung im Falle des dritten Szenarios aus, wo ein Rückgang der unter 15-Jährigen um beinahe 50% resultiert.

Auch wenn die einzelnen Szenarien leicht unterschiedliche Entwicklungen aufzeigen, der generelle Trend bleibt: das **Phänomen der demographischen Alterung**. Dieses wird verschiedenste Konsequenzen für Wirtschaft, Gesellschaft und Politik haben. In der Politik beispielsweise muss man davon ausgehen, dass nach dem Jahr 2010 (!) mehr als die Hälfte der Stimm- und Wahlberechtigten über 50 Jahre alt sein wird. Aber auch in anderen Bereichen wie Wohnungsmarkt und Siedlungsentwicklung, Arbeitsmarkt und Bildungssystem, Altersvorsorge und Gesundheitssystem, Familienpolitik, Ausländer- und Asylpolitik sind Anpassungen zu erwarten, ja notwendig. Zum Einfluss der Bevölkerungsentwicklung auf den Wohnungsmarkt vgl. S. 240, auf den Arbeitsmarkt vgl. Abbildung 41 auf S. 143.

Aus wirtschaftlicher Sicht ist – wie bereits im Rahmen der Finanzierungsverfahren der Altersvorsorge angesprochen – v. a. das Verhältnis der Erwerbstätigen zu den Nichterwerbstätigen interessant, d.h. das Verhältnis derjenigen, die an der Erarbeitung des Volkseinkommens aktiv mitwirken, und derjenigen, die nur an der Verteilung teilhaben. Eine ganz grobe Vorstellung erhält man bei der Betrachtung von **Jugend-, Alters- und Gesamtquotienten**, deren Entwicklungen natürlich je nach Szenario unterschiedlich sind. Tabelle 41 gibt eine Übersicht über diese Quotienten gemäss dem Grundszenario "Trend" zur Bevölkerungsentwicklung.

Jugend-, Alters- und Gesamtquotient gemäss dem Szenario "Trend"[1] Tabelle 41

	2000	2010	2020	2030	2040	2050	2060
Jugendquotient[2] (in %)	37,6	34,0	32,0	35,6	37,1	36,4	37,8
Altersquotient[3] (in %)	25,0	28,2	33,1	40,8	43,9	42,6	43,1
Gesamtquotient[4] (in %)	62,6	62,2	65,1	76,4	81,0	79,0	80,9

[1] Quelle: BFS (2002). Szenarien zur Bevölkerungsentwicklung der Schweiz 2000–2060. Neuchâtel. S. 149.
[2] unter 20-Jährige im Verhältnis zu den 20- bis 64-Jährigen.
[3] über 64-Jährige im Verhältnis zu den 20- bis 64-Jährigen.
[4] Summe des Jugend- und Altersquotienten.

Dabei stellt man fest, dass der Jugendquotient relativ konstant bleibt, der Altersquotient jedoch deutlich zunimmt. In der Folge nimmt auch der Gesamtquotient zu. Im Jahre 2060 wird somit erwartet, dass nur noch rund 55% der gesamten Bevölkerung in der Schweiz aktiv an der Erarbeitung des Volkseinkommens mitwirken. Die effektive Belastung, also das Verhältnis zwischen denjenigen, die an der Erarbeitung des Volkseinkommens mitwirken, zu denjenigen, die an dessen Verteilung teilhaben, hängt von verschiedenen weiteren Faktoren ab wie z.B. der Erwerbsquote von Männern und Frauen, vom Pensionierungsalter sowie von der Ausbildungsdauer.

4.2 Laufende Reformen der Sozialversicherungen

4.2.1 Grundlegende Problematik der Altersvorsorge

Die oben vorgestellten Szenarien zur Bevölkerungsentwicklung im Allgemeinen und die prognostizierten Entwicklungen von Jugend-, Alters- und Gesamtquotienten im Besonderen weisen auf eine sich verschärfende Problematik hinsichtlich der Altersvorsorge hin. Aufgrund der beschränkten Lagerfähigkeit der meisten Güter ist aus **güterwirtschaftlicher Sicht** eine Altersvorsorge praktisch nicht möglich. Deshalb werden die in einer gewissen Periode verfügbaren Güter, die von den Erwerbstätigen erstellt werden, unter allen Kaufkräftigen verteilt. Dazu gehören die Erwerbstätigen selbst, aber eben auch die Nichterwerbstätigen wie die Rentner; diese erhalten ihre Kaufkraft über ihre Rentenansprüche. Diese Sichtweise geht auf die sog. Mackenroth-These zurück, die Anfang der 1950er Jahre vom deutschen Ökonomen **Gerhard Mackenroth** (1903–1955) formuliert wurde. Diese These beinhaltet in ihrem Kern den einfachen Satz, "(...) dass aller Sozialaufwand immer aus dem Volkseinkommen der laufenden Periode gedeckt werden muss. Es gibt gar keine andere Quelle und hat nie eine andere Quelle gegeben, aus der Sozialaufwand fliessen könnte, es gibt keine Ansammlung von Fonds, keine Übertragung von Einkommensanteilen von Periode zu Periode, kein Sparen im privatwirtschaftlichen Sinne, es gibt einfach gar nichts anderes als das laufende Volkseinkommen als Quelle für den Sozialaufwand. (...) Kapitalansammlungsverfahren und Umlageverfahren sind also der Sache gar nicht so verschieden." Die Altersvorsorge ist bei güterwirtschaftlicher Betrachtung somit gar keine (reale) Vorsorge, sondern beschränkt sich auf ein **Verteilungsproblem** zu einem gegebenen Zeitpunkt. Die gegenwärtig sparenden Erwerbstätigen verzichten auf einen Teil des ihnen zustehenden Bruttoinlandprodukts (BIP) zugunsten der Rentner. Dies wird sich durch die Erhöhung des Altersquotienten in den nächsten Jahrzehnten verschärfen (vgl. Tabelle 41) und führt zu einem härteren Verteilungskampf zwischen den Erwerbs- und Nichterwerbstätigen.

Wie sind nun die Finanzierungsverfahren der Altersvorsorge, d.h. das Umlageverfahren (UV) und das Kapitaldeckungsverfahren (KDV) aufgrund dieser Überlegungen zu beurteilen (vgl. Abbildung 174 auf S. 658 und Abbildung 176 auf S. 664)? Die Mackenroth-These legt vorerst eine **Äquivalenz der beiden Finanzierungsverfahren** nahe. Dieser Interpretation ist jedoch entgegen zu halten, dass die Finanzierungsart der Altersvorsorge sehr wohl die gesamtwirtschaftlichen Ersparnisse beeinflusst. So kann eine Volkswirtschaft mittels höherer realer Ersparnisse im Rahmen des KDV mehr **Investitionen** tätigen und damit eine höhere Realkapitalakkumulation erzielen, dies allerdings in Abhängigkeit von der Art der Investition. Damit kann die Volkswirtschaft einen höheren **Wachstumspfad** erreichen. Bei einer Finanzierung der Altersvorsorge nach dem UV besteht hingegen eine erhebliche **"Sparillusion"**, indem ein Teil der Beitragszahler glaubt, dass ihre Beiträge für die eigene Vorsorge investiert werden; stattdessen fliessen sie überwiegend in den **Konsum der Rentenbezüger**, womit die gesamtwirtschaftlichen Ersparnisse im UV eben geringer ausfallen. Die Mackenroth-These in ihrer ursprünglichen Form lässt sich somit kaum noch aufrecht erhalten und insbesondere noch weniger als Argument gegen das KDV anführen.

Beim UV lassen sich somit die Konsequenzen der demographischen Alterung direkt erkennen. Da sich Beiträge und Renten entsprechen sollten, müssen bei steigendem Altersquotienten entweder die **Höhe der Renten resp. deren Bezugsdauer reduziert** oder die **Beiträge erhöht** werden. Beim KDV baut sich hingegen ein Individuum in seiner Erwerbsphase einen Kapitalvorrat auf, den es in der Rentenphase wieder abbaut. Diese Sichtweise ist aus der Perspektive eines Individuums und bezogen auf den rein finanziellen Aspekt richtig, lässt sich jedoch nicht auf eine reale gesamt- oder güterwirtschaftliche Ebene übertragen. Auch für das KDV ist das realwirtschaftliche Umverteilungsproblem ausschlaggebend, da dem Abbau des von einer Generation aufgebauten Kapitalstocks (z.B. Produktionsanlagen, Immobilien) Ersparnisse der künftigen Generationen gegenüberstehen müssen, damit es nicht zu einem Preisverfall kommt. Und genau hier spielt die Veränderung der Bevölkerungsstruktur indirekt auch im Rahmen des KDV eine Rolle, da bei einem Rückgang der Bevölkerung ebenfalls die Rendite auf dem Kapital zurückgeht. Weiter ist zu erwähnen, dass das KDV durch die Verzinsung des akkumulierten Kapitals von der internationalen Zinsentwicklung abhängig ist: Je nachdem, wie die Realzinsen ausfallen, verlieren oder gewinnen die gesparten Guthaben an Kaufkraft. Ausgehend von diesen Überlegungen werden aktuelle Reformen in den Zweigen der sozialen Sicherung dargestellt.

4.2.2 Reformen im Bereich der Alters- und Hinterlassenenversicherung

Im Mai 2004 lehnte das Volk die über viele Jahre in der Bundesverwaltung und im Parlament ausgearbeitete Vorlage für eine 11. Revision des Bundesgesetzes über die Alters- und Hinterlassenenversicherung (AHVG) ab. Diese hätte verschiedene Anpassungen auf der Ausgabenseite dieses wichtigen Sozialwerkes vorgesehen. Ebenso entschied sich das Volk gleichzeitig gegen Anpassungen auf der Einnahmenseite der AHV, indem es die Möglichkeit zur Anhebung der Mehrwertsteuer (MWSt) zu Gunsten von AHV und Invalidenversicherung (IV) ablehnte. Dieses zusätzliche MWSt-Prozent hätte frühestens ab dem Jahr 2009 zu deckende Defizite beheben können.

Die **11. AHV-Revision hätte ausgabenseitig drei wichtige Massnahmen zur Entlastung der AHV-Rechnung vorgesehen**: Angleichung des Rentenalters der Frauen an dasjenige der Männer (65), Änderungen bei den Witwen- und Waisenrenten sowie Anpassung der Renten mit dem Mischindex alle drei statt wie bisher alle zwei Jahre. Diese Massnahmen hätten die AHV-Rechnung längerfristig um rund 925 Mio. Fr. pro Jahr entlastet und die aus demographischen Gründen absehbare Finanzierungsproblematik entschärft. Die finanzielle Basis der AHV wäre zumindest bis 2015 abgesichert gewesen, auch wenn die langfristigen Finanzierungsprobleme der AHV nicht gelöst gewesen wären. Ende 2005 verabschiedete der Bundesrat zwei Botschaften zur **Neuauflage der 11. AHV-Revision**; die eine betrifft die Leistungsseite, die andere technische Anpassungen. In der Vorlage betreffend die Leistungsseite schlägt der Bundesrat einerseits die Einführung einer **Vorruhestandsleistung für Frühpensionäre** vor, die als bedarfsorientierte Unterstützung für den unteren Mittelstand zu betrachten ist. Dieses Modell soll im **Bundesgesetz über die Ergänzungsleistungen (ELG)** vom 19. März 1965 umgesetzt werden, wobei die Leistung längstens bis zum ordentlichen AHV-Rentenalter ausgerichtet würde. Bezogen auf die im Jahr 2005 gültigen Werte, würde die Vorruhestandsleistung für Alleinstehende jährlich maximal 44'100 Fr. und für Ehepaare 66'150 Fr. – also das Anderthalbfache – betragen. Die jährlichen Kosten würden sich auf rund 350 Mio. Fr. belaufen. Andererseits hält er an der **Erhöhung des Frauenrentenalters auf 65 Jahre** fest, womit sich Einsparungen von rund 480 Mio. Fr. ergeben würden. Beide Neuerungen sollen Anfang 2009 eingeführt werden.

4.2.3 Reformen im Bereich der Krankenversicherung

Das Scheitern der 2. Revision des KVG im Winter 2003 hat dazu geführt, dass die einzelnen für sich genommen weitgehend unbestrittenen Revisionspunkte in drei Gesetzgebungspakete aufgegliedert wurden. So enthält das **erste Revisionspaket** u.a. Bestimmungen zur Verlängerung des Risikoausgleichs und zur Einführung der Vertragsfreiheit im ambulanten Bereich:

- **Risikoausgleich:** Der Risikoausgleich ist angesichts der Erhebung einer Einheitsprämie in der obligatorischen Versicherung unabdingbar, da die Krankenkassen ansonsten einen starken Anreiz zur **Risikoselektion** besitzen (vgl. S. 668). Der Risikoausgleich zwischen den Krankenkassen berücksichtigt die drei Komponenten **Alter, Geschlecht und Region** (Herkunft) der Versicherten, womit der finanzielle Anreiz zur Diskriminierung von Personen nach einem dieser Kriterien entfällt. Mit dem KVG Anfang 1996 wurde der Risikoausgleich provisorisch für zehn Jahre eingeführt. Die weiterhin bestehende **staatliche Regulierung in Form der Einheitsprämie** in der Grundversicherung zwingt zur Verlängerung des Risikoausgleichs. Ein solcher würde erst ohne Prämienregulierung nicht mehr benötigt, da die Prämien wie auf anderen Versicherungsmärkten in der Regel den erwarteten Kosten entsprächen. Damit nun aber der Risikoausgleich effektiv die Anreize zur Risikoselektion seitens der Versicherer (Krankenkassen) beseitigt, muss er jene Kriterien berücksichtigen, die den Gesundheitszustand der Versicherten am genauesten erklärt. Mit den heute angewandten Kriterien Alter, Geschlecht und Region geschieht dies aber nur unzureichend, womit es sich für die Krankenkassen weiterhin lohnt, eine Risikoselektion zu betreiben. Reformvorschläge für einen wirksamen Risikoausgleich zielen in Richtung **Diagnosekostengruppen**, die einen sehr guten Indikator für den Gesundheitszustand darstellen; etwas weniger präzisere Indikatoren wären auch **Vorjahreshospitalisations- oder Vorjahreskostengruppen**.
- **Vertragsfreiheit:** Der gegenwärtige Ärzte-Zulassungsstopp soll längerfristig durch die Vertragsfreiheit im ambulanten Bereich abgelöst werden, d.h. der bestehende **Kontrahierungszwang** soll aufgehoben werden. Gegenwärtig sind die Krankenkassen nämlich verpflichtet, mit jedem nach Art. 35 KVG zugelassenen Arzt einen (Tarif-)Vertrag abzuschliessen. Dabei sind lediglich formale Kriterien wie berufliche Qualifikationsnachweise oder Anforderungen an die Infrastruktur relevant. Anforderungen an Qualität und Wirtschaftlichkeit der Leistungserbringer spielen keine Rolle; ebenso ist es bedeutungslos, wie hoch die **Versorgungsdichte** in einem bestimmten Kanton oder einer Region ist. Gekoppelt mit dem **Einzelleistungstarif Tarmed** kommt dieser regulatorische Eingriff praktisch einer staatlichen Arbeitsplatz- und Einkommensgarantie für die Ärzte gleich. Entsprechend hat dies

ein Überangebot an Ärzten zur Folge, weshalb die Anzahl Ärzte gegenwärtig über den Zulassungsstopp zu stabilisieren versucht wird. Mit diesem Instrument wird aber gerade den jungen und gut ausgebildeten Ärzten der Zugang auf den für sie relevanten Arbeitsmarkt verwehrt. Das zur Diskussion stehende Instrument der Vertragsfreiheit soll hingegen einen **Wettbewerb unter den Ärzten** generieren und somit Anreiz zur Einführung neuer und innovativer **Versicherungsmodelle** schaffen. Insbesondere dürfte dies in städtischen Gebieten der Fall sein, da sich diese durch eine überdurchschnittliche **Ärztedichte** auszeichnen. Damit für ein bestimmtes Gebiet die Versorgungssicherheit der Bevölkerung weiterhin gewährleistet sein wird, sollen die Kantone den Versicherern innerhalb einer vom Bund definierten Bandbreite die Mindestzahl von Leistungserbringern vorschreiben. Dennoch werden die Krankenkassen grundsätzlich frei in der Auswahl ihrer Ärzte sein und ebenso über Spielraum bei der Aushandlung der Vergütungsart und -höhe für die Leistungserbringer verfügen, was unter dem gegenwärtigen Einzelleistungstarif Tarmed nicht möglich ist. Einerseits werden durch diesen Wettbewerb zwischen den Krankenkassen auch die Ärzte in die Kostenverantwortung eingebunden, wodurch für diese ein Anreiz entsteht, sich vermehrt in Netzen zur **gemeinsamen Nutzung technischer Infrastruktur** zu organisieren. Dadurch könnten sich die Ärzte den Krankenkassen als attraktives Kollektiv anbieten, da durch die Vernetzung auch der Wissensaustausch gepflegt würde. Andererseits würde den Krankenkassen durch die Vertragsfreiheit ein neues Instrument für die Risikoselektion in die Hände gegeben: Sie könnten nämlich mit dem gezielten Abschluss von Verträgen erreichen, dass sie kränkere Patienten an andere Versicherer abgeben können. Wenn z.B. ein Arzt dafür bekannt ist, dass er viele HIV-Patienten versorgt, würde die Vertragsverweigerung evtl. dazu führen, dass die Versicherten dieses Arztes zu derjenigen Krankenkasse wechseln, die mit dem besagten Arzt noch einen Vertrag abschliesst. Ob die Krankenkassen jedoch eine solche Risikoselektion betreiben, hängt von der Ausgestaltung der Prämie und von der Wirksamkeit des Risikoausgleichs ab. Eine Reform des bestehenden Risikoausgleichs oder **risikogerechte Prämien** sind somit eine notwendige Voraussetzung für die Aufhebung des Kontrahierungszwangs.

Das **zweite Revisionspaket** enthält u.a. Vorschläge zur Neuregelung der Spitalfinanzierung und zur Förderung der Managed-Care-Modelle:

- **Spitalfinanzierung:** Die Grundproblematik bei der aktuellen Spitalfinanzierung besteht darin, dass die Finanzströme mehreren Quellen entspringen, weshalb ein Systemwechsel zur **dual-fixen Spitalfinanzierung** vollzogen werden soll. Damit würden Kantone und Krankenkassen die Kosten der grundversicherten Leistungen und Investitionen je zur Hälfte übernehmen, wovon sich der Bundesrat mehr Wettbewerb unter den Spitälern erhofft. Insbesondere soll es zu einem Abbau bestehender Überkapazitäten kommen: Ende der 1990er Jahre verfügte die Schweiz über 5,5 Akutbetten pro 1000 Einwohner, während es in Kanada 3,2, in Schweden 2,6 und in Grossbritannien 2,4 waren. Erst in einem Gesundheitswesen, in dem die Krankenkassen die ganze Finanzierungsverantwortung tragen (sog. **monistisches Finanzierungssystem**), hätten sich die Spitäler vollständig über Leistungsentgelte zu finanzieren. Dadurch würden die Marktkräfte spielen, womit eine Regulierung der Kapazitäten über Spitallisten hinfällig wäre.

- **Managed-Care-Modelle:** Diese (bereits bestehenden) Modelle sollen gefördert, nicht jedoch zwingend vorgeschrieben werden. Somit sind die Krankenkassen frei, Ärzte unter Vertrag zu nehmen, die sich in integrierten Versorgungsnetzen mit Budgetverantwortung zusammenschliessen. Die Vertragsfreiheit würde die Förderung dieser besonderen Versicherungsformen begünstigen, die u.a. Kostenersparnisse durch weniger Hospitalisationen ermöglichen. Als Managed-Care-Modelle können z.B. die **HMO-Modelle oder Hausarztmodelle (HAM)** genannt werden. Bei den HAM schränken die Versicherten ihre Arztwahl ein und erhalten dadurch im Gegenzug einen Prämienrabatt. Untersuchungen zeigen, dass HAM Netto-Ersparnisse von 13% gegenüber konventionellen Versicherungen bewirken.

Im Rahmen des **dritten Revisionspakets** zum KVG soll es zu einer Neuordnung der Pflegefinanzierung kommen, da seit 2003 für Pflegeheime die Möglichkeit besteht, die Vollkosten der erbrachten Pflegeleistung und nicht nur die Rahmentarife zu Lasten der Krankenkassen abzurechnen.

4.2.4 Reformen im Bereich der Invalidenversicherung

Eine zentrale Herausforderung für die IV als Teil der 1. Säule stellt deren Verschuldung (beim AHV-Ausgleichsfonds) dar. Sie belief sich Ende 2004 auf rund 6 Mrd. Fr. Die Verschuldung geht einerseits auf die wirtschaftliche Rezession in den 1990er Jahren zurück, andererseits auf die starke Zunahme der IV-Rentner in den letzten Jahren. Vor diesem Hintergrund sind die Inhalte der laufenden **5. IV-Revision** zu sehen. Die anstehenden Massnahmen betreffen die Organisation des **IV-Verfahrens** sowie Vorschläge für die anstehende **IV-Zusatzfinanzierung**. Übergeordnetes Ziel aller drei Vorlagen ist die **Reduktion der Zahl der Neurenten um 20%** und die **Reduktion der jährlichen Defizite der IV**, die sich gegenwärtig in der Grössenordnung von jeweils 1–1,5 Mrd. Fr. bewegen. Ohne entsprechende Massnahmen wird die Verschuldung der IV in wenigen Jah-

XV. Soziale Sicherung   687

ren 10 Mrd. Fr. erreichen. Die 5. IV-Revision, die frühestens per 2007 in Kraft treten wird, sieht z.B. ein System der Früherkennung und Begleitung von krankheitsbedingt arbeitsunfähigen Personen vor. Damit soll die Wiedereingliederung resp. die Verhinderung der Ausgrenzung aus dem Arbeitsmarkt gefördert werden. Vor diesem Hintergrund sind auch aktuelle Untersuchungen zur Lebenslage von IV-Bezügern in der Schweiz zu sehen (vgl. Abbildung 180).

Ebenso sollen **negative Anreize** unter dem heutigen IV-System vermieden werden: In bestimmten Fällen wird heute nämlich der persönliche Einsatz eines (teil-invaliden) IV-Rentners monetär bestraft. So kann das möglichst gute Ausnützen der Resterwerbsfähigkeit zu einer Abstufung des Invaliditätsgrades führen; das damit verbundene wegfallende Renteneinkommen kann grösser sein als die Zunahme des Erwerbseinkommens. Somit kann das Gesamteinkommen trotz der vermehrten Erwerbstätigkeit tiefer ausfallen als vorher. Des Weiteren wird im Rahmen der IV-Zusatzfinanzierung eine **Erhöhung der Mehrwertsteuer (MWSt)** um 0,8% und/oder eine **Anhebung der Lohnprozente** von heute 1,4% auf 1,5% vorgeschlagen. Ziel ist letztlich die finanzielle Konsolidierung der IV.

4.3   Armut in der Schweiz

4.3.1   Definitionen und betroffene Bevölkerungsgruppen

Der Begriff Armut kann verschiedene Dimensionen aufweisen, weshalb auch unterschiedliche Definitionen gebraucht werden. Tabelle 42 zeigt die wichtigsten **Gründe für die Armut** in der Schweiz. Anhand dieser Aufstellung können Armutsgruppen mehr oder weniger klar identifiziert werden.

Gründe für Armut[1]   Tabelle 42

Arbeitslosigkeit	34%	Entscheid Sozialversicherung ausstehend	13%
Sucht	19%	Psychische Probleme	12%
Ungenügende Rente	14%	Beschränkte Erwerbsmöglichkeit	11%
Alleinerziehend	14%	Scheidung/Trennung	11%

[1] Quelle: BSV (1995). Soziale Sicherheit 2/95. Bern. Die Daten stammen aus einer Erhebung des Schweizerischen Nationalfonds bei 25 Fürsorgestellen im Jahre 1992. Die Gliederungskriterien überschneiden sich, sodass das Total mehr als 100% beträgt.

| Die Lebenslage von IV-Bezügern in der Schweiz | Abbildung 180 |

Im Rahmen des **Nationalen Forschungsprogramms (NFP) 45 zum Thema "Probleme des Sozialstaats"** wurde u.a. die Lebenslage von Menschen mit Behinderungen in der Schweiz untersucht. An 5000 IV-Bezüger (Zufallsstichprobe) wurde ein **schriftlicher Fragebogen** versandt, dessen Rücklaufquote 42% betrug. Dabei wurden die Lebensbedingungen mehrdimensional erfasst: Sowohl materielle als auch immaterielle Aspekte wurden nach ökonomischen, kulturellen und sozialen Dimensionen zu berücksichtigen versucht. Die einzelnen Dimensionen einer Lebenslage können dabei als **Handlungsspielräume** resp. Ressourcen verstanden werden, die den Individuen zur Verfügung stehen und je nach Möglichkeiten und Bedürfnissen genutzt werden können. In diesem Verständnis stellt dann die Art und Weise, wie die Einzelnen mit ihren Handlungsspielräumen umgehen, die **Lebensbewältigung** dar.

Für die Lebenslage von Menschen mit Behinderungen in der Schweiz stellten sich **zwölf Dimensionen** als relevant heraus: Ausbildung, Arbeit, materielle Situation, Wohnsituation, physischer und psychischer Gesundheitszustand, soziale Kontakte, Freizeit, Mobilität, Tagesstruktur, Hilfe und Unterstützung, Selbstbestimmung, Diskriminierung/Stigmatisierung-Integration-Partizipation. Angesichts der Erfahrungen der Betroffenen sind die fünf letztgenannten Dimensionen von besonderem Interesse. Die Ergebnisse der Fragebogenauswertung wurden für jede Lebenslagedimension zu einem Indikator verdichtet; es wurden Cluster-Analysen durchgeführt und im Endeffekt **fünf typische Lebenslagen** von IV-Bezügern identifiziert. Exemplarisch sollen zwei dieser fünf Rentnerlagen näher umschrieben werden:

- **Rentnerlage 1:** Überdurchschnittlich häufig sind dies geschiedene Frauen zwischen 50 und 65 Jahren; 21% leben mit einer Funktionseinschränkung der inneren Organe; 69% stufen ihre Beeinträchtigung als schwer bis sehr schwer ein; über die Hälfte ist in hohem Masse auf Medikamente angewiesen, um die täglichen Aufgaben bewältigen zu können; obwohl gute Bildungsvoraussetzungen vorliegen, sind 78% dieser Personen nicht in den Arbeitsmarkt integriert; 76% verfügen über ein persönliches Einkommen von weniger als 3000 Fr. im Monat. Trotz der tiefen Arbeitsintegration ist das soziale Netzwerk dieser Rentner überdurchschnittlich gut: 66% berichten über das Vorhandensein mehrerer Vertrauenspersonen. Auch fühlen sich die Betroffenen wenig stigmatisiert und schätzen ihren Grad an Selbstbestimmung hoch ein.
- **Rentnerlage 2:** Hier finden sich v.a. ledige Männer im Alter zwischen 18 und 29 Jahren. Überdurchschnittlich häufig weisen sie eine angeborene Sinnesbehinderung oder geistige Beeinträchtigungen auf. 79% schätzen diese als leicht bis mittel ein, 64% sind nicht auf Medikamente angewiesen. 70% arbeiten mehr als 20 Stunden pro Woche, womit eine hohe Arbeitsintegration vorliegt; dennoch ist das persönliche Einkommen relativ tief, verfügen doch 70% über weniger als 3000 Fr. pro Monat. Dies kann jedoch u.a. mit dem jungen Alter dieser Personen erklärt werden, die oft weniger verdienen als ältere Angestellte in der gleichen Berufsposition.

Diese erhobenen Fakten bieten u.a. den Professionellen der Sozialen Arbeit und den Angehörigen der Pflegeberufe die Möglichkeit, sich mit den unterschiedlichen Lebenslagen von behinderten Menschen vertraut zu machen, um den Einzelfall adäquat einschätzen, Problemkonstellationen erkennen und dementsprechend Interventionen unternehmen zu können.

XV. Soziale Sicherung

Aus wirtschaftlicher Sicht kann Armut ganz allgemein als **mangelnde Verfügbarkeit über Ressourcen** verstanden werden. Auch hier sind noch weitere Definitionen möglich, v.a. in Bezug auf den Massstab, der angelegt wird:

- **Absolute Armut:** Die Ressourcen reichen knapp, um zu überleben. Armut wird losgelöst vom allgemeinen Lebensstandard definiert. Das Existenzminimum ist objektiv und weitgehend physiologisch bestimmt.
- **Relative Armut:** Die Ressourcen reichen knapp, um ein von der Gesellschaft als akzeptabel erachtetes Leben zu führen. Armut wird in Relation zum allgemeinen Lebensstandard gesehen. So kann jemand, der mehr als die zur Deckung des absoluten Existenzminimums notwendigen Ressourcen verfügt, durchaus im Verhältnis zu anderen arm sein.
- **Subjektive Armut:** Die Ressourcen reichen knapp, um ein vom Betroffenen selber als zufriedenstellend erachtetes Leben zu führen. Hier geht man vom subjektiven Empfinden "arm zu sein" aus. Wohlstandsindikatoren wie Einkommen oder Vermögen können die subjektive Armut nicht adäquat erfassen. So gibt es Personen mit einem ausgeprägten Bedürfnis nach Freizeit und dementsprechend geringem Einkommen, die sich aber nicht notwendigerweise arm fühlen.

Die gebräuchlichsten **Armutsgrenzen**, die in der Schweiz verwendet werden, sind einerseits die Anspruchsberechtigungsgrenze für Ergänzungsleistungen (EL) und andererseits die Armutsgrenze, die von der Schweizerischen Konferenz für Sozialhilfe (SKOS) verwendet wird. Beide Grenzwerte basieren auf einem Warenkorbmodell:

- **EL-Grenze:** Sie stellt eine offizielle Armutsgrenze für Personen im Rentenalter dar und geht von einem verfügbaren monatlichen Einkommen – d.h. nach Abzug der Sozialversicherungsbeiträge und der Steuern – von 2570 Fr. für einen Einpersonenhaushalt aus. Darin enthalten sind für den Lebensunterhalt notwendige Auslagen wie Nahrungsmittel und Gesundheit (Krankenkassenprämie) und insbesondere auch Mietkosten (1100 Fr.).
- **SKOS-Grenze:** Sie hat keinen eigentlichen offiziellen Charakter, wird aber dennoch von vielen Kantonen und Gemeinden als Richtlinie bei der Bemessung von Sozialhilfeleistungen verwendet (vgl. S. 693ff.). Die SKOS-Grenze befindet sich unter der EL-Grenze bei 2360 Fr. für einen Einpersonenhaushalt (ohne Erwerbseinkommen), wovon 1200 Fr. für Wohnen und Gesundheit, 960 Fr. für den Lebensunterhalt und 200 Fr. als Integrationszulage vorgesehen sind. Die Integrationszulage soll einen Anreiz zur Aufnahme einer Arbeit schaffen sowie Bemühungen um bessere soziale Integration (z.B. Übernahme von Betreuungs- und Erziehungsaufgaben) monetär belohnen; denn gerade die gesellschaftliche Desintegration ist einer der Faktoren, die Armut zum Langzeitproblem machen.

Die 1997 publizierte Studie "Lebensqualität und Armut in der Schweiz" kommt zum Ergebnis, dass im Erhebungsjahr 1992 bei Verwendung der (damaligen) EL-Grenze rund 680'000 und bei Verwendung der (damaligen) SKOS-Grenze rund 390'000 Arme in der Schweiz lebten. Dies entspricht einem Anteil von 9,8% resp. 5,6% an der Bevölkerung. In Bezug auf die von Armut betroffenen Bevölkerungsgruppen bestehen teilweise grosse Unterschiede, wobei die Werte je nach verwendeter Armutsgrenze (SKOS-Grenze resp. EL-Grenze) differieren. Die angegebenen Quoten bringen dabei die Anteile armer Personen an der entsprechenden Gesamtheit zum Ausdruck:

- **Geschlecht und Zivilstand:** Zwischen Männern und Frauen besteht kein wesentlicher Unterschied. Bei geschiedenen Frauen zeigt sich jedoch eine überdurchschnittlich hohe Armutsquote. Je nach verwendeter Armutsgrenze beträgt die Quote 20,8% resp. 10,3%. Unterdurchschnittlich ist die Quote bei den verwitweten Frauen (9,2% resp. 4,0%).
- **Erwerbsstatus:** Die höchste Armutsquote weisen Personen in Ausbildung mit 31,4% resp. 28,0% auf. Im Gegensatz zu den Ergebnissen vieler anderer Untersuchungen sind Altersrentner sowie IV-Rentner nicht überdurchschnittlich von Armut betroffen.
- **Haushaltstyp:** Am höchsten ist die Armutsquote für allein erziehende Personen (20,2% resp. 11,4%) und allein lebende Männer (15,6% resp. 10,6%). Deutlich unterdurchschnittlich ist die Quote für Paare ohne Kinder (5,8% resp. 3,2%) sowie Erwachsene mit einem Elternteil (5,9% resp. 4,2%).
- **Nationalität:** Die Armutsquote für Schweizer liegt bei beiden Grenzen tiefer als diejenige für Ausländer (Schweizer: 9,0% resp. 5,0%; Ausländer: 13,1% resp. 7,9%).
- **Sprachregion:** Armut ist in der deutschsprachigen Schweiz ein wesentlich geringeres Problem als in der französischsprachigen und insbesondere in der italienischsprachigen Schweiz (Deutsche Schweiz: 8,7% resp. 4,8%; Romandie: 11,3% resp. 6,9%; Tessin: 21,2% resp. 12,3%).
- **Stadt–Land:** Nach diesem Kriterium ergeben sich kaum Unterschiede, obwohl eine leicht höhere Armutsquote auf dem Land feststellbar ist.

Von zusätzlichem Interesse für die Armutsforschung ist auch die **personelle Verteilung der Einkommen oder Vermögen**. Zur Darstellung wird oft die **Lorenzkurve** verwendet, die **optisch** den **Grad der relativen Konzentration** der Einkommen und Vermögen in einer Gesellschaft wiedergibt; die genaue mathematische Berechnung der relativen Konzentration erfolgt mit dem **Gini-Index** (vgl. Abbildung 181).

XV. Soziale Sicherung

Lorenzkurve: Einkommens- und Vermögensverteilung — Abbildung 181

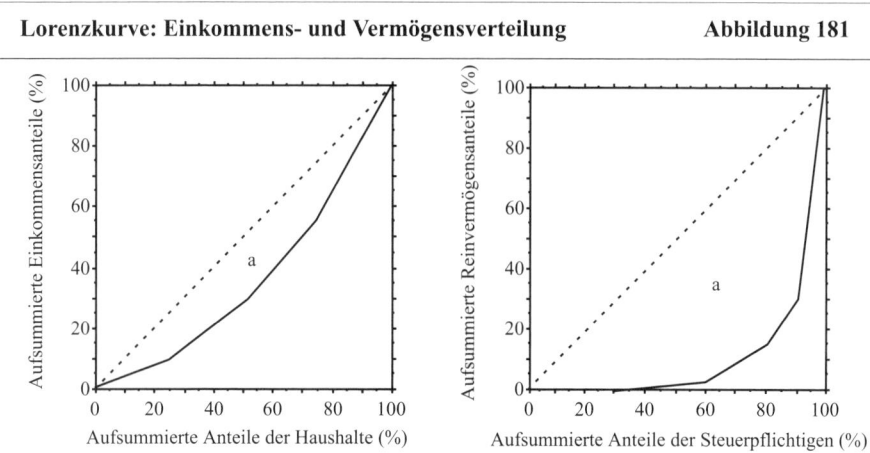

Daten: BFS (2005). Statistisches Jahrbuch der Schweiz 2005. Zürich. S. 819 und S. 839.

Die Daten zur **Einkommensverteilung** beziehen sich auf das Bruttomonatseinkommen der privaten Haushalte gemäss der Einkommens- und Verbrauchserhebung im Jahr 2002. Die **Lorenzkurve** vermittelt dabei einen ersten Eindruck über den Grad der relativen Konzentration der Einkommen. Es zeigt sich z.B., dass die unteren 50% der Haushalte 30% am Gesamteinkommen verdienen oder dass die obersten 25% der Haushalte 45% des Gesamteinkommens für sich beanspruchen können. Das Bruttomonatseinkommen beinhaltet sämtliche Einkommenskomponenten, d.h. neben dem Lohn aus Erwerbsarbeit auch Transferzahlungen (v.a. Renten) und Vermögenserträge (z.B. Dividenden). Im Jahr 2002 betrug das durchschnittliche Bruttomonatseinkommen der Haushalte in der Schweiz 8933 Fr.

Die Daten zur **Vermögensverteilung** beziehen sich auf das Reinvermögen der natürlichen Personen in den Steuererklärungen 1997. Die Lorenzkurve zeigt, dass die untersten 30% überhaupt kein Vermögen versteuern. Die unteren 80% verfügen über 15% des Gesamtvermögens, die obersten 10% können 70% des Gesamtvermögens für sich beanspruchen. Das Gesamtvermögen der steuerpflichtigen Personen in der Schweiz belief sich 1997 auf 750 Mrd. Fr.

Die gepunktete Diagonale stellt jeweils die Gleichverteilung dar. Je weiter die Lorenzkurve davon entfernt ist, desto ungleicher ist die Verteilung. In der Schweiz ist infolge dessen das Einkommen gleichmässiger verteilt als das Vermögen.

Ein weiteres statistisches Mass in diesem Zusammenhang stellt der **Gini-Index (Gini-Koeffizient)** dar. Dieser gibt das Verhältnis zwischen der gepunkteten Diagonalen und der Lorenzkurve **(Fläche a)** zur **Fläche des Dreiecks unterhalb der Diagonalen** an. Bei einer vollkommen gleichmässigen Verteilung nimmt der Gini-Index den Wert null an, bei einer maximalen Konzentration den Wert von (nahezu) 1.

4.3.2 Das Phänomen der Working poor

In jüngster Zeit ist auch in der Schweiz die Existenz von Working poor (erwerbstätigen Armen) in das Blickfeld der öffentlichen Diskussion gerückt. Entgegen weit verbreiteter Vorstellung ist **Armut nicht zwingend mit Arbeitslosigkeit oder Erwerbsunfähigkeit verbunden**. Gemäss einer Studie des Bundesamts für Statistik (BFS) gehörten 1999 in der Schweiz **250'000 Personen oder 7,5% der Erwerbstätigen zu den Working poor**. Zusammen mit ihren Haushaltsangehörigen waren **effektiv 535'000 Personen betroffen**, davon mehr als 40% Kinder. Die Working-poor-Quote hat insbesondere in der zweiten Hälfte der 1990er Jahre deutlich zugenommen, denn bis 1995 lag diese bei rund 5%. Als Working poor gilt eine erwerbstätige Person zwischen 20 und 59 Jahren, die mindestens eine Stunde pro Woche gegen Entgelt arbeitet und in einem armen Haushalt lebt. Working poor machen deutlich, dass das Ideal der Arbeitsgesellschaft in die Brüche zu gehen droht oder vielleicht schon zerbrochen ist, womit ein **gesamtgesellschaftliches Problem auf der normativen Ebene** besteht: Wenn Erwerbsarbeit nicht mehr garantiert, ein Leben oberhalb der politisch festgelegten Armutsschwelle zu führen, so ist eine zunehmende Missachtung bestehender Normen zu befürchten. Dies könnte sich in einer Erosion der Arbeitsethik oder in einer Zunahme illegaler Beschäftigungsverhältnisse äussern.

Die **zentralen Risikofaktoren**, ein Working poor zu werden, sind gemäss der BFS-Studie die folgenden: das **Geschlecht**, die **Nationalität**, die **Familiengrösse** und die **Stellung auf dem Arbeitsmarkt**. Überdurchschnittlich gefährdet sind dabei Frauen, ausländische Staatsangehörige, Paarhaushalte mit drei oder mehr Kindern, allein arbeitende Selbständigerwerbende sowie niedrig qualifizierte Arbeitskräfte. So sind z.B. knapp 30% sämtlicher allein erziehender Personen und knapp 20% sämtlicher Paare mit mehr als drei Kindern den erwerbstätigen Armen zuzurechnen. Zudem arbeiten Working poor häufig in Teilzeitstellen, in ungesicherten Arbeitsverhältnissen und in Stellen mit atypischen Arbeitszeiten.

Das Phänomen der erwerbstätigen Armen hat in der Schweiz eine **stark familienbezogene Komponente**, denn die Familien- und die Arbeitssituation der arbeitenden Armen hängen oft miteinander zusammen. Die Familiengründung oder -vergrösserung führt oft zwangsläufig dazu, dass die Eltern (und insbesondere Alleinerziehende) auf Teilzeitanstellungen, atypische Arbeitszeiten und unsichere Arbeitsverhältnisse ausweichen müssen, um selbst die Betreuung ihrer Kinder zu sichern. Denn das Angebot an **familienbegleitenden Einrichtungen** wie Kinderkrippen, Horten oder Tagesschulen ist dürftig. Gerade aber die Förderung solch gezielter Massnahmen durch die öffentliche Hand könnte dazu führen, dass teilzeit- oder auf Abruf arbeitende Working poor ihre Arbeitspensen erhöhen und ihr Arbeitsverhältnis besser regeln könnten. Ebenso könnten **Weiterbil-**

dungsmassnahmen für betroffene und bedürftige Familien bewirken, dass einer qualifizierteren Arbeit mit einem entsprechend höheren Einkommen nachgegangen werden könnte. Letztlich sind auch **steuerpolitische Massnahmen** denkbar, welche die Situation der Working-poor-Familien verbessern könnten: So würde die Einführung einer getrennten Besteuerung dazu führen, dass ein positiver Anreiz zur Aufnahme einer Erwerbstätigkeit resp. zur Erhöhung des Arbeitsvolumens des Zweitverdieners entstünde; durch die Einzelbesteuerung (sog. Individualbesteuerung) entfielen nämlich die höheren Grenzsteuersätze der Ehepaarbesteuerung.

4.3.3 Die öffentliche Sozialhilfe

Die schweizerische Sozialpolitik kennt zur Sicherung des Existenzminimums verschiedene **bedarfsabhängige Leistungen** wie z.B. die EL zur AHV und IV sowie die öffentliche Sozialhilfe. Die Sozialhilfe gilt grundsätzlich als das **letzte Netz der sozialen Sicherheit** und unterliegt dem **Subsidiaritätsprinzip**, d.h. sie kommt nur dann zum Zuge, wenn weder Erwerbseinkommen noch Vermögen noch Leistungen aus den ihr vorgelagerten Sozialversicherungen vorhanden sind, um die Existenz zu sichern (vgl. Abbildung 170 auf S. 652). Dies bedeutet, dass ein Individuum, das die Bedürftigkeit geltend macht und Leistungen der Sozialhilfe beantragt, nachweisen muss, dass es über keine oder mangelnde Einkünfte verfügt, um selber für seinen Lebensunterhalt aufzukommen. Entsprechend hat dies in jedem Einzelfall aufwändige Abklärungen seitens der Behörden zur Folge, bevor Leistungen ausgerichtet werden.

Die **Zahl der Sozialhilfefälle** – darunter auch Working poor – ist in den letzten Jahren deutlich angestiegen und bewegte sich 2003 mit gut **300'000 Personen** in der Grössenordnung der IV und ALV, werden die Familien mit einbezogen; das sind 10% mehr Personen, die Sozialhilfe bekommen haben, als im Jahr zuvor. Gleichzeitig hat sich damit der Anteil der Sozialhilfebeziehenden an der Wohnbevölkerung, die sog. **Sozialhilfedichte**, erhöht; grössere Städte wie Basel, Bern oder Zürich zählen rund 50 Fälle pro 1000 Einwohner. Besorgniserregend ist die hohe Sozialhilfedichte bei Kindern und Jugendlichen unter 18 Jahren, die gemeinsam mit ihren Eltern Unterstützungsgelder beziehen; in den drei oben genannten Städten sind es jeweils mehr als 100 Fälle pro 1000 Einwohner. Als Gründe für die Zunahme der Unterstützungsbedürftigen wird laut einer Studie der "Städteinitiative Sozialpolitik" die schlechte Wirtschaftslage sowie die Verkürzung der Bezugsdauer von Arbeitslosentaggeldern im Rahmen der 3. AVIG-

Revision gesehen (vgl. S. 675). Insofern ist anzunehmen, dass die geplante Sanierung der IV im Rahmen der 5. IV-Revision zur Verlagerung von Aufgaben und Kosten in die Sozialhilfe führen wird.

Die **Kosten der Sozialhilfe** von jährlich **rund 3 Mrd. Fr.** werden ausschliesslich von den Kantonen und Gemeinden getragen; Bundesbeiträge und/oder Beiträge der Arbeitnehmer und Arbeitgeber – wie dies bei der Finanzierung der Sozialversicherungen der Fall ist – werden keine ausgerichtet. Zur Bemessung der Sozialhilfe orientieren sich die meisten Kantone und Gemeinden an dem von den SKOS-Richtlinien empfohlenen Existenzminimum. Dieses hat zum Ziel, Armutsbetroffenen ein bescheidenes, menschenwürdiges Leben zu sichern und ihnen die Möglichkeit zu geben, am sozialen Leben teilzuhaben. Damit soll verhindert werden, dass aus einer vorübergehenden Armut eine dauerhafte Verelendung mit all ihren negativen Folgen (z.B. Kriminalität, Sucht) entsteht. Gesellschaftspolitisch sind die **Vermeidung von Stigmatisierungen** und die **Erhaltung des sozialen Friedens** besonders **wichtige Ziele der Armutsbekämpfung.**

5. Ausblick

Das System der sozialen Sicherung der Schweiz erbringt gemessen an der Kaufkraft eine der höchsten Leistungen in Europa. Dessen Profil ist allerdings etwas einseitig auf das Alter ausgerichtet. Es ist ein historisch gewachsenes System mit einer Vielzahl verschiedener Leistungen. Hohe Komplexität besteht auch auf der Finanzierungsseite z.B. betreffend Alter als Mischsystem von Umlage- und Kapitaldeckungsverfahren. Die Betroffenheit nach dem **Nettoeffekt zwischen Nutzniessern und Zahlenden** ist unklar. Zudem ist der Zusammenhang zwischen Sozialleistungen und Einkommens- und Vermögenslage des Einzelnen immer diffuser geworden. Für das ganze System mit seiner institutionellen Vielfalt und den damit verbundenen Verwaltungsbürokratien ergeben sich **hohe Transaktions- und Overhead- sowie allgemein hohe volkswirtschaftliche Kosten**. Kritiker sprechen von einer bürokratischen Giesskanne; diese attackiere die Leistungsbereitschaft des einzelnen Individuums und gebe zuwenig Anreiz zur Selbstverantwortung und Selbsthilfe. Dennoch ist die soziale Sicherung in unserer Gesellschaft ein wichtiger Bestandteil des Lebens geworden, ja sogar ein Ausdruck des Wohlstandes. Der sich im Gang befindliche und absehbare Wandel der schweizerischen Gesellschaft bewirkt einen Druck zur Anpassung der soziale Sicherung. Diese wird nicht reibungslos ablaufen, da die soziale Sicherung im Kern immer eine **Umverteilung** beinhaltet und damit (fast) immer Gewinner und Verlierer hervorbringt. Es ist zu wünschen, dass bei dieser Umverteilung nicht nur Geld- sondern vermehrt auch Sachleistungen resp. Dienste berücksichtigt werden. Sozialpolitik ist umfassender als **Gesellschaftspolitik** zu verstehen. Dabei muss der Sozialstaat allerdings in Grenzen gehalten werden.

Die **laufenden Revisionen** in den Zweigen des schweizerischen Sozialversicherungssystems sind insbesondere vor dem Hintergrund notwendiger Sparmassnahmen und demographischer Änderungen zu sehen. V.a. beim bedeutendsten Sozialwerk – der **Alters- und Hinterlassenenversicherung (AHV)** – wird sich die Last der demographischen Entwicklung ab 2015 zeigen. Dann werden nämlich die geburtenstarken 1950er-Jahrgänge ins Rentenalter treten, und damit wird ausgabenseitig die gesamte Rentensumme stark ansteigen. Die jährlichen Kosten der AHV (Rentensumme) von gegenwärtig rund 30 Mrd. Fr. werden sich bis 2020 allein aufgrund der Alterung der Bevölkerung um knapp 10 Mrd. Fr. erhöhen. Gleichzeitig wird – ceteris paribus – die Erwerbsbevölkerung und damit auch die Summe der Lohnbeiträge auf der Einnahmenseite zurückgehen. Entsprechende Bedeutung kommt somit einerseits der **wirtschaftlichen Prosperität** zu, denn die Einnahmen der AHV werden stark durch die wirtschaftliche Lage beeinflusst, da sich diese direkt auf die Löhne und auf die Beschäftigung auswirkt. Andererseits hat auch die **Familien- und Migrationspolitik** einen direkten Einfluss auf die erwerbstätige Bevölkerung und damit auf die Anzahl Beitragszahler an die Sozialversicherungen.

Ebenso wird die Überalterung der Gesellschaft im Rahmen der **beruflichen Vorsorge (BVg)** Auswirkungen auf die Finanzmärkte zeitigen: Mit der Pensionierung der geburtenstarken Jahrgänge der Nachkriegsgeneration ab 2011 (Jahrgänge 1946–1964; sog. baby boomer) wird der **Liquiditätsbedarf der Pensionskassen** stark zunehmen. Dies bedeutet, dass ein grösserer Teil des im Kapitalmarkt angelegten Vorsorgekapitals von heute über 400 Mrd. Fr. zur Bezahlung der Altersleistungen veräussert werden muss. Dies führt jedoch nicht zu einer Reduktion des volkswirtschaftlichen Kapitalstocks, sondern es erfolgt vielmehr ein **Transfer von Eigentum**; das Vorsorgekapital der Pensionskassen wird zu einem grossen Teil in Immobilien und Aktien gehalten. Wie sich nun diese Veräusserung auf die **Preisbildung der Vermögenswerte** auswirkt, ist von verschiedenen Faktoren abhängig: Einerseits geht mit einer Überalterung der Gesellschaft eine zunehmende Verknappung des Faktors Arbeit gegenüber dem Kapital einher, wodurch der relative Preis der Arbeit steigt. Dies führt zu einer Erhöhung der Löhne relativ zum Kapitalzins, d.h. zu einem sinkenden Realzins. Andererseits wird die Preisbildung der Vermögenswerte von den Risikopräferenzen der Akteure, aber auch von Diversifikations-, Informations- und Liquiditätsaspekten der Märkte beeinflusst und kann deshalb nicht vorausgesehen werden.

Auch wenn eine ganzheitliche Neuorientierung des Systems der sozialen Sicherung in absehbarer Zeit nicht zur Diskussion steht, so sollte den beiden Kriterien der **Verteilungsgerechtigkeit** und der **ökonomischen Effizienz** dennoch grosse Bedeutung zugemessen werden. Dabei soll erstere nicht egalitaristisch, sondern vielmehr liberal begründet sein: Der Sozialstaat soll alle Bürger mit einem für die Grundversorgung notwendigen Einkommen ausstatten, falls sie nicht zu eigenem Erwerb fähig sind. Damit fördert der Sozialstaat als freiheitsdienliche Veranstaltung die "Marktfähigkeit" der Bürger, nicht aber eine vom Markt unabhängige Bürgerlichkeit. Einkommensunterschiede aufgrund der Arbeitsleistung sollen durch staatliche Massnahmen keinesfalls zu stark nivelliert werden, da sie dem Individuum den Anreiz zur Erwerbstätigkeit rauben würden. Verschiedene **Reformvorschläge** für die soziale Sicherheit in der Schweiz – wie z.B. die Einführung einer Sozialdividende, einer Lohnsubvention oder einer negativen Einkommenssteuer – zielen in die richtige Richtung: Dabei werden die meisten Vorteile durch das Modell des **Partizipationseinkommens** – als Spezialfall der Sozialdividende – generiert, bei dem die Auszahlung eines Basiseinkommens (sog. Bürgerrente) an die Bedingung der Erbringung einer Gegenleistung für das Gemeinwohl geknüpft wird. Gemäss Simulationen des Büros für arbeits- und sozialpolitische Studien (BASS) würde die Armut, Ungleichheit und Arbeitslosigkeit in der Schweiz reduziert.

6. Quellen

6.1 Literatur

Barr, N. (1998). The Economics of the Welfare State. 3rd edition. Oxford.

Breuer, M. (1999). Zahlungswiderstände bei Beitrags- versus Steuerfinanzierung in der Sozialversicherung: Wie gross sind die Unterschiede wirklich?, in: Hamburger Jahrbuch für Wirtschafts- und Gesellschaftspolitik. Vol. 44, S. 45–67.

Breyer, F., Zweifel, P., Kifmann, M. (2005). Gesundheitsökonomie. 5. Auflage. Berlin/Heidelberg/New York.

Brugger, E. A., Frey, R. L. (2005). Nachhaltige Altersvorsorge Schweiz – NAVOS: Der Umbau. Zürich.

Bundesamt für Gesundheit (Hrsg.) (jährlich). Statistik der obligatorischen Krankenversicherung. Bern.

Bundesamt für Sozialversicherung (Hrsg.) (jährlich). IV-Statistik. Bern.

Bundesamt für Sozialversicherung (Hrsg.) (jährlich). Schweizerische Sozialversicherungsstatistik. Bern.

Bundesamt für Sozialversicherung (Hrsg.) (zweimonatlich). Soziale Sicherheit. (CHSS). Bern.

Bundesamt für Statistik (Hrsg.) (2002). Szenarien zur Bevölkerungsentwicklung der Schweiz 2000–2060. Neuchâtel.

Bundesamt für Statistik (Hrsg.) (jährlich). Pensionskassenstatistik. Neuchâtel.

Burri, St. (1998). Methodische Aspekte der Armutsforschung. Bern.

Bütler, M., Teppa, F. (2005). Should You Take a Lump-Sum or Annuitize? Results from Swiss Pension Funds. Discussion Paper No. 20. Department of Economics of the University of St. Gallen. St. Gallen.

Carigiet, E., Mäder, U., Bonvin, J.-M. (Hrsg.) (2003). Wörterbuch der Sozialpolitik. Zürich.

Caritas (Hrsg.) (2006). Sozialalmanach. Luzern.

Gesamtverband der Deutschen Versicherungswirtschaft (Hrsg.) (2003). Altersvorsorge und demographischer Wandel – Kein Vorteil für das Kapitaldeckungsverfahren? Berlin.

Goldschmidt, N., Wohlgemuth, M. (2004). Die Zukunft der Sozialen Marktwirtschaft. Tübingen.

Gredig, D., Deringer, S., Hirtz, M., Page, R., Zwicky, H. (2004). Menschen mit Behinderungen in der Schweiz. Chur/Zürich.

Häcki, K. (2004). Sozialversicherungen in der Schweiz – Ein Handbuch mit Fallbeispielen. 3. Auflage. Chur/Zürich.

Homburg, S. (1988). Theorie der Alterssicherung. Berlin/Heidelberg/New York.

Kommission für Konjunkturfragen (Hrsg.) (2005). Wirtschaftliche Auswirkungen einer alternden Bevölkerung. Bern.

Kutzner, S., Mäder, U., Knöpfel, C. (Hrsg.) (2004). Working poor in der Schweiz – Wege aus der Sozialhilfe. Chur/Zürich.

Lampert, H. (1996). Lehrbuch der Sozialpolitik. 4. Auflage. Berlin/Heidelberg/New York.

Leu, R., Burri, St., Priester, T. (1997). Lebensqualität und Armut in der Schweiz. 2. Auflage. Bern/Stuttgart/Wien.

Mackenroth, G. (1952). Die Reform der Sozialpolitik durch einen deutschen Sozialplan. Berlin.

Petersen, H.-G. (1989). Sozialökonomik. Stuttgart.

Pittet, M. (2005). Die öffentlichen Pensionskassen in der Schweiz. Bern/Stuttgart/Wien.

Spycher, St. (2004). Die Reform des Risikoausgleichs als Vorbedingung für die Aufhebung des Kontrahierungszwangs? Bern.

Staatssekretariat für Wirtschaft (Hrsg.) (2005). Arbeitslosigkeit – Ein Leitfaden für Versicherte. Bern.

Stauffer, H.-U. (2005). Berufliche Vorsorge. Zürich.

Steinmann, L., Telser, H. (2005). Gesundheitskosten in der alternden Gesellschaft: Weshalb nicht die Zunahme älterer Menschen, sondern falsche Anreize das Gesundheitswesen unter Druck setzen. Zürich.

Wagner, A. (1985). Wohlfahrtsstaat Schweiz. Bern.

6.2 Internet

AHV-IV-Institutionen. URL: www.ahv.ch

Berufliche Vorsorge. URL: www.bvg.ch

Bundesamt für Gesundheit. URL: www.bag.admin.ch

Bundesamt für Sozialversicherung. URL: www.bsv.admin.ch

Büro für arbeits- und sozialpolitische Studien. URL: www.buerobass.ch

Nationales Forschungsprogramm 45: Probleme des Sozialstaats. URL: www.sozialstaat.ch

santésuisse. URL: www.santesuisse.ch

Schweizerische Konferenz für Sozialhilfe. URL: www.skos.ch

Schweizerische Unfallversicherungsanstalt. URL: www.suva.ch

Schweizerische Vereinigung für Sozialpolitik. URL: www.svsp.ch

Treffpunkt-Arbeit.ch. URL: www.treffpunkt-arbeit.ch

Vorsorgeforum berufliche Vorsorge Schweiz. URL: www.vorsorgeforum.ch

XVI. Die Volkswirtschaft der Schweiz im Aufbruch zum 21. Jahrhundert

1. Einführung

In den letzten Jahrzehnten hat sich das Umfeld für das Wirtschaften am Standort Schweiz wesentlich verändert.

- **Globalisierung:** Neu gegenüber früheren internationalen Wirtschaftsbeziehungen ist nicht die Intensität des Handels, sondern die Zusammensetzung von Importen und Exporten. Wurden früher fasst ausschliesslich Endprodukte über die Grenzen hinweg getauscht, so bedeutet Globalisierung heute einen sehr starken Handel mit Zwischengütern und -leistungen und damit ein Aufbrechen von Wertschöpfungsketten auf verschiedene Standorte. Verbunden mit der verbesserten Transparenz und Vergleichbarkeit sowie der erhöhten Mobilität resultierte eine gesteigerte **Intensität und Aggressivität des internationalen Wettbewerbs**. Deshalb sind internationale Verlagerungen der Produktion von Zwischengütern heute auch für die Schweiz von grösstem Interesse. Tätigkeiten mit niedrigen Qualifikationsanforderungen und geringer Wertschöpfung sind am Standort Schweiz in der Tat gefährdet.
- **Europa:** Grundlegende Veränderungen waren der Zusammenbruch der Sowjetunion, die Öffnung der Ostmärkte, die Etablierung des Europäischen Wirtschaftsraumes (EWR) per 1. Januar 1993 und die damit verbundene Freizügigkeit und Mobilität für Arbeit und Kapital sowie Waren und Dienste zusammen mit der späteren Einführung der europäischen Währungseinheit **(Euro)**. Hinzu kam die **Osterweiterung der Europäischen Union (EU)** zu einem gemeinsamen Markt mit 450 Mio. Konsumenten. Aus Sicht der Schweiz eröffneten sich damit **neue Absatzmöglichkeiten** sowie **neue Standorte für die Produktion**, aber auch **neue Konkurrenzverhältnisse**. Erschwerend kamen die schleppende konjunkturelle Entwicklung, ja Schwierigkeiten in wichtigen Absatzländern der Schweiz, insbesondere in Deutschland, hinzu.

- **Asien:** Besonders rasch entwickeln sich die asiatischen Wirtschaften, verbunden mit Chancen für die europäische Wirtschaft als Absatzmarkt, aber auch mit "Bedrohungen" als Anbieter von Waren und Dienstleistungen und damit als Konkurrent auf dem Weltmarkt. Ein verstärkter Druck über die Substitutionen von Leistungen macht sich auch für die Wirtschaft der Schweiz bemerkbar.
- **Rascher technologischer Fortschritt:** Gemäss empirischen Untersuchungen war der technische Fortschritt im Zeitraum 1990–2001 wesentlicher Wachstumstreiber für die Volkswirtschaft der Schweiz und hat ihren Wandel hauptsächlich geprägt; dies erfolgte ganz besonders in der Industrie, aber auch im Bankenwesen. In anderen Branchen (z.B. Gesundheits- und Versicherungswesen) waren v.a. veränderte **Konsumentenpräferenzen** die treibende Kraft. Auch der Handel hat vom technischen Fortschritt kaum profitiert.
- **Verlust resp. "Einebnung" verschiedener Vorteile oder relativer Stärken des Standorts Schweiz:** Weil andere Volkswirtschaften sich verbessert und/oder aufgeholt haben, sind Vorteile der Schweiz kleiner, ja z.T. hinfällig geworden. Dies betrifft ihre traditionellen Stärken, wie geringe Inflation, tiefes Zinsniveau, hohes Bildungsniveau, hohe Arbeitsbereitschaft oder grosse politische Stabilität. Hinzu kommt die **aggressive Förderpolitik konkurrierender Standorte**, z.B. über Ansiedlungshilfen wie in Irland. In einem internationalen Vergleich von Regionen durch die Basel Economics (BAK) sind in Europa im Wettbewerb mit der Schweiz Luxemburg, Brüssel und München besonders relevant und erfolgreich.

Das Schlusskapitel geht aus von diesen Herausforderungen sowie den Eigenheiten des Wirtschaftens am Standort Schweiz und behandelt die Produktionsbedingungen sowie Entwicklungsprobleme unter dem Stichwort "Wachstumsschwäche" in den 1990er Jahren bis heute. Es analysiert die wachsende Bedeutung der Dienstleistungen für die Schweiz, das damit verbundene veränderte Entwicklungsmuster der Wirtschaft und daraus resultierende Konsequenzen. Welches sind die künftigen Wohlstandsträger am Standort Schweiz? Vor diesem Hintergrund wird die **Vision des Innovationshosts** als reelle Chance für die Zukunft des Standorts skizziert. Im letzten Teil werden daraus resultierende wirtschaftspolitische Aufgaben der Schweiz formuliert. Für eine erfolgreiche Zukunft müssen die **Offenheit der Märkte** und die **Stärkung des Humankapitals über Bildung** im Zentrum stehen.

2. Eigenheiten des Wirtschaftens am Standort Schweiz

2.1 Produktionsbedingungen am Standort Schweiz am Beginn des 21. Jahrhunderts

Der **Arbeitsmarkt** ist eine Stärke der Schweiz. Er ist flexibel und lässt rasche Anpassungen zu. Die numerische Flexibilität in Bezug auf die Löhne und die Beschäftigung ist hoch; die funktionale und geographische Mobilität jedoch mässig. Arbeitsverträge werden weitgehend dezentral und individuell geschlossen. Sie sind dementsprechend situativ angepasst, was die Flexibilität der Wirtschaft erhöht. Umgekehrt ist die tarifliche Absicherung der Arbeitnehmer gering. Nur rund 10% unterstehen einem **allgemeinverbindlichen Gesamtarbeitsvertrag** (GAV; vgl. S. 77).

Besonders wichtig für die Wirtschaftsentwicklung ist die Verfügbarkeit von gut qualifizierten Arbeitskräften. **Humankapital** ist eine Stärke der Schweiz, sowohl was die Menge anbelangt als auch die Qualität; die Leistungsbereitschaft der Arbeitnehmer ist hoch, ihre Bildung resp. Qualifikationen überdurchschnittlich und ihre Berufsorientierung (aufgrund des dualen Berufsbildungssystems) gross. Bei der Weiterbildung besteht im internationalen Vergleich eine mittlere Rate der Teilnahme. Die BAK kommt im Vergleich mit europäischen Regionen allerdings zum Schluss, dass die Schweiz bezüglich der Ausstattung mit Humankapital nur im Mittelfeld liegt.

Eine besondere Herausforderung stellt das Phänomen der **alternden Gesellschaft** dar. Aufgrund der demographischen Entwicklung wird die Zahl der 16-Jährigen und damit der Lehrlinge nach 2008 abnehmen. Die Zahl der Studierenden wird bis ca. 2010 weiterhin stark steigen, anschliessend jedoch eher stagnieren. Längerfristig wird die Zahl der Erwerbstätigen abnehmen. Zudem dürfte es tendenziell zu einer Abnahme der Lebensarbeitszeit kommen.

Um Engpässe am Arbeitsmarkt zu vermeiden, muss sich die Schweiz deshalb international um gut qualifizierte Arbeitskräfte bemühen (Teilnahme am **"war for talents"**). Die Personenfreizügigkeit mit der EU ist letztlich eine notwendige Voraussetzung für die weitere Entwicklung. Die Schweiz ist bereits und wird noch stärker ein Einwanderungsland. Der Anteil der Ausländer an der Erwerbsbevölkerung ist heute deutlich über 20%. Es darf jedoch nicht zu einer Stützung überalterter Branchenstrukturen durch Zuzug billiger und schlecht qualifizierter

Arbeitskräfte kommen, wie dies in den 1960er und 1970er Jahren des letzten Jahrhunderts im grossen Stile der Fall war. Heute sind bis 50% der Langzeitarbeitslosen Ausländer.

Verbunden mit dem Humankapital ist das **System von Wissenschaft, Forschung und Entwicklung (F&E) sowie der Technikerzeugung und -anwendung:** Die totalen F&E-Ausgaben der Volkswirtschaft am Standort Schweiz liegen seit 15 Jahren relativ stabil um 2,6% des Bruttoinlandprodukts (BIP). Von 1996 bis 2000 sind die F&E-Ausgaben des öffentlichen Sektors real sogar gesunken. Länder wie Schweden mit 4,27% oder Finnland mit 3,46% des BIP geben inzwischen wesentlich mehr für F&E aus. Absolut gesehen sind die 9,66 Mrd. Fr. (2004, Intramuros, Inland) beeindruckend, jedoch nur wenig grösser als die weltweiten F&E-Ausgaben der stärksten Konzerne. Zudem sind sie stark auf die Pharmaindustrie konzentriert. Dies zeigt Grenzen der Kleinheit der Schweiz. Allerdings kommen F&E-Aufträge an Dritte (Extramuros) von weiteren 4 Mrd. Fr. dazu sowie die 9,6 Mrd. Fr. F&E-Aufwendungen ausländischer Niederlassungen von Schweizer Unternehmungen. Letztere werden nicht als substitutiv, sondern als mehrheitlich komplementär, als Verstärkung der Wissensbasis des Standorts Schweiz gesehen. Gemessen an bibliometrischen Indikatoren (Publikationen) erzielt die Schweizer Wissenschaft in ausgewählten Gebieten der Grundlagenforschung insbesondere in Naturwissenschaften wie Physik oder Chemie Weltspitzenleistungen und ist gut in das internationale Wissenschaftssystem eingebunden.

Das **Technologie-Portfolio** der Unternehmungen am Standort Schweiz war im Verlaufe der 1990er Jahre neben Pharma schwergewichtig durch den Maschinen-/Apparate- und Elektrotechnik-Cluster gekennzeichnet und dabei alternd, auf reife Märkte mit abnehmendem Marktpotenzial fokussiert. Schweizer Unternehmungen waren an ausländischen Standorten in ihrer Technologieentwicklung progressiver und dynamischer. Seit Ende der 1990er Jahre hat sich erfreulicherweise ein deutlicher Wandel des Portfolios zugunsten des Standorts Schweiz eingestellt.

Der Standort Schweiz ist ein weltweit führender und sehr leistungsfähiger **Finanzplatz** mit der Funktion einer internationalen Drehscheibe. Ihm kommt mit einem Anteil von rund 15% an der Bruttowertschöpfung der Volkswirtschaft zusammen mit den Leistungen der Zulieferer grosse volkswirtschaftliche Bedeutung zu. Er ist in einem äusserst starken und aggressiven Wettbewerb mit Dritten, wie z.B. London, Frankfurt oder Luxemburg, ausgesetzt. Schwerpunkte liegen in der Vermögensverwaltung, dem Private Banking und dem Investment Banking (insbesondere auch über Zukauf von US- und UK-Instituten). Das Retail Banking weist beträchtliche Strukturprobleme auf. Trotz Kapitalreichtum besteht im Bereich der Wagnisfinanzierung (sog. **Venture-Capital-Finanzierung**) am Finanzplatz Schweiz eine Schwäche, die möglicherweise auch institutionell bedingt ist, obwohl Schweizer Kapital im Ausland umfangreich auch als Risikokapital investiert wird. Die Finanz- und die Industriewelt besitzen funktional gesehen **Komplementaritäten**. Allerdings bestehen wirtschaftlich auch Spannungen etwa zwischen einem an kurzfristigen Renditen orientierten Asset- oder Portfolio-Management der Finanzwelt und dem Interesse an einer Finanzierung von mittel- und längerfristigen Industrieoperationen der Industriewelt. Mit dem Finanzplatz verbunden sind umfangreiche Kapitaleinkommen der Schweiz aus dem Ausland. Sie dürften zum grössten Teil wiederum gespart werden und wahrscheinlich wenig zur Beschäftigung am Standort beitragen. Allerdings generieren sie auch substanzielle Steuererträge und tragen damit wesentlich dazu bei, Leistungen des Staates zu finanzieren.

Eine besondere Eigenheit der Wirtschaft am Standort Schweiz ist ihre **stark diversifizierte Struktur bei gleichzeitig enger Verflechtung aufgrund räumlicher Nähe und guter informeller Kontakte**. Ihre branchenmässige Vielfalt und Diversität auch über Exporte auf den internationalen Märkten ist ein grosser Vorteil etwa gegenüber Finnland oder Schweden. Über die breiten und intensiven informellen Kontakte aufgrund der Kleinräumigkeit und Eigenheiten der Gesellschaft werden volkswirtschaftliche Risiken verteilt. Die Krisenresistenz des Standorts wird gestärkt und ist relativ gross.

Die **Regulationsdichte ist mittelgross, die Märkte sind mässig offen und wettbewerbsintensiv**, wobei Ende der 1990er Jahre grössere Anstrengungen zur Liberalisierung unternommen worden sind. Der Standort Schweiz hat im internationalen Vergleich jedoch nach wie vor klar restriktive und hinderliche Marktregulationen besonders im Bereich der Produktmärkte. Die Binnenwirtschaft ist bereichsweise verkrustet, stark reguliert und gegen Parallelimporte geschützt (vgl. S. 58ff.).

Trotz Preisstabilität leidet die Schweiz im Vergleich zu Europa unter einem allgemein **erhöhten Preisniveau**. Dies dürfte durch **Produktivitätsdifferenzen** zwischen den Bereichen der handelbaren und der nicht-handelbaren Waren und Dienstleistungen bestimmt sein. Auch andere Länder wie Japan, in denen die Produktivität im Bereich der nicht-handelbaren Güter jener im Bereich der handelbaren Güter am meisten nachsteht, verfügen über ein erhöhtes Preisniveau. Grund der Produktivitätsdifferenzen dürfte die erwähnte unterschiedliche Wettbewerbsintensität im Binnensektor sein. Ein wesentlicher Teil der Schweizer Wirtschaft, wie z.B. die Pharma, die Chemie, die Elektrotechnik sowie die Maschinen- und Apparateindustrie, ist dem Wettbewerb der internationalen Märkte ausgesetzt. Für sie ist das hohe Preis-/Kostenniveau im Binnenmarkt als eine Produktionsbedingung im Vergleich zur Europäischen Union (EU) ein Problem.

Im Bereich der **staatlichen Leistungen** ist die Infrastruktur gut ausgebaut und in hohem Masse funktionstüchtig; einige Leistungen sind allerdings relativ teuer. Mit dem **öffentlichen Haushalt** ist eine mittlere Steuerlast verbunden. Die Sanierung der Haushaltsdefizite war zeitweise erfolgreich. Es besteht aber nach wie vor eine Tendenz zum Wachstum der Defizite und zu einem weiteren Anstieg der Verschuldung (vgl. S. 615). Nicht die Höhe der Staatsquote, sondern ihr rascher Anstieg in den 1990er Jahren hatte negative Effekte auf die Wirtschaftsentwicklung, denn eine zu rasch wachsende Staatsquote ist mit Ineffizienzen und Verzerrungen verbunden. Gemäss empirischen Studien der BAK zur langfristigen regionalen Wirtschaftsentwicklung hat die Besteuerung von Personen/Haushalten einen grösseren Effekt als die Besteuerung von Unternehmungen. Sie identifiziert Steuern für hochqualifizierte Arbeitnehmer als mit Abstand wichtigsten Bestimmungsgrund. Dieser Befund dürfte für die Schweiz mit einem relativ hohen Anteil der Einkommenssteuer an allen Fiskaleinnahmen besonders relevant sein. Zudem sind die Sozialleistungen relativ stark ausgebaut; ihre Finanzierung bedarf einer Sanierung.

U.a. über mehrere erfolgreiche Volksabstimmungen gelang es, das **Verhältnis zur EU** durch eine zweckmässige Zwischenlösung zu normalisieren. Eine Isolation der Schweiz konnte vermieden werden. Auch hat die Schweiz das Image als "Rosinenpicker" u.a. durch die Einigung über eine Zinsbesteuerung, die Betrugsbekämpfung, einen Kohäsionsbeitrag für Osteuropa sowie über Netto-Zahlungen für F&E (Rahmenprogramm) abstreifen können. Die nächsten Integrationsschritte – insbesondere die **Frage eines Beitritts** – sind weitestgehend politisch zu entscheiden. Wirtschaftlich ist kein klarer Netto-Nutzen auszumachen. Die Integration in Europa hat jedoch bewirkt, dass Aussenpolitik und Innenpolitik eng verbunden sind, wie die Beispiele aus der Verkehrs-, der Energie- oder der Bildungspolitik zeigen.

2.2 Entwicklungsprobleme der 1990er Jahre: Wachstumsschwäche

In den meisten hoch entwickelten Volkswirtschaften ist das Pro-Kopf-Wachstum des BIP in den letzten Jahrzehnten stetig gefallen. Dies gilt besonders für die Schweiz, wobei sie nach wie vor ein sehr wohlhabendes Land ist. Sie weist jedoch ein seit Mitte der 1970er Jahre **unter dem OECD- oder EU-Durchschnitt liegendes Wachstum des Pro-Kopf-Einkommens** auf. Dies ist hauptsächlich auf ein schleppendes Produktivitätswachstum zurückzuführen. Die Konsequenz ist, dass sich ohne signifikante Produktivitätssteigerungen das Trendwachstum angesichts der Alterung der Bevölkerung weiter verlangsamen und bis

XVI. Die Volkswirtschaft der Schweiz im Aufbruch zum 21. Jahrhundert

zum Jahr 2020 auf nur 0,5% sinken wird. Der hohe Lebensstandard in der Schweiz wird von Konkurrenten rasch eingeholt. Wenn der **Benchmark** Österreich, Finnland, die Niederlande oder Grossbritannien ist, hat die Schweiz tatsächlich ein Wachstumsproblem. Zudem ist damit das gegenwärtige Niveau der Sozialleistungen langfristig nicht finanzierbar.

Es stellt sich die Frage nach den **Gründen** für die besonders augenfällige Wachstumsschwäche in den 1990er Jahren, aber auch nach den Konsequenzen und Aussichten für die Zukunft:

- Aufgrund der konstanten Verbesserung der schweizerischen **Terms of Trade** unterschätzen die BIP-Zahlen das effektive Wachstum des realen Einkommens und der realen Wertschöpfung in der Schweiz. Dieses Phänomen erklärt möglicherweise eine Wachstumsdifferenz von bis zu einem halben Prozent pro Jahr. Weiter erzielt die Schweiz beträchtliche (Kapital-)Einkommen im Ausland; das Bruttonationaleinkommen (BNE) ist wesentlich grösser als das BIP, was für die Wohlstandsmessung relevant ist (vgl. S. 375). Allerdings liefern diese **Messprobleme** keine ausreichende Erklärung der Wachstumsschwäche.

- In der ersten Hälfte der 1990er Jahre bestand ein wenig stabiles makroökonomisches Umfeld, insbesondere eine **restriktive Geldpolitik**. Auch wenn dies effektiv erschwerend wirkte, da das makroökonomische Umfeld für das Wachstum besonders wichtig ist, so waren die damit verbundenen Effekte von beschränkter Dauer und können die über einen viel längeren Zeitraum festgestellte Wachstumsdifferenz nicht vollumfänglich erklären. Bezüglich Preisstabilität besetzt die Schweiz nach wie vor einen europäischen Spitzenplatz. Die Einführung des Euro hat der Schweiz eine geringere Wechselkursvolatilität gebracht. Zu verzeichnen ist eine gewisse Annäherung der Realzinsen der Schweiz an den Euro-Raum (vgl. S. 596).

- **Die Schweizer sparen zu viel**; die Sparquote ist chronisch höher als die Quote der Inlandinvestitionen, was zu Kapitalexport führt. Die Schweiz stellt damit anderen Volkswirtschaften Kapazitäten in bedeutendem Umfang zur Verfügung resp. verzichtet selber darauf. Zudem sind die Investitionen im Inland stärker gesunken als im übrigen Europa. Die Schweiz ist deshalb auch aus strukturellen Gründen langfristig einem Druck zur Aufwertung des realen Wechselkurses ausgesetzt. Dies hat (neben negativen) den positiven Effekt, dass die exportorientierten Branchen dadurch einem permanenten Zwang zur Rationalisierung ausgesetzt sind.

- Der starke und rasche Anstieg der **Staatsquote** in den 1990er Jahren, nicht aber die absolute Höhe der Quote dürfte einen merkbaren Effekt auf die Entwicklung gehabt haben. Die Staatsquote ist im internationalen Vergleich nach wie vor auf einem tieferen Niveau. Dieser Anstieg ist zu einem wesentlichen Teil auf das Wachstum der Ausgaben für **soziale Wohlfahrt** zurückzuführen. Die soziale Wohlfahrt gibt denn auch Probleme für die Entwicklung der Wirtschaft am Standort, da Bedarf und Nachfrage deutlich steigen werden, die Finanzierungsmöglichkeiten aber an Grenzen stossen. Im Zuge der Alterung der Gesellschaft wird der Anteil der über 65-Jährigen von gegenwärtig rund 30% in 20 Jahren auf 45% der Erwerbstätigen ansteigen. Je nach Armutsdefinition sind in der Schweiz zwischen 5,6% und 9,8% der Wohnbevölkerung arm, was anteilmässig vergleichbar ist mit Schweden. Zu den Working poor sind rund 7,5% der Erwerbstätigen zwischen 20 und 59 Jahren oder rund 250'000 Menschen zu zählen (vgl. S. 692ff.).

Die Ausgaben für die soziale Sicherheit liegen in der Schweiz 2001 gemessen in Kaufkrafteinheiten pro Einwohner im europäischen Vergleich an dritter Stelle hinter Dänemark und Norwegen. Die Sozialleistungen sind schwergewichtig monetärer Art, also Einkommensübertragungen und nicht Dienste oder Sachleistungen. Das Schwergewicht liegt mit 43% der gesamten Sozialleistungen (2002) bei der Alterssicherung. Über 80% der Gesamtausgaben für soziale Sicherheit sind nicht bedarfsabhängige Leistungen.

Die Finanzierung der Sozialleistungen erfolgte 2002 zu 57% über Löhne, d.h. über Arbeitnehmer- und Arbeitgeberbeiträge. Dies bedeutet eine substanzielle Verteuerung des Faktors Arbeit und damit eine Reduktion seiner Wettbewerbsfähigkeit. Damit verdrängt sich die Arbeit selber vom Markt und verschärft das Beschäftigungsproblem. Der zusätzliche Finanzbedarf sämtlicher Sozialversicherungen zur Aufrechterhaltung des heutigen Versorgungsgrades wird vor dem Hintergrund der demographischen Prognosen in MWSt-Äquivalenten (Schätzung 2003) auf über 4% geschätzt. Dabei wird von der Annahme eines BIP-Wachstums von 1,3% bis 2010 und danach 0,7% bis 2025 ausgegangen. Die Aufrechterhaltung der vorhandenen Sozialleistungen geht notwendigerweise einher mit einem deutlich stärkeren BIP-Wachstum als in den 1990er Jahren.

- Die verspätete oder teilweise immer noch nicht durchgeführte **Liberalisierung in verschiedenen Infrastrukturbereichen** hat überhöhte Kosten für diese Leistungen und damit verbundene Nachteile zur Folge. Die Dienstleistungsliberalisierung in der Schweiz weist 2005 im Vergleich zu den am liberalsten regulierenden EU-Staaten in folgenden Bereichen einen grossen Rückstand auf: Elektrizitätsversorgung, Telekommunikation, Postdienste und Personenschienenverkehr. In den Branchen Detail- und Grosshandel, Versicherungsdienstleistungen, Gesundheitswesen und Bildungswesen wird hingegen nur ein leichter und im Schienengüterverkehr gar kein Rückstand festgestellt. Bei der Regulierung von Bankdienstleistungen wird die Schweiz als sog. **Best-practice-Staat** bezeichnet. Mit der erfolgreichen Umsetzung einer Liberalisierungsstrategie in diesen Bereichen in der Schweiz könnte ein bedeutendes Wachstumspotenzial erschlossen werden.

- Das **Wettbewerbsrecht** und seine Handhabung, insbesondere was die **Produktmärkte** anbelangt, wurde nur zögerlich verschärft. Das Binnenmarktgesetz (BGBM) hat zu wenig gegriffen – die Schweiz hat nach wie vor eine **duale Wirtschaft** bestehend aus einem wettbewerbsfähigen Exportsektor einerseits und einer selbst organisierten Binnenwirtschaft – bereichsweise wettbewerbsgeschützt über Distanzschutz, Normenschutz etc. – andererseits. Wohl trägt der Wettbewerb über (Parallel-)Importe zum Abbau der dualen Wirtschaft bei. Seit Beginn der 1980er Jahre weist die Schweiz dennoch ein relativ niedriges Wachstum der Arbeitsproduktivität auf allerdings hohem Niveau auf.
- Seit 1990 weisen Unternehmungen in der Schweiz von allen in Europa untersuchten Ländern gemäss der Konjunkturforschungsstelle (KOF) der ETHZ die höchste **Innovationsneigung** auf, gefolgt von Schweden, Finnland und Deutschland. Besonders innovationsstark sind kleine und mittlere Unternehmungen (KMU) in der Industrie. **Dienstleistungsunternehmungen** weisen eine geringere Innovationsneigung auf, was wesentlich auch mit Messproblemen erklärt werden kann. Die Entwicklung in den 1990er Jahren zeigt aber auch eine allmählich sinkende Innovationsneigung; der Vorsprung der Industrie wurde gegenüber den wichtigsten Konkurrenten in Europa eingebüsst. Im Trend ist ein Abbröckeln der sehr starken Position zu befürchten. Konkurrenten holen auf.
- Innovationen sind durch eine rasche, pragmatische Anwendung im Bereich gehobener Technologien geprägt. Anpassung, Konsolidierung und Perfektionierung über **inkrementale Innovationen** überwiegen. Die Produktivität der Innovationsanstrengungen ist gestiegen. Marktneuheiten haben jedoch ein geringeres Gewicht. In der Produktpalette wurden gemäss CMS-Analyse der KOF wenig radikale Veränderungen festgestellt. Diese Entwicklung wurde vom praxisorientierten Bildungssystem unterstützt. Darauf weisen die hohen **Bildungsrenditen** im Bereich der Fachhochschulen hin. Innovationen konnten zuwenig in Wachstum umgesetzt werden. Es besteht eine Vermarktungslücke für wissenschaftsbasierte Aktivitäten. Das Potenzial des sehr leistungsfähigen Wissenschaftssystems der Schweiz könnte kommerziell besser ausgeschöpft werden.
- Die Schweiz ist aussenwirtschaftlich weniger offen als vergleichbare europäische Länder. U.a. wegen des EWR-Neins wurde die **aussenwirtschaftliche Öffnung** und damit die Verstärkung des Konkurrenzdruckes auf dem Binnenmarkt über Importe verpasst. Dies hätte möglicherweise einige wirtschaftspolitische Reformen beschleunigt und damit das Wachstum unterstützt.
- "Policy matters!": In ihren Modellschätzungen über regionales Wirtschaftswachstum erklärt die Basel Economics (BAK) rund die Hälfte mit Faktoren, die von der Politik beeinflusst werden. Und gerade hier dürfte ein

weiterer Grund der Wachstumsschwäche liegen: Die politischen Entscheidungsprozesse – geprägt durch Referendum, Föderalismus sowie Konkordanz und verbunden mit der starken Stellung von Verbänden – erschweren, ja verhindern wegweisende Reformen in der Wirtschaftspolitik. Im politischen System sind die beharrenden und am Status quo orientierten Kräfte institutionell im Vorteil. Zudem dürften Informations- und Koordinationskosten der Kleinräumigkeit und die institutionelle Vielfalt negativ ins Gewicht fallen. Dafür sind die politische Integrationskraft und Stabilität gross.

Umgekehrt hängt die Problemlösungsfähigkeit des politischen Systems auch wesentlich von der Wirtschaftsentwicklung ab. Wie oben ausgeführt, verbindet sich mit dem Thema der sozialen Wohlfahrt ein beträchtliches Potenzial von Unzufriedenen in unserer Gesellschaft. Zusätzlich zu ihrer wirtschaftlichen Benachteiligung werden sie mit der (notwendigerweise) weiter zunehmenden Internationalisierung der Gesellschaft der Schweiz über Migration konfrontiert. Sollte es zu einem **Dualismus** kommen zwischen Aufsteigern, einer neuen (möglicherweise zunehmend auch ausländischen) Elite und Aussteigern, einem Rückzug von Unzufriedenen ins Private, verschärft durch eine gleichzeitige Wachstumsschwäche, so könnte die Kohäsion der Gesellschaft früher oder später gefährdet sein. Dies wiederum könnte z.B. über Wahlen und Sachreferenden zu einer Blockierung von an sich nötigen Reformen führen.

All diesen verschiedentlich diskutierten Bestimmungsgründen der Wachstumsschwäche am Standort Schweiz ist ein weiterer, wesentlicher Aspekt hinzuzufügen, der im folgenden Kapitel näher diskutiert werden soll.

2.3 Auf dem Weg zu einem neuen Entwicklungsmuster

In den 1990er Jahren bis zur Gegenwart hat die Volkswirtschaft der Schweiz einen starken Strukturwandel durchgemacht: Stichworte dazu sind die Reduktion der im internationalen Vergleich hohen Fertigungstiefe, der Wandel in der Export- und der Beschäftigtenstruktur sowie die Des-Industrialisierung und weitere Tertiarisierung.

Von besonderer Bedeutung war und ist weiterhin das sog. **Offshoring**. Dies entspricht Standortverlagerungen ins Ausland, z.B. über die Gründung eigener Tochterunternehmungen bei multinationalen Unternehmungen, aber auch über den Einbezug lokaler Drittanbieter. Letzteres wird auch als **internationales Outsourcing** bezeichnet. Wertschöpfungsketten werden konsequent über nationale Grenzen hinweg aufgebaut und optimiert. Dabei beginnen Verlagerungen mit

XVI. Die Volkswirtschaft der Schweiz im Aufbruch zum 21. Jahrhundert   711

einigen wenigen Wertschöpfungsstufen (etwa lohnkostenintensive Fertigung und Montage), dehnen sich tendenziell aber auf alle Wertschöpfungsstufen aus (Beschaffung, Dienste, Administration, F&E). Die internationale Arbeitsteilung wird stärker. Allerdings bestehen Unterschiede nach Branchen. Die sektorale Struktur der Wirtschaft am Standort Schweiz ändert sich. Es stellt sich die Frage, ob die damit erzielten Effizienzgewinne ausreichen, um die gering qualifizierten Arbeitskräfte am Standort für ihre Verluste zu entschädigen.

Für einfache Tätigkeiten ist das **Schweizer Kosten- und Lohnniveau** zu hoch, weshalb Niedriglohndestinationen gesucht werden. Am Beispiel von Österreich haben empirische Arbeiten gezeigt, dass das Offshoring nach Zentral- und Osteuropa in den 1990er Jahren etwa ein Viertel der relativen Beschäftigungsänderungen zugunsten von hoch qualifizierten Arbeitnehmenden in den österreichischen Produktionssektoren erklärt. Es ist anzunehmen, dass eine ähnliche Abwanderung arbeitsintensiver Produktionsprozesse auch aus der Schweiz in Niedriglohnländer und eine stärkere **Spezialisierung am Standort auf Produktionsprozesse mit hohen Qualifikationsanforderungen** stattgefunden hat. Die Schweizer Wirtschaft beschäftigte 2003 denn auch 1,8 Mio. Personen im Ausland (= 43% der Erwerbstätigen in der Schweiz). Verlagerungen nehmen weiter zu.

Die Empirie zeigt, dass dafür **absatzorientierte Investitionsmotive** dominieren. Aktivitäten im Ausland ergänzen jene im Inland, d.h. sie begünstigen sie in vielen Fällen. Sättigungstendenzen auf den traditionellen Märkten zwingen die international ausgerichteten Unternehmungen, neue Märkte z.B. in den aufstrebenden **Transformations- und Schwellenländern** zu suchen. Schweizer Unternehmungen verlagern dabei nicht aus Not, sondern aus Tugend, als Strategie. Sie verbessern damit ihren Gesamtkostenmix und erschliessen neue Märkte. Der heimische Standort wird durch das Offshoring bei gleichzeitiger Veränderung der Zusammensetzung der Beschäftigung gestärkt: High-skill jobs bleiben im Ursprungsland. Allerdings stellt sich die Frage, wann **Substitutionsbeziehungen** gegenüber den komplementären Beziehungen für den Standort wichtiger werden.

Der Standort Schweiz ist mit der Globalisierung, der verbesserten Transparenz, der weltweiten Öffnung der Märkte und damit der Aufteilung von verschiedenen Phasen und Aktivitäten von Wertschöpfungsketten auf verschiedene Standorte direkt und deutlich konfrontiert. Die Struktur der Wirtschaft am Standort sowie das Portfolio der Schweizer Exportleistungen haben effektiv einen deutlichen Wandel durchgemacht und dürften sich auch in Zukunft weiter verändern. Dieser Wandel ist für die Wohlstandssicherung zentral. Mit diesem Wandel ist eine **Verschiebung der wesentlichen Wohlstandsträger am Standort Schweiz** verbunden, hin zu international orientierten Aktivitäten sowie Aktivitäten mit öffentlichem Charakter:

- Traditionelle Wohlstandsträger der Volkswirtschaft der Schweiz haben sich im Zuge des internationalen Strukturwandels relativ verkleinert, wie die **Bauwirtschaft, der Handel sowie das Gastgewerbe**. Oder sie haben intern einen deutlichen Wandel durchgemacht wie die **Industrie**; sie bietet vermehrt industrielle Dienstleistungen an. Ihr Anteil an der gesamtwirtschaftlichen Wertschöpfung liegt gegenüber Vergleichsländern etwa im Mittelfeld.
- Bereiche mit wachsendem Wertschöpfungsanteil sind v.a. bei den **Diensten** auszumachen. Dies sind einerseits die öffentliche Verwaltung, das Gesundheits- und Pflegewesen, die soziale Wohlfahrt sowie Fürsorge, Bildung und Unterricht; andererseits sind in erster Linie Finanzdienstleistungen, weiter unternehmungsnahe Dienstleistungen, Transport und Kommunikation sowie der Tourismus zu nennen. Wissensintensive und -basierte Dienste stiegen beschäftigungsmässig deutlich stärker als der Durchschnitt und erreichten 2002 einen Anteil von rund 22% aller Erwerbstätigen. Die Bereiche mit den grössten Zuwachsraten in der Periode 1997–2005 sowohl bei der Wertschöpfung als auch bei der Schaffung von Arbeitsplätzen waren Informatik, Forschung und Entwicklung (F&E), das Immobilienwesen, die Vermögensverwaltung sowie Dienste an Unternehmungen und im Gesundheitswesen.

Die Dienstleistungswirtschaft prägt die künftige Entwicklung auch für die Schweiz in stärkerem Masse. Es stellt sich die Frage, ob diese Dienste neue, der veränderten Lage auf den Weltmärkten angepasste Wachstumsträger für den Standort sein können. Sie weisen andere Eigenschaften auf als die klassischen industriellen Wohlstandsträger. Deshalb weist die durch dieses neue Portfolio zunehmend geprägte Volkswirtschaft der Schweiz im Trend auch ein **anderes Entwicklungsmuster mit einer anderen Wachstumsdynamik** auf:

- **Wandel in der Struktur der Endnachfrage:** Die Konsumnachfrage zeigt eine vermehrte Ausrichtung auf Dienstleistungsbranchen (insbesondere Gesundheit). Es wird geschätzt, dass dies in der Periode 1990–2001 einen negativen Wachstumsbeitrag in der Produktion von 0.5% des Bruttoinlandprodukts (BIP) verursacht hat. Da ein Grossteil der Dienste von der öffentlichen Hand bereitgestellt wird und die Preise administrativ festgelegt werden, steigt die Staatsquote im Zuge dieser Entwicklung zwangsläufig. Der Anstieg der Staatsquote ist also eher eine Folge des Wohlstandes, des bisherigen wirtschaftlichen Erfolges und dem damit verbundenen **Wandel in den Konsumpräferenzen**; sie ist nur zum Teil eine Ursache, welche die Wachstumsschwäche verstärkt.
- **Geringe Mobilisierung des Urban Sector:** Im internationalen Vergleich von potenten Wirtschaftsregionen wie München, Boston/Massachusetts oder London identifizierte die Basel Economics (BAK) in der Zeit von 1998 bis 2002 den Urban Sector als klar wichtigsten Grund für die Wachstumsdy-

namik. Zum Urban Sector gehören Finanzen und Versicherungen, (wissensintensive) Unternehmungsdienstleistungen, Immobilien, Handel, Kultur, Bildung und Unterricht, Gastgewerbe/Tourismus etc. Untersuchte Regionen in der Schweiz, wie Zürich, Basel oder das Espace Mittelland, haben die Wachstumsimpulse des Urban Sector im Vergleich zu diesen Regionen hingegen nicht oder nur ungenügend mobilisieren können. In Zürich war der Wachstumsbeitrag des Urban Sector sogar negativ, obwohl Boston oder London auch mit strukturellen Problemen in der Finanzindustrie zu kämpfen hatten. **Bankdienstleistungen** und **Hauptsitz-Funktionen** sind besonders potent für attraktive Beschäftigung und gute Einkommen. Die Attraktivität des Standorts Schweiz dafür hängt massgebend ab vom regulatorischen und fiskalischen Umfeld (Unternehmensrecht, Steuern), der Verfügbarkeit resp. den Rekrutierungsmöglichkeiten entsprechend qualifizierter Arbeitskräfte am Arbeitsmarkt, der Erreichbarkeit, aber auch von Aspekten des Privatlebens, wie insbesondere gute Schulen in englischer Sprache für die Kinder der Führungskräfte. Sie ist an sich gut, muss aber im Zuge des gezielten Wettbewerbs anderer Standorte verbessert werden.

- **Geringes Produktivitätswachstum:** Eine Schwäche in der internationalen Wettbewerbsfähigkeit von Schweizer Dienstleistungen ist ihre geringere Produktivität gegenüber wichtigen Konkurrenten. Gemessen am Niveau der gesamtwirtschaftlichen Leistungen pro Arbeitsstunde lag die Schweiz 2004 in einem europäischen Vergleich an achter Stelle, nachdem sie 1980 noch an der Spitze lag. Die Produktivität pro geleisteter Arbeitsstunde ist in der Schweiz seit den 1970er Jahren – möglicherweise wegen des steigenden Dienstleistungsanteils – nur noch leicht gestiegen, jedenfalls deutlich geringer als bei wichtigen Konkurrenten. Die durchschnittliche Produktivität der Dienstleistungen ist geringer und wächst langsamer als dies im Industriebereich der Fall ist. Unternehmungsnahe Dienstleistungen wiesen in der Schweiz 1992–2002 sogar ein negatives Produktivitätswachstum aus. Zudem belasten sie mit den damit verbundenen hohen Kosten die Wettbewerbsfähigkeit der anderen Bereiche. Dies ist für den Standort Schweiz ein Problem, das noch gravierender werden dürfte. Allerdings bieten Informations- und Kommunikationstechnologien ein grosses Potenzial für Produktivitätssteigerungen bei Diensten wie auch für neue Märkte resp. Leistungen. Sie kommen in der Schweiz im internationalen Vergleich besonders intensiv zum Einsatz. Der Finanzplatz hat 1992–2002 im internationalen Vergleich denn auch bemerkenswerte Produktivitätsfortschritte erzielt, aber deutlich unter den Verbesserungen wichtiger direkter Konkurrenten.

- **Geringe Exportquote, hoher Anteil Direktinvestitionen:** Die Schweiz kann die für ihr Wohlstandsniveau notwendige Wertschöpfung nur mit Umsatzvolumen erzielen, die auf internationalen Märkten getätigt werden. Der Wohlstand basiert zu einem grossen Teil auf Exporten, die wiederum eine entsprechende Nachfrage nach Leistungen in der Binnenwirtschaft generieren (sog. **Exportmultiplikator**). Die Volumen auf dem Binnenmarkt allein sind für Niveau und Wachstum unseres Wohlstandes zu klein. In der mittleren und längeren Frist dürfte im Zuge der Globalisierung, der verstärkten internationalen Arbeitsteilung und des damit verbundenen strukturellen Wandels diese Abhängigkeit noch wesentlich zunehmen. Damit wird der **Export von Dienstleistungen** zu einem besonderen Wachstumsthema!

Dies gilt ebenfalls für die Industrie. Zahlreiche **Industrieleistungen** der Schweiz werden an anderen Orten wettbewerbsfähiger erbracht. Sie werden deshalb hier abgebaut und/oder wachsen an ausländischen Standorten. Neue Industrieleistungen müssen die Exportfähigkeit erst erlangen. Dabei spielen Dienstleistungen eine immer wichtigere Rolle und verändern das **Entwicklungsmuster der Industrie** selbst. Dienstleistungen erbringen heute 10–20% des Umsatzes der Unternehmungen in der Maschinen-, Elektro- und Metallindustrie (sog. **MEM-Industrie**), haben ein grosses Ertrags- und Margenpotenzial und dürften in Zukunft ausgebaut werden. Dabei spielen Kontakt und Zusammenarbeit mit (den internationalen) Kunden vor Ort die wichtigste Rolle. Weltweit tätige MEM-Unternehmungen erbringen ihre Dienstleistungen in erster Linie über eigene Serviceorganisationen. Die Wertschöpfung findet dabei zum grössten Teil im Ausland statt, d.h. also, das Wachstum der Industrieunternehmungen erfolgt über neue, zusätzliche Dienstleistungen primär im Ausland!

Bei den Diensten sind die **Exportquoten** im Durchschnitt viel tiefer als bei der Industrie: z.B. beträgt sie im Tourismus rund 50% im Vergleich zu bestimmten Segmenten der Maschinen- oder Uhrenindustrie mit 95%. Zudem nahm die Schweiz 2002 am OECD-Dienstleistungsmarkt und seinem Wachstum nicht besonders stark teil. Von den kleinen Ländern wiesen die Niederlande, Belgien und Luxemburg einen deutlich höheren, Österreich einen leicht höheren Anteil an den Dienstleistungsexporten der OECD auf als die Schweiz. Insgesamt nahm der Anteil der Schweiz am OECD-Dienstleistungsmarkt im Zeitraum 1994–2002 sogar leicht ab. Dafür sind fast ausschliesslich die kräftigen und ausgeprägten Marktanteilsverluste in den wachsenden Branchen "Banken" (Export von Bankdienstleistungen) und "Tourismus" verantwortlich. Die Schweiz ist nicht mehr stärker auf Tourismus spezialisiert als die OECD insgesamt. Dabei haben Änderungen der Konsumpräferenzen zugunsten von weniger gehandelten Dienstleistungen das Exportwachstum der Schweiz gebremst. Die Schweiz nimmt unter den OECD-Staaten mit einem sehr hohen Exportverhältnis im produzierenden Gewerbe den dritten Platz ein, schneidet im Dienstleistungsbereich mit einem eher moderaten Exportverhältnis aber nur mit dem achten Rang ab. Sie schöpft also das Potenzial für Dienstleistungsexport relativ wenig aus.

Positiv zu vermerken ist immerhin das **branchenmässige Profil der Dienstleistungsexporte und dessen Wandel**. Die Dienstleistungsexporte der Schweiz sind stärker auf wissensbasierte Bereiche spezialisiert als diejenigen anderer Länder. Diese für das künftige Wachstum günstige Spezialisierung (u.a. auf Banken, Versicherungen, Telekommunikation) hat sich zwischen 1994 und 2002 im Vergleich zur OECD noch verstärkt, entwickelt sich also in die "richtige" Richtung. Es erstaunt jedoch, dass der **Anteil der unternehmungsnahen Dienstleistungen**, wie z.B. die Informatik oder das Engineering, an allen Dienstleistungsexporten der Schweiz im internationalen Vergleich immer noch sehr klein ist (21,4% zu 35,9% in der OECD). Abgenommen haben die traditionell starken Bereiche wie der Tourismus (deutlich), aber auch Finanzdienstleistungen – der höchste Anteil von 25,7% war 1998 –, Transporte und persönliche Dienstleistungen.

Dienstleistungen bedürfen einer genügenden Nähe zu ihren Kunden. Werden Dienste international vermarktet, so werden sie oft nicht im klassischen Sinne exportiert, sondern in den jeweiligen regionalen Märkten selber für lokale Nachfrager direkt erstellt und angeboten. Konkret bedeutet dies **Direktinvestitionen** und nicht Handel wie z.B. mit Maschinen. Damit verbindet sich ein anderes Wachstumsmuster der Volkswirtschaft. So ging der Export von Bankdienstleistungen von 1995–2002 effektiv deutlich zurück, was auf die Verlegung von Aktivitäten der Grossbanken auf die grossen Finanzmärkte zurückzuführen ist. Der Anteil des Dienstleistungssektors am Bestand des Auslandkapitals der gesamten Wirtschaft ist von 38% (1993) auf 54% (2002) deutlich angestiegen, und zwar aufgrund eines massiven Wachstums von Direktinvestitionen (sog. **Outward-Investitionen**) des Dienstleistungssektors (+297% gegenüber 104% in der Industrie). Dabei haben sich auch die Struktur und die Zusammensetzung der Direktinvestitionen verändert. In den letzten Jahren ist eine zunehmende **Tertiarisierung der Direktinvestitionen** zu beobachten. Während 1994 gut die Hälfte aller Direktinvestitionen aus dem dritten Sektor stammte, waren es zehn Jahre später bereits zwei Drittel. Dies sind Erfolge für die Wirtschaft; sie kommen aber der Schaffung von Arbeitsplätzen und Einkommen am Standort Schweiz nur in geringem Masse zugute. Bei Direktinvestitionen des dritten Sektors geht es darum, mit dem **Aufbau von Dienstleistungszentren** in neuen Märkten erst tätig zu werden, sich durch Akquisitionen in diese Märkte einzukaufen und auch dort zu wachsen. Diese Aktivitäten sind absatzorientiert und konkurrieren die binnenwirtschaftlichen Geschäftstätigkeiten an sich nicht, sondern stärken (im positiven Falle) die Ertragskraft der hiesigen Unternehmungen; sie sind also **komplementär**.

Nun wird allerdings der unmittelbare Kontakt zwischen Erbringer und Kunde der Dienstleistungen u.a. aufgrund neuer **Informations- und Kommunikationstechnologien (IKT)** weniger eng und zwingend. Verschiedene Dienste können auch weit weg vom Kunden erbracht werden, wie z.b. die Planung und das Engineering komplexer Projekte, die Forschung und Entwicklung (F&E), die Entwicklung von Informatiklösungen, das Rechnungswesen, medizinische Analysen, die Vermögensverwaltung oder Call Center. Solche Dienste sind eine Chance für den Standort Schweiz. Allerdings bemühen sich auch andere Standorte darum, womit eine Konkurrenz zwischen in- und ausländischen Aktivitäten entsteht. Dienstleistungen können auch international ausgelagert werden, und das Potenzial dazu dürfte gross sein. Neben der oben festgestellten Komplementarität von Dienstleistungsaktivitäten für den Standort dürfte es vermehrt auch zur **Substitution** kommen.

Zusammengefasst hat der Standort Schweiz auf dem Weg in die Dienstleistungsgesellschaft mehrere **Probleme**: Eine erste Gruppe der wachsenden Dienste (vorwiegend in öffentlicher Hand) ist in der Präferenz der Konsumenten und Stimmbürger, aber aus strukturellen Gründen **zu teuer und zu wenig flexibel**, treibt die Staatsquote in die Höhe und belastet damit den "dynamischeren" Teil der Wirtschaft. Eine zweite Gruppe der Dienste **exportiert zu wenig** resp. wächst schwergewichtig im Ausland über Direktinvestitionen. Anstatt Export findet in einer zunehmenden Zahl von Wirtschaftsbereichen (wie z.B. Banken, Versicherungen) ein differenziertes Wachstum an verschiedenen Standorten in den grossen und lukrativen Märkte im Ausland statt. Dies kommt dem Standort nur indirekt zugute. Solche Aktivitäten dürften die "verlorenen" Exportvolumen der schrumpfenden resp. ausgelagerten Teile der Wirtschaft kaum vollständig ersetzen. Für die Zukunft ist der wichtige Beitrag der Exporte zur Gewährleistung des Wohlstandsniveaus am Standort Schweiz nicht gegeben. Die Gewichte haben sich vom Export zu den Direktinvestitionen verschoben; das Entwicklungsmuster der Wirtschaft am Standort hat sich geändert. Damit verbindet sich eine wesentliche Herausforderung für die Wohlstandssicherung der Schweiz. Eine dritte Gruppe von international mobilen Diensten wird von verschiedenen Standorten begehrt und mit vielfältigen Methoden angezogen, wie z.B. über die Ausgestaltung des Fiskal- und/oder des Unternehmensrechts zum möglichst grossen Vorteil der Unternehmungen.

Die Schweiz sollte ihr **Potenzial beim Export von Diensten** in Zukunft besser nutzen und ausschöpfen: Verbesserungsmöglichkeiten bestehen insbesondere bei den unternehmungsnahen und wissensbasierten Dienstleistungen wie der Informatik, dem Engineering und der Beratung oder F&E. Da Dienstleistungsexporte jedoch nur bedingt ein vollwertiger Ersatz für den (sich weiter stark wandelnden und je nachdem sogar abnehmenden) Export von (klassischen) Industrieleistungen sein dürften, sind Exporte von Industrieleistungen auch in Zukunft für den Standort Schweiz unabdingbar. Dies ist mit einem Wandel der industriellen Leistungen selbst verbunden. Der dabei steigende Anteil von industriellen Dienstleistungen führt ebenfalls zu einer Wertschöpfung schwergewichtig im Ausland.

Deshalb ist ein weiterer Wandel der Industrie am Standort Schweiz, eine eigentliche **Re-Industrialisierung**, ausgehend von der starken vorhandenen Basis in diesem Kontext von besonderem Interesse. Wichtig werden produktnahe oder sog. **embedded Dienste**, die mit dem Industrieprodukt nach dem klassischen Muster exportiert werden.

Die künftigen Wachstumssektoren müssen so oder so eine starke Exportorientierung aufweisen. Notwendig ist auf alle Fälle die Schaffung optimaler Bedingungen für den Export sowie die Stärkung der Attraktivität des Standorts in diesem gewandelten Kontext: Dies bedeutet mit höchster Priorität die **Öffnung und Bearbeitung der internationalen Dienstleistungsmärkte sowie Gütermärkte, die mit Dienstleistungen verschmelzen**. Unabdingbar ist eine hohe Leistungsfähigkeit des Standorts selbst: Dienstleistungsexporte sind in stärkerem Masse als Industrieexporte von (Vor-)Leistungen der Binnenwirtschaft abhängig. Der Kostendruck wegen des hohen Regulierungsgrads, des geringen Produktivitätswachstums und des damit verbundenen hohen Preisniveaus am Standort Schweiz ist deshalb ein wichtiger Wettbewerbsnachteil für potenzielle Dienstleistungsexporteure und verlangt nach Reformen.

3. Innovationshost als Chance für die Zukunft

Wie positioniert sich die Schweiz als eine hoch entwickelte, kleine und offene Volkswirtschaft im internationalen **Standortwettbewerb** für künftige Erfolge in der Welt? Inhalte künftiger wirtschaftlicher Aktivitäten am Standort Schweiz können im Einzelnen natürlich nicht benannt werden. Die im Folgenden angestellten konzeptionellen Überlegungen bieten jedoch einen generellen Leitfaden, eine Orientierungshilfe im Hinblick auf Ausrichtung und Positionierung künftiger wirtschaftlicher Aktivitäten am Standort und seiner Wirtschaftspolitik.

Die bisherigen Leistungen des Standorts und die Aussichten für künftige wirtschaftliche Erfolge sind an sich sehr gut. Nicht zuletzt deshalb ist die Schweiz durch den harten Wettbewerb anderer Standorte mit derselben Zielsetzung herausgefordert. So wie sich diese Konkurrenzstandorte verbessern können, werden die Anforderungen an den Standort Schweiz grösser. Die weltweite Vernetzung der Wirtschaft und die hohe Mobilität von Unternehmungen sind Ausdruck der Globalisierung. Länder und Regionen, die um die wertschöpfungsstärksten Unternehmungen und die kreativsten Arbeitskräfte weltweit kämpfen, müssen aktiv – und auch aggressiv – ihre **Vorzüge vermarkten und permanent an der optimalen Profilierung ihrer Standortvorteile arbeiten**. Das Ziel, attraktive Arbeit bei gutem Einkommen und einem erfüllten Leben in einer hoch entwickelten Volkswirtschaft wie der Schweiz, ist über Passivität und blosses Abwarten weder zu erreichen noch aufrecht zu erhalten!

Es kommt darauf an, besondere Stärken oder Vorteile für Unternehmungen und Personen am Standort zu entwickeln und zu realisieren sowie diese auch konsequent auszuspielen. Dies bedeutet für einen Standort im internationalen Vergleich die Profilierung über eine **Einzigartigkeit**, einer "Unique Selling Proposition". Wirtschaft und Politik müssen attraktive Phasen in den internationalen Wertschöpfungsketten suchen, herausarbeiten und sich dabei optimal positionieren. Dabei sollten sie ausgehend von ihren **spezifischen Stärken** optimal von den **Spezialisierungs- und Tauschmöglichkeiten** profitieren, welche die Weltwirtschaft bietet. Dazu gehört auch die Optimierung der arbeitsteiligen Leistungserstellung zwischen der Schweiz und anderen Standorten, wie z.B. auch Niedriglohnländern.

Worin soll diese Einzigartigkeit bestehen? Der hohe Wohlstand in der Schweiz kann künftig nur über den **Innovationswettbewerb** gesichert werden, wobei die Rationalisierung von Kostenfaktoren laufend mitberücksichtigt werden muss. Verlangt wird eine **hohe Innovationsleistungsfähigkeit**! Dabei wird unter **"Innovation"** die Umsetzung neuer, nützlicher Ideen für Produkte und Prozesse

XVI. Die Volkswirtschaft der Schweiz im Aufbruch zum 21. Jahrhundert 719

von ihrer Entstehung bis zur erfolgreichen Anwendung am Markt verstanden (vgl. Abbildung 49 auf S. 175). Die Wirtschaft muss Innovationen an den Bedürfnissen der Kunden orientieren und sowohl besser als auch schneller als die Konkurrenten hervorbringen und auf internationalen Märkten ausschöpfen. Damit erzielt sie einen temporären Vorsprung. Sie sichert ihre Einzig- und Andersartigkeit über wertschöpfungsstarke Leistungen basierend auf Wissen und Können sowie Erfahrungen; über weltweite Exzellenz in einigen Wissensgebieten und Geschäftsfeldern mit hoher fachlicher und professioneller Kompetenz; über hohe Qualität mit hervorragend qualifizierten und erfahrenen Fachleuten. Unter dem verschärften Wettbewerb im Zuge der Globalisierung kann sie Andersartigkeit letztlich erfolgreich nur über Exzellenz sichern: **exzellente Andersartigkeit!**

Eine der wenigen reellen Optionen des Standorts Schweiz für die Zukunft ist die Vision eines weltweit attraktiven **Innovationshosts** (vgl. Abbildung 182 auf S. 720). Damit werden in der Schweiz Innovationen zusammen mit verschiedenen Partnern aus aller Welt sowohl besser als auch schneller erarbeitet und auf die Weltmärkte gebracht als von der Konkurrenz. Es geht um die Fähigkeit der Unternehmungen, ausgehend von Vorstellungen über marktfähige Produkte und Dienstleistungen neue technologische und organisatorische Möglichkeiten aufzunehmen, zu kombinieren sowie entschlossen und schnell in Markterfolge umzusetzen. Gefragt ist die erfolgreiche Anwendung von Spitzenleistungen in Forschung und Entwicklung (F&E) für kunden- und problemadäquate Marktlösungen. Die in diesem Sinne exportaktiven **Leadbranchen** generieren über Spillovers wie Zulieferer im Binnenmarkt Nachfrage und Arbeitsplätze. Sie tragen als Motor und treibende Kraft wesentlich zum Erfolg des Standorts Schweiz bei.

Innovationskraft und Geschäftserfolg von Unternehmungen, Branchen und letztlich ganzen Volkswirtschaften basieren entscheidend auf dem Zusammenspiel verschiedener Akteure. Wichtig ist die Fähigkeit von Unternehmungen, privaten und öffentlichen F&E-Labors, Ausbildungsstätten verschiedener Stufen und Behörden, sich auszutauschen, um von Fall zu Fall Kooperationspartnerschaften zu bilden. Die Einbindung von Unternehmungen in eigentliche Leistungsverbundsysteme erlaubt es, die Potenziale dieser Unternehmungen zu kombinieren und Synergien auszuschöpfen. Das Resultat wird bei einer Gruppierung um einen branchenspezifischen Schwerpunkt vielfach als **Cluster** bezeichnet und bezogen auf die ganze Volkswirtschaft als **Nationales Innovationssystem (NIS)** analysiert. Zahlreiche Studien zeigen, dass im Zeitablauf neue international angelegte Cluster und funktionale Vernetzungen an Bedeutung gewinnen und auf die verschiedensten Bereiche von Technik und Wirtschaft ausstrahlen. Für den Know-how-, Bildungs- und Wissensstandort Schweiz ist es von grosser Bedeutung, in solchen Verbunden mit dabei zu sein, selber über die dabei notwendigen

> **Vision für den Standort Schweiz – Innovationshost**   **Abbildung 182**
>
> Die Schweiz gehört als Standort für forschungsstarke und innovative Unternehmungen zu den besten Destinationen der Welt. Die Bevölkerung verfügt über attraktive Arbeit bei gutem Einkommen. Sie besitzt bildungsmässig und beruflich die besten Entwicklungs- und Entfaltungsmöglichkeiten und ist entsprechend hoch motiviert. Die Unternehmungen des Wirtschaftsstandorts Schweiz sind exportstark, auf den Weltmärkten ausgezeichnet positioniert und in die internationalen Wertschöpfungsketten optimal eingebunden. Das Profil der Volkswirtschaft der Schweiz auf den Weltmärkten wird durch starke und innovative **Leadbranchen** geprägt. Solche Leadbranchen entstehen und florieren durch die fruchtbare Zusammenarbeit und den Austausch von Wissenschaft und Wirtschaft. Sie verknüpfen neue Industrien mit Diensten und werden oft durch grosse, multinationale Unternehmungen angeführt. Gute Chancen dafür bestehen in den bereits gegenwärtig starken Bereichen wie den **Finanzdienstleistungen** und den **Life Sciences**, insbesondere der jungen Branche der Medizinaltechnik (MedTech).
>
> Zusammen mit einem liberalisierten Binnenmarkt und gestützt auf die am Standort vorhandenen Stärken schaffen diese exportstarken Leadbranchen eine von der Konkurrenz kaum imitierbare Einzigartigkeit. Exzellente Bildung inklusive Berufsbildung, weltweit anerkannte Hochschulen und eine leistungsfähige Forschung bilden die Grundlagen hierfür. Aufgrund dieser Einzigartigkeit sowie ihrer landschaftlichen und gesellschaftlichen Vorzüge ist die Schweiz attraktiv für die weltweit besten Talente wie Unternehmer, Forscher sowie Studierende, ihr Wissen und ihre kreativen Ideen an diesem Standort zu generieren, auf den Weltmärkten abzusetzen und damit Beschäftigung und Einkommen zu schaffen. Eine kohärente **Standortpromotion** macht die Attraktivität der Schweiz aufgrund ihrer ausserordentlichen Kompetenzen und Leistungen weltweit bekannt. Die Schweiz hat ein weltweit sichtbares Profil und Image von Exzellenz und Innovation.

Entwicklungs- und Anwendungs-Kompetenzen zu verfügen und in einigen ausgewählten Gebieten selbst ein leistungsfähiger und attraktiver Pol in der damit verbundenen weltweiten Innovations-Arbeitsteilung zu sein.

Es müssen Fähigkeiten am Standort gesucht und bewusst herausgearbeitet werden, mit denen sich Unternehmungen gegenüber Rivalen positiv unterscheiden und weltweit durchsetzen können. Eine Besonderheit des Standorts Schweiz – und damit wettbewerbsentscheidender Faktor und Chance – ist das erfolgreiche, rasche und zuverlässige **Zusammenspiel** von verschiedenen exzellent erbrachten Funktionen und Aktivitäten verbunden mit praktischen Fähigkeiten und Erfahrungen im Hinblick auf die Steigerung des Kundennutzens. Ein Wettbewerbsvorteil der Schweiz ist die Beherrschung und Kombination komplementärer Leistungen und Kompetenzen auf engem geographischem Raum, um gegenüber Rivalen temporär einen Vorsprung erzielen zu können.

Die Wirtschaft am Standort Schweiz darf sich nicht nur "Gesundschrumpfen" und auf ihre Kernkompetenzen zurückziehen. Vielmehr muss sie das Bestehende unter Berücksichtigung der Sozial- und Umweltverträglichkeit erneuern und weiterentwickeln. Sie muss neue Geschäftsfelder für neue Wachstumsmärkte erschliessen, was Unternehmertum mit Risikobereitschaft und Entscheidungsfreude verlangt.

Wie Untersuchungen zur Gestaltung und zum Wettbewerb der NIS zeigen, muss die wirtschaftliche Zukunft an bestehenden Eigenheiten, am vorhandenen technischen und organisatorischen Know-how, an Kultur und Tradition, an den Schwerpunkten der nationalen Forschungsinfrastruktur oder allgemein am bisher Geleisteten und den dabei gemachten Erfahrungen anknüpfen; dies ist die sog. **Pfadabhängigkeit**. Es wäre weder möglich noch sinnvoll, sich über die spezifischen Eigenschaften des Know-hows sowie die Traditionen und die Erfahrungsbasis des NIS hinwegzusetzen. Es gilt nicht, vermeintliche Lücken zu schliessen oder "abgefahrenen Zügen nachzurennen", sondern vorhandene, traditionelle Stärken zu nutzen und auszubauen. Im Grundsatz muss die Volkswirtschaft am Standort Schweiz von ihren gewachsenen Fähigkeiten und Stärken ausgehen, diese optimal kombinieren und entsprechende Leistungspakete auf den Weltmärkten anbieten. Dabei sind diejenigen besonderen Fähigkeiten zu bündeln, die nur schwer von den vorhandenen lokalen und regionalen Stärken zu trennen, zu imitieren oder zu verschieben sind. Dies sind in erster Linie Wissen, Können und Erfahrungen der ansässigen Unternehmungen und ihrer Arbeitskräfte.

Dabei dürften jedoch die Dienstleistungsexporte alleine den Wohlstand nicht gewährleisten, weil ihr Wachstum nicht primär am Standort, sondern schwergewichtig über Direktinvestitionen im Ausland stattfindet (vgl. S. 714). Deshalb sind industrielle Leistungen für den Erfolg weiterhin notwendig. Das Portfeuille der Exporte muss mit Industrieleistungen weiterhin diversifiziert und abgesichert werden. Dafür hat die Schweiz aufgrund ihrer Vergangenheit auch hervorragende Voraussetzungen. Die **Re-Industrialisierung** ist für die Zukunft des Standorts deshalb nicht nur wichtig, sondern auch eine Chance. Dazu bietet sich die Ausschöpfung des vorhandenen Potenzials von Wertschöpfungsketten mit und um Dienste am Standort an. Durch die Verbindung mit wenig mobilen industriellen Leistungen könnten gewisse mobile Dienste auch besser an den Standort gebunden werden. Traditionelle Stärken, die aufgrund dieser Überlegungen eine chancenreiche Basis für die Zukunft bilden, sind z.B. Verbunde in und zwischen den folgenden Bereichen:

- Pharma, Bio- und Gentechnologie, MedTech, Elektronik und Sensorik;
- Elektronik und Sensorik, Messen/Regeln, Uhren, Nano- und Mikrosystemtechnik, Apparatebau, MedTech, Präzisionsinstrumente;

- Diverse auf Unternehmungen orientierte kommerzielle Dienste wie Finanz- und Versicherungsdienstleistungen, Immobilien, Informatik/Engineering, F&E, Nachrichten/Medien/Werbung/Marketing, qualifizierte Unternehmungsdienstleistungen wie Anwälte, Unternehmungsberatung, Hauptsitz-Funktionen;
- Tourismus, Freizeit/Sport, Ernährung, Betreuung/Pflege, Wellness, Medizin, Transportleistungen, Informations- und Kommunikationstechnologie (IKT)/Telekommunikationsdienste, Bauwirtschaft.

Dabei gibt es nicht nur einen Königsweg, sondern mehrere, verschiedene Erfolgsstories. In diesem Sinne und in mehr allgemeinen Kategorien erzielt der Standort Schweiz eine exzellente Andersartigkeit im Wesentlichen durch die Kombination folgender Fähigkeiten:

- **Wissen und Können – Köpfe und Teams:** Eine besondere Stärke des Standorts Schweiz ist ein breit gefächerter Pool gut ausgebildeter und motivierter Fachkräfte sowie innovativer Techniker und Wissenschaftler. Der Standort kann sich Profil und Einzigartigkeit über das Know-how und die Motivation seiner Beschäftigten geben. Sein Qualifikationspotenzial soll möglichst optimal ausgeschöpft und eventuelle Qualifikationsengpässe sollen auch durch Zuwanderungen überbrückt werden. Dazu soll die internationale Attraktivität und Offenheit des Standorts gestärkt werden, was wiederum auch zur Attraktivität des Standorts in den Augen potenzieller Investoren beiträgt. Es ist unabdingbar, dass die Schweiz – im Interesse ihres eigenen Wohlstandes – als multikulturelle Gesellschaft offen und tolerant für Immigration ist und ihre hohe soziale Integrationsfähigkeit behält.

Eine Chance für den Standort sind das **System-Know-how**, die Beherrschung der Erstellung komplexer Systeme von Waren und Dienstleistungen sowie deren Management. Dazu gehört die Fähigkeit von Teams oder Gruppen von Unternehmungen, solche Systeme problemlösungsorientiert aufzubauen sowie zum erfolgreichen Funktionieren zu bringen u.a. über industrielles Engineering, Technikentwicklung und -anwendung sowie Adaption eingekaufter Technologien. Damit verbunden sind Innovationen, die Weltneuheiten darstellen. Sie sind Basis und Ausgangspunkt für den Export von wissensgestützten Leistungen, erlauben eine Eroberung von Nischen auf Weltmärkten und damit verbunden eine zeitweilige Monopolstellung. Wichtigster Faktor für die Standortbindung dieser Leistungen sind Arbeitskräfte mit einem mittleren bis gehobenen Qualifikationsniveau kombiniert mit Erfahrungswissen (sog. **tacit knowledge**). Sie sind in erheblich stärkerem Masse an den Standort gebunden als Top-Wissenschaftler und ziehen ihrerseits mobile Produktionsfaktoren an.

XVI. Die Volkswirtschaft der Schweiz im Aufbruch zum 21. Jahrhundert   723

- **Moderne industrielle Produktion verbunden mit entsprechenden beruflichen und fachlichen Fertigkeiten sowie Erfahrungen:** Eine Chance für den Standort Schweiz ist die optimale Nutzung moderner Prozesstechnologien, wie z.B. die Automatisierung und Integration von Produktionsprozessen im Verbundsystem von Zulieferern und Abnehmern resp. Systemführern. Aufgrund der ingenieurtechnischen Tradition sowie des engen Kontakts zwischen Praxis und Forschung resultieren Stärken in der Ausführung, die den höchsten Standards der Prozessqualität genügen. Termin- und Liefertreue sowie konsistent gute Qualität sind weitere Stärken und Chance des Standorts. Mit dazu gehört eine Infrastruktur, die eine hochwertige und kostengünstige Produktion ermöglicht.
- **Dienstleistungen verschiedenster Art:** Neben den klassischen Diensten wie Finanzierung, Rechnungswesen oder Marketing sind Dienste eine Chance für den Standort, wie z.B. die gemeinsame Erarbeitung von Problemlösungen mit dem Kunden, Aus- und Weiterbildung, Beratung/Betreuung/Unterhalt/Wartung oder Weiterentwicklung. Dazu gehört einerseits die Kombination und Integration von Diensten in ein Leistungsangebot, in ein Paket von Problemlösungen; Industrieunternehmungen werden ihre Produkte immer stärker zusammen mit Dienstleistungen anbieten. Andererseits werden ganze Unternehmungsfunktionen (Buchhaltung, Personal- und Ausbildungsabteilung, neuerdings auch vermehrt F&E etc.) an externe Dienstleistungsunternehmungen vergeben, womit neue Märkte entstehen oder bestehende stark wachsen.
- **Internationalität und Offenheit nach allen Seiten:** Eine Chance für den Standort sind (1) die besten Verbindungen, (2) ein internationales Beziehungsnetz, das rund um den Erdball Zugang zu Ressourcen und Märkten anderer Personen und Organisationen ermöglicht, (3) eine Positionierung an den Schnittstellen von Ländern und Kulturen mit der Möglichkeit, zwischen ihnen zu vermitteln und ihre Vorzüge und Stärken zu kombinieren, sowie (4) Stärken und Fähigkeiten des Multikulturellen vor Ort auch zum interkulturellen Management zu nutzen. Zudem bietet die Integration der Schweiz in die weltweiten Informations- und Kommunikationsmärkte ein weiteres Chancenpotenzial. Dies wiederum setzt geeignete Rahmenbedingungen voraus wie z.B. in den Bereichen des Urheberrechts, des Vertragsrechts und der Verbindlichkeit elektronischer Unterschriften. Auch dies verlangt die aktive Teilnahme der Schweiz an internationalen Harmonisierungsbemühungen.

Im Grundsatz sollte die Volkswirtschaft am Standort Schweiz von diesem Mix an Fähigkeiten und Stärken ausgehen, sie optimal ausbauen, kombinieren und daraus abgeleitete Leistungspakete auf den Weltmärkten und innerhalb (auch global verteilter) Wertschöpfungsketten anbieten. Damit erzielt sie eine exzellente Andersartigkeit. Die Politik sollte dies durch attraktive Standortbedingungen für dazu notwendige und international mobile Produktionsfaktoren wie Kapital, hoch qualifizierte Arbeitskräfte und Know-how-Träger unterstützen. Diese sollten mit standortgebundenen Faktoren wie Boden (für Unternehmungsansiedlungen und Wohnen), qualifizierte und weniger qualifizierte Arbeit, anwendungsspezifischem Erfahrungswissen, Infrastrukturanlagen, institutionellen Rahmenbedingungen (Regulationen, Corporate Governance) sowie rechtlichen und gesellschaftlichen Normen geschickt kombiniert werden, um einen Beitrag zu Produktivität und Wachstum zu leisten.

4. Ausblick

Die wirtschaftspolitische Gestaltbarkeit der künftigen Entwicklung ist einerseits sehr beschränkt. Vor hohen Erwartungen ist zu warnen. Andererseits ist die Bedeutung wirtschaftspolitischer Entscheidungen aber auch nicht zu unterschätzen. Fehlentscheidungen machen sich in der globalisierten Welt rasch negativ bemerkbar, da das Informationsangebot gut und die Mobilität hoch ist. Eine leistungsfähige **Wirtschaftspolitik** in einer hochentwickelten, offenen und kleinen Volkswirtschaft wie der Schweiz muss in erster Linie die Wirtschaftsordnung, das System von Regeln und Mechanismen sowie Institutionen optimal ausgestalten. Sie muss eine leistungsfähige Infrastruktur mit Schwergewicht auf Bildung und Forschung sicherstellen. Damit verbindet sich ganz allgemein die Forderung nach einer effizienten Erbringung von funktionsgerechten öffentlichen Leistungen. Und schliesslich muss sie Offenheit von und Zugang zu den eigenen und internationalen Märkten gewähren. Fragen der Verteilung und Gerechtigkeit werden im Wesentlichen über diese Politikbereiche entschieden, sei dies über die gewählten Mechanismen oder über öffentliche Dienste.

Die wirtschaftspolitische Strategie muss sich in erster Linie auf eine optimale Ausgestaltung des Regelsystems resp. der wirtschaftlichen und politischen **"Good Governance"** konzentrieren, was klassisch als **Ordnungspolitik** bezeichnet wird. Dabei geht es um die Festlegung und die Durchsetzung der Mechanismen und Verfahren für Planung, Entscheidung, Anordnung sowie Kontrolle und Sanktion in Wirtschaft und Politik; angesprochen sind damit u.a. die Markt- und die Produktionsverfassung, die Finanzordnung, die Finanzierungsmechanismen zur Bereitstellung der öffentlichen Dienste und die Instrumente der direkten Demokratie. Die regulatorischen Rahmenbedingungen sollen einfach, klar, eindeutig sowie verlässlich und damit mit möglichst geringen Informations- und Transaktionskosten verbunden sein. Im internationalen Standortwettbewerb ist die Ausgestaltung dieser Governance einer der wichtigsten Erfolgsfaktoren. "Good Governance" trägt wesentlich zu einer optimalen Allokation der Produktionsfaktoren, der Kundenorientierung sowie der Effizienz und damit zu einer hohen wirtschaftlichen Leistungsfähigkeit bei. Damit ist ein Standort für wertschöpfungsstarke Aktivitäten weltweit attraktiv.

Im Falle der Schweiz bedeutet dies eine weitere **Förderung der Wettbewerbskultur** und damit die Herstellung eines liberalen und wettbewerbsintensiven Binnenmarkts durch Verbesserungen insbesondere bei den Produktmärkten (z.B. Reform auf den Märkten für Elektrizität, Telekommunikation, Post, Verkehr). Ebenso wichtig ist der Abbau technischer Importhemmnisse durch die Zulassung EU-konformer Produkte (Cassis-de-Dijon-Prinzip; vgl. Abbildung 138 auf S. 525) sowie die weitere Stärkung der Mittel und Möglichkeiten der Wettbewerbskommission (Weko) und die Gewährleistung ihrer politischen Unabhängigkeit. Die Anstrengungen zum Abbau administrativer Hemmnisse und zur Vereinfachung des Fiskalsystems sind entschlossen weiterzuführen. Weiter sollten vermehrt marktorientierte Instrumente in Bereichen wie der Umwelt- oder der Energiepolitik gewählt und umgesetzt werden.

Zur Verbesserung der Governance gehört auch die Steigerung der **Entscheidungsfähigkeit des politischen Systems** der Schweiz. Für die Behauptung im internationalen Standortwettbewerb müssen die Akteure des politischen Systems rascher entscheiden und die getroffenen Entscheidungen effizienter umsetzen können. Dazu müssen die verschiedenen Status-quo-freundlichen Vetomöglichkeiten im System über institutionelle Reformen eingeschränkt werden. Ob Reformen bei der Ausgestaltung der Volksrechte, bei Sachabstimmungen oder ob eine generelle Reduktion des politischen Einflusses in verschiedenen Bereichen weiter hilft, wäre schrittweise zu erproben.

Verschiedene Politikbereiche stehen unter dem Druck der Harmonisierung und Konvergenz aufgrund supranationaler Regelungen wie z.B. im Rahmen der Welthandelsorganisation (WTO) oder des autonomen Nachvollzugs der Gesetzgebung der Europäischen Union (EU). Auch der internationale Standortwettbewerb führt zu einer gewissen Angleichung, wie Beispiele aus den Bereichen Telekommunikation, Verkehr oder Steuer- und Unternehmensrecht zeigen. Die nationale Politik sollte dort, wo Funktionsbereiche und Handlungsfelder zur positiven Unterscheidung und damit zur Profilierung des Standorts massgeblich beitragen, dezidiert eigene Wege gehen. Während fiskalische Vorzüge eines Standorts zumindest prinzipiell kopierbar sind, liegt in dem an die Köpfe gebundenen Know-how die Möglichkeit, Profil und Eigenständigkeit zu gewinnen. Aufgrund der jüngeren Entwicklung geschieht dies v.a. über die politischen Handlungsfelder **Bildung, Forschung und Innovation**. Sie leisten einen entscheidenden Beitrag zum Innovationshost. Der Ausgestaltung und Führung des Bildungssystems kommt dabei eine überragende Bedeutung zu. Ein leistungsstarkes und effizientes Bildungssystem verleiht dem Land eine Unverwechselbarkeit, ohne künstliche Schranken zu errichten. Folgende Themen stehen dabei im Vordergrund:

- **Versorgung des Standorts mit gut ausgebildeten Arbeitskräften auf allen Qualifikationsstufen:** Stärkung des Bildungssystems am Standort Schweiz, Gewährleistung seiner hohen Qualität sowie Flexibilität und Anpassungsfähigkeit auf Veränderungen in Wirtschaft und Gesellschaft. Dabei ist eine gute Bildung im Sekundärbereich miteingeschlossen, da die Berufsbildung für die regionale Entwicklung wichtiger ist als die tertiäre Ausbildung.

- **Weiterentwicklung und Stärkung der Berufsbildung:** Ziel ist, den komplexen Herausforderungen durch die demographischen Veränderungen, den Strukturwandel der Wirtschaft und Veränderungen im Hochschulbereich gerecht zu werden. Dazu gehören die Anpassung der betrieblichen Berufsbildung an die strukturellen Veränderungen in der Volkswirtschaft unter Berücksichtigung des Kosten-/Nutzenverhältnisses aus Sicht der ausbildenden Betriebe, die Integration der Berufsbildung in die internationalen Entwicklungen im Rahmen des Kopenhagen-Prozesses der EU und die internationale Vermarktung von Bildungsdienstleistungen der Schweiz.
- **Dezidierte Stärkung exzellenter F&E an den Schweizer Hochschulen:** Dies erfolgt aufgrund der Erkenntnis, dass die besten Forscher auch die besten Partner für Unternehmungen im Wissens- und Technologietransfer (WTT) sind. Wichtig sind die Förderung von Wettbewerb zwischen Hochschuleinheiten und Forschungseinrichtungen, die mit mehr Autonomie eigenverantwortlich Strategien entwickeln und umsetzen, die Integration der Fachhochschulen in die Hochschullandschaft durch differenzierte Durchsetzung ihres "erweiterten Leistungsauftrages" sowie eine deutliche Erhöhung und längerfristige Stabilisierung der staatlichen Fördermittel für F&E.
- **Förderung des "Transfers über die Köpfe":** Dies gilt als wirkungsvollster Beitrag der staatlichen Innovationsförderung zu einer auf gegenseitigem Lernen basierten Zusammenarbeit zwischen Wissenschaft und Wirtschaft.
- **Unterstützung der thematischen Schwerpunktbildung an den Hochschulen:** Dies erfolgt durch sorgfältig abgestimmte und gemeinsam von Staat und Privaten durchgeführte Förderprogramme und durch die Förderung neuer Kooperationsformen zwischen wissenschaftlicher Forschung und Lehre einerseits und Wirtschaft andererseits zur Mobilisierung privater und öffentlicher Ressourcen sowie zur Erhöhung der kritischen Masse, verbunden mit Synergien in thematischen Schwerpunkten.
- **Förderung des Unternehmertums:** Dies ist wichtig zur Unterstützung des Strukturwandels der Wirtschaft über wissens- und wissenschaftsbasierte Unternehmungsgründungen. Die Förderung der Unternehmerkultur basiert auf der Erkenntnis, dass die Neigung zum Unternehmertum schon früh über die schulische Ausbildung entwickelt werden kann, die Realisierung aber später oft erst nach Jahren beruflicher Praxiserfahrung erfolgt.
- **Förderung der Zusammenarbeit in internationalen Programmen der F&E:** Dies muss als Ergänzung zur nationalen Innovationsförderung erfolgen und zur Schaffung von optimalen Voraussetzungen für eine erfolgreiche Teilnahme von Schweizer Hochschulen und Unternehmungen an inter-

nationalen F&E-Kooperationen dienen. Wichtig ist auch die Mitwirkung der Schweiz an der Gestaltung und der Durchführung von internationalen Programmen in der Innovationsförderung.

Die kommenden Jahre sind mit den anstehenden Entscheidungen in der Bildungs- und Hochschulreform von grösster Bedeutung für die Realisierung der aufgezeigten Vision. Hier ist die Politik gefordert. Notwendig ist ein Verpflichtung der politischen Entscheidungsträger zum Innovationshost Schweiz, der als Leitlinie für alle wesentlichen Entscheidungen dienen soll. Es werden in der Bundespolitik Entscheidungen vorbereitet und gefällt, deren weitreichende Wirkungen erst in zehn und mehr Jahren voll zum Tragen kommen. Dazu gehören ein neues Bundesgesetz über die **Hochschulen** (Hochschulrahmengesetz), die Revision des Forschungsgesetzes, die Ausgestaltung der Teilnahme der Schweiz an den Forschungs- und Bildungsprogrammen der EU sowie die über 20 Mrd. Fr. auslösende Botschaft über die Förderung von Bildung, Forschung und Innovation in den Jahren 2008–2011.

Eine weitere Herausforderung ist die **Sanierung der öffentlichen Haushalte**. Damit verbunden ist eine effizientere Erbringung von öffentlichen Diensten in "angemessenem" Rahmen; die im Zuge des Strukturwandels anteilmässig angestiegenen Ausgaben für Dienste sind einerseits in wertschöpfungs- resp. produktivitätsschwachen Bereichen positioniert, andererseits überwiegend politisch bestimmt und staatlich finanziert, wie z.B. das Bildungs- und das Gesundheitswesen oder die soziale Sicherung. Das damit verbundene Ausgabenwachstum der öffentlichen Hand, der Staats- sowie der Verschuldungsquote muss unter Kontrolle gebracht werden. Verschiedene Optionen stehen dafür im Vordergrund:

- Die staatlichen Leistungen werden reduziert und teilweise abgebaut, was mit massiven politischen Widerständen verbunden ist.
- Es wird nach Möglichkeiten gesucht, staatliche Leistungen effizienter zu erbringen. Dazu gehören die Steigerung der Produktivität, Rationalisierungen und die Schaffung von Anreizen über ein verbessertes Regelsystem. Daneben sollten insbesondere in der sozialen Sicherung auch vermehrt Alternativen zu rein monetären staatlichen Einkommensübertragungen im Sinne von realen Diensten oder Sachleistungen entwickelt und erprobt werden.
- Staatliche Leistungen werden durch halböffentliche oder private Institutionen erbracht. Diese Leistungen könnten kombiniert mit einer Effizienzsteigerung auch für kommerzielle Erfolge genutzt und über eine Vermarktung selber zu einem bedeutenden Wohlstandsträger aufgebaut werden. Dabei wird ihre Exportfähigkeit und -leistung entscheidend sein, z.B. (1) der Aufbau eines international wettbewerbsfähigen Bildungsmarktes mit Export von Bildungsleistungen oder (2) der Export von Gesundheitsleistungen im

Verbund mit Tourismus und Wellness. Die Politik sollte mithelfen, komparative Vorteile für verschiedene hochwertige Dienstleistungen herauszuarbeiten.

Für die Schweiz als kleine Volkswirtschaft ist die **Offenheit gegenüber der gesamten Weltwirtschaft** zentral und letztlich noch wichtiger als die Art der formalen Einbindung in Europa. Das globalisierte Umfeld ist eine grosse Chance für die Schweiz. Denn damit stehen für die Leistungen des Standorts erstens genügend Ressourcen zur Verfügung und zweitens ein genügend grosser Absatzmarkt. Multiplikatoren übertragen die Impulse des Exports auf den Binnenmarkt und fördern damit den Wohlstand am Standort Schweiz. Die Politik sollte weltweit Türen öffnen und das Image der Schweiz als Innovationshost verbreiten.

Für die künftige Wirtschaftsentwicklung der Schweiz ist die Offenheit sowohl für das **Offshoring** als auch für das **Inshoring** wichtig. Die Stärkung der Standortattraktivität ist das Spiegelbild der Exportförderung. Über die Ausgestaltung der Standortbedingungen sollten die bestmöglichen Voraussetzungen für eine erfolgreiche Teilnahme der ansässigen Unternehmungen am internationalen Wettbewerb geschaffen und damit auch eine vorteilhafte Positionierung des Standorts in den weltweiten Wertschöpfungsketten erreicht werden.

Neben der Offenheit und der Effizienz der Märkte ist auch die Entwicklung des Humankapitals für die Volkswirtschaft der Schweiz entscheidend. Die verschiedenen hier angesprochenen Politik- oder Reformdimensionen spielen zusammen und müssen in ihrer Gesamtheit gesehen und verbessert werden. Viele andere Länder und Regionen stehen vor vergleichbaren Herausforderungen. Auch sie entwickeln Visionen und entsprechende Politikprogramme. Es wird sich zeigen, welches Land oder welche Region diese tatsächlich und effektiv umsetzen kann, wer dadurch Wirkung und Nachhaltigkeit erzielt und wer dies mit einem zeitlichen Vorsprung in der Welt auch sichtbar und glaubhaft machen kann! Das ist die Forderung an die Schweizer Politik. **Der Status quo ist eine Illusion.** Wer nichts macht, der verliert. Wer nicht agiert, wird zum Reagieren gezwungen und damit zum Spielball anderer.

5. Quellen

Arvanitis, S., Hollenstein, H., Marmet, D. (2005), Internationale Wettbewerbsfähigkeit: Wo steht der Standort Schweiz? Zürich.

BAK – Basel Economics (Hrsg.) (2006). Determinants of Productivity Growth, Research Program, Policy and Regional Growth. BAK Report 1. Basel.

Baumol, W. J. (2002). The Free-Market Innovation Machine – Analyzing the Growth Miracle of Capitalism. Princeton.

Borner, S., Bodmer, F. (2004). Wohlstand ohne Wachstum – eine Schweizer Illusion. Zürich.

Deutsche Bank Research (Hrsg.) (2005). Globale Wachstumszentren 2020. Formel G für 34 Volkswirtschaften. Themen International Economics. Nr. 313. Frankfurt am Main.

Dümmler, P. (2006): Wissensbasierte Cluster in der Schweiz – Realität oder Fiktion? Das Beispiel der Medizinaltechnikbranche. Schriftenreihe des Instituts für öffentliche Dienstleistungen und Tourismus (IDT) der Universität St. Gallen, Beiträge zur Regionalwirtschaft. Bern/Stuttgart/Wien.

Hotz-Hart, B., Küchler, C. (1999). Wissen als Chance: Globalisierung als Herausforderung für die Schweiz. Chur/Zürich.

Hotz-Hart, B., Reuter, A., Vock, P. (2001). Innovationen: Wirtschaft und Politik im globalen Wettbewerb. Bern.

Hotz-Hart, B., Dümmler, P., Good, B., Grunt, M., Reuter-Hofer, A., Schmuki, D. (2006). Exzellent anders! Die Schweiz als Innovationshost. Zürich/Chur.

Interdepartementale Arbeitsgruppe Wachstum (Hrsg.) (2002). Massnahmen für eine Wachstumsorientierte Wirtschaftspolitik. Grundlagen der Wirtschaftspolitik Nr. 8D. Studienreihe des Staatssekretariats für Wirtschaft. Bern.

Müller, A., Cretegny, L. (2005). Ursachen des Strukturwandels 1990 bis 2001, in: Eidgenössisches Volkswirtschaftsdepartement (Hrsg.). Die Volkswirtschaft, Nr. 6, S. 17–21.

OECD (Hrsg.) (2005). Economic Policy Reforms: Going for Growth. Structural Policy Indicators and Priorities in OECD Countries. Paris.

Steinmann, L., Rentsch, H. (Hrsg.) (2005). Diagnose Wachstumsschwäche. Zürich.

Stichwortverzeichnis

A

Abgeltungsprinzip 260
Ablaufpolitik
    Begriff 36
Abschreibungen 347, 362, 373
Acquis communautaire 534
Adverse selection, siehe negative Auslese
Agrarpolitik 391, 394
    Agrarpolitik 2007 397
    Agrarpolitik 2011 480
    Agrarreform 24
Akerlof, George A. 89
Aktienrecht 69
Aktionärsbindungsvertrag 454
Allgemeines Zoll- und Handelsabkommen
    517, 518
Allmendgut 87, 257
Allokation 31, 48, 174
    Begriff 12
    pareto-optimale 12
Allphasensteuer 622
Alters- und Hinterlassenenversicherung 654
    Altersleistungen 655
    Ausgleichsfonds 657
    Ergänzungsleistungen 657
    Erwerbsortprinzip 654
    Finanzierungsverfahren 657, 658
    Hinterlassenenleistungen 655
    Reform 683
    Rentensystem 654
    Versicherungspflicht 654
    Zusatzrenten 655
Altersgutschriften 665
Altersquotient 680
Altersvorsorge
    Problematik 681

Ämterkumulation 109
Angebot
    Angebotsfunktion 27
    Begriff 27
Anlageberatung 459
Anlagevermögen
    Gütegrad 236
Äquivalenzprinzip 601
Arbeit
    Besonderheiten 137
    Grenzwertprodukt 143
    Teilzeitarbeit 168
Arbeitgebervertretung 150, 153
Arbeitnehmervertretung 146, 147
Arbeitsangebot 141
Arbeitsfrieden 76
Arbeitslosenquote 136, 139, 140, 160, 164
Arbeitslosenversicherung 674
    -gesetz 163
Arbeitslosigkeit 159
    friktionelle 160
    Gleichgewichtsarbeitslosigkeit 161
    keynesianische 161
    klassische 160
    konjunkturelle 161
    natürliche 161
    Sockelarbeitslosigkeit 161
    strukturelle 161
    Typen 160
    Ungleichgewichtsarbeitslosigkeit 161, 167
    versteckte 167
Arbeitsmarkt 137, 140, 703
    abgeleitete Nachfrage 142
    Begriffe 138
    Ergebnisse 156
    Interessenorganisationen 146

internationaler Vergleich 168
Lohnbildung 144
-politik 163, 674
Arbeitsnachfrage 142
  Bestimmungsgründe 144
Arbeitsproduktivität 156, 393, 411
Arbeitsrecht 73
Arbeitsteilung 11, 489
Arbeitsunfähigkeit 659
Arbeitsverfassung 42, 72
Arbeitsvertrag 138
Arealstatistik 215, 239
Armut 687
  absolute 689
  Gründe 687
  relative 689
  subjektive 689
Arrow, Kenneth J. 86, 492
Ärztedichte 671
Assets under Management 451
Asymmetrische Information 89, 277
Aufgabenteilung
  Bund und Kantone (NFA) 613, 614
Aufwandmethode 265
Ausgabenumlageverfahren 657, 658, 660
Ausgleichsfonds 657
Ausgleichspool 340, 350
Ausländerpolitik 166
Auslandvermögen 506, 508
Ausschliessbarkeit 86
Aussenhandelspolitik 511
Aussenhandelstheorie,
  neue 495
  traditionelle 493
Aussenhandelsverflechtung 497

B

Bank für Internationalen Zahlungsausgleich 576
Bank Run 473, 548
Bankbilanz 462
Banken 446
  Bilanzsumme 463
  Eigenmittelvorschriften 441
  Konzentration 53
  Liquiditätsvorschriften 442
  Stabilität des Finanzsystems 566, 593
Bankengesetz 439

Bankenwesen 438
Bankgeschäft 457
Bankkundengeheimnis 443, 532, 594
Bankrat 555
Bargeld 546
Bargeldumlauf 556
Bärtschi, Hans-Peter 423
Basel II, siehe Basler Eigenkapital-
  vereinbarung
Basler Ausschuss für Bankenaufsicht 577
Basler Eigenkapitalvereinbarung 442, 592
Baumol, William J. 264
Bauzonen 225
Bedürfnisse 10
  Bedürfnispyramide 10
Benchmark 707
Berufliche Vorsorge 661
  Altersguthaben 663, 666
  Altersgutschriften 663, 664, 666
  Finanzierungsverfahren 664
  Kapitalabfindung 667
  Koordinationsabzug 663
  Mindestzinssatz 664, 665
  Renten 663
  Umwandlungssatz 666
Berufskrankheiten 672
Berufslehre 193
Berufsmaturität 194
Berufsschulen 193
Berufsunfälle 672
Beschäftigung 159
Besteuerungsprinzipien 626
Bestimmungslandprinzip 626
Best-practice-Ansatz 520
Best-practice-Staat 708
Betriebsgrösse,
  optimale 392
Betriebsverfassung 42, 70
Beveridge, William H. 161
Beveridge-Kurve 161, 162
Bevölkerung
  Entwicklung 250
  Struktur 677
  Wachstum 250
Bilanz der Arbeits- und Kapitaleinkommen 504
Bilanz der laufenden Übertragungen 504
bilaterale Verträge 401, 444
  Bilaterale I 528
  Bilaterale II 532

Bildungsföderalismus 192
Bildungssystem 726
Binnenmarkt 525
Binnenmarktgesetz 63
Binnenmarktpolitik 511
Biotechnologie 206, 417
Blue Chips 590
BNP Paribas Groupe 453
Boden 213
    abgeleitete Nachfrage 221
    allokative Ziele 223
    distributive Ziele 223
    Ertragswert 219
    heterogene Qualität 215
    Immobilität 215
    Konflikte 222
    Nutzungsarten 215
    ökologische Funktion 214
    -politik 222, 223
    Unentbehrlichkeit 214
    Unvermehrbarkeit 215
    Verbrauch 239
    Wertaufbewahrungsmittel 215
Bodin, Jean 544
Börsengeschäft 461
Botschaft des Bundesrats 121
Bottom-up-Prinzip 206
Branchen
    Beschäftigungsveränderungen 408
    Erwerbstätige 384
    Wertschöpfung 384
Bretton-Woods-Institutionen 515, 573
Brundtland, Gro H. 252
Brundtland-Bericht 252
Brunner, Karl 572
Bruttoerwerbsquote 141
Bruttoinlandprodukt 353, 364
    Berechnung 351
    nominelle Entwicklung 364
    reale Entwicklung 364
Bruttonationaleinkommen 355
Bruttoproduktionswert 355
Bruttosozialprodukt 355
Bruttowertschöpfung 355
Buchanan, James M. 92
Buchgeldschöpfung 546
Bundesamt für Privatversicherungen 465
Bundesämter
    Übersicht 116
Bundesanleihen 557

Bundesverfassung 43
    Abweichung vom Grundsatz der Wirtschaftsfreiheit (Art. 94 Abs. 4) 47
    allgemeine Volksinitiative (Art. 139a BV) 111
    Alters-, Hinterlassenen- und Invalidenvorsorge (Art. 111) 653
    Arbeitslosenversicherung (Art. 114) 674
    Aussenwirtschaftspolitik (Art. 101) 49
    Banken und Versicherungen (Art. 98) 49, 439, 465
    Besondere Verbrauchssteuern (Art. 131) 606
    Direkte Steuern (Art. 128) 606, 619
    Eigentumsgarantie (Art. 26) 66, 223, 617
    Eisenbahnen und weitere Verkehrsträger (Art. 87) 49
    Energiepolitik (Art. 89) 326
    Fakultatives Referendum (Art. 141) 112
    Familienzulagen und Mutterschaftsversicherung (Art. 116) 671
    Formulierte Volksinitiative auf Teilrevision der BV (Art. 139 neu) 110
    Geld- und Währungspolitik (Art. 99) 49, 553, 555, 556
    Glücksspiele (Art. 106) 621
    Grundsatz der Rechtsgleichheit (Art. 8) 617
    Grundsätze der Besteuerung (Art. 127) 602
    Grundsätze der Wirtschaftsordnung (Art. 94) 45, 48
    Haushaltführung (Art. 126) 635
    Kernenergie (Art. 90) 49
    Koalitionsfreiheit (Art. 28) 72
    Konjunkturpolitik (Art. 100) 49, 558, 635
    Kranken- und Unfallversicherung (Art. 117) 672
    Landesversorgung (Art. 102) 49
    Landwirtschaft (Art. 104) 49, 224, 396
    Mehrwertsteuer (Art. 130) 606
    Mietwesen (Art. 109) 242
    Militär- und Ersatzdienst (Art. 59) 621
    Natur- und Heimatschutz (Art. 78) 224
    Obligatorisches Referendum (Art. 140) 111
    Privatwirtschaftliche Erwerbstätigkeit (Art. 95) 47
    Raumplanung (Art. 75) 224

Schuldenbremse (Art. 126) 605, 611
Schutz der Privatsphäre (Art. 13) 443
Sozialziele (Art. 41) 242
Stempelsteuer und Verrechnungssteuer (Art. 132) 606
Strukturpolitik (Art. 103) 49
Umweltschutz (Art. 74) 284
Vereinigungsfreiheit (Art. 23) 72
Volksinitiative auf Teilrevision der Bundesverfassung (Art. 139 alt) 110
Volksinitiative auf Totalrevision der Bundesverfassung (Art. 138) 110
Wettbewerbspolitik (Art. 96) 49, 55
Wirtschaftsfreiheit (Art. 27) 44, 46, 48, 617
Wohnbau- und Wohneigentumsförderung (Art. 108) 224
Bundesverwaltung 114, 121
Bürokratie 90
   -theorie 92

C

Cablecom 436
Cassis-de-Dijon-Prinzip 78, 524, 525
Chemisch-pharmazeutische Industrie 414, 416
   Konzentrationsprozess 415
Chinese Walls 445
Chocolat Frey 408
Churchill, Winston 524
Ciba-Geigy 416
Clean Development Mechanism 279, 287
Clientis Gruppe 454
Closed-Loop-Policy 583
Club of Rome 252
Cluster 388, 417, 719
   -ansatz 491
CO_2-Abgabe 288
CO_2-Gesetz 286
CO_2-Zertifikate 279, 287
Coase, Ronald H. 260
Coase-Theorem 260, 268, 276
Coca Cola 62
contingent valuation 266
Coop 71, 389, 455
Corporate Governance 69, 80
countervailing power 72, 146
Credit Suisse 449
Crowding-out 635

D

Dachverband 146
Dead weight loss, siehe Wohlfahrtsverlust
Defizitquote 615, 616
Deflation 559, 571
Deflationierung 364
Demographie
   Alterung 680, 703
   Entwicklung 143, 676
Demokratie 17, 18
   direkte 109, 115
Demsetz, Harold 90
Des-Industrialisierung 411
Detailistensteuer 622
Deutsche Bank 453
Dezentralisierung 17, 406
Diagnose 372
Dienstleistungen 431
Dienstleistungsbilanz 504
Differenzbereinigungsverfahren 121
Digitaldruck 419
Diktator
   wohlwollender 90
Direkte Bundessteuer 612, 619
Direktinvestitionen 180, 502, 506, 508, 509, 715
Direktversicherung 471
Direktzahlungen 395
Doha-Runde 480, 518
Dominoeffekt 473, 481
Doppelbesteuerung 626
   -abkommen 621
Dreimonats-Libor 562, 567
Drei-Säulen-Prinzip 653, 659, 661
Drei-Sektoren-Hypothese 381
Druckindustrie 419
Durchschnittsproduktivität 383

E

E-Banking 447
economiesuisse 150
Effektengeschäfte 459
Effizienz 35, 593
   allokative 12, 86, 258
   dynamische 13, 262

ökonomische 696
produktive 11, 86
statische 262
Eidgenössische Bankenkommission 439
Eigentum
    Bestandesgarantie 67
    Funktionen 22
    Institutsgarantie 66
    Wertgarantie 67
Eigentums- und Verfügungsrechte 21
Eigentumsgarantie 66
Eigentumsrechte 257, 258, 260, 276
Eigentumsverfassung 42, 66
Einfamilienhäuser 239
Einheitliche Europäische Akte 525
Einheitsprämie 668
Einheitssteuer 631
Einkommensansatz 356, 358
Einkommenskonto 347
Einkommenssteuer 602, 619, 630
Einkommensverteilung 645, 691
    interpersonelle 646
    intertemporale 646
Einphasensteuer 622
Einzelverband 98, 146
Elastizität 391
    Einkommenselastizität 391, 404
    Kreuzpreiselastizität 391
    Preiselastizität 391, 404
Elektrizität 318, 324, 327
Elektrizitätsmarkt 329
    -gesetz 329
    Liberalisierung 329
    Reform 329
Emissionen 286, 294
Emissionsgeschäft 461
Emissionsgrenzwerte 294
End-of-Pipe-Ansatz 272
Energieeffizienz 321
Energiegesetz 326
Energiemarkt 302
Energiepolitik 325
Energiereserven 302
Energiesparen 313
Energieträger 303
    Aussenhandel 323
    erneuerbare 322, 327
    nicht-erneuerbare 305
    Primär- 303, 305
    Sekundär- 303

Energieverbrauch 303
    Brutto- 303, 310
    End- 303, 311, 312, 315, 316, 323
    Ergebnisse 312
    Nutz- 303
Energieverordnung 326
Enteignung
    Entschädigung 68
    formelle 67
    materielle 67
Entlastungsprogramm 609
Entscheidungssystem,
    gesellschaftliches 21
Entsendegesetz 145, 167
Entstehung 101
Enumerationsprinzip 47
Erdölkrise 160, 308, 314
Erdölreserven 306
    Verteilung 308
Ergänzungsleistungen 657
Erhard, Ludwig 33
Erlebniswert 266
Erschöpfung
    Prinzip 58
Ertragsbilanz 500, 502, 504
Erwerbsarbeit 137
Erwerbsersatzordnung 651
Erwerbslosenquote 138, 139
Erwerbsquote 139, 142, 167
    Einflussfaktoren 143
    standardisierte 139
Erwerbstätige 141
Erwerbstätigenquote 139
Erwerbsunfähigkeit 659
Erzeugeranteil 389
ETA SA Manufacture Horlogère Suisse 414
Eucken, Walter 15, 35
Euro 527, 585, 701
Europäische Freihandelsassoziation 520
Europäische Gemeinschaft für Kohle und
    Stahl 524, 526
Europäische Union 523, 526, 701
Europäische Verfassung 527
Europäische Währungsunion 578, 580, 582
Europäische Zentralbank 526, 527, 581
    Instrumentarium 583
Europäischer Integrationsprozess 128
Europäischer Wirtschaftsraum 522, 525,
    528, 701
Europäisches Parlament 526

Stichwortverzeichnis 737

Europäisches Währungssystem 524, 585
Evolutionsökonomie 385
ewige Rente 219, 220
Ex-ante-Koordination 29
Exekutive 113
Existenzbedarf 653
Existenzwert 266
Expected Shortfall 469
Expertenkommission 121, 123
Exporte
    Hightech-Güterexporte 185
    Interessenvertreter 106
Exportfinanzierung 510
Exportorientierung 434
Exportquote 360, 714
Ex-post-Koordination 26
Externalitäten, siehe externe Effekte
externe Effekte 88, 257

F

Fachhochschulen 194
Faktorausstattung 434, 493, 497
Faktormärkte 104
Faktornachfragesouveränität 22, 48
Faktorproportionen-Theorem 411, 495
Familienpolitik 142
Familienunternehmung 403
Familienzulagen 651
Feldschlösschen 62
Fertigungstiefe 403
Finalprinzip 647
Financial Action Task Force on Money
    Laundering 593
Finanzausgleich
    Bund und Kantone (NFA) 613, 614
    horizontaler 612
    vertikaler 612
Finanzföderalismus 611
Finanzkraftindex 612
Finanzmarktaufsicht 439, 440
Finanzmärkte 586
    Funktionen 587
Finanzordnung 603
Finanzplatz 438, 590, 704
    Merkmale 594
    Regulierung 592
    Stärken und Schwächen 594
Finanzreform 639

Finanztransaktionen 501
first-best-Lösung 258
first-mover-advantage 175, 297
Fisher, Irving 544
Fiskalimpuls 636, 637
Fiskalpolitik 635
    automatische Stabilisatoren 636
Fiskalquote 360, 615, 616
Flankierende Massnahmen 167, 531
flat rate tax 631
flexible Spezialisierung 405
Föderalismus 107, 115, 617
    Kompetenzverteilung 44
Förderagentur für Innovation 206
Forschung und Entwicklung 194
    Dilemma 407
Fossile Energieträger 302
    Erdgas 321
    Erdöl 302, 317
    Kohle 302, 322
Fourastié, Jean 381
Franchise 669
free rider, siehe Trittbrettfahrer
Freihandelszone 512
Freizügigkeitsabkommen 166
Fremdenverkehr 475
Fremdenverkehrsbilanz 476
Friedensabkommen 74
Friedenspflicht 74
Friedman, Milton 572
Fürsorgeprinzip 647
Fusion 64
    Kontrolle 61
    Meldepflicht 61
Fussabdruck,
    ökologischer 251

G

Galmiz 229
Gebäude
    Gesamtwert 236
Gebühr 601
Gebundenes Wissen 433
Gefangenen-Dilemma 51, 273, 424
Gegenvorschlag 109
geistige Eigentumsrechte 58, 182, 518
Geld 543
    Entstehung 546

Funktionen 545
    Messung 549
Geldhoheit 556
Geldillusion 666
Geldmarkt 586
Geldmarktbuchforderungen 557
Geldmenge 548
    Definitionen 551
    Notenbankgeldmenge 610
Geldpolitik 558, 564
    expansive 562
    geldpolitische Autonomie 579
    restriktive 562, 567
    Umsetzung 563
Geldschöpfung 547
    Multiplikator 548, 549
Gemeinlastprinzip 270, 274
Gemeinsamer Markt 513
General Agreement on Trade and Services 518
Generika 415
Gentechnik 289
Gesamtarbeitsverträge 71, 74, 77, 145, 154
    Allgemeinverbindlicherklärung 77, 145
Gesamtquotient 680
Gesetzesinitiative 120
Gesundheitskosten 670
Gewaltentrennung 113
Gewerkschaften 75, 144, 146, 151
    Abdeckungsgrad 150
    Gewerkschaftseffekt 145
Gewinn 28
    Maximierung 21, 28, 30
Gewinnsteuer 620, 631
Gini-Index 691
Gläubigerschutz 441
GlaxoSmithKline 415
Gleichgewicht,
    gesamtwirtschaftliches 357
Gleichgewichtsarbeitslosigkeit 161
Globalisierung 1, 128, 409, 510
Glockenpolitik 278
Good Governance 725
Graue Energie 311
Grenzerlös 28
Grenzkosten 28
Grenzproduktivität 383
Grenzwerte 270
Grossbanken 450
Grossistensteuer 622

Grundkonsens 92
Grundrechte 46
Guillotine-Klausel 530
Güter,
    freie 10
    knappe 10
    meritorische 89

H

Hand,
    unsichtbare 18, 27, 50, 86
Handel 509
    inter-industrieller 496
    internationaler 517
    intra-industrieller 496
Handelsbilanz 504
Handelshemmnisse 522, 531
    nicht-tarifäre 518
    quantitative 518
    technische 63
Hausarztmodell 669, 686
Heckscher, Eli F. 493
Heckscher-Ohlin-Samuelson-Theorem 495
Heckscher-Ohlin-Theorem 493
Heiratsstrafe 630
Herfindahl, Orris C. 53
Herfindahl-Hirschman-Index 53
Hilflosenentschädigungen 656, 660
Hirschman, Albert O. 53
HIV-Patienten 685
HMO-Modell 669, 686
Hochschulen 193
Höhere Berufsbildung 194
Homo oeconomicus 22
Hotellerie 476
Hotelling, Harold 306
Hotelling-Regel 305, 306
HSBC Group 453
Humankapital 192, 235, 703
Humboldt, Wilhelm von 193
Hume, David 544
Hypothekarzins 243, 244

I

Immaterialgüterrecht 58
Immissionen 294
Immissionsgrenzwerte 286, 294

Immobilienmarkt 237
  Eigentümer 240
  Ertragswert 220, 237
  Zinssatz 220, 237
Implementation,
  politische 122
Importquote 360
Indifferentes Geschäft 457, 459
Indikatoren,
  mitlaufende 372
  nachlaufende 372
  vorlaufende 372
Indirekte Bundessteuern 627
Industrial District 491
Industrie 402
  Optionen 425
Industriepolitik 424
Ineffizienz,
  allokative 258
  statische 274, 275
infant industry 490
Inflation 559, 561, 571, 572
Inflationsprognose 560, 561, 567
Informations- und Kommunikations-
  technologien 185, 432, 446
Informationskosten 545
Informationsproblem 262
Infrastruktur 61, 67, 321, 685, 708
  unsichtbare 435
Inländerkonzept 353, 354
Inländerprinzip 518
Inlandskonzept 353, 354
Innovationen 23, 426, 718
  inkrementale 182
  Open Innovation 178
  organisatorische Innovationen 175
  Produktinnovationen 175
  Prozessinnovationen 175
Innovationsfähigkeit 429, 718
Innovationshost 702, 719, 720, 726
Innovationsprozess 177
Innovationsrente 59
Innovationstest 181
Innovationstiefe 182
Innovationswettbewerb 174, 426, 718
Interessengruppen 94, 96, 108, 292
Interessenorganisationen 146
  Beispiele 103
  Entstehung 97
  Macht 99

Struktur im ökonomischen System 101
Internalisierung 258, 259, 268, 311
International Bank for Reconstruction and
  Development 516
International Centre for Settlement of
  Investment Disputes 516
International Development Association 516
International Finance Corporation 516
International Monetary Fund, siehe Interna-
  tionaler Währungsfonds
Internationale Arbeitsteilung 493
Internationale Kapitalverflechtung 507
Internationaler Währungsfonds 515, 573
Internationalisierung 426, 509
Internet 446
Invalidenrente 659
Invalidenversicherung 659
  Reform 686
Invaliditätsgrad 659
Invarianzthese 260
Investitionen 230, 372, 510
  Anlageinvestitionen 232
  Ausrüstungsinvestitionen 231
  Bauinvestitionen 231
  Bruttoanlageinvestitionen 231
  Bruttoinvestitionen 231, 232, 373
  Ersatzinvestitionen 373
  Finanzinvestitionen 232
  Nettoinvestitionen 373
  Vorratsveränderungen 231
  Wachstumswirkungen 233
Investitionsautonomie 23
Investitionsgüter 361
Investitionsquote 359
Investitionsrechnung 605
Investment Banking 461

J

Jacobs, Jane 492
Joint Implementation 279, 287
Jugendquotient 680
junge Branche 490

K

Kantonalbanken 447
Kapitaldeckungsverfahren 663, 664
Kapitalexport 507

Kapitalimport 509
Kapitalisierung 590
Kapitalismus 18, 176
Kapitalmarkt 588
   -schwankungen 664
   -zins 666
   Zinsstruktur 589
Kapitalverkehrsbilanz 500, 502
Kartell 50
   hartes 55, 57
Kartellgesetz 55, 56, 80
   Bonusregelung 57
   Sanktionssystem 57
Kartellrente 57
Kaufkraftparität 365
Kausalprinzip 647
Kernkraft 319
Keynes, John M. 635
kleine und mittlere Unternehmungen 403, 410
Klimarappen 293
Knappheit 14, 29
   Messung 20, 25
   Restriktion 10
   Überwindung 11, 16
Knowledge-based Economy 13, 173
Kodak-Urteil 58
Kodifiziertes Wissen 433
Kollegialsystem 114
Kommerzgeschäft 457, 458
Kommoditisierung 475
Kompetenzverteilung 44
Konfliktfähigkeit 99, 101, 150
Konjunktur 369
   Konjunkturzyklen 369
Konkordanz 115, 118, 126
Konkordat 193
Konsum 14
Konsumbesteuerung 622
Konsumentenorganisationen 105
Konsumentenrente 396, 399
Konsumentensouveränität 22, 23, 48
Konsumsteuer 602
Kontensequenz 350
Kontingente 399, 518
Konvergenzkriterien 580
Konzentration 52, 415
Konzentrationsrate 53
Kooperation 430
koordinierter Jahreslohn 663

Koppelungsprozess 176
Korporatismus 126
Kosten,
   absolute 494
   komparative 493, 494
Kostenführerschaft 425
Kostenkollektiv 97
Krankenversicherung 668
   Reform 684
Kreditgeschäft 458
Kreditrisiko 441
Kumulationsverfahren 235
Kuznets, Simon 253
Kuznets-Kurve 251, 253
Kyoto-Protokoll 269, 279, 286, 292

L

Laffer, Arthur B. 92
Laffer-Kurve 92
lagging indicators 372
Lag-Konzeption 495
Lamfalussy-Konzept 467, 468
Landesindex der Konsumentenpreise 559
Landwirtschaft 389, 480, 531
   Endproduktion 394
   Kontingentierung 399
   Landwirtschaftsgesetz 397
   Multifunktionalität 398
   Strukturwandel 391, 392
   Subventionen 400
Landwirtschaftpolitik, siehe Agrarpolitik
Landwirtschaftszonen 225
Lastenausgleich 614
Laufende Rechnung 605
laufender politischer Prozess 92
Leadbranche 719, 720
leading indicators 372
learning economy 13
Lebensqualität 337, 368
Lebensversicherung 471
Leistungsfähigkeitsprinzip 602
Leistungstransaktionen 501
lender of last resort 566
Lenkungssystem 25
Liberalisierung 24, 708
Lissabon-Strategie 527
Lobbying 124, 252, 292

Lohnpolitik,
  produktivitätsorientierte 157
Lohn-Preis-Spirale 589
Lorenzkurve 691

M

Maastricht-Kriterien 580
Maastricht-Vertrag 525
Mackenroth, Gerhard 681
Makroökonomie 379
Managed-Care-Modelle 686
Marginalbedingung 28
Markenrechte 184
  Softwaremarken 185
Marktbestimmter Produktionsbegriff 338, 361
Marktführerschaft 425
Marktgleichgewicht 27
Marktintegration 512
Marktmacht
  Missbrauch 57, 60
Marktmechanismus 25
Marktoptimum 32
Marktpreismethode 265
Marktrisiko 441
Marktspanne 389
Marktverfassung 41
Marktversagen 86, 268, 601
Marktwirtschaft 17, 18, 21, 25, 30, 32, 50
Marktzutrittsregulierung 91
Marshall, Alfred 27, 491, 492
Maschinen-, Elektro- und Metallindustrie 420, 422
Maslow, Abraham M. 10
Massenproduktion 403, 405
Maturitätsschulen 193
Mautgut 87
McKelvey, Vincent E. 302
McKelvey-Box 302, 304
Medizinaltechnik 183, 206, 720
Mehrwertabschöpfung 219
Mehrwertsteuer 624, 632
Meistbegünstigungsprinzip 518
Mengenregulierung 91
Mengentender 584
Mesoökonomie 379
Methuen, John 494
Metropolisierung 228

Miete 238
  Indexmodell 245
  Kostenmiete 244, 245
  Mietmarkt 237
Mietzinspolitik 242
Migros 71, 389, 408
  Migrosbank 455, 547, 548
Mikroökonomie 28, 379
Mikro-Unternehmung 403
Milieu-Theorie 491
Militärversicherung 651
Milizsystem 109, 126
Mineralölsteuer 317
Missbrauchsprinzip 54
Mitbestimmung 42, 70
  individuelle 71
  kollektive 71
Molkerei Mittelland 389
Monetarismus 571, 572, 635
Monopol
  Begriff 28
Monopolrente 59
Monsieur Prix, siehe Preisüberwacher
Montanunion 524
Moral hazard, siehe moralisches Risiko
moral suasion 272
moralisches Risiko 465
Morgenstern, Oskar 51
Multilateral Investment Guarantee Agency 516
Mundell, Robert A. 579
Musgrave, Richard A. 89
Mutterschaftsversicherung 671

N

Nachfrage
  abgeleitete 142, 221
  Begriff 27
  Nachfragefunktion 27
Nachhaltige Entwicklung 251, 252
naming and shaming 440
Nanotechnologie 206
Nash, John 51
Nash-Gleichgewicht 51
National Basketball Association 418
Nationalbankgesetz 553
Nationalbankgold 550
Nationales Innovationssystem 186, 719

negative Auslese 464
Neotechnologische Theorie 495
Nettoinlandprodukt 355
Nettonationaleinkommen 355
Netzwerke 190, 388, 432
Netzwerkexternalitäten 432
Neue Politische Ökonomie 90, 92
Neumann, John von 51
New Economy 371
New Public Management 115
Nichtberufsunfälle 672
Nichterwerbsarbeit 137
Nichterwerbspersonen 139
Nirwana-Theorie 90
Not in my backyard-Prinzip 320
Notenbankgeldmenge 550
Novartis 416
Nutzen 28
    Maximierung 21, 28, 30
Nutzenkollektiv 97
Nutzungspläne 225

O

Oates, Wallace E. 264
Objektsteuer 621
Obligationenrecht 69
Öffentliches Beschaffungswesen 63
Öffentliches Gut 86, 87, 151
    Beiträge 601
    Finanzierung 601
    Interessenorganisationen 96
    Kriterien 257
Offsetdruck 419
Off-shore-Finanzplätze 595
Offshoring 710, 729
Ohlin, Bertil G. 493
ökonomisches Prinzip, siehe Wirtschaftlichkeitsprinzip
Olson, Mancur 99
Omega 414
Opportunitätskosten 11, 257, 306
    Begriff 11
    der Arbeit 142
Opting out 581
Optionen
    Call-Optionen 461
    Exit-Optionen 409, 640
    Put-Optionen 445

Optionswert 266
Orange 436
Ordnungskonformität 47, 94
Ordnungspolitik 35, 725
    Begriff 35
Organisation für wirtschaftliche Zusammenarbeit und Entwicklung 519
Organisationen,
    intermediäre 96
Organisationsfähigkeit 99, 101, 105, 150
Organisationsgrad 148, 151, 152
Organization for Petroleum Exporting Countries 306, 307
Outputlücke 636
Outsourcing 710

P

Parahotellerie 476
Parallelimporte 58
Pareto, Vilfredo 12
Pareto-Ineffizienz 51
Pareto-Optimum 12, 399
Parlament 121
Parlamentarische Vorstösse 120
Parteien,
    politische 108
Partikularinteressen 227
Partizipationseinkommen 696
Patente
    Patentschutz 415
    Softwarepatente 184
Penetration 56
Pensionskassen 661
    Konzentration 662
Perroux, François 491
Personenfreizügigkeit 530
Pfadabhängigkeit 721
Pfandbriefbank 457
Pfizer 415
Pharmazie 183
Pigou, Arthur C. 262
Pigou-Steuer 262, 268, 270
    Wirkungsweise 263
Planung 36
Planwirtschaft 17, 18, 20
Pleitewelle 473
Police 469
Politikintegration 512

Politische Integration 514
Politische Union 513
Porter, Michael E. 491
Portfolioinvestitionen 502
Portfolio-Management 459
Posner, Richard A. 495
Präferenzen
    direkte Erfassung 266
Präferenzzone 512
Preis- und Absatzsicherung 396
Preise,
    administrierte 29
Preismechanismus 25
Preisregulierung 91
Preisstabilität 552, 555, 558, 559, 581
Preis-Standard-Ansatz 280
Preistheorie 33
Preisüberwacher 65
Primärsektor 381, 382, 389
Privatassekuranz 472
Privatautonomie 48
Privatbanken 456
Private Banking 452
Privates Gut 87, 151
Privatversicherungen 464
    Aufsichtsverordnung 466
    Konzentration 474
    Prämieneinnahmen 472
    Rückstellungen 472
Process Loops 176
Produktdifferenzierung 496
Produktion 14
Produktionsansatz 356, 358
Produktionsapparat 230
Produktionsfaktoren 133
Produktionskonto 347, 351
Produktionsverfassung 42, 66
Produktivität 383, 435
Produktlebenszyklus 496
Produzentenrente 396, 399
Profit-Seeking 124
Programme for International Student
    Assessment 199
Progression,
    kalte 620
Protektionismus 511
Prozesspolitik 36
Public Choice, siehe Neue Politische
    Ökonomie

Q

Quantitätsgleichung 543, 544, 571
Quartärstufe 196
Quellenprinzip 626

R

Raiffeisenbanken 454
Ramsey-Pricing 59
Rascher Anwender 426, 429
Rat für Raumordnung 224
Rationalität 22
Raumplanung
    Raumplanungsgesetz 224
    Raumpolitik 222, 223
Realkapital 213, 373
    Begriff 230
Reallöhne 156
    Wachstum 136
Rebound-Effekt 274, 295
Rechnungsmodell des Bundes 605
Recycling 273
Re-Engineering 510
Referendum 111, 122
    fakultatives 112
    Kantonsreferendum 112
    obligatorisches 111
Referendumsfähigkeit 149
Regalrechte 47
Regierung, siehe Exekutive
Regionalbanken 453
Regionale Arbeitsvermittlungszentren 674
Regulationsdichte 63, 705
Regulierung 90, 592
Re-Industrialisierung 428, 717, 721
Reisebüro 477
Rent-Seeking 124, 252
Repo-Geschäft 565
Repräsentationsfähigkeit 149
Repurchase Agreement, siehe Repo-
    Geschäft
Ressourcen 10
Ressourcenindex 613, 614
Retrozessionsspiralen 473
Revision 443
Rheinschiffe 507
Ricardo, David 493
Ricardo-Theorem 493

Richtpläne 225
Rieter 422
Risikoabsicherung 645
Risikoausgleich 669, 684
Risikoexposition 466
Risikokapital 23
Risk-adjusted Pricing 453
Rivalität 86
Rosenberg, Nathan 176
Rückversicherung 471
Russland 19

S

Sachpläne 224
Samuelson, Paul A. 495
Sandoz 415, 416
Satellitenkonto 363
Schadensbewertung 265
Schadenversicherung 471
Schaffner, Hans 395
Schattenwirtschaft 91, 361, 364
Schengener Übereinkommen 527, 532
Schneider, Friedrich 92
Schuldenbremse 611
Schumpeter, Joseph A. 175
Schutzzonen 225
Schweiz Tourismus 478
Schweizer Börse 590
Schweizer Solvenztest 466
Schweizerische Gesellschaft für Hotelkredit 478
Schweizerische Metall-Union 153
Schweizerische Nationalbank
    Aufgaben 555
    Bilanz 552
    Instrumentarium 565, 566
    Organisation 553
Schweizerische Unfallversicherungsanstalt 673
Schweizerischer Arbeitgeberverband 152
Schweizerischer Gewerbeverband 152
Schweizerischer Gewerkschaftsbund 146
Schweizerischer Nationalfonds 205
Schweizerischer Versicherungsverband 472
Scope 410
second-best-Lösung 282
second-best-Theorie 16
SegaInterSettle 457, 594

Seigniorage 597
Sektoren,
    institutionelle 343
    siehe auch Primär-, Sekundär- und Tertiärsektor
Sekundärsektor 381, 383, 402
Selbstversorgungsgrad 393
Selektive Anreize 97, 151
Servo-industrieller Bereich 386, 387
Sex 171
Skalenerträge 392, 496
Skills 410
Smith, Adam 11, 50, 494
Sockelarbeitslosigkeit 161
Softwarebranche 437
Softwarepatente 184
Solvabilität 466
Solvency II, siehe Schweizer Solvenztest
Sonderziehungsrecht 575
Sorgfaltspflicht 459
Soziale Marktwirtschaft 33
Soziale Sicherung
    Grundprinzipien 647
    Überblick 652
Sozialhilfe 651, 693
Sozialhilfedichte 693
Sozialindikatoren 368
Sozialismus 18
Soziallastquote 649
Sozialleistungsquote 649
Sozialpartner 75, 146
Sozialpartnerschaft 154
Sozialpolitik 676
Sozialverfassung 72
Sozialversicherungen 651
    Reformen 681
Sparillusion 682
Sparkassen 453
Spekulation 221
Spezialisierung 425
Spielball 729
Spielbankenabgabe,
    eidgenössische 621
Spieltheorie 50
Spillover 492
Spitalfinanzierung 685
Spitalplanung 671
Spitzenverband 98, 146
Staatsaufgaben 604
Staatsausgaben 606

Staatseingriffe 94
Staatseinnahmen 606, 607
Staatsgarantie 448
Staatsquote 359, 615, 616
Staatsrechnung 605
Staatsversagen 90, 260, 268, 274
Staatsverschuldung 609
Standard-Preis-Ansatz 264
Standesinitiative 120
Standort 405, 427
Standortattraktivität 535, 635
Standortfaktoren 81
Standortwettbewerb 174, 718, 725
Statusberechnung 236
Stempelabgaben
    eidgenössische 627
    Reformen 633
Steuerbemessungsgrundlage,
    aggregierte 613
Steuerbetrug 444
Steuerfreiheit 626
Steuerharmonisierungsgesetz 639
Steuerhinterziehung 444
Steuerhoheit 617
Steuern 602, 606
    direkte 619
    indirekte 622
Steuerordnung 603
Steuerreformen 628, 632
Steuersystem 617
Steuerwettbewerb 629, 639
Strategische Handelspolitik 490
Streik 76
Ströme,
    abfliessende 339
    gegenläufige 349
    intersektorale 348
    intrasektorale 348
    monetäre 339, 340, 345, 350
    reale 339, 340, 345
    zufliessende 339
structure-conduct-performance-Ansatz 53
Struktureller Saldo 636
Strukturstärkeindex 412
Strukturwandel 154, 380, 381, 391, 408,
    423, 445, 446
Subordination 31
Subsidiaritätsprinzip 107, 115, 529
Sunrise 436
Supranationalität 521

Swatch Group 414
Swiss Exchange, siehe Schweizer Börse
Swiss Financial Services Group 457
Swiss Interbank Clearing System 556
Swiss Market Index 590
Swiss Performance Index 590
Swisscom 234, 436, 608
Swissmem 153
Systemlösung 406, 427
Systemrisiko 473, 548, 666

T

tacit knowledge 199, 433, 722
Taggelder
    Bezugsdauer 675
Tarifautonomie 73
Tarifverträge, siehe Gesamtarbeitsverträge
Tarmed 670, 684
taxe occulte 623
Technologieentwicklung 182
Technologie-Portfolio 704
Technologische Lücke 495
technology sourcing 179
Telekommunikationsbranche 434, 436
Terms of Trade 707
Tertiarisierung 386
Tertiärsektor 381, 383, 431
Textil- und Bekleidungsindustrie 418
Textil-Tüftler-Betrieb 418
Tissot 414
Tourism Satellite Account 477
Tourismus, siehe Fremdenverkehr
Trade-Related Aspects of Intellectual
    Property Rights 518
Transaktionen,
    einseitige 345
    zweiseitige 345
Transaktionskosten 435, 545, 580
    Begriff 26
Transfersystem 603
Transmission 294
Transmissionsmechanismus,
    geldpolitischer 567
Travail.Suisse 147
Trennbankensystem 445
Treuepflicht 459
trial and error-Prozess 264
Trittbrettfahrer 97, 292

Tschäni, Hans 99

U

UBS 64, 450, 547
    Card Center 455
Uhrenindustrie 412, 414
Umsatzbesteuerung 622, 623
Umverteilung 89, 645, 646
    ex-ante 646
    ex-post 646
Umverteilungswirkungen 276
Umweltabgaben 280
Umweltethik 271
Umwelthaftung 276
Umweltpolitik 249, 268
Umweltschutz
    freiwilliger 273
    marktwirtschaftliche Instrumente 274, 286
    polizeilicher 274
Umweltschutzgesetz 284, 294
Umweltsubventionen 281
Umweltverträglichkeitsprüfung 272, 285
Umweltzertifikate 277
Unfallversicherung 672
Ungleichgewichtsarbeitslosigkeit 161, 167
Unique Selling Proposition 718
Universalbankensystem 445
Universitäten 193
Uno-acto-Prinzip 431
Unterdeckung 665
Unternehmungsverfassung 42, 68
Unternehmungswert 451
Unterwäsche 418
Urban Sector 712
Urbanisierung 228
Ursprungslandprinzip 626
Uruguay-Runde 401, 517

V

Valiant Gruppe 454
Value at Risk 469
Venture-Capital-Finanzierung 704
Verbände 96, 108
Verbandsbeschwerderecht 125, 272, 285
Verbotsprinzip 54
Verflechtung,
    internationale 492
    regionale 491
Verhaltensregulierung 91
Verhältnismässigkeit 67
Verhandlungslösung 260
Verkehrsgleichung 572
Vermächtniswert 266
Vermachtung 88
Vermögen
    Anlagevermögen 235
    Geldvermögen 235
    immaterielles 235
    natürliches 235
    Sachvermögen 235
    Volksvermögen 234
Vermögensübertragungen 504
Vermögensveränderungskonto 347
Vermögensverteilung 691
Vermögensverwaltung 459
Vernehmlassungsverfahren 121, 124
Vernon, Raymond 496
Verrechnungssteuer 620
Verschuldungsquote 360, 615, 616
Versicherungen, siehe Privatversicherungen oder Sozialversicherungen
Versicherungsaufsichtsgesetz 465
Versicherungsprinzip 647
Versicherungsvermittler 469
Versicherungsvertragsgesetz 469
Versorgungsprinzip 647
Verteilung 14, 25, 104, 158, 681
Verteilungsgerechtigkeit 696
vertikale Integration 422
Vertragsfreiheit 41, 48, 73, 684
Verursacherprinzip 260, 270, 273, 284
Verwaltungsrechnung 605
Verwendung 105, 358
Verwendungsansatz 357, 358
Vicious Circle 481
virt-x 590, 591
Volksabstimmung 122
Volksinitiative 109, 110, 120
Volkswirtschaftliche Gesamtrechnung 231, 339
    Kennzahlen 353
    Revisionen 352
Volkswirtschaftslehre 14
Volkszählung 239
Vollmilchpulver 398

vollständige Konkurrenz
    Begriff 28
    Modell 32
Vollzugsföderalismus 122
Vorleistungen 347, 362
Vorsorgeprinzip 271, 284

W

Wachstumspol 491
Wachstumsschwäche 375
Währungsgebiete
    Theorie 578
Währungsintegration 578
Währungsunion 513
war for talents 208, 703
Warenhandel 507
Warenkorb 560
Warenumsatzsteuer 624
Wasserkraft 318
Weber, Max 95
Wehrpflichtersatz 621
Weltbank 515, 516
Welthandelsorganisation 398, 517, 518
Welttourismus-Organisation 479
Werkstoffe 183
Wertschöpfung 354, 384
Wertschöpfungskette 437
Wettbewerb 23, 25, 50, 65, 409, 410
    anfechtbare Märkte 54
    monopolistischer 497
    wirksamer 53, 55
Wettbewerbsabreden 62
Wettbewerbsbeschränkungen 50
    Formen 55
Wettbewerbsfähigkeit 410, 430, 535
Wettbewerbskommission 56, 60, 61
Wettbewerbsneutralität 624
Wettbewerbspolitik 41, 54
Wettbewerbsverzerrung 623
Willensbildung
    Bundesebene 119
willingness to accept 266
willingness to pay 266
Wirkungsgrad 311
Wirtschaft,
    schrumpfende 373
    stagnierende 373
    wachsende 373

Wirtschaftlichkeitsprinzip
    Begriff 11
    Maximumprinzip 12
    Minimumprinzip 12
Wirtschaftsfreiheit 46
    Abweichungen 49
Wirtschaftsintegration 511
Wirtschaftskreislauf
    einfacher 339
    erweiterter 348
    geschlossener 340, 341, 350
    Kontenform 339, 346
    offener 340, 350
Wirtschaftslage
    Diagnose 372
    Prognose 372
Wirtschaftsordnung 35, 127
    Ausgestaltung 20
    Begriff 15
    Entscheidungssystem 21
    Grundproblem 10
    Idealtyp 16
    Interdependenz 17
    Mischordnung 16, 36
    Realtyp 16
    rechtliche Basis 45
Wirtschaftspolitik 35, 48, 127, 512
    Einflussnahme durch Verbände 96, 123
    Entscheidungsprozess 118
Wirtschaftsstruktur 380, 381
    Disaggregation 380
    duale 402
Wirtschaftsunion 513
Wirtschaftsverfassung 15, 72
Wirtschaftswachstum 369
Wissens- und Technologietransfer 178, 727
Wissens-Spillovers 59
Wohlfahrtsgewinn 258, 268
Wohlfahrtsindikator 361
Wohlfahrtsmass 366, 368
Wohlfahrtsverlust 396, 399
Wohlstand 135, 489
    materieller 337, 338
Wohneinheiten 239
Wohnsitzprinzip 626
Wohnungsmarkt 238

Z

Zahlungsbilanz
    Ergebnisse 503
    Grundschema 501
    Messinstrument 498
    Transaktionen 500
Zahlungsvermittlung 462
Zauberformel 117, 126
Zehnergruppe 576
Zimmerli Textil AG 418
Zinsbesteuerung 444, 532
Zinstender 584
Zollunion 513
Zusatzleistungen 670